The Mediaeval Academy of America
Publication No. 88

Incipits of Latin Works
on the Virtues and Vices, 1100–1500 A.D.

Incipits of Latin Works on the Virtues and Vices, 1100–1500 A.D.

Including a Section of Incipits of Works on the Pater Noster

Morton W. Bloomfield
Harvard University

Bertrand-Georges Guyot, O.P.
Leonine Commission

Donald R. Howard
Stanford University

Thyra B. Kabealo
The Ohio State University

THE MEDIAEVAL ACADEMY OF AMERICA
Cambridge, Massachusetts
1979

The publication of this book was made possible by grants of funds to the Mediaeval Academy from the Carnegie Corporation of New York and the Hyder Edward Rollins Fund of the Harvard University English Department.

*Copyright © 1979
By The Mediaeval Academy of America
Library of Congress Catalog Card Number: 75-36481*

Contents

Acknowledgements vii

Abbreviations ix

Introduction 1

Traditio Correspondences 11

1. INCIPITS OF WORKS ON THE VIRTUES AND VICES 15

2. INCIPITS OF WORKS ON THE PATER NOSTER 567

Author Index 687

Title Index 697

Subject Index 735

Location Index 763

Acknowledgements

Our deepest obligation is to the great libraries and manuscript collections of Europe, and to their librarians, curators, and staffs. In these collections, and in some American ones, are contained the works covered by the present volume and the reference materials necessary to study them. We are especially indebted to the Widener Library, Harvard; the Bodleian Library, Oxford; the Bibliothèque Nationale, Paris; the Vatican Library; the Nationalbibliothek, Vienna; The British Museum, London; The Ohio State University Library; and the Library of Le Saulchoir. We are particularly grateful for the use of the handwritten files of incipits at the Cambridge University Library, originally compiled by B. F. C. Atkinson and currently being corrected and edited by R. V. Kerr.

We are grateful for many kindnesses and for grants from the American Council of Learned Societies, the American Philosophical Society, the John Simon Guggenheim Memorial Foundation, the Center for Advanced Study in the Behavioral Sciences (Palo Alto), the National Endowment for the Humanities, the Commissione Americana per gli Scambi Culturali con l'Italia, the Hyder Rollins Fund and the English Department of Harvard University, the Center for Medieval and Renaissance Studies and the Graduate School of The Ohio State University, and the Graduate Schools of the University of California (Riverside), and of The Johns Hopkins University. We are grateful to the Fordham University Press and the editors of *Traditio* for permission to print here the portion of the work which originally appeared in that journal.

We are indebted and grateful to many individuals, most of whom are in the following list: Charles Babcock, Father Leon Bataillon, Larry Benson, Jeanne Bignami, Caroline Bloomfield, Edward Bontempo, Father Leonard Boyle, Mlle. M. T. d'Alverny, Father V. Doucet, Robert M. Estrich, R. A. Gauthier, Rosemary Hite, Meridel Holland, R. M. Hunt, James John, George Kabealo, Stanley H. Kahrl, Neil Ker, Jeanne Krochalis, Paul O. Kristeller, Albert J. Kuhn, Stephan Kuttner, Robert E. Lewis, John McCall, Paul J. Meyvaert, P. Michaud-Quantin, Fr. Gaudens Mohans, James A. O'Brien, Walter S. Phelan, Ian Pringle, Roy F. Reeves, Richard Rouse, J. F. Russell, William Siegmund, John M. Snowden, Ruth Townsend, Francis L. Utley, Siegfried Wenzel, Susan Zielinski. We are no less grateful to others whom our ignorance, poor memory, or sloth in keeping records causes us to leave unnamed. Dr. Mazal of the Nationalbibliothek at Vienna and F. J. Arthur of the British Museum may stand as representatives for the many, many librarians who assisted the compilers so courteously and so patiently with such a variety of problems.

We gratefully acknowledge the patience and untiring help of Thomas G. Whitney, who directed the computer programming and supervised the entire computer operation of this project at The Ohio State University's Instruction and Research Computer Center. Robert Ayers, Thomas Scanlon, Sara Scharnberg, and Lynn Ytreeide assisted him. To Luke Wenger of the Mediaeval Academy our many thanks for his constant help, excellent suggestions, and in many cases fresh viewpoint.

It is inevitable that in a work of this complexity and detail there will be errors. We would welcome from readers corrections and additions which might be incorporated in a revised and enlarged edition. The existence of all the present material on computer tape, and of the computer programs used for the text and indexes, makes an expanded version more possible than it would have been when this work was first undertaken.

Abbreviations

AFH	*Archivum Franciscanum Historicum* (Quaracchi-Grottaferrata, 1908 ff)
AFP	*Archivum Fratrum Praedicatorum* (Rome, 1931 ff)
Allen	M. H. Allen, *Writings Ascribed to Richard Rolle Hermit of Hampole and Materials for his Biography*, Modern Language Association of America, Monograph Series (New York and London, 1927)
ALMA	*Archivum Latinitatis medii aevi* (Brussels, 1924 ff)
Auer	P. Auer, *Johannes von Dambach und die Trostbücher vom 11. bis 16. Jahrhundert*, BGPTM 27, 1-2 (Münster/W., 1928)
Baleus	J. Bale, *Index of British and other Writers*, ed. R. L. Poole with the help of M. Bateson (Oxford, 1920)
Barlow	C. W. Barlow, ed., *Martini episcopi Bracarensis Opera omnia* (New Haven, 1950)
BGPTM	*Beiträge zur Geschichte der Philosophie und Theologie des Mittlealters* (Münster/W., 1891 ff)
Bibl. Patr. Lugd.	See Max. Bibl. Vet. Patr. below
Bloomfield	Morton W. Bloomfield, *The Seven Deadly Sins: An Introduction to the History of a Religious Concept, with Special Reference to Medieval English Literature* (East Lansing, Mich. 1952)
CC *or* CCL	*Corpus Christianorum Series Latina* (Turnholti, 1954 ff)
Chevalier RH	U. Chevalier, *Repertorium Hymnologicum*, 6 vols. (Louvain-Bruxelles, 1892-1920)
Clavis	E. Dekkers, *Clavis patrum latinorum*, Sacris Eruditi 3 (Bruges and the Hague, 1951)
Copinger	Walter Arthur Copinger, *Supplement to Hain's Repertorium bibliographicum*, 3 vols. (London, 1895-1902)
CSEL	*Corpus scriptorum ecclesiasticorum latinorum* (Vienna, 1866 ff)

INCIPITS OF WORKS ON THE VIRTUES AND VICES

d'Alverny	M. Th. d'Alverny, *Alain de Lille. Textes inédits*...(Paris, 1965)
DDC	*Dictionnaire de droit canonique* (Paris, 1935 ff)
Diaz	M. C. Diaz y Diaz, *Index Scriptorum Latinorum Medii Aevi Hispanorum*, Acta Salmanticensia, Filosofía y Letras 13 (Salamanca, 1958-1959)
Dict. Spir.	*Dictionnaire de Spiritualité* (Paris, 1960 ff)
Dreves	G. M. Dreves (C. Blume), *Analecta hymnica medii aevi*, 55 vols. (Leipzig, 1886-1922)
Doucet	V. Doucet, *Maîtres franciscains de Paris. Supplément au Répertoire des Maîtres en théologie de Paris au XIIIe siècle*, AFH 27 (1934) 531-64
Doucet Supplement	V. Doucet, *Commentaires sur les Sentences, Supplement au répertoire de M. Frédérick Stegmüller*, AFH 47 (1954) 88-170; 400-427 (or offprint Quaracchi 1954, pp. 1-128)
EETS	*Early English Text Society* (London, 1864 ff)
Flor. Cas.	*Florilegium Casinese* (separately paged in each volume of *Bibliotheca Casinensis seu codicum manuscriptorum*... series) cura et studio monachorum ordinis s. Benedictini, 5 vols. (Monte Cassino, 1873-94)
Fowler	G. B. Fowler, *Intellectual Interests of Englebert Admont* (New York, 1947)
GCS	*Die griechischen christlichen Schriftsteller des ersten drei Jahrhunderte* (Berlin, 1897 ff)
Glorieux	P. Glorieux, *Répertoire des Maîtres en théologie de Paris au XIIIe siècle*, 2 vols. Etudes de Philosophie Médiévale 17-18 (Paris, 1933-34)
Goff	Frederick R. Goff, *Incunabula in American Libraries* (New York, 1964)
GW	*Gesamtkatalog der Wiegendrucke*, vols. 1-8, 1 (Leipzig, 1925-1940)
H	see Hain
Hackett	M. B. Hackett, *William Flete and the De remediis contra temptaciones, Medieval Studies Presented to Aubrey Gwynn S. J.*, ed. J. A. Watt etc. (Dublin, 1961), 330-48
Hain	L. Hain, *Repertorium bibliographicum* (Stuttgart and Paris, 1826-1838) reprint in 4 vols. (Milan, 1948)
Hauréau	B. Hauréau, *Notices et extraits de quelques manuscrits latins de la Bibliothèque Nationale*, 6 vols (Paris, 1890-93)

ABBREVIATIONS

HC	*Supplement to Hain's Repertorium bibliographicum*, 2 vols. (Berlin, 1926)
HLF	*Histoire littéraire de la France*
HMC	Historical Manuscripts Commission
Hoste	A. Hoste, *Bibliotheca Aelrediana: A Survey of the Manuscripts, Old Catalogues, Editions and Studies Concerning St. Aelred of Rievaulx*, Instrumenta Patristica II (Steenbrugge, 1962)
James, *Ancient Libraries*	M. R. James, *The Ancient Libraries Of Canterbury and Dover* etc. (Cambridge, 1930)
Kaeppeli	T. Kaeppeli, *Scriptores Ordinis Praedicatorum Medii Aevii* (Rome, S. Sabina, 1970)
Lang	Albert Lang, *Heinrich Totting von Oyta*, BGPTM 33, 4-5 (Münster/W., 1937)
Lehmann I	Paul Lehmann, 'Skandinavische Reisefrüchte,' *Nordisk Tidskrift för Bok- och Biblioteksväsen* 21 (1934) 165-76
Lehmann II	*Ibid.*, 22 (1935) 1-24
Lehmann III	*Ibid.*, 22 (1935) 103-31
Lehmann N. F.	*Ibid.*, 23 (1936) 13-22 and 49-84
Lehmann N. F.	*Ibid.*, 24 (1937) 103-20 and 141-64
Little	A. G. Little, *Initia operum latinorum quae saeculis xii. xiv. xv. attribuuntur*, Publications of the University of Manchester, Historical Series 2 (Manchester, 1904)
Little *Friars*	A. G. Little, *The Gray Friars in Oxford*, Oxford Historical Society 20 (Oxford, 1892)
LThK	*Lexikon für Theologie und Kirche* (Freiburg, 1930-1938; 2nd ed., 1957-1965)
Madre	A. Madre, *Nikolas von Dinkelsbühl Leben und Schriften. Ein Beitrag zur theologischen Literaturgeschichte*, BGPTM 40, 4 (Münster/W., 1965)
Magna Bibl. Vet. Patr.	*Magna Bibliotheca Veterum Patrum*, Marguerin de la Bigne, 14 vols. (Cologne, 1618)
Max. Bibl. Vet. Patr.	*Maxima Bibliotheca Veterum Patrum*, Marguerin de la Bigne, 27 vols. (Lyons, 1677)
Meier	L. Meier, *Die Werke des Erfurter Kartäusers Jakob von Jüterbog in ihrer handschriftlichen Überlieferung*, BGPTM 37, 5 (Münster/W., 1955)

INCIPITS OF WORKS ON THE VIRTUES AND VICES

MGH	*Monumenta Germaniae Historica* (Hanover-Berlin, 1826 ff)
Michaud-Quantin	P. Michaud-Quantin, *Sommes de casuistique et manuels de confession au moyen âge*, Analecta Mediaevalia Namurcensia 13 (Louvain, Lille and Montréal, 1962)
O. Carm.	Ordo Carmelitarum
O. Carth.	Ordo Carthusiensis
O. Cist.	Ordo Cisterciensium
O.E.S.A.	Ordo Eremitarum Sancti Augustini
O.F.M.	Ordo Fratrum Minorum
O.P.	Ordo Praedicatorum
O.S.B.	Ordo Sancti Benedicti
PG	J.-P. Migne, *Patrologia Graeca*
PL	J.-P. Migne, *Patrologia Latina*
Pits	John Pits, *Relationum historicarum de rebus anglicis* (Paris, 1619)
Prolegomena	*Alexandri de Hales Summa Theologica*, tomus IV (Prolegomena) (Quaracci 1948)
Quaracchi	S. Bonaventura, *Opera omnia*, 11 vols. ed. Collegium S. Bonaventurae (Quaracchi, 1882-1902)
Quétif-Echard	J. Quétif - J. Echard, *Scriptores Ordinis Praedicatorum*, 2 vols. (Lutentiae Parisiorum, 1719-1721)
RAM	*Revue d'ascétique et de mystique* (Toulouse-Paris, 1920 ff)
Reichling	Dietrich Reichling, *Appendices ad Hainii-Copingeri Repertorium bibliographicum* (Munich, 1905-1914)
RMAL	*Revue du moyen âge latin* (Lyon-Strasbourg, 1965 ff)
Rose	V. Rose und F. Schillmann, *Verzeichnis der lateinischen Handschriften der kgl. Bibliothek zu Berlin*, 3 vols. (Berlin, 1893-1919)
Roth	F. W. E. Roth, *Zur Bibliographie des Henricus Hembuche de Hassia . . .* Beihefte zum Centralblatt für Bibliothekwesen II (Leipzig, 1888)
RTAM	*Recherches de Théologie ancienne et médiévale* (Louvain, 1929 ff)
Rudolf	R. Rudolf, *Ars moriendi*, Forschungen zur Volkskunde 39 (Graz, 1957)

ABBREVIATIONS

SC	F. Madan et al., *A Summary Catalogue of Western Manuscripts in the Bodleian Library* etc., 7 vols. (Oxford, 1895-1953)
Sbaralea	J. H. Sbaralea, *Supplementum et castigatio ad Scriptores trium ordinium S. Francisci a Waddingo, aliisve descriptos*, 3 vols. (Rome, 1908-1936)
Schneyer, *Repert.*	J. B. Schneyer, *Repertorium der lateinischen Sermones des Mittelalters für die Zeit von 1150-1350*, BGPTM 43 (Münster/W., 1969 ff)
Schneyer, *Wegweiser*	J. B. Schneyer, *Wegweiser zu lateinischen Predigtreihen des Mittelalters* (Munich, 1965)
Schulte	J. F. von Schulte, *Die Geschichte der Quellen und Literatur des canonischen Rechts . . ., II. Von Papst Gregor IX. bis zum Concil von Trient* (Stuttgart, 1877)
Sinclair, K. V.	*Descriptive Catalogue of Medieval and Renaissance Western Manuscripts in Australia* (Pareus, 1969)
Stammler-Langosch	*Deutsche Literatur des Mittelalters. Verfasserlexikon*, herausgegeben von W. Stammler und K. Langosch, 5 vols. (Berlin-Leipzig, 1933-1955)
Stegmüller RB	F. Stegmüller, *Repertorium Biblicum Medii Aevi*, 7 vols. (Madrid, 1950-61)
Stegmüller RS	F. Stegmüller, *Repertorium Commentarium in Sententias Petri Lombardi*, 2 vols. (Würzburg, 1947)
Teetaert	A. Teetaert, 'Quelques *Summae de poenitentia* anonymes dans la Bibliothèque Nationale de Paris,' in Miscellanae Giovanni Mercati II, *Studi e Testi* 122 (Vatican City, 1946) 311-43
Thomson	S. H. Thomson, *The Writings of Robert Grosseteste Bishop of Lincoln 1235-1253* (Cambridge, 1940)
Thorndike-Kibre	Lynn Thorndike and Pearl Kibre, *A Catalogue of Incipits of Medieval Scientific Writings in Latin*, Medieval Academy Publications 29, Rev. and augm. ed. (Cambridge, 1963)
Vives	J. C. Vives, *Expositio in Orationem dominicam*, Appendix (Rome, 1903)
Wadding	L. Wadding, *Scriptores Ordinis Minorum* (Rome. 1906)
Walther IC	Hans Walther, *Initia carminum ac versum medii aevi posterioris latinorum*, Unter Benutzung der Vorarbeiten Alfons Hilkas, 2 vols. Carmina medii aevi posterioris latina I (Göttingen, 1959-1969)

INCIPITS OF WORKS ON THE VIRTUES AND VICES

Walther PS — Hans Walther, *Proverbia, Sententiaeque latinitatis medii aevi . . .*, 6 vols. Carmina medii aevi posterioris latina II (Göttingen, 1963-1969)

Ward and Herbert — H. L. D. Ward and J. A. Herbert, *Catalogue of Romances in the Department of MSS of the British Museum*, 3 vols. (London, 1883-1910)

Weisweiler — Weisweiler, *Das Schrifttum der Schule Anselms von Laon*, BGPTM 33, 1-2 (Münster/W., 1936)

Welter — J.-Th. Welter, *L'exemplum dans la littérature religieuse et didactique du moyen âge* (Paris and Toulouse, 1927)

WWK — *Wetzer und Welte's Kirchenlexikon* (Freiburg, 1882-1903)

ZKG — *Zeitschrift für Kirchengeschichte* (Stuttgart et al., 1877 ff)

Zumkeller *or* Zumkeller MWA — Adolar Zumkeller, OSA, *Manuskripte von Werke der Autoren des Augustiner Eremitenordens in mitteleuropäischen Bibliotheken* (Würzburg, 1966)

Introduction

> Þer beth so manye bokes and tretees of vyces and vertues and of dyverse doctrynes, þat þis schort lyfe schalle rapere have an ende of anye manne þanne he maye owþere studye hem or rede hem.
>
> Middle English Translation of the
> *Orologium Sapientiae* (*Anglia* 10 [1888] 328)

An incipit ('here beginneth' as it used to be rendered in English) is a term students of manuscripts apply to the beginning words of a work when they are used for identification. Before the establishment of 'title pages,' indicating the title which has the approval of the author, editor, or printer, titles varied considerably. In some cases works had no titles at all or at best descriptive terms serving as titles, e.g. *Tractatus de vitiis et virtutibus*. The title as we know it is a name bestowed on a book as a name is bestowed on a person. Before the advent of the 'official' or standard title, titles could be descriptive terms (like *Verbum abbreviatum*), or, rarely, titles as we understand them (like *De civitate Dei*); the last are usually found only with well-known works. Of these medieval counterparts of the modern 'standard title,' the incipit—or initium, as it is sometimes called—varies least. Hence, even when they were not used as titles, incipits serve best for identification and other bibliographical purposes. Much confusion has resulted from treating medieval titles as standard titles, for the standard title is the child of the printing press. Medieval manuscript works were creatures of a more oral age than our own, an age in which there was no strict concept of literary property. The medieval writer, copyist, or reader had a respect for a text which he did not have for a title.

This explains why books like the present one are necessary. The incipit in this bibliography is presented solely for the purpose of identifying a work. If all works in the thousands of medieval MSS were properly identified in correct catalogues, incipits would be necessary only in ambiguous cases. The recording of incipits is largely an interim task. The interim may be very long, but ultimately when all the works of the Middle Ages are identified in all MSS, incipits will not have many uses. The task of the incipit-gatherer, perhaps like that of the leech-gatherer, like that of the medical doctor and social worker, is ideally to make himself unnecessary. But it will be a long time before that day arrives. The ultimate goal of medieval studies would be a universal catalogue of all medieval MS works; in our time electronic data processing has brought that goal within the realm of practical possibility, and the present book is among the first to participate in this technological development.

Incipits were used in the Middle Ages, as etymologies of words such as 'dirge' (from 'dirige') reveal, and their use remains in our habits of identifying untitled poems by their first lines, or papal encyclicals by their opening words, or in the names for kinds of legal writs (like 'habeas corpus'). Catalogues of MSS written in the Middle Ages often identified works by incipit as well as by the first word or words of the second page of a codex (first pages often being torn off). There is always a certain magic associated with beginnings and endings, but the beginning is more useful because it varies less. With the rise of the title page, the use of incipits tended to sink into obscurity except among scholars who used old MSS. Late seventeenth- and eighteenth-century MS catalogues such as those of the Harley Collection in the British Museum and of the Laurenziana MSS in Florence use them for identification purposes.

In the mid-nineteenth century, the spread of scientific scholarship brought a revival in the use of incipits. But in the scientific spirit of the time, many bibliographers reported precisely the first word they saw, beginning 'Incipit . . .' or 'Hic incipit . . . .' This is of course *not* the incipit but the rubric; it yields another variant title, not the opening words of the text. In our own century, incipits have come to be widely used, and more often used correctly, to identify medieval MS works: we have seen in our time the publication of great incipit collections by Father Vatasso, H. Walther, Pearl Kibre and Lynn Thorndike, A. G. Little, and others. This group of catalogues has been invaluable to MS researchers.

The present catalogue, as the compilers well recognize, can only be a *guide* towards the identification of MS works dealing with virtues and vices. The extent and mass of material make errors inevitable. In the preliminary publication of this work in *Traditio* some twenty years ago (11 [1955] 259-379), I wrote 'I have no illusions about its state of perfection,' and I and my collaborators repeat that sentence feelingly. We would also, I'm sure, repeat a further comment of mine in that article: 'Guides of this sort . . . can be of immense help in the wilderness of medieval manuscripts and through the labyrinth of medieval bibliography.'

Identifying an incipit requires certain canons. First, it must be decided what part of a work is to provide an incipit, for medieval writings often have prefaces or introductions, sometimes more than one, tables, or dedicatory epistles. In this book, we have chosen (with a few exceptions as mentioned below) to take the incipit from the main body of the work.

Second, the form of the incipit must be clarified. If it begins with a Biblical quotation the incipit must go beyond the quotation to the author's own words, for Biblical quotations are common at the beginnings of medieval works and so do not give words unique enough to serve for identification. Sometimes, too, the work loses its opening quotation in being copied; in such cases a cross reference to the author's own words must be listed. Formulaic openings (such as *Notandum est quod* . . .) must also include the author's own composed beginning words. In taking down an incipit it is essential that the researcher move past quotations and formulaic language, using ellipses when necessary, until he arrives at some bit of language which, like a fingerprint, can differentiate *this* work from others.

Third, cross references must be made to introductory material such as dedicatory epistles and prologues because frequently such are used as identifying

INTRODUCTION

incipits by others, and because sometimes prologues are run into the main part by scribes. The prologue's ending (and hence the work's beginning) may be difficult to distinguish.

Fourth, rubrics must not be confused with incipits. This error is extremely common and the source of much confusion in MS catalogues.

A bibliographical tool can be useful even if not perfectly accurate; partially correct information is often better than no information at all. My colleagues and I have labored to make the entries as accurate as we can. But complete accuracy is impossible. There are inaccuracies of identification. The incipit is the true beginning of the work, not the rubric or subtitles which precede the first sentence; but many of our catalogue sources do not make this distinction. There are further inaccuracies in the printed (and handwritten) catalogues or shelf lists of MSS which give us much of our information, and we have in most cases transcribed these errors as they appear, though we have caught and corrected some. In perhaps 20% of our own incipits we have checked the MSS themselves. It is not always possible to know where a separate work begins, and hence no doubt some parts of large works are unidentified or treated as independent works. Finally, there are, one may easily assume, inaccuracies in our own transcriptions and in copies made by our own typists, and of our own perception and reasoning powers, especially when we have contradictory information.

This book is the final result of an interest of mine going back to the 1930's which produced a number of articles and a book on the *Seven Deadly Sins* (East Lansing, Michigan, 1952). The Sins are here expanded to include most virtues and vices. To this interest and work were added the zeal and achievements of my collaborators. Professor Donald R. Howard incorporated his own collection of incipits of Latin works *de contemptu mundi*. He also collected incipits specifically for this book, looking at some thousand or more MSS. In addition, he painstakingly edited the computer-generated subject and title indexes. Father B.-G. Guyot incorporated his own collection of incipits of Latin works on the Ten Commandments and the Pater Noster, and checked the entire typescript at least twice, bringing to the task his meticulous scholarship and immense learning. Professor Thyra B. Kabealo, who has been associated with this project for nearly two decades, reviewed many catalogues of medieval writings in Latin. She carefully supervised the preparation of the collected materials.

The book which results from this collaboration attempts to identify many works dealing in many ways with ethical and moral matters, found among the Latin (but not the vernacular) MSS of the later Middle Ages. It goes without saying that treatments of the vices and virtues provide important information about the cultural concerns of an epoch. We hope that the list and the indexes will be of help not only to bibliographers and textual experts but also to literary scholars, art historians, students of economic and social history; to historians of ideas, of science, of medieval philosophy and of medieval political theory; to folklorists and theologians; and to students of literary theory (especially genre), of musicology and of medieval *realia* and everyday life.

Treatments of vices and virtues are particularly abundant in the written matter of the later Middle Ages. Many incipits will be to works which reflect in a particularly intimate way the thought and life patterns of the age, giving a key to the lived values of a people and to the main concerns of a culture.

We find more works on virtues and vices in this period partly because we find more of everything in written form. The use of writing increased in the later Middle Ages. Scribal 'workshops' were set up to turn out codices fast. Technology helped to make materials more abundant and reading more common: paper was introduced into Europe in the thirteenth century, and spectacles were invented then. And of course there has been less time for loss and destruction.

These general circumstances do not explain everything about the rise of ethical concerns in the later Middle Ages. We must also take into account the rise of heresies, the spirit of reform, the widespread increase in auricular confession, the emphasis on priestly education and on educating the laymen through the priests due to the decrees of the Fourth Lateran Council of 1215, the rise of universities and scholasticism, the spread of the secular and bourgeois spirit. It is not purely chance that led the editors of the book to concentrate on the period 1100-1500 for it is one of the great periods of activity and change in Western history.

GENERAL PRINCIPLES

Our rule has been to list only MSS for which an incipit has either been reported in a printed catalogue, written handlist, cardfile, or learned book, or been observed in the MS itself. But this rule is not so easy to apply as it may seem. In some instances, as we have noted above, incipits are wrongly indicated, i.e. the rubric or title in the MS is given rather than the actual opening line. In some instances, as in the class catalogue of the British Museum, works are listed together with a pencilled notation that they have the same incipit. Some catalogues do not report incipits at all and others do so only occasionally. A catalogue may refer only to a published version to identify the work, not listing the incipit; we have usually included such MSS when we know the proper incipit from other sources, going on the assumption that cataloguers have been at pains to verify their identifications, a fact generally though not always true.

We have included works listed by cataloguers without *initia* if the attribution fits our own data and if there is no noticeable tradition of false attributions, multiple titles, identical incipits, or of confusions or conflations with other works. We have avoided including works of major authors like Gerson when reported without incipit, because there are so many false attributions to him and because MSS of the works of such writers are receiving separate study by bibliographical specialists. To take one example: a number of works are attributed to Gerson in the Bibliothèque Royale in Brussels and reported without incipits; it has seemed wise to exclude them. But in instances where we know of no specialized study under way, we have included many such entries with 'cf.' or a question mark. We have done so because this kind of information—or misinformation—is exceedingly useful. Since it calls attention to questionable attributions, it can result in the correction of many catalogue errors and the discovery of new MSS both of known works and of works hitherto unknown. We have made corrections of spelling where errors were obvious, and we have normalized spelling for the sake of alphabetical order. Special identification problems arise when we have not been able to examine the MSS and the incipit given is all too brief. Some works, hence, have not been distinguished when beginning in a similar way, e.g. 'Septem sunt peccata . . . .

MATERIALS NOT INCLUDED

In using this book it is as important to know what is not in it as to know what is. 'Virtues and vices' cover a multitude of notions and genres, and not all are reported here. Sermons are in general omitted, although some well-known sermons or homilies and some which might be considered treatises have been recorded. The number of sermons is legion; they all more or less deal with sin; most are poorly recorded in catalogues. To have attempted a selection would have involved arbitrary choices; to have included all would have made for a cumbersome volume, and one which would duplicate work being done by others. Apocalyptic satire, that is satirical works on the sins to be rooted out at the end of time, is not generally dealt with. Satirical works of other kinds are only fitfully included. We omit minor scribblings about sins (as in B M Harley 206) such as one finds in the margins or at the ends of works, or interlarded within works; but if the scribbling seems interesting (as in B M Harley 1297, f. 509) we have included it. Many philosophical or scholastic works on ethics are by-passed: for example works on such subjects as 'God is in all and all is in God. Is sin therefore in God?' or 'Is love a created habit?' or 'Are virtues naturally in humans?' We do not include commentaries on Aristotle's *Ethics* because others are working on them; moreover, catalogues usually content themselves with the same incipit from Aristotle and not words of the commentaries themselves. Anti-feminist works are usually not listed. Many 'ethical' works are not fundamentally moral in their approach, as for instance a poem in Bodley, Laud misc. 645 which describes various stages of drunkenness, or certain treatises on problems connected with fasting. Missing also are most mirrors for princes and works of advice to young men, genres usually only partially concerned with our subject.

Although fables are moralized tales, this list offers only a selection of the better-known fable collections. They have been studied by scholars like Hervieux. Variability in the order of the fables and tales makes identification by incipit uncertain in any case. Prayers are absent unless they are confession formulas. Hymns and letters are absent unless they have special relevancy. Praises of divine wisdom, unlike praises of its human reflection, do not appear. Canon law treatises dealing with the procedure of confession and absolution and the form of indulgences are ignored. Treatises *De arte moriendi* have been omitted because the larger part of such works appeared after 1500; Professor Howard has collected many incipits to these works and has an unpublished file of them which is available to researchers.

Certain works heavily studied and of great bibliographical complexity like the *Gesta Romanorum* and the *Imitatio Christi* have been in many of their forms omitted. The editors could not undertake the extensive study required for accuracy and have only sporadically recorded them. Such a work as Pope

Innocent III's *De miseria humane conditionis* is included under its incipit 'Domino patri carissimo Petro . . .' with references to existing lists of MSS, plus MSS not hitherto recorded.

Finally, florilegia of the Fathers, especially of Gregory and Augustine, which abound in medieval MSS, are only selectively reported. All reflect an individual taste and many are found only in unique MSS. Usually their incipits would not be of great help and may be confused with the original text quoted. Florilegia are one type of medieval writing whose identification is not much helped by incipits. However we do list some, a good example of which is the *Flos florum* of British Museum, Burn. 356, a magnificent anthology; but even it like all good anthologies is *sui generis*. In doubtful cases we have tended to err on the side of inclusion.

FORM OF ENTRY

The entries themselves are of two kinds: the 'main' entry and the 'cross reference.'

I. THE MAIN ENTRY:

    A. The incipit, i.e., the opening of the *main* part of the text itself. Occasionally the prologue provides the main entry when confusion is thereby avoided.
    B. The author or authors if known. If the authorship is uncertain a question mark is used. Terms like Pseudo-Augustine indicate a long history of attribution (though false) to the named author.
    C. Title or titles; or when no titles are given, brief editorial descriptions in English. It is not unusual to find a single work with three titles in different MSS; some have as many as eight or ten titles; some have none.
    D. Manuscript locations:
        1. Place-name (in its native spelling), following the practice of Kristeller, *Latin MS Books Before 1600*; in alphabetical order.
        2. Library, library call or shelf number and specific reference to folios (indications of recto or verso have been omitted) or pages. Names of places and libraries are not always repeated in successive listings of MSS in a single library or collection.
    E. Occasional articles and books about the work. These are obviously not exhaustive. Articles and books with which the reader can begin to make a bibliography have been chosen.
    F. Selected printed editions with place and date.

II. CROSS REFERENCES:

    The cross references comprise mainly:
    A. Prologues.
    B. Prefaces.
    C. Dedicatory epistles.
    D. Major variants in the incipit when they affect the alphabetization.

INTRODUCTION

E. Incipits from which quotations at the beginning have been omitted in a MS; these are cross-referenced to the incipit which includes the quotation.

In these cross references basic information is not repeated; it is found under the main entry. In a few exceptional cases MSS are listed under prologue cross references rather than under the main entry, because the main entry is too similar to the other main incipits and the prologue enables a distinction to be made (e.g., 'De confessione autem decem consideranda sunt').

The commentaries on the Pater Noster (with numbers in the 8000's and 9000's) follow this pattern.

Other cross references refer to similar or related texts. Those introduced by *See also* provide further information. But many cross references record possible or suspected relationships among incipits or texts.

LISTING OF MSS

When a bibliographical reference is given to a published list of the MSS of a work, the editors have not generally repeated references to MSS contained in that list. We have repeated such references when the published list is very short, or when we have reason to suspect an error in one of its entries; otherwise it can usually be assumed that the MSS we give are not in the published list. But we have not weeded out all repetitions because checking published lists against our own would have added greatly to the more than twenty years already taken to complete this work. Again, we have tried to err on the side of inclusion. Pertinent materials from the Hauréau handwritten incipit list in the Bibliothèque Nationale and from the handwritten Cambridge University incipit list and from the Walther and other published initia lists are included. At the end an index of MS locations covered in the entries will be found.

HOW TO READ

We have tried to be as consistent as possible; we know, however, that anyone who uses this book will be schooled in inconsistency and will make some natural assumptions. We have not always, for instance, used the same titles or names in precisely the same form. Sometimes Sanctus Augustinus may appear as Beatus Augustinus. Variants in brackets (reduced as much as possible by cross reference) are not treated as part of the incipit for alphabetical purposes. Since we have not examined all MSS of a work, it may be that *Quoniam* or *Cum* may have to be replaced occasionally by, say, *Quia* or *Dum* or vice versa.

Each word is considered as a unit in alphabetizing the entry concerned, e.g. 'Post tractatum de vitiis' precedes 'Postquam dictum est.' Each incipit is numbered and references in the indexes to incipits are by numbers. The appendix on Pater noster commentaries is distinguished by numbers in the 8000's and 9000's.

When a work begins with a deictic or enumerative word which can easily be separated from the main body of the incipit, the word has been suppressed. Thus *nota, item,* etc. have not been kept, but we have kept *nota* in expressions like *nota quod* . . . or *nota regulam* . . . .

When an incipit appears in two different places because of orthographic variation or inversion of words, we have made cross references in both cases. E.g. the entries under 'A,a,a, Domine Deus . . .' and 'Ah, ah, ah, Domine Deus . . .' are each cross-referenced. Generally 'ae' and 'oe' are written as 'e' except where distinctions facilitate indexing; the consonantal use of 'u' is spelled 'v'; 't' is preferred to 'c' when there is a good choice of variants, and 'c' to 'k.' In general we have followed the given foliation of the MS (when it is present) even if it is erroneous. We have normalized the spelling of our sources only insofar as it affects alphabetization.

When the incipits are of the same verse of Scripture, they are arranged under the Biblical verse, and alphabetized by the words which follow it. This practice is followed even if, for these different works, the Biblical verse is cut off or itself presents slight variations.

TITLES

We have recorded variant titles for which there is catalogue or direct MS evidence. When no title is given, we have used a descriptive term—either made up by ourselves or the cataloguer. One must distinguish descriptive titles, given by editors or catalnguers and not in italics, from genuine though nonstandard titles. The title index gives only Latin titles, not editors' or cataloguers' descriptions. The subject index is based on the information of both.

DATES

Dating MSS is not an exact science, but we have attemped to limit our investigations, as far as possible, to the period from 1100 to 1500. We have sometimes included works earlier than 1100 especially if they were current during our period, but rarely works after 1500. Vatasso and Dekkers provide useful guides for the period before 1100. Although printing did not immediately drive out manuscript publication, MSS became rarer after 1500 and works if they do appear as 'published' in MS usually also appear in print. Basically this list is for medievalists.

AUTHORS

Normally the name of the author (in Latin) and other relevant information are given only under the main entry. The author index is a guide to these author entries and is correct only in so far as the original reference is correct. It reports what is given in the main entry without the qualifications often listed there.

INTRODUCTION

MISCELLANEOUS INFORMATION

1. Biblical quotations are systematically noted and identified by chapter and verse.

2. Arabic numerals are usually substituted for Roman numerals in references to the Bible, Canon Law, and theological works.
3. When there is only one library in a city or town, the name of that city or town alone is normally used to indicate the library.
4. In main entries, *See* refers to another identical or very similar text. *See also* is used when additional information can be found in another entry. *Cf.* signifies some broader connection or interest which exists between two entries.
5. In the indexes only one number (referring to the main entry) is normally given.

SPECIAL FEATURES OF THE PATER NOSTER REPERTORY

Inasmuch as the material here is much smaller and more manageable, it was possible to give more detailed information in the following cases:

1. When the same work is found in the MSS with different incipits, all the related MSS are noted in one item (the principal item). The different incipits are put at the end of the item under the rubric 'alternate incipit.' Each is also found in its proper place in the alphabetical listing followed by parentheses in which the MS or MSS containing this alternate incipit are listed.
2. Except for certain particular items (e.g. 9137), an attempt has been made to cite all the discovered MSS of a work.
3. For certain commentaries, the terms 'Pater,' 'Paternoster,' 'Pater noster qui es in celis,' 'Pater noster qui es in celis, sanctificetur nomen tuum,' are not an integral part of the first phrase of the incipit: they are simply the initial lemma which is being commented on. In these cases, they are simply eliminated from the item. When on the contrary these terms are an integral part of the first phrase (e.g. 'Pater noster, excelsus in creatione . . .'), the principal item has been arranged to include these words (e.g. 8781). However, the list contains a secondary item created by excluding them (8307 'Excelsus in creatione . . .') with the proper cross reference.

Morton W. Bloomfield

Cambridge, Massachusetts
June 1976

Traditio Correspondences

A preliminary list of incipits was published in *Traditio* 11 (1955), 259-379. The numbers assigned to the incipits in that list appear in the left column below; in the right column are the numbers assigned to these incipts in the present work.

2	0006	49	0280	105	0734	154	0989	197	1242
3	0015	50	0288	108	0752	155	1006	197a	1245
4	0018	51	0296	108a	0755	156	1008	198	1250
5	0032	51a	0299	109	0766	157	1010	199	1249
5a	0034	52	0300	110a	0775	158	1025	200	1260
6	0042	53	0302	112	0783	159	1032	202	1271
7	0046	56	0193	112a	0785	159a	1037	202a	1272
8	0051	58	0312	113	0787	160	1038	203	1273
9	0062	59	0317	114	0793	161a	1051	204	1275
9a	0067	61	0351	115	0801	162	1052	205	1278
10	0070	63	0362	116	0809	163	1063	206	1279
11	0074	64	0369	117	0816	164	1066	209	1306
12	0077	64a	0380	118	0835	165	1068	210	1307
13	0090	64b	0384	122	0871	166	1069	211	1310
14	0091	64c	0385	123	0878	167	1070	212	1313
15	0085	65	0378	125	0882	168	1086	213	1314
17	0082	66	0403	125a	0883	169	1088	216	1318
18	0100	67	0409	126	0887	170	1089	217	1319
19	0103	69	0442	127	0889	171	1106	218	1321
20	0106	72	0449	128	0892	173a	1108	219	1323
21	0107	73	0455	129	0893	173b	1112	220	1328
22	0108	74	0465	130	0896	174	1121	223	1340
23	0109	75	0472	132	0899	175	1125	225	1356
24	0120	76	0476	133	0900	177	1135	226	1372
25	0122	77	0478	134	0901	179	1145	227	1375
27	0131	78	0479	135	0903	180	1149	228	1379
29	0135	84	0508	136	0904	181	1155	229	1381
30	0139	85	0513	136a	0907	181a	1159	230	1387
31	0143	85a	0525	138	0917	183a	1173	231	1388
34	0162	86	0544	139	0919	185	1178	232	1389
35	0166	88	0550	140	0924	186	1180	233	1395
36	0172	90	0585	141	0926	187	1181	234	1402
37	0174	91	0554	142	0927	188	1182	235	1406
37a	0175	92	0557	143	0929	189	1183	236	1408
39	0178	93	0558	144	0936	189a	1195	237	1410
39a	0183	94	0573	146	0939	190	1206	238	1411
39b	0185	96	0604	147	0946	191	1212	239	1423
40	0187	98	0647	147a	0947	191a	1220	240	1424
41	0221	99	0649	148	0966	192	1222	242	1426
43	0229	99a	0662	149	0967	193	1223	243	1429
44	0234	101	0680	150	0978	194	1225	244	1432
46	0245	102	0706	151	0979	195	1232	246	1441
47	0247	103	0721	152	0983	196	1241	247	1442
48a	0262	104	0729	153	0988				

INCIPITS OF WORKS ON THE VIRTUES AND VICES

248	1447	319	1875	396	2411	469	2866	533	3342
249	1449	320	1886	397	2441	471	2464	534	3346
250	1452	321	1890	400	2493	472	2812	535	3361
251	1453	322	1902	401	2499	473	2813	536	3367
252	1454	322a	1904	406	2513	474	2815	536a	3373
253	1455	325	1913	408	2518	475	2881	537	3375
254	1460	326	1916	409	2522	476	2888	538	3383
255	1462	326a	1917	410	2524	478	2904	538a	3387
256	1464	327	1927	411	2525	479	2913	538b	3392
257	1477	329	1935	412	2531	480	2916	539	3395
258	1478	329a	1939	413	2537	481	2922	540	3404
259	1480	330a	1948	414	2542	482	2923	541	3418
260	1483	332	1982	415	2543	483	2942	541a	3431
261	1485	334	1994	417	2557	484	2947	542	3433
262	1502	335	2000	418	2558	485	2953	543a	3470
265	1508	336	2003	419	2562	486	2960	544	3475
266a	1519	337	2004	419a	2566	487	2966	545	3482
267	1527	338	2008	420	2581	489	2984	546	3483
268	1529	339	2030	421	2584	489a	2987	547a	3489
269	1537	340	2017	422	2589	490	2991	548	3491
270	1538	341	2036	423	2594	490a	2992	549	3493
272	1547	343	2052	424	2596	491	3007	550	3478
274	1563	347	2075	425	2602	492	3008	551	3530
275	1564	349	2092	426	2610	493	3014	553	3548
277	1578	350	2096	427	2613	494	3028	554	3561
278	1581	351	2098	428	2619	496	3050	555	3577
280	1589	352	2110	429	2624	498	3057	556	3578
282	1615	353a	2115	430	2635	499	3065	557	3580
284	1626	354	2122	431	2642	500	3068	557a	3598
285	1627	356	2136	432	2646	501	3071	558	3603
286	1633	357	2150	433	2648	503	3080	559	3609
287	1635	358	2153	434	2652	504	3085	560	3611
288	1636	359	2157	435	2655	505	3099	561	3612
290	1645	360	2167	436	2671	506	3106	562	3613
291	1648	361	2170	437	2673	507	3112	563	3616
293	1663	362	2173	439	2681	508	3116	564	3622
294	1665	363	2180	440	2686	509	3122	568	3668
295	1670	363a	2196	441	2689	510	3124	570	3703
296	1713	364	2200	442	2691	511	3129	572	3711
297	1719	365	2202	443	2726	512	3163	573	3712
298	1731	366	2203	444	2697	513	3168	575	3719
299	1733	367	2213	445	2698	514	3169	576	3720
300	1752	368	2221	447	2706	515	3170	576a	3726
301	1753	371	2241	448	2710	516	3180	577	3727
302	1755	373	2257	449	2714	517	3193	597	3753
303	1761	374	2530	450	2715	519	3192	598	3757
304	1769	375	2265	453	2744	520	3205	599	3762
305	1770	376	2267	454	2745	520a	3222	599a	3763
306	1772	377	2270	455	2746	521	3236	600	3764
307	1768	378	2273	456	2756	522	3244	601	3765
308	1776	380	2299	457	2764	523	3256	601a	3768
308a	1778	382a	2307	458a	2772	524	3262	602	3770
309	1780	383	2320	459	2779	524	5852	603	3771
310	1785	384	2319	460	8527	525	3276	604	3772
311	1794	388	2348	461	2795	526	3281	605	3779
311a	1798	389	2349	462	2808	527	3294	606	3781
314	1841	390	2351	464	2823	528	3297	607	3782
315	1855	392	2358	465	2849	529	3311	608	3786
316	1858	393a	2381	467	2857	530	3314	609	3787
317	1866	394a	2407	467a	2860	531	3316	610	3791
318	1874	395	2409	468	2862	532	3325	611	3792

612	3794	674	4133	732	4527	790	4840	849a	5075
613	3795	675	4135	733	4529	791	4842	850	5076
614	3796	676	4136	734	4536	792	4845	850a	5081
615	3812	677	4142	735	4545	793	4851	851	5086
616	3826	678	4157	736	4546	794	4857	851a	5094
617	3829	678a	4162	737	4547	795	4859	852	5102
618	3830	679	4166	738	4548	796	4860	853	5106
619	3833	681	4190	739	4549	797	4866	854	5111
619a	3836	682	4195	740	4550	798	4871	855	5112
620	3838	682a	4220	742	4557	798a	4878	856	5117
621	3839	683	4221	743	4558	798b	4884	857	5124
622	3852	684	4222	744	4559	799	4891	858	5131
623	3858	685	4239	745	4560	799a	4899	859	5134
624	3859	686	4246	746	4561	800	4906	860	5149
624a	3863	687	4249	747	4562	801	4916	861	5153
624b	3867	688	4251	748	4570	802	4917	862	5166
625	3871	689	4261	749	4563	804	4919	866	5189
625a	3872	689a	4268	750	4565	807	4920	867	5192
626	3887	690	4279	751	4568	808	4923	868	5196
627	3889	691	4288	752	4569	809	4926	869	5201
629	3901	692	4291	753	4566	810	4985	872	5208
630	3915	694	4301	754	4567	811	4939	874	5212
631	3917	695	4306	755	4573	812	4941	875	5232
632	3919	696	4312	756	4576	814	4945	876	5233
633	3921	697	4317	757	4579	815	4950	876a	5234
634	3923	698	4319	758	4583	816	4956	877	5238
635	3944	699	4333	759	4584	817	4959	878	5240
636	3945	700	4336	760	4599	818	4965	879	5241
637	3953	702	4341	761	4627	818a	4967	880	5249
638	3954	703	4342	762	4641	819	4961	882	5254
640	3961	704	4355	762a	4645	820	4970	883	5256
641	3963	705	4361	763	4654	821	4971	883a	5268
642	3966	706	4365	764	4655	822	4973	884	5269
644	3967	707	4372	764a	4667	823	4988	885	5297
645	3971	708	4377	765	4670	823a	4989	885a	5302
646	3988	709	4378	765a	4684	824	4994	886	5307
647	3990	710	4380	766	4687	825	4995	887	5308
648	3982	711	4382	767	4695	825a	4996	889	5334
649	3992	712	4386	768	4693	826	4997	890	5356
652	4038	712a	4406	769	4694	827	5000	891	5355
653	4046	713	4419	770	4699	828	5001	892	5360
654	4047	714	1753	770a	4705	829a	5004	893	5365
655	4048	715	4426	770b	4711	830	5005	895	5371
657	4028	715a	4430	771	4727	831	5007	896	5375
659	4053	716	4432	772	4741	832	5014	897	5376
660	4060	717	4433	773	4744	833	5015	898	5379
660a	4070	718	4435	774	4746	834	5018	899	5382
661	4071	718a	4443	775	4750	835	5019	900	5387
662	4098	719	4449	776	4751	836	5021	901	5431
663	4099	720	4451	777	4756	837	5022	902	5432
664	4104	721	4457	778	4763	838	5027	903	5433
665	4105	722	4455	779	4764	839	5041	904	5435
666	4106	723	4473	781	4775	840	5051	904a	5437
667	4107	724	4478	782	4779	841	5052	905	5439
668	4109	725	4479	783	4781	842	5054	906	5443
669	4112	726	4486	784	4799	843	5059	907	5444
670	4117	727	4500	785	4803	844	5061	908	5446
671	4118	728	4511	786	4807	845	5063	909	5452
671a	4120	729	4512	787	4819	846	5065	910	5453
672	4124	730	4516	788	4828	847	5067	911	5455
673	4132	731	4523	789	4834	848	5070		

912	5466	950c	5750	989	5934	1026	6097	1062	6280
914	5469	951	5755	990	5937	1027	6098	1063	6300
915	5471	952	5767	991	5938	1028	6106	1064	6301
916	5472	953	5772	992	5940	1029	6105	1065	6304
917	5473	954	5777	993	5942	1030	6107	1066	6307
918	9123	955	5778	994	5944	1031	6116	1067	6318
919	5484	956	5787	995	5945	1031a	6123	1068	6319
920	5493	957	5790	996	5946	1032	6133	1071	6334
921	5494	958	5794	997	5947	1033	6137	1072	6341
922	5496	959	5808	998	5949	1034	6141	1073	6342
923	5497	960	5809	999	5951	1035	6150	1074	6343
924	5516	961	5814	1000	5952	1036	6151	1075	6347
925	5519	962	5819	1001	5955	1036a	6158	1076	6357
926	5532	963	5826	1001a	5960	1037	6174	1077	6358
927	5533	964	5833	1002	5966	1037a	6178	1077a	6359
928	5534	965	5843	1003	5969	1038	6186	1080	6384
929	5540	966	5844	1004	5978	1039	6192	1082	6399
930	5543	967	5845	1005	5981	1040	6196	1083	6419
931	5557	968	5849	1007	5993	1042	6199	1084	6423
932	5562	970	5853	1008	5997	1043	6202	1084a	6433
933	5571	971	5875	1009	6000	1044	6201	1085	6437
934	5577	971a	5878	1010	6007	1045	6207	1086	6441
935	5582	972	5888	1012	6009	1046	6224	1087	6445
936	5599	973	5893	1012a	6011	1047	6226	1088	6446
937	5598	974	5895	1012b	6015	1048	6228	1089	6450
938	5600	975	5897	1013	6016	1049	6235	1090	6451
939	5601	976	5898	1014	6019	1050	6244	1090a	6452
940	5604	977	5901	1015	6020	1050a	6246	1091	6478
942	5689	978	5902	1016	6022	1051	6247	1092	6485
943	5690	979	5905	1018	6042	1052	6251	1093	6493
944	5691	980	5906	1019	6037	1053	6256	1094	6522
945	5707	981	5909	1020	6040	1054	6258	1095	6531
946	5718	982	5911	1021	6045	1055	6261	1096	6532
947	5721	983	5912	1021a	6061	1056	6265	1097	6533
948	5727	984	5919	1022	6062	1057	6267	1099	6542
949	5731	985	5925	1023	6068	1058	6270	1100	6544
950	5737	986	5926	1023a	6091	1059	6272		
950a	5739	987	5927	1024	6092	1060	6276		
950b	5745	988	5928	1025	6095	1061	6279		

1. Incipits of Works on the Virtues and Vices

0001. **A, A, A, Domine Deus ecce nescio loqui...** (Ier. 1,6). *Hic notandum est...*
Ioannes de Spinello, *Abbreviatio Dictionarii*
Ms: Paris, Mazarine 1047 (581)

0002. **A, a, a, Domine Deus, ecce nescio loqui** (Ier. 1,6). *Quoniam tria sunt que studiosos viros retrahunt a studio Scripturarum sanctarum...* (Prol.)
Absolutio. Circa absolutionem quatuor per ordinem sunt notanda...
Rainerius de Pisa, O.P., *Summa* or *Pantheologia abbreviata* or *Summa universe theologiae*
Mss: Brugge, Stadsbibl. 238; Firenze, Laur. S. Croce Plut. IX sin. 1; 2; 3; Giessen, Univ. 728; Groningen 18; 19; Pamplona, Cab. 60; 61; Siena, Com. G. IV. 18; G. IV. 19; G. IV. 20; Tours 389; Valencia, Cab. 63 (Hauréau I 32; Stegmüller RS 710, 1; RB 7169)
Printed: Lugduni 1670...
Pref.: Ad reuerendissimum in Christo Patrem et dominum...
Variant: Ad maiorem tamen euidentiam...

0003. **A, a, a, Domine Deus, ego nescio loqui** (Ier. 1,6). *Sicut dicit Bernardus in quodam sermone, consideranti tibi quid sis...*
Petrus Berchorius, *Repertorium morale*
Mss: Arras 562(436); Cesky Krumlov 115; 118; 241; 242; Firenze, Laur. S. Croce Plut. XXIX sin. 2; Plut. XXIX sin. 7; Madrid, Nac. 1149; 1150; 1151; Nürnberg, Cent. III, 29; 30; 31; Praha, Univ. I.B.8 (63-64); III.B.22 (431); VI.B.4 (1037); VIII. B.10 (1446) f.1-27 (Stegmüller RB 6427; 6789)
See: Deus est principium immortale...

0004. **A, a, a, Domine Deus quoniam puer ego sum et nescio loqui** (Ier. 1,6). *Si Ieremias ab utero sanctificatus...*
Alanus ab Insulis, *Poenitentiale* or *liber Poenitentialis*
Mss: see J. Longere, *Alain de Lille. Liber Poenitentialis* I (d'Alverny p. 152-154)
Printed: PL 210, 281-304 (recensio brevior); J. Longere, *Alain de Lille. Liber Poenitentialis* (Louvain 1965: Analecta Mediaevalia Namurcensia 17-18) t. II
See: Henrico Dei gratia Bituricensi... Hic est liber qui corrector vocatur... Sapiens igitur medicus...

0005. **A, a, a, Domine Deus: Significat metum et suspiria...**
Magister Astensis, O.M., *Distinctiones*
Ms: Basel, Univ. B VIII 15 f. 1-60

0006. **A, a, a, Domine Pater misericordiarum, audeone venire et apparere in conspectu sanctorum angelorum tuorum...**
Guillelmus Parisiensis (Alvernus), Supplementary chapter to *Tractatus novus de penitentia* or *Exemplum confessionis ad Deum*
(Glorieux 141n; P. Glorieux in *Miscellanea A. Janssen* [Louvain 1948] 551-565; A. Wilmart in *Revue d'ascetique et de Mystique* 8 [1927] 249-282)
Mss: Chartres 377 f. 149; Paris, BN lat. 15988; Tours 406; Vaticana, Vat. lat. 849 f. 100-101

Printed: Opera omnia (Aureliae-Parisiis 1674) Suppl. II 229-231; PL 158, 742-748
(Anselmus)
See: Secunda tabula post naufragium

0007. **A, a, a, triplicatum scriptura significat...**
Summa casuum conscientie
Ms: Krakow, BJ 1673

0008. **A. Abscondens malum a diabolo...**(variant)
See: Absconditur malum a diabolo...

0009. **A Deo, qui scrutatur et renes et cor...**
See: Iudica me Deus...A Deo...

0010. **A Domino factum est istud** (Ps. 117, 23). **Primi membri ratio hec est: omnis enim scientia, a Domino est... Domino est... Domino est...**
Anon., De virtutibus et vitiis (based on Guillelmus Peraldus, etc.)
Ms: Paris, Mazarine 924 (427) f. 42 (Little, Friars, 147).
Cf.: Dicturi de singulis viciis ante omnia...

0011. **A grauat ordo locus...**
See: Aggrauat ordo locus...

0012. **A hec littera triplicatur primo ex amore**
Dictionarius Moralis
Mss: Cambridge, Caius 57 f. 250-295; Cambridge, St. John's A. 15 f. 1

0013. **A muliere cave quamvis sit religiosa quanto simplicior...**
[Short poem]
Ms: Paris, BN lat. 8247 f. 122. (Walther IC 51)

0014. **A multis quidem erratum est persepe modo preter naturam...**
Mss: Berlin, Lat. qu. 710 f. 226-237; Bamberg, Theol. 13 f. 508; 72 f. 54; 107
(Michaud-Quantin Index)

0015. **A paradisi gaudiis postquam expulsum est genus...** (variant)
See: Paradisi gaudiis...

0016. **A Phoebo Phoebe lumen capit, a sapiente...**
Alanus ab Insulis, De parabolis or Liber parabolarum
Mss: Auxerre 86(80); Cambridge, Corpus Christi 233 f. 71; 356 (IV) f.1; Cambridge, St. John's F. 10(147) f. 44; F.26(163) f.170; Cambridge, Trinity Coll. O.5.4 (1285) f. 21; R. 3.51(624) f.70; Paris, BN lat. 3359; 8259 (with glosses); Metz 169 (periit); Sankt Gallen 841; 893; Troyes 1687; Valenciennes 232. (M. Boas in Mnemosyne 42 [1914] p. 22, 42 seq.; Th. d'Alverny 51-52)
Printed: PL 210, 581-594

0017. **A plerisque saepe rogatus ut opuscula quaedam et diuersarum rerum orationes atque epistolas...**(Pref.)
See: Quoniam cum saepe alias...

0018. **A pretio io chi nostri o christiani...** (Prol.)
See: Facturus de conflictu viciorum...

0019. **A priori formula novitiorum quam tibi scripsi de exterioris hominis compositione...**
David ab Augusta, Formula interioris hominis
Ms: München, Clm 2667
See: In priori formula novitiorum...

0020. **A quampluribus amicorum rogatus quam pluries ut ad evidentiam anticerberi quam edidi metrice...** (Prose preface)
See: Suscipe vivendi doctrinam...

LIST OF INCIPITS

0021. ***A quandoque notat locum; unde in Evangelio: Homo quidam descendebat a Ierusalem in Iericho*** (Luc. 10, 30). ***Notat etiam tempus...***
See: Quoniam iuxta aristotelicae auctoritatis praeconium...

0022. ***A summis festis ad missam dicitur una...***
Summula de Summa Raymundi
Ms: München, Clm 1133 f.184 seq.
See: Summula de summa Raymundi...

0023. ***A timet et pauper regnat, perit inde superbus B pius...***
[Poem on Seven Gifts]
Mss: Paris, Mazarine 3875 (593) f.27; Paris, BN, lat.15025 f. 299

0024. ***A turbacione fontis segniter...***
De malis praelatis
Ms: Oxford, Balliol 230 f.224 seq.

0025. ***A veritate quidam auditum avertent...***(II Thess. 4,4). ***Dicit apostolus Paulus praedicator et rigator fidei Christianae*** [or Dicit plantator et rigator Christianae fidei Paulus]...(prol.)
See: In nova fert animus mutatas...Ovidius in primo libro...

0026. ***Aaron interpretatur mons fortis...***
Colliget (a theological dictionary)
Mss: Paris, Arsenal 98 (?); Praha, Univ. XII.B.16(2121) f. 158-223

0027. ***Ab alienis parce servo tuo*** (Ps.18,14) ***Sciendum quod novem sunt peccata aliena...***
De novem peccatis alienis
Ms: Gdansk 1980 f.88 seq.
See: following incipit

0028. ***Ab alienis parce servo tuo*** (Ps. 18,14). ***Ubi sciendum quod sunt novem peccata aliena quorum si peccator in uno...***
[Work on the sins]
Ms: München, Clm 17635 f.109-111
See: preceding incipit

0029. ***Ab aspectu nephando autem oculum tuum...***
De custodia oculorum efficaci ad monachos
Ms: København, Gl. kgl.S.3390 oct. f.15-16

0030. ***Ab episcopo vel quocumque alio prelato queres...***
Ms: Würzburg, Univ. M.ch.q. 102 (Michaud-Quantin 90)

0031. ***Ab eterno et ante tempora fuit Deus...***(prol.)
See: Deus cuius scientie non est finis...

0032. ***Ab exordio nascentis ecclesiae christianae orthodoxi patres...***
Iohannes Pecham, Constitutiones
Ms: London, Lambeth Palace 1281
Printed: D. Wilkins, Concilia II 51 seq.

0033. ***Ab hac tantula...***(prol.)
See: Indumenta quidem...

0034. ***Ab his qui ad confessionem veniunt querendum est...***
Liber penitentialis
Ms: Paris, BN lat. 14859 f. 304-311 (Teetaert, 334-335)

0035. ***Ab hoc ergo monte necessarium est medicamenta suscipere...*** (chap. 1)
Petrus Damianus, De decalogo et decem Aegypti plagis
Printed: PL 145, 685-94
See: Contempsisti nuper, fili, Pharaonem... (Introductory epistle)
Cf:(?) Quia non est sine causa quod numero decem plagarum...

18 INCIPITS OF WORKS ON THE VIRTUES AND VICES

0036. **Ab illo cuius gratia spiramus hoc nostrum iubemur...**(prol.)
See: Prima distinctio. Audi fili tui patris prudentiam...

0037. **Ab infantia pueri bene sunt informandi...** (Prol. to index)
See: Ut sacre veritatis splendor euidentius cunctis...

0038. **Ab occultis meis munda me...**(Ps. 18, 13) **In his verbis propheta duo petit...**
Ab occultis meis munda me...(Ps. 18,13). Illa verba sunt prophete Dauid...
De novem alienis peccatis
Mss: Klagenfurt, Studienbibl. Pap. 83 f. 132-133; Klosterneuburg 194 f.213-218; München, Clm 18314 f.180-183; Praha, Univ. I.F.5(237) f. 158-160; Wien, Nat. 4910 f.65-68

0039. **Abba: secundum Papiam nomen est Hebreum...**
Vocabulorum variorum interpretationes in ordine alphabeti (no title)
Ms: Klosterneuburg 351 f.268-325

0040. **Abbas a monacho veneno occiditur: libro 4, fabula 2...**
Nicolaus Trivet, O.P. (?), *Tabula super allegorias libri Ovidii de transformatis secundum ordinem alphabeti*
Ms: Oxford, Merton 85, ff. 111 seq.

0041. **Abbas Abbas in debet**
See: Abbas non debet...

0042. **Abbas. Abbas in suo monasterio conferre potest suis...** (first article)
See: Quoniam, ut ait Gregorius ... (prol.)

0043. **Abbas. Abbates et alia officia per episcopos debent institui...**
[Tabula Decretorum]
Mss: Brugge, Stadsbibl. 373; Oxford, Lincoln 5, f.2 seq.

0044. **Abbas Antonius deficiens in consideratione profunditatis iudiciorum**
Vite patrum: liber de humilitate
Ms: Cambridge, King's 4, f.120

0045. **Abbas. Cum constitueretur Joseph super Egiptum, precessit eum preco clamans juxta Symachium, Ab. quod interpretatur Pater...**
Johannes Felton (?), *Dictionarium Theologicum*
Ms: Oxford, Merton 70

0046. **Abbas debet esse vel fieri sacerdos...** (Chap. 1)
See: Quoniam ignorans ignorabitur...(Prol.)

0047. **Abbas. Exempla que in isto volumine...**
Liber exemplorum ordine alphabetico
Ms: Schlägl 97

0048. **Abbas. Hic primo ad instructionem confessorum quaero...**
Summa confessorum abbreviata
Ms: Klagenfurt, Studienb. Perg. 76

0049. **Abbas huius claustri est iugis meditatio...**
Hugo de Folieto (?), *Claustrum animae*
Mss: München, Clm 28372 f.143-4; Paris, BN lat. 2499; Praha, Univ. XIV B.12 (2451) f.98-117; Schlägl 68 f.133-156
Cf: Diligenter exerce...Sic dicitur...Rogasti nos, frater amantissime, quatenus

0050. **Abbas in suo monasterio...**
See: Abbas. Abbas in suo monasterio...

0051. **Abbas non debet esse nimis rigidus. Anselmus: Quidam abbas semel conferebat...**
See: Antiquorum patrum exemplo didici nonnullos...

LIST OF INCIPITS

0052. *Abbas non potest* [and *in*] *duobus monasteriis presidere...*
    See: Ut sacre veritatis splendor euidentius cunctis elucescat...

0053. *Abbas. Utrum ad abbatum pertineat tota potestas et sollicitudo monasterii...*
    Henricus Bohic, *Distinctiones*
    (Schulte II 267)
    Prol: Venerabilibus et discretis viris doctoribus, licent., baccal. Et allis scholaribus auditorium suum...

0054. *Abbas. Utrum unus abbas possit presidere...*
    Johannes Friburgensis, O.P., *Tabula super summam confessorum*
    See: Saluti animarum et proximorum utilitati...

0055. *Abbates et alia officia...*
    See: Abbas. Abbates et alia officia

0056. *Abbates vero et priores non exempti...*
    See: Omnis utriusque sexus...

0057. *Abbatissa trigesimo anno expleto et professa non eligitur...*
    Christophorus de Fabianis de Veneciis, O.P., *Tabula super librum de confessione*[Confitemini alterutrum peccata vestra...quia, ut dicit Chrysostomus...]
    Ms: Leiden, Univ. d'Ablaing 21 f.1-10 (P. C. Boeren, *Catalogue des Mss des Collections d'Ablaing* [Lugduni Batavorum-Leiden 1970] 81-82)

0058. *Abel dicitur principium ecclesiae propter innocentiam. Unde Christus perhibet testimonium...*
    Petrus Cantor, *Summa Abel*, or *distinctiones sive expositiones vocabulorum Bibliae secundu alphabetum*
    (Stegmüller RB 6451; A.M. Langraf, *Einführung in die Geschichte der theol. Literatur der Frühscholastik* [Regensburg 1948] p.119; Grabmann, *Geschichte der schol. Methode*, II 483)

0059. *Abel interpretatur luctus vel pavor vel nihil hoc...*
    Interpretationes
    Ms: Troyes 1704

0060. *Abel. Quomodo intelligendum est quod sanguinis Abel...*
    [Moral and legal lexicon]
    Ms: Vaticana, Vat. lat. 793 f.89 seq. (imperf.)

0061. *Abel virgo, Jesus...*
    Ms: Vaticana, Vat. lat 16; 922 (Walther IC 169)
    Cf: Lucifer, Antiochus, Namroth...

0062. *Abeuntium per hunc mundum alii abeunt male...*
    Nicolaus de Gorran, O.P., *Distinctiones ad praedicandum* or *Distinctiones theologicae*
    Mss: Assisi, Com. 396; Avignon 308; Bordeaux 69; Brugge, Stadsbibl. 269 f.150-332; Burgo de Osma, Cab. 121; Cambridge, Caius 290 p.411; Cambridge, Pembroke 99 f.1; Cambridge, Peterhouse 261 f.1; Cambridge, St. John's E.9 f.191; Cambridge, Univ. Gg.1.33 f.3; Ll.4.16; Douai 453; Hereford, Cath. P.3.XIII; København, Ny. kgl. S. 1836 fol. f.2-124; Laon 149; London, Gray's Inn. 23 f.1-143; Oxford, Bodl. Laud. misc. 555; Oxford, Magdalen 35 f.25 seq.; Oxford, Merton 147 f.1 seq.; Paris, Mazarine 1020; Paris, BN lat. 3684; 12425; 14900; 16485; 16486; Toulouse 339; Troyes 1503; 1595; Vaticana, Vat. lat. 978; Vendome 159; Wien, Nat. 925; (Thomson 248; Stegmüller RB 5740; Wilmart in *Memorial Lagrange* 1940, 342-43)

0063. *Abhominabit autem Deus tales quibus caro et sanguis...*
    Robertus Holcot, O.P., *Distinctiones Bibliae*

Ms: Cambridge, Trinity B.14.17 f.1 (attrib.) (Stegmüller RB 7416,6)
See: Abominabitur autem Deus...

0064. **Abhominare debemus contrario bono divino...** [alphabetical table]
See: Clamat politicorum sententia...

0065. **Abhorrere creatura irracionabilis...**
Bona collecta secundum ordinem alphabeti pro sermonibus
Ms: Wilhering 131 f.1-133

0066. **Abicere. Abicere debemus diuicias** [or **res**] **temporales quia repellunt veritatem a congregatione Dei...**
Eustasius de Portu, O.P., *Collationes seu distinctiones moralitatum postille magistri Roberti Holcot abbreviate* or *Alphabetum de vocabulis praedicabilibus* (Pits p.437)
Mss: see Kaeppeli 1063. Add: Klosterneuburg 357 f. 1-92 (Stegmüller RB 7416,5)

0067. **Abicere. Abicere se ipsum in comparatione Dei per amorem...** (Prol.)
Stephanus Langton (?), *Promptuarium Patrum*
Ms: Troyes 1385 f. 44 (Glorieux 104 ak)
See: Vidi bestiam ascendentem... Bestia dicitur quasi vastia...

0068. **Abicere. Abicit mundus pauperes...**
See: Abicit mundus pauperes

0069. **Abicere. Circa abiectionem nota qualiter in Scriptura sumitur...**
See: Abiectio. Circa abiectionem nota...

0070. **Abicere debemus diuicias temporales quia repellunt veritatem...**
See: Abicere. Abicere debemus diuicias temporales...

0071. **Abicere debemus fetorem immundicie...**
Liber qui dicitur Nich[o]lai de Furno
Ms: Worcester Cathedral F.19 f.131-60

0072. **Abicere. Est abiectio hominis, id est qua homo abicit et haec est aliquando... culpabilis...**(variant)
See: In omnibus gentibus prima littera...

0073. **Abicere non quia abicienda sunt...**
Prol: Cum secundum almum Christi...

0074. **Abicere. Secundum auctorem De natura rerum...**
Simon Boraston, O.P., *Distinctiones theologiae* or *Distinctiones reverendi*
Mss: Gdansk 1940; Mar F 221; Lincoln, Cath. 40 (A 29); Oxford, Bodl. Bodl. 216 (SC 2052; 650 (SC 2294); Oxford, Merton 101; 216 f. 45 seq.; (*Archivum Fratrum Praedicatorum* 22 [1952] 333 seq.; Stegmüller 7641)

0075. **Abicere temporalia. Hermes Trismegistus in libro de deo deorum...**
Conradus de Halberstadt, O.P., *Tripartitus moralium*, Pars I
See: Sicut dicit Seneca in epistola...

0076. **Abicere temporalia. Hermes Trismegistus, libro 2 de constellatione: Plotinus philosophus cum esset...**
Conradus de Halberstadt, O.P., *Tripartitus moralium*, Pars 2, tabula
See: Sicut dicit Seneca in epistola...

0077. **Abiciamus opera tenebrarum et induamur arma lucis** (Rom. 13,12).
In adventu magni regis et principis expiantur sordes et parantur vestes...
[Sermon themes on *Diaeta salutis*]
Mss: Klosterneuburg 373 A f. 190-194; London, BM Roy. 5F.XIV f.77; München, Clm 9621 f. 1 seq.; Wien, Nat. 3895. (Schneyer, *Repertorium* II p. 472, Guilelmus de Lavicea)

Printed: S. Bonaventurae *Op. omn.* Parisiis Vives, t. 8 [1866] pp. 347-358
Cf.: Hec est via...Magnam misericordiam facit...

0078. **Abiciamus opera tenebrarum et induamur arma lucis** (Paulus ad Rom. 13,12).
Abiciamus opera tenebrarum, id est opera mala que ex tenebris ignorancie...
Gilbertus Minorita or Gilbertus Downham or Gulielmus de Mauli, *Collationes de tempore et de communi sanctorum,* or *Summa theologica*
[Themata on Sins]
Ms: London, Gray's Inn 23 f. 178-181; Oxford, Bodl. Bodl. 812 f.1 (SC 2679)
Cf. J. B. Schneyer, *Wegweiser* p. 2

0079. **Abicienda est servitus temporalium propter quatuor...**
Distinctiones vocabularii
Ms: Paris, BN lat. 14928

0080. **Abicienda. Sunt autem quatuor quae...**
Moralia quaedam
Ms: Laon 194

0081. **Abicientes omnem immunditiam...(Iac.1,21). Ubi tria tangit...**
See: Abicite. Abicientes omnem immunditiam...

0082. **Abicit mundus pauperes et honorat diuites. Nota: Augustinus dicit quod coruus est talis nature...**
Iacobus de Losanna, O.P., *Compendium moralitatum* or *Auctoritates per naturales similitudines secundum ordinem literarum collecte* or *Abiciamus* or *Distinctiones theologicae* or *Libellus pulcher secundum ordinem alphabeti* or *Liber de naturis animalium cum moralitatibus et lapidum preciosorum descripciones* or *De proprietatibus rerum* or *Moralitates alphabetice digestae* or *Moralitates secundum alphabetum* or *Moralitates rerum naturalium* or *Repertorium theologicum*
Mss: Brugge, Stadsbibl. 217; Frankfurt am Main, Stadtb. Praed 60 f. 51-73, 74 and 75; Graz, Univ. 232 f.117-165; Lincoln, Cath. A.6.1; London, BM Addit. 21144; München, Clm 8181; Oxford, Balliol 320, ff. 238-51; Oxford, Bodl. Bodl. 41 f.42 (SC 1845); Hamilton 10 f. 267 (SC 24440); 21 f. 48 (SC 24451); 55 f.89 (Sc 24485); Paris, Mazarine 888(1136) f.53-82; Paris, BN lat. 16440; n. a. lat. 226; Pavia 504; Praha, Univ. I.A.38(48) f.246-276; I.G.15(291) f.1-60; III.C.15(446) f. 99-121;III.G.25 (550) f.55-112; V.B.14(831) f. 182-205 VIII.D. 22 (1517) f.1-87; VIII.B.32 (1468) f. 1-148 (imperf.); V.F.26 (948) f.62-108; IX.A.6 (1671) f. 13-108; X.F.21 (1947) f. 1-76; XII. B.14 (2119) f. 66-98; Sankt Gallen 291; Trebon, Arch. A 18 f. 116-161; Troyes 826; 877; 1272; 1787; Utrecht, Univ. 349 f.1-49; Wien, Nat. 1288; 3609; 4872; Würzburg, Univ. M.ch.f. 65 f. 116-174; Wilhering 76 f. 19-73; Zwettl 329 f.62-113. (Welter 349 n.38; Hauréau, VI.149; Stegmüller RB 3887)

0083. **Abicite. Abicientes omnem immunditiam...(Iac. 9,21). Ubi tria tangit...**
Distinctiones
Ms: Paris, BN lat. 16492 f.270 seq.

0084. **Abiciuntur quidam a mundo, sed non abiciunt mundum. De quibus...**
Excerpta distinctionum magistri Petri Cantoris
(Stegmüller RB 6451,1)

0085. **Abiecti et depressi sunt quidam in hoc mundo propria electione precedente...**
See: Predicantium vita, secundum beatum Gregorium...

0086. **Abiectio. Abiecti et depressi...**
See: Abiecti et depressi...

0087. **Abiectio. Ambrosius de Offic. Lib.I: Abiectio discipuli detrimentum est magistri...**
See: Abiectio discipuli detrimentum est...

0088. Abiectio. Circa abiectionem nota qualiter in Scriptura sumitur, qualiter diuiditur...
Mauritius Hibernicus, O.F.M., (Maurice of Ireland), *Distinctiones* or *Summa distinctionem super auctoritatibus Sacrae Scripturae* or *Summa de virtutibus et vitiis* or *Distinctiones in usum praedicatorum alphabetice digestae*
Mss: Assisi, Com. 377; 401; 416; Basel, Univ. B.IV.8; B. IX.17 f.225-269; Besancon 232; Bologna, Univ. 26; 899; Bordeaux 155; Cambrai 409; Cambridge, Caius 164; Cambridge, Peterhouse 170; Firenze, Naz. F.6.735; Heiligenkreuz 114; Klosterneuburg 367 f.1-40 (incom.); Lisboa, Nac. Alcobac. 6 (CXXXIV); 25 (CXXXV); London, BM Royal 9 E.III; 10 B.XVI; Luxembourg, Nat. 128; Oxford, Bodl. Bodl. 46 (SC 1877; Rawlinson C.711; Oxford, Merton 102; 148; Paris, Arsenal 508; Paris, Mazarine 1019 (582); Paris, BN lat. 3270; 3277; 15944; 15945; Praha, Univ. IV.B.13 (615) f.1 seq.; VIII.D.25 (1520) f.3-70; Rouen O. 30 (614); Toulouse 62; Tours 34; 466; Troyes 510; 1703; Vaticana, Ottob. 400; Vat. lat. 979 f.11 seq.; 980; Vendome 158; Zwettl 188 f.4-258 (Stegmüller RB 5566; A. Wilmart in *Memorial Lagrange* [Paris, 1940] 341-342)
Printed: Venice, 1603

0089. Abiectio discipline discrimen est magnum...
Glossarium morale
Ms: Paris, BN lat. 16516 f. 143 seq.

0090. Abiectio discipuli detrimentum est magistri...
Sententiae sive Flores ex sanctis Patribus, praesertim S. Augustino, Bernardo, Isidoro etc
Mss: Cambridge, Univ. Ff.VI.53 (1391) f. 40-176; Troyes 1598; 1762.
See: Abiectio. Ambrosius de Offic. lib.I: Abiectio

0091. Abiit in agrum et collegit spicas post terga metentium... (Ruth 2,3). *Ruth paupercula non habens messem propriam ad colligendum...* (Prol.)
Abstinentia. Bonum est in cibo cum gratiarum actione percipere quidquid Deus edendum precepit...
Thomas de Hibernia (Palmeranus, Palmerstonus) (Iohannes Guallensis ? in Graz, Univ. 445: 'a I.G. compositus sed ob eius mortem imperfectus relictus, a Thomas Hibernico completus...'), *Manipulus florum* or *Flores doctorum*
Mss: Arras 580; Assisi, Com. 244; Basel, Univ. B.IV.9; Brugge, Stadsbibl. 171; Cambrai 232 (242); Cambridge, Caius 402 f.1-176; Cambridge, Peterhouse 163 f.1-136; 164 f.1-207; Cambridge, Univ. Ff.6.35; Ii.6.39 f.67-71; Charleville 10; 38; 120; Douai 458; Escorial f.II.18 f.189-206; Firenze, Laur. S. Croce Plut. XXXIV sin.4; Gdansk 1984; Frankfurt am Main Leonhardstift 4; Frankfurt am Main Stadtb. Praed 143 f.2-252; Graz, Univ. 445 f.1-221; Klosterneuburg 391 f.1-213; Köln, Dombibl. 182; Lincoln, Cath. 48 (C. 3.1); 191 (B.4.4); London, BM Addit. 24129; Royal 7 C.III; Linz 117 (379); Madrid, Nac. 234 f.1 seq.; München, Clm 3212; 3724; 3725; 12310 f.1-280; Namur, Mus. Arch. Ville 90 (excerpts); Nürnberg, Cent. III,63; Oxford, Lincoln 98; Oxford, Oriel 10 f.336 seq.; Oxford, Merton 129 f. 26 seq.; Paris, Mazarine 1031 (1248); 1032 (1249); 1033 (1094); 1034 (1095); Paris, BN lat. 2615; 3336; 7347 (incomplete); 15986; Praha, Univ. IV.C.7 (634) f.1 seq.; V.E.25 (919) f.1-102; X.B.9 (1838) f.1-109; XII.B.18 (2123) f.1 seq.; Lobkowitz 521; Saint-Omer 671; Tarragona, Prov. 17; Toledo, Cab. 381; Tortosa, Cab. 75; Toulouse 222; Tours 35; 36; 37; Troyes 1261; Valencia, Cab. 266; Vaticana, Vat. lat. 1169; 1170; Wien, Nat. 1555; Worcester, Cath. F 153; (Glorieux 322 x; Stegmüller RB 8128,1; Little, *Friars* 148; *Collectanea Franciscana* 13 [1943] 50; G. Meyer - M. Burckhardt, *Die Mittel. HSS der Univbibl. Basel* [Basel 1960] 330-331)
Printed: Hain 8542-8543, Goff H-149-150
See: Quam suaue mihi subito factum est...(alternate prol.)

LIST OF INCIPITS

0092. Abissus...
    See: Abyssus...

0093. **Abiuratio. Abiurationis forma et qualiter debeant abiurare heretici redeuntes...**
    Repertorium legale et morale
    Ms: Napoli, Naz. Brancacciana II. A.6 f.62 seq.

0094. **Abmissis** [or **Obmissis**] **sufficienciis et ordinationibus** [or **ordinationibus et sufficienciis**] **parcium capitulis...** (prol.)
    See: *Quoniam virtutibus nichil...*Circa virtutes specialiter... Quoniam non vitatur malum nisi...(these two works both have the same prologue.)

0095. **Abominabitur autem Deus tales...**
    Robertus Holcot, *Distinctiones super libri Sapientiae*
    Ms: Oxford, Merton 112 (Stegmüller RB 7416,6)
    See: Abhominabit autem...

0096. **Abominaciones Egyptiorum immolabimus Deo nostro** (Exod. 8,26). **Nota: Egypti, id est mundana...** (variant prol.)
    See: Verbum abbreviatum fecit Dominus...Si enim verbum de sinu Patris...

0097. **Abominari non debemus duo genera...**
    Alanus de Linna, O.Carm., *Tabula in Petr. Berch. Reductorium Bibliorum*
    Stegmüller RB 964
    Cf. (?): Ad Dei laudem... Tabulam...

0098. **Abraham exuit omnem amorem...**(main in MS Siena, Com. G.VII. 24)
    See: Creatio rerum...

0099. **Abraham interpretatur pater excelsus. Abraham pater multarum gentium...**
    Petrus de Lemoviciis (Limoges), *Distinctiones*
    Ms: Paris, BN lat. 16482 (Glorieux 178 c)

0100. **Abraham. Triplex fuit beneficium Abrahe...**
    Iohannes Ede or Iohannes de Hereford (?), *Distinctiones Theologicae*
    Ms: Oxford, Bodl. Auct. F.3. 5 f.1 (SC 2684)
    Cf: Abrahe triplex est beneficium...

0101. **Abrahe triplex est beneficium, videlicet prelacio, conversacio, propagacio.**
    Robertus Holcot, O.P., *Opus lectionis in librum Salomonis Sapientiae abbreviatae et ordine alphabetico dispositae*
    Ms: Oxford, Merton 186 f. 112 seq.
    Cf: Abraham. Triplex fuit beneficium Abrahe...

0102. **Abscondita est in terra pedica** (Iob. 18,10)...
    See: Absconditur malum a diabolo. (Iob.18,10): Abscondita est in terra pedica...

0103. **Absconditur malum a diabolo.** (Iob.18,10): **Abscondita est in terra pedica.**
    Nicolaus de Byard, O.F.M., *Distinctiones*
    (Stegmüller RB 5694)

0104. **Absconditur malum a diabolo sub delectatione, sicut laqueus sub grano...**
    Nicolaus de Byard, O.F.M., *Distinctiones theologicae*
    Mss: Arras 689; Avignon 308; Bordeaux 137; Brno, Univ. Mk 72; Brugge, Stadsbibl. 515; Cambrai 521; Cambridge, Pembroke 238 f.33; Chartres 254; Laon 150; Oxford, Bodl. Bodl. 563 f.1 (SC 2347); Oxford, Magdalen 145; Oxford, Merton 67 f.5 seq.; 252; Padova, Anton. 507; Paris, Mazarine 1024 (1007); Paris, BN lat. 12424; 13474; 14890; 16488 (Stegmüller RB 5693)

0105. **Absolutam cuiuslibet discipline perfectio...**
    Summa
    Magister Petrus Spargiolus,
    Ms: Tarragona 31

0106. **Absolutio. Circa absolutionem quatuor per ordinem sunt notanda, scilicet causa effectiua, materia susceptiua...**
See: A, a, a, Domine Deus, ecce nescio loqui. Quoniam tria sunt...

0107. **Absolutio dicitur triplicatur, scilicet absolutio auctoritativa...**
Mathias, Mag.(?), Robertus Holcot (?), *Rosarium theologie* (dictionary of theological terms) or *Floretus* or *Liber rosarii seu dictionarium theologicum*
Mss: Cambridge, Caius 217 f.1-217; 232 f.1; Cambridge, Jesus Q.G.26 f.1; Cambridge, Trinity B.14.44 f.1; O.7.30 f.1; Cambridge, Univ. Dd.4.50 f.54; Ii.6.19 f.1; Frankfurt am Main, Stadtb. Praed. 17 f.222-332; Klosterneuburg 369 f.1-248; London, BM Harl. 3226; Paris, Mazarine 1050 (1008); Praha, Univ. IV.E.14 (694) f.1; IV.G.19 (751) f.1-218; V.H.17 (994) f.1 seq.; VIII.B.18 (1454); X.H.4 (1982); XII.G.17 (2228) f.1 seq.; XIII.F.27 (2365) f.1 seq.

0108. **Absolutio. Dominus noster Iesus Christus dicit beato Petro...**
A Wycliffite,
[Theological Commonplaces]
Floretum
Ms: London, BM Harl. 401; Roy. 8 D.II f. 50-100

0109. **Absolutio. In aurea legenda sub titulo de sancto Gregorio quidam abbas...**
Manipulus exemplorum (Welter 402 seq.)
Prol: Quoniam, ut ait Gregorius lib. I cap. I

0110. **Absolutio peccatorum nec per vim extorqueri...**
[Moral treatise for preachers]
Ms: Tours 471

0111. **Absolutio sic fieri debet, absolutio primo audiatur**
De absolutione
Ms: Cambridge, Univ. Gg.6.21 f.168 (1432)

0112. **Absolutio. Tibi dabo claves regni coelorum** (Matth. 16,19). **Potestas ista non erat principaliter dimittendi peccata...** (Book I)
Thomas Gascoigne (Vasconius), *Dictionarium theologicum sive veritates collectae de sacra scriptura aliorum sanctorum scriptis* (Stegmüller RB 8112)
Ms: Oxford, Lincoln 117, 118 (2 MSS)
See: Lex. Homo potest servare... (Book II)

0113. **Absque quiete labor leniatio mulla doloris**
[Verses on punishments]
Ms: Sankt Gallen 1050 (Walther IC 206)

0114. **Abstinencia. Gregorius. Est quando quis pro amore dei et salute propria...**
Tractatus de vitiis et virtutibus ad ordinem alphabeticum digestis
Ms: Bern 410 f.108-149
Introductory epigraph: Cor manus egregia genitrix moderare Maria...
Cf: Primo de abstinentia. Abstinentia est quando quis...

0115. **Abstinendum est a carnalibus**
See: Abstinentia. Abstinendum est...

0116. **Abstinendum est a deliciis quod pars exemplum legiter libro De donis ...**
See: Abstinentia. Abstinendum est a carnalibus delicis... Legitur...

0117. **Abstinentia. Abstinendum est a carnalibus deliciis...Legitur libro De donis titulo quarto prime partis cap. octavo de quodam invitatio ad regales nupcias...**
Iohannes Lathberius (de Lathbury), O.F.M., *Distinctiones* or *Alphabetum morale* or *Distinctionum liber theologicarum*
Mss: Cambridge, Peterhouse 91 f.1; Leiden, Univ. D'Ablaing 30 f. 1-299; London, BM Royal 11a.XIII; Oxford, Exeter 26 (Little, *Friars*, 236;

Stegmüller RB 4758; P. C. Boeren, *Catalogue des MSS des Collectione d'Ablaing* [Lugduni Batavorum-Leiden 1970] p. 119)

0118. ***Abstinentia aliorum discreta quantum sit utilis hominibus...***
Liber de similitudinibus rerum
Ms: Lilienfeld 135 f.44-135

0119. ***Abstinentia arcta arctior, abstinentia est cum quis abstinet a carnibus...***
Distinctiones ex variis sermonibus
Ms: Brugge, Stadsbibl. 282

0120. ***Abstinentia. Bonum est in cibo cum gratiarum actione percipere quidquid Deus edendum precepit...***
See: Abiit in agrum...Ruth paupercula...

0121. ***Abstinentia. Carnotensis, libro quinto, cap. xii narrat quod Alexander qui nimium cibi...***
Thomas Straveshan, *Tabula doctorum universalis*
Mss: Cambridge, Caius 378 f.1 seq.; Troyes 1226

0122. ***Abstinentia caro domatur unde*** (I. Cor. 9,27) ***scribitur: Castigo corpus meum...***
Iacobus de Voragine (Ianuensis) or Johannes [Balbus?], *Tabula super historias Biblie multum utilis* or *Distinctiones* or *Tabula super Sacram Scripturam*
Mss: Antwerpen, Musaeum Plantin 109 (of Engl. origin); Cambridge, Caius 461 f.10-80; Cambridge, Pembroke 93 f.145; 239; Cambridge, Peterhouse 153; 165; Cambridge, Trinity 879; Cambridge, Univ. Gg.1.23; Hh.1.14; Ii.1.30; Ii.3.22; Lincoln, Cath. 120 (A.5.10); Oxford, Bodl. Bodl. 332 f.1; 583; Oxford, Exeter 3; Oxford, Merton 186 f.1 seq. Oxford, New Coll. 119 f.201 seq.; Worcester, Cath. F.89

0123. ***Abstinentia. Castigo corpus meum*** (I Cor. 9,27). ***Non est animal adeo indomitum...***
See: De abstinentia. Castigo corpus meum. Non est animal...

0124. ***Abstinentia cibi nocet eis qui habent strictas...***
Iohannes de S. Amando, *Concordantie*
Ms: Cambridge, Caius 98 p.217

0125. ***Abstinentia discreta ciborum quantum sit hominibus utilis...***
See: Omnia facito secundum exemplar... In omnibus operibus artium...

0126. ***Abstinentia. Duplex est abstinencia...***(variant)
See: Duplex est abstinentia...

0127. ***Abstinentia est animum ab illicitis moderari...***
[Moral Lexicon]
Ms: Paris, BN n.a. lat. 270

0128. ***Abstinentia est duplex...***(variant)
See: Duplex est abstinentia...

0129. ***Abstinentia est in cibo cum gratiarum actione...***(variant)
See: Abstinentia. Bonum est in cibo...

0130. ***Abstinentia est meriti augmentativa, sapientiae acquisitiva, religiositatis ostensiva*** (tabula)***...Abstinentia est primo meriti augmentiva. Auget enim merita et virtutes. Ideo voluit Dominus...***
Antonius Rampigollis or Rampegolus de Janua, O.E.S.A., *Aurea Biblia* or *Biblia Aurea* or *Compendium Bibliae* or *Aureum Bibliae repertorium* or *Distinctiones exemplorum novi et veteris testamenti abbreviatae et reductae* (Abridgement of De abstinentia. Castigo...
Mss: Herzogenburg 6 115 seq.; Praha, Univ. I.A.38 (48) f.133-173 (?); Schlägl 105 f.206-305; 146 f.1 seq.; (Zumkeller MWA 115; cf. Stegmüller RB 6940)

Dedic.: Religiosis viris in Christo dilectis studentibus Neapolitani conventus fratrum heremitarum sancti Augustini... Dilectioni vestrae postulata... (prol.)
Cf: Abstinentia et jejunio cap. 1...Abstinentia est merita...

0131. **Abstinentia est meriti augmentiva...**
See: Abstinentia et jejunio cap.1...

0132. **Abstinentia est quando quis pro amore Dei...**
See: Primo de Abstinentia. Abstinentia est...

0133. **Abstinentia est statutum prandendi tempus non pervenire ante horam diei terciam sine causa racionabili...**
Summa de rebus ad vitam monasticam sive spiritualem spectantibus (at least partially excerpted from Iohannes de Mirfeld, *Florarium Bartholomei* and Hugo de Folieto, *Claustrum animae* and David ab Augusta, *Formula novitiorum*
Ms: Oxford, Balliol 88
See: Gratias ago Gratiae largitiore...(florarium Bartholomei) Primo semper considerare debes...(Formula novitiorum) Rogasti nos, frater amantissime, quatenus...(Claustrum animae)

0134. **Abstinentia est virtus qua gulae voluptates in nobis restringimus...**
Vincentius Bellovacensis, O.P.,
Ms: Basel, Univ. B XI 3 f.238-308 (Ph. Delhaye, 'Un dictionnaire d'ethique attribue a Vincent de Beauvais,' *Melanges de Science Religieuse* 1[1951] 65-84)

0135. **Abstinentia et jejunio cap. 1. Abstinentia est meriti augmentativa sapientiae acquisitiva religiositatis ostensiva, carnis refrenativa, victoriae impetrativa, orationis iuvativa, indulgentiae obtentativa, exempli demonstrativa. Abstinentia auget propter merita...**
Fr. Bindus (Bydo, Bernardus) de Senis, O.E.S.A., or Mauricius Anglicus Petrus de Utino, O.F.M., *Distinctiones exemplorum* or *Concordantiae historiales veteris ac Novi Testamenti* or *Distinctiones Bibliae* or *Tabula super Bibliam ordine alphabetico* or *Figurae super totam Bibliam* or *Distinciones sive concordantiae historiales Veteris et Novi Testamenti ad omnem materiam praedicandi*
Mss: Assisi, Com. 400 f.1-120; 579 f.28-81; Avignon 42; 49; Bordeaux 135; Budapest, Eg. Kön. 75 f.321-373; Dresden A 113; Frankfurt am Main, Leonhardstift b. f.98-175; Herzogenburg 40 f.89 seq.; Klosterneuburg 357; 388; København, Gl. kgl. S. 175 fol. f.1-94; Metz 172; 190; 240; Oxford, Bodl. Can. Eccl. 118; Paris, Arsenal 537; Paris, BN lat. 16517; Pavia, Univ. 118; 122; Praha, Univ. I.A.35 (45) f.1-96; V.H.3 (980) f.1-133 (shortened form); VIII.B.27 (1463) f.62-136; XII.C.10 (2138) f.50-108; Roma, Angelica 687 (Q.4.5); Solothurn, SI 195; Tours 405; 38; Vaticana, Vat. lat. 1024; 1025; 1026; 1027; (Stegmüller RB 6940; Zumkeller MWA 202)
See: *Gutenberg Jahrbuch*, 1939, pp.153-54 for early editions. Also Zumkeller in *Augustinia* XI (1961) 290
Cf: Abstinentia est meriti augmentativa...
Prol: Tanta pollet excellentia praedicationis officium, quod Salvator noster...

0136. **Abstinentia facit corpus obedire spiritum** (I Cor.)
Distinctiones
Ms: Cambridge, Corpus Christi 524 f.1

0137. **Abstinentia. Gregorius: Est quando quis pro amore Dei et salute propria...**
De vitiis et virtutibus ordine alphabetico
Ms: Bern 410

0138. **Abstinentia hostes superat. Nam legitur in historia tripertita...**
Hermannus Bononiensis, *Viaticum narrationum*

Ms: København, Gl. kgl. S.380 fol. f.1-78
Printed: Alfons Hilka in *Abhandlungen der Gesellschaft der Wissenschaften zu Göttingen*, Philol.-hist. Klasse, Dritte Folge 16 (1935)

0139. **Abstinentia multa bona facit: primo enim satiat. Unde in vita Patrum legitur quod quidam heremita...**
Iohannes Gobi, O.P., *Scala celi*
Mss: Brugge, Stadsbibl. 494; Gdansk 1980 (excerpts); Mar.F.43; Krakow, Univ. 1410; Lons-le-Saulnier 2 f.120 seq.; Marseille 98 f. 97-202; Metz 98 f.97-202; Paris, BN lat. 3506 f.1-94; 17517 f.1-140; Troyes 1345 (Welter 319-325)
Printed: Lübeck 1476; Ulm 1480
Prol: Quoniam, ut ait Dionysius in libro Angelicae Hierarchiae impossible est...
Pref. Epistle: Venerabili ac carissimo in Christo Patri Hugoni de Columbariis, sancte aquensis ecclesie preposito...Cum enim, reverende pater, impossibile sit nobis superlucere diuinum radium...(Printed in Welter 321 n.75)

0140. **Abstinentia non valet, nisi bene corpus edometur...**
[A theological dictionary]
Ms: Praha, Univ. Adlig. 40.F.1(2790) f.1 seq.

0141. **Abstinentia. Nota quod abicienda..**
See: Cum secundum almum

0142. **Abstinentia perfecta est, si...**
Ms: Lilienfeld 68 f.128

0143. **Abstinentia. Preceptit Deus Ade quod ex omni ligno...**
Gilbertus Minorita (?), *Tabula super Bibliam* or *Exempla Sacre Scripture*
Mss: Cambridge, Caius 140 f.92-107; Oxford, Bodl. Bodl.185 f.1 (SC 2087); 688 f.17 (SC 2502)

0144. **Abstinentia, quam necessaria est...**
Tabula super Aegidium *De regimine principum*
Ms: Oxford, Lincoln 69 f.132 seq.
Pref: Sed sciat lector...

0145. **Abstinentia. Quando homo habet...**
See: Quando homo habet...

0146. **Abstinentia. (Eccli. 30,1)Qui abstinens est, adiciet vitam...**
[Alphabetic list of authorities]
Ms: Praha, Univ. I.D.35 (175) f. 49-140

0147. **Abstinentia. Quid est abstinencia...**
[Tabula alphabetica]
Ms: Oxford, Magdalen 202 f.171 seq.

0148. **Abstinentia. Quid prodest tenuari corpus abstinencia, si animus intumescit superbia...**
Manipulus florum
Ms: Wien, Nat. Ser. n. 12860, f.1-72

0149. **Abstinentia sive jejunium. Basilius de instruccione monachorum. Interrogatio. Si quis...**
See: Interrogatio. Si quis supra vives...

0150. **Abstinentia. Suetonius tranquillus libro secundo de Augusto Cesare narrat**
Distinctiones quedam
Ms: Cambridge, Caius 290 p.100

0151. **Abstinentia suum inimicum, scilidet carnem, debilitat...**
Iohannes Bromyard, O.P., *Summa praedicantium* (Cap. 4)
Ms: Oxford, Oriel 10 f.1 seq.
See: Predicantium vita, secundum beatum Gregorium...

0152. **Abstinentia valet ad multa...**
   Petrus de Utino, O.F.M., *Exemplarium Sacrae Scripturae vel Biblia pauperum* (Stegmüller RB 6939)

0153. **Abstinentia vera est usu...**
   Albertus Magnus (?), *De veris virtutibus*
   Ms: München, Clm 8981

0154. **Abstinentie triplex est species. Prima est ciborum et potuum moderatio...**
   See: De Abstinentia. Abstinentia triplex...

0155. **Abstinete vos a carnalibus desideriis** (I Petr. 2,11)**...**
   Distinctiones exemplorum sec. ord. alphabeti or *Definitiones secundum alphabetum*
   Mss: Heiligenkreuz, 170 f.1-185; Zwettl 290 f.3-162

0156. **Abyssus corda hominum lapsu fluidia, XVIII 30...**
   Ignatius, *Flores sententiarum de libris Moralium Gregorii*
   Ms: Montecassino 118

0157. **Abyssus. Dubitationis prologus...**
   [Alphabetical table to *Septuplum,* a treatise on the Seven Deadly Sins by Robertus Holcot?]
   Ms: Oxford, Oriel 29 f.1 seq.
   Prol: Cum labilis sit humana memoria...

0158. **Abyssus in bono triplex. Primus est...**
   Lumen concionatorum
   Ms: Valencia, Cab. 206

0159. **Abyssus multiplex est...**
   Guillelmus (Wilhelmus) de Montibus, *Distinctiones secundum ordinem alphabeticum*
   Ms: Heiligenkreuz 90 f.1-170

0160. **Accede ad me ad montem et esto ibi et dabo tibi duas tabulas lapideas...** (Ex. 24,12). **Nota quod, a quo, qui, quomodo, ubi quare sit datum...**
   [Sermones de decem praeceptis]
   Ms: Kielce, Kap. 31 f. 88-90
   See: Ascende ad me... In verbis istis...

0161. **Accedenti ad confessionem primo dicat sacerdos quia vere poenitenti tria sunt necessaria...**
   [Instruction for confessors]
   Mss: Paris, BN lat. 18081, f.34 (Hauréau VI, 3)
   Cf: Ad primum dicat sacerdos...

0162. **Accedite ad Dominum et illuminamini...** (Ps. 33, 6). **Ius hominis est ad Deum accedere ...**(Prol.)
   De caritate. Primus (infimus, altus) gradus caritatis est diligere amicum, a quo homo diligitur... Cum, sicut dicitur, infimus gradus caritatus... caritate.
   Bonaventura (?), *Summa de gradibus virtutum*
   Mss: See Quaracchi VIII p. C-CI (Glorieux 305 bf)
   Printed: S. Bonaventurae *Opera Omnia*, Quaracchi VIII 646-54
   See: Altus gradus caritatis...

0163. **Accelerata nimis semper non cauta probantur...**
   [Moral verses]
   Ms: St. Gallen 802 (Walther PS 233)

0164. **Accendentes, dilectissimi, ad servitutem...**
   Sermo de decem preceptis in quadragesima
   Ms: Cambridge, Caius 151/201 f. 117

0165. *Acceptabilis obedentia quid boni conferat. Initium honestatis nostre, O amantissime, primum arbitror...*(Book 1)
    Liber formulae honestae vitae
    Mss: Bern 335; Bordeaux 261 (imp.)
    See: Scribere tibi compellor dilectissime...(prol.)

0166. *Accidia. Adversatur hominis salvatione* [or *saluti*]...
    Guillelmus Nottingham or Iohannes Felton, *Tractatus theologicus ordine alphabetico* or *Distinctiones theologicae* or *Opus alphabeticum*
    Ms: Cambridge, Univ.Ii. 1.30 f.126

0167. *Accidia. Apostolus: Utinam frigidus esses...*(Apoc. 3.17)...
    Collectanea theologica
    Ms: Wien 3721, f. 185-303

0168. *Accidia dicitur unum de septem capitalibus vitii...*
    Nota de accidia
    Ms: Cambridge, Caius 211 f.116

0169. *Accidia est de virtutum laudabili exercito...*
    Ms: Cambridge, Trinity B.15.35, flyleaf

0170. *Accidia est mentis confusio...*
    Definitiones diversorum doctorum
    Ms: Troyes 215 no. 22

0171. *Accidia est torpor boni negligentis...*
    [Some *exempla* arranged alphabetically]
    Ms: Heiligenkreuz 170 f. 242-252 (Stegmüller RB 4522)

0172. *Accidia. Homo accidiosus est sicut canis famelicus cuius omnes sensus esuriunt...*
    Iohannes Gallensis(?), *Tabula* [or *Liber*] *exemplorum secundum ordinem alphabeti* or *Tractatus exemplorum alphabeti* or *Distinctiones pro sermonibus* or *Tractatus exemplorum de habundancia adopcionum ad omnem materiam in sermonibus secundum ordinem alphabeti* or *Liber de similitudinibus et exemplis* or *Summa theologica*
    Mss: Arras 823 f. 2; Auxerre 35; Avignon 308; Bern, Stadtbibl. 293 f.1-75; Cambridge, Corpus Christi 317 f.157; Cambridge, Pembroke 202 f.1; Cambridge, St. John's E.21 f.1; Charleville 136; Firenze, Naz. I.II.11 f.79 Frankfurt am Main, Stadtb. Praed. 59 f.1-40; Heiligenkreuz, 170 f.186-241; Lincoln, Cath. 224 (B.6,2); London, BM Addit. 37670 f.125; 18351; Oxford, Bodl. Can. Misc. 368; Marshall 94 f.1 (SC 5293); Rawl. C.899; All Souls 19 f.110 seq.; Paris, Arsenal 857; Paris, Mazarine 1012 (1119); Paris, BN n.a. 3074 f. 146-149; Paris, Sainte-Genevieve 546; Wien, Nat. 362 f. 85-119; 4935 f.353 - 356 (imperf.) Zwettl 290 f.164-213; (Haureau I 49; Welter 301 seq.; Stegmüller RB 4521; Ward and Herbert III, pp. 414 seq.)

0173. *Accidia. Nota accidiosus est sicut canis...*
    See: Accidia: Homo accidiosus...

0174. *Accidia Nota: accidiosus est sicut pannus candidus, qui niger efficitur, nisi frequenti locione mundetur...*
    Liber dictus curialis
    Ms: Trier, Stadtb. 546

0175. *Accidia. Super asinum subnervatum...*
    Symbola septem vitiorum capitalium et virtutum eisdem oppositarum
    Ms: Wien, Schott. 244 f. 50-52 & 304 seq.

0176. *Accidie tres sunt remedia...*
    Scala ad paradisum
    Ms: Trebon, Arch. A 17 f.133

0177. Accidiosus est sidut canis...
   See: Accidia. Homo acciciosus est...

0178. Accidiosus siue piger est fertilis [or subtilis] ad multiplicanda vicia...
   Gilbertus Minorita, *Summa* or *Distinctiones*
   Mss: Oxford, Bodl. Bodl. 4 f.1-104 (SC 1844); 542 f.155-246 (SC 2607)

0179. Accidit quod quidam canonici in elecctione...(variant?)
   Thomas Cantipratensis, *Bonum universale*
   Ms: Budapest, Eg. Kön 65 f.116-157
   See: Unum caput Christum in unitate ecclesie...

0180. Accipe, frater in Christo care, pagellam de mortis pressura compilitam...
   Iohannes de Ienstein, *Libellus de bono mortis*
   Mss: Vaticana, Vat. lat. 1122 f.65 seq.; (Vielhaber, in *Festschrift des Vereins für Geschichte der Deutschen in Böhmen*, 1902, pp. 159-166)

0181. Accipe panem et caseum...
   Remedium contra furtum
   Ms: Vyssi Brod 97 f.116

0182. Accipe, summe pontifex, et hunc Plutarchi libellum quem proximus diebus...
   See: Nihil fere ab odio differre invidia...

0183. Accipite, vos religiosi, hoc speculum...
   Guillelmus de Pagula, *Speculum religiosorum*
   Mss: Cambridge, Jesus Q.B.7 f.13-50; Q.B.25; Cambridge, St. John's E.33(136) f.163 seq.; London, BM Egerton 746; Royal 8C.II f.1 seq.; London, Gray's Inn 11 f.1-165 (The two BM MSS differ considerably in parts.)

0184. Accuset ergo se peccator primo secundum septem vitia...
   Stephanus, Abbas Stanlawensis (' not otherwise known') or Magister Petrus (?), *Tractatus de confessione* or *Speculum confessionis*
   Mss: Douai 49; London, BM Roy. 3A X, f.106 seq.; Trier, Stadtbibl. 202
   Prol: Ut confessionem et decorum...

0185. Acedia est torpor boni negligentis...
   Iohannes Guallensis(?),
   Ms: Heiligenkreuz 170 f.242-252 (Stegmüller RB 4522)

0186. Activa vita consistit in caritate externis ostensa in bonis operibus...
   Gualterus Hilton, *Scala perfectionis* or *De vita activa et contemplativa*
   Ms: Oxford, Magdalen 141 f.89 seq.
   Prol: Dilecta soror in Christo Jhesu rogo te ut contenta...

0187. Activus contemplativo que sursum est [and contemplare] sapere et intelligere. Quoniam contemplativa in activis, activa in contemplativis minus est usitata...(Prol)
   Tractatus de confessione perutilis
   Ms: Durham, Cath. B.IV.28; Oxford, Bodl. Digby 149, f.61-65

0188. Actum fortasse putas...
   Hildebertus, *De Superbia*
   Ms: Dijon 42 f.171

0189. Acturi de septem vitiis capitalibus...
   Franciscus de Perusia, O.F. M., *Tractatus de VII vitiis capitalibus et decem praeceptis* and *De septem peccatis mortalibus et eorum speciebus et remediis*
   Mss: London, BM Arundel 691 f.29-35; Praha, Univ. IX.A.6 (1671) f.120-127 (beginning missing); Wilhering 80 f.8-14
   Ded. Epis.: In Christo sibi dilecto Pyris..

0190. Actuum quinto...
   Tractatus de obedientia
   Ms: Praha, Univ. X.E. 24 (1925) f. 139-140

0191. *Ad adorandum et invocandum te Deum meum aggreditur servus tuus...*
   See: Omnipotens Deus benedictum sit tuum...(*Rubrica*)

0192. *Ad altitudinem humiltatis videndam...*
   Ps.-Bonaventura, *Conpendium de virtute humilitatis*
   (Bonelli, Suppl. III col. 227-244; S. Bonaventurae *Op. omn.* [Quaracchi] t. VIII p. CII-CIII)

0193. *Ad Aperiat...*
   See: Adperiat or aperiat...

0194. *Ad artifices et mechanicos...*
   [confessio generalis]
   Ms: Brugge, Stadsbibl. 221 (Michaud-Quantin 90)

0195. *Ad audiendum, ut credimus, verbum Dei convenistis...*
   Bernardus Claraevallensis, *De conversione ad clericos*
   Ms: Douai 372; Paris, BN lat. 9578 (S. Bernardi *Opera* IV [Romae 1966] 62-67)
   Printed: PL 182, 833-856; Sancti Bernardi *Opera* IV (Romae 1966) 69-116

0196. *Ad caeli clara non sum dignus sidera/ Levare meos infelices oculos...*
   Paulinus Aquiliensis(?), *Versus de paenitentia* or *De luctu penitentiae*
   Ms: Vaticana, Regin. lat. 334 f.53-55
   Printed: Herman Hagen, *Carmina, medii aevi maximam partem inedita* (Berne 1877) 102-106; G. Dreves, *Analectis hymniciis*, L, 148-151, etc.

0197. *Ad compendiosam sacramentorum novi testamenti noticiam videndum est...* (Prol.)
   See: Diffinicio autem sacramenti...

0198. *Ad conversionem sue correctionem mortalium multum prosunt...*
   De exemplis Sanctorum
   Ms: Paris, BN lat. 17400

0199. *Ad cor tuum revertere, conditionis misere homo...*
   De miseria humana
   Ms: Bruxelles, BR II. 2556 (cat. 1453) f.193
   (Walther IC 326)

0200. *Ad correccionem superbie...*
   Correctiones contra peccata
   Ms: Schlägl 146 f.45-147

0201. *Ad correctionem quorundam male viuentium christianorum...*
   Ait enim quia iuxta quandam aecclesiam...
   Exemplum
   Ms: Vaticana, Regin. lat. 73 f.48-50
   Printed: A. Wilmart, *Analecta reginensia* (Studi e Testi 59) Vatican City 1933 p. 279-282

0202. *Ad declarandum in sermone quocumque propositum similitudines... Ciconia post pullorum...*
   Guillelmus de Montibus, *Similitudines*
   Mss: Cambridge, Peterhouse 255 f.84; Cambridge, Trinity Hall 24 f.70; Cambridge, Univ. Add. 6757 f.1; Oxford, Balliol 222 f.2-27 (Cf. Stegmüller RB 2996)
   Cf: Amor. Amor terrenus inuiscat...

0203. *Ad dei laudem... tabulam istam sequentem compilavi...*
   Alanus de Linna, O. Carm., *Tabula alphabetica super Reductorio Morali*
   Ms: London, BM Roy. 3 D.III
   Cf(?): Abominari non debemus...

0204. **Ad detestationem huius peccati scilicet usure valent testimonia scripturarum...**
   De usura
   Ms: København, Gl. kgl. S. 64 fol. f.194-197

0205. **Ad dilectionem Dei duo pertinent...**
   Meditatio bonorum praeteritorum
   Ms: Douai 396 f.11-17

0206. **Ad distinguendum statum innocentiae hominis...**
   Summula de vitiis, virtutibus, donis etc. or *De peccatis et eorum remedio*
   (Abbreviation of 'Moralium dogma philosophorum')
   Ms: Oxford, Bodl. Hatton 102 f.172-84 (*Prolegomena*, p.CCXIV and 43 [1950] 45 seq.)
   Cf: Moralium dogma philosophorum...

0207. **Ad edificacionem animarum et morum informacionem unumcumque [sic] excerpta utilia proferimus...**
   Guillelmus de Montibus, *Proverbia* or *Flores sapientiae* or *Exempla moralia*(?)
   Mss: Cambridge, Jesus Q.B.17 (34) f.48-62; Oxford, New Coll. 98 f.59 seq.

0208. **Ad eruditionem simplicium sacerdotum...**
   [Work on moral instruction]
   Ms: Salzburg, St. Peter c.XII.27 n.11

0209. **Ad evidentiam cuiuslibet libri dignum ducitur supponendum...**
   Expositio Physiologi
   Ms: Klagenfurt, Studienbibl. Pap. 89 f.12-20

0210. **Ad excellentem principem, dominum Teobaldum, regem Navarre inclitum...**
   Victorioso principi...
   Iohannes Lemovicensis, *Morale somnium Pharaonis* (cum epistola dedicatoria)
   Ms: Toulouse, Archives de la Haute-Garonne 2 f.1-22
   See: Victorioso principi potestates

0211. **Ad excitandum humanum genus quod de leui vacillat et cadit in fetore peccati...**
   Confessio (!) bona
   Ms: Berlin, Lat. qu. 710 f.238-250

0212. **Ad excludendam igitur negligentiam...**
   See: Animarum salutem pro zelans affectu...

0213. **Ad exercitium humilitatis quinque prodesse possunt...**
   Tractatus de honestate vite or *De humilitate*
   Mss: Paris, BN lat. 14804 f.33; Praha, Univ. XIV.H.26(2671) f.85-123 (part of the *Formula Novitiorum* is contained herein); Zwettl 319, 75-76
   Cf: Primo semper debes considerare...

0214. **Ad explanationem huius figurae, necessaria videtur esse discussio huius auctoritatis: Vidi Dominum sedentem...**(Is.6,1). Excelsum est quod situm est in sublimi...(Pars 1) (Pars 2) Prima ala est confessio, non laudis, unde: Confitemini Domino...(Ps.117,1) sed criminis...
   Alanus de Insulis (probably) (Ps. Bonaventura), *De sex alis Cherubim* or *De confessione*
   (M.Th d'Alverny, *Alain de Lille* p. 154-155)
   Printed: PL 210, 269-280
   See: Prima ala est confessio, non laudis...

0215. **Ad expugnandum et vincendum...**
   Libellus de septem peccatis mortalibus
   Ms: Utrecht, Univ. 339 f.1-23

*0216. **Ad faciem gratiae et virtutum habendum necessaria...**(Part 2)*
    See: Verbum abbreviatum... Si enim Verbum...

*0217. **Ad faciendam confessionem subscripta sunt notanda...***
    [A work on confession]
    Ms: Uppsala, Univ. C 229 f.245-248

*0218. **Ad fora fert gallum quaedam...***
    [Fable]
    Ms: Saint-Omer 710; (edited Wattenbach in *Neues Archiv* 17 [1892], 513)

*0219. **Ad gloriam et laudem Domini... Omne quodcumque facitis in verbo... Praemissa igitur debita divina invocatione sciendum est priscos illustres oratores...** (prol.)*
    See: Omnia quecumque facitis... Doctor egregius Augustinus

*0220. **Ad habendam formulam confitendi...***
    [A formula for confession with marginal notes and glosses]
    Ms: Praha, Univ. I.G.1(275) f.37-48

*0221. **Ad habendum salutifere confessionis ordinem...***
    Tractatus de confessione or *Tractatus utilis de confessione et libris multis carentibus* or *Sumula de septem vitiis* or *summula ad confessione* or *Notanda de confessione*
    Mss: Admont 1083 f.132; Cambridge, Univ. Kk. 1. 9 f.73-80; Linz 161 f.62; London, BM Addit. 15106 f.193-208; Osek 13 f.193; Philadelphia, Univ. of Pennsylvania Lat. 55 f.61; Praha, Univ. III.C.13 (444) f. 239-253; adlig. 40.G.6 (2792) f.26-27; Uppsala, Univ. C 54; (P. Michaud-Quantin in RTAM 31 [1964] 59-60)
    This incipit covers a number or works on confession, of which some may be identical with the following entry.
    Cf: Confessio est salus animarum...(rare variant)
    and following entry

*0222. **Ad habendum salutifere confessionis ordinem, hec breviter conscripsi. Primo fiat de puerilibus utpote de inobedientia patris et matris...***
    De Confessione
    Mss: See P. Michaud-Quantin in RTAM 31 (1964) 57-69. Add: Firenze, Naz. Conv. Soppr. J. VII. 39 f.97-98; München, Clm 2699 f.1-6; 17292 f. 135-136 (text much confused); Rein 5 f. 54-56; Trebon, Arch. A 7 f.177-179
    Printed: P. Michaud-Quantin in RTAM 31 (1964) 60-62
    See: Primo fiat confessio de puerilibus...
    Cf: preceding entry

*0223. **Ad hoc quod tu confessor procedere debes in ista causa...***
    De poenitentia
    Ms: Oxford, Bodl. Selden Supra 39, f.4-68

*0224. **Ad hoc studeat quisque bonus religiosus ut habeat oculos stabiles...***
    Tractatus de virtutibus veri religiosi
    Ms: Vyssi Brod 22 f.73

*0225. **Ad hoc tota intentione studeas, ut non habeas nequaquam sublimes oculos...***
    Speculum morale
    Ms: Klagenfurt, Studienbibl. Pap. 76 f.119-121

*0226. **Ad honorem Dei dicam tibi aliqua remedia contra aliquas temptationes spirituales...***
    Petrus Iohannis Olivi, *Remedia contra temptationes spirituales* or *Tractatus de remediis contra spirituales temptaciones* or *De probacione spirituum*
    Mss: München, Clm 23803 f.162-165; Rein 6 f.241-247; Wilhering 103 f.241-252
    Printed: Raoul Manselli, *Spirituali e Beghini in Provenza* (Roma 1959), 282-287.
    Cf. also pp. 270-271
    See: Probate spiritus si ex Deo...(prol?)
    May be the same as the following entry.

0227. **Ad honorem Dei dicam tibi remedia contra temptaciones spirituales...**
  Venturinus de Bergamo, *Duodecim remedia contra temptaciones huius temporis*
  Ms: München, Clm 23918 f.31-33; (Auer 286)
  Printed: G. Clementi, *Un santo patriota: il b. Venturino da Bergamo* (Roma 1909) p.136-145
  This may be the same as the preceding entry.

0228. **Ad honorem Dei et animarum profectum...**(second part)
  See: Quoniam necessarium est ad...

0229. **Ad honorem Dei et beate Virginis et saltem pariter animarum nostrarum... Incipiunt familiaria exempla que discretus...**
  (Text) Audivi quondam [or quendam] cardinalem dicentem...
  [Collection of *exempla* Welter 257n]
  Printed: *Etudes Franciscaines* 30 (1913) 646-665; 31 (1914) 194-213; 312-320

0230. **Ad honorem Dei, etc. Venerabili patri ac domino A...**
  See: Venerabili patri ac domino Ayres Vasques

0231. **Ad honorem Domini nostri Iesu Christi et laudem gloriose Virginis Marie eius matris et ad corroborandas in fide mentes credencium...**(Praef.)
  (Text.) Quoniam plus exempla quam verba mouent secundum Gregorium...
  Humbertus de Romanis, O.P. (?), *Abstractio exemplorum libri de donis Spiritus sancti* or *De regula vitae christianae*
  Mss: Arras 1019(425); Toulouse 321 f.69-125
  See: Quoniam plus exempla quam verba mouent...

0232. **Ad honorem ejus qui de tenebris nos vocavit ut unicum ejus filium in gentibus predicemus...**
  Expositio in praecepta Decalogi
  Mss: Firenze, Laur. Santa Croce Plut. XXXIV sin.3 p.139-147; Semur 11 f.60-64

0233. **Ad honorem et gloriam domini nostri Ihesu Christi et gloriose virginis marie ad utilitatem proximi presens opusculum incepi colligere...**(second prol.)
  See: Surge aquilo et veni auster...

0234. **Ad honorem et laudem nominis Ihesu Christi quod quando recolo...**(prol.)
  Guillelmus (Willelmus, William) de Pagula, *Summa Summarum*
  Mss: Cambridge, Christ's Coll. 2 f.1 seq.; Cambridge, Jesus Q.A.6; Cambridge, Pembroke 201 f.2 ... ; London, BM Roy. 10D.X. f.1-308; Oxford, Bodl. Bodl. 293; Oxford, Exeter 19; etc. (See L. Boyle in *Transactions of the Royal Hist. Soc.* 5 [1955] 110)
  See: Quot modis dicatur fides et quid sit fides...(book I)

0235. **Ad honorem Ihesu Christi Domini nostri dicam tibi aliqua remedia...**
  Novem remedia contra temptationes
  Ms: London, BM Arundel 289 f.16-17

0236. **Ad honorem omnipotentis Dei et gloriose virginis Marie ac preciose martiris et virginis Agnetis, ego fr. M. Terdon. de ordine Minorum, hoc opusculum super Summam de casibus compilaui...**
  Manfredus de Tortona, O.F.M., *Summa de casibus*
  Ms: Torino, Naz. K.V.10 (formerly 818); (AFH 33 [1940] 224)

0237. **Ad honorem sancte et individue Trinitatis, tractatum de penitencia collectum ex multis summis et tractatulis doctorum... Se quia illi novissima...**
  Henricus de Hassia (?), *Tractatus de penitentia et remissione*
  Ms: München, Clm 27401 f.168 seq.

0238. **Ad honorem summae Trinitatis et indiuiduae unitatis...et ad honorem romanae Ecclesiae et eius venerabilis praesulis Innocentii IV. Incipit liber penitentiae et memorialis a magistro Iohanne de Deo editus...**(Praef.)

(Prol.) Venerabili patri ac domino [Ayres Vasques] diuina prouidentia Uliscon. episcop... Ea est regula veritatis a patribus approbata... (Text. liber 1) Sic tene quod subtiliter et astute...
>   Iohannes de Deo, *Liber penitentiarius* or *Liber penitentiae* or *Penitentiale* or *Summa de penitentia* or *Summa de penitentiis*
>   Mss: See A.D. de Sousa Cost, *Doutrina penitencial do canonista Joao de Deus*, Braga 1956 p. 11-149 Add: Brno, Univ. Mk 21 f.186-210; Göttweig 423; Heiligenkreuz 239 f.1-25 (beg. missing); Klagenfurt, Bischöfliche Bibl. xxx b. 5 f.80-83; Klagenfurt, Studienbibl. Perg. 25; Klosterneuburg 278 f.91-206; 337 f.197-217; 364 f.286-321; 374 f.81-101; Kremsmünster 1 f.317-341; London, BM Roy. 5 A.I f.165 seq.; 8 D.III; Melk O.42; München, Clm 2945; Olomouc, CO 209; 232; Oxford, Bodl. Laud. misc. 112 f.235 seq.; Trier, Stadtbibl. 2083(1735); Wolfenbüttel, 36 Helmst. (41); Wrocław, Magd. 1062 f. 326 seq. (Schulte II 102; Michaud-Quantin 26n.16; A. D. ce Sousa Costa, *Animadversiones criticae in vitam et opera canonistae Iohannis de Deo*, in *Antonianum* 33 [1958] 104-108)
>   Printed: PL 99,1085-1108 (excerpt.)
>   See: In eo qui est omnium vera salus...

0239. Ad illius mandati explanationem concurrunt tria...
>   See: Non adorabis... Legitur ibidem: Ego sum Dominus... Ad illius...

0240. Ad illustrissimum et excellentissimum principem Galeatium Marium...Platonem vetustissimum illum...(prol.)
>   See: Veterum Imperatorum dicta quedam...

0241. Ad impetrandum veniam delictis...
>   *Modus confessionis*
>   Ms: Brno, Univ. Mk 46 f.143-146

0242. Ad increpacionem festino quem scio esse superbum...
>   Ambrosius (?), *Tractatus de penitencia*
>   Ms: Zwettl 218 f.165-193

0243. Ad insinuandam [instituendam] interioris hominis custodiam...
>   Anselmus (?) [Ps. Hugo de Sancto Victore], *De occupatione bona* or *Meditatio de examinatione mortis, pene perpetue et glorie sempiterne* or *Tractatus de custodia cordis*
>   Mss: Cambridge, Corpus Christi 154 f.244; 154 f. 298; Cambridge, Jesus Q.D.4 (46) f.58; Q.G.11 (59) f.2; Cambridge, Peterhouse 180 f. 185; 246 f.111; Cambridge, St. John's Coll. E.22 f.1; Cambridge, Univ. Dd.1.21 f.164; Ee.6.7 f.166; Hh.4.13 f.124; Ii.6.15 f.188; Cambrai 523 (482); Oxford, Bodl. Laud. 94; Oxford, Magdalen 56; Paris, BN Lat. 1201 f.291; 1769 f.158; 6674 f.9; 12312 f.197; 13576 f.26; 15964 f. 138; 16498 f.126; Schlägl 121 f.48-50; Troyes 2027; Wien, Nat. 3986 f.336.
>   Printed: PL 177, 185-188 (Haureau, *Notices et Extraits*, Paris 1891, II p.248-9)
>   See: Hoc autem scitote quoniam si sciret...

0244. Ad instructionem ejus qui pennas non habet...
>   *Contemplatio imperfectorum*
>   Ms: Douai 457

0245. Ad instructionem iuniorum quibus non vacat opusculorum variorum prolixitate perscrutari...(Prol.)
>   (Super Credo) Quid sit symbolum. Symbolum est omnium credendorum ad salutem spectantium compendiosa collectio... (Super Pater) Cum hec oratio a sapientissimo, utpote ab eo qui est fons et origo... (De praeceptis) Circa tractatum de preceptis legis summatim tangenda sunt: quid sit preceptum... Nunc transeuntes tangenda sunt quedam de virtutibus... In fine aliquid de vitiis tangere oportet... Et quia sunt vitia nature et voluntatis...

Simon de Hinton, O.P., *Brevis expositio articulorum fidei, septem petitionum* or *Doctrinae christianae compendium* or *Tractatus de articulis fidei* or *Compilatio brevis et utilis* or *Summa theologiae* or *Summa de dictis catholicorum* or *Speculum iuniorum* or *Compendium theologiae*
[De articulis fidei; super Pater; de decem praeceptis; de sacramentis; de virtutibus; de donis; de beatitudinibus; de vitiis]
Mss: Arras 591 (905) f.151 seq.; Basel, Univ. F I 28; Besancon 193 f.2-33; Brugge, Stadsbibl. 109; 303 f.1-41; Brugge, Grootsem. 27-29 f.70-72 (fragm.); Bruxelles, BR 365-79 (cat. 920) f.191-272; Burgo de Osma 119 f.1 seq.; Cambridge, Corpus Christi 392 f.175-195; 477 f.202-272; Cambridge, Magdalen 16 f.1-88; Cambridge, Trinity Coll. B.2.5 (48) f.42-78; Cambridge, Univ. Ff.1.18 (1151) f. 7-53; Ii.6.30 (1909) f.3-71; Chartres 325 (363) f.174-194; Durham, Cath. A.IV.29; Epinal 104 (42) f.151-154 (fragm.); Erfurt, Ampl. Fol. 103 f.1 seq.; Firenze, Laur. Fiesole 105 f.59-84; Firenze, Naz. Conv. Soppr. J.VII.39 f.69-96; Harburg II.1 F.Ol.22 n. 2; Klosterneuburg 313 f.191-231; Köln, Stadtarchiv. W 4 205 f. 230-326; Lincoln, Catn. 213 (B.5.11); London, BM Addit. 30508 f.1 seq.; Harl. 586 f.1-48; Roy. 9 A.XIV f. 113-139; Oxford, Bodl. Lat. th. c. 37 f.103-144; Laud. misc. 2 f.64-129; 397 f.106-152; Oxford, Balliol 219 f.181-231; Oxford, Merton 202 f. 50-83; Oxford, St. John's 202 f.101-139; Paris, Mazarine 983 (1015) f.1-53; Paris, BN lat. 1007 A f.56-74; 14532 f.213-241; 14883 f.59-90; 14976 f.113-194; 16412 f.3-38; Praha, Metr. Kap. D.108 (677) f.33-39 (fragm.); Rouen A.511 (672) f. 304-366; Tours 395 f. 37-55; Vaticana, Ottob. lat. 869 f.131-137 (fragm.); Vat. lat. 696 f. 108-180 (imperf.); (A. Dondaine, *La Somme de Simon de Hinton,* in *Revue de Theologie Ancienne et Medievale* 9 [1937] 5-22; 205-218; Stegmüller RS 815; Doucet, Supplement 82; Hauréau III 227; L. E. Boyle, *Three... Summae,* In *Studia Gratiana* 11 [1967] 133-144
Printed: J. Gerson, *Egregium... Compendium* (Paris 1516); *Opera Omnia* (Antwerp. 1706), 233-318
See: Cum hec oratio a sapientissimo... (Excursus on Pater Noster Nr. 8136)

0246. Ad instructionem simplicium ecclesie ministrorum que subscripta sunt de virtutibus, donis, beatitudinibus, de sacramentis ac preceptis decalogi...
[De virtutibus; de donis; de beatitudinibus; de articulis fidei; de sacramentis; de decem praeceptis; de peccatis capitalibus; de praemio in patria]
Ms: Bruxelles, BR 19526 (cat.1619) f.42-83; Saint-Omer 347 f.1-60.

0247. Ad integritatem confessionis tria sunt notanda: primo quod homo debet confiteri...
Ps.-Thomas de Aquino, *De integritate confessionis*
Mss: Karlsruhe, E.M. 29; London, BM Addit. 17423 f.104; Napoli, Naz. I A 23 f.232-3; Padova, Univ. 414; Siena, Com.F.II.23 f.32-37 (Michaud-Quantin 29)

0248. Ad interioris hominis custodiam insinuandam...Meditacio cuiusdam sapientis de custodia interioris hominis.
Ms: Cambridge, Jesus Coll. Q.G.11(59) f.2-4

0249. Ad introductionem materie de penitentia et repetitione...
Tract. de penitentia
Ms: Cambridge, Corpus Christi 519

0250. Ad investigandum non solum mala...
Speculum boni et mali
Ms: Sankt Gallen 1012

0251. Ad laudem dei animarum salutem...
Iacobus de Jüterbog (?), *Penitentale* or *Confessionale*
(Meier p.82 n.95)
May be identical with following work

0252. *Ad laudem dei, animarum salutem curatorumque simplicium brevem et simplicem directionem...*
    Iohannes Auerbach, *Summa de sacramentis* or *Directorium simplicium curatorum* or *Directorium pro instructione simplicium presbyterorum in cura animarum*
    Mss: Augsburg 70 f.236(?)-286; Bamberg, Theol.38(Q. III.34) f.260-299; Theol.211 (Q.V.30) f.99-188; Theol.226 (Rf.IV,14) f.106-150; Basel, Univ. L.III.10; Erlangen, Univ. 548 f.181-212; 610 f.6-51; Graz 215 f.333-365; Innsbruck, Univ. 136 f.163 212; 583 f.1-65; 770; Klosterneuburg 490 f.217-245; Melk 969 (344) p.1-114; München, Clm 3061; 3782; 3786; 4418; 4687; 5224; 5235; 5439; 5604; 5629; 5637; 6487 f.191-235; 6959; 7452; 8669; 11625 f.137 seq.; 11163; 11730; 12242; 12250 f.118 seq.; 15125; 16177 f.99 seq.; 16603 f.1-66; 17292; 17457; 17523; 17557; 17621; 17641; 17931; 18264; 18406; 18413; 18417; 18532; 18681; 18754; 19505; 19744; 23441; 23759; 23791; 23794; 23804; 23828; 23849 f. 363-374; 23944; 27407 f.158-204; Sankt Paul in Lavanttal 224-4; Vorau 13 f.31-73; Wien, Nat. 444 f.1; 3746; 5132; Windsheim 72; Wrocław, Univ. I. Q.337 (cf. Nicolai de Cusa *Opera omnia* IV [Hamburg 1959] p.XXV-XXVI)
    Printed: GW 2852-2854; Goff A-1381; 1382

0253. *Ad laudem dei et animarum salutem meique principaliter...*(variant)
    See: Ad laudem dei, animarum salutem curatorumque simplicium brevem...

0254. *Ad laudem et gloriam Domini nostri Iesu Christi et multorum edificationem in prima parte huius operis agitur de mundi salvatore...*(Prol.)
    (Cap. 1) Iesus Christus Filius Dei in Bethleem Iude natus est sicut testantur euangeliste Lucas et Matheus...
    Aldobrandinus de Tuscanella, O.P. (?), *Summula exemplorum*
    Mss: Kaeppeli 141. Add. Siena, Com. G.VII. 24 (*Arch. Fraturm Praed.* 8 [1938] 184 seq.)

0255. *Ad laudem et gloriam Iesu Christi et quorundam errorum elucidationem...*
    [Treatise on confession]
    Mss: Gdansk 1965 f.220-223

0256. *Ad laudem et honorem Domini Iesu Christi, sponsi virginum, et hominibus ad profectum virtutum...*(prol. by the translator)
    See: Si in spiritu vis proficere et in eo, propter quem, ut fiat, ad scholas venisti virtutum...

0257. *Ad laudem Iesu Christi...*(prol.)
    See: Theologia est scientia ducens ...

0258. *Ad laudem Iesu Christi pro instruccione iuvenum fratrum ordinis predicatorum...* (prol.)
    See: Theologia est scientia ducens...

0259. *Ad laudem misericordissimi Domini nostri Iesu Christi, qui confessus est...*
    Radolphus de Bevinghen,
    [Treatise on penance]
    Ms: Cambrai 174(169) f.169 seq.

0260. *Ad maiorem distinctionem subsequentium et ad facilitorem invencionem...* (Prol.)
    Iohannes Grillensis (Wallensis or Gallensis probably), *Summa de vitiis et virtutibus*
    Ms: Napoli, Naz. Brancacciana I.F.7 f.1-68
    See: Cum almus Christi confessor beatus Franciscus...

0261. *Ad maiorem eorum quae de confessione dicenda sunt notitiam...*
    See: Loquar in amaritudine...

0262. **Ad maiorem evidentiam eorum que dicenda sunt de confessione...**
[On confession]
Ms: Vaticana, Vat. lat. 1087 f.14 seq.

0263. **Ad maiorem tamen euidentiam...**
See: Absolutio. Circa absolutionem...

0264. **Ad manifestationem singulorum prenominatorum per ordinem possunt induci auctoritates scripturarum...**
See: Qui bene presunt presbyteri...

0265. **Ad mortem tendo, morti mea carmina pendo...**
[Verses on death]
Ms: Oxford, Merton 13 (Walther IC 97)

0266. **Ad mundi contemptum non solum Christus inducit sed multa alia docet ad ipsum contempnendum...**
Anon., *De contemptu mundi*
Ms: Ravenna, Com. 297 f.60-61

0267. **Ad nobiles. Regula prima, que spectat...**
See: Regula prima, que spectat ad nobiles, potentes...

0268. **Ad nocturnas vigilias cum suscitatus fueris...**
Exercitium spirituale
MS: Stockholm, Kgl. Bibl. Ms.A.198 (from Erfurt) f.101-114 (Lehmann II,5)

0269. **Ad nos sub dei manu humiliandos atque cognoscenda...**
Iohannes Gerson, *De temptacionibus et impulsionibus maligni spiritus* (trans. from French into Latin)
Ms: London, BM Addit. 11656 f.145-158
Printed: Opera omnia Antwerpiae 1706, III, 589-602

0270. **Ad obedientiam pertinet virginitatem servare, mundiciam amare...**
[On virtues and vices]
Ms: Tours 405 f.145

0271. **Ad obtemperandum votis humilium...**
Bartholomaeus Carthusiensis, *De Humilitate*
Ms: København, Ny. kgl. S. 2911 qu. f.87-100

0272. **Ad omnia que insurgunt vitia...**
[Remedies against the sins]
Ms: Paris, BN lat. 15700 f.117 seq.

0273. **Ad omnipotentis Dei et Domini nostri Iesu Christi gloriam et suae benedictae matris...**
Speculum religiosorum
Ms: Saint-Omer 326

0274. **Ad ostendendam differentiam prudentiae ad virtutes intellectus, primo sciendum est quod intellectus...**
See: Quia secundum sententiam Apostoli ad Hebreos ciuitatem...

0275. **Ad peccandum proni sumus...**
[Tractate on penance]
Ms: Paris, BN lat. 3495 f.180 seq. (Chevalier, Repert-hymn. 34937; Walther IC 416)

0276. **Ad penitenciam nos quatuor incitant...**
Tractatus de penitencia
Ms: Vyssi Brod 22 f.108

0277. **Ad perfectam patientiam pervenire cupiens...**
De patientia
Ms: Trebon, Arch. A 17 f.125

0278. **Ad perfecte gratie infusionem...**(prol.)
See: Primum est inanis carnis dilectio...

0279. **Ad Philippenses primo capitulo hortatur Apostolus fideles...**
Thomas Ebendorfer de Haselbach, *De novem alienis peccatis* or *Tractatus de novem alienis peccatis*
Mss: Klagenfurt, Bischöfl. Bibl. XXXI a 1 f.97-183; Klosterneuburg 395 f.69-138; 399 f.1-54 (incom.); 403 f. 254-344; 424 f.170-225; München, Clm 28269 f.1-85(A. Lhotsky, *Thomas Ebendorfer* [Stuttgart 1957]; M G H Schriften XV] p.82 n.94)

0280. **Ad primum dicat sacerdos confitendi...**
Robertus Grosseteste, *De modo confitendi (Canones penitenciales)* or *Modus sive forma confitendi secundum bone memorie Robertum Lincolniensem episcopum* or *Penitentiale*
Ms: Edinburgh, Nat. Lib. of Scotland, 18.3.6. f.136-138; London, BM Harl. 211 f.102-103; Oxford, Bodl. Bodl. 828 f.211 (SC 2695); (Thomson 126); (Michaud-Quantin 30)
See: Primo dicat sacerdos...(variant)
Qualiter informandus est...
Cf: Accedenti ad confessionem primo dicat...

0281. **Ad primum quod vovere non sit expediens...**
See: Quoniam ad religionem et ad verum mundi contemptum...

0282. **Ad proximum suum stupebit facies combuste...**
De virtutibus et vitiis
Ms: Wien, Nat. 2196

0283. **Ad quid valet confessio sacerdoti facienda...**
De confessione
Ms: Wien, Nat. 1330

0284. **Ad rationabilem contra simoniam et simoniacos reformationem...**
Iohannes Gerson, *Tractatus de simonia*
Ms: Tours 378
Printed: Jean Gerson, *Oeuvres Completes* (ed. P. Glorieux) VI, Paris 1965 p.179-181 n.279

0285. **Ad rectam et sanctam confessionem...**
Modus confessionis
Ms: London, BM Harl. 5234, f.167-171
See: Ad sanctam et rectam confessionem...

0286. **Ad reverendissimum in Christum patrem et dominum ex miseratione divina Sanctae Romae...**(pref.)
See: Absolutio. Circa absolutionem...

0287. **Ad Romanos decimo (13) dicitur quod quicumque invocaverit nomen Domini...**
Speculum animae
Ms: Toulouse 231

0288. **Ad sanctam et rectam confessionem tria sunt necessaria ipsi anime penitenti...**
Robertus de Sorbonio, *Tractatus de confessione* (first recension)
Mss: Bruxelles, BR II. 1404 (cat. 2987) f.116-121; Cambrai 931; London, BM Harl. 5234 f.167-171; Paris, BN lat. 3359 f.73; 12312 f. 134 (incomplete); 13988; 15034 f.122; 15952; 15988 f.676-688; Paris, Sainte-Genevieve 1443;

Trier, Stadtbibl. 572; Troyes 1788; *formerly* Vendome 146) (Glorieux 159 f; Michaud-Quantin 28-30 and Index; P. Glorieux, in *Miscellanea A. Janssen* [Louvain 1948] 551-565)
Printed: Maxima Bibl. Veterum Patrum (Lugduni 1677) 25, 352-354
See: Cum repetes...ex hac auctoritate... Qui vult vere confiteri peccata...(second recension) Quicumque vult facere veram et rectam confessionem

0289. **Ad sanctissum ac beatissimum dominum, dom. Paulum II, pontificem maximum...**
(ded. epis.)
See: Super cunctas humanas...

0290. **Ad sciendum in quo casu aliquod peccatum sit mortale...**
Bonaventura(?); *De septem peccatis mortalibus*
Ms: Bruxelles, BR 1291-1311 (cat. 1623) f.149-151

0291. **Ad sciendum quando peccatum aliquid sit mortale vel veniale, nota quinque regulas: Prima est hec quod quando amor...**
Matheus de Gracovia(?) or Henricus de Hassia (?),
[Short piece on distinguishing venial from mortal sins.]
Ms: Kiel, Univ. Bord. 34 f.285-286; Krakow, BJ 395 f. 50-51; Gdansk 2035; 2123.

0292. **Ad septem criminalia...**
De confessione penitentis in primo criminali peccato
Ms: Würzburg, Univ. M.ch.q.97 f.205-206
Cf: following entry

0293. **Ad septem criminalia peccata et quinque sensus corporis et transgressionem Decalogi inquirenda...**
[Work on confession]
(after Gerardus Leodiensis, Septem remedia 'cum omnis anime rationalis...' et Quinque incitamenta 'Cum ad amandum deum...')
Ms: Troyes 1890
Cf: preceeding entry

0294. **Ad serenissimum ac reveredissimum dominum, O. Ernestum, electum et confirmatum Archiepisc. Colonens....Iam tandem prodit non solum integrum, set et elimatum, et auctuum, Illustrissime et serenissime Princeps...**(ded. epis.)
See: Plausibilis admodum et periucunda illa vox

0295. **Ad spiritum sanctum pertinet remissio...**
See: Credo remissionem peccatorum. Ad spiritum...

0296. **Ad suggilandum vitia commendandumque virtutes...**
Hugo de Sancto Caro (?), *Seminarium predicatorum*
Mss: Oxford, Exeter 68; Paris, BN lat. 16515 f.4;
(Glorieux 2 bb)

0297. **Ad suggillandos igitur...**
See: Intentionem quatuor euangelistarum...

0298. **Ad te manum meam extendo, quem sencio in timore Dei** [or **domini**] **tenere vexillum...**
[*Tractatulus de carne superba*]
Ms: Oxford, St. John's 75 f.132

0299. **Ad utilitatem eorum qui curam gerunt animarum, hoc breue compendium de confessionibus audiensis...**
Circa prima partem que agit de confessoribus, primo videndum est quis possit audire confessiones...

Conradus de Ebrachaa (Ebrach), O. Cist., *Compendium casuum conscientiae* or *Compendium confessionis* or *Tractatus de confessione* or *Confessionale*
Mss: Berlin, Theol. lat. fol. 32 (Rose 454) f.248-276; Budapest, Eg.Kön. 54 f. 137-209; 70 f.1-27; München, Clm 9657; Praha, Univ. III.G.24 (549) f.53-74; XII.A.23 (2100) f.90-119; Wilhering 68 f.70-99; Wrocław, Uniw. II. F.86.88 (Schulte II 535; K. Lauterer, *Konrad von Ebrach* [Roma 1962] 137-140.
See: Superbia est ut dicit Augustinus

0300. **Ad veram confessionem faciendam oportet...**(chap. 1)
Tractatus utilis et valde necessarius de modo confessionis (really several tractates on confession)
Ms: Dublin, Trinity 312
Prol: In principio huius tractatus nomina edocentur...

0301. **Ad veram penitentiam ante omnia duo requiruntur...**
Tractatus de penitentia bonus et utilis
Ms: Würzburg, Univ. M.ch.q.14 f.409-420

0302. **Ad veram penitentiam quatuor sunt necessaria...**
De penitentia
Ms: Bern 271 f.90

0303. **Ad verbum scribitur Thob. cap. 4. Scitis quod isti medici experti dicunt...**
See: Cave ne aliquando consencias peccato...Ad verbum...

0304. **Ad videndam altitudinem humilitatis attendamus...**(variant)
See: Ad altitudinem humilitatis videndam...

0305. **Ad videndum igitur qualiter Deus hominem assumpsit de generis humani massa peccatrice...**
See: Cum in omnibus religiosae tuae voluntati velim...

0306. **Adam et Eva cum expulsi fuissent de paradiso voluptatis...**
Liber de poenitentia Adae or *De vita Adami et Eva expulsorum a paradiso*
Mss: Herzogenburg 43 f.247-251; Schlägl 156 f.405-409; Wien, Nat. 1628
Cf: Cum expulsi fuissent Adam...Post peccatum Ade expulso eo de paradiso...

0307. **Adam quando peccavit in septem peccatis cecidit...**
[On Adam's sin]
Ms: Vaticana, Vat. lat. 607 f.187

0308. **Adam ubi es (Gen.3,9). Pietas Christi querentis peccatorem hic notatur...**
Stephanus Langton, *Summa de vitiis et virtutibus* (part; appears separately in some MSS) or *Tractatus morales in usum praedicantium*
Mss: Charleville 93; Paris, BN lat. 2995, f.24 seq. (as separate work in both) (Glorieux 104 t1; Thomson p.251 n.25)
See: Cum penitens accessit...
Rubr.: Quod peccata nostra et Christi beneficia debemus ad memoriam reducere.

0309. **Addidimus etiam huic operi excerptionis nostrae...**(praef.)
See: Quotiescunque Christiani ad penitentiam accedunt...

0310. **Addiscunt quidam ut sciant ut sciantur ut...**
Distinctiones
Ms: Cambridge, Caius 135 f.159

0311. **Adeo autem viguit iustitia apud illos...**
See: Regna remota iustitia non sunt nisi magna latrocinia...

0312. **Adhaec cum nihil charius reliquerit nobis Deus in terris...**(chap. 1)
Alexander de Stavensby, *Constitutiones*

Printed: D. Wilkins, *Concilia* I 640 seq.
Prol: Universis archi diaconis per...

0313. **Adhuc excellentiorem viam vobis demonstro; ita scribitur I Cor. 12,31. Apostolus Paulus in textu hunc precedente...**
Nicolaus de Dinkelsbühl, *De dilectione Dei et proximi*, Sermones 10-12
Ms: Kiel, Univ. Bord. 39 f.61-66
See: Scribitur Matth. 22 quod cum quidam legisdoctor

0314. **Adiutorium duplex est: divinum...**
[A theological lexicon]
Ms: Osek 12

0315. **Adiuuante deo in hoc opere tractatur principaliter de septem in universo. Etenim primo tractatur...**(pref.)
Prol: Quoniam, sicut scribitur Sap. 13, vani...

0316. **Admirabile satis videtur qualiter usque...**
Tractatus de confessione
Ms: München, Clm 7698

0317. **Admonet Dominus Deus noster non debere negligere nostra peccata, quia nobis demonstrant iram suam...**
S. Augustinus (?), *De penitentia agenda* or *De penitentia*
Mss: Durham, Cath. B.II.20; Oxford, Merton 18 f.2 seq.

0318. **Adolescens quidam mersus mundi vanitatibus...**
Theobaldus Coci de Miltenberg, *Tractatus de patientia*
Ms: München, Univ. Fol. 741 f.1-28
Prol.: Ambulante me virentibus in agris, tandem...(prol.)

0319. **Adolescens si cum uirgine peccaverit annum unum...**
De fornicatione eiusque penitentia
Ms: Cambridge, Corpus Christi 320 f.80 (XI)
See: Canones de remediis peccatorum, Cap. I Inc. 'De remediis peccatorum paucissima...'

0320. **Adolescentes tres nobilissimos eruditissimosque...**
Baptista de Iudicibus (Guidici) de Finario, O.P., *Serapio, sive trialogus de contemptu mundi et amore religionis*
(Kaeppeli 357)
Printed: Venetiis 1495 (GW 2203 Goff A-883)
Epistle Dedic.: Reuerendo patri fratri Thome de Leuco, generali vicatio Cisalpino O.P....

0321. **Adperiat Dominus corda vestra qui aperuit oculos...**
Guido Faba, *Summa de virtutibus*
Ms: Lincoln, Cath. 226 (B.6.4) (V. Pini in *Quadrivium* I [1956] 58 seq.)
Printed: V. Pini in *Quadrivium* I (1956) 97 seq.
Cf: In terris a domino cuilibet...

0322. **Adstans alteri pia mens guade lacrymari...**
Hildebertus Cenomanensis, *De penitentia*
Ms: Paris, BN lat. 1249 f.37 seq.
Printed: PL 171, 1426

0323. **Adstitit...**
See: Astitit...

0324. **Adulacio est Deo detestabilis; hoc ostenditur natura...**
[Excerpts]
Ps.-Robertus Grosseteste, *De Lingua* and *De corda*

Mss: Oxford, New Coll. 119 f.1 seq.; Oxford, Univ. Coll. 62 f.1 seq.; (Thomson 249 and 253)

0325. **Adulacio est ut dicit quidam perverso...**
Collecta de variis vitiis [et virtutibus]
Ms: Frankfurt am Main, Stadtbibl. Praed. 96 f.165-173

0326. **Aeger peniteat et crimina confiteatur...**
[On confession]
Ms: London, BM Harl. 956 f.27 (Walther I 568)

0327. **Aelredus. Ecce ego et tu, et spero quod tertius...**
See: Ecce ego et tu...

0328. **Aesopus fabule Romulus tiberino filio de civitate.**
Ms: Frankfurt am Main, Stadtbibl. Praed. 60 f.40-46

0329. **Aesopus hanc primam fabulam dicit de hiis qui despiciunt...**
Romulus Nilantius, *Fables*
Printed: L. Hervieux, *Les Fabulistes Latins*(Paris 1884), II 329 seq.
Prol: Romae imperator Tiberino filio salutem...

0330. **Aeterna lex est summa ratio aeternae sapientiae...**
[De decem praeceptis]
Ms: Basel, Univ A VIII 24

0331. **Aeterni Patris Verbum sua immensitate uniuersa comprehendens, ut hominem per peccata minoratum...**
Thomas de Aquino, O.P., *Compendium theologiae sive de fide, spe et caritate* or *Brevis compilati theologiae*
Printed: S. Thomae de Aquino *Opera Omnia*, Parmae 16 (1865) 1-85; etc.

0332. **Aethiopum terras...Eclogarum tres sunt diuersitates uel partes...**
[*Expositio super Eclogas*]
Ms: Paris, BN lat. 1862 f.99 seq.

0333. **Aethiopum terras...Eclogarum tres sunt species; una est que consistit...**
[*Expositio super Eclogas*]
Ms: Paris, BN lat. 2638 f. 32

0334. **Aethiopum terras iam veruida torruit aestas...**
Theodulus, *Ecloga* or *De moribus*
Mss: London, BM Roy. 15 A.VII f.8; 15 A.XXXI f.3; 15 A.XXXI f.206; Montecassino 227; Paris, BN lat. 1702 f. 115 seq.; 2638; 4930; 6403; 7357 A; 7993; 8023; 8115; 8259; 8460; 11344 f.23 seq.; 13138 f.14 seq; 13139 f. 35 seq. (?)

0335. **Aethiopum terras...In principio uniuscuiusque philosophici tractatus quatuor sint requirenda...**
[*Expositio super Eclogas*]
Ms: Paris, BN lat. 1702 f.115 seq.

0336. **Affectu diligere velle bonum reor esse...**
Thomas Gertzner,
[Verses on the Decalogue]
Ms: München, Clm 12591 f.29-34 (Walther IC 67)

0337. **Affectu filiali quo constringor...**
Iacobus de Jüterbog, *De tribus substantialibus religiosorum* or *De obedientia, de castitate, paupertate*
(Meier p.17 n.7)

0338. Afflicto scripturus et tribulatio
    Iacobus de Jüterbog (or de Paradiso), *Consolatorium sue remedianum tribulatorum*
    Ms: London, Congregational Library IIa 20,1-17 (Auer 311 seq.)
    See: Prologus in consolatorium

0339. Agamus nunc interim quod natura et imitatrix nature ars solent...(prol.)
    See: Ea quae tibi praecepit deus cogita semper...

0340. Age fili, ut oportet, age ut decet...
    Ps.-Isidorus Hispalensis, *De modo vivendi* or *De norma vivendi*
    Mss: Budapest, Eg.Kön. 50 f.504; 53 f.89-92; 108 f.149-152; København, Univ. MS Fabr. 89 in 4 (from Meissen?) f.157-161; Schlägl 68 f.198-201.
    Printed: PL 83, 1247-1252

0341. Age penitentiam (Apoc. 2,5). *Omnipotens Deus videns naturam humanam...*
    Iohannes de Parma, *Sermones de poenitentia*
    Napoli, Naz. I. H.42 f.220-222

0342. Aggravat ordo locus...
    De gravibus peccatis
    Ms: London, BM Harl. 956 f.27
    (Walther IC 680; PS 719)

0343. Aggrediamur tractatum de tentationibus et resistentiis...
    De tentatione et resistentia
    Ms: München, Clm 9671

0344. Aggrediemur huius tractatus partem tertiam, et ipsius partis tertiae partem primam, quae est de vitiis...
    Guillelmus Parisiensis (de Alvernia), *De vitiis et peccatis* (third part of *De virtutibus*)
    Ms: Vaticana, Vat. lat. 869
    Printed: *Opera omnia* Parisiis 1674 I,260 seq.
    See: Postquam claruit ex ordine...

0345. Agite penitentiam appropinquabit enim regnum celorum. (Matth.3,2) *Id est agite. In his enim verbis beatus Iohannes Baptista duo facit...*(prol.)
    [Commentary on Gratian's *Tractatus de penitentia dist*.I-III]
    Ms: Vaticana, Borgh. 175 f.77-87
    See: In principio huius tractatus de penitentia septem queruntur. Primo de necessitate penitentie...(comm. on prol.) Nota de penitentia: Sunt qui arbitrantur (comm. on Dist. I)

0346. Agite penitentiam, etc.(Matth. 3,2) *Penitentia aliquando accipitur pro merore animi...*
    Thomas Cabham (?),
    [Work on Penitence]
    Ms: Cambridge, Magdalen 15 f.206

0347. Agitur primo de vitio gulae...
    De vitiis
    Ms: Brugge, Stadsbibl. 250

0348. Agnoscat igitur fraternitas tuas confitenti tria esse...
    See: Activus contemplativo...(Prol.)

0349. Agnoscis homo te ipsum...
    See: Interior homo ait. Agnoscis...

0350. Agnus et lupus sitientes...
    See: Contra calumniosos fingitur talis fabula. Agnus et...

0351. Ah, ah, ah, Domine Deus...
    See: A, a, a, Domine Deus...

0352. **Ah, quam sollicito quisque timore...**
Girardus Cambrensis (Gerard of Wales), *De cura carnis* (reported)

0353. **Ait Dominus per Moysin, si mandata mea custodieritis...**
De decimis tractatulus
Ms: Oxford, Corpus Christi 32 f.63 seq.

0354. **Ait enim quia iuxta quandam aecclesiam quae...**
See: Ad correctionem quorundam male viventium christianorum...

0355. **Ait Gregorius in prima parte sui pastoralis capitulo duo nemo est qui cordium...**
See: Medice cura te ipsum...Luc. 4

0356. **Ait Hieronymus: De penitentia, dist. 1, can. Secunda. Tabula: hic dicitur baptismus vel penitentia...Simpliciter: id est sine publica excommunicatione** (plica excusationis?)**...**
Guillelmus Redonensis, *Apparatus ad Summam Raymundi* (de Pennaforti: 'Quoniam ut ait Hieronymus, secunda post naufragium tabula...,'
Mss: Arras 30;122; 299; Barcelona, Univ. 230; 590; Douai 437; Erlangen 363; Firenze, Laur. Edili 34; Kassel, 2 iurid. 43 f.247-235; Troyes 1930 (Schulte II 413 n.2; Michaud-Quantin 40-41)

0357. **Ala prima cum penis suis...**
Clemens Lantoniensis(?) or Alanus de Insulis(?), *De sex alis Cherubim*
Mss: Darmstadt 78; Nürnberg
Rubric of: 'Prima ala est confessio, non laudis...'

0358. **Albuinus** [or **Alcuinus**?] **presbiter** [or **monachus**] **indignus, non in facto portans nomen heremite...**(prol.)
Labyades philosophus atheniensis Socratis discipulus fuit...
Gualterus Burley, *De vitae et moribus philosophorum*
Ms: Frankfurt am Main, Stadtbibl. Praed. 44 f.60-77
See: Scio vere multum esse beatum qui...

0359. **Alexander cum sit corpus corruptibile...**
Regimen principum
Ms: Hannover IV 616 f.66-78

0360. **Alexander regnavit prudens valde qui filiam...**
Gesta Romanorum
Ms: Budapest, Eg. Kön. 25 f.1-83

0361. **Alibi etiam dicit...**
See: Confessio est salus animarum, dissipatrix... Alibi etiam...

0362. **Aliqui propter cordis pusillanimitatem putant se desperare cum non desperant...**
Hugo de Sancto Victore (?) or Ricardus de Sancto Victore(?), *Tractatus valde utilis quomodo homo debet se habere in omnibus temptacionibus* or *Remedium contra scrupulositatem conscientie* or *Securus modus vivendi* or *De pusillanimitate cordis* or *De temptatione*
Mss: Dole 92; Oxford, Bodl. Digby 115 f.105-106; Roma, Casanatense 81 f.76-78; Wien, Nat. 3973; Würzburg, Univ. M.ch.f.132 f.82-88

0363. **Aliquis saecularis receptus est in canonicum regularem...**
Guillelmus Redonensis, *Summa abbreviata*
Ms: Chartres 439

0364. **Aliud adhuc restat miraculum, quod...**
Liber de virtutibus S. Othmari abbatis
Ms: Lilienfeld 104 f.99-107

0365. *Aliud est bene vivere atque aliud bene convivere. Similiter aliud est esse bonum hominum atque aliud bonum civem, amicum, socium, vel monachum. Bene autem...*
[On love]
Ms: Bruxelles, BR 11885-93 (cat. 1686) f.167-151 (imperf.)

0366. *Alpha Deus est...*
Lexicon moralitatem
Ms: Madrid, Nac. 561

0367. *Alta palacia summa potencia gloria mundi non valuere tibi tollere posse mori est commune mori mors nulli parcit honori*
[Versus de morte]
Ms: Vaticana, Vat. lat. 793 f.95 (Walther PS 832)

0368. *Altare aliud anagogicum, aliud allegoricum, aliud tropologicum...*
Distinctiones monasticae
Ms: Paris, Mazarine 3475 (1272)

0369. *Altissimus de terra creavit medicinam* (Eccli. 38,4). *Iste est altissimus de quo canit...*
Petrus Quivil, Summula or Statuta
Ms: London, BM. Cotton Rolls IV 58 (d); Harl. 220 f.49-58; Longleat House (*HMC Reports* III, app. 185v); Oxford, Corpus Christi 155 f.136 seq.
Printed: D. Wilkins, *Concilia* II 162 seq. (Michaud-Quantin Index)

0370. *Altissimus dicitur Pater, unde angelus Marie dixit...*
Petrus de Capua, *Liber distinctionum per alphabetum* (short version)
Ms: Paris, BN lat. 2802 f.114-217
See: A.W. Wilmart in *Memorial Lagrange*, 339-41

0371. *Altitudo mundame glorie describitur per philosophorum exemplariter...*
Compendium extractum de libro qui intitulatur Lumen anime
Ms: Leipzig, Univ. 423 f.133-142
Cf: Archita Tharantinus in libro...

0372. *Altus gradus caritatis est diligere amicum...*
Bonaventura (?), *Summa de gradibus virtutum*
Ms: Bremen, Staatsbibl. b.9 (Quaracchi 8 p.C)
Identical with the treatise 'Accedite ad Dominum...ius hominis...'

0373. *Aman, iudea, nati, iob, loth...*
[Poem on vices]
Ms: Schlägl 61 f.177

0374. *Amantissimo patri et domino Willelmo, Dei gratia venerabili Herfordensi episcopo, frater G*(uido)*...Nouit verus cordium inspector...*
See: Quanta sit virtus confessionis...

0375. *Amator meus, amor meus, amantissime, amabillissime Domine Jesu...*
Dionysius Carthusianus, *De perfectione caritatis dialogus*
Printed: Coloniae 1534. Opera omnia... 41 (Tournai 1912) 349-417
Prol: Super omnia caritatem habete...(Col. 3,14). Caritatis excellentia

0376. *Amator mundi docit: O vos omnes qui transitis figuram...*
Speculum peccatorum seu planctus anime damnate
Ms: Frankfurt am Main, Stadtbibl. Leonhardstift 1 f.145

0377. *Ambiguos quid et occiduos, homo queris honores...*
See: *Neues Archiv. d. Gesellschaft f. altdeutsche Geschichtskunde*, 2 (1877) 410

0378. *Ambitio allicit hominem et tenet in periculoso...*
Liber de virtutibus et viciis or Liber abstinencie secundum alphabeti ordinem
Ms: Erfurt, Q 118 f.1-66 (of Engl. origin)

LIST OF INCIPITS

0379. Ambitio, secundum doctores, est inordinatus appetitus honoris aut dignitatis...
Dionysius Carthusianus, *Contra ambitionem*
Printed: Colon. 1532; 1559; *Opera omnia*... 39 (Tournai 1910) 331-359
Prol: Reges gentium dominantur... Haec est doctrina...

0380. Ambrosius ait de penitentia: Penitentia est et preterita mala plangere...
Tractatus de penitentia
Ms: Paris, BN n.a. lat. 352 f.12-19 (Teetaert 326)
Cf: Penitentia est preterita mala siue peccata... Penitencia est ut ait Ambrosius...

0381. Ambrosius De officiis: Qui continet frumentum relinquet...
See: Avaricia. Ambrosius de officiis. Qui continet...

0382. Ambrosius. Humanum genus non potuit redimi nisi tanta esset humilitas redemptoris...
Viridarium consolationis (excerpts)
Ms: Oxford, Trinity 42 f.90 seq.

0383. Ambrosius: non sunt homines que secum fere non...
Nota de contemptu mundanorum
Ms: Napoli, Naz. VIII.C.9 f.14-16

0384. Ambrosius super Luc. III libro: Arbor que non facit fructum bonum excidetur (Luc. 3,9)...*Faciat ergo fructum quem potest gratie...*
See: Quoniam peccantibus post baptismum sola penitentia...

0385. Ambrosius super Matth. 21: Omnis, inquit...
See: Quoniam peccantibus post baptismum sola penitentia...

0386. Ambulante me viventibus in agris, tandem...(prol.)
See: Adolescens quidam mersus mundi vanitatibus...

0387. Ambulate dum lucem habetis...(Ioh. 12,35). *Item ubi supra. Attulit penitentie nostre modum Saluator noster...*
De confessione
Ms: Napoli, Naz. VII.D.22 f.92-99.

0388. Ambulate dum lucem habetis...(Ioh. 12,35). *Nauigantibus nobis per hoc mundi pelagus...*
De dilatione penitentie
Ms: Napoli, Naz. VII. D.22 f.89-92.

0389. Ambulatio. Sicut in corporali ambulacione, ita in spirituali...
Nicolaus de Gorran, *Parvae distinctiones*
Ms: Oxford, Merton 147 f.167 seq.

0390. Amicabilia, quae sunt ad...
Extractus ex Aegidii De regimine principum per modum alphabeti
Ms: London, BM Arundel 384 f.135-222
Cf: Clamat politicorum sentencia...

0391. Amice commoda mihi tres panes (Luc. 11,5)...
Nicolaus Jaur, *De tribus substantialibus religionum*
Ms: Wien, Nat. 4483

0392. Amici vitia nisi geras facias necesse est...
Sententia philosophorum
Ms: München, Clm 6369

0393. Amicicia [and vera] *non est nisi...*
Ricardus de Sancto Victore, *De dilectione dei et proximi*
Ms: Praha, Univ. X.B.24(cat. 1853) f.80-90; X.C.4 (1857) f.209-216

0394. **Amiciciarum multa sunt genera...**
　　　Liber de amicicia secundum tradicionem abbatis Joseph
　　　Ms: Praha, Univ. X.D.1 (1880) f.69-71

0395. **Amicitia vera est rerum humanarum atque divinarum cum benivolentia et caritate consensio...**
　　　Distinctiones
　　　Ms: Paris, BN lat. 3389

0396. **Amico in visceribus Jesu dilecto. Laevam sponsi sub capite...**
　　　Ricardus de Sancto Victore, *De gradibus caritatis*
　　　Mss: Paris, BN lat. 18081, f.13 seq., 14924, f.7 seq.
　　　Printed: PL 196, 1195-1208

0397. **Amico suo karissimo domino Johanni vicario de A., Iohannes dictus prior de Lilleshull... Est verbis domini salvatoris, karissime, didescimus quod...**
　　　See: Inter melliflua sancti...

0398. **Amicorum amicissimo...magistro Fridlino Pragensi minimus...**
　　　Septiloquium de qualitate confessionis
　　　Ms: Praha, Univ. I.C.25 (117) f.47-60; XIII.D.11 (2303) f.1-11

0399. **Amicorum si recogites mortem...**
　　　De contemplatione mortis
　　　Ms: Wien, Nat. 1256

0400. **Amicus. Nota quod homo habet triplicum amicum...**
　　　[A theological dictionary]
　　　Ms: Praha, Univ. XIV.G.23 (2631) f.1 seq.

0401. **Amor. Amor terrenus inuiscat animam, ne possit ad superna volare, sed amor diuinus superueniens...**
　　　Guillelmus de Montibus, *Narrationes aliae allegoricae* or *Similitudines*
　　　Mss: Oxford, Merton 257; Oxford, New Coll. 98 f.123 seq. (Stegmüller RB 2996)
　　　See: Ad declarandum in sermone...

0402. **Amor Dei precellit omnia...**
　　　[Proverbs in verse]
　　　Ms: Trebon, Arch. A 6 f.202-206

0403. **Amor est appetitus rei propter se cognoscendae**
　　　Alexander Neckam, *Distinctiones verborum* or *Interpretationes vocum*
　　　Mss: Oxford, Bodl. Greaves 53 f.13 (SC 3825); Hatton 101 f.333-344 (SC 4048);
　　　　　Oxford, St. John's 190; (Stegmüller RB 1160)

0404. **Amor est quedam vis appetitiva rerum quas...**
　　　Tractatus de amicitia christiana
　　　Ms: Paris, BN lat. 15700 f.115-117

0405. **Amor hominis in hac vita si dulcis sit aut amarus...**
　　　Speculum humanae felicitatis
　　　Ms: Uppsala, Univ. C 178 (from Vadstena), f.120-128; (Lehmann, 157)

0406. **Amor multipliciter videtur dici, consueuimus enim dicere amatorem pecunie qui multum desiderat...**
　　　Robertus Grosseteste, *Dictorum liber theologicorum* or *Dicta* or *Dictorum liber de Sacra Theologia*
　　　Mss: Cambridge, Caius 380 f.1-139; Cambridge, Trinity Coll. 356 f.1 seq.;
　　　　　Oxford, Lincoln Coll. 56 f.2 seq.; Oxford, Magdalen 98 f.1 Seq.; Oxford, Merton 10 f. 2 seq.; Oxford, Oriel 20 f.1 seq.; Praha, Univ. XIII.D.10 (2302) f.1 seq. (Thomson p. 214-232)

0407. **Amor terrenus inuiscat...**
    See: Amor. Amor terrenus inuiscat...

0408. **Amor est concupiscientia, delectabilis copulatio animorum...**
    Definitiones ordine alphabetico
    Ms: Oxford, Corpus Christi 33

0409. **Amoris Dei incitamenta sunt quinque...**
    Alphabetum vitiorum et virtutum
    Ms: Padova, Ant. 438

0410. **An circumstancie vel dignitas aggravant peccatum...**
    Guillelmus Durandus, *Repertorium de penitentia et remissione*
    Ms: Erlangen, Univ. 610 f.51-5 (XV)

0411. **Angelus quandoque dicitur filius Dei...**
    Guarnerius Langonensis Episcopus, *Angelus* or *Distinctiones secundum ordinem alphabeti*
    Ms: Troyes 32

0412. **Anima Dei insignata ymagine Salvatoris...**
    Meditatio contra peccata carnis
    Ms: London, BM Burney 359

0413. **Anima: Dic queso o homo...**(variant)
    See: Flecto genua mea...Paulus apostolus...

0414. **Anima dicitur proprie spiritus...**
    Alanus ab Insulis (Alain de Lille), *De diversis vocabulorum significationibus* or *Distinctiones* (PL 210,699 seq.)
    Ms: Heiligenkreuz, 27 f.1-56;
    See: Quoniam iuxta aristotelicae auctoritatis praeconium...

0415. **Anima est cumcervativa potentie divine. Traditur ista...**
    De modo confitendi
    Ms: Vaticana, Regin. lat. 440 f.85-101

0416. **Anima mea anima misera et feda? diligenter recollige ad te...**
    Ratiocinatio peccatoris cum anima sua, quam excitat ad corrigendum peccata
    Ms: London, BM Add. 16608 f.88-90

0417. **Anima mea in angustiis est, spiritus meus aestuat, cor meum fluctuat, angustia animi possidet me...**
    Isidorus, Episcopus Hispalensis, *Synonyma* or *disputatio brevis per modum dialogi hominis deflentis huius mundi miserias et rationis admonentis* or *Exempla sanctorum patrum* or *Dialogus hominis flentis et rationis admonentis* or *Disputatio inter corpus et rationem*
    Mss: Cambridge, St. John's Coll. I.38 (226) f.1-30; Oxford, Bodl. Hatton 26 f.65 (SC 4061); Oxford, Balliol 239 f.83-91; Oxford, Jesus 25; Oxford, Univ. Coll. 29; Wien, Nat. 3607
    Printed: PL 83, 827-868
    See: Hic introducuntur persone duorum...(Prol.) Manus meas quondam ad scedulam...Homo: anima mea in angustiis est... O homo: anima mea in angustiis est...

0418. **Anima mea novi quod curiosa sis...**
    Henricus de Hassia, *Speculum animae*
    Mss: Bruxelles, BR 3672-90 (cat.1503) f.189-194; II.2510 (cat.1472) f.2-23; Budapest, Eg. Kön. 55 f.71; Cambrai 261 (251); Erlangen, Univ. 549 f.228-238; Metz 153; Praha, Univ. V.B.15 (832) f.221-227; Wien, Nat. 1662 f.71-86; 3655; Ser. n. 12.861 f.95-103; 12.907 f.155-170 (Roth p.6)

0419. **Anima mea si vis amari a deo...**
Ps.-Augustinus, *Liber de dulci ammonicione anime*
Ms: Budapest, Eg. Kön. 55 f.105-107

0420. **Anima mea sit libellus hic...**
Enchiridion asceticum
Ms: Wien, Nat. 4556

0421. **Anima nascitur sicut tabula rasa...**
Compendium de virtutibus secundum Aristotelis ethica
Mss: Koblenz, Staatsarchiv. 237 no. 2; Praha, Univ. XIII.F.24 (2362) f.1-24

0422. **Anima nobis sicut a deo solo inspirante et influente...**(prol.)
See: Nulla transgressio legis naturalis aut humane...(chap. 1)

0423. **Anima nostra duplici genere...**
Tractatus de tribus virtutibus theologicis et quatuor cardinalibus
Ms: Praha, Univ. V.A.14 (805) f.58-63

0424. **Anima quae deum diligit, in solo Deo haeret** [or **quietem habet**]. **Anticipa soluere...**
S. Isaacus de Syria, *Liber de contemptu Mundi*
Ms: Vaticana, Vat. lat. 9932
Printed: PG 86,811-886

0425. **Anima tacta a Deo et a peccatis exuta...**
Speculum animarum simplicium or *Margarita*
Ms: Oxford, Bodl. Laud. Lat. 46

0426. **Anima tribulata et temptata tibi verbum istud...**
Ps. Ricardus Rolle, *De duodecim utilitatibus tribulationis*
Mss: Cambridge, Univ. Mm. 4.41 f.16; Mm.6.17 f.125

0427. **Anima triplicem diffinitionem sortitur...**
See: De ave natura in malo. Ave natura est animal...

0428. **Animadverte et intellige, o homo...**
Collatiuncula de caritate; Statera supernae et aeternae civitatis Dei
Ms: München, Clm 28273 f.123

0429. **Animadverte tabulam infrascriptam, ubi tria scias: Primo materias figuram per numerum distinctas...**(prol.)
See: Quod corpus non obedit spiritui, nisi subtracta esca...

0430. **Animadvertens intravisse quam plurimos Dedalitum laberintum...**(prol.)
See: Suscipe vivendi doctrinam...

0431. **Animae claustrum contemplatio dicitur, in cuius sinum...**(Book 3)
See: Rogasti nos, frater amantissime, quatenus...

0432. **Animam esurientem ne despexeris...**(Eccli. 4,2)
Flores quatuor librorum sapiencialium reducti ad ordinem alphabeti
Ms: Klosterneuburg 417 f. 123-128 & 97-115

0433. **Animarum salutem pio zelans affectu, consideransque summum fore necessariam...**
(Pref.)
(Prohemium): In omnibus operibus tuis memorare nouissima tua...(Eccli. 7,40).
Humanum genus tria incommoda per peccatum primi hominis incurrisse...(Tractatus) Ad excludendam igitur negligentiam...
Liber de consideratione novissimorum
Mss: Paris, Mazarine 969; Vaticana, Regin. lat. 160 f.1-260
Cf: In omnibus operibus tuis...Humanum genus...

0434. **Animarum zelus, immo Christi caritas me compellit...**
See: Universis in Christo Iesu religiosis, ad quos praesentes...Animarum zelus...

LIST OF INCIPITS

0435. Anime claustrum contemplatio dicitur, in cuius sinum...(Book 3)
    See: Rogasti nos, frater amantissime, quatenus...

0436. Animetur primo confitens...
    [Precepts for priests in matters of confession]
    Ms: London, BM Addit. 22570 f.200

0437. Anselmus de similitudinibus: sic est corde hominis...(variant)
    See: Ut enim habetur in regulis...

0438. Anselmus in civitate Romana regnavit prudens valde...(variant?)
    Ms: Cambridge, St. John's B.14 (36)
    Gesta Romanorum moralisata
    See: Exemplum bonum de uno...(prol.) Pompeius regnavit dives valde et potens...

0439. Ante autem omnia mutuam in vobismetipsis caritatem habentes (I Petr. 4,8)...
    [On charity]
    Ms: London, BM Addit. 39647 f.67 (imperf.)
    See: De caritate. Maiorem caritatem...

0440. Ante omnia autem mutuam in vobismetipsis caritatem habentes (I Petr. 4,8)
    See: De caritate. Maiorem caritatem...

0441. Ante omnia, inquit, interrogandus...
    De perfectione iustitiae hominis
    Ms: London, BM Addit. 18332 f.23
    Prol: Sanctis fratribus et coepiscopis...

0442. Ante omnia per partem Armachani petitur declaratio illius constitutionis Johannine sequentis extravagantis...
    Ricardus Filius Radulphi (Fitzralph), *Tractatus de audientia confessionum* (cum bulla 'Vas electionis')
    Mss: Oxford, Bodl. Bodl. 865 (SC 2737) f.55 seq.; Paris, BN Lat. 3221 f.1-13; 3222 f.78-98
    See: Ideo vero(nunc) petitur declaratio constitutionis istius...

0443. Ante prandium esurire, ante potum esurire...
    Gaufridus Regniacus (Galland de Rigny) (?), *Libellus* [or *Liber Proverbiorum*]
    Mss: Bruxelles, BR II 956 (cat.136) f.69-92; Namur, Mus. Arch. Ville 73; Praha, Univ. X.B.24 (1853) f.164-170; Troyes 558 n.11; Utrecht, Univ. 325 (H L F 14,450-451)
    Pref. Epistle: Edito olim a me parabolarum libello...

0444. Antequam de delecto uxoris et officio dicere...
    Franciscius Barbarus, *De re uxoria*
    Ms: Sydney, Univ. Library, Nicholson 4 (Sinclair Nr. 102) Ed. A. Guesotto (Padua, 1915)
    See: Maiores nostri laurenti...(prol.)

0445. Antequam dicatur de septem vitiis capitalibus...
    De septem vitiis capitalibus
    Ms: Logrono, Cath. 5 f.93 seq.

0446. Antiqua iam atque notissima patrum traditione...
    See: Ego vos baptizavi aqua...Antiqua iam atque notissima...

0447. Antiquitus in civitate Atheniensi fuit...(variant)
    See: In civitate Atheniensi...

0448. Antiquorum patrum exemplo didici nonnullos ad virtutes fuisse inductos narrationibus edificatoriis et exemplis...(Prol.)
    (Text) Abbas non debet esse nimis rigidus. Anselmus: Quidam abbas semel conferebat...

Arnoldus Leodiensis, O.P., *Alphabetum narrationum* or *Narrationes secundum ordinem alphabeti* or *Liber exemplorum secundum ordinem alphabeti* or *Liber demonstrationum de mirabilibus mundi*
Mss: See: Kaeppeli 335 (Add: forsitan Basel B V 17 f.1)
Printed: A Middle English translation is printed in EETS o.s. 126-7 (Ward and Herbert III) (Welter 304 seq.; Glorieux 42 g, 61 b)

0449. **Aperiam in parabolis os meum...**(Matth. 13,35)**Orationes animarum proicite...** (prol.)
Odo de Ceritona, *Exempla de animalibus* or *Tractatus parabolarum* or *Parabolae* or *Narrationes* or *Fabulae Aesopi moralisatae*
Mss: Frankfurt am Main, Stadtbibl., Praed. 121 f.223-291; München, Clm 14749; Oxford, Bodl. Auct. F.5.25, f.221 (SC 4046); Paris, Mazarine 986 (122); Schlägl 198 f.242-248; (Ward & Herbert III, pp.31 seq.; Friend in *Speculum* 93 [1948] 655-56)
Printed: Leopold Hervieux, Paris 1896
See: Querunt ligna ut super se...
Var. Prol: Quoniam ut dicit Gregorius plus est verbi Dei pabulo...

0450. **Aperiat Dominus cor nostrum in lege et in prophetis suis** (II Mach. 1,4). **In euangelio legimus quod adolescentem diuitem interrogantem...**
Tractatus de mandatis
Ms: Cambridge, Univ. Ii.3.8 f.31-36

0451. **Aperiat Dominus corda vestra...**
See: Adperiat corda vestra...

0452. **Aperuit Christus tria humano generi in adventu suo...**
Distinctiones abreviate et truncate super psalterium magistri Nycolay predicatoris postillatoris
Ms: Zwettl 325 f.13-36

0453. **Apocalypsis 5. Dignus es, Domine...Ista quatuor signacula...**
See: Dignus es, Domine,...Ista quatuor signacula...

0454. **Apollonius in civitate romana**
See: Apollonius in civitate romana

0455. **Apostolica vox clamat per orbem atque in procinctu fidei positis, ne securitate torpeant, dicit... O quam durus, o quam amarus est superbiae congressus...**
Ambrosius Autpertus, *De conflictu vitiorum* or *Liber de conflictu vitiorum et virtutum* or *De vitiis et virtutibus*
Mss: Antwerpen, Mus. Plantin-Moretus 131 f.12 seq.; Basel, Univ. B IV 23 f.6-9; Bruxelles BR 8344-46 (cat. 3197) f.81-88; 11740-48 (cat.1392) f.41-86; 20716-19 (cat. 1099) f.1-7 (beg. imperf.); II.2313 (cat.1487) f.114-119; II.2297 (cat. 1116) f.254-259; Brugge, Stadsbibl. 91 f.98-99; 150 f.1-10; Burgo de Osma, Cab. 56; 137; Brno, Univ. MK 75 f.60-67; 77 f.85-94; Cambrai 931 (830) f.50-52; Cambridge, Corpus Christi 63 f.43; 481 p.591; Cambridge, Fitzwilliam Mus. McClean 107 f.104; Cambridge, Caius 122 f.86-95; 239 p.171-202; 290 p.91-94; 408 f.211-217; 410 f. 103-114; Cambridge, Pembroke 87 f.135-140; 116 f.30-36; Cambridge, Peterhouse 193 f.165; 197 f.139, D.4.23, f.73; Cambridge, Sidney Sussex D.3.5 f. 45; Cambridge, Trinity Coll. 24 f.136-143; 164 f.63-66; Cambridge, Univ. Ff.4.8 f.130-134; Ii.1.5 f.34; Charleville 47 no. 6; 51 no. 1; Chartres 119; Douai 210; Dover, MSS 1371 and 210.5 of lost library of St. Martin's Priory (see James, *Ancient Libraries* 449 and 465); Dublin, Trinity 514; Edinburgh; U.L. 108; Erlangen, Univ. 188 f.85-108 (attrib. to St. Gregory, 'De colluctationibus virtutum et vitium'); Escorial d IV 22 f.22-48; h. III 3 f.125-240; Eton 38; Frankfurt am Main, Stadtbibl., Praed. 16 f.1-5, 33 f.10-15; Hereford, Cath. O.1.III f.118 seq.; Krakow, Univ. 1221; 2319; 2323; 2375; Leipzig, Univ. 272 f.18-23; 390

f.73-80; 396 f.216-224; Lisboa, Nac. Alcobac. 180 (XXCIII) f.106 seq. 238 (XXIX) f.53 seq.; London, BM Addit. 16412 f.153-174 (Ambrose); 24641, f.227-235 (Augustine); Burney 356 f.167-174 (in Flos Florum) (Pope Leo I) Harl. 3067 f.122-129; 3923 f.1-4; Royal 5 A.I f. 94; 5 A.VII f.2-15 (imperf.); 5.A.XII f.208; 5.B.XV f.49-54; 5 E.XIV f.31-35; 7 D.XXVI f.160-172; 8 A.VI f.6 (imperf.); 8 F.IV f.119-125; London, Lambeth 431; Metz 234 n. 4; 346 n. 2; Monte Cassino 236; München, Clm 2822 f.77-88 (attrib. S. Ambrose); Namur, Mus. arch. Ville 91 f.93-103; 106 f.70-81; Nürnberg, Cent. I 78 f. 68-73; Osek 31 f.2 seq.; Oxford, Balliol 220 f.181 seq.; 239 f.79-83; Oxford, Bodl. Auct.F. inf. 1.2 f.156 (SC 1926); Douce 107 f.39 (SC 21681); Oxford, Magdalen 109 f.63 seq.; Oxford, Merton 13 f.117 seq. (beg. missing); 43 f.9 seq.; 113 f.12 seq.; Oxford, Oriel 76 f. 81 seq.; Oxford, Univ. Coll. 99 (296b); Padova, Ant. 179 n. 16; Paris, Arsenal 1116; Paris, BN lat. 2629 f.83; 2732 f.14 seq.; 6674 f.8; 12312 f.119; 143807 f.186; 14947 f.363; 14988 f.184 seq.; 15700 f. 118 seq.; 15959, f.523 (ascribed to Hugo de S. Victore); Praha, Univ. I.C.32 (125) f.210-215; I.G.9 (283) f.44-51; I.G.14 (290) f.169-187; III.H.22 (575) f.113-120; IV.H.16 (780) f.42-48; V.B.24 (821) f. 148-154; V.C.9 (851) f.23-24; V.C.19 (861) f.30-32;V.D.2 (870) f. 135-139; V.G.15 (967) f.73-80; VI.F.24 (1163) f.3-17; VIII.E. 21 (1546) f.133-137; XII.F.18 (2206) f.168-175; XIII.F.5 (2343) f.23-31; XII.I.F.15 (2353) f.7-13; XIV.D.7 (2515) f.246-253; XIV. G.19 (2627) f.1-16; adlig. 40.G.8 (2793) f.46-57; Roma, Angelica 70 f.33-36; 309 f.75-77 (beg. imperf.); 1084 f.182-184; Rouen, A 592 (670) f.52 seq.; O 55 (1407); U 136 (1468) f.295 seq.; Saint-Die 33 n. 7; Saint-Omer 116 n. 5; Salisbury, Cath. 97 f.74-78; Toulouse 169 f.66; 230; Tours 396; Trier, Stadtbibl. 164; 165; 200; 703; Troyes 956, no. 3; 990; 1002 no. 5; Torino, Naz. d.I.32 (DCLXV) f.99; d. III.43 (DCCLIV) f.89; e.II.16 (DCCLXXXIII) f.11; Valencia, Cab. 194 f.18 seq.; Vaticana, Barb. lat. 519 f.132-134 (excerpts); Vat. lat. 281 f.97 seq.; 464 f.50 seq. (imperf.); 504 f.102 seq.; Vorau 377, Vyssi Brod 60 f.81-89; Wien, Nat. 883; 3598; f.193-203; 4013; f.246-258; 4173 f.215-223; 4219 f.288-293; 4237 f.299-306; 4253 f.172-177; 4350 f.158-161; Wien, Schott. 187 f.64 seq.; Worcester, Cath. F 75; Würzburg, Univ. M.p.th. F.10 f.13-20; Zwettl 357 f.13-26 (Haureau II,58; IV,14; G. Morin in *Revue Benedictine* 27 [1910] 204-212)
Printed: PL 17,1057-1074; 40, 1091-1103; 83,1131-1144; 143, 559-575
Cf: Augustinus de conflictu viciorum et virtutum dicit...O quam durus, quam amarus...

0456. *Apostolus dicit* (Hebr. 11,1): *Fides est substantia rerum sperandarum...*
[Treatise on faith]
Ms: Orleans 198(175) p.495-520

0457. *Apostolus dicit* (Hebr.11,1): *Fides est substantia sperandarum rerum argumentum non apprarentium. Augustinus in libro de fide ad Petrum: fides est bonorum omnium fundamentum...*
Auctoritates (de fide, de spe...)
Ms: Chambery 19 f.1-56

0458. *Apostolus Paulus vos...*
See: Flecto genua mea...Apostolus Paulus...

0459. *Apparitiones. Quod Deus diversis modis diversis personis apparuit sub signis visibilibus...*
Expositiones figurarum bibliae
Mss: Bamberg 153 (A.I.27) (abbreviated); Gdansk, Mar. F 16
Prol:(?) Que seminaverit homo hec...

0460. *Apparuit cuius gratia dei et salvatoris nostri...* (Tit. 2,11) *In his hiis Christus licet omnibus hominibus... hominibus... hominibus...*

Novella clericorum liber sacerdotalis
Ms: München, Clm 26706 f.326-348

0461. **Apparuit enim gloria dei...**
Regula et modus vivendi sacerdotum
Mss: Praha, Univ I.A.35 (45) f.229-271; XIII.G.6 (2373) f.77-119

0462. **Appetitus glorie, si est de vana gloria...**
Iohannes Gerson, *De septem peccatis mortalibus* in *Regulae morales*
Ms: Bruxelles, BR 4640-42 (cat. 1637) f.5-26
Printed: *Opera Omnia* (Antwerpiae 1706) III 83-95
See: Ea que ubi precepit Deus...

0463. **Appolonius in civitate Romana regnavit qui statuit pro lege sub pena mortis...**
Gesta Romanorum (shorter form)
Mss: Cambridge, Trinity O.8.13 (1388) f.1; Hereford O.3.V; Oxford, Magdalen 13 f.4 seq.
See: Pompeius regnavit, dives...

0464. **Appropinquante termino mundi hujus...**(prol.)
See: Sicut ejus quod est in se decorum...

0465. **Apud disciplinas reperimus physicas diuersis morbis corporis medicos tradidisse...** (Prol.)
(Cap.1) Primo igitur aduertendum quod conscientia uno modo sumitur pro re conscita...
Iohannes Nider, O.P., *Consolatorium timoratae conscientiae* or *Libellus de scientia conscientiae* (tempore concilii basiliensis conscriptus per doctores et ibidem approbatus)
Mss: Cambridge, St. John's G.10; Erlangen, Univ. 529 f.337-382; London, BM Addit. 19394 f.3; München, Clm 28255 f.2-62; 28510 f.1-72; Praha, Univ. I.B.30 (86) f.111-170; Trier, Stadtbibl. 2084 (1583)
Printed: Hain 11802-11816; Goff N-164 to N-169
Cf: Primo igitur animadvertendum...Valde periculosum est..

0466. **Apud Hebraeos ante Moysen nullum Scripturarum divinarum...**(prol.)
See: Omnium que sunt, moventur...

0467. **Apud maiores nostros sepe de nobilitate dubitatum est. Multi quidem...**
Leonardo Bruni, *De nobilitate*
Ms: Vaticana, Urb. lat. 1167; 1250
(M. Baron, *Leonardo Bruni. Hum.-philosoph. Schriften* [Berlin 1928] 180-184)

0468. **Aqua spiritui sancto...**
Expositiones morales
Ms: Wilhering 105 f.28-85

0469. **Aquarum meis quis cat fontem oculis...**
Alphabetum de malis sacerdotibus
Ms: Sankt Gallen 573

0470. **Aquila quando habet pullas erigit capita sua ad solum...**
[*Exempla* alphabetically arranged]
Ms: Oxford, Jesus 25

0471. **Arbor erat in medio terre...**
De arbore amoris
Ms: Erlangen, Univ. 169 f.25-37
See: Quoniam omnis arbor...(intro.)

0472. **Arbor mala fructos malos facit, dicit Dominus Matthei septimo (17). Secundum glossam interlinealem,...**

Bonaventura(?) or Iohannes Peckham (?) or Henricus de Hassia(?), *Speculum conscientiae* or *Speculum animae*
    Mss: London, BM Harl. 3200 n. 2; Madrid, Nac. 106 f.139-154; Paris, BN n.a. lat. 593 f.62-95; Pavia 452; (Glorieux 305 dm, 316 bf; Quaracchi VIII p. XCVIII-XCIX)
    Printed: Quaracchi VIII, 623-45

0473. **Arbor que non fecerit fructum** (Matth. 7,19). **Per fructum bonum opus intelligitur...**
    Expositio decalogi
    Ms: London, BM Roy. 8 B.XV f.175-178

0474. **Arbor quinque modis ponitru: quandoque notat curcem...**
    Arbor virtutum et vitiorum
    Ms: Cambridge, Caius 91 p. 261

0475. **Arbor sum fortis, nam fructus perfero mortis...**
    Arbor vitiorum cum filiabus
    Ms: Metz 97 n. 8
    (Walther IC 1405)

0476. **Archita Tharentinus in libro de euentibus in natura: Incendio grandi facto rubescit...**
    Recensio C: Philosophus in sexto libro animalium dicit...
    Berengarius de Landora, O.P. (?), *Lumen animae* (recensio A) or *Liber exemplorum* or *Liber moralitatum magnarum rerum naturae*
    Printed: M. A. Rouse and R. H. Rouse, "The Texts called 'Lumen anime'" in AFP 41(1971) 5-113, MSS p.94-95 (Welter 341; Kaeppeli 565) J. Klapper in W. Stammler and K. Langosch, *Die Deutsche Literatur des MA* (1933-1953) 1,195-196; 606-608; 3,194-197
    Prol. I: Promptuarium eorum plenum, id est Maria, eructans ex hoc in illud, id est de triumphante in militantem...Prol. II: Summi michi pontificis fauente gratia eius pariter ad instinctum hunc animatus librum adii compilandum...
    Cf: *Recensio B* Plinius libro de mirabilibus mundi...
    See: Altitudo mundane glorie describitur... Homo cibatus leuior est..

0477. **Architector philosophie in libro de celo et mundo describens proprietates celi sic ait: Celum est impassible...**(Prol.)
    (Text) Iste libellus qui intitulatur Stella clericorum principali sua diuisione diuiditur in duas partes. In prima auctor ostendit vitam clericorum...Comment. to 'Stella clericorum' (Quasi stella matutina... Proprietates...)
    Mss: Berlin, Theol. qu.59 f.203 (Rose 410); Theol. oct. 37 f.2-15 (Rose 852); Lat. qu.358; Brno, Univ. 70 f.1-35; Gdansk 1960; Klagenfurt, Studienbibl. Pap. 89 f.47-84
    Cf: Quasi stella matutina in medio nebula... Proprietates...

0478. **Arcus dicitur Christus et propiciatio Dei...**
    Guillelmus de Montibus (de Leicester), *Distinctiones Theologiae*
    Mss: Oxford, Bodl. Bodl. 419 f.1 seq. (SC 2318); Greaves 53 f.42 (SC 3825); Oxford, Corpus Christi 43; Utrecht, Univ. 312 f.1-54

0479. **Ardua virtutum faciles cape lector ad usus...**
    Ps-Chrysostomus, *Liber de septem virtutibus* (elegiac poem)
    Mss: Firenze, Laur. Plut. LXXVII, 16 f.25 seq.; Montecassino 227 (cat. ref. to Bandini III, p.138); München, Clm 14580; Oxford, Bodl. Add. A.171 f.47 (SC 24710); Praha, Univ. X.F.3 (1929) f.141-151; Roma, Angelica 1052 f.2-9; Wien, Nat. 693

0480. **Arguat se peccator de negligentia...**
    Ms: Utrecht, Univ. 339 f.23-28

0481. **Argumentum verissimae caritatis ad proximum sunt...**
De signis quibus virtutes dignoscuntur
Ms: Wien, Nat. 4121 f.19-44

0482. **Arismapi cum griffis pugnant ut...**
Compendium morale de avibus
Ms: Troyes 1272

0483. **Aristoteles in primo politicorum talem propositionem scribit dicens: sicut homo cum lege et iustitia est optimum animalium...**
Peniteas cito peccator etc...Iste liber cuius subiectum est modus penitendi...
Summe penitentie opusculum breve et utile
[Commentary on 'Peniteas cito']
Ms: Ceske Budejovice, XV.9 f.190-204
Cf: Peniteas cito...Iste liber cuius...

0484. **Aristoteles in secundo libro de animabus sic dicit, quod sanguis in nullo membro reperitur...**
Historia naturalis mystica et moralizata
Ms: Schlägl 168 f.222-236

0485. **Aristoteles secundo Elenchorum: Ignorantes virtutes vocabulorum...**
Moralis philosophiae fundamentum compendiosum
Ms: Wien, Nat. 4291 f.276-285

0486. **Artes et sciencie humanis...**
See: Dominus petra...Artes et sciencie...

0487. **Articulus michi assignatus an peccata mortalia et specialiter publica absque deordinatione a lege Dei...**
Franciscus de Retz, O.P., *[Scripta seu dicta contra Hussitas de peccatis quae fiunt publice et quae sustinentur ab ecclesia ne peiora peccata fiant]*
Kaeppeli 1136

0488. **Ascendam in palmam...**(Cant. 7,8)...
Speculum virtutum
Mss: München, Clm 2955 (?); Trier, Stadtbibl. 786

0489. **Ascendam in palmam...**(Cant. 7,8). **Hiis verbis ostenditur ascensus animae...**
Volentibus proficere in virtutibus or De profectu virtutum or Instructi religiosa et perfecta vita
Mss: Bruxelles, BR 1520-42 (cat. 1457) f.153-160; München, Clm 9626; Oxford, Bodl. Laud. misc. 181; Roma, Casanatense 81 f.209-219

0490. **Ascendam in palmam...**(Cant. 7,8). **In hac scriptura intelligi...**
Ms: London, BM Addit. 5667 f.137 seq.
(may be part of larger work)

0491. **Ascendam in palmam...**(Cant. 7,8). **Verba illa sunt secundum analogicem intellecta...**
Ms: Avignon, 38 f.89-93.

0492. **Ascende ad me in montem...**(Ex. 24,12). **In verbis istis notatur quid, a quo, quomodo, ubi, quare sit datum...**
Expositio decalogi
Mss: Admont 704 f.34-43; Budapest, Orsz. Szech. Kön. 392 f.7-8; Innsbruck, Univ. 433 f.205-209; Olomouc, Univ. II 1307 f.122-126; Praha, Univ. VI. G.1 (1164) f.131-148; Salzburg, St. Peter b.X.16 f.165-175; Vorau, f.152-162.
See: Accede ad me...Nota quod...

0493. **Ascendens Christus in altum dedit dona hominibus** (Eph. 4,8). **id est septem virtutes principales...**
[abridgement of Guillelmus Peraldus *De virtutibus* of *Summa de vitiis et virtutibus*]

Ms: Paris, BN lat. 14924 f.13-55 (Pars 2: Vitium vitandum est summa diligentia)
Cf: Si separaueris pretiosum a vili...

0494. *Ascensiones in corde suo posuit in valle lacrimarum* (Ps. 83,6)...(commentary)
Ms: Adelaide, South Australia, State Library of S. Australia 220.47 a Sp. 31.10.45

0495. *Aser pinguis panis ejus et praebebit delicias regibus. Aser sonat beatum panem...*
[On confession]
Ms: Paris, BN lat. 12312 f.154 seq.

0496. *Aser sonat beatum panem...*
See: Aser pinguis panis ejus et praebebit delicias regibus. Aser sonat beatum panem...

0497. *Aspera quis fortuna potest tua dimunerare/ Prospera quae tribuis licet inscia...*
Iohannes Gerson, *Carmen contra tumidum cor*
Printed: Jean Gerson, *Oeuvres Completes*(ed. P.Glorieux) Paris IV (1962) p. 9 n. 115

0498. *Assupptus nuper ad animarum curam...*(prol.)
See: In Christo sibi dilecto quondam conscolari...

0499. *Astitit regina a dextris tuis...*(Ps. 44,10). *Verba ista prophete loquentis ad Dominum Deum exponi possunt de virgine gloriosa, aduocata ecclesie...*
Antoninus Florentinus O.P., *Summa moralis*, Pars III
See: Quam magnificata sunt opera tua Domine...Contemplatur propheta...

0500. *At non apparent delicta eorum...dicit postilla...*
See: Super illud ecclesiastici 23 capitulo: At non apparent...

0501. *Athalus philosophus dicere solebat iocundius esse amicum facere...*
[Short piece on friendship]
Ms: Leipzig, Univ. 285 f.178

0502. *Athanasius in epistola ad Altisiodorum. Tunc in dei veraciter altendi poteris...*
Berengarius de Landora, O.P., *Lumen animae*, recensio B, pars 3
Ms: Klosterneuburg 384 f.131-178 (Rouse in A.F.H 41 [1971] 99)
See: Plinius libro de mirabilibus mundi...

0503. *Attende, Christiane, conditionem tuam. Memorare novissima tua...*
Ms: London, BM Harl. 325 f.94

0504. *Attendenda sunt in confessione peccata tum evidentiora ut fornicationes, adulteria...*
Guillelmus de Montibus, Cancellario Lincolniensi (?), *Speculum poenitentis*
Mss: London, BM Cott. Vesp. D.XIII f.59-66; Harl. 325 f.87-94

0505. *Attendentes insulae, de longe venite/* [and *et*] *esopi fabulas...*(prol.)
See: Quidam gallinacius victam quaeritavit...

0506. *Attendi et auscultavi...*(Ier. 8)
Cum homo...
See: Propheta in persona Domini loquitur: Attendi et...

0507. *Attonito mihi quidem...*
Franciscus Petrarca, *De contemptu mundi*
Ms: Gdansk 1947 f.248 seq.

0508. *Auctor igitur [judex] et hominum Deus...*
Odo, Abbascluniacensis, *De vitiis et virtutibus animae* lib. III or *Collationes* or *Liber occupationum* or *Occupationes*
Mss: Bern 467; Cambridge, Caius 184 p.10; Cambridge, Univ. Dd.9.52 f.9-130; London, BM Cott. Tib. B.III f.151-202; Roy. 6 D.V f.116; 8 C.IX f.120;

Orleans 268 (224) f.81 seq. (imperf.); Paris, Arsenal 757; Poitiers 66 (230); Troyes 239; 956, no. 1; 1562 (?)
Printed: PL 133,517-638
Epist.: Domino et patri Turpioni pontifici suus ille monachus infimus in Domino. Recolitis, Domine mi, quid dudum iusseratis mihi...

0509. **Audaxes vir iuvenis...**
De contemptu mundi
Ms: Köln, Dombibl. 106
Printed: *Zeitschrift für deutsches Altertum*XIV (1869), 484 and Mone, *Hymni lat.* I, 395

0510. **Audi Christe triste fletum amarumque...**
Sisbertus Toletanus (Ps.-Isidorus), *Lamentum penitentiae*
Ms: Leipzig, Univ. 208 f.283-284; (*Clavis*) 1533; Diaz 304; Walther IC 1692)
Printed: PL 83, 1255.62

0511. **Audi, domina et vide et inclina aurem tuam et obliviscere temporalis regni** (cf. Ps. 44,11)...
Speculum animae
Ms: Paris, BN lat. 14878 f. 148 seq.

0512. **Audi fili tui patris prudentiam...**
See: Prima distinctio. Audi fili tui patris...

0513. **Audi filia et vide, in Ps. (44,1). Refert Solinus in Collectaneis...**
Tractatus moralis
Ms: Oxford, Bodl. Bodl. 26 f.192 (SC 1871)

0514. **Audi, Israel, Deus tuus Deus unus est; ipsum adorabis** (Deut. 6,4)... **Non hoc totum de precepto est quod dicitur, quia...**
Hugo de Sancto Victore, *Institutiones in decalogum* or *Tractatus super 'Audi Israel'*
Mss: Berlin, Lat. fol. 744 f.34-37; Melk 405 (459) f.15-19; Napoli, Naz. VII.A.37 f.15-17; Paris, Mazarine 717 f.208-210; Paris, BN lat. 1908 f.66-69; 2.929 f.57-65; 14.804 f.54-55; Siena, F.II.13, f.36-40; (Stegmüller RB 3800; Hauréau, *Les Oeuvres de Hugues de Saint-Victor* [Paris 1886] 61-63; D. Van den Eynde in *Antonianum* 34 [1959] 449-458 & *Essai sur la succession et la date des ecrits de H. de S. V.* [Romae 1960] 83-85)
Printed: PL 176; 9-13; 176; 352-361; (and see: *Sententie Anselmi* [B.G.P.M., vol. 18, Heft 2-3, Münster i.W. 1919] 96-104)
See: Quotidianum de dilectione sermonem...

0515. **Audi Israel deus tuus unus est...**(Deut. 6,4)
[A collection of moral sentences and instructions.]
Ms: Brugge, Stadtbibl. 167 f.72-79

0516. **Audi Israel et observa...**
See: Circa decem precepta aliqua sunt...

0517. **Audi, Israel, mandata vite** (Bar. 3,9). **Disce, ubi sit sapientia, ubi sit virtus...**
[De Decem Praeceptis]
Ms: Bologna, Archiginn. A.147

0518. **Audi, Israel, mandata vite** (Bar.3,9). **Hec verba non incongrue decalogo praeponere libuit...**
[De decem praeceptis]
Ms: Erlangen 447 f.181-219; (Stegmüller RB 9226)

0519. See 0520

0520. **Audi, Israel, precepta Domini...Carissimi, est enim consuetudo apud dominos terre...**
[De decem praeceptis]
Ms: Graz 643 f.259 seq.

LIST OF INCIPITS

0521. **Audi, Israel, precepta Domini...**
Speculum religiosorum
Ms: Saint-Omer 326

0522. **Audi Israel precepta Domini...Dedit illi cor ad precepta legem...**
Itinerarius de decem preceptis
Ms: Salzburg, St. Peter b.XII 35 f.46-48
Cf: Dedit illi cor...

0523. **Audi, Israel, precepta Domini... Hec sunt verba moysi ad omnem israelitam et ad omnem hominem qui desiderat...**
[De decem praeceptis]
Ms: Wien, Nat. 1693 f.137 seq.

0524. **Audi, Israel, precepta Domini...In istis verbis omnipotens Deus duo circa precepta sua facit et servanda precipit...**
[De decem praeceptis]
Ms: München, Clm 7005

0525. **Audi, Israel, precepta domini...In quibus verbis Spiritus sanctus tria monet; primo monet quod precepta divina sunt hilariter audienda...**
Henricus de Frimaria, *Praeceptorium abbreviatum*
Mss: Magdeburg 210 f.190v-198v; Praha, Metr. Kap. F.20 (886) f.126-136; Praha, Narodni Museum XIV. E.1 (3476) f.1-9; Praha, Univ. IV.G.32 f.36-48; V.B.3 (820) f.106-111; V.F.11 (933) f.235-245
Cf: Audi Israel precepta Domini...In verbis propositis Spiritus Sanctus circa praecepta tria...

0526. **Audi, Israel, precepta Domini...In verbis propositis Spiritus sanctus circa diuina precepta tria tangit. Primo namque ostendit quod sunt hilariter audienda...**
Intendentes igitur pro communi exhortatione fidelium aliquam notitiam tradere diuinorum preceptorum...Primum preceptum appropriate respicit personam Patris quantum ad voluntarium obsequium omnis operis...
Henricus de Frimaria (or Vrimaria) O.E.S.A. (Ps. Nicolaus de Lyra), *Praeceptorium* or *Expositio decalogi* or *Tractatus de decem praeceptis*
Mss: See Zumkeller MWA 325 and 325n (293 MSS). Suppress: Innsbruck 227 and Venezia, Marc. Lat. III 107). Add: Alba Iulia II 64 f.1-47; Augsburg, St. Ulrich u. Afra 69; Bamberg, Theol. 218 f.11-60; Basel, Univ. A IX 11; Berlin, Theol. lat. fol. 241 f.166-189 (Rose 800); Theol. lat. qu. 206 f.238-292 (Rose 640); Theol. lat. qu. 85 f.286 (Rose 423) (extr.); Theol. lat. qu. 240 f.279-end; Theol. lat. oct. 134 f.172-176; Bratislava, Kap. 62 (Krauz 66); Braunschweig 85 f.163-187; 93 f.111-132; 103 f.1-41; Brno, Mestsky Archiv 99(78); Bruxelles, BR 2620-34 (cat. 1617) f.49-102; 20054-71 (cat. 2237) f.41-68; Colmar, Consistoire 15(1950) f.121-166; Colmar, Ville 210 f. 95-122; Dubrovnik, Domin. 30(36.V.8) f.191-209; Düsseldorf B.5 n.1; B.125; Eichstätt 240 f.1-29; Erfurt, Ampl. Q.156 f.1-55; Firenze, Laur. Acq. e doni 389 f.85-119; Harburg II,1 Fol.132 f.211-230; II,1 Fol.150 f.260-295; Herzogenburg 24 f.123-163; Innsbruck, Univ. 584 f.248-283; 629; Isny 26 f.85-114; Kielce, Kap. 19 f.115-135; Klosterneuburg 497 f.254-297; 538 f.85-122; 544 f.341-349; 556 f.253-278; 904 f. 298-308 and 315-356; Krakow, Uniw. 1453 p.1-73; Leuwen, Stadsmuseum 1 f.1-111; Liege, Sem. 6.G.13; 6.G.24; London, BM Addit. 21076 f.109; Sloane 361 f.50-76; Madrid, Nac. 4009 f.89-136; Mainz I 313 a: Maria Saal 1 f.1-32; Melk 968(350) f.121-175; München, Clm 3047 f.124-167; 4781 f.121-132 (?); 8683 f. 228-284; 8684 f.1-33; 8849 f.17-55; 12709 f.127-168; 12723 f.169 seq.; 14240 f.81 seq.; 14310 f.66-93; 14563 f.101-155; 14566 f.97-164; Olomouc, Univ. M.I 267 n.3; M.II 127 f.50 seq.; Osek 30 f.193-233; Oxford, Bodl. Laud. misc. 12 f.3-66; Oxford, Magdalen 68 f.152-206; Pelplin, Sem. 233(273) f.1 (fragm.); Praha, Metr. Kap. D.3 (567)

f.322-370; Praha, Univ. Tepla 27 f.205-230; Sankt Florian 88 f.44 seq.; Stuttgart, H.B. I.117 f.25 seq.; H.B. I.167 f.158-202; Trier, Bistumarch. 40 f.1-44; Trier, Stadtbibl. 508(1157) f.163-189; 640(876) f.1-58; Tübingen, Univ. Mc. 149 f.85-146; Tübingen, Wilhelmsstift Gb 336 b; Vaticana, Vat. lat. 4356 f.85-132; 5083 f.183-231; Wien, Nat. 4483 f.207-220; 4659 f.188-239; 4754 f.149-203; 5352 f.109-1142; 13879 f.49-106; Ser. n. 4211 f.204-233; Wolfenbüttel 464 Helmst. (498) f.77-123; 69-17 Aug. Fol. (2668) f.1-30; Worcester, Cath. F.68 f.235-270; Wrocław, Uniw. I. F.237 f.161-203; I.Q.96 f.1-48; I.Q.292 f.178-230; I.O.43 f.47-114; IV.Q.157 f.66-108; Milich. Zaak. F.1(9422); Würzburg, Minor. 86 b; Zwettl 173 f.219-257 (Cf. Stroick, *Heinrich von Friemar, Leben, Werke*... [Freiburg 1954] p.37-42)
Printed: Goff H-52; N-136 to N-145; *Biblia sacra cum Glossa ordinaria*, Antwerpen 1634, VI 1737-1787
Introd. Table: Ut autem in hoc tractatu contenta legente...
See: Audi Israel precepta...
In quibus verbis...Audi Israel precepta..Nota quod in veteri lege...Audi Israel precepta...Sic scribitur...Intendentes igitur pro communi exhortatione...Primum preceptum appropriate respecit persona Patris...Primum preceptum est (illud): non adorabis deos alienos. Quod quidem respicit...
Cf: Audi Israel precepta...Sic letabitur...
Beatus homo quen tu erudieris...Quia precepta Dei dirigunt...Locutus est Dominus...Exponendo decalogum...Primum preceptum ad Deum pertinens est...Contra quod faciunt illi qui sortilegiis...Si vis ad vitam ingredi... In his verbis Christi ostenditur...

0527. *Audi, Israel, precepta Domini...Noli plus sapere quam oportet sapere...*
[De decem praeceptis]
Ms: München, Clm 9599 f.81 seq.
See: Noli plus sapere quam oportet et quam necesse est...

0528. *Audi, Israel, precepta Domini...Non hic totum praeceptum est quod dicitur quia...*
[On Ten Commandments]
Ms: Paris, BN lat. 14804 f.54 seq.
See: Audi, Israel, Deus tuus...Non hoc totum...

0529. *Audi, Israel, precepta Domini...Nota: ad seruare Christi mandata quatuor mouent nos: primo quia ad hoc factus est homo...*
Decem praecepta
Ms: Brno, Univ. Mk 108 f.59-60

0530. *Audi, Israel, precepta Domini...Nota quod in veteri lege...*
Henricus de Frimaria, O.E.S.A., *Praeceptorium*
Ms: Bamberg, Theol. 104 (Q. VI.55) (Zumkeller MWA n.325)
See: Audi, Israel, precepta Domini... In verbis propositis spiritus...

0531. *Audi, Israel, precepta Domini...Precepta Dei libenter debent audire aure corporis et libenter scribere in libro cordis...*
[De decem praeceptis]
Ms: Paris, BN lat. 10475 f.93; Wien, Nat. 1369 f.272 seq.

0532. *Audi, Israel, precepta Domini...Primum...Propter hec tria hominum genera dampnabuntur...*
[De decem praeceptis]
Ms: München, Clm 23387a f.1
See: Primum mandatum est...Per primum preceptum non adorabis deum alienum, tria genera hominum...Si in preceptis meus...Secuntur decem...Primum...

LIST OF INCIPITS

0533. Audi, Israel, precepta Domini...Sic letabitur disperdens vos atque subuertens ut auferamiui de terra...
Stephanus de Wilharticz, *Super decem praecepta*
Ms: Praha, Metr. Kap. D.59 (625) f.133-142 (W. Flajshans, *J. Hus Explicatio decalogi.* [Prag 2903] p.V,XI)

0534. Audi, Israel, precepta domini...Sic scribitur circa precepta divina in quo tria tangitur...
Henricus de Frimaria, O.E.S.A., *Praeceptorium*
Ms: Graz 1074 (Zumkeller MWA 325)
See: Audi, israel, precepta domini... In verbis propositis spiritus sanctus circa divina precepta tria tangit...

0535. Audi, Israel, precepta Domini...Verba proposita in hodierno diuino officio sunt promulgata...in quibus quidem verbis spiritus sanctus tria tangit...
[De decem praeceptis]
Ms: Nürnberg, Cent. VII, 37 f.119-129
Cf: Audi, Israel, precepta...In verbis propositis Spiritus sanctus...

0536. Audi, Israel, precepta domini...Vere attente debes audire, quia preceptum domini lucidum illuminat oculos...
[De decem praeceptis]
Mss: Graz 1505 f.102-106; Wien, Nat. 1695 f.3

0537. Audi, Israel, precepta Domini..Scribitur Matth. 22 quia cum quidam legisdoctor interrogasset Dominum...
Nicolaus de Dinkelsbühl, *Tractatus 'dictus et scriptus per Joh. Gnam.'*
Ms: München, Clm 7450 f.1-71
See: Scribitur Matth. 22 quod cum quidam legisdoctor interrogasset...

0538. Audi, Israel, precepta mea (Deut. 4,1). *Hec est terra regni celorum...*
[De decem praeceptis]
Ms: Praha, Metr. Kap. O.69 (1653) f.31-36

0539. Audi, Israel, precepta vitae. Diligenter attendere, fratres, debetis verba ista; quae enim proposui non sunt mea sed domini verba...
Petrus Comestor, *Sermo de libro vitae*
Mss: Avranches 126 f.67-98; Paris, BN lat. 2950 f.125-126; 13432 f.18-19; 14934 f.5; Venezia, Marc. Lat. III 107 (Valentin. VII,29) f.99-101; (M. M. Lebreton, *Recherches sur les manuscrits contenant les sermons de Pierre Le Mangeur,* in *Bulletin d'Information de l'Institut de Recherche et d'Histoire des Textes,* 2[1953] 25-44; J. B. Schneyer, Repert. Jacobus Berangarii 72 [BGPTM 43,3 P.8821]
Printed: PL 171; 814-818; N. Mattioli, *Il beato Simone Fidati da Cascia* (Roma 1898) 504-511.

0540. Audi, Israel...Sic letabitur disperdens...
See: Audi, Israel, precepta Domini...Sic letabitur disperdens...

0541. Audi, piissime Deus, confessionem...
Confessio et preces confessionales adjectis collectaneis de conscientia
Ms: Wien, Nat. 4115 f.37-65

0542. Audi Tellus, audi Magni Maris Lymbus...
(Walther IC 1711)

0543. Audiat auribus interioribus audiat orbis...
De contemptus mundi
Printed: Du Meril, *Poesies Pop. Latines du MA* (Paris 1847), 127

0544. Audiat mundus...
Moralitates (in alphabetical order)
Ms: Giessen, Univ. 791

0545. Audiens nuper iterum de digniori promocione vestre persone...
See: In Domino precarissime: audiens nuper...

0546. Audiens sapiens sapientior erit. Audi Adulescentule...
Thomas a Kempis, *Hortulus Rosarum:* (cap.2) De Fuga Saeculi et Laqueis Diaboli
Printed: Thomas a Kempis Opera Omnia (Friburgi B. 1918) IV p.5 seq.

0547. Audiens, sapiens, sapientior erit. Multo fortius debet audire stultus...
[Tractate on fear of God]
Ms: Utrecht, Univ. 176 f.145-155

0548. Audite fratres carissimi, salutiferam patris nostri doctrinam...
Ps. Augustinus, *Sermo de contemptu mundi ad clericos*
Mss: Amiens 215 f. 224-247; Brno, Univ. Mk 38 f.175-176; 75 f.58-60; Budapest, Eg. Kön. 12 f.124-126; 53 f.82-84; 92 f.15-17; Erfurt Ampl. Q.98; Q.147; Gdansk 2015; Mar. Q 27; Grenoble 210 f. 347-356; Le Mans 194 f. 143-148; London, BM Addit. 22770; München, Clm 4144 f. 162-165; 15611 f. 80-83; 27417 f. 37-38; 28596 f. 6-10; Namur, Mus. Arch. Ville 29 f.97-100; Osek 33 f.131 seq.; 52 f.114 seq.; Poitiers 60(253) f.53-56; Praha, Metr. Kap. (361); Praha, Univ. IV.G.31 (763) f.87-90; V.E.16 (910) f.99-102; V.F.7 (929) f.195-199; V.F.17 (939) f.1-4; VII.H.18 (1401) f.29-31; VII.D.15 (1510) f.87-89; X.A.5 (1808) f.148-149; XIV.G.17 (2625) f.13; XII F.18 (2206) f.308-311; Rein 139; Vyssi Brod 84 f.97-100. Wien, Nat. 4158 f. 96-98; 4334 f. 25-29, 4758 f. 151-154 (P. Glorieux, *Pour revaloriser Migne* p.30; Rudolf p.26 n.2)
Printed: PL 40, 1215-1218

0549. Audite vocem Domini...
[Warning to clerics]
Ms: Wien, Nat. 1574

0550. Auditu auris audivi te...(Iob. 42,5). *Quia vero audicio divina pertinet ad obedientie meritum...*
Franciscus de Mayronis, O.F.M., *Moralia* or *Super ethica* or *Liber de virtutibus moralibus intellectualibus, cardinalibus et theologicis* (in 7 parts) or *Decem considerationes vel articuli circa materiam virtutum moralium*
Mss: Aarau, Kantonsbibl., 93 f.66-136; Barcelona, Central 655; Berlin, Elect. 984 f.394 seq.; Bologna, Univ. 1487; Brugge, Stadsbibl. 226 f.85-107; Cambridge, Corpus Christi 164 IV; 230 f.73 seq.; (?); Cambridge, Univ. Dd. 3.47 f.185-224; Ff.3.23 f.174-95; Erlangen, Univ. 222; 255; Klosterneuburg, 361 f.1-131; London, BM Roy. 7 D.V f.1; München, Clm 24828; Oxford, All Souls 85 f.136 seq.; Oxford, Merton 201; Napoli, Naz. VII.E.74 f.158-198; Padova, Ant. 393; 503 Paris, BN lat. 1010 f.76; Tortosa, Cab. 124 f. 86-121; Vaticana, Vat. lat. 11504 f.202 seq.; Wien, Nat. 1560 (B. Roth, *Franz von Mayronis*, O.F.M. Franziskanische Forschungen 3: Werl 1936 225 seq.)

0551. Audivi a quodam Gobellino...
See: De magistro toletano...

0552. Audivi et conturbatum est cor meum ac voce contremuerunt labia mea (Hab. 3,16)...
Henricus de Langenstein (de Hassia), *Epistola consolatoria ad Eckardum episcopum Wormaciensem*
Printed: G. Sommerfeld in *Histor. Jahrbuch der Görres-Gesellschaft* 30 (1909) 298-307 (K.J. Heilig in *Röm. Quartalschrift* 24 [1932] 141)
Dedic. Epistle: Reuerendo in Christo patri ac domino Eckardo, episcopo Wormaciensi, Henricus de Langenstein dictus de Hassia, in medio regni pestilentie suspirans... Audivi quoniam [or quendam] cardinalem dicentem...
See: Ad honorem Dei et beate Virginis et saltem...

0553. ***Aufer a me domine sollicitudinem saecularem, gulae appetitum, concupiscentiam fornicationis, amorem pecuniae...***
   Oratio sancti Hieronimi or Oracio matutinalis
   Printed: D.A.Wilmert, *Precum libelli quattuor aevi karolini* Rome, 1940 pp.10-11, no.2; p. 30, no.3

0554. ***Augustinus de conflictu viciorum et virtutum dicit: O quam amarus est superbie...***
   Frater Sifridus, *Tractatus de radicibus perturbationum ex s. patribus compositus*
   Ms: Edinburgh, Univ. 78
   Cf: O quam durus, O quam amarus

0555. ***Augustinus de spiritu et anima...***
   Henricus de Frimaria, *Actus divinationis quandoque est peccatum mortale, quandoque veniale*
   Ms: Wien, Nat. 14451 f.244-261 (Zumkeller MWA 301)

0556. ***Augustinus exponens de decem preceptis breui sermone ait: Sapiens est qui scit campnum suum...***
   Ms: Olomouc, CO 308
   See: Sapiens est qui scit dampnum suum...

0557. ***Augustinus in libro de cognitione veritatis dicit quod anima est substantia incorporea corporis vita invisibilis...***
   Compendium theologicum
   [theological dictionary]
   Ms: Salisbury 8, f.103

0558. ***Augustinus in libro de cognitione veritatis inquit angelorum spiritus est substantia incorporea...*(prol.)**
   See: Augustinus in libro de cognitione veritatis dicit...

0559. ***Augustinus in sermone: Ieiunium purgat mentem...***
   See: Incipiunt allegationes et primo de abstinentia. Augustinus in sermone: Ieiunium purgat mentem...

0560. ***Augustinus: Mortuus quidam...*(variant)**
   See: Mortuus quidam

0561. ***Augustinus. Nihil aliud est virtus quam diligere...***
   [Sentences on virtues and vices]
   Ms: Rouen, A 592 (670) f.150 seq.

0562. ***Augustinus. Semel immolatus est Christus in scipso et tamen in sacramento non solum...***
   [Collection of Sententiae]
   (Weisweiler 269 seq.)
   Printed: Weisweiler p.281-291

0563. ***Augustinus super II Reg. 12: Ego peccavi, ego inique egi. Similiter Gregorius in moralibus.***
   [On the sacrament of penance]
   Ms: Trebon, Arch. A 17 f.51-56

0564. ***Aurea iure decem transmisi poma sorori...***
   Albuinus (?), *Carmen de vitiis et virtutibus*
   Ms: Cambridge, Univ. Gg.5.35; (James, *Ancient Libraries*, 503-4)

0565. ***Aurea secula primaque robora preteriere...***
   (Walther IC 1810)

0566. ***Aurem tuam huc adverto peccator...***
   De peccatis corrigendis in quadragesima
   Ms: Paris, BN lat. 16238 f.170

0567. **Aurum una fames mala...**
   See: Tribus malis agitatur vita presens...

0568. **Auscultet quis hominis genus...**
   De statu humani generis (poem)
   Ms: Bruxelles, BR 14745-50 (cat. 2235) f.38-40

0569. **Aut probat aut purgat vel te tribulatio damnat/ si pius aut patiens...**
   Iohannes Gerson, Carmen super fructu adversitatis
   Printed: Jean Gerson, Oeuvres Completes (ed. P. Glorieux) IV p.9 n.116

0570. **Aut (!)rogasti studui scribere novi enim ardorem...(prol.)**
   See: Primum cum Paulo Apostole ortor ut caritatis virtutem...

0571. **Avaritia. Ambrosius De officiis: Qui continet frumentum relinquet illud rationibus non heredibus...**
   [On the sins]
   Ms: Schaffhausen, Ministerialbibl. 72 f.1-258

0572. **Avaritia cum cetera vitia senescente homine.**
   Nota de avaritia
   Ms: Cambridge, Trinity B.10.13 (224) f.43

0573. **Avaritia. Cupiditas utrum sit peccatum...**
   De septem viciis capitalibus
   Ms: Trier, Stadtbibl. 539

0574. **Avaritia dicitur duplex...**
   [On sins]
   Ms: Herzogenburg 10 f.1-52

0575. **Avaritia est amor immoderatus habendi bona temporalia...**
   Distinctio
   Ms: Cambridge, Peterhouse 236, f.2

0576. **Avaritia est multa adquirere nec superflua erogare...**
   Expositio dictionum contentorum in Summa Thome de Cobham de Penitentia
   Ms: Cambridge, Trinity B.15.30 f.7

0577. **Avaritia est, ut ait Tullius, immoderatus amor...**
   Nota de avaritia
   Ms: Cambridge, Trinity B.15.35 fly leaf

0578. **Avaritia introitum paradisi claudit...**
   De avaritia
   Ms: Würzburg, M. ch. q. 160 f.141-142

0579. **Avaritia pecuniam promittit, luxuria multa ac varias voluptates...**
   [Proverbs of Seneca]
   Ms: Pisa, Conv. S. Caterina 79 f.1-9

0580. **Avaritia tripliciter interpretatur...**
   See: Postquam ille qui vult confiteri, dixit ex se...

0581. **Avaritiae crimen non effugit...**
   [Proverbs]
   Ms: Wien, Nat. 900

0582. **Avarus semper est in angustia, unde Augustinus in epistola ad Xistum: Avarus nunquam quiescit...**
   Thesaurus pauperum clericorum sive speculum sanctorum
   Ms: Venezia, Marc. lat. Z 152 (Valentinelli VI, 63)

0583. *Ave beatissima civitas...*
   [Opening prayer to 'Profectus religiosi septem distinguitur']

0584. *Ave natura est animal, ut dicit Aristotiles, ad magnitudinem...*
   See: De ave natura in malo. Ave natura est animal, ut dicit...

0585. *Ave regina angelorum...*
   Robertus Grosseteste,
   [A prayer for confession]
   Ms: Oxford, Bodl. Add. B.3 f.86 (SC 30210)

0586. *Avertat igitur quilibet qui legerit ordinem dicendorum...* (variant main)
   See: Sicut dicit beatus Johannes...

0587. *Avicenna dicit lapis intra aquam veniens quatuor...*
   Proprietatis rerum naturalium adaptate sermonibus de tempore per totius anni circulum
   Ms: München, Clm 18141 f.148-208; (L. Thorndike, *Medievalia et Humanistica* XII (1958) 78-83)

0588. *Balaam qui lingua arabica vocatur Lucaman, dixit filio suo: Fili ne sit formica sapientior te...*
   Petrus Alphonsi, *Disciplina clericalis* (Cap. 3)
   See: Dixit Patrus Alphunsus...

0589. *Baptismus est ianua omnium sacramentorum...*
   [On baptism and confession]
   Ms: Maria Saal 20 f. 61-66.

0590. *Baptiste et omnibus patriarchis*
   See: Confiteor Deo omnipotenti, B.M.V.... Baptiste et omnibus

0591. *Basilius de instructione monachorum...*
   See: Abstinentia et ieiunium. Basilius de instructione...

0592. *Bavare, cur gaudes de mundi prosperitate que nimium (?) brevis est et habetur in anxietate...*
   Versus ad Bavarum de nulla mundi prosperitate
   Walther IC 2089

0593. *Beata virgo comparatur coelo...*
   [Properties of various creatures]
   Ms: Lilienfeld 114 f. 83-100.

0594. *Beatae vitae dulcedine...*
   De anima claustrali
   Ms: Wien, Nat. 4248

0595. *Beati immaculati in via qui ambulant in lege Domini,* (Ps. 118,1). *Nunc in via huius vite beati sunt...*
   Modus sancte vivendi
   Mss: London, BM Add. 15105 f. 103-104; Stockholm, Kgl. Bibl. MS A211 (from Erfurt) f. 83-84; (Lehman II, 16)

0596. *Beati immaculati in via qui ambulant in lege Domini* (Ps. 118, 1). *Perpendere oportet nos, fratres, qui sumus...*
   Honorius Augustodunensis, *Speculum ecclesie*
   Ms: Cambridge, Corpus Christi 263

0597. *Beati misericordes...*(Matth. 5,7). **Dominus noster Iesus Christus cupiens nos invitare...**
   Thomas de Haselbach, *Tractatus de operibus misericordie*
   Mss: Klosterneuburg 411 f.278-313; 426 f.94-122
   (A. Lhotsky, *Thomas Ebendorfer* Stuttgart 1957 p.82 n.90)

0598. **Beati pauperes spiritu...**(Matth. 5,3) *Ex quibus verbis sciendum quod octo sunt beatitudines...*
    Ms: München, Clm 18314 f.190-192
    Cf: Beati pauperes spiritu...Sciendum est...

0599. **Beati pauperes spiritu...**(Matth.5,3). *Pauperes spiritu sunt non inflati, non elati, non arrogantes et superbi, de quibus Apostolus dicit...*
    S. Ieromus (?), or Ralph Maidstone, Episcopus Heroniensis (d.1246) (?) or Walter Manclerk, Bishop of Carlisle (d.1248) (?), *Liber de contemptu mundi* or *Paupertas*
    Mss: Bruxelles, BR 8327-42 f.1-68; Durham, Cath. Lib. B.III.22; London, BM Roy. 7b.XIII f.245-295; 8d.XIX f.1-132; London, Lambeth 498; Oxford, Lincoln 18 f.120 seq.
    See: Optatus michi dies...(prol.)

0600. **Beati pauperes spiritu...**(Matth.5,3). *Paupertas alia mala alia bona mala...*
    Tractatus de beatitudinibus
    Ms: Cambridge, Univ. Ii.1.18 f.78

0601. **Beati pauperes spiritu...**(Matth.5,3). *Sciendum est...*
    Tractatus de octo beatitudinibus
    Ms: Praha, Univ. I.C.14 (105) f.371-375
    Cf: Beati pauperes spiritu...(Matth.5,3). Ex quibus verbis sciendum quod octo sunt beatitudines...

0602. **Beati pauperes spiritu...**(Matth.5,3). *Sententiarum numerus...*
    In beatitudinibus sermonis Christi in monte
    Ms: London, BM Harl. 3176 f.82-83

0603. **Beati pauperes...**(Matth.5,3). *Vos omnes et singula huius sancte congregationis...*
    Robertus Grosseteste, Sermon referred to by Bale, Pits, Tanner etc. and in some Mss. as *Tractatus de scala pauperitatis*
    Mss: (Thompson, 168-169)

0604. **Beati qui ad cenam nupciarum agni vocati sunt** (Apoc.19,9). *Unde notandum est quod beatus Iohannes...*(prol.)
    See: Secundum Senecam, quamdiu vivis...

0605. **Beati qui lavant stolas suas...**(Apoc.22,14)...
    Speculum vitae
    Ms: Wien, Nat. 1565
    See: Carissimo fratri et spirituali amico P. Jo. Christi servus inutilis salutem...Memor petitionum...(prol.)

0606. **Beati qui non viderunt et crediderunt...**(Ioh.20,29). *Clausa mysteria sunt*
    Expositio articulorum fidei
    Ms: Praha, Univ. IV.C.15 (642) f.118-126a

0607. **Beatissimo papae Leoni Petrus ultimus monachorum seruus...Quoniam apostolica sedes omnium ecclesiarum mater esse...**(Prol.) *Ur autem res vobis tota per ordinem pateat...*(Cap.1)
    Petrus Damianus, *Liber Gommorrhianus*
    Printed: Pl 145,161-190

0608. **Beatissimus doctor sanctus Augustinus, iacens in stratu ultime infirmitatis...**
    Super septem psalmis poenitentiae
    Ms: Charleville 56

0609. **Beatitudines sunt habitus virtutum conservati...**
    Iohannes Marienwerder, *De octo beatitudinibus*
    Ms: Gdansk 1976; 1977; 2015; Leipzig, Univ. 273 f.169-181; Praha, Univ. I.C.32 (125) f.253-258; VII.E.13 (1302) f.222-235

0610. ***Beatitudo sive virtus primo in medio est paupertas spiritus...***
   De octo beatitudinibus
   Ms: Trebon, Arch. A 5 f.145

0611. ***Beato episcopo Frisingensi...***
   See: Reverendo in Christo patri... Beato...

0612. ***Beatus Anselmus in libro de similitudinibus...***
   See: Venerabili in Christo patri ac domino monasterii sancti Iacobi...Beatus Anselmus...

0613. ***Beatus Augustinus in quadam omelia super Lucam sic ait...***
   Speculum seu tractatus pro presbiteris curam animarum habentibus ex dictis sanctorum patrum collectus
   Ms: Budapest, Orsz. Szech. Kön. 81 A f.27-36

0614. ***Beatus Augustinus: Peccatum cum desperatione...***
   [Quotations from Fathers on penitence, perseverance, etc.]
   Ms: London, BM Roy. 5 F. XV
   Cf: Beatus Augustinus in quadam omelia super Lucam sic ait...

0615. ***Beatus Basilius, coaggerans iuvenes, docebat eos animae...***
   Odo de Ceritona,
   [Fables]
   Printed: L. Hervieux, *Les Fabulistes Latins* (Paris 1884) II, 587 seq.

0616. ***Beatus Bernardus, Gregorius in libro Moralium et beatus Thomas de Aquino in libro qui dicitur Secunda secunde peccata mortalia exponunt cum ramis eorum...***
   Ms: Ceske Budejovice XV .9 f.204-207

0617. ***Beatus est qui habet omnia que vult et verum est...***
   See: Dicitur communiter: Beatus est...

0618. ***Beatus homo quem tu erуderis, et de lege tua docueris eum*** (Ps.93, 12), ***Item, Isidorus, Ethim.: beatus dicitur quasi bene actus, scilicet adherendo quod vellet et non patiendo quod nollet...***
   Tractatus utilis de decem preceptis decalogi
   Ms: Barcelona, Central 638 f.1-63
   See: Beatus homo, quem tu erudieris...Omnia Dei precepta dirigunt...

0619. ***Beatus homo quem tu erudieris, Domine, et de lege tua docueris eum*** (Ps. 93, 12). ***Quia*** [or ***Omnia***] ***precepta Dei dirigunt ad superiora, ideo dicitu 'beatus homo'; quia erudiunt quantum ad interiora, ideo sequitur 'quem tu erudieris Domine'; quia docent quantum ad exteriora...***
   Rolandus de Padua ? (Sometimes attributed to Franciscus de Mayronis, cf. Nr.4193), *Expositio decem praeceptorum* or *Super decem praeceptis* or *Tractatus de decem praeceptis*
   Mss: Arezzo, Fraternita dei laici 396 f.1-21; Berlin, Theol. lat qu. 335 f.139-168; Eichstätt 389 f.184-201; München, National Museum 3612 f.164-190; Namur, Mus. Arch. Ville 8-33 f.28-74; Napoli, Naz. VII.D.74 f.91-119 (composita per...Rolandum); Oxford, Bodl. Laud. misc. 248 f.191-207; Paris, BN n.a. lat. 864 f.30-51; Vaticana, Ottob. lat. 281 f.140 seq.; Palat. lat. 310 f.78-98; Wien, Nat. 1354 f.55-91; Wolfenbüttel 771 Helmst.(862) f.127-147 (Roth, Franz von Mayronis, *85)*
   See: Beatus homo quem tu erudieris...In presenti verbo... Beatus homo quem tu erudieris...Item Isiorius... Beatus vir qui non abiit...Precepta Dei dirigunt...
   Cf. Modo videte quod homines...

0620. **Beatus homo quem tu erudieris, Domine, et de lege tua docueris eum** (Ps. 93,12). *In presenti verbo duo nobis describuntur de divinis preceptis; primo quia ipsa precepta dei dirigunt ad superiora...*
   Rolandus de Padua, *Expositio decem dei preceptorum*
   Ms: Padova, Univ 1549 f.1-51
   See: Beatus homo, quem erudieris...Omnia Dei precepta dirigunt...(same?)

0621. **Beatus homo qui pauper est spiritu/ Quoniam illi...**
   Versus de octo vitiis et octo beatitudinibus
   Walther IC 2101

0622. **Beatus Iob crimen luxurie diffiniens ait: ignis...**
   De luxuria
   Ms: Cambridge, Corpus Christi 274 f.151

0623. **Beatus Iob dicit Deo: Responde mihi...Que verba bene... Quantum ergo primum ante omnia huic operi est premittendum quod beatus Augustinus...** (1st part) *Est via que videtur homini recta, novissima...Quanta sit pernicies vitiorum sub specie virtutum latentium...*(2nd part)
   Hermannum de Schildesche, O.E.S.A., *Tractatus de vitiis capitalibus duplex* or *Breviloquium de differentia peccatorum mortalium et venialium in speciebus et filiabus singulorum septem vitiorum capitalium*
   Mss: See Zumkeller MWA 398. Add. München, Clm 27419 f.94-146
   Prol: Venerabili in Christo patri ac domino abbati monasterii sancti Iacobi ciuitatis Leodiensis... Beatus Anselmus...

0624. **Beatus Petrus apostolus qui promissionem accepit a Domino ut super eius confessione fundaretur ecclesia, fideles admonet in prima sua canonica ut parati existant...**
   Iohannes de Aragonia, *Tractatus brevis de articulis fidei, sacramentis ecclesiae, praeceptis decalogi, virtutibus et vitiis*
   Mss: Barcelona, Univ.117 f.30-34 (imperf.); Graz, Univ. 655 f.152-155; 870 f.91-98; Madrid, Nac. 89 f.110-113; Mainz I 471 a f.73-79; Melk 769(903) f.151-155; München, Clm 3049 f.50-55; 18221 f.88-93; Olomouc, Univ. M.I.297 f.77-84; Valencia, Cab. 182 f.270-274; Wien, Nat. 4745 f.177-182; Wien, Schott. 228 f.412-416; 322 f.108-114

0625. **Beatus vir cuius est auxilium abs te; ascensiones in corde disposuit in valle lacrimarum in loco que posuit** (Ps.83,6)....
   Wernerus Rolevinck de Laer (?), *De ascensu in virtute*
   Ms: London, BM Harl. 3259 f. 123-150

0626. **Beatus vir, cuius est auxilium abs te** (Ps.83,6), **ascensionem in...**
   Henricus de Frimaria, *Tractatus de septem gradibus amoris*
   Ms: Wien, Nat. Ser. n.355 f.107-116

0627. **Beatus vir qui custodit verba...**(Apoc.22,7). **Chrysostomus** (Hom. 36 Imperfecti)*dicit sic: quemadmodum non prodest cibus...*
   Thomas Anglicus (Thomas Waleys), *Moralitates super Isaiam*
   Ms: Paris, Mazarine 183 (180) (Stegmüller RB 8251)

0628. **Beatus vir qui non abiit in consilio impiorum...**(Ps.1,1). **Precepta Dei dirigunt ad contemplanda superiora per superiorem partem rationis...Item beatus homo quem tu erudieris Domine, quo scilicet ad superiora...**
   Ps. Antoninus Florentinus, *Tractatus de decem praeceptis*
   Mss: See Kaeppeli 262. add. Napoli, Naz.V.H.57 f.234-242.
   Cf. Beatus homo quem tu erudieris...Quia precepta Dei dirigunt ad superiora...

0629. **Beatus vir qui non abiit...**(Ps.1,1). **Psalmus iste agens de beato viro...**
   Iohannes Halgrinus de Abbatisvilla, *Moralitates super Psalterium*
   Ms: Paris, BN lat. 447; 457 (Stegmüller BR 4541)

0630. Beatus vir...(Ps.1,1). **Sciendum, quod intentio Psalmorum est facere homines...**
Odo de Castro Radulfi (Chateauroux), *Moralia super Psalmos* or *Psalterium super Psalterium* or *In Psalmos* or *Super Psalterium expositio...*or *secundum virtutes totidem caridnales*
Mss: Arras 733(324); 762(734); Auxerre 4; Oxford, Balliol 37; Paris, BN lat. 3715; 14425; 15568; 15569; Paris, Sainte-Genevieve 1195; 1199; Troyes 1089 1369; (Stegmüller RB 6082)

0631. **Bene alligantur vinculo sanguinis, qui vinculo consciantur amoris...**
Eucherius, *De contemptu mundi et saecularis philosophiae*
Printed: PL 50,771

0632. **Bene et breviter in hoc libello ex sacris scripturis composito tanquam in speculo spiritualiter potestis inspicere quales estis boni sive mali...**
[De articulis fidei; de sacramentis; de decem praeceptis; de peccatis]
Mss: London, BM Roy. 5A.VI f.67 seq.; Oxford, Bodl. Bodl. 54 f. 45-110 (SC 1975)

0633. **Bene manna in modum pruine iacuisse dicitur super terram...**
Moralitas de manna
Ms: Troyes 1704

0634. **Bene presunt presbiteri...**
See: Qui bene presunt presbiteri...

0635. **Benedictionem legislator...**(Ps.83,8). **Tota vita hominis super terram est quoddam iter...**
Antoninus Florentinus O.P., *Summa moralis*, Pars IV
See: Quam magnificata sunt opera tua Domine...Contemplatur propheta...

0636. **Bernardus dicit...**
Guillelmus de Montibus (Praemittuntur Versus, Ostendentes Qualis Debeat Esse Confessio),
Ms: London, BM Cot. Vesp. D. XII f.112-120

0637. **Bernardus dicit: O homo securum accessum...**
Tractatus de vitiis et virtutibus
Ms: Würzburg, Univ. M.ch.o.15 f.75-86

0638. **Bestia ista est dyabolus**
See: Vidi bestiam ascendentem...Bestia ista est dyabolus...

0639. **Bestiarum seu animalium regis. Etenim Iacob benedicens filium suam Iudam...**
[Bestiarium moralizatum; Commentary on Physiologus?]
Ms: Oxford, Bodl. Laud. misc. 247
Cf: Tres leo naturas...

0640. **Bestiarum vocabulum...**
See: Leo fortissimus bestiarum ad nullius pavebit occursum. Bestiarum vocabulum...

0641. **Bona et utilis tabula fidei christiane, in qua continentur sub brevibus septem virtutes...**
Mss: London, BM Addit. 15237, Harl. 1648
See: Incipit bona et utilis tabula fidei christiane...Primo septem virtutes principales sunt...

0642. **Bona tristitia vanam expellit letitiam hominemque immoderate**
De bona tristitia
Ms: Cambridge, Corpus Christi 274 f.136

0643. **Bone lector cum veneris ad legendum, lava manus tuas...**(prol. in Paris, BN lat. 3827 p.167)
See: Dominus dicit in Evangelio: Maiorem dilectionem...

0644. ***Bonitas boni entitas. Sed quid entitas? Entis formalitas dicta entitas...***
   Magister Lopectus, *De bonitate*
   Ms: Paris, BN lat. 3446 f.206 seq.
   See: Utrum de virtutibus sit scientia...(first quaestio)

0645. ***Bonitatis et nobilitatis excellentiam moralis philosophiae...***(Pref.) ***Utrum de virtutibus sit scientia...***(commentary proper)
   Iohannes Buridanus, *Quaestiones ethicae de virtutibus et vitiis* or *In ethicam* or *Commentarium in ethica*
   Mss: Auxerre 232 (196); Cambrai 165 (160); Douai 692; Oxford, Balliol 115; Paris, Mazarine 3515 (496); Tours 746; Wien, Nat. 4634 f. 418 seq.; (E.Faral in *Archives d'histoire doctrinale et litteraire du Moyen-Age*, 15 [1946] 40-42; R-A Gauthier, *Ethique a Nicomaque*, Introduction, 2 ed. [Louvain 1970] p.136 n.156)
   Cf. Utrum de virtutibus sit scientia...

0646. ***Bonorum igitur secundum Platonis traditionem aliud primum, aliud secundum. Bonorum primum est, inquit...***
   See: Queris a me frater an conferat...

0647. ***Bonorum laborum gloriosus est fructus*** (Sap.3,15). ***Nullus autem labor...*** (Prol.)(Lib.1: De decem praeceptis)***Dicturi ergo in hoc primo libro de decem preceptis moralibus, de diuina lege in qua ipsa continentur breuiter aliqua premittemus...***
   Aetesanus de Ast, O.F.M., *Summa de casibus conscientiae* or *Summa de casibus ad honorem Dei compilata per fratrem Astexanum de ordine fratrum minorum* or *Summa Astesana*
   Mss: Auckland, Central Library, Henry Shaw Collection 3; Barcelona, Univ 781; Caen 36(375); Firenze, Naz. Conv. Soppr. G.III.803 f.38-148; Frankfurt am Main, Stadtb. Praed. 4; Grenoble 483(31); Klosterneuburg 133; 134; Krakow, Uniw. 1202; Nürnberg, Cent.II,97; Padova, Anton. 371-2; Pamplona, Cab. 10 f.1 seq.; Paris, Mazarine 1324(393); Paris, BN lat. 14332; Praha, Univ. III.E.27(502) f.77-85 (extract); Semur 22; Solothurn, SI 243; Tours 455; Valencia, Cab. 222; Vaticana, Palat. lat. 701; Wilhering 37 f.1-370; Würzburg, Univ. M.ch. f.33; 48
   (Schulte II 425-427; J. Dietterle in *Zeitschrift für Kirchengeschichte* 26 [1905] 350-362; Michaud-Quantin 57-60 and Index)
   Printed: GW 2749-2758 (Goff. A-1160 to A-1170)
   Dedic: Venerando in Christo Patri et domino, domino Iohanni Gayetano...Pref.: Venerabili et religioso viro amico karissimo fratri Astexano de ciuitate Astensi, O.F.M., Iohannes miseratione diuina sancte theodori diaconus cardinalis...
   See: Licite dicere potest...

0648. ***Bonum anime preciosum omnibus bonis...Ista scribit Aristoteles VII Physicorum...***
   [Commentary on 'Peniteas cito']
   Mss: Gdansk, Mar.F. 132; Mar.F.260; München, Clm 28312 f.91-105

0649. ***Bonum est in cibo cum gratiarum actione...***
   See: Abstinentia. Bonum est in cibo...

0650. ***Bonum virtus preceptum, meritum premium spiritus septiformis...***
   Nomina virtutum ac vitiorum
   Ms: Troyes 518 no. 9

0651. ***Bonum-ne an malum existimas mortem esse...***
   Paraclitus de Malvetiis (de Corneto), episcopus Acern. O.E.S.A., *Ad Robertum Salernitanum principem de bono mortis* (dialogue)

0652. ***Bonus et Deus et bonorum merentibus...***
   Nicolaus Perotti

[Commentary on St. Basil's *De invidia*]
    Ms: Vat. Urb 297, ff.145b seq.
    See: Contemplanti mihi seepe (?) numero, summe pontifex, virtutes vitiaque mortalium...(Pref. letter to Pope Nicholas V)

0653. *Bonus homo de omnibus hominibus bonis...*
    Eadmerus Cantuariensis, *De inimicis diligendis*
    Ms: Budapest, Eg. Kön. 50 f.170 b
    Printed: PL 159, 691

0654. *Caelica iustitiam generant, humana dolorem/ Nummus amicitiam...*
    Short Poem Relationship Of Things
    Ms: Paris, BN lat 14193 f.8
    Printed: Haureau, II, 353

0655. *Caelica regna capis bene conversans sine culpis/ Sed malus...*
    [Poem]
    Ms: München, Clm 14760

0656. *Calcidius super Thymeum Platonis per unum intelligit numerum...*
    Tractatus de lege aeterna et divina
    Ms: Magdeburg 34 f.184-186

0657. *Calamitatem ex antiqua prevaricacionis culpa mortalibus inditam ex naturus magni oneris...*
    Iohannes Conversino, *De miseria humanae conditionis*
    Ms: Venice, Querini-Stamp. IX, ii, f.55-57
    See: Charles Trinkaus, *Adversity's Noblemen* (New York, 1940), p.43 and n.; Baron, *Speculum* 13 (1938) 12

0658. *Cambia fiunt tripliciter et de quolibet eorum videndum si est licitum...*
    Antoninus Florentinus, O.P., *Tractatus de cambiis*
    Mss: Kaeppeli 245

0659. *Cambium fit multis modis. Primo dicitur cambium minutum...*
    Antoninus Florentinus, O.P., *Tractatus de cambiis*
    Mss: Kaeppeli 245

0660. *Candida pax homines, sed trux decet via leones...*
    De pace (8 w.)
    Mss: Paris, BN lat. 579 f.178; Saint-Omer 115 f.14; (Walther IC 2344)

0661. *Capitalium vitiorum unum est initium, duplex radix, triplex fomentum...*
    Tractatus bonus de peccatis mortalibus et eorum speciebus
    Ms: Osek 8 f.1-16
    See: Peccatorum actualium unum est inicium...

0662. *Capitulis huius prime particule libri brevitate...*
    Liber penitentialis
    Ms: Paris, BN n.a. lat. 352 f.19-29
    (Teetaert pp. 335-337)
    Prol: Tunc sacerdos cum blande...

0663. *Capitulum primum tractat de equinomine de diffinitione...*
    Iohannes Wyclif, *De mandatis divinis; analysis*
    Ms: Cambridge, Caius 337 f.181

0664. *Caput primum de iustitia asservanda contra rem publicam. Adeo autem viguit iustitia apud illos...*
    Michael de Massa, *Tractatus de quatuor virtutibus cardinalibus*
    See: Regna remota iustitia non sunt nisi magna latrocinia, sicut dicit Augustinus quarto libro...(prol.)

0665. *Care frater considera scripturam que dicit...*
    Robertus Pullen, *Sermo elegantissimus de omnibus humane* [or *christiane*] *vite necessarius* or *De contemptu mundi*

Mss: Dublin, Trinity 330 (C.4.21) f.136-143; London, Syon, Monastery library; (M. Bateson, Cambridge 1898; Bale index, pp.385-6)
Printed: F. Courtney in *Gregorianum* XXXI (1950), 192-223

0666. **Cari fratres...**
Dolus mundi
Walther IC 2425

0667. **Carissima mihi in Christo soror diu est quod rogasti...**(prol.)
See: Dominus dicit in Evangelio: Omnia possibilia sunt credenti. (Mc.9,22). Nemo potest...(chap. 1)

0668. **Carissime fili, Egidi, archidiaconus appellaris, utinam esse merearis! Gauisus sum gaudio magno...**
Hugo Rothomagensis (de Rouen), *Super fide catholica et oratione dominica* (Stegmüller RB 3603,1)
Printed: PL 192; 1323-1346

0669. **Carissime frater. Libenter tecum divido...**
Iohannes Gerson, *Epistola incitativa ad spiritualem profectum*
Ms: Wien, Nat. Ser. n. 3886 f. 208-214
Printed: Opera Omnia (Antwerpiae 1706) III 746-750.

0670. **Carissimi, ad omne opus bonum...**
See: Si vis ad vitam ingredi...Carissimi, ad omne opus bonum...

0671. **Carissimi quis prudens agricola...**
See: Cum semel pigritando...

0672. **Carissimi, sicut promisi me in proximo aliquid dicturum de preceptis decalogi...**
Nicolaus de Dinkelsbühl,
[De decem praeceptis]
Mss: Göttweig 280 f.50-98; Graz 1040 f.14-105 (per mag. Nicolaum de Gretcz)
See: Preter precepta legis natura...

0673. **Carissimis fratribus et dominis H. priori et ceteris W. sabbatum delicatum. Pene impudenter...**
See: Dominis et fratribus Haimoni...Pene impudenter...

0674. **Carissimo fratri et spirituali amico P. Io. Christi servus inutilis salutem... Memor petitionum tuarum...**(prol.)
See: Beati qui lavant stolas suas...

0675. **Carissimo suo Alchero monacho Clareuallensi frater Petrus Cellensis salutem et religiosam conscientiam. Religiosa mens religiosa curiositate querit de religione...**
Petrus Cellensis, *De conscientia*
Mss: Cambridge, Sidney Sussex 0.4.22, f.65 (attrib. auctor); Cambridge, Trinity 0.4. 42, f.103 (attrib. auctor)
Printed: PL 202, 1083-1098

0676. **Carissimo suo fratri Alchero monacho Claraevallis...Religiosa mens religiosa curiositate quaerit de religione conscientiae ut sciat, imo...**
Petrus Cellensis, *De conscientiae* or *De conscientia*
Printed: PL 202, 1083 seq.

0677. **Caritas ad Deum vera et perfecta est quando anima cum omnibus virtutibus suis...**
Ps.-Albertus Magnus, *Paradisus animae*
See: Sunt quedam vitia que frequenter...

0678. **Caritas est dilectio qua diligitur Deus propter se...**
Nota de caritate
Ms: Cambridge, Caius 328 (715)

0679. Caritas est igitur omnium fons et origo...
    [Notes on virtues]
    Ms: Cambridge, Caius 410

0680. Caritas est mentis affectus ad Dominum [Deum] et proximum ferventer...
    Ricardus de Sancto Laurentio (?), *Definitiones virtutum et vitiorum* or *De virtutibus* or *Summa de virtutibus* or *Flos summarum* or *De caritate humilitate* or *Virtutes animae* (Extracts from the Fathers)
    Mss: Cambridge, Univ. Ii.4.18; Douai 445; Gray 4 f.183 seq.; Klagenfurt, Studienbibl. Perg. 9; London, BM Addit. 22041 f.295-297; München, Clm 8212; Oxford Bodl. Add. C12 (SC 24755) f.94 Laud. misc. 205; Paris, Mazarine, 779 (471) 794 (1244); Paris, BN lat. 3507 (second part); 16433; 16434; 18140; n.a. lat. 1544 f.114; Salisbury, Cath. 556 f. 1-53; Siena, Comm. G VII 25; Soissons 23; Saint-Omer 174; Troyes 1530; 1774; Troyes, Archives de l'Aube 23; Vorau 1561; Wien, Schott.347 (55 a 8) f.39-91; (Glorieux 148a; R.A. Gauthier, *Bulletin Thomiste* 9 [1954-56] 908-909; J. Chatillon, *RMAL* 2 [1946] 149-166; R. Tuve, *Journal of the Warburg and Courtauld Institutes,*26 [1963] 297n.)

0681. Caritas est motus animi ad diligendum Deum...
    Tractatus moralis de caritate
    Mss: Klosterneuburg 312 f.147-148; Nimes 51

0682. Caritas est ordinata et magna voluntas serviendi Deo, placendi Deo et fruendi Deo...
    [De virtutibus et novissimis]
    Ms: München, Clm 28493 f.1-54

0683. Caritas est vinculum quo solo ligatur...
    Bernardus(?), *De caritate*
    Ms: Paris, BN lat. 3499

0684. Caritas est virtus theologica, que numquam evacuabitur...
    Franciscus de Mayronis, O.F.M., *De timore et eius speciebus*
    (B. Roth, *Franz von Mayronis, O.F.M* [Franziskanische Forschungen 3: Werl 1936] 234)

0685. Caritas explicatur per precepta secundum beatum Augustinum in Encheridio immediate quidem per illa duo que ponuntur in evangelio, Matth.22,37: diliges Deum tuum...
    [De praeceptis, de festis, de virtutibus...]
    Mss: Barcelona, Central 580 f.102-114; Firenze, Riccardiana 470 f.2-9

0686. Caritas grece, latine dileccio...
    Nota de caritate
    Ms: Vyssi Brod 22 f.105

0687. Caritas patiens est...
    Liber scintillarius
    Mss: Linz 9 (316) f. 140-155; Wilhering 68 f.100-119

0688. Caritas patiens est quod peccata nostra patitur...
    Luciano (?), *Thema*
    Ms: Cambridge, Univ. Ff.1.17 f.239

0689. Caritas quatuor oculos habet...
    [Theological-Moral notes]
    Ms: Oxford, Bodl. Laud. misc. 179 f.250 seq.

0690. Carminis maiori parcet...Mutaciones huius libri sunt hee (commentary)
    Iohannes Anglicus, *Integumenta fabularum Ovidii Metamorphoseon cum commentario*
    Ms: Praha, Univ. IX.C.3 (1716) f.71-83

0691. **Carnem contra spiritum...**
    Dialogus inter carnem et animam
    Ms: Budapest, Eg. Kön. 50 f.207-207

0692. **Carnotensis, libro quinto, cap. XII narrat...**
    See: Abstinentia. Carnotensis, libro quinto...

0693. **Cartula nostra tibi mittit, Rainalde [dilecte], salutes; Plura videbis ibi si non haec dona refutes...**
    Bernardus Morvalensis (Morlacensis, Morlanensis) (Ps. Bernardus; Ps. Stephanus Langton), *De vanitate mundi* or *Liber de contemptu mundanorum et caelestium appetitu* or *De contemptu mundi* or *De despectione mundi*
    Mss: Antwerpen, Mus. Plantin-moretus 140 f.13-16; Brugge, Stadsbibl. 547; Bruxelles, BR 11740-48 (cat. 1392) f.102-116; Cambridge, St. John's F.10. f.1; Cambridge, Trinity Coll. B.I.26 (24) f.143; O.5.4 (1285) f.19-20; Charleville 106; Firenze, Laur. Gadd. LXXXXI sup. 4 f.89; København, Gl. kgl. S.1634 qu.f.290-298; München, Clm 4146; 4409; 4413; 7678; 28418 f.9; Oxford, Bodl. Canon. lat. script. eccles. 44; Paris, BN lat. 3549 f.113; 3562 f.154; 8023 f.45; 8207 f.18; 8460 f.31; 8491; 10734 f.65; 11344 f.7; 14176; 15155 f.149; 15160; 15161; franc. 401; Paris, Mazarine 996 (902); 1713 (1343); Praha, Univ. III.G.12 (537) f.49-66; Rouen A 592 (670) f. 224 seq.; Saint-Omer 115; Vaticana, Vat. lat. 2868 f.106; Wien, Nat. 303; 4548; 4924; Würzburg, Univ. M.p. ch. f.53 f.104-107. (Glorieux 104 asc; Walther IC 2521; Rudolf, *Ars Moriendi* 27 n.14; HLF 12, 236-43)
    Printed: PL 184, 1307-1314
    See: Omnia mortalia minuuntur... Vox diuina sonat...

0694. **Castigo corpus meum (I Cor.9,27)...**
    See: De abstinentia. Castigo corpus...

0695. **Castitas enim floret sicut lilium inter spinas...**
    See: De castitate nota specialiter tria. Castitas enim...

0696. **Castitas genera sunt tria, alia est enim...**
    Anon., *De castitate*
    Ms: Cambridge, Corpus Christi 274 f.152

0697. **Castitas. Qui fugit incestum, dyadema meretur...**
    Arbor virtutum
    Printed: Karl Langosch, in *Studien zur lateinischen Dichtung des Mittelalters, Ehrengabe für Karl Strecker* (Dresden 1931), 117 seq.

0698. **Castitatem gignit abstinentia...**
    Sermo de castitate
    Ms: Paris, BN lat. 1887 f.97

0699. **Castitatis speculum/ Scholares amati...**
    [Poem on student life]
    Printed: G.E.Klemming, *Cautiones morales scholasticae historicae in regno Sueciae olim usitate Chatinski Sanger fran sveriges medeltid* (Stockholm, 1887) p.45-47

0700. **Casus episcopales de iure communi in foro penitencie de quibus est sciendum...**
    [Instructions on administering sacrament of penance]
    Ms: Leipzig, Univ. 426 f.309-312

0701. **Causa efficiens fuit quidam magister Iohannes Galandria...**
    [Commentary on *Peniteas cito* q.v.]
    Ms: Gdansk, 1973 f.250 seq.
    Prol: Non est vere dignus scientia qui scientie...
    Cf: Peniteas cito peccator

LIST OF INCIPITS

0702. *Causa est per quam aliquid habet esse quod...*
Alanus ab Insulis, *Liber de arte fidei catholice*
See: Clemens papa cuius rem nominis et viatae sentiant...

0703. *Causa pena monens actus personaque lesa...*
Confessionale metricum or *Utile metricum* (excerpted from *Iohannis Rigaudi formula confessionum*)
Mss: Praha, Univ. XI.D.6 (2040) f.158-169; Vyssi Brod 84 f.42-49
Cf: Sicut dicit beatus Iohannes...

0704. *Cautela penitentie. Postea cautus sit sacerdos in penitentiis injungendis*
[Confession manual]
Ms: Oxford, Trinity 42 f.99 seq.

0705. *Cautum est ut confessor...*
Nicolaus de Dinkelsbühl, *Notabila circa absolutionem (exc. from 'Ecce nunc tempus...duo sunt tempora')*
Ms: Schlägl 121 f.70-71
(Madre p.185)

0706. *Cave ne aliquando consencias peccato et pretermittas precepta Dei. Ad verbum scribitur Thob. cap.4. Scitis quod isti medici experti dicunt.*
Iohannes Russel, O.F.M. (?), *Collatio de peccatis mortalibus* (final sermon in a group)
Ms: Oxford, Bodl. lat. th. 3.24 f.41

0707. *Caveat sacerdos ne interrogationes faciat, donec peccator...*
Tractatus de confessione
Ms: Kornik 1383 f.270-284

0708. *Cavenda est conscientia nimis larga et etiam...*
De conscientia
Ms: Cambridge, Trinity Hall 16 f.34

0709. *Cavenda sunt et scienda ut caveantur septem mortalia...*
[Work on the seven deadly sins = 'Signaculum apostolatus mei' pars II]
Ms: Würzburg, Univ. M. p. th. 9.45
See: Signaculum apostolatus mei...

0710. *Cecidit Ochosias...(IV Reg.1,2). Mystice Ochosias significat principes Judaeorum...*
Moralitates super quartum Regum
Ms: Paris, BN lat. 9408 f.216 seq.

0711. *Cecitas anime christiane multum nociva est...*
[Tractate on Sermon on usury]
Ms: Schlägl 82 f.277 seq.

0712. *Cecus ego sequens cecum/ Cogitare coepi...*
De contemptu mundi (poem)
Mss: Cambrai 416 (392) f.28; 586 (544); Paris, BN lat. 10731; 15163, f.223;

0713. *Cedrus quaedam in Libano eminens et excelsia...*
Physiologus
Ms: München, Clm 1222

0714. *Celesti convive N., cum illo qui est splendor paterne glorie...Omni habenti dabitur: Hac sententia aliquantulum animatus...*
Guiardus de Lauduno (Episcopus Cameracensis) (?), *Epistola Coelesti convive (De caritate)* (extracts from Guiard's sermons?) (P. C. Boeren, *La vie et les oeuvres de Guiard Laon* [The Hague, 1956], 118-21)

0715. *Celica...*
See: Caelica...

0716. *Celum empyreum locus et regio angelorum et beatorum...*
   Prol: Quoniam sicut scribitur Sap.13, vani sunt homines...

0717. *Cera ad ignem primo mollescit secundo liquescit...*
   Tractatus de delectatione, consensu, et opere
   Ms: Cambridge, Emmanuel I.4.4 f.83

0718. *Cernite quod cunctis mundus sua vulnera pandit/ Et sua damna...*
   [Poem on contempt of the world]
   Ms: Paris, BN lat. 8433 f.115
   Printed: HLF XI, 5-6

0719. *Certamen forte dedit...*(Sap.10,12)...
   Gemmula diuine consolationis (fortitudinis) et vere patientie cuiusdam fratris ordinis
      Carthusiensis
   Ms: Wien, Nat. 4058 f.36-75 (Auer 331 seq.)

0720. *Certissime et veraciter...*
   [Excerpts from *Horilogium Sapientiae*, Anselm and Gregory, 'item plurima e
      libris Revelacionum S. Briggitae.']
   Ms: London, BM Sloane 982 f.66-118

0721. *Certissime vero tibi convenit credere quod numquam...*(chap.1)
   Ammonicio
   Mss: Clermont-Ferrand 155; Oxford, Bodl Bodl. 618 f.2 (SC 2149) 797 f. 87-101
      (SC 2649)
   Prol: Pro certo scitote omnes, nullus libellus...

0722. *Cetera cum supero memet transcendere quaero...*
   Versus de vitiis or *septem vitia capitalia*
   Mss: Cambridge, Peterhouse 217 f.4; Namur, Mus. Arch. Ville 25 f.196-197;
      Paris, BN Nouv. acq. lat. 352 f.5
   (Walther PS 2705)

0723. *Cetera que supero...*
   See: Cetera cum supero...

0724. *Cetus ego sequens...*
   See: Coetus ego sequens...

0725. *Chaldaei et Graeci sapientiam quaerunt...*
   Iohannes Saresberiensis (John of Salisbury), *De septem septenis*
   Printed: PL 199, 945
   Prol: De difficillimis scripturus tam excellenti quam sapienti vivo...

0726. *Chartula...*
   See: Cartula

0727. *Chrisostomus...*
   See: Crisostomus...

0728. *Christe, graves sponsae semper miserate labores...*
   Nicolaus de Clamengis, *Deploratio ecclesiae*
   Mss: Bern 63; 519; Paris, Mazarine 1652 (1019) f.257

0729. *Christe virtus salutis nostrae, Deus, lux de luce, illumina me, quaeso, lumine gratiae
   tuae. Concede pro pietate...*
   Iohannes Fecampensis' reworking of Ambrosius Autpertus, *Oratio de vitiis et
      virtutibus*
   See: Jean Leclercq, *Analecta Monastica*, Deuxieme Serie (Studia Anselmiana 31;
      Rome 1953) 3-17. See: Summa et incomprehensibilis...

0730. Christi fratres, servi Dei, vos...(variant)
See: Viri, fratres, servi Dei...

0731. Christiana religio est optima et necessaria...
[Work on the seven sacraments]
Mss: Rouen A.458 (533) f.95 seq.; A.527 (563) f.50 seq.; A.535 (1469) f.160 seq.

0732. Christianae religionis summa in tribus, fide scilicet et spe et caritate consistit...
De duodecim articulis fidei or *Credo in Deum disputatum a magistro matheo*
Mss: London, BM Arundel 402 f.67-70; Klosterneuburg 947 f.22-29

0733. Christianam fidem novi ac veteris...
De fide christiana novi ac veteris testamenti
Ms: Zwettl 248 f.116-119

0734. Christianitati suus qualiscumque zelator, prosperum ad virtutes, vitiis depulsis, incrementum. Salubre duxi sequens opusculum tripertitum...(Prol.)
I (De decem praeceptis) cap.1: Firmissime credendum est et nullatenus dubitandum quod solum unus est Deus... cap.5: Primum preceptum est: Diliges Dominus Deum tuum...hoc est non voles scienter rem quamcumque amare plus quequam Deum... cap.16: Sciens nichilominus noster misericordissimus Pater... II (De confessione): Quisquis a morte peccati ad salutis et gratie statum volet resurgere... III (De scientia mortis): Si veraces fidelesque amici...

Iohannes Gerson, *Opusculum tripartitum* or *De praeceptis, de confessione et scientia mortis* or *Speculum aureum* or *Tractatus bonus de praeceptis, confessione, arte moriendi*

Mss: Admont 566 f.164-192; 596 f.1-26; Bamberg Theol. 48 f.1-13; 113 f.220-234; 214 f.58-77; Basel, Univ. A.II.36 f.23 seq.; A.II.37 f.12 seq.; A.II.38 f.59 seq.; A.VII.28; A.VII.32; A.VII.37 f.85-97; A.IX.1; Berlin, Theol. lat. fol. 41 f.402-417 (Rose 535); Theol. lat. fol.141 f.192-203 (Rose 534); Theol. lat. qu.206 f.352-356; Brugge, Grootsemin.39/174 f.1-39; Stadsbibl. 291 II f.2-15; Bruxelles, BR 365-79 (cat.920) f.277-289; 2683-93 (cat.1689) f.2-24; 3016-22 (cat. 2226) f.20-42; 4387-96 (cat.1596) f.60-78; 11.894-901 (cat.1687) f. 180-186; Cambrai 520 f.99-134; Cambridge, Univ. Ff.4.10 (1253) f.253-261; Charleville 58 n.1 and 12;1 and 12; Dijon 200 f.338-368; Erlangen 553 f.134-155; 588 f.66-78; Frankfurt am Main, Stadtb. Praed. 28 f. 116-124; Praed. 88 No. 5 f.52-59; Graz, Unin. 248 f.178-188; 578 f.73-85; 675 f.97-109; 870 f.55-73; Herzogenburg 23 f.253-296; Klagenfurt, Studienbibl. Pap.116 f.1-11; Klosterneuburg, 358 f.160-172; 663 f.97-111; 819 f. 154-180; 868 f.77-96; 1049 f.49-72; København, Gl. kgl. S.3400 oct. f.1-52; Kremsmünster 9; 182; 256; 268; Kreuzenstein, Burgbibl. 5658 f. 290-297; Liege Sem. 6.N.2; Lyon 2005 f.204-225; Maria-Saal 19 f.169-180; Melk 54 f.495-530; 62 f.1-33; 122 f.41-71; 181 (252) p.251-318; 748(954) f.25-40; 791(731) f.153-172; 809(812) f.170-185; 913(878) f.114-135; 918(835) f.38-61; 972(828) f.33-41; 1100(475) p. 288-337; 1241(785) f.139-157; 1583(297) f.191-201; 1775(278) f.203-247; Olim(494) f. 79-92; Metz 248 n.5 (*periit*); Michaelbeuern, Cart.101 f.21-36; München, Clm 1845 f.121-167; 3594 f.145-166; 4396 f.194-212; 4717 f.166-172; 5001 f.85-124; 5338 f.54 seq.; 5627 f.200-207; 5861 f.172-185; 5877 f.42-56; 8541 f.220-236; 11448 f.264-276; 14777 f.132-154; 15329 f. 131-140; 15567 f.349-361; 16189 F.353-365; 17500 f.244-258; 18417 f. 184-198; 18447 f.75-88; 18744 f.148-177; 23861 f.310-324; 23918 f.17-23; 24833 ff.1-35; 26188 f.1-15; 28296 f.14-25; Münster, Univ. 160(203) f.26 seq.; Namur, Mus. Arch. Ville 160 f.153-170; Paris, Arsenal 523 f.190-206; Paris, Mazarine 939 f.11-29; Paris, BN lat. 3501 f.1-25; 10708 f.49-73; 17500 f.5-10; Pelplin, Sem.170(301) f.181-207; Poitiers 92 f.24-60; Praha, Univ. XI.C.8(2032) f.228-240; Sankt Gallen 1012 p.72-122; Schlägl 232 f.237-252; Solothurn Si 213 f.126 seq.; Stockholm Kgl. Bibl. Ms.A.234 f.121-151; Stuttgart.Jur.F.132; Trier, Stadtbibl. 597 f.133-155; 680 f.182-197; 719 f.1-13; Uppsala, Univ. C 26 f.177-194;

C 213 f.11-22; C 220 f.180-193; C 223 f.15-25; Utrecht, Univ. 208; Vaticana, Vat. lat. 10468 f.229-247; Vorau 6 f.227-245; 248 f.1-30; 325 f.118-130; 357 f.95-108; 365 f.132-156; Wien, Domin. 134/103 f.59-74; Wien, Nat. 1166 f.1-42; 1759 f.1-12; 3613 f.116-142; 3640 f.27-73; 3642 f.261-274; 3863 f.123-133; 4012 f.7-18; 4065 f.136-170; 4131 f.181-194; 4135 f. 126-133; 4178 f.233-252; 4318 f.371-391; 4576 f.89-100; 4627 f.358-377; 4659 f.42-52; 4742 f.175-188; 4748 f.85-99; 4838 f.1-5, 13-15 (?); 4838 f.132-145; 4901 f.159-179; 4922 f.43-55; 5099 f.59-74; 14353 f.14-31; Ser.n.3813 f.89-96; Wien, Schott. 197 f.43-75; 228 f.426-432; 254 f.516-558; 322 f.160-172; Wilhering 63 f.76-97; 69 f.169-189; 104 f.72-91; Wolfenbüttel 808 Helmst. (904) f.268-279; Würzburg, Univ. M.ch.g.158 f.177-182 (imperf.), Wrocław, Univ. Rehd 177 f.61-70 (Stegmüller Rb 4491; Rudolf 66-67; Michaud-Quantin Index; E. Van Steenberghen. *Le Doctrinal de Gerson a la Cathedrale de Therouanne* in *Bulletin de la Societe, des Antiquaires de la Morinie* 15 [1934] 467-474)
Printed: Goff G-208; G-238; 243; Iohannes Gerson, *Opera Omnia* (Antwerpiae 1706) I 425-450
2nd Prol: Gloria sit altissimo Deo in cuius nomine presens aggredior opus...
See: Piissimus Deus pater cognoscens nostram fragilitatem... Primum preceptum est: Diliges Dominum...hoc est non voles scienter... Quisquis a morte peccati ad salutis et gratie statum... Sciens nichilominus noster misericordissimus pater... Si veraces fidelesque amici...

0735. Christianus dicitur a Christo...
See: In nomine Ihesu Christi incipit de vita Christiana. Nolite tangere...

0736. Christo curandum portant haec quatuor aegrum...
[Short Poem on medicine for sin]
Ms: Paris, Mazarine 593 f.25

0737. Christus ante passionem suam a legisperito interrogatus...
Thomas de Aquino, O.P., *Expositio super decem praecepta lecta per magistrum Thomam de Aquino* or *Collationes de decem praeceptis* (sine prima coll.)
Mss: Osek 8 f.205-215; Warszawa, Nar. 3011 f.186-195
Cf: Tria sunt homini...

0738. Christus cum in forma dei esset...
Tractatus de humilitate et obedientia
Ms: Praha, Univ. XIV.H.11 (2656) f.67-76

0739. Christus filius loquitur ad sponsam suam novam sanctam Brigittam...
Ms: Cambridge, Corpus Christi 521 f.1-43
Prol: Sapientia Domini...

0740. Christus igitur cum in forma Dei esset, non rapinam arbitratus (Phil. 2,6)...(chap.1)
Hugo de Sancto Victore (?), *Tractatus de statu virtutum* or *De variabili statu virtutum*
Mss: Bruxelles, BR 21210-14 (Cat. 1526) f.109-121; London, BM Addit. 22287 f.33; Paris, BN lat. 12261 f.141 seq.; Valenciennes 181
Printed: PL 184,791-812
Prol: Eius inspirante gratia qui ubi vult et quando vult spirat... christus magnus medicus est...
[work on the seven sacraments]
Ms: München, Clm 12658 f.1 seq.

0741. Christus Ihesus est Rex glorie, quia...
See: In nomine Jhesu Cristi incipit tractatus de acquisicione virtutum...

0742. Christus nobis tradidit formam [or *regulam* or *normam*] *hanc viuendi...*
Henricus de Hassia (?); Ps.-Bernardus, *De forma vivendi religiosorum* or *Exhortatio ad monachos* or *Formula honestae vitae* or *Instructio contemplativae vitae*

Mss: München, Clm 691; 2837; 3594; 5015; 6033; 7720; 7746; 11724; 11745; 12522; 14357; 14785; 14793; 14797; Paris, BN lat. 13605 f.226 seq.; Sankt Gallen 925; 933; 936; Valenciennes 233; Wien, Nat. 4533

0743. **Christus qui flagita saeculi delevit...**
De malis ecclesiae
Ms: Wien, Nat. 883

0744. **Christus sacerdotes alloquitur...**
Speculum sacerdotum
Ms: Marseille 386

0745. **Christus tradidit nobis formam...**
See: Christus nobis tradidit formam...

0746. **Ciconia post pullorum...**
See: Ad declarandum in sermone...

0747. **Ciconia sentiens...**
See: Cyconia sentiens...

0748. **Circa abiectionem nota qualiter in scriptura sumitur...**
See: Abiectio. Circa abiectionem nota...

0749. **Circa absolutionem quatuor per ordinem sunt notanda...**
See: Absolutio. Circa absolutionem...

0750. **Circa circulos virtutum, scilicet sapientiae, intellectus, scientiae, artis et prudentiae...**
Iohannes de Legnano, *De virtutibus [oralibus] generatione*
Mss: Cambridge, Peterhouse 273; Venezia, Marc Lat. V.16 (Valentinelli IX,58) f.37-62
See: Misit Tau rex Emath ad regem Dauid...

0751. **Circa circulum amicitiae discutiendum...**
Iohannes de Legnano, *De amicitia*
Mss: Cambridge, Peterhouse 273 f.152 (88)-162 (87); Pavia, Univ 251 f.7-43; Praha, Univ VIII A 24 (1432) f.204-32; Valencia, Cab. 45 f.160-80; Vaticana, Vat. lat. 2639; 2641 f.184-206; Venezia, Marc. lat. V 16 (Valent. IX,58; cat.III p.43-44) f.89-105 (*Traditio* 23[1967] 429,436)
Printed: Bologna 1492; Tractatus ex 17,2 Variis juris (Lyons 1549) Tractatus universi juris (Venice 1584) 12.227-42

0752. **Circa confessionem primo quaeritur...**
De confessione
Mss: Praha, Univ. V.D.5 (873) f.126-141; adlig. 40.G.6 (2792) f.1-26 (?); Trier, Stadtbibl. 691 (Michaud-Quantin p.86)

0753. **Circa confessionem principaliter sex sunt consideranda, prima qualiter se confessor debeat...**
Henricus de Hassia, *Tractatulus de confessione*
Ms: London, BM Addit. 11437 f.166-168

0754. **Circa confessionem quaeritur...**
See: Circa confessionem primo quaeritur...

0755. **Circa confessionem sex sunt necessaria...**
De modo confitendi
Mss: Wien, Schott. 330 f.288 seq.; 402 f.22 seq.

0756. **Circa confessionis pericula...**
Summa poenitentiae
Ms: Praha, Univ. XIV.H.33 (2678) f.15-34

0757. **Circa connexionem virtutum intellectualium et moralium est quaesitum: Utrum una istorum...**
Iohannes de Polliaco (de Pouilly), *Questio XVIa*
Ms: Paris, BN lat. 15371 f.18

0758. **Circa decalogum eciam directe multiplicitur peccare contingit...**
[De decem praeceptis decalogi]
Ms: Rein 8 f.83-102

0759. **Circa decem precepta aliqua sunt prenotanda, ut patebit per ordinem inferius. Audi Israel et observa...**
Henricus Harphius O.F.M.(?), *De decem praeceptis*
Ms: Stockholm, Kgl. Bibl. Ms. A. 234 (from Lüneburg), ff.269-74; (Lehman III, 109)

0760. **Circa dilectionem amicorum et inimicorum ponende sunt.**
Franciscus de Mayronis, O.F.M., *De dilectione amicorum et inimicorum* (B. Roth, *Franz von Mayronis, O.F.M.* [Franziskanische forschungen 3: Werl 1936] 235-36)

0761. **Circa emendationem peccata nota prius abominationem ipsius...**
[On confession]
Ms: Vaticana, Regin. lat. 174 f.55-72

0762. **Circa emptionem denariorum Montis Florentie vel prestitorum Venetorum...**
Antoninus Florentinus, O.P., *Tractatus de pecuniis Montis Florentiae*
Mss: Kaeppeli 246

0763. **Circa evangelium de Martha et Maria et Lazaro quod legitur...**
De peccatis mortalibus
Ms: Göttweig 74 (102) f.138

0764. **Circa exordium Raimundi**
See: Circa initium Raimundi...

0765. **Circa hanc epistolam dubitatur...**
Stephanus de Palec, *Quaestio de absolutione a poena et a culpa*
Ms: Praha, Univ III.G.11 (536) f.263-264

0766. **Circa hoc distingue quia...**
Notae de pena communicantium excommunicatis, de confessione audienda, et de penitentia in extremis
Ms: Cambridge, Univ. Kk.9 f.117-120

0767. **Circa inicium decem preceptorum in quorum observacione consistit salus rationalis creature...**
Nicolaus de Dinkelsbühl, *Tractatus de dilectione dei et proximi et de praeceptis decalogi*
Mss: Admont 516 f.1-53; Klosterneuburg 417 f.1-75 (Madre p.165-166)
See: Scribitur Matth.22(35-40) quod cum quidam legisdoctor...

0768. **Circa initium declarationum decalogi est in primis notandum quod inter omnium hominum cognitionis necessaria...**
Ms: Wrocław, Univ. Milich. Zaak 17 (9615)
See: Inter omnia hominum...

0769. **Circa initium huius libelli sunt...**
Tractatus de confessione et poenitentia
Ms: Wilhering 84 f.148-237

0770. **Circa initium stelle clericorum...**(prol.)
See: Quasi stella matutine...
Proprietates...

0771. **Circa initium Summule Raymundi de summa...Omnem scientiam et doctrinam... Iste liber cuius est ius canonicum...**
   See: Omnem scientiam et doctrinam sacra Scriptura...

0772. **Circa istam partem, ut temptaretur...**
   See: Ductus est Ihesus in desertum...
   Circa istam partem...

0773. **Circa istum titulum, quero quid sit simonia...**
   Bartolus de Sassoferrato (?) or Petrus de Ancarano, *Tractatus de usuris*
   Ms: Eichstätt 5 *F.107-108*
   Printed: J. Kirshner, '*Quaestio de usuris*' falsely attributed to Bartolus of Sassoferrato,' in *Renaissance Quarterly* 22 (1969) p.256-261

0774. **Circa litteram principaliter est notandum...**
   [Commentary on *Summula de Summa Raimundi*]
   Ms: Klagenfurt, Studienbibl. Pap. 117
   Cf: Summula de summa Raymundi...In summis festis...

0775. **Circa materiam de penitencia considerandum est quod secundum...**
   Iacobus de Wela, *Tractatus de penitencia*
   Mss: München, Clm 23803 f.181-200; Wien, Nat. 4694 f.25-38; Wien, Schott. 153 f.273-295; 402 f.148 seq.

0776. **Circa materiam decem preceptorum...**
   Nicolaus de Dinkelsbühl, *Expositio decalogi*
   Ms: Praha, Univ VII.D.12 (1278) f.163-191
   See: Preter precepta legis...

0777. **Circa materiam restitutionis seu satisfactionis notandum est quod, cum restitutio seu satisfactio que fit homini, de qua hic agitur, fit de iniuriis et dampnis illatis...**
   Antoninus Florentinus, O.P., *Tractatus de restitutione*
   Mss: Kaeppeli 247

0778. **Circa materiam usurarum rogatus...**
   Ms: Hamburg, S. Jacobi 18

0779. **Circa modum absolvendi quadam sunt rite observanda...**
   Manuale Confessioni
   Ms: Frankfurt am Main, Stadtbibl., Praed. 186 f.59-114
   Prol: Hoc gerat in mente leve confessor manuale/Ecclesie

0780. **Circa multiplices mansiones...**
   Franciscus de Mayronis, *De vitiis et virtutibus* (from Wadding p.85)
   Cf: Circa quadraginta duas mansiones...

0781. **Circa opera misericordiae sciendum est...**
   See: Qualiter peccatur contra...

0782. **Circa peccatum originale dubitabat unus, primo quid esset peccatum originale...**
   De peccato originali
   Ms: Pamplona, Cab. 2 f.118

0783. **Circa penitentiam agendam quam multi homines sunt decepti...**
   Flores(?) *historiae theologiae* or *Summa de penitentia*
   Mss: Barcelona. Bib. Central de Catalunya 593; Valencia, Cab. 300

0784. **Circa poenitentiam quattuor sunt inquirenda...**
   De poenitentia et de virtutibus et vitiis
   Ms: London, BM Roy. 8 A.XXI f.17

0785. **Circa poenitentias infligenda haec teneas...**
   Ms: Praha, Metr. Kap. B.72 (Schulte II 530)

0786. **Circa precepta domini queritur primo: utrum tantum decem sunt precepta moralia veteris legis. In veteri lege quedam erant...**
De decem praeceptis
Ms: Hamburg, Theol. Fol. 1060 f.41-90;
(Zumkeller MWA 325)

0787. **Circa preceptorum descriptionem ne quid...**
Gilbertus Minorita, *Summa theologica* or *De praeceptis*
Ms: Oxford, Bodl. Bodl. 29 f.129 (SC 1876)

0788. **Circa primam partem que agit de confessoribus, primo videndum est quis possit audire confessiones...**
See: Ad utilitatem eorum qui curam gerunt animarum...

0789. **Circa primum notandum quod consideratio provida qualitatis temporis debet...**
See: Nunquid nosti ordinem celi et rationem eius...

0790. **Circa primum notandum quod hoc nomen...**(Chap.1)
'De Prudentia' of *Tractatus de quatuor virtutibus*
Ms: Edinburgh, Nat. Lib. T.D. 781
See: Inter has virtutes primo agetur...(prol.)
Cf: De fide vero hoc modo dicemus... Item temperantia regit homo se ipsum... Notamdum est quod caritas... Spes sic describitur in libro sententiarum...

0791. **Circa primum sciendum quod si aliquis monachus debeat vel velit audire confessiones hoc dupliciter variatur...**
See: Quoniam in numero ternario..

0792. **Circa quadraginta duas mansiones...Incipit ortus superbiae...Capitulum primum. Oritur autem superbia ex multiplici occasione...**
Michael de Massa, O.E.S.A., *De quadraginta duabus mansionibus*
Mss: Bressanone E.16; Donaueschingen, Fürstenb. Hofbibl. 839 f.37-79
(Zumkeller MWA 698)
See: following entry

0793. **Circa quadraginta duas mansiones...Nota quod Christus descendit in carne...** (prol.)
Iohannes Michaelis, O.F.M., or Michael de Massa, O.E.S.A., or Privat d'Avignon, O.P.,
[On vices and virtues]
De VII virtutibus (?) or *De mansionibus spritualibus*(?) or *Saculus pauperum*
Mss: Basel, Univ.A.X. 73; Bordeaux 267; Clermont-Ferrand 47 f.32 seq.; München, Clm 13410; Oxford, Bodl. Canon Ss. 86 f.50-88; Padova, Anton. 465; Siena, Com. G.VII.24; Toulouse 232; Überlingen 18h f.80a-117b (?); Vaticana, Borgh. 54 f.89 (E. Ympa in *Augustiniana* 11 (1961), 470-77; Zumkeller MWA 698)
See: Fides assimilatur...(of which it may be part)
Cf: Circa multiplices mansiones...Incipit ortus...(same?) and: Oritur autem superbia...(chap.1)

0794. **Circa quam notandum quod mundus est falsus et fallax...**
Tractatus de mundi falsitate
Ms: Budapest, Eg. Kön. 105 f.189-197

0795. **Circa quam primo discuciam...**
See: Nunc ad circulum virtutis heroyce, circa quam primo discuciam...

0796. **Circa quod notandum quod sicut corpus...**
See: Videndum igitur nunc est de effectu virtutum. Circa quod notandum...

0797. *Circa quod primo venit dubitandum aliter describatur...*
   Iohannes de Legnano, *Tractatus de virtutibus*
   Ms: Cambridge, Peterhouse 273, p. 37
   See: Viso de virtutibus moralibus

0798. *Circa quod sciendum est quod potentia appropriatur...*
   Nota de peccato in Spiritum Sanctum
   Ms: Cambridge, Trinity O.8.26 f.101

0799. *Circa quod sciendum quod ad directionem humane vite...*
   See: Sciendum quod ad directionem...(Barcelona, Central 551)

0800. *Circa res divinas studiosis compendium aliquid in eadem re celesti favore tradere cupientis...*
   Hildegundus or Magister Bacidinus, *Compendium de rebus divinas*
   Mss: Schönbühel 68 f.1-50; Wiesbaden 38 f.2-100.

0801. *Circa sacramentum baptismi tenenda...*(variant?)
   Hermannus de Schildesche, O.E.S.A., *Speculum sacerdotum*
   Mss: Bruxelles, BR 2146-54 (cat. 2060) f.187-198; Roma, Angelica 1287 f.1-11;
   (E. Seckel, *Beiträge zur Geschichte beider Rechte im Mittelalter* I [Tübingen 1898] 143 n. 32; R. Arbesmann - W. Hümpfner, *Jordani de Saxonia Liber Vitasfratrum* [New York 1943] 476; Zumkeller MWA 391)
   Cf: Materia baptismi debet esse...

0802. *Circa sacramentum poenitentie...*
   Tractatus de tribus partibus poenitentiae
   Ms: Schlägl 46 f.78-92
   Cf: Materia baptismi debet esse aqua pura...

0803. *Circa secundum queritur utrum virtutes insint nobis a natura...*(variant)
   See: Queritur primo utrum virtutes insint nobis a natura...

0804. *Circa simoniam primo queritur quare dicatur...*(variant in Schlägl MS)
   Cf: Saluti animarum et proximorum utilitati... (of which it is a part)

0805. *Circa superbiam primo quaesitum est utrum velle secundum esse sit malum...*
   De superbia
   Ms: Paris, BN lat. 15625 f.30 seq.

0806. *Circa temperantiam igitur primo quaero an sit virtus moralis...*
   Iohannes de Legnano, *De temperantia* (part of *De pace*)
   See: Misit Tau rex Emath...

0807. *Circa tractatum de preceptis...*
   [On precepts]
   Ms: London, BM Eg. 673 f.6

0808. *Circa tractatum de preceptis legis summatim tangenda sunt: quid sit preceptum...*
   Simon de Hinton, O.P., *Tractatus de praeceptis* (part of *Speculum iuniorum* 'Ad instructionem iuniorum')
   Mss: Erfurt, Ampl. Fol. 103 f.1-55; Paris, BN lat. 14883 f.64 seq.
   See: Ad instructionem iuniorum quibus non vacat...

0809. *Circa tractatum viciorum nota duo primo: detestacionem viciorum...*
   Summa vitiorum
   Mss: Napoli, Naz. VII F.22 f.116-192; Vorau 122; (Doucet, Supplement 57)

0810. *Circa vinculum anicicie discuciendum...*
   Tractatus de amicitia
   Ms: Praha, Univ. VIII.A.24 (1432) f.204-232

0811. *Circa virtutem et effectum missae primo est notandum quod...*
   Fasciculus morum
   Ms: Oxford, Magdalen 13

0812. *Circa virtutes igitur theologicas primo erit considerandum de fide...*
   [Work on the theological virtues]
   Ms: Innsbruck, Univ. 139 f.1-166

0813. *Circa virtutes specialiter debet...*
   See: Quoniam virtutibus nihil circa virtutes...

0814. *Circa virtutes specialiter versari debet studium...*
   See: Cum virtutibus nihil sit utilius...(Sap.8) Circa virtutes specialiter...

0815. *Circa virtutes studere debemus...*
   Ms: Milano, Ambrosiana H. 168 inf.

0816. *Circumdederunt me dolores mortis...*(Ps.17,5) *Laqueus mortis est originale peccatum...*(prol.)
   See: Cum penitens accesserit ad sacerdotem...(Glorieux 104t)

0817. *Circumstantie peccatorum...*
   Ms: Praha, Metr. Kap. J 60
   (Michaud-Quantin 90 and Index)

0818. *Cithara...*
   See: Cythara...

0819. *Cito non tardes conuerti...*
   Mss: London, BM Arundel 315; Roy. 9 A.XIV
   Cf: Ne tardes conuerti...Nam subito

0820. *Civitas est locus hominum, in quo intellectus humanus...*
   See: Deus qui in cunctis...Incipit liber qui est...Civitas est

0821. *Civitatis magnae Hierusalem quaedam pars adhuc interris...*(Book 4)
   See: Rogasti nos, frater amantissime, quatenus...

0822. *Clamant ad dominum de terra crimina quinque...*
   Peccata clamitancia in celum
   Ms: Stockholm, Kungl. Bibl. Ms Vu.1

0823. *Clamat in lege veteri Deus per Moysen populo...*(prol.)
   See: Quod pernitiosum et Deo odibile sit superbiae vitium...

0824. *Clamat nobis scriptura, fratres, dicens: Omnis qui se exaltat...*
   De humilitate et de eius gradibus
   Ms: København, Gl kgl. S. 3389 oct. f.155-159

0825. *Clamat politicorum sententia omnes principatus non esse aequaliter diuturnos...*
   Leoninus de Padua, O.E.S.A., *Abbreviato Aegidii De regimine principum*
   Mss: Bamberg Q.VI.61 f.180-209; Heidelberg, Univ. Cod. Heid. 151 f.1-41;
      München, Univ. Fol. 92 f.187-225
   (Zumkeller MWA 54h)

0826. *Clamat politicorum sententia omnes principatus non esse equaliter diuturnos...*
   See: Ex regia ac sanctissima prosapia...

0827. *Clamat vox apostolica per orbem...*(variant)
   See: Apostolica vox...

0828. *Clamitat in celum vox sanguinis et sodomorum/ Nox...*
   [Miscellaneous verses on sin or *Versus duo de peccatis in coelum clamantibus*]
   Mss: Schlägl 121 f.242; 217 f.64

LIST OF INCIPITS

0829. Claudus iter per agens quondam pede...
[A fable]
Ms: Orleans 307 (260)

0830. Clemens, mitis, dulcis, pura...
Septem sermones a septem orationis dominicae petitionibus incipientes
Ms: Bern 461
See: 0801

0831. Clemens papa cuius rem nominis et vitae sentiant subiecti...(Prol.) *Lib. I Quidquid est causa causae est causa causati. Causa est per quam aliquid habet esse...*
Alanus ab Insulis, (Ps. Nicolaus Ambianensis; Ps. Clemens Papa), Ars fidei catholicae (per compendium exhibita) or Summa de arte fidei catholicae or De articulis fidei catholicae
Mss: Admont 136 (*Olim*); 668 f.1-7; Basel, Univ. A X 120 f.72-73; Bruxelles, BR 1970-78 (cat. 3152) f.91-100; Budapest, Eg. Kön. 17 f.167-172 (abbrev.); Cambrai 474 f.228-233; Erfurt, Ampl. Fol.6 f.268-283; Firenze, Laur. Plut. LXXXIII, 27 f.3 seq.; København, Gl. kgl.3.62 fol. f. 109-114; Gl. kgl.S.1620 f.131-144; Laon 412; Leipzig, Univ. 274 f.16-21; Lilienfeld 143 f.70-72; 144 f.122 seq.; Oxford, Bodl Digby 28; Oxford, Balliol 112 f.123-127; 232 B f.167; Oxford, Magdalen 192 f.10 seq.; Oxford, Merton 140 f.3 seq.; Paris, BN lat. 6506; 16082 f.375 seq.; 16084 f.192 seq.; 16297 f.167 seq.; München, Clm 527 f.22-31; Praha, Univ. III.D.17 (469) f.19-23; Tours 247; Trier, Stadtbibl. 611 f.62-70; Valencia, Cab. 86 f.266 seq.
(Glorieux 107 a; Stegmüller RS [and Doucet] 551; d'Alverny, *Alain de Lille*68-69)

0832. Clementes angeli saepe loquebantur...
Speculum ecclesiae
Ms: München, Clm 7726

0833. Clerice dicticas [or *dipticas*] *lateri ne unquam...*
Floracensis (Fleury) (?), Praecepta
Mss: Amiens 110 f.79 seq.; London, BM Roy. 3 A. VI f.106 seq.; Valenciennes 298 (288) f.132
Printed: J. Mangeart, Catalogue des Manuscripts de Valenciennes (Paris, 1860) p. 656-659
Prol: Comperias lector litteras tam Grecas quam Latinas...

0834. Clericus ornatus esse debet duplici ornamento...
Regula Clericorum
Ms: München, Clm 3003

0835. Cleros graece sors ut hereditas...
Regimen animarum
Mss: Hartfield House 290 f.162 (extract); London, BM Harley 106 f.93-95; Harley 2272 f.2-194; Harley 3151; Oxford, Bodl Hatton 11 (SC 4132); Hatton 107; Laud Misc. 497 f.11-22; Holkham 166, 22; Rawl. C.156; Oxford, Jesus College 27
Prol: O vos omnes sacerdotes...

0836. Clerus et presbyteri nuper consedere/ Tristes in capitulo simul...
Consultatio sacerdotum super mandato praesulis (satirical poem on clerical concubinage)
Printed: HLF XXII, 152-153

0837. Coactus prestare pecuniam comunitati...
Extractus e Summa de Poenitentia M. Guillelmi Amidani
Ms: Budapest, Eg. Kön. 101 f.14-20

0838. **Coetus ego sequens coetorum/ Cogitate coepi mecum...**
De contemptu mundi
Ms: Paris, BN lat. 15163 f.223 seq.
Cf: Cecus ego...

0839. **Cogis me, frater carissime, ut ea quae de medicina animae ad Iohannem medicum...**
Hugo de Folieto, *Tractatus de medicina animae*
Mss: Montecassino 184; Paris, Arsenal 499; 550; 942; Paris, Mazarine 727 (1255); 730 (407); Paris, BN lat. 2494 f.77 seq.; 2495 f.144; 3218 f.211 seq.; 12321 f.93 seq.; 14512 f.46 seq.; 15988 f.251 seq.; nouv. acq. lat. 314 f. 104 seq.; Pisa, Cater. 55 f.13-18; Praha, Univ. XIV. E.16 (2550) f.86-93; Tours 396; 404; Troyes 177; Valenciennes 196; Vitry-le-francois 23; Vaticana, Vat. lat. 1047 f.32 seq. (B. Hauréau, *Les oeuvres de Hughes de Saint-Victor* [Paris 1886] 164-167)
Printed: PL 176, 1183-1202

0840. **Cogit me instantia caritatis tuae, mihi amantissime...**(Prol.) (Cap.1) **En ad manum est fortitudo amoris quam quaerimus cui resistere...nemo et qui ponit**
Ricardus de Sancto Victore (?) or Petrus Blesensis (?) or 'Fr. Ionis', *Liber seu tractatus de caritate* or *De gradibus caritatis*
Mss: Bruxelles, BR 1382-91 (cat. 1706) f.169-179; Erlangen, Univ. 219 f.11-16(attrib. Bern. of Clairvaux); 222 f.81-88; 276 f.66-72; 223 f.172-191 Leipzig, Univ. 348 f.109-119; 486 f.241-246; London, BM Harl. 2385 f.32-36; Oxford, Magdalen 56; Paris, BN lat. 14193 f.137 seq. (On authorship see Hauréau, II, 361. Assigns to Richard of St. Victor).
Printed: PL 184, 583-597

0841. **Cogita non quid es, miser homo, sed quid eris ...**
S. Columbanus, *Ordo de vita et actione monarchorum*
Printed: ZKG 14 (1893-94) 78 seq.

0842. **Cogitanti michi aliquid ultimate in quantum possible est ...**
Albertus, *De fine religiose perfectionis*
Ms: Bruxelles, II. 2510 (cat. 1472) f. 53-83.

0843. **Cogitanti mihi, frater charissime, quomodo dilectionem ...**
See: tam multos jam laudatores ... (Prol.)

0844. **Cogitanti mihi sedenti solitario quid faciendo vitam eternam ...**
See: si diligitis me mandata mea servate. Cogitanti ...(prol).See: superbia virtuti humilitatis ...

0845. **Cogitatio, delectatio, consensus et intellectus negligens ...**
Simon Fidati de Cassia, *Peccata cordis, oris, operis et omissionis*
Ms: Venezia, Marc. Lat. III. 107 (Vallentinelli VII, 29) f. 97-99.
Printed: N. Mattioli *Il beato Simone Fidati da Cascia*...(Roma 1898) 499-504

0846. **Cogitatum habe in preceptis Dei et in mandatis eius maxime assiduus esto. Ita scribit Sapiens** (Eccli. 6,37). **Hoc clamant lex et prophete...**
Thomas Ebendorfer de Haselbach, *Exemplarium decalogi* or *De decem mandatis*
Mss: Bamberg, Theol. 28 f. 183-228; Theol. 116 f. 233-286; Basel, Univ. A.VI.8 f. 49-157; Cambridge, Trinity 374-6 f. 103-105 (with quatrains in English); Graz 102 f. 176-209; 578 f. 145-201; 610 f. 225-265; 645 f. 217-280; 1040 f. 110-179; Harburg II,1. Fol.74 n.4; Klosterneuburg 548 f.256 (extr.); Melk 406(503) f. 74-164; 540(256) f. 277-451; 706(392) p. 173-263; München, Clm 293 f. 363-467; 302 f. 79-130; 2758 f. 224-283; 3419 f. 286-333; 3761 f. 13-62; 3770 f. 1-68; 5897 f. 316-387; 7510 f. 230-290; 7581 f. 93-198; 7606 f. 1-61; 11465 f. 91-173; 16480 f. 256-299; 18258 f. 112-207; 19641 f. 260-276; 23949 f. 99-105; Nürnberg, Cent. VI,46 gf. 2-104; Praha, Univ. VI.B.7(1040) f. 108-204; Rottenburg, Priestersemin. H.18 f.21 seq.; Salzburg, St. Peter b.X.16 f. 107-164; Vorau 124 f. 277-357; Wien, Domin. 60/281 f. 38-145; Wien, Nat.

3887 f. 1-74; 4745 f. 192-264; 4838 f. 246-312; 4886 f. 1-76; Ser.n. 3813 f. 1-89; Wien, Schott. 28 f. 217-288
(A. Lhotsky, *Thomas Ebendorfer* [Stuttgart 1957] 81)
Printed: Excerpt of I precept. in A. Schönbach, *Zeugnisse zur deutschen Volkskunde des Mittelalters* in *Zeitschrift d. Verein für Volkskunde* 12(1902) 4 seq.

0847. **Cogitavi exponere decem precepta Christi et recipio illa verba Matth. 7,13: intrate per angustam portam ... sed porta ad vitam celestem est angusta ...**
Iohannes Geuss de Teining, *Sermones de decem preceptis et duodecim articulis fidei*
Ms: Wien, Nat. 3659 f. 312-350; 3746 f. 108-141; (Aschbach, Geschichte der Weiner Universität, 1[Vienna 1865] 452-3)
See: gratia et pax domini ...

0848. **Cogitis me, fratres ut ea quae ...** (variant)
See: Cogis me, frater carissime, ut ea quae ...

0849. **Cogitis me, O Viri Magnifici ac Ducales Spectatissimi ...** (letter to Castelliono and de Archemboldis by Iohannes de Capistrano)
See: Scevola. Consultus in re dubia nec non satis ardua suspicatur ...
Cf: Spectabilis et famosissime doctor (pref. letter by F. de Castelliono and Nicolas de Arcemboldis)

0850. **Cognosce populum tuum et gregem tuum considera** (Prov. 27,23). **Non video maiorem cognitionem vel notitiam quam per confessionem ...**
(from works of Alanus de Insulis ?)
[Tractate on confession, penance, simony, etc.]
Ms: Vaticana, Regin. lat. 424 f. 122-135

0851. **Cogor ad externas male providus ire tenebras, sensus hebit ...**
Baldricus (Baudri de Bourgueil), *Confessio poenitentialis*
Printed: Ph. Abrahams ed.*Oeuvres poetiques de Baudri*...(Paris, 1926), 175-181

0852. **Cogor adversum te, instabilis munde, flebiles querelas deponere ...**
Disceptatio hominis cum mundo
Ms: Praha, Univ, I.G.18 (294) f. 106-112

0853. **Colige, virgo, rosas, dum flos novus et nova pubes ...**
De brevitate vite
Ms: London, BM Harl. 956 f.24 (Walther IC 3029)

0854. **Collacionis gratia sum pertracturus aliqua/ De statu clericali ...**
[Verses on sins of the clergy]
Printed: F.W.E. Roth in *Romanische Forschungen* VI (1891) 32

0855. **Collationes meas quas pro exhortatione ad nouicios nostros...**
Formula novitiorum (Book II, Prol.)
See: In priori formul novitiorum ...   Primo semper deves considerrare ad quid veneris ...

0856. **Collige serue Dei semper [saltem] pro parte diei ...**
Walther IC 3025, PS 2942
Printed: Iohannis de Lamsheim, *Speculum consciencie et nouissimorum* (Spire 1496) f. b.iii [Goff L-31]

0857. **Collige, virgo, rosas ...**
See: colige, virgo, rosas ...

0858. **Colligite fragmenta ne pereant** (Ioh. 6,12). **Cum ex debito iniunctae sollicitudinis aliqua ex hix quae in ordine nostro ...** (Prol.)
Cupiens loqui de conversione, illius gratiam invoco qui loquitur pacem ... (Dist. 1)
Caesarius Heisterbacensis, O. Cist., *Dialogus miraculorum*

Mss: See: Strange, Pp. III-VI. Add: Douai 397; Krakow, BJ 2315 f. 165 seq.; Leipzig, Univ. 445; Praha, Univ. V.B.15 (832) f. 228-268; Rein 58 f. 1-120. Printed: [Coloniae c. 1475]; Colonie 1481; Coloniae 1851 (ed. J. Strange)

0859. **Colligite quae superaverunt fragmenta: ne pereant** (Ioh. 6,12). *Verbum Christi est ad discupulos suos...*
See: Rogo te, pater carissime, ut amore Iesu...

0860. **Comedent fructus vie sue** (Prov. 1,31). *In primis ostensum est de remediis...*
Franciscus de Retz, O.P., *Comestorium vitiorum* (De ieiunio)
Kaeppeli 1131
See: Voluntas siue superbia assimilatur pluribus rebus...

0861. **Comedent fructus vie sue** (Prov. 1,31). *Sequitur: Viso antecedente...*
Franciscus de Retz, O.P., *Comestorium generale cum fructibus spiritus*
Kaeppeli 1130

0862. **Comedi ante horam debitam nimis preciosa et lauta cibaria...**
Species peccatorum
Ms: Berlin, lat. fol. 451 f.67-69

0863. **Comparatio decem preceptorum decalogi ad decem plagas Egypti. Ibi precepta et (?) hic decem plage memorentur...**
Comparatio decem praeceptorum decalogi ad decem plagas Egypti
Ms: Bruxelles, BR 12131-50 (cat. 2156) II f.43

0864. **Compatriota Maro describit carmine claro...**(epigraph)
See: Suscipe viuendi doctrinam...

0865. **Compendium operis subsequentis principalites...**(prol.)
See: Qualis et quam subtilis debet esse...

0866. **Compendium totius salutis et salvationis est ut quilibet homo catholicus sciat ista septem videlicet, quid sit credendum...**
[Super Credo; de sacramentis; super Pater; de decem praeceptis]
Ms: Graz 822 f.73-122

0867. **Comperias lector litteras tam Grecas quam Latinas...**(prol.)
See: Clerice dicticas [or: dipticas] lateri ne...

0868. **Compilatio presens materiam habens confessionum nullum materie profitetur auctorem, sed tot habet auctores quod continet auctoritates...**(Prol.)
Hunc modum et circa huiusmodi habent quidam confessores...(Text)
Petrus Pictaviensis Sancti Victoris, *Inquisitio facienda a sacerdotibus ad confitentes* or *Penitentiale* or *Liber penitentialis*
Mss: Aberdeen, Univ. 137 f.135 seq.; Erlangen, Univ. 233; Escorial I. III.7 f.77 seq.; München, Clm 18521; Paris, BN Lat. 715; 14886 f.254-264; Paris, Mazarine 774; Praha, Univ. Lobkowitz 432 f.69 seq.; Vaticana, Regin. lat. 983; (Landgraf, *Einführung* p.108; A. Teetaert in *Aus der Geisteswelt des Mittelalters: Studien...Martin Grabmann gewidmet*, B.G.P.T.M.A., Suppl III [Münster 1935] 310-331; C.R.Cheney in RTAM 9[1937] 401 seq.; Michaud-Quantin Index).
Printed: Fragm. in *Theodori archiepiscopi cantuariensis poenitentiale*, Ed. J. Petit (Lutetiae Parisiorum 1679) 341-345.
See: Glorieux 100 o. Add.

0869. **Composite mentis argumentum fore primum/ Estimo constantem fieri, secumque morari...**
De constantia or *Proverbia Epist. Senece*
Mss: Berlin, Phill. 1685 f.175 (Rose 171); Saint-Omer 115 f.17 (Hauréau 31.1, pp. 59-30; Walther IC 3069)

0870. Compunctio cordis ex humilitatis virtute...
   Augustinus (?), *De compunctione*
   Ms: Wien, Nat. Ser. n.3830 f.176

0871. Compunctio ut dicit Basilius...
   Capitula extracta a Florario Bartholomei (perhaps from Bartholomaeus Iscanus, *De penitentia*)
   Ms: Cambridge, Univ. Dd.11.83 f.64-92

0872. Conatus sum et utinam non frustra...
   Iacobus de Jüterbog, *De confessione audienda* or *Confessionale*
   Mss: Frankfurt am Main, Stadtbibl., Praed. 25 f.232-287; Praha, Univ. V.E.5 (889) f.124-205; (Meier 20)

0873. Conclusio una proposita fuit, quod ex puris naturalibus potest elici actus ita bonus...
   Ps.-Henricus Totting de Oyta, *Quaestiones de actibus humanis, de peccatis et gratia*
   Ms: Wien, Nat. 4827 f.243-398

0874. Concupiscentia: Quis est beatus, quod omnes ...
   Engelbertus Admontensis, *Dialogus concupiscentiae et rationis de iis quae veram homini felicitatem conferant et beatitudinem* or *Libellus de concupiscencia carnali* or *Dialogum inter concupiscentem et Senecam* (or: *rationem*)
   Mss: Brno, Univ. Mk 44 f.89-91; München, Clm 3603; Praha, Metr. Kap. O 24 (1608) f.5-13; Praha, Univ. I.D.15 (155) f.142-147; Würzburg, Univ. M. ch. q.81; (Fowler 187 and *Osiris* XI [1954] 481-2)
   Printed: Engelbertus Admont. *Opuscula Philosophica* (B. Pez, Ratisbon 1725)
   Variants: Quis est beatus, quod omnes... and: Quoniam, ut ait [or dicit] Seneca, communis mos [or vox]...

0875. Conditor alme siderum, credentium lux eterna, fortissimus Deus Iacob et potentissimus defensor...
   Petrus de Claravalle, *Super diffamatione et contra invidos liber*
   Ms: London, BM Harl. 2667 f.123-129; Troyes 930
   Prol: Reverendo in Christo patri domino Bernardo Clarevallis abbati sacre theologie professori, unus filiorum suorum Parisius studencium...

0876. Conditor eterne protector cuncti potensque...
   Tractatus metricus de contemptu et periculis huius mundi, de celi gaudiis et penis inferni atque de incarnatione filii Dei
   Ms: München, Clm 18594 f.202-208

0877. Confessio culpe verecundia spesque timorque...
   [Instruction to penitent]
   Ms: Vaticana, Vat. lat. 675 f.85 seq.

0878. Confessio debet esse praevisa, amara, verecunda, discreta...
   De confessione or *Summa penitentie* or *Liber confessionum* (infl. by Hugo de Sancto Victore)
   Mss: See Michaud-Quantin. Add: Chartres 341 f.258 seq.; Klagenfurt, Studienbibl. Pap.11 f.208-213; München, Clm 3592 f.171-174; Schlägl 97 f.153-154; Tortosa, Cab. 110
   Printed (and discussed) P. Michaud-Quantin in RTAM 31 (1964) 43-62
   Cf. Confessio est medicina animae...(for further Mss) Ad habendum salutiferae confessionis ordinem...

0879. Confessio debet esse, ut se accuset et non alium...
   De confessione
   Ms: Klagenfurt, Bischöfliche Bibl. XXX e 13 f.1-172

0880. Confessio debet esse vera...(main variant)
   See: Quoniam fundamentum et ianua virtutum...

0881. **Confessio debet esse voluntaria...**
   Nota de qualitate confessionis
   Ms: Schlägl 121 f.71

0882. **Confessio decem conditiones habet. Primo omnium quod confessio non sit ficta...**
   Anselmus (?), *Confessionale*
   Ms: Paris, Mazarine 964 (1058) f.1 seq.

0883. **Confessio diffinitur sic a sancto Augustino...**
   De confessione
   Mss: Berlin, Lat. fol. 67 (Rose 935) f.75-80(?); Wien, Schott. 330 f. 297 seq.

0884. **Confessio donum est Spiritus Sancti. Nam ut ait Augustinus, donum habet Spiritus Sancti qui confitetur et penitet...**
   Petrus Comestor(?), *De confessione*
   Ms: Dublin, Trinity 277 f.399 seq.; (Raymond-M. Martin, 'Notes sur l'oeuvre litteraire de Pierre le Mangeur.' *RTAM* 3 [1931] 58)

0885. **Confessio est accusatoria...**
   See: Quid sit confessio. Dicit Hugo de S. Victore...

0886. **Confessio est coram sacerdote vera et optima aperta peccatorum...**
   [Short work on confession]
   Ms: Herzogenburg 39 f.51

0887. **Confessio est medicina animae restauratrix virtutum...**
   Mss: Innsbruck, Univ. 381 f.67-70; Paris, Arsenal 763 f.76 seq.; Praha, Univ XIV. G.11 (2619) f.101-114; Toulouse 384; Tours 331; Trier, Stadtbibl. 691; Wien, Nat. 4659 (RTAM 31 [1964] 51)
   Cf: Confessio debet esse praevisa...
       Ad habendum salutifere confessionis ordinem...
   See: Confessio est salust anime...

0888. **Confessio est medicina per quam morbus latens**
   Nota de confessio
   Ms: Cambridge, St. John's E.17 f.210

0889. **Confessio est propriae conscientiae accusatio cum timore Dei; vel oris locutio cordi consona manifestans peccatum...**
   Ms: Paris, BN lat. 2950 f.166-170

0890. **Confessio est quedam medicina...**
   Regimen confessionum audiendarum
   Ms: Praha, Univ. XI.C.4 (2029) f.9-37

0891. **Confessio est salus animarum disciplinatrix viciorum, restauratrix virtutum...**
   See: Confessio est medicina animae...   Ad habendum salutifere confessionis ordinem...
   Ms: Tours 331 f.60-61

0892. **Confessio et pulchritudo in conspectu ejus...(Ps. 95,6)...**
   Rogerus Conway, *Defensio mendicantium* or *Libellus de confessionibus contra Ricardum Archiepiscopum Armachanum*
   Mss: Cambridge, Univ. Ii. 4.5 f.15-33; Oxford, Corpus Christi 182 (248a); Paris, BN lat. 3222 f. 117-158; (Little, *Friars*, 240)
   Printed: M. Goldast, *Monarchia s. Romani Imperii*, III Francofordiae 1621) 1310-1344

0893. **Confessio et pulchritudo...(Ps.95,6). Tria tanguntur**
   S. Bernardus de Sienna, *Tractatus confessionis*
   (Little, 43)

0894. Confessio generalis exigit de necessitate salutis...
    Speculum peccatorum
    Ms: Würzburg, M. ch. q.80 f.217-221
    (Michaud-Quantin 89)

0895. Confessio potest dici multipliciter. Nam quedam est fidei...
    [On confession]
    Ms: Brno, Univ. Mk 102 f.144-145

0896. Confessio sacramentalis fundatur in solo iure divino...
    Iohannes Gerson, *De modo confessionis et absolucionis sacramentalis* or *De confessione et forma absoluendi*
    Mss: Bruxelles, BR 2253-73 (cat. 1688) f.108-113; Kremsmünster 9 f.187-188; Paris, Arsenal 532; Tours 378; Trier, Stadtbibl, 600; Wien Nat. Ser. n. 3887, ff.32-33; Wien, Schott. 254; Würzburg, Univ. M. ch. f.75 seq.
    Printed: *Opera Omnia* (Antwerpiae 1706) II 460-461

0897. Confessio secundum S. Augustinum est per quam...
    [Tractate on penance and confession]
    Ms: Würzburg, Univ. M. ch. q.102 f.89-124

0898. Confessio...sive confessio fidei...
    [Treatise on Confession and Absolution]
    Ms: Cambridge, Univ. Dd.4.50 f.52-54

0899. Confessio talis debet esse qualem per se ipsum...
    Ms: Paris, BN lat. 14953 f.107 seq.

0900. Confessio talis debet esse. Unde versus: Provida, festina, spontanea, nuda, fidelis...
    Ms: Paris, Mazarine 216 (660)

0901. Confessionum mearum liber...(pref.)
    See: Magnus es domine et laudabilis...

0902. Confessis peccatis...Tunc sacerdos dicat, parcat tibi Deus peccata mea, amen...
    Modus audiendi confessiones
    Ms: München, Clm 23803 f.171-173

0903. Confessor blandus, affabilis atque suavis, prudens, discretus...
    *Qualiter confessor ergo confitentem*or *De penitentia*
    Ms: München, Clm 3812; Paris, BN lat. 14883 f.55 seq.

0904. Confessor circa confitentem et penitentem taliter se poterit regere [or habere]...
    Summa confessionis or *Tractatus de confessione* or *Instructio pro confessariis*
    Mss: Herzogenburg 38 f.135-155 (?); Krakow, Uniw. 2403 f.159 seq.; Klagenfurt, Studienbibl. Pap. 173 f.403-413; Klosterneuburg 340 f.290-292; Kremsmünster 16 f.65-72; Praha, Univ. III.D.17 (459) f.169-177; V.E.3 (895) f.1-10; X.C.1 (1854) f.122-130; Rein 5 f.44-52; Vyssi Brod XLIII f.283-284; Wien, Nat. 1737 f.64-71; 3853 (Schulte II 530)
    Cf: Confessor circa consuetem taliter poterit...

0905. Confessor circa confitentem potest se habere taliter...(variant)
    See: Confessor circa confitentem et penitentem taliter se poterit regere...

0906. Confessor circa consuetem taliter poterit...
    Tractatus de processu et instructione confessorum
    Ms: München, Clm 18607 f.56-63
    Cf: Confessor circa confitentem et penitentem taliter se poterit...

0907. Confessor circa penitentem taliter se poterit regere [or habere]...
    See: Confessor circa confitentem et penitentem taliter se poterit...

*0908. **Confessor circa penitentiam...***
Compendium confessionis breve et bonum
Ms: Wilhering 104 f.117-126

*0909. **Confessor contra confitentem...***
Tractatus perutilis qualiter confessor debeat se regere
Ms: Wilhering 63 f.128-154
Cf: Confessor circa confitentem et penitentem taliter se poterit...

*0910. **Confessor dulcis, affabilis atque suauis, prudens, discretus...***
See: Confessor blandus, affabilis atque suauis...

*0911. **Confessor humiliter and devotus se debet...***
Trac. de confessione
Ms: Cambridge, Univ. Mm.6.15 f.7

*0912. **Confessor mitis affabilis atque benignus...***
[Four verses on confession]
Ms: London, BM Harl. 956 f.27
(A similar poem is reported in Walther IC 3136)

*0913. **Confessor venientem ad confessionem benigne...***
Iohannes de Capistrano, *Confessio* or *Libellus de modo confitendi*
Mss: London, BM Addit. 15237 f.88; Roma, Casanatense 83 f.149-150; Vaticana, Urb. lat. 1376 f.235 seq.

*0914. **Confessorum lumen vocatur hec doctrina...**(variant)*
See: Lumen confessorum vocatur...

*0915. **Confessurus ergo primitus ex anima...***
Confessionale de septem vitiis capitalibus
Ms: Wien, Nat. 3551

*0916. **Confessurus tuam penitus conscientiam...***
See: Lux firmat circa sol... Confessurus

*0917. **Confitebimur, etc.** (Ps.74). **Tu terribilis es...**(Ps.75,8)...*
See: Cum penitens accesserit ad sacerdotem...
(Glorieux 104 t)

*0918. **Confitemini...***
See: Dicit apostolus Iacobus...Confitemini...

*0919. **Confitemini alterutrum peccata et orate pro invicem** (Iac. 5,16)...*
Trutzebach, *Super d. Jacobi loco*
Ms: Giessen, Univ. 790

*0920. **Confitemini alterutrum peccata vestra** (Iac.5,16). **Cum opus audicionis...***
Alter modus audiendi confessionem or *Tractatus de confessione cum quaestionibus*
Mss: Kornik 1383 f.259-262; Praha, I.F. 18(250) f.162-168(?); Wien, Schott. 69 f.253-256

*0921. **Confitemini alterutrum peccata vestra** (Iac. 5,16). **Ex his apostoli Iacobi...***
Liber confessionum compilatus et abreviatus ex libris Decretalium Decretorum, Raymundi, Iohannine, Pisanelle
Ms: Napoli, Naz. I. H.39 f.29-40

*0922. **Confitemini alterutrum peccata vestra...**(Iac. 5,16). **Quia, ut dicit Chrysostomos De Compunctione, neque facilius ab inimico deicimur quam cum eum superbia (?) rerum imitamur...***
Iohannes de Capistrano, O.F.M. (?), *De confessione*
Mss: Leiden, Univ. d'Ablaing 21 f.12-21; Napoli, Naz. V.H.57 f.32-36 (fragm.); VII.E.29 f.80-270; Semur 20 f.51-327 (A.Chiappini, *La produzione...*p.61;

P.C.Boeren, *Catalogue des Mss des Collections d'Ablaing*...[Lugduni Batavorum-Leiden 1970] 82-83)
Cf. Tabula: Abbatissa trigesimo anno...

0923. **Confitemini Domino in cythara, in psalterio decem chordarum psallite illi** (Ps. 32,2). **Nos congregati ut Deo serviamus, in duobus modis eum laudare debemus...**
Collatio communis ad omnes de decem preceptis et decem plagis egypti
Ms: Wien, Nat. 898 f.156-157

0924. **Confitemini Domino quoniam bonus** (Ps.106,1 or 135,1). **Triplex est autem confessio, laudis, criminis et fidei...**
De confessione
Ms: Paris, BN lat. 14957 f.98 seq.

0925. **Confitendum est quia confessio...**
See: Quoniam cogitatio hominis... Confitendum...

0926. **Confitenti primo dicendum est quod penitencia...**
De modo confessionis
Ms: Erfurt, Ampl. Q.130 f.205-206

0927. **Confiteor de commissione septem peccatorum mortalium. Et primo confiteor de peccato superbie...**
Materia confessionis brevior (a confession formula), may be part of Iohannes Rigaldi's *Formula confessionum*
See: Sicut dicit beatus Iohannes canonice...

0928. **Confiteor Deo...**
Confessionale
Ms: Praha, Univ. XIV.F.S (2576) f.26-31

0929. **Confiteor Deo and beate Marie et omnibus sanctis...**
Tractatus breuis: penitentibus tamen utilis, de modo confessionis, ac etiam inquisicionibus faciendis de peccatis
Mss: Frankfurt am Main, Stadtbibl. Praed. 156 f.8-29 (part German); Oxford, Bodl Bodl.555 f.109(SC 2329)

0930. **Confiteor Deo et omnibus sanctis eius...**
[General confession]
Ms: Rein 49 f.28-29

0931. **Confiteor deo omnipotenti...**
Ricardus Horton, *Confessio peccatoris*
Ms: London, BM Harl. 2432 f.31-44

0932. **Confiteor Deo omnipotenti, beate Marie Virgini, beato Iohanni Baptiste et omnibus patriarchis...**
Ms: Würzburg, Univ.M. ch. f.269 (Michaud-Quantin 90 and Index)
Cf: Confiteor Deo...(Same?)

0933. **Confiteor deo omnipotenti et beate Marie...**
Modus confitendi
Ms: Kornik 1383 f.323-326

0934. **Confiteor deo patri omnipotenti et beate Marie virgini, contra precepta dei...**
Formula confessionis
Ms: Klosterneuburg 192 f.80

0935. **Confiteor Deo usque mea culpa...**
Modus et forma confitendi
Ms: Klagenfurt, Studienbibl. Pap. 11 f.232-239

0936. Confiteor omnipotenti Deo...
   Mss: Trier, Stadtbibl. 628; Würzburg, Univ. M. ch. q.97 f.207-209

0937. Confiteor primum ore pio venerorque fideli/ Mente Deum patrem vel nutu cuncta potentem...
   Erasmus, *Christiani hominis institutum*
   [Poems ed. C. Reedijk Leiden, 1956 pp.307 seq.]

0938. Confiteor tibi Domine Deus omnipotens quia ego...
   [Confession formula]
   Ms: London, BM Harl. 211 f.109; (Bloomfield, 388)

0939. Confiteor tibi Domine pater celi et terre tibique gloriose [or *tibi qui bone...*]
   Confessio generalis pulcra nimis atque devotissima or *Confessio sacerdotis*
   Mss: Lilienfeld 23 f.59-66; London, BM Roy. 10 A.VIII f.II; Paris, BN lat. 13453 f.14 seq. (imperf.); Roma, Angelica 392 (D.2.24) f.9-10

0940. Confiteor tibi, Pater...
   Confessionis forma
   Ms: London, BM Roy. 8 C.VII f.36

0941. Confiteor tundo, respergar...
   [Poem on confession]
   Walther IC 3148

0942. Confitere et iudica quod...
   Nota de confessione
   Ms: Cambridge, St. John's E.33 f.185

0943. Consciencia bona faciunt posteriorum malorum...
   Hugo de Sancto Victore (?), *De conscientia*
   Ms: Edinburgh, Univ. 110 (Laing Coll. 30)

0944. Conscientia dicitur tanquam cordis scientia...
   Robertus Kilwardby, O.P., *Tractatus de conscientia*
   Ms: London, BM Harl. 106 f.353; Oxford, Bodl. Bodl. 333; Paris, BN lat. 14557 f.1-22 (RTAM 6 [1934] 58)

0945. Conscientia est cordis scientia...
   De bona conscientia
   Ms: London, BM Arundel 214 f.122-123

0946. Conscientia est habitus intellectus...
   Raymundus Lullus, *De gradibus conscientiae*
   Mss: Paris, Mazarine 1390; 2155; Paris, BN lat. 15097; San Candido VIII.B.13 f.23 (Glorieux 335 br)

0947. Conscientia hominis abyssus multa; sicut enim profundum abyssi exhauriri non potest...
   See: Petis a me, dilecte mi, quod supra me est, immo contra me, videlicet lumen scientiae...

0948. Conscientia in qua anima in perpetuo mansura est, aedificanda est...
   See: Domus haec in qua habitamus...

0949. Consequenter quia virtus attenditur ex operatione et operationes mirabiles...
   Quaestio de virtutibus et operationibus
   Ms: Firenze, Naz. Pal. (Panciatich.) 132 f.54

0950. Considera, tu presbiter, diligenter subsequencia collecta ex diversis libris et materiis. Osee scriptum est...
   [A collection of passages]
   Ms: Stockholm, Kgl. Bibl. MS.A.234 (from Lüneburg) f.250-254; (Lehmann III 109)

LIST OF INCIPITS

0951. Considerando videamus in quibus gradibus ad summa...
[Tractate on different grades of Christian virtues]
Ms: Leipzig, Univ. 347 f.73-85

0952. Considerandum est de primo articulo unde dicit: articulus est prescriptio divine veritatis...
[on the articles of faith?]
Ms: Ascoli Piceno 271 f.144-178

0953. Consideranti mihi rerum temporalium vanitatem facile non occurrit...
De contemptu mundi
Ms: Tours 408

0954. Considerate, fratres carissimi, quam malus est iam status mundi...
Nota de misericordia
Ms: Vyssi Brod 31 f.49

0955. Consilium vitae cupiat qui discere rite...
Engelbertus Admontensis, *Tractatus metricus de consilio vivendi*
(Fowler, 187-88; *Osiris*XI [1954] 463-4)

0956. Constantinus in tractatu de naturis liquidorum oculus sanus...(prol.)
Liber Exemplorum
Ms: Frankfurt am Main, Stadtbibl., Praed. 22 f.345-392
See: Ptolomeus almaiesti primo ignis quidem regionis...

0957. Constet quantus honos humane conditionis scire volens huius serie...
Ps. S. Patricius, *Versus*
Ms: London, BM Cotton Titus D, XXIV, f.61-74
Second part: Qui celum terramque Regis...

0958. Constituerunt patres sancti per spiritum...
De poenitentia (Diaz, 513)

0959. Consuetudo enim est mercatorum...
See: Si linguis hominum loquar... Consuetudo enim...

0960. Consuetudo mali facilisque ruina repens mors...
[Short poem on confession]
Ms: Paris, Mazarine 3875 (593) f.24

0961. Consurge et lauda in principio...(Thren.2,19). *Prima vigilia est contemptus mundi...*
De vigiliis et confessione
Ms: Paris, BN lat. 14988 f. 190, Seq.

0962. Contemplanti mihi saepe numero, summe pontifex, virtutes vitiaque mortalium...
[Pref. letter to Pope Nicholas V]
See: Bonus et Deus et bonorum merentibus...

0963. Contempnere mundum [est] et cuncta transitoria [temporalia] despicere et sine amore illorum hanc vitam...
Anon., *Tractatus de contemptu mundi* [Chapter II *Libellus de modo vivendi*] [Lond. BM Addit. 34807 f.121-131]
Mss: London BM Addit. 34807 f.122-123; Harl. 5398 f.5-6; Sloane 988 f.14-21; 2275 f.141
Printed: Paris, 1510 as Chap. 2 of *De emendatione vite* (Inc. Ne tardes converti), ff. CCIX-CCX
See: Ne tardes converti ad dominum...Nam subito rapti miseros et in dementia mortis...

0964. Contempsisti nuper, fili, Pharaonem et superbi regis...(Introductory epistle) (Cap.1)
Ab hoc ergo monte necessarium est medicamenta suscipere...
Petrus Damianus, *De decalogo et decem Aegypti plagis* (Opusc.44)

Mss: Vaticana, Urb. lat. 503 f.216-221; Vat. lat. 4930 f.14-16 (Stegmüller RL 6600)
Printed: PL 145,685-694
See: Plagae autem factae sunt in Aegypto...

0965. **Contemptus opponitur appetitui...**
See: Humilitas est contemptus proprie excellentiae. contemptus opponitur...

0966. **Contigit in diocesi Norwycensi circa annum domini 1318...**
[Moral stories]
Ms: Oxford, Bodl. Greaves 54 f.85-102 (SC 3826)

0967. **Continet autem hic libellus, qui dicitur speculum dominarum...**
Durandus de Campania (Champagne) O.F.M., *Speculum dominarum*
Ms: Paris, BN lat. 6784 f.1-208 (Welter 192 seq.)

0968. **Contra blasphemum pro informacione fidelium. Quis...**
See: Quis est hic qui loquitur blasphemias...

0969. **Contra calumniosos fingitur talis fabula. Agnus et lupus sitientes...**
[Fables]
Ms: Paris, BN lat. 11412 f.106 seq.

0970. **Contra contemptum temporalium...**
[Treatise on contempt of temporalities]
Ms: Oxford, Lincoln 81 f.29 seq.

0971. **Contra Hypocritas B. volunt esse pauperes sine defectu...**
[Work against hypocrites]
Ms: Firenze, Laur. S. Croce Plut. XXV sin.5 f.188

0972. **Contra ignorantes, capitulum primum; Dominus in evangelio: Qui est ex Deo...**
[Treatise mainly on ten commandments]
Ms: Oxford, Univ. Coll. 60 f.285 seq.
See: Dominus in evangelio: Qui est ex Deo...

0973. **Contra ignorantes per prophetiam Dominus dicit...**
De decem mandatis
Ms: Cambridge, Univ. II.1.26 p.174-180

0974. **Contra ociosum, pigrum et somnolentum...Plus vigila semper...**
See: Plus vigila semper...

0975. **Contra peccatores et optime. Seneca: Inicium salutis peccati noticia...**
[Excerpts from Seneca, Bernard, Augustine, etc.]
Mss: Oxford, Magdalen 60 f.227 seq.; Vaticana, Regin. lat. 130 (missing) (?)

0976. **Contra primum preceptum peccant...**
[Excerpt *De superstitionibus* from Nicolaus de Dinkelsbühl *De decem praeceptis decalogi* 'Preter precepta legis...']
Ms: Selestat 28 f.266-271

0977. **Contra pudorem confitendi cogita quod nunc tua...**
Tractatus de confessione
Ms: Cambridge, Emmanuel I.4.4 f.34

0978. **Contra superbiam debent iniungi opera humilitatis...**
Robertus Grosseteste (?), *Iniuncciones contra vicia predicta* (may be part of another work)
Ms: London, BM Roy. 8 C.VII f.69

0979. **Contra temptaciones et molestias que...**
Contra iniquas temptationes
Ms: London, BM Harl. 3820 f.1-6

LIST OF INCIPITS

0980. **Contra tentationes seu scrupulosas cogitationes, que circa altitudinem fidei christiane**...(prol.)
See: Ex parte ergo prius regis nostri Iesu Christi...

0981. **Contraria iuxta seposita dicente Aristotele clarius se declarant...**
See: Ecce quam bonum...Contraria...

0982. **Contritio doleat, rubeat, fidat...**
[Short poem on contrition]
Ms: Paris, BN lat. 13468 f.130

0983. **Contritio est dolor pro** [or **de**] **peccatis** [or **propter peccata**]...
Thomas Gualensis, *De confessione*
Mss: Herzogenburg 39 f.51; München, Clm 28384 f.46-50; Worcester, Cath. F. 114 f.89-90

0984. **Contumelia proprie loquendo...**
Iohannes Gerson, *De contumelia et convicio*
Ms: Wien, Nat. Ser. n. 3886 f.187
Printed: *Opera omnia* (Antwerpiae 1706) II 481

0985. **Convertere ad dominum deum...**(Os. 14,2)...
Dionysius Carthusianus, *Speculum peccatoris* in *Opera Omnia*, vol. 39 or *Speculum conversionis peccatorum*
Ms: Utrecht, Univ. 236
See: Senior: Audi, fili mi, disciplinam...

0986. **Convertimini ad me...**(Ioel 2,12 or Zach.1,3). **Dicto de oracione...**
[Tractate on fasting]
Ms: Praha, Univ. XIII.D.17 (2309) f.144-147

0987. **Convertimini ad me...**(Ioel 2,12 or Zach.1,3). **In quibus verbis describibut... De penitentia igitur loqui volentes, tria de ipsa videre debemus... primo diffinitionem...**
De penitentia
Ms: Napoli, Naz. V.H.386 f.140-143

0988. **Convertimini ad me in toto corde vestro, in ieiunio...**(Ioel 2,12). **Non est mirum, fratres, si seruus rogat dominum...**
Guillelmus Parisiensis (Alvernus), *De confessione* or *Tractatus de confessione*
Mss: Avignon 38; Cambridge, Univ. Ee.2.29 (949) f.140-149; Chartres 377; Klosterneuburg 205 f.153-179 (here attributed to Iacobus de Vitriaco); Paris, BN lat. 8433 f.65; 14891 f.268; 15988 f.663-676; Praha, Metr. Kap. C.110 (Schulte II 530) (?); Praha, Univ. XII.C.10 (2138) f.153-161 (Iacobus Aconensis episc.); XIII.F.5 (2343) f.12-23; Vaticana, Regin. lat. 444 f.29-54; Wien, Schott. 311
Printed: Opera omnia (Aureliae-parisiis 1674) II Suppl. 238-247 (Ph. Funck, *Jakob von Vitry*, Beiträge zur Kulturgeschichte des Mittelalters und der Renaissance, 3 [Leipzig - Berlin 1909] p.78-80; P. Glorieux, *Le Tractatus novus de Poenitentia de Guillaume d'Auvergne*, in Miscellanea A. Janssen [Louvain 1948] 551-565)
Cf: Secunda tabula post naufragium...

0989. **Convertimini ad me in toto corde vestro.** (Ioel 2,12). **Nota quod quatuor requiruntur ad hoc quod peccator convertatur...**
Robertus Holcot, *Convertimini*
Mss: Cambridge, Jesus Q.G.6 (54) f.16; Cambridge, Univ. Ff.4.46 f. 31; London, BM add. 16170 f.80-160; Arund. 384 f.28-76; Cott. Vit. C.XIV f.124-157; Harl. 206 f.105; 5396 f.143-207; Royal 7.C.I f. 93-121; Sloane 1616 f.33-135; London, Univ. 657 p.1-74; Wrocław, Univ. I.F.55; I.F.56; I.F.57; I.F.58; (Ward & Herbert III 116 seq.; Welter 366n)

0990. Copia verborum est...
[Moral distichs]
Ms: Wien, Nat. 901

0991. Cor contritum et humiliatum Deus non spernit; secundum aliam litteram parisinam dicitur: Deus non despicies (Ps.50,19). **Ad particularia penitentie descendentes...**
Iohannes de Capistrano, O.F.M., *De contritione*
Ms: Napoli, Naz. VII.E.29 f.65-80 (A. Chiappini, *La produzione...* p.61)

0992. Cor non affectabat quod non oculi...
[Proverbs in verse]
Ms: Paris, BN lat. 6765 f.64

0993. Corde creditur ad iustitiam, ore autem confessio fit ad salutem (Rom. 10,10). **Verba sunt Apostoli...**
Iohannes Elen van Balen in Brabant (author given on table f.1 in later hand), *Libellus confessionis*
Ms: Bruxelles, BR 3016-22 (cat. 2226) f.2-19

0994. Corde creditur...(Rom.10,10). **Supple assequendam et hostes expugnandos...**
[Theological chapters on confession, etc.]
Ms: Oxford, Bodl. Laud misc 357 f.124

0995. Corde et corpore semper humilitatem ostendere defixis...In hoc opusculo cum illud...
S. Bernardus, *De gradibus humilitatis*
Mss: Brugge, Stadsbibl. 128; Cambridge, Corpus Christi 62 f.144; Evreux 38
See: Rogasti me, frater Godefride, ut ea...
In hoc opusculo cum illud...

0996. Corde recolitur ad iustitiam...Verba sunt Apostoli...
See: Corde creditur ad iustitiam...Verba sunt...

0997. Corde timere Deum sapientia prima videtur/ Mandatis que...
See: Surrexisse patent [or patet] viciorum viscera flammis/ Vrentes... (prol.)

0998. Corporalis exercitatio ad modicum est utilis...
De confessione
Ms: Paris, BN lat. 14886 f.250

0999. Corporalis igitur pulchritudo vana...
Bartholomaeus de S. Concordio Pisanus, O.P., *De documentis antiquorum*
Ms: Grenoble. 381 (818) etc.
See: Kaeppeli 438
Printed: Florence, 1840, ed. V. Nannucci
Prol: Sapientiam antiquorum exquiret... Quoniam, ut ait Cassiodorus...

1000. Corpus debilitat animam cum corpore foedat...
[Short poem on effects of lechery]
Ms: Paris, BN lat. 13468 f.129

1001. Corpus, opes, animam consortia...
[Short poem on lechery]
Ms: Paris, Mazarine 3875 (593)

1002. Correctio proximi, de qua dicit Matthaeus...
Iohannes Gerson, *De correctione proximi*
Ms: Wien, Nat. Ser. n. 3886 f.185-187
Printed: *Opera Omnia* (Antwerpiae 1706) II 480-1

1003. Corrige prudentem ipse diligit te...
[Proverbs in verse]
Ms: Trebon, Arch. A 6 f.130-131

1004. *Coruus desiderans ditari volpe reperta...*
Tractatus contra avariciam et intemperanciam
Ms: Cambridge, Corpus Christi 392 f.34-82

1005. *Cotidie fratres mei cadimus, cotidie Domino revelante resurgimus...*
Iohannes (?), *De confessione*
Ms: Cambridge, Corpus Christi 481 p. 561-566
Cf: Simpliciores et minus expertos...

1006. *Creatio rerum fuit ita mirabilis, quod eius notitia...*
Nicolaus de Hanapis, O.P. (Ps.-Bonaventura), *Liber de exemplis Sacre Scripture* or *Virtutum et vitiorum exempla* or *Exempla Sacre Scripture* or *Capitula exemplorum Biblie* or *Liber exemplorum Sacrae Scripturae* or *Biblia pauperum*
Mss: Auxerre 36; Brno, Univ. Mk 63 f.255-369; Basel, Univ. B.VIII.22; Brugge, Stadsbibl. 270; Cambrai 482 (450); 243 (233); Fermo, Com. 48 (4 Ca 1/48) f.1-97; Frankfurt am Main, Stadtbibl., Praed. 17 f.339-432; Fritzlar 93; Leipzig, Univ. 29 f.286-359; Lincoln, Cath. 49 (A.6.1); 229 (B.6.7); London, BM Addit. 36984 f.4 seq.; Roy. 2 F.VII; Madrid, Nac. 545; Montecassino 118; München, Clm 12705; 14571; Osek 35 f.157 seq.; Oxford Bodl. Bodl. 107 (SC 1959); Can. misc. 270; Oxford, Merton 68; Padova, Anton. 482; 496; 528; Paris, Mazarine 315 (683); 316 (1109); 317 (1110); 986 (122) f.166 seq.; Paris, BN lat. 16490; Praha, Univ. I.D.29 (169) f.190-267; VI.D.19 (1108) f.147-228; XII.F.7 (2193) f.66-233; Siena, Com. G.VII.24 (?); Tours 43; 44; Trier, Stadtbibl. 1915 (This work apparently exists in several recensions); Troyes 1714; Valencia, Cab. 176; Vaticano, Barb. 459; Regin. lat. 312 f.1-58; Rossiana IX,155; Vat. lat. 962; 963; Wien, Nat. 1589; 4570; Zwettl 232 f.2-68; 290 f.285-337 (Glorieux 305 dc; Welter 230 seq.; Little 47, 245; Stegmüller RB 5815; 6940,1; G. Meyer-M. Burckhardt, *Die mittelalt. HSS der Univ. Basel* 2 [1966] 37-38)
Printed: Lyons, 1559 (HLF 20 [1842] 71 seq.)
See: Tanta pollet...(prol. may not be by Hanapis)
Mirabiliter matus...Miracula divina potestate...
Cf: Uxori Manue...Factus est, ut offerret...

1007. *Creator rerum fuit ita mirabilis...*
See: Creatio rerum fuit ita mirabilis...

1008. *Creatura racionalis ad hoc condita est...*
Bernardus Claraevallensis (?) or Hugo de Sancto Victore (?), *De virtutibus et beatitudinibus*
Mss: Cambridge, Jesus Q.G.22 f.100; Cambridge, Peterhouse 119 (6) f. 1; Oxford, Bodl. Auct. D.5.5 (SC 27875); Paris, BN lat. 1727 f.52-55

1009. *Credimus unum Deum esse Patrem et Filium et Spiritum Sanctum. Patrem eo quod habeatf...*
Gennadius, *De ecclesiasticis dogmatibus*
Ms: Paris, BN lat 15692 f.160 seq.

1010. *Credo, Domine, adiuva incredulitatem meam* (Mc.9,23). *Michi, karissimi, consideranti et superficialiter...*
Iohannes Waldeby, O.E.S.A., *Expositio super symbolum fidei*
Mss: London, BM Roy. 7.E.II; 8 C.I; Oxford, Bodl. Laud. misc. 296; Oxford, Merton 68; Salisbury, Cath. 39; (A. Gwynn, *English Austin Friars* [London 1940] 115 n.2; Stegmüller RB 5049; Zumkeller MWA 620)
Pref. Letter: Cum in loco sacro Tynmowth...
See: Credo in Deum...Iste articulus repellit...

1011. *Credo in Deum...Iste articulus repellit tres errores...*
Pref.: Credo, Domine, adiuua...Michi, karissimi...

1012. **Credo remissionem peccatorum. Ad spiritum sanctum pertinet resmissio...**
Expositio Psalmorum penitentialium
Ms: Würzburg, Univ. M. ch. q. 158 f.238-265

1013. **Crevit in ecclesia monstrum monitore [or genitore]...**
De simonia (in hexameters)
Ms: Wien, Nat. 806; (Denis catalogue CCLXXIV, t. I col. 990)
Printed: *Varia doctorum piorumque virorum de corruptio ecclesiae statu poemata* (Augusta Vindelica, 1745) p.220

1014. **Crimen dissensus fuga tempus et ordo...**
[Moral verses]
Ms: Oxford, Bodl. Laud. misc. 707

1015. **Crimina capitalia sunt sacrilegium, homicidum...**
De criminibus capitalibus
Ms: Vaticana, Vat. lat. 689 f.96

1016. **Crimina ecclesiastica, quorum cognitio pertinet...**
See: Quoniam inter crimina ecclesiastica...Crimina ecclesiastica...

1017. **Criminalia peccata...**
Summa de confessione
Ms: Wien, Nat. 1747 f.119-126

1018. **Criminalia peccata et mortalia differunt inter se sicut...**
De peccatis criminalibus et venialibus et de remediis eorum (excerpts from *Speculum Sacerdotum*)
Ms: London, BM Harl. 106 f.39-40

1019. **Crisostomus. Penitencia est reparatrix...**
See: Penitenciam agite... Matth. 4. Crisostomus...

1020. **Cristus filius loquitur ad sponsam suam nouam sanctam brigittam...**
Onus mundi
Ms: Cambridge, Corpus Christi 521 f.1-43
Prol: Sapiencia Domini...

1021. **Cui caro, proximus ignis et intimus hostis...**
[Moral poems]
Ms: Tours 893

1022. **Cui homo securus vivit, cum sit moriturus...**
[Poem]
Ms: Paris, BN lat. 15135 f.11

1023. **Cui licet et qui vult uxorem...**
Walter Mapes, *Tractatus metricus de non ducenda uxore* (sic)
Ms: Erfurt, F 72 f.82-83

1024. **Cui peccare licet peccat minus ipsa potestas/ Semina...**
[Short poem]
(Walther PS 3891)
Printed: *Neues Archiv* XIII (1888) 359

1025. **Cuius exercitus...**
Libellus de conflictu vitiorum et virtutum
Ms: Praha, Univ. VII.G.9b (1356) f.109-117

1026. **Cuiuslibet ergo studium...**
See: Virtus medicina est corporis pariter et animae virtutesque...Cuiuslibet ergo...

1027. **Culparum fontes sunt fastus, livor et via...**
De septem viciis

LIST OF INCIPITS

[Short poem]
Mss: London, BM Harl. 956 f.27; Vaticana, Palat. lat. 719 f.24; (Walther IC 3539 a)

1028. **Cum ad amandum deum multa et mira incitamenta in sacra scriptura habeamus..**
Gerardus de Leodio, O. Cist., *Quinque incitamenta ad Deum amandum ardenter*
Mss: Bruxelles, BR 2475-81 f.72-94; Troyes 1890 f.197-226; Vaticana, Regin. lat. 71 f.43-62
Printed: A. Wilmart, *Analecta Reginensia*, Studi e Testi 59 (Citta del Vaticano 1933) 205-247 (A. Wilmart, *Revue d'Ascetique et de Mystique*, 12 [1931] 394-430)
See: Cum omnis anime rationalis summum bonum...

1029. **Cum ad audiendam confessionem alicuius...**
Modus et ordo interrogandi in confessione observandus
Ms: München, Clm 28673 f.86-90

1030. **Cum ad breviter elucidanda...**
Medulla dialogi de amicitia spirituali Based on Aelred's *De spiritali amicitia* (Hoste p.73)
Ms: Cambridge, Trinity Coll. R.14.40 (912) f.347-356

1031. **Cum ad iuventutis, immo tocius vite mee, postquam peccare scivi...**
Thomas De Berghstede,
[Meditation]
Ms: Oxford, Univ. Coll. 148 f.113 seq.

1032. **Cum ad sacerdotem pro peccatis confitendis peccator accesserit, dicat sacerdos: Dominus...**
Ps.-Iohannes Rigaldi, *Formula confessionis*. Similar to part of *Summa de casibus et interrogationibus* (see: Nota sex casus...)
Mss: Klagenfurt, Studienbibl. Pap. 76 f.118-199; London, BM Arundel 379 f.23-26; 379 f.23-26; 406 f.17-21; Sloane 1253 f.1-205; Paris, Mazarine 924; Paris, BN lat. 3665 A f.18-31; 3479 f.1-2; Praha, Univ. VIII.G.31; (1614) f.65-71; Toulouse 340; Trier, Stadtbibl. 691; Vaticana, Vat. lat.1161 f.41-45; Windsheim 62
Printed: A. Teetaert, in *Miscellanea historica in honorem Alberti de Meyer*...(Louvain and Brussels 1946) 651-76; Teetaert, 334; Michaud-Quantin 57 and Index

1033. **Cum Adam et Eva expulsi essent de paradiso...**
De Adam (?) et Eva
Ms: København, Ny kgl. S. 123 qu. f.47-49

1034. **Cum adhuc Arsenius esset in palatio..**
Coelestinus V, *De sententiis eremitarum*
Printed: Max. Bibl. Vet. Patrum (Lugduni 1677) t. XXV p.802-813

1035. **Cum adhuc puer essem in scolis...**(prol.)
See: Ecce ego et tu...

1036. **Cum aliquis petit suam confessionem audiri, quem antea nunquam...**
See: Simpliciores et minus expertos confessores...

1037. **Cum aliquis venit ad sacerdotem...**
See: Videndum est quod sacerdos debeat...

1038. **Cum almus Christi confessor beatus Franciscus a summo magistro Iesu Christo...** (prol.)
Iohannes Gallensis (?), *Moniloquium* (Little, 49), or *Summa de vitiis et virtutibus* or *Communiloquium or Collectiloquium de vitiis, virtutibus et poenis [et praemiis]* or *Tractatus de arte praedicandi* or *De quotuor praedicandis*

Mss: Berlin, Theol fol. 147 (Rose 448) f.1-127; Cambridge, Peterhouse 200; Falaise 38 f.468-723; Firenze, Naz. Conv. Soppr. F.VIII.1225 f.1-62; J.VI.1; Herzogenburg 16 f.1-101; Leipzig, Univ. 499 f.134 seq.; Paris, Arsenal 529; Paris, BN lat. 3241; 3243; 3935; 6776; 17834; (Glorieux 3221; Doucet, 552; Hauréau I, 206-7) Prol. (possibly not by Iohannes Gallensis) Ad maiorem distinctionem... Chap.1: De primo notandum quod describimus...
See: Ad maiorem distinctionem...

1039. **Cum angelum per peccatum cecidisse...constet...**
Ms: München, Clm 2598

1040. **Cum anima de se dubitare non possit...**
See: Prima distinctio agit...

1041. **Cum anima vivit in corpore vivit homo secundum carnem...**
De arte moriendi
Ms: Oxford, Univ. Coll. 4

1042. **Cum animaduerterem...Expositio istius textus talis esse dinoscitur. Cum animaduerterem; id est cum in animo meo considerarem...**
Philippus de Bergamo, Speculum regiminis
See: Omnia quecumque facitis...Doctor egregius Augustinus...

1043. **Cum animaduerterem... [animaduerterem] id est vertendo in animo meo perciperem id est sepe considerem...**
Glossa in Catonem
See: Summi Deus largitor premii, via constans...

1044. **Cum animaduerterem in ciuitate Iustinopolim, ubi Venetorum existit sollempne dominium, vos dominum Patrum Contarini...**(Prol.)
(Text) Non sic misericordia miserum ut rhetorica efficit rhetorem...
Bonromeus Bosacomatrius Bononiensis, O.P., Liber de quattuor virtutibus ad Petrum Contarini Venetum
Kaeppeli 700

1045. **Cum animaduerterem...Iste liber distinguitur [diuiditur] in quatuor distinctiones...**
Robertus de Evromodio,
[Commentary on Cato's Disticha]
Mss: Paris, BN lat. 8246 f.85 seq.; Vaticana, Vat. lat. 1479 f. 9 seq.
See: Generose indolis adolescentulo...

1046. **Cum animaduerterem...Materia istius libri sunt quatuor cardinales virtutes...**
Robertus Grosseteste (?),
[Commentary on Cato's Disticha]
Ms: London, BM Roy. 15 A.VII f.16

1047. **Cum animaduerterem...Pro quando ego Cato in animo considerarem...**
Robertus de Evromodio, Glossa in Catonem
See: Generose indolis adolescentulo...

1048. **Cum animaduerterem quam plurimos homines graviter errare in via morum... Si Deus est animus, nobis ut carmina dicunt...**
Cato, Disticha Cato rythmicus
Ms: Wien, Nat. 883 etc.
Printed: M. Boas (Amsterdam 1952)
See: Si Deus est animus, nobis ut...
Cf: Cum Cato animaduerterem...

1049. **Cum animaduerterem quam plurimos presbiteros parochiales grauiter errare...** (prol.)
See: In primis oportebit te confessorem considerare...(chap.1)

1050. ***Cum animaduerterem...Quia presens opus speculum regiminis quo ad utriusque reformationem necnon et virtutum apprehensionem intitulari...***
Philippus de Bergamo, *Speculum regiminis*
See: Omne quodcumque facitis... Doctor egregius Augustinus...Omnia quecumque facitis...Doctor egregius Augustinus...

1051. ***Cum ars artium sit regimen animarum, Extra. De etate et qualitate 'Cum sit' et inter humana exercita tanto sit periculosius si eo quis...***
Bartholomaeus de Chaymis or de Mediolano, O.F.M., *Interrogatorium* or *Confessionale*
Ms: Oxford, Bodl. Can. misc. 108 (Teetaert, in DCC 2. 207-11; Schulte II 453)
Printed: GW 6540-51; (Goff B-153-164)
Cf: Cum sit ars artium regimen animarum...

1052. ***Cum arte naturalis...*(variant)**
See: Cum in arte naturalis...

1053. ***Cum autem presbyteri...***
[Moral tractate]
Ms: Fritzlar 25 f.155-162

1054. ***Cum autem summa christiane religionis in fide et bonis operibus...*(text 1)**
See: Qui bene presunt presbyteri...(prol.)

1055. ***Cum autem ut premittitur de sacramentis tractaturi simus...***
See: Immensus ac ineffabilis celestis medicorum medicus...

1056. ***Cum bene pugnaris, cum cuncta sub acta putaris...***
[Poem on pride]
Ms: Paris, Mazarine 3875 (593)
Printed: L. Hervieux, Eudes de Cheriton,*Les Fabulistes latins* IV (Paris 1896) 350

1057. ***Cum bucella datur tunc mors o Iuda paratur...***
Ms: Roma, Vallicelliana F 26 f.93

1058. ***Cum caro pinguescit, carnis temptacio crescit...***
Distinctiones theologicae
Ms: Lamballe 7 f.9 seq.

1059. ***Cum Cato animadverterem vidi quam plurimos homines*** [and ***graviter***] ***errare in via...***
[Commentary on Cato's *Disticha moralia*]
Mss: Montecassino 227; München, Clm 7740; Paris, BN lat. 8320
Cf: Cum animadverterem quam plurimos...
Cum animadverterem...Materia istius...(commentaries)

1060. ***Cum cenaret Antonius Luscus...*(variant)**
See: Cum diebus estiuis Anthonius...

1061. ***Cum Christiani dicant Deum agere bonum...***
See: Deus vestra bonitate. Incipit liber...Cum Christiani...

1062. ***Cum circa confessiones...*(variant)**
See: Quoniam circa confessiones animarum pericula...

1063. ***Cum circa duo potissime versetur officium sacerdotis, sicut diffuse traditum est per doctores...*(Prol.) *Cap.1: Eorum que sacerdos scire tenetur, aliqua sunt credenda...***
Cap.2: Sequitur modo de illis que sunt adimplenda viriliter, cuiusmodi sunt decem mandata decalogi... Cap.7: Nunc autem circa petitiones sciendum quod licet Deus sit promptior ad dandum quam nos ad percipiendum, vult tamen Deus a nobis orari...
Ranulphus Higden, *Speculum curatorum*

Mss: Cambridge, Univ. Mm.I.20 f.216 seq.; Durham, Cath. B.IV.25 f.113-5 (frag.); B.IV.36; London, BM Harl. 1004; Oxford, Balliol 77 f.3-110
See: Sequitur modo de illis que sunt adimplenda viriliter...

1064. Cum circa propriam vitam multi sunt negligentes...
Iohannes Nider, *Dispositoriam moriendi* or *De arte moriendi*
Mss: Cambrai 343 (325); München, Clm 3331 f.110 seq.; Würzburg, Univ. M. ch. qu. 140 f.166-175 (Rudolf 83 n.3)

1065. Cum circa utilia studere debeamus...
Summa moralis de virtutibus
Ms: London, BM Egerton 273

1066. Cum circa utilia studere debeamus exemplo Salomonis...(prol. to *De virtutibus* of Guillelmus Peraldus)
See: Si separaveris pretiosum a vili...

1067. Cum cognitio et desiderium finis...
Iacobus de Jüterbog, *De perfectione religiosorum* or *De religionis perfectione* (Meier p.21-22n.15)

1068. Cum collectionis huius que potest dici summa collectionum sint septem partes ad maiorem evidentiam processus...Prima distinctio est de republica... (introductory table)
See: Cum doctor sive predicator evangelicus...

1069. Cum confessio sit necessaria ad anime salutem...
[On confession]
Ms: Budapest, Orsz. Szech. Kön. 392 f.9-12

1070. Cum confessor idoneus habeat tanquam iudex in foro consciencie peccatorum differentias discerne...
Iohannes de Düren, O.F.M. (?), *De septem vitiis capitalibus* (drawn mainly from the works of Thomas de Aquino and Iohannes de Saxonia)
Ms: Amiens 481 ff.103-153; Cues 49 f.60-71

1071. Cum constitueretur Ioseph...
See: Abbas. Cum constitueretur Ioseph...

1072. Cum cuilibet peccatori confessio peccatorum sit necessaria...
[Work on confession]
Ms: Paris, BN lat. 15108 f.186 seq.

1073. Cum de hujus exilii mortis miseria...
De arte moriendi
Ms: München, Clm 7828
Cf: Cum de presentis exilii miseria...

1074. Cum de malo quaeritur et quid sit malum non recte...
De malo
Ms: Paris, BN lat. 15172 f.20

1075. Cum de penitentia tractare proposuimus, primo videndum est quid sit penitentia...
Liber penitentialis
Ms: Paris, Arsenal 769 f.46 seq.

1076. Cum de presentis exilii miseria mortis transitus propter moriendi imperitiam... Cum omnium terribilium mors corporis sit terribilissima, sicut Philosophus ait...
Nicolaus de Dinkelsbühl (?) (also attributed to Dominicus a Capranica, Eberhardus Mardach, Henricus de Langenstein, Iohannes Gerson, Iohannes Nider, etc...Cf. Madre 293-294)., *Libellus (Speculum) de arte moriendi* or *Ars bene moriendi* or *De scientia bene moriendi*

Mss: Boulogne 97; 98; Cambrai 276 (266); 343 (325); 1431 (139); Frankfurt am Main, Stadtbibl. Praed. 77 f.258-264; Grenoble 406 (863); København, Gl. kgl. S.3395 oct. f.6-41; Ny. kgl. S.123 qu. f.67-69; Köln, Stadtarch. IX, I.300 f.35-90; London, Sion Coll. Arc. L.40.2/LII f.1-68; Lüneburg, Ratsbücherei 2 77 f.35-42; Mainz, Stadtbibl. I.81 a f.261-265; I. 170 f.184-195; Metz 152; München, Clm 2764; 3417; 3584; 3591; 5607; München, Univ. Fol. 678 f.109-117; Inc. 342 f.36-42; Napoli, Naz. V.H.274 f. 198-204; Oxford, Corpus Christi 226; Oxford, Magdalen 304; Oxford, Merton 204; Paris, Arsenal 954; Paris, Mazarine 970 (1116 A); Paris, BN lat. 3613 f.198 seq.; 10711; 18204 f.191 seq.; Sankt Gallen 917; Tübingen, Wilhelmsstift Gb 204 f.166-177 (Madre 292-295; Rudolf 75-82; Kaeppeli 965; M. O'Connor, *The Art of Dying Well* [New York, 1942])
Printed: GW 592; 592a; 2597-2614; Goff A-1090 to A-1100.

1077. **Cum de septem peccatis quae vulgo mortalia...**
Ms: Oxford, Magdalen 10 f. 177 seq.; (Little, *Initia* 51)
Cf: Quid sit peccatum...

1078. **Cum debeamus apes imitari...**
See: Cum ex vita honesta gentilium...

1079. **Cum declinent homines...**
[Against avarice of the clergy]
Ms: London, BM Harl. 978 f.87

1080. **Cum diabolus viderit unum hominum ex mille...**
De tribulacione
Ms: London, BM Sloane 988 f.16-18

1081. **Cum die qua a fidelium ecclesia festum religiosa frequentia celebratur...**
Laurentius Pisanus, *Dialogi humilitatis*
Ms: Vaticana, Vat. lat. 961
Prol: Quando mihi ingenii singularitatem, beatissime pater Nicolae...

1082. **Cum die quadam corporali manum labore occupatus de spiritali hominis exercitio cogitare cepissem...**(Cap.1)
Guigo II, Carth. O. (Ps. Bernardus; Augustinus), *Scala claustralium*
Mss: See Sources Chretiennes n. 163 p.15-18. Add: Praha, Univ. V.F.22 (944) f.147-150; XIV.D.23 (2541) f.28-31
Printed: PL 40, 977-1004; 184, 475-484; E.Colledge - J.Walsh, *Lettre sur la vie contemplative (L'echelle des moines)* (Sources Chretiennes 163, Paris 1970) 81-123
Prol: Dilecto suo fratri Gervasio frater Guigo: delectari in Domino. Amare te frater...

1083. **Cum diebus estiuis Anthonius** [or **cenaret Antonius**]...
Poggius Bracciolinus, *Liber de avaritia* or *Dialogus contra avaritiam ad Franciscum Barbarum* or *In avaritiam*
Mss: Cambridge, Univ Ff.5.12 f.108; London, BM Harl. 1883 f.193-209; 3716 f.25-47; Schlägl 232 f.1-21; Vaticana, Urb. lat. 224 f.54 seq.
Pref. letter: Quoniam plures mortalium sui Francisce...

1084. **Cum dies mortis venerit/ Cum mors urgere coepit...**
Hildebertus Cenomanensis(?), *Lamentatio peccatricis animae*
Ms: Tours 1044
Printed: PL 171, 1339 seq.

1085. **Cum diversitate doctorum et amplitudine scripturarum sed ante culpa...**
Dicta de arbore quae dicitur imago hominis
Printed: Esslingen 1476 (GW 8318; Goff D-183)

1086. **Cum doctor sive predicator evangelicus sapientibus et insipientibus debitor sit...**(Prol.)
Et quoniam respublica ut est dictum, est velut quoddam corpus compaginatum...
(Pars I, dist.1, cap.1)
> Iohannes Gallensis or Wallensis, O.F.M., *Summa collationum (collectionum) sive Communiloquium (de regimine vitae humanae)*
> Mss: See Glorieux 322 a and Doucet 551. Add: Cambridge, Pembroke 229 f.3-18; Cambridge, Peterhouse 237; Douai 451; Dublin, Trinity 331 (307a); Evreux 11; Firenze, Naz. Conv. Soppr. B.III.1283; J.VI.1; Gdansk 2045; Graz 74 f.1-109; 592; 667 f.147-300; Groningen 15; Herzogenburg 51 f.1-148; Leipzig, Univ. 499; London, BM Add. 14082; Harl. 632; 3768; Roy. 6 B.XI f.155-227; Madrid, Nac. 1470 f.1-201; München, Clm 3821; Napoli, Branc. I.F.7 f.109-205; Nürnberg, Cent. IV,74; Oxford, Balliol 274 f.2-130; Oxford, Lincoln 67; Pavia 121; Paris, Arsenal 537; Praha, Univ. V.B.4 (821) f.1-137; Roma, Casan. 16 f.33-306; Schlägl 68 f.1-132; Valencia, Cab. 135; Vaticana, Urb. lat. 510 f.25 seq.; Wien, Nat. 4965; Worcester, Cath. F.114. (HLF 180 seq.; Gable in ZKG 31[1910] 523-555; *Collectanea Franciscana* 13[1943] 50; *Estudis Franciscans* 45[1933] 355; Welter 233-236)
> Printed: Goff J.328...333; Paris 1518
> See: (Intro. Table) Cum collectionis huius que potest dici... Et quoniam res publica... De primo notandum quod res publica est res populi. Populus autem est cetus...Ubi notandum quod respublica est res populi...

1087. **Cum ecclesia utilia...**
De virtutibus
Ms: Assisi, Com. 587 f.112-261

1088. **Cum ecclesie quibus preficiuntur persone minus idonee...**(Pars I)
Pars II dextra: Multi sunt sacerdotes et pauci sunt sacerdotes... Pars III sinistra: Ignorantia sacerdotum populum decipit...
> Guillelmus de Pagula (or Pagham), *Oculus sacerdotis* (also an anonymous *Pupilla oculi* in the Corpus Christi MS below, not to be confused with Iohannes Burgensis' *Pupilla oculi* ['Ut dicit magister']. Both works entitled *Pupilla oculi* are based on Pagula's work.)
> Mss: Berkeley, Univ. of Calif. Law School Lib.14 f.1-89; Bramshill House, Hants 14; Bruxelles, BR 1908-9 f.49-136; Cambridge, Caius 62 f.191 seq.; 87 f.17-50; 352 p.1-19; 443 f.1-54; 487 f.118-135; Cambridge, Pembroke 248 f.1-138; 281 f.2-192 (inc.); Cambridge, St. John's B.14 (36) f.1-28; D.18 (93) f.1-116; E.5 (108) f.1-61; Cambridge, Trinity 398 f.1-140; Cambridge, Univ. Gg.1.13 f.1-60; Gg.4 f.39-158; Ii.2.7 f.7-143; Gg.6.12 f.1-59; Mm.5.33 f.9-39; Canterbury, Dean & Chapter Lib. D8 f.101-210; D9 f.1-88; Columbus, Latin 1 f.1-104; Edinburgh, Nat. Lib. of Scotland, 18.3.6; Hartfield House 290; Köln, Stadtarch., Gb (f) 148 f.4-118; Leicester Museum WH 10 f.1-75; Lincoln, Cath.213 (B.5.11); London, BM Egerton 655 f.1-24; BM Harl. 233 f.128-152; 1307 f.1; 5201 f.43 (part I only); 5444 no.3 (frag.) BM Roy. 6e.I; 8b.XV; 8c.II; 8e.VII; London, Lambeth 216; Manchester, John Rylands Library 339 f.1-39,41-146; München, Stadtb. Clm 16173; 22353; 22375; Oxford, Bodl. Bodl. 828 f. 1 (SC 2695); Hatton 11 f.106-185; Holkham misc. 21 f.148; Rawl. A.361; C.565 f.35-62; Oxford, Balliol 83 f.3-87; Oxford, Corpus Christi 145 f.121 seq.; Oxford, Jesus 27; Oxford, New Coll. 292 f.2 seq.; Oxford, Trinity 18 f.6 seq.; Oxford, Univ. Coll. 122 (incompl.); Philadelphia, Univ. of Pennsylvania Lat.33 f.1-91; Vaticana, Ottob. lat. 401 f.6-255; Worcester, Cath. Q.92 (Boyle, *Transactions of the Royal Hist. Soc.* 5 [1955] 81-110, esp. 109f.)
> See: Ignorantia sacerdotum populum decipit... Multi sunt sacerdotes... Primo determinandum ad dicendum, quis confitetur. Omnis utriusque...

1089. Cum effrenatam et numerosam...
   Iacobus de Jüterbog, *De bono morali et remediis contra peccata*
   Mss: Trier, Stadtbibl. 1913; 1924;

1090. Cum ego Cato animadverterem...(variant)
   See: Cum Cato animadverterem...

1091. Cum enim debeamus apes imitari quo flores ad mel faciendum...
   See: Cum ex vita honesta gentilium...

1092. Cum enim multa in humane fragillitatis condicione...
   Quinque consideranda quae dant homini maximum dolorem
   Ms: Cambridge, Corpus Christi 137 f.119

1093. Cum enim sacratissima confessio sit celestis medicina...
   [Tractate on confession]
   Ms: Vaticana, Vat. lat. 1258 f.151 seq.

1094. Cum essem adhuc puer...Constat mihi Tullium verae amicitiae ignorasse virtutum...
   Ps.-Augustinus, *De amicitia* (based on Aelredus *De spiritali amicitia*)
   Printed: PL 40, 831-844; Hoste 70 seq.

1095. Cum essem paruulus...
   De humana miseria
   Ms: Oxford, Bodl Bodl. 496 f.238 (SC 2159)

1096. Cum evolvo toto corde/ In qua mundus iacet sorde...
   De mundi vanitate fugienda
   Ms: Würzburg, Univ. M. ch. q.140 f.96-98

1097. Cum ex debito...
   See: Colligite fragmenta...Cum ex debito...

1098. Cum ex vita honesta gentilium et ex operibus virtuosis eorum...
   Iohannes Gallensis O.F.M., *Compendiloquium de vitis illustrium philosophorum et de dictis moralibus eorumdem* or *Breviloquium de vita et moribus philosophorum* or *Compendium de vita philosophorum* or *Floriloquium* or *Liber de illustrium philosophorum*
   Mss: See Glorieux 322 c; Doucet 551. Add: Cambridge, Corpus Christi 307 f.1; Napoli Naz. Brancacciana I.F.7 f. 69-105; Wien, Nat. 4412 f.1-80.
   Tab. Pref.: Cum enim debeamus apes imitari que flores ad mel faciendum...

1099. Cum excommunicatis non est loquendum...
   Compendium moralitatum
   Ms: Herzogenburg 25 f.143-210

1100. Cum exemplo beati Pauli apostoli ad Romanos primo capitulo doctor sive predicator...(prol.)
   See: Cum doctor sive predicator evangelicus...

1101. Cum expulsi fuissent Adam et Eua de paradiso...
   Liber de poenitentia Adae or *Vita Adae et Evae expulsorum de paradiso* or *Poenitentiale Adae*
   Mss: Dresden A 182; München, Clm 9022; Namur, Mus. Arch. Ville 162 f.128-131; Paris, BN lat. 590 f.163-169; 5327 (abridgement); Praha, Univ. XI.C.8 (2132) f.206-209; Schlägl 198 f.1-4; Wien, Nat. 1628; 1629
   Printed: Meyer, *Abhandl. Akad. Munich* 14.3 (1878) 187-250
   Cf: Adam et Eva cum expulsi... (variant version) Post peccatum Ade expulso...(variant version)

1102. Cum faex, cum fimus, cum res vilissima simus...
   [Short poem on Superbia]

Mss: Paris, Mazarine 3875 f.13; Paris, BN lat. 18522 f.156; (Walther IC 3609)

1103. **Cum fidelissimam illam saluberrimamque...**
[On faith, four last things, confession, etc.]
Ms: Wien, Nat. 4946

1104. **Cum frequenter homines ociosi diversis temptacionibus...**
Bonaventura (?), *Liber consciencie*
Ms: Bruxelles, BR 1291-1311 (cat.1623) f.44-95

1105. **Cum genus humarum a fuga diaboli...**
Sententiae
Ms: Chalons-sur-Marne 11

1106. **Cum haec sit maior ars praedicationis...**
Raymundus Lullus, *Ars maior praedicationis*
Mss: München, Clm 10495; 10564; 10576; 10587; Palma, Bibl. provinc. 31; 52; 77; 36; Paris, BN lat. 15450 f.495; (Glorieux) 335gd Wadding, 200)
See: Cum sit valde...Cum omnis homo teneatur... Cum Spiritus sanctus sit diuina persona...

1107. **Cum hesterno die sacrorum eloquiorum codicem...**(prol.)
See: Nemo est ut opinor qui non satis audierit et mente teneat...

1108. **Cum hiis diebus apud me ipsum revolverem...**
Thomas de Haselbach, *Tractatus septem viciorum* or *De septem vitiis capitalibus*
Mss: Wien, Nat. 4886 f.77-184; Wien, Schott. 268 (A. Lhostsky, *Thomas Ebendorfer* [Stuttgart 1957] p.82 n.95)

1109. **Cum homo Dei gratia praeventus...**
See: Propheta in persona Domini loquitur: Attendi...Cum homo...

1110. **Cum humana fragilitas prona sit ad cadendum...**(Prol.)*De studio sacerdotum in populis. Studeant omnibus innotescere...* (Cap.1)
Abbreviatio Poenitentialis Bartholomaei Exoniensis
Ms: Cambrai 253 (243)
Cf. Nunquam nimis docetur...

1111. **Cum iam per opacam nature siluam flores...**
See: In principio creauit... Deus in mundi creatione...

1112. **Cum igitur de plurimis virtutibus te desiderem ammonere...**(chap.1)
Mss: København, Gl. kgl.S. 3386 oct. f.186-241; Oxford, Bodl. th. e. 37 f.73-98
Cf: Scio vere multum esse... Tue non immemor pie petitionis...(prol.)

1113. **Cum igitur hoc nostrum...**
Iannotius Manetti, *De dignitate et excellentia hominis*
Mss: London, BM Harl. 2593; 2523
Prol: Vetus quedam serenissime...

1114. **Cum igitur meditatio vel contemplatio multum versetur...**(main?)
Ludovicus de Tzyma, *Compendium theologie*
Mss: Gniezno, Kap. 38 (?) f.1-91; Hamburg, Univ. S. Petri 50 & 20
Prol: Desiderio meo volens satisfacere cum tempus...

1115. **Cum igitur mentis...**
Iohannes de Indagine, *Tractatus de diversis gravaminibus religiosorum* (c. 1460) (Auer 286-87)

1116. **Cum igitur penitens accesserit ad sacerdotem quisquis frater iubeat eum sacerdos flexo poplice...**
Ordo poenitentiae or *Canones poenitentiales*
Ms: Oxford, New Coll. 96 f.147 seq.

1117. **Cum igitur penitentia sit aut deflere et deflenda non...**
    De penitentia
    Ms: London, BM Harl. 5234 f.86-87

1118. **Cum igitur prelatus aliquis ordinis nostri iudicium habens et regimen animarum...**
    See: In principio narrationis nostre illius gratiam et adiutorium imploro qui est principium omnis gratie...

1119. **Cum igitur vivimus et sani sumus ad penitentiam...**
    Adhortatio ad confessionem
    Ms: Cambridge, Corpus Christi 263

1120. **Cum ignorantia sacerdotum populum decipiat et multoties...**(prol.)
    See: Utrum de necessitate salutis...

1121. **Cum illius non sim auctoritatis quod meis scriptis fides...**(prol. of glossator)
    See: Subiectiuam tabulam fragilitatis...

1122. **Cum immundus spiritus exierit ab homine ambulat per loca...**(Luc. 11,24)...
    [Tractate on the seven sins]
    Ms: München, Clm 9528

1123. **Cum imperitorum ignorantia multis sit casus et ruina...**
    [Work on the Seven Deadly Sins and on the Ten Commandments]
    Ms: Köln, Stadtarchiv. GB 4 111 f.82-100

1124. **Cum in anno gratie Domini milleno...**
    Petrus, De statibus mundi
    Ms: Le Mans 164 f.1-42; Rev. Hist., 1892,284

1125. **Cum in arte naturalis medicine ad completam curationem corporum...**(prol.) Cap.1: **Sacerdos igitur sedens ad confessiones audiendas...**
    Tractatus compendiosus de modo audiendi confessiones or Speculum confessariorum or Informatorius or Forma et modus confessionis et absolucionis or Tractatus de confessione or Directorium simplicium sacerdotum or De confessionibus audiendis or Instructio confessariorum
    Mss: Bruxelles, BR 2434-52 (cat.2079) f.107-134; 20054-71 (cat.2237) f. 2-28; München, Clm 9635; Napoli, Naz. VI.F.15 f.51-52 (incompl.); Oxford, Bodl. Lat. th. e. 18 f.69-118; Paris, Mazarine 991 (1039); Praha, Metr. Kap. N.42; Salzburg, St. Peter C. XI. 10 (20) f.165-189; Trier, Stadtbibl. 202; 629; 724; Troyes 1756; Vaticana, Palat. lat. 719; Wien, Nat. 3973; (Schulte II 530; Michaud-Quantin 85 and Index)

1126. **Cum in dicendo multi errant...**(variant)
    See: Quoniam in dicendo multi errant...

1127. **Cum in libello de exemplis...**(variant)
    See: Quoniam in libello...

1128. **Cum in loco sacro Tynmowth, ubi regis martiris Oswyn sunt ossa venerabiliter translata vos ex more visitarem...**(pref. letter)
    Pref: Credo, Domine, adiuua...Michi karissimi...

1129. **Cum in monasteriis et maxime...**
    De caritate fraterna
    (Diaz 512)

1130. **Cum in nobis sit quidam defectus...**
    De septem viciis et eorum remediis
    Ms: München, Clm 28423 f.1-9

1131. **Cum in numero ternario...**
    Iohannes de Heisterbach,
    (Michaud-Quantin Index)

1132. ***Cum in omni hominum genere virtus amanda et magni facienda est, tum in principibus, et supremae fortunae viris est vel maxime veneranda...***
    See: Vereor ne adventu meo per turbam...

1133. ***Cum in omnibus religiosae tuae voluntati velim...*(Prol.) (Cap.1) Ad videndum igitur qualiter Deus hominem assumpsit de generis humani massa peccatrice...***
    Anselmus Cantuariensis, Episcopus, *De conceptu virginali et peccato originali*
    Mss: Bruxelles, BR 708-19 (cat. 1391) f.233-239; 12014-41 (cat. 1387) f.231-236; Erlangen, Univ. 216 f.48-68
    Printed: PL 158,431-464; *Opera omnia* II (Romae 1940) 135-173

1134. ***Cum in principio cujuslibet libri sollicitari soleat lector...***
    Ad Quid Venisti
    Ms: Pavia 12

1135. ***Cum in sacramentorum collatione...***
    [Manual for clergy]
    Ms: Burgo de Osma, Cath. 116

1136. ***Cum inter omnes religiones, christiana religio est excellentissima quia sine ea impossibile esset aliquem salvari ut dicitur in evangelio Iohannis...***
    Thomas Hibernicus, *De tribus punctis*
    Ms: Darmstadt 2653 f.147-158
    See: Religio munda et immaculata apud deum, hec...

1137. ***Cum inter sapientiales, spiritualesque scientias quae divinae***
    Guillelmus Alverniensis, *De Sacramento Poenitentiae* (part of *De Sacramento*
    Printed: Guillelmus Pariensis, *Opera I*, 407 ff. (Paris 1674)

1138. ***Cum intrasset Iesus Ierosolimam,...In hoc euangelio agitur de quadam processione...***
    Aldobrandinus de Tuscanella, O.P., *Scala fidei* (Sermones quadragesimales - rec. prior)
    See: Funiculus triplex...Funiculus iste...(rec. posterior)

1139. ***Cum labilis sit humana memoria...*(prol.)**
    See: Abyssus. Dubitacionis prologus...

1140. ***Cum malum non posit vitari...*(pt. II)**
    See: De virtutibus per modum distinguendi utiliora...

1141. ***Cum manifestum sit mundum in maligno positum...***
    Conradus Hirsaugiensis or Peregrinus Minor, *De contemptu et amore mundi*; or *Matricularius*
    Mss: Köln, Staatsarchiv. G. B. 4 206; Oxford, Bodl. Laud. misc. 377 f.3-31 (Trithemius 384; Little p.55; R. Bultot in *RTAM* 30[1963] 148 -154)

1142. ***Cum maxime praedicatoris officium sit et prosperis...***
    De prosperitate adversitatis
    Ms: Douai 690

1143. ***Cum mecum ipse diu hesitarem inter tot et veterum et recentium diuersas,...***
    Ludovicus Lazarellus, *Dialogus de summa hominis dignitate ad Ferdinandum Aragonis Siciliae Regem* or *Crater Hermetis*
    Mss: Fermo, Com. 50 (4CA 150) f.11-44; Milano, Ambros. O.389 inf.; Napoli, Naz. XIII AA.34
    Printed: in J. Lefevre d'Etaples, *Pimander Mercurii Trismegisti...* (Parisiis 1505)

1144. ***Cum mihi sint uni, si quae bona terra polusque/ Habet, quid hoc dementiae est...***
    Erasmus, *Contestatio saluatoris ad hominem sua culpa pereuntem* (Poems ed. C. Reedijk [Leiden, 1956] p. 255 seq.)

1145. *Cum miserationes domini sint super omnia opera eius* (Ps.144,9). *Misericordiam tamen suam super homines amplius extendit... De penitentia igitur dicturi subtilitates et inquisitiones theoricas pretermittimus...*
Thomas de Chabham (Chobham), *Summa de penitentia*
Mss: Admont 163 f.2-107; Alba Julia II-79 f.133-185; Basel, Univ B.X.1 f.1-99; Brno, Univ. A 47 f.1-102; Mk 21 f.106 seq.; Budapest, Eg.Kön 40 f.73 (fragm.); 108 f.4-124; Ceske Budejovice XII.5; Gniezno, Kap. 60; Graz 229; 525; 541; 589; 625; Graz, Zentralbibl, der Wiener Franziskaner Provinz s.n. f.68-124; Heiligenkreuz 107 f.145-221; Klosterneuburg 788; Leiden, Univ. D'Ablaing 23 f.1-164; Lilienfeld 118; London, Dr. Williams' Library Anc 3 f.1-129 (imperf. at beg.); Maria Saal 11 f.1-83; Meijers 5 f. 1-80 (fragm.); Olomouc, Co 421; Schlägl 139; 212; Vyssi Brod 118; Windsheim 112; Wrocław, Univ. I.Q.383; Würzburg, Univ. M. ch. f.243; Zwettl 54 f.2-84; 222 f.3-108.
(Present state of research in P.C.Boeren, *Catalogue des MSS des Collections D'Ablaing*...[Lugduni Batavorum-Leiden 1970] 87-89; 187-188)
Ed. Thomae de Chobham Summa confessorum, ed. F. Broomfield, Louvain, Nauwelaerts, Paris, Beatrice-Nauwelaerts,) 1968 (Anal. ned. Namurc. 25) pp. 583-595.
Cf. Numquam desinat dolere...

1146. *Cum mortalium mutabilis mens vel bonis aliquando vel malis intentionibus delectetur...*
Ps.-Augustinus, *De sobrietate et castitate*
Printed: PL 40, 1105-1112

1147. *Cum multa divinitus a maioribus nostris inventa atque instituta sunt...*
Zacharias Lilius, *De miseria hominis et contemptu mundi* or *De miseria et fugacitate vitae humanae*
Printed: Hain 10103; Goff L-221

1148. *Cum multa et innumerabilia sint in anima...*
De septem peccatis
Ms: Cambridge, Emmanuel I.4.4 f.81

1149. *Cum multa sint vitiorum genera...*
De humilitate
Ms: Oxford, Bodl. Laud. misc. 487

1150. *Cum multis ac variis animi morbis subditam esse...*(pref. to Franciscus Aretinus)
See: Vir nostre doctissimus etatis...

1151. *Cum multis sapientia...*
See: Sapiencia edificauit sibi...Cum multis sapientia...

1152. *Cum mundus diversis olim prudentum...*
See: Reverendissimo Patri et domino Hermengaldo...Cum mundus diversis olim... Quoniam iusto aristotelicae auctoritatis praeconium

1153. *Cum nec infans...*
See: Si dixerimus quod peccatum...Cum nec

1154. *Cum nihil sit vita presens superne felicitati comparata ad quam sedulo suspiramus: non satis...*
Iohannes Trithemius, *De vanitate et miseria humanae vitae liber*
Printed: Moguntina, Petrus Friedbergensis 1495 f.172-192)

1155. *Cum non essem alicui exercitio magnopere occupatus...*(Prol.) (Lib.1) *Quid est Deus qui es, merito quidem nil competentius eternitati...*
Guillelmus Tornacensis, *Flores Sancti Bernardi* or *Bernardinum* or *Excerptiones collectae de universis opusculis beati Bernardi egregii abbatis Claraevallensis*

Mss: Cambridge, Univ. Ii.1.32 ff.3-202; Kk. 3.26 col. 1-351; Dole 70; Firenze, Laur. S. Croce Plut. XXI dext.6 f.30 seq.; Klosterneuburg 267; Laon 276; Leipzig, Univ. 279 f.1-149; Lilienfeld 56 f.1 seq.; London, BM Roy. 5 A.X; 5 B.XI n.2; London, Lambeth 485 f.1-121; Oxford, Bodl. e Mus. 20 (SC 3494); Hatton 49 (SC 4111); Oxford, Lincoln 29; Oxford, Merton 41; Oxford Oriel 47 f.89 seq.; Oxford, St. John's 206; Paris, Mazarine 753(906 A); 754(909); Paris, BN lat. 2942 f.1-243; 14425; 14878; Pelplin, Sem. 147(281) f.1-177; Salisbury, Cath. 54 f.96-177; Tarragona, Prov. 124 f.1-91; Tours 346; 347; Uppsala C. 128 f.1-142; Vaticana, Vat. lat. 672; 673; 675; Wien, Schott. 151; 317 (imperf.); Worcester F.84 f.12-71 (M. Bernards in *Studien und Mitteilungen zur Geschichte des Benediktinerordens* 64 [1952] 237-241 [105 MSS]; *Citeaux in de Nederlanden*, 5[1954] 154-157)
Cf.(?) Quemque superbum esse videris...

1156. **Cum non omnis vere sacerdos sit qui talis nominatur...**
Iodocus Bone?, *Viridarium clericorum*
Ms: Würzburg, Univ. M. ch. q. 173 f.197-227; 158 f.216-219 (imperf.)

1157. **Cum nullis infans...**
See: Si dixerimus quod peccatum non habemus... Cum nec infans...

1158. **Cum omnes homines natura scire desiderant o summa et aeterna sapientia et in te universali principe et nature auctore...**
Dialogus de arte moriendi or *Materia de scientia utilissima homini mortali que est scire bene mori* (Henricus Suso, O.P. *Horologium Sapientiae* , lib.2, cap.2)
Mss: Oxford, Magdalen 72; Oxford, Univ. Coll.4; Trebon, Arch.A 18 f.2-9 (Rudolf p.18 n.32)
Printed: J.Strange, *Henrici Susonis seu Fratris Amandi Horologium Sapientiae* (Coloniae 1861) 155-169
See: Sentite de Domino... Multifarie...

1159. **Cum omnia concilia canonum que recipiantur sint...**
Bartholomaeus, Episcopus Exoniensis, *Penitentiale* or *Liber penitentie* or *Liber pastorales sive penitentialis*
Mss: Cambridge, Caius 151 f.162-184; London BM Cotton Faust A VIII f.8-41; Cotton Vit. A XIII f.137; BM Roy 5 E.VII f.104; 8 D.III; London, Lambeth 235; Oxford Bodl. Bodl. 428, f.1-29; 443 f.1 seq.(SC 2384); Lyell Bequest 3; Oxford, Lincoln 96 f.88 seq.; Oxford, St. John's Coll. 153, 165; Paris, BN lat. 2600, 13456; Paris, Sainte-Genevieve 167; Troyes 1348; Vaticana, Vat. Regin. lat. 152 (A. Morey, *Bartholomew of Exeter*, Cambridge, England, 1937, 164-166 and ed. 175 seq.)
Prol: Nunquam nimis docetur aut scitur quod...
See: De bonis et malis ex concilio Magontiensi. Cum omnia concilia canonum que recipiantur sint...(chap. 1)
Cf: Cum humana fragilitas prona sit...

1160. **Cum omnia quae factururigenis commentariis**
Ms: Oxford, Merton 27

1161. **Cum omnia sacramenta post peccatum et propter peccatum sumpserint...**
Questio de coniugio
Ms: Vaticana, Regin. lat. 241 f.208

1162. **Cum omnibus mobilibus...**
Simon de Burnestona (Boraston) O.P., *Libellus de mutabilitate mundi* (1337)
Ms: Oxford, Lincoln Coll. 81 f.28 seq., 87 (Quetif-Echard I 594)

1163. **Cum omnis anime rationalis summum bonum sit amorem suum ab omni carnali et illicito amore retrahere...Primo ponemus et dicemus septem remedia contra amorem illicitum et postea, deo adiuvante, ponemus ea...**

Gerardus de Leodio, O. Cist., *Septem remedia contra amorem illicitum valde utilia*
Mss: Troyes 1890 f.183-197; Vaticana, Regin. lat. 71 f.34-43.
Printed: A. Wilmart, *Analecta Reginensia*, Studi e Testi 59 (Citta del Vaticano 1933) 183-205 (A. Wilmart, *Revue d'Ascetique et de Mystique*, 12[1931] 386-394)
Cf. Cum ad amandum deum...

1164. **Cum omnis divinae paginae sermo id intendat ut homini bonum humilitatis persuadeat...**(Prol.)(Cap.1)***Cunctarum enim, ut praedictum est, virtutum fundamentum est humilitas...***
C. or Conradus Hirsaugiensis (?) (Ps.-Hugo de Sancto Victore), *De fructibus carnis et spiritus* or *Opus de fructu carnis et spiritus*
Mss: Leipzig, Univ. 148 f.113-117; München, Clm 3331; Oxford, Bodl. Laud. misc. 377; Paris, Mazarine 981(901); Paris, BN lat. 10630; 14413; Salzburg, Studienbibl. MI 32; Zwettl 232 (R.Bultot in *RTAM* 30[1963] 148-154)
Printed: PL 176,997-1110 (poor text)

1165. **Cum omnis doctrina et omnis disciplina ex preexistenti fit cognitione, ut dicitur primo posteriorum, bene se habet narrare ordinem dicendorum...**
Sciendum ergo hunc totalem librum intendimus in tres partiales libros diuidere, in quorum primo ostendetur quomodo maiestas regia...
Aegidius Romanus, O.E.S.A., *De regimini principum* (Lib.1, cap.2 seq.)
Ms: Lüneburg, Theol.277 f.1-35
See: Ex regia ac sanctissima prosapia...

1166. **Cum omnis doctrina et omnis disciplina ex preexistenti fiat cognitione, ut dicitur primo posteriorum, utile est marrare ordinem dicendorum...Est igitur primo sciendum quod vitium capitale est ex quo alia vitia oriuntur secundum rationem cause finali...**
See: Venerabili domino Butgero decano ecclesie...

1167. **Cum omnis etas ab adolescencia prona sit...**
Confessionale or *Tractatus de penitencia*
Mss: Cambridge, Corpus Christi 503 f.36-61; Praha, Univ. XIV.E.31 (2565) f.160-183

1168. **Cum omnis homo teneatur et complere decem precepta quam Deus dedit per Moysen...**
Raymundus Lullus, *Sermones de decem praeceptis*
Ms: München, Clm 10495 f.130-140; (Glorieux 335 gd3; E.W. Platzeck, Raimund Lull, II [Romae-Düsseldorf 1964] p.69

1169. **Cum omnis scientia...**
See: Ecce descripsi eam tibi tripliciter [Prov. 22]. Cum onnis...

1170. **Cum omnium antiquorum intentio...**
De temperantia vitiorum
Ms: Würzburg, Univ. M. ch. q.66 ff.202-211

1171. **Cum omnium fractuum nobilitas...**
Iacobus de Jüterbog, *Tractatus de bona voluntate*
Ms: London, Congregational Library II a 20 f.18-44

1172. **Cum omnium terribilium mors corporis sit terribilissima...**
See: Cum de presentis exilii miseria mortis transitus...

1173. **Cum opus audicionis...**
See: Confitemini alterutrum...Cum opus audicionis...

1174. **Cum otia sint nutrimenta vitiorum...**(alternate prol.)
See: Dominus dicit in Evangelio: Maiorem dilectionem... (Chap.1)

1175. **Cum otia sunt vicia vel nutrimenta vitiorum, testante philosopho qui ait: ocia dant, vitia fugant...**
    Ms: Alba Iulia I-53 f.4-39; Praha, Univ. XIV.D.24 (2532) f.225 seq. (imperf. at end)

1176. **Cum patria propulsus, bonis existus pro beneficio supplicio afflictus in exilio...**(prol.)
    See: Quatuor sunt que prudentia nos edocet...

1177. **Cum peccantibus post baptismum mortaliter sola poenitentia remedium est ad vitam...**
    Aurea summa de penitentia (excerpts from different authors, especially Raymundus de Pennaforti)
    Ms: Lilienfeld 81 (incomp.)

1178. **Cum peccator accedit ad confessionem** [or **sacramentum**]**...**
    De confessione or *Tractatus Parisiensis de confessione*
    Mss: Bamberg, Theol. 112; München, Clm 9603; Wien, Nat. 4702; Ser. n. 3014 f.38-55; (Michaud-Quantin 92 and Index)
    Cf: Cum peccator accedit sacerdotem...

1179. **Cum peccator accedit sacerdotem pro peccatis confitendis dicat sacerdos 'Dominus sit vobiscum' et respondeat...**
    Ms: München, Clm 22380 f. 125-135
    Cf: Cum peccator accedit ad confessionem...

1180. **Cum peccatum aliud sit actum...**
    Tractatus de peccatis
    Ms: Trier, Stadtbibl. 582

1181. **Cum peccatum sit magna transgressio...**
    Raymundus Lullus, *Ars de confessio* or *Liber qui continet confessionem*
    Mss: København, Thott 105 qu. f.34-38; München, Clm 10495 f.179-182; Roma, Coll. San Isidoro 1/108 f.45; 1/144; (Glorieux 335 gc)

1182. **Cum penitens accessit** [or **accesserit**] **ad sacerdotem, quisquis fuerit iubeat eum humiliari...**
    Stephanus Langton, *Summa de vitiis et virtutibus* or *Summa de diversis* or *Sententiae morales*
    Mss: Amiens 272; Avranches 135 f.125-152; Cambridge, Pembroke 21 f.241-243; Charleville 93; Dijon 211; Douai 434 II f.28-61; Heiligenkreuz 90, f.170-212 (part); Milano, Brera A.F.XII, 36 ff.1-81; Paris, BN lat. 2995 f.24 (part); 3236 B f.96; 10727; 14526 f.147-160; 18189; Rouen A 547 (657) (chap. 46-102); (Glorieux 104 t; G. Lacombe in *The New Scholasticism* III (1929) 12-17)
    See: Adam ubi es? Pietas Christi monentis peccatorem... Circumdederunt me dolores mortis...Laqueus mortis...(Prol.) Confitebimur... Tu terribilis es...

1183. **Cum penitentia consistat in tribus, in cordis contricione...**
    Alexander Stavensby, Episcopus Coventren., *Statuta* or *Tractatus de penitencia et confessione* or *De confessionibus*
    Mss: Aberdeen, Univ. 137; Cambridge, St. John's C.12 (62) f.118-119; London, BM Add. 24660 f.39-40; Cotton Vesp. E III f.142; Roy. 8 B.IV f.82; Oxford, Balliol 228 f.216-218; Oxford, Corpus Christi 155 f.39-49; Oxford, Bodl. Bodl. 534 f.1 (imperf. at end) (SC 2252); Douce 88 (?); Worcester Cath. Lib. F.71 f.294
    Printed: D. Wilkins *Concilia Magnae Britannicae et Hiberniae*, Londini I (1737) 644 seq.
    Cf: Dicatur omnibus parochianis...

1184. **Cum per longissima tempora ultra spatium quinque millium annorum...**
    See: Inter alia virtutum et laudum preconia...

LIST OF INCIPITS

1185. *Cum per varias amoris vias et multorum speculo amantium militiam consequi possis...*
   De reprobatione amoris
   Ms: London, BM Harl. 3949 f.53-62

1186. *Cum perfecte deuotionis officium consistat in tribus...*
   Confessio utilis, continens multas species virtutum et viciorum
   Ms: Berlin, Lat. Fol. 764 (Görres 114) f.137-138.

1187. *Cum Petrus Emilianus pontifex Vicentinus vix omni* [or *vir omnium judicio*]...
   Petrus de Monte, De virtutum et vitiorum inter se differentia
   Mss: Cambridge, Corpus Christi 472 p.52; Cambridge, Univ. Ll.1.7 f. 2; Vaticana, Vat. lat. 1048
   Prol.: Tuas examinas laudes virtutesque...

1188. *Cum piger semel quiescerem et torpendo...*(variant Prol.)
   See: Vos ex patre diabolo estis...Carissimi...

1189. *Cum plures mortalium non viuunt...*
   See: Quum plures mortalium non viuunt...

1190. *Cum plus exempla quam verba movent secundum Gregorium et facilius...*
   Tractatus de abunduntia exemplorum in sermonibus or Summa de exemplis
   Mss: Namur, Mus. Arch. Ville 24 f.141-183; Paris, BN lat. 15953 f. 188 seq.
   See: Quoniam plus exempla mouent secundum Gregorium...
   Cf: Cum secundum Gregorium nonnunquam

1191. *Cum post peragratam...*
   See: Quum post peragratam...

1192. *Cum primum istud opus incepi...*(prol.)
   See: In hac meditatione peccator...

1193. *Cum pro confessione audienda...*
   Iohannes de Auerbach, Tractatus brevis et utilis pro infirmis visitandis et confessione audiendis (Redactio brevior)
   Ms: Wien, Nat. 4876 f.172-175 (Rudolf p.82 n. 2)
   Cf. (Red. longior) Quia circa infirmos maius est periculum...

1194. *Cum proprietates rerum sequantur substancias secundum distinctiones...* (prol.)
   See: De proprietatibus itaque et naturis rerum tam spiritualium...

1195. *Cum publica et solempni fama...*(variant?)
   Engelbertus Admontensis, Speculum virtutum moralium
   Ms: Wien, Schott. 30 f.1-128
   Prol. Excellentissimis et gloriosis principibus...
   Cf: Quia sicut Seneca...

1196. *Cum quadam die corporali manuum labore...*
   See: Cum die quadam...

1197. *Cum quadam vice animum meum infelicem...*
   De gradibus virtutum
   Ms: Novacella 532 f.1-27

1198. *Cum queritur, an ordinati symoniace puta dando ante suscepcionem ordinis secundum morem...*
   Henricus Totting de Oyta, Quaestiones de Simonia
   (Lang, 103 seq.)

1199. *Cum quid peccatur, sanctus de corde fugatur...*
   Distichon
   Ms: Sankt Gallen 689

1200. *Cum quilibet christianus usum rationis retinens teneatur Deum super omnia diligere...*
Iohannes Huss, *Tractatus de mandatis* or *De mandatis Dei et oratione dominica*
Mss: Praha, Univ. I.E.29 (214) f.1; IV. F.25 (731) f.166-169; IX.E.1 (1757) f.196-199; Wien, Nat. 4916 f.55-57; Wrocław Uniw. I.Q.380 F.1-3 (Stegmüller RB 4579; F.M. Bartos, *Literarni cinnost Mistra Jana Husi* [Praha 1948] n.88)
Printed: *Historia et Monumenta Johannis Hus et Hieronymi Pragensis* (Nürnberg 1558) 1 29-31.

1201. *Cum recordor toto corde...*
De contemptu mundi
Walther IC 3737
See: Dum recordor toto corde...

1202. *Cum religiosorum profectus principaliter in tribus consistit scilicet obedientia, paupertate et castitate...*
Profectus religiosorum
Ms: Maria Saal 13 f.247-248

1203. *Cum remissione peccatorum in baptismo suscepta...*
[Tractate on penance]
Ms: Wien, Nat. 1050
Printed: F. Bliemetzrieder, *Anselms von Laon systematische Sentenzen* (BGPTMA XVIII 2-3; Münster i.W. 1919) 120 seq.; Weisweiler 215 seq. *et passim*

1204. *Cum remoto temporalium actionum strepitu sub pace...*
Tractatus de lingua bona et mala
Ms: München, Clm 13090

1205. *Cum repeterem nuper animo Eustachii frater id quod soleo...*(pref.)
See: Quenam es tu mortalium...

1206. *Cum repetes a proximo tuo aliquid quod tibi debet...*(Deut.24,10-11). *In qua quidem auctoritate petet manifeste quod confessor potest querere peccata in generali...*
De modo confitendi
Mss: Paris, Mazarine 924 (438) f.104-106; 986 (122) f.135-139; Uppsala, Univ. C.181 (Teetaert 330-333)
See: Questiones ac casus varii...(Which may be fourth part of this work)

1207. *Cum repetes a proximo tuo rem aliquam quam tibi debet...*(Deut.24,10-11). *Ex hac auctoritate magnus clericus predicauit Parisius quod confessor non debet inquirere nec scrutari peccatum confitentis...; potest enim confessor in generali peccatum inquirere...*
Robertus de Sorbonio, *De modo confitendi* or *De confessione*
Mss: Brugge, Grootsem. 7/231; Chartres 377; Paris, BN lat. 3359 f.73-74; 12312; 15952; 15988 f.655-662; 15988 f.679-687 (P. Glorieux, in *Miscellanea A. Janssen* [Louvian 1948] 551-565; Michaud-Quantin Index)
Printed: Max. Bibl. Patr. (Lugduni 1677) 25,354; Guilielmus Parisiensis, *Opera omnia* (Aureliae-Parisiis 1674) II Suppl 233-238
See: Cum repetes...In qua auctorite...
Cf: Ad sanctam et rectam confessionem...

1208. *Cum res fortunasque hominum cogito...*(prol.)
See: De etate florida et spe longioris vite...

1209. *Cum revolvo puro [toto] corde/ In qua manet mundus sorde...*
Bernardus, *de contemptu mundi et iudicii*
Ms: Bruxelles, BR 1610-28 (cat. 1486) f.394-395; Walther IC 3742
See: following entry

1210. *Cum revolvo toto corde...*
De mundi vanitate fugienda et penitentia amplectanda
Ms: København, Gl kgl. S. 3389 oct. f.272
See: preceding entry

LIST OF INCIPITS 117

*1211. **Cum sacerdos accedit ad confessionem peccatoris audiendam...***
[Methods of conducting confession]
Ms: Barcelona, Univ. 117 f.34-36

*1212. **Cum sacerdos debet audire confessionem...***
Manuale sacerdotum
Ms: Worcester, Cath. Q. 61

*1213. **Cum sacerdotis dignitas aliis videatur dignitatibus preeminere, ita quisquis ea ornatus est cunctis imitandum se debet ostendere ut exemplo suo nulli nocere sed vitam potius valeat componere subditorum...*** (De missa; super Pater; de articulis fidei; de decem praeceptis; de sacramentis; de peccatis)
Ms: London, BM Burney 356 f.30-36

*1214. **Cum sancto sanctus eris...(Ps.17,26)... Attende diligenter, frater amande in Christo: ne seducaris a sociis amlevolis...***
Thomas a Kempis, *Hortulus rosarum*
Printed: Op. Omn. ed. M.I. Pohl, t.4 Friburgi 1918, p.1-50
See: Manete in dilectione mea. Vox Christi...(Ch. 16)

*1215. **Cum sanctus spiritus sit divina persona...***
Raymundus Lullus, *De VII donis spiritus sancti*
Ms: München, Clm 10495 (Glorieux 335 gd4)

*1216. **Cum sanctus Theophilus, alexandrinus episcopus, plures ex sanctis patribus...***
Fabularium ex vitis patrum
Ms: München, Clm 3861

*1217. **Cum scribere illiterato debeam, non miretur...***
See: Desiderii tui, Karissime, peticionibus satisfacere cupiens...

*1218. **Cum secundum almum Christi confessorem Franciscum...Abstinentia. Nota quod abicienda sunt quatuor...***(Prol.)
Bernardus de Deo, O.F.M., *Summa praedicabilium*
Mss: Tarragona, Arch. Municipal 163; Valencia, Cab. 171
See: Abicere non quia abicienda sunt...

*1219. **Cum secundum Apostolum ad Hebr. XI cap.** (11,6) **sine fide impossibile sit placere Deo, et fides sine operibus mortua sit sicut dicit Iacobus in canonica** (Iac. 2,26), ***ideo notandum est quod ad hoc ut placeamus Deo duo sunt necessaria...***
Bernardus de Riparia, O.P., *Summula de praeceptis et cacramentis pro curatis* or *Summa brevis pro curatis compilata*
Mss: Kaeppeli 647

*1220. **Cum secundum fidem omnia vicia...***
See: Fugite fornicacionem...Cum secundum fidem...

*1221. **Cum secundum Gregorium nonnunquam mentes audientium plus exempla quam docentium verba convertant...***(Exempla vitiorum et virtutum e diversis auctoribus)
Ms: Troyes 1032 no. 15
Cf: Quoniam plus exempla mouent secundum Gregorium...

*1222. **Cum secundum Ieronimum sit secunda tabula...***
Tractatus de penitentia
Ms: Cues, Hospital 49

*1223. **Cum secundum Senecam...***
Tractatus contra luxuriam
Mss: London, BM Harl. 3224, no. 4; Worcester, Cath. Q.56

*1224. **Cum secundum veritatis testimonium, Matth. xix, ad ingressum in patriam sufficit et requiritur servantia mandatorum...***
(Iohannes Huss?), *De nova prevaricantia mandatorum*

Mss: Praha, Metr. Kap. B.6.3, (293) f. 242-428; Wien, Nat. 1337 f.117-125; 3930 f.264-271; 4555 f.51-82; (Denis I, DCLXIII)

*1225. **Cum semel pigritando quiescerem et torpendo negligenter...**(prol.)*
See: Vos ex patre diabolo estis...Carissimi...

*1226. **Cum sepe et multum mecum cogitarem de fide rerum inuisibilium videlicet de uno Deo colendo in trinitate personarum...***
Guillelmus de Conchis (?), *Tractatus monachi peccatoris*
Ms: Cambridge, Corpus Christi 385 p.1-88

*1227. **Cum septem sacramenta sint...***
Tractatus de penitentia brevis et utilis
Ms: Cambridge, Jesus Coll. Q.G.18 (66) f.68-72

*1228. **Cum, sicut dicitur, infimus gradus caritatis...***
Bonaventura (?), *Summa de gradibus virtutum*
Ms: Krakow, Uniw. 554.D.D.II.4; (Quaracchi VII, C)
See: Accedite ad Dominum...Ius hominis

*1229. **Cum sicut Parab. 13 dicitur multi cibi in novalibus patrum et diversi flores...***
Distinctiones alphabeticae
Ms: Paris, BN 14928 f.314 seq.

*1230. **Cum silens sedeo...***
[On virtues and vices]
Ms: Oxford, Bodl. Bodl. 496 f.238 (SC 2159)

*1231. **Cum sim cinis et pulvis...**(variant)*
See: Ego cum sim pulvis et cinis...

*1232. **Cum sint miserationes Domini super omnia opera eius...**(variant)*
See: Cum miserationes Domini...

*1233. **Cum sint mordentes livore suo modo gentes/ Recta licet vera sunt scripta...***
Speculum purificacionis beate Marie virginis gloriosissime (Poem to blessed Virgin, with some treatment of contempt of the world)
Ms: Wien, Nat. Ser. n. 12835, f.138-147

*1234. **Cum sit ars artium regimen animarum...***
Rupertus, Episcopus Olomucensis, *Summa confessionum* or *Instructio curatorum* or *Regimen morum*
Mss: Heiligenkreuz 57 f.113-120; Krakow, BJ 327 p.306-318 (imperf.); Schlägl 112 f.128-137 (imperf. at end)
Cf: following (perhaps the same)

*1235. **Cum sit ars artium regimen animarum et cum ignominiosum fore conuincitur valde...De penitentia. De penitentia tractaturus primo videndum quid sit penitentia secundum Augustinum...***
Iohannes de Ehenheim, *Ars artium sive de regimine animarum* or *Aureum confessionum*
Mss: Oxford, Bodl. Laud. misc. 32 f.111-124; Sydney Univ. Nicholson n.21 (cat. K. V.Sinclair n.119)
Cf: following entry

*1236. **Cum sit hoc, quod consilium dubitabilis proposi***
See: Deus, propter vestram...Incipit ista ars...Cum sit hoc...

*1237. **Cum sit multum mirandum...***
See: Cum haec sit maior...

*1238. **Cum sit necessarium deplangere...***
Stanislaus de Znojma, *Tractatus de peccato et gratia*

Mss: Praha, Univ. IV.G.23 (755) f.106-181; V.F.25 (947) f.37-105; V.H.27 (1004) f.78-143; Wien, Nat. 1622

1239. **Cum sit omnis caro foenum/ et post foenum fiat coenum...**
[Short poem on vanity of world]
Printed: G.E. Klemoning, ed., *Cautiones*, pp.3-4

1240. **Cum sit utilis et necessaria...**
See: Quam sit utilis et necessaria...

1241. **Cum sit valde** [or **multum**] **mirandum quod tot fiant conciones...**
Inc. Of *Liber De Vitiis Et Virtutibus*, Part Of Raymundus Lullus's *Ars Maior*,
See: Cum haec sit maior ars praedicationis...

1242. **Cum solus in cella sederem et aliqua de catholica fide mente reuoluerem, cogitare mecum tacitus cepi quam esset absurdum...(Prol.)Lib.1: Occurrit itaque primo discutere utrum sit necesse ponere Deum esse. Nulli hoc vertendum in dubium...**
Servasanctus de Faventia, O.F.M., *Liber (Summa) de exemplis naturalibus contra curiosos* or *Liber naturalium rerum* or *Tractatus de articulis fidei, de sacramentis, de vitiis et virtutibus et divina gratia*
Mss: Bordeaux 273 f.1-111; Brno, Univ. R.409 f. 231-254; Cambridge, Univ. Ii.2.20 (1753) f.1-76; Carpentras 127 f.1-159; Cremona 16; Edinburgh 108 (Lib.III); Firenze, Naz. Conv. Soppr. G.I. 695 f.1-96; Firenze, Ricc. 325; Genova, Univ. A.II.40; Halle, Univ. Fol. Yc 11 f.283-305; Klagenfurt, Studienbibl. Pap. 84 f.2-58; 60-155; Klosterneuburg 313 f.191-231; London, BM Arundel 198 f.68-104 & 117-124; Milano, Ambr. P.26 sup. f.140-279; Montecassino 373 p.237-434; München, Clm 8439 f.1-83; 14749 f.1-73 & 213-248; München, J. Rosenthal 2439 f.3-101; Napoli, Naz. I.H.39 f.211-259; V.H.216 f.1-113; Brancacciano III.A.14 f.150-217; Oxford, Bodl. Bodl. 332 f.193-281; Padova, Ant. 492 f.73-117 (lib. III); Padova, Univ. 523 f.1-201; Paris, BN lat. 2338 f.20-78; 3436 f.1-230; 3642 B. f.1-198; 10642 f.1-102; nouv. acq. lat. 259 f.1-186 (abbrev.); Pisa, S. Caterina Conv. OP 173 f. 140-281; Praha, Metr. Kap. N.31 (1555) f.78-97; O 38 (1622) f.73-100; Univ. I.D.29 (169) f.88-189; VI.D.19 (1108) f.3-146; Roma, Casan. 561; Rouen A.245 (674) f.1-234; A.340 (675) f.1-185; I.31 (936) f.119-202; Salzburg, Univ. M.II 339 f.1-223; Sankt Paul in Lavanttal 36-4 n.2; Sevilla, Colomb. Y.130 n.40 f.207-260; Z.136 f.1-118; Subiaco 40 f. 1-102; Torino, Naz. E.III.26 (DCCCXXIV) f.21; Vaticana, Archivio di S. Pietro G.20 f.1-184; Barb. lat. 509; Vat. lat. 4311 f.49-62; 5048 f.1-106; Venezia, Marc. lat. III,178 (2153) f.1-100; Wien, Nat. 1589 f.1-112. S. Francesco Extracta (Prol.) in *Franz. Studien* 7(1920) p.85-117 (Oliger, *Servasanto da Faenza* in *Miscellanea Fr. Ehrle* I [Studi e Testi 37, Roma 1924] 156 seq.; Stegmüller RS 810; Welter 181-186)
See: Omnis, ut Boetius ait, hominum cura mortalium, quam multiplicium studiorum labor exercet, diuerso quidem calle procedit sed ad unum...et est, ut ait, finis hic...

1243. **Cum spiritus** [and **sanctus**] **sit tercia persona trinitatis...**
Iohannes Wyclif, *Tractatus de septem donis Spiritus sancti*
Ms: Praha, Univ. III.G.11 (536) f.154-160; X.E.9 (1910) f.132-137
Edition: Buddensieg (London, 1883), I, 199-230

1244. **Cum sum mundo moriturus...**
Bernardus, *De contemptu mundi et hominis et vilitate*
Ms: Praha, Univ I.E.37 (222) f.35 seq. (Walther IC 3765)

1245. **Cum summa confessorum penitentiarios specialiter dirigens...(Prol.) (Pars 1)Simonia secundum theologos et iuristas diffinitur** [or **secundum iuristas diffinitur et etiam secundum theologos**] **quod est studiosa voluntas emendi...**

Manuale collectum breviter de Summa confessorum or *Summa de casibus* or *Summa confessorum* (Summa Iohannis de Friburgo abbreviata)
Mss: Cambridge, Emmanuel I.3.7 f.1; Erlangen, Univ. 366 f.1-293; Heiligenkreuz 258; Metz 481; Paris, Mazarine 1322 (999) (an epitome with same incipits); Paris, BN lat. 3532 f.1-362; 18138 (Schulte II 422; 531; Teetaert 318-320)

1246. **Cum summa confessorum pro manuali vos specialiter...**
Manuale confessorum
Ms: Cambridge, Emmanuel I.3.7 f.1

1247. **Cum summa dignitas animae quod est capax...**
De reformatione interioris hominis
Ms: Brugge, Stadsbibl. 222

1248. **Cum summa libri decalogi magistri Ioh. Wigleff in qua continetur vertas vite...**
Defensio libri Wiclefiani de decalogo
Ms: Wien, Nat. 4518 f.165

1249. **Cum summa theologicae facultatis...**
Thomas de Chabham, *Tractatus de peccatis in genere*
(Glorieux 115c)

1250. **Cum summa theologice discipline diuisa sit in duas partes, scilicet in fidem et mores...**(Prol.) (Text) **Quoniam ordo scientie est precognoscere naturam generis..**
Iohannes de Rupella, O.F.M., *Summa de vitiis et virtutibus* or *Questiones super viciis* or *De vitiis* or *Summa theologicae moralis* or *Unde malum*
Mss: Brugge, Stadsbibl. 228 f.1-41; Cambridge, Jesus Q.A.15 (15) f.4-9; Cambridge, Pembroke 21 f.1-240; Cambridge, Trinity B.14.42 f.1; London, Lambeth 206 f.83-225; Oxford, Bodl. Canon. misc. 271; Laud. misc. 221 f.1-76; Rawl. C.241; Oxford, Exeter 9; Paris, Mazarine 984 (1049); Paris, BN lat. 16417; Trier, Stadtbibl. 162; Troyes 1339 (Minges in AFH 6[1913] 608-611; Glorieux 302 d; Doucet 539; *Prolegomena* p.CCXIV n.1; Stegmüller RS 493,2)

1251. **Cum summam Heinrici...**
See: Labia sacerdotis...Cum summam...

1252. **Cum summo opere debemus vitare peccatum, quod non potest...**
De peccato in generali
Ms: Paris, BN lat. 15652 f.28

1253. **Cum surgite ad vigilias vite sue tempus...**
Forma perfectionis
Ms: Leipzig, Univ. 240 f.175

1254. **Cum theologia divisa sit in duas partes...**
Ps.-Alexander de Hales, O.F.M., *Summa de vitiis*
Ms: Salins 10

1255. **Cum tibi sit conjux, et res et fama...**
[Moral verses]
Ms: Douai 749

1256. **Cum universa propter semetipsum operatus sit Dominus, omnes laudes omniaque laude digna ad honorem referas Dei tui...**
Contra superbos et de se praesumentes
Ms: London, BM Arundel 289 f.13-13

1257. **Cum universitatem criminum non sufficiat numerare lingua...**
[Short work on sin]
Ms: Paris, BN lat. 14593 f.95

1258. **Cum, ut ait Apostolus Petrus** [or **Sanctus Petrus Apostolus**]...(variant)
See: Quoniam ut ait sanctus Petrus apostolus...Quoniam, ut [ait] Apostolus Petrus...

1259. **Cum utilius nihil sit in vita hominibus** (Sap. 8,7), **circa virtutes specialiter...** (variant incipit)
Guillelmus Peraldus, *De virtutibus*
Mss: Bourges 169; Siena, Com. G.IV.2
See: Si separaveris pretiosum...Cum virtutibus nihil sit utilius...

1260. **Cum vani sint omnes homines in quibus non est sapientia Dei**...(Sap.13,1). **Licet in priori tractatulo fuerunt aliqua collecta...**(Prol.) (Indes cap.): **Huius breuiloquii id est de sapientia sanctorum sunt nouem** (octo) **capitula...** (Cap.1 in ed. Wadding): **Ideo primo videndum est quid sit sapientia in communi diffinitiue...** (Cap.2): **Et quia sapientia aliquando sumitur in malo...**
Iohannes Guallensis (Wallensis), O.F.M., *Breviloquium de sapientia siue philosophia sanctorum* (Glorieux 332 d; Doucet 551,552)
Mss: Assisi 167 f.260 seq.; Erfurt, Amp. Q.117 f.80v-84; Firenze, S. Croce Laur. Plut. XXXII sin. 2 f.152 seq.; Oxford, Bodl. Laud. misc. 603 f.99 seq.; Oxford, Merton 47; Paris, BN lat. 17834; Rouen A. 156 (592) f.193-197; Saint-Omer 622; Toulouse 340; Tours 404 f.282-293; Vaticana, Vat. lat. 939 f.124-132.
Printed: Venetiis 1496 (Goff J-333); Romae 1655 (ed. Wadding p.428-469)

1261. **Cum venerit filius hominus in maiestate sua...**(Matth. 25,31). **In serie presentis ewangelii agitur** [**continetur**]**...**
[Series of short tractates on sin, judgement, and pardon; possibly sermons]
Mss: Leipzig, Univ. 426 f.164-180; München, Clm 15329 f.172 seq.; Paris, BN lat. 3746 f.32 seq.

1262. **Cum venerit penitens ad sacerdotem proiciat se...**
De confessione, quomodo se habebit confessor et poenitens
Ms: London, BM Roy. 8 E.XVII f.1

1263. **Cum venit ad eum Natan...**
See: Titulus Psalmi: Psalmus...

1264. **Cum viam per opacam nature siluam...**
See: Cum iam per opacam nature siluam...

1265. **Cum viantes et fratres...**
Iohannes Wyclif, *Tractatus de perfectione statuum*
Ms: Praha, Univ. III.G.11 (536) f.250-260
Printed: Buddensieg, 441

1266. **Cum vigili cura...**
Magister Petrus, *Versus de mundi contemptu*
Walther IC 3870

1267. **Cum virtus in infirmitate perficitur** (II Cor.12,9), **ego intendo dicere...**
Nicolaus de Dinkelsbühl, *Tractatus de vitiis et virtutibus* (excerpt)
Mss: Selestat 52 f.55-89; Wien, Nat. 4419 f.112-234 (Madre 198)
See: Homo quidam fecit...Homo ille...

1268. **Cum virtutibus nihil sit utilius in hac vita hominibus...** (Sap.8,7). **Circa virtutes specialiter versari debet studium...**
Guillelmus Peraldus
[Tractate on virtues]
Ms: Bourges 169
See: Cum utilius nihil sit in vita hominibus. (Sap.8,2). Circa virtutes...

1269. **Cum vita virtuosa et bona non possit malum recipere...**
   Tractatus de arte moriendi
   Ms: Klagenfurt, Studienbibl. Pap. 19 f.148-158

1270. **Cum voluntas conditoris...**(prol.)
   See: Omnibus animantibus Adam...

1271. **Cunctarum enim, ut praedictum est, virtutum fundamentum est humilitas...** (chap.1)
   See: Cum omnis divinae paginae sermo...

1272. **Cunctarum rerum prudencia discitur usu...**
   Henricus de Hassia (?), *Versus morales*
   Ms: Wien, Schott. 132

1273. **Cuncti enim liquide novimus quia cum is qui displicet ad intercedendum mittitur...**
   Guillelmus Tornacensis (de Tournai) O.P. (?), *Questiones de penitentia*
   Ms: Paris, BN lat. 16453 f.15-123 (imperf. at beginning and end); (Glorieux 29 f)

1274. **Cunctipotens unus, non est alius Deus ullus...**
   Praecepta legis secundum Origenem (short poem)
   Ms: Cambrai 860 (764); Douai 533 f.210;

1275. **Cupiditas utrum sit peccatum...**
   See: Avaritia. Cupiditas utrum...

1276. **Cupiens generaliter a puerita confiteri, diligenter recogitet...**
   Henricus ab Alemania (de Frimaria?), *Commonitorium directivum simplicium volentium pure et integraliter confiteri*
   Mss: London BM Add. 38119 f.17-20; (Zumkeller MWA 295)

1277. **Cupiens loqui de conversione, illius gratiam invoco qui loquitur pacem...**
   See: Colligite fragmenta ne pereant. Cum ex debito...

1278. **Cupientes aliquid breve excipere de his quae continentur in summa de virtutibus primo...**
   Summa de virtutibus abbreviata (abridgement of Guillelmus Peraldus *Summa*: Si separaveris pretiosum a vili...)
   Mss: Bayeux, Chap. 38; Oxford, Bodl. Bodl. 35 (SC 1884); Paris, BN lat. 15376; Rouen A 267 (631) f.1-61

1279. **Cupientes aliquid breviter ex gestis ac dictis sanctorum patrum de viciis et virtutibus...**
   Gerhardus de Sterngassen, O.P., *Pratum animarum*
   Mss: München, Clm 13587; Soest 210 (?); Trier, Stadtbibl. 589; (Grabmann, *Zenia Thomistica* 1925, p.199 seq.; id., *Divus Thomas* 25 [1947] 19-20)

1280. **Cupienti mihi petitioni vestrae satisfacere...**
   Ricardus Rolle, *Speculum sacerdotum*

1281. **Cupienti summam utilis et necessarie veritatis theologicarum questionum cordis pugillo concludere...** (Prol.) (Lib.1) **Omnis theologica speculatio circa quatuor consistit, scilicet in cognoscendo creatorem...**
   Iohannes de Trevisio, O.P., *Summa in theologia brevis et utilis secundum Willelmum*
   Ms: Vaticana, Vat. lat. 1187 f.1-76 (A. Fries, in *Archivum Fratrum Praedicatorum* 6[1936] 351-360)

1282. **Cur fluctuas anima...**
   Ps.-Isidorus Hispalensis, *Exhortatio poenitentiae*
   Mss: Leipzig, Univ. 208 f.283-284; (Diaz 305 & *Clavis* 1227)
   Printed: PL 83, 1251

1283. **Cur homo nascitur aut puer editur ut moriatur...**
   Bernardus de Morval (?), *De contemptu mundi* or *De obitu hominis* or *De morte*
   Walther IC 3923

LIST OF INCIPITS

1284. *Cur homo qui cinis es, per avaritiam sepelis...*
   De caducitate vitae (poem)
   Mss: Bern 710; Wien, Nat. 303

1285. *Cur homo qui cinis es per avaritiam sepultus es...*
   [Verse]
   Ms: Cambridge, St. John's E.9 (Walther IC 3925)

1286. *Cur in hac miseria miserius moramini...*
   [Verse]
   Ms: Cambridge, Univ. Ii.4.9 f.69

1287. *Cur mundus militat sub vana gloria/...*
   Ps.Bernardus (Iacoponus Tudertinus - Jacopone de Todi O.F.M., ?), *Rhythmus de contemptu mundi* (a poem in Galfr. Monumentensis)
   Mss: Cambridge, Trinity Coll. 1125 f.1; København, Gl. kgl. S.78 fol. f.269; Kornik 50 f.262; Paris, Mazarine 680(1040); 988(1166); Paris, BN ital. 559 f.108; lat. 10731 (Walther IC 3934; Rudolf p.28 n.19)
   Printed: PL 184, 1314-1316; T. Wright, *Latin Peoms Attributed to Walter Mapes*, 1841 p.147
   See: O miranda vanitas o diuitiarum

1288. *Cur te distendis ventosa superbia, quid te/ Sufflas et jactas dum tibi vana...*
   Iohannes Gerson, *Contra superbiam*
   Printed: Jean Gerson, *Oeuvres completes* (ed. P. Glorieux) IV p.13-14 n.123

1289. *Cura est onerosa atque sollicita custodia animarum alicui commissa...*
   Manipulus sacerdotum
   Ms: Klagenfurt, Bischöffliche Bibl. XXX e.4 f.98-119

1290. *Cura pastoralis offici quam sit laboriosa...*
   See: Venerabili patri domino Hildebrando...Cura pastoralis...

1291. *Curam illius habe:* (Luce 10,35). *Queste parole disse lo bon samaritano alo stabulario...*(Prol. II)
   S. Antonino, *Confessionale* or *Medicina dell'anima*
   Printed: GW 2075-2079 (G. A-782-85) (Michaud-Quantin Index; Kaeppeli 258)
   See: Quia tu scientiam repulisti...

1292. *Curiositas cum oculis...*(pref. comment.)
   See: Primus itaque superbie gradus...

1293. *Curiositas est studium perscrutandi...*
   Anselmus Cantuariensis, *De curiositate*
   Ms: London, BM Addit. 11418 f.55

1294. *Currite gentes undique...*
   Bernardus (?), *Stimulus amoris*
   Mss: Cambridge, Corpus Christi 252 f.1-48; 508 f.122-156; 518 f.141 seq.; Cambridge, Caius 353 f.1 seq.

1295. *Custodite precepta mea...*
   Ms: Praha, Univ. XX.A.9 f.165-168 (formerly Admont 325)

1296. *Cyconia sentiens se gravatam veneno vel nimis repletam...*
   [Parables and moral tales]
   Ms: Solothurn SI 369 f.35-60 (imperf.)

1297. *Cythara spiritualis consolacionis collecta et missa pape eugenio quarto...*
   Henricus Kallysen, *Cythara spiritualis consolacionis*
   Ms: Koblenz, Staatsarchiv. Abt. 701 Nr. 216 f.2-132; (Auer 295 seq.)

1298. Da eleemosynam pauperi dum vivis...
   Ms: London, BM Roy. 7D.XVII f.269
   Cf: Hae sunt novem responsiones...Da eleemosynam

1299. Da gloriam Deo (Ioh. 9,24)...
   Tractatus de confessione et penitentiis
   Ms: London, BM Add. 18346 f.119

1300. Da mihi intellectum (Ps.138)...**His verbis propheta rogat dominum tanquam ignarus...**
   Magister Schyndel, *Opus de decem preceptis Flagellum nuncupatum*
   Ms: Bamberg, Theol. 62 f.1-97

1301. Da nobis, Domine auxilium de tribulatione (Ps.59,13). **O anima tribulata...**
   See: Da nobis, Domine...Tibi animae tribulatae...

1302. Da nobis, Domine, auxilium de tribulatione (Ps. 59,13). **Tibi animae tribulatae et tentatae proponitur verbum hoc ut, intellecto de quo tribulationes seruiunt sapientibus,...**
   Ps. Petrus Blesensis, *De duodecim tribulationibus* or *Tractatus optimus de utilitate tribulacionum et temptacionum seu adversitatum* or *Liber aureus de tribulatione* or *Tractatus de duodecim gradibus tribulationum*
   Mss: Adelaide, S. Australia, State Lib. of S. Australia, 220.47 a Sp.31.10. 45 f.37-48; Bourges 161; Bruxelles, BR 4387-96 (cat. 1596) f.26-40; 21889 (cat. 2205) f.132-175; Cambridge, Univ. Ii.6.39 f.198; Charleville 123; London, BM Addit. 16170 f.48; Arund. 286; Burney 359 f.38-63; Harl. 485 f.73-93; 4172 f.95-105; München, Clm 6977 f. 243-251; 9737 f.61-74; 18619 f.15-32; 21640 f.296-309; Oxford, Bodl. Laud. misc. 210 (Defective edition in 207,989 seq.); Oxford, Corpus Christi 193 (?); Paris, Oxford, Merton 43; 47; Paris, BN lat. 14955 f. 124 seq.; nouv. acq. lat. 1472 f.57 seq.; Paris, Mazarine 945 (1084); 973 (1140); Saint-Omer 368; Trier, Stadtbibl. 195 f.135-140; Wien, Nat. 4315 f.156-181.
   (Auer 300 seq.; Hauréau IV 125; Dict. Spirit. VI 282 [Gerardus Leodensis ?]).

1303. Da pauperibus meis unum denarium...
   See: Hic continentur novem virtutes...Da pauperibus...

1304. Dat igitur Dominus Moysi legem innocentiae nostrae et cognitionis suae eandemque in decem verba constituit et saxis tabulis digito suo scripsit...
   Alcuinus (?) [De decem praeceptis],
   (Stegmüller RB 1103)
   Printed: PL 100, 567-570

1305. Dat septem vitia dictio saligia...
   [Short mnemonic on seven cardinal sins]
   Ms: Cambrai 370 (351) (Walther PS 5010)

1306. Datus in socium itineris...
   Guillelmus de Ockam (?), *Dialogus de confessionibus audiendis*
   Mss: Braunschweig 25; 143; Giessen, Univ. 731

1307. David Regius propheta licet multorum divinorum...
   Iacobus de Clusa (or Jüterbog), *De peccatis mentalibus mortalibus* or *De occultarum passionum vulneribus*
   Mss: Trier, Stadtb. 1913; Utrecht, Univ. 226. (Meier 25-26)

1308. De abiectione. Athanasius in epistola ad Altisiodorum...
   See: Athanasius in epistola ad Altisiodorum...

1309. De abstinentia. Abstinencia est statutum prandendi...
   See: Abstinentia est statutum

1310. **De abstinentia. Abstinentie triplex est species. Prima est ciborum et potuum moderatio...**
   Ps.-Iohannes de Hoveden, *Speculum laicorum* or *Tractatus de re morali*
   Mss: See Welter, *Le Speculum laicorum*, p.IX-XIX. Add:Cambridge, St. John's E.33 f.60; Oxford, Bodl. Douce 107 f.74 (SC 21681) (book of 75 *Distinctiones*) (Ward and Herbert III 370 seq.).
   Printed: J. Th. Welter, *Le Speculum laicorum*, Paris 1914
   Prol. pars I: In Christo sibi dilecto quondam conscolari... pars II: Quoniam, ut dicit apostolus, lacte non cibo solido...

1311. **De abstinentia bona** [and *et utilia*]. **Castigo corpus...**(variant)
   See: Abstinentia. Castigo...

1312. **De abstinentia. Castigo corpus meum (I Cor.9,27). Non est animal adeo indomitum...**
   Antonius Rampegolus (Rampigollis) Ianuensis, O.E.S.A., *Compendium Bibliae* or *Liber figurarum moralium* or *Figurae Bibliae*
   Mss: Berlin, Theol lat. fol. 502 f.115; Bruxelles, BR 2487-89 (cat. 2221) f.2-69 (?); Dubrovnik, Dominic. 47; Frankfurt am Main, Stadtb. Praed. 80 f.1-58, 135 f.2-433 (lacks prol.); Gdansk 1981; Mar. F.269; s'Gravenhage, Kon. Bibl.71 G 57; Graz 1458; Herzogenburg, 27 f.141-250; Klagenfurt, Bischöfliche Bibl. XXX.b.15 f.1-120; Lilienfeld 142; Praha, Univ. I.G.13 (289) f.165-260; Utrecht, Univ. 272; Vaticana, Vat. lat. 2042 (excerpt) (Zumkeller, MWA 117)
   Printed: Lugduni 1578...
   Prol: Religiosis viris in Christo dilectis studentibus Neopolitani conventus ordinum heremitarium...
   See: Abstinentia est menti augmentativa...(abridgement)

1313. **De abstinentia. Corruptela igitur...**
   Iacobus de Voragine, *Distinctiones*
   Ms: Oxford, Bodl. Laud. misc. 732

1314. **De abstinentia. Duplex est...**
   See: Duplex est abstinentia detestabilis...

1315. **De abstinentia. Eva quamdiu abstinuit virgo fuit, et in paradiso permansit...**
   Liber de vitiis et virtutibus ordine alphetico digestus
   Ms: Escorial g.IV.10

1316. **De abstinentia. Gregorium in Moral. Si a carne hoc quod licet abscidimus, mox in spiritu quod delectat inuenimus...**
   Erbo, O.P., *Auctoritates sanctorum philosophorum et poetarum*
   Kaeppeli 1054

1317. **De abstinentia. Legitur in vita S. Cuthberti...**
   [Exempla a collection of stories]
   Ms: Cambridge, St. John's D.20 (95) f.145-168

1318. **De abstinentia. Legitur in vitas Patrum quod quidam frater...**
   Iohannes Herolt, *Promptuarium exemplorum*
   (Welter 399 seq.)
   See: Utile et expediens est viros apud predicacionis officium preditos...(prol.)

1319. **De abstinentia quae contra ventris...**
   T. Walden, *In remed. conversorum*
   (Little 64)

1320. **De abstinentia, Valerius libro 2. Fuit antiquorum illa simplicitas in cibo capiendo...**
   Florilegium
   Ms: Oxford, Magdalen 211

1321. **De accidia.** (Accidia. Nota) **Accidiosus est sicut canis...**
   See: Accidia. Homo accidiosus est...

1322. **De accidia. Legitur in libro Iudicum...**
    Figurata Veteris Testamenti in Novum Testamentum deducta
    Ms: Wien, Nat. 4702 f.1-15

1323. **De adulatoribus. Narrat philosophus...**
    See: Narrat philosophus de quadam ave...

1324. **De agnitione peccatorum tractatum teximus penitenti perutilem cui nomen imponimus speculum penitentis...**(variant)
    See: De peccatorum agnitione...

1325. **De altitudine mundane glorie. Philosophus in sexto libro animalium...**
    See: Philosophus in sexto libro de animalium...

1326. **De amicitia et inimicitia proberis cibos...**
    Sententiae morales collectae
    Ms: Ivrea 66 (V)

1327. **De amore Dei. Archita Tharentinus in libro de euentibus in natura...**
    See: Archita Tharentinus in libro de euentibus in natura...

1328. **De anima. Augustinus in libro De cognitione veritatis dicit...**
    See: Augustinus in libro De cognitione veritatis dicit quod...

1329. **De avaritia. Augustinus: ve illis qui amant...**
    Collectanea theologica, etc
    Ms: Wien, Nat. 3721 f.171-181

1330. **De avaritia. Avaritia tripliciter interpretatur...**
    See: Postquam ille qui vult confiteri, dixit ex se...

1331. **De ave natura in malo. Ave natura est animal, ut dicit Aristotiles, ad magnitudinem...**
    Proprietates animalium cum moralitatibus secundum ordinem alphabeti (variant of Jacobus de Losanna's compendium?)
    Mss: Cesky Krumlow 183 f.246-305; Praha, Metr. Kap. C.48 (475)
    See: Abjicit mundus pauperes & honorat divites. Nota... and Anima triplicem diffinitionem sortitur...(register)
    Prol: Primo de homine quod homo dignior sit ceteris animalibus...

1332. **De beata mentis solitudine...**
    Prol: Reverendo patri Ricardo ecclesie londonensis...De beata mentis...
    Main: Ipsa conditionis humane qualitas...

1333. **De blasphemia sancti spiritus se conscripsisse libellum...**
    Odo Cameracensis, *Quae sit blasphemia Spiritus*
    Ms: Douai 201 f.112 seq.
    Printed: PL 160, 1111-1118

1334. **De bonis et de malis, ex concilio Magontiensi, cum omnia concilia canonum...**
    See: Nunquam nimis docetur aut scitur...

1335. **De breuitate lectionis. In tribus consistit exercitium...**
    See: In tribus igitur consistit exercitium S. Scripturae...

1336. **De caritate. Dominus dicit in evangelio...**
    Defensor
    Ms: München, Clm 27329, f.76 (XIII)
    See: Dominus dicit in evangelio: Maiorem caritatem...

1337. **De caritate. Infimus gradus caritatis...**
    De gradibus virtutum
    Ms: Wien, Nat. 4749 f.204-210

See: Accedite ad Dominum... Ius hominis... Altus gradus caritatis est... Cum, sicut dicitur, infimus gradus... Infimus gradus caritatis... Primus gradus caritatis.

1338. **De caritate. Maiorem caritatem nemo habet** (Ioh. 15,13)... **Petrus apostolus** (I Petr. 4,8). **Ante omnia autem mutuam in nobis metipsis caritatem...**
   [On the virtues and vices]
   Ms: Vaticana, Palat. lat. 348 f.1 seq.
   See: Ante autem omnia mutuam...Dominus dicit in evangelio: Maiorem caritatem...

1339. **De caritate. Scio multum esse beatum...**
   See: Scio vere multum esse...

1340. **De castitate nota specialiter tria. Castitas enim floret sicut lilium inter spinas...**
   De virtutibus et vitiis
   Ms: Tours 407 f.35 seq.
   Cf: Nota de castitate quod tres...(?)

1341. **De civitate artica Aesopus quidam homo gregus...**
   [Fables of Aesop]
   Ms: Paris, BN lat. 18600 f.38 seq.

1342. **De compunctione. Et quia compunctio in omni tempore est necessaria commendanda est...**
   [Treatise on virtues]
   Ms: Paris, BN lat. 3007 f.26-40

1343. **De conditione hominis dignissima...Ipsa humane conditionis...**
   See: Ipsa conditionis humane qualitas....

1344. **De confessione debet enim esse pura ut peccata simpliciter dicantur sine duplicacione...**
   Speculum puritatis
   Ms: Bruxelles, BR II.5503, [pages unnumbered] f.44

1345. **De confessione. Questio Landolfi utrum peccata semel confessa...**
   Questiones de confessione et penitentia
   Ms: München, Clm 28395 f.223-227

1346. **De confessione sacramenti tria sunt videnda, quorum primum est qualis debet esse confessio...**
   [On confession]
   Ms: Pisa, Cat. 76

1347. **De confessione superiori tractatu te breviter commune feci...**
   Clemens Lantoniensis, *Tractatus de tribus in penitentia considerandis*
   Ms: Cambridge, Corpus Christi 66 p.108

1348. **De confessione utile documentum...**
   Ms: Cambridge, Corpus Christi 63 f.31

1349. **De confessione, XV. Hinc Iacobus ait: confitemini** (Iac. 5,16)...
   Ms: London, BM Roy. 15 A.XX. f.162

1350. **De contemptu saeculi huius, fratres charissimi, Albizo...**
   Petrus Damianus, *De Contemptu Saeculi* or *Apologia de Contemptu Saeculi*
   Mss: Brugge, Stadsb. 302 f.1-23; Bruxelles, BR 21210-14 (1526) f.59-93; 21989 (2206) f.120-126; Cambridge, Univ. add. 6168, f.2; Klosterneuburg 194, ff.268-79; Mons, Ville 54 223 f.1-31; Paris, Arsenal 539; Praha, Univ. IV.D.23 (677) f.185-200; Wien, Nat. Ser. n. 12776 f.45-66; Wien, Schott. 29, 169-186;

Wiesbaden 7 f.170-213. (WWK IX, 1904/08; LThK VIII, 158/59; Rudolf p.30 n.32)
Printed: PL 145, 251-291

1351. **De creatione rerum in principio mundi hoc tenendum quod Deus in principio ante omnem diem creavit celum empirium...**
[Compendium theologiae; Excerpt from Compendium Aegydii n. 1454]
Mss: London, BM Arundel 52 f. 64-65; Wrocław, Uniw. R.300 f.320-330
See: De trinitate Dei hoc...

1352. **De decem preceptis et plagis scribit beatus Augustinus sic. Non sine causa, fratres dulcissimi, est quod preceptis Dei...**
Ms: Oxford, New Coll. 51 f.6-7
See: Non est sine causa...

1353. **De decem preceptis tractaturi in generali breviter est dicendum...**
Decem precepta secundum vetus et novum testamentum
Mss: Wien, Nat. 4910 f. 52-57; Würzburg, Univ. M. ch. f.137 f.219-225

1354. **De deo esse multis modis ostenditur...**(variant)
See: Veritatis theologice sublimitus...

1355. **De detractione. Detractio est diminutio famae alterius occulta...**
Compendium morale
Ms: Klagenfurt, Studienb. Pap. 93 f.6-137

1356. **De differentia venialium et mortalium...**
Tractatus de vitiis et virtutibus
Ms: Worcester F.19

1357. **De difficillimis scripturus tam excellenti quam sapienti viro...**(prol.)
See: Chaldaei et Graeci sapientiam quaerunt...

1358. **De divisionibus pacis ad pacem...**
Liber de donis septem Spiritus sancti
Ms: Osek 53

1359. **De doctrina Christi et sanctorum eius vel sacramentorum...**
Introductorium confessoris apud confitentem
Ms: Paris, BN lat. 3359 f.79

1360. **De doctrina igitur audire debes...**(variant)
See: Doctrinam [and igitur] audire debes...

1361. **De effectibus indulgenciarum...**
Burchardus, O.P., *Summa casuum de poenitentia*
Ms: Praha, Univ. IV.E.9 (689) f.74 (Kaeppeli 706)
See: Simonia dicitur heresis, nonquod ipse actus sit hereticus...

1362. **De eis que retrahunt ab amore seculi...**
See: Tria sunt que retrahunt... De eis que retrahunt...

1363. **De elimosina data per vitam. Da pauperibus meis...**
Tract. de novem virtutibus
Ms: London, BM Add. 34807 (S.XV)
Cf: Hic continentur novem virtutes...

1364. **De etate florida et spe longioris vite...**
Franciscus Petrarca, *De remediis utriusque fortunae*
Mss: Cambridge, Corpus Christi 40 f.1 seq.; London, BM Add. 19886; Wien, Nat. Ser. n. 12764
Prol.: Cum res fortunasque...

1365. De fervida dilectione quam habuit ad Deum. Fuit igitur beatissimus Pater Augustinus...
   See: Quoniam perfectio spiritualis vitae...

1366. De fide. Bernardus: Magna fides...
   See: Magna fides magna meretur...

1367. De fide catholica et primo de septem virtutibus principalibus que sunt...
   [Work on the Catholic faith]
   Ms: Avignon 341 f.195

1368. De fide. Considerandum est de primo articulo...
   See: ...Considerandum est de primo articulo...

1369. De fide et spe, quae in nobis est, omni poscenti rationem reddere (I Petr. 3,15)...*Fides ut ait apostolus...*
   Otto de Lucca (?), *Sententiae de fide, spe, et charitate* or *Summa sententiarum*
   Mss: See: Stegmüller RS 837. Add: München, Clm 4600 f.29-68; Napoli, Naz. VII.D.36 f.17-35; Parma, Univ. 415; Praha, Univ. V.H.7 (984) 47-111; Stuttgart, HB I-32 f.25-58; Vercelli, Cap. 208; Würzburg, Univ. M. p. th. f.36; M. p. th. q. 62; Zwettl 126 f.92-98 (*Traditio* 15 [1959] 265 seq.)
   Printed: PL 176, 41-174
   See: Exit inde vobis discretio...(prol.?)

1370. De fide Notandum fides secundum apostolum Paulum...
   De virtutibus
   Ms: Gdansk 1980 f.166 seq.

1371. De fide vero hoc modo dicemus...(Chap.1)
   'De fide' of *Tractatus de quatuor virtutibus cardinalibus*
   Ms: Edinburgh, National Library of Scotland, T.D. 781
   See: Fides ut ait augustinus nos domino supponit... (prol.)
   Cf: Sequitur de spe sic describitur in libro sententiarum... notandum est quod caritus; Circa primum notandum quod hoc nomen... Item temperantia regit homo se ipsum...

1372. De gloria paradisi hoc tenendum est...
   Tractatus de virtutibus et viciis (from Bonaventure's *Breviloquium* 'Flecto genua mea...Magnus doctor...' (2149) or from Aegidius Romanus' *Capitula fidei christiane* 'De Trinitate Dei hoc tenendum est...'(1466)
   Cf: following entry

1373. De gloria paradisi hoc tenendum est quod gloria beatorum post generalem resurrectionem...
   Aegidius Romanus, *Capitula fidei christianae* (extr.)
   Mss: Pommersfelden 167/2685 f.143; Sankt Paul in Lavanttal, Pap. 31 (27.1.7) f.244-246
   See: De Trinitate Dei hoc tenendum est...
   Cf: preceding entry

1374. De hiis a quibus astinere debemus supra dictum est. De hiis vero que...
   [On Ten Commandments]
   Ms: Vaticana, Vat. lat. 11523 f.216-280

1375. De hiis quae oportet fieri...Inevitabile est...
   See: Super illud in prologo (Apoc.1,1); De hiis...

1376. De his qui se temptacionibus involvunt. Sunt tamen quidam...
   Tractatus de praeparatione cordis
   Ms: Praha, Univ. VIII.D.21 (1516) f.38-66

1377. **De humilitate. Augustinus: Deus humilis factus est...**
   Frag. tractatus de virt. et viciis
   Ms: Erfurt, Ampl. A.130 f.176-179

1378. **De impedimentis penitentiae pauca dicamus. Sunt enim quatuor precipua impedimenta...**
   De penitentia
   Ms: Klagenfurt. Studienb. Perg. 2 f.57-60

1379. **De incarnatione Christi. Theodosius de vita Alexandri...**
   See: Theodosius de vita Alexandri...

1380. **De incarnatione. Gregorius super ultimam partem Ezechielis...**
   See: Gregorius super ultimam partem Ezechielis...

1381. **De interrogacionibus confitencium. Primo fecisti homicidium voluntarie...**
   Tractatus de confessione
   Ms: Vorau 210

1382. **De invidia dicitur in libro Sapientie: invidia...**
   De invidia
   Ms: Cambridge, Caius 211

1383. **De iusticia in dominando. Propterea primo premittantur...**(variant chap. 1)
   See: Quoniam misericorida et veritas... Immo iiii virtutes...

1384. **De iusticia in dominando. Propterea primo premittantur...**(variant chap. 1)

1385. **De luxuria. Fuit quedam meretrix nomine Taisis multum pulcra corpore [or tantae pulchritudinis]...**
   See: Fuit quedam meretrix, nomine Taisis...

1386. **De luxuria. Quero a te quando dicis pannum tuum valde immundum...**
   Notae breviores contra peccata mortalia
   Ms: Oxford, Balliol 230 f.207-230

1387. **De magistro toletano nomine Melchita vasallo demonum. Audivi a quodam Gobellino...**
   Narraciuncule varie de rebus diversis
   (Welter 406n)

1388. **De me totum nichil dixi et totum dixi; captus es et cepisti me...**
   S. Bernardus (?), *De modo et ordine confessionis faciende* or Thomas, a monk, *Tractatus de confessione et oratione*
   Mss: Cambridge, Corpus Christi 63 f.31; Cambridge, St. John's 168 f.119-131; London, BM Burn. 356 f.176-177; Oxford, Bodl. Bodl. 798 (SC 2656) f.173; Oxford, Laud. misc. 8 f.63-78; Hatton 107, f.404-412

1389. **De miserabili ergo condicione...**
   Dilataciones communes ad sermones fere in omni materia viciorum et virtutum, et de his que spectant ad finem vel ad terminum
   Ms: Cambridge, Univ. Ee.VI.5 (1097) f.138-170 (imperf.)

1390. **De misericordia non respectu...**
   Moralitates seu descriptiones virtutum
   Ms: Praha, Univ. VI.F.11 (1148) f.85-115

1391. **De modo dicendi Pater Noster. Cum dicimus Pater noster, attendat cor nostrum...**
   Dionysius Carthusianus, *Profectu in virtutibus juxta votum sacrae professionis*

1392. **De modo investigandi confessionem...**
   [On confession]
   Ms: Krakow, BJ 399 f.168-178

1393. ***De moribus et vita philosophorum veterum tractaturus multa...***(variant)
See: De vita et moribus philosophorum veterum tractaturus multa...

1394. ***De natiuitate Christi. Plinius libro de mirabilibus mundi: Hoc etiam inquit...***
See: Plinius libro de mirabilibus mundi...

1395. ***De nequitia mulieris. Omnis plaga tristicia cordis est...***
[Manual of theology and ritual with *narrationes*]
De vitis et peccatis
Mss: London, BM Roy. 8 A.XXI. f.150; Oxford, Bodl. Bodl. 443 (SC 2384)

1396. ***De octo beatitudinibus. Prima: beati pauperes...Paupertas spiritus est quedam ab intra...***
De octo beatitudinibus
Ms: Brno, Univ MK 20

1397. ***De octo vitiis principalibus et eorum remediis. Quia menti rationali virtutes...***(Book I)
See: Quia multa praedicabilia pulchra et utilia...

1398. ***De ordinatione mundi sic tenendum est quod totus mundus consistit...***
[Excerpts from *Compendium Aegydii*]
Ms: Cambridge, Caius 184 (217) p.487
See: De Trinitate Dei hoc tenendum...

1399. ***De ortu Salvatoris. Ihesus Christus filius Dei...***
See: Iesus Christs filius Dei in Bethelleem...

1400. ***De paradiso et gaudiis...***
De virtutibus et viciis variis
Ms: Philadelphia, Univ. of Pennsylvania Lat. 196

1401. ***De peccati voluntate. Nota data peccatum voluntarium. Ex voluntate commitentis et spontanei...***
De penitentia et eius circumstantia et eius effectis de peccatis voluntate
Ms: Fermo 63 (4ca 1/63) f.98-100

1402. ***De peccatis et circumstanciis eorundem...***
Interrogaciones que de scripturis sanctis et canonibus sacris in foro penitentie ad utilitatem confitentium fieri possunt et debent
Ms: Cambridge, Univ. Kk.I.9 (1943) f.105-117; Frankfurt am Main, Stadtbibl. Praed. 170 f.141-199

1403. ***De peccatis. Gregorius dicit, missa dum cantetur, peccata condonantur...***
Mss: København, Gl. kgl. S. 1360 4 f.24; (Lehman II 13) Stockholm. Kgl. B. A201 (from Erfurt) f.90-91.

1404. ***De peccatis in speciali et primo de gula...***
[On the sins]
Ms: Herzogenburg 70 f.384-398

1405. ***De peccatis que fiunt publice...***
Franciscus de Retz,
[Work on the sins]
Ms: München, Clm 18294 f.260-261

1406. ***De peccato gule. Postquem dictum est de superbia...***
De peccatis et de eorum remediis
Ms: Roma, Angelica 766 (Q.6.3) f.81-142

1407. ***De peccato igitur tria videnda sunt. Primo quid est peccatum....Quo ad primum, dicendum quod peccatum est recessus a voluntate divina...***
[On sin]
Ms: Vaticana, Vat. lat. 11523 f.125-216

1408. **De peccato in communi. Peccatum est dictum vel factum vel concupitum...**
See: Peccatum est factum vel dictum...

1409. **De peccato primo considerandum est quid sit...**
De peccato
Ms: Manchester, John Rylands 70 f.138-139

1410. **De peccatorum agnitione tractatum teximus poenitenti perutilem** [and **perutilem penitenti**]...
Willelmus de Montibus, *Speculum poenitentiae*
Mss: Cambridge, Corpus Christi 217 f.147; Cambridge, Peterhouse 119 (3) f.1; Cambridge, St. John's F.4 f.85; Cambridge, Trinity Hall 24 f. 108; London, BM Cotton Vesp. D.XIII f.60 seq. Roy. 8 C VII f. 124; Paris, Mazarine 730 (407)
See: De agnitione peccatorum...(variant)

1411. **De penitentia autem dicturi subtilitates et inquisitiones theoricas praetermittemus...**
Thomas de Chabham (Chobham), *Summa confessorum* and *Summa de penitentia*
See: Dum miserationes Domini sint super omnia opera eius...(Prol.)

1412. **De penitentia congrue post predicta agendum...**
Anon., *Tractatus de penitentia*
Ms: Cambridge, Corpus Christi 273 f.126

1413. **De penitentia dicendum. Primo videndum est quid sit...**
[Short tractate on penance]
Ms: London, BM Add. 22936

1414. **De penitentia dicit his, ex hiis, quia restituta...**
See: Penitentiam agite...(Matt. 4,17). De penitentia...

1415. **De penitentia igitur tractaturus...**(prol.)
See: Quoniam secundum quod dicit propheta Malachias...

1416. **De penitentia...Primus naufragium cum baptismus sit...**
De penitentia
Ms: Bruxelles, BR 21191 (cat.1724) f.47-71

1417. **De penitentia. Sacerdos etenim debet gerere vicem spiritalis medici...**
See: Sacerdos etenim debet...

1418. **De perfecto mundi contemptu...**
Dionysius Cartusiensis,
Printed: Cologne, 1540

1419. **De porcis silverstribus...**
Annotationes morales
Ms: Schlägl 95 f.234-243

1420. **De preceptis decalogi tractaturi, primo dicemus de eis in communi...**
Leonardus Pistoriensis, O.P. [De decem praeceptis],
Ms: Firenze, Laur. S. Croce Plut.XXXI sin. 7 f.1-104 (M. Grabmann, *Mittelalterliches Geistesleben*, I [München 1926] 385; *Arch. Fratr. Praed.* 30 [1960] 266

1421. **De preceptis et enigmatibus Pythagorae. Itaque sunt ista fugienda praecepta...**
Robertus Holcot (?), *Enigmata Aristotelis moralisata*
Mss: Metz 240; Paris, BN lat. 590 f.115 seq.; Paris, Mazarine 986 (122) f.25 seq.; Saint-Omer 273

1422. **De preceptis que vocantur decalogi hec per ordinem sunt dicenda. Primo quare sic vocentur; de quo sciendum quod ratione numeri sic vocantur quia sunt decem...**
[De decem praeceptis]
Ms: Colmar, Consitoire 15 f.119-121

1423. **De preparatione orationis ad quam monemur... Ante oratione prepara animam...** (Eccli. 18,23).
   Summula de virtutibus et vitiis
   Ms: Vorau 194

1424. **De prima manu feneratoria potest intelligi illud quod habetur Apoc. 17,3: Vidi mulierem sedentem...**
   Antoninus Florentinus, O.P., *Tractatus de restitutionibus* (part III of his *Confessionale*)
   Printed: Jehan Petit, Paris 1510
   See: Defecerunt scrutantes...

1425. **De primo notandum quod describimus** [or **describitur**]... (chap.1)
   See: Cum almus Christi confessor...

1426. **De primo notandum (?)quod res publica...**(cap.1)
   See: Cum doctor sive predicator

1427. **De profundo cordis trahens suspiria...**
   Conradus de Zenn (Conrad Zenner), *Liber de monastica vita* or *Monacharius*
   Mss: München, Clm 8391 f.1-150; Harburg II. Lat. 1. Fol. 193 f.1-147; Wien, Nat. 4934 f.1-268
   See: Universis in Christo Jesu religiosis, ad quos praesentes...et praesertim... Animarum zelus...(prol.)

1428. **De proprietatibus itaque et naturis rerum tam spiritualium...**
   Bartholomaeus Anglicus (de Glauvilla), O.F.M., *De proprietatibus rerum*
   Mss: Avignon 1084; Barcelona, Univ. 596 (incomplete); Beaune 33 (32); Brugge, Stadsb. 429; Cambrai 945 (844); Firenze, Laur. S. Croce Plut. XVIII sin. Gdansk, Mar. F 224; Heiligenkreuz 50; Klosterneuburg 124 f.6-369; Madrid BN 930; Marseille 728; Paris, Sainte-Genevieve 1024; Pavia, 108; 165; Pisa, Cat. 30; Salamanca, Univ. 1718; 1745; Tours 701; 702; Vaticana, Urb. 233; Vat. lat. 707; Venezia, Marc. Lat.Z.283 (Valentinelli X, 223); Würzburg, Univ. M. ch. f.125; (Thorndike and Kibre, col. 387; Stegmüller RB 1564)
   Prol: Cum [or Quoniam] proprietate rerum sequantur substancias...

1429. **De quatuor virtutibus cardinalibus sunt virtutes politicae...**
   S. Bonaventura (?), *De quatuor virtutibus cardinalibus*
   Printed: Strasbourg 1495 (Glorieux 305bc)

1430. **De quatuor virtutibus que principales vel cardinale...**
   Nota de virtutibus
   Ms: Cambridge, Caius 211 f.170

1431. **De questione famosa originalis peccati...**
   Odo Cameracensis, *De peccato originali*
   Mss: Chartres 230; Douai 20 f.92 seq.
   Printed: PL 160, 1071-1102

1432. **De re bellica tractabimus** [or **tractaturi decet**]...
   Bartholomaeus de Carusis (de Urbino), O.E.S.A., (?), *Tractatus de re bellica spirituali per comparationem temporalis*
   Mss: Roma, Angelica 67 (A.7.6); Vaticana, Urb. 880; perhaps Uppsala C 14 f.19-76 (Zumkeller MWA 166n)
   Prol: Generoso prosapie, inclite...

1433. **De regno sive imperio hominis interiori sive spirituali ex libris Rychardi. Homo qui...**
   See: Homo qui et microcosmus...

1434. **De religione Dei. Tullius de natura Deorum lib. i. Sanctitas est scientia colendorum Deorum...**(chap.1)

Ieremias de Montagnone [and de Padua], *Compendium moralium notabilium* [or *dictorum*]
   Mss: Brugge, Stadsb. 494 (beg. imperf.); Cambridge, Univ. Ee.2.29 f.3 (XV); Ee.II.29 f.1-128; Darmstadt 2252; Klosterneuburg 381 f.1-252; Krakow, BJ 1596; 6700; Oxford, New Coll. 100 f.1 seq.; Paris, BN lat. 6469 f.3-146; N.a.l. 1779; 2469; Vaticana, Palat. lat. 402; Vat. lat. 1168; Venezia, Marc. Lat. VI.100 (Valentinelli X, 245) (B.L. Ullman, *Studies in the Italian Renaissance, Storia e Litteratura,* 51 [Rome 1955] 81-115; Roberto Weiss, *Il Primo secolo dell'umanesimo* [Rome 1949] 29-30)
   Printed: Venice 1505 (as *Epitome Sapientiae*)
   Prol: Util[iss]imum et [or ac] quasi necessarium fore existimandum est [or foret existimandum tam] ad moralium notabilium... Chap.1 variant: Tulius de natura deorum... Table: Dividitur istud opus in quinque partes... Table variant: Partes huius compendii sunt quinque...

1435. De remediis contra superbiam. Ad suggillandos igitur superbio fastus...
   See: Intentionem quatuor euangelistarum...

1436. De remediis peccatorum paucissima haec quae sequuntur ex priorum monimentis excerpsimus... (Prol.I) (Prol.II) **Institutio illa sancta quae fiebat in diebus patrum nostrorum, rectas vias nunquam deseruit...** (Cap.1) **Adolescens si cum virgine peccauerit, annum unum peniteat...**
   Ps.-Beda; Ps.-Egbertus Eboracensis, *Canones de remediis peccatorum* (Clavis 1888-9)
   Mss: Cambridge, Corpus Christi 265 p.37; Heiligenkreuz 217 f.45-54.
   Printed: PL 89, 433-454; 94,567-576
   See: Institutio illa sancta quae fiebat...

1437. De reparatione humani generis. Nouimus primos parentes nostros a Deo...
   Galandus Regniacensis (Galland de Rigny), *Parabolarium*
   Mss: Brugge, Stadsb. 297; Saint-Omer 138; (Jean Leclercq, *Analecta Monastica, Premiere Serie, Studia Anselmiana* XX [Vatican City 1948] 167 seq.)
   See: Novimus primos parentes...

1438. De reverentia. Coram cano capite consurge (Lev. 19,32)...
   Dicta doctorum de variis virtutibus et vitiis
   Ms: Wien, Nat. 4114 f.130-225

1439. De sacramentis ecclesiasticis ut tractarem...(Prol.)*Ecclesia igitur in populus conuenit...*(cap.1)
   Ps. Hugo de Sancto Victore, *Speculum ecclesiae* or *Speculum de mysteriis ecclesiae* or *De sacramentis*
   Mss: Amiens 79; Avignon 591; Bordeaux 308; Cambrai 259; 591; Cambridge, Corpus Christi 461 f.144; Cambridge, Magdalen 15 f.95; Cambridge, Pembroke 111 f.135; Cambridge, Trinity B.14.8 f. 104; O.1.30 f.30; O.1.59 f. 56; Cambridge, Univ. Ff.I.11 (1144) f.136-153; Kk.II.22 (1985) f.244-258; Kk.IV.4 (2019) f.34-41; Erlangen 163 f.99-114; Evreux 69; Metz 608; München, Clm 12205; Oxford, Balliol 228 f.226 seq.; Paris, BN lat. 2380; 3417; 3549; 3702; 7562; 11579; 12312; 13575; 13576; 14589; 14937; 13515; 15988; Praha, Univ. X.C.11 (1854) f.79-95; Trier, Stadtb.; Vaticana, Palat. lat. 678.
   Printed: PL 177, 355/380 (H. Weisweiler in *Melanges J. de Ghellinck*, II, 534-570)

1440. De sacramento dantur quatuor definitiones, tres Augustini...
   See: Iste liber dividitur in quinque tractatus...

1441. De sapientia et scientia. Nam sunt omnes homines...Est itaque quasi lumen signorum...
   Auctoritates de virtutibus et vitiis
   Mss: Oxford, Balliol 83 f.136 seq.; 86 f.2 seq.

1442. De sapientia. Primo omnium quaerendum est homini quae sit vera scientia veraque sapientia...
  Alcuinus, *Sententiae* or *De Sapientia* or *De virtutibus et vitiis* or *Epistola de utilitate animae* or *De virtutibus et de honesta vita*
  Mss: Berlin, Lat. Oct. 226 (Görres 52) f.126 seq.; Bordeaux 122; 281; Brno, Univ. Mk 46 f.18 seq.; Cambrai 523 (482); Cambridge Corpus Christi 481 p.136; Cambridge, Univ. Kk.6.19 f.112-138; Mm.6.12 f.6-31; Chartres 61; Köln, Cath. 173; København, Escorial 1. III.8 f.30-41; b.III.5 (in part; inc. Memor: Sum petitionis...); Evreux 10; Firenze, Ricc. 261, 348(?); Grenoble 275 (347); København, Ny. Kgl. S.641 oct. f.1-41; Krakow, Dom. L.XV.13 f.19-21; Laon 278 n.1; London, BM Add. 38112 f.157; Roy. 5e.IV f.97; 6a.XI f.109; 6b.VIII f.576; 7d.XXVI, f.172; 8f.IV f.110; Madrid, Pal. Real A 151 f.68-120; Oxford, Bodl. Bodl. 1 f.1; 214 f.51; Paris, Arsenal 845; Paris, Mazarine 776 (575); Paris, BN lat. 1005 f.36; 2738 f.56-57 (imperf.); 5558; 14926; 14988 f.316; 15700; 16460; 17400; f.88; 18095; Poitiers 81; Roma, Angelica 724 (Q.4.40); 811 (Q.7.14), f.74-91; Tarragona 105; Toulouse 163; Tours 407; Vaticana, Borgh. 52 f.111-133; Vich, Museo Episcopal 46 f.1-21; 47 f.1-77; Würzburg, Univ. M. ch. q.98 f.170-192; (Hauréau V 261; Rochais, *Revue benedictine* 63 [1953] 251 n.4 (Mss); *Revue Mabillon* 41 [1951] 77-8)
  Printed: PL 101, 613-638
  Prol: Dilectissimo filio Widoni...

1443. De separatione anime a corpore per mortem... Circa quae occurrit illus Psalmiste...
  Antoninus Florentinus, *De separatione animae a corpore, et retributione, et exercitio animae separatae* (reported)

1444. De septem beatitudinibus sanctorum. Septem sunt...
  Tractatus de virtutibus et vitiis
  Mss: Pamplona 11

1445. De septem vitiis capitalibus: Capitula de gula, luxuria et acedia...
  Ms: Wien, Nat. 4736 f.145-149

1446. De septem vitiis capitalibus notabile verbum dicit...
  De vitiis
  Ms: Cambridge, Caius 211

1447. De Sibilla et visione ejus. Octavianus, ut dicit Innocencius papa...
  Excerpta aliquorum exemplorum de diversis libris
  Ms: München, Clm 23420 f.1-182
  (Welter 276 seq.)

1448. De simonia. Si quis secularis...
  See: Si quis secularis...

1449. De singulis viciis tractaturi incipiemus...(varaint)
  See: Dicturi de singulis viciis...

1450. De superbia est loquendum quantum ad causam...
  Fr. Iohannes Marchesinus, *De vitiis*
  (S. Berger, *De Glossariis et compendiis*...[Paris 1879] p.45)

1451. De superbia et comitatu eius...
  See: En omnis divine pagine sermo id intendat ut...De superbia...

1452. De superbia et fornicatione. Principaliter his duobus vitiis...
  [A moral treatise]
  Ms: Oxford, Bodl. Bodl. 451 f.72 (SC 2401)

1453. De superbia et presumptione et extollentia sui supra modum et humilitate et paciencia. Legitur in vitis Patrum...

[Collection of *exempla*]
Ms: London, BM Addit. 33956 f.2-90 (Welter 265 seq.)
Prol.: Quoniam exempla secundum gregorium melius mouent quam verba...

1454. **De superbia. In cronicis, capitulum I. Domicianus primus se deum...**
[Collection of *exempla*]
Ms: Paris, BN lat. 15912 f.6-124 (Welter 251 seq.)

1455. **De superbia nascitur omnis inobedientia...**
See: Septem sunt principalia vitia. Superbia. De superbia...(2120)

1456. **De superbia. O homo quid intumescis, O caro fetida quid infleris...**
De vitiis et virtutibus (a Patristic florilegium)
Ms: Paris, BN lat. 16356 f.166-182

1457. **De superbia. Philosophus in sexto libro animalium...**
De diversis applicationibus naturalibus moralibusque dicta
Ms: London, Wellcome Historical Medical Library, 508 f.64-178 (Rouse in AFP 41 [1971] 102)
See: Philosophus in sexto libro animalium

1458. **De superbia que est radix cuncti mali testante scriptura que...**
De superbia et eius sequacibus
Ms: Paris, BN lat. 16875 f.470

1459. **De superbia querenda. Querendum est quomodo quis peccauit in superbia...**
Ms: Uppsala, Univ. C.22

1460. **De superbia, quod est amor propriae excellenciae...**
De septem peccatis mortalibus
Ms: Durham, Univ. Cosin. V.I.12
Cf: Superbia est amor proprie... Superbia nihil aliud...

1461. **De superbia semper Iesus...**
Iohannes Marchesinus, O.F.M., *De vitiis*
Ms: Assisi, Com. 488 f.59-130

1462. **De Superbia. Si scienter et prudenter Deum offenderit quod est magna...**
See: Si scienter et prudenter peccaverit vel offenderit...

1463. **De superbia. Superbia est animi tumor...**
See: Superbia est tumor animi...

1464. **De Superbia. Vescia inflata dum ungitur...**
[Treatise on vices and virtues]
Ms: Cambridge, Univ. Gg.6.20 f.116-127 (imperf.)

1465. **De tribus speciebus sive modis malorum...**(prol.)
See: Dicendum est de illis virtutibus que attenduntur...

1466. **De Trinitate Dei hoc tenendum est quod in una substantia sunt tres persone, scilicet pater et filius et spiritus sanctus. Pater a nullo est factus...**
Aegidius Romanus, O.E.S.A., *Capitula fidei christiane*
Mss: Barcelona, in possession of Jose Porter f.114-124; Bologna, Arch. A. 34 f.61-72; Bratislava, Kap. 82 (Knaus 86) f.46-47; Budapest, Orsz, Szech. Kön. 59 f1-18; 391 f.217-221 (fragm.); Cambrai 417 f.199-223; Cambridge, (Mass.) Harvard Houghton 246 f.311-322; Cremona, Gov. 85 f.62-76; Darmstadt 404 f.64-85; Durham, Cath. Hunter 30 p.74-84; Firenze, Ricc. 1282; 1651 f.33-50; Genova, Univ. A.III.2, ff.201-210; Göttingen, Theol. 94 f.142-152; Graz 1488 f.49-64; Le Mans 197 f.68-106; Leon, S. Isidoro 47, 12 fol.; Linz 401 f.183; London, BM Roy. 8 A.IX f.51; Lyon 784 (701) f.82-95; Milano, Ambros. C.14 inf. f.62-75; München, Clm 3334 f.116-134; Oxford, Bodl. Canon. misc. 335

f.1-24; Laud. misc. 512 f. 128-154; Paris, BN lat. 2568 f.62-68, 3534 f.56-65 & 82-92, 10736 f. 50-54; Pelplin, Sem. 215 (174) f.32-40; Praha, Metr. Kap. A.113.1 (210) f.4-13; C.82 (513) f.45-46; D.120 (690) f.79-103; O.68 (1652) f.54-68; Praha, Univ. III.D.8 (439) f.213-221; IV.C.3 (630) ff.120-124; VI. A.5 (1016) f.24-37; Roma, Angelica 1296 f.11-24; Roma, Naz. V.E.495 f.129-139; Tours 398 f.1-30; Trebon A 6 f.18-42; Vaticana, Palat. lat. 601 f.316; Rossiano 398 f.57-69; Vat. Lat. 819 f.124-137; Th. Kaeppeli, Archivum Fratrum Praedicatorum 11 [1941] 9; G. Bruni, *Rari e Inediti Egidiani*, in *Giornale Critico della Filosofia Italiana* 40 [1961] 312-318)

Printed: Lovanii c.1485 (Pellechet 4216; Campbell 574); Venetiis 1593 apud P.M. Bertanum.

See: De creatione rerum in principio mundi hoc tenendumquod deus in...De gloria paradisi hoc tenendum est quod gloria beatorum... De ordinatione mundi sic tenendum est quod totus mundus consistit...

1467. **De une (?)natura in malone (?)natura...**(variant)
See: Abicit mundus pauperes...

1468. **De usura dicit Psalmista: Non defecit de plateis eius usura et dolus** (Ps. 54.12). **Quod videtur verificari et de ciuitate terrestri/...**
Antoninus Florentinus, O.P., *Tractatus de usuris*
Mss: Kaeppeli 244

1469. **De vera simplicitate. Nonnulli autem ita...**
See...Nonnulli namque ita sunt simplices...

1470. **De virginibus in quibus Apostolus: preceptem Domini non habeo** (I Cor. 7,25)...
Henricus de Gandavo, *Liber de virginitate*
Mss: Berlin, Theol. fol. 150 f.1-29; Bruxelles, BR 14751-54 (cat. 2085) f.7-90 (Glorieux 192 b)
Prol: Sacris virginibus compilator operis salutem. Quia incognita ut diligenda...

1471. **De virtute anime que continencia nominatur scitis convenienter et digne disputare difficile est...**
Augustinus (?), *De continentia*
Ms: London, BM Harl. 3067 f.106-121

1472. **De virtutibus ergo dicturi a fide, tanquam aliarum virtutum...**
See: Prima petit campum [or campi] dubia sub sorte duelli...(which precedes above in MS)

1473. **De virtutibus et vitiis. De virtute in communi. Diffinitur...**
See: Diffinitur in libro...

1474. **De virtutibus per modum distinguendi utiliora...**
Summa virtutum et vitiorum
Ms: Wiesbaden 42 f.110-363
See: Cum malum non posit vitari...(pt. II)

1475. **De vita et moribus philosophorum veterum tractaturus, multa que ab auctoribus antiquis in diuersis libris sparsim scripta reperi, in unum colligere laboraui...** (Prol.) **Thales philosophus asianus, ut ait Laertius in libro philosophorum,...** (Cap.1)
Gualtherus Burlaeus (Waltherus), *De vita et moribus philosophorum*
Mss: Barcelona, Univ. 232; Bern 410; Dresden C.398; Gdansk, Mar. F. 256; Heiligenkreuz 268 f.149-181; Klosterneuburg 382 f.25-82; Kornik 295 f.250-256; Olomouc, CO 240; 284; 429; Paris, BN lat. 6069 C; Pisa, Cater. 79 f.10-21 (excerpts); Praha, Univ. XII.B.20 (2125) f.23-36; Trebon A 14 f.105-193; A 20 f.74-100; Utrecht, Univ. 389 f.1-38; Vaticana, Palat. lat. 327; Vat. lat. 11441 (excerpts); Wien, Schott. 353 (Stigalin *Medievalia et Humanistica* 11 [1957] 44-57)

Printed: GW 5781-5792, Goff B-1315-1327 Stuttgart 1886 (ed. H.Knust)
See: Thales philosophus asianus...

1476. **De vitae praesentis taedio locuturus nude exordium...**
Iacobus Rudio, *De huius vitae praesentis taedio*
Mss: Roma, Vallicelliana P. 9 f.81-84 (excerpt or excerpts probably from above); Vaticana, Vat. lat. 11419 f.2-70 (an. 1578)

1477. **De vitiis capitalibus sciendum est quod sunt septem...**
[Paragraph on seven deadly sins]
Ms: London, BM Arundel 52 f.65

1478. **De vitiis et virtutibus auctoritates Sacrae Scripturae et sanctorum...** (rubric?)
Guillelmus Peraldus O.P., *De vitiis et virtutibus* (abbrev.)
Mss: Oxford, Balliol 83 f.136-67; 86 f.2-29; Oxford, Merton 67 f. 170 seq.
Cf: Dicturi de singulis vitiis, cum oportunitas se offert...

1479. **De vitiis et virtutibus tractaturi, quia vitia sunt primitus extirpanda...**
Liber de vitiis et virtutibus (influenced by *Moralium dogma*: Moralium dogma philosophorum...3089)
Ms: Paris, BN lat. 16218 f.244-245

1480. **De vitiis gulae primo agitur propter hoc quod dicit glosa super Matthaeum...**
Summula de septem vitiis (extracts?)
Ms: Paris, BN lat. 16567 f.50-65

1481. **De vitiis. Ioannes in evangelio...**
Sententiae de diversis
Ms: Namur, Mus. arch. Ville 26 f.293-298

1482. **De vitiis voluntariiis id est de malo culpe...**
Anonym., *De vitiis*
Ms: Cambridge, Caius 104 f.118

1483. **De vitio gulae. Dicturi de singulis vitiis...**
See: Dicturi de singulis vitiis, cum oportunitas se offert...

1484. **Debet humiliter et deuote totum, non inspicere vultum confitentis...**
Quomodo se gerere debeat confessor audita confessione
Mss: Chartres 377; Paris, BN lat. 15988 (P. Glorieux, in *Miscellanea A. Janssen* [Louvain 1948] 551-565)
Printed: Guilielmus Parisiensis, *Opera omnia* (Aureliae-Parisiis 1674) II Suppl. p.247.
Cf: Notandum est quod sacerdos debet humiliter...

1485. **Debet proponere sacerdos...**
Doctrine confessoris audientis peccatorem
Ms: Trier, Stadtb. 586

1486. **Debet sacerdos...**
Confessio
Ms: Paris, BN lat. 16506

1487. **Debilitas carnis aciem turbat rationis...**
Segardus Junior of Saint-Omer, *De miseria hominis et penis inferni* or *De miseria hominis* or *De missione hominis* (72 leonine elegiac couplets)
Mss: Cambrai 536 (495); 830 (735); London, BM Cotton Vesp. B.XXV f.123 seq.; Roy. 15 A.XXII f.155 seq.; Saint-Omer 115 (Walther IC 4192; PS 5219)
See: Versibus annexis solers intendito, nec sis/ impositus somnis... (intro. quatrain to above in some MSS)

1488. *Decalogi legem sacratissimam primum divinitus protoplastorum insertam cordibus et denuo Dei digito in tabulis exaratam...Sunt igitur tria principaliter...*
Iohannes Nider O.P., *Praeceptorium divinae legis*
Mss: Augsburg. 2 299; 2 416; Bamberg, Theol 57 f.1-275; 58 f.1-341; Basel A.VI. 8; A.VIII.45; Darmstadt 429; Dubrovnik, Dom. 67 (36.I.40) f.1-147; Einsiedeln 221 f.1-288b; Frankfurt am Main, Stadtb., Praed. 118 f.1-327 (lacks prologue); Fritzlar 18; Kassel, Theol. Fol. 105; Klosterneuburg 314 f.1-269; Lilienfeld 110 f.11-203; London, BM Add. 29897; Melk 696 (400) n.1; 1916 (552) f.254-262 (extr.); München, Clm 2785 f.1-230; 3551 f.1-272; 3557 f.61-326; 3771 f.1-251; 6969 f.1-223; 6970 f.1-251; 13411 f.1-223; 14207 f.1-309; 18401 f.11-234; 27320; 28207; 28564 f. 8-244; Nürnberg II,9 f.1-123; Olomouc, Univ. 115 f.121-253; Vaticana, Palat. lat. 390 f.1-274. Würzburg, Univ. M. ch. f.218; (Stegmüller RB 7832)
Printed: Goff N-196 to N-214, etc....; Douai 1612
See: Sunt igitur tria principaliter...

1489. *Decalogus est sermo brevis decem dei mandata continens...*
[Tract on the Decalogue]
Robertus Grosseteste (Lincolniensis) (?), Sermon on Ten Commandments
Ms: Cambridge, Jesus Coll. 46 (Q.D.4) f.108-114; St. John's Coll. 39 f.135-144; London, BM Harl. 979 f.37-39; Oxford, Bodl. Bodl. 848 f.4-5b.

1490. *Decem constat esse precepta quorum tria prima ordinant nos ad dilectionem dei et sunt prime tabule et septem ad dilectionem proximi et sunt secunde tabule. Primum preceptum est non adorabis...*
Ludolphus de Saxonia, *De decem preceptis legis et duodecim consiliis evangelii* (Extract from *Vita Iesu Christi*, pars II, cap. 11 et 12)
Ms: Edinburgh, Univ. 114 f.33-43
Printed: Parisiis 1865, pp.434-438

1491. *Decem dicuntur mandata veteris testamenti quorum tria pertinent ad deum...*
[On ten commandments]
Ms: London, BM Harl. 2379 f.3-21

1492. *Decem enim sunt precepta qui omnia in hiis versibus continentur...*
De decem preceptis
Ms: Bruxelles, BR II.2095 (2245) f.141-144

1493. *Decem sunt Domini mandata. Primum est: non habebis deos alienos;* (Ex. 20,3) *decem sunt Domini mandata. Primum est: non habebis deos alienos* (Ex. 20,3); *istud exponitur dupliciter; uno modo sit: non adorabis etc. id est non debes credere in aliquam aliam creaturam quam in Deum...*
[De decem praeceptis]
Ms: Berlin, Lat. qu. 652 f.129-130

1494. *Decem sunt precepta Dei que data sunt Moysi ad docendum filios Israel in dicabus tabellis* [De decem praeceptis, de duobus mandatis et de quinque sensibus]
Ms: Oxford, Bodl. Lat. th. e. 35 f.31-32

1495. *Decem sunt precepta videlicet: non habebis deos...*
Notae de decem preceptis
Ms: Erfurt. D. 21 f.118-119

1496. *Decime, ut ait decretum, sunt tributa egentium animarum. De omnibus autem, ut ait decretalis, licite acquisitis danda est decima...*
See: Hoc opusculum in tres partes diuiditur...

1497. *Dedit Dominus sancto Moysi...*
[De decem praeceptis]
Ms: Oxford, Bodl. Laud. misc. 409 f.63

1498. Dedit illi cor ad [*coram*] *precepta* (Eccli. 45,6)... *Dedit dominus decem precepta cuilibet...*
   [De decem praeceptis; de virtutibus]
   Ms: Wrocław, Uniw. I.O.52 f.94-117
   Cf: Audi Israel precepta... Dedit illi cor...

1499. Deducant oculi mei lacrymas per diem (Ier. 14,17)...
   Planctus peccatoris
   Ms: München, Clm 7210

1500. Defecerunt scrutantes scrutinio, ait ps. 63,7. Lo scruptinio el quale e la confessione in nella quale...
   S. Antonino, *Defecerunt fulgare*
   Printed: G. A-835-836
   See: Defecerunt...Scrutantes

1501. Defecerunt scrutantes scrutinio...(Ps.63,7). *Scrutantes aliorum peccata sunt confessores. Scrutinium autem est inquisitio...*
   (Cap.1) Quantium igitur ad primum, ut habeas auctoritatem audiendi...
      Antoninus Florentinus, O.P., *Confessionale* or *Circa confessiones* or *Directorium simplicium confessorum* or *Tractatus de confessione* or *De confessionibus, excommunicationibus et absolutionibus* or *Summula confessionis* or *Summa confessionis (confessionum, confessionalis)* (Recensio brevior)
      Mss: Kaeppeli 256
      Printed: GW 2080 etc.; Goff A-786 etc.
      Cf: Defecerunt scrutantes scrutinio...Scrutinium quoddam..(*Rec. longior*) Postquam ille qui vult confiteri...

1502. Defecerunt scrutantes scrutinio...(Ps.63,7). *Scrutinium quoddam est confessio in quo et penitens scrutatur consientiam suam...*(Prol.) (Cap. 1) *Notandum primo quod non sacerdos, etsi possit audire confessiones in casu mortis...*
      Antoninus Florentinus, O.P., *Confessionale* (recensio longior)
      Mss: Kaeppeli 256
      Printed: GW 2103 etc.; Goff A-797 etc.
      Cf: Defecerunt scrutantes scrutinio...Scrutantes aliorum peccata... Postquam ille qui vult confiteri...

1503. Dei Filius visitavit nos in domum nostram vilem ...
      See: Dum medium silencium omnia et nox in suo curso ... Dei filius ...

1504. Dei nomine inuocato. Punctus siue materia que michi proposita est, continet nouem assertiones seu conclusiones...
      Fridericus Frezzi de Fulgineo, O.P., *Iudicium de liceitate tyrannicidii*
      Kaeppeli 1151

1505. Dei omnipotentis Filius inter cetera sacre locucionis sue verba...
      'doctrina qualiter homo debet vivere, etc.'
      Ms: London, BM Burn. 356 f.216-218 (S.XV) (imperf. at end)

1506. Dei omnipotentis Filius, inter cetera [and *sacre*] *sue loquutionis verba suis loqueus discipulis dixit: Primum querete reguum Dei...*
      Mss: Fritzlar 17 f.1-8; Praha, Univ. V.A.7 (798) f.110-149; Rouen A 526 (677); Troyes 862
      Cf: Dominus dicit in Evangelio: Maiorem caritatem...

1507. Deicit infatuat, condempnat, deprimit...
      De VII vitiis (poem)
      Mss: Bruxelles, BR 5614-16 (cat. 2148) f.2-4; Klagenfurt Studienb. Perg. f.82-83; München, Clm 9624 f.64; 12658 f.205 seq. (with commentary); 16110 f.244; 16439 f.19-25; Vaticana, Borgh. 107 f.43-71; (Walther IC 4225)

LIST OF INCIPITS 141

1508. Deicit, occidit, excecat ... (variant)
See: Deicit, infatuat ...

1509. Delectare in Domino (Ps. 36,4)...
See: Volo nos experiri illud quod sanctus Propheta ... Delectare in ...

1510. Delicias mundi casso sectabar amore/ Qui cinis...
[Poem on contempt of world]
Ms: Paris, BN lat. 8433 f.115
Printed: HLF XI, 6

1511. Delirat et despicit quia iam senescit mundus...
[Poem]
Walther IC 4239

1512. Demogaron, summus deorum genitor genuit Orionem...
Genealogici falsorum deorum
Ms: Venezia, Marc. Lat. X 70 f.73-78 (Valintinelli IX.63; t.III p.47)
See: Fuit vir in Aegypti ditissimus...(1st part?)

1513. Denotatio quindecim graduum. Primus itaque est us quis peccatum...
De quindecim gradibus poenitentiae
Ms: Troyes 558

1514. Deo amabilibus et sibi in Christo reverendis omnibus sacerdotibus sub sanctae Romanae et universalis Ecclesiae obedientia constitutis... Gloriosus doctor...(ded. epist.)
See: Materia baptismi debet esse aqua pura...

1515. Deo digno et electo pontifici...
Bernardus de Waging (Baging) OSB, *Consolatio tribulatorum*
Mss: München, Clm 4403 f.96-122; 7007 f.109-137; 18600 f.201-219; 18548 f.125-162 (Auer 311)

1516. Deo me totum...
See: De me totum

1517. Depraedari desiderat qui thesaurum in via publice deportat...
De poenitentia
Ms: London, BM Roy. 13 A. VII f.172

1518. Descendam igitur et videbo utrum clamorem qui venit ad me, in opere compleverint (Gen. 18,21). *Inter omnia peccata, quorum proch dolor est diversitas nimia, quatuor sunt genera...*
De quatuor peccatis maioribus
Ms: Trebon, Arch. A 18 f.252-254

1519. Descendi in ortum meum ut viderem pomam convallium (Cant. 6,10)... *Sicut aliquis habens vinea ...* (prol.)
See: Penitentiam agite, appropinquabit ... Legitur in Ecclesiastico ...

1520. Descendit Moyses de monte portans duas tabulas...
De decem preceptis
Ms: København, Gl kgl. S.1371 qu. f.199-202

1521. Descriptio virtutis theologicae. Quoniam necessarium est ...
See: Quoniam necessarium est ad eternam salutem ...

1522. Describunt poetae amorem mundi...
De amore mundi
Ms: Oxford, Corpus Christi 155 f.14 seq.

1523. Desiderabilia super aurum et lapidem preciosum multum (Ps.18,11)...
   A work on confession (a prose commentary on 'Peniteas cito' 3808 below?)
   Ms: Uppsala C 213

1524. Desiderasti a me, karissime, ut aliquid scriberem tibi...
   Prol: Dilecto in Christo Fratri Bertholdo...Desiderasti a me...

1525. Desiderii tui, carissime, petitionibus satisfacere cupiens...(Prol.1) (Prol. 2) *Cum scribere illiterato debeam, non miretur...* (Lib.1) *Si dormiatis inter medios cleros, pennae columbae...*(Ps.67,14). *In sacra Scriptura, frater, tres columbas...*
   Hugo de Folieto (de Foliaco, de Fouilloy), *Tractatus de natura animalium cum expositione mystica et morali* or *De bestiis et aliis rebus* or *De avibus* (first book) or *De columba*
   Mss: Bourges 121 (in part); Bruxelles BR 8536-43 (cat. 1489); II.1076 (cat. 1491); Cambridge, Corpus Christi 164 (II) f.1; Pembroke 258 f.44; Peterhouse 259 (V) f.1; Sidney Sussex 100 D. 5.15 f.1; Charleville 166b; Dijon 225 (187); Douai 370; Dresden 14198; Paris, Arsenal 550; Paris, Mazarine 740; Paris, BN lat. 2494; 2495; 12321 f.125; 14512; Praha, Univ. V.A.7 (798) f.19-51; VIII.D.22 (1517) f.88-99; Troyes 177; Valenciennes 101; Vaticana, Regin. lat. 221 f.18-31; 290 f.1-34; Vat. lat. 1047; Vendome 156; Vitry-le-francois 63 (Thorndike-Kibre 404, 1447)
   Printed: PL 177, 13 seq.

1526. Desiderio meo volens satisfacere cum tempus...(Prol.)
   See: Cum igitur meditatio vel contemplatio multum...

1527. Desiderium caritatis vestre a nobis exigit debitum...
   Ps.-Augustinus (?), *De quatuor virtutibus caritatis*
   Mss: Bruxelles, BR 657-66 (cat. 1126) f.93-96; Cambridge, Corpus Christi 154 f.141; 316 f.116; 344 f. 73; Cambridge, Peterhouse 180 f.142; Cambridge, Trinity B.2916 f.217; Cambridge, Univ. Hh.4.13 f.120-124; Douai 392 f.102; Durham, Cath. B. II.20; Klosterneuburg 215; London, BM Add. 18007 f.117; 34633 f.220; Harl. 3067 f.94; Metz 136 n.6; München, Clm 28596 f.40-46; Namur, Mus. Arch. Ville 160 f.81-86; Oxford, Bodl. Bodl. 321 f.159 (Sc 2237); Paris, BN lat. 17400 f.87 seq.; Praha, Univ. I.F.13 (245) f.172-178; Troyes 40 (vol. 10), no13 (Clavis n.368 p.89 and 634 [Sermo 106])
   Printed: PL 39, 1952-1957; PL 47, 1127-1134

1528. Desperare gravissimum est peccatum quod fecit Iudas...
   [Short theological work]
   Ms: Avignon 591 f.39

1529. Despicio miseros quia dicor maximus heros...
   Dyalogus de conflictu viciorum et virtutum
   Ms: Cambridge, Univ. Ee.VI.29 f.23

1530. Despondi vos uni viro... (II Cor. 11,2). *Sicut dicit Damascenus, lib.4, c.16, virginitas est semen spirituale...*
   Conradus de Halberstadt, O.P.,
   Kaeppeli 768

1531. Destituet terras decus orbis, gloria rerum/ Virtus, mortali dicta...
   Ps.-Hildebertus Cenomanensis,
   [Satire against avarice]
   Mss: Paris, BN lat. 5129 f.94; Wien, Nat. 848; 857
   Printed: PL 171, 1402

1532. Detectis utcumque parumper arris quibus debemus diligere Deum nostrum absconditum...
   Iohannes Wyclif, *De decem mandatis (c. 15-30)*
   Ms: Cambridge, Univ. Ii.3.29, f.2, ff.1-14,
   Cf: Premittet iste sapiens...

1533. ***Determinato superius quid sit malum et quot et que sunt species mali, et quid bonum et quot et que sunt species boni...***
Ricardus Poor, *Summa de sacramentis*
Ms: Oxford, Corpus Christi 360 ff.79 seq.

1534. ***Detineor vinctus vinclis...***
Dominicus de Viterbo, *De miseria sua*
Walther IC 4300

1535. ***Detractio est diminutio famae alterius occulta ...***
See: De detractione. Detractio est ...

1536. ***Deum apparuisse diversis personis sub visibilibus signis...***(Rubric)
Vitalis de Furno, O.F.M., *Speculum morale totius sacrae scripturae*
Mss: Gdansk, Mar. F.16 f.39-397; Oxford, Bodl. Laud. misc. 255; Paris, BN lat. 3148; (Stegmüller RB 8309) (Glorieux 330n)
Printed: Lyon 1513; 1568 Venezia 1594; 1600; 1603.
See: Notandum quod in triplici specie visibili apparuit.

1537. ***Deum esse multis modis ostenditur. Hoc enim fides recta testatur, sacra Scriptura loquitur...***(Lib.1)
Hugo Ripelinus, *Compendium theologicae veritatis*
See: Prol. Veritatis theologice sublimitas...

1538. ***Deum esse non solum omnis docet*** [and ***docet omnis***] ***Scriptura divina...***
See: Quoniam in libello de exemplis naturalibus...

1539. ***Deum nemo vidit unquam. Unibenitus Filius*** (Ioh. 1,18)...
Iohannes Damascenus, *De theologia dogmatica et morali* or *De Fide Orthodoxa* (trans. Burgundio Pisanus)
Ms: cf. Ed. Buytaert pp.XX-XLII. Perth, Western Australia, State Lib. of W. Aust. Ms.2
Printed: E.M. Buytaert (Franc. Inst. Publ. Nr. 8) St. Bonaventure 1955

1540. ***Deum non diligere filialiter...***
Ms: Uppsala C 73

1541. ***Deum qui te genuit dereliquisti*** (Deut.32,18)...
See: Prima pars incipit de auersione in generali...Deum qui te genuit...

1542. ***Deum time et mandata eius observa*** (Eccl. 12,13). ***Sapiens veritatem huius mundi desiderans...***
[De decem praeceptis]
Ms: Milano, Ambros. A.24 f.1

1543. ***Deus cuius scientia non est finis...***
Ricardus Rolle de Hampole, *Stimulus conscientiae* (qui ab Anglico in latinum a minus sciolo est translatus...)
Mss: Cambridge, Magdalen 14 f.14-31; Cambridge, Pembroke 273 f.1-29; Cambridge, Univ. Dd.IV.50 f.55-98
Prol: Ab eterno et ante tempora...

1544. ***Deus deorum Dominus locutus est...***(Ps. 49,1). ***Deus verus qui est Dominus sanctorum...***
Antoninus Florentinus, O.P., *Tractatus de simonia*
Mss: Kaeppeli 243

1545. ***Deus dicit in Evangelio maiorem dilectionem...***(variant)
See: Dominus dicit in Evangelio: Maiorem caritatem...

1546. ***Deus est principium immortale...***
Petrus Berchorius, O.S.B., *Reductorium morale*

Mss: Praha, Univ. VIII.B.10 (1446) f.63-104; XII.A.13 (2090) f.1-79
See: Deus quia proprie speculationis est... A, a, a, Domine Deus, ego nescio loqui. Sicut dicit Bernardus... Deus quia proprie speculationis est...

1547. Deus est quo nihil melius excogitari potest...
Robertus Grosseteste (Lincolniensis), *De confessione* or *Quomodo examinandus est penitens cum venerit ad confessionem* or *De modo examinandi penitentes*
Mss: See S. Wenge, 224-227
Printed: S. Wenge, Robert Grosseteste's Treatise on Confession *Deus est*, in *Franciscan Studies* 30 (1970) 239-293.

1548. Deus et Dominus noster curans et sanans omnes animae languorem...
Augustinus, 'de Golia et David ac de contemptu mundi'
Printed: PL 38, 196-207

1549. Deus hominem ad imaginem fecit et ...
See: Erubesce Sidon, ait mare ... Deus hominem ...

1550. Deus hominem fecit perfectum et talem scilicet quod posset et velle bonum et non velle. Et hoc est liberum arbitrium...
[Collection of sententiae]
Printed: Weisweiler 292 seq.

1551. Deus igitur in hoc opusculo mihi sit in auxilium qui me librum hunc componere et in latinum transferre compulit...
See: Dixit Patrus Alphonsus seruus Christi...

1552. Deus in evangelio: qui ex Deo est Verba Dei audit (Ioh. 8,47). *Gregorius in omelia = cibus mentibus est servio Dei...*
Speculum Christiani or *Cibus Animae*
Mss: Cambridge, Trinity Hall 16; London, BM Roy. 5 A.VI; Manchester, Ryland lat. 341; Oxford, Balliol 239 f.27 -77b (R.A.B. Mynors, Catalogue...Balliol, Oxford 1963 p.259)

1553. Deus in mundi creatione ante omnia tamquam magis ...
See: In principio creavit ... (Gen. 1,1). Deus in mundi ...

1554. Deus miserere mei, miserere...
[Poem on penitence]
(Diaz 464)
Printed: F.J. Simonet, Historia de los mozarages de Aspana (Madrid 1897-1903) 833

1555. Deus propter vestram laudem et perfectionem et decus. Incipit ista ars consilii. Cum sit hoc, quod consilium dubitabilis propositio...
Raimundus Lullus, *Ars consilii*
(Glorieux 335 ht)
Printed: *Opera Latina* n. 253 (Palma, 1960) p.215 seq.

1556. Deus que est Filius, natus de divino Patre infinito. Incipit liber de obiecto finito et infinito. Quoniam multi sunt, qui nesciunt in Deo esse plura obiecta infinita...
Raimundus Lullus, *Liber de obiecto finito et infinito*
(Glorieux 335 hm)
Printed: *Opera Latina* n.245 (Palma, 1960) p.99 seq.

1557. Deus, qui in cunctis existis causa agendi. Incipit liber qui est de civitate mundi. Civitas est locus hominum, in quo intellectus humanus...
Raimundus Lullus, *Liber de civitate mundi* (335 hr)
Printed: *Opera Latina* n.250 (Palma, 1960) p.171 seq.

1558. Deus qui vis creaturam...
    Modus confitendus (poem)
    Printed: *Analecta hymnorum* 231: 239 seq.

1559. **Deus quia proprie speculationis est de rebus subiectiue...**(Chap.1)
    Petrus Berchorius, O.S.B., *Reductorium morale*
    Stegmüller RB 6425; HLF 39 pp.46-91 et 176-188 (Mss et edd.),
    See: Videte quomodo non solum mihi...(prol.)
    Cf.: Cum jam per opacam floris...(prol. to Berchorius *Reductorium morale super Bibliam* whose pref. epis. has same incipit as Chap. 1 here)

1560. **Deus seorsum erat et homo deorsum...**
    De conflictu virtutum (possibly a selection from Hugo of St. Victor)
    Ms: Gdansk 1657 f.202-203

1561. **Deus solus est, et nemo avertere potest** ... (Job 23,13). **Quanto quis divinae aequitatis rigorem ac propriae conversationis** (prol.)
    See: Quemadmodum nihil desiderabilius est ...

1562. **Deus spiritus sancte timeo** ... (variant)
    See: Domine Deus spiritus sancte ...

1563. **Deus unus est. Contra, Apostolus ait: Sunt multi dii** (I Cor.8,5). **Dicitur Deus essentialiter et naturaliter...**
    Guillelmus de Montibus, or Lincolniensis (Shirwood?, Northfield?), *Summa quae dicitur numerale* or *Summa secundum progressum numerorum*
    Mss: See Gloreiux 125 f. Add: Durham, Cath. B.IV.20
    See: Deus unus est. Contra. In...

1564. **Deus unus est. Contra** [or **et contra**]. **In principio creavit Deus: Hebraīce 'Eloym'...** (variant)
    See: Deus unus est. Contra, Apostolus ...

1565. **Deus, vestra bonitate. Incipit liber, qui est de bono et malo. Cum christiani dicant Deum agere bonum...**
    Raimundus Lullus, *Liber de bono et malo* (Gloriéux 335 hw)
    Printed: *Opera Latina* n.272 (Palma, 1960) p.311 seq.

1566. **Devocionis vestre sinceritas mihi dudum** ... (prol.)
    See: In Christo sibi dilecto Pyrio [ded. epis.?]

1567. **Diabolus maritauit se sic peccato...**
    [Excerpta ex Summa 'Qui bene presunt']
    Ms: London, Roy. 8 A.XV f.122-159
    See: Qui bene presunt presbyteri...

1568. **Diabolus mille fraudes...**
    Latin trans. of Ricardus Rolle, Form of Living (frag.)
    Mss: Cambridge, Gonv. and Caius 140 f.108-115; London, BM Harl. 106 f.1 (flyleaf); (Allen 262)

1569. **Diabolus temptans dicit: Superbus sis...**
    Altercatio diaboli et angeli de septem peccatis mortalibus
    Mss: Basel, Univ. B.IV.28 f.5-7; B. V.32 f.80-82; B.VIII.32 f.145-146

1570. **Dic homo, cur habuteris** [!]/ **Discrecionis gracia/ Cum vite viam deseris/ Et tendis ad supplicia...**
    Meditacio mortis
    Mss: Paris, BN lat. 8259 f.233; 14923 f.229; 15163 f.218; Paris, Mazarine 996 (902)

1571. **Dic homo, dic pulvis, quid prodest gloria carnis?**
    De carnis superbia
    Ms: Bruxelles, BR II. 2620 (cat. 1404) f.13

1572. **Dic homo qui transis per me circumspice quid sis...**
    [Verse]
    Ms: Cambridge, St. John's E.8 (111); Walther IC 4362

1573. **Dic homo quid feres qui mundo tortus inheres... Versus mem.**
    Ms: Cambridge, Pembroke 86, flyleaf Walther PS 5559

1574. **Dic homo, responde, quid homo sit, cur sit et unde...**
    Ps.-Hildebertus Cenomanensis, *De brevi subsistentia hominis*
    Mss: Angers 303 (294); Douai 749; Paris, BN lat. 5129 f.102; 8207 f.94; 13343 f.104
    Printed: PL 171, 1442

1575. **Dic mihi saligia quae sunt peccata...**
    Carmina de vitiis
    Ms: Paris, BN lat. 1862 f.152

1576. **Dic queso, O homo, si post devotam...**(varaint)
    See: Quoniam anima per mentale exercitium...Anima: Dic...

1577. **Dicat discipulus magistro illud Pauli ad Rom. 9,2: Tristicia michi magna**
    See: Domine nonne bonum semen...

1578. **Dicatur omnibus parochianis omnibus dominicis diebus...**
    [Instruction on seven cardinal sins; may be part of Alexander Stavensby's *Statuta* 'Cum penitentia consistat'...]
    Mss: Aberdeen, Univ. 137; Oxford, Balliol 228 f.219-220; Oxford, Bodl Bodl. 534 (SC 2252); Douce 88 f.48 (SC 21662)
    Printed: D. Wilkins, *Concitia magn. Brit.* I(1737) 642-64

1579. **Dicatur singulis diebus vel aliis festis omnibus parochianis a sacerdotibus quod septem sunt criminalia...**
    [On the seven deadly sins]
    Ms: Cambridge, St. John's Coll. C.12 (62) f.117

1580. **Dicebant fratres de abbate Gelasio quia habuerit...**
    Vite Patrum: Liber de Patentia
    Mss: Cambridge, King's 4 f.111; Cambridge, Univ. Mm.IV.28 f.119; Add. 2920 f.127

1581. **Dicemus in primis sermones eorum qui...**
    See: Postquam claruit ex ordine ipso rerum diuinalium...

1582. **Dicendo ergo de penitentia uidendum est quid...**
    Anon., *De penitentia*
    Ms: Cambridge, Corpus Christi 519

1583. **Dicendum est de circumstantiis peccatorum quas summo studii et vigilantissima diligentia confiteri hec esse est...**
    [Short work on confession and sins]
    Ms: Vendome 171 f.183

1584. **Dicendum est de illis virtutibus que attenduntur specialiter circa rectum modum vivendi cum aliis et...**
    Ms: Frankfurt am Main, Stadtbibl., Praed. 178 f.3-72; Mainz 305
    See: De tribus speciebus sive modis malorum...

1585. **Dicendum est de singulis viciis...**(variant)
    See: Dicturi de singulis vitiis, cum oportunitas...

1586. **Dicendum est de vitiis seu peccatis. Primo in generali...**
    Iohannes Guallensis (of Wales) (?), *De vitiis et eorum remediis* or *Tractatus de vitiis*
    Ms: London, BM Roy. 4 D.IV f.226; (Little, *Friars* 147)

1587. Dicendum et aliquid de virtutibus...
[Extracts from *Moralium dogma philosophorum*]
Ms: Oxford, Bodl. Rawl. C.504 f.54-58
See: Moralium dogma philosophorum

1588. Dici non potest, dilectissime fili Laurenti, quantum tua eruditione delecter...
S. Augustinus, *Enchiridion* or *Liber de fide, spe et caritate*
Printed: PL 40, 231-290; CC 46, 49-114
See: Fundamentum enim aliud, ait apostolus...

1589. Dicit Apostolus ad Eph.6,11: Induite vos armaturam Dei ut possitis stare aduersus insidias diaboli. Hec armatura est vestis sacerdotalis...
Hugo de Sancto Caro, O.P., *Speculum Ecclesiae* or *Tractatus super missam qui dicitur speculum ecclesiae*
Mss: Barcelona, Univ. 118 f. 2-10; Bratislava, Kap.82 (Knaus 86) f.28-34; Brno, Metsky Archiv 106 (120); Bruxelles, BR 5004-8 (cat. 1625) f.124-141; Cambrai 835 f.278-283; Cambridge, St. John's B.17 (39) f.90-132; Dubrovnik, Dominik. 33; Durham, Cath. Hunter 30 p.61-70; København, Ny kgl.S.1868 fo. f.54-59; Firenze, Maz. Conv. Soppr. J.5.7 f.26-32; München, Clm 8993 f.60-74; 21232; Olomouc, Co 57; Oxford, Bodl. Laud. misc. 75 f.34-38; Praha, Metr. Kap. C.82(513) f.38-45; D 131-2 (802) f.79-98; Praha, Univ. I.C.26 (118) f.4-13; III. C.8(439) f.207-213; XII.B.21 (2126) f.28-32; XIII.G.11 (2378) f.1-14; XIV.E.34 (2568) f.93-95; Rein 22 f.88-92; Rouen, A 454 (671) f.103-115; Solothurn S.209; Stuttgart, Theol. Phil.Q.201 f.118-128; Tours 141 f.48-53; Uppsala, Univ. C.17; C 133; C 168; C 171; C 226; C 249; Vaticana, Palat. lat. 381 f.13-33; Vat. lat. 1237; 4302 f.148-150; 4862 f.129; 5047 (Glorieux 2 aw; G. Sölch, *Hugo von St. Cher O.P. und die Anfänge der Dominikanerliturgie* [Köln 1938] 21-23; *Scriptorium* 16 [1962] p.406, 409)
Printed: Hain 8978-8990, Goff H-515 H-528; G. Sölch, *Hugonis a St. Charo Tractatus super missam seu Speculum Ecclesiae* (Monasterii 1940)

1590. Dicit apostolus Iacobus (5,16); Confitemini...
Forma confessionis
Ms: Vyssi Brod 90 f.74-79

1591. Dicit apostolus Paulus praedicator et rigator fidei ...
See: A veritate quidam auditum avertent ... Dicit apostolus Paulus ...

1592. Dicit Aristoteles X Ethicorum quod homo sapiens maxime felix est... (chap.1)
Iacobus Magnus, O.E.S.A., *Sophilogium*
Mss: Zumkeller, MWA 431 et 431 n; Pamplona, Cab.33
Printed: Hain 10467-10483, Goff M-38 a M-50
Prol: Illustrissimi principis regis francorum devotissimo...

1593. Dicit Hugo de S. Victore: Confessio est accusatoria ...
See: Quid sit confessio. Dicit Hugo ...

1594. Dicit Ioannes Chrysostomus: Confessio est salus animarum, dissipatrix vitiorum... Alibi etiam dicit...
[On confession]
Mss: Paris, BN lat. 14890 f.264 seq.; 15162 f.85 seq.
Variant: Confessio est salus animarum...

1595. Dicit Petrus Alfonsus servus Christi Jesu compositor huius libri. Gratias ago Deo qui primus est ... (prefl.)
See: Enoch philosophus qui lingua Arabica ...

1596. Dicit philosophus G. de animalibus: Cunctis quidem mortius pectus altius solito elevatur; cujus ratio est...
[Moral treatise]
Ms: Loches 26

1597. Dicit philosophus primo Ethicorum...
[A commentary on a metrical version of Raymund of Pennaforte's *Summa* by Adam]
See: Summula de summa Raymundi...In summis festis

1598. Dicit plantator et rigator Christianae fidei Paulus ... (variant)
See: A veritate quidam auditum avertnet ... Dicit plantator et rigator ...

1599. Dicit postilla Nicolai de Gorran ...
See: Super illud Eccli. 23o capitulo ... Dicit postilla Nicolai ...

1600. Dicit Psalmista (Ps. 118,164)*: Septies in die laudem...*
De confessione
Ms: München, Clm 11425

1601. Dicite filiae Sion...Matth.21,5 et 2a Th. IX (Zach.9,9) **quasi dicat Deus pater. O vos, prophetae et praedicatores, dicite filiae Sion...**
De iustitia (themes for preachers)
Ms: Toulouse 369 ff.105 seq.
Similar incipit: Hugo de Sancto Caro, Sermones dominicales, Schneyer, *Wegweiser* p.137
Cf: Nemo potest duobus domini servire...
Simile est regnum celorum...

1602. Dicitur autem decalogus a decem et logos quod est sermo...
De decem praeceptis [Excerpt from Thomas de Chobham's *Summa confessorum* ed. F. Broomfield, Louvain 1968, p.27-37]
Mss: Cambridge, Corpus Christi 441 f.468-473; Wien, Nat. 4627 f.401-402
See: Cum miserationes Domini sint...

1603. Dicitur autem fides virtus qua auis credit...(text II)
See: Qui bene sunt presbiteri duplici honore habeantur...(prol.)

1604. Dicitur communiter: Beatus est qui habet omnia que vult et verum est...
Summa de virtutibus (quotes Thomas de Aquino and Iohannes Buridanus)
Ms: Basel, Univ. A.II.26 f.1-98

1605. Dicitur de singulis vitiis ut [or *cum*] *opportunitas se offert...*
See: Dicturi de singulis vitiis cum opportinitas se offert...

1606. Dicitur Deus essentialiter et naturaliter...(text in some MSS)
See: Unus est Deus et hoc natura docet...

1607. Dicitur quandoque malum iuxta illud, dum commendaretur...(chap.1)
See: Honestas fidei christianae inhonesta pro posse devitat, sed ordo requirit...

1608. Dicitur quod aquile senescenti cornu oris...
[A collection of exempla and sermons]
Ms: Rein 22 f.55/88

1609. Dico igitur quod cor nostrum sex passionibus...
[Tractate on sins and confession]
Ms: Vaticana, Vat. lat. ff.61-161
Prol: Quia propter humanam fragilitatem...

1610. Dico pro notabili isto, quod dicit scriptura Eccli. 15...(Quaest.I)(Quaest.II)*Quando cogitationes sunt peccata et quando non...*(Quaestio de cogitationis turpium)
Henricus Totting de Oyta, *Solutiones quarundam quaestionum ad Dominum Rudolphum* or *Quattuor notabilia*
(Land 104 seq.)

1611. Dico quod in peccato duo considerantur...
Utrum aliquis in hoc presenti potest satisfacere pro peccatis comissis
Ms: Vyssi Brod 22 f.109

*1612. **Dico tibi vere si vis de morte timere/Perdere tunc queris vite quod habere videris...***
   [Poem]
   Ms: Vaticana, Vat. lat. 793 f.96 (Werner n.82; Walther Ps 5639)

1613. **Dicto de arbore virtutum...**
   See: Opus istud vocatur arbor virtutum. Incipit sive hoc est arbor ecclesie...Dicto de arbore...

1614. **Dicto de peccatis quibus homo lapsus est in perditionem, dicendum est de reparatione...**
   Guillelmus Autissiodorensis, *Summa Aurea* lib. III (Glorieux 129b and 154a; Stegmüller RS 281; Doucet, suppl. p.37)
   See: Fides est substantia rerum sperandarum...Sicut enim vera dilectione...

1615. **Dicto de prudentia, que est prima inter cardinales virtutes...**
   Tractatus de quatuor virtutibus cardinalibus
   Ms: Durham, Cath B.IV.35
   See: Item temperantia regit homo se ipsum...(Chap. I)

1616. **Dicto de septem peccatis mortalibus...Nunc dicendum est de decem preceptis...**
   Tractatus de decem preceptis
   Ms: Bruxelles, BR 11841-46 (cat. 2193) f.180-185 [incorrectly numbered 187]

1617. **Dicto de sermocinalibus scientiis secundum ordinem...**
   [Treatise on virtues and vices collected from ancient authors]
   Mss: Avignon 228 f. 171-265; London, BM Add. 18334 f.109-129

1618. **Dicto de symbolo quo in nobis fides plantatur et de oratione dominica qua spes excitata nutritur, dicendum est de preceptis quibus in esse (?)caritas comprobatur dicente domino...**
   See: Fides christiana post presentem vitam...

1619. **Dicto de virtutibus, dicendum est de donis...**
   Ms: Paris, BN lat. 4479 f.70 seq.

1620. **Dicto que fuissent remedia ante legem contra peccata, restat videre que sint superaddita per ipsam legem ... Nunc de preceptis restat dicere. In preceptis comprehenduntur naturalia et figurata ...**
   [De preceptis; de sacramentis]
   Ms: Assisi, Com. 645 f. 122-126
   Cf: In preceptis comprehenduntur ...

1621. **Dictum est de vitiis capitalibus que ex genere suo dicuntur mortalia. Restat videre an sint semper mortalia...**
   [Regulae ex dictis b. Thomae 'pro discreptione peccati mortalis a veniali' in qu. De malo q.7 a.1]
   Ms: London, Society of Antiquaries 334 f.115-117

1622. **Dictum est superius de septem mortalibus...**
   Nota de peccatis
   Ms: Cambridge, Univ. Ff.I.14 f.213

1623. **Dicturi de preceptis considerabimus quid sit preceptum...**
   Iohannes de Rupella,
   [Summa de decem preceptis shortened]
   Ms: Oxford, Bodl. Lat. th. e. 12, ff.101-107
   Cf: following entry

1624. **Dicturi de preceptis, Deo aduivante, volumus hec declarare: quid sit preceptum et qualiter se habeat ad dona, virtutes et beatitudines...**
   Iohannes de Rupella,
   [De decem praeceptis; de consiliis evangelii]

Mss: København, Thott. 103 qu. f.15,34; Oxford, Bodl. Bodl. 2 f. 63-80; 641 f.60-85; Hatton 102 f.162-185; Roma, Casanat. 1473 f.77-88; (Glorieux 302 f.; V. Doucet, Summa Halesiana IV[Quaracchi 1948] p. CCXIII-IV)
Printed: 'verbotenus, paucis omissis vel mutatis' in Summa Halesiana, III, nn.395-410 & 393 seq. (ed. Quaracchi, vol. IV 1948)
See: Preceptum est iussio vel imperium...
Cf: preceding entry

1625. **Dicturi de septem viciis primo dicemus de superbia...**
Tractatus de viciis et virtutibus
Ms: Cambridge, Caius 402 f.265-347

1626. **Dicturi de singulis viciis ante omnia ostendamus doctrinam perutilem...**
(prol. in Berlin, Theol qu. 205 f.138 and Paris, Mazarine 924)
See: Dicturi de singulis vitiis, cum oportunitas...

1627. **Dicturi de singulis viciis primo ponamus ea que sunt vitanda propter tria...** (variant in Bamberg, Theol. 216 [Q.V.73])
See: Dicturi de singulis vitiis, cum oportunitas...

1628. **Dicturi de singulis vitiis, cum oportunitas se offert, incipiemus a vitio gule, quia locus se offert et propter hoc quod dicit glossa...** (De vitiis, Prol.)
(De vitiis, tabula): Tractatus iste continet nouem partes; prima pars continet de hiis que valent ad detestationem vitii in communi... (De virtutibus, tabula): Presens opus habet quinque partes principales: prima est de virtutibus in communi... (De virtutibus, Prol.): Cum circa utilia studere debeamus exemplo Salomonis dicentis 'cogitaui in corde meo...' (De virtutibus, Tract.1): Si separaueris pretiosum a vili quasi os meum eris...
Guillelmus Peraldus (epis. Lugdun.) O.P., *Summa de vitiis et virtutibus* or *Summa vitiorum et virtutum* or *Tractatus moralis de septem viciis capitalibus et peccato linque* or *Summa vitiorum minorum* or *Tractatus de vitiis et remediis vitiorum*
Mss: (Some of the Mss also contain the *De virtutibus*; some of the MSS contain only epitomes). See A. Dondaine, AFP 18 (1948) 184-197. Add: Alencon 28; Antwerpen, Mus. Plantin 41; Bamberg, Theol. 238 (Q.V. 27); Bayeux 38; Brno, Univ. Mk 77 f.95-215; Mk 114 (with considerable variation); NR 17 f.1-122; Brugge, Stadsbibl. 215; Bruxelles, BR (cat. 1884); (cat. 1885); Budapest, Eg. Kön. 54 f.83-88 (abstract); Budapest, Orsz. Szech. Kön. 35; 56; Ceske Budejovice VII.5 f.225-310; Cambridge, Univ. Gg.4.30; Ii.4.8 f.1-147; Mm.5.34; Chartres 228; Darmstadt 425; 426; Dover, Lost lib. St. Martin's Priory, Dover MSS 1426; 2183 (see James, *Ancient Libraries* 456); Dublin, Trinity Coll. 207 (B.4.25) f.80-214; Durham, Cath. B.I.29; B.III 21; Durham, Univ. Cosin V.II.7; Erfurt, Ampl. Qu. 146 f.240-250; Giessen, Univ. 782; 796; 807; Gray 4; Groningen 24; Heidelberg, Univ. Salem 9; 17 f.188 seq. (probably abridged); Köln, Dom. 183; Krakow, BJ 1396; Linz 73(322); Lisboa, Nac. Alcobac. 196(CCXLVI) f.1; London, BM Cotton App. XXIV; London, Gray's Inn 12 f.79-260b; London, Lambeth 390; 473 (imperf.); Mantova, Com. A.IV.11; Milano, Ambrosiana H.168 inf.O; A. Inf.103; New Haven, Yale Univ. 374 (*De vitiis*); Olomouc, CO 220; 221; 303; 407; 413; 431; Oxford, Bodl. Bodl. 677 f.211 (SC 2594); 848 f.49 (SC 2601); Digby 23; Pamplona, Cab. 62; Parma, Univ. 224; Paris, BN lat. 15376 (abridgement); 16422 f.184 seq. (abridged); 17364 f.222 seq.; 17495; Roma, Casanat. 503(A.IV.46); Roma, Corsin. 41.E.42 (1298); Salisbury, Cath. 60 (epitome); Schlägl 184 f.1-164 (abbreviated); Tarragona, Prov. 21 f.1-166; 56 f.56-117; 62 f.158-192 (extr.); 67; Trebon, Arch. A 18 f.272 (imperf.); Trento, Com 1713 f.33 seq.; Trier, Stadtbibl. 633; 731; 1917; 1976; Valenciennes 202; Valognes 20; Volterra XLVIII 2-5; Washington, Congress, Rare Books Division 78; Worcester, Cath. F.38; Würzburg, Univ. M.ch.f.200 (abridgement); M.ch.q.14 f. 13-97

Printed: Basel 1469; 1473; c.1474; c.1475; 1477; Cologne 1479; Paris 1490; etc. (Goff P-83 seq.)
  See: Dicturi de singulis viciis, ante omnia...
Dicturi de singulis vitiis, primo ponamus...Primo Ezechielis pedes...Si separaueris pretiosum a vili...Tractaturi de vitiis, primo agemus de vitio in communi...
  Abridgements: A Domino factum est istud...
Dicturi de viciis a gula incipiamus...Quoniam non vitatur malum...Sicut dicit philosophus: malum vitari...Dicturi ergo...

*1629. **Dicturi de virtutibus, primo dicendum est de fide, que est prima virtutum...***
  [Tractate on faith according to various masters]
  Ms: Münster, in Univ. 257 (312) f.54-74; (F. Pelster, *Scholastik* [1930] V, 50-52)

*1630. **Dicturi de virtutibus theologicis et cardinalibus prius...***
  Tractatus de virtutibus theologicis et cardinalibus
  Ms: Cambridge, Caius 408 f.386

*1631. **Dicturi de vitiis a gula incipiamus, de quo notandum dyabolo placet...*** (an abridgement)
  Summa vitiorum abbreviata [of Guillelmus Peraldus]
  See: Dicturi de singulis vitiis cum oportunitas se offert...

*1632. **Dicturi de vitiis ante omnia tamen ostendemus...***
  See: A Domino factum est istud...

*1633. **Dicturi de vitiis dicamus de ipsis aliquid in generali et primo...***
  Ms: Paris, BN lat. 15376

*1634. **Dicturi ergo de singulis vitiis...***
  See: Sicut dicit philosophus: Malum vitari non potest...Dicturi ergo de...
  [Based on Peraldus's *Summa*]

*1635. **Dicturi ergo in hoc primo libro de decem preceptis moralibus, de diuina lege in qua ipsa continentur breuiter aliqua premittemus...***
  Astesanus de Ast, O.F.M., *Summa de casibus* lib. I (De decem praeceptis)
  See: Bonorum laborum gloriosus est fructus. Nullus autem labor...

*1636. **Dicturi sumus de viciis...***(variant)
  See: Dicturi de singulis...Incipiemus...

*1637. **Dicturus aliquid de tentatione conueniens mihi videtur scrutari...***
  Tractatus de militia humana super terram or *De modis temptationum*
  Mss: Lille 115 f.237 seq.; Paris, Mazarine 930(1145) f.92 seq.

*1638. **Dicturus de aratura spirituali sciendum est quod aratrum ad presens confessionem...***
  De aratura spirituali
  Ms: Oxford, Bodl. Laud. misc. 179 f.262 seq.

*1639. **Dicturus de septem vitiis...***
  [Work on the seven deadly sins]
  Ms: Braunschweig 55 f.237-247

*1640. **Dies** [and **effluunt et**] **labuntur anni: sed infelix ego nihil cogito de peccatis meis...***
  Franciscus Petrarca, *Psalmi confessionales*
  Mss: Osek 71 f.131 seq.; Praha, Univ. VII.G.18 (1368) f.11-24; (A. H. Gilbert, 'Petrarch's Confessional Psalms', *Romanic Rev.* 2 [1911] 429-43)

*1641. **Dies quod sex...***
  See: Nota quot sunt peccata contra Spiritum Sanctum. Dies quod...

*1642. **Difficile est, fateor, sed tendit in ardua virtus...***
  [Versus 52de virtute]
  (cf. Walther PS 5674)
  Ms: Troyes 215

1643. Diffinicio autem sacramenti ex verbis magistri...
   Simon de Hinton, *De septem sacramentis* (excerpt from *Summa iuniorum* Incipit: Ad instructionem iuniorum...)
   Mss: Cambridge, Univ. Mm.6.15; Dublin, Trinity C.4.23 f.108-124; Paris, BN lat. 14483 f.69 seq.
   See: Ad compendiosam sacramentorum...(Prol.)

1644. Diffinitio est solita et perfecta scientia difficilis...
   Diffinitiones virtutum
   Ms: Paris, Mazarine 216 (660) f.168 seq.

1645. Diffinitio superbie. Superbia est derelicto meritis secretario...
   Summa de vitiis
   Ms: Edinburgh, Univ. 80

1646. Diffinitio virtutis Philosophi: virtus est habitus...
   Definitiones virtutum et vitiorum a sanctis et sapientibus
   Ms: London, BM Roy. 8 F.XIV f.74
   Cf: Virtus est habitus mentis bene constitute... Virtus a philosophis ita diffinitur...

1647. Diffinitur autem penitentia...
   See: Penitentiam agite et appropinquabit vobis regnum celorum...[Matth. 3] Diffinitur...

1648. Diffinitur in libro De spiritu et anima: virtus est habitus mentis ad bonum instructe...
   [On vices and virtues and commandments]
   Ms: Siena, Com. G.VII.24 f.29-64
   See: De virtutibus et vitiis. De virtute in communi. Diffinitur...

1649. Digestis igitur sanctorum laudibus almis...
   Aldhelmus, *De octo vitiis principalibus*
   Mss: Cambridge, Corpus Christi 285 f.122-131; Montecassino 152 f.148 seq.; Sankt Gallen, Stiftsb. 242 (Clavis n.1333)
   Printed: PL 89,281

1650. Dignitas peculiaris et propria est et a patre collata filio dei et hominis quod est iudex universorum...
   Tractatus Eboracenses (De charitate et obedientia)
   Ms: Cambridge, Corpus Christi 415 p.284-302
   Printed: H. Bohner, *Kirche und Staat in England* (Leipzig 1899) p. 481-497

1651. Dignum erat, o felix Christi familia, ut eo temporis...(prol.)
   See: Unde vero nunc ordiar...

1652. Dignus es, Domine aperire librum et soluere signacula eius...(Apoc.5,9). Hic est liber scriptus intus et foris, signatus sigillis septem utibi dicitur. Scriptura interior significat articulos fidei...
   Petrus Quesnel, *Directorium Iuris* (Book I)
   See: Si quis ignorat, ignorabitur...

1653. Dignus es, Domine, aperire librum et soluere signacula eius (Apoc. 5,9). *Ista quatuor signacula sunt quatuor sacramenta nota...*
   Tractatus de sacramentis et decalogo
   Ms: Cambridge, Caius 408 f.308-317

1654. Dilecta soror in Christo Iesu, rogo te ut contenta sis...
   Gualterus (Walter) Hilton, *Scala perfectionis* (Latin translation)
   Ms: Oxford, Magdalen 141 f.89 seq.
   See: Activa vita consistit in caritate externis ostensa in bonis operibus... Quod existentia hominis interior...

1655. **Dilecte fili, dilige lacrymas...Non potes iram vitare...**
Ps.-Ambrosius (Valerius Bergidensis?), *Epistola de moribus et honesta vita*
Mss: Brno, Univ. A 95 f.231; Praha, Univ. VII.H.18 (1401) f.31-32 (Clavis n.1289)
Printed: PL 17, 749-752 (827-830)

1656. **Dilecte fili in Christo, rogo te ut contentus sis...**
Gualterus (Walter) Hilton, *Scala perfectionis*
See: Dilecta soror in Christo Iesu, rogo te ut contenta sis...
Quod existentia hominis interior...

1657. **Dilecte mi domine ac frater spiritualis Hermanne...**(prol.)
See: Quilibet peccator volens confiteri, antequam ad sacerdotam...

1658. **Dilecte michi in Christo frater, inter cetera que michi scripsisti...**
Gualterus (Walter) Hilton, *De imagine idoli* or *De imagine peccati* or *Tractatus de cognicione qui dicitur inveni idolum mihi,..*
Mss: London, BM Cotton Titus D.XI f.42; Roy. 6 E.III f.72-75; Oxford, Bodl. Digby 115 f.1-10

1659. **Dilectio Dei uoluntate et secundum primum preceptum...**
Nota de decem preceptis
Ms: Cambridge, Caius 408 f.224

1660. **Dilectio sine simulatione...**
[Moral sentences]
Ms: Sankt Gallen, Stiftsb. 681

1661. **Dilectis in Christo Iesu fratribus, fratri Bertholdo et omnibus novitiis...** (variant)
See: Dilecto in Christo fratri Bertholdo frater David...

1662. **Dilectis in Christo Iesu fratribus, fratri Bertholdo et omnibus novitiis...** (variant)
See: preceding incipit

1663. **Dilectissimo filio Widoni** [or **Vindonii** or **Guidoni**] **comiti humilis levita Alcuinus salutem. Memor sum peticionis tue et promissionis mee...** (prol.)
See: De Sapientia. Primo omnium quaerendum est...
Variant: Dilectissimo amico meo...

1664. **Dilectissimo in Christo ac venerabili patri Hairmanno [Harimanno] presbitero, Adalbertus...Mecum saepius retracto...**
See: Nonnulli namque ita sunt simplices...

1665. **Dilectissimo olim cuidam filio suo humilis levita Aquilinus...**(variant)
See: Dilectissimo filio Widoni...

1666. **Dilecto Deo et hominibus illustrissimo domino in Christo sibi** [and **carissimo**] **divina sanctitate gratia** [or **clementia**] **francorum principi Ludovico...**
Vincentius Bellovacensis, O.P., *Speculum mortis et de consolatione mortuorum* or *De morte amici consolatoria*
Mss: Paris, BN lat. 16390 f.15 seq.; Valencia, Cab. 48 f.1 seq.
Printed: Basel 1481 (Goff V-277)

1667. **Dilecto filio Guidoni ego Alcuinus...**(variant)
See: Dilectissimo filio Widoni...

1668. **Dilecto filio Senior salutem, Stesichorus inter laudem et vituperationem Helenae fluctuans...**(prol.)
See: Propheta in persona Domini loquitur: Attendi et auscultavi...Cum homo (chap.1)

1669. **Dilecto fratri G. ceterisque servis Christi...**(prol.)
See: Loquar secreto anime mee et...

1670. **Dilecto in Christo fratri Bertholdo frater David, quod Deo operante bene incepit...Desiderasti a me, frater carissime, ut...**(prol.)
    See: Primo semper considerare...(Bk I)
    Variant: Dilectis in Christo Jesu fratribus, fratri Bertholdo...

1671. **Dilecto in Christo fratri salutem et Spiritus sancti gratiam. Quia vero ex tenore cuiusdam littere...**
    Gualterus (Walter) Hilton, *Speculum de utilitate religionis regularis* or *Epistola ad quemdam religiosum*
    Mss: London, BM Harl. 3852 f.157; Roy. 6 E.III f.123-128; 8 A. VII f.1; Oxford, Bodl. Digby 33

1672. **Dilecto N. qui fugit horrorem Babilonice conversationis mundialis...**
    [On confession]
    Ms: Trebon, Arch. A 17 f.142

1673. **Dilecto suo fratri Geruasio frater Guigo: delectari in Domino. Amare te frater ex debito teneor...**
    See: Cum die quadam corporali manuum labore...

1674. **Dilecto suo Stephano, R[obertus] salutem. Dum tue, mi dilecte Stephane, voluntati...**(Prol.)
    Quod prima penitentia fit...(Intro. table) Noverit ergo fraternitas tua quod tres sunt...(Text)
    R[obertus], *Liber penitentialis* or *Libellus de danda penitentia* or *Poenitentiale*
    Mss: Cambridge, Peterhouse 172 (III) f.1; London, BM Cotton Cleop. A.XII; Cotton Faust A.VII. f.1-7; Harl. 536; Oxford, Bodl. Rawl. A.466 f.40-47; Merton 267 f.89-103; Sarnano, Com. 42 (E.104) f.1 seq.

1675. **Diligens inquisitor et subtilis investigator...**
    Fr. Angelus, O.F.M., *Summa confessorum* or *Questiones pro interrogationibus in confessione fiendis*
    Ms: Metz 621

1676. **Diligenter exerce agrum tuum et post edifices...Sic dicitur** (Prov. 24,27). **Iste ager cor hominis est...**
    Claustrum anime or *De praeparatione cordis sive de praeparatione domus animae* or *Tractatus de domo interiori fundanda*
    Mss: Leipzig, Univ. 398 f.1-60; München, Clm 13567; Praha, Univ. V.B.15 (832) f.168-221; Wrocław, Uniw. Rehd. 286 f.93-178.
    Prol: Domine dilexi decorem domus tue...Ps. 25,8
    Glossa dicit hic: dilexi me...
    Cf: Abbas huius claustri est iugis meditatio...

1677. **Diligenter in lege domini...**
    Petrus Lemovicensis, *De oculo morali*
    Variant in Praha Univ. XIV.e.25 (2559)
    See: Si diligenter voluerimus

1678. **Diligere Deum super omnia ex toto corde, ex toto anima et ex tota virtute** (Luc. 10,27) **quantum sufficit viatori ad salutem...**
    Iohannes Gerson, *De praeceptis decalogi* in *Regulae Morales*
    Printed: *Opera omnia* (Antwerpiae 1706) III 95-97

1679. **Diliges Deum tuum prima (?) Qui non diligit Deum tempore mortis...**
    [De decem praeceptis]
    Ms: Uppsala, Univ. C 396 f.129

1680. **Diliges Dominum Deum tuum** (Matth. 22,37)**...Cum hoc tibi preceptum fit...**
    Iohannes Gerson, *Dialogus de perfectione cordis* (*Oeuvres Completes* ed. Glorieux, I [Introd.] 1960 p.57)

Ms: Wien, Nb ser. nov. 2886, f.88-103
Printed: Gerson *Opera* (Antwerp 1706) III, 436-449

1681. **Diliges Dominum Deum tuum** (Matth. 22,37). **Divina scriptura licet sit plena divinis preceptis, tamen quicumque homo habens usum rationis vult venire in regnum celeste...**
[De amore Dei et proximi; de decem praeceptis; de peccatis]
Ms: Wien, Nat. 4533 f.276-349

1682. **Diliges Dominum Deum tuum...**(Matth. 22,37) **Et seiunxit dicens: secundum autem...**
Nicolaus de Dinkelsbühl, *Tractatus de dilectione dei et proximi*
Ms: Praha, Univ. I.G.1 (275) f.156-190 (Madre 167)
Cf: Scribitur Matth. 22 quod cum cuidam...

1683. **Diliges Dominum Deum tuum** (Matth. 22,37). **Teste Domino salvatore nostro maximum mandatum...**
Nicolaus de Dinkelsbühl(?),
[De decem praeceptis]
Ms: Erlangen 515 f.317-332
Cf: Scribitur Matth. 22 quod cum...

1684. **Diliges proximum tuum sicut teipsum** (Matth. 22,39). **Pharisei praue intelligentes hoc mandatum dicebant homines debere diligere amicos sed inimicos odire...**
Ps.-Thomas de Aquino, *De decem praeceptis*
Mss: Erfurt, Domarchiv Theol. 14 f.85-89; Toledo, Cab. 19-15 f.173-174; Vaticana, Palat. lat. 368 f.85-89

1685. **Diligite iusticiam qui iudicatis terram** (Sap. 1,1). **Circa istum librum, qui liber sapiencie nuncupatur...**
Robertus Holcot, O.P., *Liber sapiencie*
Mss: See Stegmüller RB 7416 and Welter 366 n. Add: Cambridge, Caius 71 (38) f.105-215; Klagenfurt, Studienbibl. Pap.52; Klosterneuburg 165 f.1-412; Krakow, Uniw. 380 f.54-204; Paris, Arsenal 57 C
Prol: Dominus petra mea et robur meum...Artes et sciencie...

1686. **Diluuium causet abominabilem reddit hominum...**
Nota de luxuria
Ms: Cambridge, Univ. Ii.6.19 f.182

1687. **Dinam attende si domi sedesset...**
Bernardus, *De periculo temptationis*
Ms: Cambridge, Corpus Christi 459 f.53-54

1688. **Diocletianus imperator in civitate Romana regnavit prudens valde qui inter omnia...**
Gesta Romanorum moraliter exposita
Ms: Oxford, Magdalen 60 f.165 seq.
See: Pompeius regnavit, dives...

1689. **Diocletianus imperator, mortua Eva uxor...**
De septem sapientibus tractatus
Ms: Oxford, Corpus Christi 183

1690. **Disce Deum colere nomenque Dei reuerere...**
Robertus Grosseteste, *Versus de decem mandatis* or *Decem precepta metrice*
Mss: Berlin, Lat. oct. 106 f.291; Budapest, Eg. Kön. 379 f.48; Cambridge, Corpus Christi Coll. 433 flyleaf; 481 p.420; Cambridge, Univ. Ee.6.29 f.55; Ff.1.11 f.88; Ii.1.22 f.105; Douai 533 f.210; Graz 873 f.71-72; London, BM Harl. 979 f.39; Paris, BN lat. 14923 f.306; Sankt Gallen, Stif sbibl. 753 (Thomson 141; Walther PS 5844)

1691. *Discipulus cujusdam sancti senioris...*
   Contra spiritum fornicationis
   Ms: Wien, Nat. 433

1692. *Discite a me...*(Matth. 11,29) **Qui ergo in caelo...**
   De gradibus humilitatis
   Ms: Wien, Nat. 3645 f.103-106

1693. *Discite a me, quia mitis sum et humilis corde et invenietis...*(Matth. 11,29). **Quia vero Christus Dominus pridie quam pateretur...**
   Franciscus de Mayronis, O.F.M., *De humilitate et eius gradibus* or *De gradibus humilitatis*
   Mss: Bologna, Archiginnasio A 92 f.146; München, Clm 8345 f.78; 9020 f.66; 18779 f.73; Wien, Nat. 3645 f.103-106 (B. Roth, *Franz von Mayronis, O.F.M.*, *Franziskanische Forschungen* 3 [Werl 1936] 233)

1694. *Displicuisse bonis non est infamia parva...*
   Hildebertus (?),
   [Elegiac moral verses]
   Ms: Leipzig, Univ. 212 f.188 (Walther PS 5996)

1695. *Disposui testamentum electis meis...*(Ps. 88,4)...
   Tractatus de octo beatitudinibus
   Ms: Praha, Univ. IX.B.9 (1695) f.134-143

1696. *Diu et saepe mihi cogitanti ut tibi carissime scriberem...*
   De quatuor novissimis
   Ms: Charleville 57

1697. *Diuersitas culparum diuersitatem facit...*
   De remediis peccatorum or *Canones penitentiales* or *Penitentiale*
   Ms: Wien, Nat. 2171 f.38-47; Heiligenkreuz 217 f.30 seq. (Bk I)
   Sane quia de livore invidie (Bk II). Presbiter si uxorem
      acceperit (Bk III)

1698. *Diuersitas culparum diuersitatem facit penitentiarum.* **Nam et corporum medici diuersa medicamenta componunt...**
   Cummeanus, *Penitentiale*
   Ed. H.J. Schmitz, *Die Bussbücher...*I Mainz 1883 p.611-676; II Düsseldorf 1898 p.597-644.
   Cf: Fournier-Le Bras, *Hist. des Coll. can.* I Paris 1931 p.53.

1699. *Dives agit: Si nobilitas mea magne quid inde...*
   [Poem on vanity of world]
   Ms: København, Gl. kgl. S. 1382 qu.

1700. *Divicias spernit mundanas qui bene cernit?...*
   De contemptu terrenorum hexametri novem
   Walther IC 4641
   See: Omnes vilescunt mortales orbis amores...(variant)

1701. *Dividitur autem...In summis festis ad missam dicitur una...*
   See: In summis festis ad missam dicitur...

1702. *Dividitur ergo presens opusculum in tres partes, in quarum prima...quantum sacramentum in generali, primo videndum est de eorum institucione...*
   See: Quoniam secundum quod dicit propheta Malachias...

1703. *Dividitur istud opus in quinque partes et quelibet pars in suos libros...* (pref.)
   See: De religione Dei. Tullius de natura Deorum...(chap.1)

1704. ***Divina nobis monita totiens clamant mundum fugere...***
    Tractatus de mundo fugiendo
    Ms: Cambridge, Jesus Q.G.11 f.149 (prob. just one page)

1705. ***Divina sapientiae subtilitas...***
    De conscientia
    Ms: Wien, Nat. 4072 f.134-138 (imperf.)

1706. ***Divina substantia bonitas est, quae quidem in idiomate graeci...***
    Cardinal Laborans, *De iustitia et iusto*
    (A. Landgraf in *Florilegium Patristicum* XXXII [Bonn 1932] 6-42)
    Prol: Memini, vir illustris, sapientiae luce virtutumque...

1707. ***Divinas virtutes signat...***
    Tres virtutes theologicales
    Ms: Stockholm, Kgl. Bibl. MS. Vu.1

1708. ***Divini prosecutores eloquii, in plerisque tractatibus suis...***
    Generalis invectio contra omne genus hominum in hac vita male viventium
    Mss: Charleville. 244; Tours. 399 A f.24-31

1709. ***Divinorum preceptorum primum est istud...***
    Nota De decem mandatis Domini
    Ms: Cambridge, Univ. Mm. 6.15 f.7

1710. ***Divinum nobis per organum sapiencie resultat oraculum...***
    Ulricus [Engelbertus] de Argentina, *Summa de summo bono*
    Mss: Erlangen, Univ. 530 - 1-2 (Irm. 619; 819) etc. (J.Daguillon 32-108; Glorieux 39d; I. Backes in *Histor. Jahrbuch* 62-69[1949]358-386)
    Printed: Ulrich de Strasbourg, La *'Summa de Bono'*Livre I by J.Daguillon (Bibl. Thom. XII) Paris 1930

1711. ***Divisiones miserationum sunt in ecclesia Dei: Activi, contemplativi, prelati...***
    Prol: Quasi stella matutina in medio nebule...Proprietates

1712. ***Divus Bernardus: Soror karissima, audi Dominum Jesum Christum dicentum in evangelio: Omnis qui relinquit domum, aut patrem aut matrem... Unde valde bonum est, nobis omnia terrena propter nomen domini relinquere...***
    Ps.-Bernardus (Thomas de Frigido Monte), *Liber de modo bene vivendi*
    Cap. 8 De contemptu mundi (PL 184, 1212 seq.) 'Divi Bernardi ad virginem de contemptu mundi et rerum mundi. Dialogus. Interlocutores, divus Bernardus et virgo.'
    Ms: Verona, Capit. 113 f.94-95
    See: Dominus dicit in evangelio: omnia possibilia sunt credenti...

1713. ***Dixi: confitebor injustitiam...(Ps. 31,6). Secundum Augustinum, initium bonorum operum...***
    Iohannes Halgrinus de Abbatisvilla (d'Abbeville), *De confessione*
    Mss: Leipzig, Univ. 455 f.1-76; 456 f.37-210; 457 f.1-153; Paris, BN lat. 14961 f.104 (Glorieux 113 d)

1714. ***Dixi: confitebor adversum me iniustitias...(Ps. 31,6). Introductio de centurione...***
    S. Antoninus, *Sermo de preparationibus confessionibus generalis*
    Ms: Roma, Casanat. 83 f.1-2
    See: Defecerunt scrutantes scrutinio... (which work this sermon frequently precedes).

1715. ***Dixi igitur in corde meo...Quando in corpore hominis apostema...***
    Thomas Anglicus (Waleys), *Moralitates in Ecclesiasten*
    Ms: (cf. Stegmüller RB 8249 et 8249,1)

1716. **Dixit Apostolus ad Eph. 6,11: Induite vos armaturam Dei...**
See: Dicit Apostolus ad Eph. 6,11: Induite vos...

1717. **Dixit beatus Frater Aegidus: Praevide verba...**
Monita de virtutibus
Ms: Roma, Angelica 140 f.9-14

1718. **Dixit Dominus Ysaie propheta...**
Formula qualiter sacerdos novellus et simplex debet se in audiendis confessionibus habere
Mss: Praha, Univ. adlig. 40.G.6 (2792) f.30-40; Schlägl 121 f.230-239

1719. **Dixit Iesus discipulis suis** (Matth. 6,16): *Cum ieiunatis...*
Quamvis tota vita nostra, dum nemus in vita presenti...
Augustinus de Urbino, O.E.S.A. [Antonius Rampazoli (or Rampegolo), O.E.S.A.; Robertus Holcot], *De pugna spirituali* or *Collationes de pugna spirituali* or *Quadragesimale seu de pugna spirituale* (probably sermons)
Mss: (Zumkeller 166-166n) Add: Bordeaux 135 f.63 seq.; 267 f.99 seq.; Firenze, Laur. Plut. XX.30 f.119-188; XX.34; Venezia, Marc. Class. VI, 48 f.68-147

1720. **Dixit Petrus Alphunsus, seruus Christi Iesu, compositor huius libri: Gratias ago Deo...**(Prol.)
Deus igitur in hoc opusculo mihi sit in auxilium (Prol.) Enoch, philosophus, qui lingua arabica cognominatur Edric, dixit filio suo...(Cap.1)
Petrus Alphonsi, *Disciplina clericalis*
Mss: See Hilka VIII-IX (Ward and Herbert II 235 seq.)
Printed: PL 157,671-706; A.Hilka und W. Söderhjelm, Heidelberg 1911 (Sammlung mittellat. Texte 1)

1721. **Doctor discipulo Guillelmus de Donekastria Leoni. Sitim animi tui fervidam non compescere...**(pref.)
See: Primus aphorismus est...

1722. **Doctor egregius Augustinus volens divini...**
See: Omnia quaecumque facitis... Doctor egregius Augustinus...
Omne quodcumque facitis... Doctor egregius Augustinus...

1723. **Doctrinam fidei maculant mendacia prima...**
De mendaciis
Mss: London, BM Roy. 9 B.V f.275; Paris, Mazarine 3875 f.26

1724. **Doctrinam igitur audire debes...**
See: Quanto amore quantaque dilectione...

1725. **Docuit Deus angelos voluntatem suam in celo; docuit etiam homines voluntatem suam in terra...**
[De decem praeceptis]
Mss: Admont 142 f.248-250; Olomouc, Univ. M.II. 138 f.225-227; Praha, Metr. Kap. D.100 (668) f. 136-137 & 3; Wolfenbüttel, 729 Helmst. (793) f.132-138; Wrocław, Uniw. I.Q.54 f.345-359; I.Q.102, f.56-58
Cf: Si vis ad vitam ingredi... Deus docuit voluntatem suam...

1726. **Dolfactus in civitate Romana regnavit...**
Gesta Romanorum moralizata
Ms: Oxford, Univ. Coll. 97 p.9 seq.

1727. **Dolor me compellit dicere...**
Ephrem Syrus (?), *De compunctione cordis*
Ms: København, Gl. kgl. S.1342 qu.

1728. **Domine, descende prius quam moriatur filius meus** (Ioh. 4,49).
Sapienter processit iste regulus...
[Sermon on death] (reported)

1729. **Domine Deus meus...**
Processus per hominem interiorem habitus contra diabolum ante tribunal Christi
Ms: Praha, Univ. XIV.C.16 (2483) f.58-69

1730. **Domine Deus meus da cordi meo...**
Ps.-Augustinus, *Meditaciones*
Ms: Cambridge, Caius 240 p.294-305
Printed: PL 40,901-942 (cf. P. Glorieux, *Pour revaloriser Migne* p.28)

1731. **Domine Deus omnipotens...**
Confessio peccatoris Deo confitentis
Ms: Paris, BN lat. 14869 (?); St. Florian XI.90.A, f.9-33; Trier, Stadtbibliothek 588
(This incipit is unreliable as an indicator of similar works.)

1732. **Domine Deus quoniam puer...**
See: A, A, A, Domine Deus...

1733. **Domine Deus spiritus sancte timeo et desidero loqui tibi de te pro me...**
Ps.-Augustinus, *Meditations on the Holy Ghost*
Mss: Oxford, Magdalen 93 f.116 seq.; (A. Wilmart, 'Les meditations sur le Saint-Esprit attribuées à saint Augustin,' in *Rev. d'ascetique et de mystique* 7 [1926] 17-62)
Printed (in part): Novae Patrum Bibliothecae tomus I (Romae 1852) 308-310
(See also: A. Wilmart)

1734. **Domine, dilexi decorem domus tue** (Ps. 25,8)**...**
Glossa dicit hic: dilexi me facere decorem tibi...(prol.)
See: Diligenter exerce agrum tuum et post edifices...Sic dicitur Prov. 54. Iste ager cor nominis est...

1735. **Domine, exaudi...**
See: Psalmus iste penitentialium quintus est... Domine exaudi...

1736. **Domine Iesu Christe, future iudex...**(pref. prayer)
See: Domine ne in furore tuo...Sed ve mihi quomodo...

1737. **Domine, ne arguas me nunc in furore...**
[On the Seven Sins]
Ms: Cambridge, St. John's D.8 (83) f.176

1738. **Domine ne in furore tuo arguas me...(Ps. 6,2).**
Sed ve mihi quomodo immensam clemenciam...
Petrus de Alliaco (Pierre d'Ailly), *Septem psalmos penitenciales* or *Glossa [or Meditatio] super septem psalmos penitenciales* or *Liber de septem gradibus scali continens meditationes devotas super septem psalmos penitentiales* or *Meditationes in psalmos penitentiales* or *Scala caeli poenitentiae*
Mss: See Stegmüller RB 6408. Add: Cambrai 276 (266); Cambridge, Trinity Coll. 281 f.1-43; Erlangen, Univ. 548 f.260-270; Grenoble 271 (819); London, BM Add. 41196 f.59 seq.; Paris, Arsenal 411; Wien, Nat. 3598 f.159-182.
Printed: *Opuscula spiritualia* (Douai 1634); Iohannes Gerson, *Opera omnia* Antwerpiae IV (1706) p.1-26
Prol: Vera penitencia velut scala quedam est...
Pref. Prayer: Domine Jesu Christe, future iudex...

1739. **Domine, ne in furore tuo...(Ps. 6,2). Vides quam bonum principium, quam affectuosum...**
Ps.-Gregorius Magnus (Heribertus), *In VII psalmos penitentiales expositio*
Ms: Brno, Univ. Mk 20 f.2-59 Stegmüller RB 2649; 3234
Printed: PL 79, 549-658
Prol: Si ille rex et propheta convenienter David...

1740. **Domine, nonne bonum semen seminasti in agro tuo** (Matth. 13,27). *Verba sunt Christi in parabola...*
   Iacobus de Jüterbog, *Consolatorium contra mala huius mundi* [or *seculi*]
   Mss: Würzburg, Univ. M. ch. f.241 f.232-247; (Meier 29)
   See: Dicat discipulus magistro

1741. **Domine, petra mea...**(II Reg. 22,2). *Artes et scientia humanis studiis...*
   See: Dominus petra mea...

1742. **Dominis et fratribus Haimoni priori et h. Frater W. sabbatum delicatum. Pene impudenter et plus quam decebat...** *Fratribus de Monte Dei, orientale lumen et antiquum illum in religione Egyptium feruorum...*
   Guilhelmus (Willelmus) abbas sancti Theodorici (Ps. Bernardus; Ps. Guigo Carthusiensis), *Epistola Tractatus ad fratres de Monte Dei*
   Mss: see Davy, *Un traite...*pp. 21-29. Add. Leipzig, Univ. 383 f.1-49; Modena, Estense a.F.8.7 (CCCXXIX).
   Printed: PL 184, 307-354; M.-M. Davy, *Un traite de la vie solitaire*, Paris 1940 (Etudes de Philos. Mediev. XXIX).

1743. **Dominis et fratribus Haimoni priori et h. Frater W. sabbatum delicatum. Pene impudenter et plus quam decebat...** *Fratribus de Monte Dei, orientale lumen et antiquum illum in religione Egyptium feruorum...*
   See: preceding incipit

1744. **Domino ac beatissimo, mihi desiderantissimo in Christo...**
   See: Domno ac beatissimo...

1745. **Domino ac patri karissimo N** [or **Petro**] **Dei gratia Portuensi episcopo...**
   See: Domino patri carissimo Petro Dei gratia portuensi episcopo...

1746. **Domino Carolo regi glorioso Hincmarus...Mitto vobis, sicut jussistis, epistolum beati Gregorii...**(pref. epistle)
   See: Et de misericordiae operibus...

1747. **Domino et amico suo venerabili...Rogasti me sepius, amantissime, ut de poenitentia...**(pref. letter)
   See: Universitatis conditor, sicut est unus omnium...

1748. **Domino et fratribus Haimoni priori...Pene impudenter...**
   See: Dominis et fratribus Haimoni...Pene impudenter...

1749. **Domino et patri suo Petro dignissimo abbati clunacensium fratrum Bernardus...** (prol.)
   See: Hora novissima, tempora...(Book I)

1750. **Domino et patri, Turpioni pontifici suus ille monachus...**
   See: Auctor igitur et iudex hominum Deus...

1751. **Domino Heinrico...Wormiensi ecclesie episcopo...**
   See: Reverendissimo in Christo Patri...domino Heinrico...

1752. **Domino Heriberto coloniensi episcopo...Ex quo mi Pater, misericordiae vestrae gratiam promerui...** (introd. letter)
   Printed: PL 138, 185-6
   See: Scio vere multum esse...

1753. **Domino patri carissimo Petro, Dei gratia Portuensi et sancte Rufine ecclesie episcopo, Lotharius...**(Prol.1)
   (Prol.2) Modicum otii, quod inter multas angustias nuper ea, quam nosti, occasione captavi...(Cap. 1) Quare de vulva matris egressus sum ut viderem laborem et dolorem et consummerentur in confusione dies mei ? (Ier. 20,18). Si talia locutus est de se ille quem Deus sanctificauit in utero...
   Innocentius III (Lotharius), *Liber de miseria (vilitate) humane conditionis* or *De contemptu mundi*

LIST OF INCIPITS   161

    Mss: See Maccarrone pp. X-XX. Add: Brno, Univ A 51 f.148-160; Mk 70 f.35-60; Cambridge, Corpus Christi 433 f.736-791; Cambridge, Caius (attrib. auctor.) 105 p.1; Cambridge, Pembroke 225 f.24-28; Cambridge, St. John's E.8 f.67; Cambridge, Trinity (attrib. auctor) O.2.29; Cambridge, Univ. Dd.IV.54 (4) f.59; Add. (attrib. auctor) 3305 f.23; (attrib. auctor) 6191 f.488; Chartres 411; Darmstadt 696; 762; 764; 2475; Dublin, Trinity 312 (307 b) f.28-46; Dubrovnik, Domin. 33; Durham, Cath. Hunter 30 p. 115 seq.; Frankfurt am Main, Stadtb., Praed. 77 f.242-258; 176, f.3-29; Heiligenkreuz 207 f.40-50; Klagenfurt, Studienbibl. Pap. 109 (imperf.); Klosterneuburg 187 f.129-146; 194 f. 170 seq.; 265 f.121-137; 428 f.217-232; København, Univ. MS. Fabric. 89 4 (from Meissen ?) f.25-51; Krakow, BJ 1398; 1700; 2538; Leipzig, Univ. 439 f.1-17; Lilienfeld 33 f.136 seq.; 124 f.113-130; 145 f.87 seq.; Linz 40 (401) f.162-183; 123 (488) f.183-188; Lisboa, Nac. Alcobac. 380 (CCLVI) f.14 seq.; Madrid, Nac. 501; Maria Saal 1 f.197-207; München, Clm 4350; Napoli, Naz. I.H.38 f.186-211; V.H.57 f.262-269; Nürnberg, Cent. IV, 76 f.1 seq.; Olomouc, CO 63; 180; 341; 536; Oxford, Magdalen 15 f.1; Paris, BN lat. 17534; Praha, Strahov D.A.IV.23; Praha, Univ. XII.E.13 (2180) f.1-24; XIII.G.18 (2385) f.180-183 (imperf.); Trebon, Arch. A 20 f.107-119; Trier, Stadtbibl. 628; Wilhering 63 f. 105-125; Würzburg, Univ. M.ch.F.52 f.233 seq.; M.ch.F.86 f.221-238; M.ch.F.135 f.216-230; M.ch.F.186 f.249-260; (D. Howard in *Manuscripta* 7 [1963] 31-35; R. E. Lewis in *Manuscripta* 8 [1964] 172-175; 10[1966] 160-164; 12[1968] 25-28; Rudolf p.31 n.34; Maccarrone, *Italia medioevale e umanistica* 4, 171-3)
    Printed: PL 217, 701-746; M. Maccarrone (Lugano 1955) (list of editions p.XX-XXII)

1754. **Domino patri, Turpioni pontifici suus ille monachus...Recolitis, domine mi...**(alt. prol.)
    See: Auctor igitur et iudex hominum Deus...

1755. **Domino Rutgero decano ecclesie sanctorum apostolorum Colon...**(introd. letter)
    See: Cum omnis doctrina et...

1756. **Domino vere sancto meritis que...Jasoni** [or **Masceno**] **episcopo...** (pref.)
    See: Summum bonum deus est...

1757. **Dominus ait in euangelio: Nolite desperate sed...**
    Defensor Locociagensis, *Scintilla*
    Ms: Cambridge, Pembroke 275, f.83
    See: Dominus dicit in euangelio: Maiorem caritatem...

1758. **Dominus autem in evangelio: Qui ex Deo est...**
    See: Dominus in evangelio: Qui ex Deo est...

1759. **Dominus dicat in Evangelio. Omnia possibilia sunt credenti** (Marc. 9,29)...
    Ps.-Bernardus (Thomas de Frigido Monte), *Liber de modo bene vivendi ad sororem*
    Ms: Madrid, Nac. 871
    Printed: PL 184, 1199-1306
    Prol: Carissima mihi in Christo soror, diu est quod...

1760. **Dominus dicit in Evangelio: Beati misericordes** (Matth. 5,7)... (variant)
    See: Dominus dicit in Evangelio: Maiorem caritatem...

1761. **Dominus dicit in Evangelio: Maiorem caritatem nemo habet quam ut animam suam quis ponat pro amicis suis** (Ioh. 15,13). **Petrus apostolus dixit** (I Petr. 4,8): **Ante omnia...**
    Defensor Locociagensis (Ligugé), *Liber scintillarum* or *Scintillae scripturarum* or *Scintilla caritatis*
    (Attributed to several authors, including Bede)
    Mss: See H. M. Rochais in *Sacris Erudiri* 9(199-264) who describes 360 MSS and 24 editions. Add: Cambridge, Trinity O.3.50 (1222) f.61; Firenze, Laur. Acq. e Doni 338; Logrono, Arch. Cat. Santo Domingo de la Calzada 5 f.2 seq.;

London, BM Addit. 18344 f.4; Oxford, Trinity 7 f.209 seq.; Torino, Naz. DCCV,d. II.25 f.68; Wien, Nat. Ser. n. 12866 f.149-186; Würzburg, Univ. M. ch.f.135(Hauréau 6, 141-2; H.M. Rochais in *Rev. Bened.* 59[1949] 141 seq.; 63[1953] 246-291)
Printed: PL 88, 597-718; EETS o. s.93; C C 117; Sources Chretiennes 77(Paris 1961) and 86(Paris 1962)
Prol.: Lector quisquis se libellum...
Alt. Prol.: Iste libellus maxime...
See: Bone lector cum venens...(prol. in BN lat. 3827)
Cum otia sint nutrimenta...(alternative prologue) Dei omnipotentis filius, inter cetera sacre sue loquitionis...(incipit in Troyes 862) Fili patientiam arripe...(prol. in BN lat. 133) In cuiuscumque manibus libellus iste...(prol. in MS Escorial d.VI.32, f.1-99) Incipit Liber scintillarum id est diversarum...(gloss or *Liber scintillarum* Sicut sine via nullus...(abridgement)

1762. **Dominus dicit in Evangelio: Omnia possibilia sunt credenti** (Marc. 9,22). **Nemo potest venire ad aeternam beatitudinem...** (main, chap. 1)
Ps. Bernardus (Thomas de Frigido Monte), *Liber de modo bene vivendi ad sororem*
Printed: PL 184, 1199-1306
Prol.: Carissima mihi in Christo soror, diu est quod...

1763. **Dominus dicit in Evangelio** (Matth. 10,32): **Omnis ergo qui confitebitur...**
Paulus apostolus dixit (Rom. 10,10): Corde...
De confessione
Ms: Paris, BN lat. 13571 f.3 seq.; Zürich, Zentralbibl. 458 f.56

1764. **Dominus dicit in evangelio** (Matth. 19,29): **Omnis qui relinquerit domum vel fratres aut sorores aut patrem aut matrem...**
Anon., *De relinquentibus seculum*
Ms: Roma, Vallicelliana B.135 f.69-168

1765. **Dominus dicit in Evangelio** (Matth. 4,17): **Penitentiam agite...**
Alanus ab Insulis, *Invitatio ad penitentiam* (a chapter of his *Ars praedicandi*
D'Alverny p.110

1766. **Dominus dicit in evangelio** (Marc. 16,16): **Qui crediderit et...**
Willelmus Meldunensis (Maidunensis ?) (William of Malmesbury), *Florilegium Sancti Gregorii Magni moralitatum*
Ms: Cambridge, Univ. Ii.3.20 f.2
Prol.: Dominis suis et fratribus meldunensis cenobii...

1767. **Dominus dicit in evangelio** (Ioh. 6,58): **Qui manducat me, ipse vivit propter me. Iacobus apost. dixit** (Iac. 4,15): **Que enim est vita nostra? Vapor est ad modicum parens...**
De brevitate vitae
Ms: Praha, Metr. Kap. D.20 (585) f.68-69

1768. **Dominus Iesus Christus ipsemet Deus noster...**
Ad destruendam superbiam et elacionem mentis, et ad nostram miseriam etc.
Compilation from Bonaventure's *Vita Christi*, Richard Rolle's *Incendium amoris*, Anselm, etc.
Ms: Cambridge, Univ. Ff.1.14 f.104-120

1769. **Dominus in Evangelio dicit** (Marc. 9,22): **omnia possibilia credenti...**
Liber scintillarum abbreviatus
Ms: Troyes 518
Cf: Dominus dicit in evangelio: Maiorem caritatem...

LIST OF INCIPITS

1770. **Dominus in evangelio** (Ioh. 73,15): *Maiorem caritatem...Paulus: Nullum opus bonum est sine caritate...*
    De vitiis et virtutibus
    Ms: Oxford, Jesus 25 f.56 seq. (imperfect)

1771. **Dominus in evangelio: Qui est ex Deo...**
    See: Contra ignorantes, capitulum primum; Dominus in Evangelio...

1772. **Dominus in Evangelio** (Ioh. 8,47): *Qui ex Deo est, verba Dei audit. Greg. in Omelia: Cibus mentibus est sermo dei. Sicut...*
    Compilatio super constitutionem Ioh. Peckham (Canons ix-xiii) or *Doctrina laicorum* or *Tractatus de ignorancia sacerdotum* or *De decem mandatis et de vitiis et virtutibus* or *Contra ignorantes et verbi Dei contemptores*
    Mss: Cambridge, Trinity Hall 16 f.1; Cambridge, Univ. add. 6315 (II) f. 1; London, BM Harl. 237 f.3-73; 3363 f.67-87; London, Lambeth 460 f. 1-120; Oxford, Bodl. Rawl. C.19; Oxford, Univ. Coll. 60 f.145-182.
    Prol: Ignorancia sacerdotum populum precipitat...
    See: Ignorantia sacerdotum. Et primum...

1773. **Dominus mecum est tamquam bellator fortis** (Ier. 20,11). *Sicut dicit beatus Augustinus...*
    Andreas Hispanus, Episcopus Civitae, *Canones penitentiales*
    Ms: Cambrai 417 (393) f.224 seq.

1774. **Dominus noster Iesus Christus cupiens nos invitare...**
    See: Beati misercordes...Dominus noster Iesus Christus cupiens...

1775. **Dominus noster Iesus Christus descendit de sinu patris et effectus est nobis via salutis super penitentia nos instruens diuina et beata voce sua sic ait: *Non veni vocare...***
    S. Ephrem, *De poenitentia*
    Ms: Bruxelles BR 21847 (cat. 1457) f.60-62
    Printed: G. Vossius, Coloniae 1603, I p.144-147

1776. **Dominus noster Iesus Christus dixit discipulis suis in evangelio. *Nolite in sublime tolli*** (Luc. 12,29), *quia qui se exaltat...*
    A monk of Sion(?), *Liber de speculo humilitatis* or *Speculum humilitatis*
    Mss: Cambridge, Corpus Christi 424 (VI) f.9; Cambridge, St. John's B.2 (24) f.114-116; (Hoste 109 seq.)
    Printed: Talbot in *Studia monastica* I (1959) 121-136

1777. **Dominus noster Iesus Christus in Evangelio ait** (Ioh. 14,6): *Ego sum via, veritas et vita: nemo venit...*
    Dionysius Carthusianus, [Leuwis de Rickel], *Contra avaritiam*
    Printed: Colon. 1532; 1559. See: *Opera omnia* vol. 38 (Tornaci 1909) 145-155
    Prol: Venerabili ac devotae personae quidam religiosus...

1778. **Dominus noster Iesus Christus volens...**
    See: Venit filius hominis... Dominus noster...

1779. **Dominus per prophetam** (Ier. 15,19): *Si separaueris pretiosum a vili...*
    In septem peccata mortalia
    Ms: Cambridge, Trinity B.15.42, f.101

1780. **Dominus petra mea et robur meum** (II Reg. 22,2). *Artes et sciencie humanis studiis...* (prol.)
    See: Diligite iusticiam qui iudicatis terram...

1781. **Dominus primo decem precepta mandavit...**
    [De decem praeceptis]
    Ms: Klagenfurt, Pap. 106 f.229-231

1782. **Dominus regit me et nihil mihi deerit; in loco...**(Ps. 22,1). *Quid habet homo amplius...*
Thomas a Kempis, *Hospitale pauperum*
Printed: *Opera Omnia* ed M. J. Pohl, vol. IV (1918), 203-204

1783. **Dominus virtutum ipse est Rex glorie...**(Ps. 23,10). *Christus Ihesus est...*
See: In nomine Jhesu Christi incipit tractatus de acquisicione virtutem que necessarie sunt post confessionem. Sucurre...

1784. **Domno abbati Columbensi...Rescriptum ad epistolas duorum Carnotensium...**
See: Qua mente iam tacebo? Qua fronte tamen loquar...

1785. **Domno ac beatissimo mihi desiderantissimo in Christo Fratri Vittimero Episcopo Martinus Episcopus. Dum simul positi dudum...**(prol.)
Martinus de Braga, *De ira* (Summary of Seneca)
(Barlow 150 seq.; Diaz 25 and *Clavis* 1081)
Printed: PL 72,41-50
See: Habitus audax et minax vultus, tristis frons et torvus...(chap.1)

1786. **Domno et patri Turpioni pontifici...Recolitis, domine** [and **domini**] *quid dudum...*
See: Auctor igitur et iudex...

1787. **Domus haec in qua habitamus ex omni parte sui ruinam nobis minatur...**(Prol.)
Haec ergo conscientia in qua anima perpetuo mansura est, aedificanda est...(Cap.1). Solus solitudinem cordis mei ingredior et cum corde meo paulisper confabulor...(cap.29) (part of work frequently found separately)
Ps. Bernardus Ps. Hugo de Sancto Victore, *De interiori domo seu de conscientia aedificanda* or *Liber conscientiae vel confessionis* or *De bona conscientia* or *De domo conscientiae* or *Speculum conscientiae* or *Liber de templo spirituali* (This is probably the 1st part of book III *De anima* by Ps. Hugo de Sancto Victore, PL 177,165)
Mss: (A number of these MSS have only selections from or parts of the work) Avignon 1100 f.253 seq.; Basel, Univ. B VII 10 f. 230-237 (incomplete); Brno, Univ. Mk 32 f.49-69; Brugge, Stadsb. 167; Bruxelles, BR 1520-42 (cat. 1467) f.81-87; 2524-27 (cat. 1455) f.113-168; 11902-09 (cat. 1628) f.24-39; II.2313 (cat. 1487) f.135-152; Budapest, Eg. Kön. 50 f.210-213; 55 f.94-105; 92 f.51-55; Cambridge, Corpus Christi 500 f.123; Cambridge, Trinity Coll. 310 f.50-63; Chartres 230; Erlangen, Univ. 221 f.1-9; 549 f.284-297; Firenze, Laur. S. Croce Plut. XIX dext. 10 f.319 seq.; Frankfurt am Main, Praed. 54 f.142-159; Gdansk, Mar. F.133; København, Gl. kgl. S.34 fol. f.1-11; Ny kgl.S. 2949 f. 107-118; Laon 172; Leipzig, Univ. 140 f.138-139 (incomplete); 340 f. 11-13 (without prol.); Lille 94 (extracts); London, BM Add. 11420 f. 130; Harl. 5398 f.145-156 (abridged); 5441 f.130-142; Roy. 6 B.V f. 172-181; 6 E.III f.214; 7 C.III f.202; Sloane 3551 f.123-135; Nürnberg, Cent. IV 77 f.80-89; Osek 8 f.17 seq.; Oxford, Bodl. Laud. misc. 170; Oxford, Merton 13 f.201 seq. (without prol.); Paris, BN Lat. 2972 f.103 seq.; 5698 f.10 seq.; 10620 f.131 seq.; 10622 f. 99 seq.; 15988 f.302; n. acq. lat. 333 f.238 seq.; Paris, Mazarine 747 (908); Poitiers 74 (294); Praha, Univ. I.B.32 (88) f.248-250; IV. H.7 f.194-212; V.B.4 (821) f.158-161; V.D.2 (870) f.88-98; V.D.8 (876) f.208-209; V.G.15 (967) f.71-73; V.G.21 (973) f.146-462; VI. A.19 (1031) f.158-160; X.B.17 (1846) f.134-148; X.F.21 (1947) f.78-99; X.H.13 (1991) f.125-141; X.H.17 (1995) f.97-107; XII.E.13 (2180) f.204-227; XIII.G.7 (2374) f.227-233; XIV.D.6 (2514) f.16-36; XIV.D.7 (2515) f.130-143; XIV.F.5 (2576) f.84-100; XIV.H.16 (2661) f.84-93; XIV.H.26 (2671) f.1-75; XIV.H.30 (2675) f.119-128; Rein 49 f.44-57; Toulouse 191; Tours 396; 488 (in part); Vaticana, Regin lat. 218 f.5-7 (incomplete); 444; Vat. lat. 568 f.78 seq. (abridgement); 468 f.29 seq.; 502 f.37 (imperf.); 663 f.115 seq.; Venezia, Marc. Lat. III.159 (Valent. IV,46; t.II p.99); Vyssi Brod 16 f.88-97; 84 f.16-25 and 100-106; Wrocław, Uniw. Rehd. 371 f.29-59; Magdeburg 1062 f.289-301
Printed: PL 184,507-552.

1788. ***Domus hec corporalis...***
    Tractatus de conscientia (paraphrase, or commentary with long quotations, and the tract ascribed to St. Bernard and Hugo of St. Victor, Ch. I-XV)
    Ms: London, BM Add. 38787; (Hauréau 179)

1789. ***Domus mea domus orationis vocabitur*** (Matth. 21,13). ***Circa edificationem et descriptionem domus spiritualis...***
    Aldobrandinus de Tuscanella, O.P. (?), *Tractatus de domo spirituali*
    Kaeppeli 141

1790. ***Dorias civis atticus iter faciens errore viae in diversorum venit. In quo Philonus philosophus electa...***
    Celsus Maffeus (Maphaeus), (1415-1508), *Dialogus de contemptu mundi. Interlocutores Dorias Philonus et Hilarius*
    Mss: Perugia, Augusta I.52 (657) f.184-186; Verona, Capit. 113; 227 (excerpt); 228
    Printed: Brixiae n.d.

1791. ***Dorotheus imperator statuens pro lege ut filii...***
    Gesta Romanorum
    Mss: København, Ny Kgl. S.123 4 f.154-194; Gdansk 1974; 2049; Mar. F.253; Mar. F.43 f.211 seq.; Klosterneuburg 168 f.216-254; 444 f.154-215; Kornik 13 f.1-74; Krakow, Uniw. 1607; London, B Add. 22160, 15109; Egerton 2258; Praha, Univ. IV.D.25 (679) f.1-50; VIII.D.14 (1483) f.1-23; XI.C.9 (2033) f.1-42; XII.B.20 (2125) f.43-73; Schlägl 46 f.196-231; Vaticana, Vat. lat. 1249 f.99 seq.; Würzburg, Univ. M.ch.q.89
    Printed: *De Gestis Romanorum*, ed. H. Oesterley, Berlin 1872
    See: Pompeius regnavit dives valde et potens...
    Variant: Vita humana bene custodita debet currere per quatuor rotas...Variant: Octavianus imperator diues valde uxorem quam...

1792. ***Duas habemus uxores, odiosam...***
    See: Si habuerit homo duas uxores... Duas habemus uxores...

1793. ***Duas regiones commemorat Sacra Scriptura, scilicet regionem similitudinis...***
    De peccato tractatus
    Ms: London, BM Roy. 8 C.V f.55

1794. ***Dubia in vestra epistola contenta mihi sunt tam difficilia...***(prol.)
    See: Secundum capitulum inter mortuale...

1795. ***Dubitacionis prologus...***
    See: Abissus. Dubitacionis prologus...

1796. ***Dubitari solet a multis an elemosine que ab his fiunt...***
    De elemosina (attributed to Innocentius Papa)
    Mss: See RTAM 14(1947) p.156 n.505. Add: Cambridge, Univ. Ii.6.11 f.49
    Printed: Weisweiler 112

1797. ***Dubitatur a quibusdam, quis sit Zacharias ille, de quo legitur in evangelio: A sanguine Abel...***
    [Collection of Sententiae]
    Mss: München, Clm 23440; 14834; (Weisweiler 314 seq.)

1798. ***Dubitatur circa hoc quomodo deliquerit aliquis per visum...***
    Varia de peccatis luxuriae, de homicidio, etc
    Ms: Wien, Schott. 174 f.85-156

1799. ***Dubitatur: que sunt opera die dominico a nobis operanda...***
    Ms: München, Clm 4708
    See: Preter precepta legis...

1800. **Dubitatur utrum precepta decalogi debeant esse tantum decem vel plura vel paucorum et arguitur quod debeant esse pauciora...**
Magister Henricus de Hassia (?), *De decem praeceptis*
Ms: Wien, Nat. 4439 f.286-321

1801. **Dubium, an caput inclinare...**
[Introduction for confessors]
Ms: Lilienfeld 74 f.143 seq.

1802. **Ductus est Ihesus in desertum...**(Matth. 4,1). **Circa istam partem, ut temptaretur...**
[Tractate on penance]
Ms: Klosterneuburg 426 f.42-59

1803. **Dudum, carissime frater mi Petre, venerabilis presbiter, me qualemcumque ultimum monachorum humilium cartusiensium...** (Prol.) (Cap 1) **Preceptum est imperium faciendi aliquid vel non faciendi. Preceptorum alia sunt affirmatiua...** (Cap.2) **Primum preceptum decalogi habet tres clausulas...**
Monachus cartusiensis, *Compendium salutis*
Mss: Lyon 640(556); 709(617) f.121 seq.; Marseille 435; München, Clm 3042; Poitiers 90 (210); Paris, BN lat. 3528 f.17-55; 14523 f.106-130; 16393 f.78-129; 16620 f.39-90; Praha, Univ. IV.G.32 (764) f.49-107
Cf: Prima clausula... Primum preceptum tres habet clausulas...

1804. **Due sunt elemosine...**
De elemosina
Ms: Oxford, Bodl. Lat. th. d.29 f.56

1805. **Due sunt partes huius luminis confessorum...**
See: Lumen confessorum vocatur hec doctrina...

1806. **Dum...**
See: Cum...

1807. **Dum ad sacerdotem pro peccatis confitendis...**(variant)
See: Cum ad sacerdotem pro peccatis confitendis peccator...

1808. **Dum animadverterem quam plurimos homines...**(variant)
See: Cum animadverterem quam plurimos...

1809. **Dum animadverterem quod plures...**
See: Cum animadverterem quod plures...

1810. **Dum Deus creavit hominem...**
Simon de Cassia (Cascia), *Tractatus de vita christiana*
Mss: Praha, Univ. I.D.34 (174) f.15-105; VIII. B.11 (1447) f.133-156

1811. **Dum fides nos doceat malum quod libet...**
Iohannes Wyclif, *De peccatis fugiendis* (lost)
(W.W. Shirley, *A Catalogue of the Original Works of John Wyclif* [Oxford 1865] 50)

1812. **Dum iuvenis crevi ludens, nunquam requievi...**
Iohannes Pecham, *De vario mundo*
Walther IC 4883

1813. **Dum medium silencium tenerent omnia et nox in suo curso...** (Sap. 18,14). **Dei filius visitavit nos in domum nostrum vilem...**(variant)
See: Iustus cor suum tradidit ad vigilandum diluculo...

1814. **Dum nimium comedit vel edendi praevenit horam...**
Quot modis gula damnat edacem (short poem)
Ms: Paris, BN lat. 15216 f.184

1815. ***Dum non essem alicui exercitio magno...***(variant)
   See: Cum non essem alicui...

1816. ***Dum patres in heremo convenissent ad b. Macharium...***
   Collacio sanctorum patrum de comendacione virtutum
   Ms: Vyssi Brod, 18 f.39

1817. ***Dum recordor toto corde/...***
   Walther IC 4938
   See: Cum recordor toto corde...

1818. ***Dum rigido fodit ore fimum, dum queritat escam,/ dum stupet...***
   Gualterus Anglicus?, *Romuleae fabulae* or *Novus Aesopus*
   Ms: Vaticana, Urb. lat. 677; (Ward & Herbert II 309 seq. Walther IC 19812)
   Printed: L. Hervieux, *Les Fabulistes Latins* (Paris 1884) II, 385 seq.
   Prol: Ut iuvet, ut [et] [ac] prosit, conatur pagina presens:/ Dulcius arrident...

1819. ***Dum simul positi dudum...***
   See: Domno ac beatissimo mihi...

1820. ***Dum solus in cella sederem...***
   See: Cum solus in cella sederem...

1821. ***Dum tibi leta salus...***
   Concertatio inter carnem et spiritum or *De contemptu mundi vel timore mortis*
   Walther IC 4979

1822. ***Dum tue, mi dilecte Stephane...***
   See: Dilecto suo Stephano [Robertus] salutem. Dum...

1823. ***Duo gradus in hac scala sunt absque labore...***
   Tabula de Virtutibus et Vitiis
   Mss: Cambridge, Peterhouse 133; Cambridge, Trinity Coll. B.2.1 f.ijv

1824. ***Duo nomina hunc appellare convenit libellum...***
   De quatuor virtutibus cardinalibus
   Ms: München, Clm. 14614

1825. ***Duo quesita sunt. Primum utrum idem premium retribuatur...***
   (from MS Oxford, Balliol 65)
   See: Hodierna disputatione quaesitum est...

1826. ***Duo quippe uirtutis sunt genera que inter se...***
   De gradibus humilitatis
   Ms: Cambridge, St. John's F.31 f.137

1827. ***Duo spiritualiter sunt mandata Domini scilicet duo...***
   De mandatis
   Ms: Cambridge, Caius 211

1828. ***Duo sunt genera abstinentie, unum corporale et aliud spirituale...***
   Pharetra
   Ms: Vaticana, Vat. lat. 819 f.148-179

1829. ***Duo sunt genera mandatorum...***
   [De decem praeceptis]
   Ms: Praha, Univ. VI.B.5 (1038) f.81-84

1830. ***Duo sunt mandata Dei precipua: unum de dilectione Dei, alterum de dilectione proximi...***
   Summa de decem praeceptis decalogi et duobus evangelii
   Ms: Oxford, Bodl. Rawl. A 423 f.23-43 (Glorieux 316bm)

1831. **Duo sunt necessaria ad salutem...**
Contra iniquas temptationes
Ms: London, BM Roy. 5 A.VI f.13-30

1832. **Duo sunt precepta caritatis; primum est de caritate sive dilectione quam homo debet habere ad Deum et reperitur in quattuor sacre scripture locis...**
Iohannes Geuss,
[De duobus praeceptis dilectionis]
Ms: Wien, Nat. 4460 f.1-83

1833. **Duo sunt principalia et maxima precepta...**
Nicolaus de Dinkelsbühl, *De decem praeceptis decalogi*
Ms: Praha, Univ. I.G.1 (275) (Madre 173)
See: Preter precepta legis...

1834. **Duo sunt que debet habere omnis homo...**
Libellus salutis (collection of *Sententiae*)
[De fide, de virtutibus, de peccatis]
Ms: Paris, BN lat. 2941,ff.13-26

1835. **Duo sunt quibus maxime...**
See: Surgite de medio Babylonis. Salvet... Duo...

1836. **Duo sunt sacramenta praecipua in quibus...**
Iohannes Wyclif, *De eucharistia et poenitentia* or *De confessione*
Mss: Praha, Univ. III.G.11 (536) f.234-238; V.F.9 (931) f.126-130; IV.H.7 (771) f.93-98; Wien, Nat. 378 f.48-50; 386 f.5-7; 389 f.107-110; 404 f.217-220; (W. W. Shirley, *A Catalogue of the Original Works of John Wyclif* [Oxford 1865] 10-11)

1837. **Duobus modis diabolus humilitatem in nobis oppugnat...**
Hugo de Sancto Victore, *Duobus modis humilitatem impugnari* (from his *Miscellanea* I, 172) or *Quot modis diabolus humilitatem nostram impugnat* or *De impugnatione humilitatis*
Mss: London, BM Harl. 106 f.201; Oxford, Merton 43 f.26; Paris, BN lat. 2527; 13442 f.35; 14294; 14926; 18129 f.65; Vaticana, Palat. lat. 300 f.12
Printed: PL 177, 565-567

1838. **Duodecim abusiua sunt saeculi, hoc est: Sapiens sine operibus...**
Primo sine bonis operibus sapiens et praedicator si fuerit...
Ps.-Cyprianus; Ps.-Augustinus, *De duodecim abusiva saeculi*
Mss: Paris, BN lat. 1789 f.173 (Clavis 1106)
Printed: PL 4,869 (947) or 40,1079; CSEL III,3,152

1839. **Duodecim sunt abusiones claustri quibus tota...**
Hugo de Folieto, *Tractatus de 12 abusionibus claustri* [from *De claustro animae* II, ch. XI-XXII]
Mss: Cambrai 830 (735); Grenoble 245; Leipzig, Univ. 348 f.119-129; 428 f.141; 486 f.246-251; Paris, Arsenal 506; Paris, Mazarine 996 (902) f.150 seq.; Paris, BN lat. 13456 f.65 seq.; Praha, Univ. III.D. 17 (469) f.5-14; Zürich, Zentralbibl. 346 f.70; 463, f.2
Printed: PL 176, 1058-1086
Cf: Rogasti nos, frater amantissime, quatenus

1840. **Duodecim sunt vero qui possunt valere ad ostendendum magnitudinem huius peccati...**
De rapina nota: duodecim que ostendunt magnitudinem huius peccati
Ms: London, BM Add. 11437 f.122-154

1841. **Duplex est abstinentia, detestabilis et commendabilis. Detestabilis ut in hypocritis, auaris et gulosis...**
Nicolaus de Byard, O.F.M. (Attributed also to Gilbertus Minorita; Guido, O.P.),

Tractatus de vitiis et virtutibus or *Alphabetum virtutum et vitiorum* or *Flos theologiae* or *Dictionarius* [or *Directorium pauperum* or *Dictionarium vitiorum et virtutem aut quodlibet* or *Liber sermonum* [or *Summa de viciis et virtutibus* or *Summula viciorum et virtutum* or *Manipulus morum* or *Distinctiones theologicae* called *Summa abstinentiae* or *Flores Parisie* or *Distinctiones Gilberti Magni* or *Notae asceticae et morales* or *Dictiones virtutum et vitiorum* or *Distinctiones Paris de modo praedicandi*

Mss: Arras 679; Avignon 308; Bamberg, Theol. 38 (Q.III.34); 109 (Q.IV.5); Barcelona, Univ. 164; Berlin, Theol. Lat. Oct. 164 (Görres 92); Bordeaux 263; Bruxelles, BR II.1081 (cat. 2153) f.1-129; Cambridge, Pembroke 202 f.23-72; Cambridge, Univ. Ee.6.5 f.1-137; Ff.1.34; Chambery 14; Erlangen, Univ. 332 f.5-118; Escorial Q.II.1; Evreux 3; Firenze, Riccard. 407; 416; Frankfurt am Main, Stadtbibl., Praed. 99 f.15-150; Grenoble 459 (312); Klagenfurt, Studienb. Perg. its.6; Leipzig, Univ. 336 f.109-181; Leningrad, Lat. O.v.I, 138; London, BM Roy. 8.C.VIII f.34 seq.; 8.C.XVI f.7; 9 A.X f.131 seq.; Maria Saal 5 f.59-153; Metz 567, no.2; München, Clm 2720; 8182; 13126; 28554; Nürnberg, Stadtbibl. Cent.V, 79 f.2-87; Oxford, Bodl. Bodl. 45 (SC 869); 185 f.25 (SC 2087); 400 f.114; 542 f.1 (SC 2607); 812 f.139 (SC 2697); Canon. Misc. 530; Rawl. D.899; Oxford, Lincoln 97 f.5 seq.; Oxford, Magdalen Hall 3; Oxford, Merton 144 f.7 seq.; Padova, Anton. 509; Paris, Mazarine 1021 (1062); 1022 (1073); 1023 (951); Paris BN lat. 2499 f.60; 3239 A f.1; 3267 A; 3732; 3747 f.73; 15256 f.209;16496; n.a.lat. 420; 1474; Praha, Univ. VI.B.22 (1056) f.97-171; VII.D.11 (1277) f.63-137; VII.D.29 (1524) f.97-107; IX.B.9 (1695) f.1-82; Roma, Angelica 140 f.163-199; 597 (F.6.9); Salisbury, Cath. 166; Schlägl 49 f.91-99; 206 f.29-97; Toulouse 312; Tours 460; 469; Trier, Stadtbibl. 553; Troyes 827; 788; 1370; 1775; 1600; Vaticana, Ottob. 57; Urb. 628; Vat. lat. 10064 f.2 seq.; Venezia, Marc. Lat. Z 144 (Valentinelli VI,53); Vyssi Brod CVII; Wien, Nat. 3697; Ser. n. 3615; 12866 f.99-148; Worcester, Cath. F.117; (Stegmüller RB 5695) For further German MSS, see Schillman in his Catalogue of the Görres MSS of the Preuss. Staatsbibl. Berlin
Printed: Paris 1512; Cologne 1505; Strassburg 1518
Prol: Multi errant...
Variant: Quoniam frequenter...
Alt. Prol. or Pref. Index: Incipiunt adaptaciones sermonum in hoc libello contentorum...

1842. **Dupliciter dici potest peccatum veniale...**
Iohannes Gerson, *De peccato veniali duplici*
Ms: Wien, Nat. NB Ser. n. 3886 f.185
Printed: Iohannes Gerson, *Opera omnia* (Antwerpiae 1706) II 479-480

1843. **Dyabolus temptans dicit: Superbus sis...**
Altercatio diaboli et angeli de septem peccatis mortalibus
Ms: Basel, Univ. B.IV.28 f.5-7; B. V.32 f.80-82; B.VIII.32 f.145-146.

1844. **Dyndimus quid vides in hoc mundo Indalsius...**
Gioiellinus, *Dialogus de mundi vanitate secundum Coilinum*
Ms: Budapest, Eg. Kön Univ. 102 f.69-70

1845. **E paradysi gaudiis postquam expulsum est genus...**
De octo principalibus viciis et de remediis eorum
Ms: Zwettl 294 f.2 (incom.)

1846. **Ea est regula veritatis a patribus approbata quod nichil facias causa commendandi tui...**
See: Ad honorem summae Trinitatis et indiuiduae unitatis... Incipit liber penitentiae...(in Prol.)

1847. **Ea quae saeculi...**
Isidorus, *De contemptoribus mundi et libro sententiarum* L.III cap. xvi 1-5
Printed: PL 83; 691-92
Mss: London, BM Roy. 6 B V f.74; Vaticana, Reg. lat. 140, f.74

1848. **Ea que precepit tibi Deus, cogita semper...** (Eccli. 3,22). **Quoniam quilibet obligatur...**(variant)
See: Ea que tibi precepit...

1849. **Ea que tibi precepit Deus cogita semper,** (Eccli. 3,22). **Quoniam quilibet...**
Iohannes Gerson, *Regulae morales* or *Flores spiritualium moralium* or *Tractatus conclusionum de diversis materiis moralibus* or *De regulis mandatorum* or *Tractatus in regulas morales*
Mss: To the MSS listed in Basel Univ. Cataloque I p.291 under MS B.III.24, add the following: Paris, BN lat. 3125 f.106-123; 14581; 17488 f.40-60; Vaticana, Vat. lat. 10468 f.143-173; Wien, Nat. Ser. n. 3887 f.60-89.
Printed: *Opera Omnia* (Antwerpiae 1706) III 77-106
Prol: Agamus nunc interim quod natura et imitatrix mature ars solent...
See: Appetitus glorie...

1850. **Eam esse virtutis naturam neminem latet quod possessores suos tanto ceteris...**
Michael de Carcano Mediolanensis, O.F.M., *Sermonarius de commendatione virtutum et reprobatione vitiorum*
Ms: Paris, BN n. acq. lat. 435
See: AFH 4(1911) 477.

1851. **Eamus viam trium dierum in solitudinem** (Exc. 3,18).**Vias tuas, Domine...**
See: Vias tuas, Domine,...Quilibet dicunt...

1852. **Ebdomada priori ante inicium...**
See: Hebdomada priori ante initium...

1853. **Ebrietas autem tota imbecillitas est...**
De ebrietate
Ms: Wien, Nat. 2195 f.41.

1854. **Ebrietas mater flagitiorum est...**
De ebrietate
Ms: Wien, Nat. 2195 f.41

1855. **Ebrietas nihil aliud est quam voluntaria infamia...**
Alexander Neckam (?), *Distinctiones*
Ms: Oxford, Bodl. Greaves 53 f.26 (SC 3825)

1856. **Ecce descripsi eam tibi tripliciter, etc. Prou 22,20. Cum omnis scientia gerat Trinitatis insigne...**
Bonaventura, O.F.M., *De triplici via* or *Incendium amoris* or *De stimulo conscientiae* or *De regimine conscientiae* or *Parvum bonum* or *Fons vitae* or *Itinerarium mentis in se ipsum*
Mss: 299 MSS are enumerated in Bonaventura, *Op. Omn.* VIII, Quaracchi 1898 p.IX-XXV; Add: London, BM add. 22767 f.3-23; München, Clm 28317 f.182-195; Wien, Nat. Ser. n. 12828 f.119-136.
Printed: Bonaventurae, *Op. Omn.* VIII, Quaracchi 1898 p.2-27

1857. **Ecce Dominus omnipotens...**
See: Verbum abbreviatum fecit Dominus super terram...(Is. 10,23). Ecce Dominus...

1858. **Ecce draco, etc.** (Apoc. 12,3). **Ioannes Apostolus, Evangelista et propheta, Spiritu Sancto repletus...**
Henricus de Arimino [Rimini], O.P., *Tractatus de septem vitiis capitalibus*
Ms: Firenze, Laur. Plut. XX, 33

1859. *Ecce ego et tu; et spero quod tertius inter nos Christus sit...*
Aelredus Rievallensis (de Rievaulx), *De spiritali amicitia*
Mss: See Hoste p.63 sq.
Printed: PL 195,659-702; J. Dubois, *Aelred de Rievaulx L'amitie spirituelle*, Brugges, 1948.
Prol. Cum adhuc puer essem in scolis...

1860. *Ecce inquit relinquimus omnia etc.* (Matth. 19,27). **Bene, Petre, et optime**
De contemptu mundi et beati Bernardi exhortatione ad idem faciendum
Ms: Chartres 1036 ff.33-38

1861. *Ecce moritur mundus vitio...*(variant)
See: Ecce mundus moritur vitio...

1862. *Ecce mundus moritur vitio* [or *vitiis*] **sepultus/ Ordo rerum cessat Christi cultus...**
Gualterus Mapes (?), *Liber mundi* or *Disputatio inter corpus et animam* or *Visio Philiberti* or *De mundi miseria*
Mss: Basel, A.v.f.14 seq.; Cambridge, Trinity O.9.28 (1440) f.190-191; Cambridge, Univ. Kk.1.9 f.127; Mm.6.15 f.6; add. 3093 f.7; Dresden A 119; Erlangen, Univ. 542 f.290-299; Graz, Univ. 1294 f.88-95; Klosterneuburg 576 f. 6; 835 f.178-179; Leipzig, Univ. lat. 803 f.1-3; London, BM Roy. 7 F.III; Montecassino 207; München, Clm 1276; 3591; 3594; 5015; 23833 f.172-178; 24828 f.1-27; Paris, BN lat. 10636 f.8-14; Praha, Univ. XIII.G.18 (2385) f.119, f.275-277; Salzburg, St. Peter b.VI.3 f.240-245; Wien, Nat. 1583 f.88-89; Nat. 4493
Printed: Karajan, *Frühlingsgabe für Freunde des älteren Literatur* (Vienna, 1839) and Wright, *Poems Attributed to W. Mapes*, 1841 and Dumeril, *Poesies Populaires*, 1843 and Flor. Cas.4; English translation in PLMA 6 (1901) 503-25; S. Thomson, pp.247-8 and H. Walther, *Streitgedichte* 69 (1920)

1863. *Ecce nos reliquimus omnia...*(Matth. 19,27). **Novistis fratres dilectissimi in domino Iesu Christo regulariter congregati, quorum sint uerba...**
Henricus de Langenstein, *Ad canonicos regulares de proprietate*
Mss: Basel, A.VI.32; Kremsmünster 99; Wien, Nat. 5352 f.194-198...Litt.Heilig 133
Cf: Pro salute eorum...

1864. *Ecce nunc tempus acceptabile...*(II Cor. 6,2).
Quia ut ait Ambrosius...
Thomas de Haselbach, *Sermones III de contritione*
(See: A. Lhotsky, *Thomas Ebendorfer* (Stuttgart, 1957) p.84 n.107)
Mss: Wien, Schott. 34 f.172-185; 385 f.283-323.

1865. *Ecce nunc tempus acceptabile, dicit apostolus II Cor. 6,2.* **Haymo exponens verba praemissa...**
Thomas Ebendorfer de Haselbach, *Collationes de confessione*
Ms: See: A. Lhotsky, *Thomas Ebendorfer* (Stuttgart, 1957) p.83 n.102 Add: Heiligenkreuz 181 f.445-507; München, Clm 28264; Wien, Domin. 83 (53) f.13-71

1866. *Ecce nunc tempus acceptabile,* (II Cor. 6,2). **Duo sunt tempora hominis, unum iustitie...**
In presenti est primo uidendum de penitentie necessitate, secundo de eius origine...
Tres sunt partes penitentie, ut dicit magister dist. 16 (*Sermo*II)
Nicolaus de Dinkelsbühl, *De penitentia* or *De confessione* or *De tribus partibus poenitentiae* or *Tractatus de poenitentia et tribus partibus ejus* or *Tractatus de confessione*
Mss: See Madre 180-187. Add: Cambridge, Univ. Ff.IV.10 (1253) f.200-242; København, Gl kgl. S.76 f.143-180; Ny kgl. S. 1886 f.1-12; Frankfurt am Main, Stadtb. Praed. 35 f.78-114; Giessen 735; Erfurt, Amplon. F 137

f.245-289; Heiligenkreuz 306 f.165-235; Herzogenburg 93 f.40 seq.; Klosterneuburg 392 f.132-191; 401 f.310-364; 560; Regensburg, Alte Kapelle 1794 f.130-180; St. Florian 133; Wien, Nat. Ser. n. 3830 f.149-152; (several works are probably confused here)
Printed: Argentorati 1516
See: Et primo est uidendum de eius necessitate, secundo est uidendum de eius origine...Ecce nunc...(pref. statement)

1867. *Ecce populus filiorum Israel...*(Ex. 1,9)*Philosophus libro octavo de animalibus capitulo 5 dicit quod apes...*
Thomas Guallensis, *Moralitates* (Biblical commentary on some Old Testament books)
Ms: Frankfurt am Main, Stadtb. Praed. 70 f.109-193

1868. *Ecce quam bonum...*(Ps. 132,1). *Contraria iuxta se posita, dicente Aristotele, clarius se declarant...*
Nicolaus Kempf, O. Carth., *De vera, perfecta et spirituali caritate erga proximos* (tract. I) or *De tendentia ad perfectionem*
Ms: Budapest, Eg. Kön. 72 f.1-18; (verisimiliter Wien, Nat. 4742 f.1-53) (B.Pez, Bibl. Asc, Ratisbonae 1724, t.IV praef.)
Cf. In predictorum quatuor vitiorum... Omnibus nostris virtutibus... Visum est aliquantulum...

1869. *Ecce quam periculosa sunt tempora nostra, quam corrupti et abominabiles...*
Balduinus Cantuariensis, archiepisc., *De corruptis moribus cleri et populi*
Printed: PL 204, 415-418

1870. *Ecce res tuus uenit tibi mansuetus...*(Matth. 21,5). *Tria etenim solent homines maxime affectare opes, uoluptates et honores...*(Prol.)
Primo quidem contemnendus est mundus...
S. Bernardus de Sienna, *Sermo L, De contemptu mundi*
Ms: Bruxelles, BR 5175-86 (cat. 1702) f. 139-157
Printed: Opera Omnia, Venetiis 1745, I 226-230; Quaracchi II 1950 p. 125-137

1871. *Ecce senescentis mundi iuvenescere cepit...*
De mundo
Walther IC 5147

1872. *Ecce sumus pulvis, sumus ecce miseria tellus...*
Epigrama de miseria humana
Ms: Venezia, Marc. Lat. VI, 402 (6162) f.88 (Walther IC 5157)

1873. *Ecce tibi tradite sunt claves...*
Iohannes (?), *Tractatus de sufficientia legis christianae*; *Confessionale*
Ms: Michaelbeuern, Cart. 33 f.2-13; Praha, Univ. XIII.G.6 (2373) f.51-69.

1874. *Ecclesia igitur in quam populus conuenit...*
See: De sacramentis ecclesiasticis ut tractarem...

1875. *Ecclesiae sanctae regimen qui ducere sancte/ Vis...*
Bernardus Amoros (Adhemar, Aimar) (d.1385), *Speculum sacerdotum* or *presbyterii* (poem)
Mss: Paris, BN lat. 3445; 3480; 14890; 15161; 15162; 18569; Troyes 1685; Vendome 151.(Haureau IV 315-318; Walther I 5205)

1876. *Ecclesie speculum pastor venerande Philippe/ Gemma sacerdotum...*(prol.)
See: Vita brevis via difficilis mundique ruina...

1877. *Eclogarum tres sunt diuersitates...*
See: Aethiopum terras...Eclogarum tres...

LIST OF INCIPITS

1878. Eclogarum tres sunt species...
    See: Aethiopum terras...Tres sunt species...

1879. Edito olim a me Parabolarum libello, cum iam per dies...(pref. epistle)
    See: Ante prandium esurire...

1880. Effectus boni animi perducens est semper ad pietatem...
    De virtutum connexione
    Ms: Zwettl 127 f.9-48

1881. Effectus confessionis/ Noscere peccatum lapsum sitare, dolorem/ Augmentare...
    [Versus leonini proverbiales]
    Ms: Oxford, Corpus Christi 232 f.71

1882. Eger...
    See: Aeger

1883. Ego Augustinus primus [peccator et ultimus insipiencior] et ultimus peccatorum...
    Ps. Augustinus (not Fastidius Brito), *Liber de vita christiana*
    Mss: Budapest, Univ. 62 f.23-28; Praha, Univ. V.F.7 (929) f.255-266; XII.F.18 (2206) f.295-308; XIII.F.21 (2359) f.107-118.
    Printed: PL 40, 1031-1046 (G. Morin In *Rev. Ben.* 15[1898]) 481-493)
    See: Ut ego peccator et ultimus

1884. Ego autem constitutus sum rex ab eo...(Ps. 2,6). **Hec verba fuerunt prophete Dauid loquentis principaliter in persona Christi sed et cuiuslibet veri pastoris et predicatoris...**
    Christophorus de Mediolano, O.P., *De praeceptis decalogi*
    Kaeppeli 721

1885. Ego creatura et a creatore creatus...
    See: O anima a Deo tacta...

1886. Ego cum sim pulvis et cinis loquar ad Dominum meum dicens...(Gen. 18,27).
    Aegidius Romanus, O.E.S.A., *Tractatus de peccato originali* or *De originali peccato*
    Mss: See Zumkeller n.42 et 42 n.; Glorieux 400 h. Add: Barcelona, Univ. 585 f.1-11; Cambrai 487 (455); Cambridge, Emmanuel 3.3.10 f.204; Cambridge, Pembroke 255 f.239-247; Cambridge, Trinity B. 15.23 f.46; Cambridge, Univ. Kk.4.12 f.34; Frankfurt am Main, Stadtb. Praed. 124 f.29-37; London, BM Addit. 27580 f.27-37 (from lib. of Lorenzo de Medici); Oxford, Merton 68 f.23 seq. (a different work by Thomas Palmer, O.P.?); Pamplona, Cab. 2 f.110 seq.; Wien, Nat. 4570 f.320b-326b; (G. Bruni, *Le opere di Egidio Romano* [Florence 1936] 120 No.41)

1887. Ego frater inutilis et minimus...
    See: Surge aquilo et veni auster... Ego frater...

1888. Ego frater Jacobus de Cessolis multorum fratrum ordinis nostri et diversorum secularium precibus persuasus...
    Iacobus de Cessolis, *Scacarius de virtutibus omnium hominum*
    Ms: Praha, Univ. IV.D.25 (679) f.245-260
    See: Multorum fratrum ordinis nostri

1889. Ego horrendissimus peccator reus et conscius omnium malorum meorum...
    Confessio generalis vere contritum mundans ab omni culpa
    Ms: København, Gl. kgl. S. 1591 4o f.157-161

1890. Ego miser et [infelix] peccator confiteor Deo...
    Confessionale generale
    Mss: Bamberg, Theol. 106; 108; Dole 92; Trier, Stadtb. 719; (Michaud-Quantin 93)

1891. ***Ego miser et reus auctor malorum. Confiteor domino patri omnipotenti et filio et spiritu...***
Bernardus (?), *Summa de confessione*
Ms: London, BM Harl. 3077 f.94-95

1892. ***Ego peccavi quando non indulgebam...***
Confessio peccatorum
Ms: London, BM Cot. Vesp. D.XV, f.68-69

1893. ***Ego reus conscius omnium malorum meorum confiteor deo patri omnipotenti et beate Marie...***
[A 'Beichtspiegel' frag.]
Ms: Wien, Nat. Ser. n. 252 f.6

1894. ***Ego reus et conscius...***
Confessio generalis
Ms: Wien, Nat. 4014 f.179-183

1895. ***Ego reus et culpabilis et indignus peccator...***
Confessio; Confessionale bonum per religiosis
Mss: London, BM add. 22086 f.42; Växjö, Stifts- och läroverksbiblioteket MS.40 400 (from Erfurt), f.22-24; (Lehman II,9)

1896. ***Ego sum Dominus Deus tuus qui eduxi te...*(Deut. 5,6). *Nota: multiplex est seruitus, culpe Ioh. 8,34: qui facit peccatum etc, de hac liberauit nos Dominus...***
Sermo de decem praeceptis
Ms: Berlin, Lat. qu. 699 f.43

1897. ***Ego sum Dominus Deus tuus...*(Deut. 5,6). *Quoniam dilectissimi multum video esse errorem in populo...***
[De decem praeceptis; super Pater; super Credo]
Ms: Vorau 120 f.371-463

1898. ***Ego sum Dominus tuus qui eduxi...*(Deut. 5,6). *Et sic erit preceptum primum una copulativa...***
[De decem praeceptis]
Ms: Wien, Nat. 4221 f.61-106
See: Preter precepta legis...(same?)

1899. ***Ego sum homo malus uir iniquus et michimet ipsi inimicus...***
Forma confessionis
Ms: Cambridge, Trinity O.2.29, (1133) f.5

1900. ***Ego sum pulvis et cinis...*(Gen. 18,27)**
See: Ego cum sim pulvis et cinis...

1901. ***Ego sum via, veritas et vita*** (Ioh. 14,6). ***Via dicit humilitatem quae ducit ad veritatem...***
De gradibus superbiae
Ms: Paris, BN lat. 16089 f.66 seq.

1902. ***Ego tibi hunc librum Coluci...*(prol.)**
See: Multa sunt filii que...

1903. ***Ego vos baptizavi aqua, ille autem baptizabit vos Spiritu Sancto*** (Mc.1,8). ***Antiqua jam atque notissima Patrum traditione compertum habemus quid operabatur baptismus Joannis et quid baptismus Christi...***
Iohannes Gerson, *Tractatus de vita spirituali animae*
Mss: Berlin, Lat. Fol. 827; København, Gl. kgl. S.1373, 4o; Klosterneuburg 358 f. 1-46; Leipzig 321 f.303-339; Paris, Arsenal 523; Paris, Mazarine 939; Paris, BN lat. 3125; 3126; 14581.
Printed: *Opera Omnia* (Antwerpiae 1706) III 1-72
See: Reverendo in Christo...eximio domino Petro Cameracensi episcopo...Postulare dignata est...(introductory letter)

*1904. **Egredietur virga de radice Iesse**...*(Is. 11,1-3). **Ex hac auctoritate et aliis sacre scripture et sanctorum constat septem esse dona Spiritus sancti...**
Nicolaus de Dinkelsbühl, *Tractatus de septem donis Spiritus Sancti et septem viciis ipsis oppositis*
Mss: Klosterneuburg 392 f. 262-277; München, Clm 15310; 28510 f.136-146; Würzburg, Univ. M. ch. f.224 f.120-135.(See Madre p.202-205.)

*1905. **Eia fortes servi Dei, ne vos...***
See: Eia fratres servi Dei, ne vos...

*1906. **Eia fratres servi Dei, non** [or **ne**] **vos conturbant** [or **conturbent**] **verba oris mei...***
Contra malos sacerdotes
Ms: München, Clm 3661; (Walther IC 5314 & 6193. cf. 20575)

1907. See 1908

*1908. **Eia nunc milites Christi bellum spirituale ingressuri...***
Gerardus de Zutphen (Ps. Bonaventura), *De pugna spirituali [contra septem vitia capitalia]* or *Tractatus de reformatione virium animae* (possibly part of latter) (Glorieux 305 cz; Little 87)
Printed: *S. Bonaventurae Op. Omn.* Lugduni VII 1668 p.26 seq.; Parisiis XII 1868 p.158-164.

*1909. **Elatio. Haec est animi tumor...***
[Definitions of vices]
Ms: London, BM Roy. 2F.X. f.159

*1910. **Electi abrenuntiare mundo funditus concupiscunt non sicut...***
Excerptum de miseriis huius mundi
Ms: Cambridge, Caius 210 f.91

*1911. **Eleganter dictum est: Quare misero data est lux? Homo subiacet quatuor miseriis...***
[Work on contemptus mundi?]
Ms: Paris, BN lat. 15170 f.40

*1912. **Elevatae sunt filiae Sion et ambulaverunt...***(Is. 3,16)
Moralitates super Isaiam
Ms: Troyes 827

*1913. **Elucidatio vitiorum atque virtutum. Sciendum est septem esse vitia...***
See: Sciendum est septem...

*1914. **Elyconis rivulo modicum respersus...***
[On the universal depravity of morals]
Ms: London, BM Harl. 978 f.93

*1915. **Eminencie tue mihi timenti scribere...***
See: Reuerendissimo patri et domino Dei gratia Lemouicensi episcopo...Eminencie tue...

*1916. **Eminentis devotionis et excellentis discretionis sanctitatis scientiarum et pietatis reverendo...***(dedication)
See: Sicut dicit beatus Iohannes...

*1917. **En ad manum est fortitudo amoris quam quaerimus cui resistere nemo est qui possit...***
See: Cogit me instantia caritatis tuae...

*1918. **En habes de gradibus frater quod petisti...***
De duodecim gradibus humilitatis, prefatio
Ms: Cambridge, Corpus Christi 83 f.8

1919. En omnis divine pagine sermo id intendat ut...
De superbia et comitatu eius...
[A treatise on vices and virtues]
Ms: Heidelberg, Univ. Sal. 8; 26 f.229 seq.
Pref. verses: Lector in hoc speculo speculans virtutis odorem/...

1920. Enoch philosophus qui lingua arabica cognominatur Edric dixit filio suo...
Petrus Alphonsi, *Disciplina clericalis* (Cap.1)
See: Dixit Petrus Alphunsus...

1921. Ensis diaboli luxuria est. Nam sicut virginitas...
Contra luxuriosos, contra mulieres, de sotietate, de oratione, de vita et morte
Ms: Roma, Casanat. 83 f.151

1922. Enumeratis virtutibus quas cuilibet secundum conditionem reddere debemus...
See: Redde quod debes...Enumeratis virtutibus...

1923. Eorum que sacerdos scire tenetur, aliqua...(chap. 1)
Pref: Cum circa duo potissime...

1924. Epilogum de omnibus dicendis considerare necesse est ut distinguantur VII capita bestie...(prol.)
See: Vidi mulierem sedentem...

1925. Epistola Iacobi capitulo IIo (1,13): Nemo huc usque...
Tractatus de confessione
Ms: Cambridge, Emmanuel 1.4.4 f.160

1926. Epistolam filii Petri tuae caritatis accepi...
Fulgentius Ruspensis, *De fide ad Petrum*
Ms: Budapest, Eg. Kön. 50 f.148-155
Printed: PL 40, 753-780; 65, 671-708

1927. Erat in Tholetana urbe quidam archiepiscopus qui vocabatur Adefonsus...
Opusculum exemplorum
Ms: Wien, Nat. 1589 f.224-303 (Welter 282 seq.)
Prol: In presenti opusculo ordinantur...

1928. Erat quidam philosophus Secundus dictus...
Dicta philosophorum
Ms: München, Clm 9528

1929. Erat quidam rex qui in terra sua tale fecerat statutum quod si quis incideret in statutum...
Gesta Romanorum (shorter form)
Ms: Oxford, Magdalen 60 f.215 seq.
See: Pompeius regnavit, dives...

1930. Ergo doma carnem, qui vis evadere mortem/ Presideat ratio, servat ipsa caro...
Ammonitio Victoris pape III
(Hauréau, N. & Extr. 3II, p.55; Walther IC 5482)

1931. Ergo quid iacturus es homo qui fumus et umbra...
Ms: Paris, BN lat. 15157 f.135 seq.

1932. Erigite corda vestra (Iud. 8,21); nota quod septem instructiones...
Liber de preparacione cordis
Ms: Erfurt, Ampl. Duod. 8 f.1-75

1933. Eripe me, Domine, ab homine malo, a viro iniquo, eripe me [Ps. 139,2]. Tentatio diabolica quandoque est subita, quandoque est violenta...
Ricardus de Sancto Victore, *Adnotatio in Psalmum CXXXII*
Printed: PL 196, 377-380

1934. Eripias rem magis iocundam...
   See: Erigitis rem magis iocundam...

1935. Erit magnus coram Domino (Luc. 1,15). *In hec verba possunt duo...*
   [Series of extracts, including *Remedia contra iram alienam, superbiam,* etc.]
   Ms: Cambridge, Univ. Ff.6.15 f.16-21

1936. Error consciencie octo modis...
   De consciencia erronea ex Compendio theologice veritatis (Lib. II, cap. 52)
   Ms: Wilhering 133 f.108-109
   See: Theologice veritatis sublimitas...

1937. Erubesce Sidon, ait mare (Is. 23,4). *Deus hominem ad imaginem fecit et similitudinem. Sed ingratus homo beneficii factori suo non obediuit...*
   Petrus Cantor (Ps. Stephanus Langton), *Super Iob*
   Mss: Cambridge, Pembroke 20 f.65-125; Chartres 179 f.303-325; 180 f.111-151; Paris, Mazarine 178 f.1-41; Paris, BN lat. 384 f.139-159; 485 A f.202-238; 14437 f.83-129; 15565 f.4-52.(Stegmüller RB 6474, 7798)

1938. Erubesce Sidon, ait mare (Is. 23,4). *Per mare intelligitur gentilitas...*
   Petrus Cancellarius Carnotensis, *Iob glosatus*
   Ms: Avranches 16 (Stegmüller RB 6533; HLF VII, 341-342.)

1939. Erudire, Ierusalem, ne forte recedat anima mea a te...(Ier. 6,8). *Ierusalem secundum nominis intrepretationem que est pacifica vel visio pacis...*(Prol.)
   Qui gratiam acceptam non abnoscit...(Cap.1)
   Guillelmus Peraldus, *De eruditione religiosorum* or *Liber eruditionis religiosorum* (or *Speculum religiosorum)*
   Mss: See Dondaine 219-220. Add: Wien, Domin. 40-41 f.135 seq.; Würzburg, Univ. M.ch.q. 107 f.83-269; M.ch.q. 124 f.1-279; Wrocław, Uniw. I.F.273 f.119-275. (Glorieux 106 f; A. Dondaine in *Archivum fratrum praedicatorum* 18 [1948] 215-220)
   Printed: Bibl. Max. Patr. 25, Lugduni 1677,p. 665-793 (See Dondaine p.220)

1940. Erunt quinque civitates in terra Egypti (Is. 19,18). *Quinque civitates quinque libri Moysi...*
   Nicolaus Tornacensis, *Moralia super Exodum*
   Mss: See: Stegmüller RB 6014

1941. Erunt sicut angeli Dei in celis...(Matth. 22,30). *Verbum Salvator noster respondit Saduceis...*
   Wernerus Rolevinck de Laer, *Paradisus conscientiae*
   Ms: London, BM Harl. 3259 f.3-123
   Prol: Tulit dominus deus hominem...

1942. Es tu fidelis? Sum Domine...
   Arnoldus de Vallanoua, *Alphabetum Catholicorum* or *Dialogus de elementis catholice fidei*
   Ms: Frankfurt am Main, Stadtb. Praed. 58 f.81-86; Vaticana, Vat. lat. 3824 (Ed. W. Burger in *Röm Quartalschrift* 21 [1907] 2,173-194)

1943. Esron genuit Aram...(Matth. 1,3). *Fons sapiencie, unigenitum Dei Verbum...*
   Collection of moral sayings from the Fathers
   Ms: Praha, Univ. X. G.2 (1956)

1944. Esse verecundum decet omnem...
   Arbor vitiorum et virtutum (poem)
   Ms: St. Gallen 1052 f.330 seq.

1945. Est Agar inferior Sara, sed et Anna...
   De ambitione
   Ms: Paris, BN lat. 15157 f.53 seq.

1946. *Est amor ut species timor ut genus unde timore...*
   Definitiones amoris
   Ms: Cambridge, Trinity B.14 39 f.87

1947. *Est ancilla Dei simplex elemosina, mortis/ Antidotum...*
   De elemosyna (short poem)
   Ms: Paris, Mazarine 3875 (593); (Walther PS 7271)

1948. *Est autem multiplex confessio. Confessio prima est negligencium...*
   Tractatus de confessione
   Ms: Wien, Schott. 311 (54.e.5) f.60-73

1949. *Est autem res publica, ut dictum est...*(variant chap.1)
   Prol: Cum doctor sive predicator evangelicus...

1950. *Est autem superbia, ut ait Augustinus, peruerse...*
   Nota de superbia
   Ms: Cambridge, Trinity B.15.35

1951. *Est brevis atque in mundo gloria queris...*
   [Short poem]
   Ms: Paris, BN lat. 15952 f.107

1952. *Est certum quod quinque modis gula damnat edacem/ Prepropere...*
   [Short poem on gluttony]
   Mss: Paris, BN lat. 14958 f.245; 15155 f.163; 17293 f.93; n. acq. lat. 333 f.110;
      Poitiers 247; (Revue benedictine 48 [1936] 24; Walther IC 5627, PS 7345)

1953. *Est confessio facienda gradatim secundum septem peccata mortalia...*
   [A work on confession]
   Ms: Uppsala, Univ. C 19

1954. *Est enim clementia temperantia cum potestate...*
   Quid est clementia
   Ms: Roma, Casanat. 294 f.61-62

1955. *Est enim modestia earum rerum...*
   De modestia
   Ms: Roma, Casanat. 294 f.62

1956. *Est enim penitentia secunda tabula post naufragium...*
   See: Pactum penitentie est redeuntibus ad Deum semper necessarium. Est enim penitentia...

1957. *Est enim verbum stultum...*
   See: Octo sunt species verbositatis. Est enim verbum stultum...

1958. *Est et superbia in familia potentum in nimia multitudinem in familiarum...*
   De peccatis
   Ms: Bruxelles BR 5628-37 (cat. 1618) f.16-22

1959. *Est florum tellus morum pons iste libellus...*
   Regulae morales
   Ms: München, Clm 4413 f.83-86 (Walther IC 5668)

1960. *Est homo sanguineus cui non colitur Deus unus...*
   Reductio decem plagarum ad decem praecepta
   Mss: Paris, Mazarine 3875 f.22; Paris, BN lat. 14961 f.8; St. Gallen 680.

1961. *Est homo terra, lutum pulvis...*
   Drogo de Altovillari,
   [Moral poem]
   Ms: Reims 1271 f.45 (Walther PS 7489a)

LIST OF INCIPITS

1962. Est igitur patientia omnium incuriarum et passionum tollerantia...
[On patience]
Ms: Kornik 116 f.85-86

1963. Est igitur primum videndum, quod confessio debet esse pura...
See: Quoniam fundamentum et ianua virtutum...

1964. Est itaque quasi lumen...
See: De Sapientia et Scientia. Nam sunt...

1965. Est leo regalis omnium animalium et bestiarum...
Physiologus
Ms: Bern 318

1966. Est notum quod quinque modis gula damnat edacem/ Prepropere...
(Walther IC 5781)
See: Est certum quod...

1967. Est patiens melior forti patiensque vincit/ Saepius hoc hostem sint vulnere...
Iohannes Gerson, Contra tumidum cor
Printed: J. Gerson, Oeuvres Completes (ed. Glorieux, Paris 1962) IV p.22 n.132

1968. Est plenus vitiis mundus miser iste nefandus...
(Walther IC 5811)

1969. Est primo notandum quod diligenter debemus...
Nicolaus de Dinkelsbühl, De praeceptis decalogi
Ms: Klosterneuburg 417 (Madre 171)
See: Preter precepta legis

1970. Est primo notandum quod diligenter tenemur servare omnia divina precepta...
Nicolaus de Dinkelsbühl, De praeceptis decalogi
Ms: Admont 516 f.53-138 (Madre 171)
See: Preter precepta legis...

1971. Est primo recurrendum est ad septem mortalia peccata...
Modus instruendi aliquos in suis confessionibus faciendis
Ms: London, BM Addit. 36737 f.31

1972. Est propter gloriam minoratio et est qui ab humilitate...
[Ascetical work]
Ms: Arras 352 (imperf.)

1973. Est quadripartita cordis compunctis tota/ que confut...
De quadripartita compunctione
Printed: Manitius in Röm. Forsch. VI (1891), 1 seq.

1974. Est quando quis pro amore Dei et salute propria...
See: Abstinentia. Gregorius: Est quando quis pro amore...

1975. Est quidem sanctorum virtus permaxima humilitas...
Epistola Bernardi abbatis Clarevallensis ad Speculum caritatis
Printed: PL 195, 501-504; A. Wilmart in Revue d'ascetique et de Mystique 14 (1933) 389-391
See: Extendisti, Domine, sicut pellem caelum tuum...

1976. Est quoddam rare genus quod proiectum ab aliquo ad os canis...(cap.1)
Flos florum or Tractatus de virtutibus et vitiis illis contrariis quo ad summum bonum optinendum virtutibus informamur et manu ducimur
Ms: Vaticana, Vat. lat. 1171 f.1-54
Prol: Omnis ut ait Boethius hominum cura mortalium...

1977. *Est res publica secundum Plutarchum...*
   Rogerus de Waltham, *Compendium morale* [De quibusdam dictis et factis antiquorum]
   Mss: London, BM Cot. Vesp. B; Roy. 7 E.VII; 8 G.VI, art. 1
   Prol: Sapienciam antiquorum exquiret...

1978. *Est sciendum quod ista sunt septem peccata mortalia...*
   De septem peccatis mortalibus
   Ms: Philadelphia, Univ. of Pennsylvania Lat. 187

1979. *Est scriptum in propheta: Paciencia...*(Ps. 9,19)...
   Libellus de paupertate, humilitate et patientia
   Ms: Utrecht, Univ. 227 f.110-134
   See: following entry

1980. *Est scriptum per prophetam; Patientia pauperum non peribit in finem* (Ps. 9,19)...
   Frater Thomas Malleolus ['a campis ordinis canonicorum regularum divi Augustini'] (in Vienna MS), *Dyalogus moralis de tribus tabernaculis*
   Mss: Bruxelles, BR 2641-47 (1371) f.104-129; Wien, Nat. Ser. n. 12907 f.120-197
   See: preceding entry

1981. *Est statutum prandendi tempus...*
   Bartholomaeus Florarius, *De abstinentia*
   Reported in Fabricius

1982. *Est via que homini videtur recta, nouissima autem illius...*(Prov. 14,12). *Nam secundum beatum Gregorium IIIo Moralium multa sunt vitia que sub specie virtutum...*
   Henricus de Frimaria, O.E.S.A., *Tractatus de occultatione vitiorum sub specie virtutum* or *De vitiis et eorum remediis* or *Tractatus de septem vitiis cardinalibus sub speciebus se palliantibus*
   Mss: See Zumkeller MWA 316 and 316 n. Add: Basel, Univ. A.VIII 46 f.22-31; Frankfurt am Main, Stadtb. Praed. 28 f.101-108, 51 f.111-117; Herzogenburg 29 f.271-284; München, Clm 7334 f.187 seq.; 28599 f.229-253; 27419 f.13-32; Nürnberg, Cent. II, 17 f.213-218; Wien, Domin. 71/295 f.190-205; Wien, Nat. 4226 f.269-278.(H. Stroick, *Heinrich von Friemar* [Freiburg 1954] 76; Arbesmann-Hümpfner [see No. 115] 475)
   Prol. (?): Sciendum propter predicta quod duplex est...

1983. *Est via que videtur homini recta, nouissima...*(Prov. 14,12)...
   Quanta sit pernicies vitiorum sub specie virtutum latentium...
   Hermannus de Schildesche, *Tractatus de vitiis capitalibus duplex* (2nd part)
   See: Beatus Iob dicit Deo...

1984. *Esto mansuetus ad audiendum verbum Dei* (Eccli. 5,3) *Quanto rem aliquam magis diligimus...*
   Ionysius Carthusianus [Leeuwis de Rijckel], *De arca via salutis ac mundi contemptu*
   Printed: Coloniae 1530, 1533, 1540; *Opera Omnia* 39 (Tornaci 1910) 423-484
   Prol: Indicabo tibi, O homo... Quoniam rationalem creaturam...

1985. *Esto memor Sathanae, quis sit, quem te velit esse/ Mortis in articulo, suggeret...*
   [Anon. Poem]
   Ms: Saint-Omer 115 f.6; (Haureau, N. & Extr. 31,1,55) (Walther IC 5893)

1986. *Esto, quod faveant et cuncta tibi famulentur...*
   De contemptu mundi
   Ms: Hereford, Cath. O.1.II f.2

LIST OF INCIPITS

1987. Estote perfecti...(Matth. 5,48)...
   Tractatus de perfectionibus dei imitandis
   Ms: Praha, Univ. IV.E.7 (687) f.234-243

1988. Et arguiarte negativa sic...
   See: Utrum peccatorum confessio facta fratri rite praesentato...Et arguitur...

1989. Et arguitur, quod non, quia ad consonum oris,...
   See: Utrum tantum sacerdoti et nulli alteri poenitens sive reus mortalis...Et arguitur...

1990. Et arguitur quod sic, quia nullum seipsum committere...
   See: Utrum statim habita opportunitate quilibet teneatur confiteri...Et arguitur quod sic...

1991. Et coeptis ignosce meis ignarus et audax...
   Praecepta quaedam ad bonam vitam (distichs)
   Mss: Osek 24 f.1 seq.

1992. Et de misericordiae operibus, unde inter caetera in precedenti epistola est locutus...
   Hincmarus Rhemensis, *De cavendis vitiis et virtutibus exercendis*
   Ms: Vaticana, Vat. lat. 10057
   Printed: PL 125, 857-930
   Pref. Epistle: Domino Carolo regi glorioso Hincmarus...Mitto vobis sicut iussistis...

1993. Et dicuntur criminalia quia digna sunt...
   See: Septem sunt peccata criminalia gula...

1994. Et enim habetur in regula beati patris Francisci...(variant)
   See: Ut enim habetur...

1995. Et hec sunt dicta eius. Sedechias primus fuit... (variant)
   See: Sedechius primus fuit...

1996. Et nimius rigor et cibus aridus et sitis ista...
   Dicta ingluviei
   Ms: Paris, BN lat. 15157 f.136

1997. Et nucleum celatarida testa bonum...
   See: Ut juvet et prosit conatur pagina presens... Et nucleum...

1998. Et nunc Israel audi precepta...Ita scribitur Deut. IV cap. (1) et quia nisi adiuti
   Preceptorium
   Ms: Göttingen, Theol. 143 f.1-91

1999. Et prima regula. Ad nobiles potentes et scabinos spectant hoc, Ne pauperes per potentiam...(variant)
   See: Regula prima, que spectat ad nobiles potentes...

2000. Et primo de gula incipiendum. Quoniam vas celestis glorie mancipatum...
   Tractatus de septem viciis capitalibus
   Ms: Bamberg, Theol. 227 f. 277-290

2001. Et primo de superbia. Si bonus qui habet sibi attribuit...
   De peccatis mortalibus
   Ms: Kornik 119 f.100-101

2002. Et primo est videndum de eius necessitate, secundo est videndum de eius origine...Ecce nunc tempus... (pref. statement)
   See: Ecce nunc tempus acceptabile...(II Cor. 6,2). Dua sunt tempora hominis...

2003. *Et primo ex dyalogo Gregorii Pape. Exemplum primum. Venatii quondam...*
 (Ps.-Aegidius Aurifaber), *Speculum exemplorum*
 Printed: Goff S-651...655 (Welter 386 seq.)
 Prol. Impressoria arte iamdudumlonge lateque...

2004. *Et primo queritur de numero viciorum capitalium quot et que sint...*(part on seven cardinal sins--'Questio est de viciis capitalibus' of St. Thomas Aquinas, *De malo* q.8 seq.)
 See: Questio est de malo...

2005. *Et primum, ne quis per ignorantiam...*
 See: Ignorantia sacerdotum. Et primum...

2006. *Et queruntur quinque quorum primum...*
 See: Questio est de bono... Et queruntur quinque...

2007. *Et quia compunctio in omni tempore est necessaria commendanda est tibi ut ipsa iungatur etiam mortificationi...*
 [Treatise on virtues]
 See: De compunctione...
 Ms: Paris, BN lat. 3007 f.26-40

2008. *Et quia malum formaliter est priuatio...*(cap.1)
 See: Moyses sanctus et tanquam solitudinis amicus...

2009. *Et quia sapientia aliquando sumitur in malo...*
 See: Cum vani sint omnes homines in quibus...

2010. *Et quidem ad istius questionis declarationem...*
 Franciscus de Mayronis, O.F.M., *Utrum obedientia sit nobilissima virtutum moralium*
 Ms: Oxford, Balliol 70 f.199-200, 76, 202 (P. de Lapparent in *Archives d'Hist. Doctrin. et Litt. du Moyen-Age* 13[1942] 117-119)

2011. *Et quoniam iustitia est preclarissima uirtutum...*
 See: Quoniam misericordia et veritas custodiunt regem...

2012. *Et quoniam omnis peccati initium est superbia, ideo videndum est primo de veneno superbiae, a quo omnia alia oriuntur, quia ut Augustinus...*
 See: Ratio veneni potissime convenit peccato...

2013. *Et quoniam respublica, ut est dictum, est velut quoddam corpus compaginatum...* (Pars 1, dist.1, cap.1)
 See: Cum doctor sive predicator

2014. *Et refrigescente...*
 See: Quoniam diminutae sunt veritate... (Ps. 11,2). Et refrigescente...

2015. *Et respondet Augustinus: Nisi quia ipsa orationis...*
 See: Augustinus dicit: Quaeri potest sive rebus sive verbis...(Pater Noster Nr. 8058)

2016. *Et vere bene dici potest...*
 De exercitu Dei et hominis contra mundum
 Ms: Troyes, 1032

2017. *Etenim habetur in regulis...*
 See: Ut enim habetur...

2018. *Eterna lex est summa ratio eterne sapientie...*
 [De decem praeceptis]
 Ms: Basel, Univ. A.VIII,24

2019. *Eterni patris verbum...*
 See: Aeterni Patris Verbum

2020. *Ethica Catonis docuit discernere cui des...*
   [Versus morales]
   Ms: Charleville 106

2021. *Ethica est scientia secundum quam in presenti vita recte vivitur...*
   Speculum universale
   Ms: Tours 739, 740

2022. *Ethiopum...*
   See: Aethiopum...

2023. *Etiam ne te ausus est spiritus infirmitatis adtingere?*
   Eutropius, *De similitudine carnis peccati* (*Clavis* 567)
   Printed: G. Morin, *Etude, Textes, Decouvertes, Contributions a la litterature a l'histoire des douze premiers siecles.* Anecdota Maredsolana Seconde Serie (Maredsous, Paris 1913) I, 81-150; PL Suppl 1, 529-556

2024. *Etsi apud plurimos vestrum, fratres dilectissimi, meus solida est*
   Cyprianus, *De mortalitate liber*
   Mss: Cambridge, Corpus Christi 25 f.22; Cambridge, Caius 114 (183) f.16; Oxford, Univ. Coll. 53 f.27 seq. (see different title)
   Printed: PL 4, 583-602; CSEL 3, 297-314

2025. *Etsi gloriari in Christo licet quod hujusmodi principiis...*
   Ps. Athanasius, *De observationibus monachorum*
   Ms: Paris, BN lat. 2631A f.42 seq.
   Printed: PL 18, 71-78; 103, 665-672 (Clavis 1155)

2026. *Etsi nos tam eximie hujus virtutis et credimus...*(pref. letter)
   See: Subiectum valde in tenera adulescentia positus...

2027. *Etsi omnia vanitati submissa verissime sapientissimum...*
   Tristano Caracciolo, *De varietate fortunae* in *Rerum Italicarum Scriptores* nova ed. xxii, pt. 1 (Bologna 1934), 73-105

2028. *Etsi plerumque existunt inter negligentes et desides fratres...*
   Tractatus de qualitate poenarum poenitentibus iniungendarum
   Ms: Klosterneuburg 223 f.144-146

2029. *Etsi vereor, ornatissime praesul, ne forte a quibusdam male audiam aut etiam in publicum peccare videar...*
   See: Vereor ne adventu meo per turbam (ded. epistle)

2030. *Etsi virtus quam assuefactio gignit certius quam ars operetur, nihilominus tamen prodest artis traditio...* (cap.1) *Provideat ante omnia confessor purus esse...*
   Iohannes Gerson, *Tractatus de arte audiendi confessiones* or *De eruditione confessorum* or *Considerationes confessionum* or *De arte audiendi confessionem* [or *confessiones*] or *Qualiter confessor debet se habere in confessionibus audiendis*
   Mss: Avignon 1100; Brno, MK 70 f.83 seq.; Cambrai 417; 520; Cambridge, Univ. Ff.IV.10 f.247-251; Erlangen, Univ. 549 f.275-281; Frankfurt am Main, Stadtb. Praed. 122 f.78-83; Klosterneuburg 327 f.208-210; 358 f.53-57; Kremsmünster 9 f.192-196; München, Clm 8858 f.9-13; 8895 f.371-375; 23803 f.158-161; Münster, Univ. 160 (203) f.47 seq.; 167 (735) f.106 seq.; Paris, Mazarine 939; Paris, BN lat. 14920 f.59 seq.; Trier, Stadtb. 601; Vaticana, Vat. lat. 10468 f.247 seq.; Wien, Nat. 3613 f.146-152; Ser. n. 3887 f.18-25; Ser. n. 3896 f.219-221; Wien, Schott. 258 (53.h.10); Wiesbaden 35; Wrocław, Uniw. Rehd 177 f.31-33; Würzburg, Univ. M. ch. f.75 f. 434-438;
   Printed: *Opera Omnia* (Antwerpiae 1706) II 446-53
   Variant: Queritur si virtus quam assuefactio...(Wien 3613)

2031. *Eua quamdiu...*
    See: Eva quamdiu...

2032. **Euangelium est regula sacerdotum summus sacerdos et...**
    Iohannes Mycrus Lilleshullensis, *Manuale sacerdotis*
    Ms: Cambridge, Univ. Ff.1.14 (1147) f.166
    See: Inter melliflua sancti...

2033. **Eugenio patre patris iras flectere matre/ Christi peccator Bernardus...**
    Bernardus Cluniacensis, *De octo vitiis*
    Printed: Katarina Halvarson, *Studia Latina Stockholmiensia* XI, 1963, pp.97-138.

2034. *Euigila, anima mea...*
    See: Evigila, anima mea...

2035. **Eum qui venit ad me...(Ioh. 6,37)...**
    [Summa poenitentiarum]
    Mss: Leipzig, Univ. 426 f.109-164; Praha, Univ. XIV.E.31 (2565) f.184-216

2036. **Eva quamdiu abstinuit uirgo fuit, et in paradiso...**
    See: De abstinentia. Eva quamdiu...

2037. **Evangelium est regula sacerdotum...**
    See: Euangelium est regula sacerdotum...

2038. **Evigila, anima mea, evigila; exerce spiritum tuum, excita sensum...(prol?)**
    Anselmus, etc..., *Liber meditationum et orationum*
    Ms: Marseille 230
    Printed: PL 158, 709 seq. (art. Anselme de Cantorbery, Dict. de Spirit. I 692-694)

2039. **Ex caritate causatur gaudium de deo et divinis rebus, quoniam gaudium causatur ex presentia amati...**
    Nicolaus de Dinkelsbühl, *De dilectione Dei et proximi*, Sermo 12 (Madre p.164)
    Mss: Innsbruck, Univ. 227; Melk 1775
    De dilectione Dei et proximi, Sermo 12 a (Madre p.165)
    Mss: Bamberg, Theol. 55; Colmar 635; Graz 881; Klosterneuburg 539;
        München, Clm 3257; 3544; 16219.
    See: Scribitur Matth. 22 quod...

2040. **Ex duobus enim in ecclesia...**
    See: Quoniam peccantibus post baptismum mortaliter...

2041. **Ex eo unusquisque iustus...**
    De confessio peccatorum et penitentie Hisidori...(sic)
    Ms: London, BM Cot. Vesp. D.XV f.69-84

2042. **Ex hac auctoritate et aliis...**
    See: Egredietur virga...Ex hac...

2043. **Ex hiis. Quia restituta...**
    See: Penitentiam agite... De penitentią dicit his. Ex hiis. Quia...

2044. **Ex his septem vitiis quinque sunt spiritualia...**
    Tractatus de vitiis
    Ms: Cambridge, Emmanuel 1.4.4 f.132

2045. **Ex hoc perpende duos nouitiatus esse in religione, unus terminatur...**
    See: In priori formula nouitiorum quam quibusdam...

2046. **Ex multis causis sacra theologia ferventer...**
    See: Quare sacra theologia est studenda. Ex multis causis sacra...

2047. *Ex parte ergo prius regis nostri Jesu Christi...*
   Vincentius Ferrerius, *Tractatus consolatorius in tentationibus circa fidem*
   Printed: *Oeuvres de Saint Vincent Ferrier* (ed. Fages) Paris I 1909
   Prol: Contra tentationes seu scrupulosas cogitationes...

2048. *Ex quibus verbis sciendum quod octo sunt beatitudines...*
   See: Beati pauperes spiritu... Ex quibus verbis...

2049. *Ex quo mi Pater, misericordiae vestrae gratiam promerui...*
   See: Domino Heriberto coloniensi episcopo...Ex quo mi Pater...

2050. *Ex quo ut audistis in prioribus...*
   Nicolaus de Dinkelsbühl, *De dilectione Dei et proximi* (excerpt)
   Ms: Padova, Univ. 1822 f.119-125 (Madre 167)
   See: Scribitur Matth. 22 (35-40) quod cum quidam legis doctor...

2051. *Ex regia ac sanctissima prosapia oriundo suo domino speciali, domino Philippo primogenito...Clamat politicorum sententia omnes principatus non esse equaliter diuturnos...*(Prol.)
   Lib. 1 Cap. 1: Oportet ut latitudo sermonis in unaquaque re sit secundum exigentiam illius rei...Cap. 2: Cum omnis doctrina et omnis disciplina ex preexistenti fit cognitione, ut dicitur primo posteriorum, bene se habet narrare ordinem dicendorum ut...
   Aegidius Romanus, O.E.S.A., *Tractatus de regimine principum*
   (Zumkeller MWA 54 and 54 n)
   See: Cum omnis doctrina et omnis disciplina ex preexistenti fit...
   Cf. (abbreviatio): Clamat politicorum sententia... Amicabilia quae sunt ad... Liber iste continet quaedam...Sententia Philosophi est...(?) Quia liber de abstractione est, ideo eas...

2052. *Ex se per meritis falso...*
   [Poem on seven deadly sins and *remedia*]
   Ms: Oxford, Bodl. Bodl. 496 f.234

2053. *Ex virulenta radice superbiae nascitur pestifera proles septem principalium viciorum...*
   [Genealogical table of vices or *De vitiis schemata*]
   Mss: Bern 377; Paris, BN lat. 14883 f.54 and 91; 14957 f.96 seq.; Tours 406 f.23 seq.

2054. *Exacto septenarii annorum natalium quadrato...*
   (Dedicatory letter) (See: Quetif. Echard I 563)
   See: Sicut docet Tullius Cicero...

2055. *Excaecat mentem de Christi munere tabes...*
   De invidia
   Ms: Paris, BN lat. 16498 f.149 seq.

2056. *Excellentibus et gloriosis principibus dominis suis Alberto et Ottoni...* (prol.)
   See: Quia sicut Seneca ad Lucilium...

2057. *Excellentissimis et gloriosis principibus dominis suis Alberto et Ottoni...* (prol.)
   See: Cum publica et sollempni fama...

2058. *Excelse Deus, ineffabilis, invisibilis, a quo bonum*
   Confessio Albari
   (Diaz 481)
   Printed: PL 121, 397-412

2059. *Exclamatio est vox ista...*
   See: Quid est tibi mare quod...Exclamatio...

2060. *Excommunicati assimilantur morsui canis rabidi...*
   Iohannes de Sancto Geminiano, *De similitudinibus rerum*, IV (fragm.)
   Ms: Praha, Univ. IV.H.25 [789]
   See: Omnia facito...In ominibus operibus artium...

2061. *Excommunicationem incurrunt clerici qui sine auctoritate...*
   Robertus Finingham, *Summa excommunicationum*
   Mss: Cambridge, Caius 120 f.109-121; Cambridge, Univ. Lib., Ee.V.2, f.55-85; Oxford, Bodl. Bodl. 828 f.231-264, 267-270
   See: Quoniam sub pena excommunicationis late...(prol.)

2062. *Excommunicationis due sunt species...*
   Tractatus breves de decalogo, de peccatis et de confessione
   Mss: Zwettl 116 f.93-102

2063. *Exempla de timore Dei. Quidam pater familias...*
   See: Quidam pater familias...

2064. *Exempla quae in isto volumine...*
   See: Abbas. Exempla quae...

2065. *Exemplorum congeries ista contexitur ut predicator habundet hinc exemplis ad proposita clarius offerenda...*
   Petrus Limovicensis, *Exempla*
   Ms: Paris, BN lat. 15971 f.3-16, 27-32, 45-57 (Glorieux 178 e; Welter 130-131)

2066. *Exemplum bonum de uno rege qui habebat filiam nimis pulcram nomine Atlantam...* (prol.)
   [A version of the *Gesta Romanorum* in fifty-four chapters]
   Mss: London, BM Add. 33784; Harl. 206; 2270; 3132; 5369; Roy. 8 F.VI; Oxford, Bodl. Bodl. 123 (SC 1986); 857 (SC 2760) Oxford, Balliol 320 f.156-237
   Cf: Pompeius regnavit dives valdes...
   Anselmus in civitate Romana...

2067. *Exemplum contra luxuriam...*
   Historiae morales
   Ms: Wien, Nat. 896 f.40-63

2068. *Exemplum in uitas patrum. Senex quidam interrogavit abbatem...*
   [Religious tales]
   Ms: London, BM Addit. 18364; (Ward and Herbert III, 606 seq.)
   Prol: Notandum quod agendo penitentiam...

2069. *Exigitis rem magis iocundam...michi, id est delectabilem, quam facilem, quasi dicat: etsi sit iocunda non tamen facilis...*
   Nicolaus Trivet, *Expositio super Declamationes Senecae*
   See: Sicut docet Tullius Cicero in rhetorica sua...

2070. *Eximii* [or *Eximium*] *prophetarum verba* [or *verbi*] *sunt ista vitam appetentis eteniam...*
   See: Unam petii a Domino... Eximii prophetarum...

2071. *Eximio et in primis honorando patri Guilhelmo Paruo, ...Iudocus Clichtoueus. Sa. D. Socrates, authore Laertio, non parum...*
   Iudocus Clichtoveus, *Epistola Nuncupatoria* ad Moralium Dogma Philosophorum
   Printed: J. Holmberg, Das Moralium Dogma..., Uppsala 1929, p.81-82
   See: Moralium dogma philosophorum...

2072. *Existimo nullum maius malum nos imprecari cuipiam...*
   Poggius Florentinus, *Notanda quaedam Pogii in avariciam*
   Ms: London, BM Harl. 3651 f.78-80

LIST OF INCIPITS

2073. *Exit inde vobis discretio...*(prol.?)
   Sententiae de fide, spe et charitate
   See: De fide et spe, quae in nobis est, omni poscenti rationem reddere...

2074. *Exodi 20. Prima clausula: non habebis deos alienos coram me...*
   See: Prima clausula: non habis alienos coram me...

2075. *Exordium sume a Deo...*
   Auctoritates Patrum on moral subjects
   Ms: Oxford, Bodl. Hatton 92 f.132 (SC 4073)

2076. *Expediens videtur et utile [oret utile videtur] quod primo in hoc prohemio exponatur...*(prol.)
   See: In hoc speculo potest homo considerare...

2077. *Expedita declaratione dominicae orationis occurrat adhuc declarare...*
   Oswaldus Reinlein (Reindel) de Norimberga (?), *De laesionibus Christi et septem donis Spiritus*
   Ms: München, Clm 17633 f.92-95

2078. *Explicito tractatu de fide, restat videndum de spe...*
   Iohannes de Lignano (Legnano), *De spe* (part of *De virtutibus theologicis*)
   Ms: Pavia, Univ. 257 (*Traditio* 23 [1967] 428)
   See: Viso de virtutibus moralibus et una intellectuali...

2079. *Exponitur sic: Fer scilicet virtutes, fuge peccata...*
   See: Fer, fuge, fuc, gusta, tu credas, indue nutri. Exponitur sic...

2080. *Expressi uvas in calice Pharaonis* (Gen. 40,11). *Summe parens, eterne Deus...Verbum istum quod continetur Genesis 40...*(prol.)
   See: Prima pars de penitentiae acceleratione...

2081. *Exprimitur autem in his verbis humanae conditionis instabilitas...*
   See: Parce mihi, Domine...Exprimitur autem...

2082. *Extendisti, Domine, sicut pellem caelum tuum* (Ps. 103,2), *ponens in eo stellas...*
   Aelredus Rievallensis, *Speculum caritatis*
   Mss: See Hoste 41-46
   Printed: PL 195, 502-620
   Dedic. Epis.: Est quidem sanctorum virtus...(Bernardus Clarev.) Pref.: Vere sanctorum vera et discreta humilitas (Aelredus)

2083. *Extra de penitenciis et remissionibus, Innocencius tercius: Omnis utriusque sexus...*
   Iohannes Müntzinger (d. 1417), *De poenitentiis et remissionibus*
   Ms: Basel, A.VI.4 f.139-150; München, Clm 8349 f.88-100 (A. Lang in *Beiträge zur Geschichte der Philos. und Theol. des Mittelalters* Suppl. III, [1935] 1226-1229)

2084. *Exultatio est in adversis...*
   De vitiis et virtutibus
   Ms: Bruxelles, BR 12014-41 (cat. 1387) f.159

2085. *Exultet iustus in Domino...Rectos decet collaudatio* (Ps. 32,1). *Non dico simpliciter laudatio...*
   Stephanus Remensis [Notes, sentences, and distinctions]
   Ms: Evreux 46 f.85 seq.

2086. *Fabrica Hieronimi de doctrina Domini firma fides...*
   Tractatus de decem mandatis
   Ms: Cambridge, Univ. Ii.3.8 (1772) f.18-31

2087. **Fabula qualiter lupus sit confessus. Legitur in fabulis quod quidam lupus intravit villam...**
[Fables]
Ms: Gdansk 2043; 2022

2088. **Fac bene dum vivis. Post mortem nichil habebis...**
'Ioannis de Soncino Notabilia'
Mss: Vaticana, Vat. lat. 1501 f.19; (Walther IC 6199)

2089. **Faciat ergo fructum quem potest gratie...**
See: Ambrosius super Luc. II libro...Faciat ergo fructum...

2090. **Facta est Iudea...**
Opusculum quod est de confessione
See: In exitu Israel de Aegypto...Facta est

2091. **Factum est, ut offerret Cain de fructibus terrae...(Gen. 4,3).**
(Variant in Praha, Univ. XII.F.7 [2193] and Wien, Nat. 1577)
See: Creatio rerum...

2092. **Facturus de conflictu viciorum et virtutum tractatus iste...**
Johannes (Genesius Quaya) de Parma, O.F.M. and Fra Zuano de Verona (?),
[Macaronic verse: Italian; prose: Latin work on conflict of virtues and vices]
Ms: Firenze, Naz. Conv. Soppr. B.VIII. 1809 f.1-39
Prol: A preti io...

2093. **Factus est homo in animam viventem (Gen. 2,7). Quoniam, ut ait Boethius II de consolatione prosa 5, humane nature ita condicio est ut tum...**
Iohannes (Genesius Quaya) de Parma, O.F.M., *Tractatus de conditionibus humanis secundum varias hominum consuetudines* or *Rosarium*
Mss: See AFH, 27 (1934) 16-17; Add: London, BM add. 25702; Vaticana, Vat. lat. 4398, ff.1-175
Introductory passage: Tractatum quem dam de conditionibus humanis...
See: Gloria Libani ad te veniet

2094. **Fallax gratia et vana est pulchritudo...(Prov. 31,30). Non laudes virum in specie sua...**
Celestinus V (?), *De vita hominis*
Printed: Max. Bib. Vet. Patr., Lugduni t. XXV (1677) 797-801

2095. **Famosum est altum...**
See: Omnis utriusque. Famosum est altum...

2096. **Fastus auaricia torpedo liuor et ira/ [et] gula...**
[Short poem on seven cardinal sins]
Mss: London, BM Arundel 507; Oxford, Balliol 149 f.64; 354 f.201; Oxford, Trinity 18 f.166. (Walther PS 8873)

2097. **Fastus. Iacta te, simula...**
See: Iacta te, simula, nova fac...

2098. **Febribus infectus requies fuerat mihi lectus...**
Iohannes de Bridlington (with gloss by Iohannes Erghom) (?) [Prophecy]
Mss: Dublin, Trinity 516 (E.f.10); Edinburgh, Univ. 181; London, BM Cot. Cleop. C.IV; London, Society of Antiquaries 101; Madrid, Nac. 101; Oxford, Bodl. Ashmole 1804 (271d); Digby 186; Tours 520.

2099. **Fecisti homicidium, qualicumque modo, aut consentiens aut volendo...**
Canones poenitentiales
Ms: Firenze, Laur. Plut. XXIX 39 f.33 seq.

2100. **Fecisti homicidium uolens septem annis peniteas...**
Instructiones pro penitentia
Ms: Cambridge, Univ. Ee.5.32 (1086) f.149

2101. *Fecit Deus duo luminaria...*(Gen. 1,16). **Moraliter luminare unum ut praeesset nocti ecclesia militans repraesentatur...**
Iacobus de Losanna, *Moralitates*
Ms: Bordeaux 148 (Cf. Stegmüller RB 3890)

2102. *Felicianus in civitate romana regnavit...*
Gesta romanorum
Ms: London, BM Harl. 219
See: Theodosius in civitate romana regnavit prudens...
Pompeius regnavit, dives valde et potens, qui...

2103. *Felix paupertas dat opes super ethera sextas...*
De paupertate
Ms: Saint-Omer 115 f.14; (Not. & Ext. 31.1. pp.57-58; Walther PS 8947)

2104. *Fenerat ille Deo, qui sumptum praebet egeno;/ Reddere promisit...*
Petrus Damianus, *Laus elemosinae*
Ed. Margareta Lokrantz, in *Studia latina Stockholmiensia* XII (Stockholm 1964)

2105. *Fenum signat hominem carnalem sicut dicit Ysa...*
'Contempt of the world' [Dicta taken from Grosseteste, *Comm. in Psal.*]
Mss: Durham, Cath. A.III.12 f.79; Eton 8 f.21-22; (S.H.Thomson,*The Writings of R. Grosseteste* [Cambridge 1940], 222 et 183)
Variant: Quoniam tanquam fenum velociter arescet...(variant)

2106. *Fer, fuge, fuc, gusta, tu credas, indue nutri. Exponitur sic: Fer scilicet virtutes, fuge peccata...*
Tractatus de confessione
Ms: Paris, Mazarine. 966 (1067) f.61 seq.

2107. *Fermentus aliquando ponitur...*
Manus theologica
Ms: London, BM Addit. 23892

2108. *Fertur autem in gestis Romanorum, quod cum quis semel a diis...*
De primo mandato, etc
Ms: Oxford, Magdalen 68 f.207 seq.

2109. *Fertur quod quedam puella...*
Contra desperacionem
Ms: London, BM Harl. 206 f.98

2110. *Fidei est credere quod omnes nascimur filii ire...*
Enchiridion penitentis [or *poenitentiale*] *ex summa Reymundi et ex distinctionibus Willelmi Autissiod. et Roberti Lincolniensis et Roberti de Leycestria*
Mss: Cambridge, Pembroke 87 f.2; Oxford, Bodl. Rawl. C.4, f.1-29; Pavia 69 f.1-19. (Thomson 249-50; 46 (1953) 468 seq.)

2111. *Fidelis Deus, ait apostolus, qui non pacietur vos temptari* (I Cor. 10,13)...
Tractatus de utilitate tentationum et tribulationum quibus Deus electos tuos temporaliter affligi et fatigari permittet
Mss: Cambridge, St. John's E.22 f.80; Cambridge, Univ. Kk.6.41 f.113; Oxford, St. John's 77 f.14 seq.

2112. *Fidelis promissam gratiam humilibus conferendo...*
See: Si confiteamur peccata nostra...Fidelis promissam...

2113. *Fidelis sermo et omni acceptione dignus...*(I Tim. 4,9) **Quia Christus Iesus venit in hunc mundum peccatores salvos facere, in verbo proposito tanguntur duo: primum est nativitas salvatoris, secundum salvatio peccatoris...**
Summa confessionum or *De penitentia*

Mss: Krakow, Uniw. 3538 f. 1-84; Praha, Univ. XII.A.23 (2100) f.20-75; Wolfenbüttel 67.1.Aug. fol. f.90-146; Wrocław, Uniw. I.Q.83 f.62-175; Würzburg, Univ. M. ch. q.97 f.49-132. (Michaud-Quantin 85)

2114. *Fides assimilatur luci que est...*
See: Circa quadraginta...

2115. **Fides catholica est substantia rerum sperandarum...**
(Pars 1) Fides catholica est substantia rerum sperandum...
Guillelmus (William) de Pagula, *Speculum prelatorum ac religiosorum et parochialium sacerdotum*
Ms: Oxford, Merton 217 f.448 (L. Boyle in *Transactions of the Royal Hist. Soc.* 5 [1955] 98, 102)
Prol: Ut summe Trinitati et toti curie celesti...

2116. **Fides Christiana post presentem vitam mutabilem et incertam, vitam aliam futuram stabilem et certam ostendit...**[Super Credo]
[Super Pater] Post ea que dicta sunt de symbolo...[De decem praeceptis] Dicto de symbolo...et de oratione dominica...dicendum est de preceptis...
Bernardi speculum (On Creed, Pater noster and Decalogue)
Mss: Trier, Stadtbibl. 796 (1360) f.204-218
See: Dicto de symbolo...Post ea que dicta sunt de symbolo (Excursus on Pater noster)

2117. **Fides Christiana supra naturalia rerum...**
[Moral treatise]
Ms: Orleans 198 (175) p.533 seq.

2118. **Fides est fundamentum omnium bonorum ut dicit Augustinus...**
Summa virtutum (Abridgement of Guillelmus Peraldus: Si separaveris pretiosum...)
Mss: Brugge, Stadsb. 215 f.80; Bruxelles, BR 11454-55 (cat. 2056) f.1-57 (MS attrib. to Wilhelmus Lugdunensis); Köln, Dom. 53

2119. **Fides est substantia...**(Hebr. 11,1)...
[De articulis fidei catholice per Apostolos descriptis]
Ms: Oxford, Bodl. Hamilton 21 f.69 (SC 24451).

2120. **Fides est substantia...**(Hebr.11,1). *Augustinus in libro de fide ad petrum: fides est bonorum omnium fundamentum...*
See: Apostolus dicit: Fides est substantia sperandum rerum...

2121. **Fides est substantia...**(Hebr. 11,1). *Cum fides acquiescat primae veritati...*
Herbertus Autissiodorensis, *Summa Herbertina de fide* or *Summa Magistri Guilelmi abbreuiata* (abbreviated paraphrase of William of Auxerre *Summa*: Fides est substantia...Sicut enim vera...)
Mss: See: Glorieux 157a; Stegmüller RS 344; Doucet Suppl 344. Add: Paris, BN lat. 14527; Roma, Casanatense 19 f.9 seq.
Cf: following entry

2122. **Fides est substantia rerum sperandarum...**(Hebr. 11,1). *Sicut enim uera dilectione...*(First Book)
Guillelmus Autissiodorensis (d'Auxerre), *Summa aurea super IV libros sent*
Mss: See: Landgraf, Einfuhrung [N.61] 128-9; Glorieux 129b; Stegmüller RS 281; Doucet Suppl. 281; HLF XVIII, 118 seq. (Cf. Glorieux 154a) Add: Frankfurt am Main, Stadtb. Praed.54 f.1-181; Paris, Arsenal 450 (?) (G.Meyer-M.Burckhardt, Die mittelalterlichen HSS der Universitätsbibliothek Basel, I [Basel 1960] 333)
See: Postquam dictum de mundo archetipo...(Book II)
Dicto de peccatis...(Book III)
Cf.: preceeding entry

2123. *Fides est substantia...*(Hebr. 11,1). **Substantia in subsistentia uel existentia...**
Summa theologie magistralis
Ms: Cambridge, Univ. Kk. 3.26 col. 384-429

2124. *Fides est totius spiritualis edificii fundamentum.* **Sicut ergo fundamentum edificium, sic fides precedere habet in tractatu ceterarum virtutum...**
Conradus de Halberstadt, O.P. (?),
[A moral florilegium]
Mss: Paris, BN lat. 3508; 3508 A, f.1-243; 10685 f.1-223; Praha, Metr. Kap. H. 24 (1079) (A.Dondaine AFP 18 [1948] 191 n. 93)

2125. *Fides est ut dicit apostolus substantia rerum...*(Hebr. 11,1). (Prol.)
See: De fide et spe, quae in nobis est omni poscenti... Fides est... Fides est substantia...

2126. *Fides generat victoriam...*
[A treatise on the virtues]
Mss: Praha, Univ. V.G.21 (973) f.91-99; VII.D.5 (1271) f.123-135.

2127. *Fides sicut dicitur in secundo versu et ultimo primi simboli, scilicet, Quicunque vult...*
Tractatus de fide, S. Trinitate, spe et caritate
Ms: Oxford, Corpus Christi 32 f.59 seq.

2128. *Fides virtus theoretica hominum ad ineundam vitam...*
[Tractate on faith]
Ms: Leipzig, Univ. 158 f.166-167

2129. *Fieri non potest ut in hac potestate seculi huius...*(part I)
Sermo sive tractatus de virtutibus et vitiis
Ms: Gotha, Landesb., Membr. II 142 f.1 seq.
See: Quod incertum sit...(part II)

2130. *Figure super totam bibliam de diversis materiis per alphabetum compositis...*
Ms: Klosterneuburg 357 f.92-180

2131. *Fili, accedens ad seruitutem Dei...*(Eccli. 2,1).
Gallus, Abbas de Aula Regia (Königssaal), Ord. Cist., *Malogranatum*
Mss: København, Gl. kgl. S. 67-68 fol.; Rein 34;35.
Prol. Notandum quod opus subsequens seu liber...

2132. *Fili, ait scriptura, accedens ad servitutem Dei...*(Eccli. 2,1)
Liber de variis temptacionibus et earum remediis
Ms: London, BM Harl. 237 f.150-199 (incomplete)

2133. *Fili confitere peccata sua...*
Confessione generale de casibus qui communiter accidere possint monachis
Ms: London, BM Cot. Cal. A. I f.221-330

2134. *Fili ne tardes, ait scriptura, converti ad Dominum* (Eccli. 5,8), **quia nescis quid futura pariat dies...**
Tractatulus contra desperationem
Ms: Oxford, Magdalen 141 f.45 seq.

2135. *Fili, patientiam accipe quia maxima virtus...*
(Prol. in Paris, BN lat. 133 f.45 seq. [Defensor, *Liber Scintillarum*])
See: Dominus dicit in Evangelio: Maiorem...(chap.1)

2136. *Fili peccasti...Quoniam filius est spiritualis...*
[Treatise on confession]
Mss: Bruxelles, BR 19526; II 2498; Oxford, Bodl. 484 f.191 (SC 2063); (Michaud-Quantin 88)

2137. *Filiabus fratris nostri dares possessionem debitam patri. Possessio patris nostri Domini nostri J. C. est regnum celorum...*
    Thomas Anglicus (Thomas of Wales), *Moralitates supra Deuteronomium* (Quetif-Echard I 598)
    Ms: Paris, Mazarine 183 (180) f.88 seq.

2138. *Filii hominum, usquequo graui corde...*(Ps. 4,3)...
    [Commentary on 'Peniteas cito']
    Ms: Stuttgart, H.B I 57 f.215-257
    See: Peniteas cito..

2139. *Filii hominum usquequo gravi corde...*(Ps. 4,3)...
    De vanitate mundi sermo bonus et utilis (Scriptor Christianus de Ekkenfelden)
    Ms: Strasbourg, Univ. 19 (Lat. 7) f.103-107

2140. *Filius aeterni mortis, quod flebile dictu...*
    De originali peccato
    Ms: Paris, BN lat. 15157 f.132 seq.

2141. *Fingere qui quondam nugarum scripta solebam/ Retia peccati...*
    Planctus de vita (poem of 390 verses)
    Ms: Berlin, Phill. 1694 (Rose 180) f. 123-125; (Walther IC 6542)
    Printed: Wattenbach *Neues Archiv* XVII (1892), 363 seq.

2142. *Finis principaliter intetus recipiendi temporalia...*
    Iohannes Gerson, *Ad rationabilem contra symoniam et symoniacos reformationem*
    Ms: Wien, Nat. S. n. 3887 f.133-135
    Printed: *Opera Omnia* (Antwerpiae, 1706) II 651-53

2143. *Finitis duobus libellis quos de vita...*
    Liber de virtutibus S. Othmari abbatis
    Ms: Zwettl 144 f.156-164

2144. *Firmissime credendum est et nullatenus dubitandum...*
    Iohannes Gerson, *Opusculum tripartitum* (cap.1)
    See: Christianitati suus qualiscumque zelator...

2145. *Firmiter credere debemus et simpliciter confiteri...Est tamen sciendum quod ista per se pertinent ad fidem catholicam...*
    Summa rudium (Cap. 1)
    See: Quoniam varia dicta sanctorum...

2146. *Firmiter credimus et simpliciter confitemur... Orthodoxam fidem fidelium, solidum et primum omnium uirtutum immobile fore fundamentum, auctorizans magister gentium Paulus Apostolus ad Heb. 11 cap. dicit: Sine fide impossibile est...*
    Conradus de Soltau, *Lectura super 'Firmiter'*
    Mss: Berlin, Theol. fol. 172 (Rose 522) (and MSS cited by Rose, cat. p.405); Krakow, Uniw. 1283 f.1-118; München, Clm 27428 (fragm. ?); 28385 f.2-57.

2147. *Fistula dulci sonat, ut Aves in retina* [or *retia*] *ponat/ Prospera delectant...*
    Rudigerus, *De vanitate saeculi* or *De contemptu mundi Rudigeri*
    Ms: Wien, Nat. 901 (Walther IC 6558; PS 9572; Rudolf 32; 39 n.39)
    Printed: *Neues Archiv* II (1877) 407-408

2148. *Flecto genua mea ad Patrem...Apostolus Paulus, uas...*
    See: Flecto genua...Paulus apostolus...

2149. *Flecto genua mea ad Patrem...*(Eph. 3,14-19). *Magnus doctor gentium et predicator ueritatis...*(Prol.)
    In principio intelligendum est quod sacra doctrina, uidelicet theologia... Si igitur velimus latitudinem sacre Scripture...
    S. Bonaventura, O.F.M., *Breviloquium*

Mss: Brno, Univ. Mk 19 f.1-28; NR 67 f.385 seq.; Gdansk 1957 f.121 seq.; 1959; Mar.F.55; Krakow, Univ. 1248; 3248; Kornik 47; London, BM Arundel 332; Praha, Univ. XIII.D.19 (2311) f.18-84; XIV.D.6 (2514) f.41-60; Solothurn, SI 213; Utrecht, Univ. 163 f.1-100; Vaticana, Urb. lat. 12; 590; Vat. lat. 919 f.1-71; 920; 921; 922; (The catalogues are confused because of the similarity of the prologue with that of the *Soliloquium*, and therefore the listing of the MSS may not be correct.)
Printed: S. Bonaventura *Opera Omnia.*, Quaracchi, 5 (1880) 201-291

2150. *Flecto genua mea ad Patrem...*(Eph. 3,14-19). *Paulus apostolus, vas eterne dilectionis, sacrarium...*(Prol.)
Anima: Dic queso, o homo, si post...(cap. 1)
S. Bonaventura, O.F.M., *Soliloquium de quatuor mentalibus exercitiis*
Printed: S. Bonaventurae *Opera omnia*, Quaracchi 8(1898) 28-67
Mss: Add. Wien, Nat. Ser. n. 12907 f.209-259

2151. *Flete mecum omnes...*
Thomas a Kempis, *Libellus de vera compunctione cordis*
Ms: Utrecht, Univ. 227 f.134-139

2152. *Flete, perhorrete, lugete, pavete, dolete,/ Flenda, perhorrenda, lugenda, pavenda, dolenda...*
Simon, Sancti Bertini Abbas (?) composed 1136-1148, *Versus de multimodis erroribus humanae mutabilitatis* or *De simonia* or fragm. of larger poem on life of St. Bertin)
Walther IC 6621; PS 9655

2153. *Fons et origo...*
Oratio compunctiva pro peccatis
Ms: Trier, Stadtb. 157

2154. *Fons, mare, terram, seges, apis et piscis...*
[Moral verses]
Ms: Paris, BN lat. 15170 f.3

2155. *Fons rigans agrum tocius ecclesie riuis redundantibus...*
Compendium theologiae ('collectariolum...in quo inclusum est Compendium theologicarum veritatum...cuius principium est: Veritatis theologice sublimitas')
Ms: Avignon 332

2156. *Fons sapiencie, unigenitum dei verbum...*
See: Esron genuit Aram... Fons sapiencie

2157. *Fons sapientiae Dei verbum, dispositione mirabili...*
See: Quoniam secundum quod dicit propheta Malachias

2158. *Forma novitiorum...*(prol.)
See: Primo semper debes considerare...

2159. *Forma religiosorum dicitur iste liber et bene, quia...*(alternate prol.)
See: Primo semper debes considerare...(Book I)

2160. *Formula vivendi presto est tibi: pauca loquaris/ Plurima fac...*
[Short moral poem]
(Walther IC 6781; PS 9779) Printed: Wattenbach, *Neues Archiv* II (1877) 403

2161. *Fornicor in viduis, in virgine perpetro stuprum...*
[Mnemonic poem on sins of the flesh]
Ms: Paris, BN lat. 2831 f.86
(Walther IC 6782; PS 9781)

2162. *Forte die quadam avaritia libidini obuians...*
    Galnadus Regniacensis (Galland de Rigny), *Narratio allegorica de vitiis* (Parabola 31 of his *Parabolarium*)
    Ms: London, BM Harl. 1294 f.88-89; Philadelphia, Univ. of Pennsylvania Lat. 55 f.59-61; (J. Leclercq in *Analecta monastica* I [Studia Anselmiana 20] [Rome, 1948] p.177 n.31)

2163. *Fortis est ille qui aggreditur aggredienda...*
    Diffinitiones virtutum et vitiorum
    Ms: Paris, BN lat. 16153 f.25-26

2164. *Fortis est ut mors dilectio...*(Cant. 8,6)
    See: Octavo Canticorum, fortis est ut mors dilectio...

2165. *Fortitudinem meam ad te custodiam* (Ps. 58,10). *Fortitudo est virtus, retundens impetus adversitas...*
    [On fortitude]
    Ms: Brno, Univ. Mk 108 f.274-275

2166. *Fortitudo est virtus, retundens impetus adversitas...*
    See: Fortitudinem meam ad te custodiam...Fortitudo est virtus...

2167. *Frater aut soror, qui desideras...*
    Ricardus Rolle (?), *De bello spirituali*
    Allen 423

2168. *Frater dilectissime plenius novit discrecio nostra..*
    Tractatus de septem capitalibus viciis et speciebus ex edicione b. Bernardi
    Ms: Cambridge, St. John's Coll. B.17 (39) f.159-160

2169. *Frater electe ac sodalis...*
    See: Ut enim habetur...

2170. *Frater noster dilecte ac sodalis predilecte quia...*(prol.)
    See: Ut enim habetur...

2171. *Frater predilecte ac sodalis preelecte, quia scriptura attestante...*
    Robertus Silk, O.F.M. (?), *Fasciculus morum*
    Mss: Oxford, Corpus Christi 218; Oxford, Lincoln 52
    See: Ut enim habetur...

2172. *Frater, primum mortalium peccatorum est...*
    De confessione
    Ms: Cambridge, Univ. Gg.IV.32 f.26

2173. *Frater qui confessiones auditurus est primo necessarium est...*
    De modo confitendi or *Tractatus de confessione*
    Mss: Grenoble 455; Oxford, New Coll. 88; Solothurn, SI 213 f.154-158
    See: Fratri qui confessiones auditurus est...

2174. *Fratres attendite decem precepta esse contraria...*
    De decem preceptis
    Ms: Cambridge, Univ. Ff.3.7 f.4

2175. *Fratres carissimi istas res terrenas non habent homines sine labore...*
    Caesarius Arelatensis, *Admonitio de contemptu praesentis vitae*
    (cf. Corp. Christ. CIV p.966)
    Printed: Maxima Bibl. Veterum Patrum Lugduni 27 (1677) 346

2176. *Fratres carissimi quod timenda est dies illa...cum flamma ignis...*
    Speculum peccatoris
    Ms: London, BM Sloane 2275 f.191-198

2177. *Fratres carissimi, si de huius vite naufragio et mortis nostre periculo diligenter cogitaremus. O quam fastidiose tedet nos...*
   Augustinus (?), *Sermo beati Augustini episcopi de felici morte*

2178. *Fratres, credo vos frequenter facere confessionem...*
   De confessione
   Ms: Wien, Nat. 512

2179. *Fratres dilectissimi, plenius movet vestra dilectio quod septem sunt vitia...*
   [On seven deadly sins]
   Mss: Cambridge, St. John's B.17 (39) f.159; London, BM Roy. 9A.XIV, f.232

2180. *Fratres mei carissimi, anima de corpore exibit sed non sponte*
   Petrus Damianus (?), *Speculum peccatorum* or *Speculum valde proficuum peccatori*
   Mss: Cambrai 143 (139); Erlangen, Univ. 549 f.245-246; Trier, Stadtb. 689; Wien, Nat. 4553 f.53v-54v

2181. *Fratres mendicantes qui ex privilegio...*
   De confessione
   Ms: Würzburg, Univ. M.ch. q.81 f.75-78

2182. *Fratri qui confessiones est auditurus primo necessarium est ut sciat...*
   Modus audiendi confessiones
   Ms: Namur, Mus. arch. Ville 87 f.151-153
   See: Frater qui confessiones auditurus est...

2183. *Fratri Rogero dilecto in Christo frater Venturinus...Scribo illi quem facie ignoro sed mente diligo...*
   Venturinus de Bergamo, O.P., *Epistola contra temptationes*
   Mss: See AFP 24 (1954) 193-4
   Printed: AFP 24 (1954) 194-198

2184. *Fratribus de Monte Dei, orientale lumen et antiquum illum in religione Egyptium feruorem...*
   See: Dominis et fratribus Haimoni priori...

2185. *Frequens instantia et ignita karitas sociorum, nexibus aureis indissolubiliter vinculata...*
   Raymundus de Pennaforti, *Summa iuris*
   (Diaz 1323; *Seminar* 8 (1950) 52-67)
   Printed: San Raimundo de Penyafort, *Summa iuris*, ed. J. R. Serra, Barcelona 1945

2186. *Frequens nobis de effugiendo saeculo isto sermo...*
   S. Ambrosius, *De fuga saeculi*
   Mss: Cambridge, Caius 114 f.151; Cambridge, Peterhouse f.207; Cambridge, Univ. Ii.2.7 f.142.
   Printed: PL 14,569-596; CSEL 32,1 p. 161-207

2187. *Frequenter cogitans de factis hominum...*
   William of Malmesbury, *De mundo malo*
   Walther IC 6906

2188. *Frequenter cogitans de factis hominum...*
   De diversis hominum ordinibus or *De statu saeculi*
   Mss: Douai 751; Paris, BN lat. 8865 f.215 seq.; 17656 f.113 seq.
   Printed: Dumeril, *Poesie du moyen age*, p.128

2189. *Frequentia falsi evangelii secundum Marcam Argenti...*
   See: In illo turbine dixit papa...

2190. *Frigus adest rigidum, sed pigris semper amicum...*
De hac et illa vita
Walther IC 6919

2191. *Frustra conatur rei naturalis vel essenciam vel ordinem in malo invenire...*
Anon., *De virtutibus et vitiis*
Ms: London, BM Burn. 321 f.1-77
Prol: Talem lectorem praesens flagitat opusculum...

2192. *Fuerunt michi lacrime mee...*(Ps. 41,1). *Quia peccatores, dilectissimi in Christo Iesu, eorum miseriam non considerant...*
Robertus de Licio, *Sermo peccati mortalis*
Ms: Napoli, Naz. VII.D.22 f.119-120.

2193. *Fuerunt michi lacrime mee...*(Ps. 41,4). *ubi supra. Valde feliciter, dilectissimi in Christo Iesu, elongatur anima nostra...*
Robertus de Licio, *Sermo de peccato et periculis et dampnis que incurrunt manentes in ipso mortali peccato*
Ms: Napoli, Naz. VII.D.22 f.120-122.

2194. *Fugienda sunt omnibus modis...*
Precepta pitagore philosophi
Ms: Cambridge, Trinity Coll. B.I.30 (28) f.228

2195. *Fugite de medio Babilonis ut salvet unusque animam suam* (Ier. 51,6). *Providens dominus huius seculi amatoribus voluptatibusque carnis...*
De fuga seculi
Ms: Bruxelles, BR 3446-84 (cat. 916) f.322-327

2196. *Fugite fornicacionem...*(I Cor. 6,18). *Cum secundum fidem omnia vicia...*
Tractatulus de luxuria
Ms: Wien, Schott. 58 f.170-176

2197. *Fuit antiquorum illa simplicitas...*
See: De abstinentia, Valerius libro 2. Fuit antiquorum...

2198. *Fuit igitur beatissimus pater Augustinus perfectus in dilectione Dei...*
See: Quoniam perfectio spiritualis vitae...

2199. *Fuit quaedam virgo in colonia...*
Vitae patrum; Liber exemplorum
Ms: Osek 3 f.140 seq.

2200. *Fuit quedam matrona in seculari habitu vitam quasi religiosam ducens...*
Libellus exemplorum
Ms: London, BM Add. 15833 f.81-176 (Welter p.285 seq.)

2201. *Fuit quedam meretrix, nomine Taisis multum pulcra corpore* [or *tantae pulchritudinis*]...
[Narrationes ex Vitis Patrum, Aurea Legenda, etc.]
Mss: Oxford, Magdalen 60 f.238 seq.; Paris, BN lat. 3867 f. 54 seq.; Venezia, Marc. lat. 507 f.93 seq. (Valentinelli VI.30; t. II p.165)

2202. *Fuit quidam Quirinus nomine...*
Verba cuiusdam sapientis (contains *narrationes*)
Ms: Oxford, Bodl. Bodl. 57 f.28, 55, 69, & 143 (SC 2004)

2203. *Fuit quidam rex qui habuit filiam nimis pulcram...*
Thomas Urmston, *De gestis Romanorum* (a reworking of the *Gesta Romanorum*)
Ms: Oxford, Bodl. Bodl. 123 f.52 (SC 1986)
See: Pompeius regnavit, dives valde...

2204. *Fuit quidam rex qui habuit quatuor...*
  De quodam rege qui habuit quatuor filias videlicet Misericordia, Veritas, Pax et Iusticia et unicum filium scilicet Sapiencia
  Ms: Oxford, Balliol 228 f.278-279
  See: Hope Traver, *The Four Daughters of God* (Philadelphia, 1907)

2205. *Fuit quidam usurarius...*
  [Exempla on vices and virtues]
  Ms: Perugia, Com. Aug. 642 f.57-61

2206. *Fuit vir in Aegypto ditissimus nomine Syrophane...*
  Declaratio fabularum moraliter expositarum or *Liber scintillarum et genealogiae falsorum deorum*
  Mss: Firenze, Laur. Gadd. Plut. XC sup. 32 f.47 seq.; Paris, BN Lat. 8508 f.1 seq.; Venezia, Marc. Lat. X.70 f.21 seq. (Valentinelli IX.63; t. III p.47)
  See: Demogaron, summus deorum...(2nd part?)

2207. *Fuit vir unus...*
  Contra inconstantiam praelatorum
  Ms: Wien, Nat. 1057 f.79-88

2208. *Fundamentum enim aliud, ait apostolus, nemo potest ponere...*(I Cor. 3,11). *Neque hoc ideo negandum est proprium fundamentum...*
  S. Augustinus, *Enchiridion*
  Ms: Klosterneuburg 318 f.179-192
  See: Dici non potest, dilectissime fili...

2209. *Funiculus iste quo a terra trahimur in celum est fides, spes et caritas...*
  See: Funiculus triplex...Funiculus iste...

2210. *Funiculus triplex difficile rumpitur* (Eccli. 4,12). *Funiculus iste, quo a terra trahimur ad celum, est fides, spes et caritas, de quibus est* [presentialiter predicandum] *specialiter intendendum...*
  Aldobrandinus de Tuscanella, O.P., *Scala Fidei* or *Tractatus de symbolo fidei*
  See: Kaeppeli 133
  Cf. Cum intrasset...In hoc euangelio agitur de quadam processione...(rec. prior)

2211. *Furatus sum vel debeo usurario publico centum libras... Casus fratris Clari* (De Florentia) *de ordine minorum*
  Ms: Pisa, Cater. 87 (100) f.46-66 (Michaud-Quantin p.53)

2212. *Gallus, querens escam in fimo, invenit iaspidem...*
  Gualteriane fabulae
  Printed: L. Hervieux, *Les Fabulistes Latins* (Paris 1884) II, 427 seq.
  See: Dum rigido fodit ore fimum (on which the above is based)

2213. *Gastrimargia est primum principale vitium/ Quodque corpori si satum heserit intrinsecus...*
  Ritmus cuiusdam scolastici de octo principalibus vitiis secundum ordinem quem posuit Cassianus
  Ms: Montecassino 230 p.12
  Printed: *Flor. Cas.* IV 361-2

2214. *Gaudeat qui potest parce vivere...*
  Hugo de Sancto Victore (?), *De abstinentia et amore mundi*
  Ms: Würzburg, M.ch.o.15 f.206-208

2215. *Gaudeo mihi datam esse occasionem...*
  Dialogus continens brevem expositionem decem preceptorum, symboli et orationem dominicam D. M. Arpi
  Mss: Praha, Narodni Mus. XVI.G.12 (3744) f.110v-132v [XVI]

2216. **Gaudia quaeris/ Tibi cor frustra**
    Carmen de purificatione sensuum interiorum
    Printed: Jean Gerson, ed. Glorieux, *Oeuvres* IV, 101, (No. 104)

2217. **Gaudiorum celestium optatores ac animarum zelatores, patres egregii et viri conspicui. Quia, ut dicit Seneca...**
    Iohannes Alphonsus Beneventanus, *Tractatus penitentitae*
    Mss: Cordoba, Cab. 128 f.70-81; Escorial e.I.5 f.77-84; Madrid, Nac. 12087 f.64-72 (A. Garcia y Garcia in *Revista Espanola de derecho canonico* 15 [1960] 660)

2218. **Gaudium erit in celo...**(Luc. 15,7). **Quod verum est quoad gaudium resultat...**
    Nota de conversione peccatoris
    Ms: Oxford, Magdalen 68 f.206 seq.

2219. **Gaudium eternum non desideratur a stultis, gemma presiosa non desideratur a stultis...**
    Exempla
    Ms: Oxford, Bodl. Laud. misc. 112 f.434 seq.

2220. **Gemma pulchritudinis, totius honestatis forme et universi cleri speculo rutilanti, domino Andree...**
    Bartholomaeus de Recanato, *Epistola dedicatoria ad Moralium Dogma Philosophorum emendatum*
    (R.-A. Gauthier, *Revue du Moyen-Age Latin* 9 (1953) 171-219)
    Printed: Ibid. p.182; J. Holmberg, *Das Moralium Dogma...*Uppsala 1929, p.75-76.
    See: Moralium dogma philosophorum...

2221. **Generaliter omne peccatum est fugiendum quia daemonibus placet, Deo displicet...**
    Tractatus viciorum or *De vitiis* or *Summa vitiorum* or *Summula compendii de vitiis et virtutibus* or *Tractatus de peccatis* or *Collationes de vitiis*
    Mss: München, Clm 7243; 9806; 23439; 27606 f.74-81; Oxford, Bodl. Can. eccl. 69; Praha, Univ. V.G.21 (973) f.84-91; Troyes 2012; Torino, Naz. DCCXVII.e.II.34 (Pacini) f.225 seq.; Wien, Nat. 1653 f.89-104; Vorau 198

2222. **Generose indolis adolescentulo Petro de Saluccis, Rupertus de Euromodio monachus claravallensis...Tua postulauit supplicatio...**(Dedic.)
    In hoc catonis viri moralissimi prologo decem decalogi precepta ponuntur, septem quoque virtutes contra mortalia septem perpulchre interseruntur...Cum animaduerterem...Pro quando ego Cato in animo considerarem...Si Deus est animus...Pro quando id est nostra ratio naturalis id est scripture sacre...
    Robertus de Evromodio, *Cato moralisatus* or *Glossa in Catonem* or *Expositio disticharum Catonis*
    Mss: Bordeaux 425 f. 92 seq.; Clermont-Ferrand 247; Grenoble 868 (imperf.); Nantes 111; Paris, BN lat. 8429 A
    Printed: Goff C.296-302 (et 292-5 extr.)

2223. **Generoso prosapie, inclite proli probitatis in genere...**(prol.)
    See: De re bellica tractabimus...

2224. **Gloria Libani ad te veniet,** (Is. 60,13)...(true beginning missing)
    Iohannes (Genesius Quaya) de Parma, O.F.M., *Rosarium*
    Ms: Padova, Ant. 439
    See: Factus est homo...Quoniam, ut ait Boethius...

2225. **Gloria mundana mundique potentia vana...**
    Ms: Graz 1028, f.118-119 (Walther PS 10325)

2226. **Gloria mundana quid sit...**
    [On earthly glory]
    Ms: Trebon, Arch. A7 f.180-182; (Walther IC 7239)

2227. **Gloria sit altissimo Deo in cuius nomine presens aggredior opus...**(2nd prol.)
See: Christianitati suus qualiscumque zelator

2228. **Gloria sit altissimo in cuius nomine decem preceptorum aggrediar materiam...**
Expositio decalogi
Mss: Budapest, Orsz. Szech. Kön. 379 f.48-85; Praha, Univ. V.G.13 (965) f.180-200.

2229. **Gloriam regni tui dicent...**(Ps. 144,11). **Sacrae fidei confessio circa duo...**
Iacobus de Viterbo, O.E.S.A., *De regimine christiano*
Mss: See D. Gutierrez, *De b. Iacobi Viterbiensis vita...* Romae 1939 p.35-36; Zumkeller MWA 442.
Printed: G. L. Perugi, Roma 1915; H. X. Arquilliere, Paris 1926
Ded. Epis: Sanctissimo in Christo patri... pontifici summo...Opusculum subditum de regimine christiano...

2230. **Glorificat, salvat, illuminat, erigit, armat...**
[Short poem on Confession]
Ms: Paris, Mazarine 3875 (593) f.23

2231. **Glorificate Deum qui dedit potestatem talem hominibus** (Matth. 9,18).
Quod verbum quamvis literaliter sit de potestate sanationis morborum in corpore...
Iohannes Gerson, *Super absolvendi potestate et qualiter expediat fieri reservationem peccatorum*
Ms: Wien, Nat. Ser. n. 3887 f.44-45
Printed: *Opera Omnia* (Antwerpiae 1706) II 413-14

2232. **Glorior, irascor, libesco, tristor avarus...**
[Short poem on seven virtues and vices]
Ms: Paris, Mazarine 3875 (593) f.25

2233. **Gloriosissimo ac tranquillissimo et insigni catholicae fidei praedito pietate Mironi Regi Martinus humilis episcopus. Non ignoro clementissime Rex, flagrantissimam...** (prol.)
See: Quatuor virtutum species multorum...

2234. **Gloriosus doctor Iohannes Crisostomus...**(alternate main)
See: Materia baptismi debet esse...

2235. **Glossa dicit hic: dilexi...**
See: Domine dilexi decorem...Glossa dicit hic: dilexi...

2236. **Gradus amoris sunt isti: primus est cum...**
Tractatus de gradibus amoris
Ms: Cambridge, Univ. Dd.4.54 (229) f.1

2237. **Gradus itaque sunt in istis peccatis ut...**
Distinctiones
Ms: Cambridge, St. John's F.3 (140) f.99

2238. **Graecia disciplinarum mater...**
See: Grecia disciplinarum mater

2239. **Grandis et mira nobis est Iohannis continentia...**
Iohannes Gerson, *Tractatus de non esu carnium*
Mss: See *Oeuvres completes*, ed. Glorieux, t.II p.52. Add: Bruxelles, BR 14069-88 (cat. 2190) f.286.
Printed: *Op. omn.* (Antwerpiae 1706) II 715; *Oeuvres completes*, (ed. Glorieux) III p.77-95 n.93

2240. **Gratia, baptismus, fides obedientia, unitas...**
Angelus Clarenus,

[Treatise on the virtues and vices]
(Lydia Von Auw, *Angelo Clareno Et Les Spirituels Franciscains*, These...De L'Universite De Lausanne [Lausanne 1952] 16)

2241. **Gratia Dei adjutrice, vitiorum voragine annichilata, virtutum domicilium describere nobis studuit Prudentius doctor...**
Tractatus super edificium Prudentie
Ms: Durham, Cath. B.II.11

2242. **Gratia Dei dicitur dupliciter: uno modo bona voluntas siue dilectio Dei qua vult bonum alicui...**
See: Quia frequenter contingit quod noui predicatores...

2243. **Gratia Dei misericordia in sanctos eius et respectus in electos illius** (Sap. 4,15). **Sic dicit beatus Bernardus in libro suo de libero arbitrio: Deus hic tria in nobis operatur...**
125 sermones de gratia, virtutibus et novissimis
Ms: Wien, Nat. 4171 f.12-138

2244. **Gratia dicitur dupliciter: uno modo bona voluntas siue dilectio Dei qua vult bonum alicui...**
See: Quia frequenter contingit quod noui predicatores...

2245. **Gratia est diuinum donum quo secundum...**(Cap.1)
See: Unam petii a Domino...(Prol.)

2246. **Gratia et pax Domini...Cogitaui exponere decem precepta...**
See: Cogitaui exponere decem precepta...

2247. **Gratia expellit morbum peccati hec autem potest...**
Tractatus de septem virtutibus
Ms: Cambridge, Corpus Christi 63 f.130

2248. **Gratia, spes, compassio, misericordia, pax, concordia, indulgentia...**
Tabula virtutum
Ms: Cambridge, Univ. add. 7115 f.49

2249. **Gratia tibi et pax, frater charissime. Petis primo si apud aliquem doctorem reperiatur forma authentica absolutionis sacramentalis...**
Iohannes Gerson, *Opusculum super absolutione confessionis sacramentalis*
Mss: See *Oeuvres completes*, ed. Glorieux t.I p.48. Add: Wien, Nat. Ser. n. 3887 f.38-44
Printed: *Opera omn.* (Antwerpiae 1706) II 406-413; *Oeuvres completes* (ed. Glorieux)II p.133-142. n.31

2250. **Gratias ago Gratiae largitori quia...**
Bartholomaeus Florarius, *Florarium* (Fabricius)
Ms: Oxford, Corpus Christi 226 f. 135
Cf: Abstinentia est statutum prandendi...
See: Omnia utriusque sexus...

2251. **Gratis accepistis, gratis date** (Matth. 10,8). **Filius Dei, Dominus et Salvator, cuius tanta est caritas tantaque liberalitas...**
Dionysius Carthusianus Leuwis de Rickel, *Contra simoniam*
Ms: Wien, Nat. 4560
Printed: Coloniae 1532; 1559; *Opera omnia* t.39 (Tornaci, 1910) 285-327.

2252. **Grauem inimicum sortita est...**
Tractatus bonus de castitate
Ms: Zwettl 117 f.4

2253. **Grecia disciplinarum mater est artium. Esopus fuit inter ceteres,...**(prol.)
See: Incipit liber fabularum quos Esopus...

2254. *Gregorius dicit, missa cum cantetur...*
    See: De peccatis, Gregorius dicit, missa...

2255. *Gregorius. Est quando quis pro amore dei et salute propria...*
    See: Abstinencia. Gregorius. Est...

2256. *Gregorius in Cura pastorali sic dicit: non est canis...*(prol. to whole sermon collection?)
    See: Quasi a facie serpentis fuge peccata. Verba... (main?)

2257. *Gregorius in Cura pastorali. Tu qui inter deum...*
    (Compiled from Raymundus de Pennaforti, Guillelmus Duranti), *Speculum confessionis*, etc
    Ms: London, BM Addit. 24660 f.1-34

2258. *Gregorius in libro Moralium: Mortem carnis omnis homo timet...*
    Liber de quatuor novissimis
    Ms: Gdansk 1980 f.90-106

2259. *Gregorius in Moralibus: Deus ipse manet intra omnia...*
    See: In conversionis meae primordio...

2260. *Gregorius in Moralibus. Radix cuncti mali superbia est...*
    Tractatus de vitiis et virtutibus (Selections from Gregory and Augustine)
    Ms: Cambridge, Corpus Christi 441 p.149-187

2261. *Gregorius lib. VII Moral. Si multis annis vixerit homo et in omnibus hiis letatus fuerit...*
    [Selections from the Fathers]
    Mss: Oxford, New Coll. 300; Vaticana, Palat. lat. 300(?) (may be sermon)

2262. *Gregorius super ultimam partem Ezechielis omelia quarta loquens de Filio Dei ait: caro factus est ut nos spiritales faceret...*
    [Summa de virtutibus et vitiis]
    Ms: Leiden, Univ. D'Ablaing 36 f.1-90
    (P. D. Goeren, *Catalogue des MSS des Collections D'Ablaing...* [Lugduni Batavorum-Leiden 1970] 136-138)

2263. *Gualtere quondam decus iuvenum, quondam delicie rerum...*
    Henricus de Huntingdon, *Epistola ad Walterum de contemptu mundi* or *De mundi appetitu*
    Ms: Cambridge, Trinity Coll. R.5-42 (730) f.xiv4-xiv10; (*Rerum Brit. Medii Aevi Scriptores*...[London 1879] 295-320)
    Printed: PL 195, 979-990

2264. *Gula est peccatum mortale. Species sunt: castimargia...*
    [Short treatise on sins]
    Ms: Barcelona, Univ. 117 f.14-27

2265. *Gule remedia sunt quinque...*
    [On the vices; may not be true beg.]
    Ms: Lincoln, Cath. 234

2266. *Ha, ha, ha Domine pater...*
    See: A, a, a Domine pater misericordiarum...

2267. *Habent Moyses et prophetas...*(Luc. 16,29). *Principium peccati est diabolus...*
    Stephanus Chimaera de Colonia (?),
    [Work on confession in Latin and German]
    Mss: Nürnberg, Cent. IV, 20 f.92-127; Praha, Univ. III. D.16 (468) f.8-71; V.A.14 (805) f.5-41; VIII.D.21 (1546) f.48-132; XII.C.13 (2141) f.51-74 (Schulte II 530; Vefasser Lexikon IV 271)
    Prol: Libellus iste de penitencia tres habet tractatus...

2268. *Habent preclaras pre ceteris hominibus huius exilii...*
De instructione rudium religiosorum
Ms: Braunschweig 162 f.119-155

2269. *Habet argentum venarum suarum principia...*
Naturalia, sive libri VI de rebus naturalibus moribus adaptatis
Ms: London, BM Addit. 27583

2270. *Habet hoc proprium ars quaelibet ut faciliori compendio...*
Iohannes Gerson, *Tractatus contra recidivum in peccatum prius commissum* or *De remediis contra recidivum peccandi a confessoribus dandis* or *Tractatus de remediis contra recidivum peccandi*
Mss: Budapest, Orsz. Szecn. Kön. 171; Cambrai 417 (393) f.250 seq.; 520 (479); Cambridge, St. John's Yule Collection; Cambridge, Univ. Ff.4.10 f.251-3; Frankfurt am Main, Praed. 122 f.83-85; Klosterneuburg 358 f.71-73; Kremsmünster 9 f.190-192; Münster, Univ. 160 (203) f. 51 seq.; 167 (735) f.112 seq.; 169 (361) f.379 seq.; München, Clm 8858 f.267-268; 8895 f.375-377; Vaticana, Vat. lat. 10468 f.252 seq.; Wien, Nat. 4409; Ser. n. 3896 f.221-222; 3887 f.28-31; Wrocław, Uniw. Rehd. 177 f.33-34. (*Oeuvres compl.* ed. Glorieux, t.I p.49)
Printed: *Opera omnia* (Antwerpiae 1706) II 457-9

2271. *Habita aliquando collatione cum viro quodam...*
Bernardus de Waging (de Tegernsee), *Speculum pastorum et animarum rectorum*
Ms: München, Clm 4403, A. f.1-31

2272. *Habito de virtutibus metrice et in genere tue incipit Catho...*(commentary)
See: Si Deus est animus, nobis ut carmina...

2273. *Habito ergo de gratia gratum faciente et gratis data...*
Guillelmus de Militona Thomas de York (Ps.-Alexander de Hales), *Summa virtutum* or *Summa de virtutibus*
(Glorieux II 301p)
Printed: Paris 1509 (under name of Alexander)

2274. *Habitus audax et minax vultus, tristis frons et torvus...*(chap.1)
Prol: Domno ac beatissimo mihi desiderantissimo in Christo Fratri Vittimero...

2275. *Hac sententia...*
See: Omni habenti dabitur. Hac sententia...

2276. *Hae sunt nouem responsiones...Da eleemosynam...*
See: Da eleemosynam..

2277. *Hae sunt radices...*
See: Hec sunt radices...

2278. *Haec...*
See: Hec...

2279. *Haereticus, similiter Judaeus...*
De confessione
Ms: Wien, Nat. 3972

2280. *Hanc amaui et exquisiui a iuventute mea...*(Sap. 8,2). *Erat quidam iuuenis Deo notus...*
See: Sentite de Domino in bonitate...Multifarie...

2281. *Hanc distinccionem lucidam...*
Dictinccio Raymundi de confessione
Ms: Wilhering 104 f.113-117

2282. *Hanc propositionem quidam scribit Atheniensis ad Valeriarum...*
See: Theologia veritas est diadema sapientis. Hanc propositionem...

LIST OF INCIPITS

2283. Hanc propositionem scribit Boetius...
See: Non est dignus scientia qui scientiae insurgit praeceptori. Hanc propositionem...

2284. Hanc similem vento vitam fore, care, memento...
De contemptu mundi
Walther IC 7654

2285. Has siquidem et consimiles fabellulas licet aliquando in sermonibus publicis proponere...
Flores moralium antiquorum
Ms: Oxford, Merton 248 f. 30 seq.

2286. Haymo exponens verba premissa dicit: Tempus acceptum...
See: Ecce nunc tempus acceptabile... Haymo exponens...

2287. Hebdomada priori ante initium quadragesimae...
Burchardus Wormaciensis, Corrector et Medicus (Decretorum liber XIX)
Mss: See: H. J. Schmitz, Die Bussbücher...II 393-408; Michaud-Quantin Index and p. 16 n.8. Add: Bamberg, Theol. 106; 108; 132; Chartres 234; Erlangen, Univ. 152; Leipzig, Univ. 106 f.102-119; Madrid, Nac. 6367; Paris, Mazarine 1285; Paris, BN lat. 12270; Porto, Bibl. Publica 893; Toulouse 229; Wien, Nat. 926 f.1-38 (attrib. Pope Innocent III)
Printed: PL 140, 949-1014 (E. Van Balberghe, RTAM 37[1970] 5-22)
Rubr. Incipit liber nonus decimus qui Corrector vocatur..
(For MSS of Burchardus, Decretorum libro XX see Zeitschrift der Savigny-Stiftung für Rechtsgeschichte, Kan. Abt. 24 [1935] 148 ff.; Traditio 26[1970] 446-447)

2288. Hec armatura...
See: Dicit apostolus ad Eph. 6: Induite vos...Hec armatura...

2289. Hec caro perpetitur, sed si bene perspiciatur,/ Que patitur ratio, militat omnis homo...
Ms: Saint-Omer 115 f.6; (Hauréau, N. et Extr., 31, 1, 55)

2290. Hec doctrina dividitur in decem: Primo docet colere unum Deum prae omnibus creaturis...
See: Serves mandatum sine macula irreprehensibile... (I Tim. 6.) S. Ephrem in quodam sermone sic...

2291. Hec doctrina omnibus...
See: Lumen confessorum vocatur. Hec doctrina...

2292. Hec Engelberto virtutum flore referto...
Iohannes, Poema contra luxuriam
Ms: Wien, Nat. 878

2293. Hec enim ordinat nos ad fruitionem...
See: Notandum quod de virtute humilitatis nascitur virtus patientie. Hec enim ordinat nos ad fruitionem...

2294. Hec ergo conscientia in qua anima...(variant)
See: Domus haec in qua habitamus...

2295. Hec est arbor cuius fructum qui comederit...
Arbor virtutum
Ms: København, Gl. kgl. S.177 fol. f.159-165

2296. Hec est regula in ecclesia Dei constituta...
Liber de confessione
Ms: Klosterneuburg 374 f.72-80

2297. Hec est vere caritatis et amicicie regula ut ita se fratres...
    Petrus Damianus, *Liber de castitate clericorum ad Herentius Episc*
    Ms: Leipzig, Univ. 364 f.2-50
    Printed: PL 145, 398 seq.

2298. Hec est via, ambulate...Constat et verum...
    See: Quia ut ait Augustinus, De Civitate Dei...

2299. Hec est via ambulate in ea....(Is. 30,21). Constat et verum est quod facit magnam misericordiam atque charitatem qui vagabundum dirigit: erranti qui viam quo tendere debet...(prol.)
    Robertus Holcot (?), *Heptalogus* (as printed in Paris 1517)
    See: Hec est via...Magnam misericordiam facit

2300. Hec est via, ambulate in ea...(Is. 30,21). Magnam facit misericordiam et humilitatem qui vagabundum dirigit errantique viam veritatis, quo tendere debet, ostendit...
    Robertus Holcot (?), *Tractatus de septem vitiis*
    See: Hec est via...Magnam misericordiam facit...

2301. Hec est via, ambulate in ea...(Is. 30,21). Magnam misericordiam facit qui erranti viam ostendit, maxime de nocte...(Prol.) Primo igitur nota de peccato vel vitio in communi. Et est sciendum quod peccatum est dictum vel factum vel concupitum contra legem Dei ut dicit Augustinus. Et est sciendum quod est vitandum specialiter et precipue propter tria...(cap. 1)
Virtus sic diffinitur in libro De spiritu et anima: Virtus est habitus mentis bene institute. De virtuti in communi nota specialiter tria, scilicet eius pretiosam comparationem...
    Guillelmus de Lanicea (Lavicia, Lancea), O.F.M. (Ps. Bonaventura), *Diaeta salutis* or *De virtutibus et vitiis* (H L F 26, 552-5)
    The similarity of this incipit to that of the *Heptalogus* or *Tractatus de septem viciis capitalibus*, usually but questionably considered as a work of Robertus Holcot, is so close that the manuscript catalogues are hopelessly confused. We offer this list of MSS with extreme diffidence. It is only certain that the references are to one of the two works with the exception of Roma, Angelica 369 (D.2.1) which has been carefully examined.
    Mss: Bordeaux 331; Brno, Univ. Mn 13 f.1-16 (Holcot?); Brugge, Stadsb. 304; Burgo de Osma, Cab. 113; Cambrai 482 (450); Cambridge, Peterhouse 194 f.10; Cambridge, Univ. Dd.12.69 f.1-22; Ee.2.29 (Holcot?); Ee.3.58 (Holcot?); Ee.4.23 f.83-127; Ii.4.5 f.33-70; Cape Town, Lib. Grey Collection III c.61 seq.; Douai 690; Dublin, Trinity Coll. 282 (C.2.19); Erlangen, Univ. 288 f.1-103; 552 f.4-129; 553 f.168-265; Firenze, Laur. S. Croce Plut. XXXVI dext. 5; Frankfurt am Main, Praed. 99 f.1-13; 142 f.1-35; Gdansk 1962; Mar. F.104; Giessen, Univ. 794; 803 (?); Graz 607; 1032 f.121 seq.; Heiligenkreuz 107 f.73-108; 163 f.80-145; Klagenfurt, Studienb. Perg. 38 f.1-76; Pap. 62 f.118-183; Kornik 116 f.204-299; Krakow, BJ 2322; Leipzig, Univ. 365 f.1-60; Lincoln, Cath. 68 (C.4.10); 234 (A.6.19); London, BM Add. 11437 f.154-165; 21429 f.244-266 (Holcot ?); Harl 103; 2379; Roy. 5 F. XIV f.11; 7 C.I f.31; 7 D.XXII; 8.D.II; London, Lambeth 457; 483; London, Gray's Inn 23 f.145-178; London, Univ. Coll. Ogden 1; Maria Saal 5 f.156-206; München, Clm 3597; 3910; 17787 f.32-100; 23849 f. 276-293 (attrib. to Holcot in explicit); 28403 f.1-43; 28462; Olomouc, CO 25; 235; 505; Oxford, Bodl. Bodl. 400 f.50 (SC 2231); Oxford, Balliol 349 f.1-74; Oxford, Magdalen 200 (incomplete); Oxford, Merton 13; 14; 85; Oxford, Trinity 42 f.141 seq.; Padova, Ant. 528; Paris, BN lat. 14877; 16490; Paris, Arsenal 551; Paris, Mazarine 888 (1136); Pavia 504; Praha, Univ. I.A.38 (48) f.312 seq.; I.G.14 (290) f.64-81 (excerpts); IV.A.8 (584) f.1-53; IV.D.12 (666) f.1-47; VII.B.8 (1234) f. 1-81; VII.E.17 (1306) f.15-94; Roma, Angelica 369 (D.2.1) (Holcot); Rouen, A.428 (660); Torino, Naz. MCXLIII, f.I.57 (Pasini) f.163 seq.;

Tortosa, Cab. 33; Toulouse 230; Tours 403; 404 f.123 seq. (abridgement); Trier, Stadtb. 532; 746; Troyes 1740; 1741; Utrecht, Univ. 168; 169; Vaticana, Vat. lat. 10060 f.29 seq.; Vyssi Brod 79 f.26-187; Wien, Nat. 1601 f.1-77; 1706; 3979; Worcester, Cath. Q.14; Würzburg, Univ. M. ch. f.137 f.133-217; M. ch. q.100 f.2-130; Wrocław, Uniw. I.F. 81 f.209 seq.; I.F.115 f.75 seq. (Glorieux 305 dd)
Printed: GW 4720-4735. Guillelmus' work is printed in some collected editions of Bonaventure (ex. *Op. Omn. Parisiis Ives*, t.8 [1866] pp.248-346)
See: Peccatum est difformitas... Peccatum est factum vel dictum concupitum contra legem...
Cf. Abiciamus opera tenebrarum...In daventu magni regis...Maiorem hac dilectionem...Consuetum est in ecclesia...

2302. **Hec igitur tantisper ex ordiendo prefatus, vir meritu venerande...**(chap. 1)
See: Memor semper fui, venerabilis et karissime frater, postquam de mundo... (Prol.)

2303. **Hec octo si bene excolueris, omnium virtutum perfectionem et consummationem...**
Ps.-Bernardus, *Octo puncta perfectionis*
Printed: PL 184, 1181-1186

2304. **Hec pauca beatitudo vestra gratifice...**
Penitentiale
Ms: Vendome 55

2305. **Hec sunt autem inimica licet omnibus sint...**
De levibus peccatis
Ms: Cambridge, Corpus Christi 481 p.646

2306. **Hec sunt de quibus inquisitio facienda est...**
Guillelmus de Montibus,
[Penitential treatise]
Ms: Cambridge, St. John's Coll. F.4 (141) f.44-47
Cf: Ista sunt inquirenda in confessione...

2307. **Hec sunt in confessionibus utiliter attendenda. Primo circumstantie: Locus, tempus, persona, aetas...**
Summa de confessionibus
Ms: Paris, BN lat. 13468 f.32 seq. (Teetaert 341)

2308. **Hec sunt instrumenta bonorum operum: in primis dominum Deum diligere ex toto corde...**
Ms: Basel, Univ. B VII 29 f.93

2309. **Hec sunt iussa decem totam pingentia legem...**
De decem preceptis
Ms: Oxford, Bodl. Rawl. C 504 f.50-52; Wilhering 132 f.81.

2310. **Hec sunt iussa decem veterum...**
[Poem on Ten Commandments]
Mss: Klosterneuburg 192 f.77

2311. **Hec sunt octo principalia de quibus omnia...**
De principalibus vitiis
Ms: Cambridge, Corpus Christi 481 f.645

2312. **Hec sunt octo species...**
Tractatus de viii turpitudinibus coniugalibus
Ms: Praha, Univ. III.G.17 (542) f.59-61
See: Octo sunt species turpitudinis...

2313. **Hec sunt peccata cordis...**
   De confessione
   Ms: Klagenfurt, Studienb. Pap. 80 f.185-219

2314. **Hec sunt peccata criminalia a quibus nos...**
   De peccatis criminalibus
   Ms: Cambridge, Corpus Christi 481 p.650

2315. **Hec sunt peccata in Spiritum Sanctum...**
   Nota de septem peccatis in spiritum sanctum
   Ms: Schlägl 64 f.168

2316. **Hec sunt precepta decem que Dominus dedit Exod. 20...**
   Poema de decem preceptis
   Mss: Melk 1649 (661) f.9 (?); München, Clm 19607 f.372-379; Olomouc, CO 130 f.25.

2317. **Hec sunt precipue sermonibus insinuanda...**(intro. verses)
   See: Qui bene presunt presbyteri...

2318. **Hec sunt radices septem mortalium peccatorum. Superbia ...**
   [On seven deadly sins]
   Ms: Berlin 455, f. 137

2319. **Hec sunt septem peccata mortalia quorum quodlibet cum...**
   Ms: München, Clm 16127 f.29-37

2320. **Hec sunt septem principalia vitia quibus malignus hostis post peccatum...**
   Ms: Paris, BN lat. 3730 f.163

2321. **Hec sunt vitia capitalia: superbia, immundia, ira...**
   Tractatus de vitiis capitalibus
   Ms: Cambridge, Emmanuel 1.4.4, f.37

2322. **Hec surgunt a te vitiosa superbia noctis...**
   [Mnemonic verses on sins with glosses]
   Ms: Wien, Nat. 3534

2323. **Hec tibi vivendi sit formula proficiendi...**
   Dogma salubre vivendi
   Ms: Kornik 47 f.168-170; (Walther I 7618)

2324. **Hec verba conveniunt nostris temporibus...**
   See: Quomodo obscuratum est aurum et mutatus est color optimus...(Thren. 4,1). Hec verba...

2325. **Henrico Dei gratia Bituricensi patriarche...Quoniam huius fluctuantis mundi debacchantes...**
   See: A, a, a, Domine Deus...Si Ieremias ab utero...

2326. **Heres peccati natura fulius irae/ Exiliique reus nascitur omnis homo...**
   Adamus de Sancto Victore, *Versus de miseria hominis*
   Mss: Cambrai 536 (495) f.143; Paris, Mazarine 778 (895); Saint-Omer 115; (Walther IC 7722)

2327. **Heriberto Coloniensi episcopo...**(variant intro. letter)
   See: Domino Heriberto Coloniensi episcopo...

2328. **Heu, heu, mortales, homines facti sunt pecuales** [or **pecudes**?]...
   Bernardus, *De contemptu mundi*
   Ms: München, Clm 14703; (Walther IC 7751)

2329. **Heu, heu mundi vita quare me delectas**
   Primaticus (?), *De miseria presentis vitae* or *De miseria mundi* or *De mundi vita* or

De contemptu mundi or *De miseriis vitae humanae* or *Carmen rythmicum de vita humana* (Bernardi)
Mss: Bern 424; München, Clm 5833; Paris, BN Lat. 2389; 10731; 15163; Praha, Univ. I.E.28 (213) f.56-57; Vaticana, Palat. lat. 252; (Chevalier, Repert. Hymn. 7730, 7732; Rudolf 36, n.61; Walther IC 7752

2330. **Heu me miserum anima mea...**
Dialogus inter quemdam vere poenitentem et suum bonum angelum
Ms: London, BM Egerton 671 f.77

2331. **Heu mihi misero quia iratum adversum me constitui redemptorem meum...**
Franciscus Petrarca, *Psalmi septem penitentiales*
(To Sagramors de Pomeriis)
Mss: Brno, Univ. Mk 86; Cambrai 593 (551); Paris, BN Lat. 458 f.237 seq.; Praha, Univ. VIII.G.8 (1368) f.1-10; Troyes 1372; Utrecht, Univ. 307; Vaticana, Urb. 333, f.244 seq.; Venezia, Marc. Lat. Z 426 (Valent. X,236; t. IV p.180) f.1-2

2332. **Heu modernis temporibus...**
Extracts from Henricus Suso, *Horologium sapientiae*
Ms: London, BM Roy. 5 C.III f.297
See: Sentire de Domino in bonitate...Multifarie...

2333. **Heu quam vana vanitas, quam fallax inanitas...**
(Walther IC 7790; Rudolf 35, n.52)

2334. **Heu, quantum caecae mortalia pectora noctis,/ Heu quam terrigenas noxius error habet...**
Erasmus, *Elegia prima in errores hominum degenerantium* (Poems ed. C. Reedijk [Leiden 1956], pp.207 seq.)

2335. **Heu rapiens sed nil sapiens nec mundus oberrat./ En mundus nunc immundus fallax et inanis...**
Versus de vanitate mundi, de statu humani generis
Ms: Bruxelles BR 14745-50 (cat. 2235) f.37

2336. **Heu stolidi, qui tam cupidi dubiis inhiatis...**
Galo, Episcopus Leonensis, *De contemptu mundi*
[poem of 37 verses]
Ms: Tours 890 f.49; (Walther IC 7811)

2337. **Hic agitur de virtutibus; virtus sic...**
See: Virtus sic diffinitur...

2338. **Hic continentur novem virtutes quas Dominus noster Ihesus Christus... Da pauperibus meis unum denarium...**
Ps.-Ricardus Rolle de Hampole, *Novem virtutes*
Mss: Cambridge, Caius 140(80) f.83-85; London, BM Harl. 206 f.116; Oxford, Bodl. Bodl. 48 f.23 (SC 1885) (Allen 317-20)
Cf. De elimosina data per vitam. Da pauperibus...

2339. **Hic continetur causa prima cum suis questionibus et specialiter de symoniaca heresi...**
Quaestiones de simonia
Ms: Praha, Univ. III.G.26 (551) f.35-46

2340. **Hic dilexi me facere...**
See: Domine dilexi decorem...Glossa dicit. Hic dilexi me...

2341. **Hic est libellus de emendacione vite...(prol.)**
See: Ne tardes converti ad Christum...

2342. **Hic est liber mandatorum Dei etc.** (Bar. 4,1).
(Inci. begins the Prologue from the listing of the Ten Commandments)
De decem mandatis
Ms: Cambridge, Trinity R.14.7 (883) f.115

2343. **Hic est liber mandatorum Dei** (Bar. 4,1). **Per librum mandatorum Dei intelliguntur due tabule lapidee...Si vis ad vitam...**(Matth. 19,17). **Et loquitur de preceptis decalogi. Est igitur hec regula...**
[De decem praeceptis]
Ms: Tübingen, Univ. Mc 325 f.146-180

2344. **Hic est liber qui Corrector vocatur et Medicus...Sapiens igitur Medicus...** (Prol.)
Alanus ab Insulis, *Liber Poenitentialis* (recensio longior)
Printed: Alain de Lille, *Liber Poenitentialis* ed. J. Longère (Louvain 1965) II 15-17 (Prol.)
See: A, a, a, Domine Deus...Si Ieremias...

2345. **Hic est modus instruendi nouicios in suis confessionibus faciendis et primo recurrendum est ad septem peccata mortalia...**
Modus instruendi nouicios in suis confessionibus faciendis
Mss: Namur, Mus. arch. Ville 87 f.153-154; Schlägl 43

2346. **Hic estimandum est quod secundum Raymundum et Gaudfridum ad bellum iustum...**
Ms: Bruxelles, BR 1291-1311 (cat. 1623) (Michaud-Quantin 90)

2347. **Hic incipit bona et utilis tabula fidei christiane in qua continentur sub brevibus primo septem virtutes principales, secundo septem peccata mortalia...**
[Table of the Christian Faith]
Ms: Oxford, Balliol 224 f.59-63
See: Incipit bona et utilis tabula fidei...

2348. **Hic incipit conceptus et origo et vita beate Marie Virginis cum...**
Compilacio singularis exemplorum
Mss: Bern 679; Tours 468; Uppsala, Univ. C 523 (Welter 236 seq.)

2349. **Hic incipit Speculum iuratorum. In nomine Sancte Trinitatis...**
Thomas Wygnale, O. Praem., *Speculum iuratorum*
Mss: Cambridge, Univ. Ii.1.39 f.1-103; London, BM Harl. 148 f.1-116 (Welter 442-3)

2350. **Hic inter curas varias...**
Innocentius III, *Tractatus de septem poenitentialibus psalmis*
Ms: Praha, Univ. XIII.D.17 (2309) f.1-51
See: Ne inter occupationes...

2351. **Hic introducuntur persone duorum, scilicet deflentis hominis et admonentis rationis. Homo: anima mea in angustiis est; cor meum fluctuat. Ubicumque...**
Isidorus, *Synonyma* (Prol.)
See: Anima mea in angustiis est...

2352. **Hic nobis Adam pater est ac mater et Eva...**
De nobilitate generis humani
Walther IC 8045

2353. **Hic notandum quod omne peccatum...**
Ms: Trier, Stadtbibl. 959 (Michaud-Quantin 86)

2354. **Hic ponitur quidam tractatus brevis editus...**(pref.)
See: Quoniam in numero ternario cuiuslibet...

2355. **Hic primo ad instructionem confessorum quaero...**
See: Abbas. Hic primo ad instructionem...

LIST OF INCIPITS

2356. *Hic rogo pauxillum...*(variant)
   See: Sic rogo pauxillum...

2357. *Hic suggerendum videtur...*
   Odo, Abbas Cluniacensis (926-943), *De vicio gule*
   Ms: London, BM Roy. 8 C.IX f.110

2358. *Hic sunt multa utilia pro confessoribus ad introducendum gentes simplices: primo qualis debet esse confessio...*
   Andreas de Escobar, O.S.B. (?), *Interrogationes et doctrine quibus quilibet sacerdos debet interrogare suum confitentem*
   Printed: GW 1854-55; 7292-7340; Goff C-807-821; Jehan Petit, Paris, 1510? etc.

2359. *Hic tene quod subtiliter et astute...*
   See: Ad honorem summae Trinitatis et indiuiduae unitatis...
   Incipit liber penitentiae...Sic tene quod subtiliter...(Text. Lib. I)

2360. *Hic tria facit...*
   See: Quasi a facie colubris...

2361. *Hic videndum est de donis Spiritus Sancti...*
   De septem donis Spiritus Sancti
   Ms: München, Clm 28599 f.68-69

2362. *Hieronimus. Sola apud Deum libertas est non servire peccatis...*
   Excerpta de summa virtutum, de virtute in communi
   Ms: Zwettl 115 f.1-61

2363. *Hieronymus. In principio cuiuslibet operis premitte dominicam orationem... Magna differentia est inter predicationem et doctrinam...*
   Iohannes Watton (?) (Willelmus de Watton ?; Philippus de Spencer ?...), *Speculum Christiani*
   Mss: See Holmstedt, *Speculum...* Introduction. Add: Bruxelles, BR 2653-62 (cat. 2057); Cambridge, Univ. Dd.4.51; Add. 6150 f.2; London, BM Roy. 9 A.XV (burnt); Milano, Naz. AD.IX.39 f.203-231
   Printed: G. Holmstedt, *Speculum Christiani*, London 1933 (EETS 182, 1933)
   See: In principio cuiuslibet operis premitte...
   Magna est differentia...

2364. *Hiis novem verbis confessio panditur omnis...*
   Singula peccata in compendio secuntur
   Ms: Stockholm, Kgl. Bibl. MS Vu. 1

2365. *Hinc Iacobus ait confitemini...*
   See: De confessione, XV. Hinc Jacobus ait...

2366. *His accede sonis cape verba secunda Catonis...*
   Cato secundis
   Ms: Paris, BN lat. 15155 f.147 seq.
   Printed: *Neophilologus* 15(1930) p.235

2367. *His contra gradibus descendit ad ima superbus...*
   Versus de gradibus superbie
   Ms: Cambridge, Pembroke 118 f.116

2368. *His ego divitiis generata superbia mundi/ Urbibus...*
   Laurentius Valla,
   [Epigram on pride]
   Printed: Antonio Altamura in *Studi di Filologia Medievale e Umanistica* (Naples 1954), p.100

2369. *His verbis mystice humani generis lapsus...*
    See: Homo quidem descendit de Jerusalem...
    His verbus...

2370. *Hoc autem scitote quoniam si sciret paterfamilias...*(Luc. 12,39). *Ponit autem dominus hanc similitudinem ad insinuandam interioris hominis custodiam...*
    Ms: Paris, BN lat. 15964 f.138
    See: Ad insinuandam interioris hominis custodiam...

2371. *Hoc autem scitote quoniam si sciret paterfamilias...*(Luc. 12,39). *Ad insinuandam interioris hominis custodiam...*
    Mss: Paris, BN lat. 6674 f.9; Troyes 2027
    See: Ad insinuandam interioris hominis...

2372. *Hoc est in corde...*
    See: Non habebis deos alienos...(Deut. 5,7). Hoc est...

2373. *Hoc est preceptum...*(Ioh. 15,12). *Ex verbis precedentibus colligere debemus...*
    Nicolaus de Dinkelsbühl, *De praeceptis decalogi*
    Ms: Altenburg, A B 15 B 10 f.164-205 (Madre 171)
    See: Preter precepta legis...

2374. *Hoc est remedium animae eius qui vitiorum tentamentis exaestuat...*
    See: Hunc modicum operis nostri libellum...

2375. *Hoc gerat in mente...*(prol.)
    See: Circa modum absolvendi...

2376. *Hoc mare magnum et spatiosum...*(Ps. 103,25). *Loquens propheta de mari huius mundi, ostendit pericula eius...*
    Antoninus Florentinus, O.P., *Tractatus de restitutione*
    Kaeppeli 247

2377. *Hoc namque Psalmistae versu placuit...*
    See: Levavi oculos meos in montes...Hoc namque...

2378. *Hoc nomen consciencie componitur...*(prol.)
    Triplex speculum conscienciae
    Mss: Wien, Nat. 4854 f.226-283; (Auer 292-93)
    Dedicatory letter: Species in die... Rogasti me, frater mi Gerharde

2379. *Hoc, O Domine, dicemus...*
    De vitiis eorumque remediis
    Ms: Wien, Nat. 4468 f.1-61

2380. *Hoc opusculum dividitur in tres partes... De decimis. Decime, ut ait decretum, sunt tributa animarum*
    Iohannes Grunberger, *Compendium morale*
    Ms: Bamberg, Theol. 215 f.165-195; Theol 226 f.263-295
    Cf: following entry

2381. *Hoc opusculum in tres partes diuiditur. In prima agitur de decimis et voto et redemptione voti. In secunda parte agitur de septem sacramentis...* (prol.)
    (Text) Decime, ut ait decretum, sunt tributa egentium animarum. De omnibus autem, ut ait decretalis, licite acquisitis danda est decima...
    Conradus de Huxaria (Höxter), O.P. [magister Siboto (?), Sigibotus (?), Wilhelmus Parisiensis (?)], *Summa de penitentia* or *Summa casuum* or *Summula*
    Mss: See Kaeppeli 774 (*Traditio* 2[1944] p. 494 n.10); Michaud-Quantin p.25 n.15
    See: Quia turpe est ignorare... (prol. var.)
    Cf: preceding entry

2382. *Hoc opusculum intitulatur manuale simplicium sacerdotum libros non habentium... Ut diuina gratia auxilietur, det michi dominus de rore celi benedictionem... sacerdotum*
    (Extr. ex Guillelmi Durandi *Rationale*)
    Mss: München, Clm 3021 f.46r-68vb; 8084 f.83r-117r

2383. *Hoc preceptum sicut cetera...*
    See: Non adorabis alienos deos...Hoc preceptum sicut...

2384. *Hoc presens extractionis opusculum in quinque partes dividitur. Prima est de aversione...*
    [Repertory of texts on virtues and vices]
    Ms: Paris, BN lat. 16424 f.84-141

2385. *Hoc presens opusculum in quinque partes dividitur...*(variant)
    See: Presens opusculum in quinque partes dividitur...

2386. *Hoc, scio, quod moriar: ubi, nescio, quomodo...*
    [Poem on vanity of world]
    Ms: København, Gl. kgl. S. 1382 qu.

2387. *Hodie quoddam tempus inchoamus quod adventum Domini appellamus...*
    See: Hora est iam nos de somno...Hodie quoddam...

2388. *Hodie sancta mater ecclesia ipsius...*
    See: Videns Iesus turbas... Hodie...

2389. *Hodierna disputatione quaesitum est utrum mortale peccatum quod ignoratur...*
    Simon Tornacensis, *Quaestiones centum una*
    Ms: Oxford, Balliol 210 f.79-110, 159-61; 65 f.5-43 (with different incipit)
    Printed: J. Warichez, *Les Disputationes de Simon de Tournai*, Louvain 1932
    See: Duo quesita sunt. Primum utrum idem premium retribuatur...

2390. *Hominem igitur libertate arbitrii sibi ipsi preditum esse...*(chap.2)
    Guillelmus Parisiensis (de Alvernia), *De penitentia*
    See: Secunda tabula post naufragium...

2391. *Homines intellectu et ratione vigente...*
    Iohannes de Garlandia (?), Commentary on *Peniteas cito*
    Ms: Oxford, Bodl. Lat. th. e. 18, f.2-46

2392. *Homines qui sunt in tempestate...*
    See: Tempestas. Homines qui sunt...

2393. *Hominibus viatoribus diversa pericula accidunt, quedam aperta...*
    De novem peccatis alienis
    Ms: Brno, Univ. Mk 114 f.141-148

2394. *Hominis conditio est duplex, una nobilis quam cogitare debet...*
    Iohannes Bromyard, O.P., *Summa praedicantium* (IIa Pars)
    Mss: Avignon 305-306; London, BM Harl. 106 f.33-36: *Capitulum de condicione et proprietate hominis secundum quod habetur in Summa praedicantium*
    See: Praedicantium vita secundum beatum Gregorium...

2395. *Hominis summum bonum Deus est, cui habere beatissimum est...*
    Augustinus de quattuor virtutibus
    Ms: Paris, BN n. a. lat. 1544 f.24

2396. *Homo accidiosus est sicut canis famelicus cuius...*
    See: Accidia. Homo...

2397. *Homo: Anima mea in angustiis est...*
    See: Anima mea in angustiis est

2398. **Homo cibatus levior est...**
  Matthias Farinator (Berengarius de Landorra, O.P.), *Lumen anime* (excerpt)
  Ms: Praha, Univ. IV.E.22 (702) f.13 seq. (A.F.P 41[1971] 112)
  See: Archita Tharentinus...

2399. **Homo cum diversis negotiis occupatur...**
  Summa praedicabilium
  Ms: Wrocław, Uniw. I.F.530

2400. **Homo Dei creatura, audi, vide, contemplare...**
  Contemptus mundi (poem)
  Ms: Klosterneuburg 415 f.300-301 (Walther IC 8385)

2401. **Homo miser, conspice conditionis statum misere...**
  Ms: London, BM Roy. 8 A.VI, I f.24

2402. **Homo potest servare...**
  See: Lex, Homo potest servare...

2403. **Homo pulvis, homo, cinis, tuum esse dum diffinis...**
  Ms: London, BM Roy. 8 A.VI f.5

2404. **Homo qui et microcosmus...**
  Ricardus de Sancto Victore, *Tractatulus de reformacione hominis interioris* (excerpts from Richard's works)
  Ms: Praha, Univ. I.F.26 (258) f.93-98

2405. **Homo qui ex anima et humana carne subsistis...**
  Hugo de Sancto Victore (?), *Tractatus de statu hominis* PL 184, 1109 seq. or PL 158, 1051 seq
  Ms: Milano, Brera AD. IX.14 f.18-22
  See: O homo qui ex anima rationali et humana carne...

2406. **Homo quidam descendebat de Ierusalem** (Luc. 10, 30).
  Tractatus devotus de reformacione virium anime
  Ms: Zwettl 330 f.25-46

2407. **Homo quidam descendebat de Ierusalem in Iericho...**(Luc. 10,30). **Homo iste primus parens vel quilibet peccator intelligi potest...**
  Tractatus de penitentia
  Ms: Paris, BN lat. 13582 f.148-153 (Teetaert 339-340)
  See: Penitentia est anteacta mala flere et flenda iterum non committere. Dicturque penitentia quasi punitentia a puniendo...

2408. **Homo quidam descendit de Jerusalem in Iericho** (Luc. 10,13). **His verbis mystice humani generis lapsus describitur**
  Gerardus de Zutphen, *De reformatione interiori* or *De reformatione virium animae*
  Ms: Metz 602
  Printed: Max. Bibl. Veterum Patrum Lugduni t.26 (1677) p.237-258

2409. **Homo quidam fecit cenam magnam** (Luc. 14,16). **Homo ille Deus est et cena magna est refectio vite eterne...**(Sermo 1)
  Nunc dicendum est de vitiis...Notandum quod, ut docet Magister...(Sermo 2) Qui se exaltat humiliabitur...Dixi in precedentibus...(Sermo 3)
  Nicolaus de Dinkelsbühl, *De vitiis et virtutibus* (Sermones 1-15)
  Mss: See Madre 192-199. Add: Alba Iulia 1-33 f.39-109; Heiligenkreuz 304 f.1-187; København, Gl. kgl. S.76 fol. f.85-143; Kreuzenstein, Burgbibl. 5658 f.184-290 (Sermones 2 seq.); München, Clm 28469 f.158-187; Praha, Univ. I.F.13 (245) f.109 seq.; Wien, Nat. Ser. n. 3830 f.1-63 (Sermones 2 seq.); Würzburg, Univ. M. ch. f.224 f.154 seq.
  See: Cum virtus in infirmitate...

2410. **Homo quidam fecit cenam magnam...**(Luc. 14,16). *Sequens autem materia ad idem pertinet euangelium...*
(Variant in Regensburg, Alte Kapelle 1794 f.313-378)
See: Homo quidam fecit...Homo ille...

2411. **Homo quidam tres habuit amicos...**
[Tale of repentance]
Ms: Oxford, Bodl. Bodl. 514 f.36 (SC 2184)

2412. **Homo quidem diu est in presenti vita...**
Henricus de Hassia, *Tractatus de tribus hostibus anime* (Roth p.12)

2413. **Homo quidem diu est in presenti vita...**
Henricus de Hassia, *Tractatus de tribus hostibus anime*
(Roth p. 12)

2414. **Homo reconsiliatus esse...**
De confessione
Ms: London, BM Harl. 206 f.7

2415. **Homo ternarium quantum ad animam...**
Innocentius III, *Super VII psalmos penitentiales*
Ms: Douai 399 (imperfect.) (PL 217, 970 B seq.)
See: Ne inter occupationes...

2416. **Homo ut dicit Aristoteles dicitur anthropos...**(variant)
See: Naturus rerum in diuersis auctorum scripturis...

2417. **Honesta mundi domina frangendi legis jura...**
De statu mundi
Walther IC 8402
Printed: Flacius Illyricus, *Varia de Correctione Ecclesica Statu* p.183

2418. **Honestas clericorum consistit in duobus: ut sint ordinati interius exteriusque...**
De honestate clericorum
Ms: Michaelbeuern, Cart.33 f.361

2419. **Honestas fidei christianae inhonesta pro posse devitat, sed ordo requirit...**
Simon de Cassia (Cascia), *Tractatus de malo et generalitate atque specialitate malorum, in quae potest homo defluere et a quibus expedit eum qui delinquerit reconverti*(= *De gestis Domini Salvatoris* P. VIII cap. 41-52) (Zumkeller MWA 780; M. G. McNeil, *Simone Fidati and his De gestis Domini Salvatoris*, Washington 1950)
Ms: München, Clm 18373 f.488-508
Chap.1: Dicitur quandoque malum iuxta illud, dum commendaretur...

2420. **Honestatis decus iam mutatur/ Occultatur...**
[Short poem on misery of human life]
G.E. Klemming *Cautiones* pp.29-30

2421. **Honestum est quod suavi nos attrahit...**
Varia de confessione et de peccatis or *Moralium Dogma Philosophorum*
Ms: München, Clm 28673 f.90-94
See: Tullius: Honestum est quod sua vi nos trahit...

2422. **Honorabile domino ac genere praeclaro Magistri M...**
See: Post mundana celestia...

2423. **Honorabili domino Henrico de Brokelhusen, canonico hebdomadario... oppidi Hervordensis...**(ded. epist.)
See: Materia baptismi debet esse aqua pura...

2424. *Honorabili religioso viro et domino Iacobo abbati Ebirbacensis cenobii, Heinricus de Hassia peregrinus in terra non sua. Ollas Egypti vitare et delicias Iherusalem perenniter degustare. Litteras caritatis vestre...*
   See: Ollas Egypti vitare et delicias Iherusalem...

2425. *Honorabili viro et patri Conrado ordinis heremitarum sancti Augustini priori monasterii N. humilis sui patrocinii servus frater N. eiusdem ordinis iuge famulatum...*(prol.)
   See: Virtus medicina est corporis pariter et animae virtutesque...Cuiuslibet ergo...(1st chap.)

2426. *Honorabili viro excellentie singularis domino Alberico de Rosate...*(pref.)
   See: Iste libellus dividitur in tres partes: primo ponit prologum...

2427. *Hora est iam nos de somno...*(Rom. 13,11). *Hodie quoddam tempus inchoamus quod adventum Domini appellamus...*
   Thomas de Valcellis, *Distinctiones*
   Ms: Troyes 1988

2428. *Hora novissima, tempora pessima sunt, vigilemus./ Ecce minaciter...*(Book I)
   Bernardus Morvalensis (Morlacensis, Morlanensis), *De contemptu mundi*
   Mss: Douai 825; Heiligenkreuz 211 f.133-153; Paris, BN lat. 8433; 11341 (imperf.); 14503 f.1 seq.; 15150; 15690 f.1 seq.; Paris, Mazarine 1713 (1343); Praha, Univ. VIII.G.10 (1592) f.19-52; Rein 35 f.194-259; Saint-Omer 115 f.55; Toulouse 162; (Walther IC 8411; HLF 12, 236-243)
   Printed: H. C. Hoskier (London 1929): for MSS see pp.xxii-xxiii; T. Wright, *Anglo Latin Satirical Poets*, II, 3-102 (London 1872)
   Prol: Quod ad aures publicas...
   Dedic: Domino et patri suo Petro dignissimo abbati Clunacensium fratrum Bernardus...
   See: Materia auctoris est Christi adventus...

2429. *Hortante te, imo et iubente, princeps Roberte, ut quos de obedientia...*
   Iovianus Pontanus, *De obedientia*
   Ms: Vaticana, Urb. lat. 1401
   Printed: *Opera Omnia* (Basileae 1538) I, 1-92

2430. *Hortaris mi Aquevive ut aliquid scribam ut aliquod monumentum ingenii mei relinquam. Finge me talem...*
   Antonius de Ferrariis (Galateo), *De gloria contemnenda*
   Ms: Vaticana, Vat. lat. 7584, f.23-25; (Ezio Savino, *Un curioso poligrafo del quattrocento: Antonio de F...*[Bari 1941], pp.505-511)

2431. *Hortatur quidem timidam mentis meae imperitiam quam saepe fraterna caritas...*
   Iohannes Homo Dei, O.S.B. (Ps. Bernardus), *Liber de vitae ordine et morum institutione* or *Tractatus de vitae ordine et morum disciplina*
   Mss: See Wilmart p.83-85. Add: Utrecht, Univ. 163 f.110-119; 378 f. 89-112; Würzburg, M. ch. q. 160 f.37-53 (A. Wilmart, *Auteurs spirituels*, Paris 1932, p.64-100)
   Printed: PL 184, 559-586; Wilmart p.94-98 (partim)

2432. *Hortulus conclusus...*
   See: Hortus conclusus...

2433. *Hortulus iste breuis dulcia poma gerit...*
   Walther PS 11152

2434. *Hortus conclusus es, soror mea sponsa...*(Cant. 4,12) *Istud* [or *Verba ista*] *ad uniuersalem Ecclesiam...*
   Guillelmus de Alvernia, *De claustro animae*

Mss: See Glorieux 141 a. Add: Trier, Stadtbibl. 1918 f.1-18
Printed: Paris 1507

2435. **Hortus conclusus est soror mea...**(Cant. 4,12)*Secundum quod Hugo de Sancto Victore...*(Prol.)
Veni ergo in hortum meum, soror...Intra in cubiculum, ait Christus, et clauso ostio ora...(I pars) Hortus conclusus est soror mea...Viso in primo tractatu spiritualis claustri anime, quomodo...
Hermannus de Schildesche, O.E.S.A., *Claustrum animae*
(Zumkeller MWA 380; Seckel, *Beiträge zur Geschichte beider Rechte im Mittelalter* I [Tübingen 1898] 143; R. Arbesmann-W. Hümpfner, *Jordani de Saxonia Liber Vitasfratrum* [New York 1943] 476; A. Zumkeller, *Hermann von Schildesche* [Würzburg 1957] 67-78)
Mss: Mainz 114; Münster, Univ. 72(322) (destroyed); Roma, Angelica 795
Dedic: Reuerendo in Christo patri domino Philippo...

2436. **Huc rogo pauxillum...**
See: Sic rogo pauxillum

2437. **Hugo de Sancto Victore miram sibi virtutem abstinencia...**
Lumen anime
(Not "Archita Tharantinus in libro..." but with: "Summi mihi pontificus favente..." as prol.) (Recensio B etc.)
Mss: Leipzig, Univ. 394; Praha, Univ. X.A.8 (1811) f.1-226 (H.F.P 41 [1971] 111)
See: Philosophus in sextu libro animalium... Plinius libro de mirabilibus mundi... mirabilibus mundi...Philosophus in sexto libro animalium...

2438. **Huius ale penna prima est veritas...**
See: Prima ala est confessio non laudis...

2439. **Huius breuiloquii id est de sapientia sanctorum...**
See: Cum vani sint omnes homines in quibus non est sapientia Dei...

2440. **Huius mundi decus et floria,/ quam sit fallax,/ quam transitoria...**
[Poem on vanity of world]
Mss: München, Clm 1133 f.213; 9552 f.1; 9640 f.1; Wolfenbüttel, Helmst. 965 f.55; (Walther IC 8541)
Printed: Hauréau, *N. et Extr.*IV, 332

2441. **Humane conditio nature, iam senescente mundo, decursu temporum continue vergnes in deterius...**(Prol.) (Pars 1) *Ut dicit Magister quarto sententiarum in prima* (dist.)*: sacramentum est inuisibilis gratie visibilis forma...*
Iohannes de Burgo, *Pupilla oculi* [Chiefly on the sacraments, but with a section on virtues and vices]
Mss: Amiens 262; Cambridge, Corpus Christi 255 f.1-209 (attrib. auctor.) (Concluding rubric "editus a mag. Joh. de burgo cancell. universitatis cantabr. et sacre pagine professore a. d. m ccc lxxxv"); 211 f.1; Cambridge, Emmanuel 3.3.7 f.10; Cambridge, Caius 112 f.1-188; 119 f.1-169; 511; Cambridge, Pembroke 252 f.1-160; Cambridge, Peterhouse 120 f.1-140; Cambridge, St. John's C.17 (67) f.1-125; Cambridge, Trinity Hall 18 f.2; Cambridge, Univ. Ee.5.15 f.13; Hh.3.13 f.1-8; Kk.1.4; Kk.1.10 f.1; Add. 3477; Douai 456; Dublin, Trinity 211; Durham, B.IV.33; Hereford, Cath. O.3.IV; P.4.VII; London, BM Harl. 2406; 5435; 5442 f.5; Roy. 7 B.X; 7 E. V;8 D.I; 11 B.X; London, Lambeth 87; Oxford, Bodl. Bodl. 42 f.1-154; 182 f.1-154; Bodl. Rawl. 360 f.1-156; Oxford, Balliol 72; 220 f.55-166; Oxford, Brasenose 14 f.3 seq.; Oxford, Corpus Christi 162; Oxford, Exeter 41 f.1 seq.; Oxford, Magdalen 104; 110; Salisbury, Cath. 126 f.1-215; 147 f.1-211; Vaticana, Ottob. lat. 428; (F. A. Gasquet, *Transactions of the Bibliographical Society* VII [London 1904] 173)

Printed: Paris 1510; 1514; 1521; Rothomagi 1510; Strasburg 1514; 1516; 1518
See: Tam ex veteri testamento...
Cf: Cum ecclesie quibus...(note)

2442. **Humanum genus non potuit...**
See: Ambrosius. Humanum genus...

2443. **Humanum genus tria incommoda per peccatum...**
See: In omnibus operibus tuis...Humanum genus tria...

2444. **Humefactus aer de latitudine corporali...**
Tractatus IV contra superbiam, etc
Ms: Cambridge, Corpus Christi 392 f.1-33

2445. **Humiles in spineto miricae, sicut in areolis aromatum rosaria, flosculos habent salubres...**
Iohannes de Garlandia, *Morale scholarium*
Ms: (Paetow p. 148-151)
Printed: *Morale Scolarium of John of Garland*, ed. L. J. Paetow (Berkeley, 1927)

2446. **Humilitas contra superbiam, dilectio sive caritas contra immundiam...**
Remedia contra mortalia peccata
Ms: Cambridge, Trinity R.14.45 (II)

2447. **Humilitas est...**
Distinctiones virtutum et vitiorum
Ms: Montpellier 341, no. 2

2448. **Humilitas est contemptus proprie excellentiae. Contemptus opponitur appetitui...**
[Treatise on humility]
Ms: Paris, BN lat. 12261 f.151 seq.

2449. **Humilitas est ex intuitu propriae conditionis...**
De virtutibus et vitiis
Ms: Klagenfurt, Bischöfl. Bibl. XXXI.b.15 f.136-137

2450. **Humilitas est virtus, qua homo verissima sui cognitione...**
Bernardus, *De duodecim gradibus humilitatis* or *De gradibus humilitatis*
Mss: Douai 535 f.59; Oxford, Lincoln Coll. 101 f.152 seq. (PL 182, 942 B seq.)
Cf: Rogasti me, frater Godefride, ut ea...

2451. **Humilitas est voluntaria...**
Nota de humilitate
Ms: Schlägl 190 f.128-129

2452. **Humilitas expellit superbiam...**
Tot vitia tot virtutes
Ms: London, BM Roy. 8 E.XVII, f.18

2453. **Humilitas quippe...**
[Tractate on humility]
Ms: Metz 352

2454. **Humilitas radix virtutum omnium...**(variant)
See: Superbia radix omnium vitiorum. Humilitas radix...

2455. **Hunc librum sequentem cui hic prologus prescribitur quidam...**(prol.)
See: Superbia nihil aliud est quam...

2456. **Hunc modicum operis nostri libellum de multorum dictis orthodoxorum, opitulante Christo, colligimus Patrum...**(Prol.) **Hoc est remedium animae eius qui vitiorum tentamentis exaestuat...**(Cap.1)
Smaragdus, O.S.B., *Diadema monachorum vel de ecclesiasticorum et monachorum maxime virtutibus* or *Diadema religiosorum*

Mss: See H. M. Rochais in *Revue Benedictine* 63(1953) 252 n.3. Add: Cambrai 818 f.1-88; 819 f.1-77; Chambery 29; Charleville 221; Dijon 211 (173); Douai 217; Erlangen, Univ. 166 f.81; Leipzig, Univ. 357; Lisboa, Alcobac. 213; Marseille 228; 229; Metz 616; Münster, Univ. 116(280) (inc.); Namur, Mus. Arch. Ville 12 f.220-260; Oxford, Bodl. Laud. misc. 181; Pontarlier 14(25); Rouen, A.228 (426); A.296 (535); A. 389 (536); Schlägl 8 f.96-156; 47 f.80-94; Troyes 1545 (excerpts); Valenciennes 233; 302; Vaticana, Borgh. lat. 2 f.1-69; Vyssi Brod CXXIX f.1-6; Zwettl 225 f.14-66.
Printed: PL 102, 593-690

2457. **Hunc modum et circa [curam] huiusmodi habent quidam confessores inquirendo ab eis qui habent eis confiteri...**
See: Compilatio presens materiam habens confessionum...

2458. *I liber illustri patrem de gente sabella...*(prol.)
See: Libellum de miseria humana, reverendissime pater...

2459. *I nostri sauii antichi volsero...*(prol.)
See: Virtus dextera domini fecit virtutem...

2460. **Iacta te, simula, nova fac, contende moneque...**
De septem peccatis mortalibus (poem)
Ms: Oxford, Bodl. Laud. misc. 397 f.4

2461. **Iactans contemnes imperacio gloria vana...**
De speciebus mortalium peccatorum
Ms: Stockholm, Kgl. Bibl. MS. Vu 1

2462. **Iam ad ultimum scilicet ad stimulum penitentie in primo huius totalis libri...**
Speculum or *Stimulus penitentiae*
Ms: Bruxelles, BR 5018-22 (cat. 2175) f.190-216; Utrecht, Univ. 235 f.35-46

2463. **Iam in una priori lectione absolvi sicut potui dubitationem...**
Iohannes Gerson, *Super victu et pompa praelatorum*
Printed: Jean Gerson, *Oeuvres completes* (ed. P. Glorieux) (Paris 1962) III p.95-103 n.94

2464. **Iam subito rapit miseros in clementia mortis...**
See: Ne tardes converti ad Christum...

2465. **Iam te cuncti possimus pater pacis dator/ sicut te...**(second prol.)
See: Quidam Gallinacius victam quaeritavit...

2466. **Iam totam Romam sibi vindicat ambitus eris...**
De simonia (poem)
Ms: Troyes 887

2467. **Iam tractandis de arte bene vivendi, notandum secundum Augustinum...**
Tractatus de arte bene vivendi et contemptu mundi
Ms: Klosterneuburg 806 f.63 seq.

2468. **Iam ulterius prosequendo originem vitiorum...**
Henricus de Hassia, *Commentaria theologico-scholastico de origine mali et de peccatis*
Ms: Wien, Nat. 4657; (Roth 8)

2469. **Iam verus amor expiravit/ pax in terris...**
[Short poem on depravity of world]
Printed: G. E. Klemming, *Cautiones*, pp.8-11

2470. **Iam viget in terra fraus et dolus et mala...**
De malo statu mundi
Walther IC 9759

2471. **Ianua paradisi est confessio peccatorum quia sine pura confessione nullus potest [venire?] ad Christum qui est ianua salutis...**
   [De vitiis et virtutibus; de decem praeceptis]
   Ms: Bruxelles, BR II-2095 (cat. 2245) f.49-144

2472. **Ibi claves regni celorum** (Matth. 16,19). **Verbum dicitur hoc cuilibet confessori qui absolvendi...**
   Henricus de Hassia, *Tractatus de confessione* or *Confessionale* or *Informacio compendiosa per confessoribus et confitentibus*
   Ms: München, Clm 23833 f.284-298
   See: Tibi dabo claues regni celorum...Verbum istud dicitur

2473. **Ibi precepta et hic decem plage memorentur. Ideo sine dubio quia in illis erant vulnera, in istis medicamenta...**
   See: Comparatio decem preceptorum... Ibi precepta et hic...

2474. **Ibimus viam trium dierum in solitudinem** (Ec. 3,18). **Vias tuas, Domine...**
   [Paraphrase of Robertus de Sorbonio *De tribus dietis*]
   (Glorieux 159 l)
   Printed: Felix Chambon (Paris 1902) p.XVII
   See: Vias tuas, Domine, demonstra...Quilibet dicunt...

2475. **Idcirco Salomon voluit sibi...**
   Anselmus Cantuariensis, *De penitencia et conversione*
   Ms: Erfurt, Amplon. Fol. 84 f.144-146

2476. **Ideo primo videndum est quid sit sapientia in communi diffinitiue...**
   See: Cum vani sint omnes homines in quibus...

2477. **Ideo vero [or nunc] petitur declaratio constitutionis istius...**
   Ricardus Filius Radulphi (Fitzralph), *Tractatus de audientia confessionum*
   See: Ante omnia per partem...

2478. **Idola ne cures nec falso nomine jures...**
   De decem preceptis
   Ms: Paris, BN lat. 3567 f.1 (Walther IC 8659)

2479. **Idola sperne, Dei non sit tibi nomen inane...**
   De decem preceptis
   Mss: Cambridge, Corpus Christi 136; Paris, BN lat. 14572 f.139 (Walther IC 8661)

2480. **Idolatria, sortilegia, incantationes...solent fieri...**
   [Short explanation of decalogue]
   Ms: London, BM Harl. 941 f.4

2481. **Ieiunantibus triplicem laqueum opponit diabolus, scilicet gulae avaritiae...**
   [On fasting]
   Ms: Paris, BN lat. 14947 f.331 seq.

2482. **Ieiunia, inquit, moderata...**
   Quaedam de jejuniis, decimis, etc.
   Ms: London, BM Addit. 16170 f.195

2483. **Ieiunii genera sunt duo, aliud enim est...**
   De ieiunio et elemosina
   Ms: Cambridge, Corpus Christi 274 f.144

2484. **Ieiunium purgat mentem...**
   See: Augustinus in sermone: Ieiunium...

2485. **Ieremiae/ prophetiae/ stylus nove pingitur...**
   [Short poem on misery of human life]
   G. E. Klemming, *Cautiones*, pp.26-28

LIST OF INCIPITS

2486. *Ieronimus*
   See: Hieronymus

2487. *Iesu Christi cultori, religionis amatori...*
   Fr. Bernhardus [Eberhard] Tegernsensis, *De abstinentia monachorum a carnibus*
   Ms: London, BM Addit. 21146 f.1

2488. *Iesu preceptor miserere...*(Luc. 17,13)...
   Sermo de decem preceptis
   Ms: Wien, Nat. 3986 f.330-334

2489. *Iesu preceptor, miserere nobis* (Luc. 17,13) **Decem leprosi sunt ut dicit hic glosa Bede...Iesu preceptor miserere nobis. Diximus superius sicut glosa Bede: decem leprosi significant trangressores...**
   Sermones de decem praeceptis (Dominica XV)
   Ms: Berlin, Lat. fol. 739 f.59-61.

2490. *Iesus Christus Filius Dei Bethlehem Iude nascitur...*
   Lacteus liquor (collection of *exempla* and miracles)
   Mss: Lilienfeld 95; Schlägl 202 f.229-404
   Prol: Sicut veri solis ortus...

2491. *Iesus Christus Filius Dei in Bethleem Iude natus est sicut testantur euangeliste Lucas et Matheus...*
   See: Ad laudem et gloriam Domini nostri Iesu Christi et multorum edificationem...

2492. *Iesus redde quod debes. Quia complementum...*
   Variant of Redde quod debes. Quia complementum...

2493. *Igitur ad septem vicia...*
   Summa de confessione
   Ms: Wien, Nat. 1747 f.126-129

2494. *Igitur bonorum adolescentium timorem Dei habere deferre parentibus...*
   De variis virtutibus
   Ms: Cambridge, Trinity B.15.27 (364) f.194

2495. *Igitur si divitias queras per cuncta quid inde...*
   Henricus de Hassia, *Versus de contemptu mundi*
   Roth p.13; Walther IC 8664; Rudolf, *Ars Moriendi* p.34 n.47

2496. *Ignorantia facti non iuris excusat...*
   [Commentary on Adam]
   Summula de summa Raimundi
   Ms: Praha, Univ. XIII.G.19 (2336) f.1-220
   Cf. Summula de summa Raymundi...In summis festis...

2497. *Ignorantia sacerdotum...*
   William Lyndwood, *Liber provincialis*
   Ms: Cambridge, Caius 262 f.25-249

2498. *Ignorantia sacerdotum. Et primum, ne quis per ignorantiam se excuset...*
   [Selections from Peckham, *Constitutiones*]
   Mss: Cambridge, Caius 222 p.9-261; Oxford, All Souls 63 f.184 seq.
   See: Dominus in Evangelio. Qui ex Deo...

2499. *Ignorantia sacerdotum populum decipit* [or **precipitat**]...(Part III)
   Guillelmus (William) de Pagula or Pagham, *Oculus sacerdotis* (Part III, sinistra)
   Mss: London, BM Roy. 6 E.I f.3-76; 8 B.XV f. 1-162; 8 C.II f.52-180; 8 F.VII f.58-69; Oxford, Balliol 83 f.3-87; Oxford, Bodl. Rawl. A.361 f.3-155; A.370

f.4-143; C.72; C.84 f.1-11; f.17-72; C.565 f.35-62; Oxford, Holkham Hall 21 f.148; 159
See: Cum ecclesie quibus preficiuntur... (Part I)
Multi sunt sacerdotes... (Part II) Primus casus est verberans

2500. *Ignorantia sacerdotum populum precepitat in foveam erroris...* (occasional prologue)
See: Magna differentia est inter praedicationem et doctrinam...

2501. *Ignorantia sacerdotum populum precipitat in foveam erroris et clericorum stulticia vel ruditas...*(prol.)
[From Johannes Peckham, *Constitutiones*, part known as *Ignorantia sacerdotum*]
Ms: Cambridge, Univ. Ii.VI. 1 f.45-58
Printed: Wilkins, *Concilia*, ii, 54-56
See: Dominus in evangelio. Qui ex Deo...
Ab exordio nascentis...

2502. *Ignosce Domine, ignosce pie...*
Ps. Anselmus (Iohannes Fiscamnensis, Jean de Fecamps), *Humilis confessio peccatorum indigni auditoris*
Ms: Wien, Schott. 54 f.11-12
Printed: PL 158, 871

2503. *Illa verba sunt prophete David...*
See: Ab occultis meis munda me...Illa verba sunt...

2504. *Ille vir est vitiis quicumque viriliter obstat...*
[Short poem on sin]
Ms: Paris, BN lat. 11867 f.100

2505. *Illud tene quod subtiliter et astute...*
See: Ad honorem summae Trinitatis et indiuiduae unitatis...Incipit liber penitentiae...Sic tene quod subtiliter... (Text Liber I)

2506. *Illustris industrie ac grandis benevolentie speculo, Francisco Novello...*
(Alt. or separate prol. in Bordeaux 425)
See: Omne quodcumque facitis...Doctor egregius Augustinus

2507. *Illustrissime domine sue, totis in Christo visceribus amplectande, Isabelle, filie regis Francie, fr. Guibertus de Tornaco...Virginitatis seruare titulum meditaui meritum apprehender fructum...*
Guibertus de Tornaco, O.F.M.,
[Epistola ad Isabellam]
Ms: Brugge, Stadsbibl. 490 f.89-92
Printed: A. de Poorter, *Revue d'ascetique et de mystique*, 12 (1931) 116-127

2508. *Illustrissimi principis regis francorum devotissimo...*(prol.)
See: Dicit Aristoteles X. Ethicorum quod homo sapiens...(chap.1)

2509. *Immensus ac ineffabilis celestis medicorum medicus...Gregorius. Etsi aliter ab initio variis diuersisque modis...*(Prol.) (Text) *Cum autem ut premittitur de sacramentis tractaturi simus...*
Petrus de Aquila, *Tractatus de sacramentis Ecclesiae et decem praeceptis*
Mss: Napoli, Naz. VII.D.1

2510. *Immo quatuor virtutes cardinales*
See: Quoniam misericordia et veritas... Immo quatuor...

2511. *Immundum mundum, fili, fugito furibundum. Quoniam [Quam] summa sapientia est per contemptum mundi tendere ad celestia...*
Dialogus de fuga mundi
Mss: Herzogenburg 65 f.168 seq.; München, Clm 7643 f.187-197; 16226

f.123-130; 18380 f.116-119; 18403 f.234-237; Wien, Nat. 3655 f.95-108; 4096 f.147-161 (Rudolf p.37 n.62)

2512. Impedimenta penitentie sunt pusillanimitas...
[On penance]
Ms: Herzogenburg 93 f.48

2513. Impressoria arte iamdudum longe lateque per orbem...(prol.)
See: Et primo ex dyalogo Gregorii...

2514. Imprimis...
See: In primis...

2515. Imprimis igitur considera te principaliter ad tria...
See: Quisquis es qui a mundi sollicitudine...

2516. In Alexandro legitur, quod ipse Alexander rex, veniens in paradisum, petit tributum...
De bona gloria vel humilitate
Ms: Trebon, Statni. Archiv. A 18 f.177

2517. In altum erige, nam Deus humilia respicit et alta a longe cognoscit...
De conflictu vitiorum
Ms: Cambridge, Corpus Christi 459 f.113 seq.

2518. In aurea legenda sub titulo...
See: Absolutio. In aurea legenda...

2519. In campo mundi superbia venit...
Descriptio habitus septem vitiorum capitalium et virtutum oppositarum
Ms: Wien, Nat. 4913 f.5-7

2520. In capite libri scriptum est de imperatore qui habebat filiam...
Collectio exemplorum moralisatorum
Ms: Wien, Nat. 3412

2521. In capite quadragesime omnes penitentes...
Poenitentiale sive tractatus de modis temporibusque poenitentiae
Ms: London, BM Arundel 173

2522. In Christo sibi dilecto fratri Iohanni de Leulima (Lewisham) *illustris regis Anglie confessori...*(dedicatory letter)
See: Sicut docet Tullius Cicero in rhetorica sua...

2523. In Christo sibi dilecto Pyris de Bunis [or *Runis*] *de Cremona... devotionis vestre sinceritas...*(ded. epis.)
See: Acturi de septem vitiis capitalibus...

2524. In Christo sibi dilecto quondam conscolari et confratri moderno suus et suorum minimus fideliter viuere et in pace mori. Assumptus nuper ad animarum curam...
(Prol.)
See: De abstinentia. Abstinentie triplex est...

2525. In ciuitate atheniensi fuit constituta talis lex "Cecus de publico mille denarios recipiat". Spiritaliter ciuitas paradisi legem statuit...
Nicolaus Trivet, O.P., Commentary on the *Declamationes Senecae* or *Moralitates super Declamationes Senecae* (Recensio brevior)
Mss: Assisi, Com 524; 575; Basel, Univ. B.VIII.10 f.29-39; Bern 519; Bordeaux 267; Firenze, Nat. Conv. Soppr. H.IX.1523 f.115-128; Gdansk 1974; København, Gl. kgl. S.3544 oct. f.1-6; Metz 240; München, Clm 3591; 8444; 13446; Osek 47 f.100 seq.; Paris, Mazarine 986 (122); Paris, BN lat. 590; 3580; 13475; 16249; Pavia 380; Praha, Univ. I.D.15 (155) f.121-142; Roma, Angelica 508 (D.8.12); Saint-Omer 273; Troyes 1701; Venezia, Marc. Lat.

III.75 (Valentinelli V,48) f.34-46; Wittenberg 27 f.55-65; (Welter 363n)
Variant: Antiquitus in ciuitate atheniensi...
Recensio longior: Sicut docet Tullius Cicero...
See: Theodosius de vita Alexandri...

2526. **In claustro anime Deus debet esse abbas...**
De vita religiosorum
Ms: Klosterneuburg 364 f.339-340

2527. **In confessione observandum est ut simplex...**
Modus confessionis
Ms: Cambridge, St. John's Coll. B.17 (39) f.170

2528. **In conspectu Dei omnipotentis et omnia videntis...**
Forma confessionis
Ms: London, BM Sloane 982 f.118-121

2529. **In conspectu Dei operis...**
Confessio bona et utilis
Ms: Charleville 129

2530. **In conversionis meae primordio, cum ob mentis recreationem auctoritates Sanctorum legerem...**(Prol.)
Gregorius in Moralibus: Deus ipse manet intra omnia...(Cap.1)
Gilbertus Tornacensis, O.F.M., Ps. Bonaventura, (Guillelmus de la Furmenterie ?), *Pharetra*
Mss: Bordeaux 330; Clermont-Ferrand 42; Dover, St. Martin's Priory, 1068 of lost library (James, *Ancient Libraries* 449); London, BM Harl. 3138 (?); Roy. 8 C. xvi; 8 E.vi; München, Clm 2716; Paris, Mazarine 859; Paris, BN lat. 2925; 14892; Rouen, A 511 (672); Toulouse 175; Tours 466; Troyes 1401; 1840; 1939; Vaticana, Urb. lat. 630; Wien, Nat. 1652 (Dict. Spir. V, 446-447; VI, 1141)
Printed: S. Bonaventurae *Opera omnia* (ed. Vioes) Parisiis, t.7 (1866) pp.3-172; in other early Bonaventure editions.
See: E. Longpre, *Tractatus de pace auctore Gilberto de Tornaco*, Quaracchi 1925, p. xxv-xxviii.

2531. **In cronicis, capitulum I. Domicianus...**
See: De superbia. In cronicis...

2532. **In cruce sudavit Dominus servo...**
De contemptu mundi
Walther IC 8885

2533. **In crucis hoc signo bona sumo, prava resigno/ Munere me...**
Summa poenitentiae
Ms: Paris, BN lat. 8498 f.1 seq.

2534. **In cuiuscumque manibus libellus iste venerit...**
(Prol. in MS Escorial d.IV.32 f.1-99)
[Really Cesarius Arelatensis, *Sermo*]
Printed: CC 103, 18-19
See: Dominus dicit in Evangelio...

2535. **In cunctis antea mortuis aut moriturus...**
See: Philosophus in sexto libro Animalium...In cunctis...

2536. **In cunctis quidem mortuis pectus altius solito eleuatur...**
See: Philosophus in sexta libro animalium dicit: In cunctis...

2537. **In Dei tabernaculo, id est in sancta ecclesia positus...(Prol.) (Text) Qui facit veritatem...**

(Register of chapters) Sollicitus etiam sit sacerdos...
Fr. Marchesinus de Regio Lepide (?), O.F.M. Gocelinus, Frater Goulinus (Gerolinus) [Ps. Bonaventura], *Formula confessionis* or *Simplex Informatio simplicium sacerdotum de confessionibus audiendis*
Mss: Brugge, Grootseminarie s.n. f.144 (information of 1961); Gdansk 1955 f.1 seq.; Klosterneuburg 323 f.23-41; London, BM Addit. 18346 f.144; 18349 f.23-41; Wien, Nat. 3684; Zwettl 124 f.1-35; 337 f.29-37. (Glorieux 305 cc; Little 114; Bonaventurae *Opera omnia* [Quaracchi 1898] 8, CXI; 10,23)

2538. **In Dominio diuinae creationis...**
Ulricus, Abbas Campiliensis, *Concordantia caritatis*
Ms: Wien, Nat. 4226 f.63-191

2539. **In Domino precarissime: audiens nuper iterum de digniori promocione vestre persone...**
Henricus de Langenstein (de Hassia), *Epistola de vanitate humanarum dignitatum ad Eberhardum de Yppelbrunn*
Mss: Erfurt, Q.145 f.109-112; Wien, Nat. 4610 f.160-163; 4710 f.291-293; 4947 f.183-189 (K. J. Heilig in *Röm Quartalschrift* 24[1932] 140; Rudolf p.34 n.51)

2540. **In eo qui est omnium ver salus...**
Iohannes de Deo, *Poenitentiarius*
Ms: Troyes 456
See: Ad honorem summae Trinitatis et indiuiduae unitatis...Incipit liber penitentiae...

2541. **In euangelio quod legitur in festo Omnium Sanctorum et scribitur Matth. 5,1-12, enumerat Dominus octo beatitudines...**
Nicolaus de Dinkelsbühl, *Tractatus de octo beatitudinibus* or *Expositio octo beatitudinum*
Mss:(Autograph: Wien, Nat. 4354 f.194-216.) See Madre 189-191. Add: Alba Iulia I.33 f.117-144; München, Clm 6504 f.65-96; Würzburg, Univ. M. ch. f.224 f.80-119
Printed: Nycholai Dünckelspühel Tractatus... (Argentoratum 1516) f.92-109

2542. **In exitu Israel de Aegypto...Facta est Iudea...**
Opusculum quod est de confessione
Ms: Oxford, Bodl. Bodl. 57 f.118 (SC 2004)

2543. **In fine aliquid de vitiis tangere oportet, et quia sunt vitia naturae et voluntatis...**(part)
Simon de Hinton, O.P., *Ad instructionem iuniorum* (part: *Tractatus de vitiis*)
Mss: Erfurt, Ampl.F.103 f.1-55 fols. not given; Firenze, Laur. Fiesole 105 f.83; Lincoln, Cath. 213(B.5.11)
Printed: A. Dondaine in RTAM 9 (1937) 216-18
See: Ad instructionem iuniorum...

2544. **In gallico dicitur...**
See: Querite Dominum dum prope est. In gallico...

2545. **In generali breviter est dicendum et nota quod in prima tabula...**
Ps. Nicolaus de Dinkelsbühl, *Tractatus de decem praeceptis et decem plagis Aegypti*
Ms: Selestat 82 f.114-119; (Madre 331)

2546. **In hac meditatione peccator de misericorida Dei propter multitudinem peccatorum suorum...**
De peccatore qui desperat et de ratione, quae peccatorum ne desperat confortat (a dialogue)
Mss: London, BM Roy. 12 G.I f. 2-61; 7 A.III f.1-34; Oxford, Bodl. Laud. misc.

363 f.1 seq.
Prol: Cum primum istud opus incepi...

2547. **In hac tabula continentur primo septem virtutes principales; item septem peccata mortalia...**
Tabula de sancta fide katholica
Ms: Berlin, lat. qu. 721 f.280-283
Cf: Incipit bona et utilis tabula fidei...

2548. **In hac tabula continetur primo quomodo sacerdos debet docere confitentem, item quomodo confitens debet incipere suam confessionem...**
Tabula quomodo sacerdos debet confiteri suos parrochianos
Ms: Berlin, lat. qu. 721 f.287 seq.

2549. **In hac tabula ubicunque fit simpliciter...**(prol.)
See: Abbas. Utrum unus abbas possit presidere...

2550. **In hac vita positi fratres ita agite ut cum hinc migraueritis...**
Ps.-Augustinus, *De miseria huius mundi* or *De vanitatibus seculi* or *De vanitate hujus saeculi*
Ms: Avignon 112 f.88-101; 228 f.21-24; Bruxelles, BR 2395-410 (cat. 1428) f.103-108; Cambridge, Trinity B.2.16 f.99; Marseille 224; Namur, Mus. Arch. Ville 29 f.100-103; Neufchateau 3 f. 47-50; Schlägl 6 (Cpl 61) f.135-136; Wien, Nat. 3496 f.199-201
Printed: PL 40, 1213-1214 (with 1183-1186)

2551. **In his Christus licet omnibus hominibus...**
See: Apparuit cuius gratia dei et salvatoris nostri...In his Christus

2552. **In his duobus mandatis uniuersa lex pendet et propheta...**(Math. 22,40) **Omnia diuina precepta, fratres carissimi, per decalogum sunt accepta. In hiis duobus mandatis consistunt... duobus mandatis consistunt...**
Sermo de decem preceptis
Ms: Paris, BN lat. 10730 f.140-141

2553. **In his duobus mandatis universa lex...**(Matth. 22,40)
Iacobini super decem precepta
Ms: Kornik 116 f.197-200

2554. **In his duobus preceptis sive mandatis universa expendent...**(Matth. 22,40)
[De decem preceptis]
Ms: Klagenfurt, Pap. 88 f.34-44
Cf: In his duobus mandatis universa lex pendet...

2555. **In his duobus preceptis universa lex pendet...**
[On the ten commandments, seven sins and penance]
Ms: Klagenfurt, Studienbibl. Pap. 79 f.129-162
Cf: In his duobus mandatis universa lex... In his duobus preceptis sive universa...

2556. **In his verbis propheta duo petit...**
See: Ab occultis meis munda me... In his verbis...

2557. **In historiis Romanorum legimus quod tempore quo Romana civitas...**
Robertus Holcot, O.P., *Moralitates historiarum*
Ms: Escorial Q.II. 4 f.1 seq.
Cf: In Grecorum gestis legitur...

2558. **In hoc libro qui flos florum iuste appellatur continentur omnes sequentes libelli...**(gen. prol.)
Flos florum (anthology)

Ms: London, BM Burney 356 f.3 seq.
See: Book I: Pater noster tanquam caput (8834)

2559. **In hoc mandato sicut liquet ex glosis...**
See: Non habebis Deos alienos... In hoc mandato...

2560. **In hoc mondo stabilli nichil pot in (?) instabille. Nec vita nec fortuna perpetua est hominibus (?)...**
Sententiae e compluribus auctoribus de amicitia
Ms: Vaticana, Vat. lat. 1599 f.51

2561. **In hoc opusculo cum illud de Evangelio...**
S. Bernardus, *Retractatio in Tractatum de Gradibus humilitatis*
Printed: PL 182, 939
See: Corde et corpore semper...Rogasti me frater Godefride...

2562. **In hoc speculo potest homo considerare/ Quam ob causam**
Speculum humane saluacionis (poem)
Mss: Budapest, Eg. Kön. 75 f.414-449; Marseille 89; New York, Pierpont Morgan Lib. 102; Oxford, Bodl. Bodl. 240 (SC 2469) pp. 856 seq.; Sankt Gallen, Vadian. 358; Växjö, Stifts- och läroverksbiblioteket, MS 4o 400 (from Erfurt) f.40 seq.; (Lehman II, 9-10)
See: Prol. Qui ad iustitiam erudiunt multos...Hinc est quod...
(Prol. variant?) Expediens videtur et utile...

2563. **In hoc tractatu Senecae vox personuit...**
De quatuor virtutibus cardinalibus
Ms: Basel, Univ. A.IV.24 f.91-96

2564. **In hoc verbo duo innuuntur...**
See: Querite Dominum dum inveniri... In hoc verbo...

2565. **In hoc vitae studio/ diversa conditio...**
[Short poem on misery of this life]
Printed: G. E. Klemming, *Cautiones*, pp.19-21

2566. **In Iesu Christo sibi dilecto...**(variant)
See: In Christo sibi dilecto...

2567. **In illa cartula continentur consolaciones theologice contra vicia generaliora, medicamina anime et corporis saluberrima sumpta de libro venerabilis fratris N. materia multum...**
Consolationes theologice
Ms: München, Clm 15228 f.1-245; (Auer 360 seq.)

2568. **In illis temporibus erat quidam monachus mentis elatae...**
Passio cujusdem nigri monarchi secundum luxuriam
Printed: J. Feifalik in Wien SB 36, p.173

2569. **In illo tempore dixit Papa Romanis [or Bononiae]...**
See: In illo turbine dixit Papa Romanis...

2570. **In illo turbine dixit Papa Romanis [or Bononiae]...**
Evangelium secundum Marcas Argenti (one of *Carmina burana*)
Mss: Paris, BN lat. 3195 f.17-19; Schlägl 232 f.216-222; Wien, Nat. 4459 (P. Lehmann, *Die Parodie in M.A.* p.54)
Printed: P. Lehmann, *Parodische Texte* 8-10
Rubrica: Frequentia falsi euangelii secundum marcam argenti

2571. **In initio et medio ac fine mei tractatus...**
See: Quoniam in dicendo multi errant...

2572. *In initio mei tractatus assit gratia sancto spiritus. Cum in dicendo multi errant...*
See: Quoniam in dicendo multi errant...

2573. *In isto parvo libello sive opusculo potest quis invenire multiplex exemplum...*
Nicholas Bozon,
[Moralized Tales transl. into Latin]
Ms: London, BM Harl. 1288 f.91-105; (Ward and Herbert III, pp.100 seq.)

2574. *In lamentis orior, in cunis quiesco...*
De vanitate mundi
Ms: Oxford, St. John's Coll. 58 f.1

2575. *In lectione...*
See: In tribus autem consistit exercitium sacre scripture... In lectione...

2576. *In libris Moralium beati Gregorii Papae inveniuntur quatuor praefationes...*
Ignatius de Montecassino, *Elucidarius Moralium Gregorii*
Ms: Montecassino 118 (imperf.)

2577. *In libro qui titulatur verbum abbreviatum sic...*
Tractatus monachi peccatoris de usura
Ms: Cambridge, Corpus Christi 385 p.60

2578. *In Matthaei cap. xii (12,31): Omne peccatum...*(title)
See: Sensus hujus sententiae pendet...

2579. *In medio regni pestilentie suspirans, salutem...*
See: Audiui et conturbatum est cor meum...

2580. *In milite enim Christi debet esse in capite galea...*
Auctoritates de vitiis et virtutibus
Ms: London, BM Addit. 30049 f.97

2581. *In ministratione sacramentorum generaliter tria requiruntur sine quibus...*
Speculum curatorum
Printed: Jehan Petit, Paris 1510
See: Quam periculosum ymo...(pref. letter)

2582. *In multis quidem erratum est...*(variant)
See: Lumen confessorum vocatur hec doctrina...

2583. *In mundo mundum nihil est, nisi spernere mundum...*
Serlo Wiltoniensis, *De contemptu mundi*
Printed: T. Wright, (Ed.) *Anglo-Latin Satirical Poets of the Twelfth Century* (London, 1872), II, 232-3.

2584. *In nomine... Abstinentia suum inimicum, scilicet carnem, debilitat...*
See: Abstinentia suum inimicum, scilicet carnem, debilitat...

2585. *In nomine Dei Patris et Filii et Spiritus Sancti. Si quis in corde suo per cogitationem peccaverit...*
See: Si quis in corde suo...

2586. *In nomine Domini Amen. In Christo sibi Pyrio de Runis...*
See: In Christo sibi Pyrio de Bunis...

2587. *In nomine Domini Amen. Pro salute eorum qui vitia fugere cupiunt...*
See: Pro salute eorum

2588. *In nomine Domini Iesu Christi incipiunt interrogationes...*
Formula seu summa confessionis
Ms: Vaticana, Palat. lat. 342 f.342 seq.
See: In nomine Domini nostri Iesu Christi incipiunt interrogationes...

2589. **In nomine Domini nostri Iesu Christi Amen. Iste liber est qui docet perfecte uiuere...**(prol.)
See: Videte inquit ad quid...

2590. **In nomine Domini nostri Iesu Christi incipit dyalogus inter patrem interrogantem et filium respondentem super quibusdam questionibus et dubiis. Pater, ne torpeas in cella...**
See: Pater, ne torpeas in cella...

2591. **In nomine Domini nostri Iesu Christi incipit tractatus de audiendis confessionibus in ecclesia et specialiter in ordine sacro Carthusiensi. Succurre, Ihesu Cristi et sancte Ieronime. Videte quid faciatis...** (II Par. 19,6). **Verba sunt incliti regis Iosaphat...**
See: Vide quid faciatis...Verba sunt...

2592. **In nomine Domini nostri Iesu Cristi incipit tractatus de confessione maxime religiosorum. Succurre, Criste et sancte Ieronime. Ite, ostendite vos sacerdotibus** (Luc. 17,14): *verba sunt eterne veritatis...*
See: Ite, ostendite vos sacerdotibus...

2593. **In nomine Domini nostri Ihesu Christi incipiunt interrogationes que de scripturis sanctis et canonibus sacris in foro penitentie ad utilitatem confitentium fieri possunt et debent de peccatis...**
Notandum igitur primo quod si episcopus non est baptizatus irregularis est et debet baptizari et iterum gradatim ordinari...
Formula confessionis
Mss: Bruxelles, BR 21838 (cat. 1398) f.13-67; London, BM Addit. 22041 f.270-294; Vaticana, Palat. lat. 342 f.342 seq.
See: In nomine Domini Iesu Christi incipiunt interrogationes...

2594. **In nomine Domini nostri Jesu Christi. Si dixerimus quia** [or *quod*] **peccatum non habemus** (I Ioh. 1,8)...
See: Si dixerimus quia peccatum non habemus...Cum nec infans...

2595. **In nomine Domini nota de beatitudinibus, et primo de humilitate...**
De beatitudinibus
Part of *Diaeta salutis*
Ms: Oxford, Balliol 50 f.102 seq.
See: Hec est via, ambulate...Magnam misericordiam facit...

2596. **In nomine dulcissimi Domini nostri Iesu Christi incipiunt capitula libri sequentis simplici stilo dictati...**
(Variant prol. in Oxford, Corpus Christi, 39 and *Bibl. Patr. Lugd.* XXV)
See: Videte inquit ad quid vocati estis...

2597. **In nomine Iesu Christi incipit de vita christiana. Nolite tangere christos meos...**(Ps. 104,15). **Christianus dicitur a Christo...**
See: Nolite tangere...Christianus dicitur...

2598. **In nomine Iesu Christi incipit modus sancte viuendi. Beati immaculati in via qui ambulant in lege Domini** (Ps. 118,1). **Nunc in via huius vite...**
See: Beati immaculati...Nunc in via huius, vite...

2599. **In nomine Iesu Christi incipiunt interrogaciones que de scripturis sanctis...**
Poenitentiale
Ms: Philadelphia, Univ. of Pennsylvania Lat. 55 f.37-52

2600. **In nomine Iesu Cristi incipit tractatus de acquisicione virtutum que necessarie sunt post confessionem. Succurre, Christe et S. Jeronime. Dominus virtutum ipse est rex glorie...**(Ps. 23,10). **Christus Iesus est rex glorie, quia...**
[Tractate on the virtues]
Ms: Stockholm, Kgl. Bibl. A.211 (from Erfurt) f.206-208; (Lehman II, 18)

2601. *In nomine sancte et indiuidue Trinitatis. Ad honorem eiusdem nos Henricus ipsius permissione Sistaricensis ep. synodo nostra apud Sistaricum congregata Manuale quondam effectum per fratres Cabertum et P. de Rosset...*
   Cabertus Sabaudus et P. de Rosset, O.P., *Manuale curae pastoralis* (Kaeppeli 710)
   Printed: Martene-Durand, *Thesaurus novus anecdotorum*, IV 1079-98.

2602. *In nomine Sancte Trinitatis...*
   See: Hic incipit Speculum iuratorum. In nomine...

2603. *In nova fert animus mutatus dicere forma corporis...Ovidius in primo libro Metamorphoseos, praemisso prologo, primo tractat mundi creationem...*
   Petrus Berchorius, *Ovidius moralizatus* (15th book of *Reductorium morale*, but usually printed or written separately)
   Ms: Boulogne 187; Oxford, Merton 85; 299; Paris, BN lat. 8123 f.81 seq.; 14136; 15145; Troyes 1627; 1634; Venezia, Marc. Lat. I.40 (H.L.F. 39[1962] 78-87, 179-182, 186-187)
   Printed: Under name of Thomas Waleys, 1509, 1511, 1515, 1521
   Prol: A veritate quidam auditum avertent... 2 Thess. 4. Dicit apostolus Paulus...

2604. *In omni vita tua dilige Deum et invoca illum...*
   Summa pastoralis
   Mss: London, BM Arundel 332 f.2-19; Wolfenbüttel, 108 Helmst. (1215) f.116
   See: Omni vita tua dilige Deum et invoca illum...

2605. *In omnibus gentibus prima littera ab A denominatur: nam hebraice aleph...*
   Thomas de Pavia, O.F.M., *Distinctiones* or *Dictionarium bovis*
   E. Longpre in AFH 16 (1923) 3 seq., esp. 8-9
   Variant: Abicere. Est abiecto hominis, id est...

2606. *In omnibus operibus artium videmus...*
   See: Omnia facito secundum exemplar...In omnibus operibus...

2607. *In omnibus operibus tuis memento nouissimorum* (Eccli. 7,40). *In Ecclesiastico scripta sunt verba hec, in quibus admonemur...*
   See: Mens absque consilio est et sine prudentia...

2608. *In omnibus operibus tuis memorare nouissima tua...*(Eccli. 7,40). *Humanum genus tria incommoda per peccatum primi hominis incurrisse...*
   Ps.-Vincentius Bellovacensis, *Speculum morale*
   Ms: Vaticana, Vat. lat. 1176 (imperf.)
   Printed: Goff V-288 to 291; Venetiis 1591; Duaci 1624, vol. III (Bibliotheca mundi)
   Cf. Animarum salutem...

2609. *In ordine sapientialium diuinarumque scientiarum...*(Prol.) (Part I: De fide): *Incipiamus igitur cum Dei adiutorio et dicamus...*
   (Part II: De legibus): Iam igitur expediuimus nos auxilio Dei de his que proposueramus... (De virtutibus): Postquam claruit ex ordine...
   Guillelmus Parisiensis (de Alvernia), *Tractatus de fide et legibus* (and *De virtutibus et vitiis*)
   Mss: Brugge, Stadsbibl. 219; Chartres 470; Oxford, Lincoln 70; Oxford, Magdalen 109; Paris, Arsenal 510; Roma, Carm. Arch. III. 556 A f.268-276; Vaticana, Vat. lat. 851; Venezia, Marc. Lat. III. 21 (Valentinelli VII, 34) f.30-123; Wien, Nat. 1572; 3939 (Glorieux, 141 q)
   Printed: Guillelmi Alverni *Opera omnia* (Aureliae-parisiis 1674) I, 1 seq.
   Cf. Postquam claruit ex ordine...

2610. In paridiso septem peccata Adam perpetrauit...
[Excerpts series]
Ms: Aberdeen, Univ. 137

2611. In peccantibus post baptismum mortaliter sola penitentia remedium est...
Tractatus de modo et ordine penitentiae
Ms: Gdansk 2015 f.87-184

2612. In peccato Simonis, a quo simonia denominatur, tria fuisse considerantur...
De simonia, etc
Ms: London, BM Arundel 360 f.18-20

2613. In penitentia autem que peccatorum considerare oporteat...
De penitentia
Ms: Cambridge, Univ. Dd.8.14 f.VI (imperf.)

2614. In preceptis comprehenduntur...
De decem preceptis
Ms: Wien, Nat. 1050 f.71-76
Cf. Dicto que fuissent remedia...

2615. In predictorum quatuor vitiorum, scilicet impatientie, ire...
Nicolaus Kempf, O. Carth., *De vera, perfecta et spirituali caritate erga proximos* (Tract.IV) or *Tractatus de suspicionibus*
Ms: Budapest, Eg. Kön 72 f.76-97
Cf. Ecce quam bonum...Contraria iuxta se posita...

2616. In prescripto libello tractatum est de arte bene moriendi, nunc tractandum est de arte bene vivendi; Augustinus dicit: nemo bene moritur...
Tractatus de arte bene vivendi, seu contemptu mundi or *Libellus de contemptu mundi*
Ms: Basel, Univ. A.I.20 f.126-132; Rein 5 f.22-33; Wien, Nat. 5086 f.50-61 (Rudolf p.37 n.63)

2617. In prescripto libello tractatum est de arte bene moriendi nunc tractandum est per contemptum mundi tendere ad celestia...
Ms: Wien, Nat. 3655 f.95-108; 4096 f.147-161
See: Immundum mundum, fili, fugito furibundum. Quoniam...

2618. In presenti libello tibi scribo, illo [quomodo] te habere debeas...
De confessione or *Rudimentum confessionis propter novellos confessores* (in expl.)
Ms: Wien, Nat. Ser. n. 3618 f.32-41

2619. In presenti opusculo ordinantur in cunctis...(prol.)
See: Erat in Tholetana urbe...

2620. In presenti opusculo tractatur breuiter et in genere de bono et malo morali et item de premio boni et pena mali...
Christophorus de Mediolano, O.P., *De bono et malo morali*
Kaeppeli 723

2621. In primis attendendum est ut confessor...
[Tractate on confession]
Ms: Roma, Casanatense 83 f.119-145

2622. In primis cum confitendus...
[Treatise on administering penance]
Ms: London, BM Roy. 7 E.X

2623. In primis debemus Dominum Deum diligere...
Tractatus de mandatis succinctus
Ms: Oxford, Merton 47 f.238

2624. **In primis debet interrogare sacerdos...**
Ms: Oxford, Bodl. Holkham misc. 14 f.23
See: In primis debet sacerdos interrogare...

2625. **In primis debet sacerdos interrogare penitentem si** [or **utrum**] **sciat Pater noster...**(Pars I)
(Pars II) Quoniam in foro penitentiali sepe occurrunt casus et questiones matrimoniales...(Pars III) Quoniam sepe dubitatur quando penitens remitti debeat ad superiorem...
> Berengarius Fredoli, *Summula summa in foro poenitentiali brevis et utilis valdeque necessaria sacerdotibus, maxime super hoc notitiam non habentibus* or *Summa penitentialis* or *Directorium sacerdotum* or *Tractatus de confessione*
> Mss: See Michaud-Quantin (which distinguishes several versions). Add: Heverlee, Parkabdij 30 f.124-147; Lilienfeld 70 f.1-47; London, St. Dominic's Priory 3 f.44-51; 58-95; München, Clm 27441 f.358; Osek 31 f.58 seq.; Oxford, Bodl. e Mus. 161, p.1-89; Praha, Univ. I.B. 13 (289) f.85-143; III.D.13 (465) f.101-125; Toledo, Cab. 22-13 f. 1-46; Troyes 831; Wien, Nat. 4926 (Schulte II 533; Teetaert 341-343; Haureau I 215, 216) P. Michaud-Quantin, *La "Summula in foro poenitentiali" attribuee a Berenger Fredol* in *Studia Gratiana* 11 (1967) 145-167 [This incipit could also be the beginning of an extract of the *Summa de casibus poenitentiae* by Raymundus de Pennaforti e.g. Paris, BN lat. 15952; 16506 (Michaud-Quantin 148)]
> Variant: Primo debet sacerdos... In primo debet sacerdos...
> Prol: Ut ad salutem...
> See: In primis debet interrogare sacerdos... Primo sacerdos debet interrogare...Quoniam in foro penitentiali sepe occurrunt... Quoniam sepe dubitatur quondo penitens debet remitti...Quoniam valde ignominiosum est...(Excursus on Pater noster)

2626. **In primis discurrat religiosus...In exitu Israel** (Ps. 113,1). **Exitus Israelis...**
Iohannes de S. Edmundo, *De virtutibus et claustro animae*
Mss: Cambridge, Sidney Sussex Coll. 85; London, BM Roy. 7 D.XXI f.40-98

2627. **In primis igitur a confessore sumentes exordium...**
See: Prol: Inspirante Patre spiritum qui salutem omnium desiderat...

2628. **In primis igitur considera te principaliter ad tria...**(Chap.1)
See: Quisquis es qui a mundi sollicitudine...

2629. **In primis infirmus per confessionem accendatur...**
Iohannes de Deo, *Liber penitentiarius de confessionibus infirmorum*
Mss: Klosterneuburg 364; Kornik 1303 f.285-297

2630. **In primis itaque dilige...**
See: ut facile, carissime frater...In primis...

2631. **In primis oportebit te confessorem considerare...**(chap. 1)
Memoriale presbyterorum (based on Cato's *Disticha*)
Ms: Cambridge, Corpus Christi 148; Cambridge, Univ., Mar. 5.33 f.68-89; London, BM Harl. 3120 f.1-104 (imperf.)
Prol: Cum animadverterem quam plurimos presbiteros...

2632. **In primis querat sacerdos quomodo credat...**
Regula pro confessio (11 verses on confession)
Ms: London, BM Harl. 956 f.27-28; (A variant is reported in Walther IC 9057)

2633. **In primis sacerdos seu confessor non ostendat se seriosum et rigidum...**
See: Primo sacerdos seu confessor non ostendat...

2634. ***In primis te admoneo fili ut Deum super omina diligas...***
 Moniciones quas (francorum) (Ludovicus IX) *fecit Philippo filio suo* (a. d. 1270)
 Ms: Cambridge, Trinity Coll. B.2.16 (59) f.1
 Printed: *Acta Sanctorum* 25 Aug. p.546

2635. ***In primis vero notandum, quia penitentia describitur...***
 Prol: Quoniam provida sollertia est jugiter...

2636. ***In primo capite libri quem prae...***
 Ricardus Levenham, *Compendium Gualteri reclusi* (Dict. Spir. 6,153)

2637. ***In primo capitulo tractat de uirtutibus moralibus...***
 Tractatus de virtutibus moralibus
 Ms: Cambridge, Univ. Dd.3.47 f.238

2638. ***In primo debet sacerdos...***
 See: In primis debet sacerdos...

2639. ***In principio creavit...***(Gen. 1.1). ***Deus in mundi creatione ante omnia...***
 Petrus Berchorius, *Reductorium morale super Bibliam* or *Reductorium morale* (lib. XVI) or *Moralitates super Biblia* or *Moralisationes Bibliae*
 Mss: Stegmüller RB 6426; HLF 39 pp.87-91 et 176-188 (MSS et Edd.) Add: Frankfurt am Main, Stadtb. Praed. 22 f.225-344
 Prol: Cum iam per opacam floris...
 Variant Prol: Cum iam per opacam nature silvam...Pref. Epis.: Reverendissimo in Christo...Petro de Pratis...Deus quia propria...
 Table: Reverendissimo in Christo patri...Domino Petro...Episcopo Penestrino...

2640. ***In principio cuiuslibet operis permitte...***
 Speculum christiani hominis (treatise on virtues and vices, with some material on judgment)
 Ms: Milano, Naz. AD. IX.39 f.203-231
 See: Hieronymus. In principio cuiuslibet operis

2641. ***In principio cuiuslibet operis quatuor sunt inquirendae...***
 Notae in carmen De contemptu mundi
 Ms: Paris, BN lat. 8023 f.45

2642. ***In principio huius libri admonet auctor...***
 See: Tunc dicat sacerdos confitenti...

2643. ***In principio huius libri quaedam sunt extrinsecus praelibanda, videlicet quae sit materia...***
 [Commentary on Aesop's Fables]
 Ms: Montecassino 227

2644. ***In principio huius libri, sicut in principio aliorum librorum tria sunt per ordinem requirenda...***
 See: Ut vivat. In principio huius libri...

2645. ***In principio huius tractatus de penitentia septem queruntur. Primo de necessitate penitentie...***(Comm. on prol.)
 Prol: Agite penitentiam, et appropinquabit enim regnum celorum...

2646. ***In principio huius tractatus nomina edocentur sanctorum...***(prol.)
 See: Ad veram confessionem faciendam...(chap. 1)

2647. ***In principio, id est, in Filio vel omnium temporum vel omnium creaturarum...***
 Volumen ystoriarum biblie et moralitates patrum
 Ms: Zwettl 168

2648. **In principio incarnacionis...**
  Confessionale, dans modum confitendi et audiendi confessiones
  Ms: Oxford, Bodl. Hamilton 18 f.257 (SC 24448)

2649. **In principio intelligendum est quod doctrina sacra...**
  S. Bonaventura, *Breviloquium*
  See: Flecto genua mea...Magnus doctor gentium...

2650. **In principio istius libelli admonet quod nullus sacerdos...**
  Robertus Grosseteste, *Diversi tractatus penitentie in unum redacti*
  Ms: Cambridge, St. John's Coll. C.12 (62) f.114-116

2651. **In principio narrationis nostre...**
  Raymundus de Pennaforti, *Summula ex summa de poenitentia*
  Ms: Schlägl 67 f.263-280
  Cf: Quoniam nimia prolixitas...
  In summis festis...

2652. **In principio narrationis nostre illius gratiam et adiutorium imploro qui est principium omnis gratie...**(Prol.) (Text): *Cum igitur prelatus aliquis ordinis nostri iudicium habens et regimen animarum...*
  Medella animae vulneratae or *Liber de medela animae vulneratae* or *Confessionale* or *Via salubris animae* or *De penitentia*
  Mss: Budapest, Orsz. Szech. Kön. 341; Klagenfurt, Studienbibl. Pap. 55 f.11-28; Kremsmünster 1 f. 293-301; Oxford, Bodl. Laud. misc. 473; Praha, Univ. I.F.18 (250) f. 148-159; XII.A.23 (2100) f.124-137; XIII.G.6 (2373) f.120-130; XIV.E.31 (2565) f.222-232; Sankt Florian 279; Sankt Gallen 927; Stuttgart, H.B.I. 62; Trebon, Arch. A.6 f.91-119; Wien, Nat. 512; Wilhering 162 f.1-9; Würzburg, Univ. M. ch. f.131 f.185-190; M. ch. q.30 f.182-216; M. ch. o. 15 f.24-53 (Michaud-Quantin p.92 and Index)

2653. **In principio primum principum...**
  Bonaventura, *Itinerarium mentis in Deum*
  Ms: Vaticana, Vat. lat. 752 f.25; 1041 f.203-221 (Glorieux 305m)
  Printed: *Opera omnia* (Quaracchi 1891) V, 295-313

2654. **In principio uniuscuiusque philosophici tractatus**
  See: Aethiopum terras...In principio uniuscuiusque...

2655. **In priori formula nouitiorum quam quibusdam nouitiis nostris scripsi de exterioris hominis compositione...Ex hoc perpende duos esse nouitiatus in religione, unus terminatur...**
  David ab Augusta, *Formula novitiorum*, Book II or *Formula de interioris hominis reformatione ad proficientes*
  Mss: Basel A.V.39 f.2; A.VI.37 f.164; A.IX.37 f.87; A.X.135; B.VII.29 f.1 seq.; B.X.27 f.170 seq.; Erlangen, Univ. 221 f.38-57; 222 f.1-25; 223 f.1-165; Klagenfurt, Studienbibl. Perg. 35; Pap. 68 f. 94 seq.; København, Gl. kgl. S. 1590 qu. f.138-183; München, Clm 28485 f.4-112; Namur, Mus. Arch. Ville in-8 43; Oxford, Bodl. Laud. misc. 493; Praha, Univ. I.G.133 f.10 seq.; XIII.D.9 (2301) f.84-119; Univ. Lobkowitz 446; Trier, Stadtbibl. 544; Utrecht, Univ. 171; Vyssi Brod cx f.1-63; Wien, Schott. 199; Wiesbaden 35. (M. Viller, 3[1922] 45-56)
  Printed: Quaracchi 1899 pp.63-160
  Prol.: Collationes meas quas pro exhortatione ad nouitios nostros...
  Pars IIa: Nunc de singulorum vitiorum natura vel descriptione...
  See: Primo semper debes considerare ad quid veneris...
  A priori formula novitiorum...

2656. **In proximo sunt aliqua premittenda propter que Deum intime debemus diligere...**
  Nicolaus de Dinkelsbühl, *De praeceptis decalogi* (Excerpt).

Ms: München, Clm 14607 (Madre 173)
See: Preter precepta legis...
Cf: Prima aliqua sunt pretermittenda...

2657. **In publicis Ethicorum sententiis legitur duos fuisse Catones quorum unus dicebatur Cato censorinus...**
Cato glossatus
Ms: Paris, BN lat. 8259

2658. **In quibusdam partibus mos est...**
Guillelmus Filastrus, *De usuris*
Ms: Klosterneuburg 358 f.343-344

2659. **In quo plura puncta quae vel ad propriarum...**
See: Quia multa predicabilia pulchra et utilia

2660. **In quocumque humano corde degentis in hac...**
Iohannes Drury, *Tractatus de modo confitendi*
Ms: Cambridge, Univ. add. 2830 f.84

2661. **In re terrena nichil est aliud nisi pena...**
De contemptu humanae vitae or *De contemptu mundi*
Mss: Bern 434; Paris, Mazarine 996 (902) f. 233 seq.; Paris, BN lat. 8023 f.51; 8460 f.28; 11344 f.13; 13468 f.131 & f.36; (Walther IC 9079; PS 12006)

2662. **In sacra scriptura continentur decem precepta...**
See: Sacra scriptura continet decem (Variant in Admont 203)

2663. **In sacra Scriptura, frater, tres columbas...**
See: Si dormiatis inter medios cleros, pennae columbae...Ps. 67,14. In sacra Scriptura...

2664. **In serie presentis ewangelii...**
See: Cum venerit filius hominus... In serie presentis...

2665. **In serie rerum sunt hec ter quinque dierum...**
De fine mundi
Ms: Vaticana, Palat. lat. 471 f.34

2666. **In sex tribulationibus liberabit te...(Iob 5,19). Quia ad sapientem qui debet precavere pericula...**
Mss: Capestrano XXI f.163-167; Siena, Com. U.V.5 f.13-15; Volterra, Guarnacciana 5230 f.111-124

2667. **In summa theologice veritatis...**
[Moral tractate]
Ms: München, Clm 5940 f.101-102

2668. **In summis festis ad missam dicitur una/ Tantum collecta...**
Adam de Aldersbach, *Summa Raymundi versificata* (without Prol.)
Mss: See Walther IC 9117. Add: München, Clm 28312 f.154-162; Rein 2 f.1-31; Sankt Gallen 293; 301 (Walther IC 90)
See: Summula de summa Raymundi prodiit ista...In summis festis...

2669. **In tabulis binis lex est depicta...**
De decem praeceptis (Walther IC 9121)

2670. **In tabulis binis lex est depicta...Incipit expositio super versus. In hoc primo articulo et in hiis versibus ostenditur quomodo Deus pater omnium dedit Moysi famulo suo decem precepta legis...**
Speculum christianorum
Ms: Paris, BN franc. 25548 f.1-85; lat. 14979 f.17-80.

Prol.: Libellus iste diuiditur in quatuor partes principales. In prima parte determinatur de agendis...

2671. *In terris a domino cuilibet est concessum [commissum] libere voluntatis arbitrium...*
Guido Faba, *Summa de viciis*
Mss: Lincoln, Cath 226 (B.6.4); London, BM Add. 33221 f.66
Printed: Virgilio Pini, *Quadrivium* I (1956) 97 seq. (For further MSS, see ibid., pp. 58 seq.)

2672. *In tribus autem consistit exercitium sacre scripture...*
In lectione... (variant)
See: Verbum abbreviatum fecit Dominus...Si enim Verbum

2673. *In tribus consistit penitentia...*
Methodius (?), *Confessionale*
Ms: Trier, Stadtbibl. 588; (Michaud-Quantin 20 and Index)

2674. *In tribus igitur consistit [existit] exercitium sacrae scripturae: circa lectionem...*
See: Verbum abbreviatum fecit Dominus...Si enim Verbum...

2675. *In tumidis antea mortuis aut moriturus...*
See: Philosophus in sexto libro Animalium...In cunctis quidem mortuis...

2676. *In unione doloris tui qui causam doloris mei assumpsisti...*
Bernardus Claraevallensis (?) (a private confession formula),
Ms: Basel, Univ. B.VIII.4 f.36
Printed: PL 183, 773-774

2677. *In universale primo quaedam recitabo circa virtutes et vitia et secundo ad particularia declarabo...*
[Short tractate on virtues and vices]
Ms: Troyes 1959

2678. *In verbis propositis ostendit Christus...*
See: Si vis ad vitam ingredi... In verbis propositis...

2679. *In verbus istis [or propositis] Spiritus Sanctus circa divina precepta...*
See: Audi Israel precepta Domini...In verbis propositis...

2680. *In vitis Patrum: De periculo impediente pacem. Legitur de...*
See: Legitur de Sancto Apollonio...

2681. *Inanis gloria est...*
Mortalia peccata cum prologo
Ms: In lost MS 3707 of St. Martin's Priory, Dover (James, *Ancient Libraries*, 484)
Cf: following entry

2682. *Inanis gloria est immoderatus animi motus quo...*
Trac. de septem vitiis
Ms: Cambridge, Emmanuel 1.4.4 f.110
Cf: preceding entry

2683. *Incendio domus mea corruerat...*
Hildebertus Cenomanensis, *Liber de querimonia et conflictu carnis et spiritus seu animae*
Mss: Cambrai 211 (206); Paris, BN lat. 2595 f.41; 2908 f.1-12; 14867 f.1; 17468 f.52; Troyes 787
Printed: PL 171, 989-1004 [possibly the work which Trithemius catalogues as 'De miseria huius vitae.']

2684. *Incestum faciens corrumpens* [or *deflorans*] *aut homicida...*
[Short poem]
Mss: Paris, BN n.a. lat. 492 f.191; Valenciennes 212

2685. *Incipientem doctus interrogas...*
See: Insipientem doctus interrogas...

2686. *Incipientem doctus interrogas...*
Hugo de Sancto Victore, *De oblivione malorum preteritorum et memoria et ira* or *De peccatorum dolore*
Mss: Cambridge, Univ. Gg.1.30 f.228-229; Ii.6.30 f.117-119; Oxford, Merton 13; Oxford, St. John's 77; Paris Mazarine 738 (953); Paris, BN lat. 2532; 6785; 14294; Wien, Nat. 1026 (B.Hauréau, *Les oeuvres de Hughes de Saint-Victor* 209-210)
Printed: PL 177,509 seq.

2687. *Incipientes aliquid breve excipere de his quae continentur in summa de virtutibus primo...*(variant)
See: Cupientes aliquid breve excipere de his...

2688. *Incipientibus edificare quaerendus est locus fundamenti, ne superpositi...* (Lib. 1, cap. 1)
Hugo de Folieto, *De claustro animae*
See: Rogasti nos, frater amantissime, quatenus aliqua remedia...

2689. *Incipimus perscrutari, Deo auxiliante, de virtutibus per viam...*
Ps.-Joachim de Floris, *De virtutibus*
Ms: Vaticana, Vat. lat. 4860 f.7-35 (Stegmüller RB 4057)

2690. *Incipit bona et utilis tabula fidei christiane in qua continentur sub breuibus...*
Tabula fidei christiane
Ms: Basel, Univ. B.IV.28 f. 7-10; B.V.32 f.82-85; B.VIII.32 f.144; Klosterneuburg 417 f.80-81; Wien, Nat. 4964
Cf. Bona et utilis tabula fidei christiana... Hic incipit bona et utilis...In hac tabula continentur primo septem virtutes...Primo septem virtutes principales sunt...

2691. *Incipit disputacio philosophi secundi contra Adrianum imperatorem. Secundus philosophus hic omni tempore philosophatus silencium conseruans...*
Dicta secundi philosophi; Collection of *Exempla*
Mss: Paris, Arsenal 815; Paris, BN lat. 3359 f.70; 10359; 16110; 16490; Wrocław, Uniw. Rehd. 459; Würzburg, Univ. M. p. th. f.14 (A. Hilka in *Jahresbericht der Schles. Gesells. Vaterl. Kultur* [Breslau 1910] 8 seq.; Welter 287 seq.)
Printed: W. Suchier, *Altercatio Hadriani* (Urbana 1939) 152-159

2692. *Incipit dyalogus mundi de fuga mundi...*
See: Immundum mundum fili...

2693. *Incipit inventum quod fert proverbia centum...*
[100 proverbs]
Ms: Avranches 19; Douai 882

2694. *Incipit ista ars consilii. Cum sit hoc...*
See: Deus propter vestram laudem...Incipit ista...

2695. *Incipit iste tractatus qui continet nouem partes...*
See: Tractatus iste continet nouem partes...

2696. *Incipit libellus paruus in quo de dictis sanctorum et doctorum, et maxime sancte Thome, recollecta sunt quedam communia et grossa pro nouis predicatoribus et*

fratribus simplicibus...
   See: Quia frequenter contingit quod noui predicatores...

2697. **Incipit liber aureus qui Antidotarius animarum dictus est. Non modo doctoribus...**(1485 Incunabulum prol.)
   See: Quoniam in libello de exemplis naturalibus...

2698. **Incipit liber Communiloquium recitans gesta antiquorum...Regna remota justicia non sunt nisi magna...**
   Michael de Massa, O.E.S.A., *De quatuor virtutibus* or *Liber communiloquiorum* (based on Iohannes Guallensis, *Breviloquium*
   See: Regna remota iustitia non sunt nisi magna latrocinia...

2699. **Incipit liber de generibus personarum postulancium...**
   Sic tene...
   See: Sic tene quod subtiliter et astute...

2700. **Incipit liber de obiecto finito et infinito. Quoniam multi sunt...**
   See: Deus, qui est Filius...Incipit liber...

2701. **Incipit liber erudiens qualiter homo per penitenciam et eius partes... In principio narracionis...**
   See: In principio narracionis nostre...

2702. **Incipit liber fabularum quas Esopus grecus homo ingeniosus...Moraliter sic exponit: Hic stultos arguet Esopus...**
   Aesopus moralizatus
   Ms: København, Gl. kgl. S.1978 qu. f.1-55
   Prol: Grecia disciplinarum mater...

2703. **Incipit liber nonus decimus qui Corrector vocatur...**
   See: Hebdomada priori ante initium...

2704. **Incipit liber prouerbiorum. Ante prandium esurire, ante potum sitire...**
   See: Ante prandium esurire, ante potum sitire...

2705. **Incipit liber quem composuit Sedechias propheta et documenta...Quod credens quivis habere debet...**
   Liber de dictis philosophorum
   Ms: Pamplona, Cab. 34 f.64 seq.

2706. **Incipit liber qui dicitur Speculum animarum...**(prol.)
   See: Quisquis hunc librum intelligere voluerit...

2707. **Incipit liber qui est de bono et malo. Cum Christiani dicant...**
   See: Deus vestra bonitate. Incipit liber...

2708. **Incipit liber, qui est de civitate mundi. Civitas est...**
   See: Deus qui in cunctis...Incipit liber...

2709. **Incipit liber scintillarum id est diversarum sententiarum distinctus per lxxxi capitula. Sic dictus eo quod multae scintillae...**
   [Gloss or accessus to *Liber scintillarum*]
   See: Chap. 1: Dominus dicit in Evangelio; Maiorem caritatem...

2710. **Incipit opusculum exemplorum ad predicacionem verbi...**(rubric to main?)
   See: Erat in Tholetana urbe...

2711. **Incipit ortus superbiae...Capitulum primum. Oritur autem superbia...**
   See: Circa quadraginta duas mansiones...

2712. **Incipit prologus confessionum ordine fratrum minorum...**
   Iohannes Rigaldi, O.F.M., *Summa confessariorum*

Ms: Vyssi Brod 106 f.224-226
See: following entry and Sicut dicit beatus Iohannes I Canonice sue...

2713. **Incipit prologus formule confessionum edite a fratre Iohanne...Eminentis devocionis... patri...Berengario...episcopo Tusculanensi...**(variant?)
Ms: Praha, Univ. VI.C.11 (1069) f.213-236
See: preceding entry and Sicut dicit beatus Iohannes I canonice sue...

2714. **Incipit prologus in librum qui vocatur Lacteus liquor...**
See: Sicut veri solis ortus...

2715. **Incipit Promptuarium exemplorum. Exempla de timore Dei. Quidam pater familias...**
See: Quidam pater familias...

2716. **Incipit quadriga virtutum b. Ieronimi, ex arbore virtutum ipsius Senece excerpta...**
De mortalis peccati malicia
Ms: Krakow 2322

2717. **Incipit quedam instruccio penitere volencium... Non veni vocare iustos...**
Tractatus de poenitentia
Ms: Praha, Univ. XIV.F.9 (2580) f.1-14

2718. **Incipit Romanorum hystoria mistice designata de milite, qui ad peregrinandum profectus est...**
Gesta Romanorum
Ms: Praha, Univ. V.C.25 (867) f.67-114; XIV.G.2 (2610) f.90-117

2719. **Incipit summa casuum fratris...**
Burchardus, O.P., *Summa casuum de poenitentia*
Ms: Praha, Univ. IV.E.9 (689) f.1 seq. (Kaeppeli 706)
See: Simonia dicitur heresis non quod ipse actus sit hereticus...

2720. **Incipit summa de baptismo et eius effectu et de aliis sacramentis et casibus baptismi...**
Summa de vitiis et virtutibus
Ms: Metz 149 no.2

2721. **Incipit summa vitiorum de luxuria, que displicet angelis...**
Summa vitiorum et virtutum
Ms: Erfurt, F.164 f.109-145

2722. **Incipit tabula fidei christiane utilis in qua continentur sub brevibus verbis. Primo septem virtutes principales sunt...**
See: Incipit bona et utilis tabula fidei...Primo septem virtutes principales sunt...

2723. **Incipit tractatulus metricus de contemptu mundi et periculis huius mundi et celi gaudiis et penis inferni atque de incarnacione Filii Dei incipit prologus...**
See: Conditor eterne protector cuncti potensque...

2724. **Incipit tractatus breuis et utilis fidei christiane in quo continentur multa bona. Primo septem virtutes principales...**
See: Primo septem virtutes principales sunt...

2725. **Incipit tractatus de modo fugiendi peccatum...**
Compendium viciorum
Ms: Praha, Univ. I.D.32 (172) f.54-59

2726. **Incipit tractatus qui continet novem partes. Prima...**(variant)
See: Tractatus iste continet...

2727. **Incipiunt adaptaciones sermonum in hoc libello contentorum...**(alternate prol. or pref. index)
See: Duplex est abstinentia...

2728. *Incipiunt allegationes et primo de abstinentia. Augustinus in sermone: Ieiunium purgat mentem...*
   Allegationes morales
   Ms: Klagenfurt, Studienbibl. Pap. 83 f.134-136

2729. *Incipiunt decem praecepta Dei omnipotentis. Sapiens est qui scit dampnum suum precavere...*
   See: Sapiens est qui scit dampnum suum...

2730. *Incipiunt decem precepta Domini; qui ea transgreditur...*
   Nota de decem preceptis domini
   Ms: Vyssi Brod 107 f.154

2731. *Incipiunt familiaria exempla que discretus et bonus lector...*
   See: Ad honorem Dei et beate Virginis et saltem pariter...

2732. *Incipiunt interrogationes circa primum preceptum de adoratione creaturarum. Primum cole Deum. Si adorauit creaturam...*
   See: Primum cole Deum. Si adorauit creaturam...

2733. *Incipiunt mores actorum nomine flores...*
   Flores Catonis
   Ms: Paris, BN lat. 15155 f.1 seq.

2734. *Incipiunt quatuor genera virtutum...*
   See: Lapis etenim quadrans aequestrat... Incipiunt quatuor...

2735. *Incipiunt temptaciones demonis temptantis hominem...*
   See: Dyabolus temptans dicit...

2736. *Incipiunt tractatus concordantiae Bibliae distinctae per quinque libros. Primus videlicet agit de his que pertinent ad depravationem...*
   Concordantia Bibliae
   Ms: Durham, Cath. A.III.3

2737. *Inclusa exclusus...*(prol.)
   See: O luce dilectior anima...

2738. *Incudem Symonis fabrilis et antra monetae/ Damnat pestiferas Deus...*
   Petrus Damianus, Versus de symoniacis
   Ms: Klosterneuburg 194 f. 247; (Margareta Lokrantz, Studia latina Stockholmiensia XII [Stockholm 1964]
   Printed: PL 145, 99

2739. *Indicabo tibi, o homo, quid sit bonum, et quid Dominus requirat a te...* (Mich. 6,8). *Quoniam rationalem creaturam Deus ad aeternam beatitudinem obtinendam...*(prol.)
   Dionysius Carthusianus, De arcta via salutis et contemptu mundi
   See: Esto mansuetus ad...Quanto rem aliquam...

2740. *Induite vos armatura...*(Eph. 6,11). *Hec verba sunt scripta...*
   Henricus de Hassia, Speculum ecclesie
   Mss: Troyes 1488; Wien, Nat. 3895; (Roth p.4)

2741. *Induite vos...Hec armatura...*
   See: Dicit Apostolus ad Ephesios VI: Induite vos...

2742. *Indumenta quidem...*
   [Commentary on Plutarch's Liber de virtute et vitio]
   Mss: Cambridge, Corpus Christi 472 p.257; Oxford, Bodl. Hatton 105 f.87; Oxford, Balliol 315 f.67-68
   Prol: Ab hac tantula...

2743. *Ineffabilis misericordia nostri redemptoris...*
    Gualterus (Walter) Hilton, *De consolatione in temptationibus* (Auer 321)
    Variant of Dilecte [michi] in Christo frater...? or Dilecto in Christo fratri salutem... ?

2744. *Inevitabile est quin fiant et utile est ut fiant. Quia...*(gloss)
    See: Super illud in prologo (Apoc. 1.1): De his...Glossa: Inevitabile est...

2745. *Infecta peccatorum materia tenaciter nimis adhaeret visceribus nostris...*
    De remediis peccatorum
    Ms: Trier, Stadtbibl. 796

2746. *Infima vi veto, scandere celsa...*
    See: Superbia. Infima...

2747. *Infimus gradus caritatis...*(variant)
    See: Primus gradus caritatis...

2748. *Infirmitatem contractam per peccatum priorum parentum placuit divine clementie non ex operibus iustitie que fecimus nos sed secundum suam misericordiam curare...*
    [De sacramentis; de septem peccatis mortalibus; de virtutibus; de articulis fidei; de decem praeceptis; de donis Spiritus Sancti; super Pater...]
    Mss: London, BM Burney 356 f.156-167; Roy. 11 A.I n.3

2749. *Inflammatorium penitentie per descriptionem cuiusdam novi mundi...*
    Inflammatorium penitentiae
    Ms: Dijon 221 (183) f.187 seq.

2750. *Informatio simplicium sacerdotum de confessionibus audiendis...*(pref.)
    See: In Dei tabernaculo, id est in sancta ecclesia...

2751. *Infra scripti sunt casus...*
    Qui sunt mittendi ad episcopum pro confessione, et absolutione optinenda
    Ms: London, BM Harl. 2272 f.71

2752. *Ingluvie cogente lupus dum devorat ossa...*
    Alexander Neckam, *Fabulae sex*
    Ms: Paris, BN lat. 2904 f.153-154
    Printed: Du Meril, *Poesies inedites du M.A.* (Paris, 1854)

2753. *Ingluvie rogente lupus dum devorat ossa/ Pars ossa fracti...*
    Alexander Neckam, *Novus Aesopus*
    Ward and Herbert II, 347 seq.
    Cf: Ingluvie cogente lupus...

2754. *Ingredientibus artem theologicam...*(prol.)
    See: Unus est Deus et hoc natura docet...

2755. *Inimicitia est omnium divinarum humanarumque rerum cum mali violentia...*
    [On virtues and vices]
    Ms: Vaticana, Vat. lat. 1741 f.17 seq.

2756. *Iniquitas est solium dedecoris propter principatum concupiscentie...*
    Iohannes Lemovicensis, *Tractatus de mysterio iniquitatis*
    Ms: Troyes 1534; (Glorieux 361c)
    Printed: C. Horvath, *Iohannes Lemovicensis Opera Omnia* (Veszprem 1932)

2757. *Initio, medio ac fini mei tractatus assit gracia sancti spiritus.*
    See: Quoniam in dicendo multi errant...

2758. *Initium mei tractatus sit in nomine Domini...*(pref. epistle)
    Albertanus Brixiensis, *Liber de amore [et dilectione] dei et proximi et aliarum*

rerum et de forma vitae [and *et morum*]
See: Quanto amore quantaque dilectione...

2759. **Initium obedientie est quid precipiatur uelle cognoscere...**
De obedientia
Ms: Cambridge, Corpus Christi 274 f.120

2760. **Initium omnis peccati ex hac radice procedunt...**
Tabula de septem principalibus vitiis
Ms: Cambridge, Trinity B.2.1 f.ii

2761. **Initium omnis peccati superbia...**
De vindictis magnis magnorum peccatorum
Ms: London, BM Roy. 5 E.XIII f.80-82

2762. **Initium sancti evangelii secundum Marcas...**(variant)
See: In illo turbine...

2763. **Initium sapientie timor Domini** (Ps. 110,10)...
Liber scintillarum
Ms: London, BM Roy. 5 A.VIII f.248-255

2764. **Inobediencia. Nescio parere, mihi iussa recuso tenere...**
[Table of seven deadly sins]
Mss: Cambridge, Trinity B.1.9 f.75; London, BM Arundel 52; Oxford, Balliol 227 f.264

2765. **Inquiramus viam rectam...**
[Tractate on penance]
Ms: Wien, Nat. 1606 f.1-8

2766. **Inquirende sunt in confessione...**
See: Preterea ille circumstancie... Inquirende sunt...

2767. **Insignis est figura/ quam adinuenit aries...**
[Poem on misery of this life]
G. E. Klemming, *Cautiones*, pp.22-25

2768. **Inspirante Patre spiritum qui salutem omnium desiderat...**(Prol.) (Lib. 1): **In primis igitur a confessore sumentes exordium scire debemus et diligenter attendere...**
Durandus de Campania, O.F.M., *Summa collectionum pro confessionibus audiendis*
Mss: Paris, BN lat. 3264; Pavia 336 (J. Dietterle in *Zeitschrift für Kirchengeschichte* 27[1906]70-78; 31[1910] 241-248; Michaud-Quantin Index)
Prol. printed in Dietterle, 74-76

2769. **Instabilem reddit, onerat confertque dolorem...**
[Short poem on sin]
Ms: Paris, Mazarine 3875 (593) f.23

2770. **Instabilis munde quia non facis omnia mundi...**
Printed: Joannes de Lamsheim, *Speculum consciencie et novissimorum* (Spire 1496)

2771. **Instantissime rogatus a quibusdam familiaribus meis...**
Iacobus de Jüterbog, *De tentatione et consolatione religiosorum* or *De tentatione novitiorum*
Ms: Wiesbaden 17; (Meier 36-37 n.38)
See: Quomodo autem delectabile...
Unum caput Christum in unitate ecclessie...

2772. *Institutio illa sancta quae fiebat in diebus patrum nostrorum, rectas vias nunquam deseruit...*
    Egbertus Eboracensis (Ps.-Beda), *Salubre antidotum ex scriptis prophetarum* or *De dictis sanctorum patrum* or *Institutio sanctorum patrum de qualitate culparum et de disciplina*
    Mss: Cambridge, Corpus Christi 265 p.37; Montecassino 216; Paris, BN lat. 14869 f.112 seq.; 14993 f.8 seq.; n.a. lat. 352 f.29-35; Vaticana, Palat. lat. 485; 554; Verdun 69 (Teetaert 337-9)
    Printed: PL 89, 443-445; 94, 567-569; Teetaert 337-338
    See: Prol. II to 'De remediis peccatorum paucissima...'
    Prol: Penitentia unius anni qui in pane et aqua...

2773. *Instructionis de bonis operibus fratris Aegidii Mechlerii...*
    Bartholomaeus (Arnoldi) de Usingen, *Libellus de merito bonorum operum*
    Ms: Augsburg, Oct. 106 f.22-43
    Prol: Scribit sanctus Maximus episcopus in sermone de martyribus, pie lector: Nos sine...

2774. *Insuper cum iure scripto et legitima huiusque introducta consuetudine habeatur...*
    De penitentia Rarrenariorum
    Ms: Klagenfurt, Studienbibl. Pap. 128 f.258-259

2775. *Integra fit culpae confessio, mundoque vera...*
    [Short poem on confession]
    Ms: Paris, BN lat. 13468 f.130

2776. *Intellectus bonus omnibus...*(Ps. 110,10). *Queritur utrum ad hoc ut actio moralis...*
    Franciscus de Mayronis, O.F.M., Part of *Moralia*
    Ms: Padova, Anton. 503 (B. Roth, *Franz von Mayronis O.F.M., Franziskanische Forschungen* 3: Werl 1936, 227, 228-29)
    See: Auditu auris audivi te... Quia...

2777. *Intendat caritas vestra, dilectissimi fratres, quod in lectione evangelica...*
    De conversione et penitentia et communione
    Ms: København, Gl kgl. S. 1595 qu. f.54-56

2778. *Intendentes igitur pro communi exhortatione...*
    Henricus de Vrimaria, O.E.S.A., *Tractatus de decem preceptis* (without first Prologue) or *Decem preceptorum tractatus editus pro instructione incipientium*
    Mss: Praha, Univ. XIV.G.2 (2610) f.48-85; Wrocław, Uniw. B.1603 f. 306-324
    See: Audi, Israel, precepta...In verbis propositis...

2779. *Intentio nostra in isto opere est colligere de libris originalium quatuor doctorum et copulare sub compendio dicta eorum: et primo de mortalibus septem peccatis...*
    [Excerpts from Latin Fathers on sins]
    Ms: Durham, Cath. B.IV.42

2780. *Intentio venerabilis viri Fulgentii...*
    Iohannes Redovallensis (Ridewall), O.F.M., *Commentarius super Fulgentium continens picturas virtutum et viciorum*
    Little, *Friars* 171

2781. *Intentionem quatuor euangelistarum...*(Prol.)
    (Cap.1) De remediis contra superbiam. Ad sugillandos igitur superbio fastus...
    Alexander Neckam, *Moralia super evangelia quatuor*
    Ms: Oxford, Lincoln Coll. 79 f.1 seq. (Stegmüller RB 1169)

2782. *Inter alia virtutum et laudum preconia, de sanctissima virgine Cecilia legitur...*(Prol.)
    (Cap. I) Cum per longissima tempora ultra spatium quinque millium annorum...
    Ps.-Bonaventura (Iohannes de Caulibus ?), *Meditationes vitae Christi*

Ms: Cambridge, Corpus Christi 256 f. 88-147 (Glorieux 305 dr)
Printed: Bonaventurae *Op. Omn.* 12 (Parisiis 1868) 510-630

2783. **Inter Babylonem et Ierusalem nulla pax est, sed guerra continua...**
S. Bernardus (?), *Tractatus de conflictu Jerusalem et Babylon*
(Parabola II of *Parabolae* printed PL 183: 757 seq.)
Mss: Amiens, Lescalopier 29; Cambridge, Caius 290 p.9 seq.; Gdansk 1957; Paris, Arsenal 501; Paris, BN lat. 2549 f.162 seq.; 11382 f.51 seq.; 14700 f.124 seq.; 14807; 14968 f.130 seq.; Praha, Univ. VI.A.19 (1031) f.161-162; Wien, Nat. 362
Printed: PL 183, 761-765
Cf: Rex dives et praepotens...(Parabola I)
Rex potens et nobilis...(Parabola V)

2784. **Inter curas et occupationes meas multas et varias...**
Tractatus de vera utili et honesta amicitia
Ms: Würzburg, Univ. M. p. th. f.59 f. 180-191

2785. **Inter has virtutes primo agetur...**(prol.)
See: Circa primum notandum quod hoc nomen...(Chap. 1)

2786. **Inter hesterna et secreta colloquia...**
Fulbertus Carnotensis, episcopus, *De tribus quae sunt necessaria ad profectum christianae religionis*
Printed: PL 141, 196-204
See: Unde inter hesterna et secreta colloquia...
Venerabili patri et domino sibi semper amando Adeodato...

2787. **Inter melliflua sancti psalterii cantica tangens cordam digito psalmista modulatur canens hec inter cetera...**
Iohannes Mycrus (Milk) Lilleshullensis, *Manuale sacerdotis*
Mss: Cambridge, Pembroke Coll. 236; Cambridge, Peterhouse 236 f.1-41; Cambridge, Trinity Coll. B.2.23 f.1-136; B.2.24 f.1-96; Cambridge, Univ. Ff.1.14 f.166-178; London, BM Harley 5306 f. 1-61; Oxford, Bodl. Bodl. 549 (SC 2298) f.121-181; 632 (SC 1957) f. 69-99; Digby 75 f.102-206; Hatton 97; York, Cath. XVI.O.11
Prol: Amico suo carissimo domino Iohanni vicario de A....
Cf. Euangelium est regula sacerdotum...

2788. **Inter multa consilia prudentius et utilius consilium sciat homo eligere...**
[Anon. treatise on temptations of flesh]
Ms: London, BM Sloane 988 f.72-73

2789. **Inter multa quibus se...**
Robertus Gaguinus or Rupertus Gaguinus, *De miseria hominis conditione* or *De miseria conditionis hominis*
(Fabricius, *Bibliotheca Latina Mediae et Infimae Aetatis* [Florentiae 1858] III, 5)

2790. **Inter omnia hominum agnitioni necessaria non est salubrius caritati aut necessitudini nichil expedientius mandatorum altissimi nostri Dei perfecta cognitione...**
Iohannes Kannemann, O.F.M.,
[De decem praeceptis]
Mss: Berlin, Theol lat. fol. 660 f.1 seq.; Theol lat. qu. 41 (Rose 561) f.1-227; Braunschweig 99 f.109-210; Greifswald XVI.E.11; Leipzig 567 f.145-240; Lüneburg, Theol. 4o 61 f.237-319; Magdeburg 12 f.153 seq.; Wrocław, Uniw. I.F.212 f.104-204; Milich. Zaak 17 (9615) f.1-81; (*Franzisk. Studien* 5[1918] 64; L.Meier, *Die Barfüsserschule zu Erfurt* [Münster 1958] 53)
Cf: Circa initium declarationum...

2791. *Inter omnia peccata, quorum proh dolor est diversitas nimia, quatuor sunt genera...*
   See: Descendam igitur et videbo...Inter omnia peccata...

2792. *Inter quedam que frequenter speciem virtutis assumunt...*
   Ps. Bonaventura, *De profectibus religiosorum*
   Ms: Vaticana, Vat. lat. 804 f.279-294

2793. *Inter varios scriptores qui res diversas suis studiis...*
   Prol: Septuagesimum et secundem aetatis...

2794. *Interea vos alloquor, o lepores clericorum...*
   [Sentences from the Fathers]
   Ms: Verdun 30

2795. *Interior homo ait. Agnoscis homo te ipsum. Exterior. Tui mi dilectissima est percunctari...*
   Dialogus de vitiis et virtutibus inter hominem interiorum et exteriorum (3 books)
   Ms: Montecassino 557 bis. O

2796. *Interroganti iuueni quid faciendo ad vitam eternam haberet...*
   Guido de Monte Rocherii, *Manipulus curatorum*, pars III (excerpt)
   [De decem praeceptis, de dotibus]
   Ms: Klosterneuburg 1154 f.245-255
   See: Quoniam secundum quod dicit propheta Malachias...

2797. *Interrogat quomodo debemus agere...*
   S. Paulinus, *Sententia de poenitentia*
   Ms: Paris, BN lat. 2631 A f.37

2798. *Interrogatio. Si quis supra vires...*
   [Work on confession]
   Ms: Metz 486
   See: Abstinentia sive jejunium. Basilius...(Introductory passage)

2799. *Interrogationes in confessione utrum sint faciende a confessore...*
   [On confession]
   Ms: München, Clm 18885 f.181-191

2800. *Intra in cubiculum, ait Christus* (Matth. 6,6)...
   See: Veni in ortum meum, soror...Intra in...

2801. *Intrat in Egyptum cum peccat quis, penitendo...*
   Petrus Lombardus (?), Verses
   Ms: Oxford, New Coll. 107 f.123 seq.

2802. *Intrate portas eius...*(Ps. 99,4)...
   Tractatus de secunda diaeta poenitentiae
   Ms: Praha, Univ. I.E.29 (214) f.150-222
   Cf: Introite portas eius...

2803. *Introduxit me rex in cellam vinariam* (Cant. 2,4)... *Hec sunt verba sponse sancti Johannis in vineis...*
   Hugo de Folieto (?) [Iohannes], *Dicta* [or *Liber de claustro animae*]
   Mss: München, Clm 2295; Paris, BN lat. 15988; Praha, Univ. V.A.7 (798) f.51-54; V.G.21 (973) f.118-120; VII.F.5 (1324) f.97-100; Tours 396 f.46 seq.; 399 A f. 22 seq.; Utrecht, Univ. 248 f.151-152
   Cf: Rogasti nos, frater amantissime, quatenus...

2804. *Introite portas eius in confessione* (Ps. 99,4)...
   [De confessione]
   Ms: Wien, Nat. Ser. n. 3014 f.26-32
   Cf: Introite portas eius...

2805. **Intuere sanctorum patrum virida (?) exempla in quibus vera perfectio...**
De exemplis patrum
Ms: Paris, BN lat. 3575 f.71 seq.

2806. **Invaluit malitia/ iam hora vesparum...**
[Short poem on depravity of world]
Printed: G.E. Klemming, Cautiones, pp.11-12

2807. **Invenio aliam legem in membris meis repugnantem legi mentis mee et captivum me ducentem in legem peccati,** (Rom. 7,23). **Ad evidentiam thematis queri potest utrum lex sit aliquid rationis presertim cum nichil quod est rationis...**
Henricus Harphius (de Herpf), O.F.M., Speculum aureum decem preceptorum Dei
Mss: Nürnberg, Cent. II, 16 f.1-296; Trier, Stadtbibl. 279 f.1-424; (L. Verschueren in Collectanea Neerlandica Franciscana 2 [1931] 356-357)
Printed: Moguntie 1474 (Goff H-39); Norimberge 1481 (Goff H-40); Argentine 1486 (Hain 8525); Basilee 1496 (Goff H-41); Argentinae 1520

2808. **Invidia Judeorum...Ira Brittonum...**
De vitiis gentium or Vitia gentium
Mss: Oxford, Bodl. Bodl. 186 f.123 (SC 2088); Paris, BN lat. 17402 f.117

2809. **Invidus inpugnans desperans non penitensque...**
Peccata in Spiritum Sanctum
Ms: Stockholm, Kungl. Bibl. MS Vu. 1

2810. **Invidus, iratus, elatus, medius, avarus...**
Versus de septem peccatis mortalibus compositi
Ms: Erfurt, Q.40 f.48

2811. **Iohannes, Apoc. 4,2, vidit sedem positam in celo. Sedes in celo posita est Christus...**
Ulricus (Udalricus), abbas Campililiensis (Lilienfeld), Concordantia caritatis
Mss: Lilienfeld 151; München, Clm 12691; 28312 f.197-321; Uppsala C 393 f.40-59; Wien, Nat. 4641 f.1-128 (Stegmüller RB 8276)
See: Noticia huius libri...

2812. **Iohannes Apostolus, evangelista et propheta, Spiritu Sancto repletus...**
See: Ecce draco...Apoc....

2813. **Iohannes Chrisostomus super Mattheum de stella Christi in oriente visa refert...**
Anon. Frater Minor, Liber exemplorum
Ms: Durham, Cath. B.IV.19 (incomplete)
Printed: A. G. Little (British Society of Franciscan Studies 1; Aberdeen 1908)

2814. **Iohannes in Apocalipsi** (13,1). **Vidi bestiam ascendentem de mari...**(variant main)
See: Vidi bestiam ascendentem...Verba sunt...

2815. **Iohannes in canonica sua capitulo primo: Si confitemur peccata nostra...** (variant)
See: Sicut dicit beatus Iohannes prime canonice...

2816. **Iohannes Laniola claro et generoso viro Guidantonio Lambertino...Quanta ea sit virtus...**
See: Quanta ea sit virtus...

2817. **Iosias rex sanctus** [or **sanctus rex**]...
Iocabus de Jüterbog, De officiis et statu ecclesiasticorum or De abusionibus clericorum or De statu ecclesiasticarum personarum
Ms: Wien, Nat. 4225 (Meier 37-39)

2818. **Ipsa autem caritas de caritate nos doceat...**
De caritate
Ms: Paris BN lat. 3007 f.52-55

2819. **Ipsa conditionis humane qualitas...**
Petrus Londonensis (Petrus Blesensis), *Remediarium conversorum* (based on Gregory the Great's *Moralia*) or *Remedia peccatorum*
Mss: Arras 430 (331); Cambridge, Trinity B.2.1 (44) f.2 seq.; Cambridge, Univ. Ff.IV.37 (1280); London BM Roy. 7 A.VII; Oxford Bodl. Laud. misc. 6 f.1 seq.; Paris, Arsenal 408; Paris, Mazarine 686 (436); Paris, BN lat. 3227 f.1-157; Tours 327
Printed (partly): R. Wasselynck in RTAM (1965) 121-132
Prol: Reuerendo Patri Ricardo ecclesie Londonensis episcopo tertio...

2820. **Ira modum nescit, vix friget, vix requiescit...**
De via
Ms: Saint-Omer 115 f.14; (*N. & Ext.*, 31.1, 57-8; Walther IC 9576; Fr. Novati, *Attraverso il medio evo* [Bari 1905] 45--printed 8 verses here)

2821. **Irregularitas est impedimentum provenians diversis de causis...Item nota confessor potest absolvere confitentem ab omnibus...**
On Confession
Ms: Frankfurt am Main, Stadtb. Praed. 170 f.199-207

2822. **Irreparabilis esset humana fragilitas: Morsu peccati tanquam serpentis ore venenata...**
S. Augustinus (?), *De reconciliandis penitentibus*
Mss: Montecassino 173 f.122 seq.; 214 f.93 seq.
Printed: *Bibl. Casin.* IV 174-178

2823. **Isaac sanctis patriarcha olim legitur...**
Iacobus de Jüterbog, *De modo [or arte] curandi vitia*
Mss: Oxford, Bodl. Hamilton 35 f.331 (SC 24465); Laud. misc. 586; (Meier 39-40)

2824. **Isaias dicit...**
Nova summa penitencialis
Ms: Wilhering 101 f.219-226

2825. **Isaias. Secretum meum mihi quod non possum exprimere gloriam salvendum...**
[Moral extracts]
Ms: Paris, BN lat. 14892 f.145 seq.

2826. **Ista bona veniunt illis qui implent decem precepta...**
[A work on the ten commandments]
Ms: Praha, Univ. V.A.23 (814) f.128-129

2827. **Ista debent exigi de poenitente. Quaerere debet sacerdos...**
De confessione
Ms: Paris, BN lat. 14886 f.264 seq.
See: Querere debet sacerdos...

2828. **Ista et his similia solent quaerere aliqui confessores ab his qui volunt eis confiteri...**
De confessione
Ms: Paris, BN lat. 14923 f.35 seq.; 15952 f.93 seq.

2829. **Ista petenda sunt in confessione et primo...**
Tractatus de septem vitiis
Ms: Cambridge, Univ. Ll.I.15 f.155

2830. **Ista scribit Aristoteles VII physicorum...**
See: Bonum anime pretiosum omnibus bonis...Ista scribit Aristoteles...

2831. **Ista sunt inquirenda in confessione...**
Guillelmus de Montibus

[Penitential treatise]
See: Hec sunt de quibus inquisitio facienda est...

2832. **Ista sunt precepta sancti Euangelii in quibus universa lex pendet et prophete** (Matth. 22,40)...
[De decem praeceptis]
Ms: Uppsala, Univ. C 77 f.123-126.

2833. **Ista sunt septem mortalia peccata...**
[Short mnemonic work]
Ms: Cambridge, St. John's Coll. D.8 (83) f.168-174

2834. **Ista sunt verba nostri Salvatoris in quibus...**
See: Si vis vitam ingredi, ...
Ista sunt...

2835. **Ista tria praecepta sunt prima tabulae penitentia ad divinitatem...**
See: Non habebis deos alienos...Ista tria...

2836. **Iste ager cor hominis est...**
See: Diligenter exerce agrum tuum et post edifices...
Sic dicitur Prov. 24,27. Iste ager cor...

2837. **Iste est libellus qui intitulatur Stella clericorum...**(commentary)
See: Architector philosophie...

2838. **Iste est tractatus tractans de modo confitendi...**
De modo confitendi
Ms: Douai 464

2839. **Iste libellus dividitur in tres partes: primo ponit prologum...**
Gisalbertus de Bergamo, O.F.M.,
[Commentary on Cato's Distichs]
Ms: Bologna, Univ. 2458 (1254); Vaticana, Vat. lat. 1520
Pref: Honorabili viro excellentie singularis domino Alberico de Rosate...

2840. **Iste libellus maxime in primis...**(alternate prol.)
See: Dominus dicit in Evangelio: Maiorem caritatem...

2841. **Iste libellus qui intitulatur Stella clericorum...**
See: Architector philosophie...

2842. **Iste liber cuius est ius canonicum a sanctis patribus institutum, prima sui diuisione...**
See: Omnem scientiam et doctrinam...

2843. **Iste liber cuius subiectum est informatio clericorum in vita et honestate, ut patebit...**
See: Quasi Stella matutina...Iste liber...

2844. **Iste liber distinguitur in quatuor distinctiones...**
See: Cum animadverterem... Iste liber distinguitur...

2845. **Iste liber diuiditur in quinque tractatus: primus tractatus est de sacramentis ecclesie et continet XI capitula...De sacramento dantur quatuor diffinitiones...**
Thomas de Clivis
[De sacramentis, de praeceptis, de virtutibus, de articulis fidei, super Pater, de vitiis]
Mss: Klosterneuburg 194 f.141-170; 804 f.110-149; Trento, Com. 1788 f.1-20; Wien, Schott. 290 f.107-133 (Stegmüller RB 7256,3 who attributes it to Ricardus Anglicus)
See: Preceptum est imperium faciendi... Primum preceptum tres habet clausulas...Cum hec oratio... (Excursus on Pater noster 8136)

2846. *Iste liber dividitur in quatuor distinctiones*...(variant)
    See: Cum animadverterem quam plurimos homines...
    Cum animadverterem: Materia istius libri...

2847. *Iste liber est qui docet vivere perfecte*...
    S. Edmundus, *Speculum*
    See: Videte inquit ad quid vocatis estis. Ista verba Apostoli...

2848. *Iste liber, qui de lumine anime, compilatus et a Papa Ioanne*...
    Lumen animae (recensio C)
    Ms: Lilienfeld 127 f.1-34 (A.F.P. 41[1971] 102)
    See: Philosophus in sexto libro animalium dicit: In cunctis...

2849. *Iste liber qui Destructorium viciorum nuncupatur octo partes continet principales in quarum prima tractatur de peccato in communi*...(prol.)
    See: Omne peccatum ut dicit beatus Augustinus...

2850. *Iste liber Senece Virtutum intitulatur*...
    See: Scribitur Politicorum VII...Iste liber Senece...

2851. *Iste liber tractat de decem preceptis Domini*...
    Decem precepta Domini in scola trigoniensi
    (Expositio super decametrum 'Qui non transcendit')
    Ms: Budapest, Orsz. Szech. Kön. 410 f.127-138
    Cf: Qui non transcendit...

2852. *Iste mundus/ furibundus/ falsa prestet gaudia*...
    Walther IC 9623

2853. *Iste omnis fructus, ut auferatur peccatum*(Is. 27,9). *Iuxta conceptum et petitionem ejus cujus rogatu*...
    See: Qui conuerti fecerit peccatorem...In his verbis gloriosus...

2854. *Iste tractatus qui est de viciis continet*...(variant)
    See: Tractatus iste continet...

2855. *Istis infaustis deibus in quibus habundavit*...
    Magister Iacobus, *De statu et modo vivendi securiori in hac vita*
    Ms: København, Gl. kgl. S.75 fol. f.29-30; Gl kgl. S.1376 qu. f.1-16

2856. *Istis meditationibus iuvatur patientia. Primum attendendum est quanta insania sit de vesano homine conqueri*...
    Guillelmus Parisiensis (de Alvernia), *De laudibus patientiae*
    Ms: Troyes 1236; (N. Valois, *Guillaume d'Auvergne* [Paris 1880] 178-9; Glorieux 141 e)

2857. *Istud est speculum clarum nobile* [or *speculum nobile et pretiosum*, or *speculum est clarum nobile*] *ipsorum sacerdotum*...
    Hermannus de Schildesche (de Westfalia), O.E.S.A., *Speculum sacerdotum* or *Speculum clericorum*
    Mss: Budapest, Orsz. Szech. Kön 155 f.187-191; Klagenfurt. Studienbibl. Pap. 157 f.75-80; München, Clm 5878 f.19 seq.; Praha, Univ. I.G.13 (289) f.156-164; Trier, Stadtbibl. 763; Vyssi Brod 97 f. 88-94; Wilhering 92 f.206-214; (Zumkeller MWA 391 and 391n)
    Cf: Materia baptismi debet esse...

2858. *Istud speculum sacerdotum est compilatum per venerabilem*...*Bertholdi episcopi Argentinensis*...(ded. epis.)
    Iohannes de Schaftholzheim
    Dedicated to Berthold de Bucheck of the Speculum Sacerdotum of Hermannus de Schildesch (Zumkeller MWA 581)
    See: Materia baptismi debet esse aqua pura ...

2859. **Istum librum pro honore Dei et aedificatione legentium studiose concepit magister Henricus...In quo plura puncta quae vel ad propriorum defectuum cognitionem...**(prol.)
See: Quia multa praedicabilia pulchra et utilia...

2860. **Itaque non debet confessor...**
Quomodo debet se habere confessor interrogando confitentem
Ms: Wien, Schott. 174 f.270-272

2861. **Ite, ostendite vos sacerdotibus** (Luc. 17,14): **verba sunt eterne veritatis...**
De confessione maxime religiosorum
Ms: Stockholm, Kgl. Bibl. A.211 (from Erfurt) f.195-206 (Lehmann II, 17-18)
Rubr: In nomine Domini nostri Iesu Cristi incipit tractatus de confessione maxime religiosorum. Succurre, Criste, et sancte Ieronime.

2862. **Item nota quod octo sunt species turpitudinis quas...**
See: Octo sunt species turpitudinis quas...

2863. **Item omnia peccata quae homo...**
Notabile de peccato luxuriae
Ms: Schlägl 135 f.288-289

2864. **Item penitentias secundum antiquorum consuetudines arbitratorias pro qualibet culpa imponendas. Nota quod ipse Iohannes in sua summa docet...**
[On penance]
Ms: Klagenfurt, Studienbibl. Pap. 101 f.266 seq.

2865. **Item septem sunt vicia loquendi...**
Ms: Wilhering 78 f.124

2866. **Item septem sunt virtutes principales de quibus tres virtutes...**
Tractatus de septem viciis capitalibus
Ms: Cambridge, Univ. Gg.4.10 f.29-38
See: Septem sunt virtutes principales...

2867. **Item septem virtutes contrarie peccatis mortalibus...**
Ms: Trebon, Arch. A 17 f.133

2868. **Item sive gratia...**
See: Sine gratia gratum faciente nullus est Deo gratus. Item sive...

2869. **Item temperantia regit homo se ipsum...**(Chap. 1)
'De Temperantia' of Tractatus de quatuor virtutibus cardinalibus
Ms: Durham, Cath. B.IV.35
Prol: Dicto de prudentia quae prima est...(prol.)

2870. **Iubeo finiae soluamus vota libello/ Deo! qui cum plano deduxit ad littora nelo./ Hinc tamen o vates sertum concede poete./ Qui facili zephiro de littore sulcat ad littus...**
Ms: Roma, Casanatense 3908 f.54

2871. **Iudex humani generis...**
De miseria
Ms: Wien, Nat. 3359 f.163

2872. **Iudica me, Deus...A Deo, qui scrutator est cordium et renum, volo iudicari; non ab homine...**
Ricardus Rolle de Hampole, Judica me, Deus or De penitentia et confessione
Mss: London, BM Burney 356 f.126-159; 359 f.1-38; London, BM Roy. 8 F.VII
(Allen, 93 seq. for other incipits)

2873. **Iudices et magistros constitues in omnibus portis tuis...**(Deut. 16, 18) **Quia dictum est de delictis et penis deliquentium, dicendum est de iudicibus...**
Petrus Quesnel, Directorium Juris (Lib. IV)
See: Si quis ignorat, ignorabitur...

2874. *Iudicis in lite brevis, id est vox ite venite...*
Hain 9845 f.7; Goff I-31
Printed: Iohannes de Lamsheim, *Speculum consciencie et novissimorum* (Spire 1496), f.6

2875. *Iulius Silvius dicit quod aquila quae acuti luminis dicetur...*
[Bestiary]
Ms: Oxford, Merton 68 f.6 seq.

2876. *Iura civilia et canonica dictaque doctorum...*
Augustinus de Ancona, *Quaestio: Utrum iudex peccet condemnando ad mortem quem in casu scit innocentem, si probatum est coram eo ipso fore nocentem*
Ms: Berlin, Theol fol. 194 f.159-160 (Rose 564) (B. Ministeri, *De vita et operibus Augustini de Ancona* [Roma 1953] p.91)

2877. *Iussio consilium consensus palpo recursus* [or *retrorsus*]...
Novem peccata aliena or *De novem peccatibus mortalibus*
Mss: München, Clm 6038; 9620; 15324; Paris, BN lat. 15005 f.78 seq.; Praha, Metr. Kap. M.127 (1488); O.41 (1625); O.56 (1640); Stockholm, Kgl. Bibl. MS. Vu. 1 (Walther IC 9990)

2878. *Iussio implendo mala...*
See: Novem aliena peccata. Iussio implendo mala...

2879. *Iuste iudicate, filii hominum et nolite iudicare* (Ps. 57,2)...
De caritate
Ms: Charleville 47

2880. *Iustitia, fortitudo...*
[Short work on 4 cardinal virtues]
Ms: Firenze, Laur. Plut. XXXIII, 31 f.46

2881. *Iustitia que est via ad regnum, ut supra dictum est in duobus...Peccatum vitandum est...*(Part 1)
Iohannes Gallensis, O.F.M., *Summa justiciae* or *Tractatus de septem vitiis* or *De vitiis ex Parisiensi confectus liber* (Exeter 7) (Recension I--long version)
Mss: Cambridge, Jesus Q.B.19 f.1; Cambridge, Peterhouse 238 f.3; Cambridge, Univ. Ff.3.24 f. 1-116; London, BM Harl. 632 f.168 seq.; Sloane 985; Oxford, Exeter 7; Oxford, Lincoln Coll. 105; (Glorieux 322 g; Doucet 552; Thomson 263-5)
Prol: Summa justiciae Christi fidelium est...
See: (Recensio II) Quia iusticia fidelium est declinare...

2882. *Iustius invidia nihil est que protinus ipsum/ actorem...*
[Poem on envy]
Ms: Leipzig, Univ. 214 f.38

2883. *Iustum est valde et consonem rationi...*
Iohannes de Deo, *De summa vel gradibus virtutum*
Ms: Wien, Nat. 4415 f.212-241

2884. *Iustus. Convertere ad Dominum Deum tuum, quoniam corruisti in iniquitate tua.* (Os. 14,2)
Quum peccatum sit aversio ac recessus...(prol.)
See: Senior: Audi, fili mi, disciplinam...

2885. *Iustus cor suum tradidit ad vigilandum diluculo...*(Eccli. 39,6)...
Unde clamat Apostolus: Hora est iam de sompno surgere; sed quidam differunt...
Robertus de Sorbonio, *De tribus dietis*
(Glorieux 159 e)
Printed: *Maxima Bibl. Patrum*, Lugduni 1677, 25, 358-262; F. Chambon (Paris

1903) 35-61
Variant: Dum medium silencium...Dei filius visitauit nos... Ne descendas in Egyptum...Verba sunt Domini ad Isaac...Querite Dominum dum inveniri potest...In gallico dicitur...Querite Dominum dum inveniri potest...Isaias propheta...Querite Dominum dum prope est...In gallico dicitur...(Paraphrase) Vias tuas, Domine, demonstra... Quilibet dicunt...

2886. **Iuvenis quicunque est ostendat...**
Moralis instructio consolativa
Ms: London, BM add. 16608 f. 140

2887. **Iuvenis stans in timore et parentum in honore...**
Iohannes dictus poeta, *Quinquaginta proverbialia philosophorum et sapientum quondam huius modi in figuris ordinata*
Ms: Basel, Univ. B.IV.28 f.3; Klagenfurt, Studienbibl. Pap. 49 f.88-89 (Walther IC 10030)

2888. **Iuvenis volens salubriter confiteri...**
De modo confitendi
Mss: Paris, Arsenal 383; Trier, Stadtbibl. 2084 (1583)

2889. **Labescentis tam immundi...**
Walther IC 10056
See: Tabescentis...

2890. **Labia sacerdotis custodiunt scientiam** (Mal. 2,7)...
Henricus Merseburgensis, *Summa*
Ms: München, Clm 28216 f.1-107
Cf: following entries

2891. **Labia sacerdotis custodiunt scientiam** (Mal. 2,7)...**Cum summam Heinrici...**
Henricus de Barboy, *Summa pro utilitate confessorum* or *Casus utiles in foro consciencie* (based on Henricus Merseburgensis's *Summa*, which possibly has same incipit)
Mss: München, Clm 12011; Praha, Univ. XI. E.2 (2049) f.26-113; Sankt Gallen 689; Wien, Nat. Ser. n. 3611 f. 69-109 (attrib. in MS to 'Gotzo', called *summa pauperis*. Cat. identifies as "canonistic" work); Würzburg, Univ. M. ch. q.23 f.119-250 (Schulte II 535)
Cf: preceding entry

2892. **Labia sacerdotis custodiunt scientiam** (Mal. 2,7)...**Sacerdos quippe...**
Henricus Merseburgensis, *Super canones penitentiales* or *Speculum ecclesie*
Mss: Basel, Univ. A V 26 f.1-31; Linz 509 (372) (imperf.)
Cf: preceding entries

2893. **Labor alius carnis, alius compunctionis, alius caritatis; labor carnis est onerosus...**
[Tractate on triple labor]
Ms: Vaticana, Vat. lat. 677 f.159 seq.

2894. **Lacrymae lavant delictum...**
De poenitentiis
Ms: Wien, Nat. 1606

2895. **Laetare...**
See: Letare

2896. **Laetetur...**
See: Letetur

2897. **Laetitia...**
See: Letitia...

LIST OF INCIPITS

2898. **Lapis etenim quadrans aequestrat quocumque latere versus fuerit...Incipiunt quatuor genera virtutum...**
[On four cardinal virtues]
Ms: Firenze, Laur. S. Croce Plut. XXII dext. 5 f.141

2899. **Laus honor, O Christe, tua gloria...**(pref. invocation)
See: Suscipe viuendi doctrinam proficiendi...

2900. **Lavabo per singulas noctes lectum meum** (Ps. 6,7). *Et est sensus istorum verborum secundum Augustinum...*
Nicolaus de Dinkelsbühl, *De praeceptis decalogi* (Excerpt)
Ms: München, Clm 14108 f.181-185 (Madre 173)
See: Preter precepta legis...

2901. **Lavamini et mundi estote...**(Is. 1,16). *Propheta ad litteram dat Iudeis...*
Thomas Ebendorfer de Haselbach, *Tractatus de peccatis cogitationum*(?)
Ms: Seitenstetten 261 f.264-281

2902. **Lavamini, mundi estote** (Is. 1,16). *Ex quo nos sacerdotes* [or **predicatores**] *omnino non communem...*(prol.) (Text) **Lavamini mundi estote...Ubi primum sciendum...**
Iacobus Gruytroede, *Lavacrum conscientiae sacerdotum*
Mss: Heidelberg, Univ. Salem 8, 90; München, Clm 3786 f.30-53; 28396 f.17-85; 28489 f.1-108; New York, Pierpont Morgan Lib. 629 f.94-160; Trier, Stadtbibl. 678; (Meier 84)

2903. **Lavamini, mundi estote** (Is. 1,16). *Ubi primum sciendum...*
See: Lavamini, mundi estote (Is. 1,16) Ex quo nos...

2904. **Lector quisquis es libellum legens flagitote...**
Defensor Locociagensis, *Prologus in libro scintillarum*
(H. M. Rochais in *Rev. Ben.* 59[1949] 137-156)
Printed: CC 117 p. XXXIII-XXXV
See: Dominus dicit in Evangelio: Maiorem caritatem...

2905. **Legem pone michi, Domine, viam iustificationum tuarum** (Ps. 118,33). **Quia omne tortuosum ad regulam aliquam rectam dirigitur et nichil...**
Aldobrandinus de Tuscanella, O.P., *Opus decem preceptorum* or *Tractatus de decem preceptis* (Sermones 29)
Ms: Kaeppeli 136
See: Legem pone michi...Loquitur...(Sermones 2-29)

2906. **Legem pone michi, Domine, viam iustificationum tuarum** (Ps. 118,33). **Loquitur hic propheta dicens: Ex quo legem petivi...**
Aldobrandinus de Tuscanella, O.P., *Tractatus super decem praecepta legis* (Sermones 2-29)
Mss: Klosterneuburg 313 f.232-249
See: Legem pone michi... Quia omne tortuosum...

2907. **Leges erant antiquitus tales. Una erat quod servus de falso...**
[Moralized tales]
Mss: London, BM Harl. 7322; (Ward and Herbert III, 166 seq.)

2908. **Leges meas custodite...**(Lev.19,19). *In verbis propositis precipit dominus fidelibus suis ut custodiant...*
De decem preceptis
Ms: München, Clm 28642 f.65-66

2909. **Leges meas custodite...**(Lev. 19,19). *Loco* (?) *omnium cogor dicere...*
Prologus in precepta decalogi
Ms: Einsiedeln 77, f.146-147
Cf: Serva mandata et vives...

2910. **Legimus in Exodo quod Moyses fecit labrum eneum de speculis mulierum (Ex. 38,8)...**
Albertus de Diessen, *Speculum vel lavacrum sacerdotum* or *Speculum clericorum* or *Stella clericorum*
Mss: München, Clm 3592 f.1 seq.; 4780 f.1-340; 5635; 5668; 5879, f.99 seq.; 6975 f. 138 seq.; 7581; 8332 f.236-323; 11459 f.121-237; 11713; 11740; 12276 f.52 seq.; 14371 f.1-105; 15324 f.84-145; 15562; 17661 b f.106-161; 18367 f.213-304 (codex autographus ?); 19601 f.220-234; 23800 f.80-152; Trento, Com. 1578; Windsheim 93 (27) f.147-239.

2911. **Legimus in libro Iudicum quod Iudas patriarcha et Simon pugnaverunt contra Adonibezeh...**
De confessione (possibly a sermon)
Ms: Paris, BN lat. 16502 f.82 seq.

2912. **Legimus quod Nabuchodonozor rex Danielem prophetam cepit et misit eum in carcerem...**
Tractatus de conflictu vitiorum et virtutum
Ms: Praha, Metr. Kap. C 39, 2 f.64-70

2913. **Legimus Sapientie super (?) [hoc?] consilium: Prudentiae tuae pone modum (Prov. 23,4). Cum autem prudencia sit...**
Iohannes Mandwith, *Tractatus de doctrina theologica*
Ms: Salisbury 167 f.18-73

2914. **Legitur de Sancto Apollonio, quod cum quadam vice...**
Ms: Oxford, Univ. Coll. 67 f.122 seq.

2915. **Legitur ibidem: Ego sum Dominus...Ad illius mandati...**
See: Non adorabis...Legitur ibidem...

2916. **Legitur in Ecclesiastico (21,2): Quasi a facie colubri fuge peccata. Bene equidem peccatum serpenti...(prol.)**
See: Peccatum est duplex...

2917. **Legitur in fabulis quod quidam lupus intravit villam...**
See: Fabula qualiter lupus sit confessus. Legitur in fabulis quod...

2918. **Legitur in Genesi IIIo (14) quod dominus dixit ad serpentem...**
Biblia Pauperum
Ms: Schlägl 27 f.83-87

2919. **Legitur in libro Num. quod Moises dixit...**
De penitentia
Ms: Herzogenburg 30 f.287-296

2920. **Legitur in quadam tragedia Senecae quod quidam vidit visionem...**
Simon de Vallevirenti, *Sertum florum moralium* (1346)
Ms: Bern 410 f.1-71

2921. **Legitur in vita S. Cuthberti...**
See: De abstinentia. Legitur...

2922. **Legitur in vitas Patrum quod quidam...**
See: De abstinentia. Legitur...

2923. **Legitur in vitis Patrum...**
See: De superbia et presumpcione...

2924. **Legitur libro de donis titulo IV, prime partis capitulo 8...**
See: Abstinentia. Abstinendum est a carnalibus...

2925. **Legitur primo Machabeorum...**
Historiae moralisatae
Ms: Praha, Univ. IV.A.26 (602) f.84-94; XII.A.11 (2088) f.4-8

2926. *Legitur quod in Egypto est quidam fons...*
De novem fontium virtutibus
Ms: London, BM Add. 22553 f.143

2927. *Legitur quod in quadam insula maris...*
Gesta romanorum
Ms: København, Gl. kgl. S. 2082 qu. f.1-84

2928. *Legitur quod quidam rex civitatem fecit, desiderans subditos sibi in illa iocunde vivere...*
[A parable]
Ms: Tours 405 f.146 seq.

2929. *Legitur quod, ubi maius periculum imminet, ibi cautius est agendum...*
Armandus de Buseria, *Via salutis*
Ms: Venezia, Marc. lat. III. 12 (Valentinelli VII, 31)

2930. *Legitur XLVII d.c. quod ad nos attinet conscientiae nostrae convenit dare operam...*
Gaufridus de Grimovilla, *Speculum sacerdotum*
Ms: Paris, BN lat. 13473 f.1 seq.

2931. *Legum conditores iusti decernunt* (Prov. 8,15). *Quare liberum arbitrium hominis ex quo opera humana proveniunt non est determinatum...*
[De decem praeceptis]
Ms: Harburg, II, 1, Fol. 166 f.129-139

2932. *Leo fortissimus bestiarum ad nullius pauebit occursum. Bestiarum vocabulum...*
[Bestiary]
Mss: Cambridge, Caius 109 f.110-121; Cambridge, St. John's A.15 (15) f.134-143 (unfinished); C.12 (62) f.12-22; Douai 711; Oxford, St. John's 178; Paris, Mazarine 742 (1115); Paris, BN lat. 3630 f.75 seq.; 11207 f.1 seq.

2933. *Leo habet tres naturas et tres figuras...*
[Selections from *Physiologus*]
Ms: Vaticana, Borgh. lat. 160 f.191-197
Cf: Tres leo naturas, tres habet inde figuras...

2934. *Letare filia Sion...*(Zach. 2,10) *Haec verba dixit Dominus...*
Confessionale or Summa de poenitentia or Speculum confessionis or Modus confitendi
Mss: Budapest, Eg. Kön. 73 f.356-389; Frankfurt am Main, Leonhardstift f.137-144; Praha, Univ. V.G.13 (965) f.144-171; Wien, Nat. 3617 (Schulte II 530)

2935. *Letetur querencium Dominum* (Ps. 104, 3), *quia ipse tanquam sponsus...* (epilogue)
[Fictitious bulls by Laetitia, Sobrietas and Discretio]
Ms: Paris, BN lat. 8174 f. 41 seq.
See following entry

2936. *Letitia, Dei permissione, regina consolationis, magistra musicae et domina voluptatis...*
[Fictitious bulls by Laetitia, Sobrietas, and Discretio]
Ms: Paris, BN lat. 8174 f.41 seq.
See preceding entry

2937. *Levavi oculos meos in montes...*(Ps. 120,1). *Hoc namque Psalmistae versu placuit ad te praefari...*(pref.)
Sicco Polentonus, *Liber confessionis christianae*
Mss: London, BM Add. 14809; Padova Ant. 565

2938. *Lex enim data...*
See: Plenitudo legis est dilectio...Lex enim data...

2939. *Lex fuit quod filii potentis...*
   [Moralizations on Seneca]
   Ms: London, BM Add. 21429 f.68 seq.

2940. *Lex. Homo potest servare legum seu verba legis, non obstante, quod sic eam servans peccat mortaliter...*(Book II)
   See: Absolutio. Tibi dabo claves...Potestas ista non erat...(Book I)

2941. *Libellum de miseria humana, reverendissime pater, tuae dignationi nuper dicatum...*
   Benedictus Morandus (de Bologna), *De felicitate humana*
   Ms: Vaticana, Urb. lat. 1245 f.1-32
   Prol: I liber illustri patrem de gente sabella...

2942. *Libellum de octo vitiis principalibus...*
   De vitiis
   Ms: Troyes 1349. Part of Rabanus Maurus (?) *De octo vitiis principalibus* and printed in his *Opera* (Cologne 1626) VI 125 seq., but with different preface; this preface printed, however, in Jacobus Basuage, *Thesaurus monumentorum ecclesiasticorum et historicorum sive Henrici Canisii lectiones antiquae...* (Antwerp 1725) II Part 2, p.88 and in edition of Canisius, *Antiquae lectionis* (Ingolstatt 1601-1608) V 232.

2943. *Libellus iste continet quedam que assumpta sunt de quodam libro qui dicitur de regimine principum...*
   Sententia est politicorum quod quedam regimina sunt annualia, id est ad certum tempus...
   Bartholomaeus de S. Concordio Pisanus, O.P., *Compendium philosophiae moralis*
   Kaepeli 446
   Cf. (?): Clamat politicorum sententia...

2944. *Libellus iste de penitencia tres habet tractatus...*
   See: Habent Moysen et prophetas...

2945. *Libellus iste diuiditur in quatuor partes principales. In prima parte determinatur de agendis et fugiendis...*
   See: In tabulis binis...Incipit expositio super versus...

2946. *Liber de humilitate. Viri gloriosi humilitatis gratia Deo placuerunt. Unde narrat Gregorius...*
   [Treatise on virties and vices]
   Liber de humilitate
   Ms: Cambrai 174 (169) f.1-135

2947. *Liber domini Albuini heremite de virtutibus ad Arnaldum Parisiensem canonicum. Albuinus, presbyter indignus, non in facto portans nomen heremite...* (prol.)
   See: Scio vere multum esse...
   Pref. Verses: Sic rogo paxillum...

2948. *Liber hic Corrector vocatur et Medicus...*
   (Rub. in PL 140,949)
   See: Hebdomada priori ante initium quadragesimae...

2949. *Liber iste cuius lectioni insistimus dicitur apocryphus...*
   Glossae in Catonem
   Ms: Paris, BN lat. 1862, f.83 seq.
   Printed: Emil Baehrens *Poetae latini minores* (Leipzig 1879-1883) III 214 seq.

2950. *Liber iste quem habemus pre manibus Summa Raimundi appellatur...*
   [Commentary on *Summula de Summa Raymundi*]
   Ms: Klagenfurt, Studienbibl. Pap. 80 f.128-184
   See: Summula de Summa Raymundi...

2951. *Librum scribas mihi ipse...hic possunt notari multa bona...*
See: Librum scribat mihi ipse qui iudicat...Hic notanda sunt quinque...

2952. *Librum scribat mihi ipse qui iudicat* (Iob 31,35). **Bonitatem et disciplinam et scientiam...**(Ps. 118,56): *Verba ultima proposita scripta sunt in Ps.*
[Paraphrase to Robertus de Sorbonio's *De conscientia*]
Mss: See F. Chambon, *Robert de Sorbon, De conscientia*...XX (Paris 1902) p. XVI (Glorieux 159 m). Add: Bruxelles, BR 20931 (cat. 1616) f.32-37; Paris, BN lat. 14883 f.204-206
See: Verbum scribat...Bonitatem et...
Cf: Librum scribat...Hic notanda sunt...

2953. *Librum scribat mihi ipse qui iudicat* (Iob 31,35). **Hic notanda sunt quinque; primum est quis est iste liber...**(Redaction B)
Robertus de Sorbonio, *De conscientia* or *De foro conscientiae*
Mss: See Chambon (Glorieux 159 d). Add: Liege, Sem. 6 N 15 f.204-210.
Printed: *Max. Bibl. Vet. Patrum* (Lugduni 1677) 25,358-362; F. Chambon, *Robert de Sorbon, De conscientia...* (Paris 1902)
See: Spiritus sanctus per Iob: Librum scribat mihi ipse...(red. A) Verbum scribat...Hic notanda sunt...
Paraphr: Librum scribat...Bonitatem et disciplinam... Librum scribat...
Notandum quod qui volunt...Librum scribat...Verbum est Iob loquentis...

2954. *Librum scribat mihi ipse qui iudicat* (Iob 31,35). **Notandum quod qui volunt ad eterna gaudia peruenire...**
[Paraphrase to Robertus de Sorbonio's *De conscientia* F. Chambon p. XVIGlorieux 159 m]
Cf: Librum scribat...Hic notanda sunt...

2955. *Librum scribat mihi ipse qui iudicat* (Iob 31,35). **Verbum est Iob loquentis ad Dominum. Et possunt notare quatuor...**
[Paraphrase to Robertus de Sorbonio's *De conscientia* F. Chambon p. XVI; Glorieux 159 m]
Cf. Librum scribat...Hic notanda sunt...

2956. *Licet cunctorum poetarum carmina ingenium nostrum lustrent semper aliquando deliberans hoc opusculum...*
De miseriis hominis or *Libellus Senece de remediis fortuitorum*
Mss: Bruxelles, BR 4820-25 (cat. 1110) f. 99-100; Olomouc, Univ. M I 270 f.228-231

2957. *Licet doctores iuris canonici Raymundus, Gaufridus...*(introductory table)
See: Saluti animarum et proximorum utilitati...

2958. *Licet in priori tractatulo...*
See: Cum vani sint omnes homines... Licet in priori...

2959. *Licet multa dampnanda secuntur...*
Tractatulus de confessione bonus et utilis
Ms: Wilhering, 43 f.72-83; 101 f.81-96

2960. *Licet mundi cunctis vitia* [or *vitia cunctis*] *exorare/ Nam in mundo video...*
[Satirical Goliardic verses]
Ms: Oxford, Bodl. Bodl. 828 f.46, cf. f.229 & 226 (SC 2695); (Walther IC 10311 & 11427)
See: Mundi libet vitia...(variant?)

2961. *Licet salvatoris vita et conversatio tam in sui exordio...*
De contemptu mundi
Ms: Vaticana, Vat. lat. 5109 f.35-49

2962. *Licet usura in bona significacione accipiatur...*
Iacobus of Misa, *Tractatus contra usuram* or *De usura*
Ms: Praha, Univ. III.G.8 (533) f.158-173; V.G.15 (967) f.41-54 and 96-100

2963. *Licet verbum propositum exponatur per Christum...*
See: Semen cecidit in terram bonam...

2964. *Licite dicere potest peccatum extra confessione...*
De sigillo confessionis (from 2nd part of *Summa fratris Astesani, O.F.M*)
Ms: Lilienfeld 110 f.219-222
See: Bonorum laborum gloriosus est fructus...

2965. *Linee iste* [or *exteriores*] *que faciunt quadratum* [or *tempora*]...
Septenarium pictum
Ms: Philadelphia, Free Library M66 f.16a

2966. *Lingua congruit in duo opera naturae scilicet in gustum et in locucionem...*
Iohannes Guallensis (de Wales) (?), *De lingua* (often appended to *De oculo morali*, inc. Si diligenter voluerimus...)
Mss: Oxford, Jesus Coll. 110 f.5 seq.; Oxford, Lincoln Coll. 105 f.47 seq.; Oxford, Magdalen 94; Oxford, Merton 187 f.2 seq.; Oxford, Oriel 20 f.140 seq.; (Thomson 252-3; Welter 178n)

2967. *Lingua mea calamus scribe* (Ps. 44,2). *Cuius scribe Dei scilicet omnipotentis qui velociter scribit cum vero peccatum in cogitatione...*
Albertus Magnus (?), *Tractatus de confessione*
Ms: Paris, Beaux Arts Jean Masson 41 f.1-45

2968. *Lingua paterna sonat, quod ei sapientia donat...*
Philippus de Bergamo(?), *Novus Cato*
Ms: Trebon Arch. C 6 f.104-111; (Walther IC 10340)

2969. *Liquet omnibus etiam simpliciter intelligentibus...*
[On the contrariety of vices]
Ms: London, BM Roy. 8 D.VIII f.75

2970. *Livor alieni boni suum punit auctorem...*
[Poem on virtues and vices]
Ms: Rouen A.592 (670) f.231 seq.

2971. *Locuturus ergo de gradibus humilitatis quos beatus Bernardus non numerandos sed ascendendos proponit...*
S. Bernardus, *De gradibus humilitatis*
See: Rogasti me, frater Godefride, ut ea que...

2972. *Locuturus, carissime, de hiis que ad edificationem claustri materialis pertinent...*
Hugo de Folieto, *De claustro animae* (Lib. 2, Prol.)
See: Rogasti nos, frater amantissime, quatenus...

2973. *Locuturus, reverendissime, de his quae ad edificationem claustri* (prol., Book 2)
See: Incipientibus edificare quaerendus...

2974. *Locuturus sum, carissime, de his que ad edificationem claustri...*(prol., book 2)
See: incipientibus edificare quaerendus...

2975. *Locutus est Dominus ad Moysen, dicens: vir in cujus cute...*(Lev. 13,2). *Per quod intelligi datur...*
Petrus Glesensis, *Liber de penitencia* or *De confessione sacramentali*
Printed: PL 207, 1077-1092
See: Prol: Rogasti me ut tibi aliquid de virtute confessionis...

2976. **Locutus est Dominus cunctos sermones hos...**(Exod. 20,1). *Exponendo decalogum populo simplici...*
Iohannes Huss, *Expositio decalogi trimembris*
Mss: Olomouc, Univ. M.I 34 f.62-75; Praha, Metr. Kap. D 59 (625) f. 133-142; H 10(1064) f.235-251; Praha, Univ. V.F.17 (939) f.216-230 (W. Flajshans, introduction to edition cited below; F.M. Bartos, *Literarni cinnost Mistra Jana Husi* [Praha 1948] n.57; J. Loserth, *Huss und Wicliff* [München-Berlin 1925] 2 ed., p.140-144: *Die Expositio Decalogi des Huss und ihre Wiclifschen Quellen*
Printed: J. Hus, *Expositio decalogi*, ed. W. Flajshans (Prag 1903),(*Opera omnia* I, 1)
Cf: Audi Israel...Sic letabitur...

2977. **Locutus est Dominus cunctos sermones hos** (Exod. 20,1). *Non habebis deos, id est me solum Deum et ponitur non habebis pro non habeas...*
Hugo Iacobita (de sancto Caro), *Distributio decem mandatorum* (from Postilla Hugonis de sancto Caro super Exod. 20,1); ed. Lugduni 1669, I f.87-88)
Ms: Paris, Mazarine 1015 f.173-174

2978. **Longum est per singula hujusmodi vanitatem demonstrare...**(Book 2)
Hugo de Sancto Victore, *De vanitate mundi*
Ms: Paris, BN lat. 15139 f.234 seq.
Printed: PL 176, 711 seq.
See: O munde immunde quare sic dileximus te...(Book 1)

2979. **Loquar in amaritudine...**(Iob. 10,1). *Hec sunt verba Spiritus sancti in Prouerbiis... Ad maiorem eorum que de confessione dicenda sunt notitiam...*
Tractatus de penitentia (with glosses)
Ms: Paris, BN lat. 2145 f.162-165; 179-180

2980. **Loquar secreto anime et amica confabulatione exigam...**
Hugo de Sancto Victore, *Tractatus de arrha anime* or *Soliloquium de arrha animae*
Mss: Basel, Univ. B.VII.10 f.217-225; Cambridge, Caius 312 f.201-210; Cambridge, Pembroke 230 f.149-153; 238 f.2-4; Cambridge, Trinity Coll. 17 f.94-101; Erlangen, Univ. 549 f.307; Wien, Nat. Ser. n. 12907 f. 136-155 (G. Meyer-M. Burckhardt, *Die mittelalterlichen HSS der Universitätbibl. Basel* I [Basel 1960] p.698)
Printed: PL 176, 951-970; K. Müller (Bonn 1913)
Prol: Dilecto fratri G. ceterisque servis Christi...

2981. **Loqui de caritate que fuit in Dei amatrice venerabili domina Dorothea...**
Iohannes Marienwerder, *De caritate*
Ms: Gdansk 1979 f.1-39

2982. **Loquitur Dominus...**
See: Praeparate corda vestra Domino. Verba sunt Samuelis...Loquitur Dominus...

2983. **Lucifer angelus de celo...**
See: Sicut communi re usum est...

2984. **Lucifer, Antiochus, Namroth, Nabugo, Phariseus. superbia...**
[Examples of sins]
Mss: Vaticana, Vat. lat 922 f.148; Worcester, Cath. F.114; (Walther IC 10418)
Cf: Superbia: Lucifer, Antiochus...
Abel virgo, Jesus...

2985. **Lucifer videns de visu...**
De poenitentia
Ms: London, BM Roy. 8 F.VII

2986. **Lumen ad reuelationem gentium** (Luc. 2,32)...
   Andreas Hispanus (de Escobar), O.S.B., *Lumen confessorum*
   Ms: Napoli, Naz. VII.E.75 f.56-60
   Pref.: Omnibus confessoribus ad sciendum necessarie, per me pauperem episcopum Andream Hyspanum...
   See: Lumen confessorum vocatur...

2987. **Lumen confessorum vocatur hec doctrina omnibus penitentiariis et confessoribus ad sciendum necessaria**...(Dedicatio) (Tabula)**: Due sunt partes huius luminis confessorum...** (Tract, i) **Lumen penitentiariorum seu confessorum ad reuelationem gentium et gloriam christianorum, primo inuocando qui illumina ...**
   Andreas Didacus de Escobar, O.S.B., *Lumen confessorum* or *Lumen penitentiariorum*
   Mss: Bamberg, Theol. 101; 211; Cambrai 272; Columbus (U.S.A.), Ohio State Univ. Libr. Lat. 5 (corrected by author); Gdansk 1960; Mar.F.267; Kassel, Theol fol. 160; Klagenfurt, Studienbibl. Pap. 49 f.203-246; Kornik 116 f.358-429; 1371 f.1-19; London, BM Arundel 452 f.223-247; Melk P 49; München, Clm 3712; 5966; 7599; 9760; Paris, Mazarine 1138; Praha, Univ. V.G.13 (965) f.62-142; IX.B.7 (1693) f. 326-372; IX.C.7 (1718) f.101-157; Rouen A 483 (612); Sankt Florian 102 f.44-88; 150 f.73-112; Schlägl 99 (Cpl 134) f.384-425; 121 f.154 seq.; Uppsala, Theol. 55; Vaticana, Cap. S. Pietro XI 27 G; Regin. lat. 442 f.91-188; Vat. lat. 10068 f.1 seq.; Vesoul 74 f.2-60; Wien, Nat. 4212; 4463; Wien, Schott. 51 f.167-202; Wrocław, Uniw. II.F.88; Zwettl 90 f.220-253. (Schulte II p.440; R. Stapper, *Römische Quartalschrift* [1897] 271-285; H. J. Schmitz, *Bussbücher* II p. 722-723; Michaud-Quantin Index)
   See: Lumen ad reuelationem gentium...
   Quinque sunt partes luminis...Potestas eipscoporum...

2988. **Lumen penitentiariorum seu confessorum ad reuelationem gentium et gloriam christianorum, primo inuocando qui illuminat...**
   See: Lumen confessorum vocatur hec doctrina...

2989. **Lux firmat circa sol...Confessurus tuam penitus conscientiam...**
   Poenitentiarius
   Ms: München, Clm 28384 f.50-62

2990. **Luxuria castitati graviter minitabatur** [or *inimicabatur*] **et congregatos omnes...**
   Hugo de Sancto Victore (?), *Bellum castitatis et luxuriae*
   Mss: København, Gl. kgl.S. 72 fol. f.69-72; Würzburg, Univ. M. ch. g.157 f.137-139

2991. **Luxuria displicit angelis, quod patet primo per hoc...**
   Summa vitiorum et virtutum
   Ms: Erfurt, Ampl. Fol. 164 f.109 seq.

2992. **Luxuria est corporalis incontinentia...**
   Modus confitendi or *Tractatus de vitiis*
   Mss: Praha, Metr. Kap. N.21; Praha, Univ. XIV.D.7 (2515) f.92-95 (Schulte II 530)

2993. **Luxuria est ex immundis desideriis...**
   De vitiis et virtutibus
   Ms: Bruxelles, BR II. 2556 (cat. 1453) f.194-195

2994. **Luxuria est peccatum cuius fetor ascendit ad celum...**
   De luxuria
   Ms: Cambridge, St. John's F.18

2995. **Luxuria ex immundis desideriis proueniens est item...**
   Nota de luxuria
   Ms: Cambridge, Trinity B.15.35, flyleaf

2996. *Luxuria in suo genere est mortale peccatum...*
De luxuria
Ms: Cambridge, Corpus Christi 136 f.101

2997. *Luxuria pentapolim cum adiacenti regione subuertit...*
Nota
Ms: Cambridge, Pembroke 69

2998. *Luxuria. Servio sic Veneri, quod honestus nolo...*
Arbor viciorum
Printed: Karl Langosch, *Studien zur lateinischen Dichtung des Mittelalters, Ehrengabe für Karl Strecker* (Dresden 1931) 117 seq.
See: Servio sic Veneri...

2999. *Luxuriam gignit, animae munimina frangit...*
De ebrietate
Ms: Paris, Arsenal 1144 f.199

3000. *Luxuriosa res est unum et tumultuosa ebrietas...*
De gula et luxuria
Ms: Cambridge, Caius 211

3001. *Magister dicit quod nemo sciat quid sit Deus...*
[Dialogues on the articles of faith and the virtues]
Ms: Brno, Univ. R.382 f.199-215

3002. *Magister, quid boni faciendo vitam eternam possidebo?* (Luc. 18,18). *Si vis ad vitam ingredi, serua mandata* (Matth. 19,17). *Tria prima (?) precepta informant ad fidem et pertinent ad dilectionem Dei...*
[De decem praeceptis]
Ms: Uppsala, Univ. C 241 f.40-55

3003. *Magister, quod est mandatum magnum in lege* (Matth. 22,36)...
De duobus preceptis decalogi, scilicet diligendo Deum et proximum
Ms: Erfurt, Ampl. D.8 f.77-96

3004. *Magna coenitas (?) omnino/ miserorum nunc mortalicium...*
De vanitate huius vitae
Ms: Roma, Vallicelliana A.37 f.31-32

3005. *Magna est differentia inter predicacionem et doctrinam...*
Speculum Christiani
Ms: Oxford, Corpus Christi 155 f.145 seq.
Printed: Parisiis 1502
See: Hieronymus: In principio cuiuslibet operis

3006. *Magna fides magna meretur...*(S. Bernard)
[A collection of quotations on virtues and vices]
Ms: Praha, Univ. I.F.22 (250) f.1-172

3007. *Magnam facit misericordiam ac humilitatem...*
See: Hec est via ambulate in ea...

3008. *Magnitudo huius peccati...*
Tractatus de septem vitiis or De luxuria
Ms: Budapest, Eg. Kön. 90 f.173-175

3009. *Magnum sacramentum est poenitentia...*
[Questions on penance]
Ms: Paris, Arsenal 496 f.82-84

3010. *Magnus doctor gentium et...*
See: Flecto genua mea...Magnus doctor...

3011. **Maiorem caritatem nemo habet...**(Ioh. 15,13)...
Ante omnia autem mutuam in vobis...
See: De caritate. Maiorem caritatem nemo habet...
Cf: following entry

3012. **Maiorem caritatem nemo habet** (Ioh. 15,13)...
Liber scintillorum Cassiodori senatoris de diversis voluminibus
Ms: Oxford, Bodl. Hatton 406lc f. 90 (treatise)
Cf: preceding entry

3013. **Maiorem hac dilectionem nemo habet...**(Ioh. 15,13) **Consuetum est in Ecclesia quod in magna solempnitate pulsatur magna campana...**
Guillelmus de Lanicea,
[Sermon themes on *Diaeta salutis*]
(Schneyer, *Repertorium* II p.474, Guillelmus de Lavicea 50)
Printed: S. Bonaventurae *Op. omn.* Parisiis Vives, t.8 [1866] pp. 356-358
Cf: Hec est via...Magnam misericordiam facit...

3014. **Maiorem hac dilectionem nemo habet, quam ut animam suam...**(Ioh. 15,13)...
(Variant in Paris, BN lat. 2843E, etc.)
See: Dominus dicit in Evangelio: Maiorem...(chap. 1)

3015. **Maiores nostri laurenti carissime benivolentia...**(prol.)
See: Antequam de delectu uxoris et officio...

3016. **Maledicti qui declinant ad mandatis tuis** (Ps. 118,21)... **Verba sunt Spiritus Sancti per os Dauid pronuntiantis. Posuit enim Deus...**
Tractatus decem preceptorum lectoris
Ms: Brugge, Stadsbibl. 217 f.88-111 (Stegmüller RB 8893)

3017. **Malum considerari occurrit quantum ad diffinitionem...**
S. Bonaventura (?), *Centiloquium*
Ms: Cambridge, Univ. add. 6453 f.192

3018. **Malum triplex est videlicet culpe, pene, damnum...**
Hugo Ripplinus Argentoratus, *Compendium theologice veritatis III*
Ms: Cambridge, Corpus Christi 518 f.80
See: Veritatis theologice sublimitas...

3019. **Mandata alia specialia, alia communia. Audite fratres charissimi salutiferam Patria nostri doctrinam.**
Ps.-Augustinus, *Sermo de contemptu mundi*
Printed: PL 40, 1215-18; Schoffen 235.

3020. **Mandata ejus vitam prolongant...**
De decem praeceptis
Ms: München, Clm 9022 f.182-223

3021. **Mandatum praelati transgrediens...**
Quaestiones morales
Ms: Schlägl 68 f.202-205

3022. **Manducente nos infallibili scripturarum sacrarum veritate, scimus multos...**
Iacobus de Jüterbog (Ps.-Iohannes de Capistrano), *Planctus super errores multorum christianorum*
Ms: Leipzig, Univ. 382 f.226-228 (Meier p.64)
Printed: E. Jacob II 1 (Breslau 1905)
See: Spiritus Sanctus per organum divinum prophetae Ieremiae in utero sanctificati...(which usually precedes the above in MSS)

3023. **Manete in delictione mea** (Ioh. 15,9). **Vox Christi vox dulcis...**
Thomas a Kempis, *Hortulus Rosarum*, Ch. 16 'De amore Christi et odio mundi'

Printed: *Op. omn.* ed. M.I. Pohl, t.4, Friburgi 1918, p.36-40
See: Cum sancto sanctus eris, attende diligenter

3024. ***Manus meas quondam ad scedulam quam sinonima vocant, apposui...***(variant incipit?)
Isidorus, *Synonina*
See: Anima mea in angustiis est, spiritus meus

3025. ***Mare secundum prophetam est mundi amplexus, fons ymbrium...***
Fabulae morales
Ms: København, Gl kgl. S. 1382 qu. f.274-275

3026. ***Mars praecurrit in planetis/ homo pacis et quietis...***
[Short poem on depravity of world]
Printed: G.E. Klemming, *Cautiones* 14-15

3027. ***Materia auctoris est Christe aduentus...***(prol. in MS Rein 35)
See: Hora novissime, tempora pessima sunt, vigilemus. Ecce minaciter...

3028. ***Materia baptismi debet esse aqua pura...***
Hermannus de Schildesche (de Allemania, de Westfalia, de Betusalia), O.E.S.A., *Speculum sacerdotum de tenendis, cavendis et emendandis circa baptismum, eucharistiam et penitentiam* or *Speculum manuale sacerdotum*
Mss: See Zumkeller MWA 391 and 391 n. Add or take in account: Bamberg, Theol. 90 (Q.III.10) f. 191-195; 111 (Q.IV.38) f.212-219; Bratislava, Kap. 82 (Knaus 86) f. 60-64; Brno, Metsky Archiv 87 (107); Colmar, Consist. 31 (151) f.177-187; Frankfurt am Main, Stadtb. Praed. 125 f.100-122; s'Gravenhage, Kon. Bibl. 19,70; Linz 70 (360) f.44-46; Logrono, Arch. Cat. 5 f.114-142; München, Clm 18170; 24822 f.14-24; Praha, Univ. III.C.8 (439) f.200-202; V.E.28 (922) f.70-76; V.F.1 (923) f.1-11; IX.E.13 (1769) f.9-17; X.B.9 (1838) f.130-135; XII.E.13 (2180) f.146-155; XIII.G.7 (2374) f.77-84; XIV.E.34 (2568) f.80-87; Schlägl 97 f.147-151; Wien, Nat. 5153 (A. Zumkeller, *Herman von Schildesche* [Würzburg 1957] 82-83)
Printed: Hain 14516-23; Goff S-316 to S-319; Lugduni [C. Veycellier] 1528
Prol: Prima superficies speculi sacerdotum representat speculans speculanda circa baptismum...Primum species primi superficiei... Tenenda circa materiam baptismi: Materia baptismi debet...
Dedic: Deo amabilis et sibi in Christo reuerendis omnibus sacerdotibus sub sancte romane et uniuersalis ecclesie obedientia...Gloriosus doctor...
Honorabili domino Henrico de Brokelhusen...Gloriosus doctor...
Venerabili in Christo patri...Friderico...Gloriosus doctor...Venerabili in Christo patri... Erico... Gloriosus doctor...Venerabili in Christo patri... Gotfrido... Gloriosus doctor... Venerabili in Christo patri?...Ludouico... Gloriosus doctor...Venerabili in Christo patri...Walramo...Gloriosus doctor...Venerabili in Christo patri...gratioso N... Glosiosus doctor... Venerabili in Christo patri...Engelberto...Glosiosus doctor...
In addition the Work of Hermannus is dedicated to Berthold de Bucheck by Iohannes de Schaftolzheim; Inc: 'Istud speculum sacerdotum est compilatum...' (Zumkeller MWA 581)
See: Circa sacramentum baptismi... Istud est speculum clarum nobili...

3029. ***Materia huius operis est compendium moralis phylosophie. Est autem moralis phylosophia amor sapientie...***
[Prologus ad Moralium Dogma Philosophorum]
Ms: Ivrea, Cap. XV 80 (R. A. Gauthier, *Un prologue inedit, Revue du Moyen-Age Latin* 11 (1955) 51-58
See: Moralium Dogma Philosophorum...

3030. ***Materia in sacramento penitencie est quilibet peccator...***
Tractatulus de confessione
Ms: London, BM Arundel 491 f.45-47

3031. Materia istius libri sunt quattuor cardinales virtutes...(variant)
    See: Cum animadverterem quam plurimos homines...
    Cum animadverterem: Materia istius...

3032. Materia prima huius libri est Christi passio...
    Henricus Suso, *Horologium· sapientiae*
    Ms: Leipzig, Univ. 440 f.1-100
    See: Sentite de Domino in bonitate...Multifarie...

3033. Materia principalis omnium sermonum...(prol.)
    See: Rerum facies sive libri...

3034. Matrimonium est duplex institutum...
    [On matrimony, the virtues, etc.]
    Ms: Wien, Nat. 4761

3035. Matth. 22,35-40, scribitur quod duo sunt mandata dilectionis...
    Nicolaus de Dinkelsbühl, *De dilectione Dei et proximi*
    Mss: München, Clm 8836 f.131-169; Wien, Nat. 4354 f.143 seq. (autograph)
    (Madre 163 n.1; 167)
    See: Scribitur Matth. 22,25-40 quod cum quidam legisdoctor...

3036. Me miserum, quid agam? Porto sub pectore plagam/ Plagam peccati...
    Marbodus, *De peccatis* or *Querimonia peccatoris*
    Walther IC 10835
    Printed: Hermann Hagen, *Carmina medii aevi maximam partem inedita* (Berne 1877) 175-177; PL 171, 1669-1670

3037. Mecum sepe [or *saepius*] *retractans* [or *retracto*]... (variant prol.)
    See:...Nonnulli namque [or: autem] ita...

3038. Medice, cura teipsum...(Luc. 4,23). [*Sicut*] *ait Gregorius in prima parte sui Pastoralis, capitulo secundo, nemo est qui cordium vulnera occultiora...*
    Nicolaus de Blonie (Plowe, Plock), *Tractatus sacerdotalis de sacramentis deque divinis officiis et eorum administrationibus*
    Ms: Budapest, Orsz. Szech. Kön. 410 f.26-76 (Schulte II 443-444)
    Printed: Goff N-80 to N-90

3039. Medici dicunt quod sanguis puerorum sanat a lepra...
    Naturalia bona moralisata
    Ms: München, Clm 3068; 8841. (A.F.P. 41[971] 113)
    Cf: Sanguis paruorum sanat hominem a lepra...

3040. Medicina sumitur ad quatuor...
    Ms: Bamberg, Theol. 123 (Michaud-Quantin 86 and Index)

3041. Medicus noster in manibus aegrotum tenens...
    Hugo de Fullieto (Folieto ?), *Alphabetum poenitentiale*
    Ms: Troyes 558

3042. Meditacio cordis mei in conspectu tuo semper (Ps. 18,15). *Felix certe qui cum propheta potest...*
    Iohannes Gerson, *Tractatus de meditacione cordis*
    Ms: Leipzig, Univ. 204 f.223-226
    Printed: *Opera omnia* (Antwerpiae 1706) III 449-455

3043. Meditatio humana nunc in ipsum hominem revertitur...
    Alexander Neckam, *Super parabolas Salomonis*
    Ms: Oxford, Jesus 94 (Stegmüller RB 1164)

3044. Meditationes seu orationes quae subscriptae sunt...
    See: Evigila, anima mea, evigilia...(prol.?)

LIST OF INCIPITS

*3045. **Mei tractatus initium sit in nomine Domini...**(variant)*
See: Pref. variant: Quanto amore quantaque dilectione...

*3046. **Melius est videre quod cupias...**(Eccli. 6,9)... **Sapientissimus Salomon videns errorem...***
Tractatus or *Liber de summo bono hominis in hac vita*
Ms: Rein 58 f.230-240; 60 f.111-120; Fowler 212; *Osiris* XI [1945] 481)
Printed: Engelbertus Admont, *Opuscula Philosophica*, ed. B. Pez (Regensburg 1725) attributed to Engelbert of Admont

*3047. **Memento miser homo quod cinis...***
Guillelmus Rimington, *Meditationes* or *Stimulus peccatoris*
Mss: Cambridge, Fitzwilliam Museum 356 f. 28; Cambridge, Jesus Q.B.25 (41) f.145; f.122; Hh.4.3 f.124; London, BM Add. 20029; Harl. 3363
Pref: Qui vacat in cella, capit hostis vincere bella...

*3048. **Memento ut sanctifices diem sabbati** (Ex. 20,8). **Hoc mandatum...***
Robertus Grosseteste, *De decem mandatis* (excerpt.)
Ms: Cambridge, Trinity B.15.38 f.32

*3049. **Memini, vir illustris, sapientiae luce virtutumque nitore praefulgens...** (prol.)*
See: Divina substantia bonitas est, quae quidem in idomate graeci...

*3050. **Memor esto itaque unde excideris...***
See: Memor esto unde excideris...

*3051. **Memor esto quoniam non tardabit...**(Eccli. 14,12). **Unde Plato...***
Liber memorie mortis
Ms: København, Gl kgl. S. 3396 oct. f.52-60; Gl kgl. S. 1382 qu. f.43-49

*3052. **Memor esto unde excideris et age poenitentiam...**(Apoc. 2,5). **More turturis et columbae hodie nobis proponit...***
De poenitentia tractatus
Ms: Firenze, Laur. Plut. XX, 35 f.124

*3053. **Memor esto unde excideris...**(Apoc. 2,5). **Quia sermones sunt secundum subiectum modum inquirendi...**(Pars 1)*
(Pars 2) Vide vias tuas et scito... (Ier. 2,23). Quia sermones sunt secundum materiam inquirendi...(Pars 3) Qualiter vincula peccatorum sint dissoluenda et per puram confessionem...
Henricus de Frimaria, O.E.S.A., *Tractatus vel sermones de poenitentia*
[Zumkeller MWA 324; H. Stroick, *Heinrich von Friemar* (Freiburg 1954) p.71]

*3054. **Memor petitionem tuarum...***
See: Carissimo fratri et spirituali amico P. Jo. Christi servus...Memor...(prol.)

*3055. **Memor semper fuit venerabilis et karissime frater, postquam de mundo...** (Prol.)*
Hec igitur tantisper ex ordiendo prefatus, vir meritu venerande... (Cap. 1)
Coluccio Salutati, *De saeculo et religione*
Ms: London, BM Roy. 8 E.XII
Printed: T. F. Rich and B. L. Ullman, *Bibliotheca Scriptorum Medii Recentisque Aevorum* (Leipzig 1934); B.L. Ullman, *Nuova collezione de festi umanistici inedti o rari*, (Firenze 1957)

*3056. **Memor sum petitionis tue et promissionis...**(prol.)*
See: Dilectissimo filio Widoni...Memor...

*3057. **Memorare nouissima tua et in eternum non peccabis** (Eccli. 7,40). **Sicut dicit beatus Augustinus** (Bernardus) **libro suarum meditationum: plus vitanda est sola peccati feditas quam...***
Gerardus de Vliederhoven (Henricus de Hassia? Iohannes Gerson? Iacobus

Gruytroede? Dionysius Carthusianus?), *Cordiale* or *Quatuor novissima cum multis pulcherrimis exemplis* or *Tractatus de novissimis*
(Several works may be confounded here)
Mss: Brugge, Stadtbibl. 547; Bruxelles, BR 2845 (cat. 2225); Budapest, Eg. Kön. 92 f.131-148; Cambrai 270 (260); 586 (544); Cambridge, Caius 770 (813) f.61; Cambridge, Pembroke 206 f.120-142; Douai 457; Frankfurt am Main, Stadtb. Praed. 125 f.180-246 (florilegia mostly omitted); Gdansk 1958; Klagenfurt, Studienbibl. Pap. 36 f.277-317; Klosterneuburg 395 f.35-66; København, Gl. kgl. S. 63 fol. f.157-179; Gk. kgl. S. 1368 qu. f.25-66; Gl. kgl. S. 1371 qu. f.61-112; Thott 28 oct. f. 1-29; Loches 26; London, BM Addit. 15105 f.271; 41618 f.19-71; Marseille 436; München, Clm 3049 f.122-150; Paris, Mazarine 965 (1059); Paris, BN lat. 13602 f.57 seq.; Paris, Sainte-Genevieve 254; Praha, Univ. I.C.14 (105) f.474-492; IX.C.7 (1718) f.1-34; XI.C.8 (2032) f. 44-74; Tours 405 f.101 seq.; Troyes 1267; Utrecht, Univ. 318; 331; Valenciennes 201; Vaticana, Palat. lat. 444; 618; Vat. lat. 10053; Wien, Nat. 3598; 4696; Wilhering 101 f.1-27; Würzburg, Univ. M. ch. f.109 f.38 seq.; M. ch. q.78 f.278-232; M. ch. o.15 f.139-185 (Welter 427 seq.; J. A. Mulders, ed. *The Cordyal* [Nijmegen 1962];C. M. Vos, *De Leer der Vier Uitersten* [Amsterdam 1866]; Rudolf p.87; Dict. Spirit. VI 283)
Printed: GW 7469-7514; Goff C-882 to C-906

3058. **Mens absque consilio est et sine prudentia. Utinam saperent et intelligerent...** (Deut. 32,28-29). **Hec verba locutus est Sanctus Spiritus...**(Prol.)
Art.1. In omnibus operibus tuis memento nouissimorum (Eccli. 7,40).In Ecclesiastico scripta sunt verba hec, in quibus admonemur...
Dionysius Carthusianus, *Quatuor novissima*
Printed: *Opera omnia* 41 (Tornaci 1912) 489-594

3059. **Mens mea virtutum studiis a tempore primo...**
Arnulfus Lexoviensis, *Ad lascivos sodales*
Walther IC 10916
Printed: PL 201, 198

3060. **Mens quieta et a passionibus vacans sepe meretur videre...**(prol.)
See: Post lapsum primi hominis inest iam homini...

3061. **Mens scatet in veras causa perhibente loquelas./ Vere licet rubeat...**
Petrus Damianus, *Viro superbo*
Margareta Lokrants, *Studia latina Stockholmiensia* XII (Stockholm 1964)

3062. **Mensam caelestem si vis securus adire semper ad hanc...**
Baudri de Bourgueil, *De mensa*
Printed: Ph. Abrahams, ed. *Oeuvres poetiques de Baudri*...(Paris 1926) 319-320

3063. **Metuendissimo ac illustrissimo domino, domino Carolo...Serenissime Domine rex et illustrissime, divina prouidentia...**
Robertus Gervasii, O.P., *Speculum morale regium*
Ms: Paris, Mazarine 352 (1267) (Quetif-Echard I 689)

3064. **Mi Deus scripturus ego instinctu motus...**(prol.)
See: O anima a Deo tacta...

3065. **Miles igitur Christi mox in lucem...**
See: Opusculum quod vocatur Scutum Bede...

3066. **Miles strenuus in omni temptatione...**
Versus de virtutibus monasticis
Ms: København, Gl kgl. S.78 fol. f.269

3067. Militia est vita hominis super terram (Iob. 7,1).
Omnis homo in hoc saeculo constitutus...(prol.) Cap. Proba me, Domine...(Ps. 25,2). Sicut ait Guillielmus Parisiensis in tractatu suo de vitiis et virtutibus...
Dionysius Carthusianus, *De remediis tentationum*
Printed: *Opera omnia* 40 (Tornaci 1911) 117-189

3068. Militia est vita hominis super terram (Iob. 7,1)*Cuius hostes sunt: Caro...*
Summa virtutum
Ms: Vorau, 122

3069. Mirabar celerem fugitiva aetate rapinam...
[Elegaic dodecasticon on the brevity of human life]
Ms: Firenze, Laur. Edili 203 f.163

3070. Mirabiliter natus est Isaac...
(Variant in Oxford, Bodl. Bodl. 17 [SC 1860])
See: Creatio rerum fuit ita mirabilis...

3071. Mirabilium rerum et eventuum mirabilem ac multiplicem varietatem...
Arnoldus Leodiensis, O.P., *Compendium mirabilium*
Mss: Chartres 252 f.244-265; Paris, BN n. a. lat. 730 f.198-241 (Welter 315 seq.; Kaeppeli 336)

3072. Miracula divina potestate facta. Creatio rerum fuit ita mirabilis...
See: Creatio rerum fuit ita mirabilis...

3073. Miramur omnes cur orbis exul et hospes construit in terra domos...
Sermones et de morte
(Rudolf p.36 n. 59)
Printed: A.E. Schönbach, *Mitteilungen aus alten Handschriften*, (Wien 1908) 26

3074. Miror de presbyteris cuius ordinis sint...
Symon de Romberk, *Viridarium sacerdotum*
Ms: Praha, Narodni Mus. XIV.E.6 (3481) f.1-22

3075. Mirum est si non lugeat qui experimento probat...
[Poem 'De miseria huius mundi' attr. Thomas a Kempis]
Mss: Bruxelles, BR 1610-28 (cat. 1486) f.408; München, Clm 28546 f.45-46
(Chevalier Repert. Hymn. 48503)

3076. Mirum si laeteris/ dum ex apparentibus...
[Poem on misery of human life]
G. E. Klemming, *Cautiones* 31-34

3077. Misera vita, que tantos...
S. Bernardus (?), *Tractatus de miseria huius mundi* or *Liber de miseria huius vitae*
Ms: Praha, Univ. V. F.7 (929) f.253-255; VIII.B.8 (1444) f.3-4

3078. Miserator et misericors Dominus cuius misericordie non est numerus... (prol.)
Summa poenitentiae
Mss: Cambridge, Peterhouse 217 f.7-24 (imp.); Oxford, Bodl. Lat. theol. e. 36 f.25-116; Worcester Cathedral Library, F.124 f.244-267 (imp.)
See: Quid sit penitentia? Penitentia est, secundum Augustinum...
Misericors et miserator Dominus cuius misericordiae...

3079. Miserator et misericors Dominus Iesus Christus qui misericordias suas...
S. de Langetuna (Simon Langton) (Stephanus Langton?), *De poenitentia Magdalene* or *Meditatio poenitentiae*
Mss: Cambridge, Corpus Christi 226; Erlangen, Univ. 547; Oxford, Balliol 152 f.25 seq.; Wien, Nat. 597 (?) (Glorieux 104 ay; Little 143)

3080. **Misericordia est, cecos ad domum dirigere...**
[Short analysis of *Diaeta salutis*]
Ms: Oxford, Bodl. Bodl. 400 f.108 (SC 2231)
See: Hec est via...Magnam misericordiam facit...

3081. **Misericordiam et judicium cantabo tibi Domine...**(Ps. 100,1). **Quia ipse Dominus cum discretione ineffabili vel in hac vita relaxat...**
Algerus Scholasticus (Leodiensis) (Alger de Liege), *De misericordia et iustitia*
Ms: Cambrai 562 (520)
Pref. Letter: Quisquis sim, non pondus vel momentum...
Printed: Martene et Durand, *Thesaurus Novus anecdotorum* (Paris 1717) IV 1019-1138; PL 180, 857 seq.

3082. **Misericors et miserator Dominus cuius misericordiae non est numerus misericorditer agens ac salutem peccatorum sitiens... Quid sit poenitentia. Secundum Augustinum poenitentia est quaedam dolentis vindicta puniens...Sed secundum Ambrosium...**
Henricus de Segusia, Hostiensis, *De poenitentiis et remissionibus* (Ex *Summa Aurea*, Lib. V)
Mss: Cambridge, Caius 106 f.56-101; Cambridge, Peterhouse 217 III f.7 seq.; Erlangen, Univ. 547 f.1-90; London, BM Arundel 330 (incompl.)
Printed: Henrici... Hostiensis, *Summa aurea* (Lugduni) 1556) f.400 seq.

3083. **Misertus Dominus servi illius...**(Matth. 18,27). **Quia secundum Apostolum...**
Franciscus de Mayronis, O.F.M., *De operibus misericordie*
Ms: München, Clm 12263; (B. Roth, *Franz von Mayronis, O.F.M.* [Franziskanische Forschungen 3: Werl 1936] 233-34)

3084. **Misit rex Saul apparitores ut accipent David** (I Reg. 19,20). **Per Saul diabolum intellige. Per David peccatorem Per apparitores vitia et peccata capitalia quibus diabolus...**(prol.)
Cap. 1 Primum vitium capitale est superbia que audacter intrat campum equitando sicut dromedarium...
Quedam noviter ordinata de viciis et virtutibus
Ms: London, BM Harl. 2561 f.64-67 (The MS. is dated 1473 on f.66)

3085. **Misit rex Saul apparitores ut raperent Dauid** (I Reg. 19,14). **Dauid qui interpretatur desiderabilis...**
Lumen animae, Recensio B., pars 2
See: Plinius libro de mirabilibus mundi; Hoc etiam inquit...

3086. **Misit Tau rex Emath ad regem David** (II Reg. 8,10)...
Iohannes de Legnano, *De pace*
Mss: Cambridge, Peterhouse 273 f.37 (1)-71 (34); Grottaferrata, Bibl. della Badia, Codex Zeta Gamma I (458) f.195-229; Paris, BN lat. 3199 f.1-63; Praha, Univ. VIII.A.24 (1432); Vaticana, Vat. lat. 2639 f.123-184; Venezia, Marc. Lat. V,16 (Valentinelli IX, 58) f.37-74 (in part); Wolfenbüttel, 312 Helmst. (279) f.332-45 (*Traditio* 23[1967] 428; 436)

3087. **Misit Verbum suum...**(Ps. 116,20). **Ex peccato primi hominis humanum genus duo incurrerat...**
Thomas de Aquino, O.P., *Super lib. IVm Sententiarum*
Printed: *Opera omnia* (Parmae 1858) t.7,2

3088. **Missa dum cantetur, peccata condonentur...**
See: De peccatis. Gregorius dicit, missa dum...

3089. **Missus sum in vineam circa horam nonam** (cf. Matth. 20,5)...
Gualterus de Insula, *Super statibus mundi* or *De statibus mundi*
Ms: London, BM Harl. 978 f.92; Sloane 1580 f.159; Oxford, Bodl. Digby 4, art

3; Paris, BN lat. 3245 f.36; 11867 f.101; (Walther IC 11120)
Printed: Dumeril, *Poesie du Moyen Age*, 155; Strecker, *Die moralisch-satirische Gedichte Walthers von Chatillon*

3090. **Modicum otii, quod inter multas angustias nuper ea, quam nosti, occasione captari...**
See: Domino patri carissimo Petro, Dei gratia Portuensi et sancte Rufine ecclesie episcopo. Lotharius...

3091. **Modo videte quod homines non addiscunt sapientiam nisi per flagella...**
Expositio decalogi
Ms: Vaticana, Palat. lat. 310 f.77-88

3092. **Monachus quidam erat in cenobio...**
Exempla
Ms: London, BM Addit. 18346 f.74-83; (Ward & Herbert III 597-598)

3093. **Moraliter luminare unum ut praeesset nocti ecclesia militans repraesentatur ...**
See: Fecit Deus duo luminaria...Moraliter luminare...

3094. **Moraliter sic exponit: Hic stultos arguet...**
See: Incipit liber fabularum quas Esopus...Moraliter sic exponit...

3095. **Moralium dogma philosophorum per multa dispersum volumina, tuo quidem instinctu, vir optime et liberalis...**(Prol.) **Triplex est capiendi consilii deliberatio: prima est de honesto tantum...**
Tullius: honestum est quod sua vi nos trahit et sua dignitate nos allicit...(Pars I)
Gualterus de Castellione, Guillelmus de Conchis (?), *Moralium dogma philosophorum* or *Liber de honesto et utili qui est ysagoge et tanquam verbum abbreviatum in totam ethicam*
Mss: R. A. Bauthier *Les deux recensions du Moralium* in *Revue du Moyen-Age Latin* 9 (1953) 171-260; ibid. 11 (1955) 51-58
Printed: PL 171, 1007-1056; J. Holmberg, *Das Moralium Dogma Philosophorum*, Uppsala 1929
See: Tullius: Honestum est quod sua vi nos trahit... Honestum est quod sua vi nos attrahit...
Cf: Ad distinguendum... Eximio et in primis honorando...
Gemme pulchritudinis...Materia huis operis est compendium...
Quia mores a convinctu...

3096. **Mores dicimus animi vicia vel virtutes...**
Petrus Abaelardus, *Scito teipsum*
Ms: Oxford, Balliol 296 f.61-79
Printed: PL 178, 633-678

3097. **Moribus impletus vives per tempora laetus...**
Simon Januensis, *De vitiis et virtutibus*
Ms: Udine, Com. 4 f.65-70

3098. **Moribus ornari si vis lector venerare...**
[Moral verses]
Ms: Paris, BN lat. 15170 f.9; (Walther IC 11223)

3099. **Mors anime est peccatum et ideo peccator per peccatum...**
De septem homicidiis [or *De septem speciebus homicidii interficientibus animas hominum*]
Mss: Douai 453; Paris, BN lat. 14833 f.234; Trier, Stadtbibl. 680

3100. **Mors est ventura, prece nec pretio fugitura...**
[Poem on contempt of world]
Ms: Basel, Univ. A.I.20 f.124

3101. **Mors peccatorum pessima...**
De triplici morte malorum
Mss: Paris, BN lat. 6674 f.54; Wien, Nat. 1057 (Rudolf p.14 n.10)

3102. **Mors quam amara est memoria tua cordi jocundo...**
Planctus peccatoris
Ms: München, Clm 7210

3103. **Mors resecat, mors omne necat quod carne creatur...**
Alii versus de morte
Mss: Paris, Mazarine 1713 (1343); Paris, BN lat. 15135 f.12; (Walther PS 15196)

3104. **Mortificate, inquit Apostolus** (Cor. 3,5)**...**
De castitate seu pudicitia
Ms: London, BM Harl. 3530 f.6

3105. **Mortuus quidam de sepulchro clamat: Attende me et cognosce te, considera ossa mea...**
Anon., De vanitate omnium rerum
Ms: København, Gl kgl. S.3389 oct. f.114-120

3106. **Moyses sanctus et tanquam solitudinis amicus, internae contemplationis intuitu...** (Prol.)
Matthaeus de Cracovia, De praxi romanae curiae or De abusibus curiae romanae or Tractatus de simonia praelatorum vel de praxi curiae romanae
Mss: See Senko; Add: Edinburg, Univ. 111
Printed: W. Senko, Mateusze Z Krakowa 'De praxi Romanae Curiae', Wrocław 1969

3107. **Mulier animam viri preciosam** (Prov. 6,26)**...**
See: Si separaveris preciosum a vili...Ier. 15,19
Preciosum est anima...

3108. **Mulier est hominis offensio, insaturabilis bestia...**
[Versus de septem peccatis mortalibus et filiabus eorum]
Ms: Bruxelles, BR II.1404 (cat. 2897) f.115-116

3109. **Multa bonitate pollenti domino huius Olomucensi ecclesie canonico Iohannes Wrode de Hamborch monachus inutilis ordinis Carthusiensis prope pungam, cum sinceris oracionibus caritatem indefesam...**
Sed unde congruencius consummam exordium nisi a materia iam pretacta...
Iohannes Wrode de Hamburg (a Carthusian monk),
Ms: Wien, Nat. 14447 f.284-311 (Dict. de Spiritualite II, 762)

3110. **Multa et praeclara nature munera cernuntur in rebus in hiis precipue que sunt animate quarum...**
Franciscus Zabarella, De felicitate
Ms: London, BM Harl. 1883 f.81-118
Printed: Patavii, Frambatti 1655

3111. **Multa que ab antiquis auctoribus...**(variant prol.)
See: Quoniam ut dicit Salomon...
De vita et moribus...(prol.) Thales philosophus... (variant)

3112. **Multa sunt filii que hortantur me ad ea vobis consulenda...**
Magni Basilii Ad juvenes religiosos quibus studiis operanda sint ad vicia repellenda ex versione Leonardi Aretini (cf. PG.31, 563-590)
Ms: Cambridge, Univ. Ll.1.7 f.79-87
Prol: Ego tibi hunc librum...

LIST OF INCIPITS 269

3113. **Multa sunt que debent hominem movere...**
Summa virtutum
Ms: München, Clm 26706 f.81-88

3114. **Multa sunt que gravant fornicationem in clericis...**
De fornicatione clericorum
Ms: Linz 27 (361)

3115. **Multa sunt que impediunt penitenciam...**
[Impediments to penance]
Ms: Rein 8 f.148-152

3116. **Multa sunt vitiorum genera, quibus humana fragilitas infestatur...**
Martinus Gracarensis, *De repellenda iactantia* (Barlow 65 seq.; Diaz 21; *Clavis* 1082)
Printed: PL 72, 31-36

3117. **Multa vobis, fratres, de timore dei...**
S. Augustinus, *Tractatus de timore*
Ms: Praha, Univ. X.A.5 (1808) f.147-148

3118. **Multam labem peccatorum/ Ex contactu...**
[Moral poem]
Ms: Paris, BN lat. 3713; (Walther IC 11375)

3119. **Multe sunt scientie hominum sed nulla melior qua cognoscit homo Deum et seipsum...**
Speculum conscientiae
Ms: Vaticana, Palat. lat. 536 f.32 seq.

3120. **Multe sunt virtutum species que sectatoribus suis tribuunt regna celorum...**
Tractatus de virtutibus et viciis
Ms: London, BM Add. 28783 f.133

3121. **Multi conati sunt...**
Stanislaus de Znojma, *Tractatus de felicitate*
Ms: Praha, Univ. V.F.25 (947) f.1-36

3122. **Multi errant pro anime...**(prol.)
See: Duplex est abstinentia...

3123. **Multi homines quibus nonnumquam boni mores...**
Eadmerus Cantuariensis (S. Anselmus), *De beatitudine caelestis patriae*
Mss: Milano, Ambrosiana M.14 Sup. f.1-9; Novacella 532 f.28-34; Perth, W. Australia, State Library of Western Australia, MS 2 f.194-198 (Sinclair no. 232)
Printed: PL 159, 587-606

3124. **Multi homines sunt qui desiderant scire...**
Ps.-Raymundus Lullus, *Liber de confessione*
Mss: Firenze, Riccardiana 1001 f.354-359; München, Clm 10589; Paris, BN lat. 15097 (Glorieux 335 ns)

3125. **Multi hominum videntes nec intelligentes diuina iudicia que in gubernatione mundi huius exercet...**
Christophorus de Mediolano, O.P., *De tribulatione iustorum*
Kaeppeli 720

3126. **Multi multa sciunt et seipsos nesciunt...**
Ps.-Bernardus (Ps.-Hugo de Sancto Victore) (Guillelmus Tornacensis?), *Meditationes* or *Liber meditationum de contemptu mundi* or *Confessio beati Bernhardi abbatis* or *Tractatus de interiori homine quomodo inveniat Deum* or *De*

conditione humana or *Liber de anima* (when under this title 'Multi' is usually only Book I of the work) or *Sermo beati Bernhardi de confessione et de essentia corporis et anime*

Mss: Admont 1 f.17-32; Amiens 79 f.109-118; Antwerpen, Mus. Plantin 41 f.110-118; Bamberg, Theol. 123 f.125-129; Basel, Univ. B.VII.2 f.84-88; Berlin, Theol. lat. fol. 39 f.26 seq.; Theol. lat. qu. 70 f.123 seq.; Besancon 220 f.144-158; Brno, Univ. Mk 19 f.52 seq.; Mk 32 f.3-14; Mk 46 f.106 seq.; NR 30 f.186-197; Brugge, Stadsbibl. 167; Bruxelles, BR 1623 (1291-1311) f.174-178; 1472 (II 2510) f.83-117; Budapest, Eg. Kön. 50; Caen 35; Cambrai 206 (201) f.203-214; 275 (265) f.188-226; 552 (481) f.66-82; 523 (482) f.214-248; 586 (544) f.223-252; 593 (551); Cambridge, Corpus Christi 63 f.37; 441 p.315-352; 500 f.116-122; 518 f.109-118; Cambridge, Caius 120 f.73-92; 408 f.96-107; Cambridge, Magdalen 14 f.3; Cambridge, Pembroke 230 f.154-161; 238 f. 133-138; Cambridge, Peterhouse 197 f.157-72; 219 f.105-115; 263 f.15-33; Cambridge, St. John's F.31 (168) f.96-119; Cambridge, Trinity Coll. B. 14.25 (310) f.35; O.1.17 (1041) f.182-192; O.2.29 (1133) f.66-80; O. 3.50 (1222) f.59-60; O.9.28 (1440) f.37-46; Cambridge, Univ. Dd.3.16 f.1-7; Dd.4.54 f.31-46; Dd.9.52 f.139-160; Dd.11.83 f.101-19; Dd.14. 20 f.263-5; Dd.15.15. f.171-201; Ee.6.7. f.128-51; Ff.1.18. f.110-23; Ff.6.15. f.1-14; Hh.4.13. f.127-41; Ii.1.22. f.142-50; Canterbury, Cath. E.10; Charleville 22; Chartres 242; Clermont-Ferrand 155; 246; Darmstadt 1102; Douai 59; 537; 557; Dresden A 198; Theol. 55; Dublin, Trinity Coll. 332 f.258-271; Dubrovnik, Dominik. 33 f.48-72; Durham, Cath. B.III. 18; Hunter 30; Erlangen, Univ. 219 f.48-60; 276 f.157-166; 556 f.159-161; Evreux 21; Firenze, Laur. S. Croce, Plut. XIX dext. 10 f.103 seq.; Plut. XXII dext. 5 f.133 seq.; Gdansk 1961; 1975; Klosterneuburg 358 f.316-326; København, Gl. kgl. S.1359 oct. f.1-12; Ny kgl S 119; Kremsmünster 9 f.302-310; 193; 273; 280 f.322 seq.; 317; 333; 335; Leipzig, Univ. 348 f.87-109; 426 f.298-309; 486 f.203-241; London, BM Addit. 11420 f.115 seq.; 16567; 24641 f.236-249; 41069 f.59 seq.; Arundel 297 f.1-10; Burney 356 f.84-93; Cotton Nero A.X.; Cotton Vesp E; Egerton 673; Harley 103; 275 f.46-53; 1801; 2361; 3077 f.80-92; 3244 f.1 seq.; 3923 f.17-24; 4887 f.12-15; 4987 f.20-29; 5234 f.156-161; 5398 f.168-183; 8923; Roy. 5 A.VII; 5 A.XII; 5 F.XV; 6 B.XI f.63 seq.; 7 C.I.; 7 D.XV (incomp.); 7 D.XVII; 8 B.VIII; 8 C.VII f.860 seq.; 8 D.III f.169-174; 8 G.VII; 13 A.XIV; Sloane 1613 f.2-14; 2275 f.198-205; London, Lambeth 500 f.1-20; Madrid, Nac. 510; 4402 f.77-84; Magdeburg 174 f.134-147; 218 f.225-235; Montecassino 184; München, Clm 3221 f.29-42; 5409 f.1-13; 6808 f.101-118; 8085 f. 48-57; 8727 f.107; 8858 f.237-245; 8961 f.229-235; 9583 f.239-246; 15173 f.263-276; 18358 f.338-343; 18885 f.242-250; 21103 f.108-126; 26936 f.107-118; 28604 f.47-62; 28635 f.66-85; Napoli, Naz. V.H.16 f.108-135; Oxford, Bodl. Ashmole 751 f.86-94, 105-107; Laud Misc. 112 f.42-45; 322 f.53-93; Rawl. C.504 f.29-46; Oxford, Balliol 152 f.1-24; Oxford, Brasenose 15 f.25-42; Oxford, Corpus Christi 32, f.1-8; 330 f. 145-158; Oxford, Jesus 35 f.14-19; Oxford, Magdalen 109 f.5-13; Oxford, Merton 257 f.148-164; Oxford, New College 145, f.124-129; Oxford, Oriel 76 f.147-155; Oxford, St. John's 202, f.166-81; Oxford, Trinity 89 f. 129-144; Oxford, Univ. College 61, 193-200; Paris, Arsenal 252; 258; Paris, Mazarine 616 (871); 742 (115); 743 (906); 747 (908); 751 (1120); 980 f. 64-79; Paris, BN lat. 1201 f.359 seq.; 1727 f.117 seq.; 2042 f.92 seq.;2049 f.107-113; 2479 f.102 seq.; 2568 f.11-16; 2708 f.136-168; 2937 f.42 seq.; 2941 f.1 seq.; 3010 f.9 seq.; 5698 f.119 seq.; 10358 f.76 seq.; 10522; 10630 f.44 seq. (imp.); 13587 f.86 seq.; 14558 f.204 seq.; 15168 f.47 seq.; 15700 f.1-9; 15988 f.581 seq.; 16056 f.61 seq.; 16356 f.158 seq.; 17282 f.129 seq.; Praha, Metr. Kap. A.796 (153) f.1-9; N43 (1567) f.11-20; Praha, Narodni Mus. X.A. 10 f.122-129;XIV.C.11 f.7-26; Praha, Univ. XII.F.18 (2206) f.253-259; XII.F.5 (2343) f.36-48;XIII.G.11

(2378) f.82-101; XIV.E.34 (2568) f.13-19; XIV.G.17 (2625) f.1-10; Reims 456 f.66-72; 457 f. 1-11; Rein 49 f.30-44; Roma, Casanatense 294, f.42-61; Rouen A 454 (671) f.141-156; A 505 (679) f.29-50; A 592 (670) f.178 seq.; Sankt Florian 57; Schlägl 133 f.207-223; Seitenstetten 251; Toulouse 191; Tours 341 f.10-34; 345; 381 f.92-99; 396; Troyes 1032 f.5-26; 1635; Utrecht, Univ. 174; 317; 332; 387; Valenciennes 224; Vaticana, Vat. lat. 468 f.17 seq.; 660 f.43 seq.; 663 f.107 seq.; Venezia, Marc. lat. II.59 (Valentinelli III, 76) f.1 seq.; Wien, Nat. 417; 785; 882; 1118; 1312; 1664; 4173 f.9-12; 4178 f.103-108; 4253 f.50-56; 4248; 4673; 12529 77-99; Ser. n. 12861 f.80-93; 12867 f.58-71; Wien, Schott. 311 f.292-301; Wilhering 101 f.135-140; 132 f.23-37; Worcester, Cath. F.117; Würzburg, Univ. M. ch. f.52 f.220-229; M. ch. f.295 f.288-294; M. ch. q.15 f.197-224; M. ch. q.158 f.63-73; M. ch. O.15 f.54-75; Zwettl 144 f.95-104; 232 f.72-79; 319 f.52-65. (G. Meyer-M. Burckhardt, *Die mittel. HSS der Univ. Basel*, 1 [Basel 1960] p.652)
Printed: PL 184, 485-508 (cf. PL 177, 165).

3127. Multi querunt scientiam sed pauci...
De custodia et studio conscientiae
Ms: Wien, Nat. 3496

3128. Multi sunt quod dolendum est his diebus...
Nota de patientia
Ms: Cambridge, Trinity B.15.15 f.274

3129. Multi sunt sacerdotes et pauci sunt sacerdotes...(Part II)
Guillelmus de Pagula (or Pagham), *Dextera pars Oculi sacerdotis*
Mss: Cambridge, Caius 87 f.51-87; 443 f.55-100; Cambridge, Pembroke 248; 281 f.51-105; Cambridge, St. John's D.18. (93) f.34-68; E.5 (108) f.62-132; Cambridge, Univ. Gg.1.13; f.61; London, BM Roy. 6 E.1; Oxford, Bodl. Bodl. 828 f. 47 (SC 2695); Rawl. C.84; Oxford, Balliol 83 f.27 seq.; Oxford, New Coll. 292 f.2 seq.; Wien, Nat. 14315 f.185-189 (?)
See: Part I: Cum ecclesie quibus...
Part III: Ignorancia sacerdotum populum...

3130. Multifarie multisque modis...
See: Sentite de Domino...Multifarie...

3131. Multis ergo calamitatum temptacionibus mentes solitarie in hac vita pulsantur...
Ms: Cambridge, Christ's 11 f.1

3132. Multo fortius debet audire stultus...
See: Audiens sapiens, sapientior erit. Multo fortius...

3133. Multorum Deo militare cupientium immo volencium...
Iacobus de Jüterbog (Iacobus Carthusiensis), *Oculus religiosorum*
Mss: København, Gl. kgl. S.1590 qu. f.2-137; London, BM Addit. 29731 f.64; München, Clm 28615 f.1-37; Wiesbaden 21; (Meier 42-44; Petreus, *Bibl. Cartusiana* 155)

3134. Multorum fratrum ordinis nostri et diuersorum secularium precibus persuasus dudum munus requisitum negaui... (Cap. 1) **Inter omnia mala signa in homine unum est quando homo non timet Deum...**
Iacobus de Cessolis, O.P., *Super ludo scaccorum sive De moribus hominum et de officiis nobilium*
(Quetif-Echard I 471 b)
Mss: Vaticana, Regin. lat. 430 f.73-100v; Vat. lat. 1042 f.70-117.
See: Ego frater Iacobus de Cessolis...

3135. Multorum querela non modica...
Matthaeus de Cracovia, *Conflictus rationis et conscientiae*

Ms: Lond. BM Roy. 6.E. f.200
See: following entry

3136. **Multorum tam clericorum quam laicorum querela est...**
Matthaeus de Cracovia, *Dialogus conscientiae et rationis* or *Dialogus conscientiae et rationis de celebratione vel communione* or *Disputacio consciencie et racionis* or *Conflictus conscientiae cum ratione de communione* or *Certamen rationis et conscientiae de frequentatione communionis* or *Dialogus de modo celebrandi seu recipiendi sacramentum eucharistiae* or *Dialogus rationis et conscientie de frequenti usu communionis*
Mss: Brno, Univ. Mk 69 f.138-150; Budapest, Eg. Kön. 55 f.73-82; Darmstadt 675; 778; Frankfurt am Main, Stadtbibl. Praed. 180 f.62-102; Gdansk 1964; 1975; 1979; Mar. f.221; Herzogenburg 21 f.192-201; 329 f.34-50; København, Gl. kgl. S.53 fol. f.149-161; Gl. kgl. S.72 fol. f.35-42; Gl. kgl. S.3308 oct f.136-189; Krakow, Univ. 1291; 2220; 2614; Leipzig, Univ. 487 f.2-12; 595 f.170-199; München, Clm 7844; Osek 20 f.156 seq.; Paris, Arsenal 848; Paris, Mazarine 993 (1090); Paris, BN lat. 3088 f. 70-77; 18117 f.186 seq.; Praha, Univ. IV.B.1 (603) f.243-251; Trebon, Arch. A 5 f.158-171; Utrecht, Univ. 314; 315; 378; Vaticana, Vat. lat. 456 f.78 seq.; Wien, Nat. 4659. Wilhering 104 f.33-49; Würzburg, Univ. M.p. th.q.72 f.60-82; M. c M. ch. f.228; M. ch. f.250; M. ch. q.129
Cf.: preceding entry

3137. **Multum dolere possumus/ Quod nostris in temporibus...**
[Poem satirizing clergy]
Walther IC 11410

3138. **Mundanis vanitatibus/ astrictus potentatibus...**
[Poem on misery of human life]
G.E. Klemming, *Cautiones* 35-37

3139. **Mundanus timor est quando homo peccat...**
See: Septem sunt species timoris; timor mundanus humanus...Mundanus timor est...

3140. **Mundat, foecundat, conservat, deinde coronat...**
De elemosina
Ms: Paris, Mazarine 3875 (593) f.24; (Walther IC 11413)

3141. **Munde tuis numque cultoribus esse fidelis/ Mortalesque iugi fallere fraude solens...**
Sebastianus Brant, *Invectiva contra mundi delicias*
Printed: *Varia Sebastiani Brant Carmina* (Basileae 1498) p.H-I

3142. **Mundi fides iam frigescit...**
De malicia mundi
Ms: (Dreves 33, 275 seq.)

3143. **Mundi forma veterascit/ evanescit gloria...**
Ms: Alencon 1 f.30 (Walther IC 11423)
Printed: Dumeril, *Poesies populaires Latines* (Paris 1847) 102

3144. **Mundi libet vitia cunctis exarare** [or **enarare**]**...(variant?)**
Walther IC 11427
See: Licet mundi cunctis...

3145. **Mundi presperitas/ et vite brevitas/ multos decipiunt...**
De vanitate mundi or *De vilipensione mundanorum*
Ms: Paris, BN lat. 458 f. 211;(Rudolf, *Ars Moriendi* p.39 n.71; Walther IC 11429)
Printed: Dreves 46, 359-60

3146. Mundi turba turbulenta, error et divisio, Haeresis Simoniaca...
  Petrus Damianus, *Adversos simoniacos*
  Margareta Lokrantz, *Studia latina Stockholmiensia* XII (Stockholm 1964)

3147. Mundi volo vanitatem et fortune levitatem...
  Rhythmi de mundi vanitate
  Mss: Cambridge, Univ. Dd.4.35 f.46-48; Oxford, Corpus Christi 232 f. 77-81; (Walther IC 11438)

3148. Mundum, mundum, fili fugito...
  Dialogus inter patrem et filium de fuga mundi
  Ms: Wien, Nat. 2655

3149. Mundum spernere cum suo flore...
  Sententiae morales
  Ms: Paris, BN lat. 2486 f.103 seq.

3150. Mundus abit; res nota [and satis] quidem, res usque notanda...
  Serlo, *De vanitate mundi* or *De contemptu mundi* (poem)
  Mss: Paris, BN lat. 11866 f.355; Vaticana, Regin. lat. 344; (Rudolf, *Ars Moriendi* p.32 n.38; Walther IC 11450)

3151. Mundus decidivus et homo fragilis...
  De vanitate mundi
  Walther IC 11454
  Printed: Ch. Cuissard, *Documents sur Abelard*, Orleans 1880, p.33-36

3152. Mundus erat ut apparet...
  De malitia mundi
  Ms: Wien, Nat. 883 f.60-61

3153. Mundus falso dictus mundus, quia fedus et immundus...
  Complanctus de moribus clericorum or *Cleri fletus*
  Ms: Lille, 108; (Leyser 1227; Walther IC 11459)

3154. Mundus in antifrasim putei Iordane remensus...
  De iniquo statu mundi (31 distiches)
  Ms: Vaticana, Pal. Lat. 719, f. 164 (Walther IC 11465)

3155. Mundus indebito nomine mundus vocatur: quia est immundus...
  Rupertus Limpurgensis, *Liber de contemptu mundi*
  Ms: Vaticana, Regin. lat. 246 f. I (fragm.) (Trithemius [Paris 1512] lxxxiii seq.)
  Ded.: Reuerendo fratri et amico familiari suo h....Si racio seu verus amor fieri pateretur...

3156. Mundus non mundat, sed mundus polluit. Ergo...
  [Versus metrista]
  Ms: München, Clm 4634 f.115

3157. Mundus ut dicit Isidorus, Ethym. IIIo, est qui constat ex celo et terra...
  Phisocosmus De proprietatibus rerum
  Ms: Klosterneuburg 125

3158. Musa refer clausas levium rerum mihi causas/ ut levium...
  Hugo de Trimberg, *Fabulae*
  Ms: München, Clm 7678 (Walther IC 11508)

3159. Mutaciones huius libri sunt hee...
  See: Carminis maiori parcet... Mutaciones huius libri sunt hee...(commentary)

3160. *Muto iocis hymnos, purgo merore cachinnos...*
   Penitentiale
   Walther IC 11539

3161. *Mutuum dicitur quasi de meo tuum...*
   See: Vis videre, quantum et quale... Mutuum dicitur quasi...

3162. *Mystice Ochosias significat principes Judaeorum...*
   See: Cecidit Ochosias...Mystice...

3163. *Nam capitis inclinatio in Cruce...*
   Septem vicia curantur passione Christi
   Ms: Durham, Casin. V.I.12

3164. *Nam cum olim ex urbe...*
   Poggius Bracciolinus, *De vera nobilitate*
   Ms: Vaticana, Urb. lat. 224 f.75 seq.

3165. *Nam misericordia et veritas custodiunt regem* (Prov. 20,28)...
   Liber de quattuor virtutibus cardinalibus per exempla antiquorum gestorum collectus
   Ms: Klagenfurt, Studienbibl. Pap. 171 f.267-284
   See: Quoniam misericordia et veritas custodiunt regem...

3166. *Nam quedam est fidei...*
   See: Confessio potest dici multipliciter. Nam quedam est fidei...

3167. *Nam secundum beatum Gregorium tertio Moralium, multa sunt vitia...*
   See: Est via, quae homini videtur recta, novissima autem illius...Nam secundum...

3168. *Nam subito rapit...*
   See: Ne tardas converti... Nam subito...

3169. *Nam sunt omnes homines...*
   See: De sapientia et scientia. Nam sunt...

3170. *Narrat philosophus de quadam ave, que vocatur scophiles...*
   Sertum florum moralium
   Ms: Paris, BN lat. 13475 f.2-120 [formerly Citeaux]; (Welter 325 seq.)

3171. *Narrat Seneca declamationum libro primo quod lex fuit...*
   Robertus Holcot, *Moralitates* or *Declaratio per exempla legum romanorum*
   Ms: Lucca, Bibl. Governativa 1455
   See: Theodosius de vita Alexandri...

3172. *Narratur de quodam perito medico...*
   Historiae variae moralisatae
   Ms: Praha, Univ. VIII.H.6 (1624) f.1-45

3173. *Narratur quod quidam clericus...*
   [Edifying tales]
   Ms: London, BM Roy. 7 D.I f.61-139 (Ward & Herbert III 477 seq.)

3174. *Nata humili [que] modo concepta in rebus egenis/ optatam...*
   Laurentius Valla,
   [Epigram on humility]
   Printed: Antonio Altamura in *Studia di filologia medievale e umanistica* (Naples 1954) 101

3175. *Naturale est quod si* [or *iste*] *homo...*
   Iacobus de Losanna, O.P., *Compendium moralitatum Amor*
   Ms: Schlägl 178 f.1-27; 224 f.1-27
   Cf: Abicit mundus pauperes et honorat diuites...

3176. *Naturaliter omne peccatum fugiendum est...*
   [Moral tractate]
   Ms: München, Clm 2651 f.109 seq. (imperf.)

3177. *Naturas animalium quae Scriptura sacra commemorat sive mores praesentis operis...*
   Liber moralis de animalibus
   Ms: Paris, BN lat. 15971 f.33 seq.

3178. *Naturas rerum in diuersis auctorum scripturis...*(Prol.) (Lib. 1) **Partes humani corporis principaliter create sunt...**
   Thomas Cantipratensis O. P., *Liber de natura rerum* or *De naturis rerum*
   Mss: Bern 53; Brugge, Stadsbibl. 410; 412; 213; Krakow, Uniw. 794; 795; Paris, Mazarine 861 (1274); Paris BN lat. 347 B; 347 C;523 A; n. a. lat. 1617; Paris, Sainte-Genevieve 254; Praha, Univ. XIV.A.15 (2428); Valenciennes 320; Vaticana, Vat. lat. 882; 10064 f.161 seq.; Würzburg, Univ. M. ch. f.150 (Welter 338-241; Thorndike-Kibre 637; 904; 1026)
   Variant: Homo ut dicit Aristoteles dicitur anthropos...

3179. *Naturis variis animalia sunt redimita...*
   Carmen de naturis animalium
   Walther IC 11619

3180. *Natus in Iudea Deus...*
   See: Notus in Iudea...

3181. *Navis per se descendit flumen...*
   [Moral tales from the *Physiologus*]
   Ms: Oxford, Bodl. Laud. misc. 527 f.179 seq.

3182. *Ne deficiamus...*
   Nicolaus de Dinkelsbühl, *De praeceptis decalogi* (Fragm. sermon. 2-12)
   Ms: Padova, Univ. 2101 f.37-97 (Madre 173)
   See: Preter precepta legis...

3183. *Ne descendas in Egyptum, sed quiesce in terra cum dixero tibi et peregrinare ibi eroque tecum et benedicam tibi* (Gen. 26,2-3). **Verba sunt Domini ad Isaac qui interpretatur risus...**(variant)
   See: Iustus cor suum tradidit ad vigilandum diluculo...

3184. *Ne desperet sicut Chain...*(commentary incipit)
   See: Spes venie: Ne desperet...

3185. *Ne dicas amico tuo...*
   See: Timor Domini principium... Ne dicas amico tuo...

3186. *Ne inter occupationes multiplices et sollicitudines vehementes...*
   Innocentius III, *Commentarium in septem psalmos poenitentiales*
   Printed: PL 217, 967-1130
   See: Hic inter curas varias...
       Homo ternarium quantum ad animam...

3187. *Ne pauperes per potentiam suam opprimant nec a subditis suis opprimi...*
   (Iohannes Gerson?), *Modus viuendi ad nobiles, potentes et scabinos*
   Mss: Bruxelles, BR 2741-47 (cat. 1569) f.148-151; München, Clm 28399 f.10-13
   See: Ne potentes per potentiam...
       Regula prima que spectat ad nobiles...Ne pauperes...

3188. *Ne potentes per potentiam suam [subditos] opprimant nec a suis...*
   (Iohannes Gerson?), *Bonus et utilis modo viuendi secundum Deum ad omnes fere status hominum ordinatus* or *De bono modo viuendi*
   Mss: Basel, Univ. B IV 28 f.1-3; B V 32 f.76-86; B VIII 32 f.144-146;

Klosterneuburg 417 f.82; München, Clm 5690 f.177-179
See: Ne pauperes per potentiam...
Regula prima que spectat ad nobiles...Ne pauperes...

3189. **Ne quis amet temere, docet obruta Troia cavere...**
De vanitate
Walther IC 11665

3190. **Ne quis cantica canticorum pro auctoris sui persona audeat refutare...**
[Concerning Solomon's penance]
Ms: Vaticana, Vat. lat. 1054

3191. **Ne tardes conuerti ad Dominum et ne differas de die in diem** (Eccli. 5,8). **Nam subito rapit miseros inclementia mortis inopinate et deuorat acerbitas penarum...**
Ricardus Rolle de Hampole, *De emendatione vitae* or *De emendatione peccatoris* or *Vehiculum vitae* or *De modo vivendi* or *De conversione peccatoris ad Dominum* or *Duodecim capitula* or *Regula vivendi* or *De institutione vitae*
Mss: Cambridge, Caius 140 f118-126; 216 f.1-22 (attrib.); 353 f.128-145 (attrib.); Cambridge, Jesus Q.D. 4 (46) f.74 (attrib.); Cambridge, Peterhouse 218 f.141 (attrib.); Cambridge, Trinity B.1.15 (14) f.13 (attrib.); B.1.18 (17) f.85 (attrib.); Cambridge, Univ. Dd.4.54 f.47-63; Dd.5.64 f.1-16; Ff.5.36 f.52-67 (attrib.); Gg. 1.32 f.170-179; Hh.4.13 f.141-156; Mm.5.37 f.91-120; Univ. add. 5943 f.147; Douai 396; London, BM Add. 16170 f.28; 24661 f.2; 34763 f.19; 34807 f.121-131; Burn. 356 f.56-65; Cotton Faust A.V. f.12-24; Egerton 671 (fragm.); Harl. 275 f.1-12; 1706 f.67-81; 2439 n.1; 5235 f.38; 5398 f.4-20; Roy. 8 A.VII f.22-45; 17 B.XVII f.76-96; Sloane 2275 f.140-150; London, Lambeth 500; Oxford, Bodl. Douce 107 f.1; Hatton 26 f.167 (SC 4061); Oxford, Balliol 224 f.31 seq.; Oxford, Brasenose 15 f.1 seq.; Oxford, Corpus Christi 155 f.212 seq.; 193 f.165 seq.; Oxford, Magdalen 71 f.1 seq.; Oxford, Merton 67 f.211 seq.; Paris, BN lat. 543 f.50. (Allen 230 seq.; Thomson 257-258 n.38)
Some of these MSS. may contain *Peniteas cito* rather than *De emendatione peccatoris* because of similarity of incipits (cf. Ne tardes converti... Peniteas cito...).
Printed: *Max. Bibl. Vet. Patrum*, Lugduni 1677, t.26, 609-618; *Speculum Spiritualium*, etc. (Paris 1510) fol. ccix; *De emendatione*, etc. (Antwerp 1553)
Prol: Hic est libellus de emendatione vite...
See: Si in temptatione...
Cf: Cito non tardes conuerti...

3192. **Ne tardes converti...**(Eccli. 5,8). **Nota quod poenitentis satisfactio debet esse festina...**
Tractatus de modo poenitendi
Ms: Oxford, New Coll. 96

3193. **Ne tardes converti...**(Eccli. 5,8). **Peniteas cito peccator cum sit miserator...** (variant)
See: Peniteas cito peccator...

3194. **Ne transgrediaris terminos antiquos quos posuere...**(Prov. 22,28)...
See: 3195

3195. **Ne transgrediaris terminos antiquos quos posuere...**(Prov. 22,28)...
Ps.-Thomas de Aquino, *Summa de fide*
Ms: Zwettl 305 f.1-57

3196. **Nec minus internas vires effeminat aurum...**
Hildebertus Cenomanensis (?), *De avaritia*
Walther IC 11691
Cf: Non minus enervat animos aut...

3197. **Necessarium videtur ipsius humilitatis et superbie fructum...**(prol.)
See: Petrus. In hac itaque arborum vel fructum dissimilitudine...

3198. Necesse est sacerdoti scire decalogum et precepta decalogi; ubi prohibentur varia genera peccatorum...
[De decem praeceptis]
Mss: Olomouc, Univ. I-156 n.11; Uppsala C.404 f.111; (Stegmüller RB 11430)

3199. Nectaris imbre sui te spiritus almus inundans/ spernere compellat quidquid obesse solet...
Guido, *De virtutibus et vitiis*
Ms: Charleville 106 n.8 (excerpts?)

3200. Nemo cum haec capitula viderit, exspectet ut legat...(Prol.) **Sunt igitur quatuor dona Spiritus Sancti, sapientia...**(Chap. 1)
Ernaldus, Abbas Bonaevallis, *De donis Spiritus Sancti*
Printed: PL 189, 1589-1608

3201. Nemo est ut opinor qui non satis audierit et mente teneat...
Nicolaus de Clamengiis, *De ruina et reparatione ecclesiae*
Mss: See Coville p.16-26. Basel, Univ. B.III.24 f.127-138 (G.Meyer-M.Burckhardt, *Die mittelalterl. HSS der Univ. Basel* [Basel 1960] I 295)
Printed: A. Coville, *Le Traite de la Ruine de l'Eglise* (Paris 1936) 111-156
Prol.: Cum hesterno die sacrorum eloquiorum codicem...

3202. Nemo potest...
See: Dominus in Evangelio: Omnia possibilia...Nemo potest...

3203. Nemo potest duobus dominis servire (Luc. 15,13), **scilicet invicem discrepantibus, ut et Dominus et diabolus...**
Fortitudo (themes for preachers)
Ms: Toulouse 369 ff.127 seq.
Similar incipit: Hugo de Sancto Caro, *Sermones dominicales* (Roma, Casan. 1 n.49 f.23; Cat. I p.5)
Cf: Dicite filiae Sion...

3204. Nescio, excelse Princeps, si in laudem tui lucidius...(pref.)
See: Propter quid in entibus ponunt philosophi...

3205. Nescio parere, mihi iussa recuso tenere...
See: Inobediencia. Nescio parere...

3206. Nihil aliud est virtus quam diligere...
See: Augustinus. Nihil aliud es virtus...

3207. Nihil dignius quam ut creator a sua ametur creatura...
Compendium Speculi caritatis Aelredi Rievallensis (Hoste 47-48)
Printed: PL 195, 621-658

3208. Nihil est quod tantum damnum faciat diabolo sicut vera confessio...
Historiae monachales
Ms: Bern 645

3209. Nihil fere ab odio differre invidia...
Nicolaus Perotti, Commentary on Plutarch's *De differentia inter odium et invidiam*
Ms: Vaticana, Urb. lat. 297

3210. Nihil fit in terra sine causa (Iob 5,6) *et ita omne quod fit...*
Robertus Grosseteste (?), *De effectibus virtutum*
Ms: Durham, Cath. A.III. 12 f.38-41; (Thomson 236)
See: Nihil sit in terra...

3211. Nihil habenti bona voluntas sufficiat ad graciam...
Liber de paupertate compositus sub dyalogo
Ms: Bruxelles, BR 21865 (cat. 1470) f.82-86

3212. *Nihil sic Deo placet quomodo obediencia...*
   Ps. Augustinus, *De humilitate et obedientia* or *De obediencia*
   Mss: Cambridge, Caius 126 f.77-79; 240 p.311-314; Cambridge, Pembroke 265 f.185; Oxford, Balliol 240 f. 176; Oxford, Magdalen 72 f.159 seq.; Oxford, Merton 18 f.6
   Printed: PL 40, 1221-4; CC 78, 552-555

3213. *Nihil sit in terra sine causa dicit Iob* (5,6)...
   Tractatus bonus de viciis
   Ms: London, BM Harl. 2 f.263
   See: Nihil fit in terra...

3214. *Nil bene discernit quem praecipitatio sternit...*
   Schema vitiorum capitalium
   Ms: Wien, Nat. 4177 f.11 (Walther IC 11729; PS 15667)

3215. *Nil valet ille labor quem praemia nulla sequuntur...*
   [Proverbs]
   Ms: Oxford, Bodl. Rawl. A.273 (Walther IC 11800; PS 16903)

3216. *Nimia tui rigoris austeritas, quem exerces in tuorum confessionibus...*
   See: Venerabili Patri et amico in Christo domino W.,...Nimia tui rigoris...

3217. *Nisi habundaverit iustitia vestra plus quam scribarum et phariseorum non intrabitis in regnum...*(Matth. 5,20). *Solet esse in rebus humanis quod quando quis vult ire ad aliquam ciuitatem*
   Predicatio beati Thome de Aquino (?) *super decem preceptis legis*
   Ms: Dresden A.113 f.50-53

3218. *Nisi hoc vicium...*
   Liber de septem vitiis capitalibus
   Ms: London, BM Harl. 1207 f.36-170

3219. *Nisi idem quod a Seneca ad Paulum...*(prol.)
   See: Quisquis prudentiam sequi desideras tunc...

3220. *Nisus semel rapuit columbam...*
   Fabulae de animalibus moralisatae
   Ms: Praha, Univ. IX.B.4 (1690) f.203-209

3221. *Nobilis et honorabilis militie gradus per principes christiane fidei professores...*
   Guido Vernani de Rimini, O.P., *Liber de virtutibus que ad vitam vere militie requiruntur*
   Ms: Venezia, Marc. Lat. VI 13 f.7-27 (Valent. IX, 61; cat. III p.45-46) (N. Matteini, *Il piu antico oppositore politico di Dante: Guido Vernani da Rimini* [Padua 1958] 28-29; T. Käppeli, *Quellen und Forsch. aus italien. Archiv.* 28 [1937-38] 107-146)

3222. *Nobis igitur peccatoribus...*
   [Work on confession]
   Ms: Praha, Metr. Kap. N 42; (Schulte II 530)

3223. *Noctis sub silentio tempore brumali...*(variant)
   See: Ecce mundus moritur...

3224. *Nolens tibi quippiam frater denegare...*
   Versus de gradibus humilitatis
   Mss: Cambridge, Corpus Christi 83 f.8; Cambridge, Univ. Ff.6.15 f.15

3225. *Noli laborare ut diceris sed prudentiae tuae pone modum...*
   [Proverbs]
   Ms: Paris, BN lat. 10448 f.149 seq.

LIST OF INCIPITS

3226. Noli plus sapere quam oportet et quam necesse est (Rom. 12,3)...
[De decem praeceptis]
Mss: Innsbruck, Univ. 381 f.61-67; Praha, Metr. Kap. D.135 (706) f.41-45
See: Audi, Israel, precepta dei...Noli plus sapere...

3227. Nolite confirmari huic seculo sed reformamini...Ad Rom. 12,2 et in epistola hodierna. Commoneor dicere, dilectissimi in Christo Iesu, ac ostendere damnosam cecitatem mortalium...
Robertus de Licio, *Sermo de avaritia*
Ms: Napoli, Naz. VII.D.22 f.122-124.

3228. Nolite diligere mundum...(I Ioh. 2,15). *Hanc propositionem scribit beatus Iohannes apostolus et ewangelista...*
Tractatus de contemptu mundi
Ms: Wien, Nat. 5464 f.58-75

3229. Nolite diligere mundum neque ea que in mundo sunt (I Ioh. 2,15). *Sic aquila illa celestis beatus Johannes evangelista...sue seriose inclamat...*
Henricus de Coesveldia (Coesveldt), *De tribus votis*
Mss: Bruxelles, BR 1520-42 (cat. 1467) f.31-38; 2037-48 (cat. 1035) f.128-157; 2285-301 (cat. 1505) f.107-138; 5029-30 (cat. 2159) f.1-68; 9654-63 (cat. 3707) f.222-229; Graz 214; Grenoble 1845.

3230. Nolite diligere mundum...(I Ioh. 2,15). *O vita mundi, non vita sed mors. Vita fallax et onusta tristiciis, imbecillis et umbratica, vita mendax...*
Iohannes de Scoenhovia (Schoonhoven), *De contemptu huius mundi sive de fuga mundi* or *Tractatus devotus de contemptu mundi*
Mss: Bruxelles, BR 5628-37 (cat. 1618) f.245-55; Erlangen, Univ. 549, f.3-11; Trier, Stadtb. 801 f.214-218; Utrecht, Univ. 161; London, BM Add. 41618 ff.71-92; Vaticana, Vat. lat. 10068 f.284-296
See: J. G.R. Acquoy, *Het klouster te Windesheim en Zijm Inuloed* (Utrecht, 1876) II, 89, 318-319 and Gruiys 38-40
Printed: A. Gruijs, *ALMA*33 (1963) 41-97

3231. Nolite omni spiritu...(I Ioh. 4,1)...
See: Quamvis omnibus fidelibus dicatur illud verbum...Nolite omni...

3232. Nolite tangere christos meos...(Ps. 104,15). *Christianus dicitur a Christo...*
[Tractate on the Christian Life]
Mss: Stockholm, Kgl. Bibl. MS A.211 (from Erfurt) f.85-89; (Lehman II,16)

3233. Nolite thesaurizare vobis thesauros...(Matth. 6,19). *Et verba ista sunt dulcissimi Iesu...*
Sermo de contemptu mundi
Mss: Napoli, Naz. VII. D.22 f.72-76; Roma, Casan. 271 f.224.

3234. Nolite thesaurizare vobis thesauros...(Matth. 6,19). *Ut discutiamus thesauri rationis materiam...*
Iohannes de Capistrano, O.F.M., *Tractatus de cupiditate* or *De cupiditatibus* or *De usuris et contractibus*
Mss: Gdansk 2030; Leipzig, Univ. 215 f.315-341; 413 f.374 seq.; München, Clm 14155 f.1-61; Praha, Univ. IV.G.12 (744) f.1-135.
Printed: Cologne 1482; Eugen Jacob (Breslau 1907) II 2.

3235. Nomen Gomorrian graece latine dicitur fluxus seminis...
Petrus Damianus (?), *De Gomorriano peccato* (shortened form of 'Ut autem res vobis...')
Ms: Wien, Nat. 3568
Cf: Ut autem res vobis...

3236. *Nomen virtutis notificatur. Notandum ergo quod nomen...*
Guillelmus de Alvernia (Parisiensis) (?), *De virtutibus* (beg. missing)
Ms: Lincoln, Cath. 55 (A.6.6)

3237. *Nomina virtutum et descriptiones earum. Prima prudentia. Prudentia est rerum bonarum et malarum...*
Sermones scripti
Ms: Verdun 83

3238. *Non absque dolore et gemitu...*
Iohannes Wrode (Rode) de Hamburg, *Viridarium clericorum* or *Tractatus pulcher de contemptu mundi*
Mss: Bamberg, Theol. 127 f.182-202; Wien, Nat. 14447 f.284-311

3239. *Non adorabis deos alienos* (cf. Ex. 20,3)...
See: Non habebis deos alienos...Primum preceptum: Non adorabis...

3240. *Non adorabis deos alienos...Hoc preceptum sicut cetera sequentia litteralem siue moralem habet expositionem...*
Explanatio doctrina decem preceptorum et subdivisiones eorundem or Explanatio decem mandatorum litteralis sive moralis
Mss: Cambridge, Trinity B.14.36 (320) f.1-127; Oxford, Balliol 152 f.117-163

3241. *Non adorabis deos alienos...Legitur ibidem: Ego sum Dominus Deus tuus...* (Ex. 20,3). *Ad illius mandati explanationem concurrunt tria...*
Gottschalcus Hollen, O.E.S.A., *Praeceptorium divinae legis*
See: Si vis ad vitam ingredi...Ista sunt verba saluatoris nostri in quibus...

3242. *Non adorabis deos alienos...O quam multi heu adorant deos alienos...*
Decem precepta sub compendio edita
Mss: Wrocław, Uniw. I.Q.467 f.127-129; Würzburg, Univ. It.q.56) 14 fol.

3243. *Non adorabis deos alienos...Primum preceptum appropriate respicit personam Patris quantum ad voluntarium obsequium...*
See: Audi Israel...In verbis propositis...

3244. *Non adorabis deum alienum...*(Ex. 31,14). *Nota quod mandatum istud transgreditur...*
Ms: Vorau 34 f.76-87v

3245. *Non assumes nomen Dei* (Ex. 20,7). *Notandum quod in vanum vel frustra fieri dicitur...*
Robertus Lincolniensis is cited most frequently,
[De decem praeceptis]
Ms: Oxford, Bodl. Laud. misc. 524 f.67-83

3246. *Non bene discernis, qui prefers ima supernis...*
Hildebertus Cenomanensis, *De lapsu mundi*
Mss: Paris, BN lat. 712 f.62; 3088 f.78; n.a. lat. 451 f.1 (Walther IC 11974; PS 17286)
Printed: PL 171, 1408 1437

3247. *Non de preceptis divinis specialiter tantum...*
[De decem praeceptis]
Ms: Todi, Com. 28

3248. *Non defecit de plateis eius usura et dolus* (Ps. 54.12). *Quod videtur verificari et de ciuitate terrestri et de ciuitate spirituali ecclesie...*
Antoninus Florentinus, O.P., *Tractatus de usuris*
Mss: Kaeppeli 244

3249. *Non dignentur filii regis ad irracionabilium...*
De patientia
Ms: London, BM Sloane 988

3250. Non dubito tuae notum esse caritati quanta nobis...
See: Reverendissimo in Christo fratri ac filio Haltigario...Non dubito...

3251. Non ego Paulus sed gratia Dei secum Eliu...
[Excerpts from Gregorius Magnus's *Moralia]*
Ms: Toulouse 179

3252. Non ergo solitarie multum contristari debent...
Ms: Cambridge, Christ's Coll. 11 f.1

3253. Non est animal adeo indomitum...
See: De Abstinentia. Castigo corpus meum...(I Cor. 9,27). Non est animal...

3254. Non est desperandum...
Robertus Holcot, *Moralitates* (selection)
Ms: Utrecht, Univ. 331 f.1-13
Cf: Theodosius de vita Alexandri refert quod rex...
Nota quod multi sunt in ecclesia...

3255. Non est dignus scientia qui scientiae insurgit praeceptori. Hanc propositionem scribit Boetius...
Summa poenitentiae
Ms: Troyes 2015

3256. Non est dubium quod si quis bene suos defectus et maliciam recognosceret...
Psalterium humilitatis or *De humilitatis perfecte decalogo* or *De decem gradibus humilitatis*
Mss: Durham, Cath. B.III.22; Madrid, Nac. 9536 f.78-80; Volterra, Guarnacciana 5230 f.82-84

3257. Non est legalis generatio presbyteralis...
[Versified proverbs]
Ms: Lisboa, Cod. Alcobac. 238 (Walther IC 12038)

3258. Non est mirum fratres...
See: Convertimini ad me....Non est mirum fratres...

3259. Non est opus valentibus medicus sed male habentis (Matth. 9,12)...
Tractatus de sacramentis
Ms: Budapest, Eg. Kön. 53 f.99-202

3260. Non est sine causa, fratres dilectissimi, quod preceptorum legis dei numerus cum numero plagarum quibus...
Caesarius Arelatensis, *Augustinus: De decem preceptis et decem plagis Aegypti*
Ms: Admont 257 f.119-121; Alencon 10 f.77-80; 13 f.1; Braunschweig 78 f.247-248; Cambridge, St. John's 62 f.9-10; Köln, Stadtarch. W Kf 205 f.103-104; London, BM Harl. 3006 f.83-87; München, Clm 18149 f.276-279; Paris, BN lat. 579 f. 177-8; 2850 f.114-120; Oxford, New Coll. 51 f.6-7; (Stegmüller RB 9630)
Printed: PL 39, 1783-6; CC 103, 407-413
See: De decem preceptis et plagis scribit...
Primum est preceptum in lege...
Cf: Prius in fundamento positam rerum...
Cf.: (?) Quia non est sine causa...

3261. Non est vere dignus scientia qui scientie insurgit...(prol.)
See: Causa efficiens fuit quidam magister Iohannes Galandria...

3262. Non ex subtili sed vili scribimus ista...
See: Summula de summa Raymundi... In summis festis...

3263. Non habebis deos alienos...
　　See: Non adorabis deos alienos... Primum mandatum...Primum preceptum...

3264. Non habebis deos alienos coram me (Ex. 20,3). *Hec precepta ut dicit Augustinus in duobus...*
　　De decem preceptis
　　Ms: Cambridge, Emmanuel I.4.4 (83) f.92

3265. Non habebis deos alienos coram me (Ex. 20,3). *In hiis verbis negative positis pluralitas deorum excluditur...*
　　Gerardus de Schiedam, *Sermones de decem preceptis decalogi*
　　See: Omnibus recte viventibus et in via Dei...

3266. Non habebis deos alienos coram me (Ex. 20,3). *In hoc mandato, sicut liquet ex glossis diuersis, precipitur unius solius veri Dei cultus...*
　　Petrus Aurioli (sometimes attributed to Iohannes Guallensis), *De decem mandatis*
　　Mss: Cambridge, St. John's Coll. G.13 (181) f.4-86; Cambridge, Univ. Kk.6.37 (2127); Oxford, Bodl. 400 f.1-50; 687 f.150-172; Digby 173 f.10-59; Oxford, Magdalen 13 f.103-156 (Glorieux 351 o; A. Teetaert in *Dict. Theol. Cath.*12, 1845)

3267. Non habebis deos alienos coram me (Ex. 20,3). *Quod non nisi decem precepta...*
　　Petrus Comestor (?), *Historia Scolastica, lib. Exodi* cap. 40 (PL 198, 1163-6)
　　Ms: Wrocław, Uniw. IV.F.43 f.171-172

3268. Non habebis deos alienos coram me (Ex. 20,3). *Quorum deus venter est...* (Phil. 3,19)...
　　[Treatise on confession]
　　Ms: Vaticana, Urb. lat. 502 f.9 seq.;

3269. Non habebis deos alienos...Hoc est primum mandatum...
　　[De decem praeceptis]
　　Ms: Vaticana, Palat. lat. 221 f.85-99

3270. Non habebis deos alienos in conspectu meo (Deut. 5,7); *hoc est in corde...*
　　Thomas Docking,
　　[De decem praeceptis]
　　Mss: Lincoln, Cath. 229 f.164 seq.; Oxford, Bodl. Bodl. 453 f.57-90. (A.G. Little, *Franciscan Papers* [Manchester 1943] 98-121; Stegmüller RB 8095)

3271. Non habebis deos alienos...In quibus verbis patet primo quintimembris preceptio de obiecto...ydolatrie remouendo...
　　Iohannes Wyclif, *De mandatis divinis* (without preface)
　　Ms: Marburg, Univ. 63 f.248-266
　　See: Permissa sententia...

3272. Non habebis deos alienos...Ista tria precepta sunt prime tabule pertinentia ad diuinitatem...
　　Decem precepta Domini
　　Ms: Venezia, Marc. Lat. III.27 (Valentinelli VII, 33) f.65-67

3273. Non habebis deos alienos...Notandum quod in isto sermone dicendum est de adoratione sanctorum...
　　Sermones de decem preceptis (perhaps autograph.)
　　Ms: Trier, Bistumarch. 105 f.2-109.

3274. Non hic totum praeceptum est quod dicitur quia...
　　See: Audi Israel Deus tuus...Non hoc totum de praecepto est...

3275. Non ignorent divinarum litterarum solliciti scrutatores...
  Iacobus de Paradiso (de Jüterbog), *De habitibus acquisitis infusis ac de caritate*
  Mss: Meier n.47 p.44. Add. Paris, BN lat. 10639 f.120 seq.

3276. Non ignoro clementissime rex flagrantissimam...
  See: Quotuor virtutum species multorum
  (Prol. Gloriosissimo ac tranquillissimo...Non ignoro...)

3277. Non incassum discipulus ille...
  Iacobus de Jüterbog, *De contemptu mundi* or *De conflictu inter divinum et humanum amorem*
  Mss: Meier n.49 p.45-6

3278. Non inprovide placuit quibusdam conscienciosis inquirere, an per adopcionem dignitatum, personatuum et prelaturarum...
  Iohannes de Indagine, *Tractatus de simonia*
  Ms: Göteborg. Stadtbiblioteket MS 13 (from Erfurt f. 120-134);(Lehmann N., 143)

3279. Non laudes virum in specie una...
  See: Fallax gratia et vana est pulchritudo...Non laudes...

3280. Non minus enervat animos aut...
  De avaritia
  Walther IC 12110
  Cf: Nec minus internas vires effeminat aurum...(variant)

3281. Non modo doctoribus...
  See: Incipit liber aureus...Quoniam in libello de exemplis naturalibus (Prol. var.)

3282. Non nescio mihi quanta pastoralis dignitas...
  Magister Gerardus, *De tribus generibus avaricie*
  Ms: Bruxelles, BR 2590-2602 (cat. 1677) f.103-111

3283. Non nulli norunt quod iste sub tempore Sigsebuti...(Intro.)
  See: Nonnulli norunt...Inter Deum et Dominum...

3284. Non occides...unde Augustinus...
  [On 5th and 6th commandments]
  Ms: Wilhering 78 f.116-120

3285. Non parvum fiducie robur prestat mihi quod magnus ille vir propheta, potens more et sermone...
  [Moral tractate]
  Ms: Tours 406 f.9 seq.

3286. Non placet a dextris chorus...
  De sodomitis
  Walther IC 12135

3287. Non quis sis quemadmodum feras interest...
  [Proverbs]
  Ms: Wien, Nat. 901

3288. Non sic misericordia miserum ut rhetorica efficit rhetorem aut medicum medicina...
  See: Cum animaduerterem in ciuitate Iustinopolim...

3289. Non sine maxima permutatione animi hodie scio...
  Nicolaus Montanus, *De fragilitate hominis et contemptu mundi ad Fabritium*
  Ms: Cambridge, Fitzwilliam Mus., McElean 171, ff.138-152

3290. **Non solum autem debet christianus ista peccata...**
De decem preceptis decalogi
Ms: Cambridge, Peterhouse 217 (III) f.2

3291. **Non tardes converti ad Dominum et ne differas de die in diem** (Eccli. 5,8)...
Ricardus Rolle, *Libellus de emendacione vite sive de regula vivendi*
Ms: Cambridge, Trinity Coll. B.1.15 (14) f.133-141; B.1.18 (17) f.83-94

3292. **Non te pretereat narratio seniorum quoniam...** (Eccli. 8,9). **Petrus etiam...**
See: Sapientiam antiquorum exquiret sapiens...Non te pretereat narratio...

3293. **Non tibi sit venter dominus, sed vive decenter...**
De cibi parcitate
Ms: Saint-Omer 115 f.14; (*Carminum proverbialium totius humanae vitae statum*...[Basel 1576] 338 [2 vv.]; Hauréau, *Poemes attr. a S. Bernard* 23; N. & Ext. 31.1 pp.57-8); (Walther PS 18609)

3294. **Non tonsura facit monachum non horrida vestis...**
Iohannes Matthaeus de Glastonbury, *Speculum monachorum*
Mss: Oxford, Bodl. 496 (SC 2159) f.207-214; Valenciennes 179 (171) (an anthology; see cat. J. Mangeart, 644)
Prol: Respice processum metricum...

3295. **Non vane cultus intrinseca pectoris ieunt. Si Deus est animus...**(variant)
(Walther PS 18681)
See: Si Deus est animus nobis ut carmina dicunt...

3296. **Non veni vocare iustos...**
See: Incipit quedam instruccio penitere volencium...Non veni vocare iustos...

3297. **Nonnulli namque ita sunt simplices...**
Adalbertus, *Speculum de moralibus S. Gregorii excerptum*
Mss: Cambridge, Queen's Coll. 7 f.76; Cambridge, Trinity Coll. 141, f.67-148; Lincoln, Cath. 196 (B.4.9); London, BM Arundel 218 F.2-128; Roy. 5 F.V.; 8.F.VIII f.2; 8.F.X; Oxford, Jesus Coll. 42 f.9 seq.; Paris, Arsenal 390; 494; Rouen A 304 (504)
Prol. Reuerentissimo in Christo patri H [airmanno] [Harimanno] presbitero, Adalbertus... Mecum saepius retracto...(Printed PL 136,1309-1312)
Dilectissimo in Christo ac venerabili patri Hairmanno presbitero. Adalbertus... Mecum saepius...

3298. **Nonnulli norunt...Inter Deum et Dominum...**
Isidorus, Episcopus Hispalensis, *De virtutum et vitiorum differentiisDifferentiae*, Book II (PL 83, 69 seq.)
Mss: Arras 818; Oxford, Bodl. 398, f.79 (SC 2229) (Diaz 101)

3299. **Nos aper auditu, linx uisu, simea gustu...**
[Moral precepts]
Ms: London, BM Harl. 978 f.39

3300. **Nos cinis et pulvis sumus et de pulvere facti...**
Hildebertus Cenomanensis, *De humana conditione*
Printed: PL 171, 1285 (Walther PS 18776)

3301. **Nos peccamus nos...**
[Poem]
Walther IC 12260

3302. **Nos quoque floruimus, sed flos fuit ille caducus**
De caducitate vitae (poem)
Ms: Vaticana, Vat. lat 1610 f.102 (Walther IC 12668; PS 18798)

3303. Nos sine magno discrimine...
    See: Scribit sanctus Maximus episcopus in sermone de martyribus, pie lector: Nos sine...

*3304. **Nosce Deum vere te semper ubique videre...***
    Versus de duodecim gradibus humilitatis
    Ms: Wien, Nat. 3584 f.95; 4096 f.1-2 (Walther IC 12278; PS 18809a)

*3305. **Nosce te ipsum homo. Proverbium hoc de caelo cecidit...***
    [Proverbs and moral sayings]
    Ms: München, Clm 9569

*3306. **Nosti, carissime, quod ea, que de ordinatione claustri materialis diximus...*** (prol., Book 3)
    See: Rogasti nos, frater carissime, quatenus...

*3307. **Nostis, carissimi, quod cum filius Dei...***(variant in Praha, Univ. VI. A.5 [1016] f.1-5)
    See: Postquam per scientie lignum...

*3308. **Nostis quam graui animaduersione plectatur transgressio sacerdotis peccata sibi confitentium reuelantis...***
    [Treatise on penance]
    Ms: Paris, BN lat. 15700 f.152-153

*3309. **Nostre de preterito littere pretendunt...***
    Versus de gradibus superbie
    Mss: Cambridge, Corpus Christi 83 f.8; Cambridge, Univ. Ff.6.15 f.15

*3310. **Nostrum vivere nihil aliud est...***
    Tractatulus de contemptu rerum temporalium et quam brevis sit praesens vita
    Ms: Schlägl 140 (Cpl 64) f.276-279

*3311. **Nota accidiosus est sicut canis famelicus...***
    See: Accidia. Homo accidiosus est sicut canis...

*3312. **Nota ad custodiam mandatorum Dei debent nos monere plura...***(prol.)
    Prologue to *Dicta super decem precepta Domini*
    See: Omnibus diebus vite...(Wrocław, Uniw. I.Q.94)

*3313. **Nota aliquas regulas quando aliquod peccatum mortale vel non...***(titulus)
    See: Ad sciendum quando peccatum aliquid sit mortale vel veniale...

*3314. **Nota Augustinus dicit quod corvus...***
    See: Abicit mundus pauperes...

*3315. **Nota autem quod duplex est timor...***
    De timore
    Ms: Brno, Univ. Mk 115 ff.273-274

*3316. **Nota breves doctrinas quibus diligenter observatis facile erit auxiliante Domino a peccatis saltem mortalibus abstinere...***
    Breves doctrinae
    Ms: Budapest, Orsz. Szech. Kön. 242

*3317. **Nota de castitate quod tres...***
    Adversaria ascetica de castitate
    Ms: Wien, Nat. 4659 f.361-362
    Cf: De castitate nota specialiter tria. Castitas enim...(?)

*3318. **Nota de decem preceptis divinis specialiter tria, scilicet qualiter descripta, qualiter distincta et qualiter edita...***
    De decem preceptis (Ex *Dieta salutis*, tit.III)
    Ms: Assisi, Com 505 f.69; Sarnano 44 (E.110).

3319. **Nota de diviciis in speciali, et est sciendum quod septem sunt vicia...**
   Notae de divitibus et pauperibus Tractatus de septem vitiis principalibus
   Ms: London, BM Add. 16170 f.65

3320. **Nota De penitentia dist. I: sunt qui arbitrantur...**(Comm. on Gratian's *De prudentia* dist. I)
   Prol: Agite penitentiam, apropinquabit enim regnum celorum...

3321. **Nota de qualitate confessionis...**
   Tractatus de confessione seu doctrina de virtutibus, vitiis et officiis hominis
   Ms: Wien, Nat. 4167 f.51 seq.

3322. **Nota de septem peccatis mortalibus...**
   Franciscus de Mayronis, O.F. M., *Brevis declaratio circa septem peccata mortalia*
   Ms: Ravenna, Class. 91 f.122-126 (B. Roth, *Franz von Mayronis, O.F.M, Franziskanische Forschungen* 3 [Werl 1936] 236)

3323. **Nota differentiam inter superbiam et vanam gloriam...**
   Notabilia de septem peccatis mortalibus
   Ms: Wien, Nat. 4503 f.9

3324. **Nota Egyptii, id est mundana...**
   See: Abominaciones Egyptiorum immolabimus deo nostro (Exod.)...Nota Egyptii, id est mundana...

3325. **Nota. Generaliter omne peccatum...**(variant)
   See: Generaliter omne peccatum est fugiendum...

3326. **Nota illud Matthaei...**
   De peccato in Spiritum Sanctum
   Ms: Douai 454

3327. **Nota materia baptismi...**
   See: Materia baptismi debet esse aqua pura...

3328. **Nota. Octo sunt species turpitudinis quas conjugales solent...**(variant)
   See: Octo sunt species turpitudinis quas...

3329. **Nota peccata clamancia. Sunt tria, que nunquam cessant clamare...**
   Ms: Stockholm, Kgl. Bibl. MS.A.201 (from Erfurt) f.91; (Lehmann II 13)

3330. **Nota peccatum diffinitur multis modis; primo sic ab Augustino...**
   See: Peccatum diffinitur multis modis; primo sic ab Augustino...

3331. **Nota precepta dei sunt servanda propter quinque...**
   [De decem praeceptis]
   Ms: Basel, Univ. A.VIII.34 f.168

3332. **Nota prima superficies speculi huius...**(variant)
   See: Prima superficies huius speculi...

3333. **Nota primo confitens debet confiteri...**
   Nicolaus Venator, *Compendium peccatorum in confessione dicendorum* or *Compendium de modo confitendi*
   Ms: Schlägl 95 f.92; 103 f.320 seq.
   See: Primo confitens debet confiteri...

3334. **Nota primo illa, que faciunt ad detestationem peccati, scilicet usure...**
   Tractatus de peccato usure
   Ms: Zwettl 155 f.2-4

3335. **Nota primo quod confessio debet esse simplex...**
   Informatio pro confessoribus
   Ms: Praha, Univ. IV.G.32 (764) f.112-117

*3336. **Nota quatuor consilia Christi ad que tenentur viri perfecti...Primum est mansuetudo et profunda humilitas...***
  Tractatus qui continet diffiniciones peccatorum mortalium cum speciebus
  Ms: Leipzig, Univ. 273 f.94-96

*3337. **Nota quedam puncta doctorum specialia de sacerdotibus fornicariis...***
  Dicta on fornicating priests
  Ms: Gdansk 1979 f.82-96

*3338. **Nota questionem quomodo peccata dicantur dimitti...***
  Questio
  Ms: Leipzig, Univ. 321 f.349-350

*3339. **Nota questiones faciendas...***
  Ms: Bamberg, Can. 59 (Michaud-Quantin 90)

*3340. **Nota quinque regulas. Prima est hoc quod quando amor...***
  Matthaeus de Cracovia, Episcopus Wormensis, *Tractatus ad sciendum quando peccatum sit mortale vel veniale*
  Ms: London, BM Roy. 10 G.IX f.119-121; (Hain 5803-08)

*3341. **Nota quod abicienda sunt quatuor...***
  See: Cum secundum almum...

*3342. **Nota quod accidiosus est sicut canis...**(variant)*
  See: Accidia. Homo accidiosus est...

*3343. **Nota quod ad similitudinem Lazari...***
  De quadruplici statu peccancium
  Ms: Oxford, Bodl. Holkham misc. 14 f.69

*3344. **Nota quod animae fideli...***
  Sermo de exercitio variarum virtutum
  Ms: Wien, Nat. 3961 f.238-240

*3345. **Nota quod Augustinus dicit quod corvus***
  See: Abicit mundus...Nota: Augustinus...

*3346. **Nota quod caritas habet multos effectus...***
  Ps.-Iohannes Pecham or Servasanctus de Faenza (?), *Tractatus de virtutibus et vitiis*
  Ms: Firenze, Laur. S. Croce Plut. XVII sin. 8 (Glorieux 316 bg)

*3347. **Nota quod Christus descendit in carne...**(prol.)*
  See: Circa quadraginta duas mansiones...Nota quod abaistus...(prol.)

*3348. **Nota quod confessio debet habere...***
  De quinque circumstantiis confessionis
  Ms: Schlägl 57 f.157

*3349. **Nota quod confessor super omnia ad hoc debet intendere ut faciat confitentem renuntiare peccato...***
  Summa de confessione
  Ms: Vaticana, Regin. lat. 174 f.72-82

*3350. **Nota quod duodecim sunt gradu patientie per quos...***
  Nota de patientia
  Ms: Cambridge, Univ. Hh.4.3 f.157

*3351. **Nota quod duplex est confessio publica et occulta...***
  Henricus de Hassia (?), *Capitulum De confessione*
  Ms: Wilhering 92 f.246-250
  Cf: Tibi dabo... Verbum istud dicitur...

3352. *Nota quod ecclesia materialis representat ecclesiam Christi militantem...*
   Imagines virtutum et vitiorum or *Picture moralisate*
   Ms: Gdansk 2039 f.1-45

3353. *Nota quod ex homicidio...*
   Nota de septem peccatis mortalibus ex homicidio provenientibus
   Ms: Schlägl 63 f.179-180

3354. *Nota quod fides quandoque dicitur id quod sacramentum baptismi...*
   De fide
   Ms: Klagenfurt, Bischöfl. Bibl. XXXI b 14 f.166-167

3355. *Nota quod homo habet...*
   See: Amicus. Nota quod homo habet...

3356. *Nota quod in lege et in prophetis quinque erant, scilicet moralia, iudicialia, ceremonialia...*
   Notabilia theologica
   Ms: Oxford, Univ. Coll. 11 f.48 seq.

3357. *Nota quod ingratus est ille...*
   Tractatus de peccatis
   Ms: Praha, Univ. V.H.29 (1006) f.62-91

3358. *Nota quod ipse Iohannes in sua Summa docet...*
   See: Item penitentias secundum antiquorum consuetudines...Nota quod ipse Johannes...

3359. *Nota quod lepra reddit hominem inflatum sic...*
   Comparatio lepre et septem peccatorum
   Ms: Cambridge, Peterhouse 225 f.8

3360. *Nota quod multi sunt in ecclesia...*
   Robertus Holcot, *Moralitates*
   Ms: Utrecht, Univ. 317 f.119-149
   Cf: Theodosius de vita Alexandri refert quod rex Cicilie...Non est desperandum...(selections)

3361. *Nota quod octo sunt species turpitudinis* (variant)
   See: Octo sunt species turpitudinis

3362. *Nota quod oraciones et alia bona opera in corde fetido...*(prol.)
   [Moral discourses with exempla]
   Ms: London, BM Addit. 6716; (Ward & Herbert III 686 seq.)

3363. *Nota quod periurium solempnisatum...*
   [Various excerpts on moral theology]
   Ms: Schlägl 67 f.280-287

3364. *Nota quod precepta legis sunt decem; primum est: unum crede Deum...Primum est: non habebis deos alienos, alias deum alienum, nam debemus adorare...*
   [De decem praeceptis]
   Ms: Paris, BN lat. 3349 f.24-27

3365. *Nota quod quindecim sunt...*
   Tractatus de confessione
   Ms: Praha, Univ. XIII.F.21 (2359) f.165-171

3366. *Nota quod quamvis illa septem vicia sunt superbia...*
   De septem peccatis
   Ms: Kornik 47 f.77-81

LIST OF INCIPITS 289

*3367. **Nota quod quatuor requiruntur ad hoc quod peccator convertatur...***
See: Convertimini ad me in toto...Nota quod quatuor...

*3368. **Nota quod quatuor sunt peccata quae clamant de terra...***
De quatuor peccatis in coelum clamantibus
Ms: Schlägl 64 f.170

*3369. **Nota quod quinque sunt stultitie...***
De confessione
Ms: Schlägl 60 f.164

*3370. **Nota quod septem instrucciones...***
See: Preparate corda vestra Domino... Nota quod septem...

*3371. **Nota quod sex modus dimittitur peccatum...***
De sex modis quibus peccata dimittuntur
Ms: Schlägl 64 f.170

*3372. **Nota quod sex sunt quae retrahunt...***
De sex impedimentis quae hominem a confessione retrahunt
Ms: Schlägl 57 f.156-157

*3373. **Nota quod sit carrina de homicidio: fecisti homicidium voluntarie...***
De variis peccatis, de distinctione poenitentium, etc
Ms: Wien, Schott. 174 f.8-12

*3374. **Nota quod subscripti duodecim gradus superbie sunt intelligendi per similitudinem descensus***
Duodecim gradus superbie
Ms: München, Clm 5952 f.180-183

*3375. **Nota quod superbia est signum quo diabolus distinguit suos ab aliis...***
Brocardica de vitiis et virtutibus
Ms: Paris, BN lat. 14947 f.386

*3376. **Nota quod triplex est confessio...***
Tractatus de confessione
Ms: Praha, Univ. V.B.3 (820) f.103-106

*3377. **Nota quod tripliciter potest fieri falsitas...***
Henricus de Hassia, Tractatus et quaestiones morales
Mss: Schlägl 103 f.192-196; Wilhering 92 f.243-246

*3378. **Nota quod verbum Dei...***
Tractatus de diversis virtutibus
Ms: Wien, Nat. 1712 f.20-40

*3379. **Nota quod vita peccatorum bene quidem per Jericho...***
Collatio vitae peccatorum et Jericho
Ms: Wien, Nat. 4641

*3380. **Nota quomodo mens devota se ipsam debet abnegare. Ad hoc requiruntur tria. Primo quod abnegat omnem amorem carnalem...***
De triplici abnegatione
Ms: Wien, Nat. Ser. n. 355 f.133

*3381. **Nota quot sunt peccata contra Spiritum Sanctum.***
Dico quod sex...
Magister Raymundus de Parisius, Predicator,
Ms: Evreux 36 ff.54-56

3382. Nota Sancta Maria Magdalena...
Nota de S. Maria Magdalena exemplum septem remediorum contra luxuriam
Ms: Schlägl 121 f.75

3383. Nota secundum Magistrum Sententiarium in III dist. xvii quod votum est testificatio...
S. Antoninus, *De modo interrogandi penitentes*
Printed: Jehan Petit, Paris 1510 Part II of *Confessionale Defecerunt*
See: Prol. Postquam ille qui vult confiteri...

3384. Nota sedecim regulas universales...
Regulae ad cognoscendum, ubi sint peccata mortalia
Ms: Wien, Nat. Ser. n. 3886 f.130-132

3385. Nota. Septem sunt in mundo, quae si homo...
Bonaventura, *Collatio de contemptu mundi*
Ms: Bruxelles, BR 4615 (cat. 1638) f.52; Paris, Mazarine 996 (902) f.101 seq. (Glorieux 305 be).
Printed: S. Bonaventurae *Op. omn.*, Quaracchi VII 250

3386. Nota sex sunt species peccati in Spiritum Sanctum scilicet desperatio...
Ms: Frankfurt am Main, Stadtb. Praed. 25 f:292-293
See: Sex sunt peccata...(variant [?])

3387. Nota sex tantum casus quos debet sacerdos mittere...
Summa de casibus et interrogationibus
Mss: Cambridge, St. John's D.8 (83) f.131-161; London, BM Arundel, 491; London, St. Dominic's Priory, 3, f.1-41 (imperf.) Paris, BN lat. 3265A f.1-31; Paris, Mazarine 1312 (1017) f.161 seq.; Solothurn. 5173; Toledo, Cab. 22-31 f.310-318. (A.F.H. 33 [1940] 224; DDC 2. 210-11; Michaud-Quantin Index; Teetaert 333-4) Similar to part of *Libellus de Penitentia* in Mazarine MSS.
Cf: Questiones ac casus varii... Cum ad sacerdotem...

3388. Nota sicut diabolus mittit ad perditos...
See: Sequitur de virtutibus primo de humilitate. Nota sicut diabolus...

3389. Nota species turpitudinis...(variant)
Ms: Wilhering 92
See: Octo sunt species turpitudinis...

3390. Nota species turpitudinis quarum octo sunt quas quandoque coniugales solent...
Ms: München, Clm 8680 f.227-228
See: Octo sunt species turpitudinis...

3391. Nota triplicem vanitatem...
See: Vanitas vanitatum...Nota triplicem vanitatem...

3392. Nota vicium contra naturam est quo naturalis usus...
De peccatis contra naturam
Ms: Wien, Schott. 256 f.204-211

3393. Notandum de canonibus penitentialibus...
Ms: Würzburg, Univ. M. ch. f. 109 (Michaud-Quantin Index)

3394. Notandum est de ultima felicitate...
[Commentary on Raymond of Pennaforte's *Summa*]
Ms: Wien, Nat. 3827
Cf: Quoniam ut ait Hieronymus...

3395. Notandum est igitur de insidiis occultissimis...
Tractatus de temptacionibus
Ms: Lincoln, Cath. 210

LIST OF INCIPITS

3396. **Notandum est quod baptismus potest considerari multipliciter...**
   Summa de sacramentis
   Mss: Metz 91; Paris, BN lat. 18216 f.57 seq.

3397. **Notandum est quod caritas...**(chap.1)
   'De caritate' of *Tractatus de quatuor uirtutibus cardinalibus*
   Ms: Edinburgh, National Library of Scotland T.D. 781
   Prol.: Post tractatum spei agendium est...
   Cf.: De fide vero hoc modo dicemus. Spes sic discribitur in libro...Circa primum notandum quod...Item temperantia regit homo...

3398. **Notandum est quod homines...**
   Nota de confessione, tribus modis
   Ms: London, BM Harl. 2391 f.234

3399. **Notandum est quod qualicumque...**
   Contra peccatum Sodome et circumstancias eius
   Ms: Madrid, BN 54 f.77-78

3400. **Notandum est quod sacerdos debet humiliter et devote audire totum et non respicere vultum...**
   De confessione
   Ms: Paris, BN lat. 3727 f. 218 seq.
   Cf: Debet humiliter et deuote audire...

3401. **Notandum est quod sub preceptis...**
   De septem vitiis capitalibus
   Ms: Vaticana, Vat. lat. 11450 ff.18-21

3402. **Notandum est quod ut docet magister sententiarum...**
   See: Homo quidam fecit cenam...Homo ille Deus est...

3403. **Notandum fides secundum apostolum Paulum...**
   See: De fide. Notandum fides...

3404. **Notandum primo quod non sacerdos...**(cap. 1)
   Prol.: Defecerunt scrutantes...

3405. **Notandum quod accidia est...**
   Nicolaus de Dinkelsbühl, *De dilectione Dei et proximi* (Sermo 12a)
   Ms: München, Univ. Fol. 59
   See: Scribitur Matth. 22...

3406. **Notandum quod ad promerendum vitam eternam non sufficiunt sola opera exteriora...**
   De virtutibus et vitiis
   Ms: Klagenfurt, Studienbibl. Pap. 19 f.158-238

3407. **Notandum quod agendo penitentiam inducit vos...**(prol.)
   See: Exemplum in vitas patrum. Senex quidam interrogavit...

3408. **Notandum quod aliqui...**
   Tractatus parvus de excusacionibus in peccatis
   Ms: London, BM Addit. 34807 f.93

3409. **Notandum quod cautus debet esse sacerdos et confessor in penitenciis...**
   [Work on confession]
   Ms: Rouen A 592 (670) f.132 seq.

3410. **Notandum quod confessio utilis est ad septem, scilicet ad peccati cognitionem...**
   Louvain, Univ. 115 f.101 (*olim*

3411. Notandum quod cum anima humana per mentis affectum ad sponsi celestis perfectam unionem venire desiderat...
[On the *tres viae purgativa, illumativa, unitiva* or *De modo contemplandi* or *Modus ad summam perueniendi sapientiam*]
Ms: Leipzig, Univ. 204 f.226-42
Introd. Prol: Sentite de Domino in bonitate et in simplicitate...

3412. Notandum quod de virtute humilitatis nascitur virtus patientie. Hec enim ordinat nos ad fruitionem...
[On patience]
Ms: Kornik 47 f.121-140

3413. Notandum quod duodecim sunt gradus...
Duodecim gradus superbiae (abridgement)
Ms: London, BM Roy. 7 D.XXI f.170; 10 A.IX f.55 (?)
Cf.: Rogasti me, frater Godefride...Primus itaque superbie gradus...

3414. Notandum quod est valde expediens et salutare bonum ut die dominica...
Ex dictis magistri Nicolai (Nicolaus de Dinkelsbühl), *De praeceptis decalogi* (Sermo 5, excerpt)
Ms: Melk 1775 (278) f.197-199 (Madre 172)
See: Preter precepta legis...

3415. Notandum quod fideles...
Tractatus bonus de hiis que requiruntur ad veram confessionem
Ms: Wilhering 104 f.91-102

3416. Notandum quod in ludo septem committuntur peccata...
De peccato ludi
Ms: Klosterneuburg 405 f.344-345

3417. Notandum quod in quolibet homine sunt duo...
Tractatus de ieiunio
Ms: Wien, Nat. Ser. n. 3830 f.152-160

3418. Notandum quod in sacramentis tria contingit reperiri...
Capitula on seven sacraments (part of *Compilatio super constitutionem Iohannis Peckham* [?])
Ms: London, Lambeth 460 f.120-172

3419. Notandum quod in triplici specie apparuit
See: Deum apparuisse diversis personis

3420. Notandum quod inter philosophos fuerunt aliqui...
[On virtues]
Ms: Rein 205 f.246-265

3421. Notandum quod inuidia describitur cum pallida...
Nota de inuidia
Ms: Cambridge, Univ. Mm.2.18 f.220

3422. Notandum quod luxuriam precedunt ardor et petulentia.
Nota de luxuria
Ms: Cambridge, Trinity O.9.38 f.28

3423. Notandum quod magna virtus est orationis quia ipse dominus legitur septem vidibus orare...
De virtute orationis quanta sit et quod Salvator noster septem vicibus legitur orasse
Ms: Schlägl 121 f.58

LIST OF INCIPITS 293

3424. Notandum quod modus convenientissimus...
   De modo repugnandi diabolo
   Ms: Wien, Nat. 4711

3425. Notandum quod mortale peccatum mirabiliter...
   Nota de peccatis
   Ms: Cambridge, Univ. add. 5943 f.145

3426. Notandum quod multa sunt attendenda circa extremum iudicium que valere possunt ad incussionem timoris...
   Thomas de Aquino, *Dicta ex summa de virtutibus*, etc
   Ms: Tübingen, Wilhelmsstift Gb 587 f.50-61

3427. Notandum quod non est animal...
   See: Abstinentia. Castigo corpus meum ... 1 Cor. 9. Notandum quod...

3428. Notandum quod novem sunt que pertinent ad confessionem...(Variant)
   See: Novem sunt quae debent esse in confessione...

3429. Notandum quod octo sunt species turpitudinis...(variant)
   See: Octo sunt species turpitudinis...

3430. Notandum quod octo sunt vitia principalia. Primum est gula, secundum fornicatio...
   A Franciscan?, *Summa vitiorum*
   Ms: Venezia, Marc. Lat. III 54 (Valent. IV, 47; cat. II p.99) f.11-39

3431. Notandum quod omnis homo naturaliter...
   Andreas de Escobar, O.S.B. (?), *Tractatus de septem viciis capitalibus*
   Ms: Wien, Schott. 51 f.203-245

3432. Notandum quod opus subsequens seu liber...(prol.) (varies)
   See: Fili, accedens ad servitutem dei...

3433. Notandum quod peccatum ratione...
   Iohannes Barningham, *De enormitate peccati*
   Little 152

3434. Notandum quod precepta Dei super omnia magis diligenda sunt...
   [De decem praeceptis]
   Ms: Bruxelles, BR 675-8 (cat. 258) f.337-339

3435. Notandum quod preceptum aliud est affirmativum quod est de faciendo...
   Exc. from *Summa Astesana*, in Book I
   Ms: Melk 1088 (604) p. 330-362
   Cf: Sciendum quod ad directionem...

3436. Notandum quod prima virtus per quam pervenitur ad alias virtutes est timor Dei...
   [On the fear of God]
   Ms: Kornik 47 f.97-101

3437. Notandum quod quatuor virtutes cuilibet claustrali necessarie sunt, quarum prima...
   [On four virtues]
   Ms: Troyes 1750

3438. Notandum quod quinque sunt casus in quibus...
   De casibus conscientiae
   Ms: Brno, Univ. Mk 70 f.203-211

3439. Notandum quod sacerdos debet habere aliquam brevem summam...
   [Tractate on hearing confession]
   Ms: Gdansk 1965 f.44-49

3440. *Notandum quod secundum sanctos...*
Nicolaus de Dinkelsbühl, *De poenitentia assumenda*
Ms: Wien, Nat. 4384, f.193-197

3441. *Notandum quod septem sunt criminalia peccata scilicet inanis gloria, invidia, ira, tristicia, avaricia, ventris ingluvies...*
Summa abbreviata de confessione et penitentia
Ms: Rouen A.557 (558) f.88 seq.; A.535 (1469) f.123 seq.

3442. *Notandum quod sunt tres partes...*
Nota de tribus partibus poenitentiae
Ms: Schlägl 135 f.298-299

3443. *Notandum quod, ut docet Magister II sent. dist. 1: Deus a principio...*
See: Nunc dicendum est de vitiis...Notandum quod, ut docet...

3444. *Notandum quod vere penitentes possunt agnosci...*
Cadogan de Bangor, *De modo confitendi*
Ms: London, Dalwich College 22 f.46-48

3445. *Notandum quod virtus dicitur a vi; unde Dominus vocat virtuosos violentos...*
[Moral note and themes]
Ms: Firenze, Laur. S. Croce Plut. XXXIV sin. 3 f.25 seq.

3446. *Notandum quod virtus visibilis vis quedam est...*
Tractatus de virtute visibili
Ms: Cambridge, Emmanuel 1.4.4 f.83

3447. *Notandum quod vita sacerdotis debet esse.*
De vita sacerdotis et honestate clericali
Ms: København, Gl. kgl. S.3390 oct. f.192-201

3448. *Notandum scribitur Deut. 23,19: Non foenerabis...*
De usura et de usurariis
Ms: Osek 15 f.138 seq.

3449. *Notatur de virtutibus cardinalibus...Primo propter stabilitatem; cardo stabilis manet...*
[Tractate on cardinal virtues, gifts and beatitudes]
Ms: Paris, BN lat. 10683

3450. *Noticia huius libri qui concordantia caritatis appellatur. Talis est in supremo titulo primi folii semper ponitur Evangelium...* (prol?)
Ulricus (Udalricus), abbas Campililiensis (Lilienfeld), *Concordantia caritatis*
Mss: Alba Iulia, II-40 f.1-126; München, Clm 28278 f. 8-134.
See: Iohannes, Apoc. 4, vidit sedem...

3451. *Noticia rerum in homine triplici virtute perficit ut dicit...*(Prol. 3)
See: Omnia facito secundum exempla... In omnibus operibus...

3452. *Notus in Judea Deus. Judea interpretatur confessio...*
Robertus Grosseteste, *De confessione et modo confitendi peccata*
Ms: London, Lambeth 499 f.186-187 (Michaud-Quantin 30 n.22; Thomson 125-6)

3453. *Novelle scriptum institutionis feliciter incipit...*(prol.)
See: O magnum miraculum est homo animal, o adorandum...

3454. *Novem aliena peccata. Iussio implendo mala...*
Versus de novem peccatis alienis
Mss: Herzogenburg 62; Schlägl f.264; 114

3455. *Novem sunt aliena peccata quorum...*
[Work on sins Related to *Destructorium vitiorum*]

Ms: Herzogenburg 41 f.81-145
Cf: Omne peccatum ut dicit beatus Augustinus...

3456. **Novem sunt quae debent esse in confessione...**
[On confession]
Ms: Gdansk 2038 f.167-169; Mar. F.133
Variant: Notandum quod novem sunt que pertinent ad...

3457. **Noverit ergo fraternitas tua quia rerum sunt acciones...**
De poenitentia
Ms: Oxford, Merton 267 f.89 seq.

3458. **Noverit ergo fraternitas tua quod tres sunt...**
See: Dilecto suo Stephano, R[obertus] salutem. Dum tue...

3459. **Novimus inter preclara ornamenta naturalia...**
See: Sacris litteris eruditi, propter Adae lapsum...

3460. **Novimus primos parentes...**
See: De reparatione humani generis. Nouimus...

3461. **Novistis fratres dilectissimi...**
See: Ecce nos reliquimus omnia... Novistis fratres...

3462. **Novit fidelis seruus...**
Bernardus, *De obediencia*
Ms: Wilhering 132 f.42-48

3463. **Novit ille quem cordis secreta...**
Iacobus de Jüterbog, *De causis deviationis religiosorum*
Meier 46

3464. **Novit verus cordium inspector Deus, quod diuturnitatem silentii mei...** (pref. letter to William of Hereford)
See: Quanta sit virtus confessionis...

3465. **Novitius igitur...**
Confessio ualde utile monachis precipue iuvenibus
Ms: København, Gl. kgl. S.1591 qu. f.153-156

3466. **Novitius: Rogo te, pater carissime...**
See: Rogo te, pater carissime...

3467. **Nulla enim de virtutibus...**
Nota de clementia
Ms: Schlägl 117 f.79

3468. **Nulla fides nec amicus erit nec pignus amoris...**
Hugo Candidus, Card., *De miseria temporum*
Walther IC 12357

3469. **Nulla potentia vel sapientia frater repellit...**
De vanitate mundi
Walther IC 12366

3470. **Nulla quidem levitas, sed plus instantia multa...**
A Dominican (?), *Manuale confessorum metricum*
(Schulte II 529; Walther IC 12367)
Printed: Cologne 1497 (Hain 10717); Colonie 1498 (Hain 10718; Goff M-213)

3471. **Nulla sunt omnino reputando...**
Tractatus ad religiososde obedientia, de paupertate, de castitate
Ms: London, BM Addit. 21617 f.46

3472. **Nulla transgressio legis naturalis aut humane** (Chap. 1)
De peccato mortali
Ms: Bruxelles, BR 19593-96 (cat. 1685) f.160-183
Prol: Anima nobis sicut a Deo solo...

3473. **Nulli se iungit sua quem discordia iungit...**
[Moral leonine verses]
Ms: Wien, Nat. 901 (Walther IC 12382)

3474. **Nullum vitium naturale est: ergo omnis virtus naturalis est...**
Flos florum vel summula de virtutibus et vitiis
Ms: Roma, Vallicelliana B.18 f.83-89

3475. **Numine cuncta regens verbi...**(prol.)
Sebastianus Eugubinus, *Liber de teleutelogio*
Ms: Firenze, Laur. Plut. XIII, 16 f.180 seq.

3476. **Numquam desinat dolere de commisso qui vult gaudere de Dei promisso...**
Thomas de Chobham, *Summa de poenitentia Excerpta*
Ms: Budapest, Eg. Kön. 73 f.257-261
Cf. Cum miserationes Domini...

3477. **Numquam ibi regnabit invidia...**
De curru invidiae
Ms: Saint-Omer 59

3478. **Numquam nimis docetur aut scitur quod...**(Prol.)
See: Cum omnia concilia canonum...

3479. **Numquid confessus fratri tenetur...**
Quaestio in materia confessionis in foro poenitentiali
Ms: Oxford, New Coll. 192 f.152 seq.

3480. **Numquid nosti ordinem celi et rationem eius...**(Iob 38,33).
Sicut angelica hierarchia...(Prol.) Circa primum notandum quod consideratio prouida qualitatis temporis debet...(Book 1)
Iohannes Guallensis (or Wallensis), *De vita religiosa* or *Ordinarium seu Alphabetum vitae religiosae* or *Dictarium* or *Locarium* or *Itinerarium*
Mss: Firenze, Laur. S. Croce Plut. XXXII sin.3 f. 205 seq. (And Doucet 552).
See Glorieux 322 e; Add: Vaticana, Vat. lat. 10289

3481. **Nunc ad circulum virtutis heroyce, circa quam primo discutiam...**
Iohannes de Lignano (Legnano), *De virtute heroyca*
Mss: Cambridge, Peterhouse 273 f.168; Valencia, Cab. 45 f.157-159 (*Traditio* 23 [1967] 429)

3482. **Nunc aliqua de virtutibus**
Tractatus de virtutibus (possibly part of another work)
Ms: Lincoln, Cath. 213 (B.5.11)

3483. **Nunc aliqua transeunt...**
De virtutibus etc
Ms: Oxford, Bodl. Laud. misc. 2; (Little 154)

3484. **Nunc attendatis, quis sit modus bene ebrietatis...**
De ebrietate
Walther IC 12431

3485. **Nunc attendatis quis sit status ebrietatis...**
[Leonine verses on drunkenness]
Ms: Leipzig, Univ. 426 f.229

LIST OF INCIPITS

3486. Nunc autem de bona voluntate que oritur ex timore Dei...
[On a good will. May be a part of 'Notandum quod prima virtus perquam pervenitur ad alias virtutes est timor Dei...']
Ms: Kornik 47 f.101-104

3487. Nunc autem transcurrendo...
Bonaventura, *Tractatus de virtutibus*
Ms: Erfurt, CA F.103 f.1-55 [d]

3488. Nunc auxiliante Domino...
De interrogacionibus faciendis in confessione spiritualium
Ms: Cambridge, Univ. Ee.1.7 f.141-189

3489. Nunc communiter sunt duo pertractanda...
Qualiter confessor se habeat audiendo confessionem
Ms: Wien, Schott. 245 f.304-305

3490. Nunc convenientur dicendum est de contritione habenda de venialibus...
Tractatus de contritione confessionis
Ms: Wien, Nat. Ser. n. 3830 f.146-147

3491. Nunc de confitendis videamus...(beg. missing. Incipit of section 'De Superbia')
Summa de septem vitiis capitalibus et de praeceptis decalogi
Ms: Padova, Anton. 385

3492. Nunc de virtutibus est dicendum...
Ms: Oxford, Bodl. Hatton 107 f.91

3493. Nunc dicat sacerdos confitenti...(variant)
See: Ad primum dicat sacerdos...

3494. Nunc dicendum est de vitiis et aliquibus virtutibus eis oppositis. et pro illo notandum est quod, ut docet Magister II Sent. dist.1, Deus a principio hominem ad hoc creauit ut...
Nicolaus de Dinkelsbühl, *De vitiis et virtutibus* (Sermones 2-15)
See: Homo quidam fecit...Homo ille Deus est...

3495. Nunc ex ordine circulorum arborum, restat videndum de caritate...
Iohannes de Legnano, *De caritate* (part of *De virtutibus theologicis*)
Ms: Pavia, Univ. 257 (*Traditio* 23 [1967] 428)
See: Viso de virtutibus moralibus et una intellectuali...

3496. Nunc floret mendacium/ prauitatis consortium...
[Short poem on misery of human life]
G.E. Klemming, *Cautiones* 38-40

3497. Nunc iam series narrationis postulat quatenus viae artae...
De septem virtutum gradibus
Ms: London, BM Roy. 8 D.VIII f.124

3498. Nunc igitur capitalia vitia explicabo. Primo superbia, sicut scriptum est...
[On the sins]
Ms: Troyes 1979

3499. Nunc igitur, dilectissimi, venerabilis patris Stephani virtutum praeconia...
Gerardus Iterii, *De disciplina et correctione morum* (Preface to Hugo de Sancto Victore, *De institutione novitiorum*)
Ms: Paris, BN lat. 17187 f.67
Printed: *Corp. Christ. Cont. Med.* 8,337
Cf: Quia, fratres, largiente Domino...

3500. Nunc in via huius vite beati sunt...
See: Beatus immaculati in via... Nunc in via...

3501. Nunc investigare iurat...
   See: Queritur inter homines quid sit...

3502. Nunc modicum nostri operis libellum...
   See: Hunc modicum operis nostri libellum...

3503. Nunc quedam vicia...
   Tractatus virtutum
   Ms: Wilhering 105 f.1-27

3504. Nunc restat inquirendum aliquas regulas de novo testamento...
   Mathias de Janov, *Tractatus de hypocrisi* (part of his *Regularum* II, 1)
   Ms: Praha, Univ. X.D.1 (1880) f.35-68 (Stegmüller RB 5551)

3505. Nunc restat post predicta modicum de symonia...
   Tractatus de simonia
   Ms: Praha, Univ. X.D.10 f.80-82

3506. Nunc sub brevitate restat...
   Simon de Hinton, *Compendium theologiae De beatitudinibus*
   Ms: Erfurt, CA F 103 f.?-55 [g]
   See: Ad instructionem iuniorum...

3507. Nunc transeundum est ad circulum continentiae, circa cuius processum primo attendum...
   Iohannes de Lignano (Legnano), *De contentia*
   Mss: Cambridge, Peterhouse 273 f.126 (77)-136 (87); Praha, Univ. VIII.A. 24 (1432) (?); Valencia, Cab. 45 f.138-157; Vaticana, Vat. lat. 2639 f.200-212; Venezia, Marc. lat. V 16 (Valent. IX, 58; cat. III p. 43) f.74-89

3508. Nunc transeuntes tangenda sunt quedam de virtutibus...
   See: Ad instructionem iuniorum quibus non vacat...

3509. Nunc ubi magnanimi he...
   Iohannes de Huntington, *Humane vite deplorationem*
   Baleus, p. 222

3510. Nunquam...
   See: Numquam...

3511. Nunquid...
   See: Numquid...

3512. O amens. spurcicia...
   S. Bernardus Claraevallensis (?), *Originale de peccato carnis*
   Ms: Praha, Univ. V.F.7 (929) f.269-271

3513. O anima a Deo tacta a peccato separata...
   Speculum animarum simplicium
   Ms: Cambridge, Pembroke 221 f.49-107
   Prol: Mi Deus scripturus ego instinctu motus...(Prol. I)
      Ego creatura et a creatore creatus...(Prol. II)

3514. O anima tribulata et tentata...
   See: Da nobis Domine auxilium...O anima tribulata...

3515. O benedicte, o amabilis Dominum Iesus Christus, vita vite mee, fons indeficiens miserorum...
   S. Bernardus (?), *Tractatulus de contemptu mundi*
   Ms: München, Clm 23833 f.123-125

3516. O carissime in huius via vite fugientis sumus...
   Ps.-Augustinus, *Speculum peccatoris*
   See: Quoniam carissime in via huius seculi fugientis sumus...

LIST OF INCIPITS

3517. O caro carnea, iam modo gloria, post modo vermis...
Walther IC 12533

3518. O caro lubrica, cur tibi caelica lex sit amara,/ Optima gaudia sunt tibi vilia, vilia cara...
[Poem on human fragility, 22 verses in rhymed hexameter]
Walther IC 12535; PS 19427

3519. O Christi longanimitas [or *magnanimitas*]/ *et longa expectatio...*
De morte et judicio
Walther IC 12543

3520. O creator et Domine celi et terre...
Michaud-Quantin 93

3521. O curas hominum...
Iohannes Wyclif (?), *Tractatus contra simoniacos et ambitiosos*
Ms: Praha, Univ. III.G.11 (536) f.142-146

3522. O dilectissime, conservet te Deus in via cognoscendi Creatorem tuam...
Tractatus de septem vitiis principalibus (prol. missing)
Ms: London, BM Burn. 294 f.74-186

3523. O dives dives non in omni tempore vives...
Versus
Mss: Cambridge, St. John's E.16 f.85; Cambridge, Univ. Ii.6.13 f.55; (Walther IC 12601 PS 19451)

3524. O dolor in magnis nostris in rebus et annis...
De mundo (100 verses)
Ms: London, BM Roy. 7 D.I ff.40-42

3525. O felix mortale genus, si semper haberet...
Walther IC 12632; PS 19457. Printed: Iohannes de Lamsheim, *Speculum consciencie et novissimorum* (Spire 1496), a4 (Goff L-31)

3526. O felix temptacio que ad dominicos amplexus fugere nos compellit...
Quod utiles sunt temptaciones servis Dei
Ms: London, BM Arundel 289 f.13

3527. O fortuna levis cui vis das munera quevis...
Versus de Fortuna
Ms: Cambridge, Trinity R.4.32 f.104; (Walther IC 12655 PS 19470)

3528. O genus humanum, seclum iam respice vanum...
Marbodus (?), *De contemptu mundi*
Walther IC 12677; PS 19474c

3529. O hi, qui nobis serviunt [premunt], *sic sunt honorati/ sine fine taliter erunt cruciati...*
Exhortatio ad mundi contemptum
Ms: Cambridge, Caius 230 p.57 (f.25); (Walther IC 12685)

3530. O homo anima mea in angustiis est...
See: Anima mea in angustiis est...

3531. O homo miserrime quid sis memorare...
[Poem on human misery]
Mss: London, BM Roy. 2 A.II f.142-144; München, Clm 28431 ff.6-22

3532. O homo qui ex anima rationali et humana carne subsistis conditionis miserae repletus multis miseriis...
Ps. Bernardus or Ps. Anselmus, *Sermo de miseria humana*

Mss: Firenze, Laur. S. Croce Plut. XIX dext. 10; Paris, Arsenal 369
Printed: PL 184, 1109-1114 or PL 158, 1051 seq. (A. Wilmart in *Revue Benedictine* 48 (1936) 71-76)
See: Homo qui ex anima et humana carne...

3533. **O homo quid intumescis; O caro...**
[Extracts from the Fathers on virtues and vices or A Florilegium on vices and virtues and confession]
Ms: Paris, BN lat. 16356 f.166-182

3534. **O magnum miraculum est homo animal, o adorandum...**
Gualterus Burley (?), *De virtutibus theosebicis, de virtutibus intellectualibus* etc
Ms: Kornik 295 f.258-302
Prol: Novelle scriptum institutionis feliciter incipit...

3535. **O male cara caro rationi consona raro...**
See: O male grata caro...

3536. **O male grata caro, rationi consona raro...**
De carne
Walther IC 12735; PS 19497

3537. **O mea factura de limo condita terrae...**
Carmen asceticum
Walther IC 12765

3538. **O mentes perfidas et linguas duplices/ et testes subdolor...**
[Short poem on the misery of human life]
G.E. Klemming, *Cautiones* 41-42

3539. **O mi frater, si vis Deo placere, stude semper esse humilis, mitis, mansuetusque quia origo virtutum humilitas est, dicit Gregorius...**
[De vitiis et virtutibus]
Ms: Bruxelles, BR II-2095 (cat. 2245) f.5-48

3540. **O miranda vanitas, o diuitiarum/ amor lamentabilis...**
Ps.-Bernardus (Bernardus Cluniacensis), *De contemptu mundi et memoria mortis*
Ms: Paris, Mazarine 996 (902); Walther IC 12783; Rudolf p.28 n.19
Printed: PL 184, 1313-1316

3541. **O misera vita...**
Tractatus de miseria huius vitae
Ms: Praha, Univ. X.G.8 (1962) f.90-91

3542. **O mors quam amara est memoria tua...**
Iacobus de Jüterbog, *De praeparatione ad mortem* or *De desiderio bene moriendi* or *Memoria improvisae mortis*
Ms: See: Ludger Meier n.54 p.49 Add: München, Clm 7747 (Rudolf p. 18 n.34)
Cf: Omnes morimur et quasi...

3543. **O mortales, quid agitis...**
De vanitate mundi
Dreves, *Analecta hymnica* 46, 358; Walther IC 12801

3544. **O munde immunde, quare sic dileximus te. Hic est fructus tuus:...**(Book 1)
Hugo de Sancto Victore, *Dialogus de vanitate mundi* or *De contemptu mundi* or *De vanitate mundi et rerum transeuntium usu*
Mss: Bruxelles, BR 2016-24 (cat. 1425) f.2-31; 11424-26 (cat. 1416) f.2-31; Cambrai, Ville 258 (248) f.1-29; Cambridge, Trinity Coll. B.15.38 (373) f.77-79; Cambridge, Univ. Kk.2.22 f.197; Melk 120 (B.90) f.277-294; Paris, BN lat. 3007 f.51 (imperf.); 14506 f.111; 15315; Paris, Mazarine 717 (433);

727 (1255); 729 (410); Praha, Univ. IV.H.2 (765) f.51-64; Venezia, Marc. lat. 11, 59 (Valentinelli III, 76) f.15-27; Vitry-le-francois, Ville 19, f.129-151 (Rudolf p.29 n.24). On authorship see Hauréau *Oeuvres de Hugues de Saint-Victor* p.79 ff; Thompson, *The Writings of Robert Grosseteste* (Cambridge, 1940) p.129-30
See: Longum est per singula huius modi vanitatem demonstrare...(Book 2)
Printed: PL 176, 703-740

3545. *O mundi curas, o res hominum perituras/ sic intercantur...*
Poema de fragilitate mundi
Ms: Wien, Nat. 898 f.27-28

3546. *O mundi vana gloria, fragilis, transitoria...*
Modus visitandi infirmos sacerdoti (poem)
Mss: Brno, Univ. Mk 33 (II.203) f.1-2; Praha, Univ. XII.C.13 (2141) f.76 (Walther IC 12807)

3547. *O pauperies iura beata/ Quae voce Iesu coelica regnas...*
Iohannes Gerson, *Oda de paupertate evangelica*
Printed: J.Gerson *Oeuvres completes* (ed. Glorieux) t.IV, Paris, 1962, p.143-144, n.165

3548. *O quam amarus est superbie congressus...*
Cf: Augustinus de conflictu viciorum et virtutum dicit: O quam...
O quam durus, o quam amarus...

3549. *O quam beati a mundo quos cernimus dampnatos quos pura conscientia perducit ad gaudia...*
Prosaica quaedam de vanis mundi cum notis musicis
Ms: München, Clm 3525 f.17

3550. *O quam durus, o quam amarus est superbiae congressus...*
Ps.-Gregorius; Ps.-Augustinus, *Conflictus [De conflictu] vitiorum et virtutum* or *De pugna vitiorum et virtutum*
Mss: Arras 930; Praha, Univ. IV.H. 18 (782) f.162-169; VIII.D.13 (1508) f.251-257; XIV.E.34 (2568) f.8-13; Utrecht, Univ. 52 f.105-115
Variant: Quam durus, quam amarus...
Cf: Apostolica vox clamat...
Augustinus de conflictu vitiorum...

3551. *O quam pium, quam iocundum erit tunc odisse mundum...*
[Ascetic poem]
Ms: Wien, Nat. 4924 f.110

3552. *O sociae dulces mihi dilectae...*
Hermannus Contractus, *Carmen de vitiis*. Rudolf p.31 n.36
Printed: A. Dümmler in *Zeitschr. für deutsches Altertum* 13 (81867) 385-431

3553. *O tu qui transis, qui nescis crastinus an sis...*
Carmina ascetica
Ms: Wien, Nat. 4459

3554. *O tu religiosus homo tota intencione studeas...*
Ms: Stockholm, Kgl. Bibl. MS.A.200 (from Erfurt) f.78; (Lehmann II 12)

3555. *O veneranda sacerdotum dignitas in quorum manibus...*(prol.)
See: Viri venerabilis, sacerdotes Dei/ Praecones...

3556. *O vilis humane condicionis indignitas...*
De miseria humane condicionis
Ms: Frankfurt am Main, Stadtb. Praed. 96 f.155-165

3557. **O vis auida propriae libertalis, sociali relicto grego...**
[Fables and exempla]
Ms: London, BM Harl. 3938 ff.109-147; (Ward & Herbert III 709 seq.)

3558. **O vita mundi, non vita sed mors...**
See: Nolite diligere mundum ... O vita mundi...

3559. **O vita quae tantos decipis, de propriis tantos seduxisti, tantos excaecasti; quae dum fugis, nihil es...Vae qui tibi credunt,.beati qui te contemnunt...**
Ps.-Augustinus, *Sermo de miseria carnis et falsitate praesentis vitae*
Ms: Paris, BN lat. 5558 f.28 seq.
Printed: PL 40, 1332-1334 (Clavis 1107)

3560. **O vos omnes qui transitis, figuram hanc inspicite...**
Mundi contemptus or *Speculum peccatorum*
Mss: Basel, A.IX.2 f.104-105 & 111; Gdansk, Mar. F 171 f.232-233; München, Clm 7660 f.36; 11747 f.16-20; 12260 f.110; 14053 f.143; Trier, Stadtbibl. 228 f.284-285
Printed: Dreves 41, 349/50

3561. **O vos omnes sacerdotes qui laboratis onerati et curati...**(prol.)
See: Cleros graece sors...

3562. **O vos, prophetae et praedicatores, dicite filiae Sion...**
See: Dicite filiae Sion: O vos...

3563. **Obedientia est clavis David, patibulum, altare eneum quod foris erat...**
De obedientia
Ms: Leipzig, Univ. 260 f.1

3564. **Obedientia est proprie voluntatis subiectio...**
De tribus substantialibus religionis
Ms: København, Ny. kgl. S.2741 qu. f.46-50

3565. **Obedientia. Pareo mandatis animo manibusque paratis...**
[Hexameters on virtues and vices]
Ms: Vaticana, Palat. lat. 362 f.84 (Walther IC 20704)

3566. **Obedientia sic describitur...**
De virtutibus
Ms: Wien, Nat. 3859

3567. **Obedientia vera et perfecta...**
De virtutibus
Ms: Wien, Nat. 3859 f.1-34

3568. **Obedite prepositis vestris et subiacete eis...Ista verba scripta sunt in epistola ad Hebr. 13,17. Ubi primo precipitur subditi ad prelatum reuerentia...**
Tractatus de confessione
Ms: Berlin, Lat. qu. 706 f.135-166

3569. **Obmissis...**
See: Omissis...

3570. **Obmissis ordinationibus et sufficientiis...Quoniam virtutibus nihil est utilius in hac vita...**
Ms: Paris, Arsenal 851 f.137-329
See: Quoniam virtutibus nihil est utilius in hac vita...

3571. **Obmissis sufficienciis et ordinationibus partium capitulis...Quoniam non vitatur malum nisi cognitum...**
See: Quoniam non vitatur malum nisi cognitum...

LIST OF INCIPITS

3572. **Obsecro te, o Charon, sine me iam ut nauim conscendam...Quis me appellas...**
Maffeus Vegius, *Dialogus de felicitate et miseria*
Mss: London, BM Harl. 1883 f.161-171; 2492 f.233; Paris, Mazarine 3893 (612); Vaticana, Vat. lat. 11548 f.49-62; Venezia, Marc. 4296 f.9-16; 4499 f.1-25 (L. Raffaele, *Maffeo Vegio* [Bologna 1909] 116-117)
Printed: Basileae 1518, 40-78
Rubr.: Palinurus incipit: Obsecro te, o Charon,...

3573. **Occide[n]t, heu, citius pector quam pagina picta...**
De vita caduca
Walther IC 13103

3574. **Occii quies...**
See: Otium quies...

3575. **Occisus es et redemisti nos...(Apoc. 5,9). Verba sunt Iohannis ad Christum...**
Tractatus de confessione
Ms: Cambridge, Peterhouse 255 (III), f.18

3576. **Occurrerunt ei decem viri...(Luc. 17,12). Cum secundum glossam venerabilis Bede...**
Tractatus de decem preceptis per modum sermonis quadripartiti
Ms: Paris, BN lat. 3297 f.188-201

3577. **Occurrit discutere utrum sit necesse ponere Deum esse. Nulli ergo...**
See: Cum solus in cella sederem...

3578. **Occurrit itaque primo discutere utrum sit necesse...**
See: Cum solus in cella sederem...

3579. **Octavianus imperator diues valde uxorem quam...**
See: Dorotheus imperator statuens pro lege...
Pompeius regnavit, dives valde et potis...

3580. **Octavianus, ut dicit Innocentius papa...**
See: De Sibilla et visione eius. Octavianus...

3581. **Octavo Canticorum** (Cant. 8,5), **fortis est ut mors dilectio et dura...**
Hugo de Sancto Victore, *Tractatus de laude caritatis*|(PL 176, 971c-76)
Ms: Oxford, Balliol 26 f.202v-204v

3582. **Octo principalia numerantur vitia...**
Walther IC 13132

3583. **Octo sunt instrumenta spiritualis exercicii...Primum est ut omnia que agis semper...**
Exercicium vite perfecte
Ms: Leipzig, Univ. 346 ff. 13-15

3584. **Octo sunt principalia vitia. Gastrimargia, id est ventris ingluvies...**
[Work on vices and virtues]
Ms: Paris, BN lat. 2904 p.217-218

3585. **Octo sunt principalia vitia quae mergunt hominem...**
Ms: Torino, Naz. G.V.38 (57) f.124-125
See: Octo sunt vitia principalia quae mergunt hominem...

3586. **Octo sunt principalia vitia quae multum nocent...**
De octo principalibus vitiis
Mss: Cambridge, Jesus Q.G.29 (76) f.113-117; Paris, BN lat. 2336 f.73-77
Cf: following entry

3587. **Octo sunt principalia vitia quae nocent humanum genus...**
De octo principalibus vitiis
Mss: Brugge, Stadsbibl. 99n. 8; 258 f.52; Paris, BN lat. 3007 f.46-49 [variant of

'epistola sancti Eutropii ad Petrum Papam de VIII vitiis' (PL 80, 9-14)]
Cf: Octo sunt vitia principalia quae humanum genus infestant...
Preceding entry

3588. **Octo sunt species confessionis superba, peruersa, fallax...**
Nota de confessione
Ms: Cambridge, Corpus Christi 481 p.196

3589. **Octo sunt species turpitudinis quas quandoque conjugales solent inter se exercere...**
Octo species turpitudinis or Tractatus de octo turpitudinibus coniugalibus or De octo turpitudinibus luxurie
Mss: Brno, Univ. Mk 47 f.121-122; Budapest, Orsz. Szech. Kön. 74; Gdansk, Mar. F.261; Klagenfurt, Studienbibl. Pap.80 f.112-113; Pap. 83 f.150-152; Kornik 116 f.88-89; 1383 f.297-299; Praha, Univ. XI.C.8 (2032) f.203-205; Vaticana, Regin. lat. 401 f.44-46; Vat. lat. 11565 f.63-64; Wilhering 92 f.216-218
See: Hec sunt octo species... Nota species turpitudinis...Prima est coitus indebitus...Prima species est coitus in diebus...Quod octo sunt species...

3590. **Octo sunt species verbositatis. Est enim verbum stultum...**
[On verbosity]
Ms: Kornik 47 f.146

3591. **Octo sunt vitia principalia quae humanum genus infestant. Primum, gastrimargia...**
S. Eutropius, Epistola ad Petrum Papam de octo vitiis
Printed: PL 80, 9-14
Cf: Octo sunt principalia vitia quae nocent humanum genus...

3592. **Octo sunt vitia principalia, quae mergunt hominem in interitum: gula...**
S. Columbanus, De octo vitiis principalibus (Instructio XVII of his Instructiones variae)
Ms: Vaticana, Regin. lat. 140 f.81
Printed: PL 80, 259-260
See: Octo sunt principalia vitia quae mergunt hominem...

3593. **Octo sunt vitia principalia vel originalia omnium vitiorum ex quibus quasi radicibus...**
Alcuinus, De octo vitiis principalibus (Chaps. 27-35 of Liber de virtutibus et vitiis)
Mss: Paris, BN lat. 1005, f.49 seq.; 2183 f.64; 13374 f.57 (imperf.); Vaticana, Vat. lat. 650 f.58 seq.
Printed: PL 101, 632 seq.
Cf: De sapientia. Primo omnium querendum...

3594. **Oculi mei semper ad Dominum (Ps. 24,15). Omnia [or Quia] divina precepta in duobus mandatis dependent scilicet in dilectione Dei et proximi...**
[De decem praeceptis]
Mss: Brno, Statni Archiv G.12.II 95 f. 12 seq.; München, Clm 9736 f.92-117; Wien, Schott 123 f.205-237

3595. **Odium suscitat rixas et universa delicta cooperit caritas...**
Tractatus de virtutibus et viciis (passages from Scripture and Fathers arranged under headings)
Ms: London, BM Roy. 5 A.I f.35-43

3596. **Officium est debitum obligans officiatum ad proprium uniuscuiusque rei et persone negocium utiliter peragendum. Quod unusquisque comissit sibi negocium faciens recte...**
Engelbertus Admontensis, Tractatus de officiis et abusionibus eorum

LIST OF INCIPITS 305

Printed: G.B. Fowler in *Essays in Medieval Life and Thought* (in Honor of A.P. Evans) New York 1955 p.109-122

3597. **Olim dives eras, es nunc ex civite factus** [or *de divite pauper*]/ **Pauper; quid facit hoc? solas superfluitas...**
[Poem on riches]
Ms: Paris, BN lat. 3761 f.65; 8433 f.115
Printed: Wattenbach, *Neues Archiv* 18 (1893) 516 (Walther IC 13160; PS 19772)

3598. **Olim dum legimus in levitico veteris testamenti mandasse...**(Prol.) (Pars I) **Superbia dupliciter capitur, uno modo generaliter...**
Iohannes Nider, O.P., *Tractatus de lepra morali*
Mss: Bruxelles, BR 14674-75 (cat. 2171) f.77-205; Cambrai 493 (461); Graz 578; Herzogenburg 11 f. 73-192; 36 f.161-219; Linz 31 (340) f.97-150; Paris, BN lat. 3266 f. 31-80; Praha, Univ VII.E.15 (1304) f.1-82; XI.F.7 (2069) f.111-122; Wien, Schott. 268 f.38-96; 347 f.261 seq.; Würzburg, Univ. M ch. f. 222 f.242-295.
Printed: Goff N-188-195

3599. **Olim quidem Iudoce adolescens charissima non mediocris mihi ad te scribendi incessit cupido...**
Erasmus, *De contemptu mundi epistola, quam conscripsit adolescens in gratiam ac nomine Theodorici Harlemei*
Printed: Antwerp, 1519; Louvain, 1521; Basel, 1523, Cologne, 1528; and 1538, etc. English translation: Thomas Payness, London, 1533.
See: Saepe quaestus sum optime lector, me gravari studiis amicorum...

3600. **Ollas Egypti vitare et delicias Iherusalem perhenniter degustare. Litteras caritatis vestre dudum Wormacie recepi...**
Henricus de Hassia, *Epistola ad Iacobum abbatem Ebirbacensem, De contemptu mundi*
Mss: Erfurt, CA Qu. 145 f.79-82; Qu. 147 f.93-100; München, Clm 18939 f.211-216 (K. Heilig, *Röm. Quartalschrift* 40[1932] 139-140; Rudolf p.34 n. 48)
Printed: G. Sommerfeldt, *Zeitschrift fur katholische Theologie* 29(1905) 406-412
Dedic.: Honorabili religioso viro de domino Iacobo...

3601. **Omissis...**
See: Obmissis...

3602. **Omissis capitulis et distinctionibus...**
De summa virtutum or *Compendium de summa virtutum*
Ms: Metz 485 n.1
Cf. Obmissis sufficienciis et ordinationibus...

3603. **Omissis ordinationibus et sufficientiis partim...Quoniam non vitatur malum nisi prius cognitum...**
Compendium de vitiis or *Doctrina de vitiis*
Ms: Metz 485 n.2
See: Quoniam non vitatur malum...

3604. **Omne animi vitium tanto conspectius...**
[Short poem on vice]
Ms: Valenciennes 36

3605. **Omne caput languidum...**(Is. 5,5). **Novit Dominus figmentum suum nec latere potest summum medicum multiplicitas...**
Ricardus de Sancto Victore, *De statu interioris hominis*
Mss: Brugge, Stadtbibl. 169; Bruxelles, BR 1557-1604 (cat. 2183) f.317-334; 2037-48 (cat. 1035) f.76-110; II. 1046 (cat. 1402) f.133-157; Cambridge,

Corpus Christi 63 p.84; Cambridge, Pembroke 116 f.37-56; Cambridge, St. John's A.15 (15) f.79-93; E.28 (131) f.50-73; Cambridge, Univ. Kk.4.12 f.80; Add. 3311 F.174; 6451, f.95; Charleville 159; Evreux 21; Firenze, Laur. S. Croce Plut. XXII dext. 5; København, Ny kgl. S.118 qu f.87-100; London, BM Harley 1762; München, Clm 28260 f.169-188; Paris, Mazarine 769 (1028); 1004 (982); Paris, BN lat. 2588, f.94 seq.; 13432 f.90 seq.; 14516 f.142 seq.; Praha, Univ. XIV.D.20 (2528) f.89-104; Roma, Casanatense 81 f.81-97; Rouen A.452 (553); (Stegmüller RB 7333)
Printed: PL 196, 1115-1160
Prol: Sero quidem misi quod petenti promisi...

3606. **Omne datum optimum...**(Iac. 1,17). **Sanctus Iacobus apostolus overitate paterni Verbi illuminatus...**
Rodolphus de Bibraco (Ps. Bonaventura), *Tractatus de septem donis Spiritus Sancti*
Mss: London, BM Add. 16591 f.129; 18007 f.60-102; München, Clm 3536; Nürnberg, III.64 f.76-86; Oxford, Bodl. Laud. misc. 248 f.154-191; Paris, BN lat. 17276 f.98 seq.; Praha, Univ. III.C.19 (450) f.1-34; III.D.8 (460) f. 54-94; XIV.B. 12 (2451) f.62-98; Utrecht, Univ. 342 f.1-126 (Bonav. *Op. omn.* Quaracchi 1891 t.V, p.XL)
Printed: S. Bonaventurae *Op. omn.* Parisiis 1866, t.7 p.582-652

3607. **Omne gaudium existimate fratres cum in tentationes...**
Casparus Schaczgeyer, O.F.M., *Remedarius tentacionum*
Ms: München, Clm 18204 f.41-47; 18885 f.250-255; (Auer 288)

3608. **Omne hoc signum ponitur hic distributive...**
Tractatus de penitentiis et remissionibus
Ms: Cambridge, Corpus Christi 509

3609. **Omne peccatum actio est. Actio autem omnis voluntaria est tam honesta quam turpis...**
Ps.Seneca; Ps. Martinus De Braga, *De moribus* or *De gratia vati* or *De libero arbitrio* or *De institutione morum*
Mss: Bologna, Archiginn. A.1464 f.76; Brugge, Stadtbibl. 91 f.75-76; 560 f. 81-84; Cambridge, Corpus Christi 177 f.75; 316 f.139; 441 p.311; Cambridge, Caius 114 f.201; 453 flyleaf; Cambridge, Jesus Q.G.29 (76) f.104-112; Cambridge, Peterhouse 194 f.1; Cambridge, St. John's B.20; Cambridge, Trinity B.1.30 f.51; Cambridge, Univ. Dd.15.21 f.72-76; Kk.6.15(4) f. 14; Ii.5.F.2.3; Erlangen, Univ. 163 f.122-124; London, BM Roy. 8 B.I f.83; Manchester, John Rylands 124 f.47 seq.; Montecassino 207; Oxford, Balliol 130 f.5-7; Paris, BN lat. 6379; 6384; 6390; 6391; 6395; 6766A; 7329; 8027; 8546; 16133; 16590; Praha, Univ. IV.H.2 (765) f.64-67; Roma, Angelica 1010 f. 92-95; 1356 f.13-18; Troyes 215; Vaticana, Regin. lat. 349 f.9-12; Vat. lat. 793; 11441; 11548; Wilhering 108 f.67-68; (Hauréau V.176 seq.; Walther PS 19841a; Clavis 1090)
Printed: PL 72, 29-32 Venice 1496 edition of St. Jerome

3610. **Omne peccatum est blasphemiae...**(title)
See: Sensus huius sententiae pendet...

3611. **Omne peccatum et blasphemiae...**(Matth. 12,31)...
Henricus de Hassia, *De peccatis blasphemiae et in Spiritum Sanctum*
Ms: Wien, Nat. 4696

3612. **Omne peccatum, ut dicit beatus Augustinus Contra Faustum, est dictum vel factum vel concupitum contra legem Dei, hoc est peccatum cordis, oris vel operis. Contra hec tria dicitur Eccli. 2: Ve duplici cordi...**
Alexander Carpenter (Fabricius) Anglicus, *Destructorium vitiorum*
Mss: Bruxelles, BR 3011-13 (cat. 2247) f.2-227; Cambridge, Peterhouse 41;

Oxford, Balliol 81 (G.R.Owst, *The Destructorium viciorum* [London 1952]; Welter 425 seq.)
Printed: Parisiis 1516; 1521; etc.
Prol. Iste liber qui Destructorium viciorum nuncupatur octo partes continet principales in quarum prima tractatur de peccato in communi...

3613. **Omne peccatum vel est contra Deum vel contra proximum, vel contra corpus proprium...**
De triplici genere peccatorum
Ms: Oxford, Magdalen 109 f.117

3614. **Omne quidem vitium Deus hoc condemnat et odit...**
Contra sodomitas
Ms: Paris, BN lat. 15172 f.104 seq.

3615. **Omne quodcumque facitis in verbo...(Col. 3.17). Doctor egregius Augustinus volens diuini auxilii necessitatem in humanis actibus declarere...(Tabula) (Prol.) Illustris industrie ac grandis beniuolentie speculo Francisco... frater Philippus de Pergamo... Dum proposuissem in corde meo perscrutari... Cum animaduerterem... Quia presens opus speculum regiminis quo ad utriusque reformationem necnon et virtutum apprehensionem intitulari...Si Deus est animus...Viso supra in prima huius libri prosaycali parte de primo speculo metaphorico...**
Philippus De Bergamo, O.S.B., *Speculum regiminis alias Cato moralisatus* (II version)
Mss: (Some of these manuscripts may contain the other version of Philip de Bergamo, the *Disticha* of Cato, or another commentary on the *Disticha*) Bern 91; Bordeaux 425; Cambrai 297; Darmstadt 719; Gdansk, Mar. F.223; Marseille 731; Metz 172 (Periit); 181 (Periit); Michaelbeuern 12; Münster, Univ. 108 (18); Oxford, New Coll. 154; Paris, Sainte-Genevieve 245; Praha, Univ. V.D.24 (892) f.2 seq.; Valencia, Cab. 113 f.268 seq.; 126; Vaticana, Vat. lat. 1521; Wien, Nat. 2299; Würzburg, Univ. M.ch.f. 30 f.36-265. (Welter 194 n.114)
Printed: Goff. 293-295
See: Omnia quecumque facitis... Doctor egregius Augustinus...

3616. **Omnem scientiam et doctrinam sacra Scriptura transcendit, verum predicat et ad celestem patriam inuitat...Iste liber cuius est ius canonicum a sanctis patribus institutum, prima sui diuisione diuiditur in duas partes...**
[Commentary on Adam, *Summula de Summa Raymundi*. F.Falls Taberner, La 'Summula Pauperum'...in *Spanische Forschungen*, 7 Münster 1938 p.74]
Mss: Budapest, Eg. Kön. 50 f.445-491; Philadelphia, Univ. of Pennsylvania Lat. 164
Prol. Circa initium Summule Raymundi de summa...
Cf. Summula de summa Raymundi... In summis festis...

3617. **Omnes aut illi et ille, qui non sunt in penitentia. .**
[Part of a letter of S. Franciscus printed in *Opuscula in Bibliotheca Franciscana ascetica medii Aevi* I; Quaracchi 194995-98]
Ms: Volterra, Guarnacciana 5230 f.149-150

3618. **Omnes dant e vel a, quotquot nascuntur ab Eva...**
De miseria hominis, Quoted in Pope Innocent III, *De miseria humane conditionis*
Walther IC 13221

3619. **Omnes homines, Marce Lippomanni ex patritiis illustribus Venetis vir..., qui in hoc calle mortalium rectum iter vite tenere nituntur...**
Antonius, *Tractatus de jejuniis ad Marcum Lippomani*
Ms: Vaticana, Vat. lat. 1071 f.1-7

3620. **Omnes homines peccatores istius mundi mortalibus nequiciis...**
Ricardus Rolle de Hampole, *De modo vivendi*
Ms: Cambridge, Caius 140 f.108-115

3621. **Omnes homines, qui rectum iter vite tenere nituntur...**
Antonius de Rosellis, *Tractatus de jejuniis*
Ms: London, BM Arundel 458 f.233-238

3622. **Omnes huius seculi dilectores...**
[Sentences from the Fathers on seven deadly sins]
Ms: Oxford, Bodl. Douce 107 f.48 (SC 21681)

3623. **Omnes morimur et quasi aquae dilabimur...**(II Reg. 14.14)
Verbum est organo...
Iacobus de Jüterbog, *Tractatus de arte moriendi*
Mss: København, Gl. kgl. S.3386 oct. f.124-175; Leipzig, Univ. 204 f.245-255; Vaticana, Vat. lat. 10068 f.221 seq.; Würzburg, Univ. M. ch.q.140 f.143-160 (Rudolf p.100-101 n.6; L.Meier p.49 n.54)
Cf: O mors quam amara...

3624. **Omnes qui volunt pie vivere...**(II Tim. 3,12)
Conflictus virtutum et vitiorum (From Gregory the Great's *Moralia*)
Ms: Utrecht, Univ. 373 f.189-191

3625. **Omnes quippe in eo peccaverunt quia omnes in eo fuerunt non personaliter sed naturaliter...**
[Tractate on penance and sin]
Ms: Paris, Arsenal 93 B

3626. **Omnes vilescunt mortales orbis amores...**(variant)
See: Divicias spernit mundanas qui bene...

3627. **Omnes virtutes aliquando convenerunt in unum ut sibi unam reginam...**
De virtutibus reginam sibi eligentibus
Ms: Würzburg, Univ. M.ch.q.80 f.33-35

3628. **Omnes virtutes convenerunt...**
De virtutibus, quenam earum esset regina
Ms: London, BM Harl. 1294 f.89 seq.

3629. **Omni habenti dabitur** (Matth. 25,29). **Hac sententia...**
See: Celesti convive N., cum illo...Omni habenti dabitur...

3630. **Omni poscenti rationem reddere ut ait beatus Petrus** (I Petr. 3,15)...
De fide et spe
Ms: Alencon 24
See: De fide et spe quae in nobis est...

3631. **Omni vita tua dilige Deum et inuoca illum...**(Eccli. 13,18). **Sicut Rabanus in glossa ceteris refutatis...**
Tractatus de decem preceptis, septem peccatis
Mss: London, BM Arundel 332 f.2-19; Wolfenbüttel, 108 Helmst. (1215) f.116, 110 seq.

3632. **Omnia fac cum consilio et post factum non penitebis** (Eccli. 32,24). **Viri sapientis verba sunt ista...**
Summa monaldina abbreviata
Ms: Vaticana, Vat. lat. 9328 (Walther PS 19983a)

3633. **Omnia facito secundum exemplar quod tibi monstratum est** (Hebr. 8,5). **In omnibus operibus artium videmus quod eorum opifices diriguntur...**(Prol. 1)
Quia vero curiosis lectoribus varietas tollit fastigium...(Prol. 2) Notitia rerum in

homine triplici virtute perficitur...(Prol. 3) Abstinentia discreta ciborum quantum sit hominibus utilis... (Cap. 1)
>Iohannes de Sancto Geminiano, O.P., *De exemplis et similitudinibus rerum* or *Liber de similitudinibus rerum*
Mss: (Welter 341 n.19); See: A. Dondaine in *Archivum Fratrum Praedicatorum* 9 [1939] 157-164). Add: Leipzig, Univ. 367; München, Clm 14057; Nürnberg, III, 32.
Printed: Venetiis 1484, 1497 etc.
See: Excommunicati assimilantur...

3634. **Omnia in caritate ordinantur. Scribitur Matth. 22,35-40 quod cum quidam legis doctor...**
Nicolaus de Dinkelsbühl, *De dilectione Dei et proximi et de decem praeceptis*
Ms: Windsheim 97 (42) f.250-358
See: Preter precepta legis... Scribitur Matth. 22 quod...

3635. **Omnia mortalia minuuntur...**
[Commentary on Bernardus Morvalensis, *De vanitate mundi*]
Ms: Praha, Univ. III.G.12 (537) F.49-66
See: Cartula nostra tibi mandat...

3636. **Omnia peccata mortalia quamvis semper sint peccata...**
Ad sciendum quod septem peccata capitalia sunt mortalia vel venialia et postea de vana gloria (excerpt from Ripelin's *Compendium* Nr. 6327) or *De septem peccatis mortalibus*
Mss: Klosterneuburg 295 f.78-80; København, Thott. 102 qu., f.53-56; Lincoln, Cath. 229 (B.6.7); Magdeburg, Domgymn. 145 f. 131-132
See: Omnia predicta quamvis semper...Omnia vicia quamvis semper

3637. **Omnia peccata plangat contritis vera...**
[Five verses on contrition]
Ms: London, BM Harl. 956 f.27

3638. **Omnia possibilia sunt credenti** (Mc. 9,22). **Nemo potest...**
See: Dominus dicit in Evangelio: Omnia possibilia...

3639. **Omnia quamvis semper sint peccata non tamen semper sunt mortalia. Unde vana gloria mortale...**
De viciis capitalibus vel septem peccatis mortalibus... quae praedicta sunt venialia et quae mortalia or *De compendio theologye ad demonstrandum quanto septem vicia sunt mortalia et quando non*
Mss: London, BM Arundel 379, ff.26-27; London, Sir John Soane's Museum 10 f. 264-269; Wien, Nat. Ser. n. 12894 f.109 seq.
See: Omnia peccata quamvis semper...

3640. **Omnia que supero semper transcendere quero...**
[On vices or *De superbia*]
Ms: Tours 405 f.184 seq.; (Walther IC 13276)

3641. **Omnia quecumque facitis in verbo...**(Col. 3,17)
Lexicon theologie moralis
Ms: Würzburg, Univ. M.ch.f.30 f.2-34

3642. **Omnia quecumque facitis in verbo...**(Col. 3,17). **Doctor egregius Augustinus volens diuini auxilii necessitatem... Abstinere. Nota de quibus milites, barones et regentes debent abstinere...**(Tabula) (Prol.) **Ad gloriam et laudem Domini et saluatoris nostri Ihesu Christi...iuxta illud Apostoli Omne quodcumque facitis in verbo...Premissa igitur debita diuina inuocatione, sciendum est priscos illustres oratores...Cum animaduerterem..Expositio istius textus talis esse dinoscitur. Cum animaduveruerem, id est cum animo considerarem...Quia presens opus speculum regiminis quo ad utrumque**

hominis reformationem necnon et virtutum apprehensionem intitulare decreui...
Philippus de Bergamo, O.S.B., *Speculum regiminis* or *Cato moralisatus* (I version)
Printed: Goff C.292
Cf: Omne quodcumque facitis... Doctor egregius Augustinus...

3643. **Omnia septem vicia quamvis semper sint peccata...**
Ad discernendum peccata mortalia a venialibus
Mss: London, Society Of Antiquaries 334 f.112-115; München, Clm 28673 f.104-106
See: Omnia peccata mortalia quamvis semper sint peccata...

3644. **Omnia vitia capitalia...**
De vitiis capitalibus
Ms: Wien, Nat. 4064 f.115-127

3645. **Omnia vitia et peccata actualia...**
Summula vitiorum
Ms: Wien, Nat. 4461 f.121-152

3646. **Omnia vitia predicta quamvis...**
See: Omnia predicta quamvis...

3647. **Omnibus animantibus Adam...**
[Bestiary]
Mss: Solothurn, SI 213 (imperf.) (?); London, Westminster Abbey 22
Prol: Cum voluntas conditoris...

3648. **Omnibus asperior est hostibus hostis egestas...**
See: Tribus malis agitatur vita presens...

3649. **Omnibus canonibus ord. S. Augustini...Dominus et redemptor noster...**
Walter, canon of Church of Holy Trinity, London, *Speculum religiosorum*
Ms: London, BM Add. 10052

3650. **Omnibus confessoribus ad sciendum necessarie, per me pauperem episcopum Andream Hyspanum...**
See: Lumen ad reuelationem gentium...

3651. **Omnibus cultoribus/Christianitatis/ Muto sed praecipue/ Summe veritatis...**
Fr. Wilhelm Jordanus (Jordaens), *Conflictus virtutum et viciorum* (a dialogue between charity and seven sins)
Ms: Wien, Nat. Ser. n. 12828, ff.92-112
(Ed. L. Johnson, Johns Hopkins Univ. dissertation [1972])

3652. **Omnibus diebus vite tue in mente habeto...**(Tob. 4,6) **Sic docuit ille felix Thobias filium suum iuniorem...**
Nicolaus Wyzonti de Cracovia, *Dicta super decem precepta Domini*
Mss: Budapest, Eg. Kön. 53 f. 203-283; 54 f.1-76; Krakow, Uniw. 1287 f.144 seq.; Wrocław, Uniw. I. Q.94
Prol.: Nota ad custodiam mandatorum Dei debent nos monere plura...

3653. **Omnibus in universa terra literratis Deum colentibus...**(prol..)
See: Spiritus est inmundicie plerosque fatigans/ Victaque per paucis longaque bella gerens...

3654. **Omnibus nostris virtutibus et bonis aliqua sunt vitia et mala...**
Nicolaus Kempf, O. Carth., *De vera, perfecta et spirituali caritate erga proximos* (tract. II) or *De caritate sive amicitia vera et ficta*
Ms: Budapest, Eg. Kön. 72 f.19-32
Cf. Ecce quam bonum...Contraria iuxta se posita...

3655. **Omnibus peccatis fornicatio maior est...**
Nota de fornicatione
Ms: Erfurt O.27 f.91

LIST OF INCIPITS 311

3656. Omnibus recte viventibus et in via Dei, hoc est in mandatis eius, ambulare seu viuere cupientibus, scire conuenit decem esse Dei mandata...Non habebis deos alienos coram me (Ex. 20,3). *In hiis verbis negatiue positis pluritas deorum excluditur...*
Gerardus de Schiedam, O. Cart., *Sermones decem de decem preceptis*
Ms: Bruxelles, BR 5029-30 (cat. 2159) f.68-142

3657. Omnipotens creator omnium ac omnium sapiens...
See: Scribam eis multiplices leges meas (Os. 8,12).. Omnipotens creator omnium...

3658. Omnipotens Deus benedictum sit tuum singulare in bonitate, magnitudine, duratione, potestate, sapientia, voluntate siue amore...
Raymundus Lullus, *Opusculum in quo decem legis precepta et quatuordecim articuli fidei catholice cum septem sacramentis ecclesie continentur*
Ms: Barcelona, Bibl. Perdigo f.1-95; København, Ny kgl. S.638 oct. f.9-96; Montserrat 1 f.93-118; San Candido VIII.B.13; Wolfenbüttel 83.17 Aug. fol. (2851) f.175 seq. (Glorieux 335 iw)
Rubr. Ad adorandum et inuocandum te Deum meum, aggreditur seruus tuus...

3659. Omnipotens et misericors Deus...
Confessio generalis peccatorum
Ms: Vyssi Brod 31 f.130

3660. Omnipotenti Deo creaturarum omnium creatori...
Liber de confessione
Ms: Erlangen, Univ. 546 f.49-59

3661. Omnis arbor que non facit fructum bonum...(variant)
See: Ambrosius super Luc. 11.lo. Omnis arbor... Rabanus super Matt. 21. Omnis, inquit, arbor...

3662. Omnis ergo qui confitebitur...Paulus apostolus...
See: Dominus dicit in Evangelio: Omnis ergo...

3663. Omnis etas hominum ab adolescencia sua proclivis in malum...
William Bishop of Worcester (?) Gulielmus de Badby, O. Carm. (?), *Omnis etas* or *Instructio ad sacerdotes de poenitentia*
Mss: Bury, St. Edmunds; Oxford, Balliol 228 f.214-216; Oxford, Bodl. Auct. F.3.10 f.206-210; Bodl. 828 (SC 2695)

3664. Omnis finis prior est in intentione, ultimus...
De virtute tractatus
Ms: Köln, Stadtarchiv GB G.B.4 97, f.23-34

3665. Omnis homo a natura non degenerans veritatem amat et eam scire super omnia desiderat...
Aegidius de Lessines, O.P., *Tractatus de usuris*
Mss: See Kaeppeli 47
Printed: S. Thomae *Opera omnia*, Parmae 1864, t. 17 p.413-436; etc

3666. Omnis honor mundi fluit ut maris unda profundi/ Ubertas rerum...
[On vanity of the world]
Walther IC 13359

3667. Omnis mortalium cura, quam multiplicium labor exercet, diuerso quidem calle procedit, ad unum tamen beatitudinis finem nittitur peruenire...
Oliverius Senensis, *De Deo et rerum naturalium principiis*
Mss: Firenze, Laur. Plut. LXXXII, 21 f.1-30 (perhaps Edinburgh 108)

3668. Omnis mortalium cura, quam multiplicium studiorum labor exercet, diuerso quidem calle procedit, ad unum tamen beatitudinis finem nittitur peruenire. Dice sancto

Seuerino nel libro della philosophiche consolatione...
Antonino, *Specchio di coscienza*
Printed: GW 2152-2176 (Michaud-Quantin Index; Kaeppeli 257)

3669. **Omnis mundi creatura quasi liber et pictura...**
Alanus de Insulis, *De miseria mundi*
Mss: Paris, BN lat. 13468 f.36; Tours 893; (Walther 13365)
Printed: PL 210, 579-580

3670. **Omnis origo mali processit ab arbore mali...**
[Tractate on evil]
Ms: Paris, BN lat. 18523 f.95

3671. **Omnis plaga tristitia cordis est...**
See: De nequitia mulieris. Omnis plaga tristitia...

3672. **Omnis qui discit contempnere presens seculum et ad futurum festinat...**
Origenes, *Homelia VIII in Exodum, De initio decalogi*
Ms: Luxembourg, Nat. 87 f.65-66
Printed: PG 2, 350-361; GCS 6 p.217-234 (Leipzig 1920)

3673. **Omnis qui se exaltat...**
Flos florum
Ms: London, BM Harl. 5234 f.55-84

3674. **Omnis qui secundum Deum sapiens est...**
Isidorus Hispalensis, *Sententiarum liber* II (De vitiis et virtutibus)
See: Summum bonum Deus est...

3675. **Omnis quidem impiorum animus maxime tamen mulieribus lubricus est...**
Dicta Seneca secundum ordinem alphabeti
Ms: Zwettl 323, ff.119-121

3676. **Omnis religiosus existens in monasterio proprietarius est Dei inimicus...**
Compendium contra proprietatis vitium
Ms: Würzburg, Univ. M.ch. q.124 f.281-301

3677. **Omnis sciencia et doctrina...**
See: Quoniam ut dicit Philosophus in primo Ethicorum, Omnis sciencia...

3678. **Omnis scientia suis utitur regulis velut propriis fundamentis...**
Alanus de Insulis, *Regulae caelestis iuris* or *Summa de regulis fidei*
Ms: København, Gl. kgl. S.1620, qu. f.94-131
Printed: PL 210, 621-684 (M.th. d'Alverny, *Alain de Lille*, Paris, 1965, p.66-68)

3679. **Omnis theologica speculatio circa quatuor consistit, scilicet in cognoscendo creatorem...**
See: Cupienti summam utilis et necessarie veritatis theologicarum questionum cordis pugillo concludere...

3680. **Omnis, ut ait Boethius, cura mortalium...**
See: Omnis mortalium cura...

3681. **Omnis ut ait Boethius hominum cura mortalium... Est quoddam rare genus quod proiectum ab aliquo ad os canis...**
See: Est quoddam rare genus...

3682. **Omnis, ut Boetius ait, hominum cura mortalium, quam multiplicium studiorum labor exercet, diuerso quidem calle procedit, sed ad unum beatitudinis finem nititur pervenire et est ut ait finis hic summum bonum omnium bonorum plenissimum...**
Servasanctus de Faventia, *Liber de exemplis*, Pars IIIa (De virtutibus) *Liber predicabilis de septem famosissimis virtutibus diuinis multum dicta declarans*

naturalibus seu artificialibus similitudinibus et exemplis
Mss: Bratislava, Univ. 1 G f.1-98b; Lilienfeld 15 f. 127-255; München, Clm 8350 f.89-158; 14749 f.1-73; Padova, Ant. 492 f.73-117; Ravenna, Class. 38; Zwettl f.1-12
See: Cum solus in cella... Occurrit itaque primo...

3683. **Omnis utriusque famosum, altum deuotum et spirituale est et ideo deuote et spiritualiter legendum est...**
Iacobus de Zocchis, *Tractatus de penitentia et remissione* (1443) or *Summa de penitentia* or *De confessione*
Mss: München, Clm 28261 f.153-236 (Iohannes Passauer prob. the scribe); Praha, Univ. XIII.E.8 (2327) f.224-219 (Schulte II 328 n.4)
Printed: Goff Z-28

3684. **Omnis utriusque sexus...(X.5.38.12)...**
See: Extra De penitenciis et remissionibus, Innocencius tercius: Omnis utriusque sexus...

3685. **Omnis utriusque sexus...**
Bartholomaeus Florarius, *Capitulum de confessione extractum e Florario*
Mss: Cambridge, Univ. Dd.11.83 f.76; Mm.2.10 (imperf.); London, BM Roy. 7 F.XI; Harl. 106 f.129; Sloane 59 f.190; London, Gray's Inn 4 f.1-133; London, Sion College, Arc.L.40 2/1.15; Oxford, Corpus Christi 226 f.140-148; Oxford, Magdalen lat. 72 f.142-152
See: Gratias ago Gratiae largitori quia...

3686. **Omnis utriusque sexus...De penitenciis et remissionibus, cap. omnis utriusque... Abbates vero et priores non exempti...**
Cilium oculi sacerdotis (supplement to Guillelmus de Pagula, Oculus sacerdotis "Cum ecclesie quibus preficiuntur...")
Mss: London, BM Harl. 4968 n.1; London, Guidhall 249; München Clm 27421 f.206; Oxford, Balliol 86 f.229-seq.
Rubr. Primo determinandum et dicendum quis confitetur. Omnis...

3687. **Omnis utriusque sexus...Si queris utrum...**
De confessione
Ms: Cambridge, Corpus Christi 151 f.98

3688. **Omnis vere confitens vere Christum colit...**
Contra avaros abbates
Walther IC 13375

3689. **Omnis vetus novaque philosophia...**
Iovianus Pontanus, *De obedientia*
Ms: Vaticana, Urb. lat. 225 f.27 seq.
Printed: Basel 1538, *Opera Omnia* I 1-92

3690. **Omnium que sunt, moventur et vivunt, unum principium Deus...**
Ernaldus Bonaevallis, *De operibus sex dierum* or *Exameron moralis* or *Moralis expositio super Genesim* or *Paradisus*
Mss: Paris, BN lat. 1925; Poitiers 175; Soissons 117 (108); Troyes 1388
Printed: PL 189, 1515-1570 (without prol.)
Prol. (not edited): Apud Hebraeos ante Moysen nullum...

3691. **Onerant nima te...**
Henricus de Hassia, *Speculum animae* or *Tractatus de christiana vita*
Ms: Praha, Univ. VII.F.5 (1324) f.94-96

3692. **Opera misericordie corporalia sunt sex...Primum est cibare esurientem, unde Is. 58: frange esurienti...**

Iohannes Herolt, O.P., *De sex operibus misericordiae. De eruditione Christifidelium*, Tract. IV
Mss: Herzogenburg. 41, ff.145-156; Vaticana, Vat. lat. 10057 f.134 seq.; 10059 f.74 seq.
Cf. Si vis ad vitam... In verbis propositis...

3693. **Oportet igitur primo ad diuinam beneplacentiam studere...**
See: Quoniam sunt persone quamplures...

3694. **Oportet semper orare et non deficere** (Luc. 18,1). **Inter omnia bona opera precipue nos docet orationi operam dare Dominus pluribus de causis...**
David ab Augusta, *Septem gradus orationis*
Mss: Basel, B.VII. 10 f.237-240; B.VIII.32 f.70-73; Heiligenkreuz 222 f.83-87; München, Clm 9667 f.97-99.
Printed: J. Heerincks in RAM 14 (1933) 156-170

3695. **Oportet semper orare et non defuere** (Luc. 18,1). **De oratione volens tractare...**
De oratione
Ms: Napoli, Naz. V.H.125 f.186-190

3696. **Oportet, ut latitudo sermonis...**
See: Ex regia ac sanctissima prosapia oriundo...Oportet, ut...

3697. **Optatus mihi dies advenerat in quo visitante me divina clemencia...**(prol.)
See: Beati pauperes spiritu...

3698. **Optima dum video, memet suspendere quero...**
De vitiis
Walther IC 13390

3699. **Optimis moribus et virtutibus adornato. Quia virtutes secundum B. Gregorium...** (Pars I) **Certum est autem et notorium...**
Alvarus Pelagii, *De statu et planctu ecclesiae*
Ms: Valencia, Cab. 80; Paris, BN lat. 3197 (Diaz 2108)

3700. **Opus istud decem partes continet. Prima pars agit de conversione...**
[Book of stories and *exempla*]
Ms: Zwettl 131

3701. **Opus istud vocatur arbor virtutum, in quo tria consideranda sunt. Titulus utilitas et intentio...**(variant)
See: Opus istud vocatur arbor virtutum. Incipit sive hoc est...

3702. **Opus istud vocatur arbor virtutum. Incipit sive hoc est arbor ecclesie... Dicto de arbore virtutum sequitur de arbore vitiorum...**
[Tree of virtues and vices: *Arbor virtutum*]
Mss: Brno, Univ. MT 17 f.179-185; Dubrovnik 33 (36.II.8) f.115 seq.; Praha, Metr. Kap. O.54 (163) f.2-9
Variant: Opus istud vocatur arbor virtutum, in qua tria consideranda sunt. Titulus utilitas et intentio...

3703. **Opusculum quod vocatur Scutum Bede...**(Prol.) **Miles igitur Christi mox in hanc lucem editus mundum istum...**(Text.)
Scutum Bede [De vitiis et virtutibus]
Ms: Oxford, Bodl. Bodl. 630 f.257-265 (SC 1953)

3704. **Opusculum subditum de regimine christiano...**
See: Glorian regni tui dicent...Sacrae fidei confessio...Sanctissimo in Christi patri ac reverendissimo domino Bonifatio...Opusculum subditum...(Dedic.)

3705. **Oratio Aurelii Lippi qua supplicium indignum Jesu Christi deplorat...**
Aurelius Brandolinus (Lippus) Florentinus, *Oratio de virtutibus Jesu Christi nobis*

LIST OF INCIPITS 315

in eius passione ostensis, habita ad Alexandrum VI
Mss: Gniezno, Semin. 38 p.77-196; Krakow, Univ. 2467 (DD.X.17) f.211-224

3706. **Oratio dominica**
See: Excursus Pater Noster

3707. **Oratio sancti Hieronimi presbiteri...**
See: Aufer a me Domine sollicitudinem saecularem...

3708. **Orationes animarum proicite...**
See: Aperiam in parabolis...Orationes...

3709. **Orationes sive meditationes, que subscripte sunt quoniam** [or *quae*] **excitandam legentis mentem ad Dei amorem...**(prol.)
Ms: London, BM Addit. 24641 f.133 (does not show the inc. Terret me, etc.)
See: Terret me vita mea...

3710. **Orbis amor perit, atque suos terit orbis amantes/ Et sua gaudia, gaudia tristia, vera putantes...**
[Poem on contempt of the world]
Ms: Saint-Omer 115 f.7; (Hauréau, *Notices & Extraits* 31.1.56; Walther PS 20348)
Cf: O caro lubrica...

3711. **Ordo vitiorum sic potest manifestari. Sicut dicit Augustinus, virtus est amor ordinatus...**
Summa de vitiis
Mss: Boston, Museum of Fine Arts 09 329, f.130-224

3712. **Organo apostolice vocis sui iudicio...**
Iacobus de Jüterbog, *De malis saeculi* or *De malo huius saeculi* [or: *mundi*] or *Tractatus de omnibus malis huius seculi*
Mss: (Meier p.50-51 n.56)

3713. **Origo fontium et fluminum omnium mare est...**
S. Bernardus, *Contra viam ingratitudinis* (Sermo XIII in Cantica)
Ms: Klosterneuburg 218 f.149-150
Printed: PL 183, 833 seq.

3714. **Oritur autem superbia ex multiplici occasione...**(Chap. 1)
See: Circa quadraginta duas mansiones...

3715. **Oro tristitiam repelle saeculi. Mortem crede parit...**
Iohannes Gerson, "Oda de luctu malo"
Printed: J. Gerson, *Oeuvres completes* (ed. P.Glorieux), 4 (1962) n.168 p.146

3716. **Oro ut caritas vestra magis ac magis...**(Phil. 1,9)...
Instructio predicatoris
Ms: München, Clm 14627 f.354 seq.

3717. **Ortatur quidem timidam...**
See: Hortatur quidem timidam...

3718. **Ortus, Ortulus**
See: Hortus, Hortulus

3719. **Ostensa in precedente tractatu evidentiis...**
Tractatus de penitencia
Ms: Cambridge, Univ. Ff.VI.44 f.101-135

3720. **Otia si tollis periere libidinis arma...**
Ovidius, *Remedium amoris* 139 Illustrated work on the seven cardinal sins
Ms: London, Wellcome Hist. Med. Lib. 67200 f.49-50

3721. *Otium* [or *Ocii*] *quies, securitas, sed ocium corporis est...*
De otio vitando
Ms: Stockholm, Kgl. Bibl. MS.A.198 (from Erfurt) f. 72; (Lehman II, 4)

3722. *Pactum penitentie est redeuntibus ad Deum semper necessarium. Est enim penitentia secunda tabula post naufragium...*
[Tractate on confession]
Ms: Barcelona, Univ. 117 f.1-5

3723. *Palinurus incipit: Obsecro te, O Charon, sine me iam ut nauim conscendam...*
See: Obsecro te, O Charon, sine me iam ut nauim...

3724. *Pallor in ore sedet, macies in corpore toto...*
[Description of envy]
Ms: Oxford, Univ. Coll. 53 p.176 (Walther PS 20581 B)

3725. *Pansae festum, imperante...*
De carniprivio guloso
Ms: Paris, BN lat. 16238 f.170 seq.

3726. *Par est in verbis id odoriferis opus herbis,/ Nempe...*(pref. verses)
(Walther IC 13665)
See: Cum non essem alicui exercitio... Pax est in verbis...(variant)

3727. *Paradisi gaudiis postquam expulsum est genus humanum, octo criminalia...* (Lib. I)
Haltigarus Cameracensis, *De penitentia* or *De vitiis et virtutibus et de ordine penitentium* and a work consisting of alternate chapters or sections from this work and Ambrose of Autpert's *De conflictu*
Mss: Barcelona, Univ. 228; Cambridge, St. John's E.8, f.59; München, Clm 12673; Paris, BN lat. 2077 f.162 seq.; 2843 f.83 seq.; 2999; 12315 f.75 seq. Sankt Gallen 277; Vaticana, Ottob. lat. 3295; Regin. lat. 207 (beg. missing); 215 f.13-16 (incomplete); (E. Dümmler, *Epistolae Karolini Aevi* III [1899] 616-617)
Printed: PL 105, 651-694
Prol: Quamvis originalia, in baptismatis munere, gratia mediatoris...
Pref. Epistle: Reverendissimo in Christo fratri ac filio Haltigario episcopo...Non dubito tuae notum esse caritate, quanta nobis ecclesiasticae disciplinae...

3728. *Paradisum voluptatis subdividit sublimis intelligentia...Si duo essent prima rerum principia...*
Alexander Neckam, Abbas Cirencestrecensis, *Speculum speculationum*
Ms: London, BM Roy. 7 F.I

3729. *Parate uiam Domini, rectas facite semitas eius* (Matth. 3,3). *In hiis uerbis inuitamur ad duo: primo scilicet ad mandatorum impletionem...*
[De decem praeceptis]
Ms: Oxford, Bodl. Rawl. A 384 f.6-11; (Stegmüller RB 10160)

3730. *Parce mihi Domine...*(Iob. 7,16). *Exprimitur autem in his verbis humanae conditionis instabilitas...*
Ricardus Rolle, *Parvum Iob* or *Expositio in lectionis de vigiliis mortuorum*
Mss: Cambridge, Corpus Christi 365 f.114 (attrib. auctor); Cambridge, Fitzwilliam Museum 356 f.127 (attrib. auctor); Cambridge, Caius 223 p.295; Cambridge, Peterhouse 218 f.106; Cambridge, Trinity B.1.15 f.106 (attrib. auctor); R.8.16 f.48 (attrib. auctor); Cambridge, Univ. Dd.4.54 (4), f.1; Ff.5.36 f. 1; Ii.1.26 f.133 (attrib. auctor); (H.E. Allen, *Writings Ascribed to Richard Rolle* [New York and London 1927] 130 seq.; N. Marzac, *Richard Rolle...*, Paris 1968 p.45-47) P 3724

LIST OF INCIPITS

3731. Parentum meritis subiugans filios omnipotens Deus seruiendi...
   Ps.-Hieronymus, *De honorandis parentibus*
   Ms: Cambridge, Trinity R.17.5, f.120

3732. Pareo mandatis animo manibusque paratis...
   See: Obedientia. Pareo mandatis animo...

3733. Pars est in verbis id odiferis opus herbis...(index)
   See: Prima pars de penitentiae...

3734. Partes huius compendii sunt quinque...(Table variant)
   See: De religione Dei. Tullius de natura Deorum...

3735. Partes humani corporis principaliter create sunt...
   See: Naturas rerum in diuersis auctorum scripturis...

3736. Parum est in principio...
   Henricus de Vrimaria, *Liber de perfectione interioris hominis* (Excerpt)
   Ms: Praha, Univ. X.D.1 (1880) f.71-74 (Zumkeller MWA 323)
   Cf: Quia multa predicabilia...

3737. Parvula progeniem terrae mandaverat ales...
   [Fable]
   Ms: Sankt Gallen 1396

3738. Parvus maiorum paret veloxque viator...
   Iohannes, *Integumenta fabularum*
   Ms: Paris, BN lat. 8008 f.153 seq.

3739. Pasce gulam, parce gula, quod gula vult nimis arte...
   Ms: Paris, BN lat. 11867 f.131 (Walther PS 20799a)

3740. Passim collectus tamen inchoat hic aphorismus quem Deus...Spiritus alme tua dignare...
   Bernherus, *De virtutibus et vitiis*
   Ms: Wien, Nat. 3219 f.131-159

3741. Passio domini nostri papae secundum Marcum...
   [Satire on Curial avarice]
   Ms: Wien, Nat. 4459

3742. Pater familias Deus est cui dicimus Pater Noster; huius patris duo sunt filii...
   [On perfection]
   Ms: Montecassino 387 G p.73-92

3743. Pater, ne torpeas in cella...
   Dyalogus de resignacione cure pastoralis
   Ms: Stockholm, Kgl. Bibl. A.211 (from Erfurt) f.333-370 (Lehmann II, 19)
   Rubr.: In nomine Domini Iesu Christi incipit dyalogus inter patrem interrogantem et filium respondentem super quibusdam questionibus et dubiis. Pater, ne torpeas in cella...

3744. Pater noster...
   See: Chapter 2, Incipits of Works on the Pater Noster.

3745. Pater venerabilis...ego reddam me culpabilem...
   [Confessio generalis]
   Ms: Bamberg, Theol. 255 (Michaud-Quantin 93 and Index)

3746. Patientia est virtus fortitudinis...
   De patientia
   Ms: Selestat 80 n.8

3747. **Patientia. Nota quod virtute patientiae causantur inter aliqua secunda bona principium est...**
   Summa de vitiis et virtutibus
   Ms: Arras 312 (946)

3748. **Patientiam debemus omnibus...**
   De patientia
   Ms: Bruxelles, BR II. 1058 (cat. 1449) f.68-69

3749. **Pauca pollet excellentia praedicatoris...**(variant prol.)
   Prol: Tanta pollet excellentia praedicatoris...

3750. **Paucissima haec quae sequuntur ex priorum monimentis excepsimus...**
   Iudicium de remediis peccatorum (from Bede?)
   Ms: München, Clm 6311

3751. **Paulus apostolus dixit: Corde...**
   See: Dominus dicit in Evangelio: omnis ergo...Paulus apostolus dixit...

3752. **Paupercula non habens messem...**
   See: Abiit in agrum...Ruth paupercula non...

3753. **Pauperibus dandum est de pocioribus quia sunt Gazofilacium...**
   [On virtues and vices]
   Ms: Paris, BN lat. 2995 f.139-142

3754. **Paupertas, Martis proles, languensque tremenque/ aspice...**
   Laurentius Valla,
   [Epigram on poverty]
   Printed: A. Altamura, Studi di filologia medievale e umanistica (Napoli 1954) 101

3755. **Paupertas spiritus est quedam ab intra...**
   See: De octo beatitudinibus. Prima: beati pauperes...

3756. **Pax, cunctis ornata bonis, pax optima rerum,/ ex humili...**
   Laurentius Valla,
   [Epigram on peace.]
   Printed: A. Altamura, Studi di filolgia medievale e umanistica (Naples 1954) 101

3757. **Pax est in verbis idest odoriferis...**(variant prol.)
   See: Cum non essem alicui exercitio... Pax est in verbis...

3758. **Pax fratribus et caritas cum fide...**
   (Nicolaus de Drazdan?), Tractatus de tribus virtutibus theologicis
   Ms: Praha, Univ. III.G.28 (553) f. 140-163

3759. **Peccant qui lecet terrenam pauperibus...**
   [Work on Hypocrisy, Pride, Inconstancy, etc.]
   Ms: London, BM Roy. 8 EI f.84

3760. **Peccata cordis sunt hec: cogitatio, delectatio, consensus, desiderium...**
   Ms: Ceske Budejovice XV.9 f.208.

3761. **Peccata mortalia haec sunt...**
   De peccatis capitalibus, eorum ramis et de peccato in genere
   Ms: Schlägl 80 f.287

3762. **Peccata mortalia sunt septem quorum superbia caput et principium omnium est, per quam Lucifer de celo cecidit...**
   De septem peccatis mortalibus
   Printed in Preceptorium Nycolai de Lyra cum multis pulcerrimis tractatulis...
   Coloniae 1501; (s.l.) 1505...

LIST OF INCIPITS

3763. **Peccata obmissionis sunt hec...**
Speculum confessionis et exhortationes quae spectant ad poenitentiam
Ms: Wien, Schott. 153 f.295-296

3764. **Peccato venenum potissime convenit...**(variant)
See: Ratio veneni...

3765. **Peccator debet habere contritionem cordis et dicere confessionem...**
De penitentia
Ms: London, BM Harl. 3232 f.1

3766. **Peccator homuncule, tu multum indigens...**
S. Anselmus, Oratio
Mss: Evreux 96; Oxford, Merton 180 f.155 seq.; Paris, BN lat. 2476 f.101; 10620 f.81; 15694 f.175 (cf. RTAM 1930, 202)
Printed: PL 158, 999 seq.

3767. **Peccator quam cito peccat...**
Nota de peccato mortali
Ms: Schlägl 193 f.222

3768. **Peccatoribus septem sunt precipue modi remissionis...**
Ms: Praha, Univ. Lobkowitz 489 f.57 (imperf.)

3769. **Peccatorum actualium unum est initium, duplex radix, triplex fomentum...**
De septem peccatis mortalibus
Ms: Klagenfurt, Studienbibl. Pap. 80 f.45-49; Lüneburg, Theol. 2 83 f.1-64
See: Capitalium vitiorum unum est initium...

3770. **Peccatorum alienorum...**
Henricus de Vrimaria (?), Tractatus de novem peccatis alienis
Ms: Oxford, Bodl. Hamilton 30 f.195-199 (SC 24460) (Zumkeller MWA 322a)

3771. **Peccatorum aliud commissum, aliud delictum...**
Arbor peccatorum
Ms: Wien, Nat. 618

3772. **Peccatorum quoddam est veniale...**
De septem peccatis mortalibus
Ms: Cambridge, Univ. Ee.1.7 f.112-113

3773. **Peccatum cum consummatum fuerit, generat mortem (Iac. 1,15). Hoc intelligitur de quolibet peccato mortali. Quare in precedenti sermone breuiter...**
Iohannes Herolt, O.P., Sermo de septem peccatis mortalibus, 5 (Sermo 152 of Sermones Discipuli de tempore; Sermo 5 of Sermones communes
Mss: The following MSS belong to this or the following work. The incipits given in the catalogues are too short to permit our distinguishing them; Gdansk 1980 f.85-88; Trier, Stadtbibl. 63 (1012); Vaticana, Vat. lat. 10059 f.106 seq.

3774. **Peccatum cum consummatum fuerit, generat mortem (Jac. 1,15). Hoc intelligitur de quolibet peccato mortali. Pro quo sciendum quod peccatum mortale committitur...**
Iohannes Herolt, O.P., De eruditione Christifidelium, tractatus III: De septem peccatis mortalibus
See: Si vis ad vitam ingredi... In verbis propositis...

3775. **Peccatum dicitur nox...**
De peccato
Ms: Klagenfurt, Studienbibl. Perg. 2 f.48

3776. **Peccatum diffinitur multis modis...**
   Nota de peccato
   Ms: Schlägl 95 f.99

3777. **Peccatum diffinitur multis modis; primo sic ab Augustino: peccatum voluntas retinendi vel consequendi quod iustitia vetat...**
   Hugo Ripelinus, *Compendium theologicae veritatis*, Lib. III, cap. 2
   Ms: Bruxelles, BR 4387-96 (cat. 1596) f.92-124
   See: Veritatis theologice sublimitas...

3778. **Peccatum est aversio...**
   Nota de peccato in generali
   Ms: Schlägl 190 f.128

3779. **Peccatum est dictum vel factum vel concupitum...**
   See: Peccatum est factum vel dictum vel concupitum...

3780. **Peccatum est difformitas, quam Deus detestatur...**
   [Extract from Guillelmus de Lanictea, *Diaeta Salutis* Haec est via...Magnam facit misericordiam]
   Ms: Klosterneuburg, 393 f.187-190

3781. **Peccatum est duplex: quoddam dicitur originale, quoddam actuale...**
   Aureum de peccatis capitalibus
   Printed: Pierre Gondoult, Paris 1515(?), etc.
   Prol: Legitur in Ecclesiastico: Quasi a facie colubri...

3782. **Peccatum est factum vel dictum vel concupitum contra legem Dei**
   De virtutibus et vitiis (part of *Diaeta salutis*)
   Mss: Avignon 38 f. 79-88; Bruxelles, BR 14745-50 (cat. 2235) f.49-59 (extract); Cambridge, Univ. Ll.1.15 (2144) n.10, ff.21; Oxford, Balliol 50 f.94 seq.; Praha, Univ. III.D.16 (465) f.252-259; Valencia, Cab. 296; (Little 165)
   Prol: Quoniam ut ait sermo...
   See: Haec est via, ambulate...Magnam misericordiam...
   Cf: Omne peccatum ut dicit... Peccatum secundum Augustinus est dictum... Virtus sic diffinitur in libro...

3783. **Peccatum est fugiendum summo opere propter mala que facit que sunt octo...**
   [De peccato]
   Ms: Napoli, Naz. V.H.144 f.213-214

3784. **Peccatum est in homine vel in eius opere sicut putredo in pomo...**
   Similitudines
   Ms: Napoli, Naz. VII.D.43 f.1-58

3785. **Peccatum est omne cogitatum vel dictum vel factum contra legem Domini...**
   [Short work on sin]
   Ms: Paris, BN lat. 17282 f.114

3786. **Peccatum est prevaricatio legis divine...**
   Notabilia de septem peccatis capitalibus
   Mss: Praha, Univ. XIV.E.34 f.53-56; Wien, Nat. 597 f.11-15; Würzburg, Univ. M.ch.f.141 f.133-140

3787. **Peccatum est vitandum sextuplici de causa, primo quia est...**
   De septem vitiis or *Tractatus de lingua abbreviatus*
   Mss: Dublin, Trinity Coll. 207 (B.4.25) f.23-50; Oxford, Bodl. Laud. misc. 206 f.1-55; Oxford, Exeter Coll. 7; (Thomson 268; Glorieux 322g)
   Cf: Iustitia que est via...[Wrongly ascribed to Grosseteste, it is modelled after Peraldus, *Summa de viciis* (Thomson 268). Iohannes Guallensis ?]

3788. Peccatum mortale secundum Augustinum est dictum vel factum vel concupitum quod fit contra legem Dei. Generalis tentatio fit tribus modis...
    Iohannes Gerson, *De peccato mortali*
    Ms: Wien, Nat. Ser. n. 3886 f.187
    Printed: *Opera omn.* (Antwerpiae 1706) II 481

3789. Peccatum omnibus modis vitandum est...
    See: Justicia que est via...

3790. Peccatum peccauit Ierusalem...(Thren. 1,8). *Secundum sententiam theologorum et philosophorum, dilectissimi in Christo Iesu, licet due sint partes iustitie generales, ...*
    Fr. Michael (?), *Sermo de detestatione peccati*
    Ms: Napoli, Naz. VII.D.22 f.84-86.

3791. Peccatum rationabiliter Christus pro...
    Iohannes Baconthorpe, *De peccatis,* etc
    Little 165

3792. Peccatum secundum Augustinum est dictum vel factum vel concupitum contra legem Dei...(prol.)
    See: Septem sunt vicia capitalia quae patent...
    Cf: Peccatum est factum vel dictum...

3793. Peccatum veniale est libido seu voluptas in creatura Deum...
    Differentia inter peccatum mortale et veniale
    Ms: Schlägl 168 f.186

3794. Peccatum vitandum est...
    See: Iusticia que est via...(Exeter 7)

3795. Peccatur per superbiam ex naturalibus...
    Qualiter peccatur per septem mortalia peccata
    Ms: Oxford, Jesus Coll. 25 f.29 seq.

3796. Peccavi per superbiam et inanem gloriam. Videlicet sepe contempsi equales michi, maiores meos...
    Forma confitendi ad minus semel in anno
    Ms: London, BM Cotton Galba E.IV f.92-95

3797. Pecuniam tollit corpus corrumpit fama detegit...
    Nota de luxuria
    Ms: Cambridge, Univ. Mm.1.18 f.58

3798. Pedes eorum pedes recti...(Ez. 1,7). *Loquitur Ezechiae quatuor animalibus...*
    Summa de vitiis [It is preceded in the MS by a long *Summa de virtutibus,* imperf. at beginning]
    Ms: London, BM Add. 15123 f.52-91

3799. Pelle prius vitium si vis virtute vivere/ Postea...
    [Short poem on virtue]
    Ms: Paris, BN lat. 14947 f.380

3800. Pena debita peccatori nunc censetur nomine proditionis...
    Iohannes Marchesinus, O.F.M., *Tractatus de poenis peccatorum*
    Ms: Assisi, Com. 488 (S.Berger, *De Glossariis et compendiis* [Paris 1879] 44-45; Sbaralea, *Supplementum* II [Romae 1921] p.204)

3801. Pena...monens...
    See: Causa...pena...monens...

3802. Pena peccati dicitur illud peccatum...
    Nota de poena peccati
    Ms: Schlägl 121 f.1

3803. Pene impudenter et plus quam decebat os meum patet ad vos...
   See: Dominis et fratribus Haimoni...Pene impudenter...

3804. Peniteas cito...Auctor huius opusculi humane anime studens prouidere...
   [Commentary on "Peniteas cito"]
   Ms: Uppsala, Univ. 218

3805. Peniteas cito...Bonum anime pretiosum...Ista scribit Aristoteles...
   [Commentary on "Peniteas cito"]
   See: Bonum anime pretiosum...Ista scribit Aristoteles...

3806. Peniteas cito...Causa efficiens fuit quidam magister Iohannes Garlandria...
   [Commentary on "Peniteas cito"]
   See: Causa efficiens fuit...

3807. Peniteas cito...Declina a malo
   See: Reclina a malo...

3808. Peniteas cito...Desiderabilia super aurum et lapidem preciosum multum...
   [Commentary on "Peniteas cito"]
   See: Desiderabilia super aurum...

3809. Peniteas cito...Filii hominum, usquequo...
   [Commentary on "Peniteas cito"]
   See: Filii hominum, usquequo...

3810. Peniteas cito...Iste liber cuius...
   [Commentary on "Peniteas cito"]
   Mss: London, BM Addit. 10019; 38787; Metz 484.
   See: Vadam ad montem mirre...(Cant. 4,6). Hec propositio...
   Cf: Aristoteles in primo politicorum...

3811. Peniteas cito...Non est vere dignus scientia qui scientie insurgit... Causa efficiens fuit...
   [Commentary on "Peniteas cito"]
   See: Causa efficiens fuit quidam magister...

3812. Peniteas cito, peccator, cum sit miserator/ Iudex; et sunt hec quinque notanda tibi./ Spes venie, cor contritum...Ut dimittaris, aliis peccata remittas,/Hiisque satisfacias...
   (Attrib. to) Petrus Blesensis, Iohannes de Garlandia, Guillelmus de Montibus, Magister Thomas, *Summa metrica* or *Tractatus metricus de penitentia* or *Versus de penitentia* or *Summa penitentiae* or *Penitentiarius* or *De penitentia et que sunt necesse penitenti* or *Summa de modo confitendi* (sometimes this work includes a commentary)
   Mss: Antwerpen, Mus. Plantin-Moretus 140 f.66-69; Bern 592; Bourges 50; Bruxelles, BR 1967-68 (cat. 199) f.182-192; 14069-88 (cat. 2190) f.302-311 (poem with gloss); Cambridge, Corpus Christi 33 f.147; 233 f.16; 460 f.151; Cambridge, Caius 203 f. 154-156; 341 f.167-168; 349 f.124-126; Cambridge, Jesus Q.A.15 (15) quire iii f. 1-3; Cambridge, Pembroke 275 f.53-55; Cambridge, Peterhouse 207 II f.18; Cambridge, St. John's. D.13 (88) f.51-54; F.10 (147) f. 18; Cambridge, Trinity O.5.4 (1285) f.20; Cambridge, Univ. Ii.1.26 f. 1; Kk.4.20 f.43-47 (attrib. Robertus Grosseteste); Mm.6.17 f.1; Add. 2830 f.77; Darmstadt 2780; Douai 438; Einsiedeln 317; Engelberg 136; Gdansk Mar.F.132; Mar. F. 228; Mar. Q.27; Giessen, Univ. 797; 798; København, Tott 305 Fol. f.31-42; Lambach 138; 176; 304; Leipzig, Univ. 285 f.193-226; London, BM Harl. 956 f.27 (4 vv on penance); 979 f.47 (long poem extensive gloss); 1294 f.139; Roy. 8 A.VI f.10; 9 A.XIV f.296; 10 B.II f.172; 12 F.XV f.180; 15 A.VII f.76; Metz 169; 647; München, Clm 3049 f.1-17; 3781; 4409; 4486; 4701; 5629; 5670; 7065; 7665; 7678; 7683; 7729. 8135; 8884; 9572; 11338; 12028; 12032; 14051; 14062; 22405 f.141 (beg.

missing); 27419 f.75-93; 28602 f.110-125; Oxford, Bodl. Auct.F.5.6 f.95 (SC 2195); Digby 100 f. 171 seq.; Douce 263 f. 40 (SC 21837); e Mus.30 p.157 (SC 3580); Lat. th.e.18; Laud. misc. 206; Rawl. G.60 f.i (SC 14791); Oxford, Balliol 22 f.167 seq.; Oxford, Lincoln 67; Oxford, Merton 249; Oxford, New Coll. 96 f.1 seq.; Oxford, Univ. Coll. 15 f.150; Paris, BN lat. 3473; 3718; 8259; 8317; 12312 f. 104; 14923 f.347; 14958; 18082; Praha, Metr. Kap. D.18; M.127; U 57; Praha, Univ. V.G.1 (953) f.223 seq. (commentary only?); VIII.D.13 (1508) f.101-136; XI.E.7 (2054) f.114-120 (commentary in Czech.); XIII. D.17 (2309) f.163-183; Rouen A 561 (534); Sankt Gallen 753;841; Schlägl 61 f.98-99; 165 f.1-12; Stockholm, Kgl. Bibl. A.234 (from Lüneburg) f.18-20; Trebon, Arch. CI f.71; Vitry le Francois 76; Vyssi Brod XCVII f.126-128; Wien, Nat. 3803; 3827; 4964; Wrocław, Uniw.II.Q.31. (J. Dietterle in *Zeitschrift für Kirchengeschichte* 27[1906] 81-83; Faral, in *Romania* 46[1920] 240-241; Hauréau II 65; III 308; VI 18; Michaud-Quantin p.19 and Index; Schulte II 528; Thomson 257-8; Walther IC 13564)

Printed: PL 207, 1153-1156 (on early printings, see: F.A Gasquet, *Transactions of the Bibliographical Society* 7[London 1904] 173-174)

See: Ne tardes conuerti...Peniteas cito... Publica sit pena...(See: H. Mackinnon 'William de Montibus' in *Essays in Mediaeval History Presented to Bertie Wilkinson*. Toronto 1969 pp. 32-45.)

3813. **Peniteas cito...Penitentia nomen accepit a pena, unde penitere dicitur id est penitentiam agere vel penitentiam tenere...**
[Commentary on "Peniteas cito"]
Ms: Bruxelles 1967-68 (cat. 199) f.182-192

3814. **Peniteas cito...Penitentiam agite...Et fuerunt verba...**
[Commentary on "Peniteas cito"]
See: Penitentiam agite...Et fuerunt verba...

3815. **Peniteas cito...Presens liber tractans de penitentia...diuiditur in duas partes principales...**
[Commentary on "Peniteas cito"]
Printed: Hain 11493

3816. **Peniteas cito...Primo: Politicorum Aristoteles scribit...**
[Commentary on "Peniteas cito"]
See: Primo Politicorum Aristoteles scribit...

3817. **Peniteas cito...Reclina a malo...**
[Commentary on "Peniteas cito"]
See: Reclina a malo...

3818. **Peniteas cito...Secunda post naufragium tabula est simpliciter confiteri...**
[Commentary on "Peniteas cito"]
See: Secunda post naufragium tabula est simpliciter...

3819. **Peniteas cito...Spes. Sperate in eo omnis congregatio...**
[Commentary on "Peniteas cito"]
See: Spes. Sperate in eo omnis congregatio...

3820. **Peniteas cito...Spes venie: ne desesperet sicut Chain**
[Commentary on "Peniteas cito"]

3821. **Peniteas cito...Vadam ad montem mirre...(Cant. 4,6). Hec propositio...**
[Commentary on "Peniteas cito"]
See: Vadam ad montem mirre...(Cant. 4,6). Hec propositio...

3822. **Peniteas plene si vere peniteat te...**
[Six verses on penitence]
Ms: London, BM Harl. 956 f.27 (Walther PS 20560)

3823. **Peniteas subito, ne mors mala preveniat te...**
Walther IC 14220; PS 20560a

3824. **Penitemini et credite Euangelio** (Marc. 1,15). **Quanta veneratione simul et audiendi attentione signum...**
Iohannes Gerson, Contra curiositatem studentium
Printed: Jean Gerson, Oeuvres compl. (ed. Glorieux) III (Paris 1962) n. 99 p. 224-249

3825. **Penitemini igitur et convertimini ut deleantur peccata vestra** (Act. 3,19). **Ad agendum de penitentia debemus considerare primo tempus.**
Aldobrandinus de Tuscanella, O.P., Tractatus de poenitentia
(Kaeppeli 138; Archivum fratrum praedicatorum 8 [1938] 173 seq.)

3826. **Penitemini ut deleantur peccata vestra** (Act. 3,19). **Nota quod quedam sunt penitentie constitutiva...**
Ricardus Rolle, (?), De penitentia
Ms: Vaticana, Regin. lat. 174 f.83-87; (Allen 422)

3827. **Penitens accedens ad confessionem...**
Tractatus de confessionibus audiendis
Ms: Cambridge, Univ. Dd.11.83 (709) f.57-64; Worcester, Cath. Q 27 f. 266-269

3828. **Penitens accedens ad confessionem flens et gemens...**
Mss: Cambridge, Caius 362 (441) f.40-51; Oxford, Balliol 228 f.329 seq.;

3829. **Penitens accedens ad confessionem humiliter...**
Liber de confessione
Ms: Oxford, Bodl. Bodl. 440 f.101 (SC 2381).

3830. **Penitens accedens ad sacerdotem dicat...**
Inquisiciones de penitencia or Tractatus penitencialis
Mss: Oxford, Bodl. Bodl. 157 f.259 (SC 1992)

3831. **Penitens accedens ad sacerdotem humiliter sedeat ad pedes eius...**
De confessione
Ms: Cambridge, Trinity O.9.28 (1440) f.1-22

3832. **Penitens ingressus Ecclesiam...**
[Treatise on administering penance]
Ms: London, BM Roy. 7 A.IX f.73

3833. **Penitens. Suscipe me Domine...**(Lib. I)
See: Res grandis immo permaxima...

3834. **Penitens vero debet confiteri peccata sua et debet sic incipere...**
[On confession]
Ms: Paris, BN lat. 14809 f.313

3835. **Penitentes, penitentes, penitentes...**
S. Augustinus (?),
Mss: London, BM Burney 281; Roy. 3 C.VI; 5 B.III; 5 B.XII; 5 D.X; 6 A.III.

3836. **Penitentia a sanctis multis modis describitur. Beatus Ambrosius...**
Prol.: Questiones ac casus varii...

3837. **Penitentia aboleri peccata...**
[On penitence and temptations]
Ms: London, BM Cotton Vesp. D.II

3838. **Penitentia alia est interior, alia exterior. Interior est contritio quae in quatuor consistit...**
Hugo de Sancto Victore (?) S. Bernardus (?), Tractatus de penitencia or De

penitentia or *De confessione et penitentia*
Mss: Cambridge, Univ. Hh.4.13 f.102; Mm.I.19 f.81; Evreux 2 f.11; Paris, BN lat. 13582 f.71; Zürich, Zentralbib. 168 f.181-182; Zwettl 338 f.90-93 (Hauréau II 295)

3839. **Penitentia alia privata alia publica...**
[Tractate on penance]
Ms: Lincoln, Cath. 229 (B.6.7)

3840. **Penitentia consistit in rebus et verbis, sicut alia sacramenta novae legis...**
De penitentia et satisfactione
Ms: Wien, Nat. 2185

3841. **Penitentia duobus modis solet...**
[On penance]
Ms: Brno, Univ. A 87 f.231-238

3842. **Penitentia est alia sollempnis...**
Tractatus S. Augustini de confessione
Ms: Vyssi Brod LXII f.94-95

3843. **Penitentia est anteacta mala flere et flenda iterum non committere. Diciturque penitentia quasi punitentia a puniendo, quia per eam punitur homo...**
De poenitentia
Mss: Avranches 136 f.144-147; Paris, BN lat. 13582 f. 148-153 (Hauréau II 346; Teetaert 239-240; Michaud-Quantin infra)
Printed: P. Michaud-Quantin, *Un manuel de confession archaïque dans le manuscrit d'Avranches 136* in Sacris Erudiri 17 (1966) 5-54
Prol. Homo quidam descendebat de Ierusalem...(Luc. 10,33). Homo iste primus parens vel quilibet peccator intelligi potest...

3844. **Penitentia est arbor cuius radix est contricio...**
[Moral and theological questions]
Ms: Vaticana, Palat. lat. 300 f.26 seq.

3845. **Penitentia est necessaria deviantibus ad vitam debitam redire volentibus...**
Ms: Napoli, Naz. VII.F.29 f.61-106

3846. **Penitentia est preterita mala siue peccata perpetrata plangere et plancta iterum non committere. Unde vere penitens debet semper habere displicentiam de peccatis. Item...**
Liber multum utilis curatis et beneficiatis populum habentibus or *Tractatus penitentie*
Ms: Antwerpen, Mus. Plantin-Moretus 408 (R.28.6) f.1-5
Cf. Ambrosius ait de penitentia: Penitentia... Penitentia est, ut ait Ambrosius De peniten. dist. III...

3847. **Penitentia est quando ea pro quibus penitudinem gerimus...**
De poenitentia et cibis animae (excerpts from St. Augustine)
Ms: Montecassino 173 f.171 seq.
Printed: *Flor. Cas.* IV, 178-179; PL 47, 1254-5

3848. **Penitentia est que pro peccatis occultis...**
[On hearing confessions]
Ms: Rouen A.479 (598) f.103 seq.

3849. **Penitentia est reparatrix...**
See: Penitentiam agite...(Matth. 4). Crisostomus...

3850. **Penitentia est tabula secunda post naufragium qua...**
Tractatus de penitentia
Ms: Cambridge, Trinity B.15.38 f.59

Cf: Penitentia post baptismum secunda tabula est... Penitentia, ut ait sanctus Iacobus, est secunda tabula...

3851. *Penitentia est, teste Augustino, gratia que mala commissa emendationis proposito plangimus...*
See: Tota celestis philosophia in bonis moribus consistit...

3852. *Penitentia est, ut ait Ambrosius De penit. dist. III, preterita mala plangere...*
Tractatus de penitencia et remissionibus or Liber penitentialis or Summa Raimundi de penitencia et confessione (based on Raymundus de Pennaforte Summa. "Quoniam ut ait Hieronymus...")
Mss: Brno, Univ. AK 70; London, Lambeth 182 f.173-185; Vaticana, Palat. lat. 397 f.100-105; Wien, Nat. 3732 f.101-122; Wilhering 108 F.38-41
Cf: Ambrosius ait de penitentia: Penitentia est...Penitentia est preterita mala siue peccata...

3853. *Penitentia est, ut ait Ambrosius, preterita mala plangere et plangenda... Item, Gregorius: Penitentia est anteacta mala et peccata flere...Circa predictas diffinitiones nota quod quedam diffinitiones dantur per essentiam...*
Compendium theologicae veritatis, Lib. VI, cap. 20 seq
Ms: Wien, Nat. 4114 f.42-93
See: Theologice veritatis sublimitas...

3854. *Penitentia est, ut ait Augustinus, quedam dolentis vindicta puniens...*
See: Penitentia, ut ait Augustinus, est quedam dolentis vindicta...

3855. *Penitentia est virtus que commissa mala...*
De sacramento penitencie tractatus
Ms: München, Clm 28436 f.1-6

3856. *Penitentia falsa dicitur quae non datur secundum canones...*
Iohannes de Deo, *De penitentia*
Ms: Maria Saal 25 f.159-189

3857. *Penitentia fornicanti. Qui fornicationem fecit, debet penitere per decem annos...*
Penitentiale
Ms: Cambridge, Univ. Hh.6.13, f.78

3858. *Penitentia igitur omnium criminalium peccatorum...*
[Rules or canons of penance]
Ms: Oxford, Bodl. Bodl. 127 (SC 1991)

3859. *Penitentia longe positis...*
See: Post hoc de penitentia agendum...

3860. *Penitentia post baptismum secunda tabula est quia si quis post baptismum...*
[On penance]
Ms: Paris, BN lat. 14892 f.130 seq.
Cf. Penitentia est tabula secunda...Penitentia, ut ait sanctus Iacobus...

3861. *Penitentia primorum parentum Adam et Noe...*
[On penance]
Ms: Sankt Gallen 927

3862. *Penitentia secundum Ambrosium sic diffinitur: Penitencia est...*
Guido de Monte Rocherii, *De penitentia* (= *Manipulus curatorum*, II)
Ms: Bruxelles, BR 3532-39 (cat. 1675) f.126-149
Prol: De penitentia igitur tractaturus...
See: Quoniam secundum quod dicit propheta Malachias...

3863. *Penitentia unius anni qui in pane et aqua...*
Bartholomaeus Exoniensis,

[Penitential canons]
Ms: Cambridge, Caius 151 f.185-186

3864. **Penitentia unius anni qui in pane et aqua...**
Summa de penitentia
Ms: Paris, BN nouv. acqu. lat. 352 f.29-35 (Teetaert 337-339)
Prol: Institutio illa sancta quae fiebat in diebus...

3865. **Penitentia, ut ait Augustinus, est quedam dolentis vindicta puniens in se quod dolet amisisse. Item Ambrosius: Penitentia est preterita...**
Petrus Manducator, *De poenitentia*
Mss: Dublin, Trinity 277 f. 389-399; Paris, BN lat. 3480 f.1 seq.; (Raymond-M. Martin, 'Notes sur l'oeuvre littéraire de Pierre le Mangeur' *RTAM* 3 [1931] 58)

3866. **Penitentia, ut ait Iohannes Chrysostomus, cogit peccatorem...**
Ms: Klagenfurt, Studienbibl. Pap. 88 f.50-64

3867. **Penitentia, ut ait sanctus Iacobus** (Hieronymus), **est secunda tabula post naufragium, per quam non solum commissa delentur...**
Summa de penitentia
Ms: Paris, BN lat. 14927 f.175-176; (Teetaert 329-30)
Cf: Penitentia est tabula secunda...
Penitentia post baptismum secunda tabula est...

3868. **Penitentia vera est penitenda non admittere...**
"Augustinus in sexagesimo libro serm."
Ms: Oxford, Bodl. Lat. th. d.29

3869. **Penitentiae...**
See: Penitentie...

3870. **Penitentiam agite, appropinquabit enim regnum celorum** (Matth. 4,17). **Crisostomus. Penitencia est reparatrix virtutum...**
Petrus Sunodullo Odo, A work on penitence,
Ms: Uppsala, Univ. C 213

3871. **Penitentiam agite, appropinquabit...**(Matth. 4,17). **Legitur in Ecclestiastico: Aqua frigida...**(Prov. 25,25). **Si quis valde sitiret et aquam donam inveniret...**
Odo Cicestriensis (Odo de Ceritona), *Penitentia secundum magistrum Odonem* or *Summa* [or *Tractatus*] *de penitentia* or *Summa de vera poenitentia et confessione*
Mss: These MSS display a number of important textual variants. Avignon 279; Cambridge, Peterhouse 109; Cambridge, Trinity 358; Cambridge, Univ. Dd.11.83 f.31-57; Kk.1.11 f. 4; Escorial Lat. O.11; Klagenfurt, Studienbibl. Pap. 98 f.76-79; Leipzig, Univ. 77 f.142-144 (incomplete); 543 f.255 seq.; Lilienfeld 67 f.252 seq.; Lisboa, Bibl. Nac. Alcobaca 128; München, Clm 7801; 16602; 19491; 21655; Oxford, Bodl. Rawl. A.389 (?); Oxford, New Coll. 125 f.173-188; Paris, BN lat. 2459; 2593 f.1-11 (imperf.); 12387 f.3-14; 12418 f. 96 seq.; 14899 f.19-43 (incomplete); f.7 seq.; Praha, Metr. Kap. C. 110; N.30; Praha, Univ. IV.H.16 (780) f.66-84; V.A.23 (814) f.179-194; V.F.7 (929) f.210-232; XIV.C.25 (2492) f.44-50; Vaticana, Ottob. lat. 833 f.59-69; Vat. lat. 1042 f.188-199; Wien, Nat. 1284 (?) (A. C. Friend, *Speculum* 23 [1948] 656-657; Michaud-Quantin Index; Hauréau V 163; Schulte II 531; Teeteart 326-9)
Prol: Descendi in ortum meum ut viderem pomam...Si quis habens vineam...
(Paris, BN lat. 2459, 12387; 12418; Vaticana, Vat. lat. 10425)

3872. **Penitentiam agite, appropinquabit...**(Matth. 4,17). **Petite et non accipitis Iac. 4,3, eo quod male petitis. Karissimi, cotidie petimus regni aduentum...**
Summa de penitentia
Ms: Paris, BN lat. 14899 f.19-43 (imperf.); (Teetaert 329)

3873. *Penitentiam agite...*(Matth. 4,17). *De penitentia dicit his, Ex hiis, Quia restituta...*
Medicina penitentie
Ms: Brno, Mk 67 f.107-134

3874. *Penitentiam agite et appropinquabit...*(Matth. 4,17). *Et fuerunt verba nuntii regis quae verba Iohannes Baptista Dei...*
[Glosses on *Peniteas cito*...q.v.]
Ms: Paris, BN 8259, ff.190 seq.

3875. *Penitentiam agite et appropinquabit vobis regnum celorum...*(Matth. 4,17). *Diffinitur autem penitentia...*
Nicolaus de Blonia, *Tractatus de sacramentis* (excerpts)
Ms: Budapest, Eg. Kön. 73

3876. *Penitentiam confessionem facit utilem odium quoque peccatis...*
De penitentia (attrib. to Augustinus)
Ms: Cambridge, Trinity B.5.18 f.43

3877. *Penitentias a sanctis Patribus traditas...*
Poenitentiale
Ms: London, BM Roy. 8 D.IV f.84 (imperf.)

3878. *Penitentibus secundum differentiam peccatorum...*
De ordine penitentum
Ms: Bruxelles, BR 10034-37 f.119

3879. *Penitentie tres sunt partes, contritio, confessio, satisfactio...*
[On penance and other moral and theological matters]
Ms: Avranches 136

3880. *Pensa, mi frater...*
See: Petis a me frater...

3881. *Pensandum quippe est cum iam peccatrix anima a vinculis carnis incipit absolui quam amare terrore concutitur...*
Petrus Damianus (?), *Conturbatio animae in extremis* or *De meditatione mortis* or *Epistola de die mortis*
Mss: Bruxelles, BR 14069-88 (cat. 2190) f.261-262; London, BM Addit. 15105 f.90; Sloane 2515 f.33-34; Oxford, Merton 47; Oxford, Univ. Coll. 4; Vaticana, Vat. lat. 10067 f.161.

3882. *Per cotidianam experienciam...*
Speculum religiosorum
Ms: Praha, Univ. X.B.24 (1853) f.34-36

3883. *Per decem precepta que Dominus dedit filiis Israel in tabulis lapideis scripta digito Dei ostendit voluntatem suam esse faciendam...*
[De decem praeceptis]
Mss: Praha, Metr. Kap. O.38 (1622) f.130-131; O. 56 (1640) f.233-235; Wrocław, Uniw. II.Q.12 f.23-25

3884. *Per hos novem gradus prefatos ad puritatem...*
Ricardus Rolle, *Emendatio uite* or *De puritate mentis*
Ms: Cambridge, Univ. Mm.5.37 (2442) f.113

3885. *Per maius cognoscitur minus...*
De tribus peccatis mortalibus
Ms: Klagenfurt, Bischöffliche Bibl. XXXI.b.14 f.167-168

3886. *Per rotam vere religionis...*
Hugo de Folieto, *Rota simulationis*
Ms: Oxford, Bodl. Laud. misc. 345 f.82 (H. Peliter, in RMAL 2 [1946] 42-43)

3887. Per timorem Dei sumus humiles...
   De remediis contra peccata mortalia
   Ms: Durham, Cosin. V.I.12

3888. **Peragrans crebro partes quasdam presertim Alemanie, querelas nonnunquam audiui...**(Prol.)
   (Lib. I) Vade ad formicam, o piger, et considera vias eius et disce sapientiam...
   Iohannes Nider, O.P., *Formicarius*
   Mss: Bern 293; London, BM Addit. 24975 f.5
   Printed: Argentine 1517

3889. **Perambulavit Judas quinque civitates et perdidit impios** (I Mach. 3,8)...
   Robertus Grosseteste, *De vera confessione*
   Mss: Cambridge, Emmanuel 1.4.4 (83) f.72; Dublin, Trinity E.1.29; London, BM Harl. 5441 f.142; Oxford, Bodl. Laud. misc. 527 f.257 seq.; (Thomson 125)

3890. **Perfectus caritas foris dimittit timorem...**
   [On charity]
   Ms: Leipzig, Univ. 285 f.183-184

3891. **Perpetuos ignes quos factor iure minatur...**
   Theodulfus, *De contemptu mundi*
   Printed: PL 105, 316

3892. **Perquirenti mihi, soror carissima Florentina, quibus te diuitiarum cumulis heredem facerem...**(Prol.)
   (Cap. I) Precor te, soror Florentina, ut feminae quae tecum non tenent...
   S. Leander, Episcopus Hispaliensis, *De institutione virginum et contemptu mundi*
   (Diaz 72)
   Printed: PL 72, 873-894; P.A.C. Vega in *Scriptores Ecclesiastici Hispano-Latini Veteris et Medii Aevi*, fasc. XVI-XVII (Escurial 1948) 89-126

3893. **Perversus doctor, detractor, testis iniquus/...**
   De generibus mendacii (short poem)
   Walther IC 14012; PS 21419

3894. **Perversus mos est pueros preferre puellis...**
   Contra sodomiam
   Walther IC 14013

3895. **Pessimus est ille, qui ad se ipsum...Quatuor virtutum sunt species...** (variant incipit)
   See: Quatuor virtutum species multorum...

3896. **Petis a me, dilecte mi; quod supra me est, immo contra me, videlicet lumen scientiae...Conscientia hominis abyssus multa; sicut enim profundum abyssi exhauriri non potest...**(Cap. 1)
   Ps.-Bernardus, *De puritate conscientiae* or *Tractatus de conscientia*
   Mss: Amiens 79; Charleville 110; Firenze, Laur. S. Croce Plut. XXII dext. 5; Metz 603; Soissons 116 (103) f. 1 seq.
   Printed: PL 184, 551-560; 213, 903-912 (This work may be confused, in the manuscripts, with the following)

3897. **Petis a me, frater carissime, quod necdum a suo prouisore audiui aliquem petiisse. Verumtamen quia id instanter tua deposcit deuotio...Ut ergo ab interiori homine ad exteriorem sermo procedat...**
   Ps.-Bernardus, *Formula honestae vitae* or *De moribus et honesta vita* or *Tractatus de formula vitae sive de novitiis*
   Mss: Brugge, Stadsbibl. 124 f.98-101; Bruxelles, BR 1291-1311 (cat. 1623) f.161-162; 2196-2215 (cat. 1468) f.88-91; 3075-83 (cat. 1469) f.6-14; f.118-124; Budapest, Eg. Kön. 53 f.84-86; Cambrai 261 (251); Erfurt, Stadtbücherei Oct.

19 f.157 seq.; Erlangen, Univ. 221 f.9-11; Frankfurt am Main, Stadtb. Praed 97 No. 1 f.131-134; Gdansk 1957 f.140 seq.; f.184 seq.; 1958; 1980; Mar. F 135; Gethsemany (Ky.), Trapp. 25 f.107-108; s'Gravenhage, Kon. Bibl. 132 G 46 f.4-8; Grenoble 406 (863); Heiligenkreuz 222 f.107-111; 306 f.246-250; Klosterneuburg 205 f.8-10; 358 f.314-316; København, Gl kgl. S. 1591 qu. f.178; Kornik 47 f.157-8; Leipzig, Univ. 439 f.119-121 (incompl.); London, BM Add. 11420 f.10; 22349 f.162; Egerton 2442 f.150; Harl. 3077 f. 92-94; 5398 f.165; Roy. 6 E.III f.198-199; 13 E.X f.269; Metz 340 n.6; München, Clm 3450 (attrib. David ab Augusta); 7748 f.91-99; 28493 f.76-78; Paris, Mazarine 750 (1103); Paris, BN lat. 2042 f.96 seq.; 3758 f.138 seq.; 13602 f.155 seq.; nouv. acq. lat. 333 f.76 seq.; Praha, Univ. I.A.38 (48) f.422-424; X.B.24 (1853) f.57-58; X.H.17 (1995) f.95-96; XIII.F.15 (2353) f.1-3; XIII.G.18 (2385) f.248-251; XIV.H.30 (2675) f.128-131; Saint-Omer 398; Schlägl 47 f.17-19; Stockholm, Kgl. Bibl. A.201 (from Erfurt) f.139-141; Utrecht, Univ. 378; Vaticana, Regin. lat. 80 f.5-9; Vat. lat. 62 f.181-183; 11437; Venezia, Marc. Lat. II.66 (Valentinelli III, 74; cat. II p.57); Vyssi Brod 31 f.103-107; Wien, Nat. 4565; Ser. n. 12867 f.17-20; Wilhering 103 f. 78-81; Würzburg, Univ. M. ch. f.220 f.127-129; Zwettl 294 f.84-85 (Hauréau, II 345)
Printed: PL 184, 1167-70 (This work may be confused, in the manuscripts, with the preceding)

3898. **Petis a me, frater, ut habitum sermonem ad populum scribendi officio tibi communicem...**
Petrus Blesensis (Ps.-Stephanus Tornacensis), *Sermo de fragilitate humanae conditionis habitus ad populum*
Mss: Paris, BN lat. 15010 f.335; Tournai XVIII; Troyes 1397 (J. Warichez, *Etienne de Tournai ou Pierre de Blois?* in *Melanges Moeller* [Louvain 1914] I 468-484)
Printed: PL 207, 750-776

3899. **Petis a me instanter et incessanter, amantissime frater, ut tibi diffinitionem virtutis tradere debeam...**
Iulianus,
[Treatise on virtues]
Ms: Paris, BN lat. 16079 f.83-86
Dedicatory Preface: Venerabili fratri Acardo suo in Christi caritate dilecto, frater Iulianus omnium monachorum...

3900. **Petisse te et permisisse me...**
Exhortatio ad poenitentiam
Ms: München, Clm 14614

3901. **Petisti amice ut tibi aliquod scribendo traderem compendium...**
Guillelmus de Montibus, *Quomodo religiosi monendi sunt ad confitendum* or *Tractatus de penitentia religiosis injungenda* or *De poenitentia*
Mss: Cambridge, Corpus Christi 459 f.36 seq.; London, BM Roy. 8 B.VII. f.124-126; Oxford, Bodl. Bodl. 828 f.225-226, Digby 20 f.103-104
Cf: 3812 (end)

3901a. **Petistis ...**
See: Petis...

3902. **Petre quid est mundus, curarum flebile pondus...**
Petrus de Riga (?),
Ms: Cambridge, Trinity B.2.23 f.237; (Walther IC 14036; PS 21464)

3903. **Petre, quoniam me sepissime rogasti postquam sacerdocii...**
Lumen curatorum
Ms: Metz 484

LIST OF INCIPITS 331

3904. *Petro de Pratis...Deus quia propria speculationis est de rebus...*(pref. epis.)
See: Reverendissimo in Christo...Petro de Pratis...

3905. *Petro episcopo Cameracensi...*
See: Reverendo in Christo patri... Petro episcopo...

3906. *Petrus Alphonsus, servus Jesus Christi...*
Petrus Alphonsus, *Liber proverbiorum*
Ms: Brugge, Stadtbibl. 258

3907. *Petrus apostolus. Ante omnia...*
See: De caritate. Maiorem caritatem nemo habet... Petrus apostolus...

3908. *Petrus etiam diaconus in principio primi libri dialogorum petens a B. Gregorio...*
See: Sapienciam antiquorum exquiret...Petrus etiam diaconus...

3909. *Petrus. In hac itaque arborum vel fructum dissimilitudine...*
[Work on virtues and vices illustrated]
Ms: Vaticana, Vat. lat. 504 f.92 seq.
Prol: Necessarium videtur ipsius humilitatis et superbie fructum...

3910. *Philalethes: Quenam es tu...*
See: Quenam es tu mortalium que per vasta...

3911. *Philosophia est humanarum rerum et diuinarum cognicio...Cum animaduerterem...*
(variant incipit?)
See: Cum animaduerterem quam plurimos...

3912. *Philosophus dicit in secundo Rhetorice...*
Engelbertus Admontensis, *De regimine principum*
Ms: Admont 551 f.1-52; 665 f.1-123

3913. *Philosophus dicit primo ethicorum...*
Summa pauperum; Commentary to *Summula de summa Raymundi*
Ms: Cues 258 f.1-70

3914. *Philosophus dicit secundo Ethicorum...* (commentary incipit)
See: Utilis est rudibus...

3915. *Philosophus in sexto libro animalium dicit: In cunctis quidem mortuis pectus altius solito eleuatur...*
Lumen animae, recensio C (M.A.Rouse and R.H.Rouse, The Texts called "Lumen anime" in AFP 41 [1971] 5-113; MSS p.100-106; Kaeppeli 567)
See: Iste liber qui de lumine anime...Philosophus mundi substantia...
Ptolomeus almagesti: Primo ignis...
Cf: (Recensio A) Archita Tharentinus in libro de euentibus in natura... (Recensio B) Plinius libro de mirabilibus mundi: Hoc etiam inquit...

3916. *Philosophus: Mundi substancia eleuat cor...*
Lumen anime (Recensio C)
Ms: Praha, Univ. XIV.D.14 (2522) f.182-213 (AFP 41 [1971] 104)
See: Philosophus in sexto libro animalium...

3917. *Philosophus secundo rethorice et quarto ethicorum dicit quod corda amicorum sic sunt convicta...*
Michael de Massa, O.E.S.A. (?), *Quedam notabilia et moralia dicta philosophorum et sanctorum de vitiis et virtutibus*
Ms: Roma, Angelica 369 (D.2.1)

3918. *Philosophus sexto libro animalium dicit: In cunctis quidem mortuis pectus altius solito elevatur...*
See: Philosophus in sexto animalium dicit...

3919. Piger lapidandus est stercore...(Eccli. 22,2)...
See: Salomon. Piger lapidandus...

3920. Piissimus Deus Pater cognoscens nostram fragilitatem et exiguam potentiam nequaquam requirit a nobis omne seruitium quod secundum iustum rigorem exigere posset...
Iohannes Gerson, *Opus tripartitum* (incipit in the middle of Chap. IV of the first part)
Mss: Basel, A. VI.34 f.124 seq.; Parma, Univ. 452 f.1-6
Printed: *Opera omnia* (Antwerpiae 1706) I 430 seq.
See: Christianitati suus qualiscumque zelator, prosperum...

3921. Placuit nobis proponere quaestionem de eo quod habetur...
Aegidius Romanus (Giles de Rome), *De defectu et deviatione malorum culpae et peccatorum a Verbo*
Mss: Vaticana, Vat. lat. 838 f.115-118; (Glorieux 400ai; G. Bruni, *Le Opere di Egidio Romano* [Firenze 1936] 122-23)
Printed: Rome 1555

3922. Plagae autem factae sunt in Aegypto...
See: Ab hoc ergo monte necessarium...
Contempsisti nuper, fili, Pharaonem, et superbi regis...

3923. Plantaverat autem Dominus...(Gen. 2,8). *Cum beatus Augustinus...*
Tractatus de penitencia per modum paradisi ubi septem horti sunt secundum septem species florum
Ms: Oxford, Bodl. Hamilton 55 f.1 (SC 24485)

3924. Plausibilis admodum et periucunda illa vox prophetae est, qua dicitur, beatus vir, cuius est nomen Domini spes eius...
Iohannes Federicus Lumnius [Jean Frederic Van Lummen], *Thesaurus Christiani hominis*
Printed: Antwerp, Christophorus Plantinus 1588
Cf: Ad serenissimum ac reverendissimum...

3925. Plenitudo legis est dilectio (Rom.13,10). *Cum ergo dilectionis preceptum duo comprehendat...*
De preceptis legis
Ms: München, Clm 28642 f.64-65

3926. Plenitudo legis est dilectio (Rom. 13,10). *Lex enim data est Moysi in monte Synai que in decalogo continetur prout hic insinuat apostolus...*
Nicolaus de Lyra (?), *Super decalogum*
Ms: Paris, Arsenal, 532 f.201-205

3927. Plenitudo legis est dilectio (Rom. 13,10). *Sicut dicit beatus Augustinus in Enchiridion tria sunt per que colitur Deus, fides, spes et caritas...*
Stephanus Bodeker (Doliatoris), *Tractatus decem praeceptorum*
Ms: Berlin, Theol. fol. 118 (Rose 558) f.1-300

3928. Plenitudo legis est dilectio (Rom. 13,10). *Unde qui perfecte Dominum et proximum diligit...*
[De decem praeceptis]
Ms: Windsheim 31 (125) f.122-123

3929. Plentitudo legis est dilectio (Rom. 13,10). *Lex in decem mandatis consistit...*
[De decem praeceptis]
Ms: Melk 1563 (479) f.16-26

3930. Plinius libro de mirabilibus mundi: Hoc etiam, inquit, unum operum nature mirabile comprobatur...(Pars 1)

Pars 2: (Superbia) Misit rex Saul apparitores ut raperent Dauid (I Reg. 19,14). Dauid qui interpretatur desiderabilis...Pars 3: (De abiectione) Athanasius in epistola ad Altisiodorum: Tunc in Dei veraciter accendi...
    Gotfridus, Canon Vorowensis (Godfrey of Vorau), *Lumen animae* (recensio B) (Mary A. Rouse and R.H.Rouse, "The Texts called 'Lumen anime'," in AFP 41 [1971] 5-113; MSS p.96-100)
    Printed: See Kaeppeli 566
    Prol.: Summi michi pontificis fauente gratia eius pariter ad instinctum hunc decrevi ad laudem Dei ac in salutem proximi compilare edereque tractatum
    See: Hugo de sancto Victore: Miram sibi virtutem...
    Cf: (Recensio A) Archita Tharentinus in libro de eventibus in natura... (Recensio B) Plinius libro de mirabilibus mundi: Hoc etiam inquit...

3931. **Plora flagitium, memento finis/ Luctus mixtus erit sapore dulci...**
    Iohannes Gerson, *Oda de luctu bono*
    Printed: J. Gerson, Oeuvres completes (Ed. P. Glorieux) 4(1962) n.172 p.149

3932. **Ploremus et iejunemus...**
    Opusculum de ieiunio
    Ms: München, Clm 4486

3933. **Plotinus inter philosophie professores cum Platone princeps in libro de virtutibus...**
    De virtutibus cardinalibus
    Ms: Oxford, Merton 45 f.191 seq.

3934. **Plures adhuc poenitentiales canones seu poenas (?)a iure taxat pro peccatis...**
    Henricus Lang, *Canones poenitentiales seu informatio brevis confessariorum*
    Ms: Rein 2 f.186-227

3935. **Plurima cum soleant sacros evertere mores...**
    Hildebertus Cenomanensis, *Contra feminam, avaritiam, ambitionem* or *Quam nociva sint sacris hominibus femina, avaritia, ambitio* (Matthaeus Vindocinensis, *De amore protervo*
    Mss: Bern 704; Douai 372; 749; Paris, BN Nat. 3696 f.46; 3761 f.71; 7596A f.168; 14867 f.176; 15155 f.54; Baluze Pap. n.120 f.324; Saint-Omer 115 f.85; (Walther IC 14193; PS 21633)
    Printed: PL 171, 1428; 171, 1491 (Marbodus)

3936. **Plurimorum instantia requisitus cum secundum regulam...**
    S. Bonaventura (?), *Tractatus de vitiis et eorum remediis*
    Ms: Köln, Stadtarch. GB. 12 72 f.278 seq.
    Printed: Bonaventura, *Opera* (Venetiis 1504) II f.187

3937. **Plus vigila semper ne somno deditus esto...**
    Ms: Montpellier, Ecole de medecine 384 (Walther IC 14211; PS 21816)

3938. **Poena...**
    See: Pena...

3939. **Poena debita peccatori...**
    See: Pena debita peccatori...

3940. **Poenitemini et credite...**
    See: Penitemini et credite...

3941. **Poenitentes, poenitentes, poenitentes...**
    See: Penitentes, penitentes, penitentes...

3942. **Poenitentia...**
    See: Penitentia...

3943. *Pollicitis omnes oneras homo munere paucos/...*
Ps. Hildebertus Cenomanensis, *De avaro promissore*
Printed: PL 171, 1447 (Walther IC 14223)

3944. *Pompeius regnavit, dives valde et potens* [or *super omnia*] *qui filiam...*
Gesta Romanorum
Mss: Cambridge, Jesus Q.B.18 (35) f.1 seq.; London, BM Addit. 15109; 21430; Oxford, All Souls 20 f.94 seq.; Oxford, Lincoln Coll. 12 f.132 seq.; Oxford, St. John's 78 f.56 seq.; 93; Oxford, Trinity 71 seq.; 108 seq.; (Ward and Herbert III 183 seq.; Oesterley 5-8; Welter 369-75)
Printed: H. Oesterley, *Gesta Romanorum* (Berlin 1872)
See: Anselmus in civitate Romana...(variant?) Appolonius in civitate Romana...(shorter form) Dioclecianus imperator in civitate...Dorotheus imperator statuens pro lege ut filii...Dorotheus imperator statuit pro lege... Erat quidam rex qui...(shorter form) Exemplum bonum de uno rege qui habebat...(prol.) Felicianus in civitate romana regnavit... (variant?) Fuit quidam rex qui habuit filiam...Octavianus imperator dives valde uxorem quam habuit... Theodosius in civitate romana regnavit... (variant?) Vita humana bene custodita debet currere per quatuor...

3945. *Ponat se ad locum quietum et maxime nocturno tempore si potest, semel saltem per diem...*
See: Volens purgari de peccatis...

3946. *Poncianus in urbe romana regnauit prudens...*
Hystoria septem sapientium
Ms: Budapest, Eg. Kön. 25 f.83-104

3947. *Ponitur quidam tractatus breuis editus...*(pref.)
See: Quoniam in numero ternario...

3948. *Portio mea Domine/ Claustrum, sum cuius incola...*
De duodecim abusionibus claustri
Walther IC 14288

3949. *Portio mea, Domine, dixi custodire legem tuam* (Ps. 118,57). *In hiis verbis propheta...*
[De decem praeceptis]
Ms: Uppsala, Univ. C 47 f.179.

3950. *Poscit pauper opem, querit avarus opes...*
Walther IC 14293; PS 21962a

3951. *Possessio patris nostri/ Domini nostri J. C. est regnum celorum...*
See: Filiabus fratris nostri dares possessionem...Possessio patris...

3952. *Posside sapientiam, quoniam mulier* [or *melio*]...(Prov. 16,16). *Saepe contingit quod propter aurum homo tendit ad mortem...*
Enigmata Aristotelis moralisata
Ms: Troyes 1728

3953. *Post abyssum et laqueos abyssi...*
Summa Sigismundi de penitentia
Ms: Cambridge, Univ. Ff.1.18 f.207-230
Cf: Following entry

3954. *Post abyssum et laqueos Babilonis...*
Raymundus de Pennaforti, *De poenitentiis et remissionibus* or *Summa de casibus poenitentiae* lib. III, tit.34 (sometimes printed separately)
Mss: Cambridge, Univ. Kk.4.20 f.1-25; Klosterneuburg 295; London, BM Roy. 8 E.XVII f.111; München, Clm 12259; Praha, Univ. I.F.9 (241) f.1-29

LIST OF INCIPITS 335

See: Quoniam, ut ait Hieronymus, secunda...
Cf: Preceding entry

3955. Post considerationem praehabitam de peccatis in generali, continuo considerandum est de peccatis in speciali...
Summa on vices (Book 3, first 2 of which are missing)
Ms: Tours 446

3956. Post consummationem superioris tractatus insurrexit quaedam nova secta...
Conradus de Zenn (Conrad Zenner), *Nova tractatio de monastica vita*
Mss: Harburg, II·1 Fol.193 f.147-153; München, Clm 8391 ff.150-156; Wien, Nat. 4934 f.268-278

3957. Post discussionem conscientie et congregationem...
[On humility]
Ms: Kornik 47 f.107-121

3958. Post gloriosam Christi ascensionem...
De apostolis, de penitentia, etc
Ms: Cambridge, Univ. Dd.15.29 f.189-220

3959. Post hec autem aggredimur cum Dei auxilio partis huius prime de virtutibus et moribus, partem secundam...
Guillelmus Parisiensis (de Alvernia), *De moribus* (second part of *De virtutibus*
Ms: Vaticana, Vat. lat. 849; 11535
Printed: *Opera Omnia* (Parisiis 1674) I, 192 seq.
See: Postquam claruit ex ordine ipso...

3960. Post hec de penitentia agendum est. Penitentia longe positis adeo necessaria est...
See: Post hoc de penitentia agendum est...

3961. Post hec dicemus modos resistentiarum...
Iacobus de Clusa, *Modus resistendi contra temptationes*
Ms: Trier, Stadtbibl. 1924

3962. Post hec ordine suo promissa superius excolentes, loquimur de tentationes...
Guillelmus Parisiensis (de Alvernia), *De tentationibus et resistentiis* (Fourth part of *De virtutibus*)
Ms: Vaticana, Vat. lat. 849
Printed: *Opera Omnia* (Parisiis 1674) I 293 seq.
See: Postquam claruit ex ordine ipso...
Cf: Aggrediamur tractatum de tentationibus et resistentiis...

3963. Post hoc de penitentia agendum est. Penitentia longe positis adeo necessaria est...
Robertus [de Sorbonio ?], *Liber penitentialis*
Mss: København, Gl kgl. S.79 fol. f.181-252; Paris, Arsenal 379 f.1-13; Paris, BN lat. 14884 f.97 seq.; (Glorieux 159 k)

3964. Post lapsum primi hominis inest iam homini...
Militia religiosorum
Ms: Brno, Univ. NR 67 f.411-417
Prol: Mens quieta et a passionibus vacans sepe meretur...

3965. Post mundana celestia, post Marthe sollicitudinem Marie sororis requiem. Benigno caritatis affectu...
Henricus Heinbuch [de Hassia] de Langenstein, *Epistola de contemptu mundi* or *De rerum temporalium vanitate* or *Pictura humanae vanitatis*
Mss: Erfurt, Univ. Q.145 f.73-79; Frankfurt am Main, Stadtb. Praed. 14, f.8-12; München, Clm 3586 f.148-155; Oxford, Merton 47; Wien, Nat. 3513 f.51-54; 4659 f.354-360 (Roth p.12-13 n. 18; K.J. Heilig in *Römische Quartalschrift* 24

[1932] 138-139; Rudolf p.33 n.46)
Ded. Epistle: Reuerendo (Honorabili, Venerando) domino ac genere preclaro domino Iohanni de Eberstain camerario moguntino suus ubique clericus humilis Heinricus de Langenstein dictus de Hassia.

3966. **Post peccatum Ade, ipso expulso de paradiso propter peccatum...**
De expulsione Ade de paradiso or *De arbore vel penitencia Ade* or *De obitu Ade prothoplasti et de origine ligni Christi* or *Tractatus de ligno vitae* or *Liber de peccato Adae et Evae* or *Poenitentiae Adae*
Mss: Cambridge, Univ. Mm.4.41 f.57-58; Escorial I.III.7; Krakow, Univ. 1674; 2403; Leipzig, Univ. 361 f.1-2; Lincoln, Cath. 66 (C.5.7); 241 (A.7.2); London, BM Sloane 289 f.70-79; London, Society of Antiquaries 47 (319) f.7-12; Oxford, Lincoln Coll. 28 f.52 seq.; Oxford, Trinity 7; Paris, BN lat. 2622 f.66; Trier, Stadtbibl. 585; Wien, Nat. 1355; 1629; 2809; Weimar. Q 166; (Meyer, *Abh. Akad. München* 16.2 [1882] 131; Hill, *Med. Aevum* 34 [1965] 203-222)
Cf: Adam et Eva cum expulsi fuissent...
Cum expulsi fuissent Adam...

3967. **Post principalia vitia videndum est de virtutibus...**
Ricardus Rolle (?), *De quatuor virtutibus cardinalibus*
Ms: Cambridge, Univ. Mm.5. 37 f.124-132

3968. **Post septennarium vitiorum...**
Expositio decalogi
Ms: Wien, Nat. 1354 f.96-99 (Follows 'tractaturi de septem uitiis')

3969. **Post tempus horridum cessante pluvia...**
De humana miseria
English Hist. Rev. 32 (1917) 402 seq.

3970. **Post tractatum de praeparatione cordis secundum diversas facies sub multiplici distinctione diffusum restat, ut ad tractatum de cordis custodia cor et stilum convertamus. Quia enim in corde est sedes animae...**(tract. 2)
See: Praeparate corda vestra Domino. Verba ista sunt Samuelis...

3971. **Post tractatum de vitiis...**
Tractatus de penitentia
Ms: Giessen, Univ. 803

3972. **Post tractatum habitum de honestate disciplinae continue tractandum est...** (prol. variant)
See: Quinque septena in sacra scriptura, frater, inveni...

3973. **Post tractatum principalium vitiorum...**
De virtutibus
Ms: Osek 31 f.69 seq.

3974. **Post tractatum spei agendum est...**(prol.)
See: Notandum est quod caritas...(Cap. 1)

3975. **Post tractatus precedentes et specialiter de usuris...**
Penitentiarius de sancto Iacobo Parisiensi
Ms: Rouen A.372 (608)

3976. **Postea cautus sit sacerdos...**
See: Cautela penitentie. Postea cautus...

3977. **Postea considerandum, qualis debet esse confessor...**
[On confession]
Ms: Trebon Arch. A 6 f.213-217

LIST OF INCIPITS

3978. ***Postea quaeritur de definitione virtutis quam ponit Augustinus...***
[On the virtues. Thomas de Aq., *Quaest. De virtutibus* abbrev.]
Ms: Paris, BN lat. 3042 f.1-4

3979. ***Postmodum de septem donis Spiritus Sancti sub compendio...***
Simon de Hinton, *De septem donis Spiritus Sancti, Compendium theolgiae,* tract. VI
Printed: Ioh. Gerson, *Opera omnia* [Antwerpiae 1706] I, 308 seq.
Ms: Erfurt, C.A. Fol. 103 [fol. not given]
See: Ad instructionem iuniorum...

3980. ***Postquam aliquis fidelis et pudicus...***
De patientia
Ms: Wien, Nat. 739

3981. ***Postquam cepi vobis loqui de diuinis preceptis...***
Nicolaus de Dinkelsbühl, *De praeceptis decalogi,* Sermones 2-seq
Mss: München, Clm 7431; Padova, Univ. 2101; Sankt Gallen 811 (Madre 172-173)
See: Preter precepta legis nature...Postquam vobis locutus sum...

3982. ***Postquam claruit ex ordine ipso rerum diuinalium atque scientiarum sapientialium scientiam de virtutibus...Dicemus in primis sermones eorum qui...***(Prol.)
(De moribus): Post hec autem aggredimur cum Dei auxilio partis huius prime de virtutibus et moribus partem secundam...(De vitiis et peccatis) Aggrediemur huius tractatus partem tertiam...(De tentationibus et resistentiis) Post hec ordine suo promissa superius excolentes, loquimur de tentationes...
Guillelmus Parisiensis (de Alvernia), *De virtutibus* or *De virtutibus et vitiis* or *Summa de virtutibus et moribus et vitiis et peccatis de tentationibus*
Mss: See: Glorieux 141 j. Add.: Cambrai 550; Erlangen, Univ. 607; 608; Klosterneuburg 380 f.1-304; Lilienfeld 119; Lincoln, Cath. 207; 221 (C.4.11); Oxford, Bodl. Bodl. 281 f.73; Oxford, Magdalen 109 f.191 seq.; Paris, BN lat. 1780 f.37-49; Roma, Carm Arch. III.556 A f.278-340; Worcester, Cath. F.32 (at least prol.)
Printed: *Opera omnia* (Aureliae-parisiis 1674) I, 102-328
See: Aggrediemur huius tractatus partem tertiam...Post hec autem aggredimur cum Dei auxilio...Post hec ordine suo promissa...
Cf: In ordine sapientialium...

3983. ***Postquam confessor confitentis confessionem audiverit...***
[Short treatise on confession]
Ms: Cambrai 174 (169) f.136 seq.

3984. ***Postquam contempta mundi vanitate...***
Liber de stabilitate animae
Ms: München, Clm 7666; 11430; 13102

3985. ***Postquam de originali peccato diximus adiciendum...***
De actuali peccato
Ms: Zwettl 386 f.62

3986. ***Postquam Dei dono totaliter qualiter pauca...***
De ultimis duobus preceptis
Ms: Melk 1089 (460) p.3-105

3987. ***Postquam determinatum est de prudentia que est prima...***
[Tractate on justice; part of *Summa de virtutibus*]
Ms: Basel, Univ. A.II.26 f.68

3988. ***Postquam dictum est de morbis*** [and **ipsius**] ***anime...***
Summa de virtutibus abbreviata or *Compilacio de virtutibus* or *De septem virtutibus*

(from Guillelmus Peraldus?)
Mss: Cambridge, Jesus Q.B.3 (20) f.87-142; Cambridge, Univ. Ff.1.17 f.81-108 (imperf.); II.4.8 f.147; Einsiedeln 275; London, BM Add. 5677 f.40 seq. (?); London, Gray's Inn. 12; Harley 406; Oxford, Bodl. Laud. misc. 171
Cf: Primo videndum est quid sit peccatum ... (first part of above)

3989. **Postquam dictum est de mundo archetipo...**(2nd Book)
See: Fides est substantia rerum sperandarum...Sicut enim vera dilectione...

3990. **Postquam dictum est de superbia...**
See: De peccato gule. Postquam dictum...

3991. **Postquam iam claruit ex ordine ipso rerum...**(variant)
See: Postquam claruit ex ordine ipso rerum...

3992. **Postquam ille qui vult confiteri, dixit ex se ea que voluit de peccatis suis..**
(Pars 1) Nota secundum magistrum Sententiarum in iii dist. xvii quod votum est testificatio...(Pars 2) De avaritia. Avaritia tripiliciter interpretatur...
Antoninus Florentinus, O.P., *Interrogationes* or *Tractatus de interrogationibus fiendis penitentibus* or *De decem preceptis* or *Summula ad instructionem simplicium confessorum*
Mss: See Kaeppeli 256
Cf: Defecerunt scrutantes scrutinio...Scrutinium quoddam est confessio...

3993. **Postquam in premissis huius secundi tractatus principalis de penitentia et eius speciebus...**
De virtutibus in generali (may be part of larger work)
Ms: Paris, Mazarine 924 (427) f.126 seq.

3994. **Postquam in terra deserta atque invia...**
Summa de perfectione viarum Dei
Ms: København, Gl kgl. S.1361 qu. f.1-63

3995. **Postquam penitens dixit ex se...**
De absolutione et penitentis iniunxione
Ms: München, Clm 28673 f.67-70
Cf: Defecerunt scrutantes...Scrutantes aliorum...(part of this work?)

3996. **Postquam per esum ligni duplicis mortis habuimus...**
See: Postquam per scientie lignum duplicis mortis habuimus damnationem...

3997. **Postquam per scientie lignum duplicis mortis habuimus damnationem...**(Prol.)(Cap. 1)
Quibus dictis et ab omnibus placitis...
Iacobus de Theramo (Ancharano) (Giacomo Palladini), *Belial* or *Processus Luciferi contra Iesum Christum* or *Processus ventilatus inter Belial procuratorem inferni et Iesum filium Marie super spoliacione possessorum* or *Peccatorum consolatio* or *Tractatus de consolatione peccatorum* or *Compendium consolatio peccatorum nuncupatum* or *Compendium de victoria Christi* or *De redemptione animarum seu patrum*
Mss: Arras 651; Berlin, Theol. qu. 287 (Rose 517); Burgo de Osma, Cab. 16; Cambridge, Pembroke 287 f. 1; Cambridge, Peterhouse 84 f.186; Cambridge, Univ. Dd.1.17 f.231; Ff. 2.16; Klosterneuburg 419 f.159-231; Krakow, Uniw. 1571 f.127 seq.; 1651 f.107-166; Laon 125; London, BM Harl. 51 f.106; Roy. 8 C.XI f.1 seq. (imperf.); Osek 47 f.155 seq.; Oxford, Bodl. Digby 218 f.25 seq.; Oxford, Balliol 158 f.193-248; Oxford, Corpus Christi 72 f.103 seq.; Oxford, Merton 195; Paris, Mazarine 585 (915); 928 (1177); Paris, Sainte-Genevieve 252; Praha, Univ. VI.A.5 (1016) f.1-5; VII.E.4 (1293) f.1 seq.; VIII.B.4 (1440) f.1-102; X.C.12 (1865) f.1-66; X.C.23 (1876) f. 106-168; X.D.9 (1888) f.1-83; X.G.4 (1958) f.1-62; Sankt Gallen 978; Utrecht, Univ. 146 f.317-379;

Vaticana, Vat. lat. 10499 f.42 seq.; Wernigerode, Fürstl. Bibl. Za 54; Wrocław, Univ. I.F.114 f.82 seq. (Auer 247; P.B.Salmon, *London Medieval Studies* II.1 [1951] 101-115)
Printed: Augsburg 1472 etc. (Goff J-64 to 71)
Prol. Uniuersis Christi fidelibus atque orthodoxe sancte matris ecclesie fidei cultoribus hoc breue compendium inspecturis...
Epilogue: Letetur querentium Dominum (Ps. 104,3) quia ipse tanquam sponsus...
Variant: Nostis, carissimi, quod cum filius...(Praha, Univ. VI.A.5)
Cf: Quia de magnis periculis ab eo libertate sumus...(Oxford, Corpus Christi 72)

3998. Postquam sacerdos confessione...
Corrigendi monendi absolvendique modus confitentem
Ms: München, Clm 28460 f.109-112

3999. Postquam sacra fames auri mortalia punxit...
De avaritia (part of Alanus de Insulis, *De planctu naturae* [PL 210, 465 seq.])
Ms: Paris, BN lat. 2584 f.165

4000. Postquam tristis hiems Zephyro spirante recessit...
Walther (?) Nigellus, *Contra curiales et officiales monachos*
Walther IC 14366; T. Wright, *Anglo-Latin Satirical Poets* I 146

4001. Postquam visum est de virtutibus moralibus quae existent in appetitu tam sensitivo quam voluntario...
Iohannes de Legnano, *De prudentia* (part of *De virtutibus moralibus*)
See: Circa circulos virtutum, scilicet sapientiae...

4002. Postquam vobis locutus sum...
Nicolaus de Dinkelsbühl, *De decem praeceptis*, Sermones 2-12 or *Tractatus de decalogo*
Ms: Praha, Univ. IX.B.7 (1693) f.182-221
See: Preter precepta legis nature communia, ut sunt illa...
Cf: Postquam cepi vobis loqui de diuinis preceptis...

4003. Postremo inter vitia capitalia...
[May be part of a work on the seven sins]
Ms: Budapest, Orsz. Szech. Kön. 171

4004. Postulare dignata est benevolentia tua, praeceptor inclyte...
See: Ego vos baptizavi aqua...Antiqua iam (introductory letter)

4005. Potest queri, quid sit peccatum et pena eius, utrum sit...
[A sentence work]
Ms: Zürich, Zentralbibl. C 61 f.50-53; (H. Weisweiler, *Das Schrifttum der Schule Anselms* ...[BGPTM XXXIII 1-2; Münster i.W. 1936] 259-69 seq.)

4006. Potestas episcoporum talis est...(variant)
See: Lumen confessorum vocatur hec doctrina...

4007. Potestas ista non erat principaliter...
See: Absolutio. Tibi dabo claves...(Matth. 16).
Potestas ista...

4008. Potestatem remittendi peccata quidam soli Deo ita scribere conantur...
[On power of remitting sin]
Ms: Oxford, Bodl. Laud. misc. 277 f. 196 seq.

4009. Prae...
See: Pre...

4010. **Precavere nos oportet semper, fratres carissime, octo vicia...**
   Collatio de septem vitiis et quatuor virtutibus (probably sermon)
   Ms: Oxford, Magdalen 109, ff.61 seq.

4011. **Precepta alia rata id est non ad tempus...**
   Tractatus de preceptis
   Ms: Cambridge, Pembroke 256 f.172-176

4012. **Precepta Dei multis nominibus significantur...**
   Hugo de Sancto Victore (?), *Miscellanea* Cap. 68 seq
   Ms: Berlin, Lat. Fol. 744 f.132-133; Brugge, Stadsbibl. 153 f.122 seq.; 156 f.77 seq.; Escorial e.IV. 16 f.139; Heiligenkreuz 235; München, Clm 14166 f.43 seq.
   Printed: PL 177, 628-630

4013. **Precepta divine legis sciendum quod sunt decem scripta digito Dei...**
   Capitula theologica de praeceptis decem, de sacramentis, de aetatibus hominum, etc
   Ms: Oxford, Bodl. Laud. misc. 384 f.1-7

4014. **Precepta secundum doctores sunt decem...**
   [De decem praeceptis]
   Ms: Praha, Metr. Kap. B.19 (314) f.120-121

4015. **Precepta sunt multiplicia...**
   Nicolaus de Dinkelsbühl, *De praeceptis decalogi*
   Ms: Augsburg 2 358 f.48-112 (Madre 171)
   See: Preter precepta legis nature communia...

4016. **Preceptorium. Gloria sit...**
   See: Gloria sit altissimo...

4017. **Preceptorum diuine legis decalogus scribitur et habetur Ex. 20; dicitur autem decalogus a deca quod est decem et logos quod est sermo quasi decem moralium preceptorum sermo...**
   Mss: See Kaeppeli 605 (L. Delisle, *Notice sur les Manuscrits de Bernard Gui, Notices et extraits des Mss. de la Bibl. Nat.* XXVII [Paris 1879] 210; A. Thomas, HLF 35 [1921] 156)
   Cf: Quoniam ut ait Apostolus ad Hebr. 11,6: sine fide impossibile est placere Deo...

4018. **Preceptum domini primum quod attinet ad Deum...**
   [De decem praeceptis]
   Mss: Wien, Nat. 4153 f.283-284; 4899 f.365-367(?)

4019. **Preceptum est imperium faciendi aliquid uel non faciendi; preceptorum alia affirmatiua ut honora patrem tuum et matrem tuam...Primum preceptum tres habet clausulas...**
   Thomas de Clivis, *Compendium*, pars secunda (see: 'Iste liber dividitur in quinque tractatus...')
   Ms: Bordeaux 992 f.35-37
   Cf: Preceptum est imperium faciendi aliquid... and (?): Preceptum est iussio uel imperium faciendi uel non faciendi...

4020. **Preceptum est imperium faciendi aliquid uel non faciendi...**
   [De decem praeceptis]
   Ms: Basel, Univ. A.X.135 f.43-60
   This has a certain similarity with: Preceptum est iussio uel imperium faciendi aliquid uel non faciendi...

4021. **Preceptum est imperium faciendi aliquid vel non faciendi. Preceptorum alia sunt affirmatiua ut 'honora patrem tuum et matrem tuam', alia sunt negatiua et prohibitua...**

Primum preceptum decalogi habet tres clausulas...
    See: Dudum, carissime frater me Patre, venerabilis presbiter...

*4022. **Preceptum est iussio uel imperium faciendi aliquid uel non faciendi. Preceptorum alia sunt affirmatiua ut honora patrem, alia negatiua ut non mechaberis... Preceptum primum quatuor continet scilicet preceptionem...***
    Tractatus magistralis de preceptis legis et evangelii
    Ms: Basel, Univ. B.III. 16 f.38-42
    This has a certain similarity with: Preceptum est imperium faciendi aliquid uel non... and: Preceptum est imperium faciendi aliquid uel non faciendi; preceptorum...

*4023. **Preceptum est iussio vel imperium superioris respectu inferioris...***
    Iohannes de Rupella, Tractatus 'Dicturi de preceptis. Deo adiuvante...' abridged
    Ms: Escorial, c.IV.2 f.18-21
    Cf: Dicturi de preceptis, considerabimus...Dicturi de preceptis, deo adiuuante, volumus hec declarare...

*4024. **Preciosum est anima.** (Prov. 6,26): **Mulier animam...***
    See: Si separaveris preciosum...(Jer. 15:19). Preciosum est anima. (Prov. 6,29): Mulier animam...

*4025. **Precipue clerice** [or **clero**], **duo crimina** [or **vitia**] **disce cavere...***
    [Poem]
    Ms: Paris, BN lat. 15173 f.7; (Walther IC 14391)

*4026. **Precipue hoc vitium peculiare...***
    [On three vices]
    Ms: Trebon. Arch. A 17 f.91-95

*4027. **Precor te, soror Florentina, ut feminae quae tecum non tenent unam professionem...***
    See: Perquirenti mihi, soror carissima...

*4028. **Predicantium vita, secundum beatum Gregorium super Ez. parte prima, homilia tertia, sonat et ardet: sonat verbo...**(Prol.)*
    Abiecti et depressi sunt quidam in hoc mundo propria electione precedente...(Cap. 1)
    Iohannes Bromyard, O.P., *Summa praedicantium*
    (Welter 328 seq.; Pits, *Relationem historicorum* p.551; Baleus f.1766)
    See: Abstinentia suum inimicum scilicet carnem...(cap. 4) Hominis conditio est duplex...

*4029. **Predictis subiungendo occurrit...***
    Tractatulus de penitencia
    Ms: Klosterneuburg 327 f.110-128

*4030. **Premissa igitur debita divina...***
    See: Omnia quecumque facitis in verbo...Doctor egregius Augustinus...

*4031. **Premissa sententia de dominio in communi ac speculativa de spiritu qui est homo et per consequens subiectum humani dominii...**(Praef.)*
    (Cap. 1) Premittit iste sapiens legifer sanctus Moyses Ex. 20, prefationem quandam...Non habebis deos alienos...In quibus verbis patet primo quintimembris preceptio de obiecto ydolatrie remouendo...(Cap. 15) Detectis utcumque perumper arrhis quibus debemus diligere Deum...
    Iohannes Wyclif, *De mandatis divinis* (cap. 1-30) or *Expositio decalogi* or *Decalogus* or *De iure et iustitia decalogus*
    Mss: Brno, Univ. Mk 38 f.29-164; Cambridge, Caius Coll. 337 (565) f.183-277; Cambridge, Trinity 364 f. 1-128; Cambridge, Univ. Ll.5.13 (2211) f.1-106; Oxford, Bodl. Bodl. 333 f.109-150; Oxford, Magdalen 98 f.112-201; Paris, BN

lat. 15869 f.109-120; Praha, Metr. Kap. A.71 (116) f.192-276; C.38 (462) f.18-107; Praha, Univ. IV.D.21 (675) f.2-105; IV.D.22 (676) f.1-129; V.A.3 (794) f.1-121; V.E.17 (911) f.2-180; X.G.1 (1955) f.1-20; XIV.C.26 (2493) f.141-236; Wien, Nat. 1339 f.91-236; 1598, 78 fol. (Stegmüller RB 5067)
Printed: John Wyclif, *Tractatus de mandatis divinis*, ed. J. Loserth et F. D. Matthew, London 1922 (Latin Works t.22) p.1-474.
See: Detectis utcumque perumper arrhis...Non habebis deos alienos...In quibus verbis patet...

4032. **Premissis infra scriptis proemiis ad presciendam summariam intentorum...**
Ieremias de Montagnone, *Compendium morale*
Ms: Paris, BN lat. 6469 f.1 seq.

4033. **Premittit iste sapiens legifer sanctus Moyses Ex. 20...**
See: Premissa sententia de dominio in communi...

4034. **Premium est videre Deum, vivere cum Deo, vivere de Deo**
De praemio animae poenitentis
Ms: Oxford, Trinity 7 f.90 seq.

4035. **Preparantia Christi Iesu (or Christi Iesu Domino) habitationem et mansionem ineffabilem et diuinam in nobis...**
Angelus Clarenus, *Preparantia* (part of a letter)
Mss: Firenze, Naz. Magliabecchi XXXIX, 75 f. 28; Paris, Mazarine 750 (1103) f.15 seq. (Bernardus); Pesaro, Oliveriana 1942 f.72; Venezia, Marc. Lat. III.107 (Valentinelli VII, 29; cat. II p.201) f.80-81.
Printed: N. Mattioli, *Il beato Simone Fidati da Cascia* (Roma 1898) 467-471 (Lydia von Auw, *Angelo Clareno et les Spirituels Franciscains*, These...de l'Universite de Lausanne [Lausanne 1952] 15,41-42)

4036. **Preparate corda vestra Domino** (I Reg. 7,3). **Nota quod septem instructiones circa cordis dispositionem fiunt in Scriptura. Docet enim cor preparare... item custodire...** (Tract. 1)
Sequitur de cordis custodia quod fit per donum scientie. Serua ergo cor tuum quia cor est sedes sapientie...(Tract. 2)
De preparatione cordis or *Opus super: Preparate corda*
Mss: München, Clm 7799 f.100-110; 9607 f.201-231. (Zumkeller MWA 817) (there is also an abridgement of the Work of Gerardus Leodiensis De doctrina cordis 'Preparate corda vestra...Verba ista sunt Samuelis...' without Prol.)

4037. **Preparate corda vestra Domino** (I Reg. 7,3). **Nota quod septem instructiones circa cordis dispositionem fiunt in Scriptura. Docet enim Samuel cor preparari...Item docet Salomon cor custodiri...**(Lib. 1)
See: Preparate corda vestra Domino. Verba ista sunt Samuelis...(prol.)

4038. **Preparate corda vestra Domino. Verba ista sunt Samuelis in libro Regum** (I Reg. 7,3). **Loquitur Dominus predicatoribus per Isaiam dicens: Loquimini ad cor Ierusalem** (Is. 40,2). **In hoc verbo admonetur predicator...**(Prol.)
Preparate corda vestra Domino (I Reg. 7,3). Nota quod septem instructiones circa cordis dispositionem fiunt in Scriptura. Docet enim Samuel cor preparari...Item docet Salomon cor custodiri... (Lib. 1) Post tractatum de preparatione cordis secundum diuersas facies sub multiplici distinctione diffusum restat ut ad tractatum de cordis custodia cor et stilum conuertamus. Quia enim in corde est sedes anime...(Liber 2)
Gerardus Leodiensis, O. Cist., *De instructione vel doctrina cordis et ornamentis animae* or *Liber de doctrina vel preparatione cordis, seu speculum concionatorum* or *De statu sive dispositione cordis sub septemplici divisione secundum septem spiritus sancti dona* or *Tractatus de doctrina cordis* or *Tractatus de praeparatione cordis* or *Liber de praeparatione cordis* or *Liber cordis* or *Liber de septem*

instructionibus cordis or *Speculum concionatorum de doctrina cordis*
Mss: See Wilmart, RAM 12 (1931) 355-358. Add: Bruxelles, BR 9525-30 (cat. 2087) f.42-99; Cambridge, St. John's G.32 (199); Cues, Hospital 123; Edinburgh, Univ. 85; s'Gravenhage, Kon. Bibl. 75 H 16 (571); Leipzig, Univ. 167 f.111-143; Lilienfeld 136 f.1-41; Melk 332 (293) f.134-230; Metz 78; Oxford, Bodl. Laud. misc. 206; Praha, Univ. XIV.H.30 (2675) f.131-197; Sankt Florian XI.97; Schlägl 47 f.55-80; 68 f.205-228; Trier, Stadtbibl. 563; Vyssi Brod XC f.74-111; Wien, Nat. 4343; Wiesbaden 17; Würzburg, Univ. M. ch. f.229. (Glorieux 184 e; Thomson 248-9; A. Wilmart, *Revue d'ascetique et de mystique* 12 [1931] 349-430; Zumkeller MWA 817)

4039. **Preparate corda vestra...**(I Reg. 7,3). **Duo sunt hic consideranda...**
Gerardus Leodiensis (?), *Moralia pro religiosis*
Ms: Paris, Arsenal 526 f.180-183 (A. Wilmart, RAM 12 [1931] 362)

4040. **Preparate corda vestra...**(I Reg. 7,3). **Quam sit utilis cordis preparatio sequens declarat promissio...**
Thomas Cisterciensis, de Persenia, *De praeparatione cordis libri XI*
Mss: Evreux 65; Le Mans 3; Paris, BN n.a.lat. 217 f.189 seq. (Hauréau VI 142)
Dedic.: Venerabili et amantissimo patri domino Rotrudo de Warwick, Dei gratia Rotomagensi metropolitano, suus Thomas Persenie, humilis monachus de ordine cisterciensi... (Printed: M. H. Omont, *Bibl. de l'Ecole des Chartres* 43 [1882] 422)

4041. **Presbiter arbiter est, audito crimine pensat...**
De confessione
Ms: Paris, Mazarine 3875 (593) f.24 (Walther IC 14517)

4042. **Presbiter si uxorem acceperit...**
See: Diuersitas culparum...

4043. **Presbiteri moneant frequenter...**
Tractatus de confessione
Ms: Praha, Univ. XIII.G.11 (2378) f.40-47

4044. **Presens liber narrat de decem preceptis... Discipulus: Peto quatenus me informes...**
De decem preceptis modo decalogi magistrum inter et discipulum de theutonico in latinum translati
Mss: München, Clm 9737 f.1-45; 15567 f.193-233; 18657 f.1-61; 19835 f.1-110

4045. **Presens liber tractans de penitentia...diuiditur in duas partes...**
See: Peniteas cito...Presens liber tractans...

4046. **Presens opus habet quinque partes principales: prima est de virtutibus in communi, secunda est de tribus virtutibus theologicis...**
Guillelmus Peraldus, *Summa de virtutibus*, tabula
See: Dicturi de singulis vitiis, cum oportunitas...Si separaueris pretiosum...

4047. **Presens opusculum in quinque partes dividitur prima de aversione...**(pref. rubric)
See: Prima pars incipit de...

4048. **Presens opusculum in tres partes dividitur...**
Speculum sacerdotum
Ms: Oxford, New Coll. 145 f.134 seq.

4049. **Preter precepta legis nature communia, ut sunt illa: omne bonum est faciendum...**
Nicolaus de Dinkelsbühl, *Tractatus de decem praeceptis decalogi* or *Expositio decem praeceptorum* (Sermones 12) (Vienna 1423)
Mss: See Madre 171-174 (232 codices). Add: Alba Iulia I.33 f.219-274; Cesena, Piana 3-81 (?); Heiligenkreuz 306 f.56-123 (and not 304); Innsbruck, Univ. 51 f.2-69; 432 (?); Isny 45 f.46-101; Kassel, Theol. Fol. 33 (?); Kiel, Univ. Bord.

39 f.66-114; München, Clm 3244 (?); Olomouc, Univ. M.II 1 (?); Praha, Univ. XIF.E.31 (2565) f.300-322; Regensburg, Alte Kapelle 1794 f.?-79; Wien, Nat. 14224 f.?-148; Wolfenbüttel, Helmst 152 (177) f.28-64; Wrocław, Uniw. I.F.176 f.417-450 (incompl.) I.Q.95 f.1-85. And there may be some which are listed under 'scribitur Matth. 22 quod cum quidam legisdoctor interrogasset' (Nr. 5352). (E. Bauer in *Zeitschrift für deutsches Altertum und deutsche Literatur* 100 [1971] 159-161)

Printed: Argentinae 1616 f.22-49

See: Carissimi, sicut promisi me in proximo aliquid dicturum de preceptis decalogi...Circa materiam decem preceptorum...Contra primum preceptum peccant...Dubitantur: que sunt opera die dominico a nobis...Duo sunt principalia et maxima precepta...Est primo notandum quod diligenter debemus...Est primo notandum quod diligenter tenemur servare...Hoc est preceptum...Ioh. 15. Ex uerbis...In proximo sunt aliqua premittenda...Lavabo per singulas noctes lectum meum...Ne deficiamus...Notandum quod est valde expediens et salutare...Omnia in caritate ordinantur. Scribitur...Postquam cepi vobis loqui...Postquam vobis locutus sum...Precepta sunt multiplicia...Primo aliqua sunt pretermittenda propter...Redeundo ad materiam preceptorum... Sunt autem triplicia bona nostra...Veteris precepta legis...

Cf: Scribitur Matth. 22 quod cum quidam legisdoctor interrogasset dominum dicens....: (?) Ego sum dominus tuus qui eduxi... Et sic erit...

4050. **Preterea argumentis huius preceptorum...**
Interpretatio decem preceptorum
Ms: Wrocław, Uniw. I.F.180 f.11-35

4051. **Preterea ille circumstancie...inquirende sunt in confessione...**
[Poem on confession]
Ms: Wrocław, Univ. Rehd 177

4052. **Pretiosum est anima...**
See: Preciosum est anima...

4053. **Pridie inclite princeps cum in camera regia...**
Alphonsus de Cartagena (Burgensis), *Memoriale virtutum* (Latin text of his *Memorial de virtutes*
Mss: Burgo de Osma, Cab. 117; Dijon 200 (162) f.173-286; Escorial J.II.25 f.1-79; Madrid, Nac. Bb-63; (*Dictionnaire d'historie et geographie ecclesiastique* II 706)

4054. **Prima ala est confessio. Confessio duplex est. Est enim confessio laudis iuxta illud: Confitemini...** (Identical to the following work under the name Ps.-Bonaventura)
Printed: S. Bonaventurae Opera, Venetiis 1504, II f.227; S. Bonaventurae Opera omnia, Parisiis 12 (1868) 504-508
See: Prima ala est confessio, non laudis...

4055. **Prima ala est confessio, non laudis, unde: Confitemini Domino quoniam bonus, quoniam in saeculum misericordia eius** (Ps. 117,1) **sed criminis... Huius alae penna prima est veritas...**
Clemens Lantoniensis (de Lanthony) (?) Alanus de Insulis (?) (Ps.-Bonaventura), *De sex alis Cherubim* or *De confessione*
Mss: Evreux 19; Laon 146s: Evreux 19; Laon 146; London, BM Harl. 5234 f.88-89; München, Clm 9572; Nürnberg, Cent. III, 33 f.104-106; Oxford, Bodl. Laud. misc. 493; Oxford, Univ. Coll. 45; Paris, BN lat. 3745 f. 46 seq.; 14926 (imperf.); 15988 f.95 seq.; Rouen A 454 (671) f.29 seq.; Y 14 (1174); Tours 396 f.108 seq.; Vaticana, Regin. lat. 430 f.65-68; Wien, Nat. Ser. n. 12867 f.21-36 (Magister Alanus de sex alis cherubin; f.21 is a six-winged angel) (G. Raynaud de Lage, *Alain de Lille* [Montreal 1951] p.17 n.24; M. Th

d'Alverny p.154-155]
Printed: PL 210, 273-280. Part of longer work 'ad explanationem huius figurae, necessaria videtur esse discussio...', of which this part is probably by Alanus de Insulis
See: (Rubrica) Ala prima cum pennis suis...Prima ala est confessio. Confessio duplex est...

4056. Prima castimargia id est ventris ingluvies...
Octo vitiis principalibus (based on Cassianus, *Collationes* V 16)
Ms: Schlägl 38 f.177

4057. Prima clausula: non habebis deos alienos coram me (Ex. 20,3). *Secunda clausula: et non facies tibi sculptile...Prima clausula ostendit sarracenos esse ydolatras qui colunt Machametum...*
Decem precepta decalogi et septem peccata mortalia
Ms: Praha, Univ. III.A.7 (392) f.180-181
Cf: Primum preceptum tres habet clausulas...

4058. Prima confessionis conditio est quod debet esse secreta...
[Conditions of confession]
Ms: Vaticana, Vat. lat. 11523 f.48-77

4059. Prima dieta est penitencia...
Tractatus de dicta salutis sive de vita salutis
Ms: Vyssi Brod 79 f.26 seq.

4060. Prima distinctio agit de divinis...Cum anima de se dubitare non possit...
Opus breviloquium solitarii nuncupatus (Manual for sermons?)
Ms: Siena, Com. G.VII.16

4061. Prima distinctio. Audi fili tui patris prudentiam...
Liber distinctionum
Ms: Montecassino 159 f.1-71
Prol.: Ab illo cuius gratia spiramus hoc...

4062. Prima distinctio est de republica...
See: Cum collectionis huius quae potest dici summa collectionum... Prima distinctio...

4063. Prima ergo in catecizandis rudibus...
Ordo vel brevis explanatio de catechizandis rudibus
Ms: Wien, Nat. 1370 f.1-23

4064. Prima est coitus indebitus...
Octo species turpitudinis coniugum
Ms: Vyssi Brod 90 f.181 seq.
See: Octo sunt species turpitudinis...

4065. Prima est de aversione...
See: Hoc presens extractionis opusculum in quinque partes dividur. Prima est...

4066. Prima est haec. Quando amor vel affectio...
Quinque reguli ad cognoscendum quando peccatum sit mortale vel veniale
Ms: München, Clm 28673 f.70-71

4067. Prima est ignorancia...
Tractatulus de octo fidei obstaculis
Ms: Oxford, Lincoln Coll. 97 f.1 seq.

4068. Prima est simplex adulterium...
Summa vitiorum et virtutum
Ms: Brno, Univ. R.381

4069. **Prima gratia est timor dei...**
Ps.-Bonaventura, *De septem donis Spiritus sancti et evangelicis beatitudinibus*
Ms: Brno, Univ. NR 59 f.106-110

4070. **Prima pars de penitentie acceleratione...**
Itinerarium poenitentiae or *Lavatorium animae* (anthology on penance)
Ms: Grenoble 662 (405); (Schulte II 531)
Prol: Expressi uvas...

4071. **Prima pars incipit de aversione in generali...Deum qui te genuit, dereligit** (Deut. 32,18)
Iohannes Pecham, *De virtutibus et vitiis* (a moral concordance to the Bible)
Mss: Amiens, 302; Ancona, Com. 51; Avranches 37; Brugge, Stadsbibl. 215 f.307-482; Edinburgh, Univ. 81; Paris, BN lat. 14804, f.245 seq.; 16356 f.39-157; 17364 f.145 seq. (Glorieux 316g; Stegmüller RB 4)
Pref. rubric: Presens opusculum in quinque...Variant: Prima itaque de aversione...

4072. **Prima pars libri incipit de peccato et eius effectibus...**
Ms: Osek 21 f.121 seq.

4073. **Prima pars que tractat de principalibus et capitalibus viciis...**
De principalibus et capitalibus viciis
Ms: München, Clm 28602 f.139-150

4074. **Prima pars spei quod velit deus parcere...**
De quadruplicitate spei
Ms: Oxford, Bodl. Rawl. C.504 f.53-54

4075. **Prima petit campum** [or **campi**] **dubia sub sorge duelli... Pugnatura fides**
[Poem]
Mss: Avranches 121; 230 (Walther IC 14584; PS 22371)
See: Sequitur de spe: spes sic describitur...and: De virtutibus ergo dicturi a fide, tanquam aliarum virtutum...(may be part of above or separate work)

4076. **Prima plaga conuersio aque in sanguinem; primum preceptum alienos deos non adorare. Secunda ranarum abundantia...**
De decem plagis et decem preceptis
Ms: Paris, BN lat. 12000 f.133; (Stegmüller RB 10 448)

4077. **Prima plaga sanguis, primum mandatum: Deus tuus Deus unus est...**
De decem plagis et decem preceptis quomodo concordent (Versus)
Ms: Cambrai 219 f.172; (Walther IC 14586)

4078. **Prima plagarum quibus Dominus Egyptum percussit...**
De decem plagis et decem preceptis
Ms: Wien, Nat. 1350
Cf: Prima rubens unda deitatem mens...

4079. **Prima que figuratur nobis per formicam...**
Nota de quadruplici prudentia
Ms: Vyssi Brod 22 f.15 seq.

4080. **Prima regine humilitatis filia est fides catholica...**
De filiabus humilitatis earumque ancillis opusculum
Ms: Vaticana, Regin. lat. 290 f.73-76

4081. **Prima regula qua amore vel affectio ad creaturam tam se quam ad aliam...**
Differentia peccatorum mortalium a venialibus or *Novem regulae ad cognoscendum peccata mortalia a venialia*
Mss: München, Clm 5952 f. 74-76; 27419 f.40-42

4082. **Prima regula. Sacerdos audiens confessionem debet sedere...**
De confessione
Ms: Kornik 137 f.20

4083. **Prima rubens unda deitatem mens cole munda...**(?)
Engelbertus Admontensis (?), *Expositio de decalogo (decem praeceptis) et de decem plagis Aegypti morali sensu explicatis* or *Oppositio remedii decem praeceptorum contra decem plagas in hexametris decem* or *Versus de decem plagis Aegypti et decem praeceptis Dei* or *De fide et moribus*
Mss: Rein 18 f.53; Schlägl 97 f.168; Wien, Nat. 4890; Wilhering 139 f.158; (Fowler 216-17; Walther IC 14594)
Cf: Prima plagarum quibus Dominus Egyptum...

4084. **Prima species est coitus in diebus et noctibus sacris...**
De octo turpitudinis speciebus inter coniugales
Ms: Zwettl 337 f.1-4
See: Octo sunt species turpitudinis...

4085. **Prima species primi superficiei repraesentat...** (2nd prol.)
See: Materia baptismi debet esse aqua pura...

4086. **Prima superficies [or species] huius speculi sacerdotum...**(prol.)
See: Materia baptismi debet...

4087. **Prima utilitas est quod tribulatio dat fidelem succursum animae...**
De duodecim fructibus tribulationis
Ms: Paris, Arsenal 525

4088. **Prima vigilia est contemptus mundi...**
See: Consurge et lauda in principio... Prima vigilia...

4089. **Prima virtus fuit humilitas...**
De humilitate
Ms: Herzogenburg 93 f.210

4090. **Primam itaque partem aggrediendo pono ac propono talem questionem casualem...**
See: Quoniam modernis temporibus frequenter...

4091. **Prime partis moralis compendii liber primus incipit tractatus de religione et pertinentibus ad religionem...**
Ieremias de Montagnone, *Compendium moralium notabilium*
Ms: London, BM Add. 22801; Wien, Domin. 193/159 (R. Sabbadini, *Le scoperte dei codici greci e latini nei secoli XIV & XV*, I [1905], 218-219; R. Weiss, *Il primo secolo dell'umanesimo*, Studi e testi [Rome 1949]
Printed: as *Epythoma Sapientiae* (Venice 1505)
Prol: Utillimum et quasi necessarium...

4092. **Primi membri ratio hec est: omnis enim scientia a Domino est...**
See: A Domino factum est istud...Primi...

4093. **Primo aliqua sunt pretermittenda propter que Deum intime debemus diligere...**
Nicolaus de Dinkelsbühl, *De decem praeceptis* (Excerpts)
Mss: Graz 991 f.85-124; Olomouc, Univ. 9 (Madre 172)
See: Preter precepta legis nature communia...
Cf: In proximo sunt aliqua premittenda propter que Deum intime debemus diligere...

4094. **Primo confessor dicit viro confitenti...**
Ms: Bamberg, Theol. 255 (Michaud-Quantin 86)

4095. **Primo confessor non ostendat se seriosum aut rigidum ad confitentem...**
Collecta pro confessione simplicium ruralium
Ms: Kremsmünster 1 f.23-43

4096. *Primo confitendum est de peccatis mortalibus quae sunt ista: superbia... Quinque sunt spiritualia et duo carnalia...*
[Confession Formulary]
Ms: Paris, BN lat. 5558 f.24

4097. *Primo confitens debet confiteri de peccatis cordis, oris et operis...*
Nicolaus Venator, Episcopus Ceretecensis,
[Confessio generalis]
Mss: Bamberg, Theol. 241; Stuttgart, HB I 31 f.244-246 Vesoul 74 f. 193 (Michaud-Quantin 87 and Index; *Die HSS...Stuttgart*, I 1, [Wiesbaden 1968] p.51)
See: Nota primo confitens debet confiteri...

4098. *Primo considerare debes semper quare venisti* [or *veneris*]... (variant)
See: Primo semper debes considerare...

4099. *Primo de abstinentia. Abstinentia est quando quis pro amore dei...*
Flos florum (Sententiae)
Ms: Arras 1032 (693); Roma, Angelica 1467 (V.2. 4) f.1-130
Cf: Abstinentia. Gregorius. Est quando quis...

4100. *Primo de fornicatione simplici notandum sit quod...*
Libellus de penitentiis ex diversis libris extractis
Ms: Cambridge, Trinity O.2.5 p.111

4101. *Primo de homine quod homo dignior sit ceteris animalibus...*(prol.)
See: De ave natura in malo. Ave natura est animal...

4102. *Primo de humilitate. In nomine Domini nota de beatitudinibus...*
See: In nomine Domini nota de beatitudinibus...

4103. *Primo de superbia. Septem sunt vitia mortalia sive capitalia...*
See: Septem sunt vitia mortalia sive...

4104. *Primo de Superbia. Si scienter et prudenter peccavit...*
See: Si scienter et prudenter...

4105. *Primo de virtute agendum est...*
See: Tractaturi de virtutibus et vitiis. Primo...

4106. *Primo debes semper considerare...*(variant)
See: Primo semper debes considerare ad quid...

4107. *Primo debet confiteri de septem peccatis mortalibus, ex quibus alia peccata...*
Confessio generalis
Ms: London, BM Roy. 8 C.IV f.155-156

4108. *Primo debet considerare an sit parochianus sit...*
Tractatus de confessione
Ms: Cambridge, Univ. Add. 2829 f.204

4109. *Primo debet sacerdos interrogare penitentem utrum sciat Pater Noster...* (variant)
See: In primis debet sacerdos interrogare...

4110. *Primo determinandum et dicendum, quis confitetur. Omnis utrisque sexus cum ad discretionem...*
Cilium oculi sacerdotis (supplement to Guillelmus de Pagula, *Oculus sacerdotis* 'Cum ecclesiae quibus preficiuntur...')
See: Omnis utriusque sexus

4111. *Primo dicat confessor...*
Regulae spectantes ad confessionem, sexdecim capitibus comprehensae
Ms: London, BM Arundel 260 f.192-196

4112. *Primo dicat sacerdos confitenti: Frater, venisti ad me causa...*
Robertus Grosseteste, *De modo confitendi*
Ms: London, BM Addit. 6716 f.63; (Thomson 126)
See: Ad primum dicat sacerdos...Qualiter informandus est confitens: primo...

4113. *Primo dicat sacerdos confitenti quod removeat...*
See: Quomodo sacerdos debet docere confitentem. Primo dicat...

4114. *Primo docet colere unum Deum prae omnibus creaturis...*
See: Serves mandata sine macula...

4115. *Primo ergo fili carissime semper considerare debes quare veneris ad quid...*
De forma honeste vite
Ms: Wien, Nat. Ser. n. 12861 f.105-112
See: Primo semper debes considerare ad quid veneris...

4116. *Primo ergo nota de peccato vel vitio in communi...*
See: Hac est via... Magnam misericordiam facit...

4117. *Primo ergo semper considerare debes...*(variant)
See: Primo semper debes considerare...

4118. *Primo ergo ut de hiis qui opponuntur mundane felicitati...*(chap. 1)
See: Quoniam secundum Apostolum quecumque...(prol.)

4119. *Primo ergo videamus et dico secundum Ambrosium in quodam sermone...*
De penitentia (et eius tribus partibus)
Ms: Vaticana, Vat. lat. 11523 f.81-110

4120. *Primo ergo videamus, quo tempore ceperit confessio...*(variant)
See: Quo tempore inceperit confessio. Videamus...

4121. *Primo ergo videamus, quo tempore coeperit confessio...*(variant)
See: Quo tempore inceperit confessio. Videmus...

4122. *Primo ergo videndum est quid est usura et unde dicatur...*
See: Utrum sine sedis apostolicae licentia...(prol.)

4123. *Primo Ezechielis pedes...*
Part of Guillelmus Peraldus, *Summa de vitiis*
Ms: Laon 179
Cf: Dicturi de singulis vitiis cum opportunitas se offert...

4124. *Primo fecisti homicidium voluntarie...*
See: De interrogacionibus confitencium. Primo...

4125. *Primo fiat confessio de puerilibus utpote de inobedientia patris et matris, de accusatione falsa familie...*
De confessione (Tractatus 'Ad habendam salutiferae confessionis ordinem, haec breviter scripsi...' without Prol.)
Mss: München, Clm 2699 f.1-6; 17292; Rein 5 f.54-56
See: Ad habendum salutifere confessionis ordinem, hec breuiter scripsi...

4126. *Primo igitur...*
See: Primo ergo...

4127. *Primo igitur aduertendum quod conscientia uno modo sumitur pro re conscita...*
See: Apud disciplinas reprimus physicas...

4128. *Primo igitur animadvertendum...*
Tractatus de conscientia
Ms: München, Clm 28496 f.1-48
Cf: Primo igitur advertendum

4129. **Primo igitur considera ut Deum diligas ex toto corde...**
De septem mortalibus peccatis
Ms: Kremsmünster 8 f.243 seq.

4130. **Primo igitur considerare...**(variant)
See: Primo semper debes considerare ad quid...

4131. **Primo igitur nota de peccato vel vitio in communi...**
See: Hec est via...Magnam misericordiam facit...

4132. **Primo igitur quia iugum prelationis...**
See: Ut facilius occurrant [ea] quae in subsequenti...

4133. **Primo interroget sacerdos discretus...**
[A manual of questions to be asked by a confessor]
Ms: Oxford, Bodl. Bodl. 490 f.118 (SC 2076)

4134. **Primo itaque de aversione in generali agendum est...**(variant)
See: Prima pars incipit de aversione...

4135. **Primo iubet presbiter penitentes...**
Ordo qualiter penitentia sit danda
Ms: Cambridge, Univ. Ii.1.22 f.113-117

4136. **Primo loco presentis rote...**
Hic annotantur septem principalia peccata & postea septem peticiones [Oracionis Dominicae] et septem Dona Spiritus Sancti et virtutes et dotes
Ms: Oxford, Bodl. Lat. th. c. 2 (R) (SC 30590)

4137. **Primo materias figuram per numerum distinctas...**
See: Quod corpus non oboedit spiritui...

4138. **Primo namque ostendit, quod sunt hilariter...**
See: Audi Israel praecepta Domini...In verbis propositis...Primo namque...

4139. **Primo non habui spem integram in Deum sed recurri ad auxilium dyabolicum, diuinationes et incantationes exercendo...**
De decem preceptis
Ms: Berlin, lat. fol. 451 f.69-70

4140. **Primo nota de peccato vel vitium communi...**
See: Hec est via...Magnam misericordiam facit...

4141. **Primo notandum secundum omnes doctores quod diligere aliquem...**
Nicolaus de Dinkelsbühl, *De dilectione Dei et proximi* (Excerpt)
Ms: Graz 1649 f.1-14; 384-396 (Madre 166)
See: Scribitur Matth. 22 (35-40) quod cum quidam legisdoctor...

4142. **Primo omnium querendum est homini...**
See: De Sapientia. Primo omnium quaerendum est...

4143. **Primo Politicorum Aristoteles scribit...**
[Commentary on 'Peniteas cito']
Mss: Bamberg, Theol. 226; Praha, Metr. Kap. O 57 (Michaud-Quantin Index; p.19)

4144. **Primo ponemus et dicemus septem remedia contra amorem illicitum...**
See: Cum omnis anime rationalis summum bonum sit...

4145. **Primo precipitur solus Deus esse colendus...**
Versus de decem preceptis
Ms: Cambridge, Caius 427 p.85

4146. *Primo propter stabilitatem; cardo stabilis manet...*
See: Notatur de virtutibus cardinales cardinalibus...Primo propter...

4147. *Primo queritur quare sunt septem dona tantum et non plura...*
See: Requiescet super eum Spiritus Domini... Is. 15. Primo queritur...

4148. *Primo quidem contemnendus est mundus, si consideretur mundanorum natura fugibilis...Primo autem considera naturam divitiarium...*
See: Ecce, Rex tuus venit...Matth. 21,5. Tria etenim solent homines maxime...

4149. *Primo quod Deum meum...*
Modus confitendi
Ms: Schlägl. 218, ff. 250-255

4150. *Primo quod non dilexi deum ex toto corde...*
[Exposition of decalogue]
Ms: Zwettl. 337 f.100b-101b

4151. *Primo sacerdos debet interrogare penitentem, utrum sciat Pater Noster...*
Petrus Lombardus (?), *Tractatus de confessione*
Ms: Barcelona, Univ. 117 ff.6-13
See: In primis debet sacerdos interrogare penitentem...

4152. *Primo sacerdos inquirat de decem preceptis...*
De confessione
Ms: Brno, Univ. MK 46 f.133-134

4153. *Primo sacerdos seu confessor non ostendat...*
Confessionale
Ms: Praha, Univ. XI.C.5 (2030) f.2-34 (Schulte II 530 but excise Saint-Omer 299 and Troyes 831)

4154. *Primo sciendum est quid sit virtus...*
De quattuor virtutibus cardinalibus
Mss: Cambridge, Corpus Christi 481 p.195; Troyes 1397, no.14

4155. *Primo semper debes considerare ad quid veneris ad religionem et propter quid veneris. Propter quid enim venisti?...*(Lib. I pars Ia)
Si vis in spiritu proficere et hoc esse propter quod, ut hoc fieres, ad scolam virtutum... (Lib. I, pars IIa) Collationes meas quas pro exhortatione ad nouitios nostros...(Lib.II, prol.) In priori formula novitiorum quam quibusdam novitiis nostris scripsi de exterioris hominis compositione... Ex hoc perpende duos esse nouitiatus in religione...(Lib.II, pars Ia) Nunc de singulorum vitiorum natura vel descriptione aliqua consideremus... (Lib.II, pars IIa) Profectus religiosi septem processibus distinguitur, licet non ab omnibus attingatur, primus feruoris...(Lib. III)
David ab Augusta, O.F.M., *De exterioris et interioris hominis compositione secundum triplicem statum incipientium, proficientium et perfectorum* Liber I: *Formula de compositione hominis exterioris ad novitios* or *Formula (Forma) religiosorum* or *Formula novitiorum* or *Speculum religiosorum (monachorum, religiosorum)* or *Ad quid venisti* Liber II: *Formula de interioris hominis reformatione ad proficienties* Liber III: *De septem processibus religiosorum*
Mss: See Quaracchi 1899 p.XX-xXXIV (lists some 370 MSS) Add or emend: Avignon 235; 708; Bruxelles, BR 20931 (cat. 1616) f.I (fragm.); Brno, Univ. A 99; Cambrai 827 (732); 832 (737); Cambridge, Corpus Christi 256 f.1-86; Cambridge, St. John's D.9 (84) f.1-59; Charleville 56; 181; 244; Erlangen, Univ. 221 f.28-37; 222 f.68-77; Frankfurt am Main, Praed. 96 f.41-51; 97 No.1, f.1-131; Gdansk, Mar. F 135; Grenoble 406 (863); Klagenfurt, Studienbibl. Pap. 28 (imperf.); Pap. 68 f.75-94; Pap. 89 f.197 seq.; Klosterneuburg 205 f.10-17; Kornik 47 f.160-168; København, Gl. kgl. S.1591 qu. f.129-134; Krakow, Univ. 2259; Kremsmünster 9 f.287-295; Leipzig,

Univ. 346 f.15-20; 439 f.112-119; London, BM Add. 15335; Harl. 5052; Madrid, Nac. 569 f. 146-185; Marseille 212; Monteprandone N. 36; Namur, Mus. Arch. Ville 105; Oxford, Bodl. Canon. misc. 540; Laud. misc. 195; 493; Rawl. C.72; Oxford, Balliol 264; Oxford, St. John's 173; Paris, BN lat. 16519; Pavia 359; Praha, Univ. I.E.13 (198) f.66-69; I.E.33 (218) f.1-9; I.F.29 (261) f. 2-29; VII.D.2 (1268) f.113-126; XI.C.8 (2032) f.242-247; XI.E. 6 (2053) f.41-47 (?); XII.E.2 (2167) f.1-10; XIII.D.9 (2301) f. 60-84; Sankt Florian 79; Stockholm, Kgl. Bibl. A.198 (from Erfurt) f. 83-92 (in part); Toulouse 190; 208 f.65; Trier, Stadtbibl. 644; 766-7 (?); 786; 796; Utrecht, Univ. 166 f.31-39; 171; 174; 332; Venezia, Marc. Lat. II.66 (Valentinelli III, 74; cat. II p.57) f.37 seq.; Vyssi Brod 16 f.77-85; 18 f.29-38; Wien, Nat. 4706; Wien, Schott. 197 f.1 seq.; Würzburg, Univ. M.ch.f.213; Zwettl 319 f.65-75.
Printed: *Max. Bibl. Vet. Patr.* (Lugduni 1677) t.25, 869-936; PL 184, 1189-1198 (Lib.I incompl.) Quaracchi 1899
Epistola auctoris: Dilecto in Christo Fratri Bertholdo, frater David...Desiderasti a me, frater carissime, ut aliquid scriberem tibi ad edificationem...
See: In priori formula nouitiorum...(Lib.II)Primo ergo, fili carissime, semper considerare debes...Profectus religiosi septem processibus...(Lib.III) Si vis in spiritu proficere et hoc esse propter suod...(Lib.I, pars IIa)
Cf: Abstinentia est statum pradendi...Ad exercitum humilitatis...

4156. **Primo septem virtutes principales sunt...**
Tabula fidei christiane
Mss: Antwerpen, Mus. Plantin 408 (R.28.6) f.26-36; Paris, BN lat. 3534 f.2, 6-8; Praha, Metr. Kap. D 131.1 (701) f.102-105.
Rubr. Incipit tabula fidei christiane utilis in qua continentur sub breuibus verbis...Incipit tractatus breuis et utilis fidei christiane in quo continentur multa bona...
Cf. Incipit bona et utilis tabula fidei christiane...

4157. **Primo si sprevisti aliquem in corde tuo propter paupertatem et infirmitatem...**
Nicolaus de Dinkelsbühl (?), *Confessionale*
Ms: Budapest, Orsz. Szech. Kön. 339 f.36-49
Cf. Secundum Magistrum et doctores...

4158. **Primo sic dicat confitens: dilecte pater reddo me culpabilem...**
Confessio Generalis
Ms: Würzburg, Univ. M.ch.q.102 f.137-154

4159. **Primo studeat quantum potest se vilissimum reputare et indignum omni beneficio Dei...**
Ps.-Bonaventura, *Tractatus de modo devote vivendi, Stimulus amoris* pars 2, cap.1 seq.)
Ms: Bruxelles, BR 11902-09 (cat. 1628) f.140-217
Printed: S.Bonaventurae *Opera omnia*, Parisiis 12(1868) 662 seq.
See: Ad te Domine levavi...Confisus...

4160. **Primo superbia et eius rami...**
Modus instruendi noviter venientes ad confessionem
Ms: Vaticana, Palat. lat. 342 f.330 seq.

4161. **Primo superbia, sicut scriptum est...**
See: Nunc igitur capitalia vitia explicabo. Primo superbia...

4162. **Primo taliter debet inquiri...**
Regule theologice utiles et bone super modis audiendi confessionis, etc
Ms: Wien, Schott. 69 f.241-253

LIST OF INCIPITS

4163. Primo utilitas quam facit tribulatio in hoc attenditur...(Cap. 1)
See: Da nobis, Domine...Tibi animae tribulatae...

4164. Primo videamus quid sit virtus...
See: Sequitur de virtutibus. Primo videamus quid sit virtus...

4165. Primo videndum est quid sit...
See: De penitencia dicendum. Primo videndum...

4166. Primo videndum est quid sit peccatum secundo de nominibus...
Roger Sheepshead (?), *Summa vitiorum capitalium* or *Compilacio de viciis* or *Liber de vitiis et virtutibus abbreviatus* or *Summa de septem viciis capitalibus* or *Summa de viciis abbreviata* (from Guillelmus Peraldus?) (Shows similarities with: 'Quoniam ut ait sapiens...')
Mss: Cambridge, Jesus Q.B.3 (20) f.1-87; Cambridge, Univ. Ff.1.17 f.5-78; Dover, St. Martin's Priory 2071 (lost); Einsiedeln. 275; Logrono, Arch. Cat. 2 f. 1 seq.; London, BM Add. 5667 f.3 seq.; Harl. 406 f.1-93 (imperf.) Roy. 8 A.X f.54, 11 B.III f.226; Manchester, John Rylands lat. 201; Oxford, Corpus Christi 231 f.28 seq. (James, *Ancient Libraries* 465; Thomson 268)
Cf: Postquam dictum est de morbis...(second part of above)

4167. Primo videndum est quid sit virtus et unde dicatur...
See: Tractaturi de virtutibus et vitiis. Primo videndum...

4168. Primo videndum est quid superbia...
Summa de septem viciis capitalibus
Mss: London, BM Roy. 8 A.X f.54-146; 11 B.III f.226-276; Manchester, John Rylands 201 f.159-212; (Thomson 268)

4169. Primo volo dicere, unde...
See: Nota. Primo volo...

4170. Primos quatuor libros huius compendii...
See: Veteris ac noue legis continentiam magister sententiarum...

4171. Primum ante fores ecclesie interroget sacerdos...
Ordo ad chathecuminum
Ms: Tortosa, Cab. 131

4172. Primum argumentum composite mentis existimo posse consistere...
Tractatus de preceptis
Ms: Cambridge, Pembroke 229 f.175 seq.

4173. Primum auctoris preceptum. Itaque Deo supplica...(cap. 1)
Philippus de Bergamo, *Speculum regiminis*
See: Omne quodcumque facitis... Doctor egregius Augustinus...Omnia quecumque facitis...Doctor egregius Augustinus...

4174. Primum cole Deum. Si adorauit creaturam...
Interrogationes circa decem praecepta et septem peccata mortalia
Ms: Leiden, Univ. D'Ablaing 35 f.10-44 (P.C.Boeren, *Catalogue des MSS des Collections D'Ablaing...* [Lugduni Batavorum-Leiden 1970] 134-135)
Rubr: Incipiunt interrogationes circa primum preceptum de adoratione creaturarum.

4175. Primum cum Paulo Apostolo ortor ut caritatis virtutem...
[Admonition to virtue]
Ms: Vaticana, Vat. lat. 513 f.71 seq.
Prol: Aut (!) rogasti studui scribere novi enim ardorem...

4176. Primum docemur in simbolo, secundum in oratione dominica, tertium in lege...
See: Tria sunt homini necessaria ad salutem. Tria sunt necessaria ad salutem...

4177. **Primum dubium est: Utrum omni tempore poenitentia sit concedenda...**
   Iohannes de Retz (?), *Dubia de poenitentia*
   Ms: München, Clm 26759 f.90-91

4178. **Primum ergo capitale peccatum est superbia...**
   De septem capitalibus peccatis
   Ms: Gdansk 2035 f.174 seq.

4179. **Primum ergo considerare...**(variant)
   See: Primo semper debes considerare...

4180. **Primum est gula...**
   See: Notandum quod octo sunt vitia...

4181. **Primum est inanis carnis dilectio...**
   Iacobus de Paradiso (?), *Formula spiritualis vite*
   Ms: Herzogenburg 65 f.182-192
   Prol: Ad perfecte gratie infusionem...

4182. **Primum est mansuetudo...**
   See: Nota quattuor consilia Christi...Primum est mansuetudo...

4183. **Primum est non adorare deos alienos si...**
   Tractatus de decem preceptis
   Ms: Cambridge, Emmanuel 1.4.4 (83) f.66

4184. **Primum est preceptum in lege de uno Deo: non erunt, inquit, tibi dii alieni preter me. Prima plaga egyptiorum: aqua conuersa in sanguinem; compara primum preceptum prime plage...**
   Caesarius Arelatensis, *De decem praeceptis et decem plagis Aegypti*
   Mss: Einsiedeln 72 f.57-59; Wien, Nat. 1010, f.165-166
   Printed: PL 39, 1783-6; CC 103, 408-413
   See: Non est sine causa, fratres dilectissimi... (of which the above is a tractate without a prologue)

4185. **Primum est ut instruatur sacerdos...**
   Compilacio presens materiam habens confessionis nullum profitetur operis auctorem, sed tot habet auctores quot continet auctoritates
   [Treatise on confession]
   Ms: London, BM Addit. 29882 f.41

4186. **Primum est ut instruatur sacerdos ad taxandam penam...**
   Magister Hugo (?), *Penitentiale*
   Ms: Erlangen, Univ. 359 f.1-8

4187. **Primum est ut omnia que agis...**
   See: Octo sunt instrumenta...Primum est ut...

4188. **Primum, gastrimargia...**
   See: Octo sunt vitia principalia quae humanum genus infestant. Primum gastrimargia...

4189. **Primum igitur scire debetis, quod hanc scientiam, que ad institucionem...**
   See: Quia, fratres, largiente Domino...(Prol.)

4190. **Primum in via mali est actualis aversio a summo bono quod patet...**
   Robertus Grosseteste (?), *De aversione a summo bono*
   Mss: Durham, Cath. A.III.2; London, BM Harl. 2 f.269 (begins earlier); (Thomson 235-236)

4191. **Primum mandatum est...**
   Per primum preceptum: non adorabis deum alienum, tria genera hominum

dampnantur...
  Ms: Stuttgart, H.B. III-58 f.17-18; Vaticana, Palat. lat. 863 f.112-113.
  Cf: Audi, Israel, precepta Domini...Primum... Propter hec tira hominum genera dampnabuntur...Si in preceptis meis ambulaveritis...Secuntur decem precepta... Si quis diligit me... Hec verba noui testamenti...

4192. **Primum mortale peccatum est superbia que est...**
  De mortalibus peccatis
  Ms: Cambridge, St. John's D.8 f.168

4193. **Primum namque preceptum respicit persone Patris potestatem in obsequio operationis. Non adorabis deos alienos, Deut. 5; et Matth. 4, 10: Dominum Deum tuum adorabis. Et hoc tripliciter secundum Augustinum, fide, spe et caritate...**
  Franciscus de Mayronis, O.F.M., *Tractatus super decem preceptis Domini* (= Nr. 619 without prologue)
  Ms: Vaticana, Vat. lat. 4307 f.11-30 (B. Roth, *Franz von Mayronis, O.F.M., Franziskanische Forschungen* [Werl 1936] 85-86)
  Cf: Queritur utrum omnia precepta...Beatus homo, quem tu erudieris...Primum preceptum appropriate respicit personam Patris...

4194. **Primum omnium necesse habes anima mea altissime...**
  S. Bonaventura, *De regimine animae*
  Ms: Paris, Mazarine 996 (902) f.65 seq. (Glorieux 305ah; Quaracchi 8, p.LIX-LX)
  Printed: *Opera omnia* (Quaracchi) 8, 128-138

4195. **Primum omnium quaerendum est homini quae sit vera scientia...**(variant)
  See: De sapientia. Primo omnium quaerendum est...

4196. **Primum preceptum...**
  See: Non habebis deos alienos...Non adorabis deos alienos...

4197. **Primum preceptum ad Deum pertinens est: non adorabis deum alienum, sed Dominum Deum tuum adora. Contra quod faciunt illi qui sortilegiis et diuinationibus intendentes dilectionem et honorem creaturarum...**
  Henricus de Frimaria, *Praeceptorium abbreviatum*
  Mss: Luxembourg, Nat. 127 f.148-157
  Cf: Audi, israel, precepta Domini... In verbis propositis...

4198. **Primum preceptum appropriate respicit personam Patris...**
  [Opus de decem praeceptis 'edita per...Magistrum Franciscum Reyswicz de Brega.']
  Ms: Budapest, Eg. Kön. 108 f.198-231
  Cf. Audi, Israel, precepta Domini...In verbis propositis...

4199. **Primum preceptum appropriate respicit personam Patris quantum ad voluntarium obsequium...**
  Henricus de Frimaria, *Praeceptorium*
  See: Audi, Israel, precepta Domini...In verbis propositis...

4200. **Primum preceptum est...**
  Tractatus de decem preceptis utilis qualiter simplices sunt informandi
  Ms: Wilhering 18 f.255-256

4201. **Primum preceptum est: diliges Dominum Deum tuum...**(Deut. 6,5). **Hoc est non volens scienter rem quamcumque amare plus quam Deum...**
  Iohannes Gerson, *Opus tripartitum* Ia pars cap. 5-16
  Mss: Kreuzenstein, Burgbibl. 5658 f.290-297; Wien, Nat. Ser. n. 3813 f.89-96
  Printed: Opera omnia (Antwerpiae 1706) I
  See: Christianitati suus qualiscumque zelator...

4202. *Primum preceptum est hoc: Audi, Israel, Dominus Deus tuut Deus unus est... Hic primo querat sacerdos si fidem catholicam credat...*
   [On Ten Commandments; on Vices, exc. from a *Summula confessorum*]
   Ms: Vaticana, Vat. lat. 11450 f.1-18

4203. *Primum preceptum est [illud]: non adorabis deos alienos. Quod quidem* [or: appropriate] *respicit personam Patris quantum ad voluntarium obsequium omnis temporis...*
   Henricus de Vrimaria, *Praeceptorium* (without Prol.)
   Mss: Bratislava, Univ. 7g f.36-72; Graz 870 f.4-55; Wien, Nat. 4153 f.255-283
   Cf: Audi, Israel, precepta Domini...In verbis propositis...; Primum preceptum appropriate respicit...

4204. *Primum preceptum est: non adorabis deos alienos. Et illud preceptum tangit fidem quia fides est fundamentum omnis boni...*
   Iohannes Herolt, O.P., *Sermones de decem praeceptis* (142 and 143 among the Sermones de tempore; 6-7 among Sermones communes)
   See: Si vis ad vitam ingredi... In verbis premissis...

4205. *Primum preceptum est: non adorabis deos alienos. Hoc verbum triplicem habet expositionem. Primo exponitur sic: non adorabis etc., id est aliam fidem non debes accipere nec sequi...*
   [De decem praeceptis]
   Ms: Praha, Metr. Kap. B 35 (336) f.455-460
   See: Primum preceptum est: non adorabis deum alienum. Super quo debes...

4206. *Primum preceptum est: Non adorabis deum alienum. Super istud debes observare...*
   De decem preceptis
   Ms: Herzogenburg 8 f.250 seq.

4207. *Primum preceptum est: non adorabis deum alienum. Super quo debes habere triplicem expositionem; primo non adorabis deum alienum id est alienam fidem non debes habere...*
   [De decem praeceptis]
   Mss: Praha, Metr. Kap. C 88 (520), ff.51-53; Wien, Nat. 859 f.75-80
   See: Primum preceptum est: non adorabis deum alienum. Hoc verbum...

4208. *Primum preceptum est* (Ex. 20,3)*: non habebis deos alienos coram me, non facies tibi sculptile, scilicet rei non existentis, neque omnem similitudinem, scilicet rei existentis, que est in celo desuper, scilicet ut solis, lune, stellarum...*
   Ricardus Wertherset, *De decem praeceptis* (in Tractatus 'Qui bene presunt')
   Ms: London, BM Roy. 5 F.1 f.52
   See: Qui bene presunt presbyteri...Presbiter grece senex...

4209. *Primum preceptum fuit de colendo uno deo...*
   De decem preceptis
   Ms: London, Univ. Coll. Lat. 28 f.30-35

4210. *Primum preceptum: non adorabis deos alienos...*
   Summula de confessione
   Ms: Bologna, Arch.A.174 f.37 seq.

4211. *Primum preceptum: non adorabis deos alienos. Quod quidem preceptum Christus exponit Matth. 4,10: Dominum Deum tuum adorabis et illi soli seruies. In quo deorum pluralitas excluditur...*
   Iohannes Herolt, O.P., *De eruditione Christi fidelium*, tract. 1, cap. 2
   See: Si vis ad vitam ingredi...In verbis propositis...

4212. *Primum preceptum: 'Non adorabis deos alienos'* (Ex. 20,3). *Quod Christus exponit Matth. 4,10: 'Dominum Deum tuum adorabis'...*
   Ms: Wrocław Univ. I.Q.97 f.6-7

4213. Primum preceptum: non erunt tibi dii alii...
    Convenientia orationum de decem preceptis
    Ms: Cambridge, Univ. Add. 3319 f.60

4214. Primum preceptum secunde tabule ad patres pertinet...
    De preceptis
    Ms: Cambridge, Pembroke 229

4215. Primum preceptum tres habet clausulas...
    Thomas de Clivis, *Compendium*, Pars II
    Ms: Alba Iulia II-59 f.108-110; Vaticana, Palat. lat. 855 f.224-226
    See: Iste liber dividitur in quinque tractatus. Primus tractatus est de...(prol.)
        Prima clausula: non habebis deos alienos coram me . Secunda...: Dudum, carissime frater mi Petre...Primum preceptum decalogi habet tres clausulas...

4216. Primum preceptum: unum crede deum...Non adorabis... Illud primum preceptum tangit fidem...
    [De decem praeceptis]
    Ms: Graz, 682 f.79-81; Opava 63 f.209-211; Wien, Schott. 396 f.207-214.

4217. Primum queritur, quare peccator pro temporali peccato eternam penam passurus sit. Ad hoc respondetur...
    Ms: Zürich, Zentralbibl. C 61 f.43 seq.; (H. Weisweiler, *Das Schrifttum der Schule Anselms* [BGPTM XXXIII 1-2; Münster i.W.1936] 162 seq.)

4218. Primum quid sit amicicia arbitror disserendum; ne videamur inaniter pingere si nesciamus illud...
    Thomas de Frakaham, *Speculum spiritualis amicitiae* (Based on Aelredus' De spiritali amicitia etc.)
    Ms: see Hoste 72-73
    Printed: Hoste in *Studia Monastica* 3 (1961) 291-323

4219. Primum quid sit amicitia; iustum arbitramur disserendum. Amicitia est, ut Tullius ait, rerum...Quibuscumque ergo fuerit...
    Aelredus Rievallensis, *Schedula de Spirituali Amicitia*or *Tractatus de Spiritali et vera amicitia*
    Mss: see Hoste
    Printed: Hoste in *Sacris Erudiri*10(1958) 186-211

4220. Primum quidem peccatum capitale est superbia que comparabilis est arundini... (Book 1)
    See: Surge et ambula, errans in invio...

4221. Primum remedium contra superbiam est consideratio melioris...
    Alexander de Hales, *Extracta e Summa* (Lib. II)
    Ms: Paris, BN lat. 16499 f.229 seq. (Alexander de Hales, *Summa Theologica*, IV Prolegomena [Quaracchi 1948] 341)

4222. Primum remedium spiritualium et contemplativarum personarum...
    Remedia contra diabolicas et magistrales temptationes
    Ms: Burgo de Osma, Cab. 35

4223. Primum reprehensibile in episcopo et necessario emendandum est...
    Henricus Totting de Oyta, *Avisamenta*
    Ms: Wien, Nat. 4710 f.70-71 (Lang 103)

4224. Primum si obedientia cum humilitate...
    [A monastic penitential]
    Ms: Silos, Real Monasterio de Santo Domingo 1 (formerly H) f.271-272

4225. **Primum: unum cole deum. In hoc precepto potest quis peccare...**
Speculum conscientiae de decem preceptis
Ms: Kornik 101 f.149

4226. **Primum videre oportet, quod spiritualis vita consistit in caritate...**
Aegidius de Roma (Romanus) (?), *Tractatus de gradibus caritatis*
Ms: Wolfenbüttel 31.3.Aug. qu. (3356) f.52-65 (Zumkeller MWA 9)

4227. **Primum vitium capitale est superbia que audacter intrat campum equitando sicut dromedarium...**
Quaedam noviter ordinata de viciis et virtutibus
Ms: London, BM Harl. 2561 f.64-67
Prol: Misit rex Saul...Per Saul diabolum intellige...

4228. **Primus aphorismus est...**
Guillelmus de Donkastria (William of Doncaster), *Aphorismata philosophica*
Ms: Berlin, Lat. qu. 771 (M. Grabmann, *Mittelalterliches Geistesleben*, III [München 1956] 35-49)
Pref: Doctor discipulo Guillelmus de Donkastria Leoni.

4229. **Primus articulus respiciens...**
[De decem praeceptis; de sacramentis]
Ms: Graz 834 f.?-153

4230. **Primus casus est verberans seu percutiens clericum...**
Guillelmus (William) de Pagula, *Sinistra pars oculi sacerdotis* or *Casus pro curia romana*
Ms: Cambridge, Pembroke 248
See: Ignorantia sacerdotum populum decipit [precipitat]...

4231. **Primus ergo punctus nostre religionis...**
See: Religio munda et immaculata...Volens religionem aliquam...

4232. **Primus fructus dicitur refrenatio. Domat vero corpus et eius illecebras...**
De duodecim fructibus ieiunii tractatus
Ms: Budapest, Eg. Kön. 102,ff.27-30

4233. **Primus gradus est contemptus mundi. Quid autem ad hec primo...**(Chap. 2)
Instructio religiosa et perfecta vita
See: Ascendam in palmam... Hiis verbis...

4234. **Primus gradus huius sacratissime scale est fides...**
Scala virtutum
Mss: Cambridge, Corpus Christi 194 f.217; Cambridge, Peterhouse 114 f.204

4235. **Primus gradus humilitatis est obedientia sine mora...**
De obedientia discipulorum
Ms: Chalons-sur-Marne 58 (63)

4236. **Primus gradus humilitatis est ut Deus propter suam iustitiam semper timeatur...**
Glosa in gradum humilitatis
Ms: Cambridge, Caius 776, f.230

4237. **Primus gradus superbiae est...**
See: Primus itaque superbie gradus curiositas...

4238. **Primus humilitatis gradus est si timorem Dei...**
Gradus humilitatis
Ms: Cambridge, Caius 776 f.230

4239. **Primus in ordine articulus...**
Henricus de Bitterfeld, O.P., *Determinatio super audientia confessionum*
Ms: Vaticana, Vat. lat. 4109 f.261-265 (V.J. Koudelka in AFP 23 [1953] 48-52)

4240. ***Primus itaque est ut quis peccatum...***
See: Denotatio quindecim graduum. Primus itaque...

4241. ***Primus itaque gradus est curiositas. Hanc autem talibus indiciis deprehendes...***
S. Bernardus, *De gradibus humilitatis* (Altera pars)
See: Rogasti me, frater Godefride, ut ea que...

4242. ***Primus motus est...***
De concupiscentia
Ms: Wien, Nat. 4067 f.47-48 (imperf.)

4243. ***Primus punctus nostre religionis...***
See: Religio munda et immaculata... Volens religionem aliquam...

4244. ***Primus [gradus] superbie in descendendo curiositas cura oculis...***
Diagramma graduum superbie
Ms: Cambridge, Corpus Christi 62 f.144

4245. ***Primus utilitas quam facit tribulacio in hoc attenditur...***
De duodecim utilitatibus tribulationis
Ms: Oxford, Corpus Christi 193, ff.261 seq.
Prol: Da nobis domine auxilium...O anima tribulata...
See: Da nobis domine...Tibi animae...

4246. ***Primus videlicet agit de his que pertinent...***
See: Incipiunt tractatus concordantiae...

4247. ***Princeps Peripateticorum Aristoteles in 2 Moralium dicit quod in anima...***
Tractatus de ratione perfectorum
Ms: Arras 512 (821)

4248. ***Princeps serenissime...***
Iohannes de Capistrano, O.F.M., *Speculum clericorum*
Ms: Napoli, Naz. VII.D.17 f.265-289

4249. ***Principaliter his duobus vitiis...***
See: De superbia et fornicatione. Principaliter...

4250. ***Principio omnipotens caelum terramque creavit...***
De quatuor fontibus honestatis
Ms: Sankt Gallen 858

4251. ***Principium fructus flores [or flos] sunt. [or Et] Principium actualis honeste [or bonorum actuum]...***
S. Nilus, *De octo spiritibus malitiae* or *De octo principalibus vitiis*
Mss: Firenze, Laur. Acq. e Doni 334; Paris, BN lat. 2843 f.162-168; Trier, Stadtbibl. 717; Vaticana, Regin. lat. 140 f.83-90; 187 f.63-76; Vat. lat. 650 f.63 seq. (A. Wilmart in *Rev. Asc. Myst.* 3 [1922] p.413 n.11)
Printed: Cf. PG. 79, 1146-1163

4252. ***Principium seculi et conditionis mundi secundum Egyptios...***
De capite mundi (attr. Beda)
Ms: Cambridge, Univ. Ff.1.27 (3) f.23

4253. ***Priuatis...***
See: Privatis...

4254. ***Priuilegia...***
See: Privilegia...

4255. ***Prius conspersionem uniuscuiusque... Boethius...***
Lilium originalium or *Tractatus de vitiis et poenis inferni et de virtutibus et gloria*

paradisi
Mss: Praha, Univ. VIII.D.19 (1488) f.1-41; Venezia, Marc. Lat. II.64 (Valentinelli III, 73) f.313-333

4256. **Prius in fundamento positam rerum gestarum firmitatem significantia...**
Cesarius Arelatensis,
[De decem praeceptis]
Ms: Barcelona, Cab. 64 f.43-45; (Stegmüller RB 8554)
Printed: PL 38, 67-74; *Corpus Christianorum* 103 p.408
Cf: Non est sine causa, fratres dilectissimi, quod preceptorum legis dei...

4257. **Prius per conspersionem uniuscuiusque...Boethius...**
See: Prius conspersionem uniuscuiusque...

4258. **Prius vitia exstirpenda sunt in homine, deinde inserende virtutes...**
[Anon. tractate on virtues and vices]
Ms: Stockholm, Gkl. Bibl. MS.A.200 (from Erfurt) f.1-20; (Lehman II 11)

4259. **Privatis rebus fit quisque necesse superbus...**
Versus de superbia
Ms: Cambridge, Pembroke 1038 f.61

4260. **Privilegia que concessit romana ecclesia religiosis debent inconcusse servari...**
Defensorium pro confessionibus audiendis
Ms: Kornik 117 f.255-256

4261. **Pro certo scitote omnes, nullus libellus...**(prol.)
See: Certissime vero tibi convenit credere...(chap. 1)

4262. **Pro decem mandatis materia valde bona; de solutione primi mandati. Hoc de ydolatria patet: Ex. 32; et propter istud peccatum occisa sunt...**
[De decem praeceptis]
Ms: Wien, Nat. 4550 f.272-276

4263. **Pro declaratione cuiusdam tractatuli seu decalogi assumo pro eius introductione verbum beati Augustini dicentis...**
[De decem praeceptis]
Ms: Marburg, Univ. 68 f.41-104

4264. **Pro dolor confusio nascitur antiqua...**
See: Proh dolor confusio nascitur antiqua...

4265. **Pro dolor infelix humanae stirpis origo!/ Per traducem carnis...**
Petrus Damianus, *De miseria humanae conditionis*
Margareta Lokrantz, *Studia latina Stockholmiensia* XII (Stockholm 1964)
Printed: PL 145, 964

4266. **Pro dolor, ut nulla est virtus sincera nec unquam...**
See: Proh dolor, ut nulla est virtus sincera nec unquam...

4267. **Pro evidentia dicendorum...**
Tractatus de confessione
Ms: Wien, Nat. 4014 f.243-259; 4015 f.63-86

4268. **Pro humiliando nos sub potenti Dei...**
Iohannes Gerson, *De temptacionibus diversis et eorum remediis*
Ms: Wien, Schott. 235 f.166 seq.

4269. **Pro intellectu igitur dicendorum notat dominus Albertus...**
See: Quoniam iuxta beati Gregorii in suo Pastorali sentenciam...

4270. **Pro intellectu primi precepti notanda sunt tria; primo quod prima pars huius precepti, scilicet 'ego sum Dominus Deus tuus,' est affirmatiua...**

[De decem praeceptis]
Ms: Basel, Univ. A.I.20 f.47-68; A.X.126 f.202-234

4271. **Pro isto tertio tractatu consequenter sit iste articulus de decem preceptis et de eorum obseruantia de quibus tractando assumatur illus Sapientis dictum: septies in die cadit iustus...**
Tertius articulus de decem preceptis
Ms: Sankt Gallen 786 p.240-262

4272. **Pro maioris autem...**
Summula preceptorum
Ms: Melk 1383 (282) p. 199-202

4273. **Pro penitentiam agere peccataque confiteri volentibus...**
De modo confitendi peccata
Mss: Bruxelles, BR 1291-1311 (cat. 1623) f.155-158; London, BM Add. 10019 f.149

4274. **Pro salute eorum qui vitia fugere cupiunt...**
Henricus de Hassia, *Tractatus de proprietate religiosorum*
Mss: Kremsmünster 9 f.234-242; 177; 268; Firenze, Laur. Plut. XIX, 29 p.182-189; St. Florian 147; St. Gallen 780; 937; Wien, Nat. 4059; 4065; 4409; 4732; 4760; 4948.
Cf: Ecce nos reliquimus omnia...Novistis fratres dilectissimi... Regularium siue claustralium sacra religio...

4275. **Pro scolarium iuniorum eruditionem paucis dictis...**
Peccata et opera
Ms: Maria Saal 25 f.144-159

4276. **Pro scrupulosorum deposicione...**
De virtute epikeiae or *Interpretacione legum* (based on Iohannes Nyder's *Consolatorium timoratae conscientiae*)
Ms: München, Clm 18569 f.83-85; (Auer 300)

4277. **Proba me, Domine, et tenta me** (Ps. 25,2). **Sicut ait Guillielmus Parisiensis in Tractatu suo de vitiis et virtutibus...**
Dionysius Carthusianus [Leuwis de Rickel], *De remediis tentationum*
Printed: Colon. 1532, 1559; Dilingae 1589; *Opera Omnia* vol. 40 (Tornaci 1911), 117-189
Prol: Militia est vita...Omnis homo...

4278. **Probata virtus corripit insipientes, ...**
De correptione
Ms: Erfurt, Univ. Q.117 f.84-88

4279. **Probata virtus quasi per ignem...**
Iohannes Gallensis (?), *De correptione*
Glorieux 322y

4280. **Probate spiritus si ex Deo sunt** (I Ioh. 4,1), **iubet discipulus ille quem diligebat Iesus...**
Iohannes Gerson, *De probatione spirituum*
Ms: London, BM Sloane 2417
Printed: Opera omnia (Antwerpiae 1706) I, 37-43

4281. **Processus praesens partim supplicatorio, passim iudiciario ordine...**
Processus hominis contra diabolem
Mss: Paris, Mazarine 951 (1071); Paris, BN lat. 15031 f.98 seq.

4282. **Processus vero peccatoris in suis verbis parabolice ipse Salvator inseruit...**
Simon de Cassia (Cascia), O.E.S.A., *Tractatus de processu peccatoris et reversione*

ad Deum et de dignitate nominis Christiani, quam peccator amittit (= De gestis Domini Salvatoris 1.VIII cap. 38-40)
Ms: München, Clm 18373 f.466-488 (Zumkeller MWA 782)

4283. **Profectus religiosi septem processibus distinguitur, licet non ab omnibus attingatur, primus feruoris...**
David ab Augusta, *Tractatus de septem profectibus religiosorum* or *Liber de profectus religiosorum* or *Formula de septem processibus religiosi* or *De profectu religionis* or *Candidatus de profectione religiosorum* (Book III of *Formula novitiorum* 'Primo semper debes considerare')
Mss: (confusion in catalogues with 'Primo semper debes considerare') Cambridge, Corpus Christi 519 f.94 seq.; Erlangen, Univ. 221 f.57-91; 222 f.25-68; Frankfurt am Main, Stadtb. Praed. 31 f.1-50; Gdansk, Mar. F.55; Mar.F.221; s'Gravenhage, Kon. Bibl. 70 H 25; 74 F 13 (?); Klagenfurt, Studienbibl. Pap. 110; Pap. 157 f.2-70; Krakow, BJ 2327; Linz 27 (361) f.111-156; Madrid, Nac. 569 f.185-248; München, Clm 2764; Oxford, Bodl. Laud. misc. 181; Praha, Univ. IV.H. 11 (775) f.142-184; V.A.23 (814) f.130-178; V.A.24 (815) f.121-160; IX.B.9 (1695) f.151-185; X.C.25 (1878) f.201-246; X.G.8 (1962) f.40-81; XII.E.2 (2167) f.49-116; XIV.D.7 (2515) f.302-330; Troyes 1635; Utrecht, Univ. 381; Wien, Nat. 3412; 3779; Würzburg, Univ. M.ch.q.104 f.52-150
Printed: Quaracchi 1899 pp.161-371 (Opening Prayer: Ave beatissima ciuitas)
See: Primo semper debes considerare ad quid veneris...(Book I)

4284. **Proh dolor, confusio nascitur antiqua...**
De corrupto mundi statu
Anzeiger für Kunde der Deutschem Vorzeit, Neue Folge, 15 (1868) 230 seq.

4285. **Proh dolor infelix humanae stirpis origo...**
See: Pro dolor infelix humanae stirpis origo...

4286. **Proh dolor, ut nulla est virtus sincera nec unquam...**
Leonius, *De eo quod nemo in hac vita perfecte bonus vel sapiens*
Walther IC 14813

4287. **Prologus in consolatorium seu remediarium tribulationum afflicto spiritu... Afflicto scripturus...**
Bernardus de Waging (d.1472), *Consolatorium* or *Remediarium tribulationum afflicto spiritu*
Ms: München, Clm 4403 f.92-122; 7007 f.109-137; 18548b f.125-162; 18600 f.201-219 (Auer 309-311)

4288. **Promptuarium eorum plenum, id est Maria, eructans ex hoc in illud, id est de triumphante in militantem, de gratia in gloriam...**
Lumen animae, Recensio A, Prol. I
See: Archita Tharentinus in libro de euentibus in natura...

4289. **Propheta ad litteram dat Iudeis...**
See: Lavamini et mundi estote... Propheta ad...

4290. **Propheta in persona Domini loquitur: (Ier. 8,6) Attendi et auscultavi... Cum homo Dei gratia praeventus...(Chap. 1)**
Tractatus de poenitentia et tentationibus religiosorum or *Liber de poenitentia et tentationibus religiosorum*
Printed: PL 213, 863-904
Prol: Dilecto filio Senior salutem, Stesichorus inter laudem...

4291. **Propheta regius (Ps. 31,5) ait: Dixi confitebor...**
Modus confitendi breuis
Ms: Trier, Stadtb. 1975

4292. *Propria det cupidus, se castret luxuriosus/ Invide, livorem...*
[Poem on the sins]
Walther IC 14834; Hauréau II 211-212
Cf: Prospera det cupidus...

4293. *Proprietates huius stelle matutine possunt referri ad quamlibet doctorem...*
See: Quasi stella matutina in medio nebule id est peccatoris...

4294. *Propter necessitatem ecclesiae et impossibilitatem quae incumbit pluribus...*
Iohannes de Polliaco (Jean de Pouilly), *De iure predicandi et confessiones audiendi*

4295. *Propter quid in entibus ponunt philosophi unum ultimum finem...*
Philosophia moralis
Ms: Padova, Ant. 420
Prol: Nescio, excelse Princeps, si in laudem tui. Ludicius...

4296. *Propterea primo premittantur...*
See: De iusticia in dominando. Propterea primo...

4297. *Prosequendo arborem* [or *auctorum*] *primo prosequitur partum moralium...*
Iohannes de Legnano, *De iusticia* (part of *De pace*)
See: Misit Tau rex Emath ad regem David...

4298. *Prospera det cupidus se castret luxuriosus...*
Remedia contra mortalia peccata
Ms: Cambridge, Peterhouse 217, f.6
Cf: Propria det cupidus...

4299. *Prout Gregorius super Ezechielem...*
See: Quoniam, ut ait Gregorius super Ezechielem...

4300. *Proverbium hoc de caelo cecidit...*
See: Nosce te ipsum homo. Proverbium hoc de...

4301. *Provida mente profundo cogitatu* [or *et profunda cogitatione*]*...*
Iohannes Chrysostomus (?), *De penitentia compendiosa* or *Sermo de penitentia*
Mss: Cambridge, Univ. Dd.11.83 f.23-28; München, Clm 14470 (?)
Printed: GW 2080-2082 etc...(Goff A-786 etc...)

4302. *Provide de omni plebe uiros potentes et timentes deum in quibus...Exod. xviii. In hiis uerbis tria tanguntur; ista tria in qualibet parte insimul requirantur, nam requiritur quod illi qui per electionem...*
Petrus Quesnel, *Directorium Juris* (Lib. II)
See: Si quis ignorat, ignorabitur...

4303. *Provideat ante omnia confessor purus esse...*(cap. 1)
See: Etsi virtus quam assuefactio gignit...(Prol.)

4304. *Providentie divine consilium...*
Speratus (Spararo, Sparano) de Baro (Bari), *Rosarium de vitiis et virtutibus*
Mss: Chambery 22 f.1-136; Paris, BN lat. 6472; 6473

4305. *Prudens et iustus fortis sis atque modestus/ Prudens non errat iustum...*
De quattuor principalibus virtutibus
Ms: Cambridge, Pembroke 103 f.61
Printed: C.H. Talbot edition of *Florilegium Morale Oxoneinse* Secunda Pars (Louvain-lille 1956) (Anal. Mediaev. Namurc. n.6) 175-176

4306. *Prudentia depingebatur sic secundum aliquos videlicet in statu vel statura...* [or *secundum aliquos sic depingebatur*]*...*
Cancellarius Parisiensis (Petrus Pictaviensis [?] or Iohannes Gerson [?]), *Tractatus de virtutibus et vitiis* or *De vitiis et virtutibus*

Mss: Bordeaux 267; Erfurt, Univ. Q.168 f.116-128; Oxford, Bodl. Can. misc. 528; Paris, BN lat. 590 f.177-192; Semur 27 f.140 bis-154; 28, ff.39-52; Vaticana, Palat. lat. 1066 f.231-43; (P.S.Moore, *The Works of Peter of Poitiers* [Notre Dame, Indiana 1936] 168-9; R. Tuve in *Journal of the Warburg and Courtauld Institutes* 26 [1963] 273n)
Cf: Prudentia secundum aliquos depingitur in statu cuiusdam philosophia...

4307. **Prudentia est amor ea quibus adiuvatur...**
[Work on prudence]
Ms: Paris, BN lat. 3006 f.69 (fragment)

4308. **Prudentia est in sui custodia provida boni et mali sagax...**
Libellus de virtutibus et speciebus earum
Ms: Würzburg, M.ch.f.217 f.136-410

4309. **Prudentia est rerum bonarum et malarum...**
See: Nomina virtutum... Prudentia est...

4310. **Prudentia est virtus bonorum a malis et utrorumque ab invicem sequestratrix...**
Radulfus Ardens, *Speculum Universale* (Book IX)
Ms: Paris, BN lat. 3240; 3751 (Glorieux 102 a)

4311. **Prudentia habet in dextero latere astutiam et...**
Collaterales quatuor virtutum
Ms: Cambridge, Jesus Q.G.29 f.25

4312. **Prudentia Hebreorum...Hospitalitas Brittanorum...**
De virtutibus gentium
Ms: Oxford, Bodl. Bodl. 186 f.123 (SC 2088)
Cf: Invidia Iudeorum...

4313. **Prudentia nos edocet...**
Adam, *De doctrina virtutum cum fuga vitiorum*
Ms: Paris, BN lat. 2687 f.109-132
Cf: Quatuor sunt quae prudentia nos edocet...

4314. **Prudentia secundum aliquos depingitur in statu cuiusdam philosophia in manu sinistra...**
Imagines quattuor virtutum cardinalium
Ms: Troyes 1701
Cf: Prudentia depingebatur sic secundum aliquos...

4315. **Prudentia secundum aliquos sic depingebatur...**
See: Prudentia depingebatur sic secundum aliquos...

4316. **Prudentia ut enim ait Vegentius...**
De prudentia
Ms: Roma, Casanatense 294 f.63

4317. **Prudentius tria habuisse nomina dicitur...**
Explanatio super Prudentii Psichomachiam
Ms: Durham, Cath. C.IV.10

4318. **Psalmus iste penitentialium quintus est, quartus eorumque qui dicuntur oratio...**
In psalmos poenitentiae
Ms: Cambrai 387 (365)

4319. **Ptolomeus almagesti: Primo** [or **Amor est**] **ignis quidem regionis etheree...**
Lumen animae (Variant of Recensio C)
Mss: See Rouse in AFP 41[1971] 100-111. Add: Olomouc, CO 235; 505; 578; Praha, Univ. XIV. G.2 (2610) f.1-47 These references may be to Recension A or B rather than C

See: Recensio C: Philosophus in sexto animalium dicit...
Cf: Recensio A: Archita Tharentinus in libro de eventibus in natura... Recensio B: Plinius libro de mirabilibus mundi... Constantinus in tractatu de naturis liquidorum oculus sanus... (prol. in Frankfurt am Main, Praed. 22)

4320. Publica sit pena fuerit si publica noxa... (44 verses in elegiac couplets, possibly part of the poem which precedes it, but written in different format)
Ms: London, BM Harl. 979 f.49-50
See: Peniteas cito peccator cum sit miserator... (a part of this? cf.PL 207, 1156)

4321. Pudicitia sic depingebatur...
See: Prudentia depingebatur sic secundum aliquos

4322. Puerorum corda sunt quasi tabula...
[Moral definitions]
Ms: Oxford, Bodl. Laud. misc. 527 f.105 seq.

4323. Pulcher Alexi decor tuus urget/ Gloriosus ut tibi sis...
Iohannes Gerson, *Carmen contra pulchritudinem corporis*
Printed: Jean Gerson, *Oeuvres completes* (ed. P. Glorieux) Paris 1962 IV p.152 n.175

4324. Pulli cum vident milvum, fugiunt ad galinam...
Proprietates seu similitudines
Ms: Krakow, Univ. 348 f.141-150

4325. Punctus siue materia que michi proposita est, continet nouem assertiones seu conclusiones...
See: Dei nomine inuocato. Punctus siue materia que michi proposita est...

4326. Pura conscientia est quae non habet de praeterito actuationem...
Hugo de Sancto Victore, A fragment,
Ms: Roma, Casanatense 81 f.78

4327. Puritatis et castitatis...
De temptacione carnis
Ms: Harburg, II lat. 1 qu. 13 f.82 (Auer 286)

4328. Putruerunt et corrupte sunt cicatrices a vacis...(Ps. 37,6)...
Iohannes Gower, *Super multiplici vitiorum pestilentia*
Ms: Cambridge, Trinity R.3.2 f.152

4329. Qua circa infirmos maius est periculum...
See: Quia circa infirmos maius est periculum

4330. Qua mente iam tacebo? Qua fronte tamen loquar...
S. Bernardus, O. Cist., *De praecepto et dispensatione*
Mss: See *Opera* III, Romae 1693, p.243-250. Add. München, Clm 28195 f.10
Printed: PL 182, 861-894; S. Bernardi *Opera* III, Romae 1963, p.253-294
Pref. Dedic.: Domno abbati Columbensi...Rescriptum meum ad epistolas duorum Carnotensium...

4331. Quae...
See: Que...

4332. Quae auctoritas sic insinuat mundanorum vanitatem...
See: Vanitas vanitatum...Quae auctoritas...

4333. Quae potavi de fontibus Salvatoris...
Ps.-Bonaventura, *Tractatus brevior de tribus virtutibus, humilitate, patientia, et caritate* (Glorieux 305 bp)
Printed: Bonelli, *Supplementum* III col. 246-253

4334. **Quaerere debet sacerdos...**
See: Ista debent exigi de poenitente. Quaerere debet...

4335. **Quales dolores patitur/ Tunc mulier parturiens...**
'De angustis et latitia morientis' (poem)
Ms: Roma, Bibl. Valicelliana A.37 f.31-32

4336. **Qualis confessor debet esse vide in tuis versibus et ultra...**
Summa de confessione etc
Ms: Edinburgh, Univ. 107

4337. **Qualis debeat esse perscrutator...**
Tractatus de confessione or Manuale confessorum or De confessione, simonia, matrimonio, et aliis casibus conscientiae
Ms: Oxford, Univ. 58; London, BM Roy. 5 A. f.63-89

4338. **Qualis et de peccato originali...**
Tractatus de peccato originali
Ms: Cambridge, Caius 302 f.159-170

4339. **Qualis et quam subtilis debet esse perscrutator...**
Liber poenitentialis
Mss: London, BM Roy. 5 A.1 f.63-89; 9 A.XIV f.203-236
See: Compendium operis subsequentis principaliter...

4340. **Qualiter fuerit in beata virgine et videtur quod in summo Matth. VI [5,3]. Beati pauperes spiritu...**
De beatitudine paupertatis et decem gradibus eius
Ms: Wien, Nat. Ser. n. 355 f.132-133

4341. **Qualiter informandus est confitens: primo dicat sacerdos confitenti...**
Robertus Grosseteste, Modus sive forma confitendi
Ms: London, BM Harl. 211 f.102-103 (Thomson p.126 n.83)
See: Primo dicat sacerdos...

4342. **Qualiter peccatur contra opera misericordiae sive corporalia sive spiritualia. Circa opera misericordiae sciendum est...**
Summa de cognitione quorumlibet peccatorum et qualiter sit confitendum
Ms: Trier, Stadtbibl. 691

4343. **Qualiter quilibet confessor potest se insinuare ac...**
[Canon of penances]
Ms: Antwerpen, Stadsbibl. 255 (B.89420) f.77-83

4344. **Qualiter sacerdos se debeat habere erga confitentem et quidem primo oportet considerari...**
[On confession]
Ms: Würzburg, Univ. M.ch.f.294 f.90-93

4345. **Qualiter vincula peccatorum sint dissoluenda et per puram confessionem et veram confessionem...**
Henricus de Frimaria, Tractatus vel sermones de penitentia (Pars 3)
See: Memor esto unde excideris...Quia sermones...

4346. **Quam appetenda sit gracia penitencie...**
S. Augustinus (?), Tractatus de poenitentia
Mss: Firenze, Naz. Conv. Soppr. B.VII.1166 f.31-33; Praha, Univ. V.C.10 (852) f.155-161; V.F.1 (923) f.104-124.
Cf. Quam sit utilis et necessaria penitentie medicina...

4347. **Quam bonus et suavis est** (Sap. 12,1)...*Bernhardus dicit pensandum ubi est...*
   De sancto Spiritu et septem eius donis
   Ms: München, Clm 28599 f.22-27

4348. **Quam breve festum est hec mundi gloria./ Ut umbra nubium sunt eius gaudia...**
   De vanitate mundi vel contemptu
   Ms: Bruxelles, BR 1610-18 (cat. 1486) f.408

4349. **Quam brevis et nihil est totius gloria mundi...**
   De contemptu mundi
   Ms: Paris, BN lat. 15157 f.61

4350. **Quam dulcia faucibus meis eloquia tua...** (Ps. 118,103) **Bone Jesu...**
   Tractatus asceticus
   Ms: Tortosa, Cab. 147

4351. **Quam durus, quam amarus est superbie gressus...**(variant)
   See: O quam durus, O quam amarus...

4352. **Quam enim debeamus apes imitari qua flores ad mel faciendum...**
   See: Cum ex vita honesta gentilium...

4353. **Quam iocunde videbit eternum Dei tabernaculum...**
   Liber tropologiae super Evangelia dominicalia per circulum anni Magistri Philippi de Navarra (written 1400)
   Ms: Vyssi Brod 69 f.1 seq.

4354. **Quam magna res sit confessio...**
   De septem gradibus confessionis
   Ms: London, BM Roy. 5 E.XVIII f.93 (?)

4355. **Quam magnificata sunt opera tua Domine...**(Ps. 91,6) **Contemplatur propheta in excessu mentis positus...**(Pars I, prol.)
   Pars I, cap. 1 Venite, audite et narrabo...(Ps. 65,16). Inuitat psalmista non omnes...Pars II: Tu contribulisti capita draconum...(Ps. 73,13) Dicit Dominus Ez. 18,20: anima que peccauerit, ipsa morietur...Pars III: Astitit regina a dextris tuis...(Ps. 44,10). Verba ista prophete loquentis ad Dominum Deum exponi possunt...Pars IV: Benedictionem dabit legislator... (Ps. 83,8). Tota vita hominis super terram est quoddam iter...
   Antoninus Florentinus O.P., *Summa moralis*
   Kaeppeli 239.
   Printed: Verona 1740 etc. (S. Orlandi, *Bibliogr. Anton.* [Roma 1961] 295-305)

4356. **Quam male fraudatur, quam stulte ludificatur...**
   S. Bernardus Claraevallensis(?), *De mundo*
   Walther IC 15146.
   Printed: Joannes de Lamsheim, *Speculum consciencie et novissimorum* (1496) f.b5 (a-b) (Goff L-31; H 9845)

4357. **Quam merito merent qui mundi rebus adherent/ Cum res humane...**
   De adherentibus huic mundo or De mundo (poem)
   Ms: Rouen A.592 (670) f.203 (Walther IC 15149)

4358. **Quam miserabile, quam lacrimabile...**
   De vanitate seculi (poem)
   Walther IC 15151

4359. **Quam miseri et vecordes qui nepotulis suis multa animarum...Audiui quod quidam de huiusmodi pueris...**
   Iacobus de Vitriaco, *Exempla*
   Ms: Paris, BN lat. 3529a ff.83-117; 3747 f.307 seq,;
   Printed: Crane, *The Exempla...of Jacques de Vitry* (London 1890)

4360. **Quam mundus militat...**(variant)
   See: Cur mundus militat...

4361. **Quam periculosum ymo que damnabile est...**(pref. letter)
   See: In ministratione sacramentorum...

4362. **Quam pravus mos est pueros preferre puellis...**
   De amore protervo
   Walther IC 15159; PS 23342

4363. **Quam sit appetenda gratia...**
   See: Quam appetenda sit gratia...

4364. **Quam sit lata scelerum...**
   Contra avaros
   Ms: London, BM Harl. 978 f.84

4365. **Quam sit utilis et necessaria penitencie medicina...**
   Augustinus (?), *De penitencia* or *Liber de poenitentia* or *Ad penitentes sermones duo* (Sermo 351)
   Mss: Bruxelles, BR II.2297 (cat. 1116) f.259-263; Cambridge, Pembroke 230 f.165 seq.; Cambridge, Queen's Coll. 3 f.92; Cambridge, Univ. Dd.11.83 f.14-9; Ee.5.32 f.139-47; Ff.4.37 f.62-6; Ii.1.29 f.227-32; Ii.4.31 f.247-258; Kk.1.23 f.81-7; Kk.2.14 f.102-106 etc; Durham, Cath. B.II.29; B.IV.11; Erfurt, Ampl. Qu. 100 f.25-29; Leipzig, Univ. 252,ff.124-146; 278 f.111-117; 364 f.98-116; London, BM Burney 204; 241; Harl. 3064; Roy. 5 B.XII; 5 C.VI; 6 A.III; Oxford, Merton 16 f.251 seq.; Praha, Univ. V.F.22 (944) f.130-140; VIII. A.25 (1433) f.200-201; X.A.5 (1808) f.134-138; Torino, Naz. E.VI.1 (CXCIX) f.48 D.I.37 (MLXXXVII) f.230 seq.; Vyssi Brod 84 f.97-100 (Clavis 284; *Rev. Benedictine* 46 [1934] 18-35)
   Printed: PL 39, 1535-1549

4366. **Quam suave mihi subito factum est a suavitatibus nugarum abstinere...**
   Alternate prol. in Bruges 171
   See: Abiit in agrum...

4367. **Quam summa sapientia est per contemptum mundi tendere ad celestia...**
   See: Immundum mundum, fili, fugito furibundum. Quoniam [Quamdiu] summa...

4368. **Quamdiu in mundo viuimus sine tribulatione...**
   De temptationibus resistendis
   Ms: København, Gl kgl. S.1600 qu. f.112 seq.

4369. **Quamquam duobus caritatis preceptis omnia tam erga Deum quam proximum homini seruanda officia generatim sint comprehensa...**
   [De decem praeceptis]
   Ms: Berlin, Lat. oct. 252 f.1-118

4370. **Quamquam enim beatus Ieronimus dicat quod non est detrahere verum dicere...**
   Ms: Cambridge, Christ's Coll. 11 f.1 seq.

4371. **Quamquam in exempla gaudeant omnes...**
   See: Secundum Aristotelis sententiam in problematibus suis: Quamquam in exempla...

4372. **Quamuis athenarum grecorumque multiplicata volumina miris odoriferisque fragrantia...**
   Matthias Farinator, Prologue to Gotfridus Vorowensis *Lumen animae* (recensio B)
   (Rouse in A.F.H. 41 [1971] 51 seq.)
   See: Plinius libro de mirabilibus mundi...

4373. *Quamvis diabolus multis moribus decipit homines...*
   Quomodo dyabolus decipit homines
   Ms: Schlägl 168 f.186

4374. *Quamvis homo sperare sine amore non possit, fieri tamen potest ut id...*
   [Excerpts from Fathers on sins and their remedies]
   Ms: Troyes 1349

4375. *Quamvis igitur, reverende pater, contra somniatores...*
   See: Quoniam, sicut tempore retroacto, ita et nunc nonnulli insurgunt...Quamvis igitur...

4376. *Quamvis inefficax petant studium res...*
   Fabius Fulgentius
   [Fables]
   Ms: Firenze, Laur. Gadd. Plut. XC sup. 22 f.1 seq. (imperf.)

4377. *Quamvis nonnulli librorum multitudine...*
   Summa quibus animarum salus consistit
   Ms: Trier, Stadtbibl. 796

4378. *Quamvis omne peccatum sit...*
   De peccatum generibus
   Ms: Oxford, Univ. Coll. 29 p.3 seq.

4379. *Quamvis omnibus fidelibus dicatur illud verbum, quod scribitur I Ioh. 4,1: Nolite omni spiritui...*
   See: Quoniam sicut tempore retroacto, ita et nunc nonnulli insurgunt...Quamuis igitur, reuerende pater,...

4380. *Quamvis originalia, in baptismatis munere, gratia Mediatoris...(prol.)*
   See: Paradisi gaudiis postquam expulsum (Book 1) ... Reverendissimo in Christo fratri ac filio Halitgario...(dedication)

4381. *Quamvis peccatum luxurie ultimum sit in ordine...*
   De confessione
   Ms: Grenoble 455 f.118-130
   Prol: Quoniam obstetricante manu eductus est coluber tortuosus...

4382. *Quamvis tota vita nostra...*
   See: Dixit Iesus discipulis suis: Cum ieiunatis...

4383. *Quando ad confessionem veneris his verbis utere, si placet addens vel minuens...*
   Bernardus (?), Doctrina super modo confitendi or De modo confitendi
   Ms: Paris, BN lat. 14923 f.351 seq.

4384. *Quando aliquis desiderat ab aliis honerari inquirat...*
   Tractatus de confessione
   Ms: Cambridge, Univ. Mm.6.15 f.7

4385. *Quando aliquis voluerit confessionem facere peccatorum suorum...*
   De confessione
   Ms: Cambridge, Corpus Christi 201 (O.114) p.170

4386. *Quando aliquis vult se confiteri generaliter de omnibus peccatis suis, potest per hunc modum procedere...*
   De peccatis et confessione
   Ms: Firenze, Naz. Pal. 101 f.56-74

4387. *Quando castitatis bonum, fratres karissimi, secundum quod decet...*
   Ps.-Augustinus, De continentia (Sermo 289 De diversis)
   Ms: Leipzig, Univ.272 f.298-299

Printed: PL 39, 2291-2294
See: Quandocumque castitatem...

4388. Quando cogitationes sunt peccata et quando non...
Henricus Totting de Oyta, *Quattuor notabilia* (Quaest. II de cogitationibus turpium)
See: Dico pro notabili isto...

4389. Quando enim quis pro pecunia celebrat vel...
Excerptum de simonia
Ms: Cambridge, Univ. Mm.6.17 f.92

4390. Quando expulsi fuissent Adam...(variant)
See: Cum expulsi fuissent...

4391. Quando facit mihi iustitiam pro munere iudex...
Hildebertus Cenomanensis [Poem]
Walther IC 15216. Printed: PL 171, 1279

4392. Quando homo habet filium...
Secunda pars exemplorum in moralibus naturalibus et artificialibus [secundum alphabetum]
Ms: London, BM Addit. 33956 f.92
Cf: Quoniam plus exempla movent...

4393. Quando in corpore hominis apostema...
See: Dixi igitur in corde meo... Quando in...

4394. Quando mihi ingenii singularitatem, beatissime pater Nicolae...(prol.)
See: Cum die qua a fidelium ecclesia festum...

4395. Quando paras calicem, tunc vinum purius illi...
See: Summulo de summa Raymundi...Quando paras calicem...

4396. Quando quis volavit [voluerit?]...
Ordo confessionis sacerdotum et omnium clericorum secundum Hieronimi tractatum, qualiter confiteri debeat Christianus peccata sua
Ms: London, BM Cat. Tib. C.VI ff.23-27

4397. Quando volueris confessionem facere peccatorum tuorum viriliter age...
Confessio cuiuslibet sapientis
Ms: Vaticana, Palat. lat. 485 f.2

4398. Quandocumque castitatem, fratres carissimi, secundum quod decet...
Ps.-Augustinus, Sermo 289 de diversis, *De castitate*
PL 39, 2291-2294
See: Quando castitatis bonum, fratres karissimi,...

4399. Quanta ea sit virtus quam pudiciciam sive castitatem vocant, generosissime vir, nulli profecto...
Iohannes de Lana (Laniola), Bononiensis, *Ad Guidantonium Lambertinum de pudicitiae sive castitatis laudibus*
Ms: London, BM Harl. 3568 f.116-117 (a page is missing between 116 and 117)

4400. Quanta mala incurrunt qui exteriores suos quinque sensus non habent in custodia...
Iohannes Roznawiensis, *De custodia quinque sensuum*
Ms: Budapest, Eg. Kön. 73 f.188-206

4401. Quanta sit pernicies vitiorum sub specie virtutum latentium...
See: Est via qua videtur homini recta, nouissima...Quanta sit pernicies...

4402. Quanta sit virtus confessionis, quam efficax, quam salubris...
Guido Sudwicensis (Gui of Southwick), *Tractatus de virtute confessionis et de*

quibusdam articulis eiusdem
Ms: Oxford, Bodl. Lib., Bod. 719; Oxford, St. John's 163 f.36-44
Printed: A. Wilmart in RTAM 7 (1935) 337-352
Pref. Letter: Amantissimo patri et domino Willelmo, Dei gratia venerabili Herfordensi episcopo, frater Guido...Nouerit verus cordium inspector...

4403. **Quanta sit virtus orationis ac ieiunii, quis effectus eleemosynae, Saluator ipse patefecit...**(Prol.) **Forma orationis alia dominica, alia domestica...** (Lib. 9)
Guntherus Cisterciensis, *De oratione, ieiunio et eleemosyna*
Ms: München, Clm 8855 f.1-52vb
Printed: PL 212, 102-222
See: Forma orationis alia dominica, alia domestica... (Excursus on Pater Noster Nr 8327)

4404. **Quanta veneratione simul et audiendi attentione...**
See: Penitemini et credite Evangelio. Quanta veneratione...

4405. **Quantam in celestibus beatitudinem virginitas sancta possideat...**
Ps. Hieronymus, *Ad virgines de continentia virginali*
Ms: Oxford, Balliol 229, f.28-31
Printed: PL 18, 77-90; 30, 163-175; 103, 671-684

4406. **Quanti sit oneris qualisque laboris officium sacerdotis...**
Stimulus confessorum
Ms: Praha, Metr. Kap. D.19 (Schulte II 533)

4407. **Quanto amore quantaque dilectione...**(Prol.)
(Lib. 1) Doctrinam igitur audire debes...
Albertanus Causidicus Brixiensis, *Liber de amore et dilectione Dei et proximi et aliarum rerum et de forma vitae*
Mss: Avignon 294; Barcelona, Univ. 514 f.50-103; Berlin, Theol. lat. fol. 116 (Rose 930); Lat. qu. 706 (Görres 146) f.48-114; Besancon 216 f. 20-53; Bologna, Univ. 100 (Frati 134) f.23-60 Cambridge, Corpus Christi 306 f.28-34; Cambridge, Sydney Sussex Coll. 48 f.39 seq.; Carcassonne 30; Chartres 57; København, Thott 110 qu. f.63-161; Krakow, Uniw. 2315 f.211-350; Madrid, Nac. 600 f.42 seq.; 1559 f.46 seq.; 1560 f.40 seq.; Metz 364; Oxford, Magdalen 7; Paris, BN lat. 3345 f.19-49; 3346 f.17-42; 3347 f.42-108; 3753; 15557 f.77 seq.; 17833 f.32 seq.; Praha, Univ. III.G.3 (528) f.1-51; V.F.15 (937) f.67-114; V.F.18 (940) f. 46-119; VI.A.11 (1022) f.25-64; VIII.F.11 (1565) f.34-63; Trento, Com. 1713 f.1-30; Utrecht, Univ. 133 f.44-109; 134; Vaticana, Regin. lat. 402 f.22 seq.; Vat. lat. 991; 992; 993; Venezia, Marc. Lat. Z. 141 (Valentinelli IV, 37); VI.252 (Val. IV,36); Wien, Nat. 312; 2423.
Pref: Initium mei tractatus sit in nomine Domini...

4408. **Quanto maior es humilitate...**
De triplici humilitate
Ms: Utrecht, Univ. 332 f.227-230

4409. **Quantum ad primam partem opusculi...**(variant)
See: Quoniam secundum quod dicit propheta Malachias...

4410. **Quantum ad primam partem opusculi primo videbuntur...** (main variant)
See: Quoniam secundum quod dicit propheta Malachias...Sciendum ergo quod omnia sacramenta...

4411. **Quantum ad primum ut, scilicet habeas auctoritatem...**(chap. 1)
Prol: Defecerunt scrutantes scrutinio...Scrutantes aliorum peccata...

4412. **Quantum ad sacramentum in generali primo videndum est...**(variant)
See: Quoniam secundum quod dicit propheta Malachias...

4413. *Quantum ergo ad primum ante omnia huic operi est premittendum quod beatus Augustinus...*
Hermannus de Schildesche, *Tractatus de vitiis capitalibus duplex* (1st part)
See: Beatus Iob dicit Deo: Responde mihi...Que verba bene...

4414. *Quantum igitur ad primum, ut habeas auctoritatem audiendi...*
See: Defecerunt scrutantes scrutinio...Scrutantes aliorum peccata...

4415. *Quantum mea interest...*
[A tractate on virginity]
Ms: Praha, Univ. III.D.8 (460) f.268-270

4416. *Quantum nunc presentis interest aliquid de virginitate...*
Henricus de Bitterfeld, O.P., *De virginitate*
V.J. Koudelka in AFP 23 (1953) 57

4417. *Quantum, quale, locus, persona, scientia...*
[Short poem on confession]
Ms: Paris, Mazarine 3875 (593)

4418. *Quantum rationis iudicium: caeterae naturae dona praecellat. Novimus inter praeclara ornamenta...*
Laurentius Iustinianus, *De contemptu mundi*
Ms: Venezia, Marc. Lat. 3003 (II, 111) (Valentinelli VII, 42) f.1-56
Printed: *Opera divi Laurentii Iustiniani Venetiarum protopatriarchae* 2 vols. (Brixiae 1506)
See: Sacris litteris eruditi, propter Adae lapsum...

4419. *Quantum sit appetenda gratia penitentie omnis auctoritas...*(Cap. 1)
(Cap. 2) Si fides fundamentum est penitentie...
Ps. Augustinus; Gilbertus Minorita (?), *Tractatus (Liber) De vera et falsa penitentia*
Mss: Cambridge, Corpus Christi (attrib. to Augustinus) 34 p.143; (attrib. to Augustinus) 154 p.176; (attrib. to Augustinus) 344 f.76; Cambridge Peterhouse (attrib. to Augustinus) 254 f.16; Cambridge, Cambridge (attrib. to Augustinus) B.2.16 f.43; (attrib. to Augustinus) B.5.18 f.82; Cambridge, Trinity Coll. 164 f.82-87; Cambridge, Univ. (attrib. to Augustinus) Dd.11.83 ff.1-14; (attrib. to Augustinus) Ff.4.37 ff.66-72; (attrib. to Augustinus) Hh.6.11 f.13-28; (attrib. to Augustinus) Ii.1.29 f. 174-182; (attrib. to Augustinus) Mm.5.28 f.3-8; Durham, Cath. B.II. 29; Frankfurt am Main, Stadtb. Praed. 16 f.63-73; Klosterneuburg 305 f.245-254; Leipzig, Univ. 232 f.259-269; 272 f.4-12; Osek 31 f.8 seq.; Oxford, Bodl. Bodl. 400 f.244 (SC 2231); Oxford, Univ. Coll. CIX; Praha, Univ. V.D.2 (870) f.140-146; V.G.10 (962) f.118-125; V.F.7 (929) f.232-245; VII.E.6 (1295) f.43-53; VIII.E.25 (1550) f.58-71; Vaticana, Vat. lat. 473 f.158 seq.; Vyssi Brod 84 f.75-84 (C. Fantini, *Richerche di storia religiosa* I [1954-57] 200-209) (attrib. to Augustinus)
Printed: PL 40, 1113-1130

4420. *Quare autem electi ut plurimum hic adversis deprimantur hoc in promptu...*
Excerpta et quedam utilis collectio ex diversis materiis et doctoribus de tribulationibus et adversitatibus huius mundi et quomodo patienter et humiliter, imo etiam gaudenter sunt sufferende
Ms: München, Clm 18885 f.126-179; (Auer 339 seq.)

4421. *Quare de vulua matris egressus sum tu viderem...*(Ier. 20,18). *Si talia loquitur de se ille quem sanctificavit Deus in utero...Hec Innocentius papa. Bernardus enim dicit...*
See: Vanitas vanitatum, dixit Ecclesiastes... Quoniam, ut ait egregius doctor Gregorius...

4422. Quare de vulua matris egressus sum ut viderem laborem et dolorem et consummerentur in confusione dies mei ? (Ier. 20,18). *Si talia locutus est de se ille quem Deus sanctificavit in utero...*
    See: Domino patri carissimo Petro, Dei gratia Portuensi, et sancte Rufine ecclesie episcopo. Lotharius...

4423. Quare misero data est lux? (Iob 3,20). *Homo subiacet...*
    See: Eleganter dictum est: Quare misero...

4424. Quare penitentia tabule comparetur...(intro. table)
    See: Cum miserationes Domini sint super omnia...

4425. Quare sacra theologia est studenda. Ex multis causis sacra theologia ferventer...
    Vincentius Friburgensis,
    [Moral theology]
    Ms: Klagenfurt, Bischöffliche Bibl. XXXI.b.15 f.138-242

4426. Quare septem sunt criminalia et qualiter oriantur...
    Quaedam bona de viciis septem capitalibus
    Ms: Erfurt, Ampl. O.32 f.34-44

4427. Quare superbit homo...
    [Poem of 4 verseson vanity]
    Ms: München, Clm 28395 f.23 (Walther IC 19639)

4428. Quare tristis es...(Ps. 41, 12). *Quare sic indissolubili dolore...*
    Tractatus contra desperationem [Comm. on Ps. 41, 12]
    Ms: London, BM Roy. 6 E.III f.206; 7 B.VII f.300

4429. Quare via impiorum prosperatur, bene est omnibus qui prevaricantur et inique agunt (Ier. 12,1). *Sicut dictum fuit in premisso tractatu* [De tribulatione iustorum, Inc. **Multi hominum videntes...**], **multi permaxime mirari solent in consideratione iudiciorum Dei...**
    Christophorus de Mediolano, O.P., *De prosperitate malorum*
    Kaeppeli 722

4430. Quartum salutare sacramentum est penitentia, necessaria quidem in huius vite...
    [Work on penance of school of Gilbertus Porretanus]
    Ms: London, BM Roy. 9 E.XII f.75-80

4431. Quasi a facie colubri fuge peccatum (Eccli. 21,2). *De peccato tractaturi primo videamus quid sit peccatum. Hec est enim via quam tenuerunt...*
    Aldobrandinus de Tuscanella, O.P., *Tractatus de peccatis* (Rec. II)
    See: Kaeppeli 138. See: Si linguis hominum...Consuetudo enim est mercatorum...

4432. Quasi a facie colubris fuge peccata (Eccli. 21,2). *Hic tria facit. Primo hortatur...*
    [Treatise on seven cardinal sins]
    Ms: Oxford, Bodl. Greaves 53 f.138 (SC 3825)

4433. Quasi a facie serpentis fuge peccata (Eccli. 21,2). *Verba ...*(main?)
    [Sermon on the seven cardinal sins]
    Ms: London, BM Add. 24660 f. 39-41
    See: Gregorius in Cura pastorali sic dicit...

4434. Quasi stella matutina...(Eccli. 50,6)
    De simonia
    Ms: München, Clm 7730

4435. Quasi stella matutina in medio nebule (Eccli. 50,6) *id est peccatoris. Proprietates huius stelle matutine possunt referri ad quemlibet doctorem fidei...*
    Hermannus Tepelstensis (?) Albertus de Diessen Laurentius Iohannis de Dacia (?), Guido (?), *Stella clericorum*

Mss: Basel, Univ. B IV 28 f.45; Brno, Univ. Mk46 f.115-121; Mk70 f.1-35 (with commentary); Charleville 130; Darmstadt 669; 762; 1102; 2769; Erlangen, Univ.546 f.17-32; Frankfurt am Main, Stadtb. Praed. 28 f.144-149; Gdansk 1960 (with commentary); 1973; 1979; 2016; Mar.F.221; Herzogenburg 39 f.36-49; Klagenfurt, Studienbibl. Pap. 49 f.262-269; Pap. 114 f.126-138 (?); Klosterneuburg 382 f.109-117; Krakow, Univ. 1570; 2397; Kremsmünster 1 f.390-393; 26; København, Gk kgl. S.1363 qu. f.50-51; Gk. kgl.S.1371 qu. f.34-48; Ny. kgl.S.123.Qu.; Leipzig, Univ. 273 f.196-205 (incomplete); 423 f.318-336; Metz 484; München, Clm 2955; 17787 f.2-11; Olomouc, CO 180; 311; Oxford, Bodl. Hamilton 12 f.159 seq.; Laud Misc. 206; New Coll. 304 f.94 seq.; Praha, Univ. I.B.17 (73) f.272-276 I.G.2 (275) f.60-67; I.G.12 (288) f.236-281; VI.A.15 (1027) f.59-65; VI.A.19 (1031) f.149-153; VIII.A.3 (1406) f.92-103; X. B.15 (1846) f.125-131; XI.D.1 (2035) f.108-112; XII.F.15 (2203) f.75-95; XIV.D.6 (2514) f.166-178; XIV.E.2 (2536) f.76-81 and 83-86; Schlägl 155; Sankt Florian 318; Sankt Gallen 36; Stockholm, Kgl. Bibl. A.200 (from Erfurt) f.80-91; Trier, Stadtbibl. 202; 731; 760a; 670; 1974; Troyes 1918; Utrecht, Univ. 204 f.101-111; 368 f.288-297; 373 f.1-5; Vaticana, Palat. lat. 449; Vat. lat. 10051 f.59 seq.; Wien, Schott 228 f.381-386; Wernigerode, Fürstl. Bibl. Za 69 f.35 seq.; Würzburg, Univ. M.ch. f.121 f.106-113; M.ch.f.188 f.467-471; M.ch.f.193 f. 228-243; M.ch.q.12 f.37-46; M.ch.q.81 f.280-289 (?) (Lehman II 12; G. Meyer-M. Burckhardt, *Die mittel. HSS der Univ. Basel*, 1 [Basel 1960] 409-411)

For commentaries, see: Architector philosophie in libro de celo et mundo...Iste liber qui intitulatur Stella clericorum...Quasi stella matutine...Iste liber cuius subiectum est...

4436. *Quasi stella matutina...Iste liber cuius subiectum est informatio clericorum in vita et honestate, ut patebit in processu...*
[Commentary to *Stella clericorum*]
Ms: Gdansk, Mar.F.259
Prol: Theologia veritas est diadema sapientis...
Cf: Quasi stella matutina...Proprietates...

4437. *Quatuor esse tempora...*
De ieiunio quatuor temporum
Ms: London, BM Cot. A.I f.177-178

4438. *Quatuor et tres virtutes...*
[Poem on virtues]
Walther IC 15299

4439. *Quatuor ex invidia proveniunt...*
Auctoritates Senecae
Ms: Maria Saal 25 f.136-138

4440. *Quatuor eximias virtutum proprietates/ Complures docti...*
Hildebertus Cenomanensis, *De quatuor virtutibus* (A versification of Martin of Braga's *Formula vitae honestae* ['Quatuor virtutum species multorum...']
Mss: Capestrano, Bibl. OFM XXXIII after f.380; Paris, BN lat. 17383 f.1-3; (*Miscellanea Francescana* 5 [1890] 16; Walther IC 15311)
Printed: PL 171, 1055-1064

4441. *Quatuor namque esse in animabus iustis virtutes manifestum est...*
De quattuor virtutibus cardinalibus
Ms: München, Clm 13581

4442. *Quatuor sunt genera temptationum...*
[Theological work]
Ms: Paris, Arsenal 394 f.225-232

LIST OF INCIPITS 375

4443. Quatuor sunt in genere de quibus guadent et gaudebunt sancti...
   Tractatus theologici de gaudii sanctorum, de peccatis, etc
   Ms: Wien, Schott. 153 f.381 seq.; 322 f.151 seq.

4444. Quatuor sunt in quibus precipue servanda est disciplina...
   Superbia vestimentorum
   Ms: Vaticana, Vat. lat. 804 f.273-274

4445. Quatuor sunt quae conferunt veram humilitatem...
   [On humility]
   Ms: Troyes 1562

4446. Quatuor sunt quae confessionem impediunt, pudor dicendi, timor penitentiae, spes desiderii, desperatio abstinendi...
   Sermo
   Ms: Paris, BN lat. 3570 f.150

4447. Quatuor sunt quae impediunt confessionem: pudor, timor, spes, desperatio. Quosdam enim impedit pudor qui in seculo...
   S. Bernardus, Sermo (104) on confession
   Mss: Bruxelles, BR 21860 (cat. 1335) f.9; Paris, BN lat. 6674 f.69; 13577 f.59; 13586 p.249; 14517 f.220; 14925 f. 213; 18219 f.65; Praha, Metr. Kap. C 71 (502) f.6
   Printed: PL 183, 730-731 (This incipit also found in Avignon 592 f.96 seq. where, probably echoing this well-known sermon, it introduces what seem to be non-homiletic sermons on confession)

4448. Quatuor sunt quae impediunt confessionem, timor ne perdat, pudor ne vilescat, spes honoris vel alicuius terreni commodi...
   Ms: Paris, BN lat. 13442 f.92

4449. Quatuor sunt que prudentia nos edocet [or *prudentiam inducunt*], *praeterita recolere, praesentia disponere...*
   Franciscus Asculensis, Petrobonus de Mantua, De doctrina virtutum et fuga vitiorum (frequently appears without prologue)
   Mss: Bologna, Archiginnasio A 1464 f.79 seq.; Erlangen, Univ. 542 f.252-61; Klagenfurt. Studienbibl. Pap. 90 f.144-164; San Daniele del Friuli, Com. 137; 182; Venezia, Marc. Lat. VI.22 (Valentinelli XIII, 18) f.32-43; Wien, Nat. 3160 f.264-268; Würzburg, Univ. M. ch.f.209 f.268-269;
   Prol: Cum patria propulsus, bonis exutus pro beneficio supplicio afflictus in exiliis...

4450. Quatuor sunt que statum perfeccionis...
   Tractatus de puritate cordis
   Ms: Praha, Univ. IV.A.6 (582) f.1-2

4451. Quatuor sunt quibus nonnulli velut ille dives...
   Ricardus de Sancto Victore (?), De habitu, gula, immisericordia et locutione
   Ms: Cambridge, Univ. Ff.1.16 f.69

4452. Quatuor sunt spirituales gradus animae, lectio, meditatio, oratio, et contemplatio...
   Petrus de Alliaco, De quatuor gradibus scalae spiritualis
   Printed: Opuscula spiritualia (Douai 1634) p.140 seq.

4453. Quatuor sunt tentationes generales in ecclesia et speciales in unaquaque fideli anima...
   [On temptation]
   Ms: Paris, BN lat. 6674 f.74 seq.

4454. Quatuor sunt virtutes cardinales, scilicet prudentia... Prudentia est rerum bonarum ac malarum...

De quatuor virtutibus cardinalibus
Ms: München, Clm 23833 f.62-67

4455. **Quatuor sunt virtutum species, scilicet prudentia, ex hac memoria, intelligentia, prouidentia, dignitas; iustitia, ex hac religio...**
Ps.-Thomas de Aquino, *De vitiis et virtutibus numero quaternario procedens* or *Quaternarius* or *Sylloge multarum rerum*
Mss: Praha, Univ. I.D.12 f.208 seq.; Valenciennes 232; Vaticana, Vat. lat. 752; Wien, Nat. 4748 f.110-135 (Glorieux 14 ee)
Printed: Thomas de Aquino, *Opuscul.* 71; *Opera omnia* [Romae 1570] t.17-II f.135 seq.; *Opera omnia* (Parma 1865) t.17 p.397 seq.; *Opera omnia* (Parisiis 1875) t.28 p.551 seq.;

4456. **Quatuor virtutes morales...**
Ms: Stockholm, Kgl. Bibl. MS.Vu.1

4457. **Quatuor virtutum species multorum sapientium definitae sunt quibus animus humanus componi ad honestatem vitae possit...**(Prol.)
(Cap. 1) Quisquis prudentiam sequi desideras, tunc per rationem recte vives...
Martinus Dumiensis, Episcopus Bracarensis (Ps.-Seneca), *Formula honestae vitae* [or *Libellus honeste vite de quatuor virtutibus cardinalibus* or *Tractatus de quatuor virtutibus* or *De quatuor virtutibus cardinalibus* (epitome of lost Senecan work)]
Mss: Avranches 58 no.4; Barcelona, Univ. 591; Basel, Univ. B V 17; B IX 6; Bergamo, Com. S. VI.39 f.66-68; Bern 461; Boulogne-sur-mer 119 no. 2; Brugge, Stadsbibl. 560 f.77-81; Bruxelles, BR 1557-1604 (cat. 2183) f.166-168; Cambrai 204 (199); Cambridge, Corpus Christi 63 f.258; 177 f.74 (attrib. to Seneca); 430 f.1; 441 p. 352 seq.; Cambridge, Caius 334 f.8-10; 437 f.87; Cambridge, Jesus Q. B.15 (32) f.25-27; Q.G.4 f.41; Cambridge, St. John's E.12 f.150; Cambridge, Pembroke 238 f.130 (attrib. to Seneca); Cambridge, Peterhouse 194 f.3 (attrib. to Seneca); Cambridge, Univ. Dd.15.21 f.66; Hh.4.13 f.117-120; Ii.1.5 f. 4-7; Chartres 411, 114; Chalons-sur-Marne 46 (50); Douai 371; Dublin, Trinity 517 (308b) f.129 seq.; Durham, Cath. A.IV.17; B.IV.16; Edinburgh, Univ. 105; Erfurt, Ampl. Qu.15 f.167-170; Qu.28 f.40-41; Qu.64 f.109-111; Erlangen, Univ. 188 f.108-116; Escorial L.I.27 f.58 seq.; M.III.3; Firenze, Laur. Plut. XIV.18; Gotha Membr. II 136 f.91 seq.; Heiligenkreuz 212 f.69-75; 293 f.80-81; København, Gl kgl.S.1906 qu. f.117-121; Gl.Kgl.S.3396 oct. f.135-141; Gl.Kgl.S.3397 oct. f.24-30; Krakow, Uniw. 1934 f.225-294 (?) (with commentary: 'scribitur politicorum...'); 2319; Laon 75 no.3; 303; 459; no.12; Leipzig, Univ. 486 f.251-253; Lilienfeld 82 f.111-114; Lisboa, Alcobac. XCIX/ 248 f.86; Lucca, Gov. 1432; 1455 f.44; London, BM Addit. 15108 f.193; 15121; 15836 f.3; 22041 f.324; 26770 f.97; 37670 f.106; Arundel 249 f.1-6; Cot. Vesp. E.XII f.106; Harl. 106 f.137 (excerpts) 2355 f.40-42; 5 A.VI f.78; 5 E. IV f.84; 8 A.XXI f.168; 8 C.IV f.13; 8 E.XVII f.4; F. XIV f.140 [or f.134]; 10 A XII f.142; Sloane 3469 f.23-24; Manchester, John Rylands 124 ff.48 seq.; Maria Saal 31 f.95-105 (with commentary); Metz 449; Mons, Ville 13/160 (41) f.122; Montecassino 207; Montpellier 503 no.2; München, Clm 28433 f.61; 28547 f.121-126; 28627 f.1-15; Napoli, Naz.IV.G.54 f.19-22; Olomouc, CO 199; 521; 536; Osek 31 f.26 seq. (incomplete); Oxford, Bodl. Add. A.44 f.101; Auct.F.5. 17 f.98; D'Orville 143 f.30 (SC 17020); Oxford, Balliol 129 f.13 seq.; 130 f.7 seq.; Oxford, Lincoln Coll. 27 f.54 seq.; Oxford, Magdalen 109 ff.13 seq.; Oxford, Merton 267 f.139 seq.; Oxford, St. John's 75 f.89 seq.; Padova, Ant. 9; Paris, BN lat. 610 f.89; 1710 f.48; 1860 f.72; 1936 f.346-348; 2024 f.43; 2327 f.65; 2337 f.36; 2695 f.79-85; 2946 f.90-94; 3414; 6766 A; 7817; 8027; 8545; 8546; 8751 C f.28; 10770; 12387; 12402; 13468; 14947; 15082 f.210; 15131; 18096; 18108 f.80; nouv. acq. lat. 1544 f.14-19; 181; Praha, Univ. I.D.12 (152) f.208;

I.F.13 (245) f.1-3; I.G.36 (312) f.86-88; III.H.15 (568) f.193-219 (with commentary); V.A.8 (799) f.49-51; V.A.19 (810) f.38-41; VIII.G.10 (1592) f.7-10; VIII.E.16 (1541) f.119-123; X.E.1 (1902) f.257-313 (with Czech. commentary); XI.D.7 (2041) f.27-41; XIII.B.3 (2262) f.175-177; XIII.F.9 (2347) f.55-59; XIII.G.18 (2385) f.105-107; Rein 205 f.112-115; Roma, Angelica 234 (C.3.15) f.190-195; 516 f.96-98; 943 (R.4.33) f.1-11, 1 (II scheme); 1356 (T.4.21) f.49-53; Rouen A. 454 (671) f.169 seq.; Saint-Die 33 no.4; Schlägl 164 f.287-294; Solothurn, SI 5724; Sydney, N.S.W, Univ. Lib., Nicholson 23 f.196-199; Toulouse 873 no 17; 876 f.185; Tours 307; Trebon, Arch. A 3 f.66-69; Trier, Stadtbibl. 523; 669; 735; 766-7; 1928; Troyes 215; 854; 964 no. 8; Utrecht, Univ. 318 f.61-63 (?); 368 f.279-286; Vaticana, Palat. lat. 253; Regin. lat. 84 f.45-49; Vat. lat. 453 f.252 seq.; 634 f.2 seq.; 675 f.101 seq.; 793; 993 f.49 seq. (imperf.); 6024; 10057; 11418 f.92-94; 11441 f. 513 seq.; Växjö, MS 4o 400 (from Erfurt) f.17-21; Venezia, Marc. Lat. VI.174 (Valentinelli IV, 35) f.108-110; Vyssi Brod 22 f.20 seq.; Wien, Nat. 428; 575; 2205 f.174-176; 3121 f.30-31; 3164 f.88-90; 3200 f.1-18; 3245 f.135-139; 3419 f.126-128; 3531 f.114-116; 3634 f.127-133; 3645 f.1-22; 4067 f.136-140; 4287 f.119-123; 4321 f.55-59; 4789 f. 3-20; 4937 f.76-79; Wien, Schott. 68 f.148-154; 327 f.51 seq.; Wilhering 108 f.68-70; Würzburg, Univ. M.ch.q.175 f.39-66 (with commentary); Zwettl 239 f.53-57; 269 f.210-212 (Lehmann II,9; Hauréau IV 267; VI 22; VI 42; VI 271; Diaz 27; Clavis 1080; Barlow 204 seq.)

Printed: PL 72, 21-28; C.W. Barlow, *Martini episcopi Bracarensis Opera omnia* (New Haven 1950) 236-250

Prol. Gloriosissimo ac tranquillissimo et insigni catholicae fidei praedito pietate Mironi regi Martinus humilis episcopus. Non ignoro, clementissime rex, flagrantissimam animi tui sitim... (variant incipit) Pessimus est ille...

See: Quisquis prudentiam sequi desideras...See: Seneca in libro de verborum copia

Commentary: Sciens ex irrefragabili veritate... - Scribitur politicorum VII... Iste liber Senece...

Cf. Quatuor eximias virtutum proprietates... (versified version)

4458. Que auctoritas sic insinuat mundanorum vanitatem...
See: Vanitas vanitatum... Quae auctoritas...

4459. Que autem sunt minuta peccata...
De peccatis minutis
Ms: Vaticana, Vat. lat. 689 f.96

4460. Que est ista mulier nisi beata virgo...
[Excerpts on the virtues, etc.]
Ms: Chambery 19 f.57 seq.

4461. Que et quot tractanda sunt in hoc opere...
Aegidius Romanus, O.E.S. A., *Tractatus de laudibus* [or *laus*] *divinae sapientiae*
Ms: Paris, BN lat. 14568; Praha, Univ. VIII.F.13 (1567) f.62-79 (Zumkeller MWA 62)

4462. Que in evangelio leguntur de spiritu blasphemiae...
Ricardus de Sancto Victore, *Liber* [or *Tractatus*] *spiritu blasphemiae*
Mss: Paris, Arsenal 498; 507; Paris, BN lat. 2128 f.87 seq.; 12325 f.55 seq.; 15310 ff.140 seq.; 16382 f.12 seq.; Praha, Univ. X.C.4 (1857) f.216-218
Printed: PL 196, 1185-1192

4463. Que monachi querunt, patrio mea iure fuerunt...
Invectio in monachos
Walther IC 15005

4464. **Que omnes homines naturaliter scire desiderant...**
   Liber de scire mori
   Ms: Utrecht, Univ. 387 f.132-136

4465. **Que penitentia sit pro peccatis singulis iniungenda...**
   Questiones bone et utiles ex summa confessorum lib. III tit. XXXIII
   Mss: Gdansk, Mar.F.294; Klosterneuburg, 1229 f.91-93; Krakow, Uniw. 2126 f.256-262; Paris, Beaux Arts Jean Masson 41 f.45-51; Trier, Stadtbibl. 959; Wilhering 104 f.126-181 (Michaud-Quantin 91 and Index)

4466. **Que potaui de fontibus saluatoris...**
   See: Quae potavi de fontibus Salvatoris...

4467. **Que seminaverit homo hec...(prol?)**
   See: Apparitiones. Quod Deus diversis modis diversis personis apparuit sub signis...

4468. **Que sit amicitiae lex...**
   Hildebertus Cenomanensis (?), De amicitia
   Walther IC 15035

4469. **Que sunt credenda. Et primum sciendus est...** Quinque Verba, **In nomine domini nostri Ihesu Christi volentes simplicium sacerdotum ingoranciis subvenire pauca collegimus...(prol.)**
   Mss: Dublin, Trinity, 351 f.96-111; London, BM, Royal 8.B.IV f.38-41; 10 C.L, f.3-4; Burney, 356 f.36-9; Harl. 52 f.83-84; 206, f.128-133; 3120, f.118-122; Oxford, Bodl. 15237, f.5-9; Laud. Misc. 527, f.281-288; Oxford, Corpus Christi, 155; f.133-9; Oxford, Trinity, 7, f.177-181.
   See: Volentes simplicium sacerdotum...

4470. **Que sunt necessaria in vera et perfecta penitentia sequitur videre...**
   Tractatus de penitentia
   Ms: Laon 195

4471. **Quecumque scripta sunt, ait magnus ille discipulus theolgie Paulus, ad nostram doctrinam scripta sunt...(Rom. 15,4). Convenerunt aliquando per hoc verbo 'Volucer'...**
   Iohannes Gerson, Tractatus de consolatione theologiae
   Mss: Avignon 1100 f.95 seq.; London, BM Addit. 26069 f.2; Paris, BN lat. 10639; Vaticana, Vat. lat. 10468 f.2 seq.
   Printed: Johannis Gersonii Opera omnia, I (Antwerpiae 1706) 129-184

4472. **Quedam dicuntur spiritualia, quedam carnalia hec secundum Gregorium...**
   De duobus generibus peccatorum
   Ms: Cambridge, Emmanuel 1.4.4 f.37

4473. **Quedam mulier venit...**
   [Collection of exempla]
   Ms: Lincoln, Cath. 234

4474. **Quedam notissima nomina...**
   Allegoriae Sanctae Scripturae
   Ms: Heiligenkreuz 78 f.144-152

4475. **Quem vero nec res nec femina frangere possunt...**
   Hildebertus Cenomanensis (?), De ambitu honoris
   Ms: Walther IC 15384
   Printed: PL 171, 1429

4476. **Quemadmodum nihil desiderabilius est quam Deo placere, atque ab eo amari...**
   Dionysius Carthusianus, De gravitate et enormitate peccati
   Printed: Colon. 1530; 1533; 1540; Paris 1649; Lugd. 1561; 1564; 1579; 1585;

1587; Antwerp. 1557; Lovanii 1576; *Opera Omnia* 39 (Tornaci 1910) 363-393
Prol: Deus solus est...Quanto quis divinae...

4477. **Quemadmodum omnes artes certas regulas habent...**
De confessione audienda
Mss: Innsbruck, Univ. 364 f.158; Schlägl 218 f.52-62; Würzburg, Univ. M.ch.f.135 f.211-214

4478. **Quemcumque superbire videris...**
De septem peccatis mortalibus
Ms: Oxford, Bodl. Add.C.12 f.95 (SC 24755)

4479. **Quemcumque superbum esse videris...**(variant prol.?)
Flores Bernardi
Ms: Salisbury, Cath. 54
Cf: Cum non essem alicui exercicio...And: following entry

4480. **Quemcumque superbum videris, diaboli filium esse non dubites...**
[Work on vices and virtues]
Ms: London, BM Roy. 5 A.I f.102
Cf: preceding entry

4481. **Quenam es tu mortalium que per vasta hec montium in accessa...**
Matthaeus Vegius, *Ad Eustachium*
Ms: München, Clm 27443 f.10-22
Pref.: Cum repeterem nuper...

4482. **Quenam summa boni? Mens que sibi conscia recti** [or *est mens conscia recti*]**...**
De septem sapientibus or *Sententiae sapientum*
Walther IC 15065

4483. **Querebat moerens matrem per prata vitellus... Fabula de vitello et ciconia...**
Ms: Sankt Gallen 899

4484. **Querebatur de numero preceptorum decalogi, quomodo illa decem precepta sumuntur...**
[De decem praeceptis]
Ms: Nürnberg, Cent. I,67 f.211

4485. **Querebatur utrum confessus alicui sacerdoti non proprio teneatur iterum...**
[Question on confession]
Ms: Toulouse 738
Cf: Utrum confessus alicui sacerdoti non proprio...

4486. **Querenda sunt tria de confessione...**
De confessione, contritione etc
Ms: Edinburgh, Univ. 107

4487. **Querendum est quomodo quis peccauit...**
See: De superbia querenda...

4488. **Querendum prius, quid sit ceterarum omnium virtutum initiatrix fides...** (chap. 1)
Paschasius Radbertus, *De fide, spe et charitate*
Ms: Paris, BN lat. 13448
Printed: PL 120, 1387-1490
Prol: Nec dubium quin altissimum est de his disserere...
Invocation: Rumpe camena moras...

4489. **Querere debet sacerdos utrum penitens...**
Instructio parochi
Ms: Le Havre 2
See: Ista debent exigi de penitente. Quaerere...

4490. *Queri potest sive rebus sive verbis...Et respondet Augustinus...*
See: Augustinus dicit: Quaeri potest...

4491. *Queris a me frater an conferat uel potius quereris quod non liceat religiosis poetarum fabulas lectitare...*(Prol.) **Bonorum igitur secundum Platonis traditionem...**(Cap. 1)
Florilegium morale Oxoniense
Ms: Oxford, Bodl. Bodl. 633 f.49-99
Printed: Ph. Delhaye and Ch. Talbot, Analecta mediaevalia Namurcensia, V et VI (Louvain 1955-56)

4492. *Querite Dominum dum inveniri...*(Is. 55,6). **In hoc verbo duo innuuntur** [or **notantur**] *fidelitas...*
Gilbertus Tornacensis, O.F.M., *De penitentia* (sermon?)
Ms: Paris, BN lat. 3737 f.12 seq.; 15933 f.201 seq.

4493. *Querite Dominum dum inveniri potest. In gallico dicitur...*
Robertus de Sorbonio, *De tribus dietis* (2nd redaction).(*De tribus dietus* is second part of De conscientia: 'Librum scribat mihi...')
Ms: Paris, BN lat. 15952, ff.267 seq.; (Glorieux 159 e)
See: Justus cor suum tradit ad vigilandum...Querite Dominum dum inveniri... Isaias propheta...

4494. *Querite Dominum dum inveniri potest...*(Is. 55,6). **Isaias propheta hortatur nos...**
Robertus de Sorbonio, *De tribus dietis* (variant of: 'Querite Dominum dum inveniri...In gallico...')
Ms: Paris, BN lat. 3218 f. 194-209 (imperf.)
See: Iustus cor suum tradit ad vigilandum

4495. *Querite Dominum dum prope est.* (Is. 55,6)*9 In gallico dicitur...*(variant)
See: Iustus cor suum tradidit ad vigilandum diluculo...

4496. *Querite primum regnum dei...*
Tractatus de vera beatitudine
Ms: Praha, Univ. IV.G.15 (747) f.100-141

4497. *Queritur a mundo quod totus non daret uni/ Subditus ut faciat inde beatus homo...*
De contemptu mundi elegiacum carmen, from Iohannes de Salisbury, *Polycraticus*
Mss: Paris, BN lat. 327 f.97; 6422 f.149; Paris, Mazarine 988 (1166); Soissons 24 (26); Vaticana, Regin. lat. 114 f.108; (Walther IC 15083)

4498. *Queritur an ad hoc quod fructuosa sit...*
Henricus Totting de Oyta, *De fructibus orationis*
Ms: Lang 109-111

4499. *Queritur an male loqui de aliis...*
Iohannes Gerson, *De detractione*
Ms: Würzburg, Univ. M.ch.f.132 f.89-80

4500. *Queritur an mercatores eiusdem...*
Questiones morales
Ms: Siena, Com.7

4501. *Queritur de delectatione in creatura an sit...*
Tractatus de delectatione
Ms: Cambridge, Emmanuel 1.4.4 f.165

4502. *Queritur de invidia quid sit; Iohannes Damascenus: Invidia est tristitia...*
Iohannes de Rupella, *Quaestiones de septem vitiis capitalibus Prologomena* pp.CCXVIII seq.)

4503. *Queritur de obiectis caritatis: Utrum sint tantum quatuor entia ex caritate diligenda...*
Petrus de Pulka (Tzech, Zach, de sancto Bernardo), *Questio de caritate*
Ms: Wien, Nat. 4384 f.58

4504. *Queritur de sacramentis legalibus...*
   De casibus conscientiae
   Ms: London, BM Harl. 3596 f.84

4505. *Queritur de septem viciis capitalibus in quo casu possunt esse mortalia et venalia. Respondero secundum sanctum Augustinum...*
   Anon.,
   Ms: Frankfurt am Main, Stadtb., Praed. 138 f.221-222
   Cf: Queritur in quo casu quolibet...

4506. *Queritur enim cur Cassianus et Gregorius in catalogo octo principalium vitiorum inter se dissentiant...*
   De octo vitiis principalibus
   Ms: Paris, BN n.a. lat. 352 f.117

4507. *Queritur his qui scienter peccaverunt peccatis enormibus...*
   Guillelmus Redonensis (de Thorigne or de Tenues), Summa (based on Raimundus de Pennaforte De casibus
   Mss: Paris, BN lat. 3720, 3723; Rouen U.136 (1468) (?); Tours 447; (HLF 29, 602-666)

4508. *Queritur in quo casu quolibet de septem capitalibus viciis sit mortale...*
   [Question on the Seven Sins]
   Ms: Bruxelles, BR 2285-301 (cat. 1505) f.47-48
   Cf: Queritur de septem viciis capitalibus in quo casu...

4509. *Queritur inter homines quid sit quam ob rem ratio...*
   Anselmus (?), De septem beatitudinibus or De XIV partibus [eterne] beatitudinis [beatitudinum]
   Mss: Cambridge, Peterhouse 246 f.104; London, BM Harl. 232; 5 A.XII f.140; 5 F.IX f.45; 6.D.VIII; Oxford, Bodl. Laud. misc. 6 f.180 seq.; Oxford, Magdalen 56 f.123 seq.
   Printed: Antwerpiae 1602, ed. Henric. Sommalius after Paradisus animae (Albert. Magn.)
   Prol.: Nunc investigare iuvat...

4510. *Queritur primo circa summam Reimundi...utrum sacramenta sunt septem...*
   Quaestiones super Adami Summulam
   Ms: Praha, Univ. XI.E.4 (2051) f.40-56
   Cf: Summula de summa Raymundi...In summis festis

4511. *Queritur primo utrum confessio sit de necessitate salutis an non. Respondetur quod non, nisi septem casibus sequentibus...*
   Ps. Thomas de Aquino, Questiones super facto conscientie
   Mss: Antwerpen, Mus. Plantin 408 (R.28.6) f. 5-10; Budapest, Orsz. Szech. Kön. 391 f.208-216; Firenze, Ricc. 431 f. 224-246; Foligno, Com. C.121 f.186-197; Graz f.127-131

4512. *Queritur primo utrum virtutes insint nobis a natura...*
   Hervaeus Natalis Brito, O.P., Quaestiones disputatae de virtutibus
   Mss: See Glorieux 64. Add. Cambridge, Gonville and Caius 302 f.143-158; Koblenz, Staatsarch. 237 n.3
   Printed: Venetiis 1513
   See: Queritur utrum de ratione virtutis humane est quod sit habitus operatiuus... (Quaest. V)

4513. *Queritur quare decem precepta potius dicantur moralia...*
   Nota
   Ms: Cambridge, Corpus Christi 459

4514. ***Queritur quare peccata que commisit Adam in paradiso dicantur originalia...***
De peccato Adae
Ms: London, BM Arundel 360 f.20-22

4515. ***Queritur quid malum sit, quid peccatum...***
De malo et de peccato
Ms: Leipzig, Univ. 98 f.158-161

4516. ***Queritur quomodo virtus ad habente possit cognosci...***
Gualterus, Episcopus Pictaviensis (Gauthier de Bruges), *Questiones 22 disputatae* (Glorieux 315 b)
Printed: E. Longpre, *Quaestiones disputatae du B. Gauthier de Bruges* (Louvain 1928 - Les Philosophes belges X)

4517. ***Queritur si quis habet plura beneficia et vellet dimittere...***
Quaestiones utiles confessori
Ms: München, Clm 23803 f.105-114

4518. ***Queritur si virtus quam assuefactio...***(variant in Wien, Nat. 3613)
See: Etsi virtus quam assuefactio...

4519. ***Queritur utrum absque satisfactione et oris confessione per solam cordis contritionem...***
[Question on confession]
Ms: Paris, BN lat. 18108 f.95 seq.

4520. ***Queritur utrum ad hoc ut actio moralis...***
See: Intellectus bonus omnibus...Queritur utrum...

4521. ***Queritur utrum aliquis pluribus irretitus peccatis de uno possit penitere aliis retentis...***
[Question]
Ms: Paris, BN lat. 18108 f.95 seq.

4522. ***Queritur utrum bona opera valeant...***
Quaestiones de poenitentia
Ms: London, BM Roy. 5 F.XV f.92

4523. ***Queritur utrum concupiscentia et mortalitas...***
Iohannes Pecham, *De originali culpa quaest. disp*
Glorieux 316 ae

4524. ***Queritur utrum confessio...***
See: Queritur primo utrum confessio...

4525. ***Queritur utrum de ratione virtutis humane est quod sit habitus operatiuus...***
Hervaeus Natalis Brito, O.P., *Quaestiones de virtutibus (Quaestio V)*
Ms: Basel, Univ. B III 22 f.50-59 (Glorieux 64 o; G. Meyer-M. Burckhardt, *Die mittelalt. HSS der Univ... Basel*, I [1960] 273)
Printed: Venetiis 1513
See: Queritur primo utrum virtutes insint nobis a natura...
Cf: following entry

4526. ***Queritur utrum de ratione virtutis humane sit habitus...***
[Questions on the virtues]
Ms: Clermont-Ferrand 109 f.11-23
Cf: preceding entry

4527. ***Queritur utrum expediat ecclesie Dei constitutio divina Benedicti secundum quod confessi fratribus legitime...***
Iohannes Parisiensis O.P. (?), *Determinatio de confessionibus fratrum*
Mss: Bordeaux 131 f. 227; Leipzig, Univ. 102 f.162-167; Oxford, Lincoln. Coll. 81 f.7-10; Vaticana, Borgh. 156 f.133-135; Vat. lat. 4109 f.265-267; Wien, Nat.

4127 f.211-215; (Glorieux I 60i)
Printed: L. Hödl, *Johannes Quidort De confessionibus audiendis*, Mitt. des Grabmann-instituts 6 [München 1962]

4528. Queritur utrum fortitudo sit virtus moralis...
[Question on fortitude]
Ms: Krakow, Uniw. 741 f.198-209

4529. Queritur utrum homines de necessitate teneantur confiteri peccato...
See: Questio prima. Queritur utrum...

4530. Queritur utrum iustum sit quod mali presunt iustis...
Quaestio an iustum sit malos iustis praeesse (post Guillelmus Autissiod., *Summa aurea*)
Ms: Basel, Univ. B.IV.10 f.244

4531. Queritur utrum omne peccatum quod agimus, quod dicitur propter peccatum originale quod contrahimus...
Iohannes de Polliaco, *Quaestiones diversae* under *Quaestiones ordinariae*
Ms: Paris, BN lat. 3228 f.150-155 (Glorieux 233 d)

4532. Queritur utrum omnia precepta decalogi sint de lege nature et videtur quod non quia in his que sunt de lege nature...
Franciscus de Mayronis, O.F.M., *Super expositionem decalogi* or *Decem Dei mandatorum*
Mss: Paris, Arsenal 1097 f.70-80; Salins 9 f.1-111, *formerly* Escorial (V. E.8) VI.F.19; Tarragona, bibl. episcopi Antonii Augustini (B. Roth, *Franz von Mayronis* [Werl 1936] 84-86)
Printed: Parisiis (Iodocus Bladius) 1519; Parisiis (Michel Moules) 1519; Parisiis (Ioh. Frelon) 1619

4533. Queritur utrum participans scienter et sponte cum excommunicatis manifestis a papa...
Fr. Clarus de Florentia, O.F.M., *Viginti casus*
Ms: Padova, Univ. 1159 f.5 seq. (AFH 32 [1939] 12 seq.; Michaud-Quantin Index and 52-53)

4534. Queritur utrum peccatum Adae fuerit gravius omnibus peccatis...
De peccatis mortalibus
Ms: Wien, Nat. 2185

4535. Queritur utrum penitentia tollet totum reatum; et videtur quod sic...
[Question]
Ms: Paris, BN lat. 14899 f.6 seq.

4536. Queritur utrum qui habet mortalia plura et confitetur...
[Questions on confession]
Ms: Dublin, Trinity 312 (C.4.2) f.24-27

4537. Queritur utrum quilibet teneatur ad solutionem decimarum
See: Utrum quilibet teneatur ad...

4538. Queritur utrum tenemur proximum diligere...
[Question on loving one's neighbor]
Ms: München, Clm 14681 f.324.

4539. Queritur utrum veniale peccatum in quo homo discedit...
[Question]
Ms: Paris, Mazarine 851 (907)

4540. Queritur utrum virtutes insint nobis a natura...
See: Queritur primo utrum virtutes insint nobis a natura

4541. Quero a te quando dicis...
   See: De luxuria. Quero a te...

4542. Quero que sunt que penitentiam impediunt. Multa quidem...
   Impediments to penance
   Ms: Sydney, Public Library of NSW, Dixson Lib. 3/1 f. 106-137

4543. Quero qui sint penitentiales canones...
   Iohannes de Capistrano, *De canonis penitentialibus*
   Ms: Paris, Arsenal 380

4544. Querunt ligna ut super se...
   See: Aperiam in parabolis...Orationes animarum proicite...(prol.)

4545. Quesita sunt primo de conscientia tria principaliter...
   Alexander de Hales, *De conscientia*, under *Quaestiones disputatae*
   (Glorieux 301 c40; *Prolegomena* p.CLXXXIV n.175)

4546. Quesita sunt quatuor de peccato primi angeli...
   Alexander de Hales, *De peccato primi angeli*, under *Quaestiones disputatae*
   Mss: Bologna, Univ. 2554 f.7-9; Paris, BN lat. 15272 f.159, 16406 f.22; (Glorieux 301 C8; *Prolegomena* p.CLXXIV n.128)

4547. Quesita sunt quatuor de peccato primorum parentum. Primum est de genere peccato...
   Alexander de Hales, *De peccato primorum parentum*, under *Quaestiones disputatae*
   Ms: Paris, BN lat. 15272 f.165; 16406 f. 28; (Glorieux 301 C10; *Prolegomena* p.CLXXIV n.130)

4548. Quesita sunt quatuor de tentatione diaboli: primum est quid sit...
   Alexander de Hales, *De tentatione diaboli*, under *Quaestiones disputatae*
   Ms: Paris, BN lat. 15272 f.165; 16406 f.30; (Glorieux 301 C11; *Prolegomena* p. CLXXIV n.131)

4549. Quesita sunt sex de malo: primum est an sit...
   Alexander de Hales, *De malo et origine malo*, qq.6 under *Quaestiones disputatae*
   (Glorieux 301 c4; *Prolegomena* p. CLXXIII n.124)

4550. Quesitum est de confessione. Super Psalmum 103...
   S. Edmundus (?), *Summa Abendonensis* or *Quaestiones Parisiis disputatae*
   Ms: London, BM Roy. 9 E.XIV, ff.75-117; (Glorieux 106 b; *Prolegomena* pp.CXXXIV; G. Lacombe, *La Summa Abendonensis* in *Melanges Mandonnet* II = *Bibl. Thom.* XIV [Paris 1930] 163-181)

4551. Quesitum est de confessione utrum in veteri lege debet fieri vocalis confessio...
   [Question on confession]
   Ms: Paris, BN lat. 15571 f.109

4552. Quesitum est de precepto primo prime tabule: primo utrum divina adoratio...
   Petrus de Tarentasia (Innocentius V), *Questiones de preceptis*
   Ms: Vaticana, Palat. lat. (Glorieux 170; *Les ecrits de Pierre de Tarentaise*, in *Beatus Innocentius PP.V.* [Rome 1943] 240-245; L.J. Bataillon, *Nouveaux temoins des questions 'De lege et praeceptis' de Pierre de Tarentaise* in AFP 35 [1965] 325-330)

4553. Quesivistis, ut de articulis fidei aliqua sub compendio et sub facili stylo describeremus...
   Aegidius de Roma (Romanus), *Tractatus de distinctione articulorum fidei* or *Expositio symboli*
   Ms: Berlin, Theol. qu. 66 f.21-23 (Rose 467) (Zumkeller MWA 27)

4554. Questio determinanda utrum aurora mane rubens...
   Iohannes Gerson, *De consiliis evangelicis et statu perfectionis*

Printed: Jean Gerson, *Oeuvres completes* (ed. P. Glorieux III [Paris 1962] p.10-26 n.88)

4555. Questio est de bono secundum communem intentionem. Et queruntur quinque quorum primum est quid sit...
Albertus Magnus O.P., *Tractatus de virtutibus cardinalibus* (third part of *Summa de creaturis*) or *De bono*
(Glorieux 6 o1; Opera omnia [Monasterii 1951] XV-XVI. Printed: Alberti Magni Opera omnia, t.28 (Monasterii 1951)

4556. Questio est de caritate et primo enim queritur utrum caritas sit aliquid creatum in anima...
Thomas de Aquino, O.P., *Quaestio disputata de caritate* under *Quaestiones de virtutibus* (Glorieux 14 bi2)
Printed: Opera omnia (Romae 1571) t.8 f.260; (Parmae 1856) t.8 p.580; (Parisiis Vives 1875) t.14 p.229.

4557. Questio est de ira per zelum et primo utrum omne irasci...
Alexander de Hales, *De ira per zelum*, under *Quaestiones disputatae* (Glorieux 301 C 35; *Prologomena* p.CLXXXIII n.171)

4558. Questio est de malo, et primo queritur utrum malum sit aliquid et videtur quod sic...
Thomas de Aquino, O.P., *De malo* or *Quaestiones disputatae de malo*
Mss: Cambrai, 542 (500); Durham, Cath. B.I.19; Eton, Coll. 35; Leipzig, Univ. 470 f.73-79; 479 f.169-250; Oxford, Balliol 47 f. 88 seq.; 49, ff.195-256; Paris, Mazarine 805 (362); Praha, Univ. III. E.2 (477) f.1 seq.; Roma, Angelica 62 (A.7.1) f.1-72; Troyes 519; Valencia, Cab. 118 f.221 seq.; Worcester, Cath. F.105 etc. (Glorieux 14 bt)
Printed: *Opera omnia* (Romae 1570) t.8 f.99; (Parmae 1856) t.8 p. 219; (Parisiis Vives 1875) t.13 p.320; *Ed. leonina* t.23 (in Preparation)

4559. Questio est de peccatis capitalibus...
Iohannes Pecham,
Wadding (Romae 1906) p.147

4560. Questio est de peccato aliorum angelorum a Lucifero qui cum eo ceciderunt...
Alexander de Hales, *De peccato aliorum angelorum a Lucifero*, under *Quaestiones disputatae*
Mss: Bologna, Univ. 2554 ff.9-11; Paris, BN lat. 15272 f.161; 16406 ff.26 seq.; (Glorieux 301 C9; *Prolegomena* p. CLXXIV n.129)

4561. Questio est de peccato et sunt duo principaliter quesita...
Alexander de Hales, *De peccati natura, diffinitionibus et radicibus*, under *Quaestiones disputatae*
Mss: Assisi, Com. 138 f.49-51; Bologna, Univ. 2554 f.18-21; Paris, BN lat. 15272 f.156; 16406 f.18; (Glorieux 301 C7; *Prolegomena* p. CLXXIV n.127)

4562. Questio est de peccato originali et quaerentur primo utrum aliquid possit traduci a parente...
Hervaeus Natalis Brito, *Tractatus de peccato originali*
Mss: Cambridge, Caius 302 f.159; Paris, Mazarine 3514 (493); (Glorieux 64 k; R. Martin 48)
Printed: R. Martin, *La controverse sur le péché originel...* (Louvain 1930) 50-130

4563. Questio est de spe et primo queritur utrum spes sit virtus...
Thomas de Aquino, O.P., *De spe*, in *Quaestiones disputatae de virtutibus* (Glorieux 14 bi4)
Printed: *Opera omnia* (Romae 1570) t.8 f.276 (Parmae 1856) t.8 p.618; (Parisiis Vives 1875) t.14 p.178

4564. *Questio est de veritate et primo queritur quid est veritas...*
   Thomas de Aquino, O.P., *De veritate* or *Quaestiones de veritate*
   Mss: Avignon 257; Basel, Univ. B.III 8 f.1-145; Oxford, Balliol 48 f.170-356; 49 f.5-134; Oxford, Lincoln Coll. 4; Paris, Mazarine 804 (402); 805 (362); Troyes 506 etc. (Ed. leonina. Praef.)
   Printed: Opera omnia (Romae 1570) t.8 f.284; (Parmae 1859) t.9 p.1; (Parisiis Vives 1875) t.14 p.315; Ed. leonina (Romae 1970 seq.) t.22

4565. *Questio est de verme conscientie, primo quid sit...*
   Alexander de Hales, *De verme conscientiae*, under *Quaestiones disputatae*
   Mss: Bologna, Univ. 2554 f.56; Padova, Anton 152 f.112-113; (Glorieux 301 c42; *Prolegomena* p.CLXXXIV n.177)

4566. *Questio est de virtutibus cardinalibus; et, primo enim queritur utrum prudentia, iustitia, fortitudo et temperantia sint virtutes cardinales...*
   Thomas de Aquino, O.P., *Quaestio disputata de virtutibus cardinalibus* (part of *Questiones de virtutibus*
   (Glorieux 14 bi5)
   Printed: *Opera omnia* (Romae 1570) t.8 f.279; (Parmae 1856) t.8 p.626; (Parisiis Vives 1875) t.14 p.296
   Cf: Questio est de virtutibus in communi...

4567. *Questio est de virtutibus in communi et primo enim queritur utrum virtutes sint habitus...*
   Thomas de Aquino, O.P., *Quaestio disputata de virtutibus in communi*, in *Quaestiones disputatae de virtutibus*
   Mss: Amiens 244; Basel, Univ. B III 8 f.253-282; Cambridge, Caius 93 f.93 seq.; Cambridge, Pembroke 37 f.237-266; Cambridge, Peterhouse 138 f.84; Cambridge, Univ. Mm.2.7 f.146-227; Leipzig, Univ. 482 f.22 seq.; Oxford, Balliol 47 f.199-238; 48 ff.108-167; 49 f.278-310; Oxford, Merton 275 f.154 seq.; (Glorieux 14 bi1)
   Printed: *Opera omnia* (Romae 1571) t.8 f.244; (Parmae 1856) t.8 p.545; (Parisiis Vives 1875) t.14 p.178

4568. *Questio est de vitiis capitalibus... Et primo queritur de numero vitiorum capitalium quot et que sunt...*
   See: Et primo queritur...

4569. *Questio est de vitiis capitalibus et primo que sit ratio capitalis secundam quam dicitur capitale...*
   Albertus Magnus O.P., *Quaestiones de vitiis capitalibus*
   Ms: Vaticana, Vat. lat. 781 f.25-31 (Dondaine, *Secretaires de Saint Thomas* [Romae 1956] p. 56-74)

4570. *Questio est primo de divisione tentationis que est quod quedam est tentatio a carne...*
   Alexander de Hales, *De divisione tentationis a carne et ab hoste*, under *Quaestiones disputatae*
   Ms: Paris, BN lat. 15272 f.168; 16406 f.44; (Glorieux 301 c13; *Prolegomena* p.CLXXV n.135)

4571. *Questio est utrum virtutes per essentiam cognoscantur. Responsio dicendum quod cognosci...*
   Questio de virtutibus
   Ms: Escorial, R.II.4 f.160

4572. *Questio praesupponit duo et quaerit unum...*
   Bertholdus Puchhauser de Ratisbona, *Quaestio: Utrum efficacia sacramenti baptismi noxam deleat cuiuslibet peccati*
   Ms: München, Clm 26910 f.220-223

4573. *Questio prima. Queritur utrum homines de necessitate teneantur confiteri peccata...*
Ricardus de Mediavilla, O.F.M., *Quaestiones 45 in magistri sententiarum libros quatuor*
Ms: Roma, Angelica 985 (R.5.35) f.1-66

4574. *Questio utrum obedientia sit nobilissima...*
See: Et quidem ad istius questionis declarationem...

4575. *Questio utrum sit alteri quam proprio sacerdoti aut si aliquis possit contra voluntatem alteri confiteri...*
[Questions on confession]
Ms: Vaticana, Vat. lat. 1112 f.87-88

4576. *Questiones ac casus varii circa penitentiam in diversis iuris peritorum summis dispersi...*(prol.)
Henricus Gandavensis (?), *Libellus* or *Liber penitentiae*
Mss: Brugge, Stadsbibl. 243; 246; Paris, BN lat. 15162 f.96-149; Paris, Mazarine 924 f.112 seq.; 986 (122) f.146-165; R. Macken, Le *De Poenitentia* d'Henri de Grand. retrouve, *RTAM* 36 (1969) 184-104; (Michaud-Quantin 85; Teetaert 330-333) The Mazarine MSS show significant differences from the others.
See: Penitentia a sanctis multis modis describitur. Beatus Ambrosius...Cum repetes a proximo... In qua quidem auctoritate (may be first part of Mazarine MSS)

4577. *Questiones subscriptas quidem vir bonus et amicus meus in scriptura sancta pro suo modo studiosus et scrutabundus a me quaesivit...*
Engelbertus Admontensis, O.S.B., *Libellus duodecim quaestionum de rebus ad fidem spectantibus.* Fowler 206-207

4578. *Qui abstinens est, adiciet vitam...*
See: Abstinencia (Eccli. 30. 1) Qui abstinens est...

4579. *Qui ad iustitiam erudiunt multos, fulgebunt quasi stelle in perpetuas eternitates* (Dan. 12,3) *Hinc est quod ad eruditionem multorum decrevi librum compilare...*(Prol.) *Incipit Speculum humane saluationis in quo patet casus hominis et modus reparationis. In hoc speculo potest homo considerare quam ob causam...*
Speculum humanae salvationis
Mss: Frankfurt am Main, Leonhardstift 68 f.60-97; Klagenfurt, Studienbibl. Pap. 61 f.241-244; Marseille 89; München, Clm 8953; Paris, Arsenal 39; Paris, BN lat. 511-; 512; Trier, Stadtbibl. 624; 712 (?); 1977; Wien, Nat. 883 f.118-121; etc. (Lutz-Perdrizet p. IX-XIX; Stammler-Langosch IV 237-244)
Printed: *Speculum Humanae Salvationis*, ed. J.Lutz-p. Perdrizet, Leipzig, I 1-99
See: In hoc speculo potest homo considerare...

4580. *Qui aures habet audiat...*
See: Qui habet aures audiat...

4581. *Qui autem implere poterit quod in penitentiali scriptum est...*
Tractatus de modis poenitentiae diversis
Ms: Oxford, Merton 267 f.103 seq.

4582. *Qui bene considerat bonitatem Dei erga nos...*
Iohannes Gerson, *Considerationes ad sciendum quando peccatur mortaliter et quando non* or *Tractatus de differentia peccatorum mortalium et venialium*
Mss: København, Gl. kgl. S.3400, oct. f.52-87; Wien, Nat. Ser. n. 3887 f.1-18
Printed: *Opera omnia* (Atnwerpiae 1706) II 487-504

4583. *Qui bene presunt presbyteri, duplici honore digni habeantur, maxime qui laborant in verbo et doctrina* (I Tim. 5,17). *Presbyter grece senex latine dicitur et debent presbytero duo conuenire...*

(Text) Ad manifestationem singulorum prenominatorum per ordinem possunt induci auctoritates scripturarum...
> Ricardus Wetherset (Wethershed, de Wetheringsett), *Summa de doctrina sacerdotali* or *Summa magistri Ricardi* or *De VII privilegiis clericorum* or *Numerale* or *Speculum ecclesiasticorum* or *Speculum sacerdotum* or *Summa theologiae de symbolo de officio sacerdotum* or *Liber de fide* (based on work of Guillelmus de Montibus [William of Leicester])
> Mss: Bruxelles, 905-18 (cat. 2517) f.140-186; 1908 (cat. 2054) f.2-48; Cambridge, Corpus Christi 337 f.38-87; 356 f.1-79; Cambridge, Emmanuel 1.2.6 f.70; Cambridge, Caius 120 (189) f.1-55; 211 (226) f.91 seq.; 349 (542) f.87-121; Cambridge, Jesus 34; Cambridge, Magdalen 15 f.64-84; 118 f.24-52; 258 f.58-90; Cambridge, Univ. Ii.4. 12 (1809) f.5-186; Addit 3471 f.125; Canterbury, D and C. D.9 f.90-146; Charleville 29 n.2; Dublin, Trinity 318; Eichstätt 417 f.40-91; Klagenfurt, Studienbibl. Perg. 9 f.3-45; Escorial I.III.7; London, BM Add. 37677; Eg. 655; Harl. 3244; Roy. (Texts vary considerably, with frequent interpolations) 4 B.VIII f.222-244; 5 F.1 f.1-80; 6 A.III f.1-14; 7 A IX f. 6-66; 8 A.XV f.122-159 (excerpts); 9 A.III f.8-47; 9 A.XIV f. 18-113; 10 B.II; 11 A.I; 13 A.XIV f.130; London, Dulwich Coll., 22 f.49-67 (imperf.); London, Lambeth 144 f.35-79; 392; 398; Mons, Ville 20/105 (90) f.7; München, Clm 4774; 11459; 11741; 18411; Oxford, Bodl. Bodl. 64 f.112 (SC 2061); Digby 103 f.1-40; Laud. misc. 345; 527 f. 55-96; Rawl. A.345; A.370; A.429; C.4 f.29-115; Tanner 110 f.13-55; Oxford, Corpus Christi 360 f.100 seq.; Oxford, New Coll. 94 f.28 seq.; 145 f.94 seq. (mutilated); Paris, Mazarine 744 (495) f.13-47; Mazarine 985 f.1-53; Pavia, Univ. 69 f.34-84; Rouen A 557 (558) f.100-183; Shrewsbury School, 7; Stuttgart, Theol. fol. 119 f.101 seq.; Wisbech, Museum 5, f.47-59. f.72-79; Worcester, Cath. F.71 f.198-214; Q.22 f.1-139; Q. 27 f.160-209 (Glorieux 118a; Kellogg in *Traditio* 8[1952] 425 n.8; Thomson 246)
> Introductory verses: Hec sunt precipue sermonibus insinuanda...
> See: Diabolus maritavit se sic peccato (excerpts)...

4584. *Qui biberit ex aqua quam ego dabo, non sitiet...* (Ioh. 4,13). *Si quis sitit, veniat ad me, et bibat et de ventre eius fluent aquae vitae* (Ioh. 7,37). *Fons ad valles fluit...*
> Petrus Celestinus V (?), *De virtutibus*
> Printed: *Maxima Bibl. Veterum Patrum* t.25 (Lugduni 1677) 770-788
> See: Superbia est elatio vitiosa...(second part of above?)

4585. *Qui cedros olidis scit contignare cupressis/ Fundamenta struit...*
> Petrus Damianus, *Avaro diviti*
> Printed: Margareta Lokrantz, *Studia latina Stockholmiensia* XII (Stockholm 1964)

4586. *Qui celum terramque regis pelagusque profundum cuius ad arbitrium...*(second part)
> See: Constet quantus honos...

4587. *Qui ceptum prestas, des finem, trina potestas...* (epigraph)
> See: Qui contemplaris caeli iubar...

4588. *Qui cinis es et humus stolidissimus unde superbis...*
> [Sermon?]
> Ms: Paris, BN lat. 7562 f.83

4589. *Qui colet extra deum vel sanctos quodcumque creatum...*
> *Tractatus de peccatis mortalibus que commituntur contra decem precepta*
> Ms: München, Clm 28673 f.84-86

4590. *Qui confidunt in domino, intelligunt virtutem...*(Sap. 3,9)
> Engelbertus Admontensis, *Tractatus de articulis fidei* (*Osiris* XI [1954] 480)

LIST OF INCIPITS

4591. Qui contemplaris caeli [or *patris*] *iubar et meditaris/ Gaudia...*
    Raymundus de Rocosello (Astucus), *Certamen animae*
    Walther IC 15427
    See: Qui ceptum prestas, des finem, trina potestas... (epigraph)

4592. Qui continet frumentum relinquet illud rationibus...
    See: Avaricia. Ambrosius de officiis. Qui continet frumentum...

4593. Qui converti fecerit peccatorem ab errore vie sue...(Iac. 5,20). **In his verbis gloriosus apostolus Iacobus docet quam magnum meritoriumque...** (Prol.)
    (Cap. 1) Iste omnis fructus, ut auferatur peccatum (Is. 27,9) iuxta conceptum et petitionem eius cuius rogatu...
    Dionysius Carthusianus (Leuwis de Rickel), *Summa de vitiis et virtutibus*
    Ms: Bruxelles, BR 2670-82 (cat. 2181) f.3-116
    Printed: Colon. 1533; *Opera omnia* 39 (Tornaci 1910) 9-242
    Ded. Epist.: Reuerendo in Christo Patri ac domino D. Gerardo...Quemadmodum multis iam olim...

4594. Qui creatoris cognitione et bona vita cupit proficere, primo ad cognoscendam vitam propriam...
    Petrus de Alliaco (?), *Libellus conscientiae*
    Ms: Basel, Univ. B VII 5 f.92-96
    See: Qui in sui creatoris cognitione...

4595. Qui cupis immundi vitare pericula mundi...
    Contemptus mundi or *Lima monachorum* (poem)
    Walther IC 15446

4596. Qui cupit aut metuit, iuvat illum sic domus...
    [Proverbs in verse]
    Walther IC 15453; PS 23995

4597. Qui Dei caritati habet mentem affixam...
    Liber de caritate dei et proximi
    Ms: Praha, Univ. VIII.E.16 (1541) f.123-127

4598. Qui differt penas, peccandi laxat habenas...
    [Poem]
    Walther IC 15471; PS 24038

4599. Qui dixerit contra Spiritum sanctum non remittetur ei...
    De septem peccatis in Spiritum Sanctum
    Ms: Bamberg, Theol. 213 (Q.V.5)

4600. Qui enim vult confiteri debite, prius debet cogitare ex tota mente et corde ad peccata qui facit...
    Qualiter confessio est fienda
    Ms: Antwerpen, Mus. Plantin 408 (R.28.6) f.21-26

4601. Qui episcopum vel presbyterum vel dominum patrem vel matrem vel patronem...
    Liber penitentialis
    Ms: Oxford, Bodl. Laud. misc. 233

4602. Qui ergo in caelo...
    See: Discite a me...Qui ergo in celo...

4603. Qui ergo presunt presbiteri...
    See: Qui bene presunt presbiteri...

4604. Qui ex Deo est, verba Dei audit in Greg. in Omelias. Cibus mentis est sermo dei. Sicut...
    See: Ignorantia sacerdotum...Dominus autem in Evangelio: Qui ex Deo est...

4605. **Qui facit incestum, defores** [or **deflorans**]...
See: Si facis incestum, deflores...

4606. **Qui facit veritatem...**
See: In Dei tabernaculo, id est in sancta ecclesia positus...

4607. **Qui fit, charissime, in Christo desiderantissime, ut cum...**
Iohannes Carthusiae, Portarum monachus, *Epistolae V*
Printed: PL 153, 899-930

4608. **Qui fugit incestum, dyadema meretur...**
See: Castitas. Qui fugit incestum...

4609. **Qui fugit incestum. Verecundia. Esse verecundum decet omnem pectore mundum...**
Arbor virtutum
Ms: Erfurt, Ampl. F.173 f.13

4610. **Qui gratiam acceptam non agnoscit...**(Cap. 1)
Guillelmus Peraldus, *De eruditione religiosorum*, Cap. 1
See: Erudire, Ierusalem, ne forte recedat...

4611. **Qui habet aures audiat** (Matth. 11,15). **Sub quanta mole criminum...**
Petrus Blesensis, *Contra clericos voluptati deditos*
Walther IC 15497
Printed: PL 207, 1129-1136

4612. **Qui in sordibus est, sordescat adhuc** (Apoc. 22,11) **He sunt sordes iniqui in quibus sordescit: amor carnis, intemperantia ciborum...Qui iustus est, iustificetur adhuc** (Apoc. 22,11). **Hii sunt gradus iusti in quibus ascendit: odium carnis, sobrietas ciborum...**
Radulfus Flaviacensis (Raoul de Flaix) O.S.B., *De amore et odio carnis*
Ms: Brugge, Stadsbibl. 20 f.155-158
Printed: A. de Poorter, *Revue d'ascetique et de mystique*, 12 (1931) 16-28

4613. **Qui in sui creatoris cognitione et bona vita cupit proficere...**
Petrus de Alliaco (?), *Libellus* or *Speculum conscientiae* [or vitae]
Mss: Barcelona, Univ. 117 f.53-55; Cambrai 143 (139); Liege, Univ. 389 f.225-227; Paris, Mazarine 996 (902) f.170-172; Paris, BN lat. 2692 f.190 seq.; 18134 f.248-249
Printed: E. Vansteenberghe in *Beiträge zur Geschichte der Philos. und Theol. des Mittelalters*, Supplementband III (Münster 1935) 1238-1242
See: Qui creatoris cognitione...

4614. **Qui in verbo non offendit hic perfectus est vir** (Iac. 3,2). **In quibus verbis beatus Iacobus tangit quod difficile est homini...**
Iohannes Guess, *Tractatus de peccatis oris seu linguae* or *Tractatus de peccatis lingue sive oris*
Mss: Klosterneuburg 409; Praha, Univ. IV.A.20 (596) f.1-56; Wien, Nat. 3704; Zwettl 209 f.282-357
Printed: Nuremburg 1479

4615. **Qui infirmus est, olera manducet** (Rom. 14,2). **Fragmentis pulmentum...**
Caesarius Heisterbachiensis, *Liber exemplorum*
Ms: Oxford, Bodl. Laud. misc. 540 (Welter 113)

4616. **Qui ius ignorat, vitiorum peste laborat/ Virtutem vitium, fas putat illicitum...**
Petrus Damianus, *Quo qui ignorat legem, vitiorum nequit evitare perniciem*
Printed: Margareta Lokrantz, *Studia latina Stockholmiensa* XII (Stockholm 1964)

4617. **Qui iustus est, iustificetur adhuc** (Apoc. 22,11). **Hii sunt gradus iusti in quibus ascendit: odium carnis...**
See: Qui in sordibus est, sordescat adhuc (Apoc. 22,11) He sunt sordes...

LIST OF INCIPITS

4618. Qui legis historiam Samsonis viribus amplum...
Quod nulla virtus sufficit sine temperantia
Ms: Paris, BN lat. 15157 f.40 seq.

4619. Qui me invenerit, inveniet vitam et hauriet salutem a Domino (Prov. 8,35)...
Arbor vitiorum
Ms: Erfurt, Ampl. F.173 f.18-19

4620. Qui me laude pari...
Dialogus virtutum et vitiorum
Ms: Sankt Gallen 680; (Walther IC 15540)
Cf: Vos qui pro Christo...Quis mihi laude pari...

4621. Qui mihi laude pari vel honore...(variant)
See: Vos qui pro Christo... Qui mihi laude pari...

4622. Qui non est inventus in libro vitae...
De libro vitae
Ms: London, BM Roy. 5 F.XV f.76

4623. Qui non transcendit mandata Dei bene tendit...
Decametrus (De decem praeceptis)
Mss: Budapest, Orsz. Szech. Kön. 410 f.127-138; Krakow, Uniw. 2141 p.559-568; München, Clm 14553 f.213-226; Praha, Metr. Kap. O 43 (1627) f.1-13; Praha, Univ. I.E.29 (214) f.1-31; Wrocław, Uniw. IV.Q.104 f.57-68
Commentaries, See: Iste liber tracatat de decem preceptis...Quoniam advertendum est in principium...Vir sine deo nemo est bonus...

4624. Qui pusillanimus est et parvidus cavere sibi debet...
Iohannes Gerson, *De remediis contra pusillanimitatem* or *Tractatus de remediis contra pusillanimitatem, scrupulositatem, deceptorias inimici consolationes* (trans. from French) or *De scrupulis conscientiae* or *De pusillanimitate*
Mss: Cambridge, St. John's Yule Collection; Erfurt, Ampl. F.174 f.53-59; London, BM Addit. 11664; Paris, Mazarine 747 (908) f.141; Tours 403 f. 116 seq.; Wien, Nat. Ser. n. 3887, ff.234-244
Printed: Cologne c. 1470; Louvain c.1484, etc.; *Opera omnia* (Antwerpiae 1706) III 579-589

4625. Qui rerum considerat omnium eventum...
[Poem on worldly vanity]
Mss: München, Clm 14343 f.146-151; Salzburg, St. Peter b.IV.3; Wien, Nat. 883 f.61-62; (Wright, *Mapes* 149; Dreves, *Analecta hymnica* 33 260-262; Walther IC 15634)

4626. Qui sacra verum dant vel pro sacris pretium dant...
[Short poem on simony]
Ms: Paris, Mazarine 3875

4627. Qui scienter et prudenter peccaverit... (in London, BM Roy. 8 A.XV f.120 seq.)
See: Si scienter et prudenter...

4628. Qui se exaltat, humiliabitur. Scriptum Luc. 14,11 et 18,14. Dixi in precedentibus quod non est standum in solis exterioribus cerimoniis...
Nicolaus de Dinkelsbühl, *De vitiis et virtutibus* (Sermo 3)
See: Homo quidam fecit...Homo ille Deus est...

4629. Qui se existimat stare (I Cor. 10,12)...
[Commentary on magister Adam, *Summula de Summa Raymundi*]
Ms: München, Clm 28312 f.115-145

4630. Qui se non noscit, ut se cognoscere possit...
Sententiae morales
Walther IC 15647; PS 24680

4631. Qui secure et discrete et fructuose vult exequi officium audiendi confessionem...
Tractatus de confessione et absolutione
Ms: Oxford, Merton 154 f. 246 seq.

4632. Qui sedet hac sede, Ganimedior est Ganimede...
De prelato sodomita
Walther IC 15649

4633. Qui sequitur me, non ambulat in tenebris, dicit Dominus (Ioh. 8,12). **Haec sunt verba Christi...**
Thomas a Kempis, *Tractatus de imitacione Christi et contemptu omnium vanitatum mundi* or *Imitatio Christi*
Ms: Autograph. Bruxelles, BR 5855-61 Mss: Bruxelles, BR 1018-21 (cat. 2070) f.78; 2581-89; 4387-95 (cat. 1596); 15137; 21789 (cat. 2206) f. 15; IV, 17; IV.134; IV.135; Cambrai 257 (247); Cambridge, Emmanuel 1.3.1 f.34; Cambridge, St. John's C.6 f.10; Cambridge, St. John's Yule Collection f.9 (attrib. Bernardo); Yule collection (bis); Yule Collection (tris) f.1; Cambridge, Trinity Coll. 365 f.1-6; B.15.30 f.1; Cambridge, Univ. Addit. 6855 f.3; Erlangen, Univ. 549 f.41-104; Herzogenburg 65 f.121 seq. (extracts); Klagenfurt, Studienbibl. Pap. 49 f.73-82; Kremsmünster 9 f.196 (selections); Leipzig, Univ. 204 f.170-223; München, Clm 5952 f.78; 7729 f.45-81; 27412 f.1; 27413 f.1; Paris, Arsenal 950; Paris, BN lat. 18204 f.211 seq.; nouv. acq. lat. 226; Praha, Univ. I.E. 30 (215) f.192-205; Schlägl 168 Cpl 166 f.187-213; 46 Cpl 61 f.130-135; Valenciennes 187
Printed: *Opera omnia*, ed. M.I Pohl II (Friburgi 1904); L.M.J. Delaisse, *Le manuscrit autograph de Thomas a Kempis et 'l'imitation de Jesus-Christ'*(Paris-Bruxelles-1956) (Publications de Scriptorium II) (diplomatic edition)

4634. Qui student domum Dei pretio mercari in sacro ordine...
Iohannes Friburgensis (?),
[Commentary on Raymond of Pennaforte *Summa de casibus poenitentialibus*]
Ms: Oxford, New Coll. 216
Cf: Saluti animarum et proximorum utilitati...

4635. Qui sunt hi qui ut nubes...(Is.60,8). **Virtutes. O antiqui sancti quid admiramini in nobis?...**
S. Hildegardis, *Ordo virtutum*
Printed: J.B.Pitra, *Analecta Sacra*, VIII (1882) 457-465

4636. Qui sunt isti, qui ut nubes volant...(Is. 60,8) **Materiam plenam, et ut credo nobis non ignotam...**
Liber de officio sacerdotali
Ms: Oxford, Balliol 284, ff.76 seq.

4637. Qui superbierit nolens obedire sacerdotis imperio et decreto iudicis morietur...
De septem capitalibus criminibus
Ms: Brugge, Stadsbibl. 167

4638. Qui temporum finalium laqueos et pericula perfecte...
Petrus Iohannis Olivi, *Miles armatus*
Printed: Raoul Manselli, *Spirituali e beghini in Provenza* (Roma 1959) 287-290 (Cf. also p.271)

4639. Qui tumulum cernis, cur non mortalia spernis...
De morte
Walther IC 15715; PS 24880

4640. *Qui vacat in cella capit hostis vincere bella...*(pref.)
Guillelmus Rimington, *Stimulus peccatoris*
Ms: Cambridge, Univ. Hh.4.3 f.124
See: Memento miser homo...

4641. *Qui vicerit, dabo ei sedere mecum in throno meo, sicut et ego vici et sedi* (Apoc. 3,21). *Sicut miles in bello militibus promittit premia...*
De septem vitiis or *Tractatus vitiorum et virtutum*
Mss: Bamberg, Theol. 194 f.161; Basel, Univ. A X 135 f.71; München, Clm 7672 f.86-112

4642. *Qui vicerit faciam eum* (Apoc. 3,21). *Magnam misericordiam facit qui erranti viam ostendit...*
Tractatus de pugna or *Tractatus (Libellus) de conflictu vitiorum et virtutum* or *Tractatus de virtutibus et vitiis*
Mss: Praha, Univ. VI.C.11 (1069) f.195-210; IX.A.6 (1671) f.132-147; IX.D.4 (1742) f.109 seq.; X.C.20 (1873) f.83 seq. (scriptor Nicolaus); Vyssi Brod 68 f.64 seq.

4643. *Qui vicerit faciam illum sedere...*(Apoc. 3,12). *Sicut miles...*
See: Qui vicerit, dabo ei...Sicut miles...

4644. *Qui virtutes et vitia et virtutum officia/ Recte novit...*
Benzo, Episcopus Albensis,
[Poem in *Ad Henricum IV Imperatorem* Walther IC 15731b]
Printed: MGH Scriptores 11, 673 seq.

4645. *Qui vitiorum furias virtutum oppositione...*
Tractatus de vitiis et virtutibus or *Diffinitiones viciorum et virtutum*
Mss: Göttingen, Theol. 5 f.433 seq.; Leipzig, Univ. 305 f.150-153; Praha, Univ. IX. D.1 (1739) f.209-211

4646. *Qui volunt divites fieri, incidunt in laqueum...*
Iohannes Gerson, *Tractatus de contractibus in quo christiane religionis captivitatis humane miserias deplangit et crumpuas presertim illorum qui dicuntur monachi*
Ms: Erfurt, CA Fol. 174, ff.59-75 (*Oeuvres Completes*, ed. Glorieux, Introd. I p.55)
Printed: *Opera omnia* (Antwerpiae 1706) III, 165-196

4647. *Qui vulneris alicuius corporei dolere laborat quam...*
Sermo de generibus confessionis
Ms: Cambridge, Corpus Christi 66 p.112

4648. *Qui vult...*
See: Quicumque vult...

4649. *Qui vult bene confiteri ad salutem anime sue...*
De confessione decem preceptorum
Ms: København, Gl. kgl. S.77 fol. f.121-133

4650. *Qui vult cito et faciliter ad sui...*
De modo cognoscendi seipsum
Ms: Cambridge, Caius 718 p.57 (attrib. Thomas de Aquino)

4651. *Qui vult confiteri...*
Cf: Qui enim vult confiteri debite...

4652. *Qui vult confiteri...*
Penitentie taxate secundum canones
Ms: Cambridge, Univ. Ii.4.8 (1805) f.171

4653. *Qui vult confiteri peccata...*
   Liber penitenciarum
   Ms: Cambridge, Univ. Gg.4.32 (1529) f.42-67

4654. *Qui vult confiteri peccata sua...*
   [De confessione]
   Ms: Cambridge, Caius 349 (542) f.1
   Cf. Qui vult vere confiteri peccata sua...

4655. *Qui vult confiteri peccata ut inveniat gratiam quaerat sacerdotum...*
   Serlo (Magister Scerle), *Summa de poenitentia*
   Ms: Oxford, Bodl. Laud. misc. 112

4656. *Qui vult ergo salvus esse... fideliter credat. Id est absque cum ambiguitate...*
   Declaratio proverbi et expositio
   Ms: Hall in Tirol I. 203 f.15 seq.

4657. *Qui vult ergo suum tutum servare pudorem...*
   Ms: Walther IC 15744

4658. *Qui vult ornari virtutibus atqe beari/ Audiat intentum presentis nempe libelli...*
   [Moral verses]
   Mss: Bamberg, Staatsbibl. Medic. 13 (L.III. 54) f.127-131; München, Clm 4409; (Walther IC 15747)

4659. *Qui vult vere confiteri peccata sua ad salutem anime sue debet dolere de peccatis suis que fecit...*
   Robertus de Sorbonio, *De confessione* (another version) (*Tractatus de modo confitendi* or *Summa confessionis breuis et utilis*)
   Mss: Brugge, Stadsbibl. 129; Bruxelles, BR 20054-71 (cat. 2237) f.28-32 (*confessio edita a priore sancti victoris*); Paris, BN lat. 3218 f.181; 14888 f.191; 15952 f.260; (Glorieux 159 f; Haureau I 203, V 48)
   See: Qui vult bene confiteri...Quicumque vult confiteri ad salutem anime sue...
   Cf: Ad sanctam et rectam confessionem... (first recension) Qui vult confiteri...

4660. *Quia...*
   See: Quoniam...

4661. *Quia ad remissionem peccatorum...*
   Confessio [Directions for confessing]
   Ms: London, BM Add. 16567 f.180

4662. *Quia ad remissionem peccatorum requiritur contritio amara, confessio pura, satisfactio condigna...*
   Confessio ad novitios
   Ms: Paris, BN lat. 13602 f.159

4663. *Quia augmentum est...*
   See: Utrum caritas per essentiam augeatur; et arguitur quod non: quia augmentum est...

4664. *Quia carissime, in via huius vite...*
   See: Quoniam, carissime, in via huius seculi fugientis...

4665. *Quia certa experientia didicimus propter fornicationem et peccatis maioribus fere nullam vel minimam...*
   Directorium sacerdotum
   Ms: Oxford, New Coll. 94 f.171 seq.

4666. *Quia Christus Dominus pridie quam pateretur...*
   See: Discite a me, quia mitis...Quia vero Christus...

4667. *Quia circa confessionem sacramentalem faciendam multi* [or **plerique**] *nimis negligenter et incaute ac eciam insufficienter se habent...*
  De confessione
  Mss: Bamberg, Patr. 148; Theol. 214; Erlangen, Univ. 610 ff.2-6; München, Clm 5690 f.161-163; Praha, Metr. Kap. J.26; Strasbourg, Univ. 18 (lat.16); Stuttgart, Theol. Qu. 214; Trebon A 17 f.123-124; Wien, Nat. 3597 (Schulte II 531; Michaud-Quantin 87 and Index)

4668. *Quia circa infirmos maius est periculum...*
  Iohannes de Auerbach, *De expeditione infirmorum qui sunt in articulo mortis* (Redactio longior)
  (Michaud-Quantin p.93 and Index; Rudolf p.82 n.1)
  Cf. (Red. brevior): Cum pro confessione audienda...

4669. *Quia circa litteram vos estis sal...*
  Institutio sacerdotis circa confessiones et excommunicationes
  Ms: Wien, Nat. 4472

4670. *Quia confessio et penitencia...*
  Speculum penitencie, appendix to Bonus tractatus de septem sacramentis
  Ms: Oxford, Bodl. Bodl. 654 f.104 (SC 27669)

4671. *Quia confessores debent facere conscientiam confitentibus de decimis soluendis...*
  Antoninus Florentinus, O.P., *Tractatus de decimis*
  Mss: Kaeppeli 248

4672. *Quia de magnis periculis ab eo libertate sumus ipsi...*
  Ms: Oxford, Corpus Christi 72
  Cf: Postquam per scientie lignum...

4673. *Quia de sacre eucharistie perceptione...*
  Iacobus de Jüterbog, *Speculum sacerdotale* [or *clericorum*] or *Speculum sacerdotale quadripartitum*
  Ms: München, Clm 15134 f.358; 28202 f.97-98

4674. *Quia de tertio precepto secundae tabulae...*
  De observatione sabbati
  Ms: Oxford, Merton 68

4675. *Quia Deus quotidie magnalia fecit in Aegypto, mirabilia in terra Cham...*
  Solinus moralisatus (or *De Mirabilibus Mundi*, probably Bk. XIV of *Reductorium* of Petrus Bersuire)
  Ms: Oxford, Digby 206; Toulouse 167; Worcester Cath. Lib. F.19, f.104-30
  See: J. Engels, *Vivarium* VII (1969), 76

4676. *Quia diversimode genus humanum quotidie peccatis inficitur, diversis quotidie sanctorum auctoritatibus...*
  Flores
  Ms: Troyes 1271

4677. *Quia enim sicut superius dictum est: Plerique et bonis...*
  De septem vitiis
  Ms: Paris, BN lat. 2154 ff.151-152

4678. *Quia ex decalogo habetur breuis summa mandatorum Dei, ad quam seruandam semper et apud omnes nationes quilibet fuit et est obligatus...*
  Ps. Antoninus Florentinus, *Tractatus de decem praeceptis* Kaeppeli 262 B

4679. *Quia ex divinorum implecione preceptorum...*
  Tractatus de observatione sabbati
  Ms: Praha, Univ. IV.H.18 (782) f.170-178

4680. Quia ex dominicorum impletione preceptorum...
   (Guillelmi?) Parisiensis, *Tractatus de observantia diligenti mandatorum Dei et presertim diei dominicae*
   Mss: Praha, Metr. Kap. D.19 (585) f.1a-14b; Praha, Univ. IV.F.2 (708) f.105a.-132a. This does not seem to me to be in harmony or to agree with the sermon of Guillelmus Alvernus on the epistle for the 13th Sunday after Trinity: *Opera* Aureliae-Parisiis 1674, II, pp.115-118.

4681. Quia favente Domino nostro Iesu Christo excepta tabula capitulorum...
   See: Quoniam summa que magistrutia...Quod favente Domino...

4682. Quia feminarum commoratione...
   Quaedam de castitate clericorum
   Ms: London, BM Add. 18334 f.129

4683. Quia fragilis res est memoria et rerum turbae non sufficit...
   Moralium dogma e dictis Patrum
   Ms: Oxford, St. John's 203

4684. Quia frater carissimi...
   [Work on confession]
   Ms: Praha, Univ. And Pub. Lib. III D.13, f.160-163. (Schulte II 531)

4685. Quia, fratres, largiente Domino de vana conuersatione...(Prol.) (Text) **Primum igitur scire debetis quod hanc scientiam que ad institutionem...**
   Hugo de Sancto Victore (Ps. Gerardus Iterii), *De institutione novitiorum*
   Mss: Cambridge, Caius 149 f.205-238; Heiligenkreuz 225 f.68-79; Klosterneuburg 261 f.19-37; Lilienfeld 98 f.112-136; 113 f. 148-154; Praha, Univ. VI.B.22 (1056) f.1-13; Zwettl 244 f.104-122 (*Corp. ChristCont. Med.* 8, 337-338)
   Printed: 176, 925-952
   Cf: Nunc igitur, dilectissimi, venerabilis patris Stephani...

4686. Quia frequenter contingit quod noui predicatores et confessores ac ceteri fratres simpliciores, quorum capacitas ad inuestiganda sacre theologie subtiliora et altiora se minime extendit...(Prol.)
   Cap. 1: Gratia dicitur dupliciter: uno modo bona voluntas siue dilectio Dei...
   Elias de Ferreriis de Salanhaco, O.P., *Recollectorium rudimentorum sacrae theologiae pro novis predicatoribus et confessoribus*
   Mss: See: Kaeppeli 1017. Add: Paris, BN lat. 3463 f.1-73 (*sine prol*)
   Incipit variant: Incipit libellus paruus in quo de dictis sanctorum et doctorum, et maxime sancti Thome, recollecta sunt...

4687. Quia fundamentum et ianua omnium virtutum...(variant)
   See: Quoniam fundamentum et ianua virtutum...

4688. Quia honorificum est...
   Philippus de Ferraria, *De mortalibus peccatis et exemplis*
   Ms: Wien, Nat. 3390 f.109-176

4689. Quia humilitas est genitrix virtutum...
   Hugo de Sancto Victore (?), *Sermo de humilitate et caritate et pacientia et obedientia*
   Ms: Erlangen, Univ. 228 f.97-111

4690. Quia humilitatem soror obediencia...
   Tractatus de obedientia
   Ms: Praha, Univ. V.B.3 (820) f.37-41

4691. Quia igitur per continentie viam incedere tam arduum est ut iuxta verbum...
   Ms: Basel, Univ A I 20 f.173-174

LIST OF INCIPITS

4692. Quia in brevi ad meam audientiam devenit...
  Speculum caritatis
  Ms: Namur, Mus. Archeol. Ville 162 f.62-67

4693. Quia in habendo conscientiam...
  Robertus Kilwardby O.P., *De conscientia*
  Mss: London, BM Harl. 106 f.353-363; Oxford, Bodl. Bodl. 333 f.1-32 (SC 2245); Paris, BN lat. 14557 f.1-23; 15903 f.123-160. (M.D. Chenu in *Rev. Sciences Philos, et Theol.* 16[1927] 318-326)
  Printed (partially): O. Lottin, *Psychologie...* II (Louvain 1948) 312-332

4694. Quia in materia de modo confitendi tacta sunt peccata mortalia quaedam et quaedam venialia, petitur primo, quae sint peccata mortalia...
  De peccatis mortalibus et venialibus
  Ms: Trier, Stadtbibl. 2084 (1583)

4695. Quia incontinentiae...
  Iohannes Pecham, *De constitutionibus*
  (Little 192; Wadding [Romae 1906] P.147)

4696. Quia initium omnis peccati est superbia et ex ipsa tamquam ex virulenta radice...
  [Tree of virtues and vices]
  Ms: Vaticana, Regin. lat. 399 f.65

4697. Quia ipse Dominus cum discretione ineffabili, vel in hac vita relaxat...
  See: Misericordiam et iudicium...quia ipse...

4698. Quia iustitia est praeclarissima virtutum...
  Tractatulus de justicia
  Ms: London, BM Arundel 47 f.1-4

4699. Quia iustitia fidelium est declinare a malo...
  Iohannes Guallensis O.F.M., *Summa iustitiae* or *Summa de iustitia* (Recension II, short version)
  Mss: Cambridge, St. John's A.15 (15) f.3-70; London, BM Harl. 1298 f.49; 5369 f.101; Roy. 8 B.XVII; Oxford, Balliol 320 f.57 seq.; Oxford, Univ. Coll. 109 p.247 seq. (beg. missing); (Glorieux 322 g; R. Tuve, *Journal of the Warburg and Courtauld Institutes* 26 [1963] 273n; Thomson 263-265)
  See: Iusticia que est via...(Recension I)

4700. Quia lex divina Christianorum...
  Iacobus de Misa, *Tractatus contra peccata publica in civitatibus* or *De destructione prostibulorum*
  Mss: Praha, Univ. VII.E.6 (1295) f.4-6; Wien, Nat. 4555

4701. Quia liber de abstractione est, ideo eas faciendas...
  Centum decem abstractiones ex Aegidii De regimine principum
  Ms: Erlangen, Univ. 645 (795) f.318-332
  Cf: Clamat politicorum sententia...

4702. Quia menti rationali virtutes...
  See: Quia multa predicabilia...Liber I: De octo vitiis principalibus...Quia menti rationali...

4703. Quia miseraciones domini...
  See: Cum miserationes domini...

4704. Quia mores a conuictu formantur et preteritorum cognitio est presumptio futurorum...
  (Excerpt from Barthomomeus de Recanato's glosses on dedicatory letter to *Moralium Dogma* and printed as alternate prologue)

Printed: J. Holmberg, *Das Moralium Dogma*..., Uppsala 1929 p.77-80.
See: Moralium dogma philosophorum...

4705. **Quia multa predicabilia pulchra et utilia**...(Text.)
Henricus de Vrimaria, *Liber de perfectione spirituali interioris hominis*
Ms: See Zumkeller MWA 323 and 323n (H. Stroick, *Heinrich von Friemar* [Freiburg 1954] 63;
Prol: Istum librum pro honore Dei et aedificatione legentium studisse concepit magister Henricus...In quo plura puncta...Lib. I De octo vitiis principalibus et eorum remediis. Quia menti rationali virtutes...
Cf: Parum est in principio (Excerpt)

4706. **Quia non est sine causa quod numero decem plagarum quibus Egiptus olim percussa est, numerus decem preceptorum legis Dei exequatur...**
[Petrus Damianus (?) Innocentius III (?)], *De decem plagis Egyptiorum*
Mss: Praha, Metr. Kap. A 99 (192) f.242-248; Praha, Univ. XIV.F. 3 (2574) f.208-226;
Cf: (?) Ab hoc ergo monte necessarium...(?) Non est sine causa, fratres...

4707. **Quia non pigris...**
Tractatus de penitentia
Ms: München, Clm 27302 f.12-48 (cf. Clm 19802)

4708. **Quia nondum previa mentio facta est...**
Summa de penitentiis a iure diffinitis
Ms: Madrid, Nac. 824 f.72 (imperf.)

4709. **Quia nuper interrogastis me, quid mihi videretur de temptationibus...**
Tractatus de tentationibus carnis et contra delectationes carnales
Ms: Oxford, St. John's 77 f.8 seq.

4710. **Quia omnis perfectio vite christiane**...(prol.)
See: Quicumque perfectionem attingere cupit...

4711. **Quia oportet medicum corporis multa sciencia...**
Iohannes de Palomar, *Casus omnium confessorum*
Ms: Wien, Schott. 258

4712. **Quia peccatibus post baptismum mortaliter...**
Cf: Quoniam peccatibus post baptismum mortaliter...

4713. **Quia per superbiam cecidimus in mundum oportet...**
De humilitate
Ms: Cambridge, Corpus Christi 274 f.115

4714. **Quia pius et misericors Dominus, fratres carissimi, permittit, imo gratum ei...**
Innocentius III, *Dialogus inter Deum et peccatorem*
Mss: München, Clm 12395; Vaticana, Palat. lat. 363 f.101 seq.
Printed: PL 217, 691-702

4715. **Quia potestas diaboli in humano genere maxime...**
Excerptum de castitate
Ms: Cambridge, Caius 210 f.80

4716. **Quia presens opus speculum regiminis quoad utrumque hominis reformationem...**
Philippus de Bergamo, O.S.B., *Speculum regiminis* and *Cato moralizatus*
See: Omne quodcumque facitis...Doctor egregius Augustinus...Omnia quaecumque facitis...Doctor egregius Augustinus volens...

4717. **Quia propter humanam fragilitatem**...(prol.)
See: Dico igitur quod cor nostrum...

4718. *Quia respectu sacrae theologiae omnis alia scientia...*
    Iohannes Merkelin, O.E.S.A., Liber de instructione simplicium sacerdotum (Zumkeller MWA 545; 545n)
    Prol: Reverendissimo in Christo Patri...domino Heinrico...Warmiensi ecclesie episcopo...

4719. *Quia sacerdotis officium circa tria principaliter versatur...*
    Ps. Thomas de Aquino, Breviloquium compilatum et ordinatum per doctores
    Mss: Frankfurt, LXXII fol.; Lüneburg, Theol. Fol. 30; San Daniele del Friuli, Com. 43
    Printed: S. Thomae Opera omnia, Parmae 17 (1865) 322-331

4720. *Quia scire malum non est malus...*
    De viciis exstirpatis et virtutibus inserendis (primarily work on rhetoric)
    Ms: Wilhering 134 f.1-25

4721. *Quia secundum Apostolum...*
    See: Misertus Dominus...Quia secundum...

4722. *Quia secundum apostolum invisibilia Dei per ea quae facta sunt...*(Rom. 1,20)...
    [Moralizations on Aristotle's Zoological works]
    Thorndike-Kibre 1230

4723. *Quia secundum Aristotelem, Primo Ethicorum, ad cognitionem veritatis in hiis que sint agenda...*
    De octo beatitudinibus
    Ms: Brno, Univ. A 87 f.180-191

4724. *Quia secundum beatum Ambrosium plures inventi sunt innocentes...*
    Summa de poenitentia or Quomodo cognosci habeant peccata et quomodo est de eis vere poenitendum
    Ms: Praha, Univ. III.B.14 (423) f.126-173

4725. *Quia secundum Gregorium...*
    See: Est via que videtur homini recta [iusta]...Prov. 9
    Nam secundum Gregorium...

4726. *Quia secundum sententiam Apostoli ah Hebreos ciuitatem quam corporaliter possidemus...*(Prol.)
    (Text) Quod intellectus speculativus a practico differet fine et quod prudentia ad practicum pertinet. Ad ostendendam differentiam prudentie ad virtutes intellectus, primo sciendum est quod intellectus...
    Henricus de Arimino (Rimini), O.P., De quatuor virtutibus cardinalibus
    Mss: Firenze, Laur. Leopold. Gadd. 63 (imperf.); Osimo, Collegio Campana 23; Rein 205 f.1-110; Venezia, Marc. Lat. III.26 (Valentinelli IV, 40); (Rosenthal, Catalogue XII [1961] n.62)
    Printed: Goff H-19; H-20 (Spire [1472])

4727. *Quia sicut Apostolus ait: sine fide impossibile est placere Deo* (Heb. 11,6), *hinc est quod antiquus aduersarius...*
    Guillelmus (Willelmus) Flete, Tractatus de remediis contra temptaciones or Tractatus de spiritualibus medicinis in quo invenies summum reme remedium contra temptaciones or Parvus tractatus perutilis contra temptaciones diabolicas or Qualiter obviandum est temptacionibus illusoriis or Contra temptaciones et tribulaciones cordis [or carnis] or Remedium contra temptaciones spirituales et contra cogitationes fantasticas et immundas or Tractatus docens quomodo pericula temptacionum sunt evadenda or Compilacio contra temptaciones carnis et tribulaciones or Tractatus quomodo temptaciones sunt evitande or De spiritualibus medicinis or Remedia contra spirituales temptaciones or Contra temptaciones carnis et spiritus or Tractatus devotus de consolatoriis remediis contra varias

spirituales temptaciones or *Libellus de medicinis spiritualibus contra temptaciones spirituales* or *Contra tribulacionem et temptacionem carnis* or *Doctrina adversus tentacionem carnis* or *Quedam compilacio contra temptaciones et tribulaciones carnis*
Mss: Cambridge, Trinity R.14.1 f.206; Cambridge, Univ. Ff.4.14 f.122-129; Ff.4.44 f.136-142; Ii.6.3, ff.28-38; Ii.6.30 f.107-116; Durham, Cath. A.IV.5; Lincoln, Cath. 125 (A.5.15); London, BM Addit. 34763 f.54; Harl. 4887 f.33-35; Lansdowne 385 f.110-119; London, Lambeth 460 f.184-191; Oxford, Bodl. Bodl. 43 (SC 27662); 630 f.206-210 (SC 1953); Laud. misc. 497; Oxford, St. John's 77 f.88 seq.; (M.B. Hackett in *Medieval Studies presented to Aubrey Gwynn* [Dublin 1961] 330-348; -id- in *Med. Stud.* 26[1964] 213-230; *Dict. de Spirit.* 6[1967] 1205-6) Edition prepared by M.B. Hackett

4728. **Quia, sicut dicit beatus Dionysius xii cap. celestis hierarchie, angeli superiores qui inferiores illuminant... Primum preceptum est: non habebis deos alienos coram me: ubi ponitur 'non habebis' pro 'non habeas" imperative...**
Peregrinus Bayonensis, O.P., *De decem praeceptis*
Ms: Mainz, Univ. II.101 f.205-241
Cf: Preceptorum divine legis decalogus...

4729. **Quia sicut dicit ille fons...**
See: Videte quomodo non solum... Quia sicut

4730. **Quia sicut scribitur** (Sap. 13)...(variant)
See: Quoniam sicut scribitur (Sap. 13)...

4731. **Quia sicut Seneca ad Lucilium, nature dedit homini rationem imperfectam quidem...**
Englebert Admontensis,
[Speculum virtutum moralium]
Bibliotheca Ascetica Antiquo-nova III ed B. Pez (Ratisbonae 1724); Fowler 209-211; *Osiris* XI (1954) 469-471
Prol: Excellentibus et gloriosis...
Cf: Cum publica et solempni...

4732. **Quia sine fide neminem convenit salvari...**
Tractatus de fide catholica et de sacramentis
Ms: Praha, Univ. VII.E.27 (1317) f.32-36

4733. **Quia statutum est quod sacerdotes sciant canones penitentiales, ut dicitur...**
Guillelmus de Gislarvilla, *Poenitentiarius*
Ms: Paris, BN lat. 3724

4734. **Quia sunt septem dona spiritus sancti quae hominem perficiunt et bene regunt...**
De septem donis Spiritus Sancti (abridgement of Stephanus de Borbone's Treatise of exempla)
Cf: Quoniam multi multipliciter...Quoniam ordinare materias...

4735. **Quia teste ore veritatis...**
Iacobus de Jüterbog, *De reformatione claustrorum* or *Formula reformandi religiones* (Meier p.53-54 n.63)

4736. **Quia tibi brevem tractatulum ex singulari quam ad te gerimus caritate... Quem in quatuor parvulis collegimus...**
Iohannes de Jenstein,
[Tractate on ways of living]
Ms: Vaticana, Vat. lat. 1122 f.111a seq.

4737. **Quia tu scientiam repulisti et ego te repellam ne sacerdotio fungaris mihi** (Os. 4,6). **Dice Dio per lo propheta suo a sacerdote...**(Prol.I)
(Prol. II) Curam illius habe (Luc. 10,35). Queste parole disse...

Antoninus Florentinus, O.P., *Confessionale Italicum* 'Curam illius habe' or *Medicina dell'anima*
(Kaeppeli 258)

4738. **Quia turpe est ignorare quod scire omnibus accidit...**
Prologue to *Summa Conradi* in Freiburg, Univ. 252 (*Zeitschrift für Kirchengeschichte* 26 [1905] 79-80)
See: Hoc opusculum in tres partes diuiditur; in prima enim parte...
Cf: Turpe est ignorare...

4739. **Quia ut ait Ambrosius penitencia est mala...**
Henricus de Hassia, *Tractatus de confessione* or *Confessionale*
Mss: Budapest, Eg. Kön. 50 f.103-119; Praha, Univ. I.A.35 (45) f.181-225; Wien, Nat. 4645 f.26-48; (Roth 13)

4740. **Quia ut ait apostolus sine fide impossibile est placere Deo** (Hebr. 11,6); **Hinc est quod antiquus aduersarius...**(variant)
See: Quia sicut apostolus ait sine fide impossibile est...Hinc est quod antiquus aduersarius...

4741. **Quia ut ait Augustinus, de Civitate Dei I.12, c.6, Superbia est primus defectus et prima inopia...**(chap. 1)
Conflictus viciorum et virtutum
Mss: London, BM Harl. 2561 f.44-57; München, Clm 28453 f.7a
Prol: Haec est via ambulate...Constat et verum...

4742. **Quia ut ait flos doctorum Augustinus...**
Iacobus de Clusa, *Speculum sacerdotum*
Ms: Utrecht, Univ. 236 f.47-57a

4743. **Quia ut ait sapiens...**
Guillelmus Parisiensis (?), *Summa de vitiis*
Ms: London, BM Harl. 3823 f.38-407
Prol: Urgebat me frater Iohannis...

4744. **Quia ut dicit Dominus peccatoribus** (Luc. 13,3): **Nisi poenitentiam egeritis omnes simul peribitis; penitentia autem...Sex sunt leges...**
Gualterus, Episcopus Pictaviensis (Gautier de Bruges), *Instructiones circa divinum officium*
Mss: Brugge, Stadsbibl. 222; Saint-Omer 299; Solothurn, SI696 f.40 seq.; (Glorieux 315 d)
Printed: De Poorter, *Un traite de theologie inedit de Gautier de Bruges* in *Société d'Emulation de Bruges* 12 (1911)

4745. **Quia varia dicta sanctorum et contrarie opiniones...**
See: Quoniam varia dicta sanctorum...

4746. **Quia vero audicio divina pertinet...**
See: Auditu auris audivi te, etc. Quia vero audicio...

4747. **Quia vero Christus Dominus pridie quam pateretur...**
See: Discite a me quia mitis sum...Quia vero Christus...

4748. **Quia vero curiosis lectoribus varietas tollit, fastidium...**(Prol. 2)
See: Omnia facito secundum exemplas... In omnibus operibus...

4749. **Quia vero de penitentia, per quam regnum caelorum appropinquat...**
[Treatise on penance]
Ms: Cambrai 522 (481) f.94 seq.

4750. **Quia vicia fugere cupiunt...**
Henricus de Hassia, *Tractatus de vicio proprietatis claustralium*
Ms: Giessen, Univ. 692

4751. Quibus dictis et ab omnibus placitis...
   See: Postquam per scientie lignum duplicis mortis habuimus damnationem...

4752. Quibus modis venialia peccata...
   Nota quibus modis venialia peccata deleantur
   Ms: Schlägl 178 f.180

4753. Quicquid agunt homines intentio iudicat omnes...
   Versus
   Ms: Cambridge, Pembroke 54 f.114 (Walther PS 25260)

4754. Quicumque cupis ingredi scholas caelestis exercitii... Regimen cuiuslibet exercitii...
   Ms: München, Clm 3003
   See: Quicumque es, qui cupis ingredi...

4755. Quicumque es, qui cupis ingredi...
   Vita religiosi or Scola caelestis exercitii
   Mss: Cambrai 261 (251); Praha, Univ. X.F.21 (1947) f.76-77
   Cf: Quicumque cupis ingredi scholas caelistis exercitii...Regimen cuiuslibet exercitii...

4756. Quicumque falsificavit bullam...
   Tractatus de poenitentia
   Ms: München, Bayr. Nationalmuseum 3631; (P. Lehmann, *Sb. Akad. München* [1916] Heft 4)

4757. Quicumque in Christi mysteriis proficitis meis intendite lacrymis...
   Cyprianus (?), *Poenitentia*
   Ms: Bern 48

4758. Quicumque perfectionem attingere cupit...
   Tractatus devotus de perfectione Christiane
   Ms: Herzogenburg 65 f.176-182
   Prol: Quia omnis perfectio vite christiane...

4759. Quicumque pro peccatis penitentiam agere...
   Sententiae de poenitentia
   Ms: London, BM Cotton Tib. C.VI

4760. Quicumque totam legem observaverit, offendensque in uno factus est omnium reus Jac.ii. De pen. di. v: defleat quia in uno peccato portali factus est omnium reus quod uitam eternam quia propter illud solum...
   Petrus Quesnel, *Directorium Iuris* (Lib. III)
   See: Si quis ignorat, ignorabitur...

4761. Quicumque voluerit esse amicus...Tot sunt negocia huius mundi...
   Tractatulus de quinque floribus mundi contemnendis
   Mss: Bruxelles, BR 3446-84 (cat. 916) f.230-232; Wien, Schott. 245 f.362-368

4762. Quicumque vult ad veritatis cognitionem brevi et recto tramite pervenire...
   Matthaeus de Cracovia (?), *De contemptu mundi*
   Ms: København, Gl kgl. S.3396 oct. f.183-192; Gl kgl. S.3392 oct. f.230-237

4763. Quicumque vult confiteri...(variant)
   See: Qui vult confiteri...

4764. Quicumque vult facere veram et rectam confessionem ad salutem animi sui primo debet...
   Summa brevis circa confessionem or Speculum ecclesiae
   Mss: Paris, BN lat. 1865 f.95-99; 7371 f.65-77; Troyes 1397
   See: Superbia est viciosa mentis elatio...(second paragraph of above)
   Cf: Ad sanctam et rectam confessionem

4765. **Quicumque vult salvus esse/ ut contemnat...**
　　Dialogus avari or *De avaritia*
　　Walther IC 15762

4766. **Quicumque vult vere confiteri ad salutem anime sue debet dolere de peccatis que fecit et penitere...**
　　Ms: Paris, BN lat. 2995 f.8-14; Trier, Stadtbibl. 628; Würzburg, Univ. M.ch.f.148 (Michaud-Quantin Index)
　　See: Qui vult vere confiteri peccata sua ad salutem anime sue...

4767. **Quicumque vult vivere [or venire] in perfectissimo statu...**
　　Iohannes Ruysbroek, *Tractatus de perfectione filiorum Dei*
　　Mss: Cambridge, Corpus Christi 526 f.147-155; Gdansk 1959; Praha, Univ. IV.E.7 (687) f.332-347
　　See: Quisquis in perfectissimo...

4768. **Quid agis, O homo? Quid quasi iumentum versaris in mundo...**
　　Anselmus (?), *Exhortatio ad contemptum temporalium*
　　Printed: PL 158, 677-86

4769. **Quid autem sit pulchrum, et quae ratio eius, originaliter sumitur ex theoricis S. Dionysii documentis**
　　Dionysius Carthusianus [Leuwis de Rickel], *De venustate mundi et pulchritudine Dei*
　　Printed: Colon. 1532; *Opera Omnia* 34 [Tornaci 1907] 223-253
　　Prol: Unus est Altissimus, creator omnium omnipotens, rex metuendus nimis, sedens super thronum...

4770. **Quid de hac vita qua degimus...**
　　Franciscus Petrarca, *Epistola de miseria huius vitae*
　　Ms: Schlägl 117 Cpl. 76 f.79-79

4771. **Quid deceat monachum, vel qualis debeat esse/ Qui iubet...**
　　Ps. Anselmus (Rogerius Beccensis? Alexander Neekam? Nigellus Wirekir?), *Carmen de contemptu mundi*
　　Mss: Charleville 106; Paris, BN lat. 11341 f.55 seq.; 11864 f.131; Rouen A 592 (670) (Walther IC 15778)
　　Printed: PL 158, 687-706

4772. **Quid decus aut forma, quid gloria divitiarum,/ Quid probitas, quid nobilitas, nisi mors animarum...**
　　De vanitatibus mundi
　　Walther IC 15779

4773. **Quid enim prodest homini si peccata luxurie...**
　　[Work on vices and virtues]
　　Ms: Paris, BN lat. 2904 p.171-179 (imperf.)

4774. **Quid est abstinencia...**
　　See: Abstinentia. Quid est abstinencia...

4775. **Quid est Deus qui est, merito quidem...**
　　See: Cum non essem alicui exercitio...

4776. **Quid est homo quod memor es eius** (Ps. 8,5). **Et dum Christo homo causa est humilitatis...**
　　Anon., *De septem condictionibus humane fragilitatis*
　　Ms: Ravenna, Com. 217 f.361-400

4777. **Quid est mundus? Terrarum flebile pondus...**
　　[Poem on contempt of world]
　　Walther IC 15788

4778. *Quid est simonia? Simonia est spiritualium...*
   Guillelmus de Kaioco (Cayeux), O.P., *Summa confessorum*
   Mss: Bruxelles, BR 2486 (cat. 2518); Clermont-ferrand 100 (imperf.); Paris, BN lat. 3727 A; Saint-Omer 313 (Schulte II 425; Michaud-Quantin 48 n.16 and Index)

4779. *Quid est tibi mare quod fugisti* (Ps. 113,5). *Exclamatio est vox ista...*
   Ricardus de Sancto Victore [Ps. Ricardus de Sancto Laurentio], *De exterminatione mali et promotione boni* (in part at least from Richard of St. Victor's *Benjamin minor*)
   Mss: Cambridge, Caius 129 f.5-36; Cambridge, St. John's E.28 (131) f.74-96; München, Clm 28260 f.151-169 (attrib. Rich. of St. Victor); Namur, Mus. Arch. Ville 163 f.92-102; Praha, Univ. XIV.D.20 (2528) f.73-88; (Glorieux 148 c; J. Chatillon, RMAL II [1946] 162 seq.)
   Printed: PL 196, 1073-1116

4780. *Quid est virtus. Virtus est que habentem perficit...*
   See: Virtus est que habentem...

4781. *Quid facimus si peccatores Deus non exaudiet...*
   [Exhortation to sinners]
   Ms: Burgo de Osma, Cab. 35

4782. *Quid frustra mens vagaris inter creata bona...*
   De contemptu mundi
   Walther IC 15805

4783. *Quid his, utinam saperent...peccator doceatur...*(variant)
   See: Quoniam, carissime, in via huius seculi...

4784. *Quid homo torqueris, quid frustra sollicitaris...*
   Contra amatores seculi de inconstantia rerum
   Walther IC 15817

4785. *Quid in hac miseria, miseri, moramini...*
   De vanitate mundi (poem)
   Walther IC 15818

4786. *Quid mali peccatum facit...*
   Ms: Praha, Univ. XIII.F.21 (2359) f. 181-186

4787. *Quid meres fatumque times...*
   Baptista Mantuanus, *De contemptu mortis* (poem)
   Walther IC 15840

4788. *Quid natura queat contra licet instruat usus...*
   [Aesopic Fables]
   Ms: London, BM Addit. 8166 f.40 seq. (incompl.)

4789. *Quid petis unde malum, cum sint bona cuncta creata ...*
   Hildebertus Cenomanensis, *De malo*
   Walther IC 15869. Printed: PL 171, 1407 (n.58)

4790. *Quid probitas, quid nobilitas nisi mors animarum?/ Unde superbit...*
   Anselmus (?), *Carmen de contemptu mundi*
   Walther IC 15874. Printed: PL 158, 705-707

4791. *Quid prodest attenuari...*
   Auctoritates Sanctorum de virtutibus et vitiis
   Ms: Wien, Nat. 4827 f.116-139
   Cf: following entry

4792. Quid prodest corpus alterari abstinentia cum anima intumescit superbia...
De abstinentia
Ms: Kornik 116 f.96-123
Cf: preceding entry

4793. Quid sit confessio. Dicit Hugo de S. Victore: Confessio est accusatoria...
Robertus Kilwardby, O.P., De confessione
Mss: London, BM Roy. 13 A.VII, f.49; Tarragona, Prov. 100 f.60-121 (RTAM 6 [1934] 58; Doucet Suppl. p.80)

4794. Quid sit peccatum...(variant?)
Tractatus de peccato
Ms: Praha, Univ. X.H.13 (1991)
Cf: Quid sit peccatum mortale? Cum de septem peccatis quae vulgo...(same?)

4795. Quid sit peccatum mortale. Cum de septem peccatis que vulgo mortalia dicuntur...
See: Cum de septem peccatis quae vulgo...
Cf: Quid sit peccatum...(variant?)

4796. Quid sit penitentia et quid penitere. Quod tria debet attendere quisque ut sit vere penitens...(intro. table)
See: Tota celestis philosophia in bonis moribus consistit...

4797. Quid sit penitentia. Secundum Augustinum penitentia est quedam dolentis vindicta puniens...
See: Misericors et miserator Dominus cuius misericordiae non est numerus...

4798. Quid sit penitentia super descriptionem...
[On penance]
Ms: Saint-Omer 347

4799. Quid sit ratio capitalis...
See: Questio est de vitiis capitalibus...

4800. Quid sit scientia et quae eius species. Scientia est vera perceptio mentis...
See: Scientia est vera perceptio mentis infinita comprehendens...

4801. Quid sit symbolum; Symbolum est omnium credendorum...
See: Symbolum est omnium credendorum...

4802. Quid valet hic mundus quid gloria quidve triumphus?...
[Poem on contempt of the world]
Walther IC 15945; PS 25207

4803. Quidam abbas semel conferebat cum Anselmo: quid faciemus de pueris...
See: Antiquorum patrum exemplo didici...

4804. Quidam clericus nomine Stephanus incidit in temptacionem...
Exempla morum bene vivendi
Ms: Erfurt, Ampl. Qu. 156, f.159-164

4805. Quidam cum duceretur...
Exempla
Ms: London, BM Addit. 27336 f. 2 (Ward and Herbert III 647 seq.)

4806. Quidam demoniacus revelabat omnia peccata...
Anecdota e vitis patrum excerpta
Ms: Oxford, All Souls 3 f.4

4807. Quidam discipulus domini post assumpcionem Christi homines plus videre noluit...
Exempla exquisita de diversis materiis
Ms: Zwettl 138 f.1-97 (Welter 263 seq.)

4808. **Quidam elongant se a Domino per superbiam...Iob Ve illis...**
[Manual for confessors]
Ms: Paris, BN lat. 3479 f.7 seq.

4809. **Quidam frater de ordine minorum narravit...**
[Religious tales]
Ms: London, BM Burney 361 f.149-156; (Ward & Herbert III 642 seq.)

4810. **Quidam frater interrogavit abbatem...**
Exemplum de timore ex vitiis patrum
Ms: Schlägl 188 f.264

4811. **Quidam Gallinacius victum quaeritavit./ Pretiosus interim lapis...**
Romuleae fabulae
L. Hervieux, *Les fabulistes latins* II 746 seq.; Ward and Herbert II 342 seq.
Prol: Attendentes insulae de longe...Second Prol: Iam te cuncti possimus pater...

4812. **Quidam habens patrem in veteratum...**
De honore patris (a collection of exempla)
Ms: Klagenfurt, Bischöfliche Bibl. XXX c.22 f.1-70

4813. **Quidam interroganti a Christo quid faceret...**
[De decem praeceptis]
Ms: London, BM Roy. 8 E.III f.117-135

4814. **Quidam iuvenis Melibeus nomine...**
See: Quoniam multi sunt qui in adversitatibus...

4815. **Quidam magister in theologia Parisius per experientiam multam et studium diligens...**
Iohannes Gerson, *Tractatus de confessione molliciei*
Mss: Erfurt, Ampl. Qu. 146 f.125-136; Paris, BN lat. 14920 f.51 seq.; Wien, Nat. Ser. n. 3887 f.25-28
Printed: *Opera omnia* (Antwerpiae 1706) II 453-455

4816. **Quidam monachus valde temptabatur exire ordinem...**
Exempla
Ms: Klagenfurt. Studienbibl. Perg. 2 f.47-48

4817. **Quidam Papa in honorem...**
Exemplorum de virtutibus et vitiis congeries
Ms: Wien, Nat. 4893 f.134-177

4818. **Quidam pater familias bene se torquebat de quo in vitis patrum dicitur quod non servaretur mortuus...**
Martinus Polonus (Oppaviensis; de Troppau), O.P., *Promptuarium exemplorum* (Welter 228 seq.; Quetif-Echard I 362)
Printed: Argentine 1484, 1488 (Goff M-329-30)

4819. **Quidam propter asperitatem cibariorum ordinem exivit cisterciensem...**
Exempla
Ms: Lincoln, Cath. 229 (B.6.7)

4820. **Quidam rogavit quendam malefactorem...**
[Religious tales]
Ms: London, BM Burney 361 f.146-148; (Ward and Herbert III 642 seq.)

4821. **Quidam Romanus imperator unicum habens filium...**
Historia septem sapientium
Ms: München, Clm 3800; 11726

4822. **Quidam sanctorum patrum interrogantibus...**
Consilia et exempla sumpta ex vitis patrum

Ms: Schlägl 97 f.139-141
Cf: Quidam sanctorum seniorum patrum...

4823. *Quidam sanctorum seniorum patrum...*
Commonitiones sanctorum patrum
Ms: Wien, Nat. 433
Cf: Quidam sanctorum patrum interrogantibus...

4824. *Quidam scolaris totus vanitatibus seculi deditus...*
Moralitates
Ms: Heiligenkreuz 41 f.194-277

4825. *Quidquid...*
See: Quicquid...

4826. *Quidquid est causa causae est causa causati. Causa est per quem aliquid habet esse...*
See: Clemens papa cuius rem nominis et vitae sentiant subiecti...

4827. *Quilibet dicunt quod volunt ire...*
See: Vias tuas, Domine, demonstra... Quilibet dicunt...

4828. *Quilibet peccator volens confiteri, antequam ad sacerdotem...*
Michael de Bologna, Iohannes Merkelin (?), *or more probably* Matthaeus de Cracovia, *Informatio cuiuslibet peccatoris confiteri volens* or *De modo confitendi* or *Confessionale* or *De informatione confitentium* (appendix to 'Quoniam fundamentum...'?)
Mss: Aix-en-Provence 1446; Gdansk 1958 f.18 seq.; Mar. Q.13 f.147-161; Mar.Q.27 f.194-203; London, BM Arundel 260 f.175-192; Wien, Nat. 4501 f.146-164; (Th. Sommerlad, *Matthaeus von Krakau* [Halle a.s. 1891] 70-71)
Prol: Dilecte mi domine ac frater spiritualis Hermanne...

4829. *Quindecim presbyteri nuper consedere...*
[Satire on bad priests]
Ms: München, Clm 3661

4830. *Quinque civitates quinque libri Moysi...*
See: Erunt quinque civitates in terra Egypti...Quinque civitates...

4831. *Quinque gule species positas hoc ordine disces...*
[On gluttony]
Ms: München, Clm 12620 f.108

4832. *Quinque iuvant oculum, sua lux extrinseca lampas...*
Versus de oculo animae purgando
Ms: Rein 12 f.103-104

4833. *Quinque septena in sacra Scriptura, frater, inveni, quae volo si possum...*
Hugo de Sancto Victore, *De quinque septenis in scriptura* or *Tractatus de quinque septenis* or *De meditatione et quinque septenis* or *De quinque septem vitiis et virtutibus*
Mss: Barcelona, Centr. 103; Berlin, Lat. fol. 736 (Görres 27); Bern 92 A; Bourges 400; Cambridge, St. John's F. 4 (141) f.81-82; Cambridge, Univ. Kk.2.22 (1985) f.273-275; Douai 360; 365; Einsiedeln 131 (1068) f.213 seq.; Laon 173; 463; 471; London, BM Roy. 8 C. VII f.60; 8 F.XIV f.71; 10 A.IX f.107; Metz 614; München, Clm 2574; 5030; 13092; 17837; Napoli, Naz VII.A.37 f.17 seq.; Oxford, Bodl. Bodl. 2; Can. misc. 529; Laud. misc. 80; 277; 371; Oxford, Merton 13; 22 f.174 seq. (?); Oxford, Univ. Coll. 45 f.45 seq.; Paris, Arsenal 393; Paris, Mazarine 717 (433); Paris, BN lat. 2527; 3688; 3769; 12414 f.124 seq.; 14294; 14303; 14303; 14525 f.299 seq.; 14997 f.185 seq.; 15315; 15695; 16521; 17282 f.114-116; 738 (953); 981 (901); Rein 12 f.77-87; 35 f.106-114; Rouen U. 136 (1468); Schlägl 3 f.9-10; Soissons 116 (107); Tortosa, Cab. 105;

Tours 247; Troyes 1174; Vaticana, Regin. lat. 167; Urb. lat. 108; Vendome 58; Würzburg, Univ. M.ch.f.127; Zwettl 367 f.99-105. (Ludwig Ott, in *Beiträge zur Geschichte der Philosophie und Theologie des Mittelalters* 34[Münster 1937] 433-441)
Printed: Parisiis H. Stephanus, 1506; R. Baron, Hugues de Saint-Victor. *Six opuscules spirituels* (Sources chretiennes 155), Paris 1969, pp.100-119. PL 175, 405-414
Prol. variant: Post tractatum habitum de honestate disciplinae continue tractandum est...

4834. **Quinque sunt partes luminis confessorum. Prima pars in primo articulo...** (intro. table)
See: Lumen confessorum vocatur hec doctrina...

4835. **Quinque sunt septena, septem vitia, septem petitiones...**
[On sevens]
Ms: Oxford, Bodl. Laud. misc. 90

4836. **Quinque sunt spiritualia et duo carnalia...**
See: Primo confitendum est de peccatis mortalibus...Quinque sunt...

4837. **Quinque virtutes convenerunt aliquem in unum...**
De virtutibus quenam earum est regina
Ms: London, BM Harl. 1294 f.89-92

4838. **Quis aliquando vidit clericum cito penitentiam agentem...**
De penitentia (a canon law text)
Ms: Kornik 116 f.185-195

4839. **Quis dabit capiti meo** (Ier. 9,1)...
Bernardus Claraevallensis, *Meditaciones* or *Lamentatio peccatorum*
Mss: Cambridge, Trinity Coll. 310 f.46-49; Utrecht, Univ. 229 f.86-87

4840. **Quis dives libenter transiret...**
Tractatus valde bonus de exemplis naturalibus, habundancia exemplorum et similitudinum cum moralitate multum utili
Ms: Cambridge, Univ. Ff.6.27

4841. **Quis est beatus, quod omnes...**(variant)
See: Concupiscientia: Quis est beatus, quod omnes...

4842. **Quis est Deus qui est...**(variant)
See: Cum non essem alicui exercitio...

4843. **Quis est hic, quid loquitur blasphemias** (Luc. 5,21)...
[A work against blasphemy]
Ms: Praha, Univ. IV.E.15 (695) f.107-109

4844. **Quis etiam sufficienter deplangere aut lacrimis scribere valet cecitatem...**
Iacobus Carthusiensis (de Jüterbog) (Iohannes de Capistrano?), *Planctus super errores religiosorum*
Ms: Leipzig, Univ. 382, ff.228-231 (Meier n.78 p.64)
Printed: E. Jacob, *Iohannes von Capistrano*, II (Breslau 1905)

4845. **Quis mihi laude pari vel honore potest simulari** [or **coequari**]...
See: Vos qui pro Christo mundo certatis in isto...

4846. **Quis mihi moesta dabit...**
Bishop Verecundos, *Versi penitentie*
Printed: P. Ewald, *Neues Archiv* 6 (1881) 317

4847. **Quis potest cupere...**
[Against avarice of the Clergy]
Ms: London, BM Harl. 978 f.88

4848. Quis putas est fidelis servus (Matth. 24,45). **Debet qui preest familie domini esse prudens ut oravit propheta David...**
   Materia bona de eruditione confessoris
   Ms: Paris, Beaux Arts Jean Masson 41 f.69-77.

4849. Quis, quid, ubi, per quos, quociens, cur, quomodo, quando. Quilibet obseruat anime medicamenta dando. In istis metris tanguntur circumstancie confessionis...
   [Short poem on confession]
   Mss: Berlin, Theol. fol. 572 (Rose 831) f.115; Chartres 432; London, Roy. 8 C.IV; Metz 248; München, Clm 11338; Praha, Metr. Kap. J 60; Zürich C 148 (Michaud-Quantin Index; Walther PS 25431)

4850. Quis sanctorum a principio mundi extitit...
   Tractatus de caritate
   Ms: Leipzig, Univ. 337 f.2-3

4851. Quisquis a morte peccati ad salutem et gratie statum volet resurgere...
   Iohannes Gerson, *Examinatio conscientiae* or *De confessione et confessoribus (Opus Tripartitum, pars II)*
   Mss: Bruxelles, BR 3016-22 (cat. 2226) f.42-51; Cambridge, Univ. Ff.4.10 f.243-247; München, Clm 28296 f.25-31; Paris, BN lat. 14920 f.138 seq.; Wien, Nat. 4789 f.230-238; Ser.n. 3896 f.223-224; Wilhering 104 f.84-88; (Michaud-Quantin Index)
   Printed: Iohannes Gerson, *Opera omnia*, (Antwerpiae 1706) I 442 seq.
   See: Christianitati suus qualiscumque peccator...(pars I)

4852. Quisquis amicitiam non vult vitare notandam...
   Serlo de Wiltoniensis, *De contemptu mundi*
   T. Wright, *Anglo-latin Satirical Poets* II 232

4853. Quisquis es attende, pauces tibi multa restingam...
   De vitio linguae
   Ms: Paris, BN lat. 15157 f.42 seq.

4854. Quisquis es per fidem, spem, et caritatem...
   [Tractate on what is necessary for salvation]
   Ms: Praha, Univ. 984 ff.190-192

4855. Quisquis es qui a mundi sollicitudine elongasti fugiens et iuxta verbum prophete...
   (Prol.)
   (Cap. 1) Imprimis igitur considera te principaliter ad tria...
   Petrus de Alliaco, *Speculum considerationis*
   Mss: Bruxelles, BR 708-19 (cat. 1391) f.154-186; 21192-96 (cat. 1696) f.19-32; Cambrai 514 (473) f.50-80; 531 (490) f.26-42; s'Gravenhage, Kon. Bibl. 73 G 9 (468); Madrid, Nac. 54 f.148-162; Paris, BN lat. 12431 f.85 seq.; (Paul Tschackert, *Peter von Ailli [Petrus de Alliaco]: Zur Geschichte des grossen abendländischen Schisma und der Reformconcilien von Pisa und Constanz* [Gotha 1877] cites on p.362; Trithemius cliiii; Hain 850; Goff A-487; *Speculum considerationis et sermones* [Bruxelles apud Fratres vitae communis] n.d.; Petri de Alliaco, *Tractatus et sermones*, fol. s.l.e.a. und Arg. 1490--mogunt. 1574; L. Salembier, *Petrus de Alliaco* p.XLI; L. Salembier, *Le Cardinal Pierre d'Ailly...* [Tourcoing 1932] There is no mention of the work except in list of works. It is suggested that it may have been an early work. It is not mentioned among geographical works like 'imago mundi.')
   Printed: Strassburg 1490; Mainz 1574; *Opuscula spiritualia* (Douai 1634) 1 seq.

4856. Quisquis habens mundum cor vis postponere mundum...
   Serlo Wiltoniensis (?), Abbas de Eleemosyna (L'Aumone),

[Poem on the world]
Mss: Digby 53; Paris, BN Baluze 120; Saint-Omer 115 f.16; (Walther IC 16175)

4857. **Quisquis hunc librum intelligere voluerit...**
Speculum animarum simplicium (trans. from English)
Ms: Cambridge, Pembroke 221
Prol: Incipit liber qui dicitur Speculum animarum...

4858. **Quisquis in perfectissimo sanctae Ecclesiae statu degere appetit, is ut homo strenuus ac bonus...**
Iohannes Ruysbroek, *Libellus de perfectione filiorum Dei*
Printed: *Opera omnia* (Coloniae 1552) 373-388
See: Quicumque vult vivere in perfectissimo statu...

4859. **Quisquis nutu Dei cuiuslibet officii...**
Martinus, Episcopus Bracarensis (de Braga), *Exhortatio humilitatis*
Barlow 74 seq.; Diaz 23; *Clavis*1084
Printed: PL 72, 39-42

4860. **Quisquis prudentiam sequi desideras tunc per rationem recte vives...**(Chap. 1)
Martinus Dumiensis, *Formula honestae vitae*
Mss: Bamberg M. IV.4 (Ms begins with Chap. 1); Cambridge, Trinity O.3.31 (1203) f. 38-41 (Ms begins with Chap.1); Oxford, Bodl. Marshall 86 f.56 (SC 5297) (Ms begins with Chap.1); Oxford, Jesus 42 f.74 seq.; (Ms begins with Chap. 1) Oxford, Merton 297 f.191 seq. (Ms begins with Chap.1); Paris, BN lat. 14988 f.319 seq. (Ms begins with Chap.1); Vaticana, Regin. lat. 291 (Ms begins with Chap.1); Worcester, Cath. F.152 f.22 & f. 33-36 (Ms begins with Chap.1)
Cf: Quatuor virtutum species multorum sapientium...
Prol: Nisi idem quod a Seneca ad Paulum...
Preliminary opening paragraph after dedication: Pessimus est ille, qui ad se ipsum...

4861. **Quisquis sanctae conversationis vitam cum diabolo dimicaturus...**
Beda (?), *De pugna vitiorum*
Ms: Toulouse 189

4862. **Quisquis sim, non pondus vel momentum temporis; quod Iethro Moysi pro modulo suo...**(pref. letter)
See: Misericordiam et iudicium cantabo tibi Domine...(Ps. 100,1) Quia ipse Dominus cum discretione ineffabili...

4863. **Quivino venerabili et vero Deo digno abbati, frater ille pauper et modicus...**
Excerpta moralium beati Gregorii papae
Ms: Osek 52 f.1 seq.

4864. **Quo fugis, O nimium tener impatiensque doloris?/ Te quocumque fugis quem fugis insequitur...**
Erasmus, *Elegia de patientia, qua sola vincuntur omnia*
Printed: *Poems*, ed. C. Reedijk (Leiden 1956) 148 seq.

4865. **Quo studio et quo affectu a nobis orandus sit Deus...**
Hugo de Sancto Victore, *Tractatus de virtute orandi* [or *de modo orandi*] or *Liber de affectu orationis*
Mss: Basel, Univ. B IV 23 f.12-14; B VII 30 f.30; B VIII 23 f.53; Cambridge, Caius 149 f.239-250; Praha, Metr. Kap. D 61 (627) f.120-141; Praha, Univ. XII.A.23 (2100) f.154-157 (G. Meyer-M.Burckhardt, *Die mittelalterlichen HSS der Univ. Basel* [Basel 1960] I 384)
Printed: PL 176, 977-988
Dedic. Domino et patri carissimo H. Munusculum hoc dilectionis meae...

4866. *Quo tempore ceperit confessio. Videamus igitur quo tempore ceperit confessio; et ad hoc sunt quinque opiniones*
    Paulus Hungarus, *Summa penitentiae* or *Tractatus de confessione* or *Confessionale*
    Mss: Alba Iulia II-59 f.102r-108; Cambridge, Univ. Gg.4.32 f.17; Klosterneuburg 194 f.196-213; Montecassino CLXXIII; Trier, Stadtbibl. 802 (H. Weisweiler in *Scholastik* 3[1930] 254 = section D)
    See: Prol. Quoniam circa confessiones animarum pericula...(not in Trier MS)
    Variant: Primo ergo videamus...

4867. *Quod ad aures publicas...*(prol.)
    See: Hora novissima, tempora pessima sunt, vigilemus. Ecce minaciter...

4868. *Quod autem theologia sit sciencia altissima vera et certissima et clarissima...*
    See: Veteris ac nove legis continentiam magister sententiarum in quatuor libros distinxit...

4869. *Quod corpus non oboedit spiritui, nisi subtracta esca per ieiunium...*
    Antonius Rampegolus Ianuensis (?), *Mantissa in librum figurarum moralem*
    Mss: Graz, Univ. 1437 ff.1 seq.; München, Clm 26904 f.2-9 (Zumkeller 116)
    Prol: Animadverte tabulam infrascriptam, ubi tria scias: Primo materias...

4870. *Quod credens quivis habere debet in scripso...*
    See: Incipit liber quem composuit Sedechias...

4871. *Quod das da lete/ sic dicet plebs bona de te/ Et si rixaris/ vel turpia famina faris/* ...
    [Goliardic?poem on seven cardinal sins]
    Ms: Oxford, Bodl. Bodl. 496 f.144; (Walther IC 16249)

4872. *Quod Deus diversis modis diversis personis apparuit sub signis visibilibus...*
    See: Apparitiones. Quod Deus diversis...

4873. *Quod Deus summus et incommutabilis sit...*(Rubrica)
    Isidorus Hispalensis, *Liber Sententiarum*
    Mss: Brugge, Stadsbibl. 164 f.1-62; Praha, Univ. I D 25 (165) f.149-201
    See: Summum bonum Deus est...

4874. *Quod existentia hominis interior similis debet esse apparentie exteriori. Dilecte fili in Christo, rogo te ut contentus sis...*(Lib. 1)
    Quomodo homo dicitur imago Dei secundum animam, non secundum corpus. Quoniam multum desideras ac etiam petis...(Lib. 2)
    Walter (Gualterus) Hilton, *Scala perfectionis* or *Liber de nobilitate anime*
    Ms: Marseille 729
    See: Dilecta soror in Christo Iesu, rogo te ut contenta sis...

4875. *Quod favente Domino...*
    See: Quoniam summaque magistrutia seu Pisanella... Quod favente...

4876. *Quod ille dives diceretur...*
    De caritate
    Ms: Schlägl 188 f.264

4877. *Quod in omnibus que scribuntur medium est tenendum...* (Prol.)
    Bartholomaeus de Pisis, *Tractatus de penitencia*
    Ms: Växjö, Stifts- och Laroverksbiblioteket, MS 4º 401 (from Erfurt) f.1-219; (Lehmann II 20)

4878. *Quod in sequenti opusculo* [or *tractatu*] *iura adducuntur in testimonium veritatis...*
    See: Ut sacre veritatis splendor evidentius cunctis elucescat, iura canonica adducuntur in presenti opusculo in testimonium veritatis...

4879. *Quod incertum sit unicuique terminus vitae suae...*(Part II)
    See: Fieri non potest ut...(Part I)

4880. *Quod intellectus speculativus a practico differet fine et quod prudentia ad practicum pertinet. Ad ostendendam differentiam prudentiae ad virtutes intellectus, primo sciendum est quod intellectus...*
See: Quia secundum sententiam Apostoli ad Hebreos ciuitatem...

4881. *Quod magna virtus est orationis...*
See: Notandum quod magna virtus...

4882. *Quod octo sunt species...*
De octo turpitudinibus coniugatorum
Mss: Sankt Florian 116 (63); 317 (414); Schlägl 121 f.72-74
See: Octo sunt species turpitudinis...

4883. *Quod omnes debent obseruare precepta Dei...propter mandati sufficientiam... Dei reuerentiam...obedientie efficaciam...*
[De decem praeceptis]
Ms: Napoli, Naz. V.H.378 f.185-187

4884. *Quod peccata nostra et Dei beneficia debemus ad memoriam revocare* [or *reducere*] *in Gen. Adam ubi est...*(variant in Paris, BN lat. 2995; Avranches 135; Dijon 211)
See: Adam ubi es...

4885. *Quod pernitiosum et Deo odibile sit superbiae vitium...*
De humilitate
Ms: Oxford, Bodl. Laud. misc. 487
Prol: Clamat in lege veteri Deus per Moysen populo...

4886. *Quod prima penitentia fit ante baptismum...*(intro. table)
See: Dilecto suo Stephano R[obertus]..

4887. *Quod res publica sit corpus et que sit eius membra...*(variant chap. 1)
See: Cum doctor sive predicator evangelicus...

4888. *Quod summus et incommutabilis sit Deus...*
See: Quod Deus summus et incommutabilis sit...(Rubr.) Summum bonum Deus est...

4889. *Quod temptatio est quedam exercitatio ut...*
Nota de temptatione
Ms: Cambridge, Univ. Ii.6.30 f.77

4890. *Quod tria debet attendere quisque ut sit vere penitens...*
See: Quid sit penitentia et quid penitere. Quod tria...

4891. *Quod triplex est amor, scilicet carnalis, naturalis ac spiritualis...*
Manuale curatorum
Ms: Cues, Hospital 98

4892. *Quod verum est quoad...*
See: Guadium erit in celo...Quod verum est...

4893. *Quod videor grata mihi det virtus simulata...*
De septem peccatis mortalibus (poem)
Mss: Bern 205; Poitiers 85

4894. *Quod virtus est melior quam bona opera...*
Ms: Praha, Univ. I.D.8 (149) f.79

4895. *Quodcumque ligaueris super terram...*(Matth. 16,19)*Duos fines ultimos futuros esse...*
Franciscus de Mayronis, O.F.M., *De indulgentiis* (Sermo)
Mss: Cambridge, Pembroke 255 f.248 (See B. Roth. *Franz von Mayronis* [Werl-i-W, 1936] 236-239)

LIST OF INCIPITS

4896. Quominus carissimi in via...(variant)
   See: Quoniam, carissime, in via huius seculi...

4897. Quomodo anima per mentale exercitium...Anima: Dic, queso, o homo si post...
   Bonaventura, *Soliloquium de quatuor mentalibus exercitiis*
   Ms: Wien, Nat. Ser. n. 12907 f.209-259
   See: Flecto genua mea ad Patrem...Paulus apostolus

4898. Quomodo autem delectabile vinci potest...
   Iacobus de Jüterbog, *De tentatione et consolatione religiosorum* 'Instantibus tuis precibus...' (part) (Meier p.37 n.38)

4899. Quomodo confessor habeat se ad confitentem videamus...
   Tractatus de confessario et poenitente et partibus confessionis
   Ms: Göttweig 162; (Schulte II 531)

4900. Quomodo homo dicitur imago Dei, secundum animam, non secundum corpus. Quoniam multum desideras...(Book 2)
   See: Quod existentia hominis interior similis...(Book 1)

4901. Quomodo intelligendum est quod sanguinis...
   See: Abel. Quomodo intelligendum est...

4902. Quomodo obscuratum est aurum et mutatus est color optimus (Thren. 4,1). *Hec verba conveniunt nostris temporibus...*
   Christi lamentum de ecclesiae ministris
   Ms: Bologna, Univ. 2312 f.98-154

4903. Quomodo sacerdos debeat interrogare penitentem...
   Tractatus ascetici
   Ms: Wien, Nat. 1355

4904. Quomodo sacerdos debet docere confitentem. Primo dicat sacerdos confitenti quod removeat capucium...
   [On confession]
   Ms: Paris, BN lat. 3758 f.89 seq.

4905. Quomodo sacerdos expediet surdos vel mutos aut cecos vel furiosos qui sunt in peccato mortali. Cap. 1. Utrum confessor teneatur reducere ad memoriam peccatum confitentis...(Text) *Restat nunc ut de questionibus magistrorum aliqua dubitabilia supponamus...*
   De 32 questionibus confessoribus utilibus
   Ms: Paris, Beaux Arts Jean Masson 41 f.51-63

4906. Quomodo suscipiendus sit penitens. Penitens: Suscipe me Domine miserum peccatorem...(Lib. I)
   See: Res grandis immo permaxima...

4907. Quomodo timore penae, non amore justitiae fit bonum, nondum fit...
   Libellus de timore
   Ms: Oxford, St. John's 54

4908. Quondam mihi meditanti subiit illa que me sepius occupat cogitatio, futurorum spes, fastidium principium...
   Adrianus Carthusianus, *De remedio utriusque fortune, Prologus*
   Mss: Cambridge, Univ. Ll.5.21 f.38; London, BM Harl. 1883 f.1-80; München, Clm 28429
   Printed: Cologne ca. 1470, 1471; Louvain n.d. (Goff A-54 to 57)

4909. Quoniam...
   See: Quia...

4910. **Quoniam ad religionem et ad verum mundi contemptum ad admirabili consiliario... Ad primum videtur quod vovere non sit expediens...**
  Bernardus de Sienna (?) Nicolaus Auximanus (De Ausimo) (?), *Tractatus de religione et utilitatibus eius*
  Mss: Madrid, Nac. 18114; Vaticana, Vat. lat. 1237 f.174-181 (D. Pacetti, *Gli Scritti de San Bernardino di Siena* in *S. S. Bernardino da Siena* [Milano 1945] 62-63)

4911. **Quoniam ad remissionem peccatorum multa debemus inpagare...**
  De confessione or *Summa confessionis* or *De penitentia*
  Mss: Krakow, Univ. 399 f.137-154; Vaticana, Regin. lat. 442 f.235-241; Wien, Nat. 3732 f.82-101

4912. **Quoniam advertendum est in principium istius libelli... Auctor: 'quidam doctor rector scole in castro Cracoviensi'.**
  Expositio super Decametrum 'Qui non transcendit'
  Ms: Wrocław, Uniw. IV.Q.104, ff.57-68
  Cf: Qui non transcendit mandata dei bene tendit...

4913. **Quoniam apostolica sedes omnium Ecclesiarum mater esse...**
  See: Beatissimo papae Leoni, Petrus ultimus monachorum...Quoniam apostolica...

4914. **Quoniam apostolus demonstrat plus valet mensura doloris quam...**
  [On penance]
  Ms: Heidelberg, Univ. Salem 9, 17a f.116 seq.

4915. **Quoniam apostolus, ut ait, docet nos tempus redimere quoniam dies mali sunt** (Eph. 5,16)...
  [Instruction on Christian doctrine]
  Ms: Escorial d.IV.15 f.91-100

4916. **Quoniam autem ait Apostolus, sine fide impossibile est placere Deo** (Hebr. 11,6), **hinc est quod antiquus adversarius...**
  Bernardus Guidonis, O.P., *Libellus brevis et utilis de articulis fidei et sacramentis ecclesie ac decem preceptis decalogi pro rectoribus et curatis ecclesiarum nostre ludonensis*
  Ms: Burgo de Osma, Cab. 116
  Printed: C. Douais, *Un nouvel ecrit de Bernard qui accompagne du Libellus de articulis fidei*, (Paris 1894)
  See: Quoniam, ut ait apostolus ad hebr. 11, sine fide...

4917. **Quoniam autem initium sapiencie est timor Domini ut dicitur** (Ps. 110,10)...
  See: Quoniam multi multipliciter, subtiliter...

4918. **Quoniam, carissime, in via huius saeculi fugientis sumus, dies nostri sicut umbra praetereunt...**
  Ps.-Augustinus, Ps.-Bernardus, etc., *Speculum peccatoris* or *Speculum peccatorum* or *Speculum amatorum mundi* or *Speculum mortis* or *Manipulus curatorum*
  Mss: Aix 268; Auxerre 23; Avignon 235 (Anc. fonds. 138), partie inferieure, f.22-39; 255; 299; 336 (Arc. fonds 12 f.97-100) Boulogne 97; Brno, Univ. Mk 102 f.231-236; Mk 19 (II, 159) f.60-65; Bruxelles, BR 1291-1311 (cat. 1623); 2285-301 (cat. 1505) f.48-52; 2724-39 (cat. 1635) f.179-185; 3075-83 (cat. 1469) f.15-27; 3733-50 (cat. 379); 11752-64 (cat. 1135) f.25-28; 15145-51 (cat. 1630) f.54-60; 20054-71 (cat. 2237) f.68-70; 21210-14 (cat. 1526) f.40-58; 21989 (cat. 2206) f.55-61; II.2510 (cat. 1472) f. 158-171; Budapest, Eg. Kön. 48 f.15-18; 55 f.67-71; Cambrai 276 (266); 586 (544); 956 (944); Cambridge, Corpus Christi 137 f.121; 392 f.200-206; 500 f.69-71; 503 f.106-109; 508 f.115-118; 512 f.168 (attrib. to Augustinus); 534 f.31-34; Cambridge, Fitzwilliam Museum 259

f.53; Cambridge, Caius 353 f.95-102; Cambridge, Peterhouse 218 f.151 (attrib. to Ricardus Rolle); 218 f.190; 219 f.20; Cambridge, St. John's G.8 (176) f.55-61; Cambridge, Trinity Coll. 297 f.46-50; 374; 376 (B.15.42) f.86-90; Cambridge, Univ. Dd.15.21 f.77-86; Ee.6.7 f.152-161; Ff.1.14 f.97-103 (attrib. to Bernardus); Ff.2.20 f.55-58; Ff.5.36 f.256-259 (attrib. to Bernardus); Hh.1.11 f.118; Hh.4.13 f.112-117 (attrib. to Bernardus); Ii.1.31 p.175-180; Ii.6.15 f.1-5; Kk.6.41 f.1-21 (attrib. to Bernardus); Carpentras, Ville 642 (L. 612) f.45-55; Darmstadt 27; 767; Donaueschingen 250; Douai 457; Edinburgh, Univ. 90; Eichstätt 458 f.168-171; Frankfurt am Main, Stadtb. Praed. 147 f.165-167; Gdansk 1958; 1980; Mar. F.135 F.284; Göttingen, Lüneb. 84; Herzogenburg 73 f.94-106; Klagenfurt, Studienbibl. Pap. 19 f.132-136; Klosterneuburg 368 f.190-194; Kornik 47; København, Gl kgl. S.78 fol. f.268; S.1600 qu. f.106-111; Thott 28 oct. f.29-36; København, Univ. Fabric. 89 qu. (from Meissen ?) f.1-6; Krakow, Uniw. 554 f.162-165; 2151; 2291; Leipzig, Univ. 272 f.1-4; 458 f.4-12; Lincoln, Cath. 188 (B.4.1); London, BM Addit. 34276 f.31; 34763 f.45; 34807 f.82; 38787 f.54; 41618 f.12-19; Burney 356 f.189-193; Egerton 673; Harl. 3363 f. 59-64; 3820 f.153-161; 5398 f.32-38; Roy.5 C.III f.279-281 (extracts); Sloane 988; Maria Saal 27; Marseille 224; 239; 437; Metz 152; 339; 353; München, Clm 782 f.34; 3562 f.275 seq.; 3786 f.17; 3801 f.143; 5031 f.230; 5409; 5630 f.115; 5942 f.48-58; 14216 f.99; 14568 f.121; 15175 f.146; 26706 f.348-352; 28660 f.7-18; Namur, Mus Arch. Ville 29 f.91-96; 104 f.53-58; Napoli, Naz. VI.F.34 f.187-189; Osek 31 f.38 seq.; Oxford, Bodl. Bodl. 289; Hatton 26 f.159 (SC 4061); Oxford, Brasenose 15 f.18 seq.; Oxford, Corpus Christi 155 f.204 seq.; 193 f.258 seq.; Oxford, Lincoln Coll. 12 f.214 seq; Oxford, Magdalen 72 f.152 seq.; 141; Oxford, St. John's 130 f.157 seq.; Oxford, Trinity 71 f.9 seq.; Oxford, Univ. Coll. 4 f.26 seq.; 29 p 407 seq.; Paris, Arsenal 268; Paris, BN lat. 1201 f.244 seq.; 2692 f.92; 13602 f.16; 14923 f.268; 18082 f.6 seq.; Poitiers 93; Praha, Univ. I.C.32 (125) f.207-210; I.F.13 (245) f.76-82; I.G.9 (283) f.34-43; III.D.13 (465) f.10-12; III.D.13 (465) f. 260-263; IV.C.8 (635) f.177-179; V.D.2 (870) f.146-149; I.G.9 (283) f.34-43; VII.D.8 (1274) f.180-183; VII.E.6 (1295) f.62-66; X.D. 1 (1880) f.111-114; XII.B.21 (2126) f.32-34; XII.F.18 (2206) f.289-294; Rein 5 f.34-40; Rouen A 454 (671) f.115 seq.; Salisbury, Cath 13 (?); Schlägl 68 f.195-198; Soissons 130 (121); Tours 339; 341; Trier, Stadtbibl. 628; 685; 689; 735; 760; 788; 685; 689; 6981; Histor. Arch. 177(1732); Utrecht, Univ. 166 f.140 seq.; 173; 174; 204; Valencia, Cab. 270; Vaticana, Vat. lat. 373 f.57 seq.; 456 f.28 seq.; 11437; Vyssi Brod 16 f.64-70; 71 f.110 seq.; Wien, Nat. 1757; 3973; Wien, Schott. 64 f.265-271; 178 f.184 seq.; 328; 330; Wilhering 43 f.193-195; 122 f.140-147; Worcester, Cath. F.80; Würzburg, Univ. M.ch.f.49 f.35-63; M.ch.f.220 f.129-125; M.ch.f.295 f.285-288; M.ch.q.66 f.36-41; M.ch.q.100 f.173-178; M.ch.q.129 f.195-203 (Allen 353-354; Stegmüller RB 1481; Zumkeller MWA 65 and 65 n; Rudolf p.14 n.12; Lambert, Bernard O.S.B. *Instrumenta Patristica* IV: *Bibliotheca Hieronymiana Manuscripta* T. III B. Spuria (1970)

Printed: PL 40, 983-992

Prol: (sometimes): Utinam saperent et intelligerent

4919. *Quoniam circa confessiones animarum pericula et difficultates sunt que emergunt, ad honorem beati Nicolai...tractatum brevem de penitentia compilavi...*

Paulus Hungarus, O.P., [Berengarius, Episcopus Tusculan. (?); Franciscus (Caraccioli), Cancellarius Parisiensis (?)], *Summa poenitentiae* or *Summa de poenitentia* or *Confessionale* or *De confessione* or *Summa de confessionibus et penitenciis* or *Summa de confessione* or *Tractatus magistri Johannis doctoris decretorum de penitentia* or *Summa sive tractatus confessionis* or *Rationes poenitentiae*

Mss: Angers 381; Burgo de Osma, Cab. 116; Cambridge, Univ. Gg.4.32 f.17; Charleville 84; Durham, Cath. Hunter 30 p.102-114; Einsiedeln 275; Erlangen, Univ 221 f.138-151; 276 f.9-19; Heiligenkreuz 316 f.74-78 (end missing); Klagenfurt, Studienbibl. Pap. 166 f.137-149a; Krakow, Domin. L.XV.11 p.195-222; Lambach 134; Leiden 191 C; Leipzig, Univ. 152 f.19-26; Liege, Univ. 15 C f.272-273; London, BM Addit. 18325 f.3-12; Arundel 395 f.60-75; Harl. 2851 f. 157; 4887 f.41-47; Luxembourg 132; Montecassino 184; 799; München, Clm 993 f.84-105; 3049 f.40-49; 3238; 4586; 4782; Olomouc, CO 180; 280; Oxford, Bodl. Can. misc. 269; Laud. misc. 208; Oxford, Lincoln. Coll. 67 f.162 seq.; Padova, Ant. 217; Paris, BN lat. 3568; 3586; 12592; 14523; 14883; 15962; 15952 f.99; 15962 f.201; 16504; Praha, Univ. III. D.13 (465) f.143-148; IV.G.14 (746) f.263-276; V.G.21 (973) f.99-106; X.B.9 (1838) f.202-206; Rein 5 f.105-139; Tortosa, Cab. 253 f.1 seq.; Tours 415; Utrecht 112; Vaticana, Palat. lat. 397; Venezia, Marc. Lat. III.54 (Valentinelli IV, 47) f.1-10; Wien, Nat. 1355; 1703; 4012; 4548 f.150-160; Wrocław, Uniw. I.Q. 102 f.58 seq.; Würzburg, Univ. M.ch.f.209 f.262-268; M.ch.q.97, f.199-205; Zwettl 337 f.38-51 (Glorieux 227 f; Michaud-Quantin 24-26) The MSS show different recensions: See H. Weisweiler, *Scholastik* 5 [1930] 248 seq., esp. 250-251; P. Mandonnet, *Aus der Geisteswelt...*[above, No. 399] 525-544; cf. St. Kuttner, *Traditio* 2 [1944] n.11; *Repertorium der Kanonistik* p. 412 n.3

Printed: *Florilegium Cassinense* IV 191-215

See: (Groupe D Cap. 1) Quo tempore ceperit confessio. Videamus igitur quo tempore ceperit confessio; et ad hoc sunt quinque opiniones... (Sometimes prol. to 'In primis debet sacerdos...')

Cf: Tractatum de penitentia perlecturis... (?) Quoniam circa confitentes et penitentias...

4920. **Quoniam circa confessiones audiendias...**(variant of above)
Ms: München, Clm 3596

4921. **Quoniam circa confitentes et penitentias...**(variant?)
Berengarius Fredoli (?), *Summa confessionum*
Ms: Klosterneuburg 417 f.294-304
See: Quoniam circa confessiones animarum pericula...

4922. **Quoniam circa contractus emptionis et venditionis...**
Iohannes de Pribram, Theodoricus de Erlich, *Tractatus de usura*
Mss: München, Clm 3822; Praha, Univ. III.G.16 (541) f.50-56

4923. **Quoniam circa Deum non est scientia salubrior nec error periculosior...**
Speculum sacerdotum or *Speculum presbyterorum* or *Tractatus de sacramentis, de decem mandatis, septem vitiis*, etc
Mss: Cambridge, Univ. Gg.4.32 f.96-101; Mm.5.33 f.39-88; London, BM Harl. 237 f.103-112; Oxford, Bodl. Rawl. C.84; Oxford, Corpus Christi 155 f.82-145.

4924. **Quoniam circa nonnullos actus culpam comitantes...**
Iohannes de Tambaco, *Tractatus de culpa et gratia*
Mss: Paris, Mazarine 919 (1055); Praha, Univ. XIII.F.12 (2350) f.1 seq.; Wien, Nat. 4438 (Auer p.24-28)

4925. **Quoniam clemencia dei nos ad penitentiam exspectat et ideo ad optinendam veniam...**
De Psalmis penitencialibus
Ms: Frankfurt am Main, Stadtb. Praed. 60 f.198-202

4926. **Quoniam cogitatio hominis confitebitur tibi** (Ps. 75,11), **confitendum est: quod confessio est interioris veneni...**
Robertus Grosseteste, *De confessionibus* or *De confessione* or *Tractatus de modo confitendi* (a sermon) or *Sermo 17 de confessione*

Mss: Cambridge, Corpus Christi 136 f.107 (attrib. auctor); 257 f.181 (attrib. auctor); 459 f.30-36; Cambridge, Caius 90 f.93 (attrib. auctor); 138 f.172-175; Cambridge, Jesus Q.G.18 f.59 (attrib. auctor); Cambridge, Pembroke 245 f.189; Cambridge, Peterhouse 255 (III) f.23; Cambridge, Trinity Coll. B.15. 20 col. 432; B.15.20 (356) col. 508 (attrib. auctor); col. 742 (?); Cambridge, Univ. Ll.1.15 f.184; Lincoln, Cath. 202 (C.3.2); London, BM Cot. Vit. C.XIV f.31; Harl. 1298 f.105-109; 3858, f.334; Roy. 6 E.V f.97; 7 A.IX f.15; 8 E.XVII f.86; 9 A.XIV f.196 (not in Thomson); Oxford, Bodl. Bodl. 52 f.151-160 (SC 1969); 857 ff.90 seq. (SC 2760) (imperf.?); Holkham misc. 1 f.337 seq.; Oxford, Lincoln Coll. 56 f.117 seq.; 105 f.32 seq.; Oxford, Univ. Coll. 109 p.227 seq.; (Thomson 172 [gives more than these])

4927. **Quoniam consulitur aut praecipitur per sapientissimum...Prov. 5** (prol.)
See: Scripturus per modicum ad mei...

4928. **Quoniam contra nonnullos...**(variant)
See: Quoniam circa nonnullos...

4929. **Quoniam cum carissimi dum in via...**(variant)
See: Quoniam carissime in via...

4930. **Quoniam cum saepe alias, tum nuper maxime eflagitare non cessas Germane Charissime, ut aliquid ad te conscribam...**
Matthaeus Bossus, *De tolerandis adversis dialogus*
Printed: *Recuperationes Fesulanae* (Florence 1492) (Goff B-1044 GW 4957) Bologna 1493 (Goff B-1046; GW 4959)
Pref: A plerisque saepe rogatus, ut opuscula quaedam

4931. **Quoniam de modo confitendi et confessiones audiendi visum est ne oporteat regredi...**
De confessione
Ms: Paris, Mazarine 924 (427) f.108 seq.

4932. **Quoniam de ordinatione claustri materialis, frater, aliquid mediocritatem...** (Book 2)
See: Rogasti nos, frater amantissime, quatenus...

4933. **Quoniam de quibus confitendum est dictum est in decem preceptis et in septem vitiis, nunc autem de modo et qualitate confessionis...**
De decem preceptis [or *De confessione*]
Ms: Amiens 481 f.154-156

4934. **Quoniam de virtutibus scribere proponimus congruum est...**
De virtutibus
Mss: Bruxelles, BR 14069-88 (cat. 2190) f.64-100; Wien, Nat. 4946 f.109-134

4935. **Quoniam dictum est mihi ut meipsum cognoscam...**
Alcherius de Claravalle, *De spiritu et anima*
Mss: Budapest, Eg. Kön. 50 f.96-103; Cambridge, Trinity Coll. O.7.16 (1344) f.1-46; Sydney, Public Lib. of NSW, Dixson Lib., 3/1 f.152-164
Printed: PL 40, 779-832

4936. **Quoniam diminutae sunt veritates a filiis hominum** (Ps. 11,2) **et a refrigescente caritate multorum...**(Prol.) **Tract. 1: Subsannabit aliquis et arguet quod senex amatoria ludam qui iam delibor... Tract. 2: Sicut precedentia docuerunt, amicitia vera...**
Petrus Blesensis, *De amicitia christiana et de caritate Dei et proximi*
Printed: PL 207, 871-958
See: Subsannabit aliquis...

4937. **Quoniam diuersa dicta sanctorum et contrarie opiniones...**
See: Quoniam varia dicta sanctorum...

4938. **Quoniam dubiorum noua cotidie difficultas emergit casuum...**
Iohannes Friburgensis, O.P., *Prologus in quaestiones casuales* (Very often serves as first prologue to the *Summa confessorum* 'Saluti animarum et proximorum utilitati...')
Mss: Cambridge, Corpus Christi 85 f.1 (attrib. auctor.); Cambridge, Caius 274 f.1 (attrib. auctor); Cambridge, Peterhouse 62 f.1 (attrib. Iohanni Andree); Toledo, Cab. 24-12 f.2etc.

4939. **Quoniam exempla secundum Gregorium melius movent quam verba...**
See: De superbia et presumptione...(Prol.)

4940. **Quoniam experientia docente dicimus multa pericula ex clericorum et precipue curatorum ignorantia pervenire...**
Iohannes de Indagine, *Tractatus de vita et regimine clericorum*
Ms: Nürnberg, Cent. III, 54 f.268-301 (Stegmüller RB 4740)

4941. **Quoniam, fratres carissimi, in via huius saeculi...**
See: Quoniam, carissime, in via huius saeculi...

4942. **Quoniam, fratres, continue in foro penitentiae dubitationes circa matrimonium...** (variant)
Ms: Nice 28
See: Quoniam frequenter in foro...

4943. **Quoniam frequenter in foro penitentiali dubitationes circa matrimonium, immo etiam perplexitates occurrunt...**
Raymundus de Pennaforti, O.P., *Summa de matrimonio* [and: *de sponsalibus*] (IV book of the *Summa de casibus poenitentiae*) or *Summa de sponsalibus et matrimonio compilata a fratre Raimundo* or *Summula matrimonii*
Mss: Barcelona, Univ. 590; 595; Basel, Univ. B.VIII.34; B.IX.35; B.XI.2; Cambrai 418 (394); Cambridge, Corpus Christi 136 (attrib. auctor.); 247 f.242; 474 f.287; Cambridge, Caius 85 f.52; 91 p.223 (attrib. auctor. et Tuncredo); 156 p.309; 379 f.5-17; 380 f.5; Cambridge, Jesus Q.G.21 f.105; Cambridge, Pembroke 282; Cambridge, St. John's E.16; Cambridge, Trinity B.14.34; Cambridge, Univ. Kk.6.17 f.250; Add 3471 f.107; Leiden, Univ. D'Ablaing 36; Meyers 6; London, Royal College of Physicians 410,f.112-129; Madrid, Nac. 565; Metz 157; 252; 255; Montecassino 136; München, Clm 8972 f.284-310; Nice 28; Paris, Arsenal 373; Paris, BN lat. 14996 f.147 seq.; 18082. (some of these MSS contain the whole *Summa*); Praha, Univ. XIV.G.48 (2640) f.141-157; Toledo, Cab. 16-16; 16-17; 22-17; 22-31; Toulouse 369; 379; Tours 449; 605; Vaticana, Borgh. 214 f.165-176; 249 f.1-6; 292 f. 1-17; Würzburg, Univ. M.P.J.F 7, ff.1-8; Zwettl 79 f.121-139; 334 f. 87-116; 365 f.119-134. (Kuttner, Repertorium 445; excellent statement of the matter in P.C.Boeren, *Catalogue des mss des collections D'Ablaing et Meijers* [Lugduni Batavorum-Leiden 1970] p.138-139]
See: Quoniam, fratres, continue...
Cf: Quoniam, ut ait Hieronymus, secunda post naufragium tabula...

4944. **Quoniam frequenter plus movent...**(variant in Paris, BN lat. 15256 f. 209 seq.; n.a. lat. 420; Metz 567, no. 2[?]; Tours 469)
See: Duplex est abstinentia detestabilis...

4945. **Quoniam fundamentum et ianua uirtutum omnisque gratie ac spiritualis consolationis principium est conscientie puritas...** (Cap. 1)*Est igitur primo videndum quod confessio debet esse pura quia peccata debent simpliciter dici...*
Matthaeus de Cracovia (Ps. Thomas de Aquino;Ps. Bonaventura), *Tractatus de confessione* or *Speculum verae confessionis* or *Confessionale seu libellus peroptimus de modo confitendi et de puritate conscientiae cuilibet confessori*, etc. or *De modo confitendi et de puritate conscientiae* or *Speculum munditiae cordis*

or *De puritate animae* or *Libellus de puritate conscientiae et munditia cordis*
Mss: Bruxelles, BR 1520-42 (cat. 1467) f.169-188; 5628-37 (cat. 1618) f.169-204; Budapest, Eg. Kön. 70 f.27-39; Cambrai 417; Dresden A.55; Erlangen 549 f.246-268; Gdansk, 1964; 1975; Mar. F.133; Mar.F.135; Mar. F.171; Mar. F.221; s'Gravenhage, Kon. Bibl. 21; 70; Klosterneuburg 358 f.107-122v; 386 f.178-190; 419 f.142-158; København, Gl kgl. S.1373 qu. f.1-21; 1382 qu. f.169-194; Ny kgl. 5111 qu.; Kornik 47 f.252-274; 116 f.24-40; 1383 f.229-246 and 309-322; Lincoln, Cath. 114; London, BM Addit. 15106 f.251-268; Roy. 12 B.XXIV f.111; Metz 567; München, Clm 3596; 4144 f.51-70; 27419 f.43-61; Oxford, Bodl. can. misc. 64; 311; Paris, Arsenal 532; Paris, BN lat. 10692; 14920; Pavia 356; Praha, Metr. Kap. O.42 (1626) f.273-276; Praha, Univ. IV.G.32 (764) f.269-294; V.F.10 (932) f.1-21; XII.A.23 (2100) f.138-149; XIII.G.7 (2374) f.189-208; Roma, Angelica 959; Schlägl 121 f.25-36; 218 f.94-138; Trier, Stadtb. 572; 798; Utrecht, Univ. 173; Vaticana, Palat. lat. 386; Vyssi Brod 16 f.41-59; Wien, Nat. 4067; Ser. n. 3383 f.325-350; Wien, Schott. 132 f.172 seq.; Wiesbaden 42; Wilhering 62 f.99-114; 104 f.49-68; Würzburg, Univ. M.ch.f.209 f.152-164; M.ch.f.233; Zwettl 340 f.180-199. (Glorieux 14 fg; Th. Sommerlad, *Matthaeus von Krakau*, [Halle a.s. 1891] 69-70; W. Rubczynski, *Bulletin international de l'Academie polonaise des sciences et des lettres*, Class de Philologie, annee 1921 No. 12 [Crakow 1925] 43-48 and *ibid.* annee 1926 No. 30 [Cracow 1928] 130-132; Michaud-Quantin Index)
Printed: Denis Roche (Parisiis 1510) ? Thomae de Aquino, *Opuscul.* n.64; *Op. Omn.* Romae 1570 t.XVII f.102-106; Parmae, 17 (1865) 308-321; etc. Bonaventurae *Op. Omn.* Parisiis t. VII 1866 p.559-582; etc.
Variant: Qui fundamentum et ianua...Quilibet fundamentum et ianua...Main variant: Confessio debet esse uera...

4946. **Quoniam homines a vera sue rationis dignitate...**(Prol.)(Lib. I)**Theologia in duas distinguitur species: supercelestem et subcelestem...**
Alanus ab Insulis, *Summa 'Quoniam homines'*
P. Glorieux in *Archives d'histoire doctrinale et litteraire du Moyen-Age* 20 (1953) 113 seq.; d'Alverny 60 seq.;
Cf. Tractaturi de virtutibus et vitiis...Theologie due sunt species...

4947. **Quoniam homo naturaliter est anima....**
Guido,
[Moral tractate]
Ms: Valencia, Cab. 47 f.40 seq.

4948. **Quoniam homo omnes suos actus et electiones taliter ordinare debet ut ad beatitudinem...** (incipit of MS Vaticana, Vat. lat. 2172)
See: Viro bene nato et mihi dilecto et pre aliis...

4949. **Quoniam huius fluctuantis mundi debacchantes...**(prol.)
Alanus ab Insulis, *Liber poenitentialis*
Printed D'Alverny 152-154

4950. **Quoniam ignorans ignorabitur, sicut ait Paulus egregius predicator** (I Cor. 14,38)**, et habentes iuris ignorantiam, que nullum excusat, ...**(Prol.)(Cap. 1)**Abbas debet esse vel fieri sacerdos...**
Fr. Monaldus, O.F. M., *Summa generalis casuum* or *Summa casuum conscientiae* or *Summa de casibus conscientiae* or *Summa iuris canonici* or *Summa de iure canonico* or *Monaldina* or *Aurea*
Mss: Cambrai 938 (873); Chartres 276; Douai 639; Firenze, Laur. S. Croce Plut. VII sin.8 f.1-25; Plut. VIII sin.3; Plut.X sin. 6; Firenze, Naz. Conv. Soppr. G.IV.772; Hereford, Cath. O.1.XIV; Klagenfurt, Studienbibl. Pap. 27 f.1-259; Laon 387; 391; 392; Leipzig, Univ. 892; 901; Liege, Sem. 6.G.9; 6.L.22; Metz

249; Napoli, Naz. VI.D.65; New York, Collection H.R.Stern Jr (*olim*Parc); Oxford, Lincoln 74; Paris, Mazarine 1190 (1320); Pistoia, Forteguerri A.57; Saint-Omer 551; 552; Todi 58; Tours 598; Troyes 1713; Vicenza G. 2.10/15; Worcester, Cath. F.90 n.3; F.144 (Schulte II 415 n.3; Michaud-Quantin Index)
Printed: Lugduni 1516
Cf: Quoniam iuxta monitum sapientis...

4951. **Quoniam in dicendo multi errant nec est aliquis qui ad plenam linguam suam valeat domare...**(Prol.) **Requiras ergo in animo 'Quis es tu"**...
Albertanus Causidicus Brixiensis, *Liber de doctrina dicendi et tacendi* or *Tractatus de modo loquendi et tacendi* or *De arte loquendi et tacendi*
Mss: Avignon 294; Barcelona, Univ. 584 f.1-11; Berlin, Elector. 930; Görres 146; Brugge, Stadsbibl. 292; Cambridge, Sidney Sussex Coll. 48; Carcassonne 30, Chartres 57; Clermont-ferrand 246; Darmstadt 2769; Gdansk 1980; Mar.F.171; Herzogenburg 21 f.133-137; København, Gl kgl.S.78 fol. f.1-5; Thott 110 qu. f.2-23 (beg. missing); London, BM Roy. 12 D. VII; Madrid, Nac. 600; 1559; 1560; München, Clm 14230; Napoli, Naz. VIII.G.29; Oxford, Jesus 25; Oxford, Magdalen 7; Oxford, Trinity 71; Paris, BN lat. 1073; 1557 f.53 seq.; 2972 f.184 seq.; 10731; 17833 f.1 seq.; Praha, Univ. VI.A.11 (1022) f.1-6; VIII.F.11 (1565) f.64-69; XIV.E.31 (2565) f.394-399; Utrecht, Univ. 133 f.1-9; 134; Vaticana, Regin. lat. 402 f.1-5; Vat. lat. 991; 992; 993; Venezia, Marc. Lat. Z.141 (Valentinelli IV, 37); VI.174 (Val. IV, 35); VI.252 (Val. IV, 36); Wien, Nat. 322; 597; 2423; Würzburg, Univ. M.ch.q.100 f.155-167; M.ch.q.140 f.161-166.
Printed: Goff A-193-209; GW 531-563; T. Sundby, *Della vita...di Brunetto Latini* (Firenze 1884) 479-506.
Prefatory Sentence: Initio, medio ac fini mei tractatus, adsit gracia sancti spiritus. In medio mei tractatus assit gratia sancti spiritus.

4952. **Quoniam in foro penitentiali frequenter dubitationes circa matrimonium...** (variant)
See: Quoniam frequenter in foro penitentiali...

4953. **Quoniam in foro penitentiali occurrunt sepe plures cause...**
A short *Summa confessorum* (extracted from *Summa* of Iohannes Friburgensis [Teutonicus] or from *Summula* of Berengarius Tredoli)
Ms: Vaticana, Vat. lat. 11450 f.22-56
Cf: In primis debet sacerdos...

4954. **Quoniam in foro penitentiali sepe occurrunt dubia et questiones et casus matrimoniales...**
Berengarius Fredoli, *Summula, IIIa pars*
Ms: Vaticana, Vat. lat. 11450 f.56-71
See: In primis debet sacerdos interrogare...

4955. **Quoniam in foro penitentie occurrunt sepe casus difficiles et questiones et dubia multa que inter peritos etc., volo saltem pro simplicibus sacerdotibus... opusculum breue...componere**
[Manuale pro confessoribus]
Ms: Napoli, Naz. V.H.220 f.444-448

4956. **Quoniam in libello de exemplis naturalibus a me scripto dictavi de penitentia quedam pauca...**(Prol.) (Text) **Deum esse non solum omnis docet scriptura divina, sed omnium philosophorum summorum scientia...**
Servasanctus de Faventia (Faenza), O.F.M., *Summa de penitentia et eius tribus partibus*or *Antidotarium animae*
Mss: Barcelona, Univ. 109 (beg. missing); Firenze, Naz. Conv. Soppr. G.VI.773; München, Clm 12313; Napoli, Naz. VII.E.19; Padova, Ant. 404; 458; Paris,

LIST OF INCIPITS 421

BN Nouv. acq. lat. 3052; Torino, Naz. I.VI.43; Vaticana, Vat. lat. 4272 (L. Oliger, *Servanto da Faenza OFM e il suo 'liber de virtutibus et vitiis' Misc. Fr. Ehrle* I [Studi e Testi 37 Roma 1924] 148-189; B. Kruitwagen, *Das 'Antidotarium animae' Wiegendrucke and Handschriften Festgabe Konrad Haebler* [1919] 80-106; Doucet, Suppl. p.109; Welter 186 n)
Printed: Lovan. 1485
Var. Prol: Incipit liber aureus qui antidotarius animarum dictus est. Non modo doctoribus et predicatoribus, verum etiam cunctis Christi fidelibus perutilissimus...

4957. ***Quoniam in medio laqueorum positi sumus...***
Ps.-Augustinus, *Manuale*
Mss: Napoli, Naz. V.H. 386 f.299-304; Praha, Univ. XIII.G.18 (2385) f.198-205; XIV.D.18 (2526) f.70-74; Sydney, Public Lib. of NSW, Dixson Lib. 3/1 f.207-212; Wien, Nat. Ser. n. 12861 f.68-80
Printed: PL 40, 951-968 (177, 171-190) (Glorieux, *Pour revaloriser Migne* p.28)

4958. ***Quoniam in nonodecimo Mathei et octauo decimo Luce dicit et ipsa veritas...***
Guillelmus de Alvernia, *De bono et malo*
Ms: Oxford, Balliol 207 f.200-216; 287 f.1-26; (N. Valois, *Guillaume D'Auvergne* [Paris 1880] 179-180; Glorieux 141 h)
Printed: R.R O'Donnell in *Medieval Studies* 8(1946) 245-299

4959. ***Quoniam in numero ternario cuiuslibet rei perfectio consistit...***(Prol.) (Part I) ***Circa primum sciendum quod si aliquis monachus debeat vel velit audire confessiones hoc dupliciter variatur...***
Iohannes de Heisterbach, *Auditorium monachale tractans de confessionibus*
Mss: Erlangen, Univ. 549 f.281-284; Vaticana, Vat. lat. 10054 f.160-171;...(See Michaud-Quantin in *Citeaux*134-137)
Printed: Michaud-Quantin in *Citeaux*1964 (15) 137-143
Pref: Ponitur quidam tractatus breuis editus a magistro Iohanne...

4960. ***Quoniam in sacramentorum collationibus et animarum regimine cautela multiplex...***
Nicolaus Albertus (Episcopus Nemausensis?), *Summa sacerdotum*
Mss: München, Clm 3822; Pavia 425; Sankt Gallen 782

4961. ***Quoniam in via huius saeculi fugientis...***
See: Quoniam, carissime, in via huius saeculi...

4962. ***Quoniam in via sumus vite labentis...***
Iohannes Wyclif, *Speculum peccatoris* (part of *The Poor Caytiff*)
Bale index 220
Cf: Quoniam, carissime, in via huius saeculi...

4963. ***Quoniam inter crimina ecclesiastica simoniaca heresis obtinet primum locum ... videndum est primo quid sit simonia...***
Raymundus de Pennaforti, *Summa de casibus poenitentiae*
See: Quoniam, ut ait Hieronymus, secunda...

4964. ***Quoniam inter crimina ecclesiastica simoniaca heresis... Crimina ecclesiastica, quorum cognitio pertinet ad ecclesiasticum iudicem...***
Guillelmus Redonensis, *Apparatus ad Raimundi de Pennaforti Summam de casibus*
'Quoniam ut ait Hieronymus' (Schulte II 413-414)

4965. ***Quoniam inter ecclesiastica crimina simoniaca heresis obtinet primum locum... ut tam periculosa pestis melius caveri possit...***
Iohannes Friburgensis, O.P., *Summa confessorum* (Tit.I)
Prol: Saluti animarum et proximorum utilitati...

4966. **Quoniam iuxta aristotelicae auctoritatis praeconium, qui virtutum nominum...** (Prol.)
A quandoque notat locum: unde in Evangelivo: Homo quidam descendebat a Ierusalem in Iericho. Notat etiam tempus... (Text)
  Alanus de Insulis, *Distinctiones dictionum theologicalium* or *Summa Quot modis*
  Mss: Dijon 103(73); Wien, Nat. 4228 (M.Th. d'Alverny, *Alain de Lille* [Paris 1965] 71-73)
  Printed: PL 210, 685-1012
  Pref: epistle: Reverendissimo Patri et domino Hermengaldo...Cum mundus diversis olim prudentum floreret virtutibus...
  See: Anima dicitur proprie spiritus...

4967. **Quoniam iuxta beati Gregorii in suo Pastorali sentenciam...**(Prol.)
Pro intellectu igitur dicendorum notat dominus Albertus... (Text)
  Iohannes Nider, O.P., *Manuale confessorum*
  Mss: Berlin, Theol. fol. 41 f.221-260 (Rose 535); Bruxelles, BR 3436-40 (cat. 1291) f. 334-372; 11894-901 (cat. 1687) ff.134-136 (excerpts); Herzogenburg 11 f.1-69; Klagenfurt, Studienbibl. Pap. 93 f.153 seq.; Lilienfeld 75 f. 177-207; London, BM Addit. 19394 f.36; Madrid, Nac. 151; Olomouc, CO 31; 428; Oxford, Bodl. Laud. misc. 296; Paris, Mazarine 1338; Paris, BN lat. 3266; Praha, Univ. VII.E.15 (1304) f.83-137; XI.F.7 (2069) f.34-108; XIII.G.6 (2373) f.1-50; Wien, Schott. 258 f.2-99; 268 f.1-38; Würzburg, Univ. M.ch.f.142 f.194 seq.; M.ch.f.202 f.204-241... (Schulte II 442; Michaud-Quantin Index)
  Printed: Goff N-177-195

4968. **Quoniam iuxta monitum sapientis...**
  Frater Monaldus, O.F.M., *Summula* (part of 'Quoniam ignoramus ignorabitur...' q.v.)
  Ms: Praha, Univ. XIV.E.24 (2558) f.1-28
  See: Quoniam ignorans ignorabitur...

4969. **Quoniam librorum et tractatum sanctorum patrum prolixitati diffuse angusta succumbit memoria...**
  Auctoritates sanctorum et cathoricorum (sic) *doctorum primo de virtutibus postea de viciis* (chiefly extracts from fathers)
  Ms: London, BM Addit. 38820 f.167

4970. **Quoniam misericordia et veritas...**(Prov. 20,28)...
  Robertus Holcot (?), *Moralitates scripturae*
  Little 205
  (same as below?)

4971. **Quoniam misericordia et veritas custodiunt regem...**(Prov. 20,28). **Immo quatuor virtutes cardinales, scilicet prudentia...Et quoniam iustitia est preclarissima virtutum...**(Prol.) **De iustitia in dominando. Propterea primo premittantur exemplares narrationes...**(Cap. 1)
  Iohannes Guallensis (Wallensis), O.F.M., *Breviloquium de virtutibus antiquorum principum ac philosophorum* or *Libellus de quatuor virtutibus cardinalibus* or *Liber quatuor virtutum* or *Breviloquium de quatuor virtutibus cardinalibus* or *Tractatus de quatuor virtutibus cardinalibus ex gestis antiquorum compilatus*
  Mss: See Glorieux 322 b; Doucet 551. Add: Arras 213 (1018); Bordeaux 118; Brugge, Stadsbibl. 217 f.53-68; Budapest, Orsz. Szech. Kön. 274; 276; Cambridge, Corpus Christi 177 f.147; Cambridge, Jesus Coll. Q.G.6 (54) f.16; Cambridge, Queen's Coll. 10, f.118; Dresden A. 103; Dublin, Trinity Coll. 115 (A.5.3) p.392-415; Durham, Cosin. V.II. 5; Escorial I.III.6; Firenze, Laur. Strozzi 36; Frankfurt am Main, Stadtb. Praed. 142 f.; Hereford, Cath. O.6.II; Krakow, BJ 2211; Leipzig, Univ. 457 f.210-226; London, BM Add. 38005 f.1-46; Burney 360 f.1-35; Harl. 632; Roy. 5 A.XII f.1; 7 C.I f.206-213; 10 A.IX f.71 seq.; 12 E.XXI f.1 seq.; 12 E.XXV f.133; Madrid, BN 1470

f.205-226; 8848 f.1-15; Milano, Ambros. A.23 Sup.; Montecassino 207 K p.11-62; Napoli, Brancacc. I.F.7 f.105-109 (imperf.?); Olomouc CO 240; 284; 429; Oxford, Bodl. Bodl. 58 f.1; 881 f.46-67; (SC 27707) (imperf.); Hatton 105 f. 109-152 (imperf.); Laud. misc. 402; Oxford, Balliol 274 f.130-145; Oxford, Corpus Christi 36 f.48 seq.; 183 f.21-22 (imperf.); Oxford, Jesus Coll. 18 f.1 seq.; Oxford, Oriel 34 f.154 seq.; Paris, BN lat. 6346; 6776; 11135 f.45; Paris, Arsenal 1199; Praha, Univ. I.G.4 (320) f.54-89; III. A.10 (395) f.35-40; IV.A.15 (591) f.37-59; VII.E.13 (1302) f.93-131; VIII.A.19 (1426) f.174-191; VIII.A.25 (1433) f.40-64; X.E.12 (1913) f.1-33; X.H.5 (1983) f.212-232; X.H.7 (1985) f.63-94; XII. A.23 (2100) f.1-15; XII.B.14 (2119) f.122-139; XII.B.20 (2125) f.23-36; XIV.E.9 (2543) f.128-130; Roma, Casanatense 16 f.1-30; Sarnano 53 (E.127) f.151 seq.; Solothurn SI 369; Sydney, N.S.W. Univ. Lib. Nicholson 23, f.165-195; Utrecht, Univ. 237 f.1-31; Valencia, Cab. 288; Vaticana, Lat. 4357 f.1-31; Wien, Nat. 3420 f.1-16; Wrocław, Uniw. I.F.118 f.15 seq.; (Glorieux 322 b; Doucet 551; Little, *Friars* 144; *Miscellanea Francescana* 47 [1947] 511; *Estudis Francescana* 45 [1933] 355, 377; *Collectanea Francescana* 5[1935] 291)

Printed: Venetiis 1496, 1498 etc.; Lugduni 1511.

See: Nam misericordia et veritas...Quoniam unica est veritas...(variant Prol.)
Quoniam, ut dicit Salomon, ... (variant Prol.)

4972. **Quoniam modernis temporibus frequenter exigitur pecunia a clericis ordinandis et a fidelibus confirmandis...**(Prol.) **Primam itaque partem aggrediendo pono ac propono talem questionem casualem...** (Text)

Iohannes de Tambaco, *De simonia in ordine*
Ms: Basel, Univ. B VII 27 f.105-122 (Auer 44-45)

4973. **Quoniam multi multipliciter, subtiliter et utiliter elaboraverunt auctoritates diuersas veteris ac noui Testamenti...**(Prol.) (Pars 1) **Quoniam autem initium sapientie est timor Domini, ut dicitur Prov. 1, Eccli. 1, immo radix et fundamentum...**

Stephanus de Borbone, *Tractatus de diversis materiis predicabilibus* or *Tractatus de donis Spiritus* or *Summa donorum* or *Summa sancti Spiritus*
Mss: Heiligenkreuz 313; Klagenfurt, Studienbibl. Pap. 25 f.251-396; Lisboa, Nac. Alcob. 35 (CCXLV) f. 1 seq. (extract); London, BM Addit. 28682 f.208-276 (abridgement); Arundel 107 (abridgement); Harl. 2357; München, Clm 28199 f.1-161 (attrib. to 'Raymundus O.P.'); Padova, Art. 410 (Rodolphus de Bribaco, O.F.M.); Salzburg, St. Peter a.VIII.9 n.1; Trento, Com. 1713; Vyssi Brod LXXXIX f.1-118 (Ward and Herbert III 78-88; Welter 215 seq.;)
Printed: A. Lecoy de la Marche, *Anecdotes historiques, Legendes et Apologues tirees du recueil inedit D'Etienne de Bourbon*, Paris, 1877.
Abridgement: Quia sunt septem dona Spiritus sancti que hominem perficiunt...
Cf: Quoniam ordinare materias edificationi utiles...

4974. **Quoniam multi sapientes multa de sapientiae contemplatione scripserunt...** (Prol.) (Pars I) **Secundum Gregorium super Ez. duae sunt vitae in quibus nos omnipotens Deus...**

Petrus de Alliaco (Pierre d'Ailly), *Compendium contemplationis* (Stegmüller RB 6406)
Printed: *Opuscula spiritualia* (Douai 1634) 67 seq.

4975. **Quoniam multi subtiliter et utiliter elaboraverunt auctoritates...**

See: Quoniam multi multipliciter, subtiliter et utiliter elaborauerunt auctoritates...

4976. **Quoniam multi sunt qui in aduersitatibus et tribulationibus taliter affliguntur et deprimuntur...**(Prol.) (Cap. 1) **Quidam iuvenis, Melibeus nomine, vir potens et diues...**

Albertanus Brixiensis, *Liber consolationis et consilii* or *de consolatione et consiliis*

(Chaucer's *Melibee* is based on this)
Mss: Avignon 294; Barcelona, Univ. 584 f.11-49; Cambridge, Corpus Christi 306 f.7-28; Cambridge, Sidney Sussex Coll. 48 f.9 seq.; Carcassonne 30; Chartres 57; 411; København, Thott 110 qu. f.23-63; London, BM Harl. 4887 f.39-41; Roy. 12 D.VII f.140; Madrid, Nac. 600; 1559 f.9 seq.; 1560/6 f.9 seq.; Olomouc, CO 427; Oxford, Magdalen 7; Paris BN lat. 15557 f.57 seq.; 1560 f.9 seq.; 17833 f.7 seq.; Praha, Univ. V.F.15 (937) f.41-66; V.F.18 (940) f.10-46; VI.A.11 (1022) f.6-25; Troyes 1943; Utrecht, Univ. 133 f.9-43; 134; Vaticana, Regin. lat. 402 f.6-21; Vat. lat. 991; 992; 993; Venezia, Marc. lat. Z 141 (Valentinelli IV, 37); VI.252 (Val. IV, 36); VI.263 (Val. IV, 38); Wien, Nat. 322; 2423.
Printed: *Albertani Brixiensis Liber Consolationis et consilii* ed. Thor Sundby, Londini 1873

4977. **Quoniam multi sunt qui nesciunt in Deo esse plura obiecta infinita...**
See: Deus, qui est Filius...Incipit liber de obiecto...Quoniam multi...

4978. **Quoniam multum desideras ac etiam petis...**
Gualterus Hilton, *Scala perfectionis* lib. 2
See: Quod existentia hominis interior...

4979. **Quoniam multum placet mihi bonum quod incepisti...**
Petrus Iohannis Olivi, *Informatio*
Raoul Manselli, *Spirituali e beghini in Provenza* (Roma 1959) 278-281 and 269-270

4980. **Quoniam mundanorum insania gaudium eterni amoris cordibus electorum illabi non putat...**
Ricardus Rolle de Hampole, *[De amore Dei et] contra amatores mundi* or *De contemptu mundi*
Mss: Cambridge, Emmanuel 1. 2.14 f.164; Cambridge, Corpus Christi 365 f.152; Oxford, Balliol 224a f.20-33; Oxford, Corpus Christi 193; Oxford, John Baptist 127; (Allen 198-209 [for MSS see pp. 203-205]; Theiner, p.42)
Printed: Paul Theiner, *The Contra Amatores Mundi of Richard Rolle* (Berkeley, 1968)

4981. **Quoniam necessarium est ad eternam salutem...**
Tractatus de virtutibus theologicis et fidei articulis
Ms: Oxford, Univ. Coll. 29 p.375 seq.
See: Ad honorem Dei et animarum profectum...(Incipit of second part)

4982. **Quoniam nimia prolixitas...**
Summa de casibus Raymundi (from Raymond of Pennaforte, *Summa de poenitentia*
Ms: Praha, Univ. VIII.G. 5 (1587) f.110-156
Cf: Quoniam, ut ait Hieronymus...

4983. **Quoniam non vitatur malum nisi cognitum prius** [or **prius cognitum**] **vicia...**
Guillelmus Peraldus, *Summa viciorum* (an abridgement)
Mss: Bruxelles, BR IV.97; Leipzig, Univ. 447 f.1-96; Metz 483; 485; Paris, Arsenal 851; Paris, BN n.a.l. 354 f.62; Trier, Stadtb. 718
Prol: Obmissis sufficienciis et ordinationibus...
Cf: Quoniam virtutibus nihil est utilius...
See: Dicturi [sumus] de [singulis] viciis... (work from which the above is abridged)

4984. **Quoniam nonnullos video per queque devia ambulantes...**(Prol.) **Simonia est studiosa voluntas emendi...** (Text)
Speculum simplicium or *Flores casuum*
Mss: Brugge, Stadsbibl. 154; 243; Paris, BN lat. 15000; Rouen A 569 (602)
Cf: Simonia est studiosa voluntas emendi...

4985. Quoniam nova quotidie difficultas emergit casuum...(pref.)
    See: Quoniam dubiorum mova cottidie difficultas...

4986. Quoniam nullum principium nullumque rectum exordium inchoatur nisi a Deo (Prol.)
    Salomon: ubi est humilitas... (Text)
    Nicolaus de Fabris (Ps. Albertus de Brixia), *Liber sanctorum philosophorum atque sapientum de vitiis et virtutibus*
    Printed: Kaeppeli 99a

4987. Quoniam obstetricante manu eductus est coluber tortuosus...(prol.)
    See: Quamvis peccatum luxurie ultimum sit in ordine...

4988. Quoniam omne peccatum a superbia trahit originem testante Scriptura...
    See: Quoniam, ut ait sanctus Petrus apostolus, Spiritu Sancto inspirati locuti sunt sancti Dei homines...

4989. Quoniam omni confitenti necessarium est hanc generalem confessionem dicere et facere...
    Andreas de Escobar (Hispanus), O.S.B., *Modus confitendi* or *De confessione* or *Confessio Catholicorum generalis*
    Mss: Bamberg, Theol. 101; 211; 214; 225; Budapest, Eg. Kön. 339; Cambrai 261 (251); Gdansk 2031; Mar.F.88; Mar.Q.22; Karlsruhe 384; Kassel, Theol. fol. 160; Klosterneuburg 305 f.174-175; København, Gl kgl. S.1634 qu f.230-241; Köln, Stadtarchiv W.8 198 f.1 seq.; Kornik 116 f.43-432; Metz 86; München, Clm 672; 5932; 8541 f.98-111; 14887 f.64 (fragm.?) and ff.2, 13-16 (fragm. of different copy); 15185; 23803 f.166-171; 28384 f.52-56; Paris; BN lat. 1865 f.99-104; Praha, Univ. IX.C.7 (1718) f.157-160; Solothurn, SI 213 f.152 seq.; 725 f.1-6; Strasbourg 126; Stuttgart, Theol. fol. 131; qu. 144; Vaticana, Regin. lat. 176 f.31-40; 431 f. 63-73; Wien, Schott. 402 f.5 seq.; Wolfenbüttel, 185 Helmst.
    Printed: GW 1769-1855; Goff A-660-689 (Schulte II p.440; Michaud-Quantin Index)

4990. Quoniam omni confiteri volenti...
    Guillelmus de Voulna, *De confessione*
    Ms: Vaticana, Chigi B.IV.59

4991. Quoniam omni homini penitenti...
    Confessio generalis
    Ms: Vaticana. Palat. lat. 362 f.82

4992. Quoniam omnis arbor...(Intro.)
    See: Arbor erat in medio terre...

4993. Quoniam omnium habere memoriam et in nullo deficere...(prol. to alphabetical table)
    Philippus de Bergamo, *Speculum regiminae*
    See: Omni quodcumque... Doctor egregius...Omnia quecumque...Doctor egregius...

4994. Quoniam ordinare materias aedificationi utiles quam in hoc opere intendimus proponimus...
    Pantheon seu morale aedificium or *De donis spiritus sancti* (based on Stephanus de Borbone's *Tractatus de diversis materiis predicabilibus* 'Quoniam multi multipliciter'...)
    Mss: Dubrovnik, Dominic. 68; Padova, Ant. 520; Padova, Univ. 1415 f.18-106; Pisa, Cater. 50 f. 1-81; Praha, Univ. VIII.G.8 (1590); XII.D.6 (2151) f.214-272; Rein 56 f.66-175; Tours 467; Venezia, Marc. Lat. III.53 (Valentinelli VIII, 177) f.1-71 (Welter 222n)
    Cf: Quia sunt septem dona Spiritus Sancti...

4995. Quoniam ordo scientie est precognoscere naturam generis...
   See: Cum summa theologice diuisa sit in duas partes...

4996. Quoniam peccantibus post baptismum mortaliter sola penitentia remedium est ad vitam...(Prol.) *Rabanus* [or *Ambrosius*] *super Matth. 21: Omnis, inquit, arbor que non facit fructus bonos...Ex duobus enim in ecclesia...*[or *Faciat ergo fructum quem potest gratie...*or *Quotuor sunt species arborum...*]
   Vincentius Bellovancensis, (?) O.P. [Frater P., O.P., Frater Stephanus, O.P., Innocentius V], *De penitentia et eius fructibus* or *Flores de penitentia* or *Flores penitentie* or *Summa aurea* or *Liber de fructibus penitentie*
   Mss: Avignon 228 f.115-170; Basel, Univ. A VIII 20; B VIII 17; Epinal 115; Firenze, Laur. S. Croce Plut XXXVI dext. 9; Gdansk, Mar.F.248; København, Thott 101 qu. f.79-129; Leon, Cab. 32 f.18 seq.; Paris, Mazarine 1943 (1056); Paris, BN lat. 3214 f.1-84; 3481 f.1-117; 3706 f.1 seq.; nouv. acq. lat. 280 f.124 seq.; Pavia 376; Perugia 1096; Praha, Metr. Kap. D.96; Praha, Univ. I.D.14 (154) f.1-99; III.B.14 (423) f.1-101; III.D.7 (459) f.123-180; VI.B.22 (1056) f.51 seq.; Vaticana, Palat. lat. 316; Regin. lat.66 f.5-74; Wien, Nat. 1509; 4827 f.140-167. (Quetif-Echard I 239-240; Schulte II 531; Teetaert 321-324; G. Meyer-M. Burckhardt, *Die Mittel. HSS der Univ. Basel* [Basel 1966] II p.16-18)
   (There are perhaps several redactions of this work, or several works under the same incipit.)

4997. Quoniam per beatum Paulum apostolum doctorem gentium...(prol.) (I art) *Sacerdotes iam possunt...*
   Iacobus, a Cistercian, *Omne Bonum* (an encyclopedia)
   Ms: London, BM Roy. 6 E.VI; 6 E.VII

4998. Quoniam perfectio spiritualis vitae praecipue consistere dinoscitur in caritate...(Prol.) (Cap. 1) De fervida dilectione quam habuit ad Deum. Fuit igitur beatissimus pater Augustinus perfectus in dilectione Dei. Ipse nempe gloriando in Domino dicebat libro IX Confessionum capitulo quinto: Sanctificaveras tu cor meum caritate tua...
   Ps.-Augustinus, *Speculum de perfecto modo vivendi beatissimi patris nostri Augustini episcopi*
   Ms: Gotha, LB 121 (ch.B.143) f.2-92

4999. Quoniam plerique homines sunt...
   Raymundus Lullus, *Liber de virtute veniali atque vitali et de peccatis venialibus et mortalibus* (Glorieux 335gg; Diaz 1905)

5000. Quoniam plures mortalium sui Francisce...(pref. letter)
   See: Cum diebus estivis Anthonius...

5001. Quoniam plus exempla movent secundum Gregorius et facilius intellectu capiuntur et altius memorie infiguntur...(Prol.) *Species timoris dicuntur esse septem, scilicet timor mundanus, humanus, servilis, naturalis,...*(Text)
   Humbertus de Romanis, O.P., *Tractatus de habundantia exemplorum ad omnem materiam in sermonibus* or *Liber de dono timoris* or *De septemplies timore* or *Liber de septem timoribus per exempla* or *Tractatus de septem speciebus timoris*
   Mss: Welter p.227 n.17. Add: Cambridge, Corpus Christi 151 f.48; Frankfurt am Main, Stadtb. Praed. 14, f.277-311; Gdansk, Mar. F.231; Madrid, Nac. 545 (imperf.); 4402 f.11-122; Napoli, Naz. V. C.27 f.1-20; Paris, BN lat. 2384; 4391; 16515; 16516; Nouv. acq. lat. 228; Praha, Univ. I.D.9 (149) f.43-71; Tours 398 f.85-159 (Ward and Herbert III 88-111; 713 seq.).
   Printed: [Ulm 1481] GW 581, Goff A.217
   See: Cum plus exempla...
   Cf: Cum secundum Gregorium nonnunquam...

LIST OF INCIPITS

*5002. **Quoniam plus valet apud Deum mensura doloris quam temporis...***
Robertus de Sancto Paterno (de Saint-Pair), *Penitentiarium* or *De penitentia*
Mss: Avranches 122; Oxford, Bodl. Laud. misc. 269 f.112 seq.

*5003. **Quoniam proprietates rerum sequantur substancias...***(var. prol.)
See: De proprietatibus itaque et naturis rerum tam spiritualium...

*5004. **Quoniam propter animarum pericula plurimum utile est ut sacerdos et alii...***
Manfredus de Terdona (Tortona), O.F.M., *Summa* or *Summula* or *Tractatus super restitutione male ablatorum*
Mss: Frankfurt am Main, 88 f.265-268; Padova, Ant. 403 f.1-10; Toledo, Cab. 22-31 f.304-309 (Schulte II 533; Sbaralea III 201-202; F. Henquinet in *Archivum Franciscanum Historicum* 33 [1940] 221-225)

*5005. **Quoniam prouida sollertia est iugiter meditari necessaria ad salutem...*** (Prol.)
In primis vero notandum quia penitentia...(Text)
Iohannes Gallensis, *De penitentia* or *Itinerarium* or *Tractatus* or *Summa de penitentia* or *Breviloquium de poenitentia* or *Ordinarium seu alphabetum vitae religiosae*
Mss: Cambridge, Corpus Christi 307 f.1; Erfurt, Univ. Qu. 100 f.38-118; Erlangen 221, ff.99-138; 276 f.124-157; Falaise 38 f.372-468; Firenze, Laur. S. Croce Plut. XXXII.sin.2; Firenze, Laurenziana, S. Croce Plut., XXXII sin.2; Firenze, Naz. Conv. Soppr. F.VIII. 1225 f.63-90; London, BM Roy. 4 D.IV f.244; 10 A.IX f.2-55; Oxford, Bodl. Bodl. 402 f.329 (SC 2235); Paris, Mazarine 295, f.86; Sarnano, Com. 53 (E.127) f.1 seq.; Wien, Nat. 1399 f.123-166; (Glorieux 322 f.; Doucet 552; *Miscellanea Franciscana* 47 [1947] 511; Hauréau, *Hist. Litt. de la France* XXV 188)

*5006. **Quoniam questioni tue non potui satisfacere...***
Ricardus de Sancto Victore, *Liber de differentia peccati mortalis et venialis*
Mss: Paris, BN lat. 12325 f.47 seq.; 15310 f.150 seq.; Praha, Univ. X.C.4 (1857) f.221-222; XIV.D.20 (2528) f.187-188
Printed: PL 196, 1191-1194

*5007. **Quoniam quidam perfectionis ignari de perfectionis statu...***
Thomas de Aquino, O.P., *Liber de perfectione spiritualis vitae*
Printed: S. Thomae de Aquino, *Opera omnia*, ed. leonina, t.41-b, Romae 1969

*5008. **Quoniam quidem recentia magis placent...***
De quatuor virtutibus, de misericordia, veritate, iustitia, pace (Commentary on Ps. 84,11)
Ms: Leipzig, Univ. 187 f.183-187

*5009. **Quoniam quilibet...***
See: Ea que tibi precepit deus cogita semper... Eccli. 3,22. Quoniam...

*5010. **Quoniam quilibet si vult debite...***
De officio sacerdotum
Ms: Vaticana, Vat. lat. 1178 f.II

*5011. **Quoniam respublica, ut dictum est, est universale quoddam corpus...***
See: Cum doctor sive predicator evangelicus...

*5012. **Quoniam scienda sunt et tractanda...***
Franciscus de Mayronis, O.F.M. (?), *Tractatus de articulis fidei*
Ms: Praha, Univ. IV.E.26 (706) f.152-157

*5013. **Quoniam sciendum quod dicit propheta Malachias, imo Dominus per Malachiam...***
(prol.)
See: Quoniam secundum quod dicit propheta Malachias...

5014. **Quoniam secundum Apostolum nemo potest aliud fundamentum** (I Cor. 3,11)...
Rogerus de Weshaam (Weseham) episc. Coventrensis, *Instituta*
Ms: Oxford, Bodl. Bodl. 57 (SC 2004); (C.R. Cheney, *English Synodalia of the Thirteenth Century* [Oxford 1941] 149 seq.)

5015. **Quoniam secundum Apostolum quecumque scripta sunt, ad nostram doctrinam scripta sunt** (Rom. 15,4), **ut per consolationem Scripturarum spem habeamus...** (prol.)
Primo ergo ut de hiis que opponuntur mundane felicitati...(Text)
Iohannes de Tambaco (Dambach), *De consolationibus theologiae* or *De consolatione theologica* [or *theologiae*] or *Consolationes theologiae* or *De consolatione humanae vitae*
Mss: (Exists in several versions) Avignon 1100 (?); 1980 (imperf.); Bern 229; Bruxelles, BR II 176 f. 36-110; Douai 457; Gdansk 1958 f.1-18; 1961 f.1 seq.; 1980 (imperf.); Mar.F.135; Mar.Q.22; Giessen, Univ. 685, 809; Göttingen, Lüneb. 32; Krakow, Uniw. 2549; København, Gl kgl.S.1370 qu. f.1-66 (excerpts with same incipit); Liege, Univ. 161c f.1-49; London, BM Harl. 6577 f.11; Metz 89; 155; Münster, Univ. 109 (319); München, Clm 8995; Namur, Mus. Arch. Ville 20 f.99-131; Nürnberg, Cent. III, 50; Padova, Ant. 93; Paris, Arsenal 760; Paris, BN lat. 16066; Praha, Univ. IX.C.7 (1718) f.44-79; XI.L.8; Toledo, Cab. 401 f.121-209; Trier. Stadtbibl. 195; 756 (excerpts with same incipit); 765; 1974; Troyes 1391; Utrecht, Univ. 204 f.1-41; 340 f.1-75; Vaticana, Regin. lat. 178 f.31-46; 261 f.1-53; Venezia, Marc. Lat. III.159 (Valentinelli IV.46) f.1-47; Wien, Nat. 1352 f.1-81; Wien, Schott. 325 f.1 seq.; Würzburg, Univ. M.ch. f.26. (Auer 188-220)
Printed: Cologne 1502

5016. **Quoniam secundum beatum Gregorium exempla plus** [or **plus exempla**] **movent quam verba...**(variant)
See: Quoniam plus exempla movent...

5017. **Quoniam secundum canonicas sanctiones omnis utriusque sexus fidelis...**
[On penance and confession]
Ms: s'Gravenhage, Kon. Bibl. 73 G 5

5018. **Quoniam secundum mundi sapientem malum non evitatur nisi cognitum, ideo de septem capitalibus peccatis...**
Tractatus de septem vitiis capitalibus
Mss: Basel, Univ. A XI 68 f.1-39; München, Clm 28417

5019. **Quoniam secundum quod dicit propheta Malachias** (2,7), **immo Dominus per Malachiam: labia sacerdotis custodiunt sapientiam...**(Prol.)
Dividitur ergo presens opusculum in tres partes in quarum prima...Pars I (De sacramentis): Sciendum ergo quod omnia sacramenta move legis fuerunt immediate instituta...Pars II (De poenitentia): Verus Deus ac pius samaritanus dulcis Iesus... De penitentia ergo tractaturus, primo dicam aliqua de penitentia in generali... Penitentia secundum Ambrosium sic diffinitur...Pars III: Quoniam Dominus ac magister noster Iesus Christus de mundo ascensurus...(De articulis fidei): Teste apostolo sine fide impossibile est...(Super Pater): Modum et formam orandi Saluator tradens discipulis...(De decem praeceptis): Interroganti iuveni quid faciendo vitam eternam possideret...
Guido de Monte Rocherii, *Manipulus curatorum*
Mss: Alba Iulia II-40 f.127-200 (Beke 344); Angers 1321 (1088); Arras 350 (259); Augsburg 284; Basel, Univ. A.V.14; A.V.15; A.V.16; A.VII.39; Berlin, Theol. lat. qu. 349 f.45-222; Bolzano, Francescani I.70; Bourg 32 (24); Bratislava, Kap. 81 (Knauz 85) Brugge, Stadsbibl. 221 f.1-118; Bruxelles, BR 3532-39 (cat. 1675) f.91-150; 4409-13 (cat. 1674) f.1-85; 5379 (cat. 1676) f.1-117; 15202-5 (cat. 2634) f.121-256; IV 435; Budapest, Eg. Kön. 65 f.261-336; Budapest, Orsz. Szech. Kön. 194 f.283-366; 324 f.32-140; Burgo de Osma,

Cab. 50; Cambrai 179 f.143-182; 262 f.1-109; 274 f.2-122; 1269 n.III; Cambridge, Corpus Christi Coll. 225; Cambridge, Trinity O.3.47 (1219) f.1-112; Cambridge, Univ. Ff.4.12, 13 (1255-6) f.199-204 (excerpt); Cesena, Piana 3-153; Cuyk 52 f.1-94; Darmstadt 2681; Douai 440 f.195-280; Düsseldorf B.142; Eichstätt 463 f.71-128; Epinal 91; Erfurt, Ampl. Fol. 136 f.153-159 (incompl.); Freiburg i.B.268 f.153-162 (III pars); Göttingen, Luneb. 15 f.30-124; Graz, Univ. 636 f.84-156; Hamburg S. Jacobi 7; S.Petri 17; Harburg, I lat. 2 qu. 35; Heidelberg, Salem. 8-41 f.66-115; Herzogenburg 18 f.275 seq.; 57 f.106 seq.; Klagenfurt, Bischöfl. Bibl. xxx d 2 f.1-160; Klagenfurt, Studienbibl. Pap. 21 f. 3-83; Pap. 83 f.2-111; adligat. in 58 c 11 f.55-159; Klosterneuburg, 211 f.133-222; 316 f.254-358; 351 f.190-279; 392 f.1-123; 395 f.221-311; 829 f.111-296; 830 f.13-151; 835 f.1-176; 1154 f.245-255 (De praeceptis); København, Gl kgl.S.77 fol.; 186 fol.; 196 fol. f.1-81; Laon 474; Leipzig, Univ 423 f.156-288; Ljubljana (Kos 53) f.126-191; London, BM Addit. 15827 (incompl.); 18033; Harl. 264 (incompl.); 1937 (excerpts); Lyon 705 (617) f.1-118; 710 (618) f.1-133; Melk 690 (771) f.1-129; 1867 (634) f.181-232; Metz 345; Michaelbeuern, cat. 46 f.114-185; 96 f.1-138; 99 f.1-115; München, Clm 101 f.1-113; 2803 f.63-115; 3256 f.1-76; 3560 f.1-97; 3775 f.222-302; 4760 f.142-226; 5317 f.114-221; 5684 f.239 seq. (excerpts?); 6954 f.1-96; 7742 f.1-199; 8343 f.465-542; 11448 f.208-264; 14108 f.126-181; 16180 f.1-88; 16516; 17500; 17657 f.151-233; 17666 f.183-240; 18142 f.220-318; 18221 f.96-189; 22380 f.74-124; 23803 f.10-104; 28139 f.1-75 (incompl.); München, Univ. Fol. 50 f.128-186; Fol. 54 f.1-75; Münster, Univ. 68 (327); 134 (748) f.32 seq. (excerpts); 168 (360) f.54 seq.; Napoli, Naz. VII.E.14; VII. E.16; New York, Columbia Univ., the Butler Library Plimpton Ms.59 f.4-78; Oxford, Bodl. Hamilton 34 f.291-369 (SC 24464); Oxford, New Coll. 304 f.99-161; Padova, Univ. 1209; 1224 f.1-77; 1319; Paris, BN fr. 1027 f.209 seq.; lat. 3189 f.1-113; 3190 f.1-88; 3191 f.1-121; 3192 f.1-154; 3193 f.1-91; 3467 f.3-232; 3468 f.1-122; 3469 f.2-134; 3469 A f.1-196;12397; 14583; 14922; Parma, Univ. 70 f.1-131; Pisa, Cater. 93; Praha, Metr. Kap. C.36 (457); D.6 (570); Univ. I.A.35 (45) f.109-178; I.C.10 (101) f.193-259; XIII.G.16 (2383) f.67-137; Univ. Cheb 3/32 C; Roma, Casanatense 232 (C.III.29); Rouen A.274 (600) A.472 (597); A 479 (598); A 481 (599); Saint-Omer 167 f.135-242; 348 f.1-126; 349; 415 f.1-197; Salzburg, St. Peter b.VIII.24 n.2; b.IX.9 b; Salzburg, Univ.M.II.99 f.155(?)-285(?); Sankt Paul in Lavanttal 132-4 f.1-61; 184-4; Sankt Pölten R.195; Schlägl 129 f.146-214; 133; Solothurn SI 535 f.1-151; Stams 59; Stuttgart, H B I-127 f.2-134; Trier, Bistumarch. 88 f.2-42; Uppsala, Univ. C 180 f.134-254; C 214 f.1-166; Utrecht, Univ. 208; 209; Vaticana, Regin. lat. 419 (imperf.); Urb. lat. 567; Vat. lat. 983 f.1-105; 4325 f.47 seq.; 4410; 9331 f.1-153; Vorau 127 f.1-72; 308 f.1-95; Wien, Domin. 85(50) f.2-96; Wien, Nat. 3733 f.203-277; 3757 f.192-290; 3962 f.169-266; 4000 f.1-157; 4412 f.204-303; 4716 f.1-192; 4847 f.242-323; 14348 f.145-252; Ser. n. 268 f.18-58; 9329 f.1-120; Wien, Schott. 308 f.219-301; 378 f.1-101; Wilhering 92 f.1-143; Wolfenbüttel 388 Helmst. (423) f.295-356; 71.9 Aug. fol. (2688) f.163-231; Wrocław, Uniw. Milich. Zaak 17 (9615); Würzburg, Univ. M.ch.q.82; M.ch.q.173 f.5-85; Zwettl 34 f.3-148. (Schulte II 430; Stegmüller RS 277; H. W.C.Davis in *Zeitschrift der Savigny-Stiftung*, Kan. Abt. 3[1913] 347-8)

Printed: Goff G-565 to G-616 (Hain 8157-8213; Copinger 2824-2849; Reichling 205-206; 931); London. 1502; Parisius 1504; London.1506; 1508; Argentinae 1508; London.1509; Parrhisiis 1513; Venetiis 1515; Parrhisiis 1516; Lugduni 1528; Vineggia 1543; Lovanii 1553; Antwerpiae 1555; 1556; Venetiis 1566.

Dedic. Reverendo in Christo patri ac domino, domino Raymundo, diuina providentia sedis Valencie epicopo...Fons sapientie Dei Verbum, dispositione mirabili...

See: Penitentia secundum Ambrosium sic diffinitur: Penitentia est...Quantum ad primam partem...Quantum ad sacramentum...Sciendum ergo quod omnia sacramenta...

5020. **Quoniam sepe dubitatur quando penitens debeat remitti ad superiorem...**
Summa brevis extracta a summa Raymundi [de Pennaforti] fratris Praedicatorum, quomodo penitens debet remitti ad superiorem
Mss: Oxford, Merton 44; Paris, BN lat. 3265 A; 3473 f.161 seq.; Solothurn, SI 173 (part 3); Toledo, Cab. 22-13 f.46-55 (Part IIIa of *Summula* by Berengarius Fredoli 'in primis debet sacerdos interrogare'...)

5021. **Quoniam sicut ait Apostolus sine fide impossibile est placere Deo, hinc est quod antiquus adversarius...**(variant)
See: Quia sicut Apostolus ait sine fide impossibile est placere Deo...

5022. **Quoniam, sicut dicit Apostolus (I)ad Timotheum 5,17: Qui bene presunt presbiteri...** (variant)
See: Qui bene presunt...

5023. **Quoniam, sicut dicit Boethius, prius sunt extirpanda vitia quam inserendae virtutes...**
De virtutibus et vitiis
Ms: Paris, BN lat. 3712 f. 1 seq,

5024. **Quoniam, sicut dicit Innocentius III, symoniaca labes adeo plerasque moniales infecit...**
Iohannes de Tambaco, *Tractatus de simonia claustralium*
Ms: Basel, Univ. B.VII.27 f.1-103; (Auer 43-44)

5025. **Quoniam sicut dicit Isidorus, De summo bono, ad conversionem vel correctionem mortalium multum prosunt exempla...**
Nicholaus de Hanapis (?), *Tabula super legendam auream*
Ms: Napoli, Naz. VII.F.29 f.39-60

5026. **Quoniam sicut habetur Deut. 25,2: Pro mensura peccati est et plagarum modus, et Matth. 7,2: In qua mensura mensi fueritis...**(prol.)
See: Videtur quod Deus sit causa peccati...(first question)

5027. **Quoniam sicut scribitur Sap. 13,1: vani sunt homines in quibus non subest scientia Dei...**(Prol.)
(Tract.I) Celum empyreum locus et regio...
Ps.-Aegidius de Roma; Thomas Waleys, O.P. (?); Marcus ab Urbeveteri, O.F.M. (?), *Liber de moralitatibus corporum celestium, elementorum*, etc. or *Proprietates rerum naturalium moralisatae* or *Tractatus septiformis de moralitatibus rerum*
Mss: Assisi, Com. 243; Barcelona, Bibl. de Catalunya 5 f. 1 seq.; Burgo de Osma 123; München, Clm 8809; Oxford, New Coll. 157; Padova, Ant. 388; Paris, BN lat. 3332 f.7-246; Roma, Angelica 750 f.8-121; Vaticana, Vat. lat. 5935 (Glorieux 400 bm)
Pref: Adiuvante Deo in hoc opere tractatur principaliter de septem in universo. Etenim primo tractatur...

5028. **Quoniam, sicut scriptum est, mendaces sunt filii hominum (Ps. 61,10)...**
Tractatus de restitucionibus et qualiter sit restitucio facienda
Ms: Erlangen, Univ. 548 f.215-223; 610 f.55-64

5029. **Quoniam, sicut tempore retroacto, ita et nunc nonnulli insurgunt, qui non voluntatem rectam subiciunt...Quamuis igitur, reverende pater, contra somniatores...**(Prol.) (Text) **Quamvis omnibus fidelibus dicatur illud verbum quod scribitur I Ioh. 4: Nolite omni spiritu...**
Augustinus de Ancona (de Neapoli), *Tractatus contra divinatores et somniatores*
Mss: München, Clm 23867 f.97-111; Wien, Nat. 4151 f.231-243 (Zumkeller MWA 128)

LIST OF INCIPITS

5030. **Quoniam simonia descendit ab accusatione, videndum est quid sit accusatio...**
[On simony]
Ms: Oxford, Bodl. Laud. misc. 527 f.46

5031. **Quoniam simoniaca haeresis inter crimina ecclesiastica...**
[On simony]
Ms: Amiens 269

5032. **Quoniam sub pena excommunicationis late...**
See: Excommunicationem incurrunt clerici...

5033. **Quoniam summa que magistrutia [magistrata] seu pisanella vulgariter nuncupatur... Quod favente Domino nostro Iesu Christo excepta tabula capitulorum...**
Nicolaus de Ausimo, O.F.M., *Supplementum Summae Pisanellae*
Ms: Lucca, Bibl. Governativa 1435; Toledo, Cab. 22-24 (Schulte II, 435-6; Michaud-Quantin 62-66 and Index)
Printed: Goff N.56-77

5034. **Quoniam summa sapientia est per contemptum mundi tendere ad celestia...**
See: Immundum mundum, fili, fugito furibundum. Quoniam summa...

5035. **Quoniam sumus peregrini et advenae in hoc mundo...**
De obedientia
Ms: Paris, Mazarine 968 (1106A)

5036. **Quoniam sunt persone quamplures utriusque sexus petentes dari sibi et eorum statui aliqua specialia documenta salutis...**(Prol.) **Oportet igitur primo ad divinam beneplacentiam studere...**(Cap. 1)
Angelus Clarenus, O.F.M., *Breviloquium super doctrina salutis ad parvulos Christi*
Ms: Venezia, Marc. Lat. III 107 (Valentinelli VII, 29 t.II p. 203)
Printed: Nicola Mattioli, *Il beato Simone Fidati da Cascia*, Antologia Agostiniana II (Roma 1898) 471-487

5037. **Quoniam tanquam fenum velociter arescet. Fenum significat hominem...**
See: Fenum signat hominem carnalem...

5038. **Quoniam unica est veritas...**(variant Chap. 1 in Saint-Omer 400?)
See: Quoniam misericordia et veritas...

5039. **Quoniam uniuscuiusque auctoris dictum...**
Margarita or *Carmen X librorum de vitiis humanis et humanae vitae vicissitudinibus ex dictis antiquorum poetarum collectum*
Ms: Erfurt, Q.10 f.1-93

5040. **Quoniam, ut ait apostolus ad Hebr. 11,6, sine fide impossibile est placere deo, est enim fides fundamentum totius spiritualis edificii iuxta illud quod scribit apostolus...**
[De articulis fidei, de sacramentis, de decem praeceptis, Recensio II Kaeppeli 606]
Printed: C. Douais, *Un nouvel ecrit de Bernard Gui. Le synodal de Lodeve* (Paris 1894) 49-76
Cf. *Recensio I* Preceptorum diuine legis decalogus

5041. **Quoniam, ut ait apostolus Petrus omne peccatum...**
See: Quoniam, ut ait sanctus Petrus apostolus...

5042. **Quoniam, ut ait apostolus, prima ad Cor. 13 [14,40]: omnia honeste secundum Deum fiant in vobis...**
Rogerius, O.F.M., *Formula honeste vite* or *De regimine proprie persone*
Mss: Marseille 212; München, Clm 4144 f.165-167; 5690 f.109-113; Paris, Mazarine 996 (902) f.159 seq.; Paris, Sainte-Genevieve 1363
See: Quoniam ut apostolus I ad Cor. 14,40: omnia honestate...

5043. *Quoniam, ut ait Apostolus, sine fide impossibile est placere Deo, hinc est quod antiquus aduersarius...*
See: Quia, sicut Apostolus ait, sine fide impossibile est placere Deo...

5044. *Quoniam, ut ait Augustinus, divinarum scriptuarum multiplici abundantia latissimaque doctrina nullo errore comprehenditur et sine ullo labore custoditur, cuius corpus plenum est caritate...*
[De decem praeceptis]
Ms: Paris, BN lat. 16435 f.128-146

5045. *Quoniam, ut ait beatus Hieronymus, sacerdotis officium est respondere de lege...*
Albertus de Brixia, O.P., *De officio sacerdotis* or *Liber de instructione sacerdotum*
Mss: See Kaeppeli 98. Add.: Michaelbeuern Perg.5. (Michaud-Quantin, Index)

5046. *Quoniam, ut ait beatus Iohannes, Deus est alpha et omega...*
De proprietatibus rerum
Ms: Soissons 26 (28)

5047. *Quoniam, ut ait Cassiodorus...*
See: Sapientiam antiquorum exquiret... Quoniam, ut ait Cassiodorus...

5048. *Quoniam, ut ait Dionysius in lib. Angelicae Hierarchiae, impossibile est...*(pref.)
Iohannes Gobi, O.P., *Scala caeli*
Welter 325
See: Abstinentia multa bona facit...

5049. *Quoniam, ut ait egregius doctor Gregorius, non est Deo acceptabilius sacrificium...*
See: Vanitas vanitatum, dixit Ecclesiastes...Quoniam, ut ait Gregorius...

5050. *Quoniam, ut ait Gregorius in dialogis...*
Iohannes de Fayt, *Manipulus exemplorum*
Ms: Valenciennes 831 (613)

5051. *Quoniam, ut ait Gregorius libro I cap. I, sunt nonnulli quos ad amorem patrie celestis plus exempla quam predicamenta succendunt...*(Prol.)
Absolutio: In aurea legenda sub titulo de sancto Gregorio quidam abbas... (Text)
Manipulus exemplorum (Welter 402-405)

5052. *Quoniam, ut ait Gregorius super Ezechielem, nullum omnipotenti Deo sacrificium tale est quale zelus animarum...*(Prol.) (Art.1) **Abbas. Abbas in suo monasterio conferre potest suis...**
Bartholomaeus de S. Concordio (Pisanus), O.P., *Summa de casibus conscientiae* or *Summa Pisana* or *Pisanella* or *Magistrutia* or *De casibus ad conscientiam pertinentibus* or *Summa casuum conscientiae* or *Summa moralis* or *Summa casuum* or *Summa confessorum* or *Summa florum iuris canonica*
Mss: See Kaeppeli 436. Add: München, Clm 28618 f.1-252; Pamplona, Cab. 561; Vyssi Brod 80 f. 182 seq. (excerpts); Würzburg, Univ. M.ch.q.81 (selections) (Teetaert DDC II 313-316; Kaeppeli 436; textual discussion in P. C. Boeren, *Catalogue...D'Ablaing et Meijers* [Lugduni Batavorum-Leyden 1970] p.78)
Printed: Cologne 1474 etc.
Cf. Quoniam summa que magistrutia seu pisanella...

5053. *Quoniam ut ait Hieronymus sacerdotis officium est respondere de lege...* (variant)
See: Quoniam ut ait beatus Hieronymus...

5054. *Quoniam, ut ait Hieronymus, secunda post naufragium tabula est culpam simpliciter confiteri...*(Prol.)
(Lib. I tit.I) Quoniam inter crimina ecclesiastica simoniaca heresis obtinet primum locum...videndum est primo quid sit simonia...Simonia est studiosa cupiditas vel

voluntas emendi vel vendendi aliquod spirituale nec oportet addi 'vel spirituali annexum' nam spirituali annexum spirituale est...(Lib. IV) Quoniam frequenter in foro penitentiali dubitationes circa matrimonium...

 Raymundus de Pennaforti, O.P., *Summa de casibus poenitentiae* or *Summa de poenitentia*

 Mss: Cambrai 418 (394); Cambridge, Corpus Christi 136; 247 (attrib. auctor); 474 f.29 seq.; Cambridge, Caius 156 f.17-364 (attrib. auctor); Cambridge, Jesus Q.G.21; Cambridge, Pembroke 282; Cambridge, Trinity B.14.34; Cambridge, Univ. Kk.6.17 f.21 (attrib. auctor); Add. 3471 f. 11 (attrib. auctor); 6315; Cesky Krumlov 193 f.1-187; Charleville 119; Chartres 427; Clermont-Ferrand 97; 98; Darmstadt 902; Douai 437 (epitome); Durham, Cath. A.IV.29; B.I.29; C.II.10; Erlangen, Univ. 360; 363 f.14; Evreux 5; Fermo, Com. 63 (4 CA 1/63) f.1-79; Fleury 191; Firenze, Laur. S. Croce Plut.VII.sin.7; Kassel, 2 iurid. 43 f.120-235; Kornik 49 f.93 seq.; Krakow, Univ. 2189; 2540; Laon 181; Laon, Cath. 34; Leiden, Univ. D'Ablaing 36; Meyers 6; Lilienfeld 144, ff.150 seq.; Linz, 65 (66); 66 (161); 67 (302); Lisboa, Nac. Alcob. 36 (CCL), (in part); 197 (CCXLIV); 271 (CCXLVIII); London, BM Add. 16917; 18372 f.2, 121, 146; 18373; 22570 (imperf.); 33934 f.27; 28169; Arundel 126; 264 (imperf., begins at I, iii, 10); 282; Harl. 205 (imperf.); 1787 f.1-181; 1788; 3701; Lansdowne 338; Roy. 6 B.X f.93-133 (imperf.); 8 A.II (imperf.); 8.E.XVII f.111-121 (imperf.); London, Lambeth 398; 399; London, Royal College of Physicians 410 f.1-110; Madrid, Nac. 167; 565; 623 (with gloss); Metz 88; 252; 253; 254; 255; Montecassino 136; München, Clm 9666; Nice 28; Nürnberg, Cent. V, 77; V, 91; V-93; Olomouc, CO 209; 307; 384 (abridged); Oxford, New Coll. 181 f.46b seq.; 216; Paris, Arsenal 460; Paris, BN lat. 3720; 14445 f.81; 15921; 16417; 18082; Poitiers 130; Praha, Univ. III.F.15 (518); IV.H.13 (777) f. 1-117; VIII.G.5 (1587) f.1-94; XIV.G.48 (2640) f.1-124 (beg. missing); Schlägl 43; Tarragona, Prov. 82 f.1-124; Toledo, Cab. 16-16; 16-17; 22-17; 22-31; Toulouse 369; Tours 447; 448; 449; Trebon, Arch. A 3 f.81-115 (abridged); Trier, Stadtbibl. 526; Troyes 279; 1710; 1952; 1930 (?); Valencia, Cab. 121; Valenciennes 212; Vaticana, Borgh. 78; Regin. lat. 170; Vat. lat. 11443; 11522; Wilhering 89; Würzburg, Univ. M.p. th. f.113, M.ch.Q.75 (with commentary); Zwettl 79 f.3-63; 365 f. 16-119 (Schulte II 410; Diaz 1324; Teetaert, *Jus Pontificium* 9 [1929] 54-61, 228-234, 312-322; Michaud-Quantin Index; P.C. Boeren, *Catalogue des MSS des Collections D'Ablaing...*, Lugduni Batavorum-Leiden 1970 p.138-139) (This work appears in two recensions; see Kuttner *Zeitschrift der Savigny-Stiftung*, Kan. Abt. 39 [1953] 419-434)

 See: Sacra theologia sive scriptura omnem aliam...(variant prol.) Post abyssum et laqueos...(excerpt. Lib. III, tit. 34) Quoniam frequenter in foro penitentie... (Lib. IV)

 Cf. Penitentia est, ut ait Ambrosius...Quoniam nimia prolixitas...

 Comm. Cf. Ait Hieronymus de penitentia...Notandum est de ultima felicitate...Qui student domum...Quoniam inter crimina ecclesiastica...Si facis in bono contractum non revocabo...Summula de summa Raymundi...

5055. **Quoniam ut ait Malachias...**(variant prol.)
 See: Quoniam secundum quod dicit propheta Malachias...(Prol.)

5056. **Quoniam ut ait philosophus primo metaphisice, Omnes homines...**(main variant in Vat. lat. 1521)
 See: Omne quodcumque facitis...Doctor egregius...

5057. **Quoniam, ut ait propheta...**
 Decem praeceptorum paraphrasis
 Ms: Trier, Stadtbibl. 6 f.1-9

5058. **Quoniam, ut ait sanctus Petrus apostolus, Spiritu sancto inspirati locuti sunt sancti Dei homines** (II Petr. 1,21)...(Prol.)
Quoniam omne peccatum a superbia trahit originem testante Scriptura...(Text)
Iacobus de Benevento, O.P. (Ps.-Bonaventura), *Viridarium consolationis de virtutibus et vitiis* or *Liber viridarii consolationis* or *De consolatione theologiae* or *Tractatus de virtutibus et viciis* or *Tractatus in septem peccatis mortalibus*
Mss: See Kaeppeli 476-477. Add: Brno, Univ. Mn 15 f.9-21; Burgo de Osma, Cab. 17 (?); Darmstadt 81; Durham, Cath. Hunter 30 p.133-144; Firenze, Riccardiana 61 f.19-66; Liege, Sem. K 4; London, BM Roy. 13 A.VII f.149; Madrid, Nac. A 108 f.80 seq. (?); Montserrat 1 f.80-93; München, Clm 9740; Columbus, Ohio State Univ. 4 f.78-84; Paris, BN n. a. lat. 3144 f.1-7; Praha, Metr. Kap. C.82 (513) f.14-38; Tortosa, Cab. 253 f.26 seq.; Vaticana, Vat. lat. 11523 f.280 seq.; (T.Kaeppeli, in *Archivio italiano per la storia della pieta* 1[1951] 463-479; RTAM 19[1952] 333)
Printed: *Florilegium Cassinense* IV 263-315

5059. **Quoniam, ut ait Sapiens, peccantem virum involvet laqueus** (Prov. 29,6)...
Ps. Thomas de Aquino, *Summa de septem viciis capitalibus*
Mss: Durham, Cath. B.I.18; London, BM Harl. 3823 (shows similarities with: 'primo videndum est quid sit peccatum...')

5060. **Quoniam, ut ait Seneca, communis vox** ...(variant)
See: Concupiscentia: Quis est beatus, quod omnes...

5061. **Quoniam, ut ait sermo poeticus, gaudent**...(prol.)
See: Peccatum est factum vel dictum...

5062. **Quoniam ut ait Tullius...**
De temperantia vitae
Ms: Würzburg, Univ.M.ch.f.150 f.259-263

5063. **Quoniam, ut ait Tullius, ingeniis nostris...**
Summula brevis et viciis et virtutibus
Ms: Rome, Angelica 1038 (R.7.1) f.155-162

5064. **Quoniam ut apostolus I ad Cor. 14,40: omnia honestate...Ut eo lucidius hiis qui iura non norunt tytuli decretalium...**
Aureum confessorum
Ms: Cambridge, Corpus Christi 503 f.2-34
See: Quoniam, ut ait apostolus prima ad Cor. 13 [14,40]: omnia...

5065. **Quoniam ut apostolus Petrus ait...**
See: Quoniam ut ait sanctus apostolus Petrus...

5066. **Quoniam, ut dicit apostolus, lacte non cibo solido nutriendi...**(prol., part II)
See: De abstinentia. Abstinentia triplex est...

5067. **Quoniam, ut dicit Gregorius...**
See: Quoniam, ut ait Gregorius...

5068. **Quoniam ut dicit Gregorius plus est verbi Dei pabulo...**(variant prol.)
See: Aperiam in parabolis os meum...orationes...(prol.)

5069. **Quoniam ut dicit Philosophus in principio Ethicorum...**(prol.)
See: Melius est videre quod cupias...

5070. **Quoniam, ut dicit Salomon Prov. 20,28, misericordia et veritas...**
Iohannes Guallensis, *Breviloquium de virtutibus antiquorum principum*
Ms: Praha, Univ. VIII.A.19 (1426) f.174-191; X.E.12 (1913) f.1-33; XII.B.20 (2125) f.1-23
See: Quoniam misericordia et veritas...

5071. *Quoniam, ut dicit Seneca, communis vox...*
See: Concupiscientia: Quis est beatus...

5072. *Quoniam, ut habetur I Paral., 20 cap., de corona Melchonis...*
Iohannes du Fayt (?), *Manipulus moralis philosophiae* or *Tabula moralium*
Mss: Avignon 1081; Brugge, Stadsbibl. 508; Cambrai 392; 963 (861); Paris, BN 16090 lat. ff.1 seq.; Valenciennes 400 (383); Zwettl 318 f.91-163

5073. *Quoniam, ut inquit propheta regius, nescierunt neque intellexerunt homines scilicet modos et leges peccatorum...*
Alanus de Rupe, O.P., *Speculum peccatricis animae*
Kaeppeli 85

5074. *Quoniam valde ignominiosum est sacerdoti ut nesciat articulos fidei... Pater noster que duodecim partes habet...*
Berengarius Fredoli (?), *Summula in foro penitentiali*, IV pars (extr.)
Ms: Fabriano, Com.19 f.97r seq.; Paris, Mazarine 750 (1103) f.36-38 (*Studia Gratiana* 11 [1967] 151)
See: In primis debet sacerdos interrogare...(Excursus on Pater Noster 8802)

5075. *Quoniam varia dicta sanctorum et contrarie opiniones diversorum sanctorum doctorum legentibus perplexitates...*(Prol.) (Cap. 1) *Firmiter credere debemus et simpliciter confiteri...Est tamen sciendum quod ista per se pertinent ad fidem catholicam...*
Summa rudium or *Summula rudium* or *Summa simplicium* (based on Iohannes Friburgensis's *Summa* 'Quoniam, ut ait Hieronymus, secunda...')
Mss: Augsburg 68; Bamberg, Patr. 1; Theol. 75; Theol. 117; Theol. 238; Berlin, Lat. fol. 699 f.97-170; Bolzano, Francescani I.29; Eichstätt 237 f.120-161; Einsiedeln 720 f.104-171; Graz 547 f.37-61; 566 f.303-348; Harburg, II, 1 fol. 127 f.94-127; II, 1 fol. 141 f.1-39; Lambach 58; 146; München, Clm 2832 f.176-207; 3048 f.74-120; 3762 f.127-173; 5228 f.149-180; 5887 f.1-42; 6969 f. 228-261; 7001 f.109-147; 7560 f.136-174; 8541 f.1-95; 9204 f.98-140; 9716; 9726 f.155-188; 9806 f.72-155; 15307; 15558; 16217 f.161-194; 18409 f.192-237; 24835; 28437; 28455; Praha, Univ. VII.F.5 (1324) f. 22-43; adlig. 40.D.28 (2788) f.47-85; Salzburg, Sankt Peter B.IX.11 n.2; Sankt Gallen 767; Schlägl 94 f.125-162; Selestat 82 n.4; Stuttgart, HB I 21 f.234-271; I 117 f.160-195; VI 129; Theol. Qu. 218 f.17-100; Vaticana, Palat. lat. 369 f.264-299; 693 f.1-48; Vorau 357 f.13-58; 365 f.1-72; Vyssi Brod 73 f.240-277; Wien, Nat. 3597 f.1-142; 2664 f. 182-220; (Wien Nat.) 4587 f.289-312; 12878 f.98-111; 14461 f.108-149; Würzburg, Minor. 19 a (*olim*); 74 e; Würzburg, Univ. M.ch.f.174 f.74-121; (Schulte II 528-529; J. Dietterle in *Zeit. für Kirchengeschichte* 27[1906] 78-81; Michaud-Quantin Index and p.48)
Printed: Goff S-861; 862; Hain 15170
Prol. Variant: Quia varia dicta sanctorum

5076. *Quoniam vas celestis glorie mancipatum...*
See: Et primo de gula incipiendo. Quoniam vas...

5077. *Quoniam viris religiosis ad vitam eternam tendentibus...*
Henricus Gulpen,
Ms: Würzburg, Univ. M.ch.q. 80 (Michaud-Quantin Index; cf. Schulte II 439)

5078. *Quoniam virtus in infirmitate* (II Cor. 12,9)...
Tractatus de vitiis et virtutibus
Ms: München, Clm 8970

5079. *Quoniam virtutibus nihil est utilius...*(Sap. 8,7). *Circa virtutes specialiter debet versari studium...*
Guillelmus Peraldus, *Summa virtutum* (an abridgement)

Mss: Bourges 169; Leipzig, Univ. 446, 447; Metz. 483; 485; Paris, Arsenal 851; Trier. Stadtbibliothek 718; Vat. 9993
Prol: Abmissis [obmissis] sufficienciis et ordinationibus [ordinationibus et sufficientis]...
See: Si separaveris pretiosum...(work from which the above is abridged)
Cf: Quoniam non vitabatur...(which has the same prol.)

5080. *Quot modis dicatur altissimus. Altissimus dicitur Pater...*
See: Altissimus dicitur Pater...

5081. *Quot modis dicatur fides quid sit fides...*(book I)
See: Ad honorem et laudem nominis

5082. *Quot sentenciarum IV dis. 3...*
A tractate on penitence
Ms: Praha, Univ. I.G.16 (292) f.51-62

5083. *Quot sunt necessaria ad salutem...*
Exhortatio bona de libris sanctis breviter tractata (from Ricardus Rolle, etc.)
Ms: Oxford, Univ. Coll. 60 p.357 seq.

5084. *Quotidianum de dilectione sermonem...*
Hugo de Sancto Victore, *De substantia dilectionis* (Institutiones in decalogum, c.4)
Ms: Berlin, Lat. fol. 736 f.136-138
Printed: PL 176, 15-18
See: Audi, Israel, Deus tuus...Non hoc totum de precepto...

5085. *Quoties aliquis quolibet a vitio tangitur toties ad orationem se subdat, quia frequens oratio...*
[Treatise on virtues and vices]
Ms: Paris, BN lat. 3751 f.121 seq.

5086. *Quotiescumque Christiani ad poenitentiam accedunt, ieiunia damus...*
Haltigarius, Episcopus Cameracensis, *Liber poenitentialis* or *Ordo ad dandam poenitentiam*
Mss: London, BM Cotton Vesp. D.XX; Oxford, St. John's 158
Printed: PL 105, 694-710
Praef.: Addidimus etiam huic operi excerptionis nostrae...

5087. *Quotquot spiritu Dei aguntur...*
S. Augustinus (?), *De penitentia animae*
Ms: Oxford, Merton 18 f.2

5088. *Quum...*
See: Cum

5089. *Quum in monasteriis et maxime...*
De caritate fraterna
Diaz 512

5090. *Quum plures mortalium non vivunt se agunt vitam...*
De vanitate mundi
Ms: Praha, Metr. Kap. D.143 (714) f.216-288

5091. *Quum plus exempla quam verba movent...*(prol.)
Tractatus de abundantia exemplorum in sermonibus
Ms: Namur, Mus. Arch. Ville 24 f.141-183
Cf: Quoniam plus exempla movent secundum Gregorium...cum plus exempla...

5092. *Quum post peragratum Italiam Dionora Romanorum Imperatrix urbem Venetias se recepisset, Senatus, sicuti in omnes officiosissimus...*
Trebani, *De felicitate dialogus*
Ms: London, BM Addit. 14852 f.1-18

5093. *Quum sit utilis et necessaria...*
See: Quam sit utilis et necessaria...

5094. *Rabanus super Matth. 21: Omnis, inquit, arbor que non facit fructus bonos...Ex duobus enim in ecclesia constat...*
See: Quoniam peccantibus post baptismum sola penitentia...

5095. *Radix cuncti mali superbia est de qua scriptura testante* (Eccli. 10,15), *dicitur vitium omnis peccati...*
[On vices De superbia, humilitate, etc.]
Ms: Cambridge, Corpus Christi 274, f.113-154; Paris, BN lat. 2895 f.2-3; 3745 f.54-56

5096. *Radix omnium custosque uirtutum patientia est...*
De patientia
Ms: Cambridge, Corpus Christi 274 f.130

5097. *Radix omnium malorum est cupiditas...*(I Timo. 6,10). *In hiis verbis apostolus tangit unam radicem ex qua de omni specie peccati mortalis...*
De peccato mortali, quomodo unum est causa alterius multis modis, et de cupiditate et specialiter de superbia et eius speciebus
Ms: Wien, Nat. Ser. n. 3383 f.13-86

5098. *Radix secularis dignitatis sint altitudinis et amaritudo...*
Nota de vitiis
Ms: Cambridge, Jesus Q.B.17 f.46

5099. *Ranae decreverunt...Sunt fabulae spiritualiter applicatae...*
Exempla naturalia
Ms: München, Clm 7001

5100. *Ranae elegerunt sibi lignum in regum...*
[Fables]
Ms: München, Clm 8356

5101. *Ratio potissima quae convenit veneno, convenit peccato...*(variant)
See: Ratio veneni potissime peccato convenit...

5102. *Ratio veneni potissime convenit peccato cum prioritate originis, cum universitate infectionis, cum difficultate curae et medicaminis. Venenum namque incipit a creatura rationali...Dicturi igitur...*(prol.) (Cap.1) *Et quoniam omnis peccati initium est superbia, ideo videndum est primo de veneno...*
Malachias Hibernicus (Ps. Thomas de Aquino), *Venenum viciorum* or *Venenum spirituale* or *Antidotarium animae* or *De peccatis capitalibus* or *De venenis viciorum tractatus satis bonus* or *Tractatus de venenis peccati veneno* or *De septem peccatis mortalibus* or *Medicina spiritualis contra septem mortalia [peccata]* or *Tractatus 'Venenum vitiorum' nuncupatus* or *Tractatus de veneno spiritualis et eius remedio*
Mss: Bamberg, Theol. 235; Basel, Univ. A.X.135 f.61 seq.; Bruxelles, BR 3925-29 (cat. 257), f.392-404; Cambridge, Pembroke 239 f.240 seq.; Cambridge, Peterhouse 237; Cambridge, Univ. Dd.X.15 f.1-12; Ii.I.26 p.138-173; Cesky Krumlov 191 f.154-167; Dover, St. Martin's Priory; Dublin, Trinity Coll. 115 (A. 5.3) p.371-92; Durham, Cosin. V.II.5; Durham, Cath. B.II.4; B.III. 18; B.III.19; Erfurt, Ampl. Q.116; Erlangen, Univ. 546 f.32-49; Eton Coll. Sion Monastery 117; Graz 628 f.239 seq.; Klagenfurt, Studienb. Pap. 164

f.137-143; Leipzig, Univ. 273 f.80-86; 423 f.99-102; Lincoln, Cath. 49 (A.6.1); 68 (C.4.10); 125 (A.5.15); 202 (C.3.2); London, BM Cotton Vit. C.XIV f.57; Roy. 7 C.I f.82-92; 7 F.II; Sloane 1616; London, Lambeth 483; München, Clm 5846 f.197-205; 8444 f.3 seq.; 8961 f.140-162; 8968 f.205-220; 15139 f.250-260; 15602 f.41-54; 16202 f.192-201; 28601 f.183-197; Nürnberg, Cent. I, 53 f.266-275; Oxford, Bodl. Bodl. 798 f.127; Laud. misc. 645; Phillipps 8336 f.189-203; Oxford, Lincoln. Coll. 56 f.463 seq.; Oxford, Magdalen 6 f.133 seq.; 48 f.225 seq.; 200 f.1 seq.; 202 f.220 seq.; Oxford, Merton 43 f.27 seq.; 68 f.64 seq.; Oxford, Univ. Coll. 36 p.261 seq.; 60 p.236 seq.; Praha, Univ. I. B.15 f.17-30; V.G.21 (973) f.51-67; X.D.10 (1889) f.45-57; XIV.H. 7 (2652) f.48-65; Roma, Angelica 369 (D.2.1) f.91 seq.; Rouen A.470 (593); Stuttgart, Theol. fol. 30 f.201-216; Toulouse 230 f.156 seq.; 232; Trebon A 18 f.92-115; Tübingen, Univ. Mc333 f.193-203; Vorau 362; Wien, Nat. 4686 f.31-43; 4695; 4581; 4728; (James, *Ancient Libraries* 46; M. Esposito, *English Historical Review* 33 [1918] 359-66; Thomson 268-70; Bloomfield 129-30 and 419; *Hermathena*, Trinity College Dublin 48 [1933] 246-248)

Printed: Henri Estienne (Paris 1518)

5103. **Rationalem creaturam a Deo factam esse, ut Deo fruendo beata esset, dubitari non debet. Ideo namque rationalis est...**
Speculum iuniorum
Mss: Cambridge, Caius 52 (29) f.1-43; Cambridge, Corpus Christi 392; 477; Cambridge, St. John's E.10 (113) f.1-132; Cambridge, Univ. Ff.4.45 (1288) f.29-124; London, Lambeth 485 f.121-225; Oxford, Bodl. 655; 767; Laud. misc. 166; 397; Rawlinson A.367; Wood empt. 22 (SC 8610) f.200; Oxford, Corpus Christi 360 f.79-110; Ripley Castle, Harrogate; Worcester F.38 f.216-270 (W. Pantin, *English Church in the Fourteenth Century* [Cambridge, England 1955] 219; *Prolegomena* p.CCX n.5; L.E. Boyle, *Three English pastoral Summae...* in *Studia Gratiana* 11 [1967] 133-134)

5104. **Rationalis anima...**
S. Bonaventura (?), *Invitatorium ad amorem sancte humilitatis et paupertatis*
Ms: London, BM Addit. 18337 f.68

5105. **Ratione decalogi solent...**
De comparatione decem plagarum Egypti ad decem precepta
Mss: London, BM Arundel 205 f.22-23; Oxford, Bodl. Laud. misc. 530 f.232;
See: Sciendum quod ratione decalogi...

5106. **Ratione eius quod dicitur Rom. 7, 19: Quod nolo malum, hoc ago et quod dicit Augustinus...**
Alexander de Hales, *De subiecto peccati* under *Quaestiones disputatae*
Mss: Assisi Com. 138 f.49-51; Münster 257 f.43-46;...(Glorieux 301 c 38; *Prolegomena* p. CLXXXIV n.174)

5107. **Ratione huus verbi Matthaei 16,19: tibi dabo claves...quaeriter quid sit clavis ecclesiae...**
De definitione confessionis
Ms: Paris, BN nouv. acq. lat. 1470 f.152 seq.

5108. **Rebecca consors fidei...**
Iacobus de Jüterbog, *De duabus civitatibus, scilicet Ierusalem et Babylon et earum civibus*
Ms: Praha, Univ. VII. E.17 (1306) f.134-148 (Meier p.56-57 n.68)

5109. **Recessit** (hoc tempore) **lex a sacerdotibus...**
Calamitates mundi
Walther IC 16445; 16445a

*5110. **Reclina a malo**...(Ps. 36,27)...*
[Commentary incipit on 'Peniteas cito'...q.v.]
Ms: Praha, Univ. XIV.F.5 (2576) f.34-47

*5111. **Recolitis, domine mi, quid dudum iusseratis mihi**...(prol.)*
See: Auctor igitur

*5112. **Recolo vos a me postulasse quod breuem doctrinam...***
Richardus (Ps.-Praepositinus), *Summa de poenitentia iniungenda*
Mss: Lazne Kynzwart (Königswart) 20-H-27; Stuttgart HB I 70 f.2-19; Wien, Nat. 1186; 1413 f.129-132 (Glorieux 109 c; G. Lacombe, *La vie et les oeuvres de Prevostin* [Bibl. Thom. 11; Le Saulchoir 1927] 67-70; Michaud-Quantin Index; L. Hödl, *Die Geschichte der schol. Lit....der Schlüsselgewalt*, BGPTMA 38,4 [Münster 1960] 276-280; 286-289)
(Dedic. Venerabilibus sacerdotibus N. et N. Ricardus eorum devotissimus...)

*5113. **Recordare quia recepisti bona in vita tua**... (Luc. 16,25). **Seneca de beneficiis**...*
[On gratitude]
Ms: Leipzig, Univ. 285 f.184-185

*5114. **Recte vivendi doctrinam sive cavendi**...*
[Poem on right living]
Walther IC 16456

*5115. **Rectos decet collaudatio** (Ps. 32,1). **Non dico simpliciter laudatio**...*
See: Exultet iustus in Domino...Rectos decet...

*5116. **Redde quod debes** (Matth. 18,28). **Enumeratis virtutibus quas cuilibet secundum conditionem reddere debemus**...*
[Treatise on seven cardinal sins]
Iordanus de Quedlinburg, O.E.S.A., *Opus postillarum, Sermo 441*
Ms: Tours. 405 f.141 seq. (Zumkeller MWA 654)

*5117. **Redde quod debes** (Matth. 18,28). **Quia complementum christiane religionis consistit in reddendo**...*
Iordanus de Quedlinburg, O.E.S.A., *De virtutibus et vitiis Opus postillarum*, Serm. 439-441)
Mss: Basel, Univ. A.IV.14 f.123-125; Gdansk 1965 f.9-32; Pamplona, Cab. 58 (incom.); Roma, Angelica 1444 (T.8.16) f.154-161; (Jordani de Saxonia, *Liber vitasfratrum* ed. R. Arbesmann and W. Hümpfner [New York 1943] xxxiv-xxxv; Zumkeller MWA 654)

*5118. **Redeundo ad materiam preceptorum in qua eram et iam descendendo**...*
Nicolaus de Dinkelsbühl, *De decem praeceptis decalogi* Serm. 3-11 (12)
Mss: Lambach 135; Wien, Nat. 4889; Wolfenbüttel, 152 Helmst.
See: Preter precepta legis nature communia...

*5119. **Redite, prevaricatores, ad cor**...**Vacate et videte quoniam ego sum Deus ineffabilis**...*
Ps.-Augustinus, *Minus speculum peccatoris* or *peccatorum*
Mss: Frankfurt am Main, Stadtb. Praed. 77 f.258; København, Gl kgl. S. 78 qu. f.269; Gl kgl. S. 3889 oct. f.122-124; Stockholm, Kungl. Bibl. A. 198 (from Erfurt) f.157-158; 201 f.137-138; Wien, Schott. 178 f.195-197 (Lehmann II 5)

*5120. **Refert Romulus in annalibus hebreorum**...*
Robertus Holcot O.P., *Moralitates*
Ms: Heiligenkreuz 206 f.72-112
Cf. Theodosius de vita Alexandri...Narrat Romulus...

*5121. **Reges gentium dominantur eorum et qui potestatem habent**...(Luc. 22,25-26). **Haec est doctrina Sapientiae increatae quae ex ore**...(Prol.)*
Ambitio, secundum doctores, est inordinatus appetitus...(Text)

Dionysius Carthusianus, *Contra ambitionem*
Printed: *Opera omnia* 39 (Tournai 1910) 331-359

5122. **Regimen autem hominis secundum philosophiam moralem videtur tria includere...**
Memoriale regiminis hominis secundum philosophiam moralem
Ms: Paris, BN lat. 12431 f.37-82

5123. **Regina saba venit in Hierusalem...**
See: Scuto bonae voluntatis Dei coronatae Agneti imperatrici, Petrus peccator monachus servitutem...Regina saba...

5124. **Regna remota iustitia non sunt nisi magna latrocinia, sicut dicit Augustinus IV lib. De ciuitate Dei, introducens exemplum de Alexandro...(Prol.)**
Caput primum de iustitia asservanda contra rem publicam. Adeo autem viguit iustitia apud illos...(Text)
Michael de Massa, O.E.S.A., *De quatuor virtutibus cardinalibus* or *Liber communiloquium* (based on Iohannes Guallensis *Breviloquium*)
Mss: Bordeaux 267; Cues 91 f.168-187; Paris, Mazarine 727 (1255) f.52-69; Roma, Angelica 6 (A.1.13); Toulouse 230 f.86; Tours 404 f.1 seq. (R. Tuve, *Journal of the Warburg and Courtauld Institutes* 26[1963] 272; Welter 201; Zumkeller 699)
See: Remota iustitia...

5125. **Regnum celorum acquiritur per arma. Legitur iudicum...**
Moralitates biblicae
Ms: Praha, Univ. I.D.32 (172) f.1-18

5126. **Regula et vita christianorum hec est scilicet Dominum nostrum Ihesum Christum secundum evangelium observare vivendo in obedientia mandatorum...**
Petrus Reginaldus Reginaldetus, O.M., *Tractatus de scientia decalogi*, in concilio basiliensi
Mss: Bamberg, Theol. 119 f.217-258; Praha, Metr. Kap. A.34 (57) f.106-141; Regensburg. 1794 f.180-226; (Sbaralea [Rome 1921] vol. II, p.362)

5127. **Regula prima que spectat ad nobiles, potentes et scabinos. Ne pauperes videlicet per potentiam suam opprimant et subditis suis opprimi permittant...**
Iohannes Gerson, *Tractatus de modo vivendi omnium fidelium* or *Modus vivendi*
Mss: Basel, Univ. B IV 28 f.1-3; s'Gravenhage Kon. Bibl. 70 H 26 f.62-66; Kornik 116; München, Clm 28296 f.71-75; Solothurn, Si 213 f.158-159; Stockholm, Kungl. Bibl. A.234 (from Lüneburg) f.152-157; (Lehmann III 107)
Printed: *Opera Omnia* (Antwerpiae 1706) II 538-541
Cf: Ne pauperes per potentiam suam...Ne potentes per potentiam suam opprimant...

5128. **Regularium sive claustralium sacra religio...**
Ms: St. Florian 82
Cf. Pro salute eorum...

5129. **Regule theologice utilis et bone super audiendum confessionem...**
Tractatus audiendi de confessione
Ms: Kornik 1383 f.247-258

5130. **Relatu plurium interdum audio infausti Simonis infausto cambio...**
Versus de simonia et avaritia
Ms: Cambridge, Trinity O.9.38 f.29

5131. **Religio est intelligentium documentum, diligentium experimentum...**
Iohannes Lemovicensis (Ps. Gerardus Leodiensis), *Elucidarium religionis*
Mss: Firenze, Laur. Plut XX, 17 f.75-195; Troyes 1534; (Glorieux 361 e; *Rev. asc. myst.* 12 [1931] 361-362)
Printed: C. Horvath, *Johannis Lemovicensis Opera omnia* (1932)

*5132. **Religio est virtus, que superioris cuiusdam nature...***
See: De religione Dei. Tullius de natura deorum...Religio est virtus...

*5133. **Religio mater sanctificationis est, ex qua oritur prima gustatio perceptionis secretorum Dei...***
De modis virtutum et illarum quae virtutes non sunt
Ms: Lucca, Governativa 2424

*5134. **Religio munda et immaculata apud Deum hec est, visitare pupillos et viduas...** (Jc. 1,27). **Volens religionem aliquam intrare et eam obseruare, tria debet considerare: primo que et qualis sit religio in se...**(Prol.)*
(Cap. 1) Primus punctus nostre religionis est credere articulos fidei...(Cap. 2) Secundus punctus nostre religionis est seruare mandata...(Cap. 3) Tertius punctus nostre religionis est vitare septem peccata mortalia...
Thomas Hibernicus, *De tribus punctis christiane religionis* or *Summa (or Tractatus) de tribus punctis essentialibus christiane religionis* or *Expositio articulorum fidei christiane* or *Liber de regulis omnium christianorum* or *Ordinarium vite religiose*
Mss: Admont 661 f.98-115; Berlin, Theol. lat. fol. 241 f.26-33; Theol. lat. fol. 503 f.309-319; Bratislava, Kap. 82 (Knaus 86) f.13-20; Braunschweig 149 f.307-312; Brno, Metsky Archiv 86(53); 87(107); 106(120) n.2; Brno, Statni Archiv G.12. II 360 p.18-22; p.37-46; Brno, Univ. Mk 21 f.75-84; 33 f.20-32; 43 f.85-94; 70 f.185-200; 79 f.389-392; 86 f.38-56; R 365 f.1-12; Budapest, Orsz. Szech. Kön. 89 f.93-103; Cesky Krumlov, prel. Knih. I-6 allig. f.18-31; Darmstadt 2653 f.147-158 (imperf.); Edinburgh, Univ. 78 f. 62-82; 110 (Laing Collection 30) f.185 seq.; Eichstätt 514 f.206-214; Erlangen 548 f.253-260; Escorial f.II.18 f.185-189; Evreux 13 f.1-42; Graz 611 f.103-111; 979 f.142-149, 158-168; Heidelberg, Sal. 8-37 f. 436-455; Klosterneuburg 391 f.214-220 (?); 731 B f.222-232; 797 f.48-65; København, Gl kgl.S.63 fol. f.180-189; Kremsmünster 9 f.157 seq.; 22; 82; Krakow, Uniw. 400; 1426 f.599-617; 1685 f.502-513; 2068 f. 326-349; 2351; Liege, Sem. 6.F.18; Lüneburg, Theol. Fol. 77 f.92-100; 4 61 f.222-224; Metz 146; Olomouc, CO 54; 68 f.133-135; 162; 215 n. 3; 232; 286; 308; 362; Univ. II 67/1; II 133/4; II 232/6; Opava 14 f.237-249; Osek 15 f.75-85; 31 f.17-26; Padova, Univ. 1575 n.1; Paris, BN lat. 15162 f.152-167 (cap. 2-3); 15966 f.1-6; 16397 f.1-9; Praha, Metr. Kap. A.56.3(91) f.180-192; C.55.1(483) f.16-26; C.55.2 (484) f. 13-21; C.119(551) f.25-33; D.137(708) f.41-56; E.56(816) f.82-87; E. 78.2(840) f.?-41; I.60.2(1173) f.19-30; I.76 (1189) f.10-17; K.20(1214) f.39-62; N.9(1533) f.15-24; N.16(1540) f.287-296; N.37(1561) f.18-29; N.41 (1565) f.157-161; N.53(1577) f.370-386; O.23(1607) f.200-213,261; O.33(1617) f.21-29; O.41(1625) f.15-17; O.42(1626) f.28-46; O.66(1650) f.46-59; O.69(1653) f.1-15; Praha, Narodni Mus. XVI.A.11 (3641) f. 121-128; XIII.F.4 (3351) f.28-38; XVI.E.21 (3714) f.170-184; Praha, Univ. I.G.19(295) f.22-35; H.3(328) f.374-406; III.D.13(465) f.12-18; IV.A.11(587) f.?-130; IV.G.7 (739); V.B.3 (820) f.57-65; V.B.5 (822) f.132-137; V.G.8 (960) f.?-116; V.G.13 (965) f.?-51; VI.B.21 (1055) f.15-25; VIII.D.29 (1524) f.?-95; X.A.26 (1829) f.50-58; X.C.1 (1854) f.?-117; X.E.20 (1921) f.?-53; X.G.15 (1969) f.101-113; XIII.G.7 (2374) f.213-226; XIV.E.26 (2560) f.?-148; XIV.F.5 (2576) f.?-26; XIV-H.5 (2650) f.1-17; XX.A.1 f.17-23 (*formerly*Admont 133); Regensburg, Alte Kapelle 1890 f.256-265; Rein 5 f.57-76; 60 f.92-99; Schlägl 46 f.348; Saint-Omer 347 f.181-187; Trebon, Statni Arch. A 3 f.21-34; A 6 f.2-18; A 18 f.447-454; Vyssi Brod 16 f.17-27; 59 f.19-30; 84; Wien, Nat. 616 f.19-32; 3496 f.180-191; Ser. n. 3618 f.44-58; Wien, Schott. 76 f.81-94; 314 f.190-207; Wilhering 25 f.?-178; Wrocław, Uniw. I F 236 f.10-13; If 245 f.1-11; If 596 f.152-157; Iq 37 f.156-169; Iq 58 f.114 seq.; Municip. 1606 f.36 seq.; (HLF 30, 398 seq.; Stegmüller RB 8129, 1)
Printed: (s.l.,n.d.) (H.6671); [C. Fyner, Esslinge 1476?] (Goff R-139); Lübeck

1496 (H.8544); Brünn 1872 B. Dudik, *Statuten d. ersten Prager Provinzialconcils*...1349, in Appendix p. 83-113. Many small works on *De tribus punctis* may be found in codices together with *Statuta Arnesti* or *Ernesti* (1349). See: Cum inter omnes omnes religiones...

5135. **Religiosa mens religiosa curiositate quaerit de religione conscientiae ut sciat, imo...**
See: Carissimo suo Alchero monacho Claraevallis... Religiosa mens...

5136. **Religiose ac in Christi visceribus...**
See: Vacate et videte quoniam ego sum Deus...(Ps. 45,11). Religiose ac in Christi...

5137. **Religiosis viris in Christo dilectis studentibus Neopolitani conventus ordinis heremitarum...(prol.)**
See: De abstinentia. Castigo...

5138. **Religiosorum datur hec doctrina virorum...**
[Poem on right living]
Walther IC 16572

5139. **Religiosorum species sunt hec vitiorum...**
[On vices]
Walther IC 16573

5140. **Rem magis utilem quam subtilem, magis necessariam quam aplausoriam, magis affectabilem quam disputabilem aggredi conamur...**
Thomas de Chabham, *Summa de commendatione verbi Dei et de commendatione virtutum et extirpatione vitiorum*
Ms: München, Clm 14062 f.80-103 (Th. Kaeppeli in AFP 26 [1956] 189-191)

5141. **Rememorare novissima tua...**
See: Memorare nouissima tua...Sicut dicit beatus Augustinus...

5142. **Remota iusticia quid sunt regna nisi magna patrocinia...**
[Some exempla]
Ms: Rein 205 f.225-231
See: Regna remota iustitia...

5143. **Renovamini autem spiritu mentis nostri, ait beatus Paulus** (Eph. 4,23)...
Libellus spiritualis exercitii de fervida exhortatione ad virtutes
Mss: Utrecht, Univ. 384 f.1; Venezia, Marc. Lat. I.75 (Valentinelli I, 54) f.187-190
Cf. following entries

5144. **Renovamini spiritu mentis vestre** (Eph. 4,23)...
[De decem praeceptis]
Ms: Praha, Metr. Kap. B 88 (403) f.164-171
Cf. preceding and following entries

5145. **Renovamini spiritu mentis vestre** (Eph. 4,23)... **Quia aliquia apostolus sentenciosa verba dixit...**
Iohannes de Capistrano, Sermon 'De contemptu saeculi'
Mss: København, Gl kgl. S.1372 fol. f.116-123; Göttingen, Luneb. 32 f.74-78
Cf: two preceding entries

5146. **Requiescet super eum Spiritus Domini.** (Is. 11,2)... **Primo quaeritur quare sunt septem dona tantum et non plura...**
Questio de donis spiritus sancti
Ms: Paris, BN lat. 3572 f.56

5147. **Requiras ergo in animo tuo 'Quis es tu'...**
See: Quoniam in dicendo multi errant...

*5148. **Rerum facies sive libri...***
Guillelmus Parisiensis (de Alvernia), *De faciebus mundi*
Mss: London, BM Roy. 6 E.III, ff.53-59; Oxford, Merton 136; (N. Valois, *G. d'Auvergne* [Paris 1880] 171; Glorieux 141 f; 6 el)
Prol: Materia principalis omnium sermonum... And: Veritas evangelia predicatoribus (Glorieux 141 f; 6 el)

*5149. **Res grandis immo permaxima cuiuslibet nedum meis impar viribus contra quemlibet ad excusationem michi satisfecisset...**(Prol.)*
(Lib. I) Quomodo suscipiendus sit penitens. Penitens: Suscipe me Domine miserum peccatorem...
Robertus Flamesburgensis (Flamborough), *Liber penitentialis* or *Tractatus de penitentia, de matrimonio, de sacris ordinibus*, etc. or *Penitentiale* or *Penitentiarius* or *Speculum christiane religionis*
Mss: Ann Arbor, Michigan Univ. 52; Avranches 230; Basel, Univ. B.VII.30 f.1-30; Cambridge, Corpus Christi 441 p.37 (attrib. auctor.); Cambridge, Pembroke 238 f. 153 seq. (attrib. to Robertus S. Victoris); Cambridge, Univ. II.6.18 f.1-127; Kk.6.1 (imperf.; attrib. auctor); Chartres 300; Erlangen, Univ. 359 (233) f.8-22; Graz 331; Leipzig, Univ. 345 f.38-69; London, BM Roy. 15 B.IV (imperf.); Paris, Arsenal 386; 525; 526; 769; etc. Paris, BN lat. 13455 f.25; 16506 f.19; Siguenza 62; Troyes 817; 1315; 1339; Vaticana, Regin. lat. 395 f.37 seq.; Vendome 150. (J. Dietterle, *Zeitschrift fur Kirchengeschichte* 24[1903] 366-368; F. Firth in *Traditio* 16[1960] p.542; Haureau V 164; VI 89; S. Kuttner in *Traditio* 2[1944] pp.492-499, MSS p.496 n.24; Michaud-Quantin 21 n.3)

*5150. **Res satis empta datur precibus si saepe petatur...***
Proverbia rusticorum
Printed: Zacher, *Z. für deut. Alterthum* 11,115 (Walther PS 26764)

*5151. **Rescriptum ad epistolas duorum Carnotensium...***
See: Qua mente iam tacebo?...(Epist. Dedic.) Domo abbati Columbensi... Rescriptum meum...
[Poem on contempt of world]
Ms: Saint-Omer 115 f.14; (Walther IC 16662, PS 26800; Haureau, *Poemes attri. a s. Bernard* 168)

*5152. **Respice, prima species seu superficies speculi sacerdotum...***
Hermannus de Schildesche (de Westfalia), *Speculum sacerdotum*
Ms: Paris, BN 10731 lat. f.118 seq.
See: Materia baptismi debet esse...

*5153. **Respice processum metricum reverende sequentem...**(prol.)*
See: Non tonsura facit monachum...

*5154. **Respice, quam celeri fugiant mortalia cursu...***
De vanitate (poem)
Ms: London, BM Roy. 11 C.VII f.272; (Walther IC 16666)

*5155. **Responde mihi...**(Iob 13,22). **Que verba bene indicant...***
See: Beatus Iob dicit Deo: Responde mihi...

*5156. **Respondetur ad tria...***
Ad quid opera misericordie in mortali peccato existenti valeant
Ms: Vyssi Brod 22 f.105

*5157. **Restat nunc discutere diversitatem...***
Iohannes Wyclif, *Differentia inter peccatum mortale et veniale*
Ms: Praha, Univ. V.E.17 (911) f. 180-183 (W.W. Shirley, *A Catalogue of the Original Works of John Wyclif* [Oxford 1865] 11)

5158. Restat nunc ut de questionibus magistrorum aliqua dubitabilia supponamus...
See: Quomodo sacerdos expediet surdos...

5159. Restat videndum de caritate...
See: Nunc ex ordine circulorum arborum, restat videndum...

5160. Restat videndum de fortitudine...
See: Viso de justicia, restat videndum...

5161. Restat videndum de spe...
See: Explicito tractatu de fide, restat videndum...

5162. Restat videre de via mandatorum Dei...
See: Surge et ambula, errans in invio...

5163. Restet merorum status orbis, qui sat...
De statu mundi (poem)
Ms: Würzburg, Univ. M.ch.q. 173 f.87

5164. Restituit virtus...
Carmen [or *Poema elegiacum*] de virtutibus et vitiis
Ms: Wien, Nat. 2475 f.1-20

5165. Reverendissimo...
See: Reverentissimo...

5166. Reverendissimo in Christo fratri ac filio Haltigario episcopo...Non dubito tuae notum esse caritati, quanta nobis ecclesiasticae disciplinae... (pref. epistle)
See: Paradisi gaudiis postquam expulsum...

5167. Reverendissimo in Christo patri Domino Cosme titulo Sancti Crucis in Ierusalem presbitero cardinali...Opusculum quod supra me est...
Iohannes de Ienstein, *Libellus de justitia et divina iustitie observantia*
Ms: Vaticana, Vat. lat. 1122 f.99-110

5168. Reverendissimo in Christo Patri...domino Heinrico...Wormiensi ecclesie episcopo... (prol.)
See: Quia respectu sacre theologie, omnis alia scientia...

5169. Reverendissimo in Christo patri...Domino Petro, digna Dei providentia Episcopo Penestrino...
Iohannis Columba, *Tabula super Petri Berchorii repertorium morale ad Petrum [Despres] episcopum Penestrinum sive Proenestinum inscripta*
Ms: London, BM Arundel 238 f.108-163
Cf: Cum iam per opacam floris proprietatem...

5170. Reverendissimo in Christo...Petro de Pratis...Deus quia propria speculationis est de rebus...(pref. epistle)
See: Cum iam per opacam floris...(prol.)

5171. Reverendissimo patri et domino Dei gratia Lemovicensi episcopo, quidam claustralis humilis pauper et modicus...Eminencie tue mihi timenti scribere...
Manuale speculum prelatorum
Ms: Paris, Mazarine 250 (702) f.45-50

5172. Reverendissimo Patri et domino Hermengaldo, Dei gratia Sancti Aegidii abbati...Cum mundus diversis olim prudentum floreret virtutibus...(pref. epistle)
See: Quoniam juxta aristotelicae auctoritatis praeconium...

5173. Reverendissimo Patri et domino Hermengaldo, Dei gratia Sancti Aegidii abbati...Cum mundus diversis olim prudentum floreret virtutibus...(pref. epistle)

5174. Reverendo domino ac genere preclaro Iohanni de Eberstein camerario moguntino... Henricus Langenstein dicitur de Hassia. Post mundana celestia...(salutation)
  See: Post mundana celestia, post Marte sollicitudinem Marie requiem...

5175. Reverendo Domino Doliami...
  Henricus de Langenstein (Heinrich Heimbuche, Von Langenstein, 1325-1397) [dictus, de Hassia], *De contemptu Mundi* Li. 1
  Ms: Wien, Nat. 4659 f.42 [?] (Corresponds to Iohannes Geison Nr. 724)

5176. Reverendo fratri et amico familiari suo h.: B. servus et amicus eius... Si racio seu verus amor fieri pateretur...
  See: Mundus indebito nomine mundus vocatur...(ded. epistle)

5177. Reverendo in Christo patri ac domino, domino Raymondo divina providentia sancte Valentie sedis episcopo suorum minimus devotorum...(pref. address)
  See: Quoniam secundum quod dicit propheta Malachias...

5178. Reverendo in Christo patri ac domino Eckardo...Henricus de Langenstein... in medio regni pestilentie suspirans...Audivi et conturbatum est cor meum...
  See: Audivi et conturbatum est cor meum...

5179. Reverendo in Christo Patri ad domino Domino Gerardo Zulre...Quemadmodum multis iam olim magnisque viris familiare est...(ded. epistle)
  See: Iste omnis fructus...Iuxta conceptum...

5180. Reverendo in Christo patri...Beato episcopo Frisingensi...
  Henricus de Oldendorp, *Lectura capituli 'Omnis utriusque sexusa' de poenitentia*
  Ms: Praha, Univ. VI.B.3 (1036) f.132-202 (Schulte II 434 n.1)

5181. Reverendo in Christo patri domino B[ernardo] Clarevallis abbati sacre theologie professori...(prol.)
  See: Conditor alme siderum credentium lux...

5182. Reverendo in Christo patri domino Philippo digna Dei providentia abbati monasterii Sancti Iacobi propre muros Herbipolenses...(pref. epistle)
  See: Hortus conclusus est soror mea...Secundum quod Hugo...

5183. Reverendo in Christo patri et domino domino Iohanni Gaitano... (dedicatory letter)
  See: Bonorum laborum copiosus...

5184. Reverendo in Christo patri et domino Iohanni de Eberstein Heinricus de Langenstein...(variant)
  See: Reverendo domino ac genere preclaro Iohanni de Eberstein...Heinricus Langenstein...

5185. Reverendo in Christo patri et sacrae theologiae professori eximio domino Petro Cameracensi episcopo, suus discipulus Ioannes...Postulare dignata est benevolentia tua...(intro. letter)
  See: Ego vos baptizavi aqua... Antiqua iam...

5186. Reverendo in Christo Patri, et viro eruditissimo Leonardo Dür, Abbati Adelbergensi...Cum exactis temporibus in tuo monasterio...
  See: Septuagesimum et secundum aetatis...(dedicatory epistle)

5187. Reverendo in Christo patri fratri Humberto magistro ordinis predicatorum... Instantissime rogatus a quibusdam familiaribus meis...
  See: Unum caput Christum in unitate ecclesie...

5188. Reverendo patri ac domino suo spirituali domino Bernardo. Primos quatuor libros huius compendii...
  See: Veteris ac nove legis continentiam magister sententiarum...

5189. *Reverendo patri domino spirituali ac refugio meo singulari domino Iohanni divina clementia episcopo Palentino ac nobilissimi infantis...*
  Rodericus Palentinus, *De visitatione liber septenarius*
  Ms: Burgo de Osma, Cab. 17

5190. *Reverendo patri fratri Thome de Leuco generali...*
  See: Adolescentes tris nobilissimos...(prol.)

5191. *Reverendo patri Ricardo ecclesie londonensis episcopo tertio...De beata mentis solitudine...*(prol.)
  See: Ipsa humane conditionis qualitas...

5192. *Reverentissimo in Christo patri H[airmanno] [Harimanno] presbitero, A[dalbertus] humillimus levitarum...*(prol.)
  See: Nonnulli namque ita...

5193. *Revertere, revertere, Sunamitis...*(Cant. 6,12). *Quanquam homines, duce natura, expetunt bene feliciterque in hoc brevi temporis curriculo vivere...*
  Robertus de Licio (?), *De vita virtuosa sermo*
  Mss: Napoli, Naz. VII.D.22 f.101-103; Roma, Casan. 75 f.33.

5194. *Rex Angliae [......] eversurus illa pulcra facie sunt...*
  [Exempla]
  Ms: Vaticana, Palat. lat. 300 f.22

5195. *Rex apum mellei coloris est...*
  See: Unum caput Christum in unitate ecclesie fideles...

5196. *Rex Assuerus tercio anno...*
  Speculum sacerdotum
  Ms: Trier, Stadtbibl. 628; 670

5197. *Rex Cilicie Alexandrum ad conuiuium...*
  See: Theodosius de vita Alexandri Rex Cilicie...

5198. *Rex dives et praepotens Deus omnipotens filium sibi fecit hominem...*
  S. Bernardus (?), *Parabolae*
  Mss: Cambrai 404 (380); Dijon 659 (398); Douai 372; Oxford, Balliol 22; Paris, BN lat. 6674 f.8 seq.; 14866 f.211 seq.; 15959 f.523 seq.; 16498 f.132 seq.; Troyes 447
  Printed: PL 183, 757 seq.
  Cf: Inter Babylonem et Jerusalem... (Parabola II) Rex potens et nobilis... (Parabola V)

5199. *Rex meus et dominator meus Dominus meus et Deus meus...*
  Philippus de Maizieres, *Soliloquium peccatoris* or *Ars navigando ad portum salutis*
  Ms: Paris, Arsenal 408 f.227-237

5200. *Rex Nabuchodonosor vidit statuam in sompno...*
  Sermo de preceptis decalogi
  Ms: Wien, Nat. 3937 f.184-186

5201. *Rex potens et nobilis tres habuit filias, fidem, spem et caritatem. His delegavit civitatem eximiam, humanam animam...*
  S. Bernardus (?), *Allegoria de anima humana cum virtutibus et vitiis eius* or *Parabola de Fide, Spe et Caritate* (Parabola V of *Parabolae*, printed PL 183, 757 seq.)
  Mss: Oxford, Corpus Christi 32 f.9; Paris, BN lat. 16498 f. 131 seq.; Wien, Nat. 1046 f.84-85
  Printed: PL 183, 770-772
  See: Rex dives et praepotens Deus omnipotens filium...(Parabola I)
  Cf: Inter Babylonem et Jerusalem...(Parabola II)

LIST OF INCIPITS

5202. Rex virtutum progressurus ad praelium adversus principes...
Iohannes Lemovicensis (Iohannis Scadland), *Dilucidarium* or *Somnium pharaonis* or *Tract. de virtutibus cardinalibus* or *Sompniale delucidarium Pharaonis*
Mss: Erlangen, Univ. 612; Oxford, Balliol 263; Oxford, St. John's 172; (Glorieux 361 o)
Printed: *Ioh. Lemov. Opera omnia*, ed. C. Horvath (Veszprem 1932) I, 69-126

5203. Rogantem te, et ut promissum munus exolvam religiosa studiositate petentem, Floriane carissime, frequenter audivi...
Anon., *Epistola exortatoria ad contemptum mundi et ingressum religionis ad Florianum nobilem et eruditum iuvenem*
Ms: Milano, Ambrosiana N.31.sup.

5204. Rogas, carissime, rogas, et obnixius deprecaris ut solito festinantius exsequar...(prol., Book 4)
See: Rogasti nos, frater amantissime, quatenus aliqua remedia...

5205. Rogas me, frater carissime, ut ea quae de medicina animae...
See: Cogis me, frater carissime, ut ea quae de medicina animae...

5206. Rogasti me, frater amantissime, quatenus...
See: Rogasti nos, frater amantissime, quatenus...

5207. Rogasti me, frater carissime, ut de virtutibus et vitiis aliquid tibi doctrine pariter et exhortationis gratia dictarem...
Hugo de Sancto Victore (?), *De VII vitiis et virtutibus*
Mss: Bruxelles, BR 679-81 (cat. 1422) f.106-111; München, Clm 4625; Tours 85; (Ludwig Ott, *Beiträge zur Geschichte der Philosophie und Theologie des Mittelalters* t.39 [Münster 1937] 441-448

5208. Rogasti me, frater Godefride, ut ea que de gradibus humilitatis coram fratribus locutus fueram...(Prol.)
Locuturus ergo de gradibus humilitatis quos beatus Benedictus non numerandos sed ascendendos proponit...(Cap. 1) Primus itaque superbie gradus est curiositas. Hanc autem talibus indiciis deprehendes...(Altera pars: *De gradibus superbiae*)
S. Bernardus, *De gradibus humilitatis et superbiae* or *Liber de XII gradibus humilitatis*
Mss: Bruxelles, BR 1373-81 (cat. 1465) f.80-98; 20006-17 (cat. 1445 f.70-83; Cambrai 264 (254); Cambridge, Corpus Christi 62 f. 145; Cambridge, Pembroke 118 f.12-20; 265 f.71-87; Cambridge, Peterhouse 133 f.12-20; Chartres 205; Courtrai 379 f.106-109; København, Ny kgl. S.119 qu. f.257-279; Leipzig, Univ. 376 f.43-53; 378 f.104-121; 382 f.167-186; 393 f.66-76. London, BM Burn. 299 f.57-119; Harl. 5267 f. 155; Roy. 5 F.VII f.69; Luxembourg 22 f.1-13; Montecassino 84; München, Clm 28195 f.22; 28344 f.163-175; Namur, Mus. Arch. Ville 25 f.3-7; Oxford, Bodl. Bodl. 530 f.iii (SC 2248); Lat. th. e. 39 f.10; Paris, BN lat. 2042 f.136; 3751 A f.1 seq.; 7042 f.136 seq.; 14877 f.34 seq.; Praha, Univ. XIV.C.25 (2492) f.164-176; Tours 396 f.57 seq.; Vyssi Brod LXXIII f.88-102; Wien, Nat. Ser. n. 99 f.1-26; Wilhering 132 f.37-42; Zwettl 367 f.148-161. (Hauréau I 235)
Printed: PL 182, 941-972
See: Corde et corpore semper humilitatem ostendere...Humilitas est virtus qua homo...In hoc opusculo cum illud...
Cf: Notandum quod duodecim sunt gradus...(abridgement)

5209. Rogasti me sepius, amantissime, ut de poenitentia...
See: Domino et amico suo venerabili...Rogasti me...Universitatis conditor...

5210. Rogasti me, ut tibi [or vobis] aliquid de virtute confessionis, recisiore stylo...
Petrus Blesensis, *Liber de confessione sacramentali* or *De confessione* or *Per quem*

modum debeat confiteri peccata sua
Mss: Bern 161; Bruxelles, BR 647-50 (cat. 1496) f.175-182; Cambridge, Univ. Add. 2824 f.107; Paris, Arsenal 754; Paris, BN lat. 15700 f.153-154 (imperf.); Trier, Stadtbibl. 562; Wilhering 67 f.198-203.
Printed: PL 207, 1077-1092
Text: Locutus est Dominus ad Moysen...Per quod intelligi datur...

5211. **Rogasti nos, frater amantissime, quatenus aliqua remedia temptationum, videlicet spiritualis delectationis fercula**...(Lib. 1), (Prol.)
(Lib.2, Prol.) Locuturus, carissime, de hiis que ad edificationem claustri materialis pertinent...(Cap. 1) Quoniam de ordinatione claustri materialis...(Lib. 3, Prol.) Nosti, carissime, quod ea que de ordinatione claustri materialis...(Cap.1) Anime claustrum contemplatio dicitur...(Lib.4, Prol.) Rogas, carissime, rogas et obnixius deprecaris ut solito... festinantius exsequar...(Cap.1) Ciuitatis magne Ierusalem quedam pars adhuc in terris peregrina ducitur...
Hugo de Folieto (Ps. Hugo de Sancto-Victore), *De claustro animae*
Mss: Basel, Univ. B X 27; B X 28; Bruxelles, BR 4387-96 (cat. 1596) f.157; Cambridge, Caius 55(32) f.106-179; 121 (190) f.1-104; Charleville 166 B; Clermont-Ferrand 48; Dijon 225 (187); Douai 370; Erlangen, Univ. 226 f.1-36; 227 f.1-55; Evreux 23 (Book 2 only); Firenze, Laur. S. Croce Plut. XXII dext. 5 f.1 seq.; s'Gravenhage, Kon. Bibl. 70 H 26 f.1-28; Heiligenkreuz 107 f. 1-71; 222 f.87-99; Klosterneuburg 364 f.321-337 (part II only); 940; 949; Le Havre 7 (Book 2 only); Leipzig, Univ. 24 f.136-171 (Book 2 only); 346 f.116-141; 397 f.2-94; München, Clm 11430; Münster Univ. (Münster, Univ.) 79 (373); 80 (244) (Inc.); Oxford, Bodl. Laud. misc. 12; Oxford, St. John's 130 (Book 2 only); Paris, Arsenal 267; 400 f.144 seq.; 499; 500 (Book 2 only); 6821 (Book 2 only); Paris, Mazarine, 724 (1105); 981 (901); 11430; Paris, BN lat. 2495 f.31 seq.; 3348 f.1 seq.(Book 2 only); 12319 f.1 seq.; 13456 f.82 seq.; 14873 f.1 seq.; Paris, Sainte-Geneviève 237 (Book 2 only); Pisa, Cater. 92; Poitiers 76 (Book 2 only); Praha, Univ. III.D.7 (459) f.61-122; V.B.15 (832) f.107-167; Rouen A 315 (544); Schlierbach 33(49); Valenciennes 190; Vaticana, Regin. lat. 119 f.1-18; 193 f.1-16 (incomplete); Vendome 156; Vitry-le-Francois 23; Wien, Nat. 2219 f.87 seq. (Book 2 only); 13586 (Book 2 only); Wilhering 25 f.1-104. (B. Hauréau, *Les oeuvres de Hugues de Saint-Victor*, [Paris 1886] 155-164; H. Peltier in *Rev. du Moyen-Age Latin* 2[1946] 25-44)
Printed: PL 176, 1017-1182
See: Duodecim sunt abusiones claustri...(Lib. 2, cap. 11-23);abstinentia est statum prandendi...
Cf: Abbas huius claustri...
Introduxit me rex in cellam vinariam...

5212. **Rogatus a fratribus quod eis formulam de confessionibus audiendis traderem...**
Iohannes de Saxonia or Erfordensis, O.F.M., *Summa de vitiis et preceptis* or *Summa casuum* or *Summa confessorum* or *Tractatus de confessionibus audiendis* or *Summa iuris* or *Summula confessionum* [De septem vitiis capitalibus et de decem praeceptis]
Mss: Assisi, Com. 235; Bruxelles, BR 7556 (cat. 1718) whole vol.; Firenze, Naz. Conv. Soppr. B.VIII. 1779; Oxford, Oriel 38; Pelplin, Sem. 28; Saint-Omer 287; Wien, Nat. 3979; (Schulte II 389-91, 532; Michaud-Quantin Index and 54-55; F. Doelle in *Zeit. f. Kirchengeschichte* 31[1910] 214-248)

5213. **Rogitanti tibi sepenumero, angele suavissime, et tamen verenti ne michi gravis esses...**
Iannotius Manetti, *De secularibus et pontificalibus pompis*
Ms: Vaticana, Palat. lat. 1603 f.1-7

LIST OF INCIPITS

5214. Rogo corde pertractetur hoc breve compendium...
Planctus ecclesie
Walther IC 16827

5215. Rogo te, pater carissime, ut amore Iesu Christi diligentem ad me respectum habeas...
Thomas a Kempis, *De contemptu mundi*
Ms: Wien, Nat. Ser. n. 12835 f.1-112
Printed: *Opera Omnia* ed. Michael Joseph Pohl, VII (Friburgi 1922) 3-329
Prol: Colligite quae superaverunt...
Variant: Novicius, Rogo te...

5216. Rogo vos, discite sacram scripturam, saepe legite illam. Hanc propositionem scribit frater Augustinus...(variant prol.)
See: Summula de summa Raymundi prodiit ista...

5217. Roma potens quondam, caput orbis, honor regionum,/ Ambitione mala modo fit spelunca latronum...
Petrus Pictor, *De excidio Romani imperii* (poem) or *De Roma et simonia*
Mss: Cambrai 536-7 f.143; Chantilly, Mus. Conde 1596 f.93; Charleville 106 no.12; Gent, Univ. 92 f.162; s'Gravenhage, Kon. Bibl. Y 392 f.108; Leiden, Univ. Vossius lat. F.31 f.99; Paris, BN lat. 8865 f.156; 16699 f.174; Saint-Omer 115 f.77-78; (Walther IC 16858; PS 26935)

5218. Romae imperator Tiberino filio salutem. Aesopus quidam...(prol.)
Romulus Nilantius, *Fables*
See: Aesopus hanc primam fabulam dicit de hiis qui despiciunt...

5219. Romani miserunt quondam...
Iohannes Sintram,
[Collection of exempla]
Ms: London, BM Egerton 44055

5220. Rumpe camena moras, virtutum...(invocation)
See: Querendum prius, quid sit ceterarum...(chap. 1)

5221. Rumpitur invidia quidam, carissime Iuli...
Marbodus, *Contra invidiam* (Walther IC 16935)
Printed: PL 171, 1719

5222. Rus habet in silva patruus meus: huc mihi saepe/ Mos est...
Serlo (?); Marbodus (?), *Sermo de vitiis et virtutibus: solitudinem esse petendam* (Walther IC 16947)
Printed: Hermann Hagan, *Carmina medii aevi maximam partem inedita* (Berne 1877) 160-163; PL 171, 1665-7

5223. Rustica deflenti parvo iuraverat olim...
'Avianus' sive *De moribus* or *Aviani apologi*
Mss: London, BM Roy. 15 A.VII f.14; Paris, BN lat. 15160 f.115

5224. Rusticitas hodie se miscet philosophiae...
Proverbia moralia
Ms: Paris, BN nouv. acq. lat. 1544 f.100 seq.

5225. Ruth paupercula non habens messem propriam...
See: Abiit in agrum et collegit spicas post terga metentium, Ruth 2.3. Ruth paupercula...

5226. Sacerdos audiens confessionem debet sedere...
See: Prima regula. Sacerdos audiens confessionem debet sedere...

5227. *Sacerdos de septem viciis criminalibus inquirat...de quibus inquirendum est in confessione...*
Ms: Cambridge, Univ. Caius 61 p.143-148

5228. *Sacerdos debet esse discretus, ut sciat discernere inter lepram et lepram...*
Poenitentiale
Ms: Paris, BN nouv. acq. lat. 217 f.88; (Haureau VI 136)

5229. *Sacerdos debet humiliter se habere in confessione*
De confessione
Ms: Cambridge, Pembroke 258 f.7

5230. *Sacerdos debet informare...*
Liber de septiloquio confessionis
Ms: Wien, Nat. 1288 f.1-8

5231. *Sacerdos etenim debet gerere vicem spiritalis medici...*
De penitentia
Ms: Admont 736 f.1 seq.

5232. *Sacerdos habens curam animarum moneat subditos...*
Quomodo sacerdos se debet gerere in confessione
Ms: Cambridge, Univ. Gg.4.32 f.23

5233. *Sacerdos igitur...*
Modus confitendi circa Ieronimum
Ms: Oxford, Bodl. Douce 263 f.2 (SC 21837)
See: following entry

5234. *Sacerdos igitur sedens ad confessiones audiendas imprimis...*(chap. 1)
See: Cum in arte naturalis...(prol.)
   and preceding entry

5235. *Sacerdos parochialis multa debet suis parochianis diebus dominicis...*
Modus pronunciandi sententias excommunicationum
Mss: Cambridge, Caius 119 f.169-171; Cambridge, Corpus Christi 255; Cambridge, Peterhouse 84 f.182-184; London, BM Roy. 11.B.X f.173-176; Oxford, Bodl. Bodl. 182 f.154-157; 424 f.155-157; Rawl. A.260 f.157-159; Oxford, Magdalen Lat. 104; Salisbury Cath. Lib. 147

5236. *Sacerdos quippe...*
See: Labia sacerdotis custodiunt...Sacerdos quippe...

5237. *Sacerdos seu pastor priusquam populum sibi subiectum suscipiat ad confessionem in ecclesia...*
Tractatus de confessione or De confessione
Mss: Wien, Nat. 3617; Ser. n.268 f.1-17 [Der Tractat ist in einzelne Abschnitte nach den vom Beichtvater zu stellenden Fragen und nach dem Character der Sünden gegliedert--typescript cat.] [Contents are de fide, de septem sacramentis etc. ends with form of absolution and Inhibiciones]

5238. *Sacerdotes iam possunt plus proficere, plus confitentibus...*(first article on Absolution)
Prol.: Quoniam per beatum Paulum apostolum...

5239. *Sacerdotes sancti erunt Deo suo...*(Lev. 21,6). *Cum similitudo sit causa unionis et amoris...*
Frater Iacobus Cartusiensis, De regimine curatorum
Ms: Basel, Univ. A.V.38 f.1-71

5240. Sacerdotis in confessionibus maiora...
    Robertus Grosseteste (?), *Concilium circa poenitentes*
    Little 219

5241. Sacerdotum sacramenta consecrantem quia ad malum...
    Speculum sacerdotum
    Ms: Salisbury, Cath. 39 f.11-19 (beg. may be missing)

5242. Sacra scriptura continet decem precepta quorum tria spectant ad deum, septem vero ad homines. Et necessarium est ut hec...
    Rupertus, Episcopus Olomucensis (Olmutaz), *De decem preceptis quorum tria spectant ad Deum, septem ad hominem* or *Tractatus de decem preceptis*
    Mss: Admont 203 f.93-96; Altenburg bei Horn AB 13 A 15 f.203-215; Bamberg, Theol. 101 f.257-263; Klagenfurt, Perg. 3 f.40-44; Klosterneuburg 797 f.32-48b; Madrid, Nac. 54 f.73-89; München, Clm 4776 f.71-87; 9019 f.267-281; 12722 f.112-128; 28273 f.1-8; Nürnberg, Cent. VII, 99 f.130-140; Pommersfelden 185 (Nach. 40b) f.290-301; Trento, Com. 1573; Uppsala, Univ. C 399 f.14-35; Vesoul 74 f.100-116; Würzburg, Univ. M.ch.f.174 f.126-145; (Stegmüller RB 7548)
    See: In sacra scriptura continentur decem precepta...
    Printed: R. Duellius, *Miscellaneorum...Liber I*, Aug. Vindel. 1723 p.78-80 (Beginn.)

5243. Sacra scriptura tanquam speculum mentibus...
    [A compendium]
    Ms: Stuttgart H.B.III 37 ff.12 seq.

5244. Sacra theologia que tractat de Deo et de causis altissimis...
    Summula for instruction of young Dominicans
    Ms: Klosterneuburg 179 f.266-273
    Prol: Ad laudem Jesu Christi pro instruccione iuvenum fratrum...
    See: Theologia est scientia ducens...

5245. Sacra theologia sive scriptura omnem aliam scientiam et doctrinam transcendit...
    (variant prol.)
    See: Quoniam, ut ait Hieronymus, secunda post...

5246. Sacrae fidei confessio circa duo...
    See: Gloriam regni tui dicent...Sacrae fidei...

5247. Sacramentum poenitentiae redeuntibus ad Dominum semper est necessarium...
    De sacramento poenitentiae
    Ms: Paris, BN lat. 13442 f.100 seq.; 14869 f.86-94; (Haureau III 187)

5248. Sacramentum secundum Augustinum sic describitur...
    Speculum clericorum
    Ms: Klagenfurt, Studienbibl. Pap. 3

5249. Sacratissimo siquidem Dei Evangelio, (Matth. 19,21) **asserente observationem legalium mandatorum homini non sufficere...**
    Uthred de Boldon, *Tractatus de perfectione vivendi*
    Ms: Durham, B.IV.34 f.97 seq.; (W.A. Pantin, *Studies in Medieval History Presented to F.M. Powicke* ed. R.W. Hunt, etc. [Oxford 1948] 374 seq.)

5250. Sacrilegis monachis emptoribus [or **raptoribus**] *ecclesiarum...*
    Gualo Brito, *In monachos*
    Walther IC 17011

5251. Sacris literis eruditi, propter Adae lapsum humanum genus de paradiso voluptatis...(Prol.)

(Cap. 1) Novimus inter praeclara ornamenta naturalia...
Laurentius Iustinianus, *De contemptu mundi*
Ms: Venezia, Marc. Lat. II.111 (n.3003) (Valentinelli VII,42) f.1-56
Printed: *Opera divi Laurentii Iustiniani Venetiarum protopatriachae* (Brixiae 1506); *Divi Laurentii...Opera omnia*, Venetiis 1606, f.329-348.
See: Quantum rationis iudicium...

5252. **Sacris virginibus compilator operis salutem. Quia incognita ut diligenda...** (prol.)
See: De virginibus in quibus apostolus...

5253. **Saepe...**
See: Sepe...

5254. **Salomon. Piger lapidandus est stercore bovis** (Eccli.22,2)...
Magister Stephanus, *Generalitates contra pigros*
Ms: Cambridge, Univ. Ff.1. 17 ff.158-199

5255. **Salomon: ubi est humilitas...**
See: Quoniam nullum principium nullumque rectum exordium...

5256. **Saluti animarum et proximorum utilitati secundum ordinis mei professionem fraterna caritate proficere cupiens...**(Prol.) (Tit.I) **Quoniam inter ecclesiastica crimina simoniaca heresis obtinet primum locum...ut tam periculosa pestis melius caveri possit...Quero ergo quid sit simonia. Respondeo. Simonia est studiosa voluntas...**
Iohannes Friburgensis, O.P. (Iohannes Lector), *Summa confessorum* or *Lumen confessorum* or *Abbreviatio summarum de casibus* or *Manuale* (fundamentally a commentary on Raymond of Pennaforte's *Summa* 'Quoniam ut ait Hieronimus...')
Mss: Amiens 270; Arras 277(938); Barcelona, Univ. 595; Basel, Univ. B III 12 f. 2-235; Brugge, Stadsbibl. 229; 230; 231; 244; 245; 246; 369; Cambridge, Corpus Christi 85; Cambridge, Caius 274 f.2-159; Cambridge, Peterhouse 62; Charleville 143; Cues 266 f.1-280; Douai 449; 450; Dresden A.73; Dubrovnik, Domin. Bibl. 26; Epinal 2; Erlangen, Univ. 361; 362; 365 f.1-325; Firenze, Laur. S. Croce Plut.VII sin.6 f.1-192; Plut. VIII sin. 1; Firenze, Naz. Conv. Soppr. J.VIII.10; Frankfurt LXVIII Fol.; Gdansk, Mar. F.88; Heiligenkreuz 267 f.1-74; 274 f.1-188; Klosterneuburg 360 f.2-260; Krakow, Uniw. 1591; 1655; 2515; Lilienfeld 57; Lille 90; London, BM Addit. 19581; Harl. 3162; Roy.8 G.V; 8 G.XI; Madrid, Nac. 293; 866 (?); Montecassino 135; München, Clm 2684; 3052; 3253; 4520; 6883; 8703; 28572 f.2-18; Nürnberg, Cent. II,14; II,75; III,74; Oxford, Exeter 22 f.238 seq.; Paris, Arsenal 458; 459; Paris, BN lat. 3723 A; 14888; 150002; Padova, Ant. 367; Rein 96 (incompl.); Saint-Omer 124; 136; Schlägl 83 (in part?); Tarragona, Prov. 62; Toledo, Cab. 24-12 f.2-333; Tortosa, Cab. 66; Toulouse 379; Trier, Stadtbibl. 552; Troyes 156; 186; 1492; 1764; Valencia, Cab. 107; Vaticana, Vat. lat. 983 f.109 seq. (in part); Verdun 34; Wien, Nat. 1682; Ser. n. 12860; Wien, Schott. 81; Worcester, Cath. F.62; Würzburg, Univ. M.p.th. f.134. (Schulte II, 421-422; Michaud-Quantin 43-48 and Index)
Printed: [Augsburg] 1476 (Goff J-316); Reutlingen 1489; Nuremburg 1498; Lyon 1518; etc. (Certain MSS present a shorter form; see M. Tadin, DDC VI, 103-106)
See: Quoniam dubiorum nova cottidie difficultas...Abbas. Utrum unus abbas possit presidere...(Intro. Table)
Cf: Circa simoniam primo queritur quare dicatur...Licet doctores iuris canonici...Qui student domum Dei...

5257. **Salvator ad patrem rediens quasi speciale munus...**
Alcuinus (?), *De vitiis et virtutibus: de pace, de misericordia*
Ms: Cambridge, Corpus Christi 317 f.36-47

5258. Salvator noster attendite inquit vobis ne forte...
[On gluttony]
Ms: Kornik 116 f.80-81

5259. Samaritanus...caritate coactus...
Iacobus de Jüterbog, *Confessionale*
Meier 60-61

5260. Sanctis fratribus et coepiscopis...(prol.)
See: Ante omnia inquit interrogandus...

5261. Sanctissimo ac clementissimo in Christo patri domino; domino Paulo secundo...
See: Super cunctas humanas temperalesque dignitates...(dedicatory epistle)

5262. Sanctissimo in Christo patri ac reverendissimo domino Bonifatio...Pontifici summo... Opusculum subditum de regimine Christiano...(ded.)
See: Gloriam regni tui dicent...Sacrae fidei...

5263. Sanctitas est scientia colendorum deorum...
See: De religione Dei. Tullius de natura deorum...Sanctitas est scientia...

5264. Sanctorum ecclesiam, fratres karissimi, esse Dei agrum...
Ambrosius Autpertus, *De cupiditate*
Ms: Cambridge, Corpus Christi 430 f.38 (attrib. auctor.)
Printed: PL 89, 1277-1292

5265. Sanctorum Patrum vestigiis inhaerentes novis morbis nova remedia procuramus...
Canones poenitentiales
Ms: Oxford, Balliol 218 f.69 seq.

5266. Sanctus Augustinus vir clarissimus et humanissimus confitentes consolatur...
Consolatoria pro confitentibus
Ms: Vyssi Brod 31 f.99-108

5267. Sanctus Bernardus dicit, quot octo sunt que a peccatis nos revocant...
Ms: Stockholm, Kgl. Bibl. MS.A.201 (from Erfurt) f.116-117 (Lehmann II 13)

5268. Sanctus Crisostomus super illo...
See: Si quid petieritis...Sanctus... (Excursus on Pater Noster Nr. 01124)

5269. Sanctus Edwardus rex et confessor in extremitate vite positus per revelationem divinam vidit...
Speculum curatorum or *Speculum sacerdotum*
Mss: Cambridge, Caius 215; 223 p.255 seq.; Cambridge, St. John's 127, f.1-22; Durham, Cath. B.IV.35; Lincoln, Cath. 234; London, BM Burney 356 f. 107-112; Harl. 2379 f.80-92; 2383 f.1-15; 2388 f.38-40; 2406; Roy. 8 F.VII f.27-34; Sloane 1009 f.88; London, Lambeth 412 f.1-21; Oxford, Bodl. Ashmole 27; Bodl. 52 f.240-257 (SC 1969); 110 f.99-106; 623; 731 f.74-88; Digby 75 f.208-223; Laud misc. 206 f.93-107; Rawl. C.900 f. 147-161; Tanner 110 f.184-194; Top. Oxon. b.5; Oxford, Balliol 349; Oxford, Magdalen lat. 60 (frag.); 112 f.225-233

5270. Sanctus Ephrem in quodam sermone sic inquiens; sicut sol...
See: Serves mandatum sine macula... S. Ephrem...

5271. Sanctus Gregorius in libro Moralium XXIII scribit...
Collectanea variis ex auctoribus de vitiis et virtutibus
Ms: Wien, Nat. 4556 f.16-86

5272. Sane quia de livore invidie...(Book II)
De iudicio penitentiae laicorum
See: Diversitas culparum...

5273. *Sane venerabilis pater circa speculum caritatis non habent iustam causam...*
Aegidius Carlerius, *De speculo caritatis*
Ms: Namur, Mus. Arch. Ville 162 f.67-68

5274. *Sanguis est munus, cum non colitur deus unus...*
Adaptatio plagarum decem et preceptorum totidem (versus)
Ms: Cambrai 860, f.4

5275. *Sanguis parvorum sanat hominem a lepra...*
Lumen anime
Ms: Wien, Schott. 125 f.109-199 (A.F.H. 41[1971] 113)
Cf: Medici dicunt sanguis puerorum sanat a lepra...

5276. *Sapiens est qui scit dampnum suum precavere...*
Expositio brevis super decem praeceptis or Decem precepta secundum quod ea beatus Augustinus exponit [or: exposuit]
Mss: Alba Iulia II.59 f.87-102; Bamberg, Theol. 3 f.69; Berlin, Theol. lat. qu. 70 f.33-46; Theol. lat. Oct. 28 f.283-289; Lat. qu. 848 f.2-20; Brno, Univ. Mk 47 f.1-8; Mn 13 f. 16-31; Erfurt, CE Fol. 98 f.151-152; Göttingen, Theol. 94 f.153-163; Göttweig 471 (307) f.173-193; Klagenfurt, Pap. 116 f.128-146; Klosterneuburg 556 f.245-252; Liege, Sem. 6.F.17 n.12; München, Clm 27494; Olomouc CO 308 f.291-314; Poznan, B. Rocz. 188 f.43-50; Praha, Metr. Kap. H. 6.3 (1060) f.152-171; Praha, Narodni Mus. XV.D.4 (3563) ff.208-216; Praha, Univ. I.C.14 (105) f.344-370; Vyssi Brod CLXXXV, 4 fol.; Wien, Nat. 3808 f.123-136; 3865 f.2-12; 4012 f.53-69; 4766 f.53-71; 4926 f.154-168; 14315 f.189-208; Wien, Schott. 291 f.177-180; Wrocław, Uniw. I F 211 f.60-70; I F 226 f.219-228, M.1185, ff.14-25; PERHAPS: Kiel, Univ. Bord. 23 f.275-282; (Stegmüller RB 9592; Denis, I, DCXIX; I, DCLXI)
See: Augustinus exponens de decem preceptis...Si vis ad vitam...Iohannes [Chrysostomus] dicit...

5277. *Sapiens sine operibus...*
See: Duodecim abusiva sunt seculi...

5278. *Sapientia Domini que aperuit os muti et asine rudibili animali humana verba formare tribuit...*(Prol.)
Onus mundi
Ms: Cambridge, Corpus Christi 521 f.1-43
See: Christus filius loquitur...

5279. *Sapientia edificauit sibi domum...*(Prov. 9,1)...
Ps.-Thomas de Aquino, *Summa virtutum* (probably a cento)
Mss: Basel, Univ. A.VIII.46 f.118-120 (?); Selestat 8º n.1

5280. *Sapientia edificavit sibi domum excidit columpnas septem* (Prov. 9,1). *Audi et attende diligenter deo dilecta...*
S. Bernardus (?), *De septem columnis domus sapientiae*
Ms: London, BM Harl. 3081 f.153-159

5281. *Sapientia edificavit sibi domum, excidit columpnas septem* (Prov. 9,1). *Cum multis sapientia intelligitur...*
De septem sacramentis
Mss: Oxford, Jesus Coll. 11 f.101-106 and 115-121; Uppsala, Univ. C 631

5282. *Sapientia edificavit sibi domum* (Prov. 9,1). *in qua exstruxit septem columpnas que sunt: cessatio a malis, contritio de peccatis firmumque propositum...*
De septem columnis domus sapientiae
Ms: London, BM Arundel 214 f.65-78 (f.63 by old no.?)

5283. Sapientia edificet sibi domum...(Prov. 9,1). **Domus est conscientia. Columpna sunt bona voluntata...**
Pt.5, Chap. 4 of *Speculum spiritualium*(Paris 1510) f.cix

5284. Sapientia hominum lucet in vultu eius...(Eccli. 8,1). **Sapientiam diversorum omnium...**
Compendium morale
Ms: Tarragona, Prov. 83 f.77-117
Cf: Sapientiam antiquorum...et: Non te pretereat...Petrus...

5285. Sapientia vincit malitiam, Christus diabolum...
Quomodo sapientia vincit malitiam
Ms: Brno, Univ. NR 59 f.133-135

5286. Sapientiam antiquorum exquiret sapiens...(Eccli. 39,1). **Est respublica secundum Plutarchum...**
See: Sapientiam antiquorum exquiret sapiens... et Non te pretereat...Petrus enim diaconus...

5287. Sapientiam antiquorum exquiret sapiens...(Eccli. 39,1). **Quoniam, ut ait Cassiodorus, humanus sensus, cum alieno non sarcitur invento...**(prol.)
(Text) Corporalis igitur pulchritudo vana...
Bartholomaeus de S. Concordio Pisanus, O.P., *Liber de documentis antiquorum*
Kaeppeli 438

5288. Sapientiam omnium antiquorum exquirebat...(Eccli. 39,1).
Horologium aeternae sapientiae
Ms: München, Clm 10850
Possibly same as: Sapientiam antiquorum exquirebat...(Eccli. 39,1)...Petrus etiam diaconus...

5289. Sapientiam sanctorum exquiret sapiens...(Eccli. 39,1) *et:* **Non te pretereat narratio seniorum...**(Eccli. 8,11). **Petrus enim diaconus in principio primi libri dialogorum...**
Rogerus de Waltham *Compendium morale de virtuosis dictis et factis exemplaribus antiquorum* or *Compendium morale de virtutibus*
Mss: Cambridge, Caius 294 f.1-154; Cambridge, Pembroke 253 f.109; 254 p.1 seq.; Cambridge, Univ. Ii.I.3; Chicago, Univ. 103; Durham, Cath. B.III.24; Durham, Univ. Cosin V.I.7; Lond. BM Cotton Vespasian B.XXI; Roy. 7.E.VII, 8 G.VI f.2 seq.; Oxford, Balliol 261 f.2-209; Oxford, Bodl. Bodl. 805 (SC 2664); Fairfax 4 (SC 3884); Laud. misc. 616 (SC 876); Oxford, Merton 265
See: Est respublica secundum Plutarchum...
Cf: Sapientia hominum...
Sapientia omnium sanctorum exquirebat...

5290. Sapientissimi solonis philosophi sententia est, desideratissimi in christo fratres, philosophiam a fine solummodo consecrari...
Michael de Carcano (Mediolanensis), O.F.M., *Quadragesimale de decem preceptis* (77 sermons) (*Archivum Franciscanum Historicum* 4 [1911] 476-7)
Printed: Venetiis 1492 (Goff C-193)

5291. Scevola. Consultus in re dubia nec non satis ardua suspicatur...
Iohannes de Capistrano, *Speculum conscientie*
Mss: Napoli, Naz. VII.E.3 f.9-57; Vaticana, Vat. lat. 968
See: Spectabilis et famosissime doctor...(Pref. letter by F. de Castellioni and Nicolas de Arcemboldis) Cogitis me, O viri magnifici ac ducales...(Letter to Castelliono and de Arcemboldis by Capistrano)

5292. Sciat necesse est quattuor...
Tractatus de IV generibus confessionum
Ms: London, BM Harl. 635 f.231-232

5293. *Sciatis quod precepta dederit vobis, I Thess. 4,2. Ut igitur sciatis que precepta dederit Deus vobis, ita breviter per ordinem recitabo: primum preceptum est 'Dominum Deum tuum adorabis et illi soli servies'. In quo precepto interdicitur christiano omnia illicita cum demonibus communicatio...*
Magister Robertus de Alynton, *Sermo de decem mandatis et plagis*
Ms: Paris, BN lat. 15700 f.111-114.

5294. *Scienda sunt ut caveantur septem mortalia...*
[On seven sins, etc.]
Ms: Lond. BM Roy. 10 B.I, f.173

5295. *Sciendum ergo quod divina pagina sepissime loquitur de serpente...*
Allegoriae de animalibus
Ms: Wien, Nat. 4578

5296. *Sciendum ergo quod omnia sacramenta...*
Guido de Monte Rocherii sive Rotherii, *Manipulus curatorum*
Ms: Leipzig, Univ. 423, ff.156-288
See: Quoniam secundum quod dicit propheta Malachias....

5297. *Sciendum est autem in principio specialiter a sacerdotibus quod sigillum...*
See: Sciendum est sacerdotibus quod sigillum...

5298. *Sciendum est breviter quod culpis sive casibus ac penitenciis sit...*
Stephen of Prague (?), *Quaestiones de casibus conscientiae* or *Quedam et utilia de confessoribus* (Note on administration of sacrament of penance)
Mss: Leipzig, Univ. 487 ff.99-100; Praha, Univ. XIV.F.5 (2575) f. 75-81; Wilhering 96 f.151-153

5299. *Sciendum est de detractione, filia invidie et sorore odii...*
[Tractate on detraction]
Ms: Klosterneuburg 356 f.217-240

5300. *Sciendum est quod hunc ordinem...*
De absolucione imponenda
Ms: London, BM Harl. 2383 f.56-57

5301. *Sciendum est quod illi qui ludunt ad aleam...*
[Comments on some clerical vices]
Ms: Leipzig, Univ. 423 f.336

5302. *Sciendum est quod sacerdos...*
Henricus Gandavensis (?), *Summa necessaria audientibus confessiones*
Ms: Saint-Omer 259 f.1-16 (Schulte II 532 n.49)

5303. *Sciendum est quod sacerdos debet facere aliquem brevem sermonem...*
Summa penitentie brevis et utilis
Mss: Harvard, Houghton f.MS lat. 246 ff.173-175; Linz 40 (401) (?); München, Clm 3334 f.134 seq.
Cf: Sciendum est quod sacerdos debet habere...

5304. *Sciendum est quod sacerdos debet habere aliquem brevem sermonem...*
Speculum ecclesie
Ms: Bern 271 f.56-90
See: Sciendum est quod sacerdos debet facere...

5305. *Sciendum est quod virtutem patientie sequitur silentium sive taciturnitas...*
[On patience]
Ms: Kornik 47 f.140-146

5306. *Sciendum est sacerdotibus quod sigillum confessionis valde secretum debet esse...*
Petrus Oxoniensis (?), *Utilis tractatus et necessarius sacerdotibus* or *Summa*

penitentialis or Ps.-Seneca, *De confessione*
Mss: Cambridge, Pembroke 238 f.131-133; Cambridge, Univ. Dd.4.50 f.128; Dublin, Trinity 312 f.15-24; London, BM Harl. 209 f.88; Oxford, Balliol 349 f.91-96; Oxford, Corpus Christi 155 f.16 seq.

5307. **Sciendum est septem esse vitia capitalia seu principalia quae ex superbia orientur; cuius, ut ait beatus Gregorius...**
Elucidatio quorundam vitiorum et virtutum
Ms: Paris, BN lat. 446 f.166
See: Elucidatio vitiorum atque virtutum. Sciendum est...

5308. **Sciendum igitur quod sicut potest elici ex sententia Constantini in libro quem fecit de oculo...**
See: Si diligenter voluerimus in lege Domini meditari...

5309. **Sciendum propter praedicta quod duplex est...(prol.?)**
See: Est via que videtur...

5310. **Sciendum quod ad directionem humane vite necessarium fuit habere legem divinam propter tria, scilicet primo propter excellentiam finis hominis...**
Excerpt from *Summa Astesana*, in Book I
Mss: Barcelona, Central 551 f.57-82; Melk 1840 (622) f.97-138; München, Clm 9003 f.212-225 (?); (Stegmüller RB 8592)
Cf: Circa quod sciendum quod ad directionem humane vite...Notandum quod preceptum aliud est affirmativum quod est de faciendo...

5311. **Sciendum quod Christus instituit duas...**
Tractatus de contritione, confessione et satisfactione
Ms: Schlägl 103 f.300-307

5312. **Sciendum quod coreas ducere magnum est peccatum. Unde Augustinus: Melius est...**
[Moral tractate]
Ms: Gdansk 1962 f.1-11 (imperf.)

5313. **Sciendum, quod intentio Psalmorum...**
See: Beatus vir...Sciendum, quod intentio...

5314. **Sciendum quod multa incommoda proveniunt ex peccato. Primo aufert Deum...**
[On the effects of sin]
Ms: Vaticana, Vat. lat. 1058

5315. **Sciendum, quod mundo debemus contemptum reddere propter sex causas...**
De sex causis contemptus mundi
Ms: Praha, Metr. Kap. A. 60.2 (96) f.173

5316. **Sciendum quod novem sunt peccata aliena...**
See: Ab alienis parce servo tuo...Sciendum quod novem...

5317. **Sciendum quod omnia sacramenta...(variant)**
See: Quoniam secundum quod dicit propheta Malachias...

5318. **Sciendum quod originale peccatum...**
Iacobus de Jüterbog, *De peccato originali*
Meier p.61 n.74

5319. **Sciendum quod per hunc modum fit ordo in peccato...**
De ordine in peccato
Ms: Praha, Univ. X C 23 (1876) f.196-197

5320. **Sciendum quod plura sunt que concurrere debet in confessione...**
[On penance from Nicolaus de Dinkelsbühl's works?]
Ms: Herzogenburg 73 ff.55-93

5321. Sciendum, quod primo quattuor consideranda sunt...
   Bertholdus Puchhauser de Ratisbona, *Regulae theologicae utiles et rationalis super audiendis*
   Zumkeller MWA 192

5322. Sciendum quod quisque homo habet totum a Deo...
   [Tractate on roots of vices]
   Ms: Zwettl 387 f.1-2

5323. Sciendum quod ratione decalogi solent...
   De decem plagis Egypti
   Ms: Rein, 5 f.186-187; Wien, Nat. 4459 f.175-176
   See: Ratione decalogi solent...

5324. Sciendum quod tota divina pagina ad instruendos mores intendit...
   Tractatus moralis de virtutibus et vitiis
   Ms: Cambridge, Pembroke 48 f.87 seq.
   Begins with notes on passages in Exodus, continues with what seems to be short sermons on Gospels.

5325. Sciendum quod turpiter homo peccat...
   De peccatis corde, ore et opere factis
   Ms: Kornik 1371 f.22-23

5326. Sciens ex irrefragabili veritate...
   [Commentary on: 'Quatuor virtutum species multorum...' q.v. in Praha, Univ. III.H.15 568f.193 seq.]

5327. Sciens [nihilominus] noster misericordissimus Deus et cognoscens nostram fragilitatem...
   Iohannes Gerson, *Salubris doctrina* or *Tres conditiones vere contritionis (Opus tripartitum*, Ia pars cap. 16 seq.;)
   Mss: Berlin, Theol. lat. qu. 206 f.352-356; Budapest, Eg. Kön. 68 f.282; Schlägl 232 f.226; Wien, Nat. Ser. n. 3887 f.125
   Printed: *Opera omnia* (Antwerpiae 1706) I 439 seq.
   See: Christianitati suus qualiscumque zelator...

5328. Scientia est vera perceptio mentis infinita finite comprehendens...
   Radulfus Ardens, *Speculum universale distinctionum de virtutibus et vitiis eisdem oppositis*
   Mss: Besancon 218; Paris, Mazarine 709; 711; Paris, BN lat. 3229; Vaticana, Ottob. lat. 1880 (imperf.); Vat. lat. 1175 (Glorieux 102a; Thorndike-Kibre 1402; Johannes Gründel, *Das 'Speculum Universali' des Radulfus Ardens*, Mitteilungen des Grabmann-Instituts der Universität München 5 [München 1961]

5329. Scientia ethica sive monastica id est moralis curam sui...
   De vitiis et virtutibus
   Ms: Budapest, Eg. Kön. 112 f.51-144

5330. Scientia moralis [and est] de expulsione vitii et de adoptatione virtutis...
   [Glosses on Cato, *Distichs*]
   Ms: Paris, BN lat. 8023 f.1 seq.; 15108 f.264 seq.

5331. Scilicet omnipotens creator omnium ac omni...
   See: Scribam eis multiplices legas meas...(Os. 8,12). Scilicet omnipotens creator...

5332. Scio, quid feceris...Alanus in libro De planctu nature: malum, inquit, non evitatur...
   Nicolaus de Dinkelsbühl (?),
   [Tractate on sins and confessions]
   Ms: Klosterneuburg 447 f.205-217

5333. Scio quosdam, reverendi patres...
    Baptista de Iudicibus de Finario, *Trialogus de contemptu mundi*
    Ms: Paris, Mazarine 1733 (1329) f. 319 seq. (Kaeppeli 357)
    See: Adolescentes tres nobilissimos...

5334. Scio vere multum esse beatum qui se solummodo salvat Domino adiuvante...
(Prol.)*Cap. 1 Cum igitur de plurimis virtutibus te ammonere desidero...*
    Albuinus, *De virtutibus et vitiis* or *Liber scintillarum* or *Liber de virtutibus* or *Admonitio de virtutibus* or *Liber de sanctis virtutibus*
    Mss: Berlin, Phillip. 2004 (Rose 58) ff.1-62; Görres 123 f.120-149; Bordeaux 114; Brugge, Stadsbibl. 99; Bruxelles, BR 2146-54 f.3-43; Cambridge, Trinity 0.2.43 (1147) f.1-64; O.8.25 (1401) f.1-59; Grenoble 265; München, Clm 11340; Oxford, Bodl. Bodl. 398 f.100 (SC 2229); Paris, BN lat. 1208 f.114; 2152; 2336; 2832; 3512 A; 4629; 4841; 5137; 8319; Sankt Gallen 273; Toulouse 179; Troyes 2247; Valenciennes 521 f.45 seq.; Wilhering. 132 f.78-81; (For some of the complicated bibliographical and canonical problems of this work, see Rose II, 1 170) Based on: Tue non immemor...q.v.
    Intro. letter: Domino Heriberto Coloniensi...(Printed PL 138, 185-6)
    Prol: Liber domini Albuini...Albuinus [or Alcuinus] presbiter...
    Pref. Verses: Sic rogo...
    See: Cum igitur de plurimis...

*5335. **Scire autem confiteri peccata et modum confitendi est scientia scientiarum...***
    Modus et processus confessionis or *Confessionale*
    Ms: Toledo, Cab. 4-2 f.331

5336. Scire debent sacerdotes quod non habent potestatem absolvendi...
    Tractatus penitencie
    Ms: Cambridge, Pembroke 258 f.55-57

5337. Scire debes fili quod nequaquam in vita...
    Tractatus de virtutibus (on virtues and vices)
    Mss: Kornik 47 f.91-92; Vyssi Brod 22 f.183.
    Variant: Scire debes primo quod nequaquam in vita...

5338. Scire debes, fili, quod sacramenta novae legis sunt septem...
    De septem sacramentis et septem donis spiritus sancti
    Ms: München, Clm 12007 f.102 seq.

5339. Scire debes primo quod nequaquam in vita virtuosa poterit...(variant)
    See: Scire debes fili quod nequaquam in vita...

5340. Scire debes quod acerbissime...
    Regula contra conscienciam erroneam
    Ms: Wilhering 42 f.195-197; 122 f.147-151

5341. Scire enim debent sacerdotes quod non habent potestatem...
    Guillelmus de Montibus, *Summa de poenitentia*
    Ms: Vaticana, Ottob. lat. 49, f.31-34

5342. Scitis que precepta dederim vobis (I Thess. 4,2). *Ut habetur in evangelio Matth. 5,39 seq. Christus precipit homini peccatori ut sit consenciens adversario...*
    Homilia in decem precepta
    Ms: Oxford, New Coll. 51 f.1-6

5343. Scitis quid fecerim vobis (Ioh. 13,12) **Notandum quod dominus et salvator noster...**
    Nicolaus de Dinkelsbühl, *De dilectione Dei et proximi*
    Ms: Altenburg AB 15 B 13 f.169-176 (Madre 166)
    See: Scribitur Matth. 22 quod cum quidam legisdoctor interrogasset...

5344. *Scito igitur in primis, quia universum non intelligo hic, nisi universitato creaturarum...*
   Guillelmus Alverniensis, *De Universo*
   Prol.: Scientia de universo dicitur
   Printed: *Opera* I, 593 seq. (Paris, 1674)

5345. *Scribam eis multiplices leges meas* (Os. 8,12). *Omnipotens creator omnium ac omni sapiens gubernator...*
   Iohannes Gallensis, O.F.M., *Tractatus de decem preceptis* or *Legiloquium*
   Mss: Erfurt, Ampl. Qu. 117 f. 95-109; Firenze, Laur. S. Croce Plut. XXXII sin.3 p.257-274; Falaise 38 f.325-372; London, BM Harl. 632 f.325; Metz 479 f.129-154; Oxford, Lincoln 67 f.143-162; Paris, Mazarine 569 (295) f.139-151; Paris, BN 17834 f.231-249; Toulouse 340 n.4; (Glorieux 322h; M.A. Charma, *Memoires de la Societe des Antiquaires de Normandie*, 19 [1851] 37-60 *Notice sur un ms de la Bibliotheque de Falaise* [Paris 1851]; Stegmüller RB 9785)
   Printed: Excerpts in Charma

5346. *Scribendi quis finis erit. Proth anxia cura/ Nonne satis sapiunt edita...*
   Iohannes Gerson, *Metrum contra curiositatem scribendi plures libros*
   Printed: Jean Gerson *Oeuvres completes* (ed. P. Glorieux) IV [Paris 1962] p.160 n.186

5347. *Scribere proposui de contemptu mundano, Iam est hora...*
   De contemptu mundano (Short poem on contempt of world)
   (Walther IC 17394; G.E. Klemming, *Cautiones* 16-18)

5348. *Scribere tibi compellor dilectissime, quod...*(prol.)
   See: Acceptabilis obedientia quid boni conferat...(Book I)

5349. *Scribis contra me amaritudines* (Iob. 13,26)*...*
   Iacobus de Jüterbog, *Planctus peccatorum*
   Meier p.61-62 n.76

5350. *Scribit sanctus Maximus episcopus in sermone de martyribus, pie lector: Nos sine magno discrimine...*(prol.)
   See: Instructionis de bonis...

5351. *Scribitur in portis: meretrix est ianua mortis...*
   [Moral verses]
   Ms: Trebon, Arch. A 4 f.127

5352. *Scribitur Matth. 22,35 quod cum quidam legisdoctor interrogasset...*
   Nicolaus de Dinkelsbühl, *Tractatus de dilectione Dei et proximi*
   Mss: 246 codices are cited in A. Madre, 165-168. Add: Alba Iulia I. 33 f.183-218; Brno, Mestsky Archiv 104 (47) f.221-315; Erfurt, Domarchiv Theol. 15 f.423-468; 17 f.229-323; Fritzlar 115 f.38-126; København, Gl. kgl. S.76 fol. f.1-84; Kreuzenstein, Burgbibl. 5658 f.51-137; Mainz II 37; II 91 f.1-79; München, Clm 6504 f.97-182; 11459 f.73-119; 16226 (extr.); Opava 63 f.2-93; Pommersfelden 183 f.1-175; Regensburg, Alte Kapelle 1794 f.8-79; Stuttgart, Theol. Fol. 151 f.1-72; HB III 40; Trier, Stadtb. 652 f.2-103; Wien, Nat. 14224 f.1-148; Wolfenbüttel, 152 Helmst. (177) f.1-28; 408 Helmst. (443) f.1-77; Wrocław, Uniw. IF 262; Würzburg, Univ. M.ch.f.269, ff.3-99; (A. Madre, *Nikolaus von Dinkelsbühl Leben und Schriften*, [Münster i.W. 1965] 162-169)
   Printed: Argentinae 1516, ff.1-22
   See: Adhuc excellentiorem viam vobis demonstro; ita...Audi, Israel, precepta dei. Primum...propter...Circa initium decem preceptorum, in quorum...Diliges dominum deum tuum...Ex caritate causatur gaudium de deo...Ex quo ut audistis in prioribus...Matth. 22 scribitur quod duo sunt mandata...Notandum quod accidia est...Omnia in caritate ordinantur. Scribitur Matth. 22...Primo notandum secundum omnes doctores quod...Scitis quid fecerim vobis.

Notandum quod...Sicut dicit glossa, Matth. 5; inimici nostri...Sicut quilibet homo compos rationis inimico...Solet queri quare servi dei et ancille etiam...
Cf: Diliges dominum deum tuum. Teste domino salvatore nostro maximum mandatum...Preter precepta legis nature communia, ut sunt illa...

5353. **Scribitur Policitorum septimo...iste liber Senece Virtutum intitulatur...**
De quatuor virtutibus cardinalibus with commentary
Ms: Krakow, Uniw. 1934 f.225-294
Cf: Quatuor virtutum species multorum...

5354. **Scripsi pridem aliqua super preparatione ad missam...**
Iohannes Gerson, *De cognitione castitatis*
Mss: Paris, Mazarine 979 (663); Paris, BN lat. 14920 f.120 seq.
Printed: *Opera omnia* (Antwerpiae 1706) III 335-345

5355. **Scriptum est [andenim] de Levitis, scilicet de ministris tabernaculi Domini. Et docetur quibus officiis...**
Robertus Grosseteste, *Doctrina de confessione* or *De cura pastorali* (a sermon)
Mss: Cambridge, St. John's A 15 (15); London, BM Roy. 7 E.II; Oxford, Bodl. Bodl. 36 f. 46 (SC 1888); 801 f.193-203 (SC 2659); Digby 191 (Thomson 176)

5356. **Scriptum est Eccli. 33,15: Contra malum bonum...**
Remigius Florentinus O.P., *Tractatus de contrarietate peccati*
Ms: Firenze, Naz. 910 C. 4 f.124-130 (Glorieux 56 k)

5357. **Scriptum est, fratres charissimi, quod mundum non diligamus, quoniam mundus transit et concupiscentia eius. O mundi immunde, qui homines illaqueare non desinis, quiescere non permittis, rapere omnes appetis, occidere omnis quaeris. Vae qui tibi credit, beatus...**
Ps. Augustinus, *De fallacia mundi et eius detestatione propter tria praecipue mala quae in eo sunt*
Printed: PL 40, 1290-1292 (Clavis 337)

5358. **Scriptum est: Si enim vos cum sitis mali...(Luc. 11,13). Ergo spiritum dabit Pater...**
Hugo de Sancto Victore, *De septem donis Spiritus Sancti*
Mss: Paris, BN lat. 14303; 14506 f.183 seq.; 15315; 15988; Tours 246; 396 (R. Baron p.38-40)
Printed: PL 175, 410-414

5359. **Scriptum: Stude mundum...**
De confessione
Ms: Würzburg, Univ. M.ch. f.132 f.57

5360. **Scripturarum divinarum mole quisque nequit potiri quodam privilegio his elucubratissimis flosculis...**
Iohannes Climacus (?), *Sacratissima scala* (tr. of *Scala paradisi*)
Ms: Salisbury, Cath. 162

5361. **Scripturi de virtutibus, ab ea nobis commodissime exordiri videmur, a qua ipse Dominus Iesus fidissimus amicus noster sumpsit initium...**
Iohannes Ruysbroek, *Tractatus de praecipuis quibusdam virtutibus*
Printed: *Opera omnia* (Coloniae 1552) 220-251

5362. **Scripturus per modicum...**
Iacobus de Clusa (?), *Speculum praelatorum*
Mss: Namur, Mus. Arch. Ville 103 f.1-24; Würzburg, Univ. M.ch.q. 83 f.2-180
Prol: Quoniam consulitur aut praecipitur...

5363. **Scuto bonae voluntatis Dei coronatae Agneti imperatrici, Petrus peccator Monachus servitutem...Regina Saba venit in Hierusalem...**

Petrus Damianus, *Opusculum de fluxa mundi gloria et saeculi despectione*
Printed: PL 145, 807-820

5364. **Scuto circumdabit te veritas eius** (Ps. 90,5). **Septem sunt genera temptationum...**
Ricardus de Sancto Victore, *De septemplici tentatione* or *Adnotatio in Psalmum XC*
Mss: Bruxelles, BR 11055-58 (cat. 1430) f.60-82; Cambridge, Univ. Ff.1.16 f.97; Charleville 184; Paris, Mazarine 771 (358); Troyes 259
Printed: PL 196, 387-402

5365. **Scuto circumdabit te veritas ejus** (Ps. 90,5). **Contra omnia jacula temptationis...**
Ricardus de Sancto Victore (?), *De quadruplici tentatione*
Mss: Cambridge, Univ. Ff.I.16, f.96; Paris, BN lat. 3740 f.155 seq.;13577 f.55 seq.; 13586 f.251 seq.; 15082 f.36 seq.

5366. **Secretis interrogacionibus propulsabo animam meam...**(Chap. 1)
Adam Praemonstratensis, *Libellus de instructione animae* or *Dialogus inter rationem et animam* or *Soliloquiorum de instructione animae*
Mss: Metz 634; Praha, Univ. IV.G.16 (748) f.1-8; V.D.7 (875) f.134-147; Saint-Omer 361
Printed: PL 198, 843-872
Prol: Dominis suis venerandis et amicis in Christi visceribus... Walthero...

5367. **Secretum meum mihi quod non possum exprimere...**
See: Isaias secretum meum mihi quod non possum...

5368. **Secula pretereunt, celestia regna propinquant...**
De contemptu mundi (poem)
Ms: München, Clm 15611 f.94

5369. **Secunda post naufragium tabula est simpliciter confiteri...**
[Commentary on 'Peniteas cito']
Ms: Karlsruhe, Reichenau 93 (Michaud-Quantin Index)

5370. **Secunda tabula...**
See: Ait Hieronymus de penitentia...Secunda tabula...

5371. **Secunda tabula post naufragium, qua post reparationem et liberationem rursus mersi eripimur, penitentia est adeo salubris et necessaria...**(Cap. 1)
Homines igitur libertate arbitrii sibi ipsi preditum esse...(Cap. 2)
Guillelmus Parisiensis (de Alvernia), *De penitentia tractatus novus* or *De penitentia*
Mss: Cambrai 434; Chartres 389; Innsbruck, Univ. 229 f.171-198; München, Clm 3798 f.75-104; Oxford, Bodl. Laud. misc. 146; Paris, BN lat. 15988; Paris, Mazarine 991; Praha, Univ. X. C.9 (1862) f.127-159; Saint-Omer 316; Toulouse 210 f.177-199; Tours 406; Vaticana, Vat. lat. 849 f.88-100. (Glorieux 141 n; Michaud-Quantin 29; N. Valois, *Guillaume d'Auvergne* [Paris 1880] 168-169; P. Glorieux, *Le Tractatus novus de Poenitentia de Guillaume d'Auvergne*, in Miscellanea A. Janssen [Louvain 1948] 551-565)
Printed: Nürnberg 1497 (?); *Opera omnia* (Aureliae-Parisiis 1674) I 570-592
See: A, a, a, Domine pater misericordiarum...(supplementary chap.)

5372. **Secundum Aristotelis sententiam in problematibus suis: quanquam in exempla addiscendo gaudeant omnes in disciplinis moralibus...**(Prol.)
(Cap. 1) Semper disce et in extremis horis sapientie magis stude. Vulpes decrepita ardens cupidine plus sciendi...
Boniohannes de Messana, O.P. (Ps. Cyrillus), *Quadripartitus figurarum moralium* or *Quadripartitus Cyrilli* or *Apologeticus Cyrilli* or *Speculum sapientiae* or *Historia in usum predicatorum* or *Tractatus contra imprudenciam*
Mss: Kaeppeli 699. Add: Zwettl 158 f.240-285.

Printed: J.G.Th. Graesse, *Bibl. d. litterarischen Vereins von Stuttgart* 148 (1880) 3-118.

5373. **Secundum auctorem de naturis [or natura] rerum...**
See: Abicere. Secundum auctorem...

5374. **Secundum Augustinum poenitentia est quaedam dolentis vindicta puniens... Sed secundum Ambrosium...**
See: Misericors et miserator Dominus cuius misericordiae non est numerus...

5375. **Secundum beatum Ieronimum...**
Notabilia de penitentia
Ms: Oxford, Bodl. SC 4085 f.265

5376. **Secundum capitulum inter mortale et veniale ponit differentia...**
Thomas Fishburn (?), *Tractatus scrupulositate consciencie vexatis valde utilis* or *Tractatus de conscientia scrupulosa*
Ms: Oxford, Bodl. Digby 115 f.91-104
See: Dubia in vestra...(prol.?)

5377. **Secundum Gregorium super Ezechielem, duae sunt vitae in quibus nos omnipotens Deus...** (Part I)
Prol.: Quoniam multi sapientes multa...

5378. **Secundum hoc triplex genus vitiorum...**
Hugo de Sancto Victore (?), *Tribus modis peccata contrahimus*
Ms: Firenze, Naz. Palat. 52 p.149-150

5379. **Secundum Magistrum et doctores in quattuor Sent. dist. 16, tres sunt partes vere penitentie que rite peracte...**
Nicolaus de Dinkelsbühl, *Tractatus de septem viciis* or *Tractatus parvus de modo confitendi septem peccata mortalia* or *Confessionale de septem peccatis mortalibus* or *De confessione* or *Forma confitendi* or *Tractatus de poenitentia* or *De septem vitiis capitalibus et de virtutibus iisdem oppositis* or *Confessionale*
Mss: (Madre 199) Add: Alba Iulia I-33 f.109-117; II-140 f.316-329; Budapest, Eg. Kön. 65 f.339-347; Eichstätt 45; Wien, Nat. 3867 f.286-382 (The identical incipit given by Meier p.61 seems to refer to Nicolaus de Dinkelsbühl)
Printed: *Opera* (Argent. 1516) 146-152
See: Tres sunt partes penitentie...
Tres sunt partes vere penitentie...
Cf:(?) Primo si sprevisti...

5380. **Secundum ordinem in principio huius tractatus prenotatum sciendum quod officium theologi in tribus consistit...**
Compendium or *De virtutibus et vitiis*
Ms: München, Clm 14549 f.2-124

5381. **Secundum philosophum primo Ethicorum bonum est quod omnia appetunt; concordat Dyonisius...**
Nota pro naturali ordine mandatorum
Ms: Oxford, Balliol 219 f.235 seq.

5382. **Secundum Senecam quamdiu vivis descendum est qualiter...**
[Collection of *exempla*]
Ms: Bruxelles, BR 21950 (cat. 2240) (Welter 383 seq.)
Prol: Beati qui ad cenam agni...Unde notandum est...

5383. **Secundum sententiam doctorum, mundus iste sive totum universum...**
Iohannes Teutonicus, O.P., *Ludus cartularum morali salus*
Ms: Wien, Nat. 4143, ff.88-165

5384. *Secundum Tullium in prima rhetorica tres partes fortitudinis...*
   De consolatione humanae miseriae
   Ms: Oxford, New Coll. 342

5385. *Secundum uniuscuiusque delicti modum...*
   [Treatise on administering penance]
   Ms: London, BM Roy. 7 A.IX f.74

5386. *Secundus philosophus fuit hic physicus* [or *philosophatus*] *in omni tempore...*(variant)
   See: Secundus philosophus hic omnis tempore...

5387. *Secundus philosophus hic omni tempore...*
   See: Incipit disputacio philosophi...

5388. *Secundus philosophus hoc philosophatus est omni tempore...*(variant)
   See: Secundus philosophus hic omni tempore...

5389. *Secundus punctus nostre religionis est servare decem precepta...*
   Thomas Hibernicus, *De tribus punctis* (cap. 2-3)
   Ms: Paris, BN lat. 15162 f. 152-167
   See: Religio munda et immaculata...Volens religionem...

5390. *Sed de Iniunctione penitentie diverse sunt opiniones...*
   Iohannes Gerson, *De iniunctione penitentiae*
   Ms: Wien, Nat. Ser. n. 3887 f.36-37
   Printed: *Opera omnia* (Antwerpiae 1706) II 405

5391. *Sed isto ut filii huius seculi...*
   Petrus Damianus, *De contemptu seculi*
   Ms: Cambridge, Univ. Addit. 6168 f.2 (excerpt?)

5392. *Sed quoniam baptismus ceteris sacramentis praeponitur...*
   Summa de sacramentis 'Totus homo'
   Printed: H. Betti (Rome 1955)
   Prol: Totus homo in culpa...

5393. *Sed sciat lector quod quamvis liber iste in tres libros...*(pref.)
   See: Abstinencia, quam necessaria est...

5394. *Sed tibi etiam hoc sciendum, quod sunt nonnulli fratres...*
   [On vices]
   Ms: Kornik 47 f.87-91

5395. *Sed unde congruencius consummam exordium nisi a materia iam pretacta...*
   See: Multa bonitate pollenti...

5396. *Sedechius primus fuit per quem, nutu Dei, lex recepta fuit...*
   Liber philosophorum moralium antiquorum (Translated from Arabic via Spanish)
   Ms: Krakow, BJ 1236; Oxford, Corpus Christi 241 (E. Franceschini in *Atti del Reale Instituto Veneto di Scienzi, Lettere ed Arte* XCI, parte seconda [1931-32] 393-598)
   Printed: Franceschini

5397. *Sedeo ut regina et vidua non sum et luctum non videbo* (Apoc. 18,7). *Discurrendo per singula quod naturaliter omnes homines...*
   Tractatus de virtutibus in quo veterum philosophorum et poetarum plures sententiae offeruntur
   Ms: Roma, Angelica 69 f.113-118

5398. *Sedis apostolicae qui vult retinere vigorem/ Aequa libret rigidae...*
   Petrus Damianus, *Ad Papam ne avaritiae studeat*
   Margareta Lokrantz, *Studia latina Stockholmiensia* XII (Stockholm 1964)

*5399. **Semel immolatus est Christus...***
    See: Augustinus. Semel immolatus est Christus...

*5400. **Semen cecidit in terram bonam...**(Luc. 8,8). **Licet verbum propositum exponatur per Christum...***
    Henricus de Frimaria, *Tractatus de quatuor instinctibus* or *De quatuor instinctibus* or *De distribucione instinctus boni et mali*
    Mss: See Zumkeller MWA 307 and 307 n. Add: Bruxelles, BR 11885-93 (cat. 1686) f.118-132; München, Clm 17787 f.108 seq.; 23833 f.133-136.
    Printed: See Zumkeller MWA 307

*5401. **Semper adest homini, quo pectoris ima gemiscant...***
    De mundi miseria
    Walther IC 17486

*5402. **Semper disce et in extremis horis sapientie magis stude. Vulpes decrepita ardens cupidine...***
    Prol: Secundum Aristoelis sententiam in problematibus suis...

*5403. **Semper quidem, frater dulcissime, ut nosti...***
    Hugo [Hugo de Folieto ?; Ps. Hugo de Sancto Victore?], *Dialogus magistri et virginis de excellentia virginitatis* or *Ad amicum volentem nubere*
    Mss: Budapest, Eg. Kön. 59 f.270-291; Praha, Univ. V.B.21 (838) f.79-95

*5404. **Seneca de beneficiis...***
    See: Recordare quia recepisti bona in Seneca...

*5405. **Seneca, in libro de verborum copia, de quatuor virtutibus cardinalibus. Quatuor virtutum sepcies...***
    [Book of excerpts on virtues]
    Ms: Rouen A 454 (671) f.169 seq.
    Cf: Quatuor virtutum species...

*5406. **Seneca: Initium salutis...***
    See: Contra peccatores et optime. Seneca: Inicium...

*5407. **Senex quidam interrogavit abbatem...***
    See: Exemplum in vitas patrum. Senex quidam...

*5408. **Senior: Audi, fili mi, disciplinam patris tui, ut addatur gratia capiti tuo** (Prov. 1,8)...*
    Dionysius Carthusianus [Leuwis de Rickel], *Speculum sive dialogus de conversione peccatorum*
    Printed: Coloniae 1530, 1533, 1540; *Opera Omnia* 39 (Tornaci 1910) 397-420
    Prol: Iustus. Convertere ad Dominum...Tuum peccatum...
    See: Convertere ad dominum deum...

*5409. **Sensibus in quinis tu primo confitearis...***
    De peccatis
    Walther IC 17512

*5410. **Sensum (?) multa cogitantem...***
    Liber de conflictu vitiorum et virtutum
    Ms: Praha, Univ. X.B.24 (1853) f.130-133

*5411. **Sensus huius sententiae pendet...***
    In Matthaei cap. XIII: Omne peccatum est blasphemia
    Ms: Wien, Nat. 956

*5412. **Sententia est politicorum quod quedam regimina sunt annualia, id est ad certum tempus...***
    Bartholomaeus de S. Concordio Pisanus, O.P., *Compendium moralis philosophie ex libro Aegidii De regimine principum*
    Mss: München, Clm 929 f.141-159; Paris, BN lat. 6466 f.1-36; Wertheim a.M.,

Evang. Kirchen 672, n.5 etc...(See Kaeppeli 446)
Prol: Libellus iste continet quedam...
Cf: (?) Clamat politicorum sententia...

5413. **Sententia litere est talis quod solum modo**
[Commentary on *Summula Raymundi*?]
See: Omnem scientiam et doctrinam sacra Scriptura...
Cf: Summula de Summa Raymundi...

5414. **Sententia Philosophi est...**(variant)
See: Sententia est politicorum quod...

5415. **Sententiam humani dominii sicut duorum priorum decrevi...**
Tractatus Iohannis Wycliffe de mandatis
Ms: Cambridge, Caius 337 f.181
See: Premissa sententia de...

5416. **Sentite de Domino in bonitate...**(Sap. 1,1) *Multifarie multisque modis olim in primitiva ecclesia electis suis divina sapientia apparuit...*(Prol.)*Tabula: Materia prima huius libri est Christi passio... Lib. 1: Hanc amavi et exquisivi a iuventute mea...*(Sap. 8,2). *Erat quidam iuvenis Deo notus...*
Henricus Suso O.P., *Horologium Sapientiae* or *Horolgium sive liber sapientiae*
Mss: Autun 60; Brno, Univ. MT 15 f.145; NR 67 f. 215-323; Bruxelles, BR 1520-42 (Cat.1467) f.110-155; 2064-65 (cat. 2131); 2861-6 II (cat. 1222); II 2689 (cat. 2132) f.1-123; Cambrai 206 (201); Cambridge, Corpus Christi 526 f.57; 268 f.54 (extracts); Cambridge, Emmanuel 1.3.12 f.1; Cambridge, Caius 390 f.2 (extracts); Cambridge, Pembroke 110 f.1-127; Cambridge, St. John's D.9; Erlangen, Univ. 275 f.2-189; Gdansk 1957 f.147 seq.; Mas. F. 135; Heiligenkreuz 155 f.1-98; Klosterneuburg 372 f.148-239; Krakow, Univ. 2401 f.291-344; Leipzig, Univ. 440 f.1-100; Lilienfeld 127 f.35-114; London, BM Addit. 15105 f.3; 18318 f.86; 20029 f.58; Metz 353; München, Clm 15760 f. 232-296 28242; Nürnberg, Cent. V, 7; Oxford, Lincoln 48; Paris, Arsenal 686 f.44 seq.; Praha, Univ. I.D.25 (165) f.202-274; V.A.19 (810) f.,142-127; X.B.13 (1842) f.1-85; XIII.D.6 (2298) f.51-110; XII.E. 11 (2178) f.1-101; Rein 56 f.176-274; Saint-Omer 292; 361; Stuttgart HB I 14 f.1-91; HBI 84 f.60-118; Utrecht, Univ. 291; Valencia, Cab. 272; Vaticana, Vat. lat. 822; Wien, Nat. 1327 f.1-174; Wiesbaden 18; Würzburg, Univ. M.ch.q.65; M.ch.q.123; (See Wiltud Wichgraf in *Anglia* XLI, 123-33; 269-87; 355-73; XLII, 351-2 on MSS in England; D. Planzer, in *Divus Thomas* [Freiburg-Schweiz] 12 [1934] 129-164, 257-278).
Printed: J. Strange (Köln 1961); K. Richstätter (Torino 1929).
See: Heu modernis temporibus... Cum omnes homines natura scire desiderant, o summa et aeterna sapientia...

5417. **Sentite de Domino in bonitate et in simplicitate** (Sap. 1,1)...*Notandum quod cum anima humana per mentis affectum ad sponsi celestis perfectam unionem...*
See: Notandum quod cum anima humana...

5418. **Sepe contingit quod propter aurum homo tendit ad mortem...**
See: Posside sapientiam, quoniam mulier...Saepe contingit...

5419. **Sepe de moralibus...**
Marsilius Ficinus, *Dialogus inter Deum et animam*
Ms: London, BM Harl. 5335 f.45

5420. **Sepe lupus quidam per pascua lata vagantes...**
Ps.-Ovidius, *De lupo monacho* (Walther IC 17029)
Printed: PL 171, 1728

5421. *Sepe meam meditor vitam cum merore/ A peccatis...*
   Versus morales Leonini
   Ms: Oxford, Corpus Christi 59 f.70 seq.

5422. *Sepe mecum vir nobilis compater carissime cum conclavi pariter consederemus Veneciis de contemptu mundi viteque presentis incertitudine et fugiendo secolo contulisti...*
   Ioannis de Ienzenstein von Jenstein, *De fuga seculi nobili viro compatri dilecto Nicolo de Contarenis de Veneciis*
   Ms: Vaticana, Vat. lat. 1122 f.267-277; (K. Höfler, *Fontes rerum Austiacarum* I abt. Scriptores VI, Teil Z [Vienna 1865] 12-14; K. Höfler, *Geschichtsschreiber des husitischen Bewegung in Böhmen* II [Vienna 1865]; G. Sedlak, *M. Ian Hus* [Prague 1915] 49-67)

5423. *Sepe numero mirari soleo, Augustine suavissimi, quam acerba et misera sit humanae vitae conditio...*
   Antonius Franciscus, Neapolitae, *De humanae vitae miseria, deque horum temporum calamitate, ad praestantissimum virum Augustinum Gisalphum libellus ex utriusque linguae auctoribus collectus*
   Ms: Vaticana, Vat. lat. 8468, vol. I, ff.47-58

5424. *Sepe plorat: contricio...*
   Explicatio brevis quarundum virtutum
   Ms: Schlägl 193 f.217

5425. *Sepe rerum moneat confessor ne recidivium...*
   [Short poem on confession]
   Ms: Paris, BN lat. 13468 f.130

5426. *Sepenumero mirari...*
   See: Sepe numero mirari...

5427. *Sepius et instanter a me vestra requisivit affectio ut peccatorum distinctionem...*
   Iacobus de Viterbo, *Summa de peccatorum distinctione*
   Mss: Montecassino 743 Plut. O; Napoli, Naz. VII.G.101 (Glorieux 401 z; D. Gutierrez, *De b. Iacobi Viterbiensis Vita, operibus...*[Roma 1939] 36-37)

5428. *Sepius et multum confessio sit, quia nescis...*
   [Short poem on confession]
   Ms: Paris, Mazarine 3875 (593) f.24

5429. *Sepius rogatus a condiscipulis quasdam questiunculas enodare...*(Prol.) *Lib.1: Gloriose magister, rogo ut ad inquisita mihi ne pigriteris...*
   Honorius Augustodunensis, *Elucidarium*
   Mss: Y. Lefevre pp.17-46; G. Meyer-M. Burckhardt, *Die mittelalt. HSS der Univ. Basel* I (1960) 407-408 a propos of Basel, Univ. B.IV.28 Add: Klagenfurt, Studienbibl. Perg.3 f.1-25; London, BM Sloane 2275 f.230-236; Wien, Nat. Ser. n. 12863 (attrib. Anselm)
   Printed: PL 172, 1109-1141; Y. Lefevre, *L'Elucidarium et les Lucidaires* (Paris 1954) p.359-477.

5430. *Septem autem sunt...*
   De peccatis septem mortalibus
   Ms: Oxford, Brasenose 15 f.52 seq.

5431. *Septem capitalia vitia sive principalia sive originalia sacra scriptura commemorat...* (variant)
   Hugo de Sancto Victore, *De VII vitiis* (Book 2, part 13 of *De sacramentis*
   Mss: Alba Iulia II-42 f.200-204; Evreux 2 f.10-11; Paris, BN lat. 14804 f.43
   Printed: PL 176, 525 seq.
   See: Septem sunt vitia. Superbia, invidia...

5432. **Septem criminalia et quinque sensus corporis...**
 Tractatus compendiosi multi inter se commixti de septem peccatis mortalibus et aliis multum
 Ms: Erfurt, Ampl. O.51 f.60-88

5433. **Septem enim dicuntur capitalia vicia seu principalia ut ait Gregorius...**
 Ms: Basel, Univ. A VIII 38 ff.126-129

5434. **Septem enim peccata sunt mortalia scilicet superbia, ira, invidia, avaricia, gula, accidia, luxuria. Et huius...Primum peccatum mortale est superbia et est principium...**
 De septem peccatis mortalibus
 Ms: London, BM Harl. 941 ff.4-6

5435. **Septem ergo sunt vicia et ex hiis...**(follows Comm. on the Lords Prayer)
 Ms: Oxford, Bodl. Bodl. 630 f.18 (SC 1953)

5436. **Septem gradus ascensionis habet humilitas...**
 Distinctiones
 Ms: London, BM Roy. 10 A.XII f.123

5437. **Septem gradus sunt confessionis, Si quis horum septem...**
 Tractatus de confessione
 Ms: Paris, BN nouv. acq. lat. 352 f.10-13; (Teetaert 340-341)

5438. **Septem mortalia peccata...Saligia, superbia...**
 Versus memoriales argumenti dogmatici
 Ms: Wien, Nat. 3740 f.301

5439. **Septem peccata mortalia septem infirmitatibus comparantur; nam superbia frenesi...**
 Robertus Holcot (?),
 Ms: Oxford, Bodl. Bodl. 400 (SC 2231) (Little 228)

5440. **Septem petitiones in oratione dominica adoptantur septem...**
 De oratione dominica
 Ms: Cambridge, Caius 184, p.488
 See: Excursus on Pater Noster

5441. **Septem septenas ex scripturis numerabis/ Exercere quibus ingenium poteris...**
 Iohannes Gerson, Carmen de septenis
 Printed: Jean Gerson, ed. Glorieux, Oeuvres IV, 164 (190)

5442. **Septem sunt...**
 See: De septem beatitudinibus sanctorum. Septem...

5443. **Septem sunt capitalia vitia ut ait Augustinus...**
 Diffinitiones circa vitia et virtutes
 Ms: Vaticana, Barb. lat. 415 f.265-266

5444. **Septem sunt criminalia peccata que fugire debemus...**
 Tractatus de septem peccatis mortalibus
 Mss: Cambridge, Univ. Mm.6.15 f.9; London, BM Roy. 8 B.IV f.81-82; Oxford, Bodl. Bodl. 534 f.1 (SC 2252)

5445. **Septem sunt dona spiritus sancti, que ideo sunt septem, quia per ea septem vitia capitalia expelluntur...**
 Iohannes Herolt, O.P., De septem donis Spiritus sancti or De eruditione Christifidelium, tract.9
 Mss: Lilienfeld 67 f.12 seq.; Vaticana, Vat. Lat. 10059 f.104 seq.
 See: Si vis ad vitam ingredi...In verbis propositis...

5446. **Septem sunt genera peccatorum ex quibus omnia mala oriuntur...**
 De septem peccatis

Ms: München, Clm 9022; 28497 f.147-152
Variant incipit (?): Septem sunt peccata ex quibus cetera oriuntur...

5447. Septem sunt in mundo...
See: Nota. Septem sunt in mundo...

5448. Septem sunt mortalia peccata scilicet superbia ira...
Tractatus de septem vitiis criminalibus
Ms: Cambridge, Emmanuel 1.4.4 f.129

5449. Septem sunt peccata criminalia: Gula, Luxuria, Auaricia, Superbia, Invidia, Ira, Tristicia. Et dicuntur criminalia quia digna sunt...
Stephanus de Langdon, Summa de viciis et virtutibus
Ms: Cardiff, Central Library, MS 3833 f.150-164

5450. Septem sunt peccata iuxta septenarium hominis...
Nota
Ms: Cambridge, Univ. Dd.14.20 f.298

5451. Septem sunt peccata mortalia, scilicet superbia que aufert homini deum...
[On seven cardinal sins]
Ms: Kornik 119, f.143-144

5452. Septem sunt principalia seu capitalia vitia...
Raymundus [de Pennaforti?], De septem vitiis capitalibus
Ms: Paris, BN lat. 12387 f.55

5453. Septem sunt principalia vitia capitalia quibus homines incenduntur, scilicet superbia...
[Sermon]
Ms: Paris, BN lat. 14470 f.234; 14593 f.72

5454. Septem sunt principalia vitia; octauum est superbia...
Nota
Ms: Cambridge, Caius 239 p.217

5455. Septem sunt principalia vitia. Superbia. De superbia nascitur omnis inobedientia...
Ms: Paris, BN lat. 3745 f.83

5456. Septem sunt quae aggravant peccatum carnis in clericis in sacris ordinibus constitutis...
Ms: Osek 13 ff.226 seq.

5457. Septem sunt quae non inveniuntur in hoc mundo, vita sine morte, iuventus sine senectute...
Flores proverbiorum
Ms: Paris, BN lat. 15155 f.163 seq.

5458. Septem sunt regiones aeris ut dicunt philosophi...
Thomas Cantipratensis, De Natura Rerum
Ms: Frankfurt am Main, Stadtb., Praed. 44 f.8-45

5459. Septem sunt remedia...
Remedia contra luxuriam
Ms: Schlägl 121 f.75

5460. Septem sunt remissiones...
De septem remissionibus peccatorum
Ms: Oxford, Balliol 228, f.276

5461. Septem sunt sacramenta ecclesie quae notantur hoc versiculo: Bos ut erat petulans cernentibus obice cursum...
Guillelmus de Montibus (?), Summa de sacramentis
Mss: Budapest, Eg. Kön. 39 f.90-94; Cambridge, Caius 380 (600) f.17-19;

Leipzig, Univ. 423 f.308-318; Mainz 117 f.19 seq.; München, Clm 8875; Clm 8883; 8961; Oxford, Balliol 228 f.220-225; Troyes 1514; Vaticana, Regin. Lat. 440, f.1-69; Worcester Cath. Lib. Q 27

5462. **Septem sunt species timoris. Timor mundanus, humanus, naturalis, initialis... Mundanus timor est quando homo peccat...**
Tractatus de vitiis et virtutibus
Cf: Quoniam plus exempla movent secundum Gregorium et facilius intellectu capiuntur...

5463. **Septem sunt virtutes principales de quibus tres...**
De septem uirtutibus cardinalibus
Ms: Cambridge, Trinity Hall 16 f.87
See: Item septem sunt virtutes principales de quibus tres virtutes...

5464. **Septem sunt vitia capitalia de quibus quinques**
De vitiis et virtutibus
Ms: Paris, BN lat. 28513 f.84-141

5465. **Septem sunt vitia capitalia; inanis gloria est...**
Tractatus de septem peccatis mortalibus
Ms: Cambridge, Peterhouse 112 f.1

5466. **Septem sunt vitia capitalia quae patent in hac dictione 'saligia' in qua tot...(main?)**
Tractatus de viciis et primo peccato in corde(?)
Mss: Paris, BN nouv. acq. lat. 3074 f.117-145; Utrecht, Univ. 130 f.108 (?)
Prol: Peccatum secundum Augustinum est...

5467. **Septem sunt vitia capitalia: superbia, avaricia, invidia, accidia, gula, luxuria...**
Liber de virtutibus humanis
Ms: London, BM Harl. 5234 f.167-171

5468. **Septem sunt vitia mortalia sive capitalia...**
De septem peccatis mortalibus
Ms: Utrecht, Univ. 373 f.176-185
Prol: Primo de superbia. Septem sunt vitia...

5469. **Septem sunt vitia principalia que rationalem naturam inficiunt...**
Hugo de Sancto Victore, Expositio orationis dominicae or De septem viciis or De septem viciis capitalibus et dominica oratione
See: Nr. 9122
Printed: PL 175,744 seq.

5470. **Septem sunt vitia principalia quorum primum est...**
De septem principalibus vitiis
Ms: Cambridge, Caius 205 p.469

5471. **Septem sunt vitia principalia seu capitalia...**
De septem viciis capitalibus per Chrisostomum (so Cambridge MS)
Mss: Cambridge, Caius 205 p. 469-473; Cambridge, Univ. Gg.1.32 f.71; Paris, BN lat. 1727 f.124

5472. **Septem sunt vitia principalia: superbia videlicet invidia...**
Hugo de Sancto Victore (?), Sermones et sententiae
Ms: München, Clm 2575
Cf: Septem sunt vitia. Superbia, invidia, ira...

5473. **Septem sunt vitia. Superbia, invidia, ira, tristicia, avaricia, gula, luxuria...**
Hugo de Sancto Victore, Tractatus de septem viciis (De sacramentis II, pars 13)
Mss: Berlin, Görres 27 f.141-142; London, Lambeth 357 f.41; Vaticana, Regin. lat. 167 f.2

Printed: PL 176, 525c-526b
See: Septem capitalia vitia sive principalia sive originalia...

5474. **Septem virtutes contrarie peccatis mortalibus...**
See: Item septem virtutes contrarie...

5475. **Septem vitia sunt, que septem dona spiritus sancti...**
De septem vitiis quomodo septem dona spiritus sancti expugnat
Ms: Brno, Univ. NR 59 f.110

5476. **Septena quinque in sacra scriptura, frater, ...**(variant)
See: Quinque septena in sacra scriptura...

5477. **Septies in die cadit iustus** (Prov. 24,16). **Immensa sapientia, quid tua potentia intendis...**
[De decem praeceptis]
Ms: Konstanz, Gymn. 36 f.42-87; (Stegmüller RB 9458)

5478. **Septies in die laudem...**(Ps. 118,164). **Rogasti me, frater mi Gerharde...** (dedicatory letter)
Prol: Hoc nomen conscientie...

5479. **Septuagesimum et secundum aetatis annum agens, cum e romana curia, in qua annis ferme quinquaginta fueram...**
Iohannes Poggius Florentinus (Giovanni Poggio Bracciolini), *De humanae conditionis libri duo* or *De miseria conditionis humanae* or *De miseria humanae conditionis libri duo*
Mss: Firenze, Laur. Plut. LXXVI, 52; Plut. LXXXIX, 35 f.110 ad fin.; Plut. LXXXX, 32 f.1-49; Firenze, Naz. Conv. Sopp. B.8.1660; Modena, Estense a.V.q.16 (DL XXVIII); Vaticana, Urb. lat. 224 f.131 seq.
Printed: *Opera Omnia* (Basel 1538) 88-131
See: Inter varios scriptores qui res diversas...(pref. letter)

5480. **Sequitur aliqvid uidere de virtutibus cardinalibus et...**
Tractatus de virtutibus
Ms: Cambridge, Caius 164 f.115

5481. **Sequitur de cordis custodia quod fit per donum scientie. Serva ergo cor tuum quia cor est sedes sapientie...**
See: Preparate corda vestra Domino. Nota quod septem instructiones circa cordis dispositionem fiunt in Scriptura. Docet enim cor prepare...item custodire...

5482. **Sequitur de gula et de eius comitatu...**
Tabula de gula
Ms: Cambridge, Caius 362 f.37

5483. **Sequitur de quatuor virtutibus cardinalibus que animam quasi quadratam reddunt...**
De quatuor virtutibus cardinalibus
Ms: Klagenfurt, Studienbibl. Pap. 83 f.167-173

5484. **Sequitur de septem vitiis de quibus Apostolus: Vidi bestiam**
See: Vidi bestiam ascendentem...Bestia dicitur quasi vastia (Erfurt MS)

5485. **Sequitur de septem vitiis quae significantur per bestiam quam vidit Joannes in Apocalypsi dicens: Vidi bestiam ascendentem de mari...**
See: Vidi bestiam ascendentem...Bestia dicitur quasi vastia...

5486. **Sequitur de spe: spes sic describitur in tertio libro sententiarum: spes est certa exspectatio futurae beatudinis...**
[Tractate on the theological virtues, an abridgement of a *Summa*]
Mss: Avranches 230 f.194 seq.; Edinburgh, National Library of Scotland,

T.D.781 Followed by: Prima petit campum...q.v. (which cataloger suggests is probably misplaced epigraph) and: De virtutibus ergo dicturi a fide, tanquam aliarum virtutum...
Prol.: Post tractatum fidei agendum est de spe...
Cf (?): Spes est certa expectacio...

5487. *Sequitur de virtutibus primo de humilitate. Nota sicut diabolus mittit ad perditos...*
Ms: Herzogenburg 16 f.198-217

5488. *Sequitur de virtutibus. Primo videamus quid sit virtus; secundo de commendatione virtutis...*
Guillelmus Peraldus, *Summa de virtutibus*
Mss: Oxford, Bodl. Lat. th.e.12 f.11-101 (shortened version); Napoli, Naz. VII. F.22 f.15-116; (Doucet, *Supplement*p.57 n.493.4)

5489. *Sequitur: et baptizabantur ab eo. Qualis ille baptismus...*
Iohannes Gerson, *De comparatione vitae contemplativae ad activam*
Printed: Jean Gerson *Oeuvres completes* (ed. P. Glorieux) III (Paris 1962) p. 63-77 n.92

5490. *Sequitur materia de penitencia...*
Quaestiones de poenitentia
Ms: Praha, Univ. III.G.26 (551) f.47-58

5491. *Sequitur modicum de confessione sicut alibi multipliciter scripsi...*
Modicum de confessione
Ms: London, BM Add. 38787 f.235

5492. *Sequitur modo de illis que sunt adimplenda viriliter, cuius sunt decem mandata decalogi...*
Ranulphus Higden, *Speculum curatorum*, cap. 2
Mss: Cambridge, Univ. Ii.3.8 (1772) f.13-18; Durham, Cath. B.III. 22 f.54-57 ('Si vis ad vitam...Dicturi...' is placed immediately before this tractate in Cambridge, Univ.)
See: Cum circa duo potissime...

5493. *Sequitur septifaria petitio contra septem vicia, quibus petitionibus ille...*
Exposicio orationis dominice
Ms: Oxford, Bodl. Bodl. 630 f.18-20 (SC 1953)

5494. *Sequitur tractatus parvulus...*
De septem petitionibus orationis dominicae, etc
Ms: Oxford, Bodl. Laud. misc. 2 (Little 229) (Simon de Hinton, *Brevis expositio...*)
See: Ad instructionem iuniorum...

5495. *Sequitur tractatus specialis de contritione confessione et...*
Tractatus de confessione
Ms: Cambridge, Trinity B.14.36 (320) f.121

5496. *Sequitur videri que debeant...*
De imposicione penitentie
Ms: Cambridge, Univ. Dd.15.29 (883) f.97-132

5497. *Sermo iste quamuis omnes tangat quos Spiritus Dei inhabitare debet...*
See: Templum Domini sanctum...Sermo iste quamuis omnes...

5498. *Sermo sit Veneri quod honestis nolo teneri...*
[Poem on seven capital sins]
Ms: Paris, BN lat. 13581 f.1 (?); (Haureau II 292; Walther IC 17564)
See: Servio sic Veneri...

5499. Sero quidem misi quod petenti promisi sed necessitatis...(prol.)
See: Omne caput languidum...

5500. Serpens cum venerit...
Prima particula de viciis et virtutibus
Ms: Wilhering 132 f.9-15

5501. Serpens quodque datum quis contineat...
De conditione mundi (poem)
Ms: München, Clm 1133 f.139; (Walther IC 17574)

5502. Serues mandatum sine macula irreprehensibile...(I Tim. 6,14). **Sanctus Ephrem in quodam sermone sic inquiens: sicut sol oriens...** (Text) *Hec doctrina diuiditur in decem: primo docet colere unum Deum pre omnibus creaturis...*
Gottschalcus Hollen (?) O.E.S.A., De decem preceptis
Ms: Berlin, Theol. lat. fol. 13 f.401-437 (Rose 576) (Zumkeller MWA 269)

5503. Serva mandata [et vives] (Prov. 7,2). **In bello mortali melior est sapientia boni regiminis fortitudine corporali...**
Iacobus de Losanna, De decem praeceptis (I-VI)
Mss: Avignon 304 f.60-68; 57-60; Vaticana, Vat. lat. 1260 f.54-83 (J. B. Schneyer, *Repert*, Iacobus de Losanna 761-766, BGPTM 43,3 p.117)

5504. Serva mandata, et vives...
Tractatus de decem preceptis
Ms: London, BM Harl. 4968 f.58-74

5505. Serva mandata et vives (Prov. 7,2). **Dominus Deus rex celi et terre dedit precepta tam irrationalibus quam...**
Sermo generalis de preceptis decalogi
Ms: Einsiedeln 77 f.147-184
Prol: Leges meas custodite, Levi. 19. Loco (?) omnium cogor dicere...

5506. Serva per Moisen precepta decem tibi scripta...
[De decem praeceptis?]
Ms: Wien, Nat. 3853 f.153-154

5507. Servio sic Veneri [or *ventri*]*...*
Arbor vitiorum
Walther IC 17586; PS 28163
See: Sermo sit Veneri...

5508. Servio sic Veneri, quod honestus nolo...
See: Luxuria. Servio sic Veneri...

5509. Servo Christo Petro...Cogitanti mihi, frater charissime, quomodo dilectionem vestrum...(prol.)
See: Tam multos iam laudatores...

5510. Sex alas cherubini quidem moraliter exponentes eas singulis quinque pennas...
De sex alis cherubim ex dictis Alani
Mss: Douai 454; Paris, BN lat. 3769 f.61 seq.

5511. Sex civitatum refugia sunt. Prima est cognitio verbi...
Tractatus de terminalibus et decem praeceptis
Ms: London, BM Roy. 13 A.VII f.164

5512. Sex gradibus consummatur perfectio casta...
Fulbertus Carnotensis, De perfectione castitatis or Castitatis gradus
Mss: Angers 283 p.28; Berlin, Phill. 1694 f.77; Douai 532; Reims 1275 f.137; Saint-Omer 115 f.10; Vaticana, Regin. lat. 278 f.41; (*N. & Ext.* 31.1 pp.56-57;

Walther IC 17600; *Neues Archiv d. Gesellschaft f. ält. deutsche Geschichtskunde* 17 354 [n. Hs. Berlin]
Printed: PL 141, 349

5513. **Sex sunt gradus amoris quibus homo proficit et ascendit...**
Tractatus de sex gradibus amoris
Ms: Erfurt, Ampl. O.30 f.30-31

5514. **Sex sunt peccata...**
Tractatus de donis spiritus sancti et de eorum fructibus or *Peccata in Spiritum Sanctum*
Mss: Cambridge, St. John's C.12 (62) f.143; Praha, Univ. V.F.7 (929) f.249-250; Wien, Nat. 4064 f.128-130
See: Nota sex sunt species peccati...(variant [?] in Frankfurt am Main, Stadtb. Praed. 25)

5515. **Sex sunt peccata in Spiritum Sanctum scilicet...**
Nota
Ms: Cambridge, Corpus Christi 500 f.109

5516. **Si aliquis inire vellet bellum...**
De avaro
Ms: Trier, Stadtbibl. 802

5517. **Si anno preterito fuit confessus...**
Tractatus de confessione
Ms: Klosterneuburg 417 f.75-80

5518. **Si ante oculos tuos Domine culpas quas...**
Tractatus de patientia
Ms: Cambridge, Emmanuel 1.4.15 f.107 (attrib. Ambrosio)

5519. **Si autem penitens sumptus fuerit...**
Qualiter debet fieri inquisicio in confessione a sacerdote
Ms: Cambridge, Univ. Ii.1.22 f.125-132

5520. **Si autem vis ad vitam ingredi serva mandata** (Matth. 19,17). **Karissimi fratres et sorores, quidam predicant alta et subtila non ut populo audienti proficiant...**
De Consolatione peccatorum
Ms: London, BM Harl. 1298 f.109-126
See: Si vis ad vitam ingredi...Carissimi fratres...

5521. **Si bonus qui habet sibi attribuit...**
See: Et primo de superbia. Si bonus qui habet...

5522. **Si Christum quaeris, vultum fugias mulieris...**
Contra feminas
Ms: Roma, Bibl. Casanatense 101 f.122-122 (Walther IC 17651)

5523. **Si confiteamur peccata nostra...**(I Ioh. 1,9). **Fidelis promissam gratiam humilibus conferendo...**
Wenceslaus de Drachow, *De confessione*
Ms: Brno, Univ. MK 6a f.97-114

5524. **Si converteris convertam te, et ante faciem tuam stabis, et si separaveris preciosum...**(Ier. 15,19). **Istud preciosum anima est...**
De virtutibus in communi
Ms: London, BM Addit. 18334 f.51-100
See: Si separaveris...

5525. ***Si cuius [...] cure [...] rinam uirtutis habere...***
  Versus de gradibus humilitatis
  Ms: Cambridge, Pembroke 118 f.116

5526. ***Si cupis esse bonus et verus religiosus...***
  De forma bene vivendi
  Walther IC 17678

5527. ***Si cupis esse bonus et verus religiosus...***
  S. Bernardus (?), De doctrina proficiendi
  Ms: Rouen O 68 (364) f.129 seq.

5528. ***Si Deus est animus, nobis ut carmina dicunt/ hic tibi praecipue sit pura mente colendus...***
  Cato, Disticha
  Mss: Brno, Univ. MK 82 f.5-19; Cambridge, Caius 202 p.1-13; Cambridge, Trinity 1285 f.17-18; Darmstadt 2481; Frankfurt am Main, Stadtb. Praed 44, f.46 ff. (with commentary); 51 f.194 ff.; London, BM Cotton Vesp. D.vi etc.; München, Clm 14586; Paris, BN lat. 2772 f.89-96; 2773 f.86-90; 8429 A f.9 seq.; 8460 f.18 seq.; 14176 f.1 seq.; (Walther IC 17703)
  Printed: Baehrens, Poet. lat. min., III, 1880, 214-235; M. Boas 1952
  Prol: Cum animadvertem quam plurimos... Sicut in omnibus librorum principiis quedam queruntur sic...
  Commentary: Habito de virtutibus metrice et in genere tue incipit Catho tractatum metricum dans precepta virtutem spiritualia...

5529. ***Si Deus est animus...Pro quando in est nostra ratio naturalis virtutem spiritualia... id est scripture sacre...***
  Robertus de Evromodio, Glossa in Catonem
  See: Generose indolis adolescentulo...

5530. ***Si Deus est animus...Viso supra in prima parte huius libri prosaycali parte de primo speculo metaphorico...***
  See: Omne quodcumque facitis... Doctor egregius Augustinus...Philippus de Bergamo, Speculum regiminis

5531. ***Si dicat peccator: Domine, vigilans naturam meam pollui...***
  Robertus de Sorbonio, De confessione secreta sacerdoti facta de peccato luxurie
  Mss: Chartres 377; Paris, BN lat. 15988 (P. Glorieux, in *Miscellanea A. Janssen* [Louvain 1948] 551-565)
  Printed: Guiliemus Parisiensis, *Opera omnia* (Aureliae-Parisiis 1674) II Suppl. 231-232.

5532. ***Si diligenter voluerimus in lege Domini meditari...***(Prol.) ***Sciendum igitur quod sicut potest elici ex sententia Constantini in libro quem facit de oculo...***
  Petrus de Ciperia Lemovicensis (Pierre de Limoges) [Ps. Grossesteste, Ps. Iohannes Gallensis O.F.M., Ps. Iohannes Peckham], *Liber de oculo morali* or *Oculis moralis* or *Tractatus moralis de oculo* or *Speculum oculi moralis*
  Mss: Auxerre 243 (206); Brugge, Stadsbibl. 167 f.1-35; Bruxelles, BR 9525; Cambrai 267 (257); Cambridge, Caius 200 p.7; Cambridge, Jesus Q.G.19 f.170; Q.G.28 f.1; Cambridge, Pembroke 229 f.119-154; Cambridge, St. John's D.16 (91) f.1-24; D.16 (II) f.1; Cambridge, Sidney Sussex Delta.4.23 f.146; Cambridge, Trinity B.15.35 f.232b; Cambridge, Univ. Ll.1.15 f.30 seq.; Cape Town, S.A. Lib. Grey Coll. III c b f.1 seq.; Charleville 17; Chartres 275; Douai 451; 690; Dover, St. Martin's Priory (lost) (James, *Ancient Libraries* 467); Dublin, Trinity 115 (A.5.3) p.301-365; Durham, Cath. A.IV.181 (beg. missing); B.III.18; B.III.19; Erlangen, Univ. 277 f.1-47; Firenze, Laur. Gaddiana 200 f.1-41; S. Croce Plut. XXXI sin. 8 f. 171-209; Firenze,

Naz.Conv. Soppr. J.II.11; Frankfurt am Main, Stadtb. Praed.16 f.397-437; 44 f.293-310; 54 f.120 ff. (abbreviated version); Gdansk, Mar.F.43 f.51 seq.; Giessen, Univ. 795; Heiligenkreuz 316 f. 32-61; Kornik 12 f.1-50; Lilienfeld 137 f.120-145; Lincoln, Cath. 125 (A.5.15); 202 (C.3.2); London, BM Addit. 16167 f.83; Arundel 52; 200 ff.15-49 (frag.); Cot. Vit. C.XIV f.7; Roy. 6.E.V f.219; 7 C.I f. 3-32; 12 D.VII f.161; 12 E.XXI f.105; London, Lambeth 137; 483 f.1 seq.; Madrid, Nac. 2626; Manchester, John Rylands 181 f.1 seq.; München, Clm 2688; Oxford, Bodl. Laud. misc. 519; 527 f.220 seq.; Oxford, Balliol 274 f.166 seq.; Oxford, Lincoln. Coll. 90 f.7 seq.; Oxford, Magdalen lat. 6; 27 f.111 seq.; 202 f.183 seq.; Oxford, Merton 82 f.64 seq.; 216 f.203 seq.; Oxford, Oriel 20 f.271 seq.; Paris, Mazarine 888 (1136); 1733 (1329) f.335 seq.; Paris, BN lat. 3234; 3493; 3496; 16435; 16490; nouv. acq. lat. 3074 f.61-116; Poitiers 87; Praha, Univ. I.B.15 (71) f.55-92; IV.C.1 (628) f.124-160; V.C.10 (852) f.181-209; VIII.E.25 (1550) f.17-49; X.B.24 (1853) f.235-265; XI.C.8 (2032) f.75-122; XIV.E.25 (2559) f.96-136; Adlig.41.G.19 (2798) f.1 seq.; Rein 32 f.1-120; Saint-Omer 283; Schlägl 153 f.130-171; Sigmaringen, Mus. 12; Soest 18; Trier, Stadtbibl. 69; 555; 574; Troyes 1601; 1848; 1938; Utrecht, Univ. 349 f.50-92; Valencia, Cab. 261; Vaticana, Palat. lat. 386; 679; Vat. lat. 1041 f.1 seq.; 1042 f.1 seq.; Verdun 79; Wien, Nat. 1367 f.141-200; 1571; Ser. n.3613 f.37-94; Wilhering 102 f.1-115; Worcester, Cath. F.115; Q.14; Q.72; Q.93; Würzburg, Univ. M.ch.f.209 f.196-233; (Thomson 256-257; Welter 177 seq.; Spettmann, AFH 16 [1923] 309-322; Glorieux 178 a)
Printed: Wadding (Viterbo 1656)

5533. *Si diligitis me, mandata mea servate* (Ioh. 14,15). *Cogitanti michi sedenti solitario quid faciendo vitam eternam...*(prol.)
See: Superbia virtuti humilitatis...

5534. *Si dixerimus quia peccatum non habemus, dicit beatus Iohannes* (I Ioh. 1,8). *Cum nec infans unius diei...*
Collecta de viciis spiritualibus or *Libellus de peccatis spiritualibus*
Mss: Bamberg, Theol. 230 f. 146-152; København, Gl. kgl. S.3386 Oct. f.241-250; Oxford, Bodl. Add. B.15 f.57 (SC 23983); Vyssi Brod 84 f.26-42; Würzburg, Univ. M.ch. q.99 f.143-155

5535. *Si dominor terre super omnia regna, quid inde...*
Carmen de vanitate rerum humanarum or *De contemptu omnium vanitatum anonymus*
Walther IC 17711

5536. *Si dormiatis inter medios cleros, pennae columbae...*(Ps. 67,14).
In sacra Scriptura, frater, tres columbas...(Book I)
See: Desiderii tui, carissime, petitionibus satisfacere...

5537. *Si duo essent prima rerum principia...*(text of Bk. I)
See: Paradisum voluptatis subdividit sublimis intelligentia...(prol. to Bk. I)

5538. *Si enim Verbum de sinu Patris...*
See: Verbum abbreviatum fecit... Si enim Verbum...

5539. *Si episcopus non est baptizatus, irregularis est et debet baptizari...*
Interrogationes (on penance)
Ms: London, BM Add. 22041 f.270-294
Rubr. In nomine Domini nostri Iesu Christi incipiunt interrogationes quae de scripturis sanctis et sacris canonibus...
Cf: In nomine Domini Iesu Christi incipiunt interrogationes...

5540. *Si extolleris...*
See: Superbia. Si extolleris...

LIST OF INCIPITS

5541. Si facis in banno contractum non revocabo...
Super Summa Raymundi
Walther IC 17718
Cf: Quoniam, ut ait Hieronymus, secunda post naufragium...

5542. Si facis incestum, deflores [or *deflorans*] *aut omicida...*
[Mnemonic verses on reserved cases in confession]
Ms: Paris, BN lat. 3267; 3267A; 3467 (Walther IC 15482)

5543. Si fides fundamentum est penitentie...
See: Quantum sit appetenda gratia penitentie omnis auctoritas...

5544. Si habuerit homo duas uxores, unam dilectam...(Deut. 21,15). **Duas habemus uxores, odiosam scilicet animam...**
[Moral and theological sayings]
Ms: Oxford, Jesus Coll. 7

5545. Si igitur velimus latitudinem Sacrae Scripturae...
See: Flecto genua mea ad Patrem...Magnus doctor gentium...

5546. Si ille rex et propheta convenienter David...(prol.)
See: Domine, ne in furore tuo...(Ps. 6,2)...Vides quam bonum...

5547. Si in preceptis meis ambulaveritis... Lev. XII (Lev. 26,3). **Nota quod tantum est unum preceptum...**
[De decem praeceptis]
Ms: Nürnberg, Cent. VII, 69 f.84-86

5548. Si in preceptis meis ambulaveritis...(Lev. 26,3). **Secuntur decem precepta... Primum est non adorabis deos alienos. Per hoc tria genera hominum dampnantur...**
Sermo (de decem praeceptis)
Mss: Ceske Budejovice XV.9 f.207-208; Graz 571 f.92-93; München, Clm 4321
f.208-209; Nürnberg, Cent. IV, 82 f.415-416; Praha, Univ. XII.A.26 (2103)
f.7; Vyssi Brod LIII f.173 (Magister Chunradinus); 67 f.95-96
See: Audi, Israel, precepta Dei. Primum...Propter hec tria hominum genera...
Cf: Primum mandatum est...Per primum preceptum...

5549. Si in spiritu vis proficere et in eo, propter quem, ut fiat, ad scolas venisti virtutum...
Georgius Strobel de Sliers [de Monaco] (?),
[A Latin translation of a little German book concerning the virtues of uncertain authorship]
Ms: München, Clm 8350 f.59-84
Prol: (by trans.) Ad laudem et honorem Domini Jesu Christi, sponsi virginum, et hominibus ad...
Cf: Si vis in spiritu proficere...

5550. Si in temptatione vel tribulatione positus fueris...
Ricardus Rolle, *Emendatio vite*; *De oratione*
Ms: Cambridge, Univ. Mm.5.37 f.108
See: Ne tardes converti...

5551. Si irreverenter et prudenter peccaverit vel offenderit quod est magne superbie. Si bona que...
Catalogus peccatorum in usum confessariorum consarcinatus
Ms: London, BM Harl. 1037 f.147-148

5552. Si Jeremias ab utero...
See: A, A, A Domine Deus... Si Jeremias...

5553. Si lectioni continuato studio semper insistis...
Isidorus Hispalensis, *De conflictu virtutum et viciorum*
Ms: Wien, Nat. 580 f.52-58

5554. *Si linguis hominum loquar et angelorum...*(I Cor. 13,1). **Consuetudo enim est mercatorum...**
    Aldobrandinus de Tuscanella, O.P., *Collationes* (rec I) or *Tractatus de peccatis*
    Kaeppeli 139
    See: Quasi a facie colubri...De peccato tractaturi...(. II)

5555. *Si linguis hominum loquar rhetoricis...*
    Rhythmus de caritate
    Ms: Cambridge, Corpus Christi 481 p.573

5556. *Si locuples fuerit dapibus tua mensa quid inde...*
    Henricus de Hassia [de Langenstein],
    [Poem on contempt of the world]
    Walther IC 17769; Rudolf, *Ars moriendi* p.34 n.47

5557. *Si locutus Deum offendisti, quod est magna superbia...* (in London, BM Royal 11 B.III)
    See: Si scienter et prudenter peccaverit...

5558. *Si mandata Dei seruaueris, ad vitam eternam perveneris...*
    [De decem praeceptis]
    Ms: Uppsala, Univ. C 385 f.122-123

5559. *Si mihi larga domus et fortuna venusta quid inde...*
    [Poem on contempt of the world]
    Wright and Haliwell, *Reliques Antiques* I 57; cf. Hauréau, *Notices et Extraits de Quelque MSS Latins* II, 84; Walther IC 17793; PS 28652

5560. *Si mihi sint nati mulier formosa...*
    [Moral verses]
    Ms: Trebon, Archiv. A 4 f.98

5561. *Si multis annis vixerit homo...*
    See: Gregorio lib. VII Moral. Si multis...

5562. *Si non parcis tibi propter te, parce tibi propter Deum...*
    Tractatus de virtutibus et vitiis
    Ms: Wien, Nat. 1756 f.110-137

5563. *Si operam medicantis expectas...*
    Summa penitentiarum
    Ms: Wien, Nat. 4477 f.1-13

5564. *Si operationem medicantis expectas, oportet ut ei vulnus detegas...*
    Iohannes de Gardria; Bernhardus Silvaesocius, *Sentencia penitentie*
    Ms: Klagenfurt, Studienbibl. Pap. 14 f.23-55

5565. *Si parentes veraces fidelesque amici, cuiuspiam ignoti...*
    Iohannes Gerson, *De arte moriendi*
    Mss: Frankfurt, Stadtb. Praed. 138 f.137-139; Wilhering 104 f.88-91
    See: Si veraces fidelesque...(variant)

5566. *Si penitentiam non habueritis, omnes peribitis* (Luc. 13,3). **Hec verba sententialiter (?)sunt bis Luce 13 scripta...**
    Iohannes Geuss (Gews), *Sermo de poenitentia*
    Ms: Wien, Nat. Ser. n.3383 f.87-179

5567. *Si pericia et diligencia requiritur in medicis corporum...*(Part I)
    Part II: Volens confitere vere et integre...
    Cautela confessoris et cautela confitentis
    Ms: Klosterneuburg 416 f.37-54

5568. *Si possemus videre qualiter per unumquodque peccatum...*
Tractatus de vitiis et virtutibus
Ms: Cambridge, St. John's S.53 f.1

5569. *Si possent homines bona mundi perpetuare...*
De contemptu [or amore] mundi, or De peccatis (poem)
Walther IC 17856

5570. *Si potus tenuis, cibus aridus...*
[On penance]
Walther IC 18341
Cf: Sit tibi potus aqua, cibus aridus, aspera vestis...

5571. *Si praedicator vult invitare auditores ad mundi...*
Tractatus de contemptu mundi(?)
Ms: Salisbury, Cath. 97 f.78-85

5572. *Si precepta mea servaveritis...*(Ioh. 15,10). *Secundum Augustinum de tribus habitaculis bona regni...*
Nicolaus de Laak, O.F.M., De precepta et eorum sequencia
Ms: Klosterneuburg. 419, ff.1-34; 820 f.1-44

5573. *Si presbyter hoc fecerit, scilicet fornicationem, penitebit hoc modo...*
Penitentiale
Ms: Toulouse 196

5574. *Si pretiosum a vili separaveris...*(variant)
See: Si separaveris pretiosum a vili...

5575. *Si pretiosum a vili separaveris quasi os...* (Ier. 15,19). *Ait Dominus Jesus Christus Que verba tangere et ponere vult beatus Augustinus...*
Iohannes Tigart, O.P., Bellum spirituale vitiorum et virtutum
Ms: Dole 86 pp.1 seq.; Paris, BN lat. 16437 (Prol. edited in Quetif-Echard I 794)

5576. *Si princeps aliquis perrexisset in expeditionem...*
Nota de confessione
Ms: Cambridge, Peterhouse 119 (III) f.10

5577. *Si qua mihi fuerant de bonis...*
Robertus Grosseteste (?),
[Small item for self-examination]
Ms: London, BM Roy. 11 B.III

5578. *Si quid petieritis...Sanctus Crisostomus super illo Matth. 7...*
Nicholas Dinkelsbühl, Super oratione dominica
Ms: Wien, Schott 41, f.1-47; 235 f.173 seq.; 264 f.251-279; 302 f.51 seq.

5579. *Si quid vovisti Deo...*
[Moral distinctions]
Ms: Paris, BN lat. 3236B f.125b-128

5580. *Si quis aures habeat audiendi, audiat,/ Excors in se redeat/ Et praesens et intellegat. Inter nugas, machinas/ fraudes et versucias...*
Bernardus (?), Breviloquium de contemptu mundi
Ms: München, Clm 3941; 8727, ff.47-49
Printed: Dreves 33 p.268 n.245

5581. *Si quis diligit me, sermones meos servabit* (Ioh. 14,23). *Hec verba novi testamenti concordant cum verbis veteris testamenti et sequuntur precepta. Primum preceptum est: non adorabis deos alienos. Per hec tria genera hominum dampnantur...*
Expositio decalogi

Ms: Praha, Univ. XIV. H.31 (2676) f.42-45
Cf. Primum mandatum est...Per primum preceptum...

5582. *Si quis emendatioris vitae desiderio tactus...*
Arnulfus de Boeriis (Ps. Bernardus), *Speculum monasticum* or *Speculum interioris hominis* or *Speculum monachorum* or *Speculum super emendacionem vite hominis religiosi*
Mss: Auxerre 23; Avignon 229; Brno, Univ. M.21 f.284; Bruxelles, BR 480-85 (cat. 1461) f.127-128; 1520-42 (cat. 1467) f.109; 2581-9 (cat. 2194) f.179-182; 2620-34 (cat. 1617) f.164-167; 3553-57 (cat. 1344) f.184; 3733-50 (cat. 379) f.118; 5023-25 (cat. 2210) f.123-127; 21889 (cat. 2205) f.175-179; 21210-14 (cat. 1526) f.125-126; II.193 (cat. 2241) f.1-4; Cambrai 523 (482); s'Gravenhage, Kon. Bibl. 132 G.46 f.1-4; Grenoble 863 (406) f.202; København, Gl kgl. S.159 qu. f.112-114; Gl kgl. S.3389 oct. f.277-278; Gl kgl. S.3390 oct. f. 7-10; Gl kgl. S.3392 oct. f.239-242; Ny. kgl. S. 119 qu. f.296-298; Leipzig, Univ. 347 f.66-67; 439 f.121 (incomplete); München, Clm 5940 f.15-17; 28493 f.74-76; Namur, Grand Sem. 52 f.117-119; Namur, Mus. Arch. Ville 160 f.134-135; Oxford, Magdalen 109 f.1 seq.; Paris, Arsenal 499; Paris, Mazarine 751 (1120) f.51; 996 (902) f.162; Paris, BN lat. 3218 f.244; nouv. acq. lat. 333; Pavia 418; Praha, Univ. X.B.24 (1853) f.49; XIV.G.5 (2613) f.48-49; Rein 5 f.141-143; Roma, Casanatense 81 f.238; Sankt Gallen 972; Sydney, Public Library of NSW, Dixson Lib. 3/1 f.1207-1212; Trier, Stadtbibl. 203; 530; 713; 785; 790; 796; 2077; Utrecht, Univ. 174; 332; Vaticana, Regin. lat. 444 f.91-93; Vat. lat. 400 f.158 seq.; 661 f.59 seq.; 687 f.101 seq.; Venezia, Marc. Lat. II 64 (Valentinelli III, 73; cat. II 54) f.146-147; II 66 (Valent. III,74; cat. II p.57) f.29-30; Vyssi Brod 31 f.100 seq.; Wien, Nat. Ser. n.12828 f.209-211; Wilhering 96 f.278-279. (M. Viller in *Revue d'Ascetique et de Mystique* 3 [1922] 49-50)
Printed: PL 184, 1175-8

5583. *Si quis episcopus aut aliquis...*
Poenitentiale Albeldense
(Diaz 468) Printed: F. Romero Otazo, *El penitencial Silense* (Madrid 1928) 60-66

5584. *Si quis episcopus aut aliquis...*
Poenitentiale Silense
(Diaz 535) Printed: F. Romero Otazo, *El penitencial Silense* (Madrid 1928) 91-109

5585. *Si quis hominem occiderit sponte, septem annis peniteat...*
Fulbertus Carnotensis, *De peccatis capitalibus*
Printed: PL 141, 339-340

5586. *Si quis hominem superiorem occiderit, duodecim annis poeniteat...*
[On penance]
Ms: Douai 449, f.54

5587. *Si quis ignorat, ignorabitur* (I Cor. 14,38); *et hec uerba ponuntur di. xxxviii ca. 'qui ea'; et secundum quod ibi exponit Io., intelliguntur hec uerba de eo qui contempnit scire...*
Petrus Quesnel, O.F.M., *Summa quae vocatur Directorium Juris in foro conscientiae et judiciali*
Mss: Dict. Theol. Cath. 13, 1536-1537, art. Quesvel (A. Teetaert) (Michaud-Quantin, Index): Add: Oxford, Merton 223
See: Dignus es, Domine...Hic est liber scriptus (Lib. I) Prouide de omni plebe...In hiis uerbis tria tanguntur... (Lib. II) Quicumque totam legem...De pen. di. v: defleat quia in uno peccato (Lib. III) Iudices et magistros...Quia dictum est de delictis...(Lib. IV)

5588. *Si quis imperatori maximo debitum teneretur...*
   De confessione
   Ms: Schlägl 64 f.169

5589. *Si quis in corde suo per cogitationem peccaverit...*
   Vinnianus, *Poenitentiale*
   Printed: Wasserschleben, *Die Bussordnungen* (Hall 1851) 108-9

5590. *Si quis inter vos emendatioris vite...*
   See: Si quis emendatioris vite...

5591. *Si quis ordinavit...Ad declarationes...*
   De simonia (based on Henri Boyk's *Decretals*)
   Ms: Douai 574 (imperf.)

5592. *Si quis peregre iturus esset versus Ierusalem...*
   Sermo de confessione
   Ms: Oxford, Balliol 1219

5593. *Si quis pro aliquo peccato ad nos penitentiam suscepturus accesserit...*
   Magister Theodorus, *Ordo de penitentia et reconciliatione penitentis*
   Ms: München, Univ 2 Inc. 342 f.10-35

5594. *Si quis quereretur vel suspenderetur...*
   Allegoriae tres de Christo et de anima poenitente
   Ms: Schlägl 217, f.85

5595. *Si quis secularis receptus est in canonicum regularem...*
   Summa casuum conscientiae, cum tabula
   Ms: London, BM Arundel 315 f.33-53

5596. *Si quis supra vives...*
   See: Interrogatio. Si quis supra vives...

5597. *Si sacerdos inungit infirmum oleo...*
   Quaestiones canonisticae et morales
   Ms: Schlägl 178 f.133-135

5598. *Si scienter Deum offenderit, quod est magne* [or **magnum genus**] **superbie...** (variants in London, BM Roy. 8 C.VII & 8 E.XVII and Harl. 979 f.74)
   Ms: Cambridge, St. John's B.17 f.162; Cambridge, Univ. Dd. XI.83 f.29
   See: Si scienter et prudenter...

5599. *Si scienter et prudenter* [and **Deum**] *peccaverit vel offenderit...*
   Robertus Grosseteste(?), *Interrogationes septem peccatorum mortalium* or *Forma confitendi* or *Interrogaciones septem criminalium* or *Interrogaciones faciende in foro penitenciali de septem peccatis mortaliter* or *Interrogationes in confessione distincte faciendi* or *Inquisitio confessionis*, etc
   Mss: Cambridge, Emmanuel 1.4.4 f.38; Cambridge, Caius 362 f.38; Cambridge, St. John's B.17 (39), f.162 seq.; Cambridge, Univ. Dd.XI.83 f.28-31; London, BM Arundel 52 f.66; Roy. 8 A.XV f.120 seq.; 8 B.X f.85 seq.; 8 C.VII f.68; 8 D.III f.143; 8 E.XVII f.17 seq.; 11 B.III f.335; Oxford, Bodl. Bodl. 457 f.219 (SC 2413); 801 f.203-205 (SC 2659); Oxford, Corpus Christi 59 f.61 seq.;

5600. *Si scienter peccaverit magna est superbia...* (variant in London, BM Roy. 8 B.X)
   See: Si scienter et prudenter...

5601. *Si separaveris pretiosum a vili, quasi os meum eris* (Ier. 15,19). *Pretiosum est anima* (Prov. 6,26): *Mulier animam viri pretiosam rapit. Ideo filius Dei seipsum pretium animarum posuit...*
   Guillelmus Peraldus, Episcopus Lugdunensis, O.P., *De virtutibus* from *Summa de vitiis et virtutibus*

Mss: Arras 429; Avranches 126 f.136; Basel, Univ. B.IV.5 f.1-237; Brno, Univ. NR 17 f.123-169; Bruxelles, BR 161 (cat. 2146) f.5-289; 1608-9 (cat. 2152); f.143-308; 5614-16 (cat. 2148) f.207-451; II. 1102 (cat. 2150); IV.96; Cambridge Caius 454 f.1 seq.; Cambridge, Trinity Coll. 374 f.101-102; Cambridge, Univ. Mm.5.34 f.3; Ceske Budejovice VII.5 f.146-224; Edinburgh, Univ. 79; Frankfurt am Main, Stadtb. Praed. 65 f.79-109 (imperfect); Giessen, Univ. 781; København, Ny, kgl. S. 616 oct. f. 127-142; Kremsmünster 1 f.111-123 (excerpts); Lincoln, Cath. 60 (A.6.11); Linz 23 (399); London, BM Addit. 15123 (abbreviated); 22571; 26040; Harl. 106 (excerpts?); 1031; 1036; 1659; Roy. 10 B.II f.5; 11 B.III f.29; London, Lambeth 376; London, Sion College Arc. L.40.2/L22; Metz 147; 170; München, Clm 3096; 3777; 5202 f.1-215; 5881; 6039; Nürnberg, Germ. Nat. Mus. 6481a f.1-97; Nürnberg, Stadtbibl. Cent. IV, 73; Olomouc, CO 213; 365; 381; Olomouc, Univ. 156 n.3; II 116; Oxford, Bodl. Bodl. 419 (SC 2318); Can. misc. 519; Oxford, Lincoln. Coll. 9; Oxford, Oriel Coll. 67; Oxford, Trinity 71 f.20 seq.; Padova, Ant. 464; Paris, Arsenal 396; Paris, BN lat. 3243A; 10684; 12399; 12400 f.6-63 (abridged); 15129; 15375; 15915; 16427; Poblet; Praha, Univ. I. C.10 (101) f.85-192; V.F.20 (942) f.3; V.G.2 (954) f.33-117; VII. D.5 (1271) f.1-123; Saint-Mihiel 14; Salisbury, Cath. 55 (?); Schlägl 12 f.161-341; 79 f.230-275; Tarragona, Prov. 114; Toulouse 213; Troyes 1927; Ulm 6758; Sankt Gallen, Vadian. 345; Valencia, Cab. 229; Wien, Nat. 1600; 1648; 4578 f.131-188; Vitry-le-Francois 56; Vorau, 185 (epitome); Würzburg, Univ. M. p. th. f.82; M. p. th. o. 16; (A. Dondaine, *Archivum Fratrum Predicatorum* 18 [1948] 184-197; for some editions see: 'dicturi de singulis vitiis cum oportunitas...')

See: Cum utilius nihil sit...(variant incipit)Cum virtutibus nihil sit...(variant incipit) Dicturi de singulis vitiis, cum oportunitas se offert...Si converteris...

Abridgements: Ascendens Christus in celum...Cupientes aliquid breue excipere de his...Fides est fundamentum omnium bonorum...Quoniam virtutibus nihil...circa virtutes...

5602. *Si septem dona Sancti Spiritus habere desideras...*
Nota
Ms: Cambridge, Pembroke 70 f.128

5603. *Si talia est locutus de se quem Deus sanctificavit...*
Engelbertus Admontensis, *Dialogus concupiscencie et racionis de bonis moribus*
Ms: Klosterneuburg 428 f.217-232; 265 f.121-137
Printed: B. Pez, *Opuscula philosophica...Engelberti...Admontensis* (Ratisbonne 1725) p.67-102

5604. *Si talis loquitur de seipso...*
See: Verba Hieremie prophete. Quare...

5605. *Si temporis moderni superstites antiquorum philosophorum doctrinis...*
Aegidius Beneventanus, *Summa auctoritatum*
Ms: Oxford, Balliol 28 f.1-189

5606. *Si tibi divitias cumules metalla quid inde...*
Henricus de Hassia, *Versus de falsis et veris bonis*
[Poem on contempt of the world]
Ms: Roth 12; Walther IC 18003

5607. *Si tibi pulcra domus si et splendida mensa, quid inde?...*
Henricus de Hassia (?), *De vanitate rerum* or *Versus rhythmici de vanitate rerum*
(poem on contempt of the world)
Mss: København, Gl.kgl.S.1382 qu.; Sankt Gallen 169; 284; 753; 786 (Walther IC 18017)

5608. *Si ut vivendi, Galeotte, sic etiam bene vivendi cura nobis esset...*
    Leonardo Bruni, *Isagogicon moralis disciplinae* or *Introductiones de moribus, dialogus ad Galeotum amicum* or *Compendium quoddam moralis philosophiae*
    Mss: Bruxelles, BR 14665-69 (cat. 1962) f.196-208; Firenze, Laur. Plut. L,21; Vaticana, Urb. lat. 1339 f.1 seq.; 1439 f. 1 seq.; Vat. lat. 372 f.172 seq.; (H. Baron p.20)
    Printed: H. Baron, *Leonardo Bruni Aretino hum.-philos.-schriften*, Leipzig 1928 p.20-41

5609. *Si vatum finis...*
    See: Si virtutum finis...

5610. *Si veraces fidelesque...*
    Iohannes Gerson, *De arte moriendi (Opus Tripartitum*, III)
    Ms: Wilhering 104 f.88-91 (Rudolf p.67-8 n. 44)
    Printed: *Opera omnia* (Antwerpiae 1706) I 447-450
    See: Christianitati suus qualiscumque zelator...Si parentes veraces fidelesque...

5611. *Si virtutum finis ille est maximus...*
    S. Ambrosius, *De penitentia libri duo*
    Mss: Cambridge, Caius 114 f.70; Cambridge, Univ. Dd.10.25 f.24; Kk.1.23 f.65-80; Praha, Univ. XII.C.1 (2127) f.47-61 (C.S.E.L. 73 p.61-80)
    Printed: PL 16, 465-524 (485 seq.); C.S.E.L. 73, 117-206

5612. *Si vis ad vitam ingredi...Carissimi, ad omne opus bonum...*
    [De decem praeceptis]
    Ms: Oxford, Univ. Coll. 36 f.228-237

5613. *Si vis ad vitam ingredi...Carissimi fratres et sorores, quidam predicant alta et subtilia...*
    [De decem praeceptis]
    Mss: Oxford, Bodl. Bodl. 453 f.16-57; Laud. misc. 524 f.26-53
    See: Si autem vis ad vitam ingredi...Karissimi fratres...

5614. *Si vis ad vitam ingredi...Carissimi, in illis verbis ostendit cuilibet homini viam ad vitam eternam...*
    See: Si vis ad vitam ingredi...In verbis propositis...(Cesky Krumlov, Okresni Museum M.9)

5615. *Si vis ad vitam ingredi...Cuilibet creature naturaliter insertum est nunquam quiescere...*
    [De decem praeceptis]
    Ms: Napoli, Naz. VII. E.26 f.26-28

5616. *Si vis ad vitam ingredi...(Item Eccl. 12,13): Deum time et eius mandata serva: hoc est omnis homo est creatus, unde notandum est quod sunt decem mandata...*
    Tractatus de decem mandatis
    Ms: Cambridge, Caius 184 p.21

5617. *Si vis ad vitam ingredi... Deus docuit voluntatem suam...*
    [Sermo]
    [De decem praeceptis]
    Ms: Praha, Metr. Kap. 73.5 (125) f. ?-202

5618. *Si vis ad vitam ingredi...Dicturi de preceptis videamus primo quare servanda sunt*
    Iohannes Waldeby (?) (English author), *Explicatio decalogi* or *De decem praeceptis*
    Mss: Cambridge, Emmanuel 1.2.25 (46) f.1-31; Cambridge, Caius 164 (85) f.103-115; Cambridge, Univ. Ff.4.46 (1289) f. 13-29; Ii.3.8 (1772) f.1-13; London, BM Addit. 16170, f.168; 33957 f. 3; Harl. 665 f.50; 755 f.149-170; Roy. 7.D.XXXII; London, Lambeth 87 f.199-210; London, Univ. 657

p.147-204; Oxford, Balliol 149 f.92-106; Oxford, Bodl. Bodl. 857 f.98-109; Salisbury 99 f.174-188; (Stegmüller RB 8955; R.A.B. Mynors, Catalogue of Balliol College [Oxford 1963] 134)
See: Si vis ad vitam ingredi...Victuri de preceptis...
Cf: Sequitur modo de illis qui sunt ad implenda...

5619. *Si vis ad vitam ingredi,...Est lex naturalis, di. 1, ius autem; moysaca, 32 q.2, moyses...*
[De decem praeceptis]
Ms: Dole 31 f.156-206

5620. *Si vis ad vitam ingredi...Et loquitur de preceptis decalogi. Est igitur hec regula...*
See: Hic est liber mandatorum Dei. Per librum mandatorum...

5621. *Si vis ad vitam ingredi...Eterna Dei sapientia...*
[De decem praeceptis]
Ms: Uppsala, Univ. C 398 f.131-142

5622. *Si vis ad vitam ingredi...Ex quibus verbis sciendum quod decem sunt precepta que Dominus sanctissime servari precepit...*
[De decem praeceptis]
Mss: München, Clm 18314 f.176-180; Salzburg, Sankt Peter a.VII. 43, n.4 (perhaps)

5623. *Si vis ad vitam ingredi...Exprimitur hic a salvatore...*
Abbreviatio Bonaventurae
Ms: Todi 145
See: Si vis ad vitam ingredi, serva mandata. Hec verba scripta sunt in matth...
Cf: Si vis ad vitam ingredi... In isto verbo scripto...

5624. *Si vis ad vitam ingredi...Glossa: que est via ad vitam. In hoc verbo duo tanguntur, premium et metirum...*
[De decem praeceptis]
Mss: München, Clm 3232 f.197 seq.; Salzburg, Sankt Peter b.X.16 f.55-70; Sankt Gallen 1021 p.3

5625. *Si vis ad vitam ingredi...Hec sunt verba salvatoris nostri...*
S. Bonaventura,
[De decem praeceptis]
Ms: *formerly* Quaracchi, in Collegio S. Bonaventurae f.74-91
Printed: S. Bonaventurae *Opera Omnia*, (Quaracchi 1891) t.5 p.LXIIIa
See: Si vis ad vitam ingredi...Verba ista scripta sunt in matth. et sunt verba salvatoris...

5626. *Si vis ad vitam ingredi...Hec sunt verba sancti Matthei apostoli xix cap. Et Christus...*
See: Si vis ad vitam ingredi, serva mandata Dei. Hec sunt verba sancti Matthei apostoli...

5627. *Si vis ad vitam ingredi...Hec verba cunctis fidelibus proponuntur...*
Collectura super decalogum
Ms: Wien, Nat. NB 3564 f.1-460 (Tabula, ff.468-490)

5628. *Si vis ad vitam ingredi...Hec verba scripta sunt in Matth....*
See: Si vis ad vitam ingredi... Verba ista scripta sunt in Matth. et sunt verba salvatoris nostri...

5629. *Si vis ad vitam ingredi...Hec verba sunt verba...*
Paulus Wann, *Sermones LII de decem preceptis*
Mss: München, Clm 17688 f.193-379; 26683 f.1-205; Wien, Nat. 3724 f.2-228

5630. *Si vis ad vitam ingredi...Hic normam cunctarum fidelium regulam iter et directorium esse considerans...*

Iohannes Nider, *Praeceptorium*
[Sermones De decem praeceptis]
Ms: Klosterneuburg 843 f.235-351
See: Decalogi legem sacratissimam primum divinitus protoplastorum insertam cordibus et denuo Dei...

5631. Si vis ad vitam ingredi,...Hoc verbum scriptum est in evangelio Matthei in quo explicatur premium nostre salutis que haberi promittitur in obseruatione mandatorum. Primo intelligendum est quod quatuor sunt que debent nos movere ad observanda mandata...
Sermo de decem preceptis legis Moysi (Abbreviatio Bonaventurae?)
Ms: Bruxelles, BR IV.431 f.160-161
Cf: Si vis ad vitam ingredi...Verba ista scripta sunt...

5632. Si vis ad vitam ingredi... In his verbis Christi ostenditur et exprimitur summa nostre salutis necessitas quantum ad duo. Primum est humilitatis obedientia...
[De decem praeceptis]
Mss: Cues 49 f.41-60; Liege, Sem. 6.F.15 n.2 (This is the *Praeceptorium* of Henry of Frimaria with a different prologue and with additions.)
Cf: Audi, Israel, precepta domini...(Deut. 6) In verbis propositis spiritus sanctus circa divina precepta tria...

5633. Si vis ad vitam ingredi...In hoc verbo exprimitur summa nostre salutis quantum ad duo...
S. Bonaventura,
[De decem praeceptis]
Mss: Eichstätt 463; Graz 1015; München, Clm 8084
See: Si vis ad vitam ingredi...Verba ista scripta sunt in Matth. et sunt verba salvatoris...

5634. Si vis ad vitam ingredi...In hoc verbo tria notantur...
Decem precepta ex diversis collecta
Ms: Pommersfelden 40/2919 f.54-78

5635. Si vis ad vitam ingredi...In istis verbis salvator tangit...
[De decem praeceptis]
Ms: Praha, Metr. Kap. C.103 (535) f.11-67

5636. Si vis ad vitam ingredi...In isto verbo scripto in Matth., describit salvator noster Dominus Ihesus illud in quo exprimitur summa christiane perfectionis. Et tanguntur duo...
Abbreviatio Bonaventurae
Mss: Alba Iulia I-148 f.191-195; Basel, A IX 9 f.133-147; Ferrara 212 N. B.1; Göttweig 343; München, Clm 4617 f.214b seq.; 11430 f.411-419 (S. Bonaventure, *Opera Omnia*, 5 (Quaracchi 1891), p.XLVIII)
Printed: Bonelli, *S. Bonaventurae Operum Supplementum*, (Tridenti 1774) III 345-384
See: Si vis ad vitam ingredi... Exprimitur hic a salvatore...Si vis ad vitam ingredi...Ista verba scribuntur in Matth.
Cf: Si vis ad vitam ingredi...Verba ista scripta sunt in Matth. et sunt verba salvatoris nostri, in quibus explicator nobis summa nostre...

5637. Si vis ad vitam ingredi... In verbis istis duo tanguntur; primo proponit nobis dominus vite eterne ingressionem...
[De decem praeceptis]
Mss: Graz 1008 f.33-37; Sankt Gallen 1021 p.33 seq.

5638. Si vis ad vitam ingredi... In verbis premissis ostendit Christus cuilibet homini viam vite eterne cum dicit: si vis ad vitam ingredi etc. Unde sciendum quod decem sunt precepta

que quelibet homo...
    Iohannes Herolt (Discipulus) O.P., *Sermones de decem praeceptis* (which are 142 et 143 in 'Sermones de tempore')
    Mss: Göttweig 223 (ex 199) f.110-120; Melk 409 (505) f.290 seq.; München, Clm 12004 f.237-241; 17635 f.106-109; Salzburg, St. Peter b.XI.9 f.366-371; Trier, Stadtbibl. 63 (1012); Vorau 238 f. 102-108; Wien, Nat. 15031 f.205-211 (and in other codices which contain 'Sermones de tempore' or 'Sermones communes')
    Abbreviations of *de eruditione Christi fidelium*
    Cf: Si vis ad vitam ingredi...In verbis propositis...

5639. *Si vis ad vitam ingredi... In verbis propositis ostendit Christus cuilibet homini viam eterne vite cum dicit: si vis ad vitam ingredi etc. Sciendum quod precepta sunt pre omnibus diligenda...*
    Iohannes Herolt O.P., *Liber De eruditione Christi fidelium*
    [De decem praeceptis; de peccatis alienis; de peccatis mortalibus; super Pater; super Ave; super Credo; de sacram.; de donis Spiritus sancti]
    Mss: Codices which contain Liber De eruditione: Bamberg, Theol. 62 f.98-212; Basel, A VI 1; Colmar, Consistoire 12(1934) f.85-256; Erlangen 570 f.1-220; Graz 321 f.51-156 582 f.1-172; Karlsruhe, Ettenheim 29 f.1-147; München, Clm 4700 f.1-239; 8842 f.37-231; 14113 f.167-222; 17618 f.38-210; 18410 f.4-259; 27018 f.1-120; Nürnberg, Cent. II, 47 f.1-124; Olomouc, Univ. I-172 f.1-325; Trier, Bistumarchiv 26 f.5-188; Vaticana, Palat. lat. 418 f.15-229; Vat. lat. 10059 f.13-157 Codex MSS. which contain the first part of this book, that is, 'de decem praeceptis' and perhaps certain other parts: Admont 617 f.1-96; Cesky Krumlov, Okresni Museum M.9 f. 169-307; Colmar, Ville 297 f.106-157; Erlangen 547 f.230-305; Frankfurt. a.M. Barth. 76; Fritzlar 19f.1-153; Fulda Aa 110; Graz 636 f.1-80; 849 f.329 seq.; Kiel, Bord. 25 f.245-282; Vaticana, Vat. lat. 10057 f. 145-242 There are also in the following codices certain parts of this book *De eruditione* (or perhaps the book itself): Basel, A.VI.8 f.392-394; Berlin, Theol. lat. qu. 171 f.315-330 (Pater, Ave, Credo); Eichstätt 242 f.255-279 (Pater, Ave, Credo, sacr.); Kremsmünster 144 f.235-256 (Pater, Ave, Credo); Melk 997 (746) ff.37a-50a (Pater); München, Clm 22401 f.307-361 (Pater, Credo, de pecc., alien. de sacr.); Sigmaringen 20 (Pater, Ave, Credo); Würzburg, Univ. Mch. f.137 f.227-233 (Credo)(*Zeitschr. für Kath. Theol.* 26 (1902) 417-447; Stegmüller RB 4548-50)
    Printed: [Argentine c.1476] (Goff H-91); [Reutlinge c.1479-83] (Goff H-92); [Argentine c.1483] (Goff H-93); [Basilee post 1485] (Goff H-94); Argentine 1490 (Goff H-95); Colonie 1496 (Hain 8522); Colonie 1504; Colonie 1506; 1509; Argentine 1509; Hagenau 1521; Moguntiniae 1612 (opera omnia)
    Cf: Si vis ad vitam ingredi...In verbis premissis ostendit Christus cuilibet...
    Si vis ad vitam ingredi...Carissimi, in illis verbis ostendit cuilibet homini...

5640. *Si vis ad vitam ingredi...In verbis propositis ostendit dominus fidelibus suis viam et aditum eterne patrie...*
    [De decem praeceptis]
    Ms: Wien, Nat. 1369 f.269 seq.

5641. *Si vis ad vitam ingredi...Iohannes* (Chrisostomus) *dicit sapiens: sapiens est qui scit dampnum suum...*
    Ms: Wrocław, Uniw. M 1185
    See: Sapiens est qui scit dampnum suum...

5642. *Si vis ad vitam ingredi...Ista sunt verba saluatoris nostri in quibus explicatur summa nostre totius salutis quantum ad duo. Primo quantum ad premium retributionis divine, ibi: si vis ad vitam ingredi...Circa quod sciendum quod diuina precepta primo sunt addiscenda...*

See: Si vis vitam ingredi, serva mandata Dei. Ista sunt verba saluatoris nostri... Circa quod sciendum...

5643. *Si vis ad vitam ingredi...Ista verba scribuntur in Matth. Describit salvator noster...*
Abbreviatio Bonaventurae
Ms: München, Clm 4617 f.214 seq.
See: Si vis ad vitam ingredi...In isto verbo scripto in Matth., describit salvator noster...

5644. *Si vis ad vitam ingredi...Istud verbum scribitur in Matth. et est verbum salvatoris nostri in quo explicatur...*
S. Bonaventura,
[De decem praeceptis]
Ms: Heidelberg, Univ. Sal. 9.17 a f.117-124
See: Si vis ad vitam ingredi...Verba ista scripta sunt in Matth. et sunt verba salvatoris nostri, in quibus explicatur...

5645. *Si vis ad vitam ingredi...Mandata que Dominus precepit obseruari decem sunt que sunt scripta in Ex.20, in quibus precipiuntur omnia facienda...*
Expositio decalogi
Ms: Dresden, Landesbibl. A 191 f.75 seq.

5646. *Si vis ad vitam ingredi...Misit de celo et accepit me...*
[De decem praeceptis]
Ms: München, Clm 26805 f.82 seq.

5647. *Si vis ad vitam ingredi...Naturale desiderium inest cuilibet homini ad beatitudinem...*
Liber mandatorum Dei (A tractate of St. Thomas Aquinas 'De decem praeceptis' shortened and with additions)
Mss: München, Clm 3754 f.116-137; Roma, Casanatense 608 f.35-58; Roma, Santa Sabina Leon. 8

5648. *Si vis ad vitam ingredi...Necesse est cuilibet christiano...*
Mathias de Janov,
[De decem praeceptis]
Ms: Praha, Metr. Kap. D 55 (621) f.180-187

5649. *Si vis ad vitam ingredi...Nota: homini habenti caritatem...*
[De decem praeceptis]
Ms: Uppsala, Univ. C 364 f.48-66

5650. *Si vis ad vitam ingredi...Omnia divina precepta...*
Frater Stephanus, *Radius solis*
Ms: Trier, Stadtbibl. 670 f.92-102

5651. *Si vis ad vitam ingredi...Postquam superius dictum est de simbolo fidei in quo illuminatur intellectus...*
[De decem praeceptis]
Ms: Praha, Univ. Tepla 27 f.31-41

5652. *Si vis ad vitam ingredi...Postquam superius simbolum fidei est expositum ac etiam oratio dominica, nunc restat de decem preceptis per modum...*
Hugo de Prato, O.P., *Sermones in decalogo preceptorum*
Mss: Koblenz, Abt.701 n.239 Padova, Ant. 521; Vaticana, Vat. lat. 4368 f.121-140; Wrocław, Uniw. I Q 364 f.190-214

5653. *Si vis ad vitam ingredi...Preceptor dulcissimus volens nos ad suum ligare sive attrahere...*(prol.)
Tractatus de decem preceptis
Ms: München, Clm 28261 f.238-253

5654. **Si vis ad vitam ingredi...Qui optat civitatem remotam adire expedit ut cognoscat...**
Mss: London, BM Harl. 2385 f.14-16
Cf: Si vis ad vitam ingredi...Quicumque debet aliquam civitatem multum remotam...

5655. **Si vis ad vitam ingredi...Quia omne tortuosum ad aliquam regulam dirigitur...**
[De decem praeceptis]
Mss: Brno, Univ. Mk 91 f.2-93; NR 14 f. 149-209; (F. M. Barthos, *Jihocesky sbornik historicky* 21 [1952] 67-68)

5656. **Si vis ad vitam ingredi...Quia per legem domini docemur vitia vitare...**
[De decem praeceptis]
Ms: Graz 989 f.2-32

5657. **Si vis ad vitam ingredi...Quicumque debet aliquam civitatem multum remotam intrare, oportet quod...**
[De decem praeceptis]
Ms: Toulouse 342 f.254
Cf: Si vis ad vitam ingredi...Qui optat civitatem remotam adire...

5658. **Si vis ad vitam ingredi, serva mandata** (Matth. 19,17). **Ad seruanda mandata plurima nos invitant: primo auctoritas mandantis...**
S. Bonaventura O. F.M.,
[De decem praeceptis]
Ms: Luxembourg, Nat. 96 f.86-87
See: Si vis ad vitam...Verba ista scripta sunt...

5659. **Si vis ad vitam ingredi serva mandata dei. Hec sunt verba sancti Mathei apostoli xix cap. Et Christus (?) verus Deus dedit nobis. Circa...**
[De decem praeceptis]
Ms: Brugge, Grootsem. 11/19 f.372-400

5660. **Si vis ad vitam ingredi, serva mandata Dei. Iohannes** (Chrisostomus) **dicit: Sapiens est qui scit dampnum suum...**
Ms: Wrocław, Uniw. M 1185
See: Sapiens est qui scit dampnum suum...

5661. **Si vis ad vitam ingredi...Servare non potest qui ignorat. propter hoc quilibet sacerdos curatus debet...**
Sermo
Ms: Paris, Mazarine 1030 f.4-5

5662. **Si vis ad vitam ingredi...Si quis sermonem meum servaverit, mortem non gustabit in eternum** (Ioh. 8,52). **Ista verba ultimo proposita scripta sunt in evangelio Iohannis et ibi notantur duo existentia nos ad audiendum verbum Dei...**
Sermo de mandatis decalogi in generali
Ms: Paris, BN lat. 14883 f.217-233

5663. **Si vis ad vitam ingredi...Sub denario data sunt precepta propter duo...**
[De decem praeceptis]
Ms: Graz 1084 f.200-232

5664. **Si vis ad vitam ingredi...Tria prima (?) precepta informant ad fidem et pertinent ad dilectionem Dei...**
See: Magister quid boni faciendo... Si vis ad vitam...

5665. **Si vis ad vitam ingredi...Ubi notandum quod omnis homo salvari desiderans...**
[De decem praeceptis]
Ms: Klosterneuburg 875 f.1-65 & 71-82

5666. Si vis ad vitam ingredi...Unde dicitur Deut. primo...
   [De decem praeceptis]
   Ms: Uppsala, Univ. C 218 f.187-190

5667. Si vis ad vitam ingredi...Verba ista saluatoris nostri in quibus explicatur nobis summa totius nostre salutis et notandum quod quatuor sunt que movent nos ad obseruandum mandata Dei...
   [Abbreviatio Bonaventurae ?De decem praeceptis]
   Ms: Praha, Strahov D.B.III.10 f.15-22
   See: following entry

5668. Si vis ad vitam ingredi...Verba ista scripta sunt in Matth. et sunt verba saluatoris nostri, in quibus explicatur nobis summa nostre salutis quantum ad duo: primo quantum ad premium retributionis eterne, secundo quantum ad meritum operationis humane, ibi: serva mandata. Et est hic rectus ordo quia finis mouet agentem...
   S. Bonaventura, *De decem mandatis* or *Collationes de decem praeceptis*
   Mss: Assisi, Conv. S. Francisci XXX.A.2 12 seq.; Codex cit. in *Opera Omnia* vol. 5, p.XLIII f.406 seq.; Bamberg, Theol. 31 f.193-208; Cambridge, Emmanuel 1.2.25 f.33 (attribu. auctor.); Cambridge, Caius 408/414 f.174-180 and 190-195; Cambridge, Pembroke 238 f.5-28; Cambridge, Peterhouse 128 (II) f.11-22 (attrib. Bernardo); Cambridge, St. John's B.17 (39) ff.144-157 (attrib. auctor.); Cambridge, Univ Add. 6453 f.263 (attrib. auctor.); Eichstätt. 463 f.192-197; Erfurt, Ampl. Qu. 51 f.35 seq.; Qu.94 f.176-183; Hamburg, Theol. II pag. 61 n.5 f.142-178; Leipzig 167 f.104-111; London, BM Cotton Nero A.13 f.237 (frag.); Mainz 230; München, Clm 3582 f.369 Seq. 4617 f.214 seq.; 8084 f.70-81; Oxford, Bodl. Bodl. 857 f.110-112; Laud. misc. 181 f.142-154; Rawlinson A 423 f.45 seq.; Paris, BN lat. 3149 f.115-129; 15034 f.93-106; 16499 f.326-330; Praha, Narodni Mus. XIV-E.8 (3483) f.68-105; Semur 3 f.1-12; Tours 403 f.166-189; Trebon, Statni Arch. A.5 f.36-97; Troyes 951 f.34-43; Vaticana, Vat. lat. 4251 f.65-88; Wien, Nat. 846 f.1-20; 1026 f.134-142; Zeitz, Gymn. 37 f.290-319 (*Opera omnia* [Quaracchi 1891] V p.XLII-XLV)
   Printed: Colonie 1486 (Goff B-925); *Opera Omnia*: Roma VII 1596 p.1-14; Moguntiae VII 1609 p.1-14; Lugduni VII 1668 p.1-14; Venetiis XI 1751 p.317-343; Parisiis XII 1868 p.228-256; Quaracchi V 1891, p.505-532
   See: Si vis ad vitam ingredi...Ad seruanda...Si vis ad vitam ingredi...Hec sunt verba salvatoris...Si vis ad vitam ingredi...Hec verba scripta sunt in Matth...Si vis ad vitam ingredi...In hoc verbo exprimitur summa nostre...Si vis ad vitam ingredi...Istud verbum scribitur in Matth. et est...and: Si vis ad vitam ingredi...Verba ista salvatoris nostri...
   Cf: Si vis ad vitam ingredi...Exprimitur hic...
   Si vis ad vitam ingredi...In isto verbo scripto in Matth., describit...

5669. Si vis ad vitam ingredi...Victuri de preceptis...
   Ms: Cambridge, Univ. Ff.4.46
   See: Si vis ad vitam ingredi, serva mandata, Matth. 19. Dicturi de preceptis, videamus primo quare...

5670. Si vis Deo placere...
   [Exempla of virtues and vices]
   Ms: Wien, Nat. 1354 f.40a-45b

5671. Si vis ducere bonam vitam, hec regulariter et firmiter teneas...
   S. Bernardus, *De regimine vite*
   Ms: Stockholm, Kgl. Bibl. MS.A.234 (from Lüneburg) f.120a-b; (Lehmann III 106)

5672. *Si vis esse cenobita/ huius vite vitam vita...*
Bernardus Claraevallensis, *Exhortatio de vita monastica* or *Exhortacio ad devotionem excitandam, seu de contemptu mundi* or *De vita monastica* (poem in triplets)
Mss: Milano, Naz. AD.IX.43 (N.7) f.105b-111a; Praha, Univ. X.F.24 (1950) f.65b-66b; (Walther IC 18079)
Printed: PL 184, 1327-1338

5673. *Si vis esse perfectus in vita tua has regulas firmiter serva...*
Ms: Stockholm, Kgl. Bibl. MS.A.200 (from Erfurt) f.78a; (Lehmann II 12)

5674. *Si vis evadere multiplices laqueos...*
Vera forma vite perfecte in hac miseria
Ms: Würzburg, Univ. M.ch.q.110 f.94a-97

5675. *Si vis gaudere studeas in pace silere/ Religiose tace...*
S. Bernardus (?), *Pro emendatione morum*
[Proverbs in verse]
Walther IC 18081. Printed: *Flor. Casinense* IV 252-253

5676. *Si vis in spiritu proficere et hoc esse propter quod, ut hoc fieres, ad scolam virtutum, id est ad religionem venisti...*
David ab Augusta, *Formula novitiorum*, Lib.I, pars II (Extensively published as a separate work) *De profectu religiosorum* or *De virtutibus bonorum* or *Compendium de virtute bonorum religiosorum* or *Tractatus de spirituali profectu* or *Viginti passus novitiorum* or *Radius veri luminis*
Mss: Avignon 241; Eichstätt 229 f.217-227; 528 f.238-249; Escorial P.III.3 f. 10-17; Gethsemany (Ky.), Trapp 25 f.120 seq.; Graz 1567 f.161-171; Klagenfurt, Studienbibl. Pap. 68 f.14-156; Kornik 47 f.172-175; Kosice 4 f.90-100; Leipzig, Univ. 439 f.106-111; Marseille 212 f.117; Melk 578 (274) p. 38-41; 784 (979) f.236-242; 1088 (604) p.1-7; 1089 (460) p.404-431; 1093 (423) f.433-455; 1094 (424) f.122-133; 1388 (291) p.159-167; 1405 (427) f.79-86; 1549 (98) f.115-125; 1554 (478) f.180-191; 1560 (61) f.213-222; 1583 (297) f.144-154; 1808 (1654) f.399-415; ? (1746) f. 224-235; München, Clm 5009 f.98-111; 6059 f.55-89; 6965 f.108-115; 8180 f.59-90; 9726 f.78-81; 9804 f.166-176; 28317 f.202-210; 28430 f.1-6; Olomouc, Univ. M.I 356 f.40-51; Paris, Mazarine 857 (1162); 996 (902) f.89 seq.; Paris, BN Lat. 10732; Pommersfelden, 173 (2648) f. 184-212; 183 (Nach. 30 e) f.193-199; Praha, Univ. XII.E.2 (2167) f. 10-18; Univ. Lobkowic 446 f.9-13; Univ. Cheb O.F.M. 5 (13); Salzburg, St. Peter a.III.8 n.2; a.VI. 38 n.2; b.I.13 n.11; b.V.13 n. 13; b.IX.20; b.XII.26 n.19; b.XII.38 n.4; Sankt Gallen 917 f. 172-184; Sankt Paul in Lavanttal 236-4 f.13-18; Trier, Stadtbibl. 664 f.154-159; 680 f.14-20; Troyes 1635; Utrecht, Univ. 178 f.150-153; 332 f.1-16; Vaticana, Palat. lat. 327 f.142-148; 719 f.165-167. Washington, Cath. Univ. (De Ricci 457 n.139); Wien, Domin. 35 (36) f.188-194; Wien, Nat. 3549 f.119-129; 12878 f.98-111; 14445; Ser. n. 3632 f.48-62; Wien, Schott. 68 f.195-200; 199; Wiesbaden 35 f.71-76; Wolfenbüttel Helmst. 353 (388) d.65-70; 667 (717) f.227-247.
Printed: David ab Augusta, *De exterioris et interioris hominis compositione...*, Quaracchi 1899, pp.36-57
See: Primo semper debes considerare ad quid venisti...
Cf: Si in spiritu vis proficere...

5677. *Si vis perfectus esse hanc regulam* [or *hec regulariter*] *et firmiter teneas. Semper habeas...*
Ps. Bernardus Claraevallensis, *Tractatulus brevis et utilis de norma vivendi* or *De regimine vite* or *Liber de perfectione vitae* or *Pauper monachus* or *Tractatus devotus contra vitium proprietatis* or *Collectum beati Bernardi de regimini vite*

Mss: Brno, Univ. NR 30 f.186b; Gdansk 1980 f.178 seq.; Leipzig, Univ. 348 f.1a-b; 486 f.258b; München, Clm 3038; Praha, Univ. V.E.6 (900) f.95a-153b; Schlägl 193 f.219b; Wien, Nat. 3549; 3551; 3702; Würzburg, Univ. M.ch.q.14 f.236-268; M.ch.q.98 f.196-228; M.ch.q.110 f.36-86; M.ch.q.111 f.21-53
See: Si vis perfectus esse, vade et vende omnia que habes...(variant)

5678. *Si vis perfectus esse, vade et vende omnia que habes...* (variant)
See: Si vis perfectus esse hanc regulam...

5679. *Si vis perfectus fieri stude...*
Speculum consciencie et contemplationis
Ms: Cambridge, Corpus Christi 526 f.18b-22b

5680. *Si vis vitam ingredi...Hic possit homo devotus moveri et dicere...*
[De decem praeceptis]
Ms: Berlin, Theol. lat. Qu.44 (Rose 610), ff.1-322

5681. *Si vis vitam ingredi...*(Matth. 19,17). *In verbis propisitis ostendit Christus...*
Iohannes Herolt (Ps.-Henricus de Frimaria), *Tractatus de decem praeceptis*
Ms: Erlangen 547 (634) f.230b-305a
See: Si vis ad vitam ingredi...In verbis propositis...

5682. *Si vis vitam ingredi, serva mandata Dei* (Matth. 19,17). *Ista sunt verba salvatoris nostri in quibus explicatur summa nostre totius salutis quantum ad duo. Primo quantum ad premium retributionis divine, ibi: si vis vitam ingredi; secundo quantum ad meritum operationis humane, ibi: serva mandata. Circa quod sciendum quod divina precepta primo sunt addiscenda...*
Gottschalcus Hollen, O.E.S.A.,
[De decem praeceptis]
Mss: Berlin, Theol. lat. fol. 153 f.172a-215 (Rose 771); Braunschweig 27 f.1-230; Chaumont 38 f.189 (excerpt); Hannover 5; Köln, Stadtarchiv GB Fol. 141 f.1-317; Münster 109; Paderborn, Theodor. Ba 15; Trier, Bistumarchiv 35 f.1-417; (F. Landmann, *Das Predigtwesen in Westfalen...*, [Münster i.W. 1900] 31-33; Zumkeller MWA 270)
Printed: s.l., n.d.(Hain 8765); Norimberge 1477 (Landmann 31); Colonie 1481 (Goff H-294); 1484 (Goff H-295); 1489 (Goff H-296); Nuremberge 1497 (Goff H-297); Norimberge 1503 (Goff H-298); s.l.1506 (Landmann 31); Nurembergae 1521

5683. *Si volvimus in lege Domini meditari...*(prol.)
See: Si diligenter volverimus in lege Domini meditari...

5684. *Sic ambuletis* (I Thess. 4,1)...*Karissimi, scitis quod viatores cum ab itinere recto deviaverint...*
De introitu hominis et exitu tractatus
[Sustained metaphor of man as *viator*]
Ms: London, BM Roy. 7 D. XXI f.159a-170a

5685. *Sic debet servus dei exhibere et agere...*
Tractatus de virtutibus
Ms: Wien, Nat. Ser. n. 3618 f.15a-31a

5686. *Sic dictus eo quod multae scintillae fomes...*
See: Incipit Liber scintillarum id est...

5687. *Sic letabitur disperdens vos atque subvertens...*
See: Audi Israel... Sic letabitur...

5688. *Sic ministerium suum sacerdotes impleant ut de dignitate...*
[Exempla from sermons of Iacobus de Vitriaco]
Ms: Troyes 1650

5689. *Sic rogo pauxillum veniens subsiste viator/ Et mea scrutare pectore dicta tuo...*
    (Prefatory verses to *Scio vere multum esse beatum.* Also appears independently as *Epitaph of Alcuin*)
    Printed: *Monumenta Germaniae Historica Poetae lat.*, ed. Dümmler, I (Berlin 1881) 350-351. Found separately in Paris, BN lat. 2832 f.121 and probably in some MSS under 'scio vere multum esse beatum...'
    Variant: Hic (Huc) rogo pauxillum...

5690. *Sic tene quod subtiliter et astute...*
    See: Ad honorem summae Trinitatis et individuae unitatis...Incipit liber penitentiae...(Text. Liber I)

5691. *Sicut ait apostolus* [or *sicut Apostolus ait*] *sine fide...*
    See: Quia, sicut apostolus ait, sine fide...

5692. *Sicut angelica hierarchia...*
    See: Numquid nosti ordinem celi et rationem eius...(Iob, 38,33). Sicut angelica...

5693. *Sicut atque tremulum labris ubi lumen aenis/...*
    [Moral verses]
    Ms: Oxford, Corpus Christi 59 f.112 seq.

5694. *Sicut communi re usum est ab antiquis philosophis in scientiis primitivis...*
    Cocharelli,
    [Treatise on the vices]
    Ms: London, BM Addit. 27695 *Impf.* Contains some of the text of a beautifully illuminated north Italian MS. Other leaves from this MS. are in Addit. 28441 and Egerton 3127. The text was composed at Genoa by a member of the Cocharelli family for his children, especially his son, Giovanni; internal evidence suggests that it was composed between 1314 and 1324. The illuminations, of a very good quality, are the work of an unknown artist and show some oriental influence; they make use, in margins and as line-fillers, of animals, insects, snails, and a few birds, and there are Biblical and realistic scenes which illustrate points in the text; they would be of great interest to students of medieval iconography. See the BM catalogue of additional MSS. under Egerton 3127 (pp.317-19), of which the authorities of the BM were kind enough to let us see the proof sheets.
    Cf: Lucifer angelus de celo...[main?]

5695. *Sicut comperi non est tibi frater onerosum...*(prol.)
    See: Viri religiosi vita sicut rota voluitur...

5696. *Sicut cum duo socii aliquid intrarent...*
    Tractatus de conflictu interiori et exteriori
    Ms: London, BM Arundel 248 f.100-124

5697. *Sicut Deus dedit fidelibus suis...*
    Tractatus de quatuor virtutibus principalibus devotae animae
    Ms: Lilienfeld 65 f.1 seq.

5698. *Sicut dicit apostolus ad Romanos 18,5 multi...*
    Vincentius Bellovacensis, *De morali principis institutione*
    Mss: Cambridge, Corpus Christi 325 f.153; Cambridge, Trinity B.15.11 f.71

5699. *Sicut dicit Apostolus: Fides est...*(variant)
    See: Fides est substantia rerum sperandarum...Sicut enim vera...

5700. *Sicut dicit Apostolus: Plenitudo legis est dilectio...*(Rom. 13,10). *Et sicut dicit beatus Augustinus, ille tenet quod latet...*
    Robertus Grosseteste, *Opera de confessione* or *De decem mandatis* or *De decem praeceptis Dei*

LIST OF INCIPITS 493

Mss: Cambridge, Caius 102 f.135-166b; Cambridge, Trinity B.16.36 (320) f.128-219; 356 col. 674-742; 373 f.32a-33a (extr.); Cambridge, Univ. Ii.1.26 (1718) f.39-71; Douai 451 f.1-43a; Lincoln, Cath. 125 f.50ab-73bb; 180 f.120ab-135bb; 202 f.1-17bb; London, BM Cotton Otho. D.X. f.213a-227b; Cotton Vit. C.XIV f.35aa-57aa; Harl. 1207 f.12a-35b; 1298 f.84bb-105aa; Roy. 6 E.V f.228aa-239ab; 7 F.II f.168aa-184aa; 11 B.III f.319b-328b; Oxford, Bodl. Digby 163 f.21-56b; Laud. misc. 85 f.32-56bb; 524 f.83-110b; Oxford, Balliol 35 B f.114, 119 (frag.); Oxford, Exeter 21 pp.170-212b; Oxford, Jesus Coll. 110 f.188-211; Oxford, Lincoln Coll.6 f.192-209ab; 105 f.34ab-45bb; Vaticana, Vat. lat. 4367 f.71-104b; Wolfenbüttel, 597 Helmst. (645) f.100-142b; (S.H. Thomson, *The Writings of Robert Grosseteste*, [Cambridge 1940] 131-132; Stegmüller RB 7404)
Printed: E. Brown, in *Fasc. Rer. Expet.* (London 1690) II, p.306 (fragment)

5701. Sicut dicit Augustinus in libro...
See: Memorare novissima tua... Sicut dicit...

5702. Sicut dicit Augustinus, virtus est amor ordinatus...
See: Ordo vitiorum sic potest manifestari...

5703. Sicut dicit beatus Augustinus...
See: Dominus mecum est tamquam bellator fortis. Sicut dicit...

5704. Sicut dicit beatus Augustinus...
See: Memorare novissima tua et in eternam...Sicut dicit...

5705. Sicut dicit beatus Augustinus in libro de fide ad Petrum: Miraculum est quicquid arduum vel insolitum...
Iohannes Gobi, *Tractatus de spiritu Guidonis* or *Apparicio spiritus Guidonis et admonicio eiusdem per quendam priorem*
Mss: København, Thott. 628 f.1-10; Vaticana, Vat. lat. 10068 f.268b seq.

5706. Sicut dicit beatus Bernardus...
Tractatus de quatuor virtutibus cardinalibus
Ms: Cambridge, Jesus Coll. Q.G.18 (66) f.73a seq.

5707. Sicut dicit beatus Iohannes I canonice sue primo capitulo (1,9): *Si confitemur peccata nostra, fidelis et iustus est...*(Prol.)
Iohannes Rigaldi (Ps. Iohannes Pecham), O.F.M., *Formula confessionum* [or *confitendi*] or *Summa confessionum*
Mss: Assisi, Com. 555; Avignon 1100; Dresden A.55; Erlangen, Univ. 548 f.271-302; Firenze, Naz. Conv. Soppr. F.IV. 855 f.1a-63b; Lambach 176; Leipzig, Univ. 1304; London, BM Arundel 379 f.1-23; München, Clm 14625; Olomouc, CO 235; Paris, Beaux Arts, Jean Masson 41 f.77-135; Paris, BN lat. 3725; Praha, Univ. VI.C.11 (1069) f.213a-236b (?); Toulouse 384; Tours 404; Trier, Stadtbibl. 640; Vaticana, Urb. lat. 1523 f.1 seq.; Vat. lat. 1161; Wien, Nat. 3648; Wien, Schott.118 (Teetaert, *La Formula Confessionum du Frère Mineur Jean Rigaud, Miscellanea historica in honorem Alberti De Meyer* [Louvain and Brussels 1946] 651-676; Glorieux 316 bh; Doucet 549; Michaud-Quantin 56)
See: Avertat igitur quilibet qui legerit ordinem dicendorum... (variant main) Confiteor de commissione septem...Eminentis devotiones et excellentis... (dedication) Incipit prologus confessionum...Incipit prologus formule confessionum...Vide igitur filii...(Part I)

5708. Sicut dicit Boetius non evitatur malum nisi prius sit cognitum, sic nec bonum eligitur nisi notum. Et quia non est malum periculosius quam transgressio mandatorum decalogi...

[De decem praeceptis]
Ms: Semur 11 f.55b-57b

5709. **Sicut dicit Glossa Matth. 5: inimici nostri tribus modis pugnant contra nos, scilicet mentali odio, uerbali et corporali nocumento...**
Nicolaus de Dinkelsbühl, *De dilectione Dei et proximi* (Sermones 7-9)
Ms: München, Clm 15443 f.45-65 (Madre 167)
See: Scribitur Matth. 22 quod cum quidam legis doctor interrogasset...

5710. **Sicut dicit Gregorius super Ezechielem. Tria sunt genera peccatorum quibus genus humanum subiacet...**
Distinctio peccatorum
Ms: Kornik 117 f.231-255

5711. **Sicut dicit Iohannes Damascenis, magnus theologus, medicus...**
Iohannes de Rupella, *Tractatus de divisione multiplicii potentiarum animae, Texte Critique* ed. Pierre Michaud-Quantin (Paris, 1964)
Part III, 'De anima secundum perfectionem', including 'Quoniam post divisionem potentiarum anime...' sometimes appears separately.

5712. **Sicut dicit Macrobius...**
[Treatise on moral and symbolical imports of old myths and fables]
Ms: London, BM Addit. 21429 f.116-175b
See: following entry

5713. **Sicut dicit Macrobius super sompnium Scipionis: licet philosophi, cum de summo Deo loquuntur...**
Conradus de Halberstadt, O.P., *Tripartus moralium*, pars 3
See: Sicut dicit Seneca in epistola...and: preceding entry

5714. **Sicut dicit philosophus: Malum vitari non potest, nisi cognitum...Dicturi ergo de singulis viciis...**
[Based on Peraldus' *Summa*]
Ms: Brno, Univ. MK 114
Cf: Dicturi de singulis vitiis cum oportunitas...Quoniam non vitatur malum

5715. **Sicut dicit Seneca in epistola ad Lucillum: Philosophia non in verbis...**
...ego frater Conradus de Halberstadt ordinis predicatorum lector qualiscumque ne a lectionibus vacans...(Prol.) (Pars 1): Abicere temporalia. Hermes Trimegistus in libro de deo deorum...(Pars 2): Sicut dicit Tullius libro de paradoxis, parad.I, vita et factis summorum virorum...(Pars 2, tab.): Abicere temporalia. Hermes Trismegistus, libro 2 de constellatione: Plotinus philosophus cum esset...(Pars 3): Sicut dicit Macrobius super sompnium Scipionis: licet philosophi...(Pars 3, tab.): Activa vita. Ovidius Meth. lib.8, August. de civ. Dei...
Conradus de Halberstadt, O.P., *Tripartitus moralium* or *Dicta poetarum et philosophorum* or *Concordantie philosophorum et poetarum*
Mss: Kaeppeli 763. Add: Krakow 2025 f.1-295; 2082 f.1-195; London, BM Addit. 21429 f.175 seq.

5716. **Sicut dicit Seneca in libro de prudentia...**
Conradus de Halberstadt, O.P., *Consolatorium maestorum*
(Kaeppeli 766)

5717. **Sicut dicit Tullius libro de paradoxis, parad.I, vita et factis summorum virorum...**
See: Sicut dicit Seneca in epistola ad Lucillum...

5718. **Sicut docet Tullius Cicero in rhetorica sua: eloquentia tribus modis adquiritur... Premittit autem huic libro prohemium in quo tria facit... 'Exigitis...' quasi dicat: etsi sit iocunda non tamen facilis...**
Nicolaus Trivet, O.P., *Expositio super libro Declamationum Senecae* (Recensio

longior)
Mss: Firenze, Laur. Plut.XXV sin.6 f.1-113; Conv. Soppr. 509; Paris, BN lat. 16229 f.39-150; Pisa, Cater. 115 (imperf.); Toulouse 806 (Welter 363 n)
Dedic.: In Christo sibi dilecto fratri Iohanni de Leulima illustris regis Anglie confessori, Nicolaus de Trevet... Exacto septenarii annorum natalium quadrato...Recensio brevior: In ciuitate Atheniensi fuit constituta talis lex...

5719. **Sicut eius quod est in se decorum...**
Iohannes Eyton de Repington, *De usura* [1387]
Ms: Oxford, Merton 68 f.113 seq.; 112 f.65 seq.
Prol: Appropinquante termino mundi huius...

5720. **Sicut enim ait beatus Hieronymus...**
(Variant in Praha, Narodni Mus. XVI.f.13 [3727])
See: Quoniam, ut ait B. Hieronymus...

5721. **Sicut enim vera dilectione...**
See: Fides catholica est substantia rerum sperandarum...Sicut...

5722. **Sicut ex palea granum et de saxo extra humus...**
Liber de contemptu sublimitatis attrib. to Magnimus de Maineriis (1290?-1370?)
Mss: Vaticana, Vat. lat. 5146 f.1-52; Vorau 172 f.95a-168b; 219 f.1a-50a; (Pio Raino, *Giorn. Stor. Lett. Ital.*, vols. III, IV, X, XI)

5723. **Sicut expediens esse suasi pro Patribus Carthusiensibus...**
Iohannes Gerson, *Avisamentum de modo confessionem in religionibus audiendi et absolvendia reservatis*
Ms: Tours 378; Wien, Nat. Ser. n.3887 f.33b-34a
Printed: *Opera omnia* (Antwerp. 1706) II 462

5724. **Sicut fertur ista sunt verba beatissimi Bernardi abbatis, Heu eu...**
See: Heu eu mundi...

5725. **Sicut in corporali ambulacione...**
See: Ambulatio. Sicut in corporali...

5726. **Sicut in omnibus librorum principiis quedam queruntur...** (prol.)
See: Si Deus est animus nobis ut carmina dicunt...

5727. **Sicut miles in bello...**
See: Qui vicerit dabo ei...Sicut miles...

5728. **Sicut per superbiam primo intravit mors in mundum... Quia per aliam viam...**
De superbia (a sermon?)
Ms: Brugge, Stadsbibl. 28 f.22a seq.; 93 f.95a seq.

5729. **Sicut precedentia docuerunt, amicitia vera non est nisi suum habeat in Deo fundamentum...** (Tractate II)
See: Subsannabit aliquis et arguet... (Tractate I)

5730. **Sicut precepta legis humane...**
Hugo de Sancto Victore, *Tractatus de bona conscientia*
Ms: Praha, Univ. V.D.8 (876) f.193-205

5731. **Sicut quedam vitia...**(prol.)
Albertus Magnus (?), *De virtutibus anime veris et perfectis, quas gratuitas vocat*
Ms: Oxford, Bodl. Bodl. 618 f.43 (SC 2149)
Cf: Sunt quedam vitia...(of which this is perhaps a variant)

5732. **Sicut quilibet homo compos rationis inimico suo tenetur non reinimicari, tenetur enim eum non odire, scilicet nolendo sibi bona et volendo sibi mala...**
Nicolaus de Dinkelsbühl, *De dilectione Dei et proximi, Sermo 8*

Mss: Bamberg, Theol. 195; Erlangen 562; Graz 1045; Harburg, II.1 Fol. 60; Herzogenburg 17; Melk 609; 972; München, Clm 5437; 15550; 17253; München, Univ. Fol. 85; Sankt Florian XI 147; Seitenstetten 170; Vorau 1; 395; Wien, Nat. 3772; 4205; Wien, Schott. 383;
See: Scribitur Matth. 22 quod cum quidam legis doctor interrogasset...

5733. **Sicut sanctus amor placide conquirit amando/ Omnia quae faciunt...**
Iohannes Gerson, *Carmen de patientia*
Printed: Jean Gerson, *Oeuvres completes* (ed. P. Glorieux) IV p.168 n.192

5734. **Sicut scribit beatus Augustinus in libro de fide...**
Questio de fide
Ms: Gdansk 2035 f.237b seq.

5735. **Sicut sine via nullus pervenit...**
Defensor Locociagensis, *Liber scintillarum* (abridgement)
Ms: London, BM Roy. 8 C.IV f.28 seq.
See: Dominus dicit in Evangelio: Maiorem...

5736. **Sicut tenebre eius, ita et lumen eius** (Ps. 138, 12), **hoc est ducere, sicut lux cognitionis...**
Ricardus Rolle (?),
[Short piece on spiritual temptations]
Ms: Oxford, St. John's 77 f.97b seq.

5737. **Sicut veri solis ortus temporalis nostro exstitit...**(prol.)
See: Iesus Christus filius Dei in Bethlehem...

5738. **Sicut virtus secundum Augustinum...**
[Tractate on pride]
Ms: Bern 271 f.27a-36b

5739. **Signaculum apostolatus mei vos estis in Domino** (I Cor. 9,2). **Hoc debet quilibet prelatus dicere subditis suis. Sed est signaculum signans...**
Summa de mandatis et symbolo
Mss: Cambridge, Caius 410 f.14 (attr. Grosseteste); Cambridge, Univ. Gg.4.10 f.32-38; Gg.4.2299 f.63-73; London, BM Roy. 10 B.II f.141-147; Oxford, Bodl. Auct. D.4.13 f.1-62; Rouen A.557 (558) f.1-25; A.561 (534) f.2-7; A.592 (670) f.65-99; Santo Domingo de la Calzada, Cab. 2 f.48 seq.; Würzburg, Univ. M.p.th.q.45 f. 254-271 (L.E. Boyle in *Studia Gratiana* 11 [1967] 133-144)
See: Cavenda sunt et scienda ut caveantur...(pars II)

5740. **Signat musa Petri vario modolamini** [or **narramine**] **metri...**
Magister Petrus, *De simonia*
Walther IC 18195

5741. **Significat metum...**
See: A, a, a, Domine Deus...Significat...

5742. **Simile est regnum celorum homini patrifamilias...** (Matth. 20,1). **Sumpta similitudine operariorum in vineis...**
Prudentia (themes for preachers)
Ms: Toulouse 369 ff.143 seq.
Similar incipit: Sermon by Nicolaus de Byardo or by Iohannes de Rupella (Schneyer, AFH 60 [1967] 15)
Cf: Dicite filiae Sion...

5743. **Simonia dicitur a Simone mago...**
[On simony]
Ms: Trebon, Arch. A 17 f.243b-246a

LIST OF INCIPITS

5744. **Simonia dicitur heresis non quod ipse actus sit hereticus, sed credere licenter posse emi spiritualia vel eis annexa. Quid sit simonia? Simonia est studiosa voluntas emendi vel vendendi aliquod spirituale vel spirituali annexum; expone 'studiosa' id est in actum procedens...**
    Burchardus Anerbe de Argentina, O.P., *Summa de poenitentia* or *Summa de casibus conscientiae* or *Summa beati fratris ordinis predicatorum libri IV*
    Printed Michaud-Quantin 42 and Index; Kaeppeli 706; Statement of question in P.C. Boeren, *Catalogue... D'Ablaing et Meijers* [Lugduni Batavorum Leyde 1970] p.76)
    See: Votum est alicuius hominis...

5745. **Simonia est studiosa cupiditas vel voluntas emendi vel vendendi aliquod spirituale...**
    (Two or more works may be amalgamated here under this incipit)
    Summa iuris canonici or *Liber de simonia* or *Manuale iuris canonici*
    Mss: Brno, Univ. Mk 74 f.251; Brugge, Stadsbibl. 243 (?) f.85 seq.; Leipzig, Univ. 77 f 149; Metz 257; München, Clm 3042; 7828 f.7 seq.; Paris, BN lat. 12418; 14923; Troyes 1536 (Schulte II 532)
    See: Quoniam nonnullos video per queque devia...Quoniam, ut ait Hieronimus, secunda...Saluti animarum et proximorum utilitati...(following entries))

5746. **Simonia est studiosa cupiditas vel voluntas emendi vel vendendi aliquod spirituale nec opportet addit 'vel spirituali annexum' nam spirituali annexum spirituale est...**
    Raymundus de Pennaforti, *Summa de casibus poenitentiae*
    See: Quoniam, ut ait Hieronymus, secunda...

5747. **Simonia est studiosa voluntas emendi vel vendendi aliquid spirituale vel spirituali annexum.**
    Corrolarium: Non omnis voluntas emendi vel vendendi facit simoniam...
    Henricus de Bitterfeld, O.P., *Determinatio contra simoniam*
    V.J. Koudelka in AFP 23 (1953) 56-57

5748. **Simonia est studiosa voluntas emendi vel vendendi aliquod spirituale vel spirituali annexum; expone 'studiosa' id est in actum procedens...**
    Burchardus Anerbe de Argentina, O.P., *Summa de poenitentia*
    See: Simonia dicitur heresis non quod...

5749. **Simonia, secundum beatum Thomam...**
    De simonia
    Ms: Firenze, Naz. Palat. 52 p.152-158

5750. **Simonia secundum theologos et iuristas diffinitur** [or **secundum iuristas diffinitur et etiam secundum theologos**] **quod est studiosa voluntas emendi...** (book 1)
    Prol: Cum summa confessorum penitentiarios...

5751. **Simoniaca haeresis a Simone Mago non habuit principium: multi enim ante Simonem...**
    Guillelmus, Episcopus Catha. (Chalons-sur-Marne), *Sententiae*
    Ms: Paris, BN lat. 18113 f.1 seq.

5752. **Simoniaca labes contra ius divinum...**
    Iohannes Gerson, *Tractatus de simonia*
    Ms: Cambrai 417 (393) f.150 seq.
    Printed: Jean Gerson, *Oeuvres completes* (ed. P. Glorieux) VI (Paris 1965) p.167-174 n.276

5753. **Simplex humilis, purus, fidelis, frequenter confiteri...**
    Tractatus de confessione
    Ms: Paris, BN lat. 12400 f.6 seq.
    Cf: Sit simplex, humilis confessio, vera, fidelis...

5754. **Simplex sit et humilis...**
[On confession]
Ms: Brno, Univ. A 87 f. 202a-208a
Cf: Sit simplex, humilis...

5755. **Simpliciores et minus expertos confessores de modo audiendi confessiones...** (Prol.)
(Text) Cum aliquis petit suam confessionem audiri, quem antea nunquam audivisti in foro confessionis, sentiens status tibi ignotus...
Iohannes Friburgensis, O.P., *Confessionale* or *Summa confessionum* or *Medicamentum animae* or *Nota de modo audiendi*
Mss: Basel B.IX. 29 f.18-38; Brno, Univ. A 41 f.270-280; Mk 100 f.1-3; Bruxelles, BR 5628-37 (cat. 1618) f.112-166; 14751-54 (cat. 2085) f.115-145; Cambridge, Corpus Christi 501; Cambridge, Pembroke 267 f.307; Charleville 113; Erlangen, Univ. 548 f.226-243; Gdansk, Mar. F.88; Giessen, Univ. 796; Heidelberg, Univ. Salem, 7,4; Heiligenkreuz 258 f.170-185; 274 f.189-205; Klagenfurt, Bischöflische Bibl. XXX e 4 f.153-198; Klagenfurt, Studienbibl. Pap. 137 f.121-130; Klosterneuburg 194 f.190-196; 421 f.246-257; 836; Krakow, Uniw. 2201; Metz 481; Montecassino 135; München, Clm 2956; 3261; 9569; 27428; 28427 f.1-31; 28640 f.34-61; Novacella 532 f.125-144; Oxford, Bodl. Holkham misc. 14 f.138; Laud. misc. 278; Paris, Arsenal 458; Paris, Mazarine 1322 (999); Paris, BN lat. 3532; 14920; Praha, Univ. X.B.8 (1837) f.313-328; X.B.24 (853) f.171-174; Saint-Omer 327; 347; Sankt Gallen 766; 940; Schlägl 83 f.150-161; 168 f.182-186; Toledo, Cab. 24-12; Trier, Stadtbibl. 564 f.1-38; Vaticana, Palat. lat. 712; Urb. lat. 502 f.34 seq.; Vat. lat. 2304; 11450; Wien, Nat. 1354; Ser. n.3014 f.1-26; Wolfenbüttel (cat. 3202); Wrocław, Uniw. Magd. 1062; Würzburg, Univ. M.ch.f.276 f.109-141; Zwettl 340 f.200-232. (Schulte II 422-423; Michaud-Quantin 49-50 and Index)
Printed: in some editions of Bonaventure

5756. **Simpliciter, id est, sine publica excommunicatione...**
See: Ait Hieronymus de Penit...Simpliciter, id est... simpliciter, id est, sine publica excommunicatione....See: Ait Hieronymus de Penit. ... Simpliciter, id est...

5757. **Simul nobis et certamen imminet...**
S. Ambrosii liber de abstinentia(?)
Ms: Praha, Univ. V.G.19 (971) f.209-211

5758. **Sine fide impossibile est placere deo...**(Hebr. 11,6). **Notandum quod una est fides tam in presentibus quam in futuris...**
Tractatus de fide, de decem preceptis decalogi, de operibus misericordie
Ms: Stuttgart, H.B. I-217

5759. **Sine fide impossibile sit placere deo et fides sine operibus mortua sit...**
See: Cum secundum apostolum ad Heb. XI cap. Sine fide...

5760. **Sine gratia gratum faciente nullus est Deo gratus. Item sine gratia...**

5761. **Sint in nobis fides recta...**
De tribus virtutibus theologicis scilicet fide, spe et caritate
Ms: Brugge, Stadsbibl. 561 f.97-100
Printed: *Ann. soc. émul. Bruges* (1922) 122 seq.

5762. **Sit circumspectus, dum crimina presbiter audit...**
De confessione
Walther IC 18299

5763. **Sit discreta frequens humilis sit et integra munda...**
Versus de confessione
Ms: Laon 388 f.216a; (Walther IC 18303)

5764. *Sit enim tantum a ejus causa...*
See: Quicquid est causa causae... Sit enim tantum...Clemens papa

5765. *Sit fortitudo Dei prefixa tue faciei...*
Gradus humilitatis
Ms: København, Ny.kgl. S.2949 f.2-4b

5766. *Sit in nobis fides recta...*
[Tractate on the three theological virtues]
De Poorter, *Poesies latines du Moyen Age* 116 seq.

5767. *Sit purum, ut nec morari...*
Tractatus secundus de confessionibus audiendis
Ms: München, Nationalmuseum 3631; (P. Lehmann, *Sitzunberichte der Bay. Akad. der Wissenschaften*, München [1916] Heft 4)

5768. *Sit simplex, humilis confessio, vera, fidelis* [or **amara**, or **pura**]...
De confessione
Mss: Cambridge, St. John's E.6; E.30; Heiligenkreuz 318 f.27-29; Paris, Mazarine 3875 (593) f.22; Paris, BN lat. 6766A f.73; (Walther IC 18330)
Cf: Simplex hunilis, purus, fidelis, frequenter confiteri...

5769. *Sit tibi confessor affabilis et benignus...*
Walther IC 18337

5770. *Sit tibi potus aqua, cibus aridus, aspera vestis...*
[Mnemonic verses on penance]
Ms: Würzburg, Univ. M.ch.f.132 f.54; (Walther IC 18341)
Cf: Sit potus tenuis, cibus aridus...

5771. *Sitim animi tui fervidam...*
See: Doctor discipulo Guillelmus...

5772. *Sive quodcumque facitis in verbo vel opere omnia...*
See: Omne quodcumque facitis...

5773. *Sobrie et pie vivamus in hoc seculo* (Tit. 2,12)...
Bernardus de Sienna (?), *De vita christiana*
Ms: München, Clm 8843

5774. *Socrates, auctore Laertio, non parum...*
See: Eximio et in primis honorando patri Guilhelmo...

5775. *Sola apud Deum libertas est non servire peccatis, summa apud eum nobilitas...*
Summa virtutum
Ms: Sankt Gallen 842 f.444-474

5776. *Sola caritas est, quae in adversio...*
Nota de virtute charitatis
Ms: Schlägl 97 f.171b

5777. *Solerti cura caveas fili nocitura...*
Compendium [metricum] de vitiis et virtutibus
Ms: Vorau 210

5778. *Solet autem superbia vel vana gloria ut dicit Gregorius...*
[Short work on sins]
Ms: London, Lambeth 216 f.110

5779. *Solet queri a nonnullis quare hoc sit quod homines spirituales...*
Questio de temptatione; Questio utilis quare homo aliquando est bene dispositus deuotioni et quandoque non
Mss: Kremsmünster 9 f.267-269; 268; Wien, Nat. 4409 f.169-172

5780. **Solet queri quare serui dei et ancille eciam in caritate...**
Nicolaus de Dinkelsbühl,
[De dilectione Dei et proximi excerpt from Sermon 12a]
Mss: Melk 1471; München, Clm 5690 f.135-144; Wien, Nat. 4742 (Madre p.167)
See: Scribitur Matth. 22 quod cum quidam legis doctor interrogasset...(Sermo 12a)

5781. **Solidum et primum omnium virtutum...**
[Work on the virtues]
Ms: Darmstadt 1413

5782. **Sollicitus etiam sit sacerdos...**(Register of chapters)
Marchesinus de Regio Lepide, O.F.M., *Summa confessionum*
Ms: Klosterneuburg. 3238 ff.23-41b
See: In Dei tabernaculo

5783. **Solon precipuus fertur qui natus Athenis...**
De sententiis septem philosophorum
Ms: Paris, BN lat. 8069 ff.114 seq.

5784. **Solum crede Deum, nec vane iura per ipsum...**
De decem preceptis Domini (Versus)
Ms: Klagenfurt, Studienbibl. Pap. 114 f.140 (Walther IC 18425)

5785. **Solus solitudinem cordis mei ingredior et cum corde meo paulisper confabulor...**
See: Domus haec in qua habitamus...

5786. **Sortilegium, divinatio, incantatio, maleficium, augurium et huiusmode prohibita sunt a Deo...**
Coelestinus V, *De decem praeceptis decalogi*
Printed: Max. Bibl. Vet. Patrum, t.25, Lugduni 1677, p.846-857

5787. **Specialissime mundari debemus a septem criminalibus. Eccli. 18,20: Ante langorem in medicinam...**
[Short work on the seven cardinal sins]
Ms: London, BM Addit. 5667 f.78a-b

5788. **Species luxurie sunt sex proprie dicte, secundum Bonaventuram. Prima vocatur fornicatio...**
De speciebus luxuriae
Ms: Vaticana, Vat. lat. 10068 f.53b seq.

5789. **Species sunt: castimargia...**
See: Gula est peccatum mortale. Species sunt...

5790. **Species superbie inobedientia, iactantia, presumptio, ypocrisis, discordia, singularitas, vana gloria...**
Tractatus de septem vitiis mortalibus, cum exemplis ex Caesario Heisterbacensi, Iacobo de Vitriaco, Nicolao Bisuntino et aliis excerptus
Ms: Basel, Univ. A.X.120 f.138a-147b

5791. **Species timoris dicuntur esse septem, scilicet timor mundanus, humanus, seruilis, naturalis, initialis, filialis, reuerentialis...**
See: Quoniam plus exempla mouent secundum Gregorium...

5792. **Spectabilis et famosissime doctor pater honorande, que in nostra difficultate...** (Pref. letter by F. de Castelliono and Nicolas de Arcemboldis)
See: Scevola. Consultus in re dubia nec non satis ardua suspicatur...
Cf: Cogotis me, O viri magnifici ac ducales... (Letter to Castelliono and de Arcemboldis by Iohannes de Capistrano)

5793. *Speculamini vos, speculamini/ venite vos huc...*
Iohannes Gerson, *Speculum bonae vitae*
Walther IC 18475a
Printed: *Opera Omnia* (Antwerpiae 1706) III 688-691

5794. *Speculum sacerdotum. Christus sacerdotes alloquitur...*
Speculum sacerdotum
Ms: Marseille 386

5795. *Sperans contemptum contemnit omnia mundi...*
[On contempt of world]
Walther IC 18483

5796. *Sperate in eo omnis...*
See: Spes. Sperate...

5797. *Sperne deos, fugito periuria, sabbata serva...*
[Verses on sins from Petrus de Riga's *Aurora* or *Versus de decem mandatis*]
Mss: Cambridge, Peterhouse 255 (III) f.34b; Cambridge, St. John's B.11, f.1; Lisboa, Alcobac. 238; Montecassino 119; Paris, Mazarine 3875 f.22; Paris, BN lat. 3479 f.1; Wilhering 68 f.98 (Walther IC 18485)
Cf: Sperne deos, non perjures, requies celebretur...

5798. *Sperne deos, non perjures, requies celebretur...*
Versus [De decem praeceptis]
Walther IC 18486
Cf: Sperne deos, fugito perjuria...

5799. *Sperne voluptates ludos spectacula mundi...* [three verses]
Ms: London, BM Harl. 956 f.27a; [For other MSS and references, see Walther IC 18590]

5800. *Spernere mundum, spernere nullum, spernere sese...*
Ps.-Hildebertus Cenomanensis, *De quatuor bonis et quatuor malis*
Walther IC 18492
Printed: PL 171, 1437

5801. *Spernere sese, spernere nullum...*(variant)
See: Spernere mundum, spernere nullum, spernere sese...

5802. *Spes est certa expectacio...*
Tractatulus de spe
Ms: Oxford, Oriel 11 f.448 seq.

5803. *Spes est secunda virtus theologica. Ille ambe virtutes in patria non erunt, sed...*
Franciscus de Mayronis, O.F.M., *De spe*
Ms: München, Clm 18779 f.101 (B. Roth, *Franz von Mayronis, O.F.M Franziskanische Forschungen* 3 [Werl 1936] 234)

5804. *Spes sic describitur...*
See: Sequitur de spe: Spes sic...

5805. *Spes. Sperate in eo omnis...(Ps. 61,9)...*
[Commentary on *Peniteas cito peccator*...q.v.]
Mss: Oxford, Lincoln Coll. 67 f.168b seq.; Paris, BN lat. 3473 f.121-128

5806. *Spes timor et pietas resonant in carmina cordis/ Tres et ad hoc voces...*
Printed: Jean Gerson, *Oeuvres Completes* (ed. Glorieux) Paris IV, 1962 no. 198 p.170

5807. *Spes venie: Ne desperet sicut Chain...*
[Commentary on *Peniteas cito peccator*...]

5808. *Spina tibi prima...Dicit quidam sapiens. Omnis superbus intolerabilis...*
Summa de septem vitiis capitalibus
Mss: London, BM Addit. 29732 f.180; Arundel 205 f.11-15b; Vorau 210

5809. *Spinas in capite patior cerebrum penetrantes...*
[Short poem on the Sins]
Ms: Oxford, Bodl. Bodl. 496 f.242a

5810. *Spiritualis vir omnia diiuidicans...*
Iacobus de Jüterbog, *De profectu spiritualis vitae*
Meier p.62 n.77

5811. *Spiritus alme tua dignare...*
See: Passim collectus tamen inchoat hic aphorismus quem Deus....Spiritus alme...

5812. *Spiritus est inmundicie plerosque fatigans/ Victaque perpaucis longaque bella gerens...*
Bernardus Cluniacensis, *De castitate servanda*
Prol: Omnibus in universa terra litteratis...

5813. *Spiritus et sua mens puerum pendunt aliquando/ Et sanctum Domini crimine...*
Iohannes Gerson,
[Poem on Penitence]
Printed: Jean Gerson, *Oeuvres completes* (ed. Glorieux) Paris IV, 1962 n.198 p.171-172

5814. *Spiritus Sanctus per Iob* (31,35): *Librum scribat mihi ipse...Hic possunt multa notari bona...* (redaction A)
Robertus de Sorbonio, *De conscientia* or *De foro conscientie* or *Tractatus de libro conscientiae*
Mss: Paris, BN lat. 3218 f.162-175; Vyssi Brod XLVI f.15-31; Wien, Nat. 1353 f.37-90 (F. Chambon, *Robert de Sorbon, De conscientia*, Paris 1902 Introd.)
See: Librum scribas mihi...Hic possunt notari multa bona... Librum scribat mihi ipse qui iudicat...Hic notanda sunt quinque...

5815. *Spiritus sanctus per organum divinum prophetae Ieremiae...*
Iacobus de Jüterbog (Iohannes de Capistrano), *De erroribus et moribus christianorum modernorum*
Mss: Leipzig, Univ. 382 f.212-226; 606 f. 111-128; London, BM Addit. 18007 f.122; (Meier p.63-64 n.73);
Printed: E. Jacob (Breslau 1905) II 1

5816. *Spreto iuris tramite dignus conculcatur...*
De mundo (poem)
Walther IC 18560

5817. *Status proficientium consistit in tribus scilicet in peccatorum...*
Tractatus de peccato et eius speciebus
Ms: Cambridge, Corpus Christi 524 f.183

5818. *Statuta de confessione scilicet in hebdomada et bis ad minus in anno...*
[On religious discipline]
Ms: Troyes 1992 n.3

5819. *Strenuitas est quidam vigor animi excutiens...*
Remedia contra vicia
Ms: Trier, Stadtbibl. 689

5820. *Studio legendi quasi cotidiano cibo aliter...*
[Moral sentences]
Ms: Leipzig, Univ. 315 f.135-138

5821. ***Stulte, quid imberbi spem tu tibi fingis ab aeuo,/ Et gaudes tremulos iam procul esse dies...***
Erasmus, *Elegia secunda, in iuuenem luxuria defluentem atque mortis admonitio*
Printed: *Poems,* ed. C. Reedijk (Leiden 1956) 210 seq.

5822. ***Stulti sunt omnes qui non coacti principibus serviunt...***
Aeneas Silvius (Pope Pius II), *De miseria et stulticia cirualium*
Ms: Bruxelles, BR 3446-84 (cat. 916) f.129b-130b
See: following entry (same?)

5823. ***Stultosque esse qui regibus serviunt vitamque tam infelicem tam miserrimam ducere curiales...***
Aeneas Silvius (Pope Pius II, d.1464), *Tractatus de miseria curialium*
Ms: London, BM Harl. 1883 f.179a-192b
Printed: Cologne 1468; Paris, 1475; 1485; Rome 1485
See: preceding entry (same?)

5824. ***Suades sepius et hortaris, vir discrete ac carissime frater, ut tibi ad vitam curialem anhelanti...***
De vita curiali detestanda tamque miseriis plena
Ms: London, BM Harl. 1883 f.144a-146b

5825. ***Suauis gloria est inordinatus animi motus...***
Vitiorum diffinitiones
Ms: Namur, Mus. Arch. Ville 25 f.19mb-198a

5826. ***Subiectivam tabulam fragilitatis humane in mundi...***(prol.)
Expositio libri de electionibus or *Septuplum* [or *Septenarius*] *de septem mortalibus peccatis cum glossa iuris* or *Glossa in sextuplum* [sic] (Commentary on Guillelmus de Mandagoto, *Libellus eleccionum* [or: *de electionibus*])
Mss: Berlin, Lat. fol. 276 f.147-179; Cambridge, Caius 282 f.1-140b; Cambridge, Trinity B.1446; Erfurt, F.14 f.79-158 (of Engl. origin); Eton, Coll. 30; Lincoln Cath. Lib., A.2.1. f.108-285; London, BM Roy. 11 C.V (?); Oxford, Oriel 29 (Tabula only); Oxford, Univ. Coll. 71 (Schulte II 183-185; H.L.F. 348 25-53)
Prol. of Glossator: Cum illius non...
Part 1: Superbia radix omnium viciorum...
See: Subuertiuam tabulam fragilitatis...

5827. ***Subiectum in sacra theologia est duplex...***(variant prol.)
See: Prol: Veritatis theologiae sublimitas...

5828. ***Subiectum valde in tenera adulescentia positus...***
Guibertus de Novigento (Nogent), *De virginitate*
Printed: PL 156, 579-608
Pref. Letter: Etsi nos tam eximie hujus virtutis et credimus...

5829. ***Subiit animum crebra uice ut quiddam novellum opus aggrederer...***
Henricus, abbas Montis Sanctae Mariae O. Cist. (d.1232), *Libellus qui dicitur Verbi gratia*
Ms: Troyes 953 (Clairvaus D.74)

5830. ***Subit animum dictare aliquid...***(Prol.) **Cap.1 Unde ergo iam incipiam...**
Bernardus Claraevallensis, *De consideratione*
Printed: PL 182, 727-808; S. Bernardi *Opera* III (Romae 1963) 393-493

5831. ***Subnectiuvam tabulam fragilitatis humane...***
See: Subiectiuam tabulam fragilitatis humane...

5832. ***Subsannabit aliquis, et arguet, quod senex amatoria ludam, qui jam delibor...***
(Tractate I)

INCIPITS OF WORKS ON THE VIRTUES AND VICES

Petrus Blesensis, *De amicitia christiana et de caritate Dei et proximi*
Mss: Cambridge, Corpus Christi 266 p.231-252; Cambridge, St. John's G.11 (179) f.65 seq.
Printed: PL 207, 871-958
Prol: Quoniam diminutae sunt veritates...
See: Sicut precedentia docuerunt, amicitia vera...(Tractate II)

5833. **Subtili visu sociorum probram videmus ad discernendum propria sensus habet...**
Praecepta moralia et proverbia de rebus medicis, aenigmata, etc
Ms: London, BM Arundel 507 f.70b seq.
Printed: C. Horstman, *Yorkshire Writers: Richard Rolle* Etc. (London 1895) I 423 seq.

5834. **Subuertiuam tabulam fragilitatis humane in mundi pelago...**
Septuplum
Ms: Würzburg, Univ. M.ch.f.86 f.16b-220

5835. **Succurre, Christe et S. Ieronime. Dominus virtutum...**
See: In nomine Ihesu Cristi incipit tractatus de acquisicione virtutum...

5836. **Succurre, Criste et Sancte Ieronime. Ite, ostendite vos sacerdotibus...**
See: In nomine Domini nostri Jhesu Cristi incipit tractatus de confessione maxime religiosorum. Succurre...

5837. **Succurre, Ihesu Cristi et Sancte Ieronime. Videte quid faciatis...**
See: In nomine Domini nostri Jhesu Cristi incipit tractatus de audiendis confessionibus...

5838. **Succurre mihi Deus meus antequam mors me preveniat...**
Lamentacio anime peccatricis
Mss: Leipzig, Univ. 273 f.79a-b; 487 f.58a-b; Wilhering 101 f.208b-209b (Rudolf p.99 n.3)

5839. **Sufficit ad veritatem penitentiae...**
De penitentia
Ms: München, Clm 3450

5840. **Suggestio, cogitacio, affeccio...**
Scala peccati
Ms: Schlägl 121 f.71a & f.243a-245

5841. **Sume miser debitum proprie...**
Confessio beati Isidori dicta
(Diaz 307; Clavis 1229)

5842. **Summa collacionis huius que potest dici summa collectionum...**(pref. table)
Ms: Klosterneuburg 320 f.1-116b
See: Cum doctor sive predicator evangelicus...

5843. **Summa diligentia vicia sunt davenda** [or **vitanda sunt vitia**]...(introductory table)
See: Dicturi de singulis viciis cum opportunitas...

5844. **Summa et incomprehensibilis natura, virtus vitaque beata, inaccessibilis et sola lux vera...**
Ambrosius Autpertus, *Oratio in partes divisa contra septies septena vitia quae ex una prodeunt inventrice malorum superbia*
Printed: J. Winandy, *Ambroise Autpert, moine et theologien* (Paris 1953) 104 seq.
(Sometimes Ambrose's *De conflictu* [apostolica vox clamat...] follows)
See: Christe virtus salutis...

LIST OF INCIPITS

5845. ***Summa iusticiae populi fidelium*** [or ***Christifidelium***] ***est declinare a malo...***(prol.)
See: Iusticia que est via ad regnum...(Part I)

5846. ***Summa nobis miseris nostramque miseriam considerare ut utrum*** (?) ***sic impellantur ad flagitandum...***
De miseria conditionis humanae, Anon
Ms: London, BM Harl. 6577 f.97b-101a

5847. ***Summe penitencie subiectum est...***
[Tractate on penance and sins]
Ms: Wilhering 96 f.146-151b

5848. ***Summi Deus largitor premii, via constans, fons refrigerii...***(Prol.) ***Cum animaduerterem) id est vertendo in animo meo perciperem, id est sepe considerem...***
Glossa in Catonem
Printed: Goff C.303-312
Cf: Cum animadverterem...

5849. ***Summi michi pontificis fauente gratia, eius pariter ad instinctum, hunc decreui ad laudem Dei ac in salutem proximi compilare edereque tractatum...***
Lumen animae, Recensio B, Prol
Printed: Rouse in A.F.P. 41(1971) 74-78
See: Plinius libro de mirabilibus mundi: Hoc etiam inquit...

5850. ***Summi michi pontificis fauente gratia, eius pariter ad instinctum, hunc animatus librum adii compilandum***
Lumen animae, Recensio A, Prol. II
Printed: A.F.P. 41 [1971] 73-74
See: Archita Tharentinus in libro de euentibus in natura...

5851. ***Summula de summa Raymundi prodiit ista...Quando paras calicem, tunc vinum purius illi...***
Ms: London, BM Roy. 8 D.IV f.43
See: Summula de summa...In summis festis...

5852. ***Summula de summa Raymundi prodiit ista,/Non ex subtili, sed vili scribimus ista,/ Eloquio placet hec sociis...***(Prol.) ***In summis festis ad missam dicitur una/ Tantum collecta...*** (Lib. I)
Adamus Teutonicus (Alderspacensis?; Coloniensis?), *Summula de Summa Raymundi* or *Summula Raymundi metrice compilata* or *Dicta Raymundi* or *Dicta super Summam Raymundi* or *Versus decretales* or *Summula pauperum* or *Summula sacramentorum* or *Summula de septem sacramentorum*
Mss: See F. Valls Taberner, *La 'summula Pauperum' de Adam de Aldersbach,* in *Spanische Forschungen,* Bd 7 (Münster 1938) pp.69-83 (Schulte II 427; Michaud-Quantin 41 n. 4) Add: Antwerpen, Mus. Plantin-Moretus 140 f.44-65 (with comm.); Brugge, Stadsbibl. 246; Cesky Krumlov 193 f.190-228; Darmstadt 2686; Frankfurt am Main, Leonhardstift 1, f.2-116; Giessen, Univ. 718; 719; Jena, Univ. Elect. Fol. 48 f.14-104; Klagenfurt, Studienbibl. Pap.117; Leiden, Univ. D'Ablaing 18; 36; Lilienfeld 144 f.142 seq.; Michaelbeuern 56 f.121-198; München, Clm 9603; Oxford, Bodl. Digby 75 f.142-160; Hamilton 17; Paris, BN lat. 13468; 14927; 17497; Praha, Univ; XI.E.4 (2051) f.1-39; Wien, Schott. 69 f.229-239 (Statement of the question in P. C. Boeren, *Catalogue des MSS...D'Ablaing et Meijers* [Lugduni Batavorum 1970] p.74; p.140; Kaeppeli 3)
Printed: Poitiers 1481 etc... (Valls Taberner 78-83)
See: A summis festis...
In summis festis ad missam...Tunc unumquodque scire...
Cf: Rogo vos, discite sacram scripturam...
Commentaries on the *Summula de summa Raymundi*:

Circa initium summule Raymundi de summa...Omnem scientiam et doctrinam sacra Scriptura transcendit... Iste liber cujus est ius canonicum...Circa litteram principaliter est notandum...Dicit philosophus primo Ethicorum...Ignorantia facti non iuris excusat...Liber iste quem habemus pre manibus...Philosophus dicit primo circa summam Raymundi...Queritur primo circa summam Raymundi...Qui se existimat stare...Sententia litere est talis quos solummodo...Tunc unumquodque scire...

5853. **Summula in foro penitentiali utilis et valde necessaria est maxime sacerdotibus super hoc notitiam non...**
   Summula in foro poenitentiali
   Ms: Roma, Angelica 519 (D.8.22)

5854. **Summum bonum Deus est quia incommutabilis est...**(Lib.1)(Lib.2: De vitiis et virtutibus) **Omnis qui secundum Deum sapiens est, beatus est...**
   Isidorus Hispalensis, *Sententiarum liber* or *De summo bono* or *Speculum de summo bono*
   Mss: Bruxelles, BR 3553-57 (cat. 1334) f.123-172; 9918-19 (cat. 1333) f.1-57; Budapest, Eg. Kön. 92 f.345-356; Cambridge, Caius 104 f.1-105; 312 f.65 seq.; Cambridge, Pembroke 242 f.159-199; Cambridge, St. John's H.11 (214) f.126-158; Cambridge, Trinity Coll. 1222 (O.3.50) f.1-39; Erlangen, Univ.187 f.1-85; 551 f.164-168; København, Thott 100 qu. f.12-82; 101 oct. f.1-75; 102 qu. f.1-27; Praha, Univ. V.G.8 (960) f.5-84; IX.A.6 (1671) f.161-200; IX.D.3 (1741) f.1-54; X.A.5 (1808) f.78-119; X.A.20 (1823) f.26-78 (?); X.B.5 (1834) f.196-230; X.B.16 (1845) f.110-161; X.C.25 (1878) f.156-201; X.E.20 (1921) f.1-39; X.G.8 (1962) f.136-194; XIII.F.15 (2353) f.56-130; XIII.G.11 (2378) f.102-224; XIV.C.25 (2492) f.60-115 (Diaz 111)
   Printed: PL 83, 537-738
   See: Domino vere sancto...Jasoni episcopo...(pref.?)
   Quod Deus summus et incommutabilis sit...(Rubrica)

5855. **Sumpta similitudine operariorum in vineis, significat...**
   See: Simile est regnum caelorum homini... (Matth. 20,1). Sumpta similitudine...

5856. **Sunt aliqua necessaria inter virtutes et mores...**
   S. Franciscus (?), *Virtutes quas observare debet verus religiosus et quilibet christianus si vult habere divinam gratiam* or *Qualiter vera religiosa agat vitam suam* or *Vita et modus vivendi perfecti et religiose*
   Mss: Lucca, Bibl. Governativa 1475 f.62 seq.; Marseille 212 f.128 seq.; Oxford, Bodl. Rawl. C 72 f.162 seq.; Oxford, Magdalen 109; Volterra, Bibl. Guarnacciana 5230 f.157-162; (E. Carusi, *Esortazioni attribuite a S. Francesco* [Rome 1910])

5857. **Sunt animi virtutes quatuor...**
   Quatuor virtutibus animi
   (Based on Augustinus, Quaest. 31 *de diversis quaestionibus* See: PL 40,21)
   Mss: Paris, BN lat. 2029 f.70; Schlägl 38 f.117

5858. **Sunt autem plures casus...**
   [Articles on absolution]
   Ms: Oxford, Brasenose 15 f.59 seq.

5859. **Sunt autem quatuor quae...**
   See: Abicienda. Sunt autem quatuor...

5860. **Sunt autem triplicia bona nostra...**
   Nicolaus de Dinkelsbühl, *Ex sermone primi precepti*
   Ms: Melk, 1801 f.233-296
   See: Preter precepta legis nature communia, ut sunt illa...

5861. *Sunt autem virtutes, quatuor, prudentia, iustitia, fortitudo...*
De quatuor virtutibus principalibus
Ms: Cambridge, Fitzwilliam Museum McClean 107 f.121

5862. *Sunt continue quinque clamantes...*
Nota de quinque peccatis in caelum clamantibus
Ms: Schlägl 93 f.260

5863. *Sunt enim quatuor precipua impedimenta...*
See: De impedimentis penitentiae pauca dicamus. Sunt enim quatuor...

5864. *Sunt etiam tria iuducentia ad penitentiam...*
[On penance]
Ms: Herzogenburg 93 f.45 seq.

5865. *Sunt fabulae spiritualiter applicatae...*
See: Ranae decreverunt... Sunt fabulae...

5866. *Sunt igitur quatuor dona Spiritus Sancti...*
Ernaldus Bonaevallis, *De donis Spiritus Sancti* (Cap.1)
See: Nemo cum haec capitula viderit...

5867. *Sunt igitur tria principaliter...*
See: Decalogi legem sacratissimam primum diuinitus...

5868. *Sunt inopes miseri, quorum status hic misereri...*
Droco de Altovillari, *De miseris* (poem)
Ms: Paris, BN lat. 3718 f.9; (Delisle, *MSS Barrois* 22) (Walther IC 18841)

5869. *Sunt namque nonnulli ita distracti...*
Nota de mansuetudine
Ms: Vyssi Brod 22 f.105

5870. *Sunt nonnulli hoc in loco qui virtutis ardore...*
Iohannes Chrysostomus, *Ecloga de virtute et vitio* (Homilia 26)
Ms: London, BM Roy. 6 A.IV f.37

5871. *Sunt plerique nonnulli qui non sane servantes mandata Domini...*
[De decem praeceptis]
Ms: Praha, Metr. Kap. A 46.1 (71) in operculo

5872. *Sunt plura per quae acquiritur humilitas...*
Tractatus de vitiis [et virtutibus]
Ms: London, BM Roy. 5 A.VIII f.122-144

5873. *Sunt precepta decem Moysi qui tulit almus/ Unum crede Deum...*
Versus de decem praeceptis
Ms: Berlin, Lat. oct. 106 f.291
See: Crede Deum...

5874. *Sunt precepta decem totam signantia legem...*
De decem preceptis
Walther IC 18858

5875. *Sunt quedam vitia que frequenter speciem virtutum pretendunt...Caritas ad Deum vera et perfecta est quando anima cum omnibus virtutibus suis...*
Ps.-Albertus Magnus, *Paradisus animae* or *De virtutibus veris et perfectis quas gratuitas vocant*
Mss: Bruxelles, BR 2724-29 (cat. 1635) f.7-53; 11801-03 (cat. 1659) f.2-101; Budapest, Orsz. Szech. Kön. 110; Erlangen, Univ. 556 f.97-132 (XV); Frankfurt am Main, Stadtb. Praed. 178 f.75-131; Metz 632; München, Clm 27419 f.262-304; Oxford, Bodl. Addit. B. 15 f.2; Hamilton 18 f.282; Paris, BN

lat. n. a. lat. 226; Pavia 452; Roma, Angelica 132 (B.4.9) f.153-180; Trier, Stadtb. 621; 687; 1919; Wien, Schott. 67 (50.h.1) f.2-72; 151 (52.d.2) f.107-146; 175 (52.f.24) f.30-97; 178 (52.g.1) f.67 seq.; (Glorieux 6 cq)
Printed: Alberti Magni *Opera Omnia* (ed. Borgnet, Parisiis 1890-99) XXXVII, 447-512

5876. **Sunt septem causae propter quas praecipue acceleranda est penitentia...**
[Work on confession]
Ms: Paris, BN lat. 14593 f.71

5877. **Sunt tria qui vere faciunt me sepe dolorem...**
[Poem on vanity of world]
Ms: København, Gl kgl. S.1382 qu.

5878. **Super asinum subnervatum...**
See: Accidia. Super asinum...

5879. **Super cunctas humanas temporalesque dignitates et sublimitatis eminentias...**
Rodericus, Episcopus Zamorensis, *Speculum vitae humanae* (1468) [Roderigo Sanchez de Arevalo]
Mss: Praha, Metr. Kap. D.78 (644) f.1-118; Roma, Angelica 596 [F.6.8]; Wien, Nat. 3708 f.214-281; (Richard H. Trame, *Rodrigo Sanchez de Arevalo, 1404-1470; Spanish Diplomat and Champion of the Papacy*, Cath. Univ. of Am. Studies in Med. Hist. Vol. XV [Wash. D.C. 1958] 167-168; Schmidt, *Hist. litt. de l'Alsace* II 334-335)
Printed: Augustensi 1471; Lutetia 1472; Paris 1473; Rome 1468; Savigliano 1471; and many times
Prol: Verum B. Pater ut aptior...
Ded. Epistle: Sanctissimo ac beatissimo in Christo patri domino, domino Paulo...

5880. **Super illud Eccli. 23 capitulo** (v.2): **At non apparent delicta eorum... dicit postilla Nicolai de Gorran...**
Tractatus de novissimis
Ms: Klagenfurt, Studienb. Pap. 175 f.93-128b

5881. **Super illud in prologo** (Apoc. 1,1): **De his, quae oportet fieri cito... Glossa: Inevitabile est, quin fiant, et utile...**
Ps.-Thomas Docking, *Moralitates quaedam super librum Apoc., ad intellectum litterae pleniorem*
Ms: Oxford, Balliol 149 f.192-205; (Stegmüller 8111,1)

5882. **Super istud debes observare...**
See: Primum preceptum est Non adorabis Deum alienum. Super istud...

5883. **Super materiam symoniace labis... Simoniaca labes contra ius diuinum...**
Iohannes Gerson, *Tractatus de symonia*
Ms: Wien, Nat. Ser. n. 3887 f.127-133
Printed: *Opera omnia* (Antwerp. 1706) II 645-651; *Oeuvres completes* (ed. P. Glorieux) VI (Paris 1965) p.167-174 n. 276
See: Simoniaca labes...

5884. **Super omnia caritatem habete, quod est vinculum perfectionis** (Col. 3,14). **Caritatis excellentia in divino Eloquio...**(prol.)
See: Amator meus, amor meus, amantissime...

5885. **Super quibus fient interrogationes...**
Ms: Linz, 69 (177) f.4-5

5886. **Superbia a tribus progreditur...**
Nota de superbia
Ms: Schlägl 190 f.128

5887. **Superbia, auaritia scilicet appetendo, tenacitas scilicet in retinendo...**
    Speculum confessionis
    Ms: Cambridge, Emmanuel 1.4.4 f.59

5888. **Superbia aufert hominem a Deo per appropriacionem. Inuidia aufert proximum. Ira aufert seipsum...**
    Arbor peccati et vitiorum
    Ms: Vaticana, Vat. lat. 717
    Cf: following entry

5889. **Superbia aufert mihi Deum, inuidia proximum, ira meipsum...**
    Ms: Zwettl 36 f.1
    Cf: preceding entry

5890. **Superbia carnalis dici potest cum quis elemosynam (?) de bonis naturalibus et fortuitis...**
    Albertus, *De viciis spiritualibus*
    Ms: Bruxelles, BR 11801-3 (cat. 1659) f.103-125

5891. **Superbia clamat effer effer hoc est uirtutum...**
    Nota
    Ms: Cambridge, Caius 223 p.346

5892. **Superbia cum secundum diuersam considerationem uitia quedam...**
    Iohannes Acton, *Septuplum*
    Mss: Cambridge, Caius 282 f.1; Cambridge, Trinity B.14.4 f.3
    Cf: Superbia radix vitiorum...

5893. **Superbia. De superbia nascitur...**
    See: Septem sunt principalia vitia. Superbia. De...

5894. **Superbia demones fecit ex angelis, humilitas homines...**
    Excerptum
    Mss: Cambridge, St. John's F.18, f.134; Cambridge, Univ. Ll.1.18 f.122

5895. **Superbia dicit: Quis mihi laude pari vel honore...**
    See: Vos qui pro Christo...

5896. **Superbia dupliciter capitur, uno modo generaliter...**
    Iohannes Nider, O.P., *De lepra morali* (pars I)
    See: Olim Deum legimus in Leuitico... (prol.)

5897. **Superbia: elatio viciosa quae...(variant)**
    See: Superbia est elatio mentis...

5898. **Superbia est amor inordinatus proprie excellentie...**
    [Sermon on seven cardinal sins]
    Robertus Grosseteste,
    Dicta 47 and 127, etc. This incipit begins a number of works, mostly short, on the Sins and pride.
    Mss: Bruxelles, BR 21946 (cat. 2191) f.129-137; Brno, Univ. Mk 91 f.94-111; Cambridge, Emmanuel 1.4.4 f.114; London, BM Addit. 24660 f. 130-131 (sermon); (For dicta, Thomson 221, 230)
    Cf: De superbia, quod est amor...
    Superbia nihil aliud est...

5899. **Superbia est amor proprie excellencie; quo amore...**
    De vitiis capitalibus, divine voluntati contrariis
    [List of 8 sins, the 7 Deadly with *gula* and *ebrietas* given separately; definition of each]

Ms: London, BM Harl. 1297 f.509 The MS is a beautifully illum. Bible. This page was used as filler for a binding.

5900. Superbia est amor proprie excellentie, ira est...
Nota de septem peccatis mortalibus
Ms: Cambridge, Trinity B.16.36, flyleaf

5901. Superbia est animi...
Proles septem criminalium metrifice
In lost MS 1426 of St. Martin's Priory, Dover (James, *Ancient Libraries* 457)

5902. Superbia est derelicto meritis secretario...
See: Diffinitio Superbie. Superbia...

5903. Superbia est duplex: exterior, interior...
Peccatorum enumeratio, quaenam sint cordis, quaenam oris, operis aut omissionis (a classified list)
Ms: London, BM Arundel 260 f.171-175

5904. Superbia est elatio mentis...
Adversaria ascetica
Ms: Wien, Nat. 4659 f.350b-353a

5905. Superbia est elatio mentis vitiosa quae [and *semper*] *inferiores despiciens superioribus et paribus...*
Ps.-Robertus Grosseteste; Celestinus V(?); Fr. Iordanus, O.P., *Summa vitiorum* or *Tractatus de septem criminalibus peccatis et effectibus eorum versibus interspersis* or *De vitiis et peccatis* or *De septem viciis principalibus* or *Parvulus tractatus de septem peccatis mortalibus* or *Scintillarium* or *Tractatus de septem principalibus viciis et primo de superbia* (This work apparently appears in various recensions.)
Mss: Brugge, Stadsbibl. 167 f.63-71; Cambridge, Corpus Christi 337 f.88 seq.; Cambridge, Jesus Coll 54 (Q.G.6) f.182 seq.; Cambridge, Peterhouse 203 f.76; Cambridge, Univ. Ff.1.14 f.3-5; Ll.1. 15 f.194; Cues, Hospital 130 f.306-317; Erlangen, Univ. 221 f.151-160; Firenze, Naz. B.7.1166 f.113-119; Klagenfurt, Studienbibl. Perg. 36 f. 121-129; London, BM Addit. 2355 f.60-70 (attrib. to Fr. Jordanus); 5667 (198a) f.65 seq.; 11619 f.162; Maria Saal 4 f.205-218 (?); Oxford, Bodl. Laud. misc. 345; 544 f.8-15; Paris, Mazarine 1076 (1024); 1029 (1076) (?); Paris, BN lat. 10727 f.73; 14988 f.288; Rouen A.42 (668); Troyes 1840; 2000; 2021; Wien, Nat. 1057 f.71-78; 1439 f.193-197; (Thomson 267-268; Little, *Initia* 242 gives Robertus Grosseteste (?), *Summa vitiorum*)
Printed: *Bibl. Patr. Lugd.* 25, 788
See: Qui biberit... (first part of above?)
Cf: Superbia est vel eleuacio vitiosa...

5906. Superbia est electio (sic) vitiosa...
See: Superbia est elatio vitiosa... (Brugge Ms)

5907. Superbia est maioratio ex proprio honore...
Tractatus de peccatis
Mss: Klagenfurt, Studienbibl. Perg. 9 f.85-87 (with German glosses); Praha, Univ. I.G.13 (289) f.75-83, III.A.6 (391) f.141-143

5908. Superbia est praue celsitudinis appetitus vel nimius...
Tractatus de uitiis
Ms: Cambridge, Emmanuel I.4.4 f.135

5909. Superbia est radix et summa omnium vitiorum...
[Treatise on vices and virtues]

Ms: Oxford, Bodl. Bodl. 636 f.214 (SC 2002)
Same as: Superbia radix omnium...?

5910. **Superbia est regina viciorum...**
See: Superbia regina vitiorum...

5911. **Superbia est secundum hoc** [...(illegible)] *ex se pre meritis falso plus omnibus...*
De septem viciis capitalibus et primo de superbia
Ms: Roma, Angelica 392 (D.2.24) f.1

5912. **Superbia est singularis excellencie super alios cecus quidam appetitus...**
Descriptiones vitiorum et virtutum or *Proprietates quarundum dictionum* or *Definitiones de nominibus vitiorum*
Mss: København, Ny. kgl. S.616 f.123-126; Mons, Ville 17/112 (83) f.222; Namur, Ville 24 f.16-17

5913. **Superbia est singularis excellentie tumentis animi...**
See: Cum omnis divine pagine sermo id intendat...

5914. **Superbia est supragradiens mentis elacio cum arrogantia...**
Liber de septem peccatis mortalibus
Ms: London, BM Add. 15237 f.2-5

5915. **Superbia est tumor animi ex proprio honore nascens...**
De superbia et superbiae filiabus or *Speculum confessoris* or *De septem peccatis mortalibus*
Mss: Cambridge, St. John's F.18 f.32; London, BM Add. 15237 f.94; Padova, Anton. 217; Trebon A 20 f.120-121; Würzburg, Univ. M.ch.q.80 f.1-28

5916. **Superbia est ut dicit Augustinus...**
Conradus de Ebracha, *Summa de confessione*
Ms: Budapest, Eg. Kön. 54 f.137-210
See: Ad utilitatem eorum qui curam gerunt animarum...

5917. **Superbia est vel eleuatio [eleuacio] vitiosa...**
Detestationes VII mortalium peccatorum
Ms: Zwettl 254 f.65-78
Cf: Superbia est elatio mentis vitiosa...

5918. **Superbia est via que videtur homini recta...**
Henricus de Saxonia sive de Frimaria, *Tractatus de viciis se occultantibus sub ficta specie virtutum* or *Tractatus de vitiis palliantibus se gula speciebus virtutum scilicet de peccatis malorum religiosorum*
Ms: Leipzig, Univ. 215 f.303-314
See: Est via que videtur homini recta...

5919. **Superbia est viciosa mentis elatio. Superbia est radix omnium malorum. Superbie quinque sunt rami...**
[Second paragraph of *Summa brevis circa confessionem*]
See: Quicumque vult facere veram et rectam...

5920. **Superbia generalis est singularis animi excellentis et...**
Tractatus de septem uitiis
Ms: Cambridge, Emmanuel 1.4.4 f.105

5921. **Superbia: glorior et sperno...**
[German-Latin macaronic verses on seven deadly sins]
Ms: Klosterneuburg 278 f.221-222

5922. **Superbia habet species duodecim...**
Tractatus de peccatis or *Speculum confessoris*
Mss: Wien, Nat. 3631 f.216-219; 3808 f.71-74

5923. **Superbia hec aufert homini Deum per hanc...**
Sermo de septem vitiis
Ms: Cambridge, Pembroke 112 f.23

5924. **Superbia igitur...**
Tractatus de peccatis
Ms: Praha, Univ. XIII. F.21 (2359) f.171-180

5925. **Superbia. Infime vi veto, scandere celsa peto Aquila...**
Versus de vitiorum nonnullorum natura
Ms: Durham, Cosin. V.III.16

5926. **Superbia, Inobedienta. Nescio parere, mihi...** Ms: Durham, Cosin. V.III.16
See: Inobediencia. Nescio...

5927. **Superbia, inobedientia, presumptio...Superbia vincitur humilitate...**
Stephanus Langton, *Conflictus vitiorum et virtutum*
Ms: Laon 133 f.109 seq.; (Glorieux 104s; G. Lacombe, *The New Scholasticism* III [1929] 12-14)
Cf: Vidi de mari bestiam ascendentem...

5928. **Superbia: Lucifer, Antiochus, Nemrotht, Nebuchodonosor, Phariseus...**
Ms: Basel, Univ. A X 135 f.189
Cf: Lucifer, Antiochus...

5929. **Superbia Luciferum de celo deiecit Adam...**
Exemplaria e scriptura septem peccatorum mortalium
Ms: Cambridge, Univ. Gg.4.10, f.17

5930. **Superbia mater omnium inanis gloria ex inani...**
Nota
Ms: Cambridge, Pembroke 118

5931. **Superbia: Misit rex Saul apparitores...**
See: Misit rex Saul apparitores...

5932. **Superbia mors virtutum est [or id est] origo vitiorum...**
Florilegium of patristic comments on sins, etc. and *Auctoritates sanctorum doctorum*
Mss: Herzogenburg 38 f.1 seq.; Klagenfurt, Studienbibl. Pap. 119 f. 138-185; München, Clm 28674 f.1-71

5933. **Superbia nichil aliud est quam peruerse celsitudinis appetitus...**
Franciscus de Mayronis (?), O.F.M., *Tractatus de septem peccatis mortalibus*
Ms: Napoli, Naz. V.H.220 f.174-177, 186 (Cf. B. Roth, *Franz von Mayronis...* p.236?)

5934. **Superbia nihil aliud est quam amor proprie excellencie, id est proprii honoris. Solet autem superbia...**(chap. 1)
Ricardus Rolle (?), or Henricus de Balma (?), or Adam Carthusianus (Carthusiensis) (?), *De diversis temptacionibus* or *De septem peccatis* or *Speculum spiritualium* (?) or *Tractatus de temptacionibus multimodis*, etc
Mss: Cambridge, St. John's G.13 (181) f.91-227; Cambridge, Univ. Dd.4.54 f.100 seq.; Dublin, Trinity 271 (C.2.7); London, BM Harl. 237 f.150 (Bk. II); Roy. 7 B. XIV (Cat. ref. to Camb. Univ. Dd.4.54); Oxford, Bodl. Bodl. 450; (Welter 430 seq.; Allen 405-6; H. E. Allen, *Modern Philology* 13 [1916] 744; Hope Emily Allen, *PMLA* XXXII [1917] 142-3)
Printed: Wolfgang Hopyl (Paris 1510): *Speculum spiritualium...Richard Hampole*
Prol: Hunc librum sequentem...
Variant: Superbia prout clerici...
Cf: De superbia, quod est amor...

LIST OF INCIPITS

5935. Superbia. Philosophus in sexto libro...
   See: Philosophus in sexto libro Animalium dicit: In cunctis quidem mortuis...

5936. Superbia prius apparitor, id est servitor, quem mittit diabolus contra nos...
   Collecta de septem peccatis mortalibus et viciis et virtutibus oppositis eorundem or
       Collecta et auctoritates de septem peccatis mortalibus et virtutibus oppositis
   Ms: Leipzig, Univ. 273 f.86-92; 423 f.95-99 and f.99-102 (excerpts)

5937. Superbia, prout clerici dicunt, nichil aliud est...(variant)
   Mss: Cambridge, St. John's G.13 f.92; Cambridge, Univ. Dd.4.54 (III) f.54
   See: Superbia nihil aliud est...

5938. Superbia quae est animi tumor ex proprio honore alios...
   Coelestinus V (?), *De peccatis*
   Little 242
   Cf: Superbia est elatio mentis vitiosa...

5939. Superbia quae Luciferum de caelo et primos parentes ex paradiso repulit...
   De stipendiis ecclesiasticis
   Ms: München, Clm 388

5940. Superbia. Qui scienter et prudenter peccaverit...
   (In London, BM Roy. 8 A.XV F.120 seq.)
   See: Si scienter et prudenter...

5941. Superbia radix omnium viciorum...(part 1)
   See: Subiectivam tabulam fragilitatis humane...(prol.)

5942. Superbia radix omnium vitiorum. Humilitas radix...
   S. Bonaventura (?), *Arbores de vitiis et virtutibus*
   Ms: Wien, Nat. 3683 f.386-388; (Glorieux 305bj; *Flor. Cas.* IV 3158 n.1)
   Cf: Superbia est radix et summa...

5943. Superbia radix vitiorum et initium omnis peccati...
   Iohannes Acton, *Septuplum*
   Mss: Cambridge, Caius 282 f.1; Cambridge, Trinity B.14. 4 f.2
   Cf: Superbia cum secundum...

5944. Superbia regina viciorum cum devictum cor plene ceperit...
   De septem principalibus viciis or *De septem criminalibus vitiis et eorum effectibus et incommodis*
   Mss: Praha, Univ. VII.E.17 (1306) f.94-119; Vaticana, Regin. lat. 150 f.156

5945. Superbia secundum Augustinum est perversus propriae celsitudinis appetitus...
   Franciscus de Mayronis, O.F.M., *Tractatus de septem vitiis capitalibus*
   Ms: Padova, Ant. 211 (B. Roth, *Franz von Mayronis Franziskanische Forschungen* 3: Werl 1936] 236)
   Cf: Superbia secundum beatum Augustinum...

5946. Superbia secundum beatum Augustinum...
   De peccatis mortalibus in speciali et de eorum filiabus
   Ms: Cambridge, Univ. Ee.1.7 f.113-141
   Same as: Superbia secundum Augustinum...?

5947. Superbia. Si extolleris...
   Beichtspiegel
   Ms: Cues, Hospital 130

5948. Superbia sicut ait Origines...
   [Note on virtues and vices]
   Ms: Paris, BN lat. 585 f.188 seq.

5949. **Superbia spoliat virum iustum...**
    Petrus Pictaviensis (?)
    [Table of vices]
    Ms: London, BM Roy. 1 B.X f.6; (P. S. Moore, *The Works of Peter of Poitiers* [Notre Dame 1936] 168-169)

5950. **Superbia utrum sit peccatum. Respon. ex Thoma 2.2.q.16: superbia consistit in hoc quod aliquis extollit se...**
    De septem mortalibus peccatis [et de decem preceptis]
    Ms: Bruxelles, BR 11841-46 (cat. 2193) f.171-179

5951. **Superbia vincitur humilitate...**
    See: Superbia, inobedientia, presumptio...

5952. **Superbia virtuti humilitatis inimica contraria et primum vitium capitale, radix omnium...**
    Lucerna conscientiae or *Summa clericorum de vitiis, confessione*, etc
    Mss: Cambridge, St. John's B.17 (39) f.1-83; Cambridge, Trinity B.10.13, f.77; Oxford, Bodl. Bodl. 801 f.1-119 (SC 2659)
    Prol: Si diligitis me, mandata mea seruate (Ioh. 14,15). Cogitanti michi sedenti solitario quid faciendo vitam eternam...

5953. **Superbia vitium superbie bona si sunt in nomine...**
    De septem mortalibus peccatis
    Ms: Herzogenburg 19 f.136-137

5954. **Superbisti ita ut aliquem irrideres vel iacteres te habere quod non habuisti...**
    Scintillarium or *Species septem peccatorum*
    Ms: Cambridge, Corpus Christi 337, f.iii-1

5955. **Superbus, avidus, incestus et invidiosus...**
    Septem criminalia peccata
    Ms: Paris, BN lat. 10448 f.162

5956. **Superbus sis; angelus defendens respondit...**
    See: Diabolus temptans dicit...

5957. **Superfluo detinerer labore...**
    Alexander Neckam, *De naturis rerum*, Book III [Exposition of Ecclesiastes]: *De vanitate humane fragilitatis*
    Ms: Cambridge, Trinity Coll. 1232, f.81-168 (Stegmüller RB 1167)

5958. **Supple assequendam et hostes expugnandos...**
    See: Corde creditur... Supple...

5959. **Surge aquilo et veni auster...**(Cant. 4,16) *Ego frater inutilis et minimus...*(first prol.)
    Hartungus de Herversleyben (Herbsleben), O.P., *Hortus animae* (a collection of exempla from *Alphabetum narrationum*, Iacob de Vitriaco, etc.)
    Ms: Basel, Univ. B V 17 f.1-96
    II Prol: Ad honorem et gloriam Domini...(p.97)

5960. **Surge et ambula (Gem. 13,17), errans in inuio. Primo opportet reuocari ab errore et consequenter...**(Prol.) (Text) **Primum quidem peccatum capitale est superbia que comparabilis est arundini...**
    Restat videre de via mandatorum Dei...
    De septem peccatis mortalibus et de decem mandatis tractatus
    Ms: Oxford, Balliol 220 f.215-243.

5961. **Surgere de sompno. Capitulum primum. Hora est iam nos de sompno surgere...**
    Guido, *De praeparatione cordis*
    Ms: Wien, Nat. 1685

*5962. **Surgite de medio Babylonis. Salvet unusquisque animam suam. Duo sunt quibus maxime humana corrumpitur natura...***
    Summa de vitiis et virtutibus
    Ms: Torino, Naz. CXXXVII.e.III.28 f.62 seq.

*5963. **Surgite postquam sederitis qui manducatis panem doloris, cum dederit dilectis suis somnum. Ecce hereditas Domini** (Ps. 126,2). **In his verbis triplex status humane conditionis insinuatur...***
    Anon., De triplici statu conditionis humanae sermo
    Ms: Firenze, Laur. S. Croce Plut. XX dext.13, f.137-139

*5964. **Surrexisse patent** [or **patet**] **viciorum viscera flammis/ Vrentes...** (prol.)*
    Corde timere Deum sapientia prima videtur/ Mandatisque...
    Iacobus de Benevento, Carmina moralia
    Mss: Firenze. Bibl. Laurent., Gadd. 115 (imperf.); Wien, Nat. 3219 f.139-151; (Walther IC 18923; Antonio Altamura, Studi de filologia medievale e umanistica [Naples 1954] 49-80) (Author not same as author of Viridium consolationis)
    See: Corde timere Deum sapientia prima videtur/ Mandatisque...

*5965. **Suscipe clementem intellige compatientem...***
    [Short poem on confession]
    Ms: Sankt Gallen 381

*5966. **Suscipe me Domine...***
    See: Quomodo suscipiendus...

*5967. **Suscipe vivendi doctrinam proficiendi...***
    Ps.-Bonaventura, Libellus de doctrina religiosorum or De doctrina proficiendi or Regula vivendi or Doctrina totius operi boni
    Mss: Metz 152; München, Clm 7824; Paris, Mazarine 996 (902); Roma, Casanatense 2 f.77-86; (Walther IC 18957)
    Printed: Bonaventurae operum Suppl. (ed. Bonelli) (Tridenti 1774) III 1168-1170
    See: Laus honor o Christe...(pref. invocation)
    Vos qui transitis...(concluding verses) A quampluribus...following entry

*5968. **Suscipe vivendi doctrinam proficiendi/ Quam tibi descripsi qui servulus es crucifixi...***
    Bongiovanni Anticerberus, (poem),
    Ms: Vaticana, Chigi H. V. 151 f.1-42; (Walther IC 18957)
    See: preceding entry

*5969. **Symbolum est omnium credendorum ad salutem spectantium compendiosa collectio...***
    See: Ad instructionem iuniorum quibus non vacat...

*5970. **Symonia...***
    See: Simonia...

*5971. **Syrenum noces et syrtes pocula nostra...***
    [On vanity of the world]
    Ms: London, BM Harl. 978 f.94

*5972. **Tabescentis tam** [or **iam**] **immundi/ Fluctuantem huius** [or **mundi**] **cursum cum inspicio...***
    Conflictus mundi et hominis [or abrenuntiantis] (poem) Walther IC 18981
    Printed: Dreves, Analecta hymnica 33, 278-80 from Cod. Stiriac. L.26

*5973. **Tabulam istam sequentem compilavi...***
    See: Ad Dei laudem...Tabulam istam...

*5974. **Talem lectorem praesens flagitat opusculum...**(prol.)*
    See: Frustra conatur rei naturalis...

5975. *Tales philosophus Asianus, ut ait Laertius...*
   Dicta philosophorum antiquorum or *De vita et moribus philosophorum veterum et virorum illustrium*
   Mss: Praha Univ. VII.E.13 (1302) f.132-140; Vaticana, Urb. lat. 886 f.1 seq.; Zwettl 315 f.49-93

5976. *Tam ex veteri testamento quam ex nova lege...*(chap. 3 and 8, part 9)
   [First of two tracts from Iohannes de Burgo's *Pupilla oculi*, called *De decimis* and *De testamentis*]
   Ms: Cambridge, Univ. Ii.6.15, f. 168-180
   Second tract: Ultima voluntas defuncti...
   See: Humane conditio nature...
   Ut dicit magister quarto...

5977. *Tam multos iam laudatores caritas...*
   Hugo de Sancto Victore, *De laude caritatis*
   Mss: Bruxelles, BR 2196-215 (cat. 1468) f. 166-171; Cambridge, Univ. Gg.4.17 f.104; Kk.4.11 f.116; Douai, 361; Erlangen, Univ. 273 f.157-159; Firenze, Laur. S. Croce Plut. XXIII dext.4; Grenoble 271 (819); Leipzig, Univ. 395 f.36-39; London, BM Arundel 405 f.31-33; Harl. 217 f.156; 485 f.16-22; Roy. 5 A.V. f.18; Oxford, Trinity 80 f.34 seq.; Paris, Mazarine 741 (1031); Paris, BN lat. 3307 f.115-118; 14506 f.147 seq.; 14525 f.297-305 (excerpts from this work and from Summa de Sacramentis?); 15988 f.204 seq. (Landgraf, *Einführung* 77)
   Printed: PL 176, 970 seq.
   Prol: Servo Christ Petro...Cogitanti mihi, frater charissime, quomodo dilectionem vestram...

5978. *Tanta pollet excellentia predicationis... Creatio rerum...*(prol.)
   See: Creatio rerum fuit...

5979. *Temperantia est virtus omnes illicitas delectationes...*
   Diffinitiones virtutum
   Ms: Paris, BN lat. 3213 f.92

5980. *Tempestas. Homines qui sunt in tempestate...*
   Moralitates rerum naturalium
   Ms: Praha, Univ. IV.H.25 f.40-46

5981. *Templum Dei sanctum est quod estis vos* (I Cor. 3,17)
   Bona Fortuna, *Bona summula*
   Ms: Bern 592 f.5a-15b; London, Dulwich College 22, f.74-75 (imperfect)

5982. *Templum Domini sanctum est quod estis uos...*(I Cor. 3,17). *Sermo iste quamuis omnes tangat quos in Spiritus Dei inhabitare debet...*
   Robertus Grosseteste, *Templum Domini* or *Tractatus qui Templum Domini merito nuncupatur super vita hominum et maxime clericorum* or *Distinctiones* or [and *sacramentis ecclesiae*] *articulis fidei* or *De sacerdotali officio* or *Speculum sacerdotum et ecclesie* or *Summa de templo Dei* or *De sacerdotibus*
   Mss: Bern 206; 271 f.13-21; Cambridge, Corpus Christi 136 f.102; 150 f.118; Cambridge, Caius 351 f.86; Cambridge, Jesus Q.G.18 f.50; Cambridge, Pembroke 245 f.210; Cambridge, St. John's A.15 (15) f.77 seq.; C.12 f.1; Cambridge, Trinity B.15.20 col.487; Cambridge, Univ. Ii.1.22 f.106; Ii.1.39 f.111; Kk.4.20 f.47; Ll.1.15 f.1745; Add. 3471 f.170; Cues, Hospital 233; Lilienfeld 23 f.28-35; Lincoln, Cath. 202 (C.3.2); 242 (A.7.13); London, BM Arundel 52 (202.A); 507; Burn. 356 f.20; Cotton, Vesp. D.V; Egerton 655 f.61-64; Harl. 209 f.64 seq.; 979 f.75-81; 1897; 3244; 5234 f.161; Roy. 5 F. XV; 8 B. IV; 12 F. XV; Longleat House (HMC Reports III, App.);

Manchester, John Rylands 153 f.2 seq.; Metz 521; Oxford, Bodl. Bodl. 36 (SC 1888); 440 f.104-105; Laud. misc. 112; 368; 374; Tanner 110; Oxford, Balliol 228 f.322 seq.; Oxford, Corpus Christi 32 f.78 seq.; Oxford, Magdalen 109 f.74 seq.; Oxford, Merton 257; Oxford, St. John's 93 f.40 seq.; Paris, Mazarine 109; 339 (765); Paris, BN lat. 543 f.71-77; 3473; 12312 f.211-218; 15700 f.143 seq.; Rouen A 557 (558) f.186 seq.; A 464 (591); A 468 (533); Schlägl 97 f.165-166; Toulouse 340; Troyes 1077; Wilhering 80 f.5-8; Wisbech, Museum 5 (HMC Reports IX, App.); (Thomson 138-140; Stegmüller RB 7404,4)
See: Sermo iste quamvis omnes tangat quos spiritus Dei inhabitare debet...

5983. **Tempore enim legis non confitebantur homines...**
De confessione notabilia quare modo oporteat hominem homini confiteri et non in veteri lege
Ms: Wien, Nat. Ser. n. 3014 f.32-36

5984. **Tempore quodam, cum devotionis causa...**
Speculum auctoritatum
Ms: Wien, Nat. 4288

5985. **Temporibus priscis pulix lacerasse potentes...**
Fabula podagae et pulicis
Ms: Sankt Gallen 899

5986. **Temptantia quippe vitia que inuisibili contra nos...**
De vitiis
Mss: Cambridge, Corpus Christi 481 p.636; Cambridge, Peterhouse 197 f. 133 (attrib. to Gregorius)

5987. **Temptatio diabolica**
See: Tentatio diabolica

5988. **Tempus erat quo te populis ostendere primo** [or **probra**]...
Gotfridus de Theuis, Vitia mulierum
Ms: München, Clm 4409; (Walther IC 19185)

5989. **Tempus est penitentie/ Dies sunt Salutiferi...**
[Poem on penance]
Ms: Paris, BN lat. 15139 f.251

5990. **Tempus flendi, tempus ridendi...**(Eccl. 3,4)**Tempus illud habet quatuor nomina...**
De contritione peccatorum
Ms: Kornik 1383 f.264-270

5991. **Tempus illud habet quatuor nomina...**
See: Tempus flendi, tempus ridendi... Tempus illud...

5992. **Tempus tacendi et tempus loquendi** (Eccl. 3,7)...
De modo tacendi et loquendi
Ms: München, Clm 11727

5993. **Tenebre erant super faciem abyssi** (Gen.1,2). **Quamvis verba proposita secundum sensum litteralem exposita de productione...**
Tractatus de peccato originali
Ms: Siena, Com. G.VII.18

5994. **Tenenda circa materiam baptismi: Materia baptismi debet esse aqua pura...**
See: Materia baptismi debet esse...

5995. **Tentatio diabolica quandoque est subita...**
See: Eripe me, Domine, ab homine malo (Ps. 139,2)...Tentatio diabolica...

5996. **Tepescens in membris procliuum corpus ad terram...**
Ps.-Hieronymus, Regula viuendi moralium; prologus

Ms: Cambridge, Trinity R.17.5 f.127 (attrib. to Hieronimus); Cambridge, Univ. Dd.7.2 f.181 (attrib. to Hieronimus)

5997. *Terminata prima pars exemplorum in moralibus...*
[Collection of *exempla*]
Ms: London, BM Addit. 33956 f.92 seq. (Welter 265n)

5998. *Terra caro cognatio nostra, genus vitiorum...*
Hildebertus Cenomanensis
[On Genesis 12,1]
(Walther IC 19224) Printed: PL 171, 1264

5999. *Terra cinis, vermis, homo, cur moriture superbis...*
[Poem on earthly vanity]
Walther IC 19225

6000. *Terret me domine quod tam divites...*
See: Terret me vita mea...

6001. *Terret me vita mea; namque diligenter discussa...*
S. Anselmus, *Meditacio ad concitandum timorem* or *Meditatio peccatoris* or *Oratio Anselmi* or *Confessio* or *De terrore judici* or *De contemptu huius misere vite et timore penarum eternarum*
Mss: Budapest, Eg. Kön. 92 f.55-57; Cambridge, Pembroke 253 f.iii-iv; Cambridge, St. John's F. 31 (168) f.7-9; Douai 454; Gdansk 1957; Lincoln, Cath. 84 (A.3.10); London, BM Burn. 356 f.82-83; Roy. 7 D.XVII f.233; München, Clm 28397 f. 147-149; Oxford, Bodl. Laud. misc. 79; Oxford, Exeter 23; Oxford, Jesus 36; Oxford, Magdalen 109 f.97 seq.; Oxford, Merton 13 f.48 seq.; Oxford, St. John's 165 f.3 seq.; Paris, Arsenal 412; Paris, Mazarine 711 (1030), 714 (1035), 646 (862); Paris, BN lat. 2476; 2937; 3769; 10020; 13576; 15694 f.174 seq.; nouv. acq. lat. 333; Praha, Univ. V.D.2 (870) f. 149-150; X.B.24 (1853) f.49-51 (?); Rouen I.62 (664); Tours 339; 340; 345; 348 f.80-82; 408;
Printed: PL 158, 722 (Meditation II); Opera omnia (ed. F. S. Schmitt) (Edinburgh 1946) III 76-83
Prol: Orationes sive meditationes...

6002. *Terruit me vita mea, namque diligenter discussa apparet mihi...*
Cf: Terret me vita mea...

6003. *Teste sacro eloquio per invidiam intravit mors in orbem terrarum...*
De zelo non bono qui separat a Domino
Ms: Paris, BN lat. 15157 f.110 seq.

6004. *Testificor coram Deo et Christo Jesu qui iudicaturus* (II Tim. 4,1)...
Robertus Holcot (?), *Tabula ad pugnam contra luxuriam*
Ms: Würzburg, Univ. M.ch.q.157 f.134-137

6005. *Testis mirificus, patriae custos et amicus...*
De iuvene divinitus percusso ob superbiam
Ms: Paris, BN lat. 3761 f.66

6006. **Thales** [or Tales] **philosophus Asianus ex clarissimis parentibus...**
De vita et moribus philosophorum [*veterum et virorum illustrium*] or *Dicta philosophorum antiquorum*
Mss: Douai 439; Frankfurt am Main, Stadtbibl. Praed.121 f.1-78; Praha, Univ. VII.E.13 (1302) f.132-140; Sankt Gallen, Vadian 455; Vaticana, Urb. lat. 886 f.1 seq.; Zwettl 315 f.49-93.
See: De vita et moribus philosophorum veterum tractaturus...

6007. **Theodosius de vita Alexandri refert** [or **recitat** or **narrat**] **quod rex Cilicie Alexandrum ad conuiuium inuitauit...**(Lib.1) *Cap. 1: Varro peccatum depinxit...*
Lib. II: Refert Fulgentius De ornatu orbis...Lib. III: In ciuitate Atheniensi fuit constituta talis lex... Refert [Narrat] Seneca Declamationum libro primo, declamatione prima quod lex fuit...
Robertus Holcot O.P., *Moralitates* or *Moralizationes* or *Tractatus moralis* or *Quedam moralia per figuras*
Mss: Basel, Univ. B VIII 10 f.1-16; Bordeaux 267; Firenze, Naz. Conv. Soppr. H. IX.1523 f.79-100 Gdansk 1974; Mar. F.231; Mar. F.253; København, Gl. kgl. S.3544 oct. f.16-136; Lincoln, Cath. 189 (B.4.2); London, BM Addit. 21429 f.266 seq.; Arundel 361; 384 f.77-94; Egerton 2258 f.4 seq.; Roy. 6 E III f.218 seq.; Manchester, John Rylands 70 f.45 seq.; Metz 240; 296; Oxford, Magdalen 68; Paris, Mazarine 986 (122); Paris, BN lat. 590; Pavia 380; Praha, Univ. VI.F.24 (1163) f.19-54; VIII.A. 25 (1433) f.295-307; X.H.22 (2000) f.210-248; Roma, Angelica 369 (D.2. 1); Saint-Omer 273; Trier, Stadtbibl. 658; 762a; 2250a; (Ward & Herbert III 106 seq.; Welter 366 n.63; Stegmüller 7411
See: In ciuitate Atheniensi... Narrat Seneca Declamationum...
Non est desperandum...Nota quod multi sunt in ecclesia...Refert Romulus in analibus....

6008. **Theodosius in civitate romana regnavit prudens et potens valde...**
Gesta romanorum
Ms: London, BM Harl. 406
See: Felicianus in civitate romana regnavit...
Pompeius regnavit, dives valde et potens...

6009. **Theodosius recitat de vita Alexandri...**(variant)
See: Theodosius de vita Alexandri refert...

6010. **Theodosius Rex Cilicie Alexandrum ad convivium invitavit...**(variant)
See: Theodosius de vita Alexandri refert...

6011. **Theologia est scientia ducens humanum intellectum...**
Augustinus de Dacia, O.P., *Rotulus pugillaris* and *Rotulus manualis*(?) (a related work)
Mss: Basel, Univ. B.X.9 f.39-69; Uppsala C.647 f.159-176 and: (*Rotulus manualis*) Göttingen, Univ., Lüneb. 18; Klosterneuburg 179; Lübeck, Theol. lat. 149; München, Clm 28505; (A. Walz, *Des Aage von Dänemark Rotulus pugillaris*, in *Classica et Mediaevalia* 15 [1954] 198-252; Kaeppeli 341)
Printed: A. Walz, *Classica et Mediaevalia* 16 [1955] 135-194
See: Ad laudem Iesu Christi pro instructione... (prol. incipit to both works)
Sacra theologia que tractat...

6012. **Theologia in duas distinguitur species: supercelestem et subcelestem...** (Book I)
See: Quoniam homines a vera sue rationis dignitate...

6013. **Theologia loquitur ad animam Christianum...**
See: Theologus loquitur...

6014. **Theologia veritas est diadema sapientis. Hanc propositionem quidam scribit Atheniensis ad Valeriarum...**(prol.)
See: Quasi stella matutina... Iste liber cuius subiectum est...

6015. **Theologie due sunt species, una rationalis, que celestium...**
Alanus ab Insulis, *De virtutibus et vitiis* etc. (part of *Summa 'Quoniam homines'*)
Mss: Laon 146; London, BM Roy. 9 E.XII f.158-167; (O. Lottin, *Mediaeval Studies* 12 [1950] 20 seq.; d'Alverny, *Alain de Lille* [Paris 1965] 61-64)
Printed: O. Lottin, *Psychologie et Morale...* VI (Gembloux 1960) 45-92

Cf: Quoniam homines a vera... Tractaturi de virtutibus et vitiis, primo videndum est quid sit virtus et unde dicatur...Virtus est habitus mentis...

6016. **Theologus loquitur ad animam christianam...**
Iohannes Gerson, *Dialogus de perfectione cordis*
Mss: København, Gl kgl. S.3392 oct. f.79-104; Praha, Univ. X.H.7 (1985) f.158-167; Trier, Stadtbibl. 693; Wien, Schott. 320
Printed: *Opera omnia* (Antwerpiae 1706) III 436-449

6017. **Theorodus imperator statuens pro lege...**(variant)
See: Dorotheus imperator statuens...

6018. **Tibi dabo claves...Matth. 16,19. Potestas ista...**
See: Absolutio. Tibi cabo claves...Matth. 16,19. Potestas ista...

6019. **Tibi dabo claves regni celorum,** (Matth. 16,19). **Verbum istud dicitur** [or **Hoc verbum dicitur** or **Hoc dicitur cuicumque** or **Hoc cuilibet dicitur** or **Cum hoc cuilibet dicitur**] **confessori...**
Henricus de Hassia, *Tractatus quidam de confessione* or *De clavibus ligandi et solvendi* or *De confessione* or *De potestate clavium* or *Lumen confessorum* or *Tractatus de poenitentia et confessione* or *Tractatus de confessione* or *Tractatus utilis de sacramento poenitentiae de confitente et confessore*
Mss: Erlangen, Univ. 547 f.148-157; 548 f.244-253; 562; Gdansk 1975; Giessen, Univ. 673; 746; Karlsruhe, Reichenau 157; Klagenfurt, Studienbibl. Pap. 93 f.138-153; Klosterneuburg 194 f.235-241; München, Clm 3049 f. 26-40; 23833 f.284-298; 26706 f.318-326; 27417 f.107-118; 27441 f.324 (not seen--author and title the same); 28378 f.3-72; Paris, Mazarine 943; Paris, BN lat. 10730; Praha, Metr. Kap. P.31; Praha, Univ. I.C.10 (101) f.287-292; Rein 5 f.81-104; 6 f.262-267 (incomp.); Sankt Florian XI.88; Schlägl 103 f.182-192; Selestat 57; Strasbourg 83; Vyssi Brod 84 f.3-16; Wien, Nat. 3613; 4570; 4659; 4918; Wien, Schott. 327; Wilhering 92 f.228-243; Wrocław, Uniw. II.F.88; Würzburg, Univ. M.ch.f.142 f.253-255; (Michaud-Quantin Index; Schulte II 433; K. J. Heilig, in *Röm. Quartalschrift* 24 [1932] 154-160)
Cf. (?): Nota quod duplex est confessio publica et occulta... (variant?)

6020. **Timidis incredulis execratis...**
De octo peccatis pro quibus homo eternaliter dampnatur
Ms: Bamberg, Theol. 105 (Q.III.20) f.170-174

6021. **Timor Domini principium sapientie** (Prov. 1,7). **Ne dicas amico tuo...**
[Proverbs]
Ms: Paris, BN nouv. acq. lat. 352 f.1 seq.

6022. **Titulus Psalmi: Psalmus David. Cum venit ad eum Natan propheta...**
Robertus Grosseteste, *De penitencia David*
Ms: London, Lambeth 499 (Thomson 137)

6023. **Titulus utilitas et intentio...**
See: Opus istud vocatur arbor virtutum, in qua...Titulus utilitas...

6024. **Tortor avaritie vestigia temnere dire...**
Versus de auaritia
Ms: Cambridge, St. John's B.20 f.80

6025. **Tot scelerum morbis totus prope subiacet orbis...**
De peccatis
Walther IC 19323

6026. **Tot tibi mala meis manibus letissima arpsi...**
   Poema morale
   Walther IC 19325

6027. **Tot video gentes, quae sunt perversa loquentes...**
   De vite miseriis (poem)
   Walther IC 19326

6028. **Tota celestis philosophia in bonis moribus consistit et fide...**(Prol.)
   (Cap. 1) Videndum ergo quid sit penitentia, quid penitere...Penitentia est, teste Augustino, gratia qua mala commissa emendationis proposito plangimus et odimus...
   Robertus de Corsonio (Courson), *Summa*
   Mss: Arras 62; Brugge, Stadsbibl. 247; Cambridge, Caius 151 (extr.); 331; Escorial G.IV.14; London, BM Roy. 9 E.XIV; Paris, BN lat. 3203; 3258; 3259; 3495; 14524; Rouen A 408 (656); Troyes 1175 (Glorieux 103 a; Stegmüller RS 731)
   Printed (part.): V. L. Kennedy, *Mediaeval Studies* 7 (1945) 291-336
   (Intro. table): Quid sit penitentia et quid penitere. Quod tria debet attendere quisque ut sit vere penitens...

6029. **Totam creaturam respicienti sedulo consideranti**
   See: De vitae praesentis taedis locuturus nude exordium...

6030. **Totius mundi machine creator...**
   Versus de ploratu penitentiae
   Ms: Paris, BN lat. 1154 f.106

6031. **Totus homo in culpa fuit: peccauit enim...**(Prol.)
   (Text) Sed quoniam baptismus ceteris sacramentis preponitur...
   Summa de sacramentis totus homo
   Printed: H. Betti (Roma 1955)

6032. **Tractatulum de penitencia predictis subiungendo occurrit sciendum, quod secundum magistrum 4 sentenciarum...**
   Nicolaus de Dinkelsbühl (?), *Confessionale breve*
   Mss: Klosterneuburg 447 f.189-204; Wien, Schott. 376 (Madre p.286)

6033. **Tractatum de poenitentia perlecturis occurrit primo notandum...**
   Magister Paulus, *Summula super De poenitentia*
   Ms: London, BM Roy. 11 A.II f.203
   Cf: Quoniam circa confessiones animarum pericula...

6034. **Tractatum presentem in duas partes...**
   Ms: Karlsruhe, E.M. 406; Stuttgart, Theol. Fol. 272 p.85 (Michaud-Quantin 85 and Index)

6035. **Tractatum quemdam de conditionibus humanis secundum varias hominum consuetudines intendo compilare...**
   See: Factus est homo in animam viuentem... (Introductory passage)

6036. **Tractaturi aliqua uniuersalia circa naturam legum, quoniam multe sunt leges de iure naturali...**
   Ps.-Durandus de S. Porciano, O.P., *Tractatus de legibus*
   Kaeppeli 957

6037. **Tractaturi de septem vitiis,...**
   Mss: Wien, Nat. 1354 f.91-95

6038. *Tractaturi de septem vitiis capitalibus...*
Rolandus (de Casali) de Padua, O.S.B., *Tractatus de septem peccatis capitalibus*
Ms: Napoli, Naz VII.D.74 f.119-125

6039. *Tractaturi de singulis incipiemus...*
De septem peccatis capitalibus
Ms: Wien, Nat. 3617

6040. *Tractaturi de virtutibus et vitiis: Primo de virtute agendum est...*(another variant of above?)
Mss: Oxford, Bodl. Laud. misc. 544; Trier, Stadtbibl. 731

6041. *Tractaturi de virtutibus et vitiis, primo videndum est quid sit virtus et unde dicatur...*
Virtus est habitus mentis bene constitute. Dicitur autem virtus quasi vi stans...
Alanus ab Insulis, *Tractatus de virtutibus et vitiis* (Resume of *De virtutibus*: 'Theologie due sunt species...' [of which this work is an abridgement])
Ms: Paris, BN lat. 3238 F f.84-85
Printed: Appendix to J. Huizinga, *Ueber die Verknüpfung des Poetischen mit dem Theologischen bei Alanus de Insulis* in *Mededeelingen Akademie Amsterdam* (74 B (1932) 183-198; O. Lottin, *Psychologie et Morale...* VI (Gembloux 1960) 28-36.
See: Virtus est habitus mentis bene constitute. dicitur autem...

6042. *Tractaturi de vitiis primo agemus de vitio in communi, secundo de septem capitalibus vitiis...*(variant of: 'Dicturi de singulis vitiis cum oportunitas...')
Guillelmus Peraldus, *Summa vitiorum* or *Tractatus moralis de viciis* or *De vitiis et virtutibus* or *Summa septem viciorum capitalium et XXIIII viciorum lingue*
Mss: Bruxelles, BR 1955 (2151) f. 1-318; 1608 (2152) f.2-142; Chartres 405; Paris, Arsenal 536; Toulouse 213
See: Dicturi de singulis vitiis cum oportunitas...

6043. *Tractaturus nunc specialiter de septem hostibus principalibus...*
Summa de virtutibus et vitiis
Ms: Avignon 315 f.2-258

6044. *Tractatus de singulis vitiis. Incipiamus a vitio gulae...*(main variant)
See: Dicturi de singulis vitiis cum opportunitas se offert. Incipiemus a vicio gule...

6045. *Tractatus iste continet novem partes. Prima pars continet de hiis que valent ad detestationem vicii...*
(Introductory table of Peraldus' *De vitiis* or *Summa*)
See: Dicturi de singulis viciis cum oportunitas se offert...

6046. *Tractatus iste novem partes continet. Prima pars...*(variant)
See: Tractatus iste continet novem partes...

6047. *Tractatus valde bonus de penitencia...*
[Questions on penance possibly second part of 'Cum repetes a proximo aliquid...']
Ms: Paris, Mazarine 986 (122) f.146 seq.

6048. *Traditione autem seniorum edocti didicimus...*
Bartholomeus, *Excerptum de penitentia*
Ms: Cambridge, Univ. Dd.11.83 f.74

6049. *Tradunt cuncta neci predeque cupidini ceci...*
De vita humana
Walther IC 19346

6050. *Transit honor temporalis, labat rerum firmitas...*
See: Roma potens quondam, caput orbis, honor...

6051. **Tres leo naturas et tres habet inde figuras...**
   Theobaldus (Ps.-Hildebertus Cenomanensis), *Physiologus*
   Mss: Darmstadt 2780; Krakow, Uniw. 1607 f.655-708; 1913 f.38-51; 2035; Napoli, Naz. IV.F.60 f.35-41 (Thorndike-Kibre 1584; Walther IC 19395)
   Printed: PL 171, 1217-1224
   See: Leo habet tres naturas et tres figuras...(selections)
   Commentary: Bestiarum seu animalium regis... Tres leo naturas...In principio huius auctoris...Tres naturas habet leo. Primo cum ambulat...

6052. **Tres leo naturas...In principio huius auctoris sicut in aliorum...**
   [Commentary on Theobaldus' *Physiologus*]
   Ms: Basel, Univ. B V 32 f. 69-73 (G. Meyer-M. Burckhardt, *Die mittelalterl. HSS der Univ. Basel*, I [Basel 1960] 548-549)
   Cf: Tres leo naturas et tres habet inde figuras...

6053. **Tres naturas habet leo. Primo cum ambulat...**
   [Bestiary related to *Physiologus*]
   Ms: Paris, BN lat. 2843E f.64-79
   Cf: Tres leo naturas et tres habet...

6054. **Tres partes fracte de Christi corpore signant...**
   [Poem on Sacraments, Confession, etc.]
   Mss: Douai 40; Oxford, Lincoln Coll. 10; Paris, BN lat. 13468 f.130; 15960 f.295; (Walther IC 19401)

6055. **Tres sunt libertates; libertas alia a necessitate; quam contulit nobis natura...**
   Ricardus de Sancto Victore (?), *De divisione virtutum et vitiorum*
   Mss: Paris, Arsenal 327; Troyes 302 no.2; Torino, Naz. e. VI.28 (CCXXIV) f.41

6056. **Tres sunt misericordie: prima in expectando, secunda in convertendo...**
   [On pity]
   Ms: Paris, BN lat. 6674 f.67 seq.

6057. **Tres sunt partes poenitentiae ut dicit magister dist.16 quarti** (IV Sent. dist. 16), **scilicet compunctio cordis...**
   Nicolaus de Dinkelsbühl, *De tribus partibus poenitentiae*, Sermo II... *De contritione confessionis*
   Mss: Alba Iulia I 53 f.147-180; II 40 f.331-362; Wien, Nat. Ser. n.3830 f.140-143.
   See: Ecce nunc tempus acceptabile...Duo sunt...

6058. **Tres sunt partes uere penitentie que rite peracte purgant animam...**
   Nicolaus de Dinkelsbühl, *Confessionale super septem peccata mortalia*
   Ms: Wien, Nat. 3808 f.63-71
   See: Secundum magistrum et doctores

6059. **Tres sunt qui movent bellum contra nos, dialobus, caro et mundus...**
   De tribus contra Christianum bellantibus
   Ms: Oxford, Corpus Christi 212

6060. **Tres sunt species confessionis. Est confessio flagitii vel facinoris et confessio fidei...**
   De confessione
   Ms: Paris, BN lat. 3823 f. 56 seq.

6061. **Tres sunt species poenitentiae...**
   De poenitentia et tribus eius partibus
   Ms: München, Clm 2814 f.130-156; (Schulte II 533)

6062. **Tres sunt ternarii peccatorum infames...**
   Ps.-Bonaventura, *De tribus ternariis peccatorum infamibus*
   Glorieux 305 dt

6063. **Tres sunt virtutes que quamvis omni etati omnique ordini apte sint...**
Iohannes Homo Dei (Ps.-Bernardus), *Tractatus de ordine vitae et quorum institutione*
Ms: Leipzig, Univ. 382 f.189-198 (A. Wilmart, *Auteurs spirituels* [Paris 1932] 64-100; MSS p.83-85)
Printed: PL 184, 561-584

6064. **Tres virtutes sunt, quae pueris et adolescentibus magis congruunt...**
Bernardus Claraevallensis, *De tribus virtutibus*
Ms: London, BM Arundel 405 f.33

6065. **Treuge et tripudium de mundo abierunt...**
Planctus de statu mundi (poem)
Ms: Wolfenbüttel 33.1.Aug. fol. f.393

6066. **Tria maxime solent...**
Secund particula de cupiditate
Ms: Wilhering 132 f.15-21

6067. **Tria sunt ex quibus constat poenitentiae perfectio...**
[On penitence]
Ms: London, BM Roy. 8 A.XV f.180

6068. **Tria sunt genera hominum Deo serventium. Alii Deo serviunt...**
Ricardus de Sancto Victore (?), *De tribus viciis, luxuria, superbia et curiositate*
Mss: Cambridge, Univ. Ff.1.16 f.71; Paris, BN lat. 3696B f.36 seq.; 13442 f.86 seq.

6069. **Tria sunt genera peccatorum quibus genus humanum subiacet...**
See: Sicut dicit Gregorius super Ezechielem. Tria sunt genera...

6070. **Tria sunt genera sanctitatis...**
De contemplatione vitae humanae
[*distinctiones* and excerpts from fathers]
Ms: London, BM Roy. 8 C. VII f.121

6071. **Tria sunt homini necessaria ad salutem scilicet scientia credendorum... Primum docetur in simbolo...**
Thomas de Aquino, *De duobus praeceptis caritatis et decem legis praeceptis* or *Collationes de decem preceptis*
Mss: Bamberg, Theol. 227 f.156-178; Barcelona, Central 575 f.1-57; 580 f.114-127; Basel, A.VI.3 f.330; Berlin, Hamilton 630 f.114-134; Bologna, Univ. 1655 f.94-99; Bordeaux 131 f.87-94; Bratislava, Univ. 11 G f.102-122; Budapest. Eg. Kön. 90 f.179-190; Cambridge, Corpus Christi 35 f.269-278; Cambridge, St. John's 179 (G 11) f.28-52; Cambridge, Univ. Kk.1.9 (1943) f.36-43; Mm.6.7 (2466) f.57-91; Erlangen, Univ. 279 f. 19-26; Firenze, Laur. S. Croce Plut. XXXVI dext. 9 f.99-123; S. Marco 621 f.369-376; Firenze, Naz Conv. Soppr. J.VII.47 f.79-85; Ferrara, Com. II-216 f.311-338; Gdansk, Mar. Q.70 f.173-175; Grenoble 560 (293) f.1-36; Halberstadt 125 f.147-162; Hall in Tirol I-102 f.150-171; Heiligenkreuz 144 f.153-161; Lisboa, Illum. 95 f.1-11; Madrid, Nac. 4196 f.184-197; Magdeburg 34 f.144-155; Melk 799 (811) f.196-210; München, Clm 18195 f.1-11; 26309 f.96-104; Nürnberg, Cent. IV, 77 f.101-115; Olomouc, CO 428 f.362-384; Oviedo, Cab. 33 f.154-175; Oxford, Bodl. Laud. misc. 189 f.1-9; Oxford, Balliol 61 f.2; Oxford, Lincoln 81 f.58-66; Oxford, Oriel 31, f.299-304; Paris, Arsenal 919 f.15-47; Paris, Sainte-Genevieve 238 f.179-184; Pelplin 145 (208) f.67-86; Praha, Metr. Kap. B.29 (237) f.199-224; D.108 (677) f.60-67; Praha, Narodni mus. XIV.E.8 (3483) f.87-88; XV.D.4 (3563) f.192-208; Reims. 475 f.200-221; Sarnano 54 (E.128) f.80-128; Sevilla, Cab. 83-2-15 f.85-116; Siena, G.VII.20 f. 110-130;

Sankt Florian XI-362 f.67-77; Sankt Gallen 842 p.575-597; Trier, Stadtbibl. 774/1347-8 f.223-245; Troyes 1256 f.152-175; Valencia, Univ. 2300 f.198-212; Vaticana, Barb. lat. 463 f.131-138; Ottob. lat. 183 f.90-100; 198 f.99-104; Patetta 118 f.123-155; Rossiano 298 f.1-15; Urbin. lat. 127 f.201-211; Vat. lat. 808 f.65-76; 809 f.1-15; Vicenza 77 f.63-97; Wien, Domin. 72/216 f.81-119; Wolfenbüttel 44.24.Aug. Fol. (2547) f.332-345; 419 Helmst (454) f.149-167; Wrocław, Univ. I F 73 f. 128-139; I F 312b f.149-161; I F 624 f.277-298; I Q 447a f.28-46; Zeitz XIII (37) f.62-83; (P. Mandonnet, *Le carême de S. Thomas a Naples*, in *S. Tommaso d'Aquino. Miscellanea*, [Roma 1924] 195-211; M. Grabmann, *Die Werke des hl. Thomas von Aquin*, [Münster i.W. 1949] 378-393)

Printed: s. l. [c.1480-85] (Cop. 574); Mediolani 1488 (Goff T-259); 1488 (Goff T-262); Venetiis 1490 (Goff T-258), 1498 (Goff T-257); 1508; Lovanii 1562; Lugduni 1562; Romae 1570 (t.17); Venetiis 1587; 1593 (t. 17); Duaci 1609 (t.1); Antverpiae 1612 (t.17); Parisiis 1634; 1656; Bergomi 1741; Venetiis 1754; 1787; Neapoli 1849 (t.1); Parmae 1864 and Neo Eboraci 1959 (t.15); Parisiis 1876 and 1889 (t.29); 1881; 1927; Taurini-Romae 1954

See: Christus ante passionem suam a legisperito interrogatus quod esset...
Cf: Tria sunt necessaria ad salutem scilicet fides, spes, caritas. Primum docemus...

6072. **Tria sunt in quibus summa nostrae salutis consistit: fides...**
Sententiae Florianenses
(H. Ostlender, *Florilegium patristicum XIX* [Bonn 1929])

6073. **Tria sunt necessaria ad salutem scilicet fides, spes, caritas. Primum docemus in symbolo, secundum in oratione dominica...**
Expositio de decem praeceptis S. Thomae de Aquino retractata
Ms: Kornik 55 f.367-383
Cf: Tria sunt homini necessaria ad salutem scilicet scientia credendorum... Primum docemur in simbolo...

6074. **Tria sunt necessaria maxime homini ad salutem ...**(variant)
See: Tria sunt homini necessaria ad salutem...

6075. **Tria sunt peccata quibus cetera oriuntur: superbia, scilicet amor mali...**
[On sins]
Ms: Paris, BN lat. 6674 f.70 seq.

6076. **Tria sunt per quae vere virtus humilitatis...**
[On humility]
Ms: Paris, BN lat. 1857 f.121

6077. **Tria sunt que debemus fugere et vitare...**
Petrus Iohannis Olivi,
[Spiritual tractate]
Ms: Volterra, Bibl. Guarnacciana 5230 f.130-132 (R. Manselli, *Spirituali et Beghini in Provenza* [Roma 1959] p.271)

6078. **Tria sunt que faciunt homines in se considere...**
Puncta diversa et bona
Ms: München, Clm 4144 f.71-77

6079. **Tria sunt que in religionis cultu...**
[On faith, hope and charity]
Ms: Wien, Nat. 2511 f.156-160

6080. **Tria sunt que reddunt fidem commendabilem primum est hoc quod deo multum placet...**

[Work on the virtues and the seven gifts of the Holy Ghost]
Ms: Milano, Ambrosiana H.168 inf. f.1 seq.

6081. *Tria sunt que retrahunt...De eis que retrahunt ab amore seculi...*
Ms: München, Clm 14820

6082. *Tria sunt sub omnipotentis Dei manu habitacula...*
Ps.-Augustinus; Ps.-Patricius, *De tribus habitaculis*
Mss: Cambridge, Caius 122 f. 151-154; Praha, Univ. X.H.17 (1996) f.92-94 (Clavis 1105)
Printed: PL 40, 991-998; 53, 831-838

6083. *Tria sunt vincula amoris...*
Iohannes Wyclif (?), *Tractatus de triplici vinculo amoris*
Ms: Praha, Univ. X.E.9 (1910) f.138-146

6084. *Tria vitia acidia invidia...*
[Couplet on the Seven Deadly Sins]
F. W. E. Roth, *Romanische Forschungen* VI (1891) 44

6085. *Tribulatio est donum pretiosum...*
De tribulatione
Ms: Klagenfurt, Studienbibl. Pap. 83 f.131

6086. *Tribus de causis potest homo habere vitam eternam...*
De fide et spe et caritate
Ms: Antwerpen, Mus. Plantin-Moretus 77 f.43

6087. *Tribus malis agitatur vita presens et gravatur...*
Petrus Pictor, *De tribus malis mundi* (191 vv.)
Mss: Chantilly, Musee Conde 1596 f.94; Gent, Univ. 92 f.163; Leiden, Univ. Vossius Lat. F. 31 f.99; s'Gravenhage, Kon. Bibl. Y 392 f.109; Paris, BN lat. 8865 f.157; Saint-Omer 115 f.78; (Walther IC 19430; cf. 1856, 13292)

6088. *Triplex est capiendi consilii deliberatio: prima est de honesto tantum...*
See: Moralium dogma philosophorum... (prol.)

6089. *Triplex est esse* [or *essentia*] *rerum: quedam enim res sunt composite et in compositione sua sunt mixte...*
Iohannes Folsham, O. Carm., *De natura rerum* or *Moralitates rerum*
Ms: Vaticana, Urb. lat. 7378 (Thorndike-Kibre 1589)

6090. *Triplex est medicina cuilibet proposita...*
[Work on confession]
Ms: Vaticana, Regin. lat. 440 f.45 seq.

6091. *Triplex est penitencia scilicet solempnis...*
De penitentia publica
Ms: Wien, Schott. 258 f.109-111

6092. *Triplex fuit beneficium*
See: Abraham. Triplex fuit...

6093. *Triplex genus peccati mortalis significatur...*
Septem criminalia vicia cum eorum remediis
Ms: London, BM Roy. 5 F.XV f.60-76

6094. *Triplice de tam mea mens est versibus...*
[Poem]
De diversis erroribus mundi
Ms: Bruxelles, BR 14745-50 (cat. 2235) f.37

6095. *Triplicem hominis statum distinguit auctoritas...*
   Praepositinus (Prevostin), *Tractatus de peccato originali*
   Ms: Paris, Mazarine 1708 f.253-256; (Glorieux 109 b)

6096. *Triplices sunt homines qui peccant contra naturam: Sodomiti, simoniaci et usurarii...*
   [On sins against nature]
   Ms: Brno, Univ. Mk 90 f.216-217

6097. *Triplici ratione potest ostendi vicia summa diligencia...*(prol., ch.2)
   See: Dicturi de singulis vitiis cum oportunitas

6098. *Triplici ratione vitia vitanda sunt; primo quia daemonibus...*
   [On sin]
   Ms: Paris, BN lat. 3562 f.213

6099. *Tristicia vestra vertetur in gaudium* (Ioh. 16,20). *Quia non sicut beato Matteo apropriatur incarnacionis sacramentum...*
   [Treatise on 14 parts of sadness and 14 parts of joy]
   Ms: Firenze, Laur. Ashburnham 149 f.130-134

6100. *Trogus Pompeius 4 libro narrat...*
   [Collection of moralized tales]
   Ms: London, BM Roy.12 E.XXI; (Ward and Herbert III 154 seq.)

6101. *Tu autem cum ieiunas...*(Matth. 6,17). *Scribitur in responsione quam Iob fecit...*
   Iohannes de Capistrano, O.F.M., *De ieiunio*
   Ms: Napoli, Naz. VII.E.29 f.1-8 (C. Chiappini, *La produzione*...p.60)

6102. *Tu contribulisti capita draconis...*(Ps. 73,13). *Dicit Dominus Ez.18,4: anima que peccauerit, ipsa morietur...*
   Antoninus Florentinus O.P., *Summa moralis*, Pars II
   See: Quam magnificata sunt opera tua Domine... Comtemplatur propheta...

6103. *Tu es sacerdos in eternum* (Ps. 109,4)...
   Tractatus de malitia cleri evitanda
   Ms: Praha, Univ. V.E.28 (922) f.142-149

6104. *Tu mundum, fili, fugito furibundum...*
   [Poem on world]
   Ms: München, Clm 16226 f.123-130

6105. *Tu qui digne vel indigne fueris proclamatus...*
   Bernardus, *De patientia habenda in capitulo*
   Mss: Cambrai 836 (741); München, Clm 641; Paris, BN nouv. acq. lat. 33; Sankt Gallen 933 (Walther IC 19506)
   Cf: following entry

6106. *Tu qui dignus vel indignus...*
   Speculum monachorum
   Ms: Trier, Stadtbibl. 691
   Cf: preceding entry

6107. *Tu qui inter Deum...*
   See: Gregorius in Cura pastorali...Tu...

6108. *Tu qui iuste vel iniuste fueris...*
   See: Tu qui digne vel indigne fueris...

6109. *Tu quicumque voles* [or *velis*] *missam celebrare...*
   Sebastianus Brant (?), *De contemptu saeculi*
   Ms: Oxford, Bodl. Canon Misc. 323; Valenciennes 130; (Walther IC 19517)

6110. **Tu quis es** (Ioh. 1,19). **Scriptura sacra secundum quod potuit videri tres quaestiones solet homini facere ad suam utilitatem...**
Anon., *De miseria humana sermo*
Ms: Verona, Com. 517-519 f.164-167

6111. **Tu quoque, nescio qua rerum spe lusus inani,/ Cogis, auare, tuas insatiatus opes...**
Erasmus, *Elegia tercia, in divitem avarum*
Printed: *Poems*, ed. C. Reedijk (Leiden 1956) 213 seq.

6112. **Tu tibi, displiceas, nec pompam dilige; nullum spernito, nec laudis sis...**
[Anacyclic or retrograde poem on the seven virtues, read backwards on the seven deadly sins]
Ms: Privas, Archives de l'Ardeche I 4 f.120; (Edouard Andre, *Vers Anacycliques*, in *Bibliotheque de l'Ecole des Chartres* 53 [1892] 444-446)

6113. **Tu venis ad sanctum confessionem pro consequenda...**
Tractatus de confessione
Ms: Cambridge, Univ. Mm.6.15 f.170

6114. **Tua me pia et crebra infestatio angit, ut tuis petitionibus...**
Ps.-Bernardus, *De doctrina vitae agendae* or *De regimine cordis, oris et operis*
Printed: PL 184, 1185-1190

6115. **Tuae non immemor piae petitionis, o charissima mater, tibi, ut rogasti, scribere studui. Noui enim ardorem animi tui...**(Prol.)
Adalgerus, O.S.B. (?), *Admonitio ad Nonsuindam reclusam* or *Liber de studio virtutum* or *De caritate*
Mss: Berlin, Theol. qu.190 (Rose 351); Lat. qu. 663; Phill. 2004 (Rose 58); Bruxelles, BR 4387-96 (cat. 1596) f.41-52; Cambrai 522 f.16 seq.; Chartres 69; Klosterneuburg 234 f.75-79; 787; København, Univ. Ms. fabric. 89 in 4 (from Meissen ?) f.53-58 (abridgement); Le Mans 197 f.162-189; München, Clm 18537; Paris, Arsenal 755; Paris, Mazarine 690; Paris, BN lat. 3867; Praha, Univ. IV.G.23 (755) f.222-239; Toulouse 163; Vaticana, Palat. lat. 191; Regin. lat. 444; Wien, Nat. 428 (Vaccari, *Melanges offerts au R.P. Cavallera*[Toulouse 1948] 147-162)
Printed: PL 134, 915-958 (an abridgement of this work, *De virtutibus anime*, etc.); A. E. Anspach in *Scriptores ecclesiastici hispano-latini veteris et medii aevi* IV (Escorial 1935)

6116. **Tuas eximias laudes virtutesque...**(prol. to Duke Humphrey of Gloucester)
Petrus de Monte, *De virtutum et vitiorum inter se differencia*
See: Cum Petrus Emilianus Pontifex Vincentinus vir omnium judicio...

6117. **Tue non immemor pie petitionis**
See: Tuae non immemor

6118. **Tulit Dominus Deus hominem et posuit eum in paradiso** (Gen. 2,15)...(prol.)
See: Erunt sicut angeli Dei in celis...Verbum Salvator...

6119. **Tullius De natura deorum...Religio est virtus, que superioris cuiusdam nature...**(chap. 1 variant)
See: De religione Dei. Tullius de natura Deorum...Sanctitas est scientia...

6120. **Tullius: Honestum est quod sua vi nos trahit et sua dignitate nos allicit. Virtus vero est habitus animi in modum naturae homini...**
Moralium dogma philosophorum without Prologue
Ms: London, BM Harl. 658 f.73-77
See: Moralium dogma philosophorum...
Honestum est quod sua vi nos attrahit...

LIST OF INCIPITS

6121. Tullius macha demeter...
Ms: Vaticana, Palat. lat. 1726 f.37 seq.

6122. Tunc dicat sacerdos confitenti...
Robertus Grosseteste (?), *Diversi tractatus penitencie in unum redacti*
Ms: Canterbury, Christ Church 37 (B.10) f.1; Oxford, Bodl. Lat. th. e. 32 f.3-9;
(Thomson, *Writings of Grosseteste*, 126)
Prol: In principio huius libri admonet auctor...

6123. Tunc sacerdos cum blande leniterque interroget...(prol.)
See: Capitulis huius prime particule...

6124. Tunc sacerdos dicat...
See: Confessis peccatis... Tunc sacerdos...

6125. Tunc unumquodque scire...arbitrantur cum causas eius cognoscimus...
Adam, *Summula de summa Raymundi cum commento*
Ms: München, Clm 26824
Cf: Summula de summa Raymundi...

6126. Turpe est ignorare que omnibus conveniunt...
Summula de casibus
Ms: Metz 248
Cf: Quia turpe est ignorare...

6127. Ubi diligenter advertendum, quod in argento, aere et ferro tres ruinae designantur, quibus homo descendit in deterius, videlicet in nocivas cogitationes, in turpes sensitivas operationes et in pessimas consuetudines. Prima igitur ruina hominis est in nocivas cogitationes...Et habet quinque gradus: Primus est, quando cogitatio obscoena concipitur...
Iohannes (Bauer) de Dorsten, *De quindecim gradibus peccatorum*
Zumkeller MWA 480

6128. Ubi enim maius periculum...
Tractatus de simonia
Ms: Praha, Univ. V.E.28 (922) f.104-129

6129. Ubi est thesaurus tuus...(Matth. 6,21). *Hic attende moraliter. Dic mihi, Adam, ubi est thesaurus tuus, quem tibi dedit Dominus quando te creavit...*
Petrus Marini, Episcopus Glandatensis, O.E.S.A., *Sermo de contemptu mundi*
Ms: Aix 29 p.225-245

6130. Ubi notandum, quod respublica est res populi...
Iohannes Gallensis, *Summa colleccionum*
Ms: Klosterneuburg 320 f.1-116
See: Cum doctor sive predicator evangelicus...

6131. Ubi tria tangit...
See: Abicite. Abicientes omnem immunditiam... (Iac. 1. Ubi tria tangit...)

6132. Ulterius notandum quod ut elicitur ex dictis beati Thome prima secunde qu.100, sicut multitudo hominum alicuius principatus est quedam communitas...
[De decem praeceptis]
Ms: München, Clm 3129 f.2-13

6133. Ultima voluntas defuncti...(second tract)
See: Tam ex veteri testamento...

6134. Ultimo inter peccata dicendum est...
Tractatus de peccato linguae
Ms: Praha, Univ. III.B.12 (421) f.140-157

6135. **Ultimo loco inter species avaricie...**
Tractatus de avaritia
Ms: Praha, Univ. V.G.15 (967) f.100-104

6136. **Una erat quod servus de falso...**
See: Leges erant antiquitus tales. Una erat...

6137. **Unam petii a Domino, hanc requiram ut inhabitem in domo Domini omnibus diebus vite mee** (Ps. 26,4). *Eximii prophetarum verba*...(Prol.)
(Text) Gratia est diuinum donum quo secundum...
Servasanctus de Faventia, *Summa* or *Liber de virtutibus et vitiis* or *Summa virtutum et vitiorum*
Mss: Bologna, Univ. 1696 (Frati 878); Cesena, Piana 3-170 f.1 seq.; Firenze, Naz. Conv. Soppr. E.VI.1046; Würzburg, Univ. M.ch.f.240; (L. Oliger, Servasanto de Faenza O.F.M. e il suo 'liber de Virtutibus et Vitiis', in *Miscellanea Francesco Ehrle* I [*Studi et Testi* 37; Roma 1924] 148-189)
Printed: Prol., Epilog and tabula in Oliger 173-176

6138. **Unde (?) abstinencia est ab illis que sunt occasio mali...**
De jejunio et abstinentia
Ms: London, BM Harl. 2383 f4-54

6139. **Unde Augustinus...**
See: Non occides...unde Augustinus...

6140. **Unde Augustinus: Melius est...**
See: Sciendum quod coreas ducere... Unde Augustinus...

6141. **Unde haec monstra vel quo de fonte requiris...**
De luxuria (hexameters from Juvenal, Ovid, etc.)
Ms: Trier, Stadtbibl. 803

6142. **Unde inter hesterna et secreta colloquia...**
Fulbertus Carnotensis, Episcopus, *De eo, quod tria maxime necessaria sunt ad perfectione christianae religionis*
Ms: London, BM Roy. 6 A.XII f.138-144
Printed: PL 141, 196-204

6143. **Unde nunc tanteque tanta superbia lingue...**
Contra superbiam
Ms: Paris, BN lat. 8174 f.38

6144. **Unde Plato...**
See: Memor esto quoniam non tardabit...(Eccli. 14,2). Unde Plato...

6145. **Unde ponit Philosophus in secundo Retoricorum...**
Compendium utilissimum ad refrenandum iram
Ms: London, BM Sloane 429 f.169-173

6146. **Unde superbit homo, cuius conceptio culpa...**
Hildebertus [Sylvester Giraldus, Cambrensis, *De miseria conditionis humanae*, II.1],
[Brief poem on vanity of human life]
Bale Index 422; 'Gerald of Wales,' *Bulletin of The John Rylands Library* XII (1928) 389-410; Walther IC 19639
Printed: PL 184, 538

6147. **Unde vero nunc ordiar, seu quid primum semiabsens dicam...**
Franciscus Petrarca, *De otio religioso*
Ms: Vaticana, Urb. lat. 333 f.135 seq.; (G. Rotondi, *Studi e Testi* 195 [Vatican

1958]
Prol: Dignum erat, o felix Cristi familia...

6148. **Undique presentem dominum treme cuncta videntem...**
[Poem on justice]
Printed: Joannes de Lamsheim, *Speculum concientie et novissimorum* (Spire 1496) f.A5

6149. **Unicornis est animal...**
Natura rerum
Thorndike and Kibre 1600

6150. **Universis archidiaconis per Coventrensem diocesim constitutis Alexander...** (prol.)
See: Adhaec cum nihil charius...(chap. 1)

6151. **Universis Christi fidelibus atque orthodoxe sancte matris ecclesiae fidei cultoribus hoc breve compendium inspecturis...**(prol.)
See: Postquam per scientie lignum duplicis mortis habuimus...

6152. **Universis in Christo Iesu religiosis, ad quos praesentes...et praesertim sub regula beati Augustini militantibus. Animarum zelus, immo Christi caritas me compellit...**(prol.)
See: De profundo cordis trahens suspiria...

6153. **Universis mercatoribus Tolosanis...**
Guido Tolosanus, O.P., *Regula mercatorum*
Mss: Cambridge, Caius 122; Oxford, Lincoln 81; Paris, BN lat. 10689 (Michaud-Quantin 48 and Index)

6154. **Universis servis fidelibus atque orthodoxe sancte matris ecclesie...**
Consolatio peccatorum
Ms: Oxford, New Coll. 192 f.108 seq.
Variant of: Universis [et singulis] Christi fidelibus atque orthodoxe...

6155. **Universitas peccati sicut dicit beatus Iacobus et...**
Qualiter debet sacerdos interrogare peccatores
Ms: Cambridge, Emmanuel 3.3.10 f.223

6156. **Universitatis conditor, sicut est unus omnium Deum sic unam fieri voluit...**
Adam, *Libellus de poenitentia* or *Liber de penitentia*
Ms: London, BM Arundel 512 (incomp.); Paris, BN lat. 16498 f.118 seq.
Pref. Letter: Domino et amico suo venerabili...
Rogasti me sepius amantissime ut de penitentia...

6157. **Unum caput Christum in unitate ecclesie fideles habent...**(Lib. 1)
(Cap. 1) Rex apum mellei coloris est...
Thomas Cantipratensis O.P., *Bonum universale de apibus* or *Apiarius*
Mss: Antwerpen, 5; Cambrai 966 (864); Charleville 181; Clermont-ferrant 103; Dijon 236 (197); Douai 338; 435; Dresden B 173; Gdansk, Mar. F.254; København, Thott 313 fol.; Metz 276; Münster, Univ. 125 (256); 204 (335); 205 (452); Paris, Arsenal 535; Paris, Mazarine 860 (1192); Paris, BN lat. 3309; Praha, Univ. XII.B. 2 (2107) f.1-135; Utrecht, Univ. 399; Valenciennes 234; Würzburg, Univ. M.ch.F.209, f.1-141; (Thorndike-Kibre 1359; Welter 174)
Epistle Dedic: Reuerendo in Christo Patri fratri Humberto magistro ordinis predicatorum... Instantissime rogatus a quibusdam familiaribus meis...
See: Accidit quod quidam canonici...

6158. **Unum cole Deum...**
See: Unum crede Deum...

6159. **Unum cole Deum: circa hec potes de hiis interrogare...**
Confessionale or *Excerptum super decalogum*
Ms: Praha, Metr. Kap. N.46 f.3-10 (Schulte II 532)

6160. **Unum crede Deum nec vane iura per ipsum...**
  Versus memoriales de decem preceptis or *Precepta decalogi metrica*
  Mss: Berlin, Lat. oct. 106 f.291; Roma, Casanatense 3909; Stockholm, Kung. Bibl. MS.Vu.1; Wien, Nat. 4174 f.8; 14353 f.269; Wrocław, Uniw I Q 467 f.129 (Walther IC 19669)
  Printed: Ioannes Gerson, *Opera omnia* (Antwerpiae 1706) I 430
  Prol: (in Berlin, Lat. oct.106) Sunt precepta decem Moysi qui tulit almus.

6161. **Unus Deus. Ingredientibus artem theologicam...(prol.)**
  See: Unus est Deus et hoc natura docet...

6162. **Unus est altissimus, creator omnium omnipotens, rex metuendus nimis, sedens super thronum...**(Eccli.1,8). **Quemadmodum quarto capitulo De divinis nominibus...**(Prol.) (Text) **Quid autem sit pulchrum et quae ratio eius, originaliter sumitur es theoricis sancti Dionysii documentis...**
  Dionysius Cartusianus (Leuwis de Rickel), *De venustate mundi et pulchritudine Dei*
  Printed: *Opera omnia*, 34 (Tornaci 1907) 223-253

6163. **Unus est Deus et hoc natura docet...**
  Guillelmus (William) de Montibus, *Numerale*
  Mss: Cambridge, Corpus Christi 186 f.1-173; Cambridge, Peterhouse 255; Cambridge, St. John's 141 f.1-42; Oxford, Bodl. Add. Ms. 263 f.55-96; Oxford, Bodl. Bodl. 897; Oxford, Corpus Christi 217 f.187-209; Oxford, Merton 256 f.4-97
  See: Unus Deus. Ingredientibus artem theologicam...(Prol.) Dicitur Deus essentialiter et naturaliter cuius natura Deus et supersubstancialiter...(text in some manuscripts)

6164. **Unusquisque religiosus...**
  Tractatus bonus de honesta et religiosa vita
  Ms: Wilhering, 724 f.61-80

6165. **Urgebat me frater Iohannis...(Prol.)**
  See: Quia ut ait sapiens...

6166. **Urget caritas de caritate loqui...**
  See: Vulnerata caritate ego sum... Urget caritas...

6167. **Usque mea culpa...**
  See: Confiteor Deo... usque mea culpa

6168. **Usquequo ergo o homo...**
  Imago peccatorum
  Ms: København, Gl kgl. S.3389 oct. f.272-273

6169. **Usualis dicitur esse clericorum conversacio...**
  De clericorum conversatio
  Ms: London, BM Harl. 218 f.91

6170. **Usura est ex mutuo...**
  Nota de usura
  Ms: Schlägl 121 f.240-242

6171. **Usura est pessimus genus...**
  [Tractate on usury]
  Ms: Schlägl 82 f. 280 seq.

6172. **Usura per diffinitionem magistrorum est voluntas acquirendi ultra sortem...**
  De usura
  Ms: Trebon, Archiv. A 17 f.241-243

6173. Ut ad salutem...
   [Prol. to *Summula in foro poenitentiali* 'In primis debet...']
   Ms: Milano, Trivulziana M 9 1355 f.1-50
   See: In primis debet sacerdos interrogare...

6174. Ut adiutorium homini collatum...
   Ps.-Thomas de Aquino or possibly Albertus Magnus, *De potentiis animae ac peccato in ipsis*
   Ms: München, Clm 8084 f.2-9; (Glorieux 14 ex)
   Printed: S. Thomae *Opera omnia* Parmae 17 (1865) 27-34

6175. Ut ait Gregorius super Ezechielem...(variant)
   See: Quoniam ut ait Gregorius super...

6176. Ut ait Petrus in epistola sua, omni poscenti...(I Petr. 3,15)...
   Summa sententiarum
   Ms: Verona, Cap. 217 f.1-55

6177. Ut autem in hoc tractatu contenta legenti...
   (Introductory table to: 'Audi Israel precepta domini...In verbis propositis...')
   Tabula per tractatum decem preceptorum
   Ms: Klosterneuburg 419 f.83-87

6178. Ut autem melius scias confiteri...
   De modo confessionis
   Ms: Wien, Schott. 402 f.145 seq.

6179. Ut autem opposita iuxta se posita magis elucescant...
   Henricus de Hallis, *De falsa penitentia*
   Ms: Praha, Univ. XIII.D.17 (2309) f.116-132 (imperf.)

6180. Ut autem precepta Domini tui intelligas et opere compleas...
   [De decem praeceptis]
   Ms: Kornik 1371 f.79-84

6181. Ut autem res vobis tota per ordinem pateat...(chap. 1)
   Petrus Damianus, *Liber Gomorrhianus*
   Printed: PL 145, 161-190
   Prol: Beatissimo Papae Leoni, Petrus...Quoniam apostolica sedes omnium ecclesiarum mater...
   Cf: Nomen Gomorriam graece latine dicitur fluxus seminis...

6182. Ut autem scias preparationem illorum septem criminum...
   De principalibus vitiis
   Ms: Paris, Arsenal 266 f.266

6183. Ut autem veram agas penitentiam maxima cautela...
   De cautela penitentie
   Ms: Vaticana, Urb. lat. 502 f.58

6184. Ut beatus Bernardus dicit...
   Henricus de Schottenhofen, *Moralitates de naturis animalium*
   Ms: Wien, Nat. 1599

6185. Ut clericorum mores...
   Tractatus de vita et honestate clericorum
   Ms: Praha, Univ. V.B.3 (820) f.41-42

6186. Ut confessionem et decorem induas amictus lumine...(prol.)
   See: Accuset ergo se peccator primo secundum septem vitia...

6187. *Ut crimen proprium celet peccata reorum...*
[Verses on confession]
Ms: Oxford, New Coll. 300 f.141

6188. *Ut de turbinibus mundani pauca loquamur/ Afficitur...*
Baudri de Bourgueil (1046-1130),
[Poem on world]
Phyllis Abrahams, *Les oeuvres poétiques de Baudri de Bourgueil* (Paris 1926), No. CXXXIX, 109-117

6189. *Ut Deus omnipotens pater per dilectum...*
Grasimus de Frankenalb, *Concepta moralia* (extracts from the Fathers)
Ms: Valencia, Cab. 269

6190. *Ut dicit Apostolus: plenitudo legis...*
See: Sicut dicit Apostolus: Plenitudo legis...

6191. *Ut dicit Aristotelis secundo Eth.: Duplex est virtus scilicet virtus intellectualis et virtus moralis...*
[On virtue]
Ms: Melk 924 (R 6) f.146-176

6192. *Ut dicit Magister quarto sententiarum in prima* [dist.]: *sacramentum est inuisibilis gratie visibilis forma...*
See: Humane conditio nature, iam senescente mundo...

6193. *Ut dimittaris, aliis peccata remitte/ Hiis satisfacias...*
[Part of *peniteas cito*...q.v.Sometimes treated separately]

6194. *Ut discutiamus...*
See: Nolite thesuarisare...Ut discutiamus...

6195. *Ut ego peccator et ultimus, insipientior caeteris...*
Ps.-Augustinus, *Liber de vita christiana*
Printed: PL 40, 1031-1046
See: Ego Augustinus primus et ultimus peccator

6196. *Ut enim habetur in regula beati patris nostri Francisci, populo tenemur...*
Robertus Silk (?) Iohannes Spicer (?) Ricardus de Pissis of Salisbury (as in Madrid MS.), *Fasciculus morum*
Mss: Cambridge, Univ. D.10.15 f.13-174; Durham, Cosin. V.IV.2 (excerpts); Edinburgh, Univ. 82; Eton 34; Lincoln, Cath. 44 (A.2.13); London, BM Add. 6716, f. 1-66; Madrid, Univ. 116.2.3 f.1-139; Oxford, Bodl. Bodl. 332 f.107 (SC 2243); 187 f.124 (SC 2090); 410 (SC 2305); 687 (SC 2501) f.1; Laud. misc. 111; 213; 568; Rawl. C. 670; Oxford, Corpus Christi 218; Oxford, Lincoln Coll. 52; Oxford, Magdalen, Lat. 93; Vaticana, Ottob. lat. 626; Worcester, Cath. F.19; Q.3.
Prol: Frater electe ac sodalis... Frater predilecte quia Scriptura testante...
Frater noster dilecte ac sodalis predilecte quia Scriptura testante...

6197. *Ut eo lucidius hiis qui iura non norunt...*
See: Quoniam ut apostollus I ad Cor. (1) 4, 40: Omnia honestate...

6198. *Ut ergo ab interiori homine ad exteriorem sermo procedat...*
See: Petis a me, frater carissime, quod necdum a suo prouisore...

6199. *Ut ex compendiosa lectione possit occurere penitenti quocumque gradu constituto quid debeat in confessione...*
Confessionale
Ms: London, BM Harl. 211 f.104-108

6200. *Ut facile, carissime frater, peccatorum tuorum indulgentiam... In primis itaque dilige...*
Libellus sententiarum atque virtutum et de spirituali militia
Ms: Paris, BN lat. 1716 f.152-178

6201. *Ut facilius occurrant que in hac parte continentur, in quinque distinctiones est distinctus...*(rubric?)
Robertus Holcot, *De viciis capitalibus*
Mss: Budapest, Orsz. Szech. Kön. 274 f.57-70; Utrecht Univ. 382 (?)

6202. *Ut facilius occurrant ea quae in subsequenti opusculo continentur... Primo igitur quia iugum praelationis...*
Petroboni Bentivegne de Bononia (Rambertus de Bononia?), *Speculum exemplare* or *Liber ad status* or *De quinque statibus fidelium* or *Opusculum perutile de quinque statibus iuxta differentiam hominum*
Mss: Charleville 85; Durham, Univ. Cosin. V.I.13; Firenze, Laur. S. Croce Plut. XXXI sin. 8 (imperf.); London, BM Addit. 28871 f.2; Oxford, Bodl. e Mus. 244 f.4 (SC 3624); Paris, BN lat. 6398 f.103-142; Semur 18 f.1-60 (Welter 272-275; Glorieux 51 d)

6203. *Ut flatus venti, sic transit gloria mundi...*
De vanitate mundi
Ms: München, Clm 9802, f.120

6204. *Ut flos et fenum, sic mundi transit amenum...*
[Poem on worldly vanity, 10 vv.]
Ms: Reims 431 f.205

6205. *Ut flos et ventus sic transit nostra iuventus...*
[Poem on worldly vanity]
Printed: Hain 9845 f.3 (Goff L 31)

6206. *Ut flos in pratis, sic gratia virginitatis/ In muliere bona...*
Commendatio castitatis
Walther IC 19803
Printed: Hermann Hagen, *Carmina medii aevi maximam partem inedita* (Berne 1877) 170

6207. *Ut fratres officium confessionis habentes...*
Tractatus de confessionibus audiendis
Mss: München, Nationalmuseum 3631; Trier, Stadbibl. 726; (Lehmann, *Sb. Akad. München* 1916, Heft 4; Michaud-Quantin 91)

6208. *Ut habeatur aliqua notitia fidei quae continetur in symbolo...Pater noster. Cum...*
See: Cum hec oratio...(See: Excursus on the Pater Noster)

6209. *Ut homo a morte peccatorum resurgat ad vitam salutis est necessarium quod ipse sua cognoscat peccata...*
De confessione
[Trans. of a German work. See: München, Clm. 365; 394; 482; 638]
Ms: München, Clm 9802 f.212-219

6210. *Ut homo ad societatem angelorum valeat pervenire...*
De utilitate temptationis
Ms: London, Univ. 657, pp.74-85

6211. *Ut homo in sui creatoris cognitione et bona vita...*
Formula perfectionis spiritualis
Ms: København, Gl kgl. S.3392 oct. f.189-198

6212. *Ut homo possit...*
Decem precepta deo placendi

[De decem praeceptis]
Ms: Braunschweig 86 f.78-79

6213. *Ut homo possit amplius perficere et magis deo placere ista decem que sequitur...*
'Ut homo possit amplius perficere' etc
Ms: London, BM Burney 356 f.77-78 (in *Flos Florum*, could be extract from longer work?)

6214. *Ut igitur ab interiori homine ad exteriorem sermo procedat...*
See: Petis a me, frater carissime, quod necdum a suo prouisore...

6215. *Ut in virtutibus conservens oportet te habere exercitia spiritualia...*
Bonaventura (?), *Exercitia spiritualia*
Ms: Paris, Mazarine 996 (902) f.104 (Glorieux 305 bm)

6216. *Ut indivisus neque solus sis...*
Bernardus Claraevallensis,
Ms: Roma, Casanatense 970

6217. *Ut innuit Augustinus et allegat magister...*
Tractatus de confessione
Ms: Wien, Nat. Ser. n. 3830 f.133-140

6218. *Ut iuvet et prosit conatur pagina presens...Et nucleum celatari da testa bonum...*
[Aesop's Fables]
Ms: Montecassino 227
See: Dum rigido fodit ore fimum...

6219. *Ut lita pestifero perimit catapulta veneno/ Sic animas hominum perdit edax odium...*
Petrus Damianus, *De odio* (couplet)
Margareta Lokrantz, *Studia latina Stockholmiensia* XII (Stockholm 1964)

6220. *Ut narrat divina scriptura, tria medicamenta homini post lapsum...*
De poenitentia
Ms: London, BM Roy. 7 D.XVII f.264

6221. *Ut quid cogitatis...*(Matth. 9,4). *Sicut dicit beatus Augustinus...*
Tractatulus de cogitationibus malis
Ms: Budapest, Eg. Kön. 54 f.76-77

6222. *Ut sacre veritatis splendor euidentius cunctis elucescat, iura canonica adducuntur in presenti opusculo in testimonium veritatis...*(Prol.) *Abbas non potest duobus monasteriis presidere...*
Iohannes Bromyard, O.P., *Summa iuris moralis opus trivium* or *Tractatus ciuilis et canonici ad moralem* or *Opus trinum ex tribus legibus*
Mss: Cambridge, Pembroke 86 f.19-249; London, BM Harl. 4884; Oxford, New Coll. 223; Wrocław, Uniw. II.F.101-106 (Quetif-Echard I, 700; Schulte II 380, 561)
See: Quod in sequenti opusculo iura adducuntur in testimonium veritatis... (prol. variant)   Ab infantia pueri bene...(prol. to Index)

6223. *Ut sciamus totalius et perfectius resistere tentationis motibus...*
Nicolaus de Dinkelsbühl, *Tractatus de temptatione* or *Tractatus de tentationibus*
Mss: Maria Saal 19 f.273-278; München, Clm 21655 f. 295-300 (*Magistri Hainrici*) (Madre p.139)

6224. *Ut simplicium sacerdotum et confessorum penurie vel in modico consulatur...*
[A manual for priests and confessors]
Ms: Cambridge, Univ. Ee.1.7

LIST OF INCIPITS

6225. Ut sit pena rubor...
[Four verses on confession]
Ms: London, BM Harl. 956 f.27; (Walther IC 19878 reports only Oxford, Bodl. Rawl. C 22 f.232)

6226. Ut summa Trinitati et toti curie celesti debitus honor deferatur debent omnes christiani maxime clerici...(Prol.)
See: Fides catholica est substantia rerum sperandum...

6227. Ut te velle puto, te diligo, teque saluto...
De contemptu mundi (poem)
Ms: Bern 710; (Walther IC 19886)

6228. Ut tibi sit vita, semper saligia [or *salubris*] *vita...*
Septem peccata mortalia (a mnemonic)
Mss: Herzogenburg 17 f.383; München, Clm 4701; 8063; 8872; 12392; Sankt Gallen 1050; Stockholm, Kgl. Bibl. MS. Vu.1; (Arthur Watson, *Saligia* in *Journal of the Warburg and Courtauld Institutes* 10 [1947] 148-150)

6229. Ut verbis propheticis...
Iacobus de Jüterbog (Iacobus Carthusiensis), *Tractatus de modo bene vivendi*
Ms: Würzburg, Univ. M.ch.q.140 f.133-143; etc...(Meier p.72)

6230. Ut vivat. In principio huius libri, sicut in principio aliorum librorum tria sunt per ordinem requirenda...
[Commentary on Aesop's Fables]
Ms: Vaticana, Vat. lat. 557 f.28 seq.

6231. Ut vos minores...
Summa ut vos minores
Ms: Laon 38

6232. Utar contra vitia...
Invectio contra avariciam
Ms: London, BM Harl. 978 f.87
See: following entry

6233. Utar contra vitia carmine rebelli...
Golias in Romanam Curiam
Walther IC 1991
See: preceding entry

6234. Utile et expediens est viros apud predicacionis officium preditos, proximorum salutem...
(Prol. to Herolt's *Promptuarium exemplorum*)
See: De abstinentia. Legitur in vitas Patrum...
Cf: following entry

6235. Utile igitur et expediens nimis est viros predicacionis...
Alfabetica narracio
Ms: Münster 138 (225) f.26-80 (Welter 405 seq.)
Cf: preceding entry (same?)

6236. Utilia tela sacre parcitatis adversus Conquum Babylonis...
Milo de Sancto Amando, *De sobrietate*
Ms: Valenciennes 414; 415 f.6 seq.

6237. Utilis est rudibus presentis cura libelli...
Iohannes de Garlandia (?), *De quinque clavibus sapientie liber* or *Liber quinque clavium sapientiae* or *Doctrina rudium*
Mss: München, Clm 4146; 4409; 4413 f.24 seq.; Paris, BN lat. 8317; Praha,

Univ. III.G.12 (537) f.168-193 (with commentary); III.G.21 (546) f.1-10 (with commentary); X.F. 24 (1950) f.67-90; Toledo, Bibl. publ., Borbon-Lorenzana Collection 381 f.1-13; Wien, Nat. 3265
See: Philosophus dicit 2 Ethicorum...(incipit of commentary)

6238. *Utilissimum et quasi necessarium fore existimandum est ad moralium notabilium...* (Prol.)
See: De religione Dei. Tullius de natura deorum... Prime partis moralis compendii...

6239. *Utilitas tribulationis hominis est eo quod illuminat cor...*
Petrus Blesensis (?), *De utilitate tribulationis*
Mss: Oxford, Merton 43 f.2 seq.; 47 f.204 seq.

6240. *Utinam saperent et intelligerent...*(Deut. 32,29). *Quoniam, karissime, in huius...*
See: Quoniam, carissime, in via huius seculi...

6241. *Utor contra vitia carmine rebelli...*(variant)
See: Utar contra vitia...

6242. *Utribus monitis prudens accomodet aurem...*
Marbodus, *Proverbia Catonis*
Walther IC 19923
Printed: PL 171, 1735

6243. *Utrum ad abbatem pertineat tota potestas...*
See: Abbas. Utrum ad abbatem pertineat...

6244. *Utrum aliquis confessus alicui...*
Iohannes de Weerde, *Quodlibet* I, 7 q
Ms: Paris, BN lat. 15850 f.18; (Glorieux 362b)

6245. *Utrum aliquis possit alii confiteri quam proprio sacerdoti...*
[Question on confession]
Ms: Würzburg, Univ. M.ch. q.81 f.69-73

6246. *Utrum ars fallax dyaboli temptandi...*
Henricus de Hassia, *Questio magistralis de temptacione dyaboli*
Ms: Wien, Schott. 132 f.204-207

6247. *Utrum bonum et perfectio virtutis moralis consistat solum in electione...*
Godefridus de Fontibus, *Quaestiones tres disputatae de virtutibus*
Ms: Barcelona, Arxiu de la Corona d'Aragon, Ripoll 95 f.24-35; (Glorieux 198d)

6248. *Utrum caritas per essenciam augeatur et arguitur quod non: quia augmentum est...*
Iohannes, *Duodecim quaestiones de caritate et de spe*
Ms: Oxford, Balliol 284 f.27-36

6249. *Utrum caritas qua voluntas creature racionalis informatur per peccatum quodlibet...*
Tractatus de charitate, peccato et praedestinatione or *Questio de caritate*
Ms: Heiligenkreuz 216 f.1-19

6250. *Utrum Christus de iure spoliaverit...*
Iacobus de Theramo, *Liber Belial*
Ms: Wilhering 33 f.1-36

6251. *Utrum confessi legitimi priviligiatis teneantur eadem peccata proprio curato confiteri...*
Quaestio on confession
Ms: Vaticana, Vat. lat. 4109 f.265-267

6252. *Utrum confessus alicui sacerdoti non proprio teneatur iterum eadem confiteri proprio sacerdoti...*

Ms: Reims 470 f.190-197
Cf: Querebatur utrum confessus alicui sacerdoti non proprio...

6253. **Utrum contractus usurarius sit permissibilis...**
Gerhardus de Senis, *Tractatus de usuris et praescriptionibus*
Mss: Leipzig, Univ. B 894 f.65-74; Wien, Nat. 4151 f.202-204

6254. **Utrum de necessitate salutis...**
Tractatus de sacramento 'chiefly on confession'
Ms: London, BM Egerton 2442 f.109
See: Cum ignorancia sacerdotum...(preface)

6255. **Utrum de necessitate sit hominem confiteri...**
Henricus de Frimaria, *Tractatus de confessione*
Ms: München, Univ. Fol. 58 f.18-37 (Zumkeller MWA 294)
Prol: Cum ignorantia sacerdotum populum decipiat et multoties...

6256. **Utrum de superioris licentia aliquis possit alteri confiteri quam proprio sacerdoti...**
Quaestio on confession
Ms: Vaticana, Vat. lat. 4109 f.267

6257. **Utrum de virtutibus sit scientia...**(commentary proper)
Urbanus de Mellico, *Disputata in Libris Ethicorum et conclusionibus Buridani*
Ms: Wien, Nat. 4667 f.243 seq.
See: Bonitatis et nobilitatis excellentiam moralis philosophiae... This is a commentary on Buridan's Commentary and hence has the same incipit, but it is a separate work.

6258. **Utrum Deus posset dimittere peccatum sine satisfactione...**
Gonterus, *Quodlibet*
Ms: Paris, BN lat. 15850 f.18 (Glorieux 202a)

6259. **Utrum et si plures penitentiales psalmi sint...**
Ps.-Thomas de Aquino,
[Tractate on seven penitential psalms]
Ms: Wien, Nat. 396

6260. **Utrum in Deo sit formata virtus heroyca; Quod non a quo reinduetur...**
Franciscus de Mayronis, O.F.M., *Quaestiones septem de virtute heroica et de passionibus* (actually part of 'Utrum principi terreno...' q.v.)
Ms: Oxford, Merton 201 f.74 seq. (Cf. Roth, *Franz von Mayronis*... [Werl. i. W. 1936] 225 seq. ?)

6261. **Utrum in homine possit esse aliqua virtus adquisita...**
Iohannes de Polliaco (de Pouilly), *Quaest. disput. de virtutibus*
Ms: Paris, BN lat. 3228 f.60-105; 15371 f.288-353; (Glorieux 223i)

6262. **Utrum in peccato omissionis...**
Tractatus de peccatis omissionis et commissionis
Ms: Wien, Nat. 4573 f.254-267

6263. **Utrum inter divinas Personas sit principatus...**
De virtutibus moralibus
Ms: Roma, Angelica 90 f.49-100

6264. **Utrum latitudo cuiuslibet culpe imaginabilis sit mensuranda...**
Questio de peccato
Ms: Heiligenkreuz 216 f.11-17

6265. **Utrum liberalitas sit circa...**(variant)
See: Utrum omnis virtus moralis ex operibus...

6266. *Utrum obedientia sit nobilissima virtutum moralium...*
See: Et quidem ad istius questionis declarationem

6267. *Utrum omne peccatum quod agimus...*
Iohannes de Polliaco (de Pouilly), *Quaest. diversae* under *Quaestiones ordinariae*
Ms: Paris, BN lat. 3228 f.150-155; (Glorieux 223d)

6268. *Utrum omne peccatum sit aliquo precepto decalogi prohibitum? Nota Iosephus dicit quod respiciendo...*
[De decem praeceptis]
Ms: Salzburg, St. Peter b.III.21 f.210-218

6269. *Utrum omne peccatum sit directe contra preceptum Dei. Videtur quod non. Solum peccatum mortale est contra preceptum Dei...*
[*Quaestio* on sin]
Ms: Praha, Univ. V.H.27 (1004) f.144-170

6270. *Utrum omne peccatum sit imputabile voluntati...*
Robertus Holcot,
Little 260

6271. *Utrum omni tempore poenitentia sit concedenda...*
See: Primum dubium est: Utrum omni...

6272. *Utrum omnis virtus moralis ex operibus...*
Ricardus Chillington, *Decem quaestiones optimae morales disputate* or *Decem quaestiones morales super decem libros Ethicorum Aristotelis*
Mss: Brugge, Stadsbibl. 503 f. 51-79; Erfurt, Ampl. Fol. 35 f.121-160; Milano, Ambrosiana A.100 inf. f.55-100; Paris, BN lat. 15561 f.172 seq.; Vaticana, Ottob. lat. 179 f.25-59; Urb. lat. 1369 f.256-287; Wien, Nat. 5431 f.292-336 (*Bull. Thomiste*, t.9 n.1765 p.909)
See: Utrum liberalitas sit circa... (variant)

6273. *Utrum opera in legalibus sacramentis facta essent meritoria facientibus ea, queritur de sacramentis legalibus que data sunt*
Petrus Cantor, *Summa de sacramentis et animae consiliis*
Ed. Jean-Albert Dugauquier. *Analecta mediaevalia Namurcensia*, 4, 7, 16, 21. For MSS see John Baldwin, *Masters, Princes, and Merchants* Princeton, 1970, II, p.241-46.

6274. *Utrum peccatorum confessio fratri facta rite praesentaisso tollat obligationem iterum confitendi eadem plebano sive curato? Et arguitur pro parte negativa sic...*
Henricus Riettmüller de Liechtstal (?), *Quaestio de confessione*
Ms: Basel, Univ. AN IV 13 f.180

6275. *Utrum per confessionem generalem deleantur peccata...*
Ms: Rein 8 f.153

6276. *Utrum principi terreno sit necessaria peritia literarum...*
Franciscus de Mayronis, O.F.M., *Quaestiones de virtutibus moralibus* or *Quaestiones morales et dogmaticae*
Mss: Cambridge, Univ. Dd.3.47 f.225-237; Klosterneuburg 361; Oxford, Merton 201; (B. Roth, *Franz von Mayronis, O.F.M., Franziskanische Forschungen* 3: Werl 1936] 232-233)
Cf: Utrum in Deo sit formata virtus...(part of above)

6277. *Utrum quilibet sacerdos rite ordinatus possit...*
Questiones de penitentia
Ms: Cambridge, Univ. Add. 3571 f.257

6278. Utrum quilibet teneatur ad solutionem decimarum verarum, ubi non est in terra consuetudo soluendi...
    Fr. Clarus de Florentia, O.F.M., *Casus*
    Mss: Napoli, Naz. I.H.39 f.3-14; Siena, Com. G.VII.24 f.1-21 (AFH 32[1939] 13 seq.; Michaud-Quantin Index and 52-53)

6279. Utrum quilibet teneatur scire de quolibet peccato...
    Guido de Cluniaco, *Quodlibet*
    Ms: Paris, BN lat. 15850 f.19; (Glorieux 373a)

6280. Utrum sacerdos de licentia confitentis...
    Iohannes de Weerde (?), *Quodlibet*II, 1 q
    Ms: Paris, BN lat. 15850 f.18; (Glorieux 362c)

6281. Utrum sacramenta sunt septem...
    See: Queritur primo circa summam Raimundi...Utrum...

6282. Utrum sicut sacramenta sunt omnium languorum spiritualis congrua remedia...
    [*Questio* on the sacraments]
    Ms: Tübingen, Wilhelmstift Gb 336b

6283. Utrum sine sedis apostolicae licentia speciali in aliquo casu...(prol.)
    Alexander de Alexandria, O.F.M., *De usuris*
    Ms: Vaticana, Vat. lat. 1237 f.153-174 (Glorieux 340 k; Doucet AFH [1943] 561; Hamelin p.17-25)
    Printed: A. H. Hamelin, *Un traite de morale économique au XIVe siecle. Le Tractatus de Usuris de maitre Alexandre d'Alexandrie Anal. Mediaev. Namurc.* 14 (Louvain 1962)
    See: Primo ergo videndum est quid est usura et unde dicatur...

6284. Utrum sine virtutibus theologicis possit esse aliqua vera virtus, et arguitur quod non...
    Iohannes de Polliaco, *Quaestio*
    Ms: Paris, BN lat. 15371 f.291 seq.

6285. Utrum sint tantum quatuor entia ex caritate diligenda...
    See: Queritur de obiecto caritatis: Utrum sint...

6286. Utrum statim habita opportunitate quilibet teneatur confiteri post perpetratum delictum sive crimen mortale? Et arguitur quod sic, quia nullum seipsum committere...
    Iohannes de Retz, O.E.S.A., *Quaestiones duo de confessione*
    Ms: Wolfenbüttel, 440 Helmst. (475) f.18-19 (Zumkeller MWA 571)
    Cf: Utrum tantum sacerdoti et nulli alteri poenitens sive reus mortalis... Et arguitur, quod non, quia...

6287. Utrum sub pena peccati mortalis semper sit exequendum quod consciencia dictat faciendum...
    [*Questio* on mortal sin]
    Ms: Leipzig, Univ. 273 f.193-195

6288. Utrum tantum sacerdoti et nulli alteri poenitens sive reus mortalis quisquis (?) teneatur confiteri? Et arguitur, quod non, quia ad consonum oris...
    Iohannes de Retz, O.E.S.A., *Quaestiones duo de confessione*
    Ms: Wolfenbüttel, 440 Helmst. (475) f.15 seq. (Zumkeller MWA 571)
    Cf: Utrum statim habita opportunitate quilibet teneatur confiteri post perpetratum... Et arguitur, quod sic...

6289. Utrum tenemur proximum diligere...
    See: Queritur utrum tenemur...

6290. Utrum terreno principi sit...(variant)
    See: Utrum principi terreno sit...

6291. Utrum una istorum...
See: Circa connexionem virtutum intellectualium... Utrum una...

6292. Utrum unus abbas possit presidere...
See: Abbas. Utrum unus abbas...

6293. Utrum usura sit crimen ecclesiasticum? Videtur quod non, sed civile...
[Question on usury]
Ms: Toulouse 744

6294. Utrum virtutes acquisite vel infuse...
[*Questio* on the virtues]
Ms: München, Clm 14416

6295. Utrum virtutes insint homini a natura? Et arguitur quod sic...
Iohannes de Polliaco (Jean de Pouilly), *Questio disputata XXXVI*
Ms: Paris, BN lat. 3228 f.68 seq.; 15371 (Glorieux 223i)

6296. Utrum virtutes insint nobis a natura...(variant)
See: Queritur primo utrum virtutes insint nobis a natura...

6297. Utrum virtutes morales ad invicem sint connexae. Et arguitur quod non, quia virtutes morales...
Iohannes de Polliaco, *Questio XVIII*
Ms: Paris, BN lat. 15371 f.31 seq.

6298. Utrum virtutes morales ex defectu et superabuntia corrumpantur...
Clariton [Claricon] de Anglia; Ricardus Clincthonensis, *II questiones morales*
Mss: Brugge, Stadsbibl. 503 f.51-79; Gent, Univ. 702 f.1-10; Vaticana, Urb. lat. 1369 f.256 seq.

6299. Utrum vitia castitate opposita...
Questio de luxuria et nocturna pollutione
Ms: Gdansk 1975 f.122-127

6300. Utrum voluntas et actus sint unum vel plura...
Quaestiones de peccato
Ms: London, Lambeth 199

6301. Uxori Manue concepturae filium populi liberatorem...
Nicolaus de Hanapis (Ps.-Bonaventura), *Biblia pauperum*
Stegmüller RB 1790, 5816,1
Cf: Creatio rerum fuit...(on which it is based)

6302. Vacate et videte quoniam ego sum Deus (Ps. 45,11)...
See: Redite ad cor...Vacate...

6303. Vacate et videte quoniam ego sum Deus...(Ps. 45,11). Religiose ac in Christi visceribus multum dilecte frater H., volens tandem desideriis...
Tractatus de perfeccione et exerciciis ordinis Carthusiensis ad perfeccionem ordinatis [1458]
Ms: Stockholm, Kgl. Bibl. A.211 (from Erfurt) f. 93-147; (Lehmann II 16-17)

6304. Vadam ad montem mirre...(Cant. 4,6). Hec propositio pro themata assumpta scribitur in Cant. Cant. cap. 4 et sunt verba sponsi in amore feruentis... (Prol.) Iste liber cuius subiectum est penitentia seu modus penitendi diuiditur prima sui diuisione...
Modus penitendi or Paenitentiarius cum glossa et dubiis or Tractatus de poenitentia (Commentary on Peniteas cito)
Mss: Berlin, Theol. oct. 37 f.237-266 (Rose 852); Leipzig, Univ. 285(?) f.191-193; Stockholm, Kgl. Bibl. MS.A.200 (from erfurt) f.21-62; Trier, Stadtbibl. 640; 763; Troyes 1877; Vaticana, Palat. lat. 381 f.227; Wien, Nat. 4072 f.52-116;

(Lehmann II 12; Michaud-Quantin 19) [Excise Stuttgart H B I, 57]).
See: Peniteas cito...Iste liber cuius....

6305. **Vade ad formicam o piger et considera vias eius** (Prov. 6,6)...
See: Peragrans crebro partes...

6306. **Vade et amplius noli peccare, Ioh, 8, 11 et in Evangelio...**
Bernardus de Sienna, *Tractatus de contractibus et usuris*
Ms: København, Thott. 965 qu. f.2-118
Printed: GW 3881; Goff B-345.

6307. **Vade et ostende te sacerdoti** (Matth. 8,14). *In his verbis que Saluator...*
Robertus Grosseteste (?), *De VII mortalibus peccatis*
Mss: Cambridge, Univ. Mm.5.33 f.51; London, BM Harl. 206 f.120; 665 f.81-90; Oxford, Bodl. Bodl. 857 f.116 (SC 2760)

6308. **Vade et ostende te sacerdoti** (Matth. 8,4). *In his vero quatuor verbis que ipse...*
Tractatus de quibus debet esse confessio
Ms: Cambridge, Emmanuel 1.4.4 f.149

6309. **Vado mori genitus de sanguine nobiliori/ Non genus inducos nobile...**
[Narrative verses]
Ms: London, BM Addit. 18347 f.119 seq.; (Ward & Herbert III 601)

6310. **Vado mori, mori nature cedo...**
Lambertus dictus Boreis, O.P., *Versus [De morte]*
(Rudolf p.51 n.15)

6311. **Vado mori, mors certa quidem nil certius ...**
Carmen de morte or *Versus de sorte mortis*
Mss: Bern 512; København, Gl. kgl. S.3400 oct. f. 109-111; München, Clm 5015; Paris, Mazarine 980 (438); (Numerous variants on this-- see Walther and *Romanische Forschungen* VI 41; Rudolf p.50-51 n.10, 12, 13).

6312. **Vado mori papa, cardinalis, patriarcha...**
[On death]
Ms: Oxford, Bodl. Laud. misc. 203

6313. **Vado mori, res certa quidem...**
See: Vado mori, mors certa quidem...

6314. **Vado mori, rex sum, quid honor...**
[On death]
Mss: Oxford, St. John's 202; Paris, Mazarine 996 (902) f.242

6315. **Vado mori, series ab initio noua non est...**
[*Versus de morte*]
Rudolf p.51 n.11

6316. **Vae...**
See: Ve...

6317. **Valde periculosum est...**
Ex libro qui dicitur consolatorium conscientie scrupulose
Ms: London, BM addit. 28871, f.153
Cf: Apud disciplinas reperimus...(?)

6318. **Valde placent vicia demonibus** (de gula)...
Guillelmus Peraldus, *Quedam notabilia a Summa viciorum extracta*
Mss: Logrono. Cathedral Santo Domingo de la Calzada 5 f.105 seq.; Oxford, Bodl. Bodl. 41 f.109 (SC 1845)

6319. **Valerius qui Christianus prius dicitur pro humilitate...**
Fr. Michael de Massa, O.E.S.A, (?),
[Independent work on humility?]
Ms: Roma, Angelica 369 (D.2.1)

6320. **Valet etiam confessio propter erubescentiam sibi adiunctam...**
Nota de confessione
Ms: Cambridge, Caius 328 f.vi

6321. **Vana gloria est placendi desiderio mota...**
[Catalogue of vices according to Saint Gregory]
Ms: Vaticana, Urb. lat. 230 f.201

6322. **Vana gloria ideo ex genere est veniale...**
De septem viciis et primo de superbia or Tractatus breviusculus de vana gloria avaritia... or Tractatus de vana gloria
Mss: Bamberg, Theol. 209 (Q.V.35) f.48-49 (imperf.); Berlin, Lat. fol. 697 f.219-222; Cambridge, Corpus Christi 136 f.100; Frankfurt am Main, Stadtb. Praed. 138 f.172-175; London, BM Harl. 106 f.25 (?)

6323. **Vani sunt omnes homines in quibus non est scientia Dei. Sapientia enim huius mundi stultitia est...**
De viciis et virtutibus: auctoritates sacre scripture et sanctorum ac philosophorum et notabilia de diversis tractatibus
Ms: Leicester, Wyggeston Hospital, 9 f.2-83; London, BM Landsdowne 385 f.56-109

6324. **Vani sunt omnes honores...**
William Copinger, De virtutibus et vitiis
Pits 852

6325. **Vanitas hujus mundi triplex est. Est enim vanitas mutabilitatis, secundum quam omnia naturaliter mutabilitati subiacent...**
Liber de vanitate mundi et ejus contrariis
Ms: Cambrai 867 (770) f.1-8

6326. **Vanitas vanitatum, dixit Ecclesiastes...(Eccl. 1,2). Quoniam, ut ait egregius doctor Gregorius, non est Deo acceptabilius sacrificium...** (Prol.)
Verba Ieremie prophete. Quare de vulua matris egressus sum ut viderem...(Ier. 20,18). Si talia loquitur de se ille quem sanctificauit Deus in utero...Hec Innocentius Papa. Bernardus enim dicit...
Iacobus de Gruytrode (Gruitwede), O. Carth. (Iacobus de Jüterbog ?; Ps. Gerardus de Schiedam), Speculum aureum animae peccatricis or Specularium saecularium sive mundi huius amatorum
Mss: See Meier p.65-66 n.80. Add: Bruxelles, BR 3075-83 (cat. 1469) f.30-89; 5018-22 (cat. 2175) f.142-194; 21989 (cat. 2206) f.76-105; Cambrai 837 (742) f.138-155; København, Gl kgl. S.3393 f.196-243; Utrecht, Univ. 236; 339; Wien, Nat. 4758 f.81-106.
Printed: Goff. S-638-649; Jean Seurre (Paris 1503); Dionysii Cartusiani Opera omnia, 42 (Monstrolii 1913) 766-794 (Book 4 of Specula omnia humanae vitae)

6327. **Vanitas vanitatum** (dixit Ecclesiastes...Eccl. 1,2). **Hiis verbis...**
Fragmentum de vanitate rerum mundanarum
Ms: Wien, Nat. 14530 f. 36 (fragm.) (Rudolf p.38 n.66)

6328. **Vanitas vanitatum** (dixit Ecclesiastes...Eccl. 1,2). **Ista est prima sapientia...**
De contemptu mundi
Ms: Wien, Nat. 4119 f.90-93. (Rudolf p.39 n.73)

*6329. **Vanitas vanitatum**...(Eccli. 1,2). **Nota triplicem vanitatem. Vanitas mutabilis...***
    Alanus ab Insulis, *Sermones de peccatis capitalibus* (excerpti de Summa vitiorum) (*Capitula de omnibus viciis*)
    Mss: Graz, Univ. 620 f.180-234; Sevilla, Colombina 5.3.33 f.136-151; Wien, Nat. 4036 f.9-85; Wilhering 42 (Schneyer, *Repertorium*, Alanus ab Insulis 98 seq. BGPTM 43 p.77)

*6330. **Vanitas vanitatum**...(Eccli. 1,2)... **que auctoritas sic insinuat mundanorum vanitatem...***
    (variant)
    See: Vanitas vanitatum...Nota triplicem vanitatem... (variant)

*6331. **Vanitatum vanitas est omnis mundi hujus...***
    'De vanitate mundi'
    Ms: (Rudolf p.38 n.69)
    Printed: Dreves 46, 357

*6332. **Vanitatum vanitas/ Omnia sunt vana...***
    [Short poem on vanity of world]
    G. E. Klemming, *Cautiones*, 5-7

*6333. **Vanitatum vanitas omnia sunt vana/ Nihil sub sola stabile et vita humana...***
    [Poem on worldly vanity]
    Walther IC 20038
    Printed: Jean Charlier de Gerson, *De arte moriendi* (Strasburg 1482)

*6334. **Varro peccatum depinxit ad similitudinem...***(chap. 1)
    See: Theodosius de vita Alexandri...

*6335. **Vastus internum divisus et interiorem...***
    De superbia
    Ms: Bern 271 f.26-27; (Walther IC 20050)

*6336. **Ve illis...***
    See: Quidam elongant se a Domino per superbiam... Job-Ve illis...

*6337. **Ve michi, ve misero, quid cogito, quid michi quero...***
    De vanitate mundi
    Walther IC 19979

*6338. **Ve mihi, vado mori, qui longum vivere tempus...***
    Iohannes Scultetus (?), *De morte*
    Walther IC 19978

*6339. **Ve mihi! me miserum dolor urget quemque dierum...***
    [Versified proverbs]
    Ms: Lisboa, Alcobac. 238

*6340. **Vehementi nimium commotus dolore...***
    Petrus de Vineis, *Contra ecclesiam*
    Walther IC 20056

*6341. **Venatii quondam...***
    See: Et primo ex dyalogo Gregorii...

*6342. **Veneni ratio potissime convenit...***(variant)
    See: Ratio veneni potissime...

*6343. **Venerabili ac carissimo in Christo patri Hugoni de Columbariis** [or *Colubreriis*] **sancte aquensis ecclesie preposito...***(Pref. Epistle)
    See: Abstinentia multa bona...

*6344. **Venerabili ac devotae personae quidam religiosus: sic transire...***(prol.)
    See: Dominus noster Jesus Christus in Evangelio ait: Ego sum...

6345. *Venerabili doctissimoque Patri D. Theodorico Loer...Quum Joannes Rurae mundanus...*(Ded. epis.)
See: Scripturus permodicum ad mei...

6346. *Venerabili et amantissimo patri domino Rotrudo de Warwick, Dei gratia Rotomagensi metropolitano, suus Thomas Persenie,...*(Dedic.)
See: Preparate corda vestra...Quam sit utilis cordis preparatio...

6347. *Venerabili et religioso amico carissimo fratri Alexandro...*(possibly answer to dedicatory letter)
See: Bonorum laborum copiosus...

6348. *Venerabili fratri Acardo suo in Christi caritate dilecto frater Iulianus omnium monachorum...*(Dedicatory preface)
See: Petis a me instanter et incessanter...

6349. *Venerabili in Christo patri ac domino abbati monasterii sancti Iacobi civitatis Leodiensis ordinis sancti Benedicti...Beatus Anselmus in libro de similitudinibus...*(pref. letter)
Hermannus de Schildesche, O.E.S.A., *De vitiis capitalibus*
A. Zumkeller, *Hermann v. Schildesche* (Würzburg 1957) 45-46; Zumkeller MWA 398.
See: Beatus Iob dicit Deo: Responde mihi...Que verba bene

6350. *Venerabili in Christo patri ac domino Friderico digna Dei prouidentia episcopo ac reuerendo patri domino Friderico decano venerande Babenbergensis ecclesie... Gloriosus doctor...*
See: Materia baptismi debet esse aqua pura...

6351. *Venerabili in Christo patri ac domino suo gratioso domino Erico digna Dei prouidentia ecclesie Hamborgensis preposito...Gloriosus doctor...*
See: Materia baptismi debet esse aqua pura...

6352. *Venerabili in Christo patri ac domino suo gratioso domino Ludouico digna Dei prouidentia ecclesie Monasteriensis episcopo...Gloriosus doctor...*
See: Materia baptismi debet esse aqua pura...

6353. *Venerabili in Christo patri ac domino suo gratioso domino Gotfrido digna prouidentia ecclesie Osnaburgensis episcopo...Gloriosus doctor...*
See: Materia baptismi debet esse aqua pura...

6354. *Venerabili in Christo patri ac domino suo gratioso N. episcopo cunctisque Deo amabilibus sacerdotibus ubilibet locorum constitutis... Gloriosus doctor...*
See: Materia baptismi debet esse aqua pura...

6355. *Venerabili in Christo patri ac domino suo gratioso domino Walramo digna Dei prouidentia sancte Coloniensis ecclesie archiepiscopo...Gloriosus doctor...*
See: Materia baptismi debet esse aqua pura...

6356. *Venerabili in Christo patri et domino domino Engelberto Dei gratia ecclesie Leodiensis episcopo...Gloriosus doctor...*
See: Materia baptismi debet esse aqua pura...

6357. *Venerabili in Christo patri...frater Iohannes de Waldeby...Cum in loco sacro...*(pref. letter)
See: Credo, Domine, adiuva me in...

6358. *Venerabili patri ac domino A[yres Vasques] diuina prouidentia Ulisbon. episcopo...Ea est regula veritatis a patribus approbata...*
Iohannes de Deo, *Penitentiale*
See: Ad honorem summae Trinitatis et indiuiduae unitatis...Incipit liber penitentiae...(Prol.)

6359. Venerabili patri domino Hildebrando Dei gratia apostoliceque sedis episcipo Aretino...Cura pastoralis officii quam sit laboriosa... -
　　Iohannes Cappellanus, *Aureum penitenciale* or *Aureum confessionale*
　　Mss: Cambridge, Corpus Christi 525; Gdansk 1960 f.157 seq.; Göttingen, Theol. 113; Wien, Schott. 299 f.168 seq.

6360. Venerabili Patri et amico in Christo domino W., Dei gratia Abbati, N. Petrus Blesensis salutem... Nimia tui rigoris austeritas, quam exerces in tuorum confessionibus fratrum...
　　Petrus Blesensis, *De penitentia vel satisfactione a sacerdote injungenda* or *Tractatus contra prelatos qui audierunt confessiones subditorum*
　　Printed: PL 207, 1091-1098

6361. Venerabili patri et domino sibi semper amando Adeodato Fulbertus exiguus. Inter hesterna et secreta colloquia
　　See: Inter hesterna et secreta colloquia...
　　Unde inter hesterna et secreta colloquia...

6362. Venerabili viro ac discreto domino Butgero decano ecclesie sanctorum apostolorum Coloneinsis, Henricus de Belle clericus pastor ecclesie in Louenich salutem in eo a quo omnis sapientia deriuatur. Postulauit a me vestra discretio ut vobis de peccatis siue vitiis capitalibus...
　　(Cap. 1) Cum omnis doctrina et omnis disciplina ex preexistenti fiat cognitione ut dicitur primo posteriorum, utile est narrare ordinem dicendiorum...Est igitur primo sciendum quod vitium capitale est ex quo alia vitia oriuntur secundum rationem cause finalis...
　　Henricus de Belle, *Tractatus de peccatis sive de vitiis capitalibus*
　　Ms: Cambridge, Univ. Kk.1.9 f.44-53

6363. Venerabilibus et discretis viris doctoribus, licent., baccal. et aliis scholaribus auditorium suum lecturae decretalium...Henricus Bohic...
　　See: Abbas. Utrum ad abbatem pertineat tota potestas...

6364. Venerabilibus sacerdotibus N. et N. Richardus eorum deuotissimus...
　　See: Recolo vos a me postulasse...(MS Stuttgart HB I 70)

6365. Venerabilis Cato (or *Katho*)...
　　See: Si Deus est animus ut nobis carmina dicunt... (Nr. 9130)

6366. Venerando in Christo patri fratri Humberto magistro ordinis predicatorum...
　　See: Unum caput Christum in unitate ecclesie fideles habent...
　　Variant of the Epistle Dedic: Reuerendo in Christo patri fratri Humberto...

6367. Veni, carissime, ad fontem compunctionis que oritur...
　　De fonte compunctionis
　　Ms: Paris, Arsenal 268 f.283 seq.; 550, f.104 seq.

6368. Veni ergo in ortum meum, soror...(Cant. 5,1) *Intra in cubiculum, ait Christus, et clauso ostio ora...*
　　See: Hortus conclusus est soror mea sponsa...Secundum quod Hugo...

6369. Veni Sancte Spiritus...Quoniam ut ait Gregorius...
　　See: Quoniam ut ait Gregorius...

6370. Venialia peccata delentur septem modis...
　　Quibus modis delentur peccata venialia, etc
　　Ms: Oxford, Lincoln Coll. 28 f.99 seq.

6371. Veniens igitur ad confessionem coram confessore suo qui locum Christi tenet...
　　[On confession]
　　Ms: Toulouse 384

6372. **Venit enim filius hominis...**(Luc. 19,10). **Dominus noster Jesus Christus volens...**
Tractatulus de septem viciis capitalibus satis utilis
Ms: Wien, Schott. 69 f.257-274

6373. **Venit quispiam vestrum unquam ex Palestina...**
Franciscus Aretinus, *Ecloga de peccato et confessione*
Ms: London, BM Roy. 6 A.X f.11-21
(Translation of Iohannes Chrysostomus, see PG 63, 731)

6374. **Venit super discipulos...**
De vitiis et virtutibus sententiae
Ms: Wien, Nat. 1508

6375. **Venite, audite et narrabo omnes qui timetis Deum...**(Ps. 65,16). **Inuitat psalmista non omnes sed timentes Deum ad considerandum...**(Pars I, cap. 1).
Antoninus Florentinus O.P., *Summa moralis* or *Tractatus de vitiis et virtutibus*
Kaeppeli 239
Printed: 4 vol. 1485; 2 vol. ed. T. M. Mamachus - D. Remedellus (Florence 1741) etc.
See: Prol. Quam magnificata sunt...Contemplatur propheta...

6376. **Venite, filii, audite meam orationem Domini docebo** (cf. Ps. 33,12)...
Linea salutis
Ms: Maria Saal 3 f.76-207

6377. **Vera penitentia, quasi** [or **velut** or **sicut**] **quedam scala est...**(prol.)
See: Domine ne in furore tuo arguas me...(Ps. 37,2)...

6378. **Vera sit, integra sit et sit confessio munda...**
Versus de confessione
Ms: Cambridge, Trinity B.16.31 f.111

6379. **Verba Ieremie: Quare de vulua matris egressus sum ut viderem...**(Ier. 20,18). **Si talia loquitur de se ille quem sanctificauit Deus in utero... Hec Innocentius Papa. Bernardus enim dicit...**
See: Vanitas vanitatum, dixit Ecclesiastes...Quoniam, ut ait Gregorius...

6380. **Verba nocent aptis si non moderentur habenis...**
[Proverbial verses]
Ms: Wien, Nat. 901 f.49 seq.; Walther 20154

6381. **Verba sunt Christi in parabola...**
See: Domine, nonne bonum semen... Verba sunt Christi...

6382. **Verba sunt Domini ad Isaac qui interpretatur risus...**
See: Ne descendas in Egyptum...Verba sunt...

6383. **Verba sunt incliti regis Iosaphat...**
See: In nomine Domini nostri Jhesu Cristi incipit tractatus de audiendis confessionibus...

6384. **Verba sunt Samuelis in libro regum...**
See: Preparate corda vestra Domino...Verba sunt Samuelis...

6385. **Verba sunt Spiritus Sancti...**
See: Maledicti qui declinant a mandatis tuis...Verba sunt Spiritus Sancti...

6386. **Verba ultimo proposita scripta sunt in Ps.**
See: Librum scribat mihi ipse...Bonitatem et disciplinam...Verba ultimo proposita...

6387. **Verbum abbreviatum fecit Dominus super terram** (Rom. 9,28). **Si enim Verbum de sinu Patris ad nos missum, immo si Filius Dei incircumscriptibilis, quem totus non**

capit orbis...(cap. 1)
In tribus igitur consistit exercitium sacrae scripturae; circa lectionem...
Petrus Cantor, *Verbum abbreviatum vel de virtutum laudibus et vitiorum fuga* or *Decreta abbreviata* or *Libellus de vitiis et virtutibus predicatori maxime utilis*
Mss: See: Stegmüller RB 6647-6450. Add: Bruxelles, BR 2741-47 (cat. 1569) f. 4-91; Cambridge, Univ. Ff.5.28 f.84-190; London, BM Add. 10019 (commentary ?); 19767 f.153 seq.; Arundel 358; Harl. 1294 f.41-88; Roy. 7 C.XI f.3-98; 8 A.XV f.278 seq.; Praha, Univ. VIII.D.23 (1518) f.42-106; Rein 61 f.1-121; Siguenza 9; Vaticana, Regin. lat. 106 f.1-169; 416; Zwettl 127 f.140-178; Wiesbaden 14 f.13-105 (Landgraf, *Einführung* p.118). See John Baldwin, *Master, Princes, and Merchants* (Princeton, 1970), II, 246-265.
Printed: PL 205, 23-554
Variant prol.: Abominaciones Egyptiorum immolabimus Deo nostro (Exod. 8,26). Nota: Egypti, id est mundana...

6388. **Verbum abbreviatum fecit Dominus super terram** (Rom. 9,28 cf. Is. 10,23). **Ecce Dominus omnipotens...**
Summae abbreviatae
Ms: München, Clm 9528

6389. **Verbum Dei vere est panis...**
Summa de discrecione confessionum
Ms: Praha, Univ. IX.C.3 (1714) f.148-170

6390. **Verbum propositum exponitur per Christum...**
See: Semen cecidit in terram bonam...

6391. **Verbum scribat mihi ipse qui iudicat** (Iob 31,35). **Bonitatem et disciplinam... Verba ultimo proposita scripta sunt in ps. ...**
See: Librum scribat mihi ipse...Bonitatem...

6392. **Verbum scribat mihi ipse qui iudicat** (Iob. 31,35). **Hic notanda sunt quinque. Primum est quis est iste liber...**
[Robertus de Sorbonio's *De conscientia*]
Ms: Paris, BN lat. 15954 f.330
See: Librum scribat mihi...Hic notanda sunt...

6393. **Verbum secretum michi est ad te, o rex seculorum; obsecro tamen colloquenti tibi ignosce michi. Dixisti cuidam: Si vis ad vitam ingredi, serua mandata** (Matth. 19,17); **que inquam obseruatio conficitur ex intellectu et ex affectu et ex effectu...**
Mauritius de Praga, *Tractatus Mauritii de Praga de decem praeceptis*
Ms: Stuttgart, Jurid. Fol. 132 f.145-155

6394. **Vere mundum quis dubitet meritis sanctorum stare?...**
Vitae exempla et adhortationes Ss. Patrum ad profectum perfectionis monachorum
(from the Greek by Deacon Pelagius and subdeacon John)
Mss: Padova, Ant. 83; Troyes 777

6395. **Vere sanctorum vera et discreta humilitas virtus est...**
Aelredus Rievallensis, *Speculum caritatis, Praefatio*
Printed: PL 195, 503-504; A. Wilmart in *Revue d'Ascetique et de Mystique* 14 (1933) 391-393
See: Extendisti, Domine, sicut pellem caelum tuum...

6396. **Vereor ne adventu meo perturbam sermones vestros, qui gravius fortasse aliquid et secretius colloquimini. Ego vero [ut Flacci verbis utar] in publica...**
Aurelius Brandolinus (called Lippus), *De humanae vitae conditione, et toleranda corporis aegritudine: Ad Mathiam Corvinum Hungariae et Bohemiae Regem, et Beatricem Reginam Dialogus*
Elisabetta Mayer, *Un umanista italiano della corte de Mattia Corvino: Aurelio*

Brandolini Lippo, in *Biblioteca dell'Accademia d'Ungheria de Rome*, 14 (Rome 1938) 49; Jeno Abel, *Olaszorszagi XV sz. iroknak Matyast dicsöito versei*, in *Irodalomtörteneti Emlekek* (Budapest 1890) 3-77
Printed: Basilea 1498; Vienna 1541; Basilea n. d.; Basilea 1541, 1543; Paris 1562

6397. **Veritas euangelica predicatoribus quasi quibusdam paranimphis est commissa...**
Guillelmus de Alvernia, *De faciebus mundi*
(N. Valois, *Guillaume D'Auvergne* [Paris 1880] 171-173; Glorieux 141 f; 6 el)
See: Rerum facies siue libri...

6398. **Veritas ponenda in medio est tanquam pulchrum aliquid...**(alternate incipit)
See: Vide quam vehementes affectus...

6399. **Veritatis theologice sublimitas, cum sit superni splendoris radius illuminans intellectum...**(Prol.)
(Lib. 1) Deum esse multis modis ostenditur. Hoc enim fides recta testatur...(Lib. III) Malum triplex est, videlicet culpe, pene et dampni quod opponitur triplici bono...
Hugo Ripelinus, O.P. (Ps.-Albertus, Ps.-Bonaventura, Ps.-Thomas), *Compendium theologicae veritatis* or *Summa theologicae veritatis* or *Veritas theologiae* or *Veritas summarum theologiae*
Mss: Aarau, Wett. 14 fol.; 15 fol.; Alba Julia II-44 f.90-191; II-82 f.125-266; II-121 f.176-247; II-136 f.21-170; III-110 f.1-317; Admont 124; 127; 634 f.1-148; 671 f.52-127; Angers 224 (215) f.1-79; 227 (218) f.1-76; Antwerpen, Stadsbibl. B.416; Arras 591 (905); Ascoli Piceno 271 f.1-92; Assisi, Com. 402; 403; 412; 413; Asti, Sem.; Augsburg 85 f.1-128; 454; Avignon 289 f.7-160; 317; 332; Avranches 123 f.1-110; Bamberg, Patr.1 (Q.III.24); Theol. 109 (Q.IV.5); Beaune 29; Berlin, Theol. lat. fol. 552 f.1-118; 529 f.1-133; 641; 649; Theol. lat. qu. 171 f.1-219; Lat. fol. 844 n.1; 882 f.1-104; Lat. oct. 438 f.4-130; Besancon 203; Boston, Public Libr. 1567 f.1-148; Bratislava, Kap. 56 (60) f.4-102; 93 (97) f.1-128; 94 (98) f.229-394; Bremen, Staatsbibl. b.127; Bressanone, Sem.L.1 n. 131 f.1-191; Brno, Metsky Archiv 87 (107); Univ. NR 30 f.1-115; Brugge, Stadsbibl. 212; 213; 390 f.53-172; Bruxelles, BR 5612 (cat. 1661) f. 1-250; 5613 (cat. 1652) f.1-232; 8202-06 (cat. 1668) f.1-107; 20072 (cat. 1719) f.1-109; II.189 (cat. 1658) f.1-133; II.2433 (cat. 1341) f.132-330; IV 435 (Book III); Budapest, Eg. Kön. 75 f.2-91; Orsz. Szech. Kön. 67 f.1-57; 383 f.3-94; 388 f.19-193; Burgo de Osma, Cab. 52; Cambrai 423 f.1-135; 516 f.1-124; 1008 f.1-132; Cambridge, Corpus Christi 64 f.1-110; 518 f.177-188 (incompl.); Cambridge, Caius 102 (54) f.1-77; 193 (99) f.1-157; 212 (227) f.1-189; 332 (723) f.1-65; 334 (727) f.19-112; Cambridge, St. John's Coll. B.2 (24) f.7-114; E. 9 (112) f.1-183; Trinity B.14.6 (292) f.12-166; O.B.30 (1405) f.1-134; Cambridge, Univ. Dd.12.17; Ff.1.12; Kk.6.12; Chalons-sur-Marne 69 (77); Charleville 16; Cortona 35 f.1-143; Cues 103; Darmstadt 451; 547; 726; 794; 942; 1846; Dubrovnik, Dominik. 62 f.1-94; Düsseldorf B 134 (1311); B 135; B 137; Edinburgh, Univ. 72 f.1-65; 73 f.15-227; 74 f.1-103; 112 f.181-258; Eichstätt 463 f.197-275; 748 f.92-205; Einsiedeln 271 p.1-121; Erfurt, Ampl. Q.106 f.1-73; Erlangen 270 f.1-82; 271 f.1-91; 272 f.1-118; 273 f.5-122; Escorial k.III.11 f.1-112; S.I.15 (beg. missing); Evreux 7 f.1-119; (incompl.); Fermo, Com. 96; Firenze, Laur. Edili 38; Firenze, Naz. Conv. Soppr. E.8.1392; I.2.6 f.1-85; I.7.49 f. 1-130; Frankfurt am Main, Barth. 82; 129; Praed. 28 f.II-72; 37 f. 242-360; 67 f.4-109; Fulda (formerly Fritzlar), Priesterseminar 1; 2; Gdansk, Mar.F.155; Giessen, Univ. 805; Göttingen, Luneb. 33 f.83-176; Theol. 159; Göttweig 132 (123) f.8-108; Graz, Univ. 322; 583 f.56-63 (Book VII); 606 f.1-92; 690 f.51-64 (Books IV-V); 837 f.1-109; 857 f.1-230; 885 f.277-292 (Book VII); 886 f.22-202; 1083 f.142 (exc.); 1093 f.1-184; 1410 f.1-111; 1487 f.1-108; 1639 f.1-214; Grenoble 288; Güssing, Franziskanerkloster 1/38 f.1-134; Hamburg, Theol. 1553; S. Petri 8 f.93-126; 25; Harburg, II lat. 1 fol. 75; 113 f.36-115; 127 f.1-82; II lat. 1 oct. 3;

Heidelberg, Salem. VIII-78; Heiligenkreuz 129; 243; 273; 329; Hildesheim, Beverins'che 632; Innsbruck, Univ. 258; 259 f.185-231; 305 (?) f.1-159; 319; 338; 345 f.1-159; 447; 477; 530; 534; 537; 779; 787; 793; Karlsruhe, St. Peter Perg. 83 f.1-98; Klagenfurt, Bischöfliche Bibl. XXXI.C.1 f.122-235; Klagenfurt, Studienbibl. Perg. 26; Pap. 30 f.1-146; Klosterneuburg 581 f.21-67; 807 A f.1-119; 807 B f.1-96; 807 C f.1-116; København, Ny kgl. S.13 oct. f.1-191; Koblenz, Staatsarchiv 201; Köln, Stadtarchiv GB 4 233 f.1-138; W 8 198 f.1-85; W 12o 33; W kf 205 f.1-102; 227; Krakow, Dominik. L.XV.29 f.1-125; Krakow, Uniw. 1275 f.1-175; 1392; 1681; 1685; 1686; 2056 (?); 2068; 2070; 2397; 2399; Kremsmünster 191 f.57-162; 321 f.126-178; Laon 185 f.1-184; 198 f.2-144; Leipzig, Univ. 158 f.214-215 (Prol.) 456 f.1-153; 457 f.37-210; Liege, Sem. 6.F.18; Lilienfeld 76 f.1-139; 143 f.1-69; Lincoln, Cath. 203 (B.5.1) f.3-124; Lincoln (Nebraska), Univ. (de Ricci 1153) f.1-168; Lisboa, Alcob. 210 (CCXXXII); 376 (CCXXXL); Ljubljana, (Kos 27) f.1-105; London, BM Addit. 33934; Arundel 379 f.26 (exc.); Harl.1003; 3447; 6628 n.2; Roy. 6 B.IX f.50-178; 9 A.IX f.1-220; Los Angeles, Univ. of Southern California 5 f.1-64; Lübeck, Theol. lat. 53; 78; 125 (exc.); 131 (exc.); 133 (exc); 134 (exc.); 135 (exc.); 188 (exc.); 212; Lund, Univ. 16 (from Stettin) f.96-183; Luzern, P. Msc. 27 (exc.); Lyon 639 (555) f.1-144; Madrid, Nac. 106 f.7-136; 4036; 8923 f.1-136; Magdeburg 64 f.239-250; Mantova, Com. C.I.23; Mattsee, Koll. 36; Melk 1690 (927) f.1-121; 1801 (825) f.200-207 (exc.); Metz 152; 365; 488; 503; Michaelbeuern, cart. 62 f.80-183; Milano, Ambros. B 123; T.35 sup.; Y 177 sup. f.1-132; Monteprandone N.7; München, Clm 2513 f.212-407; 2657 f.1-125; 2666; 2695; 2953; 3046; 3129 f.267-289; 3204; 4243; 4398; 4581; 4633 f.1-145; 5371 f.14-22; 4703 f.1-107; 5526; 5871 f.1-108; 5930 f.1-162; 5964 f.135-148 (Book II ?); 5985 f.1-106; 6026 f.115-235; 6051 f.58-211 (exc.); 6495 f.1-112; 7013 f.1-122; 7436 f.1-135; 7666 f.139 seq.; 7782 f.1-118; 7845 f.2-36 (Book VI); 7969; 7987 a f.1-104; 8094 f.159-162 (exc.); 8342 f.39-102; 8445 f.218-234; 8826 f.193-267; 8835 f.253-262 (Book VI); 8993 f.26-54 (Book VI); 9537 f.1-88; 9640; (Books II and VII); 9644 f.1-100; 9645 f.1-192; 9736 f.117-224; 10841 f.1-96; 11044 f.1-86; 11288 f. 164-393; 11711 f.1-212; 12007 f.129-222; 12032 f.263-274 (Book VI); 13439 f.36-134; 14063 f.1-120; 14142 f.214-219 (Book VII exc.); 14152 f.171-302; 14549 f.131-178 (Book V); 14599 f.1-99; 14617 f.1-118; 14643 f.1-142; 14681 f.13-169; 14802 f.1-245; 14967 f.1-90; 15728 f.139-242; 16061 f.1-124; 16062 f.1-122; 16063 f.41-77 (?); 16226 f.221-234 (abbreviatio); 16464 f.1-148; 16518 f.1-139; 17240 f.1-180; 17243 f. 95-209; 17931 f.1-144; 18354; 18367 f.97-213; 18368 f.1-77; 18758 f. 1-252; 18761 f.1-277; 19144 f.1-160; 21001 f.187-248; 21048; 21062 f. 1-126; 28366 f.298 (exc.); 28395 f.25-178 and f.227-228 (exc.); München, Univ. Fol. 68 f.3-71; 70 f.1-87; 101; Münster, Univ. 78(241) (beg. missing); 203(219); Namur, Mus. Arch. Ville 20 f.1-97; 87; Napoli, Naz. I.H.39 f.97-184; V.H.220 f.2-108; VII.D.6; VII.D.20 f.1-99; VII. D.42 f.6-98; VII.D.74 f.1-89; VII.E.75 f.39-56; VII.G.7 f.165-174 (incompl.); VII.G.15 f.237-240 (Book III c.11); New Haven, Yale Univ. Th.E.Marston 118 f.1-103; Nürnberg, Cent. IV, 47; Olomouc, CO 63 n.2; 191 f.133-159 (exc.); 228; 239; Olomouc, Univ. M.I 245; II 121 (?); Opava 14 f.249-252 (exc.); Osek 45 f.1-133; Oxford Bodl. Auct. F.3.10 f.1-118; Bodl. 456 f.27-230 (SC 2412); 458 f.ii-130 (SC 2414); 605 (SC 2416); 785 f.196-283 (SC 2624); 867 f.1-93 (SC 2746); Can. misc. 91 f.1-120; 404 f.1-113; 538 f.1-156; Hamilton 9 (SC 24439); Laud. misc. 405 f.1-76; 473 f.1-150; 480 f.1-102; 523 p.194 seq.; Oxford, Balliol 50 f.1-79; 230 f.1-98; Jesus Coll. 36 f. 87-94; 89 f.1-264; Oxford, Lincoln 7 f.1-214; Oxford, Magdalen 25; Oxford, Merton 39 f.125-219; New Coll. 304 f.3-94; Oxford, Queen's Coll. 370 f.1-131 (beg. missing); Oxford, Trinity Coll. 3 f.1-246; Paderborn, Theod. B 12; Padova, 701; 763; 805 f.3-138; Padova, Univ. 2106; Pamplona, Cab. 2 f.2-108; 48 f.95-97 (exc.); Paris, Mazarine 876 (956); 877

(1046); Paris, BN lat. 3149 f.1-114; 3419 f.1-52 (exc.); 3428 f.1-101; 3429 f.1-142; 3430 f.1-120; 3431 f.1-254; 3432 f.1-149; 3685 f.1-95; 3686; 13447; 14911; n. a. lat. 3060; 3075 f.80 seq.; Parma, Univ. 32; 139; Pavia, 32; Pelplin, Sem. 92 (209) f.1-90; 146 (242) f.28-154; 167 (109) f.55-143; 312 (245) f.1-115; Perugia, Augusta 1030 (M.53) f. 1-61; Poitiers 86; Poznan, B. Raczynskich 186 f.1-151; Praha, Metr. Kap. A.88.6 (168) f.1-84; C 5 (412) f.87-157; C 41 (468) f.1-146; C 46 (473) f.111-214; C 51 (478) f.1-103; C 51.2 (479) f.1-113; C 63 (492) f.27-179; D 6 (570) f.193-206 (exc.); D 17 (583) f.1-162; D 21 (586) f.1-112; D 22 (587) f.1-142; D 97 (665) f.1-158; N 2 (1526) f.248-332; N 35 (1559) f.29-123; Praha, Narodni Museum XII.G.3 (3249) f.1-168; Praha, Univ. I.B.19 (75) f.1-108; I.B.13 (69) f.1-108; I.C.15 (106) f.231-328; I. F.30 (262) f.53-229; III.B.15 (424) f.1-97; III.C.13 (444) f.1-176; III.G.5 (530) f.II-84; IV.C.19 (646) f.1-69; IV.F.15 (721) f. 1-145; V.C.21 (863) f.44-153; VII.B.14 (1240) f.8-134; IX.A.4 (1669) f.1-90; X.A.11 (1814) f.127-189; X.B.16 (1845) f.1-107; X.D.2 (1881) f.1-98; XI.C.4 (2029) f.61-101; XII.F.3 (2189) f.1-104; XIII.D. 19 (2311) f.89-190; XIV.E.30 (2564) f.1-167; XIV.F.8 (2579) f.57-244; XIV.H.28 (2673) f.60-199; Univ. Lobkowic 442 f.1-149; Univ. Roudnice VI.E.f.7 p.1-158; Praha, Strahov DA III.24 f.118-266; DB III. 6 f.1-103; Reims 519; Rein 67 f.54; Saint-Omer 167 f.1-129; 240; 245; 303; 347 f.63-135; 361; Salisbury, Cath. 34 f.1-82; 170 f.2-196; Salzburg, St. Peter b.X.31 n.4; b.XI.10 f.195-340; Salzburg, Univ. M.I.77 (ex V.1.J.210) f.1-201; M.I.91; M.II.248 f.1-126; Sankt Gallen 811 p.495-497 (exc.); Sankt Paul in Lavanttal 32-4 f.1-97; 94-3; Sankt Pölten F.108; Schlägl 191 f.1-120; Schönbühel 29; Siena, Com. G.VII.8 f.154-249; G.VII.19; U.V.7 f.1-106; U.VI.5; Solothurn, SI 173 f.1-162; Stuttgart, HB.I 14 f.181-275; HB.VI 129 f.97-172; HB.XII 19 f.260-358; Sydney, Public Library of New South Wales, Bibl. Dixson (formerly Phillipps 4329) f.1-106; Tarragona, Prov. 22 f.107-198; Todi, Com. 48 f.1-125; Toulouse 196; 197; 198; Tours 370; 397; Trier, Bistumarchiv 65 f.26-173; Trier, Stadtbibl. 579 f.1-108; 595 f.1-155; 618 f.60-205; 621 f.1-182; 670 f.103-111 (exc.); 732; 764; 1976; Troyes 460; 1005; 1488; 1489; 1517; 1739; 1777; 1903; Tübingen, Univ. Mc 7; 326 f.1-121; 331 f.1-168; Uppsala, Univ. C 67 f.120-154; C 206 f.2-122; C 229 f.37-51 (exc.); C 231 f. 5-164; C 232 f.1-252; C 565 f.35-83; C 630 f.74-155; Valenciennes 194; Valognes 23 f.1-108; Vaticana, Borgh. lat. 74 f.1-153; Palat. lat. 341 f.3-79; 342 f.1-107; 343 f.1-144; 344 f.2-288; 345 f.1-120; 346 f.1-93; 347 f.1-128; 359 f.1-115; Regin. lat. 312 f.61-122; Vat. lat. 805 f.121-265; 924; 925; 4338 f.1-199; Venezia, Marc. Lat. Z.L.96 (Valentinelli IV, 12); Z.L.97 (Val. IV,13); III.87 (Val. IV, 11); Vich, Cab. 115; Viterbo, Cap. 23 n.1; Vyssi Brod C f.1-142; CXXII f.9-27 (incompl.); CXXIV f.1-167 (beg. missing); Vorau 19 f.1-82; 29 f.193 (exc.); 51 f.1-129; 57 f.10-113; 128 f.164-172 (incompl.); 131 f.62-180; 300 f.1-118; 372 f.55-132 (incompl.); Wien, Domin. 82 (47) f.166-240; Wien, Nat. 505 f.12-119; 636 f.50-57 (beginn.); 1306; 1509 f.4-97; 1651; 1657 f.13-217; 1693 f.2-94; 3614 f.1-158; 3617 f.58-62 (exc.); 3684 f.208-305; 3734 f.2-98; 3786 f.8-127; 4121 f.6-7 (exc.); 4153 f.140-251; 4291 f.5-188; 4406 f.327-420; 4479 f.1-107; 4617 f.5-88; 12906; 14457 (exc.); 14481 f.86-144; 15032 f.274 (exc.); Wien, Schott. 160 f.1-210; 291 f.84-169; 408 f.139-144 (exc.); Wiesbaden, Landesbibl. 27 f.1-150; Wilhering 91 f.73-226; Windsheim 33 (145) f.1-117; 84 (46) f.1-104; Wolfenbüttel, 138 Helmst. (160) f.1-225; 203 Helmst. (236) f.135-136 (Registrum); 396 Helmst. (431) f.1-56; 612 Helmst. (661); 681 Helmst.(744) f.1-137; 1077 Helmst. (1180); 1256 Helmst. (1364) f.1-176 (incompl.); 44.3 Aug. fol. (2526) f.292-295 (exc.); 69.18 Aug. fol. (2669) f.1-156; 71.10 Aug. fol. (2698) f.1-12 (tabula); 18.30 Aug. qu. (3162) f.1-14 (?); 23.28 Aug. qu. (3293) f.1-201; Worcester F. 2 f.1-79; Wrocław, Uniw. I.F.78; I.F.211 f.93-183; I.F.226 f.135-207; I.F.235 f.54-146; I.Q.65; M.1068 f.1-147; Würzburg, Univ. M.p.th.q. 39 f.2-121; M.p.th.q. 44

f.113-126 (Book VII); M.ch. f.88 f.139-250; M.ch. f.186 f.43-128; M.ch. f.296 f.165-276; Zagreb, Univ. MR 82; Zwettl 52 f.2-120; 150 f.96-176; 342 f.4-179; 375 f.51-126 (Glorieux 6 dq; Stegmüller RS 368; M. Grabmann, *Mittelalterliches Geistesleben* [München 1926] I 174-185; G. Boner AFP 24 [1954] 269-286)

Printed: GW 596-611 (Goff A 229-242) etc.; Albertus Magnus, *Opera omnia* (ed. Borgnet) (Paris 1895) 34, 1-270.

Variant prol.: Subiectum in sacra theologia est duplex...

See: Error consciencie octo modis... Malum triplex est, videlicet culpe... Omnia peccata...Peccatum diffinitur multis modis, primo sic ab Augustino...Penitentia est, ut ait Ambrosius, preterita mala plangere et... Item, Gregorius...

6400. **Veritatis vim sepenumero cogitant...**
Duo dialogi de philosophia morali
Ms: Philadelphia, Univ. of Pennsylvania Lat. 40

6401. **Versibus annexis solers intendito, nec sis/ impositus somnis** ...(Introductory quatrain to 'Debilitas carnis...' in some MSS.)
See: Debilitas carnis aciem turbat rationis...

6402. **Versibus istud opus cujus fuit auctor Esopus...**
Baldus, *Aesopus novus*
Ms: Wien, Nat. 303 f.92-102

6403. **Versor in hoc mundo sicut navis vel** [or *et*] **arundo/ Quam rapit infestus hac, illac, ventus et estas...**
De miseria hominis (127 verses) or *De vanitate mundi*
Ms: Saint-Omer 115; (Walther IC 20245)

6404. **Verum B. pater ut aptior dulciorque sit circa permissa dicendi ordo...** (pref.)
See: Super cunctas humanas temporalesque...

6405. **Verus peccati confessor...**
['Brief note on confession' -- contains the verse formula 'Quis, quid, ubi, quotiens, per quos, cur, quomodo, quando' See: Walther IC 16101-16102, who does not give this MS.]
Ms: London, BM Addit. 35091 f.162

6406. **Verus religiosus debet esse contentus omni extremitate...**
Henricus de Frimaria, *Nota de vero religioso*
(Perhaps selection from larger work)
Ms: Vyssi Brod 31 f.137

6407. **Vestio, cibo, poto** [or **poto cibo**]...
[Several short poems on seven works of mercy]
Walther IC 20271

6408. **Vestre dilectioni que pro parte huc usque attenta...**
[Tractate on vices]
Ms: Zwettl 350 f.129-160

6409. **Veteris ac noue legis continentiam magister sententiarum in quatuor libros distinxit...**(Prol.)
(Lib. 1) Quod autem theologia sit scientia altissima, una, certissima, clarissima, speculatiua simul et practica...
Iohannes Rigaldi O.F.M., *Compendium sacrae theologiae*
Mss: See Stegmüller RS 484. Add: Barcelona, Central 576 (extr.); Firenze, Riccardiana 349 f.6-74; Hannover I, 256; Krakow, Uniw. 2056; Lübeck, Theol. lat. 69; Perugia, Augusta 1040 (M.63) f.1-188; Ravenna, Classense 80

Dedic.: Reuerendo Patri ac Domino suo spirituali domino Bernardo. Primos quatuor libros huius compendii...

6410. **Veteris precepta legis nature communia ut sunt illa: omne bonum est faciendum...**
Nicolaus de Dinkelsbühl, *De decem praeceptis*
Ms: München, Clm 3129 f.16-79
See: Preter precepta legis nature communia...

6411. **Veterum imperatorum dicta quedam et facta...**
Summariolum dictorum quorundam ac exemplorum virorum illustrum
Ms: Manchester, John Rylands 76 f.1-32
Prol: Ad illustrissimum et excellentissimum principem...

6412. **Vetus quedam serenissime...(prol.)**
See: Cum igitur hoc nostrum...

6413. **Via ducit humilitatem quae ducit ad veritatem...**
See: Ego sum via, veritas, et vita. Via ducit...

6414. **Vias tuas, Domine** (Ps. 24,4)...
See: Ibimus viam trium dierum... Vias tuas...

6415. **Vias tuas, Domine, demonstra [notas fac] michi...**(Ps. 24,4). **Quilibet dicunt quod volunt ire in paradysum...**
[Paraphrase of Robertus de Sorbonio *De tribus dietis paradisi*]
Mss: See Glorieux 159 b. Add: Vaticana, Regin. lat. 154 f.1-64; Vat. lat. 11523 f.1-20 (ed. F. Chambon, [Paris 1902] p.XVII)
Incipit variant: Ibimus viam trium dierum...(Ex. 3,18). Vias tuas, Domine, demonstra...(Ps. 24,4). Quilibet dicit quod vult...Incipit of *De tribus dietis*: Iustus cor suum...Unde clamat...

6416. **Vicit Adam veterem gula, gloria vana, cupido...**
Hildebertus Cenomanensis,
[On the transgression of Adam]
Walther IC 20296. Printed: PL 171, 1280

6417. **Victorioso principi potestates aereas debellanti...**
Iohannes Lemovicensis, *Morale somnium Pharaonis*
(Glorieux 361 D)
See: Ad excellentem principem, dominum Teobaldum...

6418. **Victum fortasse putas et plenam jactas victoriam...**
Hildebertus Cenomanensis (?), *De superbia*
Ms: Paris, BN lat. 15732 f.174

6419. **Vide igitur, filii, quod confessio est quedam medicina. Medicina autem...** (part 1)
See: Sicut dicit beatus Iohannes canonice...(prol.)

6420. **Vide quam vehementes affectus excitent in te nec nominanda...**
Guigo I, prior Cartusiae, *Meditationes*
Printed: A. Wilmart, *Le recueil des pensées du B. Guigue* (Paris, 1936)
See: Veritas ponenda in medio est tanquam... (alternate incipit)

6421. **Vide vias tuas et scito quid feceris quia malum et amarum est reliquisse Dominum Deum tuum...**(Ier. 2,23)...
Henricus de Frimaria, *Tractatus vel sermones de poenitentia* (Pars 2)
See: Memor esto unde excideris... Quia sermones...

6422. **Videamus, cui sit facienda confessio...**
Confessionale
Ms: Praha, Univ. X.F.9 (1935) f.234-247

LIST OF INCIPITS 555

6423. Videamus quo tempore ceperit confessio, et ad hoc sunt quinque opiniones... (chap. 1)
See: Quoniam circa confessiones animarum pericula...

6424. Videamus vitia capitalia quae sunt septem...
Ms: Assisi, Com. 593 f. 210 (imperf.)

6425. Videbam in visione mea nocte et ecce quattuor venti celi (Dan. 7,2)...
Engelbertus Admontensis (?), *De triplice vitio mutabilitatis* or *Tractatus de vitiis et virtutibus*
Ms: Praha, Metr. Kap. N.56.1 (1580) (Fowler 220-221)

6426. Videmus ad oculum qualiter pro vita corporis ad tempus conseruanda custoditur lex galieni et aliorum...
Precepta Dei
[De decem praeceptis?]
Ms: Seitenstetten 227 f.68-72

6427. Videndum convenienter quomodo venialia perpetrata sint delenda...
De peccatis venialibus
Ms: Wien, Nat. Ser. n. 3830 f.147-149

6428. Videndum ergo quid sit penitentia, quid penitere... (Cap. 1)
See: Tota celestis philosophia in bonis moribus consistit...

6429. Videndum est de usura...
De usura
Mss: Dijon 206 f.50-57; Laon 388 f.216 seq.
Cf: Videndum est quare sic dicatur usura...

6430. Videndum est etiam de lucro seu redditu annuali quem reddunt quedam communitates...
Antoninus Florentinus, O.P., *Tractatus de pecuniis Montis Florentiae*
Mss: Kaeppeli 246

6431. Videndum est qualiter Christus...
Hugo, *De hypocrita*
Ms: Wilhering 25 f.104-115

6432. Videndum est quare sic dicatur usura et in quibus rebus usura dicatur, que est mala...
De usura
Ms: Marburg, Univ. 60 f.307-313
Cf: Videndum est de usura...

6433. Videndum est quod sacerdos debeat suscipere poenitentes more solito. Cum aliquis venit...
[Work on confession]
Ms: Praha, Metr. Kap. C. 60 (Schulte II 532)

6434. Videndum igitur nunc est de effectu virtutum. Circa quod notandum quod sic corpus...
[On effects of virtues]
Ms: Kornik 47 f.93-97

6435. Videndum quid sit penitentia...
[Tractate on penance]
Ms: London, BM Harl. 209

6436. Videns Iesus turbas ascendit...(Matth. 5,1). *Hodie sancta mater ecclesia ipsius...*
De octo beatitudinibus
Mss: Manchester, John Rylands 70 f.93 seq.; München, Clm 3597; Praha, Univ. III.C.19 (650) f.140-147; 41.E.13 (2795) f.204-225

6437. **Videns igitur summe bonus artifex participacione quod simplex est. Nulla...**
[Treatise on the faculties and virtues]
Ms: London, BM Cotton Cleo. C.XI f.70-77

6438. **Videns quam bonum principium, quam affectuosum...**
See: Domine, ne in furore tuo... Videns quam bonum...

6439. **Videns quanta quodque pericula maris huius sint mundi scilicet et quam multi...**
[Anon. treatise or meditation using shipwreck metaphor]
Ms: Vaticana, Vat. lat. 10067 f.168-171

6440. **Videte, fratres, quomodo caute ambuletis...(Eph. 5,15). Apostolus Paulus...**
See: Videte quomodo caute...Apostolus Paulus...

6441. **Videte, inquit, ad quid vocati estis (I Cor. 1,26). Ista verba Apostoli pertinent religiosis** [or **ad homines religiosos**]...
S. Edmundus Rich, *Speculum ecclesiae* or *Speculum sancti Edmundi*
Mss: Cambridge, Corpus Christi 317 f.101-111; Cambridge, Emmanuel 1.3.1, f.114 (attrib. auctor); 3.3.10 f.126; Cambridge, Fitzwilliam Museum 356 f.1 (attrib. auctor); Cambridge, Magdalen 14 f.41-55 (attrib. auctor); Cambridge, St. John's E.24 f.23 [f.24]; G.11 f.77; Cambridge, Univ. Hh.4.3 f. 135-154 (attrib. auctor); Mm.6.16 [17] f.12-33 (attrib. auctor); Ff.5.36 f.244 [f.245]; Douai 396; London, Lambeth 392 f.132-148; 500; Logrono, Cathedral Santo Domingo de la Calzada 5 f.5 seq.; London, BM Harl. 5441 f.118-130; 3490 f.1-6; Roy. 5 A.VI f.38-52; 7 A.I p. 12-26; Sloane 2275 f.184-191; London Sion College Arc. L. 40 2/1.42 (imperf.); Oxford, Bodl. Bodl. 54 f.1-24 (SC 1975); Hatton 26, f.183 (SC 4061); Oxford, Corpus Christi 39; (Glorieux 106c; C. H. Lawrence, *St. Edmund of Abingdon* [Oxford 1960] 120 seq.; Leclercq, *Hispania Sacra* II [1949] 91-118)
Printed: London 1521; Coloniae 1618; Parisiis 1624; *Bibl. Patrum Lugd.* 25, 316-327
Prol: Iste liber est qui docet perfecte vivere...(Variant): In nomine dulcissimi Domini nostri Iesu Christi incipiunt capitula libri sequentis...
See: Videte vocationem vestram... Verbum hoc...

6442. **Videte quid faciatis...(II Paral. 19,6). Verba sunt incliti regis Iosaphat...**
Tractatus de audiendis confessionibus [1465]
Ms: Stockholm, Kgl. Bibl. A.211 (from Erfurt) f.186-195 (Lehmann II, 17)
Rubr.: In nomine Domini nostri Iesu Cristi incipit tractatus de audiendis confessionibus in ecclesia et specialiter in ordine sacro Carthusiensi. Succurre Ihesu et sancte Ieronime.

6443. **Videte quomodo caute ambuletis...(Eph. 5,15). Apostolus Paulus, conscius consiliorum Dei...**
Henricus de Hassia (?), Bernardus de Sienna (?), Dionysius Carthusianus (?), Iacobus de Jüterbog (?), *Speculum amatorum mundi*
Mss: Cambridge, Univ. Add. 5358 f.147; København, Gl. kgl. S.78 fol. f.269-272; Gl. kgl. S.92 fol. f.176-181; Thott. 111 qu. f.36-41; London, BM Addit. 41618 f.120-129; München, Clm 5191; Praha, Univ. IX.B.7 (1693) f.279-283; Sankt Gallen 917; Stockholm, Kgl. Bibl. MS.A.200 (from Erfurt) f.70-77; Vaticana, Regin. lat. 261 f.61-66; Vat. lat. 10051 f.1 seq.; Würzburg, Univ. M.ch. q.140 f.99-103, M.ch. o.25 f.1-40; Wrocław, Univ. I.F.280. (Lehmann II 12; Meier 87)
Printed: *S. Bernardini Senensis Opera* (Venetiis 1745) III, 437-440

6444. **Videte quomodo non solum mihi laboraui...** (Eccli. 24,47). **Quia sicut dicit ille fons eloquentiae Tullius...**(prol.)
See: Deus quia proprie speculationis est de rebus...(chap. 1)

6445. *Videte vocationem vestram fratres* (I Cor. 1,26). *Ista verba Apostoli pertinent ad vos homines religiosos...*(variant)
    See: Videte, inquit, ad quid vocati estis...

6446. *Videte vocationem vestram...*(I Cor. 1,26). *Verbum hoc precipue competit religiosis...*
    S. Edmundus Rich, *Speculum ecclesie*
    Ms: London, BM 5 A.VI, f.38-52
    See: Videte, inquit, ad quid vocati estis...

6447. *Videtur autem incipiendum certamen primo contra gulam...*
    De certamine contra septem vitia capitalia
    Ms: Darmstadt 2653 f.159-176

6448. *Videtur quod Deus sit causa peccati...*(first question)
    (Ps.-Thomas Aquinas) *Compendium de notitia peccatorum et quaestionibus centum triginta*
    Mss: Cambridge, Jesus Q.G.9 (57) f.169; Oxford, New Coll. 148
    Prol: Quoniam sicut habetur Deut. 25,5: Pro mensura...

6449. *Videtur secundum quosdam...*
    Tractatus de observatione decalogi
    Ms: Praha, Univ. V.F.9 (931) f.76-77

6450. *Vidi bestiam ascendentem...*(Apoc. 13,1) [Verba sunt Iohannis in Apocalypsim] **Bestia ista, karissimi, dicitur quasi vastia et significat diabolum...**
    Ps.-Bonaventura, *Tractatus de VII vitiis capitalibus* or *Liber de septem viciis capitalibus criminalibus per auctores* or *De septem mortalibus peccatis* or *Summula septem vitiorum criminalium*
    Mss: Bamberg, Q.VI.50 f.78-80; Dublin, Trinity Coll. 301 (C.3.19), f.2-16; Erfurt. Q.130, f.160-167; Laon 133 f.109-117; 179; Lilienfeld 77 f.115-120; London, BM Harl. 3823 f.409-434; München, Clm 4321 f.170; 18314 f. 183-190; Oxford, Bodl. Laud. misc. 345; 544; Oxford, Magdalen 92 f.241 seq.; Oxford, Merton 85 f.154 seq. (?) [*Viridiarum consolationis*]; Paris, BN lat. 16514 f.62 seq.; Praha, Univ. VI.G.1 (1164) f.198-203; Troyes 1141 no.4; Wien, Nat. 1075 f.29-38; 3955 f.55-83; (G. Lacombe, *The New Scholasticism* III [1929] 12-14)
    Prol: Abicere. Abicere se ipsum...
    Cf. Sequitur de septem vitiis de quibus Apostolus: Vidi bestiam...
    Sequitur de septem vitiis que significantur...Vidi bestiam ascendentem...

6451. **Vidi bestiam ascendentem...** (Apoc. 13,1). *Bestia ista est dyabolus...* (variant)
    De septem vitiis
    Ms: Bamberg, Theol. 142 (Q.VI.9) f. 65-73
    See: Vidi bestiam ascendentem... Bestia ista, karissimi, dicitur quasi...

6452. **Vidi de mari bestiam ascendentem...**
    See: Vidi bestiam ascendentem... Bestia ista, karissimi, dicitur...

6453. **Vidi et ecce arbor in medio terre** (Dan. 4,7)...
    Tractatus de arbore in medio amoris [With Germ. gloss]
    Ms: Erfurt, Univ. D.8 f.117-126

6454. **Vidi etiam iram cum filiabus suis. Sex dicuntur filie ire secundum Gregorium. Prima est...**
    [Visio quaedam de ira etc.]
    Ms: London, BM Harl. 2379 f.21

6455. **Vidi mulierem sedentem super bestiam...** (Apoc. 17,3)...
    Hugo de Sancto Victore (?), *Summa viciorum* or *Summa viciorum valde utilis*

Mss: Leipzig, Univ. 24 f.106-135; München, Clm 16460 f.121-142
Prol: Epilogum de omnibus dicendis...

6456. *Vidi mulierem sedentem supra bestiam...*(Apoc. 17,3). **Hec est bestia quam Iohannes vidit in spiritu, super quam sedens mulier...**
Henricus de Frimaria, *Tractatus de vitiis* or *Summa vitiorum*
Mss: Basel, Univ A.VIII.34 f.87-121; Görlitz, Milich'sche Bibl. Ch. fol. (B. A.) 31 f.243-261 (?); Leipzig, Univ. 24 f.107-135; München, Clm 16460 f.121-142; Oxford, Bodl. Hamilton 30 (SC 24460) f.85-151; Praha, Metr. Kap. C.29 (448) f.71-72 (?) (Zumkeller MWA 337)

6457. *Vidit scalam Iacob a terra usque ad celum attingentem...*(Gen. 28,12). **Scala est profectus viri catholici qui congeritur ab initio fidei...**
Alanus ab Insulis, *Summa de arte praedicatoria* or *Tractatus de virtutibus ad episcopum Novicomensem* ('Tractatus de praedicatione, contra vitia, de contemptu mundi et de aliis argumentis asceticis et moralibus')
Mss: See B. Raynaud de Lage, *Alain de Lille* (Montreal-Paris 1951) pp.179-181. Add: Vaticana, Palat. lat. 420 f.1-59 (Hauréau III 274; M. Th. d'Alverny, Alain de Lille 109-116)
Printed: PL 210, 111-198

6458. *Vie Sion lugent eo quod non sit qui vadat ad solempnitatem* (Ier. 1,4). **Licet Hieremias propheta dixerit hoc verbum, captiuitatem populi sui deplorans...**
Hugo de Balma, O. Carth. (Ps. Bonaventura; Ps. Henricus de Balma, O.F.M.), *Tractatus* or *Beviloquium de triplici via ad veram sapientiam* or *Contemplatio secundum triplicem viam*
Mss: Brugge, Stadsbibl. 222; Bruxelles, BR 2724-39 (cat. 1635) f.135-153; Cambridge, Caius 353 f.146 seq.; Douai 396; Grenoble 406 (863); Mainz 48; Namur, Mus. Arch. Ville 161 f.114-180; Sankt Gallen 993 (Dict. Spir. 7, 859-860) (e. g. Venice 1504); S. Bonaventurae *Opera Omnia*, Parisiis 8 (1866) 2-53. (edition in preparation in *Sources Chretiennes*)

6459. *Vilior est humana caro quam pollis ovina...*
De contemptu mundi
Ms: Paris, BN lat. 8247 f.130; (Walther IC 20331)

6460. *Vina bibat mane, cerebrum qui portat inane...*
[On drinking]
Walther IC 20342

6461. *Vir celebris quondam qua me...*
Warnerius Basiliensis, *Paraclitus de consolatione peccatorum*
Ms: Praha, Univ. III.G.22 (547) f.36-52 (with commentary); (Walther IC 20391)

6462. *Vir nostre doctissimus etatis...*
Poggius Bracciolinus, *Contra hypocritas*
Mss: Firenze, Laur. Plut. XLVII, 19; Vaticana, Urb. lat. 224 f.115 seq.; Vat. lat. 1785
See: Cum multis ac variis animi morbis subditam esse...(Pref to Francisco Aretino)

6463. *Vir sine deo nemo est bonus. Hanc propositionem scribit Seneca...* **Qui non transcendit mandata Dei...**
Magister Slavobrius, rector Cracoviensis, *Commentarium super decametrum* [De decem praeceptis]
Ms: Praha, Metr. Kap. O.43 (1627) f.1-13
See: Qui non transcendit...

LIST OF INCIPITS

6464. Virginibus immortali sponso dicatis et filiabus Jerusalem...
[Tractate on penitential psalms]
Ms: München, Clm 13092

6465. Virginitas flos est, et virginis aurea dos est/ Concubitus...
Hildebertus Cenomanensis (?), *Commendatio virtutum per comparationem*
Walther IC 20475
Printed: PL 171, 1653-54

6466. Virginitas niter angelicus res celica Christum...
De interna castitate
Ms: Paris, BN lat. 15157 f.130

6467. Virginitatis servare tytulum apprehendere fructum...
Bernardus Claraevallensis, *Ad Sophiam nobilem virginem de contemptu mundi*
Ms: Wien, Nat. 3670 f.189-190
Printed: PL 182, 256-259

6468. Virgo dicitur a virore eo quod semper viret...
Tractatus de virginitate
Ms: Bern 519

6469. Viri, frater [or *fortes*]*, servi Dei, vos non turbent sermones mei...*
Ps. Bernardus, *Dolus mundi* (poem) or *Vanitates mundi* or *De confidei* or *De curso mundi* or *Speculum mundi* or *Carmen de regimine et status mundi*
Ms: Berlin, Theol. lat. fol. 182 (Rose 556) f.165-166; Gdansk, Mar.F.253 f.231; Mar.F.296 f.86; Erfurt. D.2, f.5-9; Wien, Nat. 883 f.86-87 (Speculum mundi); 3634 f.21-23; 4117 f.86-89; (Walther IC 20575 & 2727)
Printed: Dreves 33,269

6470. Viri gloriosi humilitatis gratia Deo placuerunt. Unde narrat Gregorius...
See: Liber de humilitate. Viri gloriosi humilitatis...

6471. Viri religiosi vita sicut rota voluitur...
Hugo de Folieto, *Rota verae religionis* or *De rota praelationis*
Mss: Cambrai 211; Charleville 89; Paris, BN lat.; Troyes 908; Vaticana, Vat. lat. 246 (HLF XIII 505 seq.; H. Peltier in *RMAL* 2 [1946] 42-43)
Prol: Sicut comperi non est tibi frater onerosum...

6472. Viri sapientis verba sunt ista...
See: Omnia fac cum consilio et post factum non penitebis. Viri sapientis...

6473. Viri venerabiles, sacerdotes Dei/ Praecones...
Speculum et novina sacerdotum ex theologia et canonibus compendiose recollectum per quendam episcopum Cantuariensiem
Mss: København, Gl. kgl. S.61 fol. f.118; Paris, BN lat. 8259 f.36; 18082 f.4; Venezia, Marc. Lat. VI. 232 (Valentin. X,193) f.63-64
Printed: Thomas Wright, *Latin Poems Commonly Attributed to Walter Mapes* (London 1841) 45-47
Prol: O veneranda sacerdotum dignitas in quorum manibus...

6474. Viro bene nato et mihi dilecto et pre aliis amico carissimo Gwidoni domini Cavalcantis...
Iacobus de Pistorio, *Quaestio disputata de felicitate*
Mss: Stuttgart, Theol. Qu. 204 f.92-98; Vaticana, Vat. lat. 2172 f. 53-55
Printed: P. O. Kristeller, *Medioevo e Rinascimento Studi in onore de Bruno Nardi* I (Firenze 1955) 442-463
See: Quoniam homo omnes...(incipit of MS. Vat. lat. 2172)

6475. *Viro provido ac discreto domino P. Cantori Auriensium... Cum secundum Iohannem Damascenum peccatum sit tenebra intellectus...*
Rodericus, O.P.,
[Letter on penance and confession]
Ms: Vaticana, Vat. lat. 1238 f.79-80

6476. *Viro venerabili et domino ecclesie Londoniensis episcopo Ricardo tertio suus Petrus archidiaconus eiusdem ecclesie sic currere per temporalia ut gravium apprehendat eternum de beata vitis solitudine necnon et evangelice...*
Petrus Blesensis, *Remedia peccatorum, prologus*
Mss: Cambridge, Trinity B.2.1, f.1; Cambridge, Univ. Ff.4.37 f.137

6477. *Virtuosus tripliciter vim facit sibi...*
Ms: Heiligenkreuz 324 f.96-104

6478. *Virtus a philosophis ita diffinitur. Virtus est animi habitus nature et rationi consentaneus...*
Scientia moralis de expulsione vitii et adeptione virtutis
Ms: Salisbury 146 f.181
Cf: Diffinitio virtutis Philosophi virtus est habitus...

6479. *Virtus dextera Domini fecit virtutem; cioe la mano dericta...*(prol)
Rosarium odor vitae (in Latin and Italian)
Ms: Vaticana, Urb. lat. 1209
Prol: I nostri sauii antichi...

6480. *Virtus est animi habitus nature modo atque rationi...*
De virtutibus
Mss: Cambridge, Pembroke 234 f.164; Cambridge, St. John's E.17 f.182; E.23, f.76

6481. *Virtus est bona qualitas mentis, qua recte vivitur...*
Summa virtutum (abbreviated)
Ms: Oxford, Corpus Christi 33 f.157 seq.

6482. *Virtus est Domino parendi firma voluntas...*
Fulbertus Carnotensis (?), *Diffinitio virtutis*
Ms: Paris, BN lat. 14167 f.64

6483. *Virtus est fortitudo spiritualium certaminum et bellorum. Est enim lux...*
[On virtues]
Ms: Paris, BN lat. 14986 f.271

6484. *Virtus est habitus animi...*
Martinus Dumiensis (de Braga), *De quatuor virtutibus*
Ms: Cambridge, Pembroke 234 f.164 seq.

6485. *Virtus est habitus mentis bene constitute. Dicitur autem virtus...*
Diffinitiones virtutum et viciorum
Mss: London, BM Addit. 22041; Cotton Cleo. B. II f.65-70; London, Sion College, Arc. L.40 2/L 15 f.164-185; München, Clm 4144 f.198-208; (R. Tuve, *Journal of the Warburg and Courtald Institutes* 26 [1963] 297n)
Part of Alanus ab Insulis's *de virtutibus* (see: 'tractaturi de Virtutibus et vitiis, primo videndum est...' and 'Theologie duo sunt species...')
Cf: Diffinitio virtutis Philosophi virtus est habitus...

6486. *Virtus est habitus optimus...*
See: Virtus. Virtus est habitus optimus...

6487. *Virtus est quae inter utramque fortunatam hac et illac...*
De virtutibus
Ms: Lucca, Gov. 1456

LIST OF INCIPITS

6488. *Virtus est que habentem perficit et opus eius bonum reddit. Honestas est que sua vi nos attrahit et sua dignitate nos allicit. Felicitas...*
Tractatus de virtutibus
Ms: Antwerpen, Mus. Plantin 408 (R.28.6) f.18-21

6489. *Virtus medicina est corporis pariter et animae virtutesque appetere unicuique naturale est. Cuiuslibet ergo studium...* (Chap. I)
Speculum manuale religiosorum
Ms: Berlin, Theol. fol. 91 (Rose 540) f.79-122 (Zumkeller MWA 863)
Prol: Honorabili viro et patri Conrado ordinis heremitarum sancti Augustini priori...

6490. *Virtus moritur, vivit vitium...*
[Moral poem]
Walther IC 20600

6491. *Virtus Sansonis mel vellit ab ore leonis...*
Flores proverbiorum
Ms: Paris, BN lat. 15155 f.162 seq.; (Walther IC 20601a)

6492. *Virtus sic describitur...*
De virtutibus scilicet fide spe et caritate
Ms: Mainz 311 f.52-62

6493. *Virtus sic diffinitur in libro de spiritu et anima...*
Guillellmus de Lanicea (Lancea), Summa de virtutibus (Dieta salutis rearranged) or Tractatus de virtutibus et vitiis
Mss: London, BM Roy. 8.D.II; Oxford, Balliol 50 f.77-107; Zwettl 290 f.264-284 (?); (Little 272)
See: Haec est via... Magnam misericordiam...

6494. *Virtus sine studio sui esse non potest...*
Tractatus de virtutibus
Ms: Wien, Nat. 2236 f.114-174

6495. *Virtus tam nobilis...*
Bernardus Claraevallensis (?), De discretione virtutum a vitiis
Ms: Wien, Nat. 3859 f.35-36

6496. *Virtus. Virtus est habitus optimus; habitus autem...*
De virtutibus
Ms: Cambridge, Corpus Christi 461 f.34

6497. *Virtutem primam esse puto compescere linguam...*
Cato philosophus
Walther IC 20605

6498. *Virtutes secundum Macrobium dicuntur quandoque politice, quando purgatorie...*
Divisiones et differentie virtutum secundum S. Thomam de Aquino
Ms: Salzburg, Studienbibl. M.II.96 f.426-437

6499. *Vis audire, o homo, summam salutis eterne certissimam...*
Summa salutis
Ms: München, Clm 3003

6500. *Vis salvus fieri, vis Christi carus haberi...*
Ars salutans
Ms: Paris, Mazarine 996 (902) f.142

6501. *Vis scire homo quanta...*
Ps.-Dionysius Areopagita, De virtute poenitentiae
Ms: Paris, BN lat. 2594 f.62

6502. *Vis scire quanta est virtus penitentie attende...*
   De penitentia
   Ms: Cambridge, Univ. Oo.6.113 f.25 (attrib. to 'Hugo')

6503. *Vis verum liber cognoscere, simplificetur/ Cor sursum remeans...*
   Iohannes Gerson, *Carmen de simplificatione cordis*
   Printed: Jean Gerson, *Oeuvres completes* ed. P. Glorieux t.IV p.177 n.206

6504. *Vis videre, quantum et quale peccatum sit usura. Mutuum dicitur quasi de meo tuum...*
   [On usury]
   Ms: Brno, Univ. Mk 46 f.24

6505. *Visa determinatione de viciis tam in generali quam in speciali...*(main on virtues)
   Prol: A Domino factum est istud...

6506. *Visa igitur natura virtutis...*
   Tractatus de virtutibus moralibus in speciali
   Ms: Praha, Univ. VII.E.17 (1306) f.120-134

6507. *Viso de justicia, restat videndum de fortitudine et licet tractauimus in tractatu de bello...*
   Iohannes de Legnano, *De fortitudine* (part of *De Pace*)
   See: Misit Tau rex Emath ad regem David...

6508. *Viso de temperantia, que est respectu gustabilium, cui est opposita gula...*
   De virtutibus et vitiis
   Ms: Barcelona, Univ. 581

6509. *Viso de virtutibus moralibus et una intellectuali scilicet prudentia. Restat videndum de theologicis et primo de fide...*
   Iohannes de Lignano (Legnano), *De virtutibus theologicis*
   Mss: Cambridge, Peterhouse 273 f.71 (34)-109 (60); Pavia, Univ. 257 f.43-85 (imperf.); Praha, Univ. VIII.A.24 (1432) (?); Valencia, Cab. 45 f.1-45; Vaticana, Vat. lat. 2639 f.91-123 (G. Ermini in *Studi e Memorie per la Storia dell'univ. di Bologna*, Bologna, VIII 1924 p.46; *Traditio* 23 [1967] 428)
   See: Nunc ex ordine circulorum...

6510. *Viso in primo tractatu spiritualis claustri animae...*
   See: Hortus conclusus est soror mea... Secundum quod Hugo...Viso in primo tractatu...

6511. *Viso supra in primi huius libri prosaicali parte...*
   See: Si Deus est animus...Viso supra in primi huius libri...

6512. *Visum est aliquantulum de vera proximi amicitia...*
   Nicolaus Kempf, O. Carth., *De vera, perfecta et spirituali caritate erga proximos* (Tract. III) or *De peccatis caritati contrariis*
   Ms: Budapest, Eg. Kön. 72 f.33-75
   Cf. Ecce quam bonum...Contraria iuxta se posita...

6513. *Vita brevis via difficilis mundique ruina...*
   Petrus de Antravenis, *Summa de fuga viciorum* (poem)
   Mss: Auch 14; Wien, Nat. 877 f.7; (Walther IC 20671)
   Prol: Ecclesie speculum pastor venerande Philippe/ Gemma sacerdotum...

6514. *Vita humana bene custodita debet currere per quatuor notas...*(variant)
   Ms: Klagenfurt, Studienbibl. Pap. 60 f.109-155; Pap. 116 f.80-125
   See: Dorotheus imperator statuens... and: Pompeius regnavit, dives valde et potens...

6515. Vita, quae tot homines decepisti...
   See: O vita, quae tantos decepisti...

6516. Vita quid est hominis nisi quidam transitis umbre...
   [Poem on vanity of world]
   Ms: Cambridge, Corpus Christi 177 f.42

6517. Vita quid est hominis nisi res vallata ruinis...
   [Poem on life]
   Walther IC 20687

6518. Vita quid est presens? Tentatio pugna molesta...
   [Poem on life]
   Ms: Paris, BN lat. 11867 f.131

6519. Vite huius principium mortis exordium...
   De qualitate vite humane, et opitulatione gracie Dei
   Ms: London, BM Addit. 16608 f.139-140

6520. Vite presentis, si comparo gaudia ventis...
   Marbodus, *Contemptus presentis vite*
   Walther IC 20702
   Printed: PL 171, 1667

6521. Vitia capitalia sive principalia que sunt origo omnium malorum...
   Tractatus de septem viciis
   Ms: Pamplona, Cab. 11 f.146 seq.

6522. Vitia principalia et originalia...
   Eucherius Lugdun. (?), *De vitiis et virtutibus*
   Ms: Valencia, Cab. 91 f.1 seq.; (No such work attributed to Eucherius in *Clavis patrum latinorum*)

6523. Vitia virtutibus obvia cum omnibus dimicant...
   Pugna vitiorum
   Walther IC 20714

6524. Vitia vitanda sunt quia demonibus valde placent...
   Guillelmus Peraldus, *Summa de viciis* (shortened)
   Ms: Oxford, Bodl. Lat. th. e. 12 f.108

6525. Vitium gulae dissuadet scriptura tamquam fomentum omnis peccati...
   Tractatus de vitiis
   Ms: München, Clm 14749 f.76; (*Franziskanische Studien* 7 [1920] 103)

6526. Vitium vitandum est summa diligentia his rationibus que sequantur. Primo quia valde...
   De vitiis (probably a collection of material for preachers)
   Ms: Paris, BN lat. 14924 f.57-100
   See: Ascendens Christus in altum... id est septem virtutes... (first part of above?)

6527. Vivendum est quod sacerdos debent suscipere poenitentes more solito cum aliquis venit...
   [Work on confession]
   Ms: Praha, Chapter Lib. C.60 (Schulte II 532)

6528. Vocatus est Iesus et discipuli eius ad nuptias, Ioh. 2, 2 et in euangelio hodierno. Videtur michi agnoscere, dilectissimi in Christo Iesu, fragilem nostram conditionem...
   Robertus de Licio, *Sermo de luxuria*
   Ms: Napoli, Naz. VII.D.22 f.124-127

6529. **Voce lamentabili et amaro corde, fratres carissimi, compellor...**
　　Ps.-Bonaventura, *De castitate et munditia caserdotum et ceterorum* or *De castitate ministrorum altaris*
　　Ms: Douai 690; Leipzig, Univ. 495

6530. **Volens confitere vere et integre debet primo recipere...** (part 2)
　　See: Si pericia et diligencia requiritur in medicis...(part 1)

6531. **Volens confiteri accedens sacerdotem flexisque genibus dicet: Benedicite...**
　　Modus confitendi
　　Ms: Bruxelles, BR 3016-22 (cat. 2226) f.82-92

6532. **Volens intrare religionem...**
　　See: Religio munda et...

6533. **Volens purgari de peccatis, gratiam impetrare et indulgentiam consequi salutarem... hoc modo incipiat: Ponat se ad locum quietum et maxime nocturno tempore si potest...**
　　Henricus Egher de Kalkar (?), Carth., *Exercitatorium monachorum* or *Tractatus brevis de vita interiore* or *De puritate conscientiae* or *De puritate cordis* or *Tractatus de poenitentia* or *De exercitio compunctionis ut quis a peccatis purgetur* or *Speculum peccatorum*
　　Mss: Bruxelles, BR 11885-93 (cat. 1686) f.142-147; Budapest, Eg. Kön. 50 f.230-234; Budapest, Orsz. Szech. Kön. 242 f.55-57; München, Clm 5666; Namur, Mus. Arch. Ville 48 f.219-222; Paris, BN lat. 14586 f. 2; nouv. acq. lat. 1076 f.101-116; Sankt Gallen 917; Trier, Stadtbibl. 204; Wilhering 133 f.137-157 (Foppens, *Bibl. Belg.* p.451; *Dict. Spir.* 7,190)
　　Printed: Dionysii Carth. *Opera minora*, II (Coloniae 1532) f.494-496

6534. **Volens religionem aliquam intrare...**
　　See: Religio munda et immaculata... Volens religionem...

6535. **Volentes simplicium sacerdotum ignorantiis subvenire pauca collegimus...**
　　Directorium sacerdotum simplicium
　　Ms: Oxford, Bodl. Laud. misc. 527 f.281 seq.

6536. **Volo nos experiri illud quod sanctus Propheta consulit, dicens: Delectare in Domino (Ps. 36,4)...**
　　[Tractate on penance]
　　Ms: Tours 406 f.43-44 & 19-21

6537. **Voluntas sive superbia assimilatur pluribus rebus...**
　　Franciscus de Retz, O.P., *Comestorium vitiorum*
　　Kaeppeli 1131
　　See: Comedent fructus vie sue (Prov. 1,31). In primis ostensum est...

6538. **Voluntas tripliciter intelligitur...**
　　Alexander Cantuariensis (Ps. Cantuariensis Eadmerus), *Liber de Sancti Anselmi similitudinibus* or *Liber de morum qualitate* or *Liber de humanis moribus*
　　Mss: London, BM Roy. 8 D. VIII f.61; 8F.VIII f.174; Oxford, Balliol 220 f.20-39 (*Rev. Ben.* 41 [1929] p.36 n.5; *Dict. Spir.* I 694-695)
　　Printed: PL 159, 605-702

6539. **Vos estis genus electum, regale sacerdotium (I Petr. 2,9)...**
　　Stella clericorum, dicta Petri Apostoli
　　Ms: Osek 31 f.47 seq.

6540. **Vos ex patre diabolo estis (Ioh. 8,44)...**
　　De novem filiabus diaboli
　　Ms: Wien, Nat. 3895
　　Cf: following entry

*6541. **Vos ex patre diabolo estis...**(Ioh. 8,44). **Carissimi quis prudens agricola...***
  Fr. Iohannes (Herengase?, or Czerngast?), O.F.M., de Vindobona (?), *Subarratorium animarum* or *Vitriensis* [or *Vitricensis*?] (1397)
  Mss: Columbus, Ohio State Univ. 3; Herzogenburg 16 f.102-172; 19 f.137200; München, Clm 8955; Schlägl 122 f.207-251
  Prol: Cum semel pigritando...
      Cum piger semel...
  Cf: preceding entry

*6542. **Vos qui concupiscitis statum vestrum scire...***
  [Series of spiritual directions]
  Ms: Cambridge, Univ. Ee.6.29 f.20; (Walther IC 20819)

*6543. **Vos qui diligitis bona, quae retinere nequitis/ Et non diligitis...***
  Dissuasio cupiditatis mundane
  Walther IC 20820; Hermann Hagen, *Carmina medii aevi maximam partem inedita* (Berne 1877) 165-167
  Printed: PL 171, 1667-8
  Cf: Vos quondam noctis socii mecum...

*6544. **Vos qui pro** [or **sub**] **Christo mundo certatis in isto/ Discite virtutum conflictus ac viciorum/ Superbia dicit./ Quis mihi laude pari vel honore potest simulari** [or **coequari**]?...*
  Virtutum et vitiorum dialogus or *Versus* [or *Carmen*] *de conflictu virtutum ac vitiorum* or *Carmen de certamine virtutum et vitiorum*
  Mss: Berlin, Lat. Fol. 757 (Görres 95) f.41-42; Dresden A.167; München, Clm 3941; 9505; 11338; Oxford, Bodl. Laud. misc. 234; Praha, Univ. XIII.G.18 (2385) f.251; Sankt Gallen 680; Trier, Stadtbibl. 581; Vaticana, Palat. lat. 719; Wien, Nat. 362 f.231-232; 756; 1057; 1147; 2521; 4241; f.351; Ser. n. 355 f.106. (Manitius, *Romanische Forschungen* 6 [1888] 2 seq.; Walther IC 15540, 16081, 20826)

*6545. **Vos qui transitis dum pergitis atque venitis...*** (concluding verses)
  See: Suscipe viuendi doctrinam proficiendi...

*6546. **Vos quondam noctis socii mecum gradiendo...***
  Serlo de Eleemosyna (?),
  [Poem on worldly vanity]
  Ms: Saint-Omer 710 f.117; (Hauréau, *N. et Extr.* 31.1.149-52)
  Cf: Vos qui diligitis bona...

*6547. **Votum est alicuius hominis cum deliberatione facta promissio...***
  Bruchardus, O.P., *Collectio nonnullorum casuum conscientiae* (excerpts from John of Freiburg's *Summa*)
  Mss: Padova, Ant. 540; Solothurn S 173 f.163-183; Vat. 11450 f.22-71
  See: Simonia dicitur heresis...

*6548. **Vox diuina sonat quod nemo spem sibi ponat...***
  Versus utillimi de contemptu seculi or *De contemptu mundi*
  Ms: Vaticana, Vat. lat. 636 f.124; (Walther IC 20849)
  Printed: PL 184, 1307 seq.
  See: Cartula nostra tibi mittit...(extr.)

*6549. **Vox in Rama resonat plorantis Rachelis** (cf. Matth. 2,18)...*
  De miseriis mundi
  Ms: Cambridge, Caius 230 f.112; (Walther IC 20853)

*6550. **Vulnerata caritate, ego sum. Urget caritas de caritate loqui...***
  Ricardus de Sancto Victore, *De gradibus caritatis* or *Tractatus de quatuor gradibus violentae caritatis*

Mss: Cambridge, Univ. Ff.1.16, f.5; Leipzig, Univ. 348 f.2-15; 486 f.190-195; London, BM Addit. 22709 f.234; Namur, Mus. Arch. Ville 163 f.103-107; Oxford, Balliol 296 f.269 seq.; Paris, Arsenal 507; Paris, Mazarine 771 (358); Paris, BN lat. 14809; 14924 f. 1 seq.; 14957 f.164 seq.; 15082 f.21 seq.; 18081 f.8 seq.; Troyes 259; Venezia, Marc. Lat. III.159 (Valentin. IV, 46) f.49-58; Vyssi Brod XC f.39-45
Printed: PL 196, 1207-1224

6551. **Vulpes decrepita ardens cupidine plus sciendi...** (alt. main)
Prol: Secundum Aristotelis sentenciam...

6552. **Vultis a me fratres charissime...**(variant prol.)
Prol: Petis a me, frater carissime, quod necdum...

6553. **Waltere quondam decus iuvenum...**
See: Gualtere quondam decus...

2. Incipits of Works on the Pater Noster

8001. ***A paruo creator[e] vel recreator[e]...***
See: 8734

8002. ***Abba Pater omnia possibilia sunt apud te*** (Marc. 14,36). ***Transfer a me calicem indignationis tue...***
Orationes super orationem dominicam
Mss: Praha, Univ. V.G.1 (953) f.292; Vorau 250 f.278-282; Wrocław, Uniw. I.O.36, II f.41-42.

8003. ***Accedamus cum fiducia ad thronum gratie...***(Hebr. 4,16). ***Fratres, multe sunt aduersiones nostre, non remanet locus tristitie...***
Pater...In hiis doceris esse deuotus ad Deum, benignus ad proximum, sobrius ad mundum...
Expositio orationis dominice
Ms: Besancon 862 f.29-30.

8004. ***Accepistis auditum fidei, fratres carissimi, formam dominicae orationis audite. Christus breuiter orare docuit...***
Petrus Chrysologus, *Sermo 67, In orationem dominicam*
Printed: PL 52, 390-393; 52, 665-668; Vives 176-177.

8005. ***Accepto tandem tempore post matutinas vigilias...***
See: 8437

8006. ***Ad commendationem dominice huius orationis...***
[Comm. on the Lord's Prayer]
Ms: Philadelphia, Free Library J.F. Lewis Collection 21.

8007. ***Ad continuandam deuotionem in dominica...***
Henricus Pomerius (Bogaerts), C.R.S.A.,
[Comm. on the Lord's Prayer]
Ms: Einsiedeln 279 p. 207-217.

8008. ***Ad duo nos inuitat Christus...Nunquam hoc inuenitur...Qui Deum celi Patrem... Patrem dicendo...***
[Comm., from various sources, on the Lord's Prayer]
Ms: London, BM Roy. 7 D.II f.95-100.
Cf: 8968

8009. ***Ad expositionem dominice orationis accedentibus primo considerandum occurrit quare hec oratio dicitur dominica. Et nota...***
[Comm. on the Lord's Prayer]
Ms: Montecassino 210 f.366 seq. (Stegmüller RB 9850)

8010. ***Ad filium talem et ampliorem...***
[Incompleta interpretatio Pater noster et Ave Maria]
Ms: Melk 1553 (477) p.229-230.

8011. ***Ad hoc quod oratio dominica digne et laudabiliter...***
[Comm. on the Lord's Prayer]
Mss: Melk 815 (403) f.109-114; 1876 (396) f.20-23 (Henricus de Hassia ?).

8012. **Ad honorem benedicte et indiuidue Trinitatis...**
  [Comm. on the Lord's Prayer]
  Ms: Michaelbeuern, cart. 98 f.1-219.
  Prol: O reuerendi patres et domini, cogitante...8653.

8013. **Ad honorem et gloriam superbenedicte Trinitatis, scilicet Patris et Filii et Spiritus Sancti, ad eruditionem quoque simplicium...**
  Domine, doce nos orare (Luc. 11,1). Saluator noster Dominus Ihesus Christus per assumptam humanitatem non solum pati et mori voluit...
    Hermannus de Petra (Stekin, Steenken) de Scutdorpe (Schüttorf), O. Carth., *Quinquaginta sermones super orationem dominicam*
    Mss: Bruxelles, BR 1507-09 (cat. 1998) f.3-135; 2066 (cat. 1969) f.2-136; Gent. Univ. 1252; Utrecht, Univ. 143; Walberberg, Domin. 10 f.2-115. (*Dict. Spir.* 7,308; *Quinze annees d'acquisitions* [Bibl. Roy. Albert 1er], Bruxelles 1969 p. 134-135 MSS notice 107)
    Printed: Aldenardi 1480 (HC 8453, Goff H-72); Lovanii (HC 8454, Goff H-73); Rouen 1512.

8014. **Ad intellectum autem huius partis est sciendum quod secundum Chrysostomum, sicut elemosyna est quoddam tributum...**
  Sic ergo vos orabitis (Matth. 6,9). Posita interiorum informatione quantum ad orationis deuotionem... Pater noster...Posita forma orandi in communi, hic ut supra dictum est, saluator explicat in spirituali...
    Augustinus de Ancona, O.E.S.A. (Ps. Franciscus Mayronis),
    [Comm. on the Lord's Prayer]
    Ms: Praha, Univ. III.C.19 (450) f.113-126. (Stegmüller RB 2315)
    See: 8887

8015. **Ad interpretationem et expositionem dominice orationis sciendum est quod ea non potest esse maior...**
    Venerabilis Ricardus, *Pater noster* (taken from an exposition on the Mass)
    Ms: Salzburg, Studienbibl. V.2.E 20 f.103-104 (Stegmüller RB 7344)

8016. **Ad intuendum altitudinem orationis dominice que ponitur Matth. 6, sciendum quod in ea altissimo et perfectissimo modo continetur orationis materia simul et forma...**
    Petrus Iohannis Olivi, O.F.M., *Breuis expositiuncula*
    Mss: Cambridge, Corpus Christi Coll. 321 f.215; Padova, Anton. 336 f.211-214; Roma, S. Isidoro I.26 f.47-52; I.56 f.176 (fragm.); Vaticana, Borgh. lat. 46 f.40-42; Vat. lat. 8670 f.197-199. (Delorme *infra*; Stegmüller 6710)
    Printed: F.M. Delorme in *Arch. Ital. Storia Pieta* 1(1951) 185-194.

8017. **Ad magnum genus pertinere cepistis. Sub illo Patre fratres sunt dominus et seruus...**
  (Mss: Melk 615; Wolfenbüttel, 496 a Helmst.)
  See: 9016

8018. **Ad noticiam Pater noster, dominice scilicet orationis, est sciendum quod sunt septem vitia: primo superbia...**
    Expositio Pater noster prima
    Ms: Graz, Univ. 935 f.94-96.

8019. **Ad patrem dirigenda traditur nobis oratio quod illius gloriam quaerat filius...**
  (Ms: Paris, BN lat. 71)
  See: 8204

8020. **Ad postulationem apostolorum Christus formam orandi volens eis exhibere...**
    Expositio dominice orationis
    Ms: Vaticana, Vat. lat. 819 f.198-207 (Bonaventura).

*8021. **Ad quem finem fecit et ordinauit Deus primum hominem et genus humanum...***
Tractatus de oratione dominica et de lapsu hominis
Ms: Oxford, Bodl. Canon. Misc. 286 f.141-163.

*8022. **Adiuuante Domino a morte anime sic resurgamus ut in eandem iterum non cadamus...***
See: 8720

*8023. **Adueniat regnum tuum. Bonus Dominus ex gratuitate sua...***
Theodoricus de Herxen, *De desiderio moriendi secundum illam petitionem dominice orationis 'Adueniat regnum tuum'*
Printed: [Deventer] 1492 (H 8533, Goff H-134) f.g6-h5.

*8024. **Adueniat regnum tuum. Quod petimus cum dicimus 'adueniat'...***
[Commentary of *2a Petitio*in the treatise *'Inter omnia que fragilitas'* ...9219]

*8025. **Adueniat regnum tuum. Sed fratres, quam multi sunt qui petunt hoc regnum sibi dari...***
Nicolaus de Dinkelsbühl, *De oratione dominica* (excerpt)
Ms: St. Florian XI 147 f.234-235. (Madre 179)
See: 9138

*8026. **Ait: si male dixi, exprobra de malo** (cf. Ioh. 18,23)...*
Nicolaus de Dinkelsbühl, *De oratione dominica* (Sermones 9-12: fragm.)
Ms: Strasbourg, Univ. 28 f.1-10. (Madre 179)
See: 9138

*8027. **Alias omnes orationes dominica oratio est precellens...***
(Ms: Stuttgart, H.B. III 58)
See: 9200

*8028. **Altitudo itaque illa diuitiarum sapientie et scientie Dei...***
See: 9131

*8029. **Amabilis, laudabilis, desiderabilis, dans nobis esse nature...***
See: 8761

*8030. **Ambrosius de sacramentis** [Ms: de sanctis mentis] **lib.5 dicit: nolite putare mediocris esse virtutis scire quem admodum oretis...** [Comm. on the Lord's Prayer compiled from exc. of Ambrosius, Augustinus, Chrysostomus, (Ps.)Bonauentura...]*
Ms: München, Clm 28629 f.279-293.

*8031. **Ambrosius de sanctis dicit...***
[Comm. on the Lord's Prayer]
Ms: München, Clm 28629 5f. 279-294.

*8032. **Ambrosius. Pater laus Dei quia predicatur in eo pietatis gloria...***
See: 8737

*8033. **Amen interpretatur vere et concludit omnes precedentes orationis petitiones...***
Expositio dominice orationis et quod vere intelligendum est in qualibet petitione
Ms: formerly Melk (930) f.29.

*8034. **Annotationem tibi in oratione dominica, frater mi Iosberte...***
See: 8204

*8035. **Annua vobis dominica oratio ex pontificali doctrina... Pater noster. Magna dignatio Patris, magna dignatio creatoris...***
Ps. Iohannes Chrysostomus (Iohannes, episcopus Napolitanus?), *Expositio orationis dominice* or *Sermo de oratione dominica*
Mss: Angers 289 (280); Brno, Univ. Mk 108 f.14-16 (Ioh. Chrysostomus); Bruxelles, BR 1258-59 (cat. 1204) f. 175-177; 9669-81 (cat. 1373) f.125-126 (*Augustinus*); Cambridge, Pembroke 223; Cambridge, Peterhouse 144; Cambridge, Univ. Ii.4.23 f.48; London, BM Harley 3015; Metz 651 n.4;

Oxford, Univ. Coll. 30 n.2 (*Augustinus*); Paris, BN lat. 2445 A f.85-87; Praha, Univ. X.G.2 (1956) f.51-53 (*Chrysostomus*); Soissons 121. (G. Morin in *Rev. Bened.* 11 [1894] 385-402; 12 [1895] 390; *Journal of Theol. Studies* 19 [1918] 305; Stegmüller RB 4338; *Clavis* 915)
Printed: *Ioh. Chrysost. Opera*, 2 (Basel 1530) 540-542; 2 (Venetiis 1549) 248-249.

8036. **Annue summe Pater celique potens habitator/ Nomine laudari benefactis sanctificari**
[Paraphrase of the Lord's Prayer: 14 verses]
Ms: Bruxelles, BR II 959 (cat. 1336) f.148.

8037. **Ante dominicam orationem, nota duo. Primo quod, quia desides sumus ad diuina, ideo primo hortatur ut rogemus et oremus...**
Pater. Nota primo ex Chrysostomo quod Deus vult plus amari...
Echardus, O.P., *Tractatus de oratione dominica*
Mss: Cues 21 f.135-136; 125 f.280-284. (Kaeppeli 982)
Printed: R. Klibansky, Leipzig 1934; *Meister Eckhart, Lat. Werke* 5 (1936) 109-129 (ed. B. Geyer).

8038. **Ante incarnationem Domini nostri Ihesu Christi non erat antiquis patribus datus verus sensus seu certus modus orandi...**
[Sermons 18 on the Lord's Prayer]
Ms: Trier, Bistumarchiv 105 f.111-151.

8039. **Ante omnia pacis doctor atque unitatis magister...**
See: 8302

8040. **Ante orationem prepara animam tuam** (Eccli. 18,23). **Quod quidem facit faciens elemosinam...**
Pater noster. Thomas de Aquino. Pater noster quia amari appetit...
Collecta super oratione dominica ex diversis doctoribus
Ms: Praha, Univ. IV.F.25 (731) f.145-147; Trier, Stadtbibl. 672 f. 81-91.
Complete Incipit: 8151
Cf: 9200

8041. **Ante orationem prepara teipsum** (Eccli. 18,23). **Quid est 'Ante orationem prepara teipsum' nisi expulsa citius (?) cogitatione praua sic accedas ad dominicam orationem. Sic ergo orabitis: Pater noster qui es in celis** (Matth. 6,9). **Hec oratio priuilegiata est in duobus...**
(Ms: Douai 396)
See: 8395

8042. **Antequam autem doceat petitionem, docet primo beniuolentie captationem...**
See: 8877

8043. **Apostoli sancti dicebant...Vides quam brevis oratio...**
(Ms: Wien, Nat. 5118)
See: 9250

8044. **Apud evangelistam Matthaeum septem petitiones continere videtur oratio...**
[Comm. on the Lord's Prayer]
Augustinus, *Enchiridion* c.115-116
Ms: Bruxelles, BR 5041-46 (cat. 1107) f.21-24 (with continuation Nr.9667) (Stegmüller RB 1685)
Printed: PL 40, 285-286; CCL 46, 110-111. See also Ps. Beda, *Oratio dominica explanata* (PL 92, 131-132). Cited in Beda, *In Lucae euangelium expositio*, cap.3 (PL 92, 472-473; CCL 120, 227-228) and Rabanus Maurus, *De clericorum institutione*, lib.2, cap.16 (PL 107, 332-333).
Cf: 8570

8045. Ara crucis conseruavis (sacrum enim est quod per pontificem est rite consecratum...)*Et factum est cum esset in quodam loco* (Luc. 11,1)...*Factum est: quid sit facere aut factum esse, docet Plato in Sophista...*
    Michel Quichri
    [Comm. on the Lord's Prayer]
    Ms: Paris, BN lat. 700 f.1-164 (XVI).

8046. Arguitur quod non sit necessarium orare. Ait Damascenus: oratio est petitio decentium a Deo; sed Deus scit ea quibus indigemus...
    (Ms: Tarragona, Prov. 18)
    See: 8111

8047. Ascendit Ihesus in montem solus orare...(Matth. 14,23)...
    Tractatus de oracione dominica (inside *Sermones magistri Manducatoris*)
    Ms: Kynzvart 53 f.5-7.

8048. Attende quanta connexione congruant sibi petitiones...
    Commentum super Pater noster
    Ms: Praha, Metr. Kap. D.125 (695) f.64.

8049. Audi, Domine, hymnum et orationem (III Reg. 8,28); *veniet concinentium...*
    [Comm. on the Lord's Prayer]
    Ms: Paris, BN lat. 15139 f.249.

8050. Audi, Pater, in celis habitans, vota filiorum tuorum...
    Explanatio in orationem dominicam multum deuota in septem partita tractatus secundum septem dies hebdomade
    Ms: Lille 314 (339) f.132-133.

8051. Audi verbum amantissimum, desideratissimum...
    See: 9026

8052. Audierant discipuli Dominum de virtute orationis predicantem...
    See: 8327

8053. Audite disciplinam et estote sapientes (Prov. 8,33)...
    [Comm. on the Lord's Prayer]
    Ms: Bamberg, Theol. 104 f.32-44.

8054. Audite sermonem de oratione dominica, quam si quis digne cantauerit et ea quae in illa sunt rationabiliter obseruauerit, sine ulla dubitatione regni caelestis praemia possidebit...
    Sermo de oratione dominica
    Ms: München, Clm 14508 f.65-67. (B.G.P.T.M. 39,5 p.87)

8055. Augustinus de Leonissa, in ordine heremitarum religiosorum minimus ex corporis imbecillitate a predicationis officio penitus se retraxit...(Editor's Preface)
    Pater noster. In hac vita nullum opus est honorabilius...
    See: 8471

8056. Augustinus de sermone Domini in monte: multa quidem dicta sunt in laudem Dei...
    See: 8672

8057. Augustinus dicit: Deus dedit apostolis potestatem super naturam ut eam curarent, super demones...(Prol.1)
    Elegit Dominus noster Ihesus Christus...(Prol.2) Pater noster...Unusquisque homo qui patrem clamat...
    Primum articulorum fidei siue petitio siue Pater noster
    (Ms: Praha, Univ. XX.A.1)
    See: 9226

8058. *Augustinus dicit: Queri potest siue rebus siue verbis orandum sit...*
See: 8676

8059. *Augustinus. Nescio qualiter christianum se esse dicat qui paucos versus symboli et orationis dominice dissimulat. Sed multi sunt ita rudes...*
[Comm. on the Lord's Prayer]
Ms: Berlin, Lat. oct. 295.

8060. *Beatissime et sanctissime...*
See: 8654

8061. *Beatissime et sanctissime Pater noster...*
(Ms: Roma, Vallicell. B.131)
See: 8654

8062. *Beatus apostolus tempora ista, quando futurum erat ut omnes gentes in Deum crederent, praenuntiata ostendens fuisse...*
S. Augustinus, *Sermo 56 De oratione dominica*
Mss: Avranches 35; Bern 162; Bruxelles, BR 1235-53 (cat. 1130) f.180-185; Cambridge, Peterhouse 223 f.1-4; Laon 135; 136; London, BM Roy. 6 A.XII; 9 A.III f.59-67; Oxford, Bodl. Bodl. 204 (SC 1932); 746 (SC 2768) f.195-197; Oxford, Brasenose 12 f. 141-145; Oxford, Merton, 14 f.114-116; 37 f.121-124; Paris, Mazarine 633 (277) f.33-35; Paris, BN lat. 2030; 2663; 13367 f.224-235; 15294 f.208-210; Praha, Metr. Kap. N.7 (1531) f.101-104; Rouen A 225 (474) f.171-176; Saint-Omer 46; Salzburg, Studienbibl. V.2.E.20 f.109-111. (Verbraken, *infra* p.5-17; Stegmüller RB 1478)
Printed: PL 38, 377-386; Vives 120-126; P. Verbraken, *Les sermons CCXV et LVI de Saint Augustin De symbolo et De oratione dominica*, in *Rev. Bened.* 68 (1958) 26-40.

8063. *Beatus Gregorius in officio misse huic orationi premittit prologum...*
(Mss: Harburg, II lat. 1 qu. 17; Praha, Metr. Kap. E.8; N. 49; Praha, Univ. VI.C.28; Schlägl 77)
See: 8440

8064. *Beatus Thomas. Non dominus quia...*
See: 9200

8065. *Beneficio creationis, priuilegio conditionis...*
See: 8799

8066. *Benivolentia omnium captatur a tribus...*
See: 8210

8067. *Benivolentissime Deus Noster. Per Filii incarnationem...*
See: 8738

8068. *Boni et fideles christiani regere et instruere tenentur familiam suam, filios suos et filias, eosque secum ad ecclesiam ducere et docere eos seruire et orare...*
Pater noster, ubi sufficienter petimus omnia que nobis necessaria sunt...
[Comm. on the Lord's Prayer]
Ms: Liège, Sem. 6 M 18 f.99-105.

8069. *Bonus filius et magister incepit orationem simul a nomine patris...*
[Comm. on the Lord's Prayer]
Ms: Trier, Stadtbibl. 564 f.81-85.

8070. *Breuis captatio [cooperatio] premittitur cum dicitur Pater noster...*
Pater noster dicitur quod commune omnibus, nemo dicat meus...
(Ms: Bruxelles, BR 19225)
See: 9082

8071. *Brevem Dominus discipulis proposuit orationem...*
   [Comm. on the Lord's Prayer]
   Ms: München, Clm 2600 f.105-112.

8072. *Brevis oratio sed perfectissima in qua totum comprehenditur quod necessarium est homini...*
   [Comm. on the Lord's Prayer]
   Ms: Bruxelles, BR 11817-40 (cat. 1691) f.133-135.

8073. *Caelum est animae sanctorum...*
   See: 8086

8074. *Captat namque oraturus pietatem a prelatis...*
   See: 9122

8075. *Captata beniuolentia, postulat 'Sanctificetur nomen tuum' et hec est prima petitio...*
   See: 9175

8076. *Captatio beniuolentie. Hiis septem petitionibus septem vitia capitalia remouentur...*
   [Expositio brevissima super Pater noster]
   Ms: Würzburg, Univ. M.ch. f.109 f.35-36.

8077. *Carissime fili Egidi, archidiaconus appellaris, utinam esse merearis. Gauisus sum gaudio magno quia divinas codices inquiris...*
   Credo in Deum. Attende quia credere Deum rationis est... Pater Noster. Preces istas renati in baptismo, sanctificari in Spiritu Sancto...
   Hugo Rothomagensis, *Super fide catholica et oratione dominice* [Super Credo; super Pater noster; de donis Spiritus S.; de beatitudinibus; de septem diebus]
   Ms: Paris, BN Lat. 2935 f.64-82. (Stegmüller RB 3603,1; Van DeEynde In 13 [1953] 82-84)
   Printed: PL 192, 1323-1346

8078. *Carissimi, apostoli petierunt a Christo ut doceret eos orare. Et Dominus respondit eis: Cum oratis, dicite: Pater noster qui es in celis. Et sciendum quod in hac oratione sunt due partes. In quarum prima docet nos Dominus more boni ioculatoris volentis alicui magistro placere...*
   Godefridus Herilacensis, *Expositio super Pater noster* without the 1st Sermon (Mss: Barcelona 659; Charleville 47; 120; 272; Dijon 223; Grenoble 346; Hamburg, Petri 22; Lons-le-Saulnier 7; Lyon 479; Milano, Brera A.D.XIII. 11; Paris, BN lat. 3602 [Stegmüller RB 4520]) (Inc. Parisiis 1494)
   See: 8085

8079. *Carissimi, ecce Dominus omnipotens potius voluit se a nobis vocari patrem...*
   [Comm. on the Lord's Prayer]
   Ms: München, Clm 16511 f.165.

8080. *Carissimi fratres et domini, per totum annum...*
   (Mss: Alba Iulia II 59; Praha, Univ. III.G.25)
   See: 8872

8081. *Carissimi, hanc orationem Dominus et saluator noster composuit...*
   Henricus de Hassia (?), *Informatio breuis et compendiosa laycorum de oracione dominica magistri, ut credo, Haynrici de Hassia*
   Mss: Graz, Univ. 869 f.129-131; 877 f.258-260; 887 f.41-43.

8082. *Carissimi, hanc orationem ipse Deus composuit et per hanc quasi per scalam ad celi gaudia scandere docuit...*
   (Mss: Budapest, Orsz. Szech. Kön. 339; København, Gl. kgl. S.3392 8; München, Clm 7231; Pelplin, Sem. 146; St. Paul in Lavanttal 62-4; Solothurn SI 240 f.173-174; Vaticana, Vat. lat. 516)
   See: 8083

8083. ***Carissimi, orationes vestras cotidie mane et sero et etiam omni tempore quo potestis, ad Deum facere debetis...***
Carissimi, hanc orationem ipse Deus composuit et per hanc, quasi per scalam, ad celi gaudia scandere docuit...
    Honorius Augustodunensis, *Speculum Ecclesiae, De nativitate Domini* (Excerpt); *Breuis expositio valde bona* or *Commonicio ante dominicam orationem*
    Mss: Budapest, Orsz. Szech. Kön. 339 f.87-90; Klosterneuburg 295 f.100; København, Gl. kgl. S.3392 8 f.75-78; Leipzig, Univ. 173 f.120-126; München, Clm 7231 f.47-50;8826 f.348; Pelplin, Sem. 146 (242) f.26-27; Praha, Univ. V.A.23 (814) f.217; St. Paul in Lavanttal 62-4 f.177-178; Solothurn, SI 240 f.173-174; Subiaco CLXX (174) f.56-58; Vaticana, Vat. lat. 516 f.46-55; 2403 f.85; Würzburg, Minoritenbibl. I.48 f.8-9; Wrocław, Uniw. I.Q.341 f.197-198. (Stegmüller RB 11101)
    Printed: PL 172, 819-833.
    Alternate incipits: Carissimi hanc orationem...8082; Hanc orationem ipse Dei Filius...8347; Hanc orationem ipse Deus composuit...8348.

8084. ***Carissimi, per totum anni circulum...***
    (Ms: Graz, Univ. 990)
    See: 8872

8085. ***Carissimi, vos debetis scire quod inter omnia opera que possunt fieri in hac vita nullum opus est honorabilius, nullum leuius, nullum utilius quam orare Deum...***
    Godefridus Herilacensis, *Sermones de oratione dominica* or *Pater noster expositum a fratre G. ordinis sancti Francisci dein Benedicti* or *Lectura de oratione dominica*
    Mss: Bamberg, Theol. 219 f.136-320; Barcelona, Central 659 f.1-117; Berlin, Theol. lat. fol. 81 (Rose 557) f.1-103; Theol. lat. fol. 82 (Rose 497) f.1-60; Carpentras 24 f.1-69 (*Augustinus de Ancona*); Charleville 47 f.1-82; 120; 272; Dijon 223 f.3-111; Einsiedeln 213 f.85-165; Gdansk, Mar. F.89; Göttingen, 8 Theol. 121 f.93-102; Graz, Univ. 972 f.3-75; 985 f.1-46; Greifswald, Nicolaikirche IV.E.65 f.15-127; Grenoble 346 f.1-146; Hamburg, Petri 22 f.[1] - [122]; Theol. 1057 f.274 seq. (*periit*); Harburg, II lat. 1 fol. 53 n.1; Hereford, Cath.O.5 IX f.1-129; Innsbruck, Univ. 24 f.120-172 (*Iacobus de Paradiso*); 365 f.1-95; Klagenfurt, Studienbibl. Pap. 49 f.95-156; Klosterneuburg 293 f.216-242; Köln, Stadtarchiv G. B. fol. 130 f.58 and 176 seq.; London, BM Arundel 259 f.1 (*fragm.*); Lons-le-Saulnier, Archives du Jura 7 f.1-200; Lyon 479 (409) f.1-94; Maria-Saal 1 f.34-94; Melk 748 (954) f.97-215; Milano, Brera A.D.XIII. 11; München, Clm 3780 f.1-88; 8375 f.152-182 (*Magistri Dyetrici Dicti Rotz, O.P.*); 8386 f. 145-192; 8843 f.134-214; 16460 f.1-39; 22413 f.1-46; 23799 f.67 (*imperf.*); Novacella 31 f.92-131; Ottobeuren, MS O.33 f.156-191 (*imperf.*); Paris, BN lat. 699 f.1-171; 702 f.1-85; 2499 f.137-154; 3602 f.30-163; 13429 f.1-129; Philadelphia, Free Library J.F. Lewis 79 f.1-100; St. Gallen 329 p.17-127; Stuttgart, Theol. fol. 104 f. 1-77; H.B. I 167 f.1-96; Trier, Stadtbibl. 641 f.163-211; Troyes 810 n.2; Vaticana, Palat. lat.456 f.16-124; Wien, Nat. 813 f.1-50; 1160 f.1-84; 4688 f.1-69; Winterthür, Fol. 124 f.136-145; Wrocław, Uniw. I.F.283 f.1-97; IV.F.49 f.112 seq.; I.Q.473 f.37-106; Würzburg, Univ. M.ch. f.65 f.2-61; M.ch.f. 213 f.117-147; M.ch.q.100 f.203-258. (Stegmüller RB 1551, 2608, 3886, 4520, 11642; E. Bauer *infra*; B.-G. Guyot in *Rev. des Sciences Philos. et Theol.* 53 [1969] 247-254)
    Printed: Parisius 1494 (H 8219, Goff G-635, Guillermus Cathusiensis); E. Bauer, *Paternoster Auslegung Zugeschrieben Jakob von Jüterbog...*, Lund 1966 (Edition of Innsbruck 24 and Novacella 31)
    Tabula sermonum: Primus sermo tractat et dicit de oratione...8924Dedic.: Reuerendo in Christo Patri Domino G[odefrido] diuina prouidentia Lausanensi episcopo frater G[odefridus] humilis monachus Heriliacensis...Reuer-

ende Pater, cum ob preces et reuerentiam...9710Alternate Incipits: Carissimi, apostoli petierunt...8078; Cum vos scire debetis...8157; Dilectissimi, vos scire debetis...8203; Inter omnia opera que in hac vita fieri possint... 8525; Scire, carissimi, vos debetis...9079; Unum vos debetis scire... 9225; Vos debetis scire...9262.
Cf: 8471; 9173

8086. Celum est anime sanctorum. Ipse dixit (Luc. 17,21): *Regnum Dei intra vos est. Regnum Dei ecclesia catholica est. Regnum Dei scriptura sancta est...*
[Comm. on the Lord's Prayer]
Ms: Einsiedeln 27 f.69-72. (Stegmüller RB 9136)

8087. Christianus debet scire orare et presertim orationem dominicam, scilicet Pater noster que ideo dicitur dominica quia ipse supremus Dominus Ihesus Christus ad petitionem suorum discipulorum ipsam composuit...
Pater qui nos creasti, qui per baptismum genuisti...
Iohannes Hus, *De mandatis Domini et oratione dominica*, p.2 (See: n.1181) 'Magister Hus sic scripsit in carcere'
Mss: Schlägl 121 f.53-54; Trebon A.3 f.164; Wien, Nat. 4550 f.5-6; 4916 f.56-57. (Stegmüller RB 4579)
Printed: Ioh. Hus et Hier. Pragensis...*Historia et monumenta...*, Noribergae 1558, f. 31
Alternate incipit: Pater qui nos creasti...8850
See: 1181

8088. Christus dicit post resurrectionem suam...
(Ms: Karlsruhe, Aug. perg. 18; München, Clm 16127)
See: 8091

8089. Christus dicit: quilibet diligit eum, custodiet sua precepta...
[Comm. on the Lord's Prayer]
Ms: London, BM Roy. 8 E.III f.135-143.

8090. Christus discipulis respondit: sic orabitis...Sic dicit Richardus de Sancto Victore: Mediator Dei et hominum...
[Comm. on the Lord's Prayer]
Ms: Warszawa, B. Narodowa, BAW 68 f.450-475.
Cf: 8527

8091. Christus dixit post resurrectionem suam: Ascendo ad Patrem meum et Patrem vestrum (Ioh. 20,17). *Aliter dixit Patrem suum, aliter Patrem nostrum. Patrem suum quia proprius Filius est Patris...*
[Comm. on the Lord's Prayer in *Expositio missae 'Dominus vobiscum'. Salutat sacerdos*]
Mss: Einsiedeln 27 f.25-27; Karlsruhe, Aug. perg. 18 f.10; München, Clm 16127. f.37-38; Paris, BN lat. 1789 f.170-171. (Stegmüller RB 9132)
Printed: PL 83, 1151; 138, 1171-1172; 147, 198 (Cf. Rabanus Maurus PL 112, 1188-1189)
Alternate incipit: Christus dicit post resurrectionem suam...8088

8092. Chrysostomus omelia XVa in principio omnium malorum...
Iohannes Waldeby (?),
[Part of short discourse on the Lord's Prayer]
Ms: Oxford, Bodl. Bodl. 687 (SC 2501) f.147.
Cf: 9123

8093. Chrysostomus. Patrem se voluit nominari non dominum quia serui non semper impetrant...
See: 8236

8094. **Chrysostomus.** *Si papa vel episcopus unam dictant orationem...*
[Comm. on the Lord's Prayer]
Ms: Praha, Univ. Tepla 27 f.12-13.
Cf: 8584

8095. *Circa dominicam orationem aliqua sunt prelibanda, unde beatus Iacobus apostolus consolanter annunciat...*
See: 8687

8096. *Circa exordium, primo notandum quod in eo Dei beniuolentia captatur tripliciter...*
See: 8408

8097. *Circa expositionem orationis dominice breuiter insistendum primo premittitur instructionis accessorie prelibatio: duo sunt generaliter proponenda...*
Nicolaus de Biart (?),
[Comm. on the Lord's Prayer]
Ms: Fermo, Com. 52 f.1-3.

8098. *Circa initium huius gloriose orationis dominice premittit beatus Gregorius...*
(Ms: Hildesheim, Bev. 674)
See: 8440

8099. *Circa initium orationis dominice est notandum quod titulus orationis est oratio dominica et dicitur ideo oratio dominica quia ipse Dominus noster docuit eam...*
(Ms: München, Clm 5942)
See: 8375

8100. *Circa istam orationem quedam notanda sunt in generali. Primo quod ista oratio dominica debet dici alta voce ut audiat et discat. Sed greci habent istam consuetudinem quod eam una cum sacerdote cantant...*
[Comm. on the Lord's Prayer]
Mss: München, Clm 7449 f.353-357; Wien, Nat. 4534 f.374-376. (Stegmüller RB 11699)

8101. *Circa istud dicendum est...*
[Comm. on the Lord's Prayer]
Ms: Admont 119 f.48-51.

8102. *Circa materiam de oratione notandum primo quod secundum sanctum Thomam in IV Sent. ...*
Nicolaus de Dinkelsbühl, *De oratione dominica* (exc.)
(Ms: Melk 1386 [612] f.265-294)
See: 9138

8103. *Circa materiam orationis dominice est notandum quod tres sunt effectus orationis...*
Nicolaus de Dinkelsbühl, *De oratione dominica* (exc.)
(Ms: Melk 1095 [238] f.41-82)
See: 9138

8104. *Circa orationem dominicam consideranda sunt tria: primo captatio beniuolentie, secundo subuentio nostre indigentie, tertio optatio vel impletio vel confirmatio orationis dominice...*
Raynerius de Pisa, O.P., *Pantheologia*, art. *Oratio*
Ms: Stuttgart, Theol. Fol. 287 f.477 seq.
Printed: Lugduni 1670, III 113 seq.

8105. *Circa orationem dominicam est notandum quod alias orationes in tribus excellit, scilicet doctoris auctoritate, sermonis breuitate, petitionis sufficientia et utilitate...*
Expositio orationis dominice
Ms: Bruxelles, BR 3925-29 (cat. 257) f.406-408.

8106. Circa orationem dominicam quam Dominus noster Ihesus Christus docuit suos sanctos discipulos...
   [Comm. on the Lord's Prayer]
   Ms: Göttweig 68 (94) f.225 seq.

8107. Circa orationem dominicam que sic inchoatur 'Pater noster', beatus Gregorius in officio misse quendam premittit prologum...
   (Ms: Eichstätt 450)
   See: 8440

8108. Circa orationem dominicam querendum est primo an sit conueniens orare et videtur quod non...
   (Ms: Assisi, Com. 635)
   See: 8111

8109. Circa orationem dominicam sic orabitur: Pater noster qui es in celis, sanctificetur nomen tuum, prima petitio...
   Hec oratio dominica ceteras alias orationes excellit primo docentis auctoritate quia Christus qui est dignissimum (?) suppositum (?) eam dictauit...
   Brochardus Billick, Ierosolymitanus, O. Carm., *Expositio super orationem dominicam* (*Logotesseron, id est liber quatuor sermonum*, lib.4)
   Ms: København, Ny kgl. S. 2828 4 f.72-90 (*autograph*)

8110. Circa orationem tria principaliter possunt suboriri vitia...
   Nicolaus de Dinkelsbühl, *De oratione dominica* (Sermo 2)
   See: 9138

8111. Circa primum [principium] videtur quod non sit conueniens orare quia secundum Damascenum oratio est petitio decentium a Deo et Deus scit ea quibus indigemus; ergo...
   Aldobrandinus de Tuscanella, O.P., *Opus fratris Aldobrandini super Pater noster*
   Mss: Alba Iulia I.148 f.1 (fragm.); II.151 f.1-16; Arezzo 215 f.24-39; Assisi, Com. 635 f.93-100; Bamberg, Canon. 97 f.145-164; Capestrano, Min. 28 f.168-176; Fabriano, Com. 155 f.78 seq.; Firenze, Naz. Conv. Soppr. C.6.1701 f.164-171 and 178-180; Lilienfeld 144 f.190-194; Lincoln (Nebraska) s.n. f.213-224; München, Clm 14635 f.174-184; 16460 f.42-54; Napoli, Naz. VII.F.33 f.168-175; Padova, Univ. 1519 f.20-34; Praha, Metr. Kap. C 82 (513) f.53 seq.; Roma, Casan. 14 f.148-164; Schlägl 61 f.128-140; Tarragona, Prov. 18 f.245-248; Toledo, Cab. 5-22 f.100-104; Vaticana, Vat. lat. 793 f.75-82 (*Thomas de Aquino*). (Th. Kaeppeli in AFP 8 [1938] 173; Kaeppeli 137)
   Alternate incipits: Arguitur quod non sit necessarium orare... 8046; Circa orationem dominicam querendum est...8108; Queritur utrum sit orare conueniens...8962.

8112. Circa quemlibet petitionem orationis dominice quinque sunt consideranda...
   [Comm. on the Lord's Prayer]
   Ms: Wolfenbüttel, 59.9 Aug. fol. (2617) f.216.

8113. Circa quod dubitaret aliquis quod in vanum videtur captare beniuolentiam...
   See: 8468

8114. Clarissime fili Egidi...
   See: 8077

8115. Clemens, mitis, dulcis, pura, munda,...Maria...
   See: 8809

8116. Commendatio dominice orationis. Pro quo est notandum quod oratio dominica commendatur a tribus, scilicet de dignitate, breuitate et fecunditate. Primo dico commendatur a dignitate quia ab eo qui est sanctus sanctorum et inter omnes sanctos

> *dignos dignissimus...*
> (Ms: München, Clm 8258)
> See: 8691

8117. **Commendatur a tribus...**
  See: 8765; 8766

8118. **Commendatur hec oratio a tribus, a dignitate quia a Deo facta est qui docuit...** Inchoat autem hic tanquam bonus magister a nomine Patris, non a nomine Domini...
  De oratione dominica expositio
  Mss: Vorau 11 f.117-120; Wrocław, Uniw. I.Q.272 f.162-166 (*Albertus Magnus*)
    (Stegmüller RB 11614)
  Cf: 8328

8119. **Commendatur hec oratio et precellit omnes orationes in tribus...**
  See: 8492

8120. **Conditio mortalis, terrena compago...**
  Petrus Chrysologus, *Sermo 68, In orationem dominicam*
  Printed: PL 52, 393-396; 52, 668-670; Vives 178-180.

8121. **Conditionis priuilegio...**
  See: 8767

8122. **Constat, ut nostis, hanc dominicam orationem vel a solis Mattheo et Luca habere conscriptam...**
  See: 8142

8123. **Coram te, dilectissime Ihesu, corde protestor et ore confiteor quod saluberrimam fidem tuam...**
  [Prologue to 9338: Petrus de Alliaco *Oratio dominica anagogice exposita*]
  Mss: München, Clm 18969 f. 211; Würzburg, Univ. M.ch.q. 15 f.122.

8124. **Creatione, maioritate, adoptione. Noster, connaturalium...**
  See: 8739

8125. **Creatione vel adoptione. Qui es: inestimabiliter...**
  See: 8768

8126. **Creator noster, redemptor noster...**
  See: 8654

8127. **Creator omnium/ origo et principium/ a quo causantur...**
  See: 8741

8128. **Credimus sanctam Trinitatem, Patrem et Filium et Spiritum Sanctum unum esse Deum...**
  Tractatulus super Pater noster breuis
  Ms: Wrocław, Uniw. IV.F.13 f.141-143.

8129. **Cui nos amorem debemus et honorem...**
  See: 8743

8130. **Cum dicimus Pater noster, attendat cor nostrum quam summa et ineffabilis sit caritas, pietas atque dignatio Domini Dei nostri ad nos...**
  Dionysius Carthusianus, *De modo dicendi Pater noster de fructuosa temporis deductione*, art.4)
  Printed: *Opera omnia* Tornaci 40 (1911) 59-61

8131. **Cum dicit peccator 'Pater noster', respondet Deus: Non sum pater vester, sed dyabolus quem imitamini...**

Expositio Bernardi
Ms: Praha, Univ. I.F.22 (254) f.187.
Cf: 8152; 8944; 9163

8132. **Cum Dominus celerem cupiens conferre salutem... Iste libellus cuius subiectum est oratio dominica...**
[Comm. on the Lord's Prayer]
Ms: Praha, Metr. Kap. D 50 (616) f.111-121.

8133. **Cum ergo Dominus specialiter nos ad orationem inuitet in hoc evangelio...**
See: 8878

8134. **Cum ergo uniuersitatis Deum ac Dominum patrem nostrum esse...**
(Ms: St. Gallen 125)
See: 8363

8135. **Cum esset rex in accubitu suo** (Cant. 1,11)**...Rex noster Christus in accubitu fuit quando humanam naturam assumpsit...**
Pater noster. Oratorum secularium mos est...
Alanus de Insulis, *Super Pater noster* or *Oratio dominica*
Mss: Praha, Univ. XII.B.16 (2121) f.109-115; Trier, Stadtbibl. 154 f.185-192; formerly Liège, Saint-Laurent. (M. Th. d'Alverny, *Alain de Lille*, Paris 1965, p.79)

8136. **Cum hec oratio a sapientissimo utpote ab eo qui est fons et origo totius veritatis, condita sit, patet quod...**
Simon de Hinton, O.P. (Ps. Iohannes Geison) *Compendium theologiae*, (n. 0245) tract.2 Or 5 or Thomas de Clivis (n. 2840) tract.4,2, *Tractatus de septem petitionibus contentis in oratione dominica et earum expositione* or *Expositio orationis dominice extracta de summa theologie fratris Ricardi Anglici O. P.* (MS Subiaco CLXX)
Mss: Bruxelles, BR 3011-13 (cat. 2247) f.236-243; Cambridge, Jesus Coll. Q.A.15 (15) f.2; Escorial P.III.5 f.75-80; København, Gl. kgl.S.1374 4 f.31-35; Oxford, Bodl. Bodl. 857 (SC 2760) f.88-89; Praha, Metr. Kap. D.108 (677) f.33-35; Subiaco CLXX (174) f.70-76; Tarragona, Prov. 18 f.244-245; Vaticana, Ottob. lat. 869 f.131-137; Würzburg, Univ. I.t.q.119 f.7-11. (Stegmüller RB 7256,2)
Printed: *Joannis Gersonii Opera omnia*, Antwerpiae 1706 1, 303-308.
Alternate Incipits: Deus omnipotens voluit...8187; Quod autem hec oratio a sapientissimo... 9002; Tractatum de septem petitionibus...9206
See: 0245; 2840

8137. **Cum heretici diebus istis nouissimis, quibus instant tempora plus periculosa...**
Pater noster. Ubi propter firmitatem vel sanctitatem Dei Patris...
Iohannes Wyclif, *De oratione dominica*
Mss: Cambridge, Trinity Coll. B.15.28 (364) f.128-130; Wien, Nat. 1337 f.97-100; 3929 f.182-184. (Stegmüller RB 5221,1)
Printed: Iohannes Wyclif, *Opera minora* (ed. J. Loserth) London 1913.

8138. **Cum igitur effectum magnum habeat oratio, desidero ut de oratione dominica que ceteris orationibus est excellentior velis me informare. De oratione dominica scire debes quod hec oratio quam Christus instituit, excellit omnes alias orationes...**
[Comm. on the Lord's Prayer]
Mss: Harburg, II lat. 1 fol. 69 f.207-210; Praha, Strahov DB.III.10 f.194-198; Praha, Univ. XIII.G.6 (2373) f.76; Vaticana, Vat. lat. 4302 f.150-158; Wolfenbüttel, 783 Helmst. (874) f.153-172; Wrocław, Uniw. I.Q.464 f. 42-48.
Alternate incipit: De oratione dominica scire debes...8168

8139. **Cum Ihesus Christus sit generalior persona quam alia...Cum oratio quam dominicam...**
Raymundus Lullus, O.F.M., *Expositio super Pater noster*

Ms: München, Clm 10495 f.146-154. (Glorieux 335 gd5; Stegmüller RB 7155; E.W.Platzeck, *Raimund Lull*, Düsseldorf 1964, 2 p.69 n.222)

8140. *Cum in omni deprecatione beniuolentia concilianda sit eius quem deprecamur, deinde dicendum quid deprecemur...*
Multa enim dicta sunt in laudem Dei que per omnes sanctas scripturas...
S. Augustinus, *De sermone Domini in monte*, Lib. 2, c.4-9, n. 15-35 *Super orationem dominicam* or *Expositio dominicae orationis* or *Oratio dominica a sancto Augustino explanata*
Mss: Aarau, Wettingen oct.4; Barcelona, Univ. 228 f.116-117; Bruxelles, BR 4526-33 (cat. 1880) f.10-22; Karlsruhe, Aug. perg. 18 f.5-8; London, BM Roy. 7 C.II f.188-190; Olomouc, CO 128 f.83-87; Paris, BN lat. 2876 f.41-51. (Stegmüller RB 8597; 9349)
Printed: PL 34, 1275-1284; Vives 111-119
Alternate incipits: Multa dicta sunt in laudem Dei...8576; Orantes autem Dominus ait...8681

8141. *Cum nuper in cella solitarius anno coronationis sanctissimi...domini Nicolai summi pontificis pape quinti* (1447) *corde studiosus ego intenderem per quem modum et frugalius fructum dominice orationis...*
[Comm. on the Lord's Prayer]
Ms: Vaticana, Vat. lat. 1310 f.2-22.

8142. *Cum nuper Paracletum venissem quibusdam compulsis negotiis ibi peragendis...*
Constat, ut nostis, hanc dominicam orationem vel a solis Mattheo et Luca nos habere conscriptam...
Petrus Abaelardus, *Epistola ad Bernardum Claraevallensem*
(Stegmüller RB 6384,1)
Printed: PL 178, 335-340

8143. *Cum oratis...*
Cf: 8285 seq.

8144. *Cum oratis, dicite Pater noster. Ex quibus verbis sciendum quod in hac oratione dominica due sunt partes...*
See: 8230

8145. *Cum oratis, dicite Pater noster. Ita scribitur Matth. 6,9. Presens oratio diuiditur in tres partes principales...*
See: 8905

8146. *Cum oratis, dicite Pater noster. Nota. Inter omnia opera que in hac vita fieri possunt...*
(Ms: Göttingen, Theol. 121)
See: 8085

8147. *Cum oratis, dicite Pater noster. Que quio in qua spes nostra maiorem veritatem obtinet...*
See: 8803

8148. *Cum oratis* (Matth. 6,5 or Luc. 11,2)...*Est primo considerandum...*
See: 8280

8149. *Cum oratis* (Matth. 6,5 or Luc. 11,2). *Secundum Chrysostomum oratio est quasi quoddam spirituale tributum...*
See: 9090

8150. *Cum oraueris, non eris quemadmodum hypocrite* (Matth. 6,5)...*Hec oratio omnes orationis species...*
Ps. Hieronymus Savonarola,
(Stegmüller RB 3503)
See: 8390

*8151. **Cum oraueritis, nolite fieri sicut ypocrite tristes** (Matth. 6,5). **Salomon. Ante orationem prepara animam tuam; quod quidem facit...***
  See: 8040

*8152. **Cum peccatores in peccato mortali existentes nolunt conuerti et dicunt orationem dominicam sic: Pater noster, potest eis dicere Dominus: non sum pater vester sed diabolus...***
  Henricus de Hassia, *Pater noster peccatorum*
  Mss: Admont 383 f.3-5; Darmstadt 2200 f.25-26; Einsiedeln 43 f.217; 49 f.584; 215 f.477-478; Klosterneuburg 205 f.124-125; 349 f.145; Melk 1960 (364) f.69; München, Clm 21076 f.102-103; München, Univ. Fol. 678 f.132; Wien, Nat. 4659 f.173-174. (K.J. Heilig, *Kritische Studien zum Schriftum der beiden Heinriche von Hessen* in *Römische Quartalschrift* 40 [1932] 128; Stegmüller RB 9146; J. Lang, *Die Christologie bei Heinrich von Langenstein*, Freiburg 1966, p.50)
  Cf: 8131; 8944

*8153. **Cum pharisei pro rebus temporalibus...***
  [Sancti Augustini expositio orationis Dominicae]
  Ms: Melk 1922 (782) f.58-60.

*8154. **Cum pius factor et redemptor humane conditionis lagenam lucerna deitatis intus abscondita suscipiens...***
  Pater noster. Principium huius orationis a patre competenter assignatur a quo rerum omnium processit initium...
  Expositio dominice orationis (7 Sermons)
  Ms: Paris, BN lat. 13575 f.1-41(Hauréau 2,226; Stegmüller RB 10490; RTAM 39[1972]55

*8155. **Cum unus ex discipulis Ihesu diceret ei, Luc. 11,1: Domine, doce nos orare sicut Iohannes docuit discipulos suos, pius Dominus sub compendio verborum formam orandi tradens discipulis suis...***
  Hec autem oratio speciali priuilegio dicitur oratio dominica quia a Domino est instituta et quia ipse Dominus Ihesus hanc sepe pro se et pro omnibus nobis membris suis...
  Sermo explicatiuus orationis dominice
  Ms: Paris, Mazarine 991 f.168-173.
  Cf: 8257

*8156. **Cum vocat eum Patrem debet esse filius...***
  See: 8475

*8157. **Cum vos scire debetis quod inter omnia opera...***
  (Ms: Würzburg, Univ. M.ch.f.65)
  See: 8085

*8158. **Cumque Deo disponente vel potius permittente...***
  See: 9180

*8159. **Cupiens paternitati vestre de penuria mei ingenii gratum aliquod offerre munusculum...***
  See: 9025; 9231

*8160. **Currat deuotus ad illum benignissimum Patrem qui eum ad imaginem sui creauit et dicat attenta mente orando:***
  Pater noster. O Pater, tu es ille qui spirituales filios procreas, mediante viuifico amoris germine...
  Hugo de Balma, O. Carth. (Ps. Bonaventura), *De mystica theologia*, cap.2, particula 3, *Meditationes in orationem dominicam per triplicem modum, scilicet*

per viam purgatiuam, illuminatiuam et unitiuam, extracte ex tractatu mystice theologie 'Vie sion lugent', per quemdam fratrem Carthusiensem
Mss: Bamberg, Patr. 42 f.53-59; Bruxelles, BR 21858 f.52-55 (without Prologue); Marburg 54 f.281-282; München, Clm 19820 f.288-289. (Stegmüller RB 8531)
Printed: *S. Bonaventurae Opera omnia,* Parisiis 8(1966) p.20
Alternate incipit: Pater, id est tu es ille qui filios spirituales... 8752
See: 9091

8161. *Cyprianus in libro De oratione dominica capitulo vicesimo sexto de tribus petitionibus que sunt future vite sic inquit: Dominum orabitis: Pater noster...Qui enim fecit viuere, docuit et orare...*
[Glossa super Pater noster ex diversis Patribus]
Ms: Bruxelles, BR 4635 (cat. 2227) f.57-73.

8162. *De alphabeto dominico siue abecedario in ipsius orthodoxe ecclesie scolis pro fidelium salute salubriter ordinato...et primo de illa oratione dominica a magistro altissimo et Domino edicta, Matth. 6, proprio ore, pro cuius intellectu considerandum est...*
Pater. Ibi captatur beniuolentia quasi diceremus: tu solus Pater noster es...
Alphabetum dominicum siue abecedarium [Super Pater noster; super Ave Maria; de symbolo]
Ms: München, Clm 14104 f.1-8.

8163. *De alphabeto est notandum quod quidam fatui et stulti opinantur...*
Pater noster. Postquam auctor determinauit de ordinatione alphabeti et de eius expositione hic aliquo (?) modo ostendit quid sit orandum et quare dominica oratio et angelica salutatio radiant sicut sol inter stellas...
Alphabetum [Super Pater noster; super Credo; super Ave Maria]
Ms: St. Gallen 728 p.325-333. (Stegmüller RB 11043)

8164. *De effectu orationis dominice dicit Magister IV Sent. dist.16, parte tertia, de sufficienti satisfactione pro venialibus peccatis allegans Augustinum...*
Ms: Olomouc, CO 191 f.225.

8165. *De hac oratione dicit Isaias (cf. 10,22-23); verbum abbreuiatum...*
(Ms: London, BM Roy. 10 A.IV)
See: 9243

8166. *De hac sanctissima oratione dicit Augustinus ad Probam: si per predicationem verba discurras, nichil inuenies quod in hac oratione dominica non contineatur...*
Expositio huius sanctissime orationis
Mss: Bamberg, Theol. 230 f. 123-137; München, Clm 26831 f.1-10. (Stegmüller RB 9988)

8167. *De oratione dominica est sciendum quod septem sunt petitiones in ea, quas docuit Dominus noster Ihesus Christus discipulos suos ut legitur in ewangelio...*
[Comm. on the Lord's Prayer]
Ms: Stuttgart, H.B. I 167 f.104.
See: 9078

8168. *De oratione dominica scire debes quod hec oratio quam Christus instituit...*
(Mss: Praha, Univ. XIII.G.6; Wolfenbüttel, 783 Helmst.; Wrocław, Uniw. I.Q.464)
See: 8138

8169. *De oratione nobis sermo est, dicit Chrysostomus, quam solam quasi spiritualem tributum anima offert Deo...*
Iohannes Militius (Milic),
[Comm. on the Lord's Prayer]
Mss: Budapest, Eg. Kön. 42 f.232-237; Kielce, Kap. 21 f.168-173; München, Clm

8135 f.275-280; Praha, Metr. Kap. E. 41 (795) f.155-160; Praha, Univ. IV.C.15 (642) f.105; X.H.17 (1995) f.15 seq.; Salzburg, St. Peter b.XII.35 f.214-219.

8170. **De oratione scilicet Pater noster, quam Christus docuit. Oratio quinque petitus...**
De oratione scilicet Pater noster
Ms: Cambridge, Pembroke 115 f.41-46.

8171. **De oratione videndum est sub qua forma specialiter est orandum. Pro quo notandum quod optimam formam orandi docuit...**
Pater noster...Super quo dicit Nicholaus de Pruliaco quod hec oratio commendabilis est triplici ratione...
[Comm. on the Lord's Prayer]
Ms: Oxford, Christ Church 91 f.141-144.

8172. **De petitionibus orationis dominice sciendum est quod sunt septem petitiones quas Dominus docuit discipulos suos: nam legitur in euangelio beati Matthei...**
Expositio Pater noster breuis et optima
Ms: Olomouc, CO 69 f.308.

8173. **De profundis ad te clamo/ Deus, quem et clamans amo...**(Prol.)
Pater noster ens in celis/ Pater meus esse velis...
Oratio tracta ab oratione dominica [Paraphrase of the Lord's Prayer, 640 verses]
Ms: Oxford, Bodl. Add. C. 292 (SC 29575) f.117-120. (H. Walther in RMAL 20 [1964] 56)

8174. **De sanctissima et dignissima et utilissima oratione Domini nostri Ihesu Christi quam docuit discipulos ad honorem Dei et utilitatem proximi aliquid dicturi, prima petitio erat quare orationem hanc a nomine Patris incepit...**
Moderni glossatoris dicta super oraione dominica
Mss: München, Clm 12713 f.224-227; Olomouc, Univ. M.II.138 f.231-234; Pelplin, Sem. 217 (140) f.131-135; Schlägl 178 f.142-146; Wrocław, Uniw I.F.167 f.109-117. (Stegmüller RB 8841)
Introduction: Dixit (Dicit) Ihesus discipulis suis: Sic orabitis: Pater noster. De sanctissima...8197; 8220

8175. **Debemus orare ratione vigoris, curationis, ratione perfectionis. Primo ratione vigoris quia oratio maiorem virtutem habet quam angeli qui mouent celum...**
Ps. Thomas de Aquino, Expositio dominice orationis secundum fratrem Thomam de Aquino
Ms: Luzern, Bürgerbibl. S.14.4 f.81-87.

8176. **Debent aduocati causarum...**
[Comm. on the Lord's Prayer]
Ms: Braunschweig 107 f.197-220 (incompl.)

8177. **Debes cognoscere que sunt septem petitiones...**
S. Edmundus, Speculum ecclesie, cap. 17
[Comm. on the Lord's Prayer]
Ms: London, BM Roy. 8 B.XVI f.15
Printed: H.P. Forshaw, Edmund of Abingdon, Speculum religiosorum and Speculum ecclesie, London 1973, p. 73-81

8178. **Debet autem oratio esse fidelis, humilis, pia...**
[Tractatus asceticus de oratione]
Ms: Klosterneuburg 774 f.148-149.

8179. **Declaratio sermonum tuorum, Domine, illuminat et intellectum dat paruulis** (Ps. 118,130). **Sunt enim verba Domini quasi urne multi vini fecunditate replete...**
Pater. Inter salutaria monita et diuina quibus Christus consulit credentibus formam orandi proposuit pater Nicolaus de Lira...

[Comm. on the Lord's Prayer]
Ms: Brugge, Stadsbibl. 343 f.39-50.

8180. **Dei Filius, Ihesus Christus, imago Patris, homo factus, ut paternum in terra beneplacitum faceret sicut in celo, sciens in quibus humane fragilitati necessariis diuinum auxilium speciale implorari oportebat...**
Pater noster: quia in exordio creature ex nichilo ad imaginem suam creauit nos...
Henricus de Hassia (H. Heinbuche de Langenstein), *Tractatus de oratione dominica* or *Expositio super orationem dominicam* or *Tractatus super Pater noster*
Mss: Admont 198 f.126 seq.; Aschaffenburg 36 (M 97) n.1; Augsburg, 8 cod. 35 f.323-346; Bamberg, Theol. 5 f.130-135; 51 f.185-190; 104 f.185-193; Basel, Univ. A.V.38 f.133-136; A.X.120 f. 161-167; A.X.132 f.139-142; Brugge, Stadsbibl. 50 f.98-105; Berlin, Theol. lat. fol. 525 f.106-111; Bonn, Univ. 278; Bruxelles, BR 14053-68 (cat. 2138) f.81-89; Eichstätt 389 f.5 seq.; 450 f.339-345; 758 f.114-118; Einsiedeln 49 p. 576-584; Erfurt, Amplon. Qu. 28 a f.43-50; Frankfurt a.M., Barth. 140 f.288-297; Praed. 14 f.1-5; Freiburg i.B., Univ. 97 f.120-125; Graz, Univ. 887 f.117-130; Harburg, II lat. 1 fol.26 n. 4; Heiligenkreuz 290 f.1-7; Innsbruck, Univ. 569 f.276-281; 616 f.22-30; Klosterneuburg 194 f.218-224; 205 f.109-119; 349 f.139-145; 820 f.46-58; 856 f.216 seq.; Koblenz, Staatsarchiv Abt. 701 Nr.213 f.52-58; Kosice 5 f.81 seq.; Leipzig, Univ. 534 f.343-348; Mainz I 62 f.?-51; I 449 f.230 seq.; II 330; Melk 1092 (241) f.201 seq.; München, Clm 3549 f.48-52; 4781 f.102-106; 5409 f.39-46; 5659 f.186-206; 7553 f.133-139; 8999; 9810 f.160-165; 12717 f.131 seq.; 14142 f.94-99; 15175 f.181-186; 16196 f.142-151; 18558 f.144-148; 18619 f.183-190; 19615 f.387 seq.; 21076 f.92-99; 27409 f.220-224; Paris, BN lat. 2454 f.194-198; Praha, Univ. VIII.F.10 (1564) f.1-12; Salzburg, St. Peter b.VI.20 f.185-196; St. Gallen 288 p.133-142; 1037 p.146-152; St. Paul in Lavanttal 140-4 f.187-191; Seitenstetten 261 f.184-189; Stuttgart, H.B. I 33 f.307-311; Trier, Stadtbibl. 630 f.186-217; Vorau 210 f.65-69; 365 f.219-227; Wien, Domin. 39 (40) f.192-202; 41 (263) f.76-91; Wien, Nat. 1662 f.1-14 1264 f.80-89; 2907 f.115-135; 3894 f.71-90; 4013 f.268 seq.; 4017 f.1-8; 4178 f.76-82; 4240 f.17-20; 4406 f.135 seq.; 4444 f.67-72; 4571 f. 1-6; 4627 f.10-13; 4659 f.164-seq.; 15230 f.43 seq.; Wien, Schott. 152 f.233 seq.; Wrocław, Uniw. I.F.226 f.128-133; I.F.236 f.192-198; I.F.291 f.339-342; I.F.773 f.188 seq.; Würzburg, Univ. M.p.m.f.75 f.371-376; M.ch.f.53 f.142 seq. (K.J.Heilig, *Kritische Studien zum Schriftum der beiden Heinriche von Hessen* in *Römische Quartalschrift* 40 [1932] 126-128; Stegmüller RB 3203; J. Lang, *Die Christologie bei Heinrich von Langenstein*, Freiburg 1966, p.49-50)
Printed: [Köln 1470 ?] (H 8390 8389, Goff M-368); [Köln 1472 ?]; [Speier c.1473] 8391 8392, Goff H-28); [Basel c. 1474] (H 8394, Goff H-29); [Erfurt 1490 ?] (H 8393)
Dedic.: Reuerendo (Venerando) in Christo patri ac domino, domino Eckhardo, episcopo Wormaciensi...Diuina sapientia rebus omnibus decorem ordinis congruenter distribuens...9022; 9238Alternate incipits: Diuina sapientia rebus omnibus...8218; In exordio creature...8460; Pater meus quia in exordio creature...8758; Pater noster in exordio creature...8789.
See: 8451

8181. **Dei spiritus et Dei sermo et Dei ratio, sermo rationis et ratio sermonis et spiritus utriusque, Ihesus Christus Dominus noster, nouis discipulis noui testamenti nouam orationis formam determinauit...**
Tertullianus, *Liber de oratione dominica*
Mss: Milano, Ambrosian. G.58 sup.; Paris, BN lat. 1622. (Stegmüller RB 7974)
Printed: PL 1, 1149-1196; CSEL 20, 200-206; CCL 1, 257-274.

8182. Deus dicitur pater generaliter omnium per creationem, spiritualiter iustorum per adoptionem...
   (Ms: München, Clm 28424)
   See: 8386

8183. Deus est Pater tripliciter secundum triplex esse quod accepimus ab eo...
   See: 8264

8184. Deus generaliter, specialiter, singulariter dicitur Pater. Deus pater generaliter omnium per creationem...
   (Ms: Milano, Ambros. A.238 inf.)
   See: 8386

8185. Deus incipit orationem suam...
   [Comm. on the Lord's Prayer]
   Ms: Cambridge, St. John's Coll. 95 f.173-175.

8186. Deus omnia condidit per Verbum et humana verba...
   [Comm. on the Lord's Prayer]
   Ms: Graz 1432 f.1-2

8187. Deus omnipotens voluit discipulos suos et nos fideles eius docere petendi modum et sufficientiam petendorum. Nam modus est efficacissimus...
   Cum enim hec oratio a sapientissimo, id est ab eo qui est fons...
   Simon de Hinton, *Expositio in orationem dominicam* with prologue
   Ms: Tarragona, Prov.18 f.244-245
   See: 8136

8188. Deus Pater beniuolentia, noster incarnatione...
   See: 8738

8189. Deus Pater gubernans nos paterna affectione. Qui es in celis, hoc est qui es in sanctis et in bonis...
   See: 8770

8190. Deus Pater hominis speciali quodam priuilegio dicitur: primo propter creationem singulorum...
   See: 9017

8191. Deus Pater, quando misit Filium suum in terris ad nos redimendum, tamen eramus indigni et peccatores...
   [Comm. on the Lord's Prayer]
   Mss: Cambridge, Trinity B.15.42 (374-6) f.96 seq.; Vaticana, Vat. lat. 6398.
   (Schneyer, *Repert.* Jacobus Berengarii n.25)

8192. Deus voluit esse dominus Iudeorum...
   Honorius Augustodunensis, *Gemma animae* lib.1 c.109
   Ms: Praha, Metr. Kap. N.38 (1562) f.83
   Printed: PL 172, 580; Vives 324

8193. Dic, frater, scis orationem dominicam quam Dominus noster Ihesus Christus discipulos suos orare docuit...
   (Ms: Paris, BN lat. 13187)
   See: 8194

8194. Dic michi, frater, si nosti dominicam orationem quam ipse Dominus noster discipulos suos orare docuit. Responsio: scio utique...
   Expositio orationis dominicalis per interrogationes cuiusdam discipuli
   Mss: Cambridge, St. John's Coll. 39 f.169-170; Oxford, Bodl. Lat. th.e.9 (SC 32710) f.52 seq.; Paris, BN lat. 1535 f.153; 2860 f.34; 13187 f.62-63; Vaticana, Regin. lat. 489 f.59-60.

Alternate incipits: Dic, frater, scis orationem dominicam...8193 Interrogatio: dic michi, frater, scis orationem dominicam...8530

8195. **Dicendo Pater noster...bonitatem Dei et gratiam recommendamus...**
Henricus de Frimaria, *Expositio orationis dominice* n. 9756 (exc.) (?)
Ms: Lübeck, Theol. lat. 167 f.169-170. (Zumkeller MWA 322)

8196. **Dicit Ambrosius: Dominus est nomen pietatis...**
[Comm. on the Lord's Prayer]
Ms: Bamberg, Theol. 40 f.40.

8197. **Dicit Ihesus discipulis: Sic orabitis 'Pater noster'** (Matth. 6.9). **De sanctissima et dignissima et utilissima oratione...**
See: 8174

8198. **Dicit 'Pater': in principio inuocate. Dicite, inquam, non voce tantum sed et corde...**
Magister Alexander (?), *Expositio Pater noster*
Ms: Reims 1960 f.93-94. (AFH 27 [1934] 538; Stegmüller RB 1156)

8199. **Dicite 'Pater noster', ait Saluator discipulis suis dum ab eodem instrui peterent ad orandum, unde merito quilibet christianus hanc orationem deberet pre ceteris frequentare...**
Henricus ex Pomerio (van den Bogaerde), *Deuota meditatio super dominica oratione* or *Deuotus tractatus super dominica oratione editus et completus a deuoto regulari canonico a.d. 1443* (11 distinctiones)
Mss: Einsiedeln 279 p.1-95; Vaticana, Vat. lat. 1310 f.23-73.
Alternate incipit: Orantes dicite 'Pater noster'...8683

8200. **Dicitur quod commune omnibus, nemo dicat meus...**
See: 8070

8201. **Dicitur quod Dominus noster Ihesus Christus de impenetrabili sapientia sua docuit discipulos suos orare...**
[Comm. on the Lord's Prayer]
Ms: Cambridge, Trinity Coll. R.17.1 (987) f.284 (?).

8202. **Dico Pater noster pro conuersis ut eos ter centum milia demoniorum perpete clade...**
Pater noster pro conuersis
Ms: Vaticana, Ottob. lat. 1472 f.51. (Walther IC 4434)
Printed: P. Lehmann, *Parod. Texte*, München 1923, n.6 p.19-21.

8203. **Dilectissimi, vos scire debetis...**
(Ms: Innsbruck, Univ. 24)
See: 8085

8204. **Dilecto fratri suo I. frater Gaufridus, psallere et orare spiritu simul et mente. Annotationem tibi in oratione dominica, frater mi Iosberte...**
Pater noster. Ad Patrem dirigenda traditur nobis oratio...
Gaufridus Autissiodorensis (Claraevallensis), O. Cist., *Epistola ad Iosbertum*
Mss: Besancon 862 f.30-31; Dijon 62 f.178-180; Paris, BN lat. 71 f.107; n. acq. lat. 1476 f.103-105. (Stegmüller RB 2438)
Printed: PL 185, 617-620

8205. **Dimitte nobis debita nostra...**
See: 8288 seq.

8206. **Dimitte nobis debita nostra. Ego in primis sic dimitto omnibus debitoribus meis vel alienis dum sunt viatores...**
Iohannes Gerson, *Expositio super Dimitte nobis debita nostra*
Ms: Berlin, Theol. Lat. fol. 141 (Rose 534) f.282; Tour RBs 378 f.107 (Stegmüller

4489)
Printed: Iohannes Gerson, *Opera omnia*, Antwerpiae 3 (1706) 694

8207. **Dimitte nobis debita nostra. Minus est debita dimittere...**
De oratione dominica
Ms: Douai 365 f.65. (*Scriptorium* 10 [1956] 20; Schneyer, *Repert.* Hugo de Sancto Victore n.83)

8208. **Discipuli enim rogauerunt...**
Remigius Autissiodorensis (?), *Liber de diuinis officiis* in cap. 40 (PL 101, 1265) (?)
Ms: Admont 522 f.23-25.
Cf: 8209

8209. **Discipuli rogabant Dominum...**
[Comm. on the Lord's Prayer]
Ms: Wolfenbüttel, 542 Helmst. (590) f.16-18.
Cf: 8208

8210. **Discipulis a magistro interrogantibus et dicentibus: Domine, doce nos orare** (Luc. 11,1)...
Pater noster. Innocentius: beniuolentia omnium captatur a tribus; primo ex persona conditoris...
[Comm. on the Lord's Prayer]
Mss: Harburg, II lat. 1 fol. 166 f.139-144 (*Nicolaus de Dinkelsbühl*); Wrocław, Uniw. I.F.266 f.128-131. (Stegmüller RB 8843)

8211. **Discipulus: In oratione dominica quot petitiones habentur?...**
See: 8488

8212. **Discipulus petit: Quomodo vocatur hec oratio? Magister respondet: Dominica. Interrogatio: Quare dominica?...**
(Ms: Paris, BN lat. 14947)
See: 9009

8213. **Diues ait: si nobilitas mea magna, quid inde...**
[Comm. on the Lord's Prayer]
Ms: Erlangen 281 f.145.

8214. **Diues et inops, nobilis et ignobilis, litteratus ac idiota cunctique omnino baptismatis fonte regenerati...**
[Comm. on the Lord's Prayer]
Ms: Genova, Univ. A.V.11 f.229-seq.

8215. **Diuiditur ergo presens doctrina orationis in tres partes...**
See: 8495

8216. **Diuiditur hec oratio in tres partes: in exordium, tractatum et conclusionem...**
See: 9013

8217. **Diuina ergo institutione formati, non praesumptionis temeritate sed oboedientiae pietate possumus [praesumimus] dicere Deo Patri: Pater noster qui es in celis etc.** (Matth. 6,9). **Haec autem obsecratio oratio dominica...**
(Mss: Klosterneuburg 1158; München, Clm 8258; 19135; 22307; Praha, Univ. III.D.7; X.B.13; XIV.A.11; Wien, Nat. 4065)
See: 8366

8218. **Diuina sapientia rebus omnibus...**
Henricus de Hassia, *Expositio pulcra et magistralis super orationem dominicam* (Mss: Kosice 5; Wien, Schott. 152)
See: 8180

8219. *Diuine Pater, par nate Patri, par Flamen utrique/ A quo, per quem, in quo cepta peracta manent/ Non dedigneris sacris prestari feuorem/...*
Pater noster. Patrem cuncta Deum laudent, venerentur, adorent/ A Patre namque Deo cuncta patrata patent/...
Iohannes Eboracensis de Aquila, O. Carm., *Meditatio de oratione dominica*
Ms: Oxford, Bodl. Rawlinson C.15 f.67-82. (Stegmüller RB 4152)
Preface: Quid in hoc opusculo doceatur et qualiter et ad quid...8995

8220. *Dixit Ihesus discipulis suis: sic orabitis 'Pater noster'* (Matth. 6,9). *De sanctissima et dignissima et utilissima oratione...*
See: 8174

8221. *Dixit periculosissimum est predicare...*
See: 8875

8222. *Dixit unus de discipulis ad Ihesum: Domine, doce nos orare sicut Iohannes discipulos suos docuit...*
See: 9006

8223. *Docet Dominus que sunt oranda...*
Expositio super Pater noster
Ms: Graz, Univ. 455 f.2-4.

8224. *Docet nos Dominus Ihesus Christus...*
Iohannes Wyclif
[Comm. on the Lord's Prayer, not found]
(W.W. Shirley, *Catalogue of the original Works of John Wyclif*, Oxford 1865, p.50; Stegmüller RB 5121,2)

8225. *Doctrinam orationis diuinus sermo nobis ostendit...*
Gregorius Nyssenus, *Homiliae De oratione dominica*
Ms: København, Gl. kgl. S.1345 4 f.2-51
Printed: cf. PG 44, 1119-1194

8226. *Docuit orandum et ubi et quomodo...*
(PL 162, 1305 seq.)
See: 9121; 9169

8227. *Domine, doce nos orare* (Luc. 11,1)...*Ambrosius de sacramentis* ...
See: 8031

8228. *Domine, doce nos orare* (Luc. 11,1)...*Christus discipulis respondit: sic orabitis...Sic dicit Richardus de Sancto Victore...*
See: 8090

8229. *Domine, doce nos orare* (Luc. 11,1)...*Dicit Ambrosius: Dominus est nomen pietatis...*
See: 8196

8230. *Domine, doce nos orare* (Luc. 11,1)...*Ubi sciendum quod cum Christus esset in quodam loco orans, ut cessasset...*
Cum oratis, dicite: Pater noster. Ex quibus verbis sciendum quod in hac oratione dominica due sunt partes in quarum prima docet nos Dominus Dei beniuolentiam...Pater noster. Ubi est sciendum quod Deus dicitur Pater noster multis de causis...
Henricus de Hassia, *Expositio dominice orationis*
Ms: Hall im Tirol MS.I.203 f.1-12.

8231. *Domine, doce nos orare* (Luc. 11,1)...*Saluator noster Dominus Ihesus Christus per assumptam humanitatem non solum pati et mori voluit...*
See: 8013

*8232. **Domine, puer meus iacet in domo paralyticus et male torquetur*** (Matth. 8,6). ***Necessitatem patientis atque orantis et supplicantis verba sunt ista... Tractaturi igitur de oratione que orationi dominice nulla omnino equari potest... Primo enim considerando excellentiam tante orationis, triplicem eius excellentiam distinguamus...***
 S. Bernard de Sienna, O.F.M., *Quadragesimale de christiana religione*, Sermo 6 *De oratione dominica*
 Mss: Napoli, Naz. V.H.136 f.243-246; V.H.270 f.287-293; VIII.A.12 f.68-71.
 Printed: S. Bernardinus, *Opera omnia*, Quaracchi 1 (1950) 62-75; Vives 538-548
 Alternate incipit: Sermo de oratione dominica in quo tria considerabimus...9126

*8233. **Dominica oratio est quare dicitur dominica oratio...***
 Expositio super dominica oratione Pater noster
 Ms: Cambridge, Corpus Christi Coll. 481 p.657-662.

*8234. **Dominica oratio ex pontificali doctrina electis ad fidem debetur...***
 See: 8035

*8235. **Dominica oratio per quam septem beatitudines et septem dona Spiritus Sancti impetrantur...***
 [Comm. on the Lord's Prayer]
 Ms: Nürnberg, Cent. IV, 82 f.420-421.

*8236. **Dominica oratio precellit omnes alias orationes in tribus, scilicet in dignitate, breuitate et fecunditate. In dignitate quia a Filio Dei est edicta...***
 Pater. Chrysostomus: Patrem se voluit nominari, non Dominum quia serui non semper impetrant...
 [Comm. on the Lord's Prayer]
 Ms: Praha, Univ. XII.E.7 b (2174) f.84-85.
 Cf: 9200

*8237. **Dominica oratio que Matthei sexto capitulo continetur...***
 Ms: Melk 960
 See: 8623

*8238. **Dominica oratio septem conserta petitionibus...***
 See: 8700

*8239. **Dominica precepta, fratres dilectissimi, nichil aliud sunt quam magisteria diuina...***
 (Ms: Basel, Univ. B.IX.24)
 See: 8302

*8240. **Dominus autem priusquam orationem suam nobis promulgaret...***
 (Ms: Oxford, Merton 48)
 See: 8275

*8241. **Dominus compleuit has septem petitiones. Docuit nos Christus ut dicamus 'Pater noster' et ipse dicens: Pater sancte serua eos*** (Ioh. 17,11)...
 Augustinus (?), *Expositio in dominicam orationem*
 Ms: München, Clm 19602 f.24-25.

*8242. **Dominus dat nobis formam orandi septem de causis...***
 [Comm. on the Lord's Prayer]
 Ms: Vorau 198 f.73-75. (Stegmüller RB 11618)

*8243. **Dominus et saluator bene omnibus prouidens hanc orationem ad capacitatem ingenii uniuscuiusque composuit. Componitur enim breuibus verbis...***
 [Comm. on the Lord's Prayer]
 Mss: Paris, BN lat. 2860 f.33-34; Tours 464 f.54-58.
 Alternate incipit: Dominus noster et saluator bene omnibus prouidens...8250

8244. Dominus et saluator noster clementissimus suorum eruditor...
Prephatio dominicae orationis
Ms: London, BM Roy. 7 C.II f.190.
Printed: PL 213, 719-726; Vives 351-355

8245. Dominus et saluator noster discipulis suis petentibus quemadmodum orare deberent, non solum formam orationis concessit...
Chromatius Aquileiensis, *Praefatio orationis dominicae* (alia recensio posterior)
Ms: Oxford, Bodl. Junius 25 (SC 5137) f.189.
Printed: Martène, *De Ant. Eccl. Rit.* 1,84; PL 72, 353-354; Vives 2; L.C.Mohlberg, *Missale gallicanum vetus* (Rerum Eccl. documenta Fontes 3), Roma 1958, p.23-25; CCL 9, 443-447
Cf: 8247

8246. Dominus et saluator noster Ihesus Christus in euangelio praecepit dicens: et cum oratis...
Pater noster...Omnia quae diuinitus dicta factaque referuntur...
[Comm. on the Lord's Prayer in *Expositio Missae Romanae quotiens contra se*]
Ms: Angers 277 f.56-59.
Printed: Martène, *De Ant. Eccl. Rit.* 1,164; PL 96, 1496-1498; Vives 3-5

8247. Dominus et saluator noster Ihesus Christus inter caetera salutaria praecepta, discipulis suis petentibus quemadmodum orare deberent, eam eis formam orationis concessit...
Pater noster...Haec libertatis vox est et plena fiducia; ergo his vobis moribus est viuendum ut et filii Dei et fratres Christi...
Chromatius Aquileiensis, *Praefatio orationis dominicae* (recensio prior) (in *Sacramentarium Gelasianum* or *Ordo Romanus IX*
This text is found alone in MSS: Douai 804 n.15; Karlsruhe, Aug. perg. 18 f.10; Graz, Univ. 1141 f.93-94; München, Clm 3703 f.59; 19129 f. 92-93; 19602 f.25-26; 21568 f.72-74; Oxford, Corpus Christi Coll. 39 f.36 seq.; Paris, BN lat. 1231 f.267-268; 2984 A f.109 (imperf.); Stuttgart, H.B. I 167 f.110; Troyes 804 n.15; Vorau 11 f.115; Wien, Nat. 512 f.77-78. (P. de Puniet in *Revue d'Histoire Ecclesiastique* 6 [1905] 15-32; 304-318; B. Botte in RTAM 25 [1958] 366; Stegmüller RB 1941,2; 3404; 9353)
Printed: PL 74, 1091-93; Vives 1-2; CCL 9, 443-447
Cf: 8245; 8246; 8404

8248. Dominus Ihesus elegit duodecim apostolos...
(Ms: Wolfenbüttel, 23. 27 Aug.4)
See: 8274

8249. Dominus instruens apostolos et in ipsis eorum posteros non solum eis precepta viuendi tradidit, verum etiam formam orationis edidit; illum tamen orandi modum non tradidit pro forma verborum sed pro sufficientia petendorum...
Pater...Sic: eo fine quod doceo, eo affectu quem inspiro, ea verborum forma quam prescribo... Iam modica pausacione opus est, prosecuto ordine artificiali ut liberius immoremur in prosequendo naturali...
Expositio dominice orationis secundum magistrum P. Comedoni
Mss: Clermont-Ferrand 49 f.107-117; Paris, BN lat. 1865 f.135-142

8250. Dominus noster et saluator bene omnibus prouidens...
(Ms: Tours 464)
See: 8243

8251. Dominus noster Ihesus Christus docens, ut premissum est, suos discipulos orare instituit orationem...
See: 8273

8252. Dominus noster Ihesus Christus effectum sancte orationis, id est utilitatem quam quilibet fidelis ex oratione formata consequitur... Et est commendabilis ista oratio dominica a quinque...
    Frater Iacobus Montis de Castro, *Tractatus de oratione dominica*
    Ms: Vaticana, Vat. lat. 9378 f.1-16.

8253. Dominus noster Ihesus Christus, fratres carissimi, Filius omnipotentis Patris propter nos et propter nostram salutem descendit de celis. De secreto Patris veniens...
    Pater noster...Quidnam(?) celi patre memoramus in ipso decet nos fratres esse...
    [Comm. on the Lord's Prayer]
    Ms: Padova, Semin. 521 f.157-160.

8254. Dominus noster Ihesus Christus hanc orationem docuit apostolos suos et nos in apostolis, que dominica dicitur, in qua septem petitiones continentur per quas septem dona Spiritus Sancti possimus adipisci...
    Prima itaque petitio est hec 'Pater noster'...Quod autem dicit 'Pater noster qui es', inuocatio est, non petitio...
    [Comm. on the Lord's Prayer]
    Ms: Paris, BN lat. 14937 f.99-100.

8255. Dominus noster Ihesus Christus pro salute mundi in terris descendere dignatus est et elegit sibi duodecim apostolos quibus precepit per uniuersum mundum predicare. Ipsi autem rogauerunt eum ut doceret...
    [Comm. on the Lord's Prayer]
    Mss: München, Clm 18.829 f.278; Saint-Omer 368 f.15-16; Stuttgart, Theol. qu. 227 f.7.

8256. Dominus noster qui orantes se exaudire consueuit quibus verbis orare debeamus ostendit. O quam fidelis haec et beata oratio...
    Quanta Domini circa nos dilectio, quanta misericordia...
        Chromatius Aquileiensis, *Expositio orationis dominicae* in *Tractatus in Evangelium Matthaei 14*
        Mss: Admont 644 f.127; Milano, Ambr. M.79 sup. f. 30-32; Montecassino 247 p.125-127; Paris, BN lat. 2316 f.17-19.
        Printed: PL 20, 359-362; Vives 88-91; CCL 9, 429-434
        Alternate incipits: Pater noster qui orantes se exaudire...8822; Quanta Domini circa nos dilectio ...8948

8257. Dominus sub compendio verborum formam orandi tradens discipulis formam et sufficientiam omnium petendorum tum beatitudinum tum donorum omnium...
    [Comm. on the Lord's Prayer]
    Mss: Hereford, Cath. O.6.viii f.98; Paris, BN lat. 12011 f.221-222; 15025 f.226-228; Salzburg, St. Peter b.X.15 f.400-402.
    Cf: 8155

8258. Dubitatur quare dicitur Pater et non Dominus, cum tamen Dominus sit nomen dignitatis et reuerentie...
    See: 8452

8259. Dum igitur effectum magnum habeat oratio, desidero ut de oratione dominica que ceteris orationibus est excellentior...
    De oratione dominica scilicet Pater noster
    Ms: Berlin, Theol. Lat. fol. 438 f.113-117.

8260. Dum Patrem inuoca, in ipso protinus nomine pietatis et audacia postulandi et impetrandi fiducia animum subeat inuocantis...
    [Comm. on the Lord's Prayer]
    Ms: Paris, BN lat. 16365 f.95-96.

8261. **Duo principaliter petuntur in oratione dominica: bonorum adeptio, malorum remissio...**
[Comm. on the Lord's Prayer]
Ms: Wien, Domin. 1(1) f.100. (Stegmüller RB 11710)

8262. **Duo sunt, carissimi, que principaliter attendere debet humana circumspectio et dignitatem sue conditionis et excellentiam sue redemptionis...**
Pater noster. Hec oratio compendiosis verbis...
Ivo Carnotensis, *Sermo (22) De oratione dominica*
Mss: Bruxelles, BR 4676-78 (cat. 234) f.180-181; Laon 303 f.6-9; Namur 163 f.47 seq.; Paris, BN lat. 2711 p.288-294; Vaticana, Palat. lat. 602 f.195 seq.; Vat. lat. 6398; Wien, Nat. 830 f.95-98; 948 f.3 seq. (Stegmüller RB10003; Schneyer, *Repert.* Jacobus Berengarii n.23-24)
Printed: PL 162, 599-604; 39, 1866-1870 (Ps. Augustinus); Vives 304-307

8263. **Duo sunt que debet habere omnis homo et omnis mulier: bonam fidem et bonam vitam...**
Expositio fidei modo populari [on the Lord's Prayer?]
Ms: Praha, Metr. Kap. B.22.2 (318) f.84-87.

8264. **Ecce arbor in medio terre** (Dan. 4,7)**...Arbor ista est oratio dominica fortis...**
Pater noster. Deus est Pater tripliciter secundum triplex esse quod accepimus ab eo...
Editio super deuotam orationem dominicalem
Ms: Wolfenbüttel, 69.23.Aug. fol. (2674) f.185-190.

8265. **Ecce arbor in medio terre....Sic scribitur Dan. 4,7. Hec verba dupliciter intelliguntur. Primo de Nabuchodonosor textualiter. Secundo de oratione dominica spiritualiter...**
Andreas Molitoris, *Super Pater noster*
Ms: Berlin, Theol. lat. qu. 73 (Rose 452) f.109-123.

8266. **Ecce beniuolens...**
See: 9183

8267. **Ecce, carissimi, singulis fere diebus clerus et populus...**
Ricardus de Sancto Victore, *Expositio dominice orationis* without prologue
(Mss: Graz 677; Hamburg, Petri 36; London, BM Roy. 3.A.X; 8 A.IX; Paris, BN lat. 14970 f.80; Praha, Univ. V.G.11; IX.C.10; XX.B.12; Reims 582; Trier, Stadt. 565; Vyssi Brod 16; Wrocław, Uniw. IV.F.45)
See: 8527

8268. **Ecce, fratres carissimi, quam multi vocant Deum patrem suum qui non sunt eius filii et quam multi diebus dominicis et aliis solempnitatibus clerici, laici et mulieres ecclesiam ingrediuntur...**
[Comm. on the Lord's Prayer]
Mss: Firenze, Naz. Panciat. 129 f.100-102; Paris, BN lat. 2540 f.27-28.
See: 8942

8269. **Ecce Pater noster aurora Deo...**
Conradus de Mure, *Pater noster metrice*
Ms: München, Clm 8995 f.119. (Stegmüller RB 2011) In the MSS this text is before Nr. 8461

8270. **Ecce Pater noster. Habito accessu maior modo prosequitur...**
See: 8461

8271. **Ecce singuli vere diebus...**
(Ms: Graz, Univ. 677)
See: 8527

8272. Ecce vox Domini praedicantis, de quo propheta dicit: Nubes pluant iustum...
    See: 9190

8273. Ego quidem peccatorum oppressus multitudine usque ad conturbationem cordis mei...
    Pater noster. Dominus noster Ihesus Christus docens, ut premissum est, suos discipulos orare instituit orationem cuius exordium est...
    Lectura notabilis super Pater noster
    Ms: Liège, Sem. 6 G 25 f.126-146. (Stegmüller RB 9596)

8274. Elegit Dominus noster Ihesus Christus duodecim apostolos et docuit eos multa bona et multam sapientiam et dedit unicuique...
    Prologue to Nr. 9226 in the following MSS: Arras 525; Douai 144; Oxford, Bodl. lat. th.e.35 f.26-27; Paris, BN francais 24436;lat. 2915; Praha, Univ. XX.A.1; Rouen A.454; Vaticana, Vat. lat. 10060.Prologue to some commentary on the Lord's Prayer (I do not know which) in the following MSS: Mainz I 136 n.8; St. Gallen 691 p.55-56; Wolfenbüttel, 23.27 Aug. 4 (3292) f.130v-133v; Worcester Q.50 f.47; Wrocław, Uniw. I.O.20 f.150-159; f.242-243. (Precedes Nr. 8484)

8275. Eloquia Domini, eloquia casta (Ps. 11,7)...*Eloquia ad tria precipue sunt utilia...*
    Dominus autem priusquam orationem suam nobis promulgaret...
    Odo de Ceritona, O. Cist.(?); Magister Odo (?),
    [Comm. on the Lord's Prayer]
    Mss: Escorial O.II.7 f.157-161; Oxford, Bodl. Bodl. 420 (SC 2319) f.307 seq.; Oxford, Merton 48 f.13-17 (*secundum Augustinum*); Paris, BN lat. 16506 f.266-272. (A.C. Friend, *Master Odo of Cheriton* in *Speculum* 23 [1948] 654)
    See: 8240

8276. Eruditionem in generali quadruplex commendat causa in quolibet opere concurrens...
    Ps. Thomas de Aquino, *Prologus sancti Thome super expositione in orationem dominicam*
    Ms: Trier, Stadtbibl. 744/1347 8 f.188.

8277. Esse petens liber operator alme timorem...
    [Comm. on the Lord's Prayer in verses]
    Ms: Oxford, Univ. Coll. 45 f.51. (Walther IC 5548)
    See: 8278; 8589

8278. Esse petis liber recipis pater alme timorem, pacificum reddat est filius inuocandus...
    Concordatio septem petitionum orationis Domini cum septem donis Spiritus Sancti et septem beatitudinibus
    Ms: Montecassino 370 p.261-262.
    See: 8277

8279. Est autem Deus Pater noster dupliciter...
    See: 8522

8280. Est primo considerandum...
    Nicolaus de Lyra,
    [Comm. on the Lord's Prayer]
    Ms: Wien, Schott. 330 f.224. (Glorieux 345 r; Stegmüller RB 5990)

8281. Estne Deus pater aliarum creaturarum quam hominum...
    Expositio orationis dominice que ideo dominica dicitur quia ipse Dominus discipulis suis eam insinuauit
    Ms: Göttingen, Luneb. 22 f.281-283.

8282. Et conatu curemus perficere que tue sanctissime beneplacita sunt voluntati...
    Panem nostrum cotidianum...scilicet doctrinalem, penitentialem et virtualem...
    [Comm. on the Lord's Prayer]
    Ms: Bruxelles, BR 5004-8 (cat. 1625) f.157-158 (begin. missing).

8283. *Et cum orabitis* (Matth. 6,5?). **In hoc tractatu dominice orationis expositionis...**
See: 8479

8284. *Et cum oratis...*
See: 8148 seq.

8285. *Et cum oratis, etc.* (Matth. 6,5). **Ad intellectum autem huius partis est sciendum quod secundum Chrysostomum...**
See: 8014

8286. *Et cum oratis* (Matth. 6,5). **Ista sunt verba Domini scripta Matth. sexto capitulo in quibus saluator noster excludit...**
See: 8548

8287. *Et cum oratis, non eritis sicut hypocritae* (Matth. 6,5)...**Saluator intendit dicere...**
See: 9029

8288. *Et dimitte nobis debita nostra...*
See: 8205 seq.

8289. *Et dimitte nobis debita nostra.* **Hec est quinta petitio orationis dominice in qua penitus petimus amoueri a nobis vitium...**
Sermo ex dominica oratione
Ms: Stuttgart, H.B. I 108 f.25-28.

8290. *Et est oratio dominicalis precellens omnes alias orationes...*
(Ms: Wien, Nat. 3939)
See: 9200

8291. *Et factum est, cum esset Ihesus in quodam loco orans* (Luc. 11,1)...
Pater noster...Nullus quippe ante aduentum...
(Mss: Paris, BN lat. 196; Stuttgart, Theol. fol. 193)
See: 8630

8292. *Et factum est, cum esset [Ihesus] in quodam loco orans* (Luc. 11,1)... **Factum est: quid sit facere aut factum esse, docet Plato in Sophista...**
See: 8045

8293. *Et hec inuocatio est quasi prohemium totius orationis docens nos totum modum et regulam orandi...*
See: 8686

8294. *Et in nobis esse velis...*
See: 8819

8295. *Et non dicamus 'Pater mi' quasi reputant[es] proprium quod est commune, Deus et Pater...*
[Comm. on the Lord's Prayer]
Ms: Vaticana, Regin. lat. 431 f.101-102.

8296. *Et nota quod septem sunt petitiones dominice orationis que continentur...*
(Ms: Budapest, Orsz. Szech. Kön. 74)
See: 9061

8297. *Et nota quod septem sunt petitiones in dominica oratione quibus fugantur septem vitia...*
See: 8615

8298. *Et nota quod tribus modis orandum est, corde, ore, opere...*
[Comm. on the Lord's Prayer]
Ms: Brno, Mestsky Archiv 106 (120).

8299. *Et sanctum nomen eius* (Luc. 1,49). **Cuius? nisi Sancti/ Sanctorum...**
Iohannes Gerson, *Carmen de oratione dominica*

Printed: Jean Gerson, *Oeuvres complètes* (ed. P. Glorieux), Paris, 4 (1962) n.133 p.22-23

8300. Eterne rex altissime, Domine Pater et dominator. Qui es in celis: in deliciis tuis...
See: 8777

8301. Euangelica clamat historia sine intermissione orare, hoc est: semper quidem orat qui semper bene agit...
Partes orationis quot sunt? Octo, que deuotio latine dulcedo incedium...
Donatus orationis [De oratione]
Ms: Paderborn, Erzbischöfliche Bibl. Höxter 2 f.1-79.
Cf: 8730

8302. Euangelica precepta, fratres dilectissimi, nichil aliud sunt quam magisteria diuina... Ante omnia pacis doctor atque unitatis magister singillatim voluit...
Cyprianus, *Liber de oratione dominica*
Mss: Admont 136 f.44-50; 381 f.4ss: Admont 136 f.44-50; 381 f.43-51; 587 f.36-44 Bamberg, Patr. 64 f.26-31; 85 f. 134-142; Basel, Univ. B.IX.24 f.84-89; Berlin, Lat. oct. 375 f.1-12; Phillipps 1730 (Rose 14) f.64-83; f. 65-71; 706-07 (cat. 922) f.81-90; 1052-53 (cat. 918) f.70-79; 1075-78 (cat. 919) f.66-76; 9376 (cat. 921) f.16-22; Cambrai 205 f.52-58; Cambridge, Caius 114/183 f.17-23; Chartres 205 f.267-269; Erlangen 639 f.159-180; Klagenfurt, Studienbibl. Pap. 49 f.49-56; København, Gl. kgl. S.31 fol. f.162-167; Köln, Stadtarch. W 8 31 f.45-58; Milano, Ambros. A.122 Sup. f.25-34; Magdeburg 142 f.357-363; Oxford, Bodl. Laud. misc. 171; München, Clm 12280 f.240-246; 12519 f.1-9; 13088 f.98-102; Paris, BN lat. 1647 A f.44-56; 1648 f.25-34; 1649 f.31-41; 1650 f. 21-27; 1651 f.1-11; 1654 f.81-88; 1656 f.50-60; 1656 A f.33-43; 1657 f.53-67; 1658 f.56-65; 1659 f.136-148; 1922 f.101-107; 2094 f.27-31; 2653 f.48-54; 2718 f.93-99; Praha, Metr. Kap. A.81 (155) f.43-56; St. Gallen 288 p.123 seq.; Stuttgart, H.B. I 32 f.1-5; Vaticana, Vat. lat. 5109 f.190-200; Wien, Nat. 789 f.1-9; 810 f.106-117; 850 f.147-172; Wolfenbüttel, 494 Helmst. (531) f.38-44. (Stegmüller RB 2029; Reveillaud *infra*; G. Meyer-M. Burckhardt, *Die mittelalterlichen HSS der Universitätsbibl. Basel*, 2 [1966] 341-2)
Printed: PL 4, 519-544 (538 seq.); Vives 12-25; CSEL 3, 1, 267-294; *Saint Cyprien, l'oraison dominicale,*. texte, trad. intr. et notes par M. Reveillaud, Paris 1964
Alternate incipit: Dominica precepta...8239 Excerpt 9259

8303. Ex quo hic agitur de oratione dominica...
[Comm. on the Lord's Prayer]
Ms: Praha, Univ I.G.1 (275) f.24-34.

8304. Ex quo hoc dicit veritas...
(Mss: München, Clm 6982; 18388)
See: 8637

8305. Ex quo omnia; qui es in celis: omni tempore seculi; sanctificetur: coram hominibus...
See: 8779

8306. Excellentissima creatione, uberrima dilectione, beniuolentissima adoptione...
See: 8780

8307. Excelsus in creatione, suauis in amore, diues in hereditate...
See: 8781

8308. Excelsus in maiestate, diues in hereditate, largissimus in largitate...
See: 8782

8309. Excluso ergo prauo modo orandi, breuem et utilem et nouam hanc formam orandi tradidit...
See: 8914

8310. Excluso modo orandi indebito quo utuntur ethnici, docet modum debitum, breuem et pium quod debent uti catholici...
   [Comm. on the Lord's Prayer]
   Mss: Durham, Cath. Hunter fol. 30 p.164-166; Olomouc, CO 130 f.22-24; Praha, Metr. Kap. C.71 (502) f.3-4; Venezia, Marc. Lat. III.84 (Valentinelli IV,32) (2775) f.31-34.

8311. Expedita collatione et exposita causa mea scribendi...
   (Ms: London, Lambeth 352)
   See: 9123

8312. Exposita fide prout potui...
   [Comm. on the Lord's Prayer]
   Ms: Wien, Nat. 458 f.80-81
   Cf: 8488

8313. Expositiones pulcherrime super Pater noster a Virgine Maria cuidam deuoto sibi reuelate. Primo in hunc modum fit. Pater noster qui es in celis, sanctificetur nomen tuum, per potentiam Patris infinitam...
   [Comm. on the Lord's Prayer]
   Mss: Olomouc, Univ. M.I.334 f.97-102; Wien, Domin. 53 (275) f.316-319.

8314. Factum est: quid sit facere aut factum esse, docet Plato in Sophista...
   See: 8045

8315. Feruens affectus tui profectus, soror dilectissima et tue preces obnixe que mediante Christi caritate legem michi imponunt precepti, tibi et sodalibus tuis quedam de dulcissima oratione dominica...
   Prefatiuncula in tractatum de dominica oratione Nr. 8326

8316. Fiat voluntas tua...Hec est tertia petitio quam Saluator noster Ihesus Christus nos docuit facere et quam ipse ter fecit ante benedictam passionem suam...
   Iohannes Gerson, *Explicatio huius sententiae fiat voluntas tua*
   Printed: Iohannes Gerson, *Opera omnia*, Antwerpiae, 3 (1706) 353-356

8317. Fiat voluntas tua...Hoc oramus ut sicut in celestibus facta est creaturis, fiat in terrenis, ut sicut angelus sic et homo adherens Deo unus cum eo spiritus sit...
   De Pater noster
   Ms: Douai 532 f.83-84.

8318. Fiat voluntas tua...Scimus quod in celo nemo sanctorum vel angelorum a voluntate Dei deuiat...
   De tertia petitione
   Ms: Paris, BN lat. 14970 f.82.

8319. Fiat voluntas tua...Ut que odis odiamus et que diligis diligamus... Hic potest queri ex quo Deus est omnipotens...
   Iohannes Müntzinger, *Super Pater noster*
   (Excerpt from Nr. 9815)
   Ms: Basel, Univ. A.V.38 f.85-87.

8320. Fidem auge his qui credunt in te; qui es in celis, qui abyssos intueris...
   See: 8783

8321. Fides christiana post presentem vitam mutabilem...
   [De symbolo, de oratione dominica, de decem praeceptis]
   Ms: Trier, Stadtbibl. 796 f. 204-217.

8322. Fiducialiter namque orare possumus...
   Sermo de Pater noster
   Ms: Napoli, Naz. V.H.274 f.88-93.

8323. Filius Dei volens discipulos docere quemadmodum in spiritu Patrem adorantes orarent, breuem sed utilem docuit eos orationem dicere...
    Iohannes Genesius Quaya de Parma, O.F.M., *Expositio super Pater noster*
    Mss: Graz, Univ. 195 f.87-92; Milano, Brera AD XIII 41; Ravenna, Class. 176 f. 1-21; Torino, Naz. H.V.40 (1304) f.98-134; Vaticana, Chigi C.VI.158 f.58-73; Wrocław, Uniw. I.F.773 f.195. (AFH 27 [1934] 18; Stegmüller RB 4482)
    Alternate incipit: Natus Filius Dei...8580; Volens Filius Dei...9257

8325. Fons sapientie Verbum Dei excelsi (Eccli. 1,5). O diuina decoris ratio, o ineffabilis et imperscrutabilis diuitiarum sapientie et scientie Dei altitudo, quam incomprehensibilia sunt iudicia tua et inuestigabiles vie tue...
    Fulco, O. Cist. (?), *Liber florum* [Summa super Pater noster]
    Mss: Paris, BN lat. 3144 f.1-168; 9612 f.3-18 (incompl.) (Stegmüller RB 1224).

8326. Fons totius misericordie et bonitatis, creatiuus omnis gratie virtutis et perfectionis in angelis et hominibus et Ihesus Christus benignissimus Dominus noster irrigare volens et feruenter cupiens paradysum nostrum...
Pater noster. Hic oritur questio multiplex. Cum Dominus dicat in euangelio: 'Vos vocatis me Magister et Dominus et bene dicitis, sum etenim' (Ioh. 13,13), videtur quod ipsum potius deberemus Magistrum et Dominum quam Patrem appellare...
Post descriptionem sanctissime orationis dominice, dicendum est de forma orandi...
    [Super Pater noster et de forma orandi]
    Mss: Brno, Univ. Mn 13 f.77-87; Erlangen 320 f.237-247; St. Gallen 805 p.457-474. (Stegmüller RB 11045)
    Praefatiuncula: Feruens affectus tui profectus, soror dilectissima...8315Alternate incipit: Hic oritur questio multiplex...8418

8327. Forma orationis alia dominica, alia domestica, alia canonica siue ecclesiastica...
Pater noster. Audierant discipuli Dominum de virtute orationis predicantem...
    Guntherus, O. Cist., *De oratione, ieiunio et eleemosyna*, lib.9-10 [and some chapters from the other books]
    Ms: Wien, Domin. 1 (1) f. 67-100. (Stegmüller RB 11710)
    Printed: PL 212, 171-198 etc.; Vives 357-380
    See: 4403

8328. Formam orandi breuem et utilem tradidit Dominus discipulis suis et per consequens singulis christianis et hoc propter quinque...
Inchoauit autem Christus tanquam bonus et verus magister orationem suam a nomine Patris...
    Ps. Thomas de Aquino, *Expositio orationis dominice*
    Mss: Cambridge, Univ. Kk.6.43 (2123) f.5-13; Dresden, A 191 f.65-67; Durham, Cath. Hunter fol. 30 p.162-164; Graz, Univ. 303 f.388-391; Klagenfurt, Studienbibl. Pap. 166 f.122-124; Maribor, skofijska Knjiznica 1 (108) f.90-91; Olomouc, CO 130 f.18-22; Oxford, Balliol 284 f.71-74; Paris, BN lat. 2851 f.69-71; Praha, Metr. Kap. C. 71 (502) f.1-3; Salzburg, St. Peter b.IX.10 f.26-29; Venezia, Marc. Lat. III.84 (2775) f. 28-31; Vyssi Brod 90 f.183-193.
    Cf: 8118

8329. Fratres carissimi...
    See: Carissimi 8078 seq.

8330. Fratres carissimi, per totum annum...
    (Ms: Olomouc, Univ. M.I.259)
    See: 8872

8331. Fratres carissimi, qui vos donauit credere, ipse vos docuit et orare...
    Petrus Chrysologus, *Sermo 71 In orationem dominicam*
    Printed: PL 52, 401-404; 52, 673-675; Vives 185-187

8332. *Fratres, diebus istis quos agimus obseruatione vitae nostrae quamdiu viuimus, admonet nos diuina scriptura...*
S. Augustinus, *De oratione dominica sermo 211 in Quadragesima*
Mss: Köln, Stadtarch. G.B. fol. 130 f.54 seq.; München Univ. Fol. 3 f.314; Paris, BN lat. 2984 f.18-20; 3088 f.86-87; Wien, Nat. 1051 f.19-21.
Printed: PL 38, 1054-1056; Vives 150-153.

8333. *Fratres, multe sunt aduersiones nostre, non remanet locus tristitie...*
See: 8003

8334. *Fratres, nolite multum loqui* (Matth. 6,7)...*Quod multos utiles fructus afferat...*
[Comm. on the Lord's Prayer]
Ms: Salzburg, St. Peter b.IX.15 f.156-204.

8335. *Fuit quidam papa qui dum ad extrema...*
Narratio perutilis et notabilis [super effectum orationis dominicae]
Mss: London, BM Addit. 20029 f.130; Roy. 8 B.XVI f.13.
Printed: GW 2598, Goff A-1091

8336. *Gil Dei gratia Londoniensis ecclesie minister...*
Gilbertus Foliot, episc. London.,
[Comm. on the Lord's Prayer]
Ms: Worcester Q. 48 f.60-69.

8337. *Glossa. Inter salutaria monita et diuina quibus consuluit...*
See: 8529

8338. *Gregorius huic sacratissime orationi premittit prologum qui talis est...*
(Ms: Berlin, Lat. qu. 710)
See: 8440

8339. *Habetur Matth. 6 et Luc. 11, cum dicit Ihesus: Sic autem orabitis 'Pater noster' etc. Hoc autem dixit discipulis cum ipsos docuisset...*
See: 8806

8340. *Habito accessu maior modo prosequitur...*
See: 8461

8341. *Hac supplicatione genera uniuersitatis Deum Patrem nostrum esse confiteamur et adiecimus dicere 'qui es in celis', ut vitam praesentem in qua peregrinamur, Patrem nimio amore videamus et ad futura summo desiderio festinamus...*
Expositio de oratione dominica
Ms: München, Clm 14508 f.64. B.G.P.T.M. 39, 5 p.87)
Cf: 8363

8342. *Hae...*
See: Hee...8405

8343. *Haec...*
See: Hec...8350 seq.

8344. *Hanc orationem compendiosis verbis...*
See: 8262

8345. *Hanc orationem dictauit Dominus...*
[Comm. on the Lord's Prayer]
Ms: Vendome 148 f.119-123.

8346. *Hanc orationem instituit...*
[Comm. on the Lord's Prayer]
Ms: Oxford, Bodl. lat. th.e.9 (SC 32710) f.48-49.

8347. Hanc orationem ipse Dei Filius composuit per quam quasi per scalam ad celi gaudia scandere docuit...
(Ms: München, Clm 8826)
See: 8083

8348. Hanc orationem ipse Deus composuit...
Expositio dominice orationis
(Ms: Wrocław, Uniw. I.Q.341)
See: 8083

8349. Hanc quidem orationem Mattheus et Lucas scripserunt...
Expositio dominice orationis
Ms: Wrocław, Uniw I.F.314 f.142-143.

8350. Hec autem consecratio oratio dominica vocatur...
(Ms: Erfurt, Ampl. Q.346)
See: 8366

8351. Hec autem obsecratio oratio dominica vocatur quia eam Dominus docuit...
See: 8366

8352. Hec autem oratio speciali priuilegio dicitur oratio dominica quia a Domino est instituta...
See: 8155

8353. Hec dominica oratio breuis quidem est sed valde utilis: docet enim petere quidquid necessarium est in isto statu presentis vite et future...
Expositorium bonum super dominicam orationem
Mss: Berlin, Theol. lat. qu. 329 f.11-14; Erlangen 230 f.73-78; Heiligenkreuz 235 (*Hugo de Sancto Victore*?); Laon 140 f.111-113; Oxford, Jesus Coll. 11 f.44 seq.; Praha, Univ. III.C.8 (439) f.195-197; Schlägl 3 f.10-15. (Stegmüller RB 11067; RTAM 31 [1964] 263)

8354. Hec dominica oratio priuilegiata est in tribus...
(Ms: Oxford, Bodl. Laud. misc. 171)
See: 8927

8355. Hec dominica oratio que pro tanto dominica dicitur...
(Ms: Praha, Univ. IV.C.15)
See: 9130

8356. Hec epistola est supplicatoria et diuiditur in tres partes...
See: 9123

8357. Hec est dominica oratio ceteris omnibus orationibus et instituendis auctoritate sublimior et utilitate petitionum fecundior et sepientia doctrina sublimior...
(Ms: Berlin, Lat. oct. 375)
See: 8936

8358. Hec est ergo oratio dominica, ceteris omnibus orationibus et instituendis auctoritate sublimior...
See: 8936

8359. Hec est oratio commendabilis et commendanda et tanquam pre ceteris priuilegiata in decem, secundum causas infrascriptas. Primo ex efficientis auctoritate...
Robertus Boyselli (Beyselli) (?), O.F.M., *Expositio orationis dominice prolixior et utilior ad predicandum*
Ms: London, BM Addit. 38119 f. 16-17. (Stegmüller RB 7370,2)

8360. Hec est oratio dominica precellens omnes alias orationes in tribus, scilicet in dignitate, in breuitate et in fecunditate. Thomas de Aquino: Oratio dominica precellit alias orationes primo in dignitate quia ab ipso Filio Dei est edita et edocta...

(Mss: Kosice 3; Leipzig 1091; Praha, Metr. Kap. O.23; Praha, Univ. IV.C.15; V.D.2; Wien, Nat. 3939; Wrocław, Uniw. I.F.284; I.F.314; I.O.20)
See: 9200

8361. *Hec est oratio non gentilitate varia fucata...*
Magister Stanislaus (de Znoima),
[Comm. on the Lord's Prayer]
Mss: Brno, Statniarch. II 303 n.4; Wien, Nat. 4458 f.136-169.

8362. *Hec est prima dispositio ad orationem, scilicet cognitio principii, circa quem* (!) *notandum est quod ipse Deus Pater noster dicitur ratione et causa...*
[Comm. on the Lord's Prayer]
Ms: Agira, Com. XVII. A.2 f.68-73.

8363. *Hec igitur supplicationum genera sublimior adhuc status ac precelsior subsequitur, qui contemplatione solius Dei et caritatis ardore formatur...*
Pater noster. Cum ergo uniuersitatis Deum ac Dominum Patrem nostrum esse voce propria confiteamur, profecto de conditione seruili...
Iohannes Cassianus, *Collationes Patrum*, Coll.9, c.18-23
Mss: Barcelona, Central 480 f.60-63; St. Gallen 125 f.230. (Stegmüller RB 8584; 11031)
Printed: PL 49, 788-888; Vives 166-169
Alternate incipit: Cum ergo uniuersitatis...8134
Cf: 8341; 9224

8364. *Hec libertatis vox est et plena fiducia; ergo his vobis moribus viuendum est ut et filii Dei et fratres Christi esse possitis...*
Chromatius Aquileiensis, *Prefatio orationis dominicae* without prologue
(Mss: Karlsruhe, Aug. 18; Graz 1141; perg. 18; Graz 1141; München, Clm 3703; Oxford, Corpus Christi Coll. 39)
See: 8247

8365. *Hec non est petitio sed inuocatio. Unusquisque homo qui patrem...*
(Mss: Liège, Sem. 6 C 21; London, BM Burney 356; Paris, BN lat. 8447; Semur 11)
See: 9226

8366. *Hec obsecratio oratio dominica vocatur quia eam Dominus docuit et a Domino oratio dominica...*
Pater dicitur a patrando, id est perficiendo... Pater duobus modis dicitur omnipotens...
Remigius Autissiodorensis, *Oratio dominica* (*Liber de diuinis officiis*, cap. 40) *De celebratione missae* (exc.)
Mss: Cambridge, Univ. Gg.1.1 f.470-472; Clermont-Ferrand 49 f.147-150; Douai 144 f.82-84; Erfurt, Ampl. Q.346 f.28-29; Graz, Univ. 1432 f.2-4; Klosterneuburg 1158 f.1-6; London, BM Roy. 8 A.IX f.12; London, Lambeth 351 f.126-129; Madrid, Nac. 564 f.58-62; Melk 1775 (278) f.103-104; München, Clm 4652 f.116-117; 8258 f.165-167; 19135 p.19-21; 22307 f.66-68; Oxford, Bodl. e Museo 222 (SC 3592) f. 101-104; Oxford, Merton 49 f.76-78; Oxford, New Coll. 140 f.149 seq.; Paris, BN lat. 7492 f.114-115; 14798 f.140-142; Praha, Univ. III. D.7 (459) f.220-221; X.B.13 (1842) f.268-270; XIV.A.11 (2424) f.17-18; Vorau 11 f.115-117; Wien, Nat. 4065 f.401-403; Wrocław, Uniw. I.Q. 102 f.?-74. (Stegmüller RB 9984; 10529)
Printed: *Max. Bibl. Vet. Patr.*, Lugduni 16(1672) 959-960; PL 101, 1265-1269 (Ps. Alcuinus); 208, 1074-1079 (Martinus Legionensis in *Sermo 29 in Rogationibus*); Vives 237-240
Alternate incipits: Diuina ergo institutione formati, non praesumptionis temeritate sed oboedientiae pietate possumus (praesumimus) dicere Deo

Patri: Pater noster qui es in celis etc. Haec autem obsecratio... 8217; Hec autem consecratio oratio dominica vocatur...8350; Informauit nos: Sic orabitis: Pater noster qui es in celis. Diuina ergo institutione formati...8511
Cf: 9234

8367. Hec oratio ab ipso Domino data est et dictata discipulis et ab ipsis peruenit ad nos quoniam in omnem terram exiuit sonus eorum...
(Ms: Basel, Univ. A.VIII.46)
See: 9016

8368. Hec oratio ab omnibus christianis sepius repetitur. Ideo necesse est ut videatur unde processit aut quis eam composuit...
Iohannes (Bloemendal) de Colonia, O.F.M.,
[Comm. on the Lord's Prayer]
Ms: Münster 152 (252) f.185-214. (Stegmüller RB 4245)

8369. Hec oratio breuis est ut commendetur ne quis si nesciat excusetur, ne fastidium generetur, ut Deus possit exaudire. Hec oratio dignior est aliis orationibus, auctoritate quia de ore saluatoris est prolata...
[Comm. on the Lord's Prayer]
Mss: Paris, Mazarine 216 f.168; Rouen A.454 (671) f. 2. (Stegmüller RB 10814)
Cf: 8378; 8641 (Rouen A.454)

8370. Hec oratio ceteras...
Iohannes Dieppurg de Francfordia,
[Comm. on the Lord's Prayer]
Ms: Wien, Nat. 4065 f.404.
Cf: 8624

8371. Hec oratio ceteris orationibus antecellit...
See: 8896

8372. Hec oratio commendabilis est, id est laudanda et tanquam pre ceteris priuilegiata in decem secundum decem causas, primo ex efficientis auctoritate...
Expositio orationis dominice
Mss: Paris, Mazarine 995 f.109-110; Paris, BN lat. 3257 f.210. (incompl.)

8373. Hec oratio compendiosis verbis...
See: 8262

8374. Hec oratio cum suis petitionibus excedit omnes alias orationes in tribus: dignitate, utilitate, breuitate. In dignitate quia alie orationes per Spiritum Sanctum creduntur edite...
[Comm. on the Lord's Prayer]
Ms: Erfurt, Domarchiv Theol. 26 f.203. (Stegmüller RB 9223)

8375. Hec oratio dicitur dominica ideo quia ipse Dominus eam docuit sed Mattheus euangelista eam composuit vel scripsit...
Pater noster, (hoc est) secundum carnalem generationem...
Honorius Augustodunensis,
[Comm. on the Lord's Prayer]
Mss: Admont 522 f.23; Altenburg bei Horn, AB.15. B.15 f.144; Budapest, Orsz. Szech. Kön. 391 f.274-276; Gotha, Chart. A.7; Krakow, BJ 1308 f.282-283; Lilienfeld 111; 120; Melk 110 (498) f.162-163; 615 (359) p.21; 1381 (280) f.224 (*Iohannes de Weilheim*); München, Clm 5942 f.271-273; 14232 f.57-58; 14563 f.168-169; 16511 f.164-165; Vorau 13 f.73-75; Torun, Uniw. 41 f.333-334; Wien, Nat. 720; 4804; Wien, Schott. 184 (142). (Stegmüller RB 3569; 4955)
Alternate incipits: Circa initium orationis dominice est notandum quod titulus... 8099; Hec oratio ideo dicitur dominica quia ipse Dominus...8385; Titulus

illius orationis est oratio dominica; dicitur autem oratio dominica quia ipse Dominus...9204

8376. **Hec oratio dicitur dominica oratio quia Dominus noster Ihesus Christus proprio ore composuit...**
(Ms: Leipzig 762)
See: 9069

8377. **Hec oratio dicitur dominicalis non ex eo quod solum dominicis diebus dicatur sed ideo quia Dominus eam proprio ore docuit...**
[Comm. on the Lord's Prayer]
Ms: Wien, Schott. 330 f.193-195.

8378. **Hec oratio dignior est aliis auctoritate quia ore saluatoris prolata, breuitate in verbis quia de ea memoriter tenenda nemo potest se excusare...**
Quod dicitur 'Pater noster qui es in celis' breuis est captatio beniuolentie. Per hoc autem quod dicitur 'Pater noster' dehortatur nos a duobus, a superbia scilicet ne dicamus mi...
[Comm. on the Lord's Prayer]
Mss: Bruxelles, BR 14069-88 (cat. 2190) f.42-43; London, BM Roy. 14 B.IX; Oxford, Bodl. Laud. misc. 40 f.112; Paris, BN lat. 15952 f.155; 15988 p.212-214; Saint-Omer 351 f.35.
Alternate incipit: Pater noster qui es in celis breuis captatio beniuolentie est...9003
Cf: 8369; 8608; 8703

8379. **Hec oratio diuiditur in exordium et tractatum et conclusionem. In exordio beniuolentia captatur cum dicitur 'Pater noster'; in tractatu petitiones ordinantur...**
[Comm. on the Lord's Prayer]
Ms: Praha, Univ. IV.G.30 (762) f.21-22.

8380. **Hec oratio dominica ceteras alias orationes excellit primo docentis auctoritate quia Christus qui est dignissimum (?) suppositum (?) eam dictauit, secundo verborum paucitate...**
See: 8109

8381. **Hec oratio dominica diuiditur in duas partes principales, scilicet in prohemium et orationem...**
See: 8678

8382. **Hec oratio dominica precellens...**
See: 9200

8383. **Hec oratio dominica vocatur quia Dominus eam docuit quando discipuli rogauerunt eum ut doceret eos qualiter debeant orare...**
Magister Stephanus Laudunensis, *De oratione dominica*
Ms: Paris, BN lat. 13445 f.32-33 [XVII-XVIII].

8384. **Hec oratio duas habet partes, prima est prohemialis que mentes nostras ad orationis exauditionem disponit...**
See: 8895

8385. **Hec oratio ideo dicitur dominica quia ipse Dominus eam docuit...**
(Mss: Krakow, BJ 1308; Melk 1381 [280]; München, Clm 14232)
See: 8375

8386. **Hec oratio multis ex causis ceteris orationibus antecellit, auctoritate doctoris, breuitate sermonis, sufficientia petitionum...**
Septem sunt petitiones orationis dominice preter captationem beniuolentie, quarum tres prime spectant ad patriam... Pater noster. Deus generaliter, specialiter,

singulariter dicitur Pater...
Innocentius III (Lotharius cardinalis), *De sacro altaris mysterio*, lib.5, c.16-27
De oratione dominica or *Expositio dominice orationis* or *Notabilis expositio huius orationis Pater noster* or *Prologus dominice orationis*
Mss: Admont 383 f. 1-3; 691 f.137-143; Berlin, Lat. qu. 657 f.101-108; Lat. oct. 375 f. 26-32; Cambridge, Jesus Coll. Q.D.4 (46) f.136-137; Erfurt, Domarchiv Theol. 5 f.227-230; Kynzvart 33 f.215-218; Leipzig, Univ. 193 f.197; London, BM Arundel 372 f.68-70; Roy. 10 C.III f.60-62; Metz 375 f. 16-19; Milano, Milano Ambros. A.238 inf. f.210; München, Clm 3221 f. 109-111; 4321 f.130-133; 14736 f.45-46; 28424 f.8; Olomouc, Univ. M II 220 f.161-162; Paris, Mazarine 742 f.98-107; Paris, BN lat. 3236 B f.44-45; 5504 f.105-108; Schlägl 61 f.141-142; Schönbühel, Graf Seilern s.n. f.161-166; Selestat 107 f.19-21; Wien, Nat. 3306 f.182; 4947 f.160-164; Wolfenbüttel 59.9 Aug. fol. (2617) f.213-215; Zwettl 127 f.49-52. (Stegmüller RB 4007; 9993)
Printed: PL 217, 897-906; Vives 383-390
Alternate incipits: Deus dicitur Pater generaliter omnium per creationem...8182; Deus generaliter, specialiter...8184; Hec oratio multis modis...8387; Hec oratio precellit alias orationes multis de causis...8392; Multis ex causis...8577; Nota quod oratio dominica multis ex causis...8611; Septem petitiones in oratione dominica ponuntur preter captationem beniuolentie...9105; Septem sunt petitiones huius orationis preter captationem beniuolentie quarum tres prime spectant ad patriam... 9112; Septem sunt petitiones in oratione dominica preter captationem beniuolentie quarum tres prime spectant ad patriam...9115; Septem sunt petitiones orationis dominice preter captationem beniuolentie...9116.

8387. Hec oratio multis modis...
(Ms: Wien, Nat. 3306)
See: 8386

8388. Hec oratio non diuina sapientia per os creata alicuius persone fabricata sed ore proprio unigeniti Filii Dei infinito studio ac artificio vocaliter composita...
[Comm. on the Lord's Prayer]
Ms: Olomouc, CO 168 f.120-124.

8389. Hec oratio octo partes habet: prima est prefatio et captatio beniuolentie quam sequuntur septem petitiones...
(Ms: Wolfenbüttel, 442 Helmst.)
See: 8697

8390. Hec oratio omnes orationis species et formas que per totam passim Scripturam reperiuntur...
Ps. Hieronymus Savonarola, *Orationis dominicae pia et erudita explanatio*
(Stegmüller RB 3503)
Printed: Lugduni Batavorum 1623, p.109-185; Gratianopoli 1669, p.89-148.
Complete incipit: Cum oraueris, non eris quemadmodum hypocritae... Hec oratio omnes orationis species...8150

8391. Hec oratio petit vite presentis scilicet et future necessaria. Est autem oratio inuenta propter quatuor, scilicet hominem et proximum, demonem et Deum. Propter hominem ne torpore vel acidia...
[Comm. on the Lord's Prayer]
Mss: Vorau 11 f.114; Wien, Nat. 13062 f.12. (Stegmüller RB 11612)

8392. Hec oratio precellit alias orationes multis de causis; primo auctoritate quia fuit ab ipsius saluatoris [ore] *prolata: os enim Domini locutum est* (Is. 58,14)*; secundo breuitate sermonis...*
(Ms: Selestat 107)
See: 8386

8393. **Hec oratio precellit in tribus: dignitate quia ab illo editus quem nunc habeamus orare; breuitate quia...**
[Comm. on the Lord's Prayer]
Ms: Oxford, Bodl. Hatton 101 (SC 4048) p.34-37. (Stegmüller RB 10127)

8394. **Hec oratio priuilegiata est in dignitate quia a Christo composita; unde Glossa super Matth.: Nulla magis oratio spiritualis est...**
Oratio ista habet partes duas: prohemium videlicet et tractatum. Prohemium ibi: Pater noster qui es in celis; secundum Hieronymum: ut moueamur ad fidem dicit 'Pater'...
[Comm. on the Lord's Prayer]
Ms: London, BM Roy. 10 B.II f.147-148

8395. **Hec oratio priuilegiata est in duobus, scilicet in dignitate et etiam in fecunditate. In dignitate quia ex ore Dei est edita: unde Petrus Rauennatensis, ad amoris...**
Ricardus Rolle de Hampole, *Expositio orationis dominice per R.H. heremitum*
Mss: Cambridge, Emmanuel I. 2.14 (35) f.60-63; Cambridge, Univ. Dd.IV.50 (225) f.108-109; Dd.V. 64 (303) f.16 (incompl.); Douai 396 f.1-2; London, BM Harley 2361 f. 59-61; 2406 f.12-15; London, Lambeth 457 f.122-123; Oxford, Bodl. Bodl. 48 (SC 1885) f.29-32; 549 (2298) f.98-100; 861 (SC 2728) f.143; Oxford, Corpus Christi Coll. 193 f.160-161; Shrewsbury 25 f.164. (Stegmüller RB 7312,1; N. Marzac, *Richard Rolle...*, Paris 1968, p.48)
Printed: Coloniae 1535; Coloniae 1536; Magna Bibl. Vet. Patr., Coloniae 15 (1622); *Maxima Bibl. Vet. Patr.*, Lugduni 26 (1677) 618-619; Vives 528-530
Alternate incipit: Ante orationem prepara teipsum...8041

8396. **Hec oratio priuilegiata est in sex, a dignitate auctoris, a fecunditate omnis petitionis, ab ordine dispositionis, ab amplitudine caritatis...**
[Comm. on the Lord's Prayer]
Ms: Orleans 77 p.314-316. (Stegmüller RB 10058)

8397. **Hec oratio priuilegiata est in tribus...**
(Mss: Wien, Nat. 3655; Wrocław, Uniw. I.O.35)
See: 8927

8398. **Hec oratio tripliciter legitur secundum diuersos ordines, non varietatem sententiarum. Potest legi incipiendo a prima petitione...**
Stephanus Langton (?),
[Comm. on the Lord's Prayer, fragm.]
Ms: München, Clm 17047 f.1, (12-13 ?) (begin. missing) (Stegmüller RB 9950)
Fragment's incipit: Septem beatitudines que per eadem dona queruntur...9107

8399. **Hec sacratissima oratio que dicitur dominica pro tanto quod a Domino Deo composita est...**
Iohannes Müntzinger, *Expositio orationis dominicae* without prologue
(Mss: Göttweig 474; München, Clm 17787; Stuttgart, H.B. I 167; Wrocław, Milich. 65)
See: 9130

8400. **Hec sanctissima oratio Domini nostri Ihesu Christi excellit omnes alias orationes, Et hoc in tribus...**
[Comm. on the Lord's Prayer]
Mss: Praha, Metr. Kap. N.27 (1551) f.119-137; Praha, Univ. IX.A.5 (1670) f.158-164; Wrocław, Uniw. I.F.58 (61) f.151-162. (Stegmüller RB 8839)

8401. **Hec sanctissima oratio que dicitur dominica pro tanto...**
(Mss: Olomouc, CO 168; Praha, Univ. VI.B.5)
See: 9130

8402. Hec verba scripta sunt...
    See: 8784

8403. Hec vox familiarissime velut Deo Patri proprio peculiari pietati colloquitur et hanc formulam orationis ipse instituit...
    [Comm. on the Lord's Prayer]
    Mss: Melk 988 (848) f.169-171; 1673 (851) f.157-169 (?)

8404. Hec vox libertatis est. Patrem inuocamus qui nos creauit quia omnes ab uno creati sumus Deo. Sanctificetur...Numquid non semper sanctificatum fuit nomen Domini?...
    Expositio orationis dominicae in Expositio missae primum in ordine
    Mss: Colmar, Ville 51 f.232; Karlsruhe, Aug. perg. 18 f.10 (*Expositio orationis dominicae Alchuini ypodiaconi*); München, Clm 3729 f.307; 14501 f.203; Napoli, Naz. XVI.A.17 f.151-154; Oxford, Bodl. Junius 25 (SC 5137) f.114; Paris, BN lat. 3218 f.191-192. (Stegmüller RB 3339 [*Ps. Hieronymus*]; 3404; 9045; 9352; 9897)
    Printed: PL 138, 1184.

8405. Hee autem septem petitiones in oratione dominica...
    (Ms: Escorial e. IV.16)
    See: 9122

8406. Hic confessio intelligendum Patrem confidet, ostendit se esse filium...
    [Comm. on the Lord's Prayer]
    Ms: St. Gallen 125 f.190. (Stegmüller RB 11029)

8407. Hic dat saluator modum debitum orandi quia primo excludit modum indebitum...
    [Comm. on the Lord's Prayer]
    Ms: Oxford, Balliol 227 f.253-255.

8408. Hic docet Christus breuem et debitum modum orandi quo uti debent catholici. Et quia, sicut dicit Glossa, nulla oratio magis spiritualis est quam illa que ex ore Filii qui est veritas, procedit... Circa exordium notandum est quod in eo Dei beniuolentia captatur tripliciter...
    Petrus de Alliaco (Cameracensis), *Tractatus de oratione dominica*
    Mss: Basel, Univ. A.VI.4 f.93-100; A.X.132 f.144-148; Cambrai 514 (473) f.166-186; 531 (490) f.61-71; Paris, BN lat. 3122 f.224-235; Vaticana, Ottob. lat. 46. (Stegmüller RB 6411,1)
    Printed: [Bruxelles, before 1483] (HC 850, Goff A-487); Parisiis [about 1483] (C 397, Goff A-485); Argentine 1490 (HC 848, Goff A-488); *Opuscula spiritualia*, Duaci 1634 p.161-214.

8409. Hic docet modum debitum et breue et pium orandi quomodo debent uti catholici. Et primo docet breuem orationem, secundo subdit cuiusdam ibi positi rationem ibi: si enim dimiseritis...
    [Comm. on the Lord's Prayer]
    Ms: Praha, Univ. V.F.11 (933) f.182-198.

8410. Hic docet nos Christus Dei beniuolentiam acquirere...
    See: 8738

8411. Hic docet saluator modum orandi conuenientissimum. Ad cuius intellectum sciendum quod oratio secundum Damascenum est decentium a Deo petitio...
    Nicolaus de Lyra, *Sententia orationis dominice* (Super Matth. 6,9-15)
    Mss: Liège, Sem. 6 N 2 f.38-39; Wien, Schott. 330 f.229-231. (Glorieux 345 r; Stegmüller RB 9611)
    Printed: *Biblia Sacra cum Glossa..*, Duaci 5 (1617) 128-133
    Alternate incipit: Hic saluator ostendit...8425

8412. **Hic docet sub qua breuitate orandum sit, nec ideo docet vocalem orationem quia animi motus non sufficere possit. Sed sunt cause quare Dominus vocaliter vellet adorari, nota in hoc versu...**
Expositio super Pater noster
Ms: Praha, Univ. V.F.11 (933) f.231-234.

8413. **Hic est notandum super orationem dominicam quod qualem se exhibere debent...**
Iohannes de Retz, O.E.S.A., *Super orationem dominicam*
Ms: München, Clm 26759 f.71-73. (Stegmüller RB 4880; Zumkeller MWA 573)

8414. **Hic est numerus septenarius complectens septem ordines...**
See: 9199; 9200

8415. **Hic incipit pars illa in qua docet qualiter et quid orandum sit... Innuit quatuor modos omnium orationum: dispositionem orantium, exclusionem modorum orationum contrariarum et conditionem precum...**
Pater noster. Hic ponitur numerus et ordo petibilium et habet duas partes: in priori enim captando beniuolentiam premittit ad quem oratio dirigitur...
Albertus Magnus, O.P., *Super Matth*.6,9-13
Mss: Mainz I.300 f.1-8; Stuttgart, H.B. III 38 f.29 seq.; Trier, Stadtbibl. 254 f.152-165; Wien, Nat. 14524 f.112-129.
Printed: *Alberti Magni Opera omnia*, Parisiis (Borgnet) 21 (1893) 249-303
Alternate incipits: Hic ponitur numerus...8421; Innuit quatuor modos...8513

8416. **Hic introducuntur virtutes siue dona Spiritus Sancti...**
[Comm. on the Lord's Prayer]
Ms: Vorau 305 f.293-295.

8417. **Hic non est petitio sed inuocatio quam unusquisque clamat, debet filius esse...**
(Ms: Paris, BN lat. 2831)
See: 9226

8418. **Hic oritur questio multiplex. Cum Dominus dicat in euangelio...**
(Ms: Brno, Univ. Mn 13)
See: 8326

8419. **Hic petimus esse Filii Dei Patris. Per hoc datur baptismus ad notitiam Filii Dei...**
[Comm. on the Lord's Prayer]
Mss: München, Clm 3249 f.130; 14886 f.199-200 (with glosses *septem gaudia gloriose virginis*); Paris, Arsenal 1037 f.1; Tours 331 f.66; Wien, Schott. 244 f.40.
Alternate incipit: Hic septem petitiones ponuntur...8426

8420. **Hic ponit euangelista orationem dominicam. Que perfectissima oratio est et dignissima quia a Christo composita. Ideo commendatur in dignitate et in fecunditate...**
[Comm. on the Lord's Prayer]
Ms: Paris, BN lat. 14889 f.1. (Stegmüller RB 10540)

8421. **Hic ponitur numerus et ordo petibilium...**
Albertus Magnus, *Super Matth*. 6,9-13, *Expositio orationis dominice secundum Albertinum*
(Ms: Mainz I.300; Trier, Stadtbibl. 254)
See: 8415

8422. **Hic ponitur oratio dominica de qua tria premitto notanda quia primo est commendanda ut ostendatur eius efficacia...**
[Comm. on the Lord's Prayer]
Ms: Erfurt, Ampl. Q.82 f.86-94.

8423. **Hic ponitur orationis efficacia et formantur septem petitiones...**
See: 9042

PATER NOSTER INCIPITS. 607

8424. Hic ponitur prefatio in qua captatur beniuolentia, et hoc ex tribus: primo ex scientia...
(Ms: Bruxelles, BR 14069-88)
See: 9061

8425. Hic saluator ostendit et dat formam et modum orandi conuenientissimum...
(Ms: Wien, Schott. 330)
See: 8411

8426. Hic septem petitiones ponuntur orationis dominice...
Pater noster: hic petimus esse Filii Dei Patris...
(Mss: München, Clm 3249; Wien, Schott. 244)
See: 8419

8427. Hiis septem petitionibus septem vitia capitalia remouentur...
See: 8076

8428. Hoc est Deus Pater diligens nos paterne dilectionis affectione...
See: 8785

8429. Hoc est prohemium et Pater potest accipi personaliter...
See: 8437

8430. Hoc est: secundum carnalem generationem habemus omnes unum patrem...
See: 8375; 9204

8431. Hoc est ut tu filius esse merearis ecclesiae, caelum est tibi ut culpa cessat...
See: 8807

8432. Hoc euangelium scribitur Matth. 6, Luc. 11 et potest declarari seu predicari...
See: 8481

8433. Hoc modo theologi legunt hanc orationem. Bernardus distinguit orationem sic: oratio est hosti flagellum, Deo sacrificium...
[Comm. on the Lord's Prayer]
Ms: Douai 144 f.82.

8434. Hoc nomine et caritas excitatur. Quid enim carius filiis debet esse quam pater? Et supplex affectus cum homines dicunt: Pater noster. Et quedam impetrandi presumptio que perituri sumus cum priusquam aliquid petamus...
S. Augustinus, *De sermone Domini in monte*, lib.2, c.4-10, n.16-37 abridged (Cf. PL 34, 1276-1285)
Mss: Aberdeen, Univ. 106 f.63-64; Chartres 108 (138) f.2-4; Firenze, Laur. Acq. e Doni 334; Grenoble 79 f.125; London, BM Roy. 8 A.VI f.2; Milano, Ambr. L.81 sup. f. 153; Praha, Metr. Kap. C.71 (502) f.25; Vaticana, Vat. lat. 98 f.129. (Stegmüller RB 8402)

8435. Hoc totum quasi prologus est et captatio postulantis...
Ps. Hugo de Sancto Victore, *De officiis ecclesiasticis*, lib. 3, c.39
Printed: PL 177, 435-436; Vives 409-410

8436. Hoc verbum ostendit, inducit et requirit...
See: 8834

8437. Honorabili religioso et predilecto in Christo viro domino Thome de Bottenstette... Accepto tandem tempore post matutinas vigilias...
Pater noster. Hoc est prohemium et pater potest accipi personaliter...
Iohannes de Indagine, *Expositio multiplex super oratione dominica*
Mss: Nürnberg, Cent. III, 54 f.193-203; formerly Erfurt, Salvatorberg H 92 n.10. (Stegmüller RB 4733)

8438. Honorabili viro domino Theodorico de Maspach, venerande ecclesie Herbipolensis archidiacono...(Dedic.)

Oportet autem semper orare...Secundum quod dicit beatus Augustinus De orando Deo: Illud quod valde magnum est...
See: 8676

8439. Huic autem orationi premittitur breuis captatio beniuolentie et hoc a quatuor...
See: 8983

8440. Huic dominice orationi beatus Gregorius premittit prefationem siue prologum in officio misse, qui talis est: Preceptis salutaribus moniti, etc., in quo duo fecit: primo innuit ipsius sanctissime orationis dignitatem et eminentiam...
Iordanus de Quedlinburg (de Saxonia), O.E.S.A., *Opus postillarum*, Sermones 289-298
Expositio orationis dominice or *Valde solempnis expositio super orationem dominicam*
This text is found alone in Mss: Alba Iulia I.142 f.1-27; Basel, Univ. A.VI.4 f.71-93; Berlin, Theol. qu. 175 f.73-89; lat. qu. 710 (Görres 152) f.204-223; Braunschweig 93 f.153-163; 120 f.63-86; Brno, Mestsky Archiv 84 (59); Eichstätt 450 f.318-338; Frankfurt a.M., Praed. 125 f.124-160; Gdansk, 1974 f.268-282; Mar.F.183 f.212-227; Göttingen, Luneb. 22 f.431 seq.; Greifswald, Nikolai-kirche VII.E.77 f.154-175; XXXIII.E.23 f. 246-261; Harburg, II lat.1 fol. 17 f.108-122; II lat. 1 qu. 17 f.53-82; II lat 1 qu.57 f.1-32; Hildesheim, Beverin'che 674 f.351-358; Innsbruck, Univ. 584 f.229-247; Kornick 1657 f.213-227; Luzern, Zentralbibl. K.B.28 Fol., vol.II, f.252-269; Magdeburg, Domgymn. 160 f.181-202; Mainz I.29 f.34-45; I.53 b f.140-157; München, Clm 3597 f.44-76; 7745 f.30-50; 8151 f.85-106; 12280 f.204-230; 14566 f.66-77; 23983 f.55-72; Opava 14 f.84-106; Osek 52 f.165-180; Pommersfelden 180 (Nachtrag 80 b) f.141-168; Praha, Metr. Kap. A.115.3 (216) f.147-162; E.VIII (754) f.171-185; N.49 (1573) f.136-159; O.47 (1631) f.122-145; Praha, Univ. III.C.19 (450) f.126-140; VI.C.28 (1087) f.1-14; St. Gallen 804 p. 1; Schlägl 77 f.126-141; Seitenstetten 227 f.5-29; Stockholm, Kgl. Bibl. MS A.199 f.52-74; Trier, Stadtbibl. 69 f.194-210; 616 f.268-293; Vaticana, Palat. lat. 456 f.1-6; Wolfenbüttel, 644 Helmst. (694) f. 307-337; 76.21. Aug. fol. (2745) f.217-218 (exc.); Wrocław, Univ. I.Q.37 f.212-235; Zbior Mil. 54.7445 f.290-406; Würzburg, Univ. M. ch.q.23 f.53-55; Zwolle 4 f.73-106. (Stegmüller RB 3168; 5138; 5139; 9092; Zumkeller MWA 647, 647n.)
Printed: Argentine 1483 (HC 8749, Goff J-477)
Alternate incipits: Beatus Gregorius in officio misse huic orationi premittit prologum...8063; Circa initium huius gloriose orationis dominice premittit beatus Gregorius...8098; Circa orationem dominicam que sic inchoatur 'Pater noster', beatus Gregorius...8107; Gregorius huic sacratissime orationi premittit prologum...8338; Preceptis salutaribus moniti...Istud prologum scriptum est in officio misse. Premittit beatus Gregorius...8902

8441. Huic orationi sue breuem prologum premittit Dominus scilicet 'Pater noster qui es in celis.' Quia ita est operatio eius ut ipsum verbum quod est 'Pater' corda errantium confortet per fiduciam...
Expositio orationis dominice
Ms: Bruxelles, BR 19610 (cat. 1612) f.149-161.

8442. Huius orationis sunt septem petitiones...
[Comm. on the Lord's Prayer]
Ms: Salzburg, St. Peter b.III.21 f.108.

8443. Huius scale latera est contemplatiua et actiua vita...Legitur quod sanctus Petrus apostolus primam missam celebrauit Anthyochie dicens solummodo Pater noster...
[Comm. on the Lord's Prayer]
Ms: Stuttgart, H.B. I 62 f.211-212.

8444. Humillimus vestre R.P. seruitor Iohannes de Bensheim...
See: 9023

8445. Iacobus apostolus: Orate sine intermissione (I Thess. 5,17). *Ille sine intermissione orat qui frequenter orationem dominicam mane, tertia...*
[Comm. on the Lord's Prayer]
Ms: Oxford, Merton 49 f.78-79.

8446. Iam modica pausacione opus est, prosecuto ordine artificiali, ut liberius immoremur in prosequendo naturali. Nemo enim in transitu sufficienter posset prosequi adaptationem petitionum donorum...
See: 8249

8447. Ibi captatur beniuolentia quasi diceremus: Tu solus Pater noster es...
See: 8162

8448. Id est fac me sanctum in corpore et anima...
See: 8812

8449. Id est in sanctis...Sanctificetur nomen tuum, id est fac nos cognoscere et intelligere...
See: 8808

8450. Id est tu es ille qui filios spirituales progeneras...
See: 8752

8451. Igitur pro illorum ampliori declaratione et morum aliqualem iuxta illam reprehensionem considerandum est adhuc...
Henricus de Hassia,
[Comm. on the Lord's Prayer nr. 8180 part z or chap. 4]
Ms: Einsiedeln 43 f.210 (Stegmüller RB 9144)

8452. Illa est oratio quam apostoli dicere consueuerant; apud grecos sub canone totus canit populus. Illa oratio est super omnes orationes; ipsa enim excellit ceteras auctoritate doctoris...
Pater noster. Dubitatur quare dicitur Pater et non Dominus, cum tamen Dominus sit nomen dignitatis et reuerentie...
[Comm. on the Lord's Prayer]
Ms: Wien, Schott. 330 f.196-198.

8453. Immortalis, inuisibilis, incomprehensibilis, incommutabilis...
See: 8809

8454. In Christo carissime Iohannes, tua deuotio et caritas Christi me compellit... (Prol.)
Hec autem oratio sufficit ad petendum omnia ad salutem necessaria... Primo autem excludenda sunt peccata, ut sic ad cor purum (1a *expositio*
Iohannes de Indagine (Hagen), O. Carth., *Quinquaginta tres dominice orationis expositiones*
Mss: Marburg, Univ. 54 (D.17) f.323 seq.; formerly Erfurt, Salvatorberg H 93 n.l. (Stegmüller RB 4735; Damerau infra; B.-G. Guyot in *Rev. des Sciences Philos. et Theol.* 56 [1972] 428-429)
Printed: R. Damerau, I. *Der Herrengebetskommentar... II. 53 Auslegungen des Herrengebets des Karthäuserpriors Johannes Hagen* (Studien zu den Grundlagen der Reformation 4), Giessen 1966, p.69-115.

8455. In cordibus paganorum...
See: 9046

8456. In creatione suauis...
See: 8788

8457. In dominica oratione septem habentur petitiones: prima ut sanctificetur nomen Dei in nobis per bona opera...

(Mss: Pommersfelden 75/2660; Wien, Domin. 45 [127])
See: 9102

8458. *In dominica oratione sunt due partes. In prima captatur...Pater noster, priuilegio conditionis, beneficio orationis...*
(Ms: Melk 1647 [658])
See: 8799

8459. *In euangelio beati Matthei scribitur quod discipuli saluatorem petebant: Domine, doce nos orare* (Luc. 11,1), *et quia alias dixerat: Cum autem oraueris, intra in cubiculum tuum* (Matth. 6,6)...
[Prologue to Nr. 8962]
Ms: Hamburg, Petri 36 n.5.

8460. *In exordio creature...*
Henricus de Hassia, *Meditatio super orationem dominicam*
(Mss: München, Clm 4781; 9810; 18538)
See: 8180

8461. *In expositione dominice orationis Deum auctorem eius inuocemus...*
Ecce Pater noster. Habito accessu maior modo prosequitur...
Conradus de Mure, *Expositio orationis dominice, in libro de septem sacramentis*
Ms: München, Clm 8995 f.120-127. (Stegmüller RB 2010)
Cf: 8269

8462. *In Ezechiele* (47,12) *legitur: Erit fructus in cibum et folia eius in medicinam. Fructus enim est bona operatio... Per totum anni circulum...*
(Mss: Harburg, II lat. 1 fol. 32; Tübingen, Wilhelmsstift G.B. 691)
See: 8872

8463. *In hac dominica oratione septem sunt petitiones. Prima est: Sanctificetur nomen tuum. Tu enim diceris et nos filii tui; sanctificetur ergo hoc nomen tuum in nobis et confirmetur...*
[Comm. on the Lord's Prayer]
Ms: Wrocław, Uniw. I.Q.128 f.48.

8464. *In hac locutione ponitur hoc relatiuum 'qui', ergo refertur ad aliquod antecedens...*
[Comm. on the Lord's Prayer]
Ms: Oxford, St. John's Coll. 178 f.392 seq.

8465. *In hac oratione dominica ponuntur septem petitiones in quibus tanguntur septem virtutes et tot beatitudines quibus concordant septem dona Spiritus Sancti, per que fugantur septem vitia capitalia...*
[Comm. on the Lord's Prayer]
Ms: Praha, Univ. I.B.27 (83) f.280.
Cf: 9103

8466. *In hac oratione dominica septem petitiones esse dignoscuntur. Prima petitio est: Pater noster...*
Pater noster. Ecce fratres karissimi, singulis fere diebus...
(Mss: Cambridge, Univ. Dd.4.50; Paris, BN lat. 361)
See: 8527

8467. *In hac oratione premittitur captatio beniuolentie...*
[Comm. on the Lord's Prayer]
Ms: Stuttgart, H.B. I 72 f.103-104.

8468. *In hac oratione primo captatur beniuolentia cum dicitur: Pater noster qui es in celis. Circa quod dubitaret aliquis quod in vanum videtur captare beniuolentiam eius...*
Iordanus, *Super Pater noster*
Ms: Basel, Univ. A.V.38 f.87-89.

8469. In hac oratione que est dominica oratio quia ab ipso composita, preponitur exordium...
   [Comm. on the Lord's Prayer]
   Ms: Subiaco CXCI (196) f.36-37. (Stegmüller RB 11104)

8470. In hac oratione tria consideranda occurrunt, primo de necessitate orationis, secundo de dignitate huius orationis, tertio de utilitate ipsius orationis. Quantum ad primum videtur quod non sit conueniens orare...
   Pater noster. Ubi est considerandum quod inter alias orationes oratio dominicalis principalior inuenitur...
   Expositio sancti Thome de Aquino super Pater noster
   Ms: Vaticana, Patetta 118 f.15-66.
   Cf: 8515

8471. In hac vita nullum opus est honorabilius, nullum leuius, nullum utilius quam orare Deum Patrem, que omnia clare et lucide ostendere intendo... (sermo 1)
   Magister noster Christus more boni aduocati volentis ab aliquo domino gratiam impetrare, docet nos...(Sermo 2)
      Augustinus de Leonissa, O.E.S.A., *Opusculum sermonum de oratione dominica* (50 sermons) (Perhaps abridgment of Nr. 8782)
      Mss: Köln, Stadtarchiv G.B. Fol. 119 f.202-255; Salzburg, Studienbibl. V.I.J.198 f.1-66; Wien, Nat. 4187 f.1-23. (Zumkeller MWA 150)
      Printed: s.l.n.d. Copinger 3546; [Colonie 1502]; [Colonie 1505]
      Pref.: Augustinus de Leonissa, in ordine heremitarum...8055

8472. In hiis doceris esse deuotus ad Deum, benignus ad proximum...
   See: 8003

8473. In hiis verbis laudatur Deus a tribus; primo a summa amicabilitate...
   See: 9076

8474. In hiis verbis ostenditur et diuina miseratio et magna dignitas hominis, quia qui non erat dignus vocari seruum dicitur Dei filius...
   [Comm. on the Lord's Prayer]
   Ms: Mantova, Com. D.IV.2 f.200.

8475. In hoc loco docet Christus discipulos suos orare et in eis omnes qui pie volunt nomen Dei inuocare. Ponit enim hic breuiter summam omnium que in omni oratione ab ipso debemus postulare...
   Pater noster. Cum vocat eum Patrem debet esse filium...
   Dominice orationis expositio breuis
   Mss: Göttweig 202 (145) f.87; Melk 458 (693) f.114-115.

8476. In hoc nomine 'Pater' designatur tota Trinitas et non Personarum prima Persona...
   Gerardus Rothen,
   [Sermon on the Lord's Prayer]
   Ms: Braunschweig 103 f.192. (Stegmüller RB 2473)

8477. In hoc quod dicitur 'Pater', notatur sancta adoratio; in hoc quod dicitur 'noster', notatur sancta instructio; in hoc quod dicitur 'qui es in celis', notatur sancta collaudatio...
   Siboto, *Super Pater noster*
   (Ms: Strasbourg 98 [lat. 95])
   See: 9084

8478. In hoc sermone premittuntur septem virtutes que et beatitudines dicuntur que confirmant et beatos faciunt...
   Expositio dominice orationis
   Mss: Assisi, Com. 172 f.192-193; Berlin, Hamilton 631 f.52-53; Venezia, Marc. Lat.I.56 (Valent. I, 149) (2192) f.78. (Stegmüller RB 8450; 11593)

8479. *In hoc tractatu dominice orationis expositionis quatuor pertractanda, in quibus saluator...*
    Henricus de Hassia (H. Heinbuche de Langenstein), *Lectura super Pater noster*
    Mss: Freiburg i.B., Univ. 271 f.65-105; Köln, Stadtarchiv G.B.4 115 f.12-23, 50-104; München, Clm 21076 f.226-273; Oxford, Bodl. Laud. misc. 194; Trier, Stadtbibl. 1481 f.167-174; (extr. de tentatione) MS in Incun. 139; Würzburg, Univ. M.ch.f.53 f.107-133. (K.J. Heilig, *Kritische Studien zum Schriftum der beiden Heinriche von Hessen* in *Römische Quartalschrift* 40 [1932] 128-130; Stegmüller RB 3204; J. Lang, *Die Christologie bei Heinrich von Langenstein*, Freiburg 1966, p.68-69)
    Alternate incipit: Ista sunt verba Domini scripta in Matth. sexto capitulo. In hoc tractatu...8548

8480. *In hoc verbo dat Dominus fiduciam impetrandi...*
    [Comm. on the Lord's Prayer]
    Ms: Wien, Nat. 4231 f.222-230.

8481. *In illo tempore dixit Ihesus discipulis suis: Sic orabitis, Pater... Hoc euangelium scribitur Matth.6, Luc.11 et potest declarari seu predicari etiam in diebus rogationibus; in quo ewangelio exprimitur debita forma orandi...*
    [Prologue to Nr. 8887]
    Ms: München, Clm 14142 f.60-62.

8482. *In ista oratione Christus Dei Filius primo exemplificauit... Posita forma orandi in communi...*
    (Ms: Roma, Angelica 689)
    See: 8887

8483. *In ista oratione ponitur sacramenti et aliorum necessariorum petitio et diuiditur in duas partes: nam primo ponit quasi prohemium ad captandam beniuolentiam...* Sanctificetur nomen tuum. Hic ponitur efficacia et formantur septem petitiones. Nichilominus potest diuidi in generali in duas partes...
    Bernardus de Parentinis, O.P., In *Elucidarius circa officium missae*
    (Kaeppeli 643)
    Mss: London, BM Harley 6577 f.90-96; Rottenburg, Sem. H.31.
    Alternate incipit: Sanctificetur nomen tuum: Hic ponitur orationis efficacia... 9042

8484. *In ista oratione ponuntur septem petitiones ut septem dona Spiritus Sancti meremur quibus...*
    (Ms: Mainz I.136)
    See: 9103

8485. *In ista parte Christus docet informationem morum quantum ad ipsius orationis formationem... Posita forma orandi in communi...*
    (Ms: Salzburg, St. Peter b.XII.35)
    See: 8887

8486. *In oratione dominica duo sunt attendenda, que cotidie petimus in ipsa: primo enim petimus...*
    [Comm. on the Lord's Prayer]
    Ms: Solothurn, SI 240 f.174-175.

8487. *In oratione dominica quatuor sunt partes...*
    See: 9242

8488. *In oratione dominica quot petitiones habentur? Magister: septem. Discipulus: quae est prima? Magister: sanctificetur nomen tuum...*
    Bruno Herbipolensis, *Quaestiones* (or *Interrogatio de oratione dominica*
    Mss: Graz, Univ. 790 f.107-109; 1002 f.32-33; Napoli, Naz. VII.AA.7 f.137-140;

VII.AA.8 (?); Paris, BN lat. 2817 f.91-92; Praha, Metr. Kap. O.33 (1617) f.92; Roma, Casan. 54 f.101-102; Vaticana, Regin. lat. 1267 f. 143; Wien, Nat. 1370 f.70-72; Würzburg, Univ. M.p.th.f.91 f.244 seq. (Stegmüller RB 1837)
Printed: PL 142, 557-559; Vives 284-285
Alternate incipits: Discipulus: In oratione dominica quot...8211; Interrogatio et responsio: in eadem oratione quot petitiones inueniuntur...8532; Interrogatio: In oratione dominica quot... 8533
Cf: 9015

8489. In oratione dominica scilicet Pater noster continentur septem petitiones et numerus septenarius...
See: 8920

8490. In oratione dominica septem ad Deum porrigimus petitiones ut septem dona Spiritus Sancti recipere mereamur. Cum quibus etiam virtutibus armati septem vitiis resistere valeamus et sic ad septem beatitudines peruenire mereamur...
[Comm. on the Lord's Prayer]
Ms: Wrocław, Uniw. I.Q.80 f.45-47.
Cf: 9103

8491. In oratione dominica septem sunt petitiones. Prima petitio sic incipit: Pater noster qui es in celis. Unusquisque homo qui Deum Patrem clamat in celis...
(Mss: Cues 258; Vaticana, Borgh. 200)
See: 9226

8492. In oratione dominica sunt septem petitiones ut per eas septem dona Spiritus Sancti mereamur quibus recipiamus... Commendatur hec oratio et precellit omnes orationes in tribus... Sed antequam Dominus veniat ad petitiones more boni oratoris premittit quasi prohemium...
[Comm. on the Lord's Prayer; on the virtues]
Ms: Paris, Arsenal 408 f.1-5.

8493. In oratione dominica videlicet Pater noster continentur septem petitiones et illarum septem petitiones tres pertinent ad vitam futuram...
See: 8920

8494. In oratione ista primo dicimus pater; iuxta quod notandum quod Deus noluit dici Dominus sed Pater...
See: 8556

8495. In parte ista docet modum debitum orandi breuem et pium. Nota quod hec oratio priuilegiata est in tribus. In dignitate quia a Christo composita. In breuitate multiplici de causa... Diuiditur ergo presens doctrina orationis in tres partes...
[Comm. on the Lord's Prayer]
Ms: Paris, BN lat. 3464 f.91-94.

8496. In 'Pater' corroboramur ad spem, in 'noster' instruimur ad humilitatem, in 'qui es in celis' erudimur ad petitionem.
Hugo de Sancto Victore(?),
Mss: Douai 365 f.58 bis; Heiligenkreuz 235; Paris, BN lat. 14506 f.170. (R.Baron in *Scriptorium* 10 [1956] 193,201; J.B. Schneyer in RTAM 31 [1964] 271)
Printed: R. Baron, *Textes...Melanges de Sciences Religieuses* 13 (1956) 177

8497. In prima petitione petitur fides...
See: 8815

8498. In primis notandum est quod septem sunt cause quare Deus tradidit nobis orationem specialem: prima causa est ut Deus honoretur, unde Malach. (1,6): Si ego Dominus, ubi honor meus...

[Comm. on the Lord's Prayer]
Ms: Avranches 28 f.129.

8499. **In qua oratione docet nos primo eius beniuolentiam acquirere...**
See: 9173

8500. **In qua oratione primo captat beniuolentiam, secundo ostendit formam...**
See: 8958

8501. **In quem credimus per fidem; noster, quem diligimus per caritatem...**
See: 8753

8502. **In quibus verbis de duobus potissimum commendatur Deus...**
See: 8790

8503. **In quo primo ponit orationis dominice continentiam...**
See: 8791

8504. **In scripturis sacris inuenitur...**
[Comm. on the Lord's Prayer]
Ms: Praha, Univ. IV.G.32 (764) f.118-120.

8505. **In sermone Domini habito in monte septem notantur virtutes que et beatitudines nominantur que confirmant et beatum faciunt...**
Glossa breuis [Super Pater noster]
Ms: Wrocław, Uniw. II.Q.12 f.21-22.

8506. **Inchoauit autem Christus tanquam bonus et verus magister orationem suam a nomine Patris...**
See: 8328

8507. **Incipit breuis expositio sacre orationis dominice per quam ordinamur in amorem Dei et proximi et exsequendi in vitam eternam ad quam vitam habendam duo sunt nobis necessaria: primo bonorum operum expletio...**
[Comm. on the Lord's Prayer]
Ms: Wolfenbüttel, 59.9 Aug. fol. (2617) f. 216-219.

8508. **Incipit oratio dominica quam Christus instituit; excellit omnes alias orationes in tribus...**
(Ms: Güssing 1/38)
See: 9200

8509. **Inclite prnclite presul ave...**
Versus Arbonis super orationem dominicam
Ms: Praha, Univ. VIII.F.24 (1578) f.40-43. (Walther IC 9239)

8510. **Inducitur unusquisque simul orans...**
See: 9121

8511. **Informauit nos: Sic orabitis..em obsecratio...**
(Ms: London, BM Roy. 8 A.IX)
See: 8366

8512. **Innocentius: beniuolentia omnium captatur a tribus...**
See: 8210

8513. **Innuit quatuor modos omnium orationum: dispositionem orantium...**
Albertus Magnus, Super Matth. 6, 9-13, Pater noster postillatum secundum magistrum Thomas de Aquino
(Ms: Wien, Nat. 14524)
See: 8415

8514. Instar Domini...
[Comm. on the Lord's Prayer]
Ms: Wilhering 78 f.136-140.

*8515. **Inter alias orationes oratio dominica principalior inuenitur... Dicit ergo 'Pater noster'. Ubi nota duo, quomodo scilicet Pater noster et quid debemus ei...***

Thomas de Aquino, O.P., *Collationes super pater noster* or *Collationes super petitiones de petitionibus que in oratione dominica continentur* or *Dominice petitiones* or *Expositio Pater noster* or *Expositio desuper pater noster* or *Expositio orationis dominice* (or *in orationem dominicam* or *super dominica oratione* or *dominicalis orationis* or *Expositio deuotissima orationis dominice* or *Explanatio super oratione dominica* or *Glossa super dominicam orationem* or *Liber fratris Thome de expositione orationis dominice* or *Oratio dominica exposita per sanctum Thomam de Aquino* or *Super orationem dominicam* or *Tractatus super Pater noster* or *Tractatus super oratione dominica* or *Tractatus super expositione orationis dominice*

Mss: Admont 201 f.2-9; Assisi, Com. 635 f.140-144; Bamberg, Theol. 107 f. 333-339; Barcelona, Central 575 f.152-193; Basel, Univ. A.IV.22 f.321-326; B.V.8 f.85-93; Berlin, Lat. fol. 878 f.4-9; Hamilton 630 f.102-114; Bologna, Univ. 1655/21 f.100-103; Bordeaux 131 f.69-73; Bratislava, B. Kniznica 11 G f.124-135; Bruxelles, BR 1392-98 (cat. 299) f.79-87; 2453-73 (cat. 1573) f.44-51; Cambridge, Corpus Christi 35 f.279-283; Cambridge, Pembroke 262 f.259-262; Cambridge, St. John's Coll. G.11 (179) f.52-64; Cambridge, Univ. Kk.1.9 (1943) f.26-30; Mm.6.7 (2466) f.2-20; Erfurt, Domarchiv Theol. 14 f.90-99; Firenze, Laur. S. Marco 621 f.377-381; Firenze, Naz. Conv. Soppr. C.II.2826 f.102-123; Ferrara, Com. II.216 f.334-345; Grenoble 560 (293) f.115-128; Hall im Tirol, Franz. I 102 f.172-185; Haverford, Coll. Libr. s.n. f.5-29; Innsbruck, Univ. 616 f.36-48; Köln, Stadtarchiv G.B. 12 72 f.193-205; Kornik 1383 f.177-187; Lambach 167 f.230-236; Laon 272 f.68-74 (*Innocentius Papa III*); Madrid, Nac. 4196 f.197-204; Magdeburg 34 f.138-144; Maribor 28 (136) f.1-10; Metz 1158 f.100-103 (*periit*); Milano, Ambros. I.188 inf. f.21-30; Melk 799 (811) f.211-218; München, Clm 3754 f.137-148; 6495 f.112-119; 8005 f.61-65; 18195 f.11-16; Münster i.W., Univ. 112 (123) f.113-120 (*periit*); 607 (183) f.141-147 (*periit*); Olomouc, CO 242 f.52-55; Oviedo, Cab. 33 f.114-128; Oxford, Lincoln Lat. 81 f.74-79; Oxford, Oriel 31 f.304-306; Padova, Civica CM 181 f.159-173; Paris, Arsenal 532 f.90-92; Paris, BN lat. 1780 f.215-221 (*Innocentius Papa III*); 14546 f.197-203; Paris, Sainte-Genevieve 24 f.147-153; 238 f.185-187; Pommersfelden 90/2656 f.111-119; Reims 475 f.190-196; Roma, Anton. 12 f.185-189; Roma, Comm. leonina 8 p.258-275; Salamanca, Univ. 2552 f.64-69; St. Florian XI.362 f.49-55; Sarnano, Com. 54 (E.128) f. 196-225; Siena, Com. G.VII.20 f.130-139; Stuttgart, Theol. fol. 164 f.32-37; Subiaco CLXX (174) f.31-47 (imperf.); Tours 473 f.179-184; Trier, Stadtbibl. 774 (1347) 8 f.188-199; Troyes 1256 f.190-198; Valencia, Univ. 773 f.190-198; Vaticana, Ottob. lat. 198 f.110-113; Palat. lat. 50-58; Ross. 398 f.17-23; Urb. lat. 127 f.219-224; Vat. lat. 793 f. 67-73; 807 f.230-239; 809 f.30-39; Vicenza, Civ. 77 (G.2.7.7) f.109-127; Wien, Domin. 72 (216) f.61-63; Wolfenbüttel, 44.24.Aug.fol. (2547) f. 291-299; 59.1.Aug. fol. (2609) f.25-35; Wrocław, Uniw. I.F.286 f.1-8; Zbior Mil. 54.7445 f.410-414; Würzburg, Minoritenbibl. I 48 f.2-8; Zeitz, Domherrenbibl. 37 f.24 (fragm.); 37 f.25-38. (Stegmüller RB 8068; Editio leonina *infra*)

Printed: H 1540; 1541; 1542; 1543 (Goff T-257, 258, 259, 262); Copinger 574; *Thomae de Aquino Opera omnia*, Romae 17 (1570) 71-75; Parmae 16 (1865) 123-132; Parisiis (Vives) 27(1875 and 1889) 183-198; Vives, 440-445; *Opuscula theologica*, Taurini-Romae (Marietti) 1954, 2,219-235; *Saint Thomas d' Aquin, Le Pater et l' Ave*, Paris 1967, p.15-153; etc. S.Thomae de Aquino Opera

omnia (ed. leonina), Romae t.44 (in preparation)
Alternate incipits: Nota duo: quomodo (scilicet) Pater sit...8597; Positis tribus petitionibus...8889; Ubi duo nota: quomodo sit Pater noster...9217
See: Ut in summa exponatur... 9229

8516. **Inter cetera autem que de oratione dicuntur, oratio dominica interseritur que multis ex causis orationibus ceteris antecellit, scilicet auctoritate doctoris quia ipsius saluatoris ore prolata fuit...**
De oratione dominica
[Expositio orationis dominicae ex Patribus desumpta]
Ms: Paris, BN lat. 18128 f.123-135.

8517. **Inter cetera bona que Ihesus Christus docuit discipulos suos...**
[Comm. on the Lord's Prayer]
Ms: Cambridge, Caius Coll. 184/217 f. 474-480.

8518. **Inter cetera celestis philosophie documenta fecit Dominus verbum abbreuiatum super terram** (Rom. 9,28), *copiosum quidem mysteriis et rebus necessariis affluentem...* Pater noster...Ista congeries vocum de corpore quidem totalis est, sed non de numero septem petitionum immo quedam captatio beniuolentie...
Simon Tornacensis (?), *Expositio cuiusdam super orationem dominicam*
Mss: Brugge, Stadsbibl. 74 f.81-86; 147 f.166-174. (Stegmüller RB 8880)

8519. **Inter cetera salutaria monita et diuina quibus consuluit credentibus... Breuis captatio premittitur cum dicitur Pater noster...**
Pater noster dicitur quod commune omnibus; nemo dicat meus...
(Mss: Innsbruck, Univ. 461; München, Clm 17195)
See: 9082
Cf: 8529

8520. **Inter illa omnia que fragilitas humana facere potest...**
(Mss: Lilienfeld 112; St. Paul 75-4)
See: 8527

8521. **Inter multa que Dominus Ihesus discipulos suos docuit hoc quoque docuit** (Matth. 6,7): *Orantes nolite multum loqui...*
Pater noster. Magna dignitas est hominum Deum Patrem omnipotentem suum patrem inuocare...
[Comm. on the Lord's Prayer]
Ms: München, Clm 14124 f.151. (Stegmüller RB 9933)

8522. **Inter omnes orationes que dicuntur in ecclesia, principatum tenet et magis frequentatur in missa et in omni hora canonica oratio dominica... Est autem Deus Pater noster dupliciter...**
Iohannes (Regina) de Neapoli, O.P., *Expositio orationis dominice*
Mss: Napoli, Naz. VIII.A.11 f.103-106; Tortosa, Cab. 244 f.296-297. (Stegmüller RB 11194; Th. Kaeppeli in *Arch. Fratr. Praed.* 10[1940] 67; Schneyer, *Repert.* Johannes de Neapel 130)

8523. **Inter omnes preces et laudes Dei nil 'Pater noster' sanctius, nil 'Ave Maria' dulcius et angelis iocundius. Omnia vota et desideria sanctorum oratio dominica excellit...**
De oratione dominica et salutatione angelica
Ms: Bruxelles, BR 1557-1604 (cat. 2183) f.281.

8524. **Inter omnia homini peregrino in hac vita necessaria precipuum est orationis instantia...**
See: 9162

8525. **Inter omnia opera que in hac vita fieri possint...**
(Mss: Göttingen, Theol. 121; München, Clm 23799)
See: 8085

8526. Inter omnia que fieri possunt in hac vita, nullum honorabilius, nullum leuius, nullum utilius quam orare Deum; honorabilius quia cum magnus honor sit pauperi...
    Theodoricus de Herxen, *Prologus breuis et compendiosus super orationem dominicam (Expositiones varie dominice orationis secundum diuersas considerationes et affectus ex quibus unusquisque poterit eligere unum secundum quem suam orationem formare velit* Nr. 1)
    Printed: [Deventer] 1492 (H. 8533, Goff. H-134) f.d5-d6.
    Cf: 8642; 8649; 8737; 8908; 9203; 9232

8527. Inter omnia que fragilitas humana facere potest unde placere conditori vel eum placare valeat, plurimum prodest oratio...Mediator Dei et hominum homo Ihesus Christus, humane saluti consulens...In hac oratione dominica septem petitiones esse dignoscuntur...
    Pater noster. Ecce carissimi, singulis fere diebus, clerus et populus, viri et mulieres, sed precipue diebus solempnibus... Pater noster... Qui dicit 'Pater', captat beniuolentiam; qui dicit 'noster', excludit superbiam...
    Ricardus de Sancto Victore *Liber Exceptionum*, Pars 2, Lib. 9, C.5-13; or *Mauritius De Sulliaco Sermo de oratione dominica* or *De oratione dominica* or *Expositio dominice orationis* or *Expositio super Pater noster* or *Interpretatio orationis dominice.*Within the limits of our information, it is impossible to tell exactly which MSS are those of Richard de St. Victor and those of Maurice de Sully. Only those texts existing separately are cited here.,
    MSS: Admont 572 f. 94 seq.; Barcelona, Univ.234; Berlin, Lat. qu.772 f. 2-5; Braunschweig 80 f. 224-229; Cambrai 411 (387) f. 42-43; Cambridge, Univ. Dd.4.50 f. 102-106; Escorial, R.II.4 f. 92-95; Graz. Univ. 677 f. 168-169; 972 f. 127-132; Hamburg, Petri 36 n.5; Heiligenkreuz 300 f. 72-75; Leipzig, Univ. 441 f. 17-22; Lilienfeld 112 f. 1-4; London, BM Roy. 3 A.X f. 110; 8 A.IX f. 11-12; Metz 97 n.5 (*periit*); Milano, Ambros. E.70 p. 188-195; München, Clm 5604 f.1-4 (*Reichardus*); Olomouc, CO 106 f.119-122; Oxford, Bodl. Bodl. 630 (SC 1953) f. 14-18 (*Exp. or. dom. secundum Magistrum Historiarum*); e Museo 222 (SC 3592) f. 11-14; Paris, BN lat. 561 f. 43-46; 1233 f. 57-59; 2949 f. 16-22; 3088 f. 16-25; 3417 f. 41-44; 3831 f. 3-6; 13442 f. 63-65; 13574 f. 20-21; 13582 f. 74-76; 14507 f. 182-186; 14886 f. 267-268; 14970 80-82, 84; 15315 f. 79-81; 16496 f. 204-205 (*secundum magemtrum petrum manducatoris*); nouv. acq. lat 361 f. 9-12; Paris, Sainte-Genevieve 208 f. 164-166; Praha, Univ. V.G.11 (963) f. 189-190; IX.C.10 (1721) f. 193-194; XX.B.12 f. 234-239 (*formerly* Admont 768); Reims 582 f. 95; Rouen A.515(638); St. Paul in Lavanttal 75-4 f. 66-68; Seitenstetten 227 f. 28-31; Trier, Stadtbibl. 559 f. 56-83; 565 f. 50-57; Uppsala, C 153 f. 72-73; C 200 f. 47-48; Vyssi Brod 16 f. 60-64; 90 f. 158-164; Wien, Nat. 3686 f. 225-227 (*Henricus de Hassia*); Worcester, F 50 f. 348-352; Wrocław, Univ. IV.F.43 f. 165-168; IV.F.45 f. 139-142. (Stegmüller RB 3851; 6381; 10836; Hauréau 2,323; 3,311)
    Printed: PL 175, 767-774 (Hugo de Sancto Victore); 178, 611-618 (Petrus Abaelardus); Vives 403-408; Richard de Saint-Victor, *Liber Exceptionum* (ed. J. Chatillon), Paris 1958 p. 447-455.
    Alternate incipits: Ecce carissimi, singulis fere diebus...8267; Ecce singuli vere diebus...8271; In hac oratione dominica septem petitiones esse dignoscuntur...8466; Inter illa omnia que...8520; Mediator Dei et hominum...8571; Omnia que fragilitas humana...8665; Abridgement: Sanctificetur... In cordibus paganorum... 9047
    Cf: 8090; 8459; 9193

8528. Inter salutaria monita et diuina quibus Christus consulit credentibus formam orandi proposuit Pater Nicolaus de Lira...
    See: 8179

8529. Inter salutaria monita et diuina quibus consuluit credentibus...Cyprianus de oratione dominica: qui fecit viuere...

Thomas de Aquino, O.P., *Catena Aurea*, Super Matth. 6,9-13
Mss: Bruxelles, BR 14069-88 (cat. 2190) f.39-42; Firenze, Laur. Fies. 101 f.87-90; Edil. 15 f.1-5. (Stegmüller RB 8068,6)
Printed: S. Thomae Aquinatis Opera omnia, Parmae, 11 (1860) 81-86

8530. Interrogatio: Dic, frater, scis orationem dominicam...
(Ms: Paris, BN lat. 1535)
See: 8194

8531. Interrogatio. Estne Deus pater aliarum creaturarum...
See: 8281

8532. Interrogatio et responsio: in eadem oratione quot petitiones inueniuntur...
(Ms: Wien, Nat. 1370)
See: 8488

8533. Interrogatio: In oratione dominica quot petitiones...
See: 8488

8534. Interrogatio: Quomodo vocatur hec oratio?...
See: 9009

8535. Intret oratio mea in conspectu tuo (Ps. 87,3). *Dicit Gregorius: Magna est virtus orationis...*
(Ms: Praha, Metr. Kap. E.58)
See: 8565

8536. Inuenimus Patrem in celis, attendamus quemadmodum viuamus in terris...
S. Augustinus, *Sermo 58 ad competentes*, c.2-10, n.2-12 *De oratione dominica* or *Expositio sancti Augustini*
Mss: Bruxelles, BR 14069-88 (cat. 2190) f.49-20; Cambridge, Caius 151/201 f.107-108; München, Clm 19602 f.21-23; Nürnberg, Cent. IV, 26 f.48-49; Praha, Univ. IV.C. 11 (638) f.119-121.
Printed: PL 38, 393-400; Vives 132-136
Alternate incipit: Ut inueniamus Patrem in celis...9230
See: 9187

8537. Inuocare Deum beneficium...
[Comm. on the Lord's Prayer]
Mss: Douai 212 f.16; Vaticana, Vat. lat. 399 f.13.

8538. Iocundum officium hominis apti necessitatem nostram eterno saluatori... Pater noster. Remotis impedimentis orationis et descriptis ad orandum necessariis...
Iohannes Kannemann, O.F.M., *De oratione dominica*
Mss: Braunschweig 99; Greifswald 16; Lüneburg, Theol. Qu.61 f.10-99; Wrocław, Uniw. Zbior Mil. 57.9561 f.1-49. (L. Oliger in Franzisk. Studien 5 [1918] 64; Stegmüller RB 4744)

8539. Ipse, inquam, qui Dominus (?) *factus est Pater noster, secundum Gregorium, qui est conditor noster ex pietate sua factus est Pater noster...*
Super Pater noster valde utilis expositio
Mss: Gniezno, Archiwum Archidiecezjalne S 3 p.600-604; Praha, Univ. XIII.G.7 (2374) f.209-212.

8540. Isaac: Uniuersitas orationum species...
See: 9224

8541. Ista congeries vocum de corpore quidem totalis est, sed non de numero septem petitionum...
See: 8518

8542. Ista est oratio dominica taliter nuncupata quia Dominus noster Ihesus Christus personaliter eam docuit suos discipulos, Matth. 6,9, ubi premissis erroribus qui contingunt in orando...Unde primo gratiarum actione nos oramus dicentes 'Pater noster'. Nam in hoc recognoscimus et confitemur diuina adoptionis donum...
   Compendiosa, succincta et utilis expositio super orationem dominicam
   Mss: Bruxelles, BR 5628-37 (cat. 1618) f.22-33; II.243 (cat. 1633) f.31-35; Köln, Stadtarchiv G.B. 4 97 f.99-101, 109-110.

8543. Ista oratio dicitur dominica quia Dominus noster Ihesus Christus ipsam suo ore composuit...
   [Comm. on the Lord's Prayer]
   Ms: Wien, Nat. 4546 f.182-193.
   Cf: 9070

8544. Ista oratio dominica cuius subiectum est Dominus Deus, prima sui diuisione diuiditur in septem partes principales...
   See: 9216

8545. Ista oratio excellit omnes alias... Magna est virtus paterne orationis...
   [Comm. on the Lord's Prayer]
   Ms: Berlin, Theol. lat. qu. 78 (Rose 420) f.210-212.

8546. Ista oratio per ethymologiam literalem nata est super orationem dominicam. Pater pacis amator tu eternus rex noster nobilissimam ostende...
   [Comm. on the Lord's Prayerin Liber oracionarius]
   Ms: Praha, Metr. Kap. D.89 (655) f.132-133.

8547. Ista oratio scilicet Pater noster est dignior aliis quia...
   See: 8608

8548. Ista sunt verba Domini scripta in Matth. sexto capitulo. In hoc tractatu orationis dominice
   Ms: Oxford Bodl. Laud misc. 194
   See: 0473

8549. Iste libellus cuius subiectum est oratio dominica...
   See: 8132

8550. Item possunt exponi dicente [dicte petitiones?] dominice orationis pro hiis que sumus in patria habituri...
   [Appendix expositiue pertractanda in quibus saluator noster excludit indebitum modum se habendi circa actum latrie...]
   (Mss: München, Clm 21076; Oxford, Bodl. Laud. misc.194; Würzburg, Univ. M.ch.f.53; Wien, Schott. 335)
   See: 8479, 8891

8551. Karissimi...
   See: Carissimi 8078 seq.

8552. Laudabilis in creatione, amabilis in redemptione...
   See: 8756

8553. Legimus in euangelio quod apostoli rogauerunt Dominum ut doceret eos orare...
   Sermo [Super Pater noster]
   Ms: Melk 617 (1062) f.55-56

8554. Legitur enim Luce 11,1 quod unus ex discipulis eius dixit ad eum: Domine, doce nos orare sicut Iohannes docuit suos discipulos...
   See: 9030

8555. Legitur I Reg. 16 quod quando spiritus malus arripiebat Saul, Dauid psallebat cythara et Saul leuius habebat. Saul quemlibet peccatorem significat quem tunc malignus spiritus arripit quando ad peccatum deducit...
   Siboto, Expositio orationis dominicae without 1st prologue

(Mss: Klosterneuburg 451; München, Clm 4321; 13585; 14681; 18314; 22305; 23787; Praha, Metr. Kap. D.108; Vorau 11; Wien, Nat. 13062; Wien, Schott. 291; Wrocław, Uniw. I.F.590)
See: 9084

8556. **Legitur in ewangelio secundum Lucam 11,9 quod Christus discipulis dixit: petite et dabitur vobis, etc. Apostoli vero formam et modum orandi non habebant...**
Pater noster, etc. In oratione iuxta quod notandum quod Deus noluit dici dominus sed pater...
Exposicio super dominicam orationem in sermone
Mss: München, Clm 14548 f.64-66; 16509 f.166-167.

8557. **Legitur Luc. 11 quod cum Christus esset in loco quodam orandum, ut cessauit orare, dixit unus ex discipulis eius ad eum: Domine, doce nos orare sicut Iohannes docet discipulos suos...**
Lectura magistralis et bona super Pater noster, Parisius lecta et edita sed non est hic nisi principium eius
Ms: Wien, Nat. 1433 f.23-27.

8558. **Libera nos a malo. Hec est septima petitio que contra vitium luxurie opponitur. Precedens enim crapula...**
Hugo de Sancto Victore, *Expositio orationis dominice*, Petitio 6
(Ms: Arras 929 [664])
See: 9122

8559. **Licet Deus sit liberalissimus, promptior ad dandum quam ipsi nos ad accipiendum, vult tamen orari a nobis...**
Ubertinus de Casali, O.F.M., in *Arbor vitae crucifixae Iesu*, lib. 3, c.13 'Iesus perfecta consulens'
Ms: Liège, Sem. 6 L 18 f.121-125.
Printed: Venetiis 1485 (HC 4551, Goff U-55); reprint Torino 1961, p.226-228.

8560. **Licet 'Pater noster' breue sit, continet tamen omnia que necessaria sunt homini hic et in futuro...**
[Comm. on the Lord's Prayer]
Ms: Innsbruck, Univ. 361 f.56-71 (*Albertus Magnus* in the catalogue) (Stegmüller RB 9336)

8561. **Licet sciat Deus...**
Sententia dominice orationis exposita breuiter nec non utiliter ubi tanguntur septem petitiones prout comparantur septem donis Spiritus Sancti
Ms: Cambridge, Jesus Coll. Q.G.18 (66) f.49-50.

8562. **Lucas euangelica refert quia, cum Dominus ab oratione surrexisset...**
Haimo Autissiodorensis, *Expositio dominice orationis* (Homilia 13 de sanctis)
Mss: Angers 243 f.149; Dubrovnik, Dominik. 41 (36.1.27) f.51-55; Paris, BN lat. 619 f.245; 3828; Trier, Stadtbibl. 262; Vaticana, Vat. lat. 7296 f.138-141; Venezia, Marc. Lat. II.92; *formerly* Melk D.3. (H. Barre *Les Homeliaires carolingiens* [Studi e Testi 225], Città del Vaticano 1962, p.159)
Printed: PL 118, 800-804

8563. **Magna dignatio Patris, magna dignatio creatoris...**
See: 8035

8564. **Magna dignitas est hominum Deum Patrem omnipotentem suum patrem inuocare...**
See: 8521

8565. **Magna est virtus orationis que effusa in terra operatur in celis. Hanc propositionem scribit beatus Gregorius in expositione sua super psalterio et super illo textu: Intret**

oratio mea in conspectu tuo (Ps. 87,3). *In propositione autem assumpta duo innuuntur: primo orationis magna virtuositas... secundo innuitur orationis operosa fecunditas...*
   Glossa super Pater noster or Interpretatio orationis dominice [De oratione et super Pater noster]
   Mss: München, Clm 17787 f.16-17; München, Univ. Fol. 95 f.224-243; Olomouc, CO 168 f.190 .; Opava 44 f.73-78; 109-113; Praha, Metr. Kap. E.58 (818) f.193-202; Praha, Univ. I.E.13 (198) f.11-21; IV.C.15 (642) f.107-108; VI.B.5 (1038) f.121; IX.A.5 (1670) f.158-164; Schlägl 129 f.45-48; Wrocław, Zbior Mil. 65.1709 f.109 seq.
   Alternate incipit: Intret oratio... Magna est virtus...8535

8566. **Magna est virtus paterne orationis...**
   See: 8545

8567. **Magna fiducia quod cuius vix serui sumus digni vocari...**
   (Mss: Leipzig 425; Schlägl 121; Wien, Nat. 3986)
   See: 8721
   Cf: 8569

8568. **Magnum donum Dei accepimus quod sinamur dicere: Pater noster...**
   S. Augustinus, *De sermone Domini in monte*, lib.2, c.4-9, n.16-32, abridgm. or extract
   Ms: Trier, Bistumarch. 40 f.49-50.

8569. **Magnus honor, immensa nobilitas, ut patrem cuius vocari serui digni non sumus, adoptiui namque filii facti simul cum unico Dei Filio dicimus: Pater noster...**
   [Comm. on the Lord's Prayer]
   Mss: Namur 104 f.87; Vorau 383 f.124-128. (Stegmüller RB 10002)
   Cf: 8567

8570. **Mattheus septem ponit petitiones; in tribus eterna poscuntur, in aliis quatuor temporalia...Postquam formam orationis rogantibus posuit, instantiam et frequentiam orandi illis iniungit...**
   [Comm. on the Lord's Prayer; exc. from Augustinus, Chrysostomus, Beda ?..]
   Ms: Bruxelles, BR 14069-88 (cat. 2190) f.44-46.
   Cf: 8044

8571. **Mediator Dei et hominum Christus Ihesus homo** (I Thim. 2,5) **humane saluti consulens ac prouidens inter cetera sacratissime sue doctrine verba formam sue orationis instituit et eo modo quo patrem orare debeamus edocuit dicens: Cum oraueritis...**
   (Ms: Paris, Sainte-Geneviève 208)
   See: 8527

8572. **Mira Dei pietas omnis pietatis origo/ Ex nichilo...**
   Iohannes Gerson,
   [Comm. on the Lord's Prayer in verses]
   Printed: Jean Gerson, *Oeuvres completes* (ed. P. Glorieux), Paris, 4 (1962) n.155 p.128-131

8573. **Modo ad excitandum deuotionem in nobis considerandum est quare sic inchoat dominicam orationem dicendo 'Pater noster'...**
   See: 8662

8574. **Modo, fratres carissimi, cum euangelium legeretur...**
   Oratio dominica glossata
   Ms: Melk 1554 (478) n.2.

8575. **Monetur nobilis (?) et diues non superbire...**
   [Comm. on the Lord's Prayer]

Ms: London, BM Arundel 205 f.23.
Cf: Rabanus Maurus, *In Matth.* (PL 107, 817) or *Glossa ordinaria* (PL 114,100; Vives 246)

8576. **Multa dicta sunt in laudem Dei que per omnes sanctas scripturas varie lateque diffusa...**
(Ms: Barcelona, Univ. 228)
See: 8140

8577. **Multis ex causis...**
(Ms: Admont 383)
See: 8386

8578. **Multorum legimus orationes sicut Moysis vel aliorum sed tanto preeminet hec uniuersis quanto maior ille est qui hanc per semetipsum discipulis suis tradidit...**
Bernardus (?), *Tractatus super orationem dominicam*
Mss: Köln, Stadtarchiv W.8 16 f.68-70; Seitenstetten 257 f.289-290; Wien, Nat. 777 f.117-119; 4913 f.230-231.

8579. **Multum valet deprecatio iusti assidua** (Iac. 4,16). **Commendatur autem hec oratio a tribus, scilicet ab auctoritate, breuitate et utilitate. Ab auctoritate quia Deius auctor eus fuit...**
[Comm. on the Lord's Prayer]
Ms: Wrocław, Uniw. II.Q.12 f.19-21.
Cf: 8765

8580. **Natus Filius Dei volens discipulos docere...**
See: 8323

8581. **Nemo fuit ante ausus fiducialiter sic dicere: Pater noster, antequam Christus veniret neque Moyses qui dixit 'Cantemus...'**
Explanatio de oratione dominica
Ms: Paris, BN lat. 614 A f.75-78. (Stegmüller RB 10320)

8582. **Nemo nescit homo Deum hominem cum libero arbitrio condidisse...**
See: 8943

8583. **Nescio qualiter christianum se esse dicat qui paucos versus symboli et orationis dominice dissimulat...**
See: 8059

8584. **Nimirum ista oratio est singulari efficacia a Christo dotata; si enim papa vel episcopus dictans aliquam orationem...**
[Comm.. on the Lord's Prayer]
Ms: Leipzig, Univ. 423 f.301-305.
Cf: 8094

8585. **Non Dominus. Thomas de Aquino; quia amari appetit...**
See: 9200

8586. **Non ergo dicamus meum et mi, sed nostrum: nam primo Ethicorum bonum quanto communius tanto diuinius...**
[Comm. on the Lord's Prayer]
Ms: Olomouc, CO 191 f.226-227.

8587. **Non est petitio immo inuocatio...**
[Comm. on the Lord's Prayer]
Ms: London, BM Roy. 8 A.VI f.65.

8588. **Non ignorauit Christus multos futuros...**
See: 8685

PATER NOSTER INCIPITS

8589. Non minus arbitror egregium... Esse petens liber operator alme timorem...
   Expositio breuis metrica orationis dominicae
   Ms: Oxford, Univ. Coll. 45 f.51. (Walther IC 5548)
   See: 8277

8590. Non omnis studens in nomine Christi...
   See: 8673

8591. Non precepit ut diceremus Deus vel Dominus...
   [Comm. on the Lord's Prayer]
   Ms: Wien, Nat. 739.

8592. Non prohibet Dominus orare...
   [*Appendix to Nr.* 8527]
   Mss: Graz, Univ. 972 f.132-133; Wrocław, Uniw. IV.F.43 f.168-169

8593. Non solum creatione...
   [Comm. on the Lord's Prayer]
   Ms: Heiligenkreuz 218 f.418-419.

8594. Nonus renatus et Deo suo per eius gratiam restitutus...
   See: 8939

8595. Nos pupilli sine te, o amator ardentissime quando te diligemus feruenter filiali amore perfectissimo...
   Expositio a magistro Iohanne Nider secundum affectus distincta (vie purgatiue, vie illuminatiue, vie perfectiue) or *Compendiosa meditatio super orationem dominicam*
   Mss: Auxerre 20 f.156; Freiburg i.B., Univ. 145 f.470-471.
   Alternate incipit: Vie purgatiue, nos pupilli sine te...9255

8596. Nota dum quod secundum Augustinum in libro De sermone Domini, in omni oratione et deprecatione, primo consideranda est beniuolentia...
   Iohannes de Retz, O.E.S.A. (?), *Declaratio super orationem dominicam*
   Ms: München, Clm 26759 f.73-91. (Stegmüller RB 4881; Zumkeller MWA 574; *Augustiniana* 21 [1971] 536-539; list of the questions)
   Preambulum: Quedam occurrunt dubia declarando per modum preambuli. Primum dubium est: Utrum oratio dominica sit excellentior omni alia oratione...8957

8597. Nota duo: quomodo [scilicet] pater sit...
   (Mss: Berlin, Lat. fol. 878; Bruxelles, BR 2453-73; Metz 1158; München, Clm 8005; Münster i. W., Univ. 112; Pommersfelden 90/2656; Stuttgart, Theol. fol. 164; Trier, Stadtbibl. 774 [1347] 8)
   See: 8515

8598. Nota igitur primo quod hec oratio utilis est, ymmo bona et utilissima propter tria, primo quia Dei iram mitigat...
   Expositio nobilis et utilis super Pater noster
   Ms: Selestat 80 f.217-254.

8599. Nota primo ex Chrysostomo quod Deus vult plus amari...
   See: 8037

8600. Nota primo quod hec oratio radicatur in fide...
   (Ms: Cambridge, Caius 334)
   See: 9123

8601. Nota quando aliquis iacet in peccatis mortalibus...
   See: 8944

8602. Nota quod Deus qui hanc formam orandi nobis tradidit...
   See: 8651

8603. Nota quod hec domus conscientie continue debet habere septem petitiones apud Deum, que continentur in oratione dominica ad destruenda septem vitia que sunt contra voluntatem Dei...
   [Comm. on the Lord's Prayer]
   Ms: Basel, Univ. B.X.15 f.200.

8604. Nota quod hec oratio dominica dicitur quia Dominus...
   (Ms: Bamberg, Theol. 111)
   See: 9070

8605. Nota quod hec oratio priuilegiata est...
   Expositio orationis dominice fratris Iohannis de Rupella
   Ms: Cambridge, Pembroke 265 f.214-215.

8606. Nota quod hec oratio, scilicet Pater noster, sanctissima super omnes orationes...
   [Comm. on the Lord's Prayer]
   Ms: Michaelbeuern, Cart. 101 f.73-74.

8607. Nota quod ista oratio est priuilegiata tripliciter, scilicet dignitate actoris scilicet Dei, item breuitate, item utilitate. Et sunt tria in ista oratione: exordium...narratio...confirmatio...
   [Comm. on the Lord's Prayer]
   Ms: Arras 525 (824) f.24.

8608. Nota quod ista oratio, scilicet Pater noster, est dignior aliis quia ore saluatoris prolata...
   Breuis expositio orationis dominice necnon de septem vitiis capitalibus
   Ms: Praha, Metr. Kap. B.20 (315) f.247-250.
   Cf: 8378

8609. Nota quod Mattheus completius...
   [Comm. on the Lord's Prayer]
   Ms: Firenze, Riccardiana 349 f.134-137.

8610. Nota quod oratio dominica a saluatore nostro est instituta propter quinque causas: prima est ut Dominus honoretur...
   [Comm. on the Lord's Prayer]
   Ms: München, Clm 8258 f.167.

8611. Nota quod oratio dominica multis ex causis...
   (Ms: Wien, Nat. 4947)
   See: 8386

8612. Nota quod oratio dominica precellit omnes alias orationes...
   (Ms: Praha, Univ. VI.G.1)
   See: 9200

8613. Nota quod plura sunt necessaria homini volenti proficere...
   [Comm. on the Lord's Prayer]
   Ms: Wrocław, Uniw. I.O.42 f.326-330.

8614. Nota quod septem sunt petitiones dominice orationis que continentur...
   See: 9061

8615. Nota quod septem sunt petitiones in dominica oratione quibus fugantur septem vitia...
   [Comm. on the Lord's Prayer]
   Ms: Harburg, II lat. 1 fol. 19 f.215.
   Cf: 9120

8616. Nota quod tribus modis orandum est, corde, ore, opere...
   See: 8298

8617. Nota quod virtus orationis est super virtutem angelorum...
   [Comm. on the Lord's Prayer]
   Ms: Napoli, Naz. V.H.8 f.58-63.

8618. Nota regulam bonam vite humane...
   [De oratione]
   Ms: Wien, Nat. 4461 f.152-162.

8619. Nota septem particulas quibus petitur, quas comprehendit dominica oratio; et ille orationes sunt fortiores omnibus aliis et sunt ita bene ordinate quod nullus negare potest quin non sit rectissimus ordo illarum particularum...
   [Comm. on the Lord's Prayer]
   Ms: Strasbourg, Univ. 98 (lat. 95) f.28-29.

8620. Notandum est pro expositione dominice orationis, sicut dicit beatus Augustinus...
   [Comm. on the Lord's Prayer]
   Ms: Praha, Metr. Kap. D.86 (652) f.1-8.

8621. Notandum est quod in ista dominica oratione septem petitiones intelliguntur etc. Hoc est sciendum quia septem sunt mortalia peccata...
   [Comm. on the Lord's Prayer]
   Ms: Praha, Univ. XII.F.15 b (2203) f.95-96.

8622. Notandum quod Chrysostomus super Matth. super illo verbo: Et qui vult tecum in iudicio contendere...(Matth. 5,40): *primum indigna res est ut homo fidelis stet in iudicio ante conspectum iudicis infidelis... Pater vester qui in celis est, dabit bona petentibus se. Hoc dicitur nobis Matth. 7,11, ubi tanguntur tria que notantur, scilicet actus vel forma petendi...*
   [Comm. on the Lord's Prayer: Nr. 8983 abridged with a different prologue]
   Ms: Bruxelles, BR 14069-88 (cat. 2190) f.47-49.

8623. Notandum quod dominica oratio que Matthei sexto capitulo continetur, duas partes habet. In quarum prima docet nos Dominus suam captare beniuolentiam...
   Iohannes Schlitpacher de Weilheim,
   [Comm. on the Lord's Prayer]
   Mss: Melk 960 (1) f.303; 1390 (483) f.136. (Stegmüller RB 4954)
   Alternate incipit: Dominica oratio que Matthei sexto capitulo...8237

8624. Notandum quod hec oratio ceteras orationes propter quatuor antecellit, scilicet auctoritate doctrine, breuitate sermonis, sufficientia petitionum et fecunditate misteriorum...
   Guillelmus Durandus, *Rationale divinorum officiorum*, Lib.4, c.47-48
   Ms: Wrocław, Uniw. II.Q.12 f.16-19.
   Printed: Napoli 1859, p.290-297
   See: 8719; 8869
   Cf: 8370

8625. Notandum quod septem sunt petitiones que continentur in oratione dominica...
   [Comm. on the Lord's Prayer]
   Ms: Vorau 220 f.40-41.
   Cf: 9061 (?)

8626. Notandum quod triplex est causa aput magnates dandi larga munera...
   Sermo de oratione dominica
   Ms: Budapest, Eg. Kön. 78 f.141-146.

8627. Nulla magis oratio spiritualis est quam illa que ex ore Filii Dei qui est veritas procedit...

Pater noster dicitur quod commune omnibus...
(Ms: Bruxelles, BR 343-344)
See: 9082

8628. **Nulla oratio est ista prestancior, efficacior et undique fideli utilior; diuiditur sicut decalogus in duas partes quarum prima continet tres petitiones...**
Pater, inquit, noster qui es in celis; oportet enim considerare Deum ut patrem...
Iohannes Wyclif, *Sermones dominicales*, Sermo 29 (extr.)
Ms: Wien, Nat. 4550 f.264-265.
Printed: John Wyclif, *Sermones*, ed. I.Loserth, London, 1(1887) 197-199

8629. **Nulli dubium quod oratio Pater noster omnes alias orationes superat et sufficientia contentorum...**
See: 9177

8630. **Nullus quippe ante aduentum saluatoris fiducialiter ausus fuit dicere: Pater noster qui es in celis. Sed postquam saluator noster pro nostra salute carnem suscepit...**
Expositio de oratione dominica
Mss: Napoli, Naz. VII.AA.28 f.126-127; Paris, BN lat. 196 f.145-150; 13346 f. 81-85; Stuttgart, Theol. fol. 193 f.52. (Stegmüller RB 10023)
Alternate incipit: Et factum est cum esset Ihesus in loco quodam orans...8291

8631. **Nunc recte facimus sicut illi qui volunt petere aliquid ab aliquo...**
See: 8661

8632. **Nunquam hoc inuenitur...**
See: 8008

8633. **Nusquam inuenitur preceptum populo Israel ut diceret Pater noster...**
Rabanus Maurus, *Comm. in Matth.*, lib.2, c.6 or *Glossa ordinaria super Matth.* 6,9(Cf. 9767)
Ms: München, Clm 16517 f.104-105. (Stegmüller RB 7060)
Printed: PL 107, 817

8634. **O Deus, Pater hominum/ Qui sunt ubique gentium/...**
[Paraphrase on the Lord's Prayer]
Printed: Oertel, *Auswahl der schönsten Denk- und Sittensprüche*, Nürnberg 1842 p.142 seq.; H. Walther in RMAL 20 (1964) 62-63.

8635. **O Deus sanctissime Pater honorabilis propter eminentiam tue maiestatis...**
See: 8729

8636. **O genitor noster, celi qui in sede moraris/ Rite tuum in nobis nomen, rogo, sanctificatum/...**
Oratio dominica metrice composita
Mss: Cambridge, Univ. Gg.5.35 f.421; Paris, Sainte-Genevieve 2409 f.119 (Walther IC 12667)
Printed: J.A. Giles, *Anecdota Bedae*..., London 1851, p.48; H. Walther in RMAL 20 (1964) 50.

8637. **O immensa clementia! O ineffabilis benignitas! O mira dignatio! O longitudo, latitudo...**
Pater noster. Ex quo hoc dicit ipsa veritas...
Ps. Anselmus; Ps. Bernardus; Ps. Bonaventura., *Expositio Pater noster*
Mss: Berlin, Theol. lat. oct. 179 f.128-137; Brno, Mestky Archiv 100 (109 a); Cambrai 258 (268) f.46; Cambridge, Corpus Christi Coll. 137 f.116-117; Cambridge, Univ. Ii.1.18 p.260-269; Eichstätt, St. Walburg lat. 2 f.158-162; Erfurt, Amplon. Qu.98 f.46-51; London, BM Addit. 22553; Roy. 8 B.VIII; Madrid, Nac. 9536 f.70-76; Melk 1832 (299) f.218-237; München, Clm 4759 f. 121-126; 5014 f. 1-6 (beginn. missing); 6982 f. 125-128; 7231 f. 41-44

(*compendium b. augustini*); 8715 f. 110-112 (*Bernardus*); 8826 f. 321-322 (*Bernardus*); 15312 f. 285-288; 18388 f. 269-274 (*Bonaventura*); 18650 f. 4-8 (idem); 24863 f. 55-60 (idem); Olomouc, Univ. M.I 362 f.88-97; Oxford, St. John's Coll. 77 f.96 seq.; Padova, Univ. 951 f.207-213; 984 f.201-205; Praha, Univ. IV.H.2 (766) f.95-101; St. Gallen 946 p.1-9; Stuttgart, Univ. Theol. fol. 185 f.285; Stuttgart, Wilhelmsstift GB 464 f.22-23; Vorau 80 f.260-271; Wien, Nat. 3973 f.114-117; (?) Wien, Schott. 335 f.55-63; Wolfenbüttel, 552 Helmst. (600) f.254-258. (*S. Bonaventurae Opera omnia*, Quaracchi, 7 [1895] XV; Glorieux 305 cq; Stegmüller RB 1374; 11055; Kaeppeli 276)

Printed: *Maxima Bibl. Vet. Patrum*, Lugduni 27(1677) 437-39; Bonelli, *Suppl.* 3, 269-282 (Ps. Bonaventura); PL 149,569-578 (Ps. Anselmus); Vives 289-294; 476-479; in Ps. Bonaventura, *Stimulus amoris*, pars 3 c.17 (*S. Bonaventurae Opera omnia*, Parisiis, 12 [1868] p.694-699)

Alternate incipits: Ex quo hoc dicit veritas... 8304; (?) O ineffabilis benignitas... 8638

Cf: 8891; 8892

8638. **O ineffabilis benignitas...**
(Ms: Wien, Schott. 335)
See: 8637

8639. **O magna Christi dignatio...**
[Excerpt of 'Dieta salutis' on the Lord's Prayer ?]
Ms: Melk 979 (784) f.57.

8640. **O Pater...**
See: Pater...8733 seq.

8641. **O Pater alme, tuum nomen sit sanctificatum/ Adueniatque tuum regnum per secula beatum/...**
Pater noster versifice (versificatum) or *Septem versus orationem dominicam exprimentes*
Mss: Berlin, Theol. lat. fol. 178 (Rose 426) f.261; Bruxelles, BR 2653-62 (cat. 2057) at End; Cues 258 f.117; Gdansk, Mar. Q. 12 f.308; Göttweig 445 (240); København, Ny kgl. S.663 8 f.67; München, Clm 3252 f.167; 4793 f. 160; 24514 f. 195; Paris, Mazarine 3875 (593); Paris, BN lat. 2831 f.88; Praha, Metr. Kap. B.48.2 (352) f.228-229; D.120 (690) f.78; Praha, Univ. IX. A.5 (1670) f.176; Rouen A 454 (671) f.3 (*in the Comm. Nr. 8369*); St. Gallen 767; Vaticana, Borgh. 200 f.3; Palat. lat. 719 f.148; Venezia, Marc. Lat. III.27 f.44; Vyssi Brod 90 f.209; Wrocław, Uniw. I.F.58 f.162. (Chevalier RH 13365; 14645; Stegmüller RB 8839; 11524; Walther IC 12835; 16986 a; RMAL *infra*
Printed: RMAL 20 (1964) 47
Alternate incipit: Pater alme tuum nomen...8735
Cf: 8645; 8873

8642. **O Pater celestis cui postponendus est omnis pater...**
Theodoricus de Herxen, *Breuis explanatio orationis dominice per modum orationis secundum sententias sanctorum* (*Expositiones varie dominice orationis...* Nr.2)
Printed: [Deventer] 1492 (H 8533, Goff H-134) f.d6-e3
Cf: 8526

8643. **O Pater celestis, sanctificetur nomen tuum non nostrum...**
See: 8908

8644. **O Pater in celis regnans, te posco fidelis/ Nomen primo tuum sit semper magnificatum/...**
[Paraphrase on the Lord's Prayer in 8 verses]
Ms: Paris, BN lat. 18128 f.136 (Walther IC 12843)

Printed: GW 4017 f.77 (Ps. Bernardus, *Floretus*); H. Walther in RMAL 20 (1964) 49

8645. O Pater omnipotens qui regnas semper in altum/ Omne tuum nomen sit nobis sanctificatum/...
Ponchardus,
[Pater noster versificatum]
Ms: Charleville 254 IV f.I (Chevalier RH 13373; Walther IC 12849 and Suppl.)
Printed: *Catalogue general des MSS des Bibl. publiques...* in-IV, Paris, 5 (1879) 663-664
Cf: 8641

8646. O Pater, peccaui in celum...
Ms: München, Clm 28397
See: 8844

8647. O Pater piissime Deus, nobis miserere, Kyrie eleison...
[Trope on the Lord's Prayer]
Printed: L. Gautier, *Histoire de la poesie liturgue au moyen âge*, Paris, 1 (1886) 242 (Chevalier RH 13374)

8648. O Pater qui spirituales filios generas per viuificantem caritatiui amoris propagationem, utinam michi misero sic tue amorose caritatis gemine gratiam infundas...
Petrus de Alliaco, Episcopus Cameracensis (Pierre d'Ailly), *Oratio dominica anagogice exposita*
Mss: Angers 1902 f.5-6; Avignon 342 f.65-66; Cambrai 268 (258) 85-86; 514 (473) f.80-82; 531 (490) f. 71-72; 577 (535) f.94-95; Cues 56 f.135-137; München, Clm 18638 f.73 seq.; 18969 f. 211-212; Paris, BN lat. 3622 f.64-66; 3769 f.77-79; Wien, Nat. 4351 f.137-139; Wolfenbüttel, 75.3. Aug. fol. (2715) f.105-106; Würzburg, Univ. M.ch.q.15 f.122-123; I.t.q.119 f.1-2 (Stegmüller RB 6411,2)
Printed: [Bruxellis, 1483] (Goff A-487); Parisiis [c. 1483] (Goff A-485); Argentine 1490 (Goff A-488); *Opuscula spiritualia*, Duaci 1634 p.214-217
Cf: 8123

8649. O Pater summe, Pater sancte, Pater eterne, celestis, inuisibilis, interminabilis...
Theodoricus de Herxen, *Alia expositio deuota orationis dominice* (*Expositiones varie dominice orationis...*Nr.6)
Printed: [Deventer] 1492 (H 8533 Goff H-134) f.f4-g1.
Cf: 8526

8650. O Pater, tu es ille qui spirituales filios procreas, mediante viuifico amoris germine...
See: 8160

8651. O quam ineffabilia effusa super nos viscera misericordie Dei nostri qui cum sit angelorum et omnium creaturarum Dominus...
Pater noster. Nota quod Deus qui hanc formam orandi nobis tradidit...
Sanctificetur... Expedita captatione beniuolentie quam in tribus partibus posuimus...
Soccus (Conradus de Brundelsheim de Heilsbronn) O. Cist., *Sermones super dominicam orationem*
Mss: Berlin, Theol. lat. fol. 185 (Rose 579) f.247-250; Brno,univ. Mk 24 f.78-80; München, Clm 8342 f.1-3; 8258 f.168-170; 8826 f.462-467. See also Schneyer, *Repert.* Conradus 91-92 (B.G.P.T.M. 43, 1 p.723, 737-738), Stegmüller RB 7698

8652. O quam magna est clementia Dei quae de seruili conditione filios sibi facit adoptiuos et patrem se ab illis vult nominari...
Expositio orationis dominicae
Mss: Berlin, Theol. lat qu. 466 f.34; Douai 265 n.22; Karlsruhe, Aug. perg. 18

f.10-11; Laon 265 f.180-182; München, Clm 4783 f.52-58 (*Augustinus*); 19120 f. 93-94; 19602 f.20-21 (*Augustinus*); Paris, BN lat. 15009 f.102-104 (*Hieronymus*); St. Gallen 133 p.192-195; Wolfenbüttel, 496 a Helmst. (533) f.25-27; Würzburg, Univ. M.p.th. f.109 f.151-152. (Stegmüller RB 9354)

8653. **O reuerendi patres et domini, cogitante... Ad honorem benedicte et indiuidue Trinitatis...**
See: 8012

8654. **O sanctissime Pater noster, creator, redemptor, consolator et saluator noster; qui es in celis, in angelis et sanctis, illuminans eos...**
S. Franciscus de Assisio, *Expositio super Pater noster*
Mss: Bruxelles, BR 4596-98 (cat. 1636) f.129; 21600 (cat. 1639) f.145-146; Firenze, Naz. Conv. Soppr. D.3816 f.22; Firenze, Riccardiana 1294/2760 f.106; Morella, Arxiu de l'Arxiprestal 1 n.7 (*periit*); Roma, Anton. 1 f. 67; Roma, S. Isidoro I.73 f.10 (*frater Egydius*); Roma, Vallicelliana B.131 f.82-83. (Stegmüller RB 8928; K. Esser, *Die dem hl. Franziskus von Assisi zugeschriebene Expositio in Pater noster* in *Coll. Franc* . 40 [1970] 241-271)
Printed: Vives 391-392; *Franz. Studien*45 (1963) 339-340; editio critica in *Coll. Franc*. 40 (1970) 253-254
Alternate incipits: Beatissime et Sanctissime Pater noster...8061 Pater noster beatissime et sanctissime...8762; Pater noster, creator noster, redemptor noster...8769; Pater noster, sanctissime, creator noster...8830; Sanctissime Pater noster...9053

8655. **O summa clementia, o ineffabilis benignitas...**
(PL 149,569-578)
See: 8637

8656. **Ob triplex esse Deus est nobis Pater ecce/...**
See: 9233

8657. **Octo autem partibus hec secundum Mattheum oratio distinguitur...**
See: 8906

8658. **Octo sunt beatitudines quarum septem impetrantur per septem petitiones in...**
Expositio super oracionem dominicam
Ms: London, BM Harley 979 f.39-40.

8659. **Octo sunt virtutes que et beatitudines dicuntur que confirmant et bonos faciunt. Hee beatitudines impetrantur per octo petitiones que continentur in hac oratione et per septem dona Spiritus sancti...**
[Comm. on the Lord's Prayer]
Ms: Paris, BN lat. 3732 f.48-49.

8660. **Omnes christiani debent scire hanc orationem quia hec oratio est super alias orationes et sicut rosa est pulcrior aliis floribus, ita hec oratio est dignior et gloriosior omnibus aliis orationibus...**
Expositio dominice orationis
Ms: Paris, BN lat. 14865 f.207.

8661. **Omnes unanimes in oratione estote** (I Petr. 3,8). **Secundum sententiam doctorum, immo saluatoris nostri Ihesu Christi, inter alia que sunt necessaria hominibus huius mundi est oratio...**
Pater noster. Nunc recte facimus sicut illi qui volunt petere aliquid ab aliquo...
[Comm. on the Lord's Prayer]
Ms: Subiaco CLXX (174) f.59-69. (Stegmüller RB 11102)

8662. **Omnes unanimes in oratione estote** (I Petr. 3,8). **Sicut dicit Glossa super illud Ps.** (41,9): **Apud me oratio...**

[Oratio dominicalis omnes alias orationes excellit in quatuor: primo in auctoritate quia Christus verus Deus eam fecit... Modo ad excitandum deuotionem in nobis considerandum est quare sic inchoat dominicam orationem dicendo 'pater noster' et non 'Domine Deus'...]
Iohannes Herolt (Discipulus), O.P.,
[Comm. on the Lord's Prayer in *De eruditione Christifidelium*, pars 5]
In addition to the MSS mentioned in Nr. 5589, this 'pars' can be found in the following MSS: Bruxelles, BR 3533-39 (cat. 1675) f.6-8; Basel, Univ. A.VI.8 f.392-394; Berlin, Theol. lat. qu. 171 f.315-321; Eichstätt 242 f.255-258; Kremsmünster 144 f.235; London, BM Roy. 8 B.XV f.178-181; Melk 997 (746) f.37-50; München, Clm 22401 f.307-312; Sigmaringen 20. (Stegmüller RB 4548)

8663. ***Omnia quae diuinitus dicta factaque referuntur...***
See: 8246

8664. ***Omnia quae diuinitus dicta factaque referuntur, sunt miraculo, sunt stupori, sunt pauenda mortalibus...***
Petrus Chrysologus, *Sermo 70, In orationem dominicam*
Printed: PL 52, 398-401; 52, 670-673; Vives 183-184

8665. ***Omnia que fragilitas humana...***
(Ms: Worcester F 50)
See: 8527

8666. ***Omnipotens auctor caeli regnator in aula/ sanctificetur honore tuum laudabile nomen...***
Walafridus Strabo,
[Oratio dominica versificata]
Ms: St. Gallen 869 p.256. (Chevalier RH 39745)
Printed: *Maxima Bibl. Vet. Patrum*, Lugduni, 15 (1677) 235; Dreves 50, 175; PL 114, 1117-1118; MGH, Poetae 2, 396-397

8667. ***Omnipotens Deus qui celum et terram...***
See: 8981

8668. ***Omnipotens qui es caput omnis principatus et potestatis...***
See: 8794

8669. ***Omnipotens sempiterne Deus qui te, sine personarum delectu...***
Ps. Hieronymus Savonarola, *Oratio sub compendio omnes septem petitiones in Precatione dominica expressas complectens*
Ms: London, BM Roy. 18 A.XVIII f.35-39 [XVI].
Printed: Gratianopolis 1669; Iohannes Chrysostomus, *Passio Domini nostri Iesu Christi*, Parisiis 1553, p.40-41.

8670. ***Omnis homo qui patrem clamat in celis Deum, eius filium esse debet...***
(Mss: Paris, Mazarine 924; Praha, Univ. XIII.G.18)
See: 9226

8671. ***Omnis perfectionis magister Dominus noster Ihesus Christus, cum discipulis suis formam et modum conuenientissimum orationis et orandi dare vellet, dicebat: Cum orabitis, dicetis: Pater noster, etc. In qua oratione si cum diligentia ponderetur, hec quatuor impleantur...***
[Comm. on the Lord's Prayer]
Ms: Venezia, Marc. Lat. Z 92 f.120-123.

8672. ***Omnis sapientia a Domino Deo est*** (Sap. 1,1). ***Finis omnis contemplationis et consummationis sapientia; fundamentum omnis sapientie timor Domini; sapientia cacumen scale quam Iacob dormiendo vidit...***

Pater noster. Augustinus, De sermone Domini in monte: multa quidem dicta sunt in laudem Dei...
[Comm. on the Lord's Prayer]
Ms: Brugge, Stadsbibl. 343 f.1-38.

8673. Omnis studens in nomine Christi et gloriam Dei pro sua et aliorum vera salute...
Pater noster, scilicet beatissima Trinitas que est pater totius creature eo quod opera Trinitatis sunt indiuisa...
Iohannes de Indagine (Hagen), O. Carth.,
[Comm. on the Lord's Prayer]
Ms: Pommersfelden 205 (2827) f.7, 489-491. (Stegmüller RB 4734)

8674. Omnium et singulorum quos ad tuam paternam...
See: 8795

8675. Omnium per creationem, noster per recreationem...
See: 8842

8676. Oportet autem semper orare (Luc. 18,1)*...Secundum quod dicit beatus Augustinus, De orando Deo: Illud quod valde magnum est... Augustinus dicit: Queri potest siue rebus siue verbis orandum sit...*
Hermannus de Schildesche, O.E.S.A., *Expositio dominice orationis duplex*
Mss: Krakow, Uniw.1707 f.555-589; Windsheim 43 (91) f.1-65. (Zumkeller MWA 388; *Augustiniana* 1 [1961] 460 seq.; 471 seq.)
Dedic: Honorabili viro domino Theodorico de Maspach, venerande ecclesie Herbipolensi archidiacono predigno...8438

8677. Oportet semper orare et non deficere (Luc. 18,1). *Nota: semper, id est horis congruis et oportunis. Hoc enim preceptum, cum sit affirmatiuum, obligat quidem semper, sed non ad semper...*
Petrus de Ieremia de Sicilia, O.P., *Sermones super expositionem orationis dominice*
Mss: Dubrovnik, Domin. 29 (36.11.9) f.15-81; Bologna, Com. A.889.

8678. Oportet semper orare (Luc. 18,1). *Inter omnia necessaria ad salutem, teste Christo in verbis propositis, maxime necessaria est oratio...*
Pater. Hec oratio dominica diuiditur in duas partes principales, scilicet in prohemium et orationem...
Aegidius Romanus (?) or Augustinus Moreschini (?), *Expositio in orationem dominicam*
Printed: Aegidius Romanus, *Opera omnia*, Romae 1555; Cordoba 1706 (Stegmüller RB 915; *Dict. Spir.* 6,388)

8679. Oracula prophetarum delent peccata sed amplius oratio Dei Filii facinora absumit...
[Tractatus de dominica oratione]
Ms: Melk 1771 (616) f.181-187.

8680. Orandi prerogata forma exigit rem orandi; nam apostoli summa diligentia quesierunt, scilicet unus ex discipulis ex omnibus dicens...
Simon de Cassia, O.E.S.A., *Expositio super Pater noster* (*De gestis Domini Saluatoris*, lib. 10, c.27-34)
Ms: Admont 201, f.9-14. (Zumkeller MWA 778)

8681. Orantes autem, Dominus ait, nolite multum loqui sicut ethnici (Matth. 5,7). *Sicut ypocritarum est prebere se spectandos in oratione... Cum in omni deprecatione,...*
Augustinus, *De oratione dominica* (*De sermone Domini in monte*, lib.2, c.3, n.12 seq.)
Ms: Olomouc, CO 128 f.83-87.
Printed: PL 34, 1274 seq.
See: 8140

8682. *Orantes autem nolite multum loqui sicut ethnici* (Matth. 5,7). *Si ethnicus in oratione multum loquitur...*
Pater noster...Patrem dicendo se filios esse confitentur...
S. Hieronymus, *In Evangelium Matthaei*, lib. 1, cap.6
Ms: Bruxelles, BR 14069-88 (cat. 2190) f.50.
Printed: PL 26, 42-43; Vives 105; CCL 77, 36-37

8683. *Orantes dicite Pater noster, ait saluator discipulis suis dum ab eodem instrui...*
(Ms: Einsiedeln 279)
See: 8199

8684. *Orantes nolite multum loqui* (Matth. 6,7). *Quod multos utiles fructus afferat vigilans et deuota oratio...*
Pater noster. Non ignorauit Christus multos futuros...
Thomas Ebendorfer de Haselbach, *Sermones decem super orationem dominicam*
Mss: Brno, Univ. Mn 19 f.159-213; Klosterneuburg 406 B f.1-38; München, Clm 5623 f.169-221; 14130 f.145-201; 18279 f. 18-70; 27318 f.1-100; Praha, Univ. I.B.7 (62) f.190-237; Wien, Nat. 4412 f.86-117. (A. Lhotsky, *Thomas Ebendorfer*, Stuttgart 1957, p.86; Stegmüller RB 10885)

8685. *Orantes nolite multum loqui* (Matth. 6,7). *Hic dicit unus et verus magister instruens nos...*
[Comm. on the Lord's Prayer, exc. from Augustinus, *De sermone Domini in monte*, lib.2, c.3-11, n.12-39 PL 34, 1274-1287 ?]
Mss: Praha, Metr. Kap. A.79.1 (148) f.191-194; Praha, Univ. V.C.10 (852) f.141-146.

8686. *Orare non est aliud quam per eleuationem mentis et affectus excitationem sua desideria Deo notificare...*
Pater noster. Et hec inuocatio est quasi prohemium totius orationis docens nos totum modum et regulam orandi...
Iohannes Picus de Mirandula, *Expositio super Pater noster*
Printed: Venetiis 1537; *Opera omnia*, Basileae 1572 (Stegmüller RB 4866)

8687. *Orate pro inuicem tu saluemini: multum enim valet deprecatio iusti assidua, canon. Iac cap. 5,16 seu ultimo in fine. Circa dominicam orationem aliqua sunt prelibanda, unde beatus Iacobus apostolus consolanter annunciat ex assidua...*
[Comm. on the Lord's Prayer]
Ms: Olomouc, CO 191 f.161-204.

8688. *Orate pro persequentibus et calumpniantibus vos, Matth. (5, 44). Quando discipuli petierunt a Christo ut doceret eos orare ordinavit septem petitiones que virtualiter continent omnia pertinentia ad salutem eternum...*
[Comm. on the Lord's Prayer]
Ms: München, Clm 3597 f.38-44.

8689. *Orate pro persequentibus* (Matth. 5,44)...*Quando discipuli...*
Iohannes de Saxonia,
[Comm. on the Lord's Prayer]
Ms: Salzburg, St. Peter b. XII.35.n. 7.

8690. *Orate sine intermissione* (I Thess.5,17). *Ille sine intermissione orat...*
See: 8445

8691. *Oratio dominica commendatur a tribus, a dignitate, breuitate, fecunditate. Primo dico commendatur a dignitate, quia ab eo qui est sanctus sanctorum qui inter omnes dignos dignissimus est edita et edocta...*
De oratione dominica commendatio et expositio brevis
Mss: Bruxelles, BR 1557-1604 (cat. 2183) f.144; München, Clm 8258 f.168.

Alternate incipit: Commendatio dominice orationis. Pro que est notandum quod oratio dominica commendatur a tribus, scilicet...8116

8692. Oratio dominica commendatur in tribus, in dignitate, fecunditate et breuitate, quia a Christo saluatore edita...
[Comm. on the Lord's Prayer]
Ms: Marburg, Univ. 74 f.134-142. (Damerau infra; B.-g. Guyot in *Rev. des Sciences Philos. et Theol.* 56 [1972] 425-428)
Printed: R. Damerau, *I. Der Herrengebetskommentar eines Unbekannten...* (Studien zu den Grundlagen der Reformation 4), Giessen 1966, p.19-56

8693. Oratio dominica de qua tractare intendimus est breuis oratio que celos penetrat...
See: 9242

8694. Oratio dominica debet frequenter et deuote a quolibet fideli dici tum quia facta est a rege omnium, ideo est regina omnium orationum...
Excellentie orationis dominice per Virginem Marium cuidam deuoto patefacte
Ms: Wien, Domin. 53 (275) f.321.

8695. Oratio dominica est breuis, utilis, sufficiens, vera (?), catholica. In oratione dominica est ordo naturalis. Hic ordo utitur...
[Comm. on the Lord's Prayer]
Ms: Oxford, Bodl. Laud. misc. 40 f.11.

8696. Oratio dominica multis ex causis dignior est aliis orationibus...
[Comm. on the Lord's Prayer]
Ms: Oxford, Balliol 230 f.158.

8697. Oratio dominica octo partes habet. Prima est captatio beniuolentie quam sequuntur septem petitiones et diriguntur ad Deum Patrem...
Petrus Comestor,
[Comm. on the Lord's Prayer*Historia scholastica, In evangelia* c. 49]
Mss: Paris, BN lat. 2708 f.14; Wolfenbüttel, 442 Helmst. (477) f.129. (Stegmüller RB 6580)
Printed: PL 198, 1564-1565
Alternate incipit: Hec oratio octo partes habet...8389

8698. Oratio dominica precellit alias orationes primo in dignitate quia ab ipso Filio Dei est edita et edocta...
(Mss: Schlägl 121; Vyssi Brod 90)
See: 9200

8699. Oratio dominica proprie [propria] dicitur quia Christus Filius Dei, de impenetrabili sapientia sua docuit discipulos suos orare dicens; Pater noster. Patrem inuocamus Deum in celis quia omnes ab uno Deo creati sumus...
Dominica oratio explanata a quodam or *Expositio super (de) oratione dominica* or *De oratione dominica*
Mss: Bamberg, Liturg. 131 f.108-109; Karlsruhe, Aug. perg. 18 f.9-10; Cues 258 f.113-115; Laon 288 f.1-2; Metz 149 f.69-70;, Milano, Ambr. M. 79 sup. f. 32; München Clm 5127 f.69; Orleans 313 (266) p.242-243; Oxford, Bodl. Junius 25 (SC 5137) f.191-192; Paris, BN lat. 3218 f.191; 13765 f.86-87; 18216 f.76-77; nouv. acq. lat. 2176 p.194-195 (*Hieronymus*); Praha, Metr. Kap. N.42 (1566) f.44-45; O.66 (1650) f.45; Praha, Univ. X.B.13 (1842) f.256-257; St. Gallen 230 p.417; 241 p.178; Vaticana, Vat. lat. 317 f.258-260; Vercelli, Cap. 62 f.160-161; Würzburg, Univ. M.p.th. f.109 f.150. (Stegmüller RB 9351; 11600)
Alternate incipits: Pater noster oratio dominica dicitur...8796; Patrem inuocamus Deum in celis...8861

8700. Oratio dominica quam docuit ipse Dominus ac Redemptor noster... Dominica oratio septem conserta petitionibus...

[Comm. on the Lord's Prayer]
Ms: Venezia, Marc. Lat. II.98 f.73-75.

8701. *Oratio dominica quamquam humilis et aperta...*
[Comm. on the Lord's Prayer]
Ms: Zwettl 386 f.28-36. (Stegmüller RB 11778)

8702. *Oratio dominica, scilicet Pater noster, a tribus commendatur, scilicet auctoritatis dignitate quia a Christo est edita saluatore, ut patet Matth. 6,9; secundo utilitate fecunditatis quia continet quidquid est necessarium petere pro utriusque temporis vite...*
[Comm. on the Lord's Prayer]
Ms: Mainz, II 171 f.218-224.

8703. *Oratio dominica, scilicet Pater noster, septem continet petitiones secundum septem sacramenta ecclesie...*
[Comm. on the Lord's Prayer]
Ms: Zwettl 274 f.204-205. (perhaps makes use of Nr. 9073)

8704. *Oratio dominica secundum Astensem, lib.5, tit.27, c.5 habet se ad modum epistule. In qua primo ponitur sanitacio...*
[Comm. on the Lord's Prayer]
Ms: Kornik 119 f.139-140.

8705. *Oratio dominicalis omnes alias orationes excellit in quatuor: primo in auctoritate quia Christus...*
See: 8662

8706. *Oratio est expositiua desiderii; unde manifestum est quod cum oramus ipsum nostrum pretendimus desiderium ad eum...*
Ps. Thomas de Aquino, *Expositio super Pater noster* or *Tractatus de oratione dominica et virtute et efficacia et excellentia et perfectione eius respectu aliarum orationum*
Mss: Alba Iulia I.148 f.204-207; Firenze, Naz. Conv. Soppr. C.II. 2826 f.175-191; Lilienfeld 144 f.194-197 (*fr. Christianus*?); Paris, Arsenal 532 f.88-90; Vicenza, Bert. 77 (G.2.7.7) f.97-109.
Alternate incipit: Sciendum quod oratio est expositiua...9077

8707. *Oratio hec priuilegiata est in tribus...*
(Mss: Cambridge, Univ. Dd. 4.50; München, Univ. 15; Paris, Mazarine 996; Utrecht, Univ. 108; Wien, Nat. Ser.n. 3622)
See: 8927

8708. *Oratio Pater noster est pre omnibus priuilegiata ex dignitate quia ab ore Christi proprio fuit prolata; ex breuitate quia sub paucissimis verbis fuit composita...*
Pater: hoc verbum requirit in nobis amorem ut Deum amemus ex toto corde...
[Comm. on the Lord's Prayer]
Ms: London, BM Roy. 12 E.XXXI f.148-149.

8709. *Oratio qua Dominus et saluator noster voluit per discipulos et per alios fideles suos Deum rogari, duas continet partes principales...*
Nicolaus de Dinkelsbühl, *De oratione dominica* (Sermo 4)
(Mss: Innsbruck, Univ.239; Ljubljana 149 [Kos 71] f.229-233; München, Clm 28663 f. 1-12; Trier, Stadtbibl. 670 f.248-276)
See: 9138
(Ms: Praha, Univ. VII.D.12 f.191-205)
See: 8933

8710. *Oratio secundum Damascenum est petitio decentium a Deo et secundum Thomam in IV dist.14; hec diffinitio Damasceni verissime essentiam orationis declarat; secundum*

Hugonem de Sancto Victore, oratio est deuotio quedam ex compunctione procedens...
Magister Petrus de Stupna, *Descriptio orationis super capitulo sexto Matthei*
Ms: Praha, Univ. IX.E.12 (1768) f.65-78.

8711. **Orationem dominicam sic dicemus...**
Stella clericorum
Ms: Klagenfurt, Studienbibl. Pap. 89 f.1-12.

8712. **Orationis dominice continentiam materialem, congruentiam formalem, utilitatem finalem et breuitatem exteriorem...**
Iohannes de Altissiodoro, *Expositio orationis dominice secundum reportata a Iohanne de Altissiodoro*
Mss: Berlin, Theol. lat. fol. 502 f.34-65; Praha, Narodni Mus. XIII.C. 7 (3309) f.1-82; Praha, Univ. XII.C.13 (2141) f.75-125; St. Florian XI-278 f.33-59.
(Stegmüller RB 4138)

8713. **Orationis dominice pars ultima, scilicet Et ne nos inducas, etc. correspondet ordine retrogradando statui primo de quo Lucifer cecidit...**
Pater noster Ihesu Christe qui es in celis, id est in sanctis et precipue in apostolis...
[Comm. on the Lord's Prayer]
Mss: Praha, Metr. Kap. D.65 (631) f.41-49; Praha, Univ. I.E.28 (213) f.77-80.

8714. **Orationis huius dulcissime pretiositas ineffabilis ex triplici parte attendi potest, primo ex parte eius qui eam composuit et edocuit...**
[Comm. on the Lord's Prayer]
Ms: Olomouc, Univ. M I 292 f.117-150.

8715. **Orationis tres sunt effectus qui possunt dici tres ipsius fructus. Primus est quedam spiritualis consolatio...**
Nicolaus de Dinkelsbühl, *De oratione dominica*, Sermo 1 (excerpt)
See: 9138

8716. **Oratorum saecularium mos est...**
See: 8135; 9175

8717. **Oraturos Dominus nos monet orare dicens... Septem ergo petitiones in dominica oratione ponuntur...**
(Mss: Graz, Univ. 253; Oxford, Bodl. Hatton 26)
See: 9103

8718. **Oraui te, dulcissime Ihesu Christe, corde...**
Tractatus super orationem dominicam compilatus a rev. patre domino Cadiarelli(?)
Ms: Warszawa, BN BAW 68 f.470-485.

8719. **Ordinem temporis ut premissum est in huius orationis expositione seruantes...**
Guillelmus Durantus,
[Comm. on the Lord's Prayer; *Rationale divinorum officiorum*, lib. 4, c. 48]
Ms: Göttweig 142 (135) f.?-257.
Printed: Neapoli 1859, p.292
See: 8624; 8869

8720. **Oremus. Adiuuante Domino a morte anime sic resurgamus ut in eandem iterum non cadamus...**
[Comm. on the Lord's Prayer; on the Mass]
Mss: Brno, Univ. Mk 75 f.73-76; Praha, Narodni Mus. XI.A.27 (2851) f.193-199.
Alternate incipit: Sequitur oremus ut sic adiuuante...9124

8721. **Oremus cum dicit sacerdos, innuit quod ecclesia debet orare cum ipso sacerdote per silentium...**
Magna fiducia quod cui vix serui sumus digni vocari, patrem eum vocamus quod nunquam homo auderet nisi ipse Dei Filius premonisset...

[Comm. on the Lord's Prayer]
Mss: Leipzig, Univ. 425 f.75-78; Praha, Metr. Kap. E.47 (802) f.247-249 (*Remigius*); Praha, Univ. VII. D.11 (1277) f.148-151; Rein 23 f.124-130; Schlägl 121 f.54-58; Wien, Nat. 3986 f.327-330.
Alternate incipit: Magna fiducia quod...8567

8722. *Ostendendum est prius prohemialiter et preambule ante expositionem...*
Franciscus de Retz, O.P., *Lectura super orationem dominicam* (38 lectiones)
Mss: Klosterneuburg 571 f.1-164; formerly Wien, Domin. H 5. (C.F. Häfele, *Franz von Retz*, Innsbruck 1918, p.93; Stegmüller RB 2326; Kaeppeli 1133)

8723. *Panem nostrum cotidianum...Panem utique sustentationis simpliciter Dominus docuit petere quia...*
[Comm. on the Lord's Prayer]
Ms: Berlin, Theol. lat. qu. 70 (Rose 424) f.156.

8724. *Panem nostrum cotidianum...Panis est verbum Dei qui reficit mentem non ventrem...*
Ms: Admont 201 f.14

8725. *Panem nostrum cotidianum...Panis grece, latine sermo. Per panem intelligitur omnis virtus corporalis...*
See: 9226

8726. *Panem nostrum cotidianum...scilicet doctrinalem, penitentialem et virtualem. O celestis Pater, adhuc triplicem panem...*
See: 8282

8727. *Panem nostrum cotidianum...Uzue (?) in se considerata summe difficilia exibunt...*
[Sermon on the Lord's Prayer]
Ms: Avignon 601 f. 40r. (Schneyer, *Repert* Jacobus de Losanna n.415 and 1202 [B.G.P.T. M. 43,3 p.88,147])

8728. *Panem nostrum hodie da cotidianum...*
[Oratio dominica versificata]
Ms: Oxford, Corpus Christi Coll. 59 f.65. (Chevalier RH 14368)

8729. *Partes dominice orationis quot sunt ? Nouem. Que? Una salutatio, septem petitiones et una conclusio... Breuis recapitulatio predictorum. O Deus sanctissime Pater honorabilis propter eminentiam tue maiestatis... Epilogus breuis. Pater noster qui solus vere es...*
Nicolaus V, *Tractatus breuis compilatus ut asseritur a pluribus a sanctissimo domino nostro Nicolao papa Quinto de oratione dominica* or *Tractatulus breuis per modum donati pro nouellis clericulis in dominica oratione instruendis (informandis)*
Mss: Basel, Univ. A.V.38 f.89-91; A.VI.4 f.66-68; Berlin, Theol. lat. oct. 173 f.51-55; Einsiedeln 228 f.42-44; 279 p. 190-196; (?) Harburg, II lat. 1 qu. 20 f.80-93; Lübeck, Theol. lat. 171 f.1-7; München, Clm 5604 f. 4-6; Paris, BN lat. 14586 f.183-185; Vaticana, Vat. lat. 1310 f.73-77; Wrocław, Uniw. I.F.157 f.273 seq.; I.F.265 f.139 seq.; I.F.271 f.117 seq.; I.Q.103 f.226-228; I.O.42 f.387-390. (Stegmüller RB 5665)

8730. *Partes orationis que sunt? Octo, quippe cognitio substantie...*
Donatus spiritualis [De oratione]
Ms: Vyssi Brod 31 f.100-119.
Cf: 8301

8731. *Partes orationis quot sunt? Octo, que deuotio latine dulcedo incedium...*
See: 8301

8732. Paruus error in principio maximus erit...
 Alphabetum mysticum cum Pater noster, Ave Maria, Credo
 Ms: Oxford, Bodl. Lat. th.e. 18 f.136-141.

8733. Pater...
 See: O Pater...8640 seq.

8734. Pater a paruo creator[e] vel recreator[e], Noster olim iudeorum nunc christianorum...
 [Comm. on the Lord's Prayer]
 Ms: Reims 549 f.141.
 Printed: D. Vorreux in AFH 61 (1968) 215-216 n. 2

8735. Pater alme, tuum nomen sit sanctificatum...
 (Mss: Paris, BN lat. 2831; Vaticana, Palat. lat. 719)
 See: 8641

8736. Pater alme, verax Deus/ Ad te clamo tanquam reus/...
 Pater noster
 Ms: Napoli, Naz. V.C.13 f.79.

8737. Pater. Ambrosius. Pater laus Dei quia predicatur in eo pietatis gloria...
 Theodoricus de Herxen, *De verbis orationis dominice secundum verba sanctorum (Expositiones varie dominice orationis*...Nr.5)
 Printed: [Deventer] 1492 (H 8533, Goff H-134) f.f1-f4.
 Cf: 8526

8738. Pater: beniuolentissime Deus. Noster: per Filii incarnationem... Deus Pater beniuolentia, noster incarnatione...
 Pater noster. Hic docet nos Christus Dei beniuolentiam acquirere...
 [Comm. on the Lord's Prayer]
 Ms: Subiaco CXCI (195) f.2. (Stegmüller RB 11103)

8739. Pater, creatione, maioritate, adoptione; noster, connaturalium, conredemptorum, consodalium; qui, potentissimus efficaciter, piissimus misericorditer, prudentissimus actualiter...
 [Comm. on the Lord's Prayer]
 Ms: Arras 488 (807) f.39.

8740. Pater creator diuinissime/ noster amator/ zelant...
 [On the Lord's Prayer, Canticle]
 Printed: Dreves 2,167. (Chevalier RH 14650)

8741. Pater creator omnium/ origo et principium/ a quo causantur omnia/ Ad te tuarum omnium/ tuorum grex fidelium/ alta mittit suspiria/...
 Pulcerrimum dictamen super orationem dominicam
 Mss: Aix-en-Provence 110 p.203-209; Paris, Mazarine 3897 f.1-4; Paris, BN lat. 7371 f.78-79; Tours 950 f.121-124. (Chevalier RH 14653; Walther IC 13702; H. Walther in RMAL 20 [1964] 51-54)
 Printed: Dreves 48, 323-328.

8742. Pater cui debetur honor, noster cui debetur amor...
 [Comm. on the Lord's Prayer]
 Mss: Praha, Univ. V.G.1 (953) f.291-292; Salzburg, St. Peter a.IV.29 f.11-12; Schlägl 121 f.63.

8743. Pater cui nos amorem debemus et honorem. In Mal. (1,6): Si ego pater, ubi amor meus? Item, pater cuius est misereri filiorum...
 [Comm. on the Lord's Prayer]
 Ms: Durham, Cath. A.II.15 f.1.
 Cf: 8744

8744. **Pater cuius nos filios confitemur, cui honorem et amorem debemus, Mal. 1,6: Si ego pater, ubi est honor meus; Ex. 20,12: Honora patrem tuum...**
Expositio [Super Pater noster]
Ms: Dresden, A 191 f.68-70.
Cf. 8743

8745. **Pater dicit non Deus, quia ad deitatem spectat reuerere...**
[Comm. on Lord's Prayer]
Ms: Basel, Univ. A.VIII.46 f.148. (Stegmüller RB 8647)

8746. **Pater dicit non Dominus quia amari appetit...**
See: 9200

8747. **Pater dicitur a patrando id est perficiendo...**
Cf: 8366

8748. **Pater duobus modis dicitur omnipotens...**
See: 8366

8749. **Pater: ecce beniuolens...**
See: 9183

8750. **Pater: hoc verbum ostendit, inducit et requirit...**
See: 8834

8751. **Pater: hoc verbum requirit in nobis amorem...**
See: 8708

8752. **Pater, id est tu es ille qui filios spirituales progeneras mediante viuifico amoris germine...**
(Mss: Bruxelles, BR 21858, München, Clm 19820)
See: 8160

8753. **Pater in quem credimus per fidem, noster quem diligimus per caritatem...**
Iohannes de Bensheim (prepositus Ecclesie b. Marie in Campis extra muros Mogunt.), *Pater noster 'quod ex cuiusdam doctoris scriptis abbreuiando collegit'*
Mss: Göttingen, Univ. Theol. 147 f.220-224; St. Gallen 947 p.94-100; Würzburg, Univ. M.ch.f.53 f.146-148.
Dedic. Reuerendo in Christo patri ac domino Iohanni, Dei gratia archiepiscopo Moguntino... Humillimus vestre R.P. seruitor Iohannes de Bensheim, prepositus ecclesie b. Marie in Campis extra muros Mogunt. ...9023

8754. **Pater in quo captamus beniuolentiam...**
See: 9199

8755. **Pater, inquit, noster qui es in celis: oportet enim considerare Deum ut patrem...**
See: 8628

8756. **Pater laudabilis in creatione, amabilis in redemptione, desiderabilis in regni communicatione...**
[Comm. on the Lord's Prayer]
Mss: München, Clm 28419 f.48; Salzburg, St. Peter b.IX.13 f.147.
Cf: 8761

8757. **Pater laus Dei quia predicatur in eo pietatis gloria...**
See: 8737

8758. **Pater meus quia in exordio creature...**
(Ms: München, Clm 27409)
See: 8180

8759. **Pater non Dominus quia amari appetit...**
See: 9200

8760. Pater non iudicat quemquam (Ioh. 5,22)...
    Hugo de Sancto Victore, *Sermo super dominicam orationem* (Cf. Indiculum II,25)
        (J. de Ghellinck in *Recherches de Science Religieuse* 1[1910] 280, 389; R.
        Baron, *Etudes sur Hugues de Saint-Victor*, Paris 1963, p.58-63)
    Printed: PL 177, 561-563 (Miscellanea 1, 169-170)

8761. Pater noster amabilis, laudabilis, desiderabilis, dans nobis esse nature...
    [Comm. on the Lord's Prayer]
    Ms: Praha, Metr. Kap. E.13 (759) f.224-225.
    Cf: 8756

8762. Pater noster, beatissime et sanctissime...
    (Ms: Bruxelles, BR 21600)
    See: 8654

8763. Pater noster, beneficio creationis, priuilegio conditionis...
    See: 8799

8764. Pater noster celestis dabit spiritum bonum petentibus se (Luc. 11,13). **Christus volens hortari...**
    [Comm. on the Lord's Prayer]
    Ms: Uppsala, Univ. C 7 f.144-153.

8765. Pater noster commendatur a tribus...
    Pater noster...Multum valet deprecatio iusti assidua (Iac. 5,16)...
    [Comm. on the Lord's Prayer]
    Ms: Klosterneuburg 1145 f.70-72.
    Cf: 8579

8766. Pater noster commendatur a tribus, a dignitate...
    [Comm. on the Lord's Prayer]
    Ms: Pommersfelden, 40/2919 f.60-62.

8767. Pater noster conditionis priuilegio...
    (Ms: Melk 1960 [364])
    See: 8799

8768. Pater noster, creatione vel adoptione. Qui es, inestimabiliter. In celis, vel elementariis vel in sanctis tuis...
    [Comm. on the Lord's Prayer]
    Ms: London, Lambeth Palace 199 f.51. (Stegmüller RB 9704)

8769. Pater noster, creator noster, redemptor noster...
    (Ms: Roma, S. Isidoro 1/73)
    See: 8654

8770. Pater noster, Deus Pater gubernans nos paterna affectione. Qui es in celis, hoc est qui es in sanctis et in bonis...
    (Ms: Paris, BN lat. 2737)
    See: 8785

8771. Pater noster dicitur in celis multiplici de causa: prima ut omnes in Spiritu sancto...
    [Comm. on the Lord's Prayer]
    Ms: Wien, Nat. 4550 f.12.

8772. Pater noster dicitur quia habet filium...
    [Nota super Pater noster]
    Ms: London, BM Roy. 8 A.XV f.183.

8773. Pater noster dicitur quod commune omnibus; nemo dicat meus...
    See: 9082

8774. *Pater noster dominica oratio est; quare dicitur dominica oratio...*
See: 8233

8775. *Pater noster en in celis/ Pater meus esse velis...*
See: 8173

8776. *Pater noster es tu, Domine, nos vero lutum; fictor noster es et opera manuum tuarum omnes nos, Is. 64,8...*
[Comm. on the Lord's Prayer]
Ms: München, Clm 3236 f.177-177 bis.

8777. *Pater noster, eterne rex altissime, Domine Pater et dominator. Qui es in celis: in deliciis tuis...*
[Comm. on the Lord's Prayer]
Ms: Paris, BN lat. 15139 f.250.

8778. *Pater noster. Ex quibus verbis sciendum quod in hac oratione dominica due sunt partes...*
See: 8230

8779. *Pater noster: ex quo omnia; qui es in celis: omni tempore seculi; sanctificetur: coram hominibus...*
[Comm. on the Lord's Prayer]
Mss: Basel, Univ. B.IV.28 f.56; Wien, Nat. 362 f.237. (Stegmüller RB 8719)

8780. *Pater noster, excellentissima creatione, uberrima dilectione, beniuolentissima adoptione...*
[Comm. on the Lord's Prayer]
Ms: Pommersfelden 29/2756 f.46-47. (Stegmüller RB 10870)

8781. *Pater noster excelsus in creatione, suauis in amore, diues in hereditate; qui es in celis; speculum eternitatis...*
Aureum Pater noster or Expositio breuis super Pater noster or Expositio breuissima orationis dominice or Expositio magistralis
Mss: Admont 203 f.30; 605 f.156-157 (*Henricus de Nurenberch*O.E.S.A.); Augsburg 8 108; Auxerre 20 f. 156; Avignon 342 f.66; Bamberg, Liturg. 169 f.117; Basel, Univ. A.VIII.46 f.147-148; A.X.81 f.92; Berlin, Theol. lat. fol. 32 (Rose 454) f.288; Hamilton 348 f.180; Bruxelles, BR 2196-215 (cat. 1468) f.172; Budapest, Orsz. Schech. Kön. 439 at the end; Frankfurt a.M., Univ. Praed. 170 f. 300-301; Göttingen, Theol. 147 f.224; Göttweig 445 (240); Harburg, II lat. 1 fol. 31 n.6; II lat. 1 fol. 175 f.199; Leipzig, Univ. 444 f.239; Lübeck, Theol. lat. 171 f.7-8; Mainz I 192 f.32; Maria Saal 16 f.166; Melk 1775 (278) f.195 (*Egydius quidam*); 1832 (299) f.71 (idem); 1960 (364) f.69; Morella, Arxiu de l'Arxiprestal I n.8 (*Gregorius periit*); München, Clm 5955 f. 88; 7013 f. 116; 7016 f. 179; 16036 f. 1; 16195 f. 197; 18551 f. 290; 24514 f. 195; 26706 f. 191; 28396 f. 114; München Univ. Fol. 84 f. 92; 677 f. 130; Nürnberg, Cent. IV, 82 f.421; Cent. VII, 14 f.199-200; Paris, BN lat. 17479 f.146; 18128 f.135; Pommersfelden 181 (Nach. 30 c) f.332-334; Praha, Narodni Mus. XI.A.27 (2851) f.192; Praha, Univ. V.G.1 (953) f.291; VI.G.1 (1164) f.208; Salzburg, St. Peter a.IV.29 f.11; St. Gallen 691 p.62; 947 p.94-100; Schlägl 97 f.161; 121 f.63; Uppsala, Univ. C 204 f.27; Vorau 212 f.1; 249 f.282; 250; 401 f.48; Vyssi Brod XI f.78-80; 31 f. 131; 83 f.46; 90 f.157; Wien, Domin. 1 (1) f.101; 53 (275) f.231; Wien, Nat. 4342 f.160; 4747 f.221; 4748 f.10-11; Ser. n. 3014 f.107; Wien, Schott. 330 f.193; 336 f.64-65; Windsheim 30 (142) f.151; Wolfenbüttel, 442 Helmst. (477) f.129; Wrocław, Uniw. I.Q.341 f.198; Würzburg, Univ. M.p.th.f.55 f.57-58. (Chevalier RH 5654; 14672; Stegmüller RB 8524; 11063; 11710)
Alternate incipit: Pater noster in creatione suauis... 8788
Cf: 8845

8782. Pater noster excelsus in maiestate, diues in hereditate, largissimus in largitate. Qui es in celis: corona iocunditatis...
[Comm. on the Lord's Prayer]
Ms: München, Clm 28424 f.8. (Stegmüller RB 9994)

8783. Pater noster, fidem auge hiis qui credunt in te; qui es in celis, qui abyssos intueris...
[Comm. on the Lord's Prayer]
Ms: Auxerre 20 f.155.

8784. Pater noster. Hec verba scripta sunt originaliter Matth. 6 et sunt principium dominice orationis que vocatur Pater noster. Et dividitur Pater noster in duas partes; prima pars est ibi: pater noster; alie partes sunt septem particule secundum septem petitiones...
[Comm. on the Lord's Prayer]
Ms: München, Clm 28396 f.108-114.

8785. Pater noster, hoc est Deus Pater diligens nos paterne dilectionis affectione...
Compendiosa expositio [Super Pater noster]
Mss: Bruxelles, BR 14069-88 (cat. 2190) f.42-43; Dijon 42 f.171; Paris, BN lat. 2590 f.47; 2737 f.1; 15732 f.174.
Alternate incipit: Pater noster, Deus Pater gubernans nos...8770

8786. Pater noster, hoc est secundum carnalem generationem habemus omnes unum patrem...
See: 8375

8787. Pater noster Ihesu Christe qui es in celis, id est in sanctis et precipue in apostolis...
See: 8713

8788. Pater noster, in creatione suauis...
(Ms: Harburg, II lat. 1 fol. 31 n.6)
See: 8781

8789. Pater noster, in exordio creature...
(Mss: München, Clm 4781; 9810; 18558)
See: 8180

8790. Pater noster, in quibus verbis de duobus potissime commendatur Deus: primo a magnitudine dilectionis et benignitatis in nos qua Pater noster vocari dignatur a nobis...
[Comm. on the Lord's Prayer following the prologue by St. Thomas Nr. 9207]
Ms: Wien, Domin. 72(216) f.63-76.

8791. Pater noster, in quo primo ponit orationis dominice continentiam materialem...
[Comm. on the Lord's Prayer]
Ms: München, Clm 9804 f.25-88.

8792. Pater noster, ipse, inquam, qui Dominus (?) factus est pater noster, secundum Gregorium...
See: 8539

8793. Pater noster non est oratio sed gradus...
See: 9234

8794. Pater noster omnipotens qui es caput omnis principatus et potestatis, qui es fons omnis boni, lucidissimus, amenissimus...
Peculiaris oratio sancte memorie domini Sebastiani episcopi Brixinensis [1417-1418]..
Per quemdam sibi deuotum ad publicum exposita
Ms: Basel, Univ. A.IX.35 f.47-51.

8795. *Pater noster, omnium et singulorum quos ad tuam paternam...*
   [Comm. on the Lord's Prayer]
   Ms: Subiaco LXXI (73) f.231.

8796. *Pater noster oratio dominica dicitur quia Christus, Filius Dei, de impenetrabili sapientia sua docuit...*
   (Ms: Vercelli, Cap. 62)
   See: 8699

8797. *Pater noster premittitur ut confidentes accedamus ad ipsum...*
   See: 8892

8798. *Pater noster primo dicitur propter honorem quem Patri exhibere debemus...*
   [Comm. on the Lord's Prayer]
   Ms: Uppsala, Univ. C 268 f.87-91.

8799. *Pater noster, priuilegio conditionis, beneficio [sacrificio] recreationis, mysterio pietatis, reparatione superne beatitudinis; qui es in celis: per illuminantem gratiam...*
   Expositio orationis dominice or *Expositio magistralis*
   Mss: Auxerre 20 f.156; Avignon 342 f.66; Brno, Univ. Mk 38 f.166; Cambridge, Caius 668 f.1; Firenze, Naz. Conv. Soppr. D.3816; København, Ny kgl. S.663 8 f.67; Melk 1647 (658) f.228; 1960 (364) f.68-69; Montserrat 1 f.57; Praha, Metr. Kap. F.4 (850) f.22; Tübingen, Wilhelmsstift GB 687 f.211-212; Vaticana, Palat. lat. 1769 f.43; Wien, Nat. 4511 f.221; Wrocław, Uniw. I.Q.466 f.20.
   Printed: Bonelli, *Suppl.* 3,283-286; Vives 479; Collectanea Franciscana 40 (1970) p.255 n.33
   Alternate incipits: In dominica oratione sunt due partes...8458; Pater noster, conditionis priuilegio...8767; Pater noster, scilicet beneficio creationis...8832

8800. *Pater noster quando dicis, habes memoriam de pauperibus quia et ipsi eum patrem inuocant sicut et tu...*
   Expositum orationis dominicae
   Ms: Paris, BN lat. 2817 f.77.

8801. *Pater noster quasi dicat: pater misericordiarum et Deus totius consolationis, qui propter maximam bonitatem et clementiam tuam creasti nos ad imaginem et similitudinem tuam...*
   [Comm. on the Lord's Prayer]
   Ms: Seitenstetten 227 f.31-32.

8802. *Pater noster que duodecim [septem] partes habet: prima est captatio beniuolentie quam secuntur septem petitiones et diriguntur ad Deum Patrem...*
   [Excerpt from Berengarius Fredoli ? *Summula in foro penitentiali*, pars 4]
   Ms: Fabriano, Com. 19 f.98-101.
   See: In primis debet sacerdos interrogare...2625; Quoniam valde ignominiosum est...5074
   Cf: 8804

8803. *Pater noster: que quidem oratio in qua spes nostra maiorem veritatem obtinet...*
   Glossa super Pater noster
   Ms: Stuttgart, Theol. fol. 104 f.373-378.
   Complete incipit: Cum oratis, dicite: Pater noster: que quidem oratio... 8147

8804. *Pater noster, que septem partes habet: prima est captatio beniuolentie...*
   Expositio orationis dominice
   Ms: Bologna, Arch. A.34 f.33.
   Cf: 8802

8805. Pater noster, qui es essencia incomprehensibilis...
    Henricus Pomerius (Bogaerts), C.R.S.A., *Meditatio devota super orationem dominicam*
    Ms: Einsiedeln 279 p.219-221.

8806. Pater noster qui es in celis, habetur Matth. 6 et Luc.11, cum dicit Ihesus: Sic autem orabitis 'Pater noster' etc. (Matth. 6,9). Hoc autem dixit discipulis cum ipsos docuisset multa diuina precepta; unde Christus volens dare subitam salutem, dedit precepta...
    [Comm. on the Lord's Prayer]
    Ms: Praha, Univ. VI.G.1 (1164) f.208-214.

8807. Pater noster qui es in celis, hoc est ut tu filius esse merearis ecclesiae, caelum est tibi ut culpa cessat; caeli sunt animae sanctorum...
    Oratio dominica
    Mss: Bamberg, Liturg. 131 f.107-108; Karlsruhe, Aug. perg. 18 f.9; München, Clm 5127 f.67-68; Würzburg, Univ. M.p.th.f.109 f.158-159. (Stegmüller RB 9350)

8808. Pater noster qui es in celis, id est in sanctis...; sanctificetur nomen tuum, id est fac nos cognoscere et intelligere...
    [Comm. on the Lord's Prayer]
    Ms: Paris, BN lat. 2833 f.68.

8809. Pater noster qui es in celis, immortalis, inuisibilis, incomprehensibilis, incommutabilis...
    Rogerius Fortis, Archepiscopus Bituricensis, *Septem orationes que incipiunt per septem verba orationis dominice* or *Septem sermones a septem orationis dominice petitionibus incipientes*
    Mss: Bern 461; Graz, Univ. 207 f.45-78; Paris, BN lat. 1083 f.157-195; München, Clm 7009 f.97-120; 18513 f.1-57.
    Preface: Clemens, mitis, dulcis, pura, munda...8115
    See: 9100

8810. Pater noster qui es in celis, que secundum Augustinum perfectissima est oratio et continens quidquid necesse est nec potest ad salutem amplius peti...
    Expositio orationis dominice secundum Augustinum
    Ms: Auch 13 f.140-141.

8811. Pater noster qui es in celis, sanctificetur nomen tuum et sic usque in finem, dixit: Periculosissimum est predicare verbum Dei...
    See: 8875

8812. Pater noster qui es in celis, sanctificetur nomen tuum, id est fac me sanctum in corpore et anima...
    [Comm. on the Lord's Prayer]
    Ms: Klosterneuburg 940 f.122.

8813. Pater noster qui es in celis, sanctificetur nomen tuum, per potentiam Patris infinitam...
    See: 8313

8814. Pater noster qui es in celis, sanctificetur nomen tuum, spiritu sapientie nostram luxuriam extinguendo...
    [Comm. on the Lord's Prayer]
    Ms: Praha, Metr. Kap. F. 60 b (914) f.251a.

8815. Pater noster qui es in celis, sanctificetur nomen tuum: ut totus mundus credat tue veritati. Adueniat regnum tuum: ut totus mundus obediat tue maiestati... In prima petitione petitur fides...
    [Comm. on the Lord's Prayer]
    Ms: London, BM Roy. 18 A.X f.86.

8816. *Pater noster qui es in celis, septem dona dare* (?) *filialis gratie destinatis glorie virtutis...*
[Comm. on the Lord's Prayer]
Ms: Paris, BN lat. 2810 f.85.

8817. *Pater noster qui es in celis, unigenitus Patri coaeternus...*
[Comm. on the Lord's Prayer]
Ms: Firenze, Laur. Ashburham, Libri 82(29) f.1-5.

8818. *Pater noster qui es in celis: Verba sunt ipsius Domini in euangelio...*
See: 9241

8819. *Pater noster qui es in celis/ et in nobis esse velis/ per mundi confinia/...*
[Paraphrase of the Lord's Prayer: 27 verses]
Mss: Firenze, Laur. Plut. XXIX, 1 f.215; Oxford, Bodl. Digby 166 f.162. (Walther IC 13809)
Printed: H. Walther in RMAL 20 (1964) 54-55

8820. *Pater noster qui in celis et in nobis esse velis...*
See: 8819

8821. *Pater noster qui nos in regnum tuum vocasti...*
[Comm. on the Lord's Prayer]
Ms: Vaticana, Vat. lat. 1592 f.84.

8822. *Pater noster qui orantes se exaudire consueuit...*
(Ms: Monte Cassino 247 p.125-127)
See: 8256

8823. *Pater noster qui solus vere es in celis, sanctificetur nomen tuum a dilectis in celo consummatis...*
See: 8729

8824. *Pater noster, quia amari appetit...*
See: 9200

8825. *Pater noster quia in exordio creature ex nichilo ad imaginem suam creauit nos...*
See: 8180

8826. *Pater noster, quia ipse nos fecit, et nos ut fratres diligere debemus; qui es in celis, id est angelis et sanctis animabus...*
[Comm. on the Lord's Prayer]
Ms: Einsiedeln 27 (1195) f.32-33. (Stegmüller RB 9134)

8827. *Pater noster, quia nos creasti et in filios per fidem gratiose adoptasti; qui es in celis, precipue et non tantum ibi...*
[Comm. on the-Lord's Prayer]
Ms: Praha, Univ. X.A.25 (1828) f.114.

8828. *Pater noster, quia speramus nos a te ad vitam ab eterno predestinatos et in filios adoptionis assumptos; noster, quia fraternam et veram cum omnibus electis tenemus orationem...*
[Comm. on the Lord's Prayer]
Ms: Oxford, Bodl. Hatton 37 (SC 4091) p.47. (Stegmüller RB 10140)

8829. *Pater noster, sanctificetur nomen tuum, per potentiam Patris infinitam...*
See: 8313

8830. *Pater noster, sanctissime, creator noster...*
(Ms: Bruxelles, BR 4596-98)
See: 8654

8831. Pater noster, scilicet beatissima Trinitas que est pater totius creature...
    See: 8673

8832. Pater noster, scilicet beneficio creationis, priuilegio conditionis...
    (Mss: Auxerre 20; Cambridge, Caius 688)
    See: 8799

8833. Pater noster. Scribuntur Matth. 6,9 et sunt verba Christi dicta apostolis quando dixerunt ei: Domine doce nos orare...
    See: 9085

8834. Pater noster tanquam caput omnium orationum euidenter approbatur quia ex omni virtute quantum ad omnia nobis salutaria...
    Pater: hoc verbum ostendit, inducit et requirit...
    Compendiosus tractatus [or *Tabula*] *de utilitate orationis dominice quo breuiter tractatur de eiusdem septem petitionibus, Flos Florum,* tract.1
    Mss: London, BM Addit. 15237; Burney 356 f.8-20; Harley 1022 (imperf.); 1648 f.1-7; Oxford, Merton 13 f.40 seq.
    See: 2549

8835. Pater noster, tu es qui filios in tuo dilectissimo filio generasti...
    [Comm. on the Lord's Prayer]
    Ms: Stuttgart, H.B. I 5 f.33-37.

8836. Pater noster, tu qui es in celis et in nobis esse velis...
    See: 8819

8837. Pater noster. Ubi est sciendum quod Deus dicitur Pater noster multis de causis...
    See: 8230

8838. Pater noster. Ubi propter firmitatem vel sanctitatem Dei Patris...
    See: 8137

8839. Pater noster. Ubi sufficienter petimus omnia que nobis necessaria sunt...
    See: 8068

8840. Pater noster; que oratio cum petitionibus suis excedit omnes alias in tribus...
    See: 8877

8841. Pater. Nota primo ex Chrysostomo quod Deus vult plus amari...
    See: 8037

8842. Pater omnium per creationem, noster per recreationem, qui quamuis sit ubique totus per essentiam...
    Dominicalis oratio exposita
    Ms: Vaticana, Vat. lat. 1058 f.28.

8843. Pater pacis amator tu eternus rex Noster nobilissimam ostende...
    See: 8546

8844. Pater, peccaui in celum et coram te; iam non sum dignus vocari filius tuus, fac ergo me sicut unum ex mercenariis tuis (Luc. 15, 18-19). *Ego sum servus tuus et filius ancille tue* (Ps. 115, 16)... *Sanctificetur nomen tuum, per me inquam peccatorem hodie...*
    [Comm. on the Lord's Prayer]
    Mss: München, Clm 5955 f. 86-88; 28397 f. 158-160.
    Alternate incipit: O Pater, peccaui in celum...8646

8845. Pater, per quem omnia, in quo omnia. Pater excelsus in creatione, suauis in amore, diues in hereditate. Noster qui eramus natura (?) filii ire...
    [Comm. on the Lord's Prayer]
    Ms: Praha, Univ. XIV.E.34 (2568) f.66.
    Cf: 8781

8846. *Pater: perfectus amor continetur in hoc verbo; nam omnis creatura naturaliter diligit Deum Patrem...*
   Deuota exposicio istius orationis Pater noster
   Ms: Oxford, Merton 49 f.79.

8847. *Pater qui de nichilo secula creasti/ Mittens mundum Filium nos recuperasti/ Mortuus ex crimine vitam preparasti/ Parce nobis miseris quos gratis seruasti...*
   [Comm. on the Lord's Prayer; 36 strophes]
   Ms: München, Clm 7016 f.177-179. (Chevalier RH 14679; Walther IC 13811)

8848. *Pater qui es ingenitus/ Ihesu Fili beate/ noster director Spiritus/ tu nos exaudi grate/ qui Deus extas predictus/ unus in Trinitate/ ...*
   [Pater noster metrice]
   Ms: München, Clm 5005 f.97.

8849. *Pater qui es unigenitus Fili Dei...*
   Curiale Pater noster
   Ms: Berlin, Lat. qu. 863 f.65. (Walther IC 13812)

8850. *Pater qui nos creasti, qui per baptismum genuisti...*
   (Ms: Trebon A. 3)
   See: 8087

8851. *Pater rerum omnium pius et fidelis/ iustus et misericors...*
   [Oratio dominica versificata]
   Ms: Oxford, Corpus Christi Coll. 59 f.65. (Chevalier RH 14680)
   Printed: Dreves 46,30

8852. *Pater vester celestis dabit spiritum bonum petentibus se* (Luc. 11,13). *Christus volens hortari...*
   See: 8764

8853. *Pater vester qui in celis est, dabit bona petentibus se. Hoc dicitur a Domino Matth. 7,11; ubi tanguntur tria...*
   (Mss: München, Clm 11360; Paris, BN lat. 15.988; Troyes 1538)
   See: 8882

8854. *Pater vocari voluit Deus quia more boni patris filios generat; ergo similiter* (?) *hereditatem eis prouidet et castigat minus eruditum...*
   [Comm. on the Lord's Prayer]
   Mss: Vorau 11 f.114-115; Wien, Nat. 13062 f.12 (*incompl.*). (Stegmüller RB 11613)

8855. *Patrem confitemur vel invocamus Deum in celis...*
   (Ms: Milano, Ambr. M. 79 sup.)
   See: 8699

8856. *Patrem cuncta Deum laudent, venerentur, adorent/ A Patre namque Deo cuncta patrata patent...*
   See: 8219

8857. *Patrem debemus reuerentiam, honorem et obedientiam...*
   See: 9031

8858. *Patrem dicendo...*
   See: 8008
   Cf: 8859

8859. *Patrem dicendo, filios [nos] confitemur...*
   [Comm. on the Lord's Prayer]
   Ms: Oxford, Bodl. Junius 25 (SC 5137) f.115.
   Cf: 8858

8860. Patrem dicendo, se filios esse confitentur...
    See: 8682
    Cf: 8859

8861. Patrem inuocamus Deum in celis quia omnes ab uno Deo creati sumus; ille recte confitetur Deum Patrem in celis quicumque fecerit voluntatem Dei...
    (Mss: Cues 258; Oxford, Bodl. Junius 25; Paris, BN lat. 3218; nouv. acq. lat. 2176; Praha, Metr. Kap. 0.66)
    See: 8699

8862. Patrem misericordie nostrum esse Patrem cum rationibus tum auctoritatibus, utrisque sancte et reuerenter suscipiendis, euidentissime comprobatur. Ait enim vas electionis, contemplator arcane...
    Theodoricus Paderbonensis, *De oratione dominica*
    Mss: Admont 61 f.50-56; Klosterneuburg 253 f.159-163; München, Clm 5848 f.319-323; Vaticana, Palat. lat. 482 f. 60-63. (Stegmüller RB 7989)
    Printed: B. Pez, *Thes. Anecd. noviss.* II,1 (1721) 59-68; PL 147, 333-340; Vives 533-537

8863. Patrem se magis quam Dominum voluit dici ut nobis magnam fiduciam daret ad petendum et spem largam ad impetrandum...
    Ps. Iohannes Chrysostomus, *Opus imperfectum in Matthaeum*, hom. 14
    Mss: Bamberg, Theol. 107 f.339-341; Graz, Univ. 1088 f.225-230; 1254 f.157-160; St. Gallen 1037 f.141-146; Wien, Nat. 4260 f.40-42.
    Printed: PG 56,711-715
    Alternate incipits: Petite et accipietis. O dulcis informatio...8879; Scit enim quid vobis necessarium sit...Si ergo cognoscit...9083

8864. Patrem se voluit nominari non dominum quia serui non semper impetrant...
    See: 8236

8865. Patris nuncupatio ad ipsius amorem nos excitat ut primum sit in oratione quod in mandatis primum est in donis...
    [Comm. on the Lord's Prayer]
    Mss: Besancon 862 f.31-32; Paris, BN lat. 71 f.107; Saint-Omer 86 f.171-172.

8866. Patrum summe Pater, cui fit tua filia mater/ Regnas in celis, nostris intende querelis/...
    [Pater noster metrice]
    Mss: Bern 211 f. 151; München, Clm 14660 f. 95; Paris, BN lat. 8247 f.131. (Walther IC 24905)
    Printed: H. Walther in RMAL 20 (1964) 48
    See: 9020

8867. Per circulum anni predicatur vobis verbum...
    (Ms: Wien, Nat. 4688)
    See: 8872

8868. Per hoc apparet ubi inuenitur oratio dominica...
    See: 9034

8869. Per hoc dicit 'Pater' notatur bonitas eius et ecclesie deuotio que ipsum patrem appellat. Per hoc vero quod dicit 'Noster' ostenditur signum caritatis...
    Episcopus Gwido in Rationali (Guillelmus Durantus, *Rationale divinorum officiorum*, lib.4, cap.48)
    Ms: Praha, Univ. III.G.11 (536) f.111-112.
    Printed: Guillelmus Durantus, *Rationale*, Napoli 1859, p.293-297
    See: 8624; 8719

8870. Per potentiam Patris infinitam...
    See: 8313

8871. Per quem omnia, in quo omnia. Pater excelsus in creatione...
   See: 8845

8872. Per totum anni circulum predicatur verbum sacre Scripture, iam de sanctis, iam de angelis, sed de ista sanctissima oratione, scilicet Pater noster, vobis rarissime predicatur (et quia iam sumus in diebus rogationum et petitionum) *et ideo de hac oratione vobis aliquid dicere propono. Hec enim oratio supradicta ab omnibus christianis frequenter et sepius repetitur et multplicatur...*
   Dominica oratio or Glossa super Pater noster
   Mss: Alba Iulia II 59 f.114-203; Göttweig 154 (162) f.101-105; 202 (145); Graz, Univ. 990 f.71-81; Harburg, II lat. 1 fol. 32 f. 148-153; II lat. 1 oct. 33 f.94 seq.; Klagenfurt, Bisch. Bibl. XXIX.e.2 f.43-47; Klosterneuburg 562 f.1-5; 262-264; 849 f. 163-170; 1143 f.13-24; München, Clm 5633 f. 276-281; 17784 f. 1-5; 26630 f. 235-236; 27494 f.9-10; Olomouc, CO 106 f.123-124; Olomouc, Univ. M.I.259 f.21-24; Opava 18 f.270-275; Praha, Univ. III.G.25 (550) f.183-184; VI.C.28 (1087) f.15-19; Tübingen, Wilhelmsstift GB 691 f.2-9; Vaticana, Palat. lat. 461 f.278-280; Vyssi Brod 86 f.1-20; Wien, Nat. 4688 f.69-75. (Stegmüller RB 9447)
   Alternate incipits: Carissimi fratres et domini, per totum annum...8080; Carissimi, per totum anni circulum...8084; Fratres carissimi, per totum annum...8330; In Ezechiele legitur...8462; Per circulum anni predicatur...8867

8873. Per totum: Pater alme tuum sit sanctificatum nomen et adueniat proprium tua gratia regnum...
   [Comm. on the Lord's Prayer]
   Ms: Paris, BN lat. 2831 f.136.
   Cf: 8641

8874. Perfectus amor continetur in hoc verbo...
   See: 8846

8875. Periculosissimum est predicare verbum Dei quia Dominus sepe propter peccatum dicentis vel propter peccata audientium claudit os predicatoris...
   [Sermon on the Lord's Prayer]
   Ms: Paris, BN lat. 14470 f. 294-295.
   Complete incipit: Pater noster qui es in celis, sanctificetur nomen tuum et sic usque in finem, dixit: Periculosissimum...8811

8876. Petite et accipietis (Ioh. 16,24). *Ex quo Dominus noster Ihesus Christus in verbis premissis inuitat nos ad orandum, tunc queritur ibi que oratio sit magis salutifera... Quantum ad primum, sciendum quod oratio dominicalis precellit alias orationes in quatuor...*
   Iohannes Herolt (Discipulus), O.P., *Sermo 65, In dominica rogationum*
   Mss: München, Clm 12004 f.226-227; Windsheim 83 (39) f.30-33.
   Printed: cf. B. Elers, *Discipulus rediviuus seu Sermones discipuli*, Augustae Vindelicorum 1728, 1 p.598-605

8877. Petite et accipietis (Ioh. 16,24). *In verbis istis Dominus duo facit. Primo ad petendum animat cum dicit 'Petite'...*
   Pater noster...Que oratio cum petitionibus suis excedit omnes alias in tribus, videlicet in dignitate... Antequam autem doceat petitionem, docet primo beniuolentie captationem...
   Martinus Polonus, O.P. penitentiarius domini pape, *Sermo 102* (feria II Rogationum)
   Printed: Argentine 1484 (H 10854, Goff M-359)

8878. Petite et accipietis...(Ioh. 16,24). *In verbis propositis tria notantur: primo hortatur nos Dominus ad orationes... Cum ergo Dominus specialiter nos ad orationem inuitet in hoc*

euangelio et in aliis multis, tamen (?) *aliquid de oratione dominica dicere propono...*
[Sermon on the Lord's Prayer]
Ms: Mainz I 402 f.76-77.

8879. **Petite et accipietis** (Ioh. 16,24). *O dulcis informatio et dulcissima repromissio... Pater noster. Patrem se magis quam dominum voluit dici...*
Ps. Iohannes Chrysostomus, *Opus imperfectum in Matthaeum*, hom. 14 (with an anonymous prologue)
Ms: St. Gallen 1037 p.141-146 (Stegmüller RB 4338,1)
Printed: PG 56, 711-715
See: 8863

8880. **Petite et dabitur vobis** (Matth. 8,7). *Hic principaliter quatuor sunt notanda: primo a quo sit petendum... Dicimus ergo Pater noster qui es in celis. Ibi dicit Glossa: monetur nobilis...*
Ps. Albertus Magnus, *Sermo 43 in Rogationibus* (Schneyer, *Repert*. Albertus Magnus 327 [B.G.P.T.M. 43,1 p.117])
Printed: *Alberti Magni Opera omnia*, Parisiis (Borgnet) 13 (1891) 178-180

8881. **Petitio: a peto, petis, vel ab hoc genitiuo petiti addita o, fit hec petitio, petitionis, id est questio vel postulatio. Et scias quod septem sunt petitiones dominice orationis...**
Expositio bona orationis dominice collecta ex Katholicon
(Ms: Berlin, Theol. lat. fol. 32)
See: 9061

8882. **Petitiones contente in dominica oratione...**
(Ms: Paris, BN lat. 3534)
See: 9102

8883. **Petitiones liberari a malo non induci in temptationem...**
Analysis orationis dominice
Ms: Cambridge, Corpus Christi Coll. 62 f.207.

8884. **Plato in I Thomae...**
Sermo super oratione dominica
Ms: Bamberg, Theol. 176 f.245-260 [XVI-1517].

8885. **Plurimum quidem interest, dilectissimi, inter orationis domum et laudis, cum utraque sit domus Dei. Non immerito tamen etiam nunc etiam hic licet in tempore et in loco peregrinationis...**
Expositio super orationem dominicam
Mss: Paris, BN lat. 17362 f.83-84; Soissons 116 f.102-107.

8886. **Ponitur itaque prima petitio contra superbiam quando dicitur 'sanctificetur nomen tuum', ut det nobis timere et venerari nomen suum...**
See: 9103

8887. **Posita forma orandi in communi, hic ut supra dictum est saluator exemplificans...**
Augustinus (Triumphus) de Ancona, O.E.S.A., *In orationem dominicam* (Exc. from *Lectura in Evangelium Matthaei*)
Mss: München, Clm 8337 f.2-14; 8825 f. 14-28 14142 f.62-73; 14630 f.25-54; 18552 a f. 122-158; 28905 f. 1-19; München, Univ. Qu. 30 f. 44 seq. (exc.); Praha, Univ. III.C.19 (450) f.113-126; Salzburg, St. Peter b.XII.35 n. 10; Salzburg, Studienbibl. M II 143 (V.2.E.42) f.111-124; Siena, Com. F.X.10; Roma, Angelica 689 (Q.4.7) f.1-33; Vaticana, Ottob. lat. 1780 f.3-13. (B. Ministeri, *De vita et operibus Augustini de Ancona*, Romae 1953, p.90-91; Stegmüller RB 1550; Zumkeller MWA 138)
Printed: Romae 1587; Vives 485-517
Alternate incipits: Ad intellectum autem huius partis est sciendum quod secundum Chrysostomum...8014; In ista oratione Christus Dei Filius primo

exemplificauit...8482; In ista parte Christus docet informationem morum... 8485; Sic [ergo vos] orabitis... Posita interiorum (morum) informatione...8481
Cf: 8481

8888. **Posita interiorum [morum] informatione quantum ad orationis deuotionem...**
See: 8014; 8887

8889. **Positis tribus petitionibus spiritualibus quibus petuntur spiritualia...**
Thomas de Aquino, O.P., *Tractatus super Pater noster (Collationes super Pater noster*, coll. 6 seq.)
(Ms: Paris, Arsenal 532)
See: 8515

8890. **Posito exordio, sequitur tractatus in quo ordinantur petitiones. Et habet septem partes...**
See: 9048

8891. **Possumus etiam supradictas petitiones exponere pro hiis que habituri sumus in patria...**
Ps. Anselmus or Ps. Bonaventura,
[Appendix II to Comm. on the Lord's Prayer 'O immensa clementia...' Nr. 8637]
Mss: Eichstätt, St. Walburg lat. 2 f.162-163; München, Clm 4397 f. 52; 5014 f. 6-8; 7231 f. 44; 18650 f. 9; 24863 f. 60-61; St. Paul in Lavanttal 62-4 f.178; Wien, Schott. 335 f.63-64. (Stegmüller RB 11058)
Printed: PL 149, 577-578; Vives 294
Alternate incipits: Possunt enim exponi dicte petitiones...8893; Item possunt exponi dicente dominice orationis... 8550
See: 8637

8892. **Possunt autem omnia supradicta aliter exponi sic: Pater noster praemittitur ut confidentes accedamus ad ipsum...**
Ps. Anselmus or Ps. Bonaventura,
[Appendix I to Comm. on the Lord's Prayer 'O immensa clementia... ' Nr. 8637]
Mss: Eichstätt, St. Walburg lat. 2 f.162; St. Paul in Lavanttal 62-4 f.178; Wien, Schott. 335 f.63. (Stegmüller RB 11057)
Printed: PL 149, 576-577; Vives 294
See: 8637

8893. **Possunt enim exponi dicte petitiones virtute orationis pro hiis que sumus in patria habituri...**
(Mss: München, Clm 7231; St. Paul in Lavanttal 62-4)
See: 8891

8894. **Post descriptionem sanctissime orationis dominice, dicendum est de forma orandi...**
See: 8326

8895. **Post ea que dicta sunt de symbolo quod recte fidei in nobis plantatione (?), agendum est de oratione dominica que ad firmiter sperandum... Hec oratio duas habet partes, prima est prohemialis que mentes nostras ad orationis exauditionem disponit...**
Bernardi speculum, Pars 2 *De oratione dominica*
Ms: Trier, Stadtbibl. 796 (1360) f.210-214.
See: 2107

8896. **Post expositionem symboli, ubi regula fidei canonice continetur, inspirante diuina gratia, transeamus ad expositionem orationis dominice...**
Pater noster...Hec oratio ceteris orationibus antecellit...
Expositio orationis dominice
Ms: Praha, Metr. Kap. C.72 (503) f.21-29.

8897. Post hystoriam sororum que duas ecclesie vitas significauerunt, non frustra Dominus et ipse orasse et discipulos orare docuisse describitur...Cyrillus. Cum autem habeat omnis boni plenitudinem...
    Thomas de Aquino, O.P., *Catena aurea in Lucam* 11,1 seq
    Ms: Bruxelles, BR 14069-14088 (cat. 2190) f.46-47.
    Printed: *S. Thomae Opera omnia*, Parmae 12 (1862) 127-129

8898. Postquam auctor determinauit de ordinatione alphabeti...
    See: 8163

8899. Postquam ergo de sex septenariis ad hunc septimum orationis dominice septenarium...
    See: 9180

8900. Postquam ostendit quid et qualiter non debeant petere...
    Expositio dominice orationis
    Ms: Graz, Univ. 455 f.2.

8901. Preceptis salutaribus. Hic postulatur ecclesiae militantis conseruatio...
    Pater noster. Terminata prefatione, subditur ipsa oratio in qua primo beniuolentia exauditoris...
    [Comm. on the Lord's Prayer]
    Ms: Milano, Ambros. E 70 p.92 seq.

8902. Preceptis salutaribus...Istud prologum scriptum est in officio misse; premittit beatus Gregorius dominice orationi 'Pater noster'. In quo prologo...
    (Ms: Harburg, II lat. 1 fol. 17)
    See: 8440

8903. Preces istas renati in baptismo, sanctificati in Spiritu sancto...
    See: 8114

8904. Precor, Domine, doce nos orare. Christus: cum oras, dicito 'Pater noster qui es'; hic memor sis triplicis informationis, primo ut meditatio sit pertinens...
    [Comm. on the Lord's Prayer]
    Ms: Auxerre 20 f.156.

8905. Presens oratio diuiditur in tres partes principales, scilicet in partem prohemialem et inchoatiuam...
    [Comm. on the Lord's Prayer]
    Ms: Magdeburg 211 f.192-245. (Stegmüller RB 9756)
    Complete incipit: Cum oratis, dicite: Pater noster; ita scribitur Matth. 6,9
        Presens oratio... 8145

8906. Presentes rogationum, id est orationum dies ex ipso quoque nomine suo nos nunc precipue ad orationem inuitant... Pater noster. Octo autem partibus hec secundum Mattheum oratio distinguitur...
    Petrus Abaelardus, *Expositio orationis dominicae*, Sermo 14, *in diebus Rogationum*
    Ms: Paris, BN lat. 14511 f.2-7. (Stegmüller RB 6380)
    Printed: PL 178, 489-495; Vives 318-323

8907. Preter hec spiritualia hortandus est populus ut in ecclesia et ubique ad Dominum...
    [Comm. on the Lord's Prayer]
    Ms: Vaticana, Vat. lat. 1248 f.190-191.

8908. Preterea si hec oratio dominica adhuc attentius discuciatur, inuenitur quomodo septem peccatis mortalibus remedietur... O Pater celestis, sanctificetur nomen tuum non nostrum...
    Theodoricus de Herxen, *Quomodo hec oratio legi potest ut sint nobis petitiones in remedium contra septem peccata mortalia* (*Expositiones varie dominice orationis*...Nr.3)

Printed: [Deventer] 1492 (H 8533, Goff H-134) f.e3-e6
Cf: 8526

8909. **Prima causa est, secundum auctoritate[m] doctoris quod ore Saluatoris prolata fuit...**
Petrus de Alliaco, *Expositio dominice orationis et quare ceteras orationes precellit*
Ms: Avignon 342 f.61-65.

8910. **Prima petitio est Pater noster** [qui es in celis, sanctificetur nomen tuum, in qua petimus sapientiam celestem...]
[Comm. on the Lord's Prayer in *Expositio missae* 'Missa pro multis']
Ms: Heiligenkreuz 153 f.68.
Printed: *Amalarii...Opera liturgica* t.3 (ed. J.M. Hannsens), Città del Vaticano, 1950 (Studi e Testi 140) 312-313

8911. **Prima petitio est: Sanctificetur nomen tuum, id est tales fac in quibus sanctus appareas; non petimus ut ipse sanctior sit, sed ut nos illum sanctificemus in nobis...**
[Comm. on the Lord's Prayer]
Ms: Praha, Univ. IV. G.15 (747) f.44-81.

8912. **Prima petitio: Sanctificetur nomen tuum; primum beneficium, incarnatio Christi; primum donum, spiritus sapientie...**
De septem petitionibus et beneficiis et donis sancti Spiritus et beatitudinibus
Ms: Evreux 54 f.121.

8913. **Primo dicitur propter honorem quem Patri exhibere debemus...**
See: 8798

8914. **Primo docuit quo fine sit orandum et qualiter orandum et quis orandus... Excluso ergo prauo modo orandi, breuem et utilem et nouam hanc formam orandi tradidit nobis...**
Oratio dominicalis
Ms: Besancon 220 f.58-62.

8915. **Primo enim considerando excellentiam tante orationis...**
See: 8232

8916. **Primo enim ponitur prefatio in qua Dei beniuolentia captatur...**
See: 9061

8917. **Primo loco presentis rote...**
Hic annotantur septem principalia peccata et postea septem petitiones et septem dona Spiritus sancti et virtutes et dotes
Ms: Oxford, Bodl. lat. th. c.2 (SC 30590)
See: 4116

8918. **Primo omnium querendum est: quare dicat beatus Mattheus Dominum hanc orationem sponte inter cetera moralitatis precepta docuisse...**
Remigius Autissiodorensis, *Expositio in Matth.* 6
Ms: Ravenna 96 f.1-16 (Stegmüller RB 7226)

8919. **Primo sciendum quod hec oratio dominica dicitur quia Dominus noster Ihesus Christus proprio ore suo ipsam composuit...**
(Ms: Uppsala C 204)
See: 9070

8920. **Primo sciendum quod omnis oratio ad hoc quod sit acceptabilis Deo debet habere septem petitiones sequentes: primo debet esse simplex... In oratione dominica videlicet [scilicet] Pater noster, continentur septem petitiones et numerus septenarius est numerus uniuersitatis; et illarum septem petitionum tres pertinent ad vitam futuram...**
Tabula docens sacerdotes quomodo ipsi debent docere suos parrochianos Pater noster
Mss: Berlin, Lat. qu. 721 f.283-287; Fulda, Landesbibl. Aa 119 n.5.

8921. Primo volo dicere unde...
   [Comm. on the Lord's Prayer]
   Ms: Praha, Univ. V.C.25 (867) f.126-131.

8922. Primum petimus paupertatem spiritus...
   [Comm. on the Lord's Prayer]
   Ms: Braunschweig 139 f.151-153.

8923. Primus fructus orationis dominice est quod eam dicentes deuote habebunt Deum in partem et ipsimet coram Deo vocabuntur filii Dei...
   Triginta fructus orationis dominice per Mariam Virginem revelati
   Ms: Wien, Domin. 53 (275) f.319-321.

8924. Primus sermo tractat et dicit de oratione. Et quod oratione nichil est honorabilius, leuius, utilius...
   Godefridus Herilacensis, *Expositio super Pater noster*, Tabula sermonum
   Ms: Paris, BN lat. 702 f.1
   See: 8085

8925. Principales quidem aures totius reipublice audiendis et corrigendis excessibus celitus accommodatas...
   Iohannes Anglicus, *Pater noster metrice, ad Henricus II Anglorum regem*(1154-1189)
   Printed: Epistola dedicat. in Martene, *Thesaurus novus* 1 (1617) 604 (edited from a MS of 'b. Maria de Fontanis': Fontenay) (Stegmüller RB 4139,1)

8926. Principium huius orationis a Patre competenter assignatur...
   See: 8154

8927. Priuilegiata est ista [hec] oratio in tribus, in dignitate quia a Christo composita, in breuitate ut citius sciatur...in fecunditate quia omnes petitiones continet...
   S. Bonaventura (?), O.F.M, *Expositio orationis Pater noster* or *orationis dominice* or *super Pater noster* or *super dominicam orationem*
   Mss: Bruxelles, BR 5062-63 (cat. 1632) f.1-2; (?) Cambridge, Univ. Dd.4.50 (225) f.108-109; Darmstadt 95 f.196-198; 961 f.14-16; Graz, Univ. 972 f.87-89; Innsbruck, Univ. 24 f.172-175; Mainz I 558 f. 67; München, Clm 5014 f.1-20; (?) 18388 f.269-278; München, Univ. 8 15 f.286-291; Oxford, Bodl. Laud. misc. 171 f.157-159; Paris, Mazarine 996 (902) f.84-87; Ulm, Stadtbibl. 15190 f.254-255; Utrecht, Univ. 108 f. 23-28; Wien, Nat. 3655 f. 80-84; (?) 3799 f.253-261; (?) 4031 f. 109-113; Ser. n. 3622 (formerly Lambach 462) f.167-170; Windsheim 60 (96) f.173-176; Wrocław, Uniw. I.O.35 f.5-53; Würzburg, Univ. M.ch. q.100 f.258-263; I.t.q.119 f.3-7. (*Opera omnia*, Quaracchi, 7 [1895] p.XIV-XV; Glorieux 305 cr; Stegmüller RB 1782)
   Printed: [Coloniae c.1485] (GW 4644, Goff B-924); [Antwerpiae not before 1486] (GW 4645, Goff B-926); Colonie 1486 (GW 4646, Goff B-925); Argentine 1489 (GW 4647, Goff B-927); Argentine 1495 (GW 4648, Goff B-928); Brixie 1497 (GW 4650, Goff B-930); Angers-rouen 1502; Paris c.1505; Paris before 1513; Paris 1517; *Opera omnia*, Romae 2 (1596) 1-2; Moguntiae 2(1609?) 1-2; Lugduni 2 (1668) 1-2; Venetiis 6(1751) 69-72; Parisiis 10 (1867) 207-210; Quaracchi 7 (1895) 652-655
   Alternate incipits: Hec dominica oratio priuilegiata est in tribus...8354; Hec oratio priuilegiata est in tribus... 8397; Oratio hec priuilegiata est in tribus...8707.

8928. Priuilegio conditionis, beneficio [sacrificio] recreationis...
   See: 8799

8929. Pro dominice orationis declaratione et nostre salutis informatione plura sunt querenda. Primo queritur utrum inter omnes orationes oratio dominica sit exaudibilior

et excellentior...
Iohannes Müntzinger, *Quaestiones circa orationem dominicam*
Mss: Basel, Univ. A.V.38 f.91-130; A.VI. 4 f.1-58; Einsiedeln 225 (375) f.1-136; München, Clm 8349 f.1-53; Ottobeuren, MS O 42 f. 79-134. (Stegmüller RB 4816,2; A. Lang, *Johann Müntzinger*...in B.G.P.T.M. Suppl. III-2 [Münster i.W. 1935] p. 1222-1224)
Printed: Tituli quaestionum in A. Lang *supra*
Alternate incipit: Queritur primo utrum inter omnes orationes...8960

8930. **Pro expositione aliqua orationis dominice sunt aliqua premittenda. Est ergo primo notandum quod orationis sunt tres effectus: primus est quidem consolatio spiritualis...**
Nicolaus de Dinkelsbühl (?), *Expositio orationis dominice* abridged
Mss: München, Clm Univ. Fol. 84 f.42-45; Olomouc, Univ. M.I.9 f.13-21. (Stegmüller RB 9996)

8931. **Pro expositione orationis dominice, que plus utilis sit simplicibus pro edificatione ad predicandum...**
Erkengerus, O.P., *Expositio orationis dominice*
Ms: Eichstätt 145 n.III f.1-34. (Correct Stegmüller 2221; Kaeppeli 1061)

8932. **Pro instituendis, suscitandis, fixandis orationibus meis...**
Pater noster. Quoniam itaque Dominus orare iussit...
Wessel Gansfort, *Tractatus de oratione et modo orandi cum luculentissima Dominicae orationis explanatione*
Ms: Groningen, Univ. 22 f.1-125. (Stegmüller RB 8375; A.J. Persijn, *infra*
Printed: Zwolle [before 1529]; *Opera*, Groningen 1614; Amsterdam 1617; Excerpts in A.J. Persijn, *Wessel Gansfort De oratione dominica in een dietse Bewerking*, Assen 1964.

8933. **Pro meliori declaratione ac intellectu orationis dominice assumatur illud quod scribitur Matthei sexto cum dicitur: Sic ergo orabitis. Pater... Oratio qua Dominus et saluator noster...**
(Ms: Praha, Univ. VII.D. 12)
See: 8709

8934. **Pro quo est notandum quod oratio dominica commendatur a tribus, scilicet de dignitate, breuitate et fecunditate. Primo dico commendatur a dignitate...**
See: 8116

8935. **Propterea enim dominica oratio appellatur...**
Augustinus,
[Excerptum de oratione dominica]
Ms: Wien, Schott. 330 f.201.

8936. **Protector noster aspice, Deus, et respice in faciem Christi tui** (Ps. 83,10). **Protector noster Deus Pater est qui suos protegit interdum per seipsum, interdum per Filium, nonnumquam per Spiritum sanctum...**
Serlo de Eleemosyna (de Wilton), *Expositio* (or *Tractatus* or *Sermo*) super orationem dominicam
Mss: Admont 82 f.213 seq.; Auxerre 20 f.151-155; Berlin, Lat. oct. 375 f.32-37; Bruxelles, BR II.1066 (cat. 3065) f.183-185; Cambridge, Corpus Christi Coll. 62 f.193; Dijon 42 f. 177-181; Evreux 41 f.70-75; Graz, Univ. 453 f.59-63; London, BM Harl. 1016 f.69-71; München, Clm 14303 f.114-118; Oxford, Bodl. Rawl. G 38 (SC 14769) f.47-54; Oxford, Corpus Christi Coll. 62 f.193-196; Oxford, New Coll. 140 f.72-75; Paris, BN lat. 2590 f.49-50; 2795 f.116-124; 15732 f.179-183; 16878 f.157-158; Rouen A.506 (666) f.248-257; Salisbury 97 f.68-70. (Hauréau, *Notices et extraits*I, 123-5; Stegmüller RB 4963; 7625)

Dedic.: Seruis Christi conseruus eorum Serlo orationem dominicam 9128.
Alternate incipit: Hec est dominica oratio ceteris omnibus...8357

8937. *Putasne mortale pectus dominicae caritatis erga nos magnitudinem capiat?...*
Petrus Chrysologus, *Sermo 69, In orationem dominicam*
Printed: PL 52, 396-398; Vives 181-182

8938. *Quae...*
See: Que...8952 seq.

8939. *Qualia sunt, fratres dilectissimi, orationis dominicae sacramenta, quam parua, quam magna...*
Pater noster...Nouus renatus et Deo suo per eius gratiam restitutus...
Tractatus sancti Augustini episcopi de oratione dominica
Ms: Cambrai 205 f.58-59; Paris, BN lat. 1734 f.136.

8940. *Qualis est oratio...*
[Comm. on the Lord's Prayer]
Ms: München, Clm 28312 f.145-148.

8941. *Quam Christus docuit oratio quinque petitus...*
See: 8170

8942. *Quam multi vocant Deum...*
Glossa super Pater noster
Ms: Erlangen 277 f.65-68.
See: 8268

8943. *Quamuis sum labilis memoriae... Nemo nescit homo Deum hominem cum libero arbitrio condidisse...*
Frowin de Engelberg, *Expositio in orationem dominicam*
Ms: Einsiedeln 240 p.2-467 (Stegmüller RB 2338)
Printed: Prefatio: PL 179, 1801

8944. *Quando aliquis iacet in peccatis mortalibus scienter et orando dicit 'Pater noster', Deus respondet: Non sum pater tuus...*
Notabile super Pater noster
Mss: Olomouc, Univ. M.II.220 f.163; Praha, Metr. Kap. E.56 (816) f.70.
Cf: 8131; 8152; 9163

8945. *Quando dicis, habes memoriam de pauperibus...*
See: 8800

8946. *Quando discipuli...*
See: 8689

8947. *Quando eris scienter in peccatis...*
Pater noster qui dicit in peccato, non exauditur
Ms: Kornik 116 f.200-203.

8948. *Quanta Domini circa nos dilectio...*
(Ms: Admont 644)
See: 8256

8949. *Quare Dominus inchoat orationem suam a nomine Patris et non Domini. Nota primo quia pater est nomen amoris...*
[Comm. on the Lord's Prayer]
Ms: Harburg, II lat. 1 qu. 4 f.135-136.

8950. *Quasi dicat: Pater misericordiarum et Deus totius consolationis...*
See: 8801

8951. *Quatuor enim debemus habere in omni oratione...*
Expositio super orationem dominicam
Mss: London, BM Addit. 20029; Oxford, Magdalen lat. 93 f.233-234.

8952. *Que duodecim partes habet: prima est captatio beniuolentie quam secuntur...*
See: 8802

8953. *Que oratio cum petitionibus suis excedit omnes alias in tribus...*
See: 8877

8954. *Que quidem oratio in qua spes nostra maiorem veritatem obtinet...*
See: 8803

8955. *Que secundum Augustinum perfectissima est oratio et continens quidquid necesse est...*
See: 8810

8956. *Que septem partes habet: prima est captatio beniuolentie...*
See: 8804

8957. *Quedam occurrunt dubia declarando per modum preambuli. Primum dubium est: utrum oratio dominica sit excellentior omni alia oratione... Notandum quod secundum Augustinum...*
See: 8596

8958. *Querite Dominum dum inueniri potest, inuocate eum dum prope est* (Is. 55,6). *Secundum quod habetur ex sacra Scriptura, Deus in principio mundi fecit tria loca principalia...*
Pater noster...In qua oratione primo captat beniuolentiam, secundo ostendit orationis formam...
[Comm. on the Lord's Prayer]
Ms: Berlin, Theol. lat. qu. 41 (Rose 561) f.241-254.

8959. *Queritur an oratio dominica sit excelsior omnibus orationibus...*
[Comm. on the Lord's Prayer]
Ms: Berlin, Theol. lat. oct. 183 f. 46-56.

8960. *Queritur primo utrum inter omnes orationes oratio dominica sit exaudibilior et excellentior. Dicitur breuiter quod sic: patet prima pars quia oratio dominica tribus modis est exaudibilior...*
(Ms: Basel, Univ. A.V.38)
See: 8929

8961. *Queritur secundum beatum Thomam de Aquino quare Deus noster in oratione dominica docuit nos dicere 'Pater' et non 'Dominus'...*
[Comm. on the Lord's Prayer]
Ms: Würzburg, Univ. M.ch.f.296 f.277-278.

8962. *Queritur utrum sit orare conueniens; et videtur quod non, quia secundum Damascenum oratio est...*
(Mss: Lilienfeld 144; Napoli, Naz. VII.F. 33)
See: 8111

8963. *Qui ad lectionem sacrarum Scripturarum accedit sine supernaturali lumine, seipsum impediat...*
Pater noster. Deus pater hominis speciali quodam priuilegio dicitur: primo propter creationem singulorum...
(Ms: Roma, Angelica 1285)
See: 9017

8964. Qui de nichilo secula creasti, mittens mundum Filium...
See: 8847

8965. Qui Deum celi Patrem...
See: 8008

8966. Qui dicit 'pater', captat beniuolentiam eius quem patrem nominat. Si enim pater est, amat filios...
[Comm. on the Lord's Prayer]
Ms: Paris, BN lat. 14957 f.93-95.

8967. Qui dicit 'pater', captat beniuolentiam; qui dicit 'noster' excludit superbiam...
See: 8527

8968. Qui dominum celi patrem memoramus [in ipso/ Iam fratres nos esse decet nec origine carnis/]...
Sedulius, *Carmen Paschale*, Lib.2, vers. 237-293
Ms: Graz, Univ. 842 f.74-75.
Printed: PL 19, 623-632; CSEL 10,60-63

8969. Qui es essencia incomprehensibilis...
See: 8805

8970. Qui es ingenitus, Ihesu Fili beate noster director...
See: 8848

8971. Qui nos creasti, qui per baptismum genuisti...
See: 8087

8972. Qui nos in regnum tuum vocasti...
See: 8821

8973. Qui orantes se exaudire consueuit...
See: 8256

8974. Qui Pater es noster, tibi nomen sanctificetur/...
[Pater noster versificatum: 5 vers.]
Ms: London, BM Harl. 3362 f.25. (Walther IC 15590)
Printed: H. Walther in RMAL 20(1964) 48

8975. Qui Pater in celis es noster, sanctificetur/ Nomen, nobiscum perfice, Christe, polum/...
[Paraphrase on the Lord's Prayer: 8 vers.]
Ms: München, Clm 1460 f.95. (Walther IC 15590 a)
Printed: H. Walther in RMAL 20 (1964) 48

8976. Qui solus vere es in celis, sanctificetur nomen tuum a dilectis in celo consummatis...
See: 8729

8977. Quia amari appetit...
See: 9200

8978. Quia Christus eterni Patris...
Henricus Pomerius (Bogaerts), C.R.S.A., *Exercitium deuotum super Pater noster*
Ms: Einsiedeln 279 p. 197-204.

8979. Quia cum Dei auxilio exponere intendimus orationem dominicam, prius de oratione quedam premittamus...
Leonardus Pistoriensis, O.P., *Tractatus super expositione orationis dominice*
Ms: Firenze, Laur. Plut. XXXI sin.7 f.105-141. (M. Grabmann, *Mittelalterliches Geistesleben*, München, 1(1926) 385)

8980. *Quia discipuli Domini audientes magistrum eos docentem, ut Luc.18,1 dicitur, quomodo oportet semper orare et nunquam deficere...*
Pater noster. Videte qualem caritatem dedit nobis Deus Pater ut filii Dei nominemur et simus (I.Ioh. 3,1); ut ergo hanc eximiam caritatem nobis suis filiis profundius inculcaret...
    Henricus de Hassia (?), *Expositio super Pater noster*
    Mss: Bamberg, Theol. 26 f.205-218; München, Clm 8132 f. 135-149; 14127 f. 191-206; 14237 f.1-18; Wien, Nat. 3894 f. 71-90 (*Henricus de Hassia*) (Stegmüller RB 3205)
    Alternate incipit: Videte qualem caritatem dedit vobis Deus...9251

8981. *Quia dixerat Dominus superius: Orantes autem nolite multum loqui* (Matth. 6,7), *docet nos modo breuem et puram orationem in qua que sunt necessaria corpori et spiritui comprehenduntur, dicendo 'Pater noster' et reliqua. Multa in veteri Testamento legimus dicta et in laude Dei prolata, nusquam tamen legimus concessum Iudeis fuisse ut Deum Patrem appellarent...Omnipotens Deus qui celum et terram...*
    De dominica oratione sententia
    Mss: München, Clm 14506 f. 67-68; Tours 331 f.38-39; Vorau 80 f.257-260; 166 f.56-58.
    Alternate incipit: Quia superius dixerat in eodem capitulo... 8992

8982. *Quia enim diabolus temptator est, Dominus vero, ut ait Iacobus* (1,13), *intemptator malorum est, vigilandum et orandum est...*
    [Continuation of Nr. 8044]
    Ms: Bruxelles, BR 5041-46 (cat. 1107) f.21-24.

8983. *Quia frequenter in Euangelio monemur a Domino instanter ac sine intermissione orare, nec nulla ut arbitror inueniri potest utilior atque suauior et ad impetrandum efficacior orationis formula...*
Pater vester qui in celis est, dabit bona petentibus se. Hoc dicitur nobis a Domino, Matth. 7,11, ubi tanguntur tria... Huic autem orationi premittitur breuis captatio beniuolentie et hoc a quatuor, videlicet a persona rogati...
    Vincentius Bellovacensis, O.P., *Expositio orationis dominicae*
    Mss: Bruxelles, BR 8327-42 (cat. 1031) f.104-120; Engelberg 309 f.12 seq. (*Albertus*); München, Clm 11360 f.1-74 (*Albertus*); Paris, BN lat. 14889 f.1-20 (*Vincentius*); 14958 f.122-141 (*Vincentius*); 15988 p.219-243; Semur 29 f.83-124; Troyes 1538 f. 151-174; Vaticana, Ottob. lat. 19 f. 1-24 (Stegmüller RB 1044; 8305)
    Printed: A. Wimmer, *B. Alberti Magni... Tractatus de forma orandi*, Ratisbonae 1905
    Alternate incipit: Pater vester qui in celis est dabit...Hoc dicitur...8853
    Cf: 8622

8984. *Quia in exordio creature ex nichilo ad imaginem suam creauit nos...*
    See: 8180

8985. *Quia in sequentibus, volente Domino, pro declaratione et intellectu dominice orationis aliquid dicendum erit...*
    [Comm. on the Lord's Prayer *collectum per venerandum doctorem Caspar Weigel* 1451]
    Ms: Wrocław, Uniw. I.F.282 f.1-79.

8986. *Quia ipse nos fecit, et nos ut fratres diligere debemus...*
    See: 8826

8987. *Quia multi Deum deprecantur...*
    [Homilia super Pater noster]
    Ms: Paris, Sainte-Genevieve 2785 f.152.

8988. Quia nos creasti et in filios per fidem gratiose adoptasti...
    See: 8827

8989. Quia per septem dona Spiritus sancti et septem petitiones in oratione dominica vitantur septem vitia, impetrantur septem beatitudines, de his pauca sunt dicenda...
    [Comm. on the Lord's Prayer]
    Mss: Innsbruck, Univ. 313 f.2-3; Praha, Univ. I.B.17 (73) f.202; I.C.10 (101) f.84.
    (Stegmüller RB 9334)

8990. Quia quid oremus sicut oportet...(Rom. 8,26)...
    [Comm. on the Lord's Prayer]
    Ms: Chartres 205 f.296-300.

8991. Quia speramus nos a te ad vitam ab aeterno praedestinatos...
    See: 8828

8992. Quia superius dixerat in eodem capitulo... Pater noster...Omnipotens Deus qui celum et terram...
    (Mss: Vorau 80; 166)
    See: 8981

8993. Quid dicitur 'Pater noster qui es in celis', breuis est captatio beniuolentie...
    See: 8378

8994. Quid distet inter dominicam orationem et psalmum et cur cum oratione dominica ante horas canonicas signum crucis frontibus imponamus?...
    Ms: Wolfenbüttel, 718 Helmst. (782) f.58-59.

8995. Quid in hoc opusculo doceatur et qualiter et ad quid et cui parti philosophie supponatur...
    Iohannes Eboracensis de Aquila, O. Carm.,
    [Preface to *Meditatio de oratione dominica* Nr. 8219]
    Ms: Oxford, Bodl. Rawlinson C.15 f.64-82.

8996. Quidnam celi patre memoramus in ipso decet nos fratres esse...
    See: 8253

8997. Quilibet christianus debet primo scire Pater noster ut possit orare...
    Ms: Oxford, Bodl. Canon. misc. 100 f.106 seq.

8998. Quinque cause inueniuntur quare Dominus tam breuem orationem docuit...
    [Comm. on the Lord's Prayer]
    Ms: Opava 14 f.107-112.

8999. Quinque septena in sacra Scriptura, frater, inueni...
    Hugo de Sancto Victore, *De quinque septenis* [De septem vitiis; de septem petitionibus...]
    See: 4811

9000. Quinque septenarii in oratione dominica reperiuntur...
    [Comm. on the Lord's Prayer]
    Ms: Wolfenbüttel, 900 Helmst. (1002) f.110-117.

9001. Quod autem dicit 'Pater noster qui es' inuocatio est, non petitio...
    See: 8254

9002. Quod autem hec oratio a sapientissimo utpote ab eo qui est fons...
    (Ms: Escorial P.III.5)
    See: 8136

9003. Quod dicitur 'Pater noster qui es in celis', breuis captatio beniuolentie est. Per hoc autem quod dicit 'Pater noster', dehortatur nos a duobus, a superbia ne dicamus 'mi'...

(Mss: Oxford, Bodl. Laud. misc. 40; Saint-Omer 351)
See: 8378

9004. **Quod ego modo cum magno tremore dicturus sum...**
Petrus Chrysologus, *Sermo 72, In orationem dominicam*
Printed: PL 52, 404-406; 52, 675-678; Vives 188-190

9005. **Quodcumque petieritis Patrem in nomine meo, hoc faciam** (Ioh. 14,13). **Adhuc autem dicamus quod in nomine Ihesu Filii Patrem petit qui ipsum petit siue orat oratione qua ipse docuit...**
[Comm. on the Lord's Prayer]
Ms: Basel, Univ. B.VI.16 f.50-51.

9006. **Quomodo est exponenda sic oratio dominica, Pater noster. Quomodo intelligantur ibi septem dona Spiritus sancti et quomodo expelluntur septem peccata mortalia. Dixit unus de discipulis ad Ihesum: Domine, doce nos orare sicut Iohannes discipulos suos docuit** (Luc. 11,1)...
[Comm. on the Lord's Prayer]
Ms: Paris, BN lat. 3529 A f.126-127.

9007. **Quomodo ordinantur in oratione petitiones. Respondetur secundum Thomam: oratio dominica perfectissima est ut secundum Augustinum si recte oramus nichil aliud dicere possumus...**
[Comm. on the Lord's Prayer]
Ms: Olomouc, Univ. M.I.270 f.150-151.
Cf: 9203

9008. **Quomodo sunt ieiunandi ut ieiunans homo mereatur gratiam accipere...**
[Comm. on the Lord's Prayer]
Ms: Montserrat 1 f.57-58.

9009. **Quomodo vocatur hec oratio? Responsio: dominica. Interrogatio: Quare dominica? Responsio: quia Dominus eam proprio ore composuit...**
Traditio orationis dominicae or *Expositio super dominicam orationem*
Mss: Firenze, Riccard. 256 f.137-139; Metz 149 f.70 (*Ambrosius*); Morella, Arxiu de l'arxiprestal I n.41 (*periit*); Olomouc, CO 135 f.49-50; Oxford, Bodl. Laud. misc. 40 f.111; Paris, BN lat. 14947 f.381-383; 18216 f.77-78; Praha, Metr. Kap. D.20 (585) f.54-57; Vaticana, Vat. lat. 1146 f.56-58; 1147 f.63-65; 1148 f.61-62; Wien, Nat. 307 f.55-59; 914 f.65 bis - 68. (M. Andrieu, *Les 'Ordines romani'*, Louvain 1[1931] 298-299)
Alternate incipit: Discipulus petit quomodo...8212

9010. **Quoniam ex ipso ore saluatoris prodiit iste modus orationis...**
Innocentius Papa (?),
[Comm. on the Lord's Prayer]
Ms: Bruxelles, BR 1485-1501 (cat. 214) f.61-64. (Stegmüller RB 4008)

9011. **Quoniam gubernante Domino iam estis in via regia constituti et prope est dies quo ad celestis regis veluti consistorium veniatis, moneo vos, carissimi...**
Ps. Augustinus, *Sermo* (or *Libellus*) *b. Augustini de oratione dominica* (Sermo 65 [De tempore 126])
Mss: Augsburg, 8 Cod.35 f.347-350; Douai 804 n.4; Erfurt, Ampl. Qu.102 f.1-2; Paris, BN lat. 2373 f.33-34; 3513 f.12-14; St. Gallen 288 p.147; Stuttgart, H.B. I 33 f.313.
Printed: PL 39, 1870-1871.

9012. **Quoniam itaque Dominus orare iussit...**
See: 8932

9013. Quoniam, magno referente Augustino in sermone xxiii ad fratris in heremo, petitionum verba que in oratione dominica ponuntur diligentius pertractanda sunt...
Pater noster. Diuiditur hec oratio in tres partes, in exordium, tractatum et conclusionem...
[Comm. on the Lord's Prayer]
Ms: Hildesheim, Beverin'sche 641 f.199-216.

9014. Quoniam necesse est unumquemque scire...
[Sermon on the Lord's Prayer]
Ms: Wien, Nat. 4627 f.400-401.

9015. Quot petitiones continentur in dominica oratione...
[Comm. on the Lord's Prayer]
Ms: Berlin, Theol. lat. qu.61 (Rose 422) f.59.
Cf: 8488

9016. Reddidistis quod creditis, audite quid oretis. Quoniam inuocare non possetis in quem non credidistis... Hec oratio ab ipso Domino data est et dictata discipulis et ab ipsis peruenit ad nos quoniam in omnem terram...
Pater noster. Ad magnum genus pertinere cepistis. Sub isto patre fratres sunt...
S. Augustinus, *Sermo 59, De oratione dominica ad competentes*
Mss: Basel, Univ. A.VIII.46 f.149; Klosterneuburg 230 f.41-42; Melk 615 (359) p.22-23; München, Clm 5221 f. 155-156; 11325 f. 82-83; Praha, Metr. Kap. D.135 (706) f.24-28; Wolfenbüttel, 496 a Helmst. (533) f. 21-25. (Stegmüller RB 8649)
Printed: PL 38, 400-402; Vives 137-138; Cf. CCL 104, 602-604
Alternate incipits: Ad magnum genus pertinere cepistis...8017; Hec oratio ab ipso Domino data est...8367

9017. Religio est virtus per quam exhibetur debitus cultus Deo tanquam uniuersali principio...
Ia expositio) Qui ad lectionem sacrarum Scripturarum accedit...Pater noster. Deus pater hominis speciali quodam priuilegio...
Hieronymus Savonarola, O.P., *Expositio orationis dominicae siue in eam lectio, meditatio, oratio, contemplatio* or *Expositio quadruplex*
Ms: Roma, Angelica 1285 f.1-23. (Stegmüller RB 3502; 3504; L. Giovannozzi, *Contributo alla Bibliografia delle Opere del Savonarola*, Firenze 1953, p.45-48)
Printed: [Firenze, c.1500] (H 14444, Goff S-198); Venetiis 1504; [Parisiis] 1510; Venetiis 1512; Parisiis 1513; 1517; Venetiis 1535; 1537; 1538; Antverpiae 1542; Ingolstadii 1546; Argentorati 1615; Lugduni Batavorum 1633; s.l. 1634; Gratianopoli 1669.
Alternate incipit: Qui ad lectionem sacrarum Scripturarum accedit...8963

9018. Remotis impedimentis orationis et descriptis ad orandum necessariis...
See: 8538

9019. Reprobata hypocritarum ostentatione et ethnicorum multiloquio et infidelitate, tradidit Dominus discipulis formam orandi breuem et nouam...Nunc breuiter videamus qualiter Chrysostomus exponat hanc orationem dominicam ut melius appareat difficultas littere et glossarum. Pater noster: patrem se magis voluit dici...
[Comm. on the Lord's Prayer]
Mss: Admont 627 f.320-325; Calahorra, Archiv. Cat. IX, *at the beginning*; München, Clm 28424 f.3-7; Wien, Nat. 4231 f.222-230. (Stegmüller RB 9992)
Cf. 8863

9020. Rerum summe Pater, cui sit tua filia mater...
(Walther IC 16602 a)
See: 8866

9021. *Reuerende pater, cum ob preces et reuerentiam vestram minister fratrum minorum in Burgundia...*
See: 8085; 9024

9022. *Reuerendo in Christo patri ac domino domino Eckhardo episcopo Wormaciensi Henricus de Hassia suum ut sequitur dicens Pater noster. Diuina sapientia rebus omnibus decorem ordinis congruenter distribuens...*
Henricus de Hassia, *Expositio super orationem dominicam: Epistola dedicatoria*
See: 8180

9023. *Reuerendo in Christo patri ac domino Iohanni Dei gratia archiepiscopo Moguntino* [Iohannes de Luxemburg (1371-1373) or Iohannes de Nassau (1396-1419)]*...Humillimus vestre R.P. seruitor Iohannes de Bensheim prepositus ecclesie b. Marie in Campis extra muros Mogunt...*
Pater noster. Pater in quem credimus per fidem...
(Mss: Göttingen, Univ. Theol. 147; Würzburg, Univ. M.ch.f.53)
See: 8753

9024. *Reuerendo in Christo patri domino G[odefrido] diuina prouidentia Lausanensi episcopo frater G[odefridus] humilis monachus Herilacensis obedientiam debitam et deuotam. Reuerende pater, cum ob preces et reuerentiam vestram minister fratrum minorum in Burgundia...*
Godefridus Heriliacensis, *Expositio super Pater noster: Epistola dedicatoria*
(Mss: Bamberg, Theol. 219; Berlin, Theol. lat. fol. 81; 82; Einsiedeln 213; Greifswald IV.E.65; Hamburg, Petri 22; Theol. 1057; Harburg, II.1.fol.53; Köln, GB fol. 130 f.58, f.176; London, BM Arundel 259 f.1; Lons-le-Saulnier 7; Melk 748; München, Clm 16460; Ottobeuren, MS O. 33; Paris, BN lat. 699; 3602; Philadelphia 79; St. Gallen 329; Stuttgart, H.B. I 167; Wrocław, Uniw. IV.F.49; I.Q.473.)
Printed: B.-G. Guyot in *Rev. des Sciences Philos. et Theol.* 53 (1969) 251-252
See: 8085

9025. *Reuerendo in Christo patri et domino, domino Iacobo ad Velum Aureum diachono cardinali Iohannes indignus archiepiscopus Tholetanus pure ac iugis orationis gratiam promereri. Cupiens paternitati vestre de penuria mei ingenii gratum aliquod offerre munusculum...*
See: 9231

9026. *Rex celi et terre, Christus Ihesus Dominus noster, rogatus a discipulis, cum hoc cum ipsum tribularent, dedit eis formam orandi...*
Pater noster. Audi verbum amantissimum, desideratissimum...
[Comm. on the Lord's Prayer]
Ms: Harburg, II lat. 1 fol. 85 f.166-167. (Stegmüller RB 9769)

9027. *Rex noster Christus in accubitu fuit...*
See: 8135

9028. *Sacer alme, tuum nomen sit sanctificatum...*
See: 8641

9029. *Saluator intendit dicere...*
Sermo super Pater noster
Ms: Klosterneuburg 551 f.121-122.

9030. *Saluator noster breuem orationem compilauit; philosophi enim... Legitur enim Luce 11,1 quod unus ex discipulis eius dixit ad eum: Domine, doce nos orare sicut Iohannes docuit suos discipulos...*
[Comm. on the Lord's Prayer]
Ms: Praha, Univ. I.G.5 (279) f.108-113.

9031. Saluator noster Christus Dominus sanctarum Scripturarum immobilem veritatem... Pater noster. Patri debemus reuerentiam, honorem et obedientiam...
    Philippus Eichstetensis, *Tractatus super Pater noster*
    Ms: Erlangen 274 f.165-189 (Stegmüller RB 6958)
    Printed: A. Bauch in *Eichstätter Studien* 4 (1948) 402-490

9032. Saluator noster Dominus Ihesus Christus per assumptam humanitatem non solum pati et mori voluit...
    See: 8013

9033. Saluator noster monet orare suos dicens: Sic orabitis, Pater noster, etc. Fideliter ergo possumus ut filii patrem quos ipse Dominus ad orandum sic informauit. In hac tantum dominica oratione septem ponuntur petitiones ut septem dona sancti Spiritus mereamur...
    Declaratio petitionum in Pater noster contentarum
    (Ms: Vaticana, Chigi A.IV.92)
    See: 9103

9034. Saluator noster nos orare docuit in Matth. (6,9)dicens: Pater noster, etc. Per hoc apparet ubi inuenitur oratio dominica...
    [Comm. on the Lord's Prayer]
    Mss: Escorial d.I.4 f.2-10; Oxford, Bodl. Rawl. A.384 f.112-113; Praha, Metr. Kap. N.56.1 (1580) f.269; Saint-Omer 622 *at the end.* (Stegmüller RB 10162)

9035. Sancte hominum genitor quem fas dixisse parentem...
    Oratio dominica
    Ms: Paris, Arsenal 954 f.3. (Walther IC 17219)

9036. Sancte Pater, summi celi qui sedes in aula/ Sanctificetur honore tuum venerabile nomen/...
    [Paraphrase on the Lord's Prayer: 20 vers.]
    Ms: Cambridge, Univ. Gg.5.35 f.421. (Chevalier RH 18491; Walther IC 17227)
    Printed: J.A.Giles, *Anecdota Bedae*, London 1851, p.47; H. Walther in RMAL 20 (1964) 49-50

9037. Sancte, tuum nomen, Pater, in me sanctificetur...
    [Versus 16 de oratione dominica]
    Ms: Paris, Mazarine 742 (1115) f.116. (Chevalier RH 18515; Walther IC 17234)
    Printed: Dreves 46,30

9038. Sanctificetur nomen tuum...
    See: Prima petitio...8910 seq.

9039. Sanctificetur nomen tuum. Dicit Iohannes in Apoc. cap.19,13: nomen eius...
    [Comm. on the Lord's Prayer]
    Ms: Krakow, BJ 683 f.97-98.

9040. Sanctificetur nomen tuum. Ecce persona [prima ?] petitio...
    [Comm. on the Lord's Prayer]
    Ms: Wien, Nat. 1328 f.101.

9041. Sanctificetur nomen tuum. Hic incipit pars executatiua...
    See: 9123

9042. Sanctificetur nomen tuum. Hic ponitur orationis efficacia et formantur septem petitiones. Nichilominus potest diuidi in generali in duas partes...
    (Ms: Rottenburg, Sem. H.31)
    See: 8483

9043. Sanctificetur nomen tuum, id est fac me sanctum in corpore et anima...
    See: 8812

9044. Sanctificetur nomen tuum, id est sanctum appareat in nobis per triplicem notitiam...
See: 9200

9045. Sanctificetur nomen tuum, id est tales fac in quibus sanctus appareas...
See: 8911

9046. Sanctificetur nomen tuum. In cordibus paganorum...
[Comm. on the Lord's Prayer Nr. 9219 abridged]
Ms: London, BM Roy. 8 C.VII f.61-62.

9047. Sanctificetur nomen tuum, per potentiam Patris infinitam...
See: 8313

9048. Sanctificetur nomen tuum. Posito exordio sequitur tractatus in quo ordinantur petitiones. Et habet septem partes secundum septem petitiones que sunt...
[Comm. on the Lord's Prayer]
Ms: Einsiedeln 222 (234) f.502-525. (Stegmüller RB 9159)

9049. Sanctificetur nomen tuum, spiritu sapientie nostram luxuriam extinguendo...
See: 8814

9050. Sanctificetur nomen tuum. Tu enim diceris Pater et nos filii tui...
See: 8463

9051. Sanctificetur nomen tuum: Ut totus mundus credat tue veritati...
See: 8815

9052. Sanctissime, creator noster, redemptor noster...
See: 8654

9053. Sanctissime Pater noster...
(Ms: Morella 1)
See: 8654

9054. Sanctus Augustinus doctor eximius et maximus...
Brevis expositio super Pater noster
Ms: Oxford, Bodl. Holkham misc. 14 f.68.

9055. Sanctus Chrysostomus super illo Matth.7,7: Petite...
Nicolaus de Dinkelsbühl, *De oratione dominica*
See: 9138

9056. Sanctus Cyprianus De oratione dominica: Qui fecit viuere, docuit et orare...
Oratio dominica cum suis expositionibus
Ms: Trier 1090 (21) f.120.

9057. Sanctus Gregorius super dominicam orationem super hostiam in altare...
[Comm. on the Lord's Prayer]
Ms: Warszawa, BN BAW 30 f.89-93.

9058. Sanctus Thomas de Aquino (dicit sic): Pater non dominus...
See: 9200

9059. Sapientia. Superbia. Pax mentis...
[Comm. on the Lord's Prayer]
Ms: Oxford, Bodl. Bodl. 547 (SC 2286) f.1,137.

9060. Satis compendiose Christus tradidit verbo non solummodo...
[Comm. on the Lord's Prayer]
Ms: London, BM Arundel 273 f.18-21.

9061. Scias quod septem sunt petitiones dominice orationis que continentur in Pater noster, quas hic ad utilitatem legentium exponam. Scias ergo quod in hac oratione tria dicuntur: nam primo ponitur orationis prefatio... Primo enim ponitur prefatio in qua

Dei beniuolentia captatur...
   Iohannes Balbi (Januensis), O.P., *Catholicon*, art. *Petitio*
   Declaratio orationis dominice ipsius Iohannis in katholicon or *Expositio dominice orationis secundum katholicon* or *Expositio bona orationis dominice collecta ex katholicon*
   Mss: Berlin, Theol. lat. fol. 32 (Rose 454) f.287-288; Bruxelles, BR 14069-88 (cat. 2190) f.50-51; Budapest, Orsz. Szech. Kön. 74 f.82, 142; Firenze, Laur. Plut. XXV,3 f.337-344; Kornik 1383 f.187-190; Wien, Nat. 3715 f.151-153.
   Printed: GW 3182-3205, Goff B-20 to 34
   Alternate incipits: Et nota quod septem sunt...: 8296; Hic ponitur prefatio...8424; Petitio: a peto, petis...8881
   Cf: (?) 8625

9062. *Sciendum est quod...*
   See: Sciendum quod...9067 seq.

9063. *Sciendum est quod in oratione dominica sunt duo, scilicet oratio et petitio. Oratio est ibi: Pater noster...Est enim oratio eleuatio mentis in Deum secundum Damascenum...*
   Vincentius Ferrerius, O.P., *Sermones 1-7 de peccatis capitalibus prout septem petitionibus orationis dominice opponuntur* or *Sermones super oratione dominica contra septem vitia capitalia*
   Ms: London, BM Roy. 7 C.X f.1. (Stegmüller RB 8307)
   Printed: Lugduni, Joann. Remy, 3 (1521) f.149-165; Lugduni 1523; Lugduni, Jacob. Myt, 3(1539) f.200-220; Venetiis, Barth. Rubinus, 1623, f.317-334; Augustae Vindelicorum, 1729, Commune: Sermones 10-16, p.29-57

9064. *Sciendum est quod oratio quadruplicis considerationis, loyce, rethorice, theoloyce et grammatice...*
   Expositio dominice orationis
   Ms: Graz, Univ. 1470 f.74-82.
   See: 9080

9065. *Sciendum est quod orationis dominice septem sunt petitiones. Sed cum in principio dicimus: Pater noster qui es in celis, inuocatio est non petitio....*
   See: 9068

9066. *Sciendum quod...*
   See: Sciendum est quod...9063 seq.

9067. *Sciendum quod dominica oratio que perfectissima et sufficientissima est, diuiditur in exordio et tractatu...*
   [Comm. on the Lord's Prayer]
   Ms: Berlin, Theol. lat. qu. 171 f.314.

9068. *Sciendum quod hec oratio dicitur dominica quia; Dominus noster Ihesus Christus suo proprio ore eam composuit. Quod manifestat Mattheus et Lucas. Sed aliter legitur in Mattheo et in Luca: nam Mattheus septem petitiones commemorat, Lucas tantum quinque... Sciendum est quod Dominus noster pater est gratia non natura...*
   De oratione dominica
   Mss: Firenze, Laur. XXIX, 39 p.30; København, Ny kgl. S. 663 8 f.66-67; Liège, Sem. 6 M 18 f.107-108; Paris, Mazarine 642 (865) f.23; Torino, Naz. E VI 8 (795) f.209-211; Tours 343 f.115-116; Vaticana, Borgh. 86 f.158; Wien, Nat. 3722 f.153 seq.; 4747 f.220-221. (Stegmüller RB 11171)
   Alternate incipit: Scire est quod hec oratio dominica dicitur... 9081

9069. *Sciendum quod hec oratio dicitur dominica quia Dominus noster Ihesus Christus suo proprio ore composuit prout patet in euangelio Luce sexto capitulo: rogatus a discipulis suis qui dicebant sibi: Domine, doce nos orare. Hoc etiam patet in euangelio Matthei...*

[Comm. on the Lord's Prayer]
Mss: Admont 351 f.114-115; Alba Iulia II 151 f.16-20; Bratislava, Kap. 82 (Knaus 86) f.65; Kornik 801 f.356-357; Leipzig, Univ. 762 f.257-258; München, Clm 14812 f. 71-72; 19544 f. 310-311; Opava 48 f.192-193; Praha, Metr. Kap. C. 71 (502) f.8-9; Praha, Univ. V.F.11 (933) f.234-235; XIV.E.34 (2568) f.66; Schlägl 61 f.140-141.
Alternate incipit: Hec oratio dicitur dominica oratio quia Dominus noster Ihesus Christus proprio suo ore composuit sicut patet...8376

9070. *Sciendum quod hec oratio dicitur dominica quia Dominus noster ...*
The following MSS depend on one or the other of the two preceding redactions 9068 or 9069. The incipits known to us are really too brief to be placed exactly within these MSS. Mss: Bamberg, Theol. 111 f.282-283; Brno, Univ. A.95 f.8-9; Kielce, Kap. 13 f.35; Olomouc, Univ. M.II 220 f.161; Paris, Arsenal 593 B f.48; Stuttgart, H.B. III 58 f.15; Trier, Stadtbibl. 704 f.100; Uppsala, Univ. C 204 f.81-83 (Stegmüller RB 11419)
Alternate incipits: Nota quod hec oratio domini dicitur quia Dominus...8604; Primo sciendum quod hec oratio dominica dicitur...8919; Sciendum quod ista oratio dicitur dominica... 9074
Cf: 8543

9071. *Sciendum quod hec oratio dominica super omnes orationes factas aut fiendas habet triplicem excellentiam. Prima est quod licet in verbis sit breuissima, est tamen omnium contentiua que pertinent ad salutem...*
Henricus de Frimaria (Vrimaria), O.E.S.A., *Expositio orationis dominice concepta per magistrum Henricum de Vrymaria*
Mss: Basel, Univ. A.X.124 f.182-193; Berlin, Lat. qu. 663 f.109-120; Darmstadt 783 f.120-129; Edinburgh, Univ. 110 f.66-80; Erfurt, Domarchiv Theol. 3, f.384-386 (imperf.); Harburg, II lat.1 fol. 150 f.296-299; Kassel, Theol. fol. 160; Leipzig, Univ. 525 f.34-38; Mainz II 223 f.189-195; Mignault, Bibl. priv. P. L. Goegebuer; München, Clm 28398 f. 96-102; Oxford, Bodl. Laud. misc. 203 f.152-157; Strängnäs, Domkyrkobibl. 12 f.1-6; Wrocław, Uniw. I. Q.38 f.88-90; IV.Q.162 f.108; Milich. Zaak 54.7445. (Stegmüller RB 3166; Zumkeller MWA 321)
Cf: 8195

9072. *Sciendum quod hec sancta oratio diuiditur in duas partes et in sex petitiones...*
See: 9222

9073. *Sciendum quod in oratione dominica sunt duo, scilicet oratio et petitio...*
Iohannes Freytag de Düsseldorf (?),
[Comm. on the Lord's Prayer]
Ms: Wien, Nat. 4921 f.277-297.

9074. *Sciendum quod ista oratio dicitur dominica...*
(Ms: Trier, Stadtbibl. 704)
See: 9070

9075. *Sciendum quod multa...*
[Notabilia de dominicali oratione]
Ms: Wien, Nat. 3970 f.235-236.

9076. *Sciendum quod oratio dominica est commendabilis triplici ratione, dignitatis quia ab ipso Domino facta..., ratione breuitatis ut ab omnibus addiscatur..., ratione utilitatis...*
Pater noster. In hiis verbis laudatur Deus a tribus. Primo a summa amicabilitate...
[Comm. on the Lord's Prayer]
Mss: Bologna, Archiginn. A. 933 f. 60-64; Brugge, Stadsbibl. 129 f. 11-26; 260 f.209-215; Erlangen 516 f.73-87; Liège, Univ. 54 f.252-260; Madrid, Nac. 496

f.102-111 (*Expositio domini Guidonis super oratione dominicali*); Schlägl 67 f.212-219; Tours 397 f.288-309; Trier, Stadtbibl 587 f.53-56. (Stegmüller RB 8890)

9077. Sciendum quod oratio est expositiua desiderii...
(Mss: Alba Iulia I 148; Lilienfeld 144; Paris, Arsenal 532)
See: 8706

9078. Sciendum quod septem petitiones sunt quas Dominus docuit discipulos suos; nam legitur in euangelio beati Matthei...
[Comm. on the Lord's Prayer]
Mss: Olomouc, CO 68 f.135-136; Praha, Metr. Kap. O.51 (1635) f.143; Vaticana, Vat. lat. 9378 f.16.
See: 8167

9079. Scire, carissimi, vos debetis...
(Ms: Paris, BN lat. 699)
See: 8085

9080. Scire debetis quod oratio est quadruplicis considerationis, videlicet grammatice, logice, rhetorice et theologice...
Expositio orationis dominice
Ms: München, Clm 15064 f.115-127.
See: 9064

9081. Scire est quod hec oratio dominica dicitur...
(Ms: Vaticana, Borgh. 86)
See: 9068

9082. Scit enim pater vester (Matth. 6,8). *Cur ergo scienti loquimur? Non ut nostre faciamus iudicium voluntatis, sed ut excitemus...*
Breuis captatio premittitur cum dicitur Pater noster (Matth. 6,9) (*Glossa interlinearis*)...Inter cetera salutaria monita et diuina quibus consulit credentibus... Nulla oratio magis spiritualis est quam illa que ex ore Filii Dei... Pater noster dicitur quod commune omnibus: nemo dicat meus... Videnda est harum septem petitionum distinctio; nam cum vita nostra temporaliter agitur...
Glossa ordinaria (et interlinearis) super Matth. 6,8 seq
Mss: Bruxelles, BR 343-344 (cat. 126) f.180-181; 14069-88 (cat. 2190) f.43-44; 19225 (cat. 178) f.140-146; Innsbruck, Univ. 461 f.96-98; Laon 303 f.4-6; München, Clm 17195 f.30-33. (Stegmüller RB 8896; 9337)
Printed: *Glossa ordinaria*, Duaci 5 (1617) 127-133; PL 114, 100-103; Vives 246-248
Alternate incipits: Breuis captatio premittitur...8070; Inter cetera salutaria... 8519; Nulla magis oratio spiritualis est...8627; Videnda est harum septem petitionum distinctio...9249
Cf: 8529; 8633

9083. Scit enim quid vobis necessarium sit antequam petatis (Matth. 6,8). *Si ergo cognoscit quid volumus, non ideo oramus quod exponamus Deo quid volumus, sed ut placeat ei nobis prestare quod desideramus...*
Pater noster. Patrem magis quam dominum voluit se dici...
Ps. Iohannes Chrysostomus, *Opus imperfectum in Matthaeum*, hom. 13 (fin.) et 14
Ms: Bamberg, Theol. 107 f.339-341; Bruxelles BR 14069-88 (cat. 2190) f.52-53;
Printed: PG 56, 710-715
See: 8863

9084. Scribit cantor parisiensis in opere suo super psalmos quod vice quadam beatus Augustinus sompniauit sompnium in hunc modum: videbatur ei quod esset in quadam solitudine et ecce a sinistris venit contra ipsum multitudo leonum... Legitur I Reg. 16

quod quando spiritus malus arripiebat Saul...
    Siboto, O.P., *Tractatus super Pater noster* or *Expositio orationis dominice* or *Sermones predicabiles et ad plurimum usum convertibiles*
    Mss: Bamberg, Theol. 180 f.196-221; Brno, Mestsky Archiv 106 (120); Graz, Univ. 1074 f.95-117; 1505 f.83-101 (*secundum Augustinum*); Heiligenkreuz 295 f.390-413; Klosterneuburg 451 f.289-303; 576 f.176-198; 833 f.184-190; Krakow, BJ 2538 f.136-162; Kremsmünster 9 f.1-14; 211; Michaelbeuern, Cart. 90 f.1-9; Melk 386 (339) f.69-83; München, Clm 3587 f.2-50; 4321 f.209-216 (*Albertus, o.p.*); 13585 f. 282-290; 14681 f.344-346; 18314 f.206-226; 22305 f. 144-152; 23787 f. 84-95; Paris, BN lat. 9614 f.216-229; Praha, Metr. Kap. D.108 (677) f.39-57; Strasbourg 98 (lat. 95) f.20-27; Vorau 11 f.120-129; Vyssi Brod XXXVIII f.155-164; Wien, Nat. 1345 f.35-74; 3993 f.117-135; 4444 f.57-67; 4477 f.27-40; 13062 f.13-19; 14353 f.222-240; 14480 f.266 (fragm.); Wien, Schott. 291 f.55-68; Wrocław, Uniw. I.F.950 f.117-124; Würzburg, Univ. M.ch.f.65 f.93-114. (Stegmüller RB 7629)
    Title: Sermones predicabiles... 9127. Alternate incipits: In hoc quod dicitur 'Pater'...8477; Legitur I Reg. 16 quod quando spiritus malus...8555; Scripsit cantor Parisiensis... 9086

9085. Scribuntur Matth. 6,9 et sunt verba Christi dicta apostolis quando dixerunt ei: Domine, doce nos orare (Luc. 11,1)...
    Andreas, O.P., *Sermones novem super Pater noster praedicati Avenione per reverendum magistrum Andream O.P. socium magistri Vincentii de Maruegio*
    Mss: formerly Paris, Coll. de Navarre; Marseille, Conv. O.P. (Kaeppeli 165)

9086. Scripsit cantor parisiensis in opere suo...
    (Ms: Paris, BN lat. 9614)
    See: 9084

9087. Secundum beatum Augustinum eternus Pater suum regnum aliquibus dedit...
    [Comm. on the Lord's Prayer]
    Ms: Praha, Univ. Tepla 27 f.15-19.

9088. Secundum beatum Augustinum in tractatu de oratione, nichil aliud...
    Brevis explanatio orationis dominice elicita a dictis sanctorum inde diffusius tractantium or *Orationis dominicae explicatio brevis, extracte ex dictis sanctorum*
    Mss: Cambridge, Pembroke Coll. 254 f.204; London, BM Harley 3766; Roy. 8 G.VI f.144.

9089. Secundum carnalem generationem...
    See: 8375

9090. Secundum Chrysostomum oratio est quasi quoddam spirituale tributum quod anima Deo offert... Sic ergo orabitis. Supra excludit saluator orandi modum indebitum; hic docet (?) modum orandi debitum; et primo ponit exhortationem...
    [Expositio super Matth. 6,5-13]
    Ms: Semur 11 f.57-59.

9091. Secundum igitur virtutem predictam exponatur verbum 'Pater', id est: tu qui es ille qui filios spirituales progeneras mediante viuificatiuo tui amoris germine; tunc vere ergo filius tuus sum...
    Quedam expositio orationis dominice sancti Augustini, doctoris egregii (Hugo de Balma, *De mystica theologia*, cap.2, particula 3)
    Ms: Paris, Mazarine 750 (1103) f.11-15.
    Printed: *S. Bonaventurae Opera omnia*, Parisiis 8(1866) 20
    See: 8160

9092. *Secundum Philosophum, pater est principium generationis, ideo in sua naturali actione...*
[Comm. on the Lord's Prayer]
Ms: Praha, Univ. Tepla 27 f.19-23.

9093. *Secundum sanctum Thomam, triplex est fructus orationis...*
[Comm. on the Lord's Prayer]
Ms: Melk 278 (934) f.159-186.

9094. *Sed antequam Dominus veniat ad petitiones more boni oratoris premittit quasi breue prohemium...*
See: 8492

9095. *Sed fratres, quam multi sunt qui petunt hoc regnum sibi dari...*
See: 8025

9096. *Sepe Pater noster ores Aveque Maria...*
Ms: Wien, Nat. 3953 f.151. (Walther IC 17037 a)

9097. *Septem beatitudines que per eadem dona queruntur, de imis gradatim ad summa veniunt... Hec oratio tripliciter legitur...*
See: 8398

9098. *Septem dona dare (?) filialis gratie destinatis glorie virtutis...*
See: 8816

9099. *Septem ergo petitiones in dominica oratione ponuntur ut septem dona mereamur Spiritus sancti...*
(Mss: Brugge, Stadsbibl. 116; Graz, Univ. 924; Paris, BN lat. 14937)
See: 9103

9100. *Septem orationes que incipiunt per septem verba orationis dominice...*
(Ms: München, Clm 18513 b)
See: 8809

9101. *Septem partes habet. Prima est captatio beniuolentie; quam sequuntur septem petitiones...*
Robertus Boyselli (Beyselli), O.F.M. (?), *Expositio breuis cuiusdam magistri in theologia antiqui*
Ms: London, BM Addit. 38119 f.16. (Stegmüller RB 7370,1)

9102. *Septem petitiones contente in dominica oratione. Primo petimus ut sanctificetur nomen Dei in nobis per bona opera. Secundo ut Deus nos faciat coheredes regni sui...*
Tabula vere fidei (catholice) sub breui compendio pro salute animarum fidelium or *Tabula vere fidei catholice per Iohannem Gerson composita* (Ms: Wien, Nat.23)
(Excerpt from *Bona et utilis tabula fidei christiane* Nr. 2681)
Mss: Avignon 341 f.195; Melk 278 (934) f.145-147; 1391 (418) p.463-480; Paris, BN fr. 24436 f.89; lat. 2454 f.198; 3297 f. 206; 3534 f.2; Pommersfelden 75/2660 f.179; Praha, Metr. Kap. C.69 (500) f.137; Wien, Domin. 45(267) f.85; Wien, Nat. 23 f.45-47.
Alternate incipits: In dominica oratione septem habentur petitiones; prima est ut sanctificetur nomen Dei in nobis...8457; Petitiones contente in dominica oratione...8882

9103. *Septem petitiones in dominica oratione ponuntur ut septem dona mereamur Spiritus sancti quibus recipiamus septem virtutes per quas a septem vitiis liberati ad septem perueniamus beatitudines... Ponitur itaque prima petitio contra superbiam...*
Ps. Hugo de Sancto Victore, *Speculum ecclesiae*, in cap.7
Expositio orationis dominice or *Brevissima notula de septem petitionibus contentis in oratione dominica*

Mss: Barcelona, Central 470 f.110; Brugge, Stadsbibl. 116 f.1; Cambridge, Corpus Christi Coll. 441 f.460-462; Cambridge, St. John's Coll. E 17 (120) f.88-89; Frankfurt a M., Praed. 176 f.29-30; Graz, Univ. 253 f.11-12; 924 f.59-60; Liège, Sem. 6 L 18 f.133-135; Mainz 136 n.8; München, Clm 6102 f. 132-133; 7745 f. 54; Oxford, Bodl. Hatton 26 (SC 4061) f.89-90; Paris, BN lat. 14937 f.94; Rouen A.454 (671) f.1-2; A.526 (677) f. 93-95; Torino, Naz. D. III. 9 f. 110-111; Tours 141 f.12-13; 141 f.57-58; Vaticana, Chigi A.IV.92 f.144-146; Wien, Nat. 1567 f.82; 4550 f.187-189; Worcester, Cath. F 71 f.222; Zwettl 127 f.49-52. (Stegmüller RB 8967; 9909; 11748)
Printed: PL 177, 371-373
Alternate incipits: In ista oratione ponuntur septem petitiones ut septem dona...8484; Oraturos Dominus nos monet orare dicens...8717; Saluator noster monet orare...9033; Septem petitiones in dominica oratione ponuntur ut septem dona...9099; Septem petitiones sunt in oratione dominica ut septem dona...9107; Septem sunt petitiones que in dominica oratione ponuntur...9119
Cf: 8465; 8490; 9106

9104. Septem petitiones in oratione dominica adaptantur septem...
[Comm. on the Lord's Prayer]
Ms: Cambridge, Caius 184 (217) p.488

9105. Septem petitiones in oratione dominica ponuntur preter captationem beniuolentie...
(Mss: München, Clm 4321; Zwettl 127)
See: 8386

9106. Septem petitiones septem spiritualibus donis Spiritus sancti et septem beatitudinibus concordant quia per Spiritum septiformem dominantur (?) omnes petitiones in ecclesia...
[Comm. on the Lord's Prayer]
Ms: München, Clm 19602 f.23-24 (*Augustinus*)
Cf: 9103

9107. Septem petitiones sunt in oratione dominica ut septem dona mereamur...
(Ms: Frankfurt a M., Praed. 176)
See: 9103

9108. Septem petitionibus in oratione dominica paradisus appetitur. Hiis septem orationibus que continentur in oratione dominica paradisum appetimus...
[Comm. on the Lord's Prayer]
Ms: München, Clm 19602 f.24 (*Augustinus*)

9109. Septem petitionibus unus premittitur prologus tribus verbis contextus (?) in primo nos confortat, in secundo nos dilatat, in tertio nos eleuat...
[Comm. on the Lord's Prayer, following Nr. 8970]
Mss: Escorial O II 7 f.161; Paris, BN lat. 16506 f.272.
Cf: 8275

9110. Septem sententiis vel petitionibus continetur dominica oratio...
See: 9248

9111. Septem sunt cause quare Dominus tam breuem fecit dominicam orationem. Prima causa est ut citius discatur...
[Causae brevitatis orationis dominicae]
Mss: Praha, Univ. XX.A.7 (formerly Admont 315) f.192; Uppsala, Univ. C 216 f.73; Wrocław, Uniw. IV.F.13 f.143. (Stegmüller RB 11425)

9112. Septem sunt petitiones huius orationis preter captationem beniuolentie quarum tres prime spectant ad patriam...
(Ms: Leipzig, Univ. 193)
See: 8386

9113. *Septem sunt petitiones huius orationis preter captationem beniuolentie, que ibi incipiunt: Sanctificetur nomen tuum. Quarum tres priores que pertinent ad patriam digniores sunt aliis...*
    [Comm. on the Lord's Prayer]
    Ms: Oxford, Bodl. Laud. misc. 40 f.111.

9114. *Septem sunt petitiones in dominica oratione sicut sunt septem dona sancti Spiritus et in euangelio septem beatitudines...*
    [Sermon on the Lord's Prayer]
    Ms: Vaticana, Vat. lat. 6398 (Schneyer, *Repert.* Jacobus Berengarii n.26 [B.G.P.T.M. 43,3 p.878])

9115. *Septem sunt petitiones in oratione dominica preter captationem beniuolentie...*
    (Mss: Cambridge, Jesus Coll. Q.D.4 [46]; Kynzvart 33)
    See: 8386

9116. *Septem sunt petitiones orationis dominice preter captationem beniuolentie...*
    (Ms: London, BM Arundel 372)
    See: 8386

9117. *Septem sunt petitiones. Pater in quo nobis est fiducia, cui amore seruimus...*
    [Comm. on the Lord's Prayer]
    Ms: Bruxelles, BR II 1060 f.34.

9118. *Septem sunt petitiones quarum prima est hec: Sanctificetur nomen tuum... Hiis septem petitionibus septem vitia vitamus que in euangelio septem demonia vocantur expulsa de Maria Magdalene...Hec est scala quam vidit Iacob in peregrinatione sua...*
    De septem petitionibus
    Ms: Oxford, Bodl. Lyell 8 f.37-38.

9119. *Septem sunt petitiones que in dominica oratione ponuntur ut septem dona...*
    (Mss: Cambridge, Corpus Christi Coll. 441; Wien, Nat. 1567; 4550)
    See: 9103

9120. *Septem sunt petitiones quibus fugantur septem vitia et impetrantur septem dona Spiritus sancti. Prima petitio...*
    [Comm. on the Lord's Prayer]
    Ms: Vyssi Brod LXXXIX f.118-119.
    Cf: 8615

9121. *Septem sunt petitiones sicut septem dona Spiritus sancti et septem virtutes. Per petitiones venitur ad dona...*
    Pater noster. Inducitur unusquisque simul orans...
    Gaudfridus Babion (Geoffroy Babion) (?) (Ps. Anselmus Laudunensis; Ps. Bernardus), *Expositio orationis dominice*
    Mss: Bern 460; Brugge, Stadsbibl. 128 f.44-49; Bruxelles, BR II 1052 (cat. 1448) f.129-132; s'Gravenhage, Kon. Bibl. 71 E 41 (441) f.1-4; Leipzig, Theol. 160 f.163-164; München, Clm 9537 f. 194-196; 27329 f.72-74; Praha, Metr. Kap. C.71 (502) f.5-6; Saint-Omer 710; (*Bull. Litt. Eccl.* 23 1922] 256; RTAM 26 [1959] 83-84; Stegmüller RB 1730; 9991)
    Printed: PL 162, 1305-1309; Vives 295-298; PL 184, 811-818; Vives 332-335
    Alternate incipit: Sicut docuit orandum et ubi et quomodo...8226

9122. *Septem sunt vitia principalia que rationalem naturam inficiunt et eius integritatem, quasi quodam suae admixtionis fermento, corrumpunt...*
    Pater noster. Captat namque oraturus pietatem a prelatis... Hae autem septem petitiones in oratione dominica...
    Hugo de Sancto Victore, *Expositio orationis dominicae*
    [De vitiis; super Pater noster]
    Mss: Arras 929 (664) f.77 (fragm.); Bruxelles, BR 2499-510 (cat. 1118) f.142-147;

Douai 365 f.66; Einsiedeln 189 p.211-213 *De vitiis*; Escorial e.IV. 16 f.105-114; Heiligenkreuz 235 f.124-138; Laon 173 n.12; Mons, Ville 9/166 (20) f.26-40; Nice 9 f.34-49; Paris, BN lat. 2532 f.119-129; 12316 f.75-82; 14303 f.43-49; 14506 f.178-183; 14957 f.86; 15315 f. 165-170; 15988 p.265-275; 16506 f.26-32; 16875 p.457-464; Tours 246 f.96-105; 396 f.101-106; Vaticana, Regin. lat. 2532.

Printed: PL 175, 774-789 (*Allegoriae in Novum Testamentum*, lib. 2, cap. 3-14); Vives 393-402

Alternate incipits: Hee autem septem petitiones in oratione dominica...8405; Libera nos a malo...Hec est septima petitio...8558

9123. **Septies in die laudem dixi tibi, Ps. 118,164. Scribitur Eccli. 33,15 sic contra malum bonum est...**
Pater noster. Hec epistola est supplicatoria et diuiditur in tres partes principales, id est in prohemium, in tractatum et conclusionem... Sanctificetur nomen tuum. Hic incipit pars executatiua...
Iohannes Waldeby, O.E.S.A., *Itinerarium salutis super orationem dominicam*
Mss: Cambridge, Corpus Christi Coll. 317 f.1-48; Cambridge, Caius Coll. 334 (727) f.112-136; Cambridge, Univ. Ii.3.29 (1793) f.45-94; London, BM Roy. 7 E.II f.2-33; 8 C.I f.2-45; London, Lambeth 87 f.138-165; 352 f.25-54; Oxford, Bodl. Laud. misc. 296 f.1-37, 81-84; Oxford, Merton 68 f.229-257; Salisbury 39 f.19-65. (Stegmüller RB 5045; 5046; 8089; Zumkeller MWA 617)
Alternate incipits: Expedita collatione et exposita causa mea scribendi...8311; Nota primo quod hec oratio radicatur in fide... 8600
Cf: 8092

9124. **Sequitur oremus, ut sic adiuuante Domino a morte anime resurgamus...**
(Ms: Brno, Univ. Mk 75)
See: 8720

9125. **Sequitur septifaria petitio contra septem viciis, quibus petitionibus ille...**
[Comm. on the Lord's Prayer]
Ms: Oxford, Bodl. Bodl. 630 (SC 1953) f.18-20.

9126. **Sermo de oratione dominica, in qua tria considerabimus...excellentiam ... beniuolentiam...continentiam...**
(Ms: Napoli, Naz. V.H.270)
See: 8232

9127. **Sermones predicabiles et ad plurimum usum conuertibiles...**
Siboto, *Tractatus super Pater noster*
(Ms: Heiligenkreuz 295)
See: 9084

9128. **Seruis Christi conseruus eorum Serlo dominicam orationem. Protector noster aspice Deus et respice in faciem Christi tui...**
(Mss: Auxerre 20; Graz, Univ. 453; München, Clm 14303; Oxford, Corpus Christi Coll. 62; Paris, BN lat. 2795; 16878)
See: 8936

9129. **Si aliquos noueris...**
Expositio orationis dominice cum quodam loco notabili et septem capitalia vicia cum aliquibus ramis eorum
Ms: Paris, Mazarine 974 (1144) n.2 [XVI]

9130. **Si Deus est animus ut nobis carmina dicunt, hic tibi precipue sit pura mente colendus. Venerabilis Cato per ista metra intendit quod Dominus Deus sit diligendus et honorandus pre omnibus rebus in hac vita...**
Pater noster. Hec sacratissima oratio que dicitur dominica pro tanto quod a

Domino Deo composita est, prima sui diuisione diuiditur in duas partes: in prima parte docet nos orare pro bonis obtinendis...

>Iohannes Müntzinger, *Expositio orationis dominice per reuerendum magistrum Iohannem Münczinger ad eruditionem suorum scolarium compilata* (Commentary on Nr. 9883)
>
>Mss: Basel, Univ. A.VI.4 f.59-65; Eichstätt 417 f.219-224; Einsiedeln 43 f.211-215; Göttweig 474 (310) f.94-99; München, Clm 7018 f.139-142; 8349 f.81-88; 8855 f.53-58; 12259 f. 73-178; 15313 f.45-48; 15313 f.45-48; 17296 f.3-8; 17787 f.17-30; Olomouc, CO 168 f.191-200; Ottobeuren, MS O 42 f. 134-140; Praha, Univ. I.E.13 (198) f.11-21 (incompl.); IV.C.15 f.108-118; VI.B.5 f.121-127; St. Gallen 842 p.619-636; Stuttgart, Theol. Philos. qu. 201 f.129-137; H.B. I 167 f.104-110; H. B.III 37 f.1-5; Überlingen 18 f.182-187; Vaticana, Palat. lat. 385 f.76-82; Würzburg, Minoriten 86 f.112-120; Wrocław, Uniw. Milich. 65. 1709 f.109(?)-119. (A. Lang, *Johann Müntzinger...*, B.G.P.T.M., Suppl. III-2, Münster i.W, 1935, p.1220-1221; Stegmüller RB 4816; 9145)
>
>Excerpt: Fiat voluntas tua...Ut que odis odiamus...8319. Alternate incipits: Hec dominica oratio que pro tanto dominica dicitur...8355; Hec sacratissima oratio que dicitur dominica pro tanto...8399; Hec sanctissima oratio que dicitur dominica pro tanto...8401; Venerabilis Cato per ista metra intendit...9237

9131. Si labilia et caduca nostra etsi nostra boni tantum nominis velamine palliata... Pater. Altitudo itaque illa diuitiarum sapientie et scientie Dei...

>Maio, *Expositio orationis dominice edita a Maione magno ammirato ad Stephanum ammiratum filium suum*
>
>Mss: Admont 198 f.195-204; Graz, Univ. 1344 f.1-19; Göttweig 128 (118) f.93-100; Paris, BN nouv. acq. lat. 1772 f.2-50; Torino, Naz. MXX.K.III.3 (Pasini)
>
>Printed: O. Hartwig in *Archivio Storico per le province napoletane* 8 (1883) 464-485
>
>Alternate incipits: Si labilia et caduca nostra etsi nostram leuitatem nouimus et fuerit...9132; Stabilia et caduta nostra...9179

9132. Si labilia et caduta nostra etsi nostram leuitatem nouimus et fuerit...
>(Ms: Göttweig 128)
>
>See: 9131

9133. Si male dixi, exprobra de malo (cf. Ioh. 18,23)...
>See: 8026

9134. Si papa vel episcopus unam dictant orationem...
>See: 8094

9135. Si pater est, et nos filii, fraterna obligamur dilectione...
>[Comm. on the Lord's Prayer]
>
>Ms: Solothurn, SI 240 f.175-176.

9136. Si psalmodie et cetere orationes prophetarum seu etiam aliorum sanctorum tante sunt virtutis et efficacie quod per eas deleantur peccata, demones repellantur, quanto magis per istam saluberrimam orationem...
>[Comm. on the Lord's Prayer]
>
>Mss: Melk 1387 (649) f.133-155; 1585 (242) p.167-201; 1832 (299) f.281-284; München, Clm 8258 f.170-180; Schlägl 40 f.259-264.

9137. Si quid petieritis Patrem in nomine meo, dabit vobis (Ioh. 16,23). **Pro introductione sciendum ex quo Deus hominem produxit fragiliorem, unde sibi suffragium proueniat ut suas indigentias reuelare poterit...**
>*Super dominicam orationem* (Nicolaus de Dinkelsbühl, *Expositio super dominicam orationem* with additions)

Mss: Magdeburg 23 f.49-87; 196 f.382-426. (Stegmüller RB 9755)
Cf: 9138

9138. *Si quid petieritis Patrem in nomine meo, dabit vobis* (Ioh. 16,23). *Sanctus Chrysostomus super illo Matth. 7,7: Petite et dabitur vobis, dicit: Petite et dabitur vobis ut, quod ex hominibus consummari non potest, per gratiam Dei impleatur...*
Nicolaus de Dinkelsbühl, *Sermones* (12) *super orationem dominicam*
Mss: *Autograph* Wien, Nat. 4353 f.131-145. See Madre (205 MSS). Add: Admont 203 f.28-30 (*Serm.2-3*); Alba Iulia I.33 f.1-38; Eichstätt 219 f.415-446; Fritzlar 115 f.1-37; Innsbruck, Univ. 51; 239; Isny 29 f.143-181; Köln, Stadtarchiv 4 65 f.133-154; Kreuzenstein 5658 f.14-51; Ljubljana 149 (Kos 71) f.229-233; Magdeburg 22 f.198-226; Mainz II 91 f.79-108; Melk 540 (256) f.452-524; München, Clm 3549 f.99-139; 5387 f.277 seq.; 5421 f. 241-272; 6504 f. 183-220; 8154 f. 264-305; 8330 f. 173-202; 8838 f. 1-42; 11467 f. 121-157; 22378 f.4-33; 28663 (*Serm.4*); München, Univ. Fol. 68 f. 247-286; 72 f. 1-32; Olomouc, Univ. II 110 f.144-175; Opava 63 f.98-142; Praha, Univ. VII.D.12 (1278) f.191-205; Regensburg, Alte Kapelle 1794 f.274-312; Rottenburg, Sem. H.18 f.1-17; Stuttgart, Theol. fol. 151 f.165 seq.; Trier, Stadtbibl. 670 f.248-276; Wien, Domin. Archiv 18 p.647-730; Windsheim 52(21) f.95-135; Wolfenbüttel, 387 Helmst. (422) f.137-174; Würzburg, Univ. M.ch.f.133; Würzburg, Minoriten 8 (formerly). (A. Madre, *Nikolaus von Dinkelsbühl. Leben und Schriften,* Münster i. W. 1965 [B.G.P.T.M. 40-4] p.175-179; E. Bauer, *Nikolaus von Dinkelsbühl. Handschriften und Neuzuweisung* in *Zeitschrift für deutsches Altertum und deutsche Literatur* 100 [1971] 159-161)
Printed: Argentorati 1516 f. 49-68; R. Damerau, *Der Herrengebetskommentar des Nikolaus von Dinkelsbühl.,* Lateinische textkritische Ausgabe (Studien zu den Grundlagen der Reformation, 10), Giessen 1971.
Alternate incipits: Adueniat regnum tuum. Sed fratres...8025; Ait: si male dixi, exprobra de malo... 8026; Circa materiam de oratione...8102; Circa materiam orationis...8103; Circa orationem tria...8110; Oratio qua Dominus et saluator noster... 8709; Orationis tres...8715; Pro meliori declaratione...8933; Sanctus Chrysostomus...9055; Sic ergo vos orabitis...Circa orationem...9154
Cf: 9137

9139. *Sic [ergo vos autem] orabitis...Hic saluator ostendit et dat formam et modum orandi conuenientissimum...*
(Ms: Wien, Schott. 330)
See: 8411

9140. *Sic autem orabitis* (Matth. 6,9). *Hic saluator ostendit et dat formam...*
See: 9139

9141. *Sic breuiter Deum Patrem...*
[Comm. on the Lord's Prayer]
Ms: Cambrai 142 f.152-154.

9142. *Sic: eo fine quod doceo, eo affectu quem inspiro...*
See: 8249

9143. *Sic ergo [vos orabitis]...Docuit orandum et ubi et quomodo...*
(PL 162, 1305 seq.)
See: 9121; 9169

9144. *Sic ergo [vos] orabitis...Hec verba sunt Matth. 6,9...*
[Comm. on the Lord's Prayer]
Ms: Uppsala, Univ. C 194 f.29.

9145. *Sic ergo [vos] orabitis...Hic docet Christus breuem et debitum modum...*
See: 8409

9146. Sic ergo [vos] orabitis...Hic incipit pars illa in qua docet qualiter et quid orandum sit...
   See: 8415

9147. Sic ergo [vos] orabitis...Oratio qua Dominus et saluator noster...
   See: 8709

9148. Sic ergo [vos] orabitis...Primo docuit quo fine sit orandum et qualiter orandum...
   See: 8914

9149. Sic ergo [vos] orabitis...Quia cum Dei auxilio exponere intendimus...
   See: 8979

9150. Sic ergo [vos] orabitis...Sicut habet Doctor sanctus in secunda parte compendii theologie...
   See: 9172

9151. Sic ergo [vos] orabitis...Supra excludit saluator orandi modum indebitum; hic docet modum orandi debitum...
   See: 9090

9152. Sic ergo [vos] orabitis...Ut ego doceo et quomodo doceo...
   See: 9228

9153. Sic ergo vos orabitis: Pater noster qui es in celis...(Matth. 6,9)
   [See: the incipits of the same type: *Sic vos orabitis, Sic ergo orabitis, Sic orabitis, Sic autem orabitis*, are classified with/by this rubric: *Sic ergo vos orabitis*]

9154. Sic ergo vos orabitis...Circa orationem tria principaliter possunt suboriri vitia; primo si ipsa fuerit non propter Dei gloriam sed ad iactaturam...
   Nicolaus de Dinkelsbühl, *De oratione dominica* (Serm.2)
   See: 9138

9155. Sic ergo vos orabitis...Glossa. Inter salutaria monita et diuina quibus consuluit credentibus...
   See: 8529

9156. Sic ergo vos orabitis...In ista parte Christus docet informationem morum quantum ad ipsius orationis formationem...
   See: 8485; 8887

9157. Sic ergo vos orabitis...Innuit quatuor modos omnium orationum...
   See: 8513

9158. Sic ergo vos orabitis...Posita interiorum informatione quantum ad orationis deuotionem...
   See: 8014; 9161

9159. Sic orabitis...
   See: Sic ergo vos orabitis...9154 seq.

9160. Sic [ergo vos] orabitis...Notandum quod triplex est causa aput magnates dandi larga munera...
   See: 8626

9161. Sic [ergo vos] orabitis...Posita morum informatione quantum ad orationis deuotionem...
   (Ms: Vaticana, Ottob. lat. 1780)
   See: 8887

9162. Sic [ergo vos] orabitis...Verba ista scribuntur Matth. 6,9 et partim Luc. 11,2. Origenes, omelia nona, dicit super Iosue: vere adiutorio Dei opus est ut possumus verbis nostris diuina verba disserere et explicare... Christus dixit: sic orabitis. Inter omnia homini peregrino in hac vita necessaria precipuum est orationis instantia...

[Comm. on the Lord's Prayer]
Ms: Hamburg, Petri 22 n.4.

9163. *Sic orant boni: Pater noster...Sic orant mali: Pater noster. Respondet Dominus: Ego non sum pater vester...*
[Comm. on the Lord's Prayer]
Ms: Wrocław, Uniw. I.Q.171 f.150.
Cf: 8131; 8152; 8944

9164. *Sic vos orabitis...*
See: Sic ergo vos orabitis...9154 seq.

9165. *Sic [ergo] vos orabitis: quasi dicat: non debetis ut ethnici orare...*
Expositio brevis in orationem dominicam
Ms: London, BM Roy. 2 D. XXIX f.28.

9166. *Sic [ergo] vos orabitis...Quia discipuli Domini audientes magistrum eum docentem...*
See: 8980

9167. *Sicut dicit beatus apostolus Paulus: omnia probate, quod bonum est tenete* (I Thess. 5,21)...
[Comm. on the Lord's Prayer]
Ms: Brno, Statni Archiv G.10.211 f.193-207.

9168. *Sicut dictum est supra in expositione symboli, tria sunt necessaria homini ad salutem, ut sciat que credere debet...*
Hugo de Prato, O.P., *Sermones super Pater noster*
Mss: Koblenz, Staatsarchiv Abt. 701 Nr. 239; Padova, Anton. 251 f.213-246; Praha, Univ. Tepla 27 f.24-31; Vaticana, Vat. lat. 4368 f.106-120; Wrocław, Uniw. I.Q.364 f.165-190.

9169. *Sicut docuit orandum et ubi et quomodo docet que sunt oranda breuiter ponendo... Septem sunt petitiones sicut septem dona Spiritus sancti...*
(Ms: Leipzig, Univ. 160)
See: 9121

9170. *Sicut ergo Dominus et saluator noster discipulos suos per octo beatitudines...*
Sermo sancti Augustini de septem petitionibus et octo beatitudinibus
Ms: Graz 790 f.222-225.

9171. *Sicut est in temporalibus, sic suo modo est in spiritualibus; sed sic est in tempore quod quidam lucrantur et ditantur pugnando ut milites et armigeri...*
[Comm. on the Lord's Prayer]
Ms: Praha, Univ. Tepla 27 f.14-15.

9172. *Sicut habet Doctor Sanctus in secunda parte compendii theologie: unicuique rei secundum diuine potentie ordinem tribuitur...*
Nicolaus de Pisis, O.P., *Expositio orationis dominice per sermones predicabiles*
Ms: Firenze, Naz. Conv. Soppr. J.I.11 f.1-20. (Quetif-Echard I 903)

9173. *Sicut legitur in Matth.* [Luc. 11,1], *apostoli petierunt a Domino quod doceat eos orare. Quibus respondit...*
Pater noster. In qua oratione docet nos primo eius beniuolentiam acquirere ipsum laudando...
[Comm. on the Lord's Prayer]
Ms: Vaticana, Borgh. 247 f.85-94. (Stegmüller RB 11530)
Cf: 8085

9174. *Sicut testatur Lucas euangelista, simul cum surrexisset Dominus ab oratione, venit quidam discipulus et dicit: Domine, doce nos orare sicut Iohannes Baptista docuit discipulos suos* (Luc. 11,1)...

Expositio orationis dominice videlicet Pater noster
Ms: Bruxelles, BR 12065-68 (cat. 1911) f.114-115.

9175. **Sicut tua postulauit fraternitas, symboli sensus, profundiora veritatis aliquantisper explanauimus...**
Pater noster...Oratorum secularium mos est ut cum grande aliquid iudici persuadere intendunt... Captata beniuolentia postulat 'Sanctificetur nomen tuum' et hec est prima postulatio...
Ioslenus Vierzacensis (Suessionensis), *Expositio in dominicam orationem*.
Mss: Paris, BN lat. 2946 f.78-86; 5129 f.117-121.
Printed: PL 186, 1489-1496; Vives 325-331.

9176. **Sidereo genitor residens in vertice celi/ Nominis, oramus, veneratio sanctificetur/...**
[Oratio dominica metrice: 14 vers.]
Juvencus, *Liber Evangeliorum* 1,590-603
Mss: Paris, Sainte-Genevieve 1186 f.5; 2409 f.119; 2785 f.85; Roma, Casa Madre dei Padri Mariste s.n. f.110. (L. Delisle, *Notices et extraits des MSS de la Bibl. Nat.*, 35 [1896]835; Walther IC 18174; 18179)
Printed: PL 19, 132-133; Vives 24,32; H. Walther in RMAL 20 (1964) 46

9177. **Sincera vestre deuotionis attentio me sollicite deprecationibus incitauit... Nulli dubium quod oratio Pater noster omnes oratione superat et sufficientia contentorum et eloquii breuitate et ob reuerentiam conditoris...**
Expositio orationis dominice videlicet sanctissimi Pater noster
Mss: Budapest, Eg. Kön. 78 f.147-170 (*incompl.*); Erfurt, Ampl. D.21 f.103-118.

9178. **Spiritu sapientie nostram luxuriam extinguendo...**
See: 8814

9179. **Stabilia et caduca nostra, etsi nostra boni tantum nominis velamine palliata...**
(Edition)
See: 9131

9180. **Stephanus Brandeburgensis sola Dei patientia vocatus episcopus... Cumque Deo disponente vel potius permittente, honorem episcopatus subii, codicemque euangeliorum onus ponderis non preuidens...**
Pater noster...Postquam ergo de sex septenariis ad hunc septimum orationis dominice septenarium suo modo pertinentibus...
Stephanus Bodeker (Doliatoris),
[De virtutibus et vitiis; de sacramentibus; super Pater noster]
Ms: Berlin, Theol. lat. fol. 117 (Rose 552) f.1-150.
Printed: Cap. 1 in *Die Handschriften-verzeichnisse der kgl. Bibl. zu Berlin*, t.13,2 (V. Rose), Berlin 1901, p.461

9181. **Summe immense abyssalis misericordie et clementie bonitatis...**
[Comm. on the Lord's Prayer]
Ms: Colmar, Ville 199 (Stegmüller RB 9047)

9182. **Summe Pater qui celum habitas te quesumus omnes nomen ubique tuum sanctificare velis...**
[Comm. on the Lord's Prayer, 10 vers.]
Ms: Firenze, Naz. Landau-Finaly 220 f.2.

9183. **Sunt septem petitiones in dominica oratione opponende septem predictis morbis...**
Pater noster. Pater: ecce beniuolens...
[Comm. on the Lord's Prayer within a treatise entitled *De quinque septenis*]
Ms: Einsiedeln 131 (1063) f.213-226 (*De quinque septenis*) (Stegmüller RB 9156)

9184. **Super quo dicit Nicholaus de Pruliaco quod hec oratio commendabilis est triplici ratione...**
See: 8171

678   INCIPITS OF WORKS ON THE VIRTUES AND VICES

9185. Superius quidem dixerat: Nolite multum loqui (Matth. 6,7). *Docet nos breuem et puram orationem in qua omnia que necessaria sunt corpori et spiritui comprehenduntur, dicendo Pater...*
   [Comm. on the Lord's Prayer]
   Ms: Olomouc, Univ. MS II 50 f.202.

9186. Supplicatio fidelium ad Deum Patrem omnipotentem cum gratiarum actione eorum videlicet qui iam a tali Patre per baptismi gratiam...
   Expositio de oratione dominica
   Mss: München, Clm 28, 140 f. 69-70; Paris, BN lat. 1008 f.18; 2373 f.34; Salisbury 9 f.79; Troyes 804 f.50-51. (J. Carmignac, *Recherches sur le 'Notre Père,'* Paris 1969 p.152)

9187. Symbolum reddidistis quo breuiter comprehensa continetur fides...
   Pater noster qui es in celis. Inuenimus Patrem in celis, attendamus quemadmodum viuamus in terris...
   S. Augustinus, *Sermo 58 ad competentes de oratione dominica*
   Mss: Admont 201 f.14-17; Berlin, Phillipps 1677 (Rose 30) f.72-73; Bruxelles, BR II 1072 (cat. 1115) f.69-70; Koblenz, Staatsarchiv Abt. 701 Nr. 163 f.138-139. Müchen, Clm 3826 f. 92-93
   Printed: PL 38, 393-400; Vives 132-136
   See: 8536

9188. Tanguntur tria in hiis, videlicet infinitas, eternitas et maiestas...
   [Comm. on the Lord's Prayer]
   Ms: Leipzig, Univ. 485 f.97-98 (incompl.).

9189. Tanquam caput omnium orationum approbatur...
   See: 8834

9190. Tanta pietatis profunda misericordia, filii dilectissimi, circa genus humanum nostri patuit saluatoris...
   Pater noster. Ecce vox Domini praedicantis, de quo propheta dicit (Is. 45,8): Nubes pluant iustum...
   Venantius Fortunatus, *Expositio orationis Domini*
   Printed: PL 88, 313-322; MGH, *Auctores antiqu.* 4-1 (1881) 221-229 (Stegmüller RB 8282)

9191. Tantum enim pius et clemens est Deus circa fragilitatem nostram quod sanguine suo nos redemit ut qui serui digni non eramus vocari filii adoptati sumus...
   [Comm. on the Lord's Prayer Nr. 9940 without prologue]
   (Mss: London, Lambeth 200; Luzern, P. Misc.35; Würzburg, Univ. M.ch. q.97)
   See: 9258

9192. Te, Deus, in celis populus regnare fatetur/ Ergo tuum nomen in celis sanctificetur/...
   [Paraphrase on the Lord's Prayer: 8 vers.]
   Ms: Vaticana, Palat. lat. 719 f.148. (Walther IC 19402 b)
   Printed: H. Walther in RMAL 20 (1964) 47

9193. Temptari permittit Deus homines multis de causis...
   [Comm. on the Lord's Prayer ?]
   Ms: Cambridge, Univ. Dd.4.50 f.102 seq.
   Cf: 8466

9194. Tenemus in symbolo quomodo credatur in Deum; attendamus quomodo inuocemus Deum...
   Sermo Augustini de oratione dominica
   Ms: Bruxelles, BR 5041-46 (cat. 1107) f.25-32.

9195. Tentari...
   See: Temptari...9193

9196. *Terminata prefatione, subditur ipsa oratio in qua primo beniuolentia exauditoris...*
See: 8901

9197. *Teste Augustino, oratio dominica perfectissima est quia secundum eundem si recte et congruenter oramus nichil aliud dicere possumus...*
Expositio cuiusdam compendiose super dominicam orationem
Ms: Berlin, Lat. oct. 375 f.18-20.

9198. *Thomas de Aquino: Deus Pater noster...*
See: 9200

9199. *Thomas de Aquino dicit quod oratio dominica omnes alias orationes excellit in quatuor, primo in auctoritate, secundo in breuitate, tertio in fecunditate, quarto in audibilitate. Primo in auctoritate quia Christus verus Deus eam fecit et ordonauit. Circa hoc queritur...*
Pater in quo captamus beniuolentiam... Hic est numerus septenarius complectens septem ordines...
[Comm. on the Lord's Prayer]
Ms: Trier, Stadtbibl. 788 (1372) f.75-87.

9200. *Thomas de Aquino: Pater dicit non dominus quia amari appetit non timeri. Chrysostomus: patrem magis voluit se dici... Hec est oratio dominica precellens omnes alias orationes in tribus, scilicet in dignitate, in breuitate et in fecunditate. Thomas de Aquino: Oratio dominica precellit alias orationes primo in dignitate quia ab ipso filio Dei est edita et edocta... Hic est numerus septenarius complectens septem ordines... Thomas de Aquino: Sanctificetur nomen tuum, id est sanctum appareat in nobis per triplicem notitiam...*
Glossa super Pater noster or *Glossa latina super Pater noster adducta per multa documenta variorum doctorum* or *Expositio super oratione dominica ex diuersis doctorum dictis collecta* or *Expositio super dominicam orationem collectam ex diuersis doctoribus satis bona et utilis* or *Dominica oratio excellens omnes alias orationes per multos egregios doctores taliter adornata et peroptime glossata* or *Thomas de Aquino super Pater noster* or *Expositio beati (sancti) Thome de Aquino super oratione dominica* or *Expositio solempnis super Pater noster excellentis doctoris Thome de Aquino* or *Postilla reuerendi doctoris Thome de Aquino super dominicam orationem* or *Summa sancti Thome de Aquino super Pater noster* or *Expositio siue glossa super Pater noster edita a sancto Thoma de Aquino* or *Expositio Pater noster compendiosa* or *Expositio dominice orationis multum bona (bona et utilis)* or *Breuis et utilis expositio super dominica oratione* or *Intellectus super oratione dominica*
Mss: Admont 163 f.158-160; 203 f.30-32; 342 f.184-187; 349 f.30-32; Alba Iulia MS I.68 f.1 seq.; Bamberg, Theol. 26 f.196-198; 28 f.291-293; 180 f.222-226; Berlin, Theol. lat. fol. 32 (Rose 454) f.289-291; 82 (Rose 497) f.181-183; 144 f. 114-115; 182 (Rose 556) f. 155-157; 178 (Rose 426) f. 261-262; Theol. lat. qu. 337 f.125-129; Lat. qu. 848 f.27-31; Lat. oct. 375 f.13-17; Bratislava, Kap. 82 (Knaus 86) f.65-67; Brno, Univ. Mk 47 f.117-121; Mk 108 f.302-307; R 638 f. 152-156; Bruxelles, BR 1392-98 (cat. 299) f.108-112; 4414-24 (cat. 2187) f.78-81; Budapest, Eg. Kön. 39 f.88-90; 53 f.306-309; Budapest, Orsz. Szech. Köln. 74 f.79-81; Darmstadt 2256 f.229-234; Erfurt, Ampl. Qu. 324 f.16-19; Erlangen 568 f.320-323; Frankfurt a.M., Praed. 59 f. 41-46; Gniezno, Archiwum Archidiecezjalne S.3 p.595-600; Göttweig 142 (135) f.251-257; 202 (145) f.92-96; 430 (208) f.86-89; 471 (307) f. 240-250; s'Gravenhage, Kon. Bibl. 73 H 35 f.189-192; Graz, Univ. 243 f.195-197; 348 f.171-173; 1375 f.?-153; Güssing 1/38 f.124-139; Harburg, II lat.1 fol. 5 f.225-227; qu. 13 f.36-39; oct. 30 f.35-42; Hildesheim, Bev. 629 f.111-114; Köln, Seminarbibl. 65 f.99-106; Kosice 3 f.156-159; Krakow, BJ 2538 f.162-167; Kremsmünster 84 f.75-77; Krivoklat I a 37 f.119-120; Leipzig, Univ. 455 f.76; 574 f.250-253; 903 f.104-106; 1091 f.152-157; Mainz I 62 f.69-71; I 192 f.27-32; I 197 f.63-65;

Melk 651 (357) f.99-105; Michaelbeuern, Cart. 33 f. 14-15; München, Clm 99 f. 127-130; 3236 f. 173-176; 5191 f. 266-269; 5221 f. 153-155; 5666 f. 119-126; 5867 f. 1(incompl.); 5966 f. 126-133; 7244 f. 78-80; 7442 f. 264-266; 7684 f. 109-113; 7743 f. 1-4; 7745 f. 50-53; 8084 f. 164-167; 11582 f. 178-180; 11601 f. 201-203; 14243 f. 233-235; 14610 f. 56-60; 16195 f. 195-197; 16460 f. 203-205; 17618 f. 20-23; 17643 f. 307-310; 17784 f. 10-12; 18746 f. 31-34; 18877 f. 36-41; 18929 f. 274-278; 19544 f. 306-309; 21103 f. 84-88; 24822 f. 48-54; 28477 f. 59 seq.; 28489 f. 109-110; 28602 f. 135-137; München, Univ. 8 169 f. 345-354; 369 f. 95-98; Olomouc, CO 346 f.48-52; Olomouc, Univ. MS II 232 f.79-81; Osek 31 f.44-47; Pelplin, Sem. 217 (140) f.111-115; Praha, Metr. Kap. D.9 (573) f.81-85; D.18 (584) f.303-305; D.19 (585 a) f.84-87; D.131. 2 (702) f.120-127; E.21.3 (772) f.186-188; N.55 (1579) f.293-296; O. 23 (1607) f.57-60; O.38 (1622) f.146-149; Praha, Marodni Mus. XIII. F.20 (3367) f.1-8; XIV.C.11 (3450) f.26-28; XVI.C.4 (3667) f.180-182; Praha, Univ. Lobk. Roudnice VI.Fd.7 f.8-14; Univ. I.B.17 (73) f.202-204; I.C.26 (118) f.40-41; I.C.45 (137) f.200-202; I.E.30 (215) f.205-208; III.G.24 (549) f.1; IV.A.16 (592) f.117-119; IV.C.15 (642) f. 105-107; V.C.25 (867) f.161-165; V.D.2 (870) f.103-105; V.F.11 (933) f.185 seq.; V.G.1 (953) f.273-275; VI.C.29 (1088) f.241-244; VI. G.1 (1164) f.127-130; VIII.F.20 (1574) f.64-67; VIII.G.10 (1592) f.85-88; IX.E.13 (1769) f.62-67; X.C.25 (1878) f.260-263; XI.D.9 (2043) f.70-74; XI.E.6 (2053) f.50-53; XIII.F.21 (2359) f.129-134; XIV.F.5 (2576) f.129-132; Salzburg, St. Peter a.VI.51 f.216-221; b.III.32 f.291-295; b.VI.20 f.197-201; Schlägl 121 f.59-64; 178 f.151-153; Stuttgart, H.B. I 167 f.96-99; III 45 f. 303-305; III 58 f.118-124; Trebon, Statni Archiv A.18 f.399; Uppsala, Univ. C 199 f.22-25; C 203 f.144-147; C 216 f.70-73; C 218 p.105; C 242 f.51-53; Vorau 357 f.86-89; 365 f.118-123; Vyssi Brod 62 f.56-62; 90 f.158; Wien, Domin. 81 (46) f.22-26; Wien, Nat. 3201 f.55-57; 3265 f.34-36; 3604 f.126-130; 3696 f.129-132; 3715 f.147-151; 3803 f.256-261; 3939 f.140-142, 146; 3973 f.148-154; 4342 f.152-158; 4659 f.174-177; 4964 f.90-91; 5243 f.135-138; 5501 f.335-337; Ser. n. 3014 f.104-107; Wrocław, Uniw. I.F.68 f.184-186; I.F.73 f.139 seq.; I.F.284 f.1-3; I.F.285 f. 1-3; I.F.297 f.289-292; I.F.314 f.139-141; I.F.597; I.F.773; II.Q.12 f.13-16; I.O.20 f.243-247; I.O.138 f.132-134; Zbior Milich.50.9562 f. 347-349; 86.9551; Würzburg, Univ. M.p.m.f.6 f.30-31; M.ch.f.132 f.73; M.ch.o.15 f.90-96; M.ch.o.35 f.287-295. (Stegmüller RB 2249,7 [*Ericus Olavi*?]; 8764,2; 8844; 9763)

Printed: [Coloniae] 1473 (HC 1374, Goff T-291); [Coloniae c.1476-78] (H 1373 Goff T-292); [Coloniae c.1481] (H 1372 Goff T-293); Colonia [c.1485] (C 544 Goff. T-294); [Coloniae c.1490] (H 1369, Goff. T-295); [Coloniae before 1494] (H 1368, Goff T-296); [Coloniae c.1500] (H 1370, Goff T-297)

Alternate incipits: Alias omnes orationes dominica oratio est precellens... 8027; Beatus Thomas. Non dominus quia...8064; Et est oratio dominicalis precellens omnes alias orationes...8290; Hec est oratio dominica precellens omnes alias orationes...8360; Hec oratio dominica precellens...8382; Hic est numerus septenarius complectens septem ordines...8414; Incipit oratio dominica quam Christus instituit...8508; Non dominus. Thomas de Aquino, quia amari appetit...8585; Nota quod oratio dominica precellit alias orationes primo in dignitate...8612; Oratio dominica precellit alias orationes primo in dignitate...8698; Pater (dicit) non dominus quia amari appetit...8746; 8759; Pater noster quia amari appetit...8824; Quia amari appetit...8977; Sanctus Thomas de Aquino (dicit sic): Pater non dominus...9058; Thomas de Aquino: Deus pater noster...9198; Thomas de Aquino: Per hoc quod dicit Pater...9201.

Cf: 8040; 8236; 9130

9201. **Thomas de Aquino: Per hoc quod dicit Pater quia amari appetit non timeri...**
(Mss: Bamberg, Theol. 26; Leipzig 574)
See: 9200

9202. Thomas de Aquino: Sanctificetur nomen tuum, id est sanctum appareat in nobis per triplicem notitiam...
See: 9200

9203. Thomas secunda secunde qu. lxxxiiij (in reality 83,9) de oratione dominica sic dicit: Oratio dominica perfectissima est...
Theodoricus de Herxen, *De congruentia et sufficientia orationis dominice (Expositiones varie dominice orationis...*Nr.7)
Ms: Olomouc, CO 191 f.225-226
Printed: [Deventer] 1492 (H 8533 Goff H-134) f. g1
See: 8526
Cf: 9007

9204. Titulus illius [istius] orationis est oratio dominica; dicitur autem oratio dominica quia ipse Dominus eam docuit sed Mattheus euangelista eam scripsit...
Pater noster: hoc est secundum carnalem generationem habemus omnes unum patrem...
(Mss: Altenburg AB 15.B.15; Budapest, Orsz, Schen. Kön. 391; Gotha, Chart. A.17; Lilienfeld 111; 120; München, Clm 14563; Wien, Nat. 720; 4804)
See: 8375

9205. Tota, id est Trinitas ineffabilis qui solus terramque reples et ubique immobilis ades ...
Philippus Siculus de Barberiis, *Explanatio super oratione dominica*
Mss: München, Clm 7659 f.155-158; Paris, Arsenal 243 f.92-100.
Printed: Rome 1481 (GW 8385); Rome 1481 (GW 8386 R Goff B-119); [Rome] c.1482 (GW 3387 Goff B-120); Paris, Regnault, 1538 f.149-154

9206. Tractatum de septem petitionibus que in oratione dominica continentur, aliqui secundum ordinem huius libelli ponunt scilicet immediate...
Pater noster. Cum hec oratio a sapientissimo...
(Ms: København, Gl. kgl. S.1374 4)
See: 8136

9207. Tractaturi igitur de oratione, que orationi dominice nulla omnino equari potest...
See: 8232

9208. Tres oratio donat fructus ipsa meretur/ consolatur et impetrat et tunc octo requirit...
Iohannes Schlitpacher de Weilheim, O.S.B., *Expositio metrica super oratione dominica*
Mss: Melk 278 (934) f.148-157; 662 (896) f.38-42; 1081 (610) f.465-474; 1086 (931) p.36-43; 1387 (649) f.214-221; 1583 (297) f.133-136; 1646 (657) f.53-56; 1734 (294) p.366-374; München, Clm 19037 f. 140-144. (Walther IC 19399); makes use Nr. 9138)

9209. Tria scienda sunt quod hec oratio dominica dicitur...
[Comm. on the Lord's Prayer]
Ms: Wrocław, Uniw. I.Q.21 f.243-244.

9210. Tribus modis orandum est, corde, ore et opere...
See: 8298

9211. Tu autem cum oraueris (Matth. 6,6). Pro expositione orationis dominice...
See: 8931

9212. Tu es in celis et in nobis esse velis...
See: 8819

9213. Tu es qui filios in tuo dilectissimo Filio generasti...
See: 8835

9214. Tu, Pater, qui prouidentia tua cuncta ab initio gubernas, Pater noster et redemptor noster a seculo nomen tuum, unus Deus et Pater omnium...

Succus (Soccus), *Oratio dominica*
Ms: München, Clm 924 f.2-37.

9215. **Tu qui es in celis et in nobis esse velis...**
See: 8819

9216. **Turpe est ignorare quod contingit omnibus scire, ut scribit philosophorum princeps Aristotiles II Rethorice, et licet est generalis siue uniuersalis ad omnia que necessario sciuntur...**
Pater noster. Ista oratio dominica cuius subiectum est Dominus Deus, prima sui diuisione diuiditur in septem partes principales...
Expositio orationis dominice
Mss: Graz, Univ. 315 f.89-98; Wolfenbüttel, 19.26.3. Aug.4 (3200) f.65-72 (incompl.).

9217. **Ubi duo nota: quomodo sit pater noster...**
(Ms: Olomouc, CO 242)
See: 8515

9218. **Ubi est considerandum quod inter alias orationes oratio dominica principalior inuenitur...**
See: 8470

9219. **Ubi propter firmitatem vel sanctitatem Dei Patris...**
See: 8137

9220. **Ubi sciendum quod cum Christus esset in quodam loco orans, ut cessasset...**
See: 8230

9221. **Ubi sufficienter petimus omnia que nobis necessaria sunt...**
See: 8068

9222. **Unde de oratione dominica scriptum est ad litteram Matth. 6 et Luc.11: Accesserunt ad Ihesum discipuli eius et dixerunt illi: Magister doce nos orare. Qui ait illis: cum oraueritis, dicite: Pater noster qui es in celis, etc. Sciendum quod hec sancta oratio diuiditur in duas partes et in sex petitiones...**
Virgultum orationis dominice
Mss: Berlin, Lat. fol. 696 f.234-235; Wolfenbüttel, 1391 Helmst. (1514) f.174-177.

9223. **Unigenitus Patri coaeternus...**
See: 8817

9224. **Uniuersitas orationum species absque ingenti cordis et animae puritate et illuminatione sancti Spiritus arbitror comprehendi non posse...**
Iohannes Cassianus,
[Comm. on the Lord's Prayer; *Collationes Patrum*, Coll.9, c.8 seq.]
Ms: Wien, Nat. 739.
Printed: PL 49, 779 seq.
Cf: 8363

9225. **Unum vos debetis scire quod inter omnia opera...**
(Ms: Vaticana, Palat. lat. 456)
See: 8085

9226. **Unusquisque homo qui patrem clamat in celis, filius Dei debet esse in terris, id est se talem debet exhibere et preparare ut filius Dei sit. Caritatem debet habere in se...**
Robertus Scriba de Bridlington, *Expositio orationis dominice* or *Oratio dominica glossata*
Mss: Arras 525 (824) f.21-22; Basel, Univ. A.XI.55 f.225; B.X.35 f.24-26; Cambridge, Univ. Mm.6.15 (2474) f.166; Addit. 2829 f.200; Cues 258 f.116-117; Douai 144 f.81-82; Escorial T.II.3 f.41; Hereford, Cath. P.3.3

f.166-167; Kremsmünster 375 f.140; Liège, Sem. 6 G 21 f.53; London, BM Burney 356 f.32-33; Roy. 7 A.IX f.78; 8 C.IV f.156; München, Clm 3523 f. 168-175; München, Univ. Fol. 102 f. 216-217; Oxford, Bodl. lat. th. e.35 f.26-27; Paderborn, Theod. Ba 11 f.17-18; Paris, Mazarine 924 f.115; Paris, BN fr. 24436 f.87-88; lat. 2831 f.88-89; 2915 f.14-16; 8447 f.34; Praha, Metr. Kap. C. 39.4 (466) f.117; D.135 (706) f.26-28; Praha, Univ. XIII.G. 18 (2385) f.176-177; XX.A.1 (formerly Admont 133) f.25-26; Rouen A. 454 (671) f.3-4; A.527 (563) f.51-52; St. Gallen 782 p.125-127; Semur 11 f.45; Toulouse 208 f.54-56; Torino, Naz. D.VI.48 (601) f.3-4; (incompl.); Trier, Stadtbibl. 598 f.2-3; Uppsala, Univ. C 107 f.238-239; Vaticana, Borgh. 200 f.3; Vat. lat. 10060 f.103; Venezia, Marc. Lat. XIV.259 (4611); Vorau 374 f.46; Wien, Nat. 1574 f.66; Wolfenbüttel, Gud. lat. 4 249 (4554) f.20-22. formerly Ferrara, O. Carm. (Baleus 388; Stegmüller RB 5613 [Michael de Bologna ?]; 7377,3; 9329; 11167; 11524)

Quarta Petitio: Panem nostrum...Panis grece, latine sermo...8725Alternate incipits: Augustinus dicit: Deus dedit apostolis...8057; Elegit Dominus noster Iesus Christus duodecim apostolos...8274; Hec non est petitio sed inuocatio...8365; Hic non est petitio sed inuocatio...8417; In oratione dominica septem sunt...8491; Omnis homo qui patrem clamat in celis...8670.

9227. *Ut cum Deus filios suos...*
[Comm. on the Lord's Prayer in dialogue form]
Ms: Oxford, Bodl. Bodl. 343 (SC 2406) f.165.

9228. *Ut ego doceo et quomodo doceo...*
Dicta Lyre(?) [Super Pater noster]
Ms: Krakow, BJ 1689 f.361-449.

9229. *Ut in summa exponatur, sciendum quod in oratione dominica continentur omnia que desiderantur...*
Thomas de Aquino, O.P., *Compendiosa expositio super Pater noster* or *Expositio orationis dominice summarie* (*Collationes super Pater noster*, cap. ultim. *Recapitulatio*)
This text is separate in the following MSS: Cambridge, Univ. Kk.6.43 (2123) f.5; Durham, Cath. Hunter fol. 30 p.162; Graz, Univ. 303 f.388; Klagenfurt, Studienbibl. Pap. 166 f.122; Luzern, Bürgerbibl. S.14 IV f.80; Maribor 1 (108) f. 89-90; München, Clm 3812 f. 239; Napoli, Naz. VII. F. 33 f. 175; Oxford, Balliol 284 f.71; Olomouc, CO 130 f.18; Praha, Metr. Kap. C.71 (502) f.1; Praha, Univ. V.G.1 (953) f.291; Salzburg, St. Peter a.IV.29 f.10; b.XI.10 f.26; Schlägl 121 f.63; Venezia, Mar. Lat. III.84 (Valentinelli IV,32) (2775) f.27-28; Wrocław, Uniw. IV.Q. 167 f.53-54. (Stegmüller RB 8068,1)
See: 8515

9230. *Ut inueniamus Patrem in celis attendamus quemadmodum viuamus in terris...*
(Ms: München, Clm 19602)
See: 8536

9231. *Ut Lucas euangelista testatur, Saluator noster a discipulis exoratus quod eos doceret orare, formam orandi perfectissimam eis dedit...*
Iohannes de Aragonia (Toletanus Archiepiscopus), *Expositio orationis dominice*
Ms: Valencia, Cab. 182 f.264-270. (M. Dykmans in *Analecta sacra Tarraconensia* 42[1969] 148-149)
Dedic: Reuerendo in Christo patri ac domino, domino Iacobo ad Velum Aureum...Cupiens paternitati vestre... 9025

9232. *Ut oratio dominica attentius dicatur et aliqua deuotio ex ea concipiatur...*
Theodoricus de Herxen, *Breuiores expositiones (5) orationis dominice secundum*

multiplices considerationes (*Expositiones* [varie dominice orationis...] Nr.4)
Printed: [Deventer] 1492 (H 8533, Goff H-134) f.e6-f1
Cf. 8526

9233. **Ut petit impetrat orans instanter pie pro se/...**
Pater noster. Ob triplex esse Deus est nobis Pater ecce/...
[Versus breves de oratione dominica 18]
Mss: Melk 662 (896) f.42-43; München, Clm 11745 f. 179; 19037 f. 143-144.
(Walther IC 19845)
Printed: H. Walther in RMAL 20 (1964) 50-51

9234. **Ut qualiter orare deberent dixit: non est necesse multum orare...necessaria nobis. Et post hec istam eos docuit oracionem que dominica appellatur quia a Domino facta est et continet septem petitiones et octo gradus. Pater noster non est oratio sed gradus...**
Gemma animae [Super Pater noster]
Ms: Basel, Univ. B.VII.30 f.208-211. (quotes often Nr. 9061)

9235. **Ut totus mundus credat tue veritati...**
See: 8815

9236. **Utrum homo orando debet a Deo petere temporalia...**
[Super Pater noster et Ave Maria]
Ms: Trebon, Statni Archiv A 6 f.217-221.

9237. **Venerabilis Catho per ista metra intendit quod Dominus Deus a nobis sit diligendus et honorandus pre omnibus rebus in hac vita...**
(Mss: Einsiedeln 43; München, Clm 8349; Ottobeuren, MS O 42)
See: 9130

9238. **Venerando...Eckhardo...**
(Mss: Aschaffenburg 36; Bamberg, Theol. 104)
See: 8180

9239. **Venerunt discipuli ad Dominum et dixerunt: Domine, doce nos orare** (Luc. 11,1)...
Expositio de oratione dominica
Ms: Douai 804 n.9.

9240. **Verba ista scribuntur in Matth. 6,9 et partim Luc. 11,2...**
See: 9162

9241. **Verba sunt ipsius Domini in euangelio beati Matthei et docet Dominus discipulos suos et per consequens nos filios suos...**
[Comm. on the Lord's Prayer]
Ms: Paris, BN lat. 3555 f.250.

9242. **Verbum abbreuiatum faciet Dominus super terram** (Rom. 9,28). **De verbo abbreuiato tractatum breuem et facilem scribere propono... Oratio dominica de qua tractare intendimus est breuis oratio que celos penetrat... In oratione dominica quatuor sunt partes...**
Adam de Corlandon (Courlandon), *De oratione dominica et de quibusdam aliis*
[Super Pater noster; super Credo; super Ave Maria; de vitiis; etc.]
Mss: Laon 153; 170. (Stegmüller RB 865)

9243. **Verbum abbreuiatum fecit Deus super terram** (Rom. 9,28) . **Hoc** (Istud) **verbum est dominica oratio, breuis quidem sermone, sed sententia grandis...**
Tractatus super oratione dominica or *Distinctio huius orationis Pater noster*
Mss: Cambridge, St. John's Coll. 62 f.105 seq.; London, BM Arundel 358 f.62-75; Roy. 8 C.VII f.62-63; 10 A.IV f.54 seq.
Alternate incipit: De hac oratione dicit Isaias: Verbum abbreuiatum... 8165

9244. *Verbum istud describunt nobis ewangeliste...*
   [Comm. on the Lord's Prayer]
   Ms: Solothurn, SI 240 f.174.

9245. *Veritas dicit* (Ex. 20,12; Matth. 19,19): **Honora patrem tuum et matrem tuam, Patrem celestem et matrem ecclesiam. Angelorum Pater celestis, qui ducit gregem animarum ad creatorem suum...**
   [Comm. on the Lord's Prayer]
   Ms: Einsiedeln 27 (1195) f.11-16. (Stegmüller RB 9131)

9246. *Verum in hac oratione...*
   Dominice orationis utilitatem
   Ms: Cues 17 f.142-144

9247. *Vestra sinodus, o sacerdotes...*
   In sinodo sermo de oratione dominica ad missam
   Ms: Berlin, Philipps 1664 (Rose 93) f.112-114.

9248. *Videmus, dilectissimi, vestram sanctam deuotionem exspectantium dominicam percipere orationem... Filius unicus, volens habere multos fratres, docuit homines dicere: Pater noster qui es in celis. Septem sententiis vel petitionibus continetur dominica oratio...*
   Quodvultdeus (Ps. Augustinus), *De dominica oratione*
   Printed: PL Suppl. 3, 299-303.

9249. *Videnda est harum septem petitionum distinctio: nam cum vita nostra temporaliter agitur speraturque aeterna...*
   (Ms: Laon 303)
   See: 9082

9250. *Vides quam breuis oratio et omnium plena virtutum...*
   S. Ambrosius (Ps. Augustinus),
   [Comm. on the Lord's Prayer]
   De sacramentis, lib. 5, c.4
   Mss: Cambridge, Univ. Dd.12.44 f.37; Einsiedeln 27(1195) f.4-11; Wien, Nat. 5118 f.101-103 (incompl.). (Stegmüller RB 9130)
   Printed: PL 16, 450-454; 39, 1908-1909; CSEL 73, 65-72; Vives 50-52
   Alternate incipit: Apostoli sancti dicebant...8043

9251. *Videte qualem caritatem...*
   (Ms: Bamberg, Theol. 26)
   See: 8980

9252. *Videtur quod inconuenienter septem petitiones orationis dominice assignentur. Vanum est enim petere illud quod semper est factum...*
   Thomas de Aquino, O.P., *Expositio super Pater noster disputatiue posita secundum Thomam de Aquino O.P., Summa theologiae*, IIa-IIae q.83 a.9)
   Mss: Vaticana, Chigi E.IV.124 f.86-89; Palat. lat. 342 f.251-252.
   Printed: *Opera omnia*, Ed. leonina, Romae 9 (1897) 201-202

9253. *Videtur quod petitiones donis non respondeant. Augustinus enim dicit in Enchiridion quod tribus petitionibus...*
   Thomas de Aquino, O.P.,
   [Comm. on the Lord's Prayer]
   Super lib. III Sent., d.34 q.1 a.6)
   Ms: Vaticana, Palat. lat. 342 f.252-254.
   Printed: *Opera omnia*, Parmae 7 (1857) 388 seq.

9254. *Vidit Iacob scalam* (Gen. 28,12). **Beatus Dionysius in libro suo De ecclesiastica hierarchia dicit sic: Lex diuinitatis est, ut infima per media reducantur ad superna...**

Iohannes de Aragonia, *Expositio orationis dominicae*
(Schneyer, *Repert*. Johannes de Aragon n.266; B.G.P. T.M. 43-3 p.314)

9255. **Vie purgatiue: nos pupilli sine te; vie illuminatiue: o amor ardentissime; vie perfectiue: quando te...**
(Ms: Auxerre f.156)
See: 8595

9256. **Volens Deo gratus esse...**
Quindecim Pater noster de Passione Christi
Ms: Wrocław, Uniw. I.O.42 f.302-310.

9257. **Volens Filius Dei discipulos suos docere...**
(Ms: Torino, Naz. H.V. 40)
See: 8323

9258. **Volumus, fratres carissimi, paruam ammonitionem de oratione dominica facere quam rogo ut intentis auribus et cordibus audiatis...**
Pater noster... Tantum enim pius et misericors est Dominus circa fragilitatem nostram ut qui serui digni non fuimus vocari...
Doctrina de oratione dominica
Mss: Berlin, Lat. qu. 848 f.38-39; Hall im Tirol, Franz. I 203 f. 12-13; London, Lambeth 200 f.162; Luzern, Kantonbibl. P. Msc. 35 f.84-85; Metz 91 n.8 (*periit*); 149 f.69; Oxford, Bodl. Bodl. 839 (SC 2572) f.56; lat. th.e.9 (SC 32710) f.49; Paris, BN lat. 3696 B f.26-27; 18216 f.75-76; Praha, Metr. Kap. A.100 (193) f.231-233; Wien, Nat. 739; Wien, Schott. 53 f.182; Würzburg, Univ. M.ch.q.97 f.214-215. (Stegmüller RB 9707; 10395)
Alternate incipit: Tantum enim pius et clemens...9191

9259. **Voluntas Dei est quam Christus fecit...**
Cyprianus, *De oratione dominica*, c.15 seq. (exc.)
Ms: Graz, Univ. 842 f.94-95.
Printed: PL 4, 546 seq.
See: 8302

9260. **Voluntas Dei sanctificatio vestra (I Thess. 4,3). Secundum huius auctoritatis aliqualem notitiam sciendum quod non potest bene seruiri persone nisi sciatur eius voluntas...**
Franciscus de Mayronis,
[Comm. on the Lord's Prayer]
Mss: Leipzig, Univ. 502 f.156-159; (?) Braunschweig 152 f. 218-230 (Roth 254; Stegmüller RB 2314; 9580)
Printed: Venetiis 1493 (H 10531, Goff M-93)

9261. **Voluntas Domini, fratres, que prius angelus creauit faciens eosdem, postmodum in eis facta beauit...**
Bernardus Claraevallensis, *Sermo in Quadragesima De oratione dominica*
Printed: PL 183, 181-183

Author Index

The author index includes both the works on the virtues and vices and the works on the Pater Noster. The numbers refer to the incipit numbers.

Acton, Iohannes, 5892, 5943
Adalbertus, 3297
Adalgerus, 6115
Adam, 4313, 6125, 6156
Adam de Aldersbach, 2668
Adam de Corlandon, 9242
Adam Praemonstratensis, 5366
Adamus de Sancto Victore, 2326
Adamus Teutonicus Alderspacensis, 5852
Adhemar, 1875
Adrianus Carthusianus, 4908
Aegidius, 1398, 4701
Aegidius Aurifaber, 2003
Aegidius Beneventanus, 5605
Aegidius Carlerius, 5273
Aegidius de Lessines, 3665
Aegidius Romanus, 1166, 1372, 1373, 1398, 1466, 1886, 2051, 3921, 4226, 4461, 4553, 5027, 8678
Aelredus Rievallensis, 1030, 1859, 2082, 3207, 4219, 6395
Aetesanus de Ast, 0647
Aimar, 1875
Alanus ab Insulis, 0004, 0016, 0214, 0414, 0702, 0831, 0850, 1765, 2344, 3669, 3678, 4055, 4946, 4949, 4966, 6015, 6041, 6329, 6457, 8135
Alanus de Linna, 0097, 0203
Alanus de Rupe, 5073
Albertanus Brixiensis, 2758, 4407, 4951, 4976, 4986, 5045
Albertus, 0843
Albertus de Diessen, 2910, 4435
Albertus Magnus, 0153, 0677, 2967, 4555, 4568, 5731, 5875, 8415, 8421, 8513, 8880
Albuinus, 0564, 5334
Alcherius de Claravalle, 4935
Alcuinus, 1304, 1442, 3593, 5257
Aldhelmus, 1649
Aldobrandinus de Tuscanella, 0254, 1138, 1789, 2210, 2905, 2906, 3825, 4431, 5554, 8111
Alexander de Alexandria, 6283
Alexander Cantuariensis, 6538
Alexander Carpenter, 3612
Alexander de Hales, 1254, 2273, 4221, 4545, 4546, 4547, 4548, 4549, 4557, 4560, 4561, 4565, 4570, 5106
Alexander, Magister, 8198
Alexander de Stavensby, 0312, 1183

Algerus Scholasticus, 3081
Alphonsi, Petrus, 0588, 1720, 1920
Alphonsus de Cartagena, 4053
Ambrosius, 0242, 1655, 2186, 5611, 5757, 9250
Ambrosius Autpertus, 0455, 0729, 3727, 5264, 5844
Ancharano. See Jacobus de Theramo
Andreas, 9085
Andreas de Escobar, 2358, 2986, 2987, 3431, 4989
Andreas Hispanus, Episcopus Civitae, 1773
Angelus, 1675
Angelus Clarenus, 2240, 4035, 5036
Anglicus, Iohannes, 0690, 8925
Anglicus. See Alexander Carpenter
Anglicus, Thomas, 0627, 1715, 2137
Anglicus, Thomas. See Waleys, Thomas
Anselmus, 0243, 0882, 2038, 2502, 3123, 3532, 3766, 4509, 4768, 4771, 4790, 6001, 8637, 8891, 8892
Anselmus Cantuariensis, 1133, 1293, 2475
Anselmus Laudunensis, 9121
Anticerberus, Bongiovanni, 5968
Antonino, 1291, 1500, 3668
Antoninus, 1714, 3383
Antoninus Florentinus, 0499, 0628, 0635, 0658, 0659, 0762, 0777, 1424, 1443, 1468, 1501, 1502, 1544, 2376, 3248, 3992, 4355, 4671, 4678, 4737, 6102, 6375, 6430
Antonius, 3619
Antonius de Ferrariis, 2430
Antonius Franciscus, 5423
Antonius Rampazoli, 1719
Antonius Rampegolus Ianuensis, 0130, 1312, 1312, 1719, 4869
Antonius de Rosellis, 3621
Ardens, Radulfus, 4310, 5328
Areopagita, Dionysius, 6501
Armandus de Buseria, 2929
Arnoldi, 2773
Arnoldus Leodiensis, 0448, 3071
Arnoldus de Vallanoua, 1942
Arnulfus de Boeriis, 5582
Arnulfus Lexoviensis, 3059
Astensis, 0005
Astesanus de Ast, 1635
Astucus. See Raymundus de Rocosello

Athanasius, 2025
Auerbach, Iohannes, 0252
Augustinus, 0317, 0419, 0548, 0870, 1082, 1094, 1146, 1471, 1527, 1548, 1588, 1730, 1733, 1838, 1883, 2177, 2208, 2550, 2822, 3019, 3117, 3212, 3516, 3550, 3559, 3835, 3842, 4346, 4365, 4387, 4398, 4419, 4918, 4957, 4998, 5087, 5119, 5357, 6082, 6195, 8044, 8062, 8140, 8241, 8332, 8434, 8536, 8568, 8681, 8935, 9011, 9016, 9187, 9248, 9250
Augustinus de Ancona, 2876, 5029, 8014, 8887
Augustinus de Dacia, 6011
Augustinus de Leonissa, 8471
Augustinus de Neapoli, 5029
Augustinus de Urbino, 1719
Aurelius Brandolinus, 3705, 6396
Aurioli, Petrus, 3266
Baconthorpe, Iohannes, 3791
Balbi, Iohannes, 9061
Baldricus, 0851
Balduinus Cantuariensis, 1869
Baldus, 6402
Baptista de Iudicibus de Finario, 0320, 5333
Barningham, Iohannes, 3433
Bartholomaeus Anglicus, 1428
Bartholomaeus Carthusiensis, 0271
Bartholomaeus de Carusis, 1432
Bartholomaeus de Chaymis, 1051
Bartholomaeus Exoniensis, 1159, 3864
Bartholomaeus Florarius, 1981, 2250, 3685
Bartholomaeus de Glauvilla, 1428
Bartholomaeus de Pisis, 4877
Bartholomaeus de Recanato, 2220
Bartholomaeus de S. Concordio Pisanus, 0999, 2943, 5052, 5287, 5412
Bartholomaeus de Usingen, 2773
Bartholomeus, 6048
Bartolus de Sassoferrato, 0773
Basil, 3112
Baudri de Bourgueil, 0851, 3062, 6188
Bauer. See Johannes de Dorsten
Beda, 1436, 2772, 4861
Benedictus Morandus, 2941
Benzo, Episcopus Albensis, 4644
Berengarius, 4919
Berengarius de Landora, 0476, 0502, 2398
Bernardus, 0683, 0693, 0995, 1082, 1244, 1287, 1294, 1388, 1687, 1712, 1742, 1759, 1762, 1787, 1891, 2303, 2328, 2431, 2450, 2561, 2783, 2971, 3077, 3126, 3462, 3515, 3532, 3540, 3713, 3838, 3896, 3897, 4241, 4330, 4383, 4447, 4918, 5198, 5201, 5208, 5280, 5527, 5580, 5582, 5671, 5675, 6063, 6105, 6114, 6469, 8578, 9121
Bernardus Amoros, 1875
Bernardus Claraevallensis, 0195, 1008, 2676, 3512, 4356, 4839, 5672, 5677, 5830, 6064, 6216, 6467, 6495, 9261
Bernardus Cluniacensis, 2033, 3540, 5812
Bernardus de Deo, 1218
Bernardus Morvalensis, 0693, 1283, 2428
Bernardus de Parentinis, 8483
Bernardus de Riparia, 1219
Bernardus de Senis, 0135
Bernardus de Sienna, 0893, 1870, 4910, 5773, 6306, 6443, 8232
Bernardus de Tegernsee, 2271
Bernardus de Waging, 1515, 2271, 4287
Bernhardus, 3740
Bernhardus Silvaesocius, 5564
Bernhardus Tegernsensis, 2487
Bertholdus Puchhauser de Ratisbona, 4572, 5321
Beyselli. See Boyselli, Robertus
Billick, Brochardus, 8109
Bindus de Senis, 0135
Bloemendal. See Iohannis de Colonia
Bodeker, Stephanus, 3927, 9180.
Bogaerts. See Henricus Pomerius
Bohic, Henricus, 0053
Bologna, de. See Benedictus Morandus, 2941
Bonaevallis, Abbas, 3200
Bonaevallis, Ernaldus, 3690, 5866
Bonaventura, 0162, 0192, 0214, 0290, 0372, 0472, 1006, 1104, 1228, 1372, 1429, 1856, 1907, 2149, 2150, 2301, 2530, 2537, 2649, 2653, 2782, 2792, 3017, 3385, 3487, 3606, 3936, 4055, 4069, 4159, 4194, 4333, 4897, 4945, 5058, 5104, 5625, 5633, 5644, 5658, 5668, 5942, 5967, 6062, 6215, 6301, 6399, 6450, 6458, 6529, 8160, 8927
Bone, Iodocus, 1156
Boniohannes de Messana, 5372
Bonromeus Bosacomatrius Bononiensis, 1044
Boraston, Simon, 0074, 1162
Boreis, Lambertus, 6310
Boyselli, Robertus, 8359, 9101
Bozon, Nicholas, 2573
Bracciolini, Giovanni Poggio, 2072, 5479
Brandolinus. See Aurelius Brandolinus
Brant, Sebastianus, 3141, 6109
Brito, 1883
Brito, Gualo, 5250
Brito, Hervaeus Natalis, 4512, 4525, 4562
Brocordica, 3375
Bromyard, Iohannes, 0151, 2394, 4028, 6222
Bruchardus, 6547
Bruchardus. See Burchardus.
Bruni, Leonardo, 0467, 5608
Bruno Herbipolensis, 8488
Burchardus, 1361, 2719
Burchardus Anerbe de Argentina, 5744, 5748
Burchardus Wormaciensis, 2287
Burgensis. See Alphonsus de Cartagena
Buridanus, Iohannes, 0645
Burley, Gualterus, 0358, 3534
Bydo de Senis, 0135
Cabertus Sabaudus, 2601
Cadogan de Bangor, 3444
Caesarius of Arles. See Cesarius Arelatensis
Caesarius Heisterbachiensis, 0858, 4615, 5790
Cambrensis, 6146
Cameracensis. See Petrus de Alliaco
Cancellarius Parisiensis, 4306

Candidus, Hugo, 3468
Cappellanus, Iohannes, 6359
Caraccioli, 4919
Caracciolo, Tristano, 2027
Carpenter, Alexander. See Alexander Carpenter
Carthusiae, Iohannes, 4607
Carthusian monk, 1803, 3109
Carthusianus, Adam, 5934
Cassianus, Iohannes, 8363, 9224
Cato, 1045, 1046, 1048, 5528
Cayeux, 4778
Celestinus V, 1034, 2094, 5786, 5905, 5938
Celestinus V. See Petrus Celestinus V
Celsus Maffeus, 1790
Cesarius Arelatensis, 2175, 2534, 3260, 4184, 4256
Champagne, 0967
Chillington, Ricardus, 6272
Christophorus de Fabianis de Veneciis, 0057
Christophorus de Mediolano, 1884, 2620, 3125, 4429
Chromatius Aquileiensis, 8245, 8247, 8256, 8364
Chrysostomus, 0479
Chrysostomus, Iohannes, 4301, 5870, 8863, 8879, 9083
Clariton or Claricon de Anglia, 6298
Clarus de Florentia, 4533, 6278
Clemens Lantoniensis, 0357, 1347, 4055
Climacus, Iohannes, 5360
Cocharelli, 5694
Columba, Iohannis, 5169
Columbanus, 0841, 3592
Comestor, Petrus, 0539, 0884, 3267, 8697
Conradus de Brundelsheim de Heilsbronn, 8651
Conradus de Ebracha, 0299, 5916
Conradus de Halberstadt, 0075, 0076, 1530, 2124, 5713, 5715, 5716
Conradus Hirsaugiensis, 1141, 1164
Conradus de Huxaria, 2381
Conradus de Mure, 8269, 8461
Conradus de Soltau, 2146
Conradus de Zenn, 1427, 3956
Conversino, Iohannes, 0657
Conway, Rogerus, 0892
Copinger, William, 6324
Cummeanus, 1698
Cyprianus, 1838, 2024, 4757, 8302, 9259
Cyrillus, 5372
Czerugast, 6541
Damascenus, Iohannes, 1539
David ab Augusta, 0019, 2655, 3694, 4155, 4283, 5676
Defensor Locociagensis, 1757, 1761, 2904, 5735
Dionysius Carthusianus, 0375, 0379, 0985, 1391, 1418, 1777, 2251, 2739, 3057, 3058, 3067, 4277, 4476, 4593, 4769, 5121, 5408, 6162, 6443, 8130. See also Leuwis de Rickel
Discipulus, 5638, 8662, 8876. See also Herolt, Iohannes
Docking, Thomas, 3270, 5881
Doliatoris, 3927, 9180.
Dominicus a Capronica, 1076

Dominicus de Viterbo, 1534
Drogo de Altovillari, 1961, 5868
Drury, Iohannes, 2660
Durandus de Campania, 0967, 2768
Durandus de S. Porciano, 6036
Eadmerus Cantuariensis, 0653, 3123, 6538
Eberhard, 2487
Echardus, 8037
Edmundus, 2847, 4550, 8177
Egbertus Eboracensis, 1436, 2772
Elias de Ferreriis de Salanhaco, 4686.
Engelbertus, 1710
Engelbertus Admontensis, 0874, 0955, 1195, 3596, 3912, 4083, 4577, 4590, 4731, 5603, 6425
Ephrem, 1775
Erasmus, 0937, 1144, 2334, 3599, 4864, 5821, 6111
Erbo, 1316
Erghom, Iohannes, 2098
Erkengerus, 8931
Ernaldus, Abbas Bonaevallis, 3200, 3690, 5866
Eucherius, 0631, 6522
Eustasius de Portu, 0066
Eutropius, 2023, 3591
Faba, Guido, 0321, 2671
Fabius Fulgentius, 4376
Fabricius, Alexander Carpenter, 3612
Farinator, Matthias, 2398, 4372
Felton, Johannes, 0045, 0166
Ficinus, Marsilius, 5419
Finingham, Robertus, 2061
Fishburn, Thomas, 5376
Fitzralph, Richard, 0442, 2477
Fleet, Guillelmus, 4727
Fleury, 0833
Floracensis, 0833
Foliot, Gilbertus, 8336
Folsham, Iohannes, 6089
Franciscius Barbarus, 0444
Franciscus, 1364, 5856
Franciscus Aretinus, 6373
Franciscus Asculensis, 4449
Franciscus de Assisio, 8654
Franciscus, Cancellarius Parisiensis, 4919
Franciscus de Mayronis, 0550, 0620, 0684, 0760, 0780, 1693, 2010, 2776, 3083, 3322, 4193, 4532, 4895, 5012, 5803, 5933, 5945, 6260, 6276, 9260
Franciscus de Perusia, 0189
Franciscus de Retz, 0487, 0860, 0861, 1405, 6537, 8722
Fredoli, Berengarius, 2625, 4921, 4954, 5074
Fridericus Frezzi de Fulgineo, 1504
Frowin de Engelberg, 8943
Fulbertus Carnotensis, 2786, 5512, 5585, 6142, 6482
Fulco, 8325
Fulgentius Ruspensis, 1926
Galandus Regniacensis, 1437, 2162
Galateo, 2430
Galland de Rigny, 0443, 1437, 2162. See also Galandus Regniacensis

Gallus, Abbas de Aula Regia, 2131
Galo, Episcopus Leonensis, 2336
Gansfort, Wessel, 8932
Gascoigne, Thomas, 0112
Gaudfridus Babion, 9121
Gaufridus Autissiodorensis, 8204
Gaufridus de Grimovilla, 2930
Gaufridus Regniacus, 0443
Gautier de Bruges, 4744
Genesius Quaya, 2092, 2093, 2224
Gennadius, 1009
Georgius de Monaco, 5549
Georgius Strobel de Sliers, 5549
Gerard of Wales, 0352
Gerardus Leodiensis, 1028, 1163, 4038, 4039, 5131
Gerardus, Magister, 3282
Gerardus de Schiedam, 3265, 3656, 6326
Gerardus de Vliederhoven, 3057
Gerardus de Zutphen, 1907, 2408
Gerhardus de Senis, 6253
Gerhardus de Sterngassen, 1279
Gerson, Iohannes, 0269, 0284, 0462, 0497, 0569, 0669, 0734, 0896, 0984, 1002, 1076, 1288, 1678, 1680, 1842, 1849, 1903, 1967, 2030, 2142, 2144, 2231, 2239, 2249, 2270, 2463, 3042, 3057, 3187, 3188, 3547, 3715, 3788, 3824, 3920, 3931, 4201, 4268, 4280, 4306, 4323, 4471, 4499, 4554, 4582, 4624, 4646, 4815, 4851, 5127, 5327, 5346, 5354, 5390, 5441, 5489, 5565, 5610, 5723, 5733, 5752, 5793, 5813, 5883, 6016, 6503, 8136, 8206, 8299, 8316, 8572
Gertzner, Thomas, 0336
Gervasii, Robertus, 3063
Geuss, Iohannes, 1832, 5566
Giacomo Palladini, 3997
Gilbertus Downham, 0077
Gilbertus Minorita, 0077, 1841, 4419. See also Minorita, Gilbertus
Gilbertus Porretanus, 4430
Gilbertus Tornacensis, 2530, 4492
Giles de Rome, 3921
Gioiellinus, 1844
Giraldus, Sylvester, 6146
Girardus Cambrensis, 0352
Gisalbertus de Bergamo, 2839
Gobi, Iohannes, 0139, 5048, 5705
Gocelinus, 2537
Godefridus de Fontibus, 6247
Godefridus Herilacensis, 8078, 8085, 8924, 9024
Gonterus, 6258
Gotfridus, Canon Vorowensis, 3930, 4372
Gotfridus de Theuis, 5988
Goulinus, 2537
Gower, Iohannes, 4328
Grasimus de Frankenalb, 6189
Gregorius, 3550, 4863
Gregorius Magnus, 1739
Gregorius Nyssenus, 8225
Grosseteste, Robertus, 0280, 0324, 0406, 0585, 0603, 0978, 1046, 1489, 1489, 1547, 1547,
1563, 1690, 2110, 2650, 3048, 3210, 3452, 3889, 4112, 4190, 4341, 4926, 5240, 5355, 5532, 5577, 5599, 5700, 5898, 5905, 5982, 6022, 6122, 6307
Gruitwede, 6326
Grunberger, Iohannes, 2380
Gruytroede, Iacobus, 2902
Gualterus, 4874. See also Walter
Gualterus Anglicus, 1818
Gualterus de Castellione, 3095
Gualterus, Episcopus Pictaviensis, 4516, 4744
Gualterus de Insula, 3089
Gualtherus Burlaeus, 1475
Guarnerius Langonensis Episcopus, 0411
Guathier de Bruges, 4516
Guess, Iohannes, 4614
Gui of Southwick, 4402
Guiardus de Lauduno, 0714
Guibertus de Novigento, 5828
Guibertus Tornacensis, 2507
Guidici. See Baptiste de Iudicibus de Finario
Guido, 1841, 3199, 4435, 4947, 5961
Guido de Cluniaco, 6279
Guido de Monte Rocherii, 2796, 3862, 5019, 5296
Guido Sudwicensis, 4402
Guido Vernani de Rimini, 3221
Guidonis, Bernardus, 4916
Guigo Carthusiensis, 1742
Guigo I, 6420
Guigo II, 1082
Guillelmi, 4680
Guillelmus, Abbas Sancti Theodorici, 1742
Guillelmus de Alvernia, 1137, 2434, 3236, 4958, 5344, 6397. See also Guillelmus Parisiensis
Guillelmus Ariudanus, 0837
Guillelmus Autissiodorensis, 1614, 2110, 2122
Guillelmus de Badby, 3663
Guillelmus de Conchis, 1226, 3095
Guillelmus de Donkastria, 4228
Guillelmus Durandus, 0410, 2257, 8624, 8719
Guillelmus, Episcopus Catha., 5751
Guillelmus Filastrus, 2658
Guillelmus de Furmenterie, 2530
Guillelmus de Gislarvilla, 4733
Guillelmus de Kaioco, 4778
Guillelmus de Lanicea, 2301, 3013, 3780, 6493
Guillelmus de Leicester. See Guillelmus de Montibus
Guillelmus de Mauli, 0077
Guillelmus de Militona, 2273
Guillelmus de Montibus, 0159, 0202, 0207, 0401, 0478, 0504, 1410, 1563, 2306, 2831, 3812, 3901, 5341, 5461, 6163
Guillelmus Nottingham, 0166
Guillelmus de Ockam, 1306
Guillelmus de Pagula, 0183, 0234, 1088, 2115, 2499, 3129, 4230
Guillelmus Parisiensis, 0006, 0344, 0988, 2381, 2390, 2609, 2856, 3959, 3962, 3982, 4680, 4743, 5148, 5371. |See also Guillelmus de Alvernia
Guillelmus Peraldus, 0493, 1259, 1268, 1478,

1628, 1631, 1939, 4046, 4123, 4610, 4983, 5079, 5488, 5601, 5714, 6042, 6318, 6524
Guillelmus Redonensis, 0356, 0363, 4507, 4963
Guillelmus de Tenues, 4507
Guillelmus de Thorigne, 4507
Guillelmus Tornacensis, 1155, 1273, 3126
Guillelmus de Voulna, 4990
Gulpen, Henricus, 5077
Guntherus, 4403, 8327
Hagen, 8454, 8673
Haimo Autissiodorensis, 8562
Haltigarius Cameracensis, 3727, 5086
Hartungus de Herversleyben, 5959
Heinbuche, Heinrich, 5175. See also Henricus de Hassia, Langenstein
Heinbuche de Langenstein, 8180, 8479
Henricus, 5829
Henricus ab Alemania, 1276
Henricus de Arimino, 1858, 4726
Henricus de Balma, 5934
Henricus de Barboy, 2891
Henricus de Belle, 6362
Henricus de Bitterfeld, 4239, 4416, 5747
Henricus de Coesveldia, 3229
Henricus Egher de Kalkar, 6533
Henricus de Frimaria, 0525, 0526, 0530, 0534, 0555, 0625, 1276, 1982, 2778, 3053, 3736, 3770, 4197, 4199, 4205, 4345, 4705, 5400, 5681, 5918, 6255, 6406, 6421, 6456, 8195, 9071
Henricus Gandavensis, 1470, 4576, 5302
Henricus de Hallis, 6179
Henricus Harphius, 0759, 2807
Henricus de Hassia, 0237, 0291, 0418, 0472, 0742, 0753, 1272, 1800, 2412, 2413, 2468, 2472, 2495, 2740, 3057, 3351, 3377, 3600, 3611, 3691, 3965, 4274, 4739, 4750, 5175, 5556, 5606, 5607, 6019, 6246, 6443, 8081, 8152, 8180, 8218, 8230, 8451, 8460, 8479, 8980, 9022. See also Henricus Harphius
Henricus de Huntington, 2263
Henricus de Langenstein, 0552, 1076, 1863, 2539. See also Heinrich Heimbuche, Henricus de Hassia
Henricus Merseburgensis, 2890, 2892
Henricus de Oldendorp, 5180
Henricus Pomerius, 8007, 8199, 8805, 8978
Henricus Riettmüler de Liechtstal, 6274
Henricus de Schottenhofen, 6184
Henricus de Segusia, 3082
Henricus Totting de Oyta, 0873, 1198, 1610, 4223, 4388, 4498
Herbertus Autissiodorensis, 2121
Herbsleben. See Hartungus de Herversleyben
Herengase, 6541
Heribertus, 1739
Hermannus de Allemania, 3028
Hermannus de Betusalia, 3028
Hermannus Bononiensis, 0138
Hermannus Contractus, 3552
Hermannus de Petra, 8013
Hermannus de Schildesche, 0623, 0801, 1983, 2435, 2857, 3028, 4413, 5152, 6349, 8676

Hermannus Tepelstensis, 4435
Hermannus de Westfalia, 3028
Herolt, Iohannes, 1318, 3692, 3773, 3774, 4203, 4212, 5445, 5638, 5639, 5681, 8662, 8876
Hibernicus, Malachias, 5102
Hibernicus, Thomas, 1136, 5134, 5389
Hieronymus, 0553, 3730, 4405, 5996, 8682
Higden, Ranulphus, 1063, 5492
Hildebertus, 0188, 1694
Hildebertus Cenomanensis, 0322, 1084, 1531, 1574, 2683, 3196, 3246, 3300, 3935, 3943, 4391, 4440, 4468, 4475, 4789, 5800, 5998, 6051, 6416, 6418, 6465
Hildegardis, 4635
Hildegundus, 0800
Hilton, Gualterus, 0186, 1654, 1656, 1658, 1671, 2743, 4874, 4978
Hincmarus Rhemensis, 1992
Hispanus, 4989
Höxter, 2381
Holcot, Robertus, 0063, 0095, 0101, 0107, 0157, 0989, 1421, 1685, 1719, 2299, 2300, 2557, 3171, 3254, 3360, 4970, 5120, 5439, 6004, 6007, 6201, 6270
Hollen, Gottschalcus, 3241, 5502, 5682
Honorius Augustodunensis, 0596, 5429, 8083, 8192, 8375
Horton, Ricardus, 0931
Hostiensis, 3082
Hugo, 6431
Hugo de Balma, 6458, 8160
Hugo de Folieto, 0049, 0839, 1525, 1839, 2688, 2803, 2972, 3041, 3886, 5211, 5403, 6471
Hugo, Magister, 4186
Hugo de Prato, 5652, 9168
Hugo Ripplinus Argentoratus, 3018
Hugo Rothomagensis, 0668, 8077
Hugo de Sancto Caro, 0296, 1589, 2977
Hugo de Sancto Victore, 0243, 0362, 0514, 0740, 0943, 1008, 1164, 1439, 1787, 1837, 2214, 2405, 2686, 2978, 2980, 3126, 3544, 3581, 3838, 4012, 4326, 4685, 4689, 4833, 4865, 5084, 5207, 5211, 5358, 5378, 5403, 5431, 5469, 5472, 5473, 5730, 5977, 6455, 8435, 8496, 8558, 8760, 8999, 9103, 9122
Hugo de Trimberg, 3158
Humbertus de Romanis, 0231, 5001
Huss, Iohannes, 1200, 1224, 2976
Iacobita, Hugo, 2977
Iacobus de Benevento, 5058, 5964
Iacobus Carthusiensis, 3133, 4844, 5239, 6229
Iacobus de Cessolis, 1888, 3134
Iacobus a Cistercian, 4997
Iacobus de Clusa, 1307, 3961, 4742, 5362
Iacobus de Gruytrode, 3057, 6326
Iacobus de Jüterbog, 0251, 0337, 0338, 0872, 1067, 1089, 1171, 1740, 2771, 2817, 2823, 3022, 3133, 3275, 3277, 3463, 3542, 3623, 3712, 4673, 4735, 4828, 4898, 5108, 5259, 5318, 5349, 5810, 5815, 6229, 6326, 6443
Iacobus de Losanna, 0082, 2101, 3175, 5503
Iacobus, Magister, 2855

Iacobus Magnus, 1592
Iacobus de Misa, 2962, 4700
Iacobus Montis de Castro, 8252
Iacobus de Paradiso, 3275, 4181
Iacobus Parisiensis, 3957
Iacobus de Pistorio, 6474
Iacobus de Theramo, 3997, 6250
Iacobus de Viterbo, 2229, 5427
Iacobus de Vitriaco, 4359, 5688, 5790
Iacobus de Voragine, 0122, 1313
Iacobus de Wela, 0775
Iacobus de Zocchis, 3683
Iacoponus Tudertinus, 1287
Ieremias de Montagnone, 1434, 4032, 4091
Ieremias de Padua, 1434
Ieromus, 0599
Ierosolymitanus, 8109
Ignatius, 0156
Ignatius de Monte Cassino, 2576
Innocentius III, 1753, 2350, 2415, 3186, 4706, 4714, 8386
Innocentius, Papa, 9010
Innocentius V, 4552, 4996
Ioh. Gnam., 0537
Iohannes, 1005, 1873, 2292, 2803, 3738, 6248, 8035
Iohannes Acton, 5892, 5943
Iohannes Alphonsus Beneventanus, 2217
Iohannes de Altissiodoro, 8712
Iohannes de Aragonia, 0624, 9231, 9254
Iohannes de Auerbach, 1193, 4668
Iohannes Balbus, 0122
Iohannes de Bensheim, 8753
Iohannes Bononiensis, 4399
Iohannes de Bridlington, 2098
Iohannes de Burgo, 2441, 5976
Iohannes de Capistrano, 0849, 0913, 0922, 0991, 3022, 3234, 4248, 4543, 4844, 5145, 5291, 5815, 6101
Iohannes de Caulibus, 2782
Iohannes de Colonia, 8368
Iohannes de Deo, 0238, 2540, 2629, 2883, 3856, 6358
Iohannes Dieppurg de Francfordia, 8370
Iohannes de Dorsten, 6127
Iohannes de Düren, 1070
Iohannes Eboracensis de Aquila, 8219, 8995
Iohannes Ede, 0100
Iohannes de Ehenheim, 1235
Iohannes Elen van Balen, 0993
Iohannes Erfordensis, 5212
Iohannes Eyton de Repington, 5719
Iohannes de Fayt, 5050, 5072
Iohannes Fecampensis, 0729
Iohannes Federicus Lumnius, 3924
Iohannes Fiscamnensis, 2502
Iohannes Freytag de Düsseldorf, 9073
Iohannes Friburgensis, 0054, 4634, 4938, 4965, 5256, 5755
Iohannes Gallensis, 0172, 0260, 1038, 1086, 1098, 2881, 4279, 5005, 5345, 5532, 6130
Iohannes de Gardria, 5564
Iohannes de Garlandia, 2391, 2445, 3812, 6237

Iohannes Gerson. See Gerson, Iohannes
Iohannes Geuss de Teining, 0847
Iohannes Guallensis, 0091, 0185, 1260, 1586, 2966, 3266, 3480, 4699, 4971, 5070
Iohannes Halgrinus de Abbatisvilla, 0629, 1713
Iohannes de Heisterbach, 1131, 4959
Iohannes de Hereford, 0100
Iohannes Homo Dei, 2431, 6063
Iohannes de Hoveden, 1310
Iohannes de Huntington, 3509
Iohannes Hus, 8087
Iohannes de Ienstein, 0180, 4736, 5167, 5422
Iohannes de Indagine, 1115, 3278, 4940, 8437, 8454, 8673
Iohannes de Lana, 4399
Iohannes de Legnano, 0750, 0751, 0797, 0806, 2078, 3086, 3481, 3495, 3507, 4001, 4297, 6507, 6509
Iohannes Lemovicensis, 0210, 2756, 5131, 5202, 6417
Iohannes Matthaeus de Glastonbury, 3294
Iohannes Michaelis, 0793
Iohannes Mycrus Lilleshullensis, 2032, 2787
Iohannes de Neapoli, 8522
Iohannes de Palomar, 4711
Iohannes Parisiensis, 4527
Iohannes de Parma, 0341, 2092, 2093, 2224, 8323
Iohannes Picus de Mirandula, 8686
Iohannes Poggius Florentinus, 5479
Iohannes de Polliaco, 0757, 4294, 4531, 6261, 6267, 6284, 6295, 6297
Iohannes de Pribram, 4922
Iohannes Redovallensis, 2780
Iohannes de Retz, 4177, 6286, 6288, 8413, 8596
Iohannes Roznawiensis, 4400
Iohannes de Rupella, 1250, 1623, 1624, 4023, 4502, 5711
Iohannes de S. Amando, 0124
Iohannes de S. Edmundo, 2626
Iohannes de Sancto Geminiano, 2060, 3633
Iohannes Saresberiensis, 0725
Iohannes de Saxonia, 5212, 8689
Iohannes de Schaftholzheim, 2858
Iohannes Schlitpacher de Weilheim, 8623, 9208
Iohannes de Scoenhovia, 3230
Iohannes de Soncino, 2088
Iohannes de Spinello, 0001
Iohannes de Tambaco, 4924, 4972, 5015, 5024
Iohannes Teutonicus, 5383
Iohannes de Trevisio, 1281
Iohannes de Vindobona, 6541
Iohannes Watton, 2363
Iohannes de Weerde, 6244, 6280
Iohannes Wrode de Hamburg, 3109, 3238
Ionysius Carthusianus, 1984
Iordanus, 5905, 8468
Iordanus de Quedlinburg, 5116, 5117, 8440
Ioslenus Vierzacensis, 9175
Iovianus Pontanus, 2429, 3689
Isaacus de Syria, 0424
Isidorus, 0510, 1847, 2351, 3024
Isidorus Hispalensis, 0340, 0417, 1282, 3298,

3674, 4873, 5553, 5854
Iterii, Gerardus, 3499, 4685
Iudocus Clichtoveus, 2071
Iulianus, 3899
Ivo Carnotensis, 8262
Jacopone de Todi, 1287
Januensis, 9061
Jaur, Nicolaus, 0391
Jean de Pouilly. See Iohannes Polliaco
Joachim de Floris, 2689
John of Salisbury, 0725
Jordaens, 3651
Jordanus, Wilhelm, 3651
Juvencus, 9176
Kallysen, Henricus, 1297
Kannemann, Iohannes, 2790, 8538
Kempf, Nicolaus, 1868, 2615, 3654, 6512
Kilwardby, Robertus, 0944, 4693, 4793
Laborans, Cardinal, 1706
Lancea. See Guillelmus de Lanicea
Lang, Henricus, 3934
Langton, Simon, 3079
Langton, Stephanus, 0067, 0308, 0693, 1182, 1937, 3079, 5449, 5927, 8398
Laniola, 4399
Lathberius, Iohannes, 0117
Laumone, 4856
Laurentius Iohannes de Dacia, 4435
Laurentius Iustinianus, 4418, 5251
Laurentius Pisanus, 1081
Leander, Episcopus Hispaliensis, 3892
Lector, Iohannes, 5256
Leicester, de, 0478
Leodiensis. See Algerus Scholasticus
Leonardus Aretinus, 3112
Leonardus Bruni Aretinus. See Bruni, Leonardo
Leonardus Pistoriensis, 1420, 8979
Leoninus de Padua, 0826
Leonius, 4286
Leuwis de Rickel, 1777, 1984, 2251, 4277, 4593, 4769, 5408, 6162
Levenham, Ricardus, 2636
Liguge. See Defensor
Lilius, Zacharias, 1147. See also Grosseteste, Robertus
Lippus. See Aurelius Brandolinus
Lopectus, Magister, 0644
Lotharius, 1753
Luciano, 0688
Ludolphus de Saxonia, 1490
Ludovicus Lazarellus, 1143
Ludovicus de Tzyma, 1114
Lull. See Raymundus Lullus
Lummen, Jean Frederic van, 3924
Lyndwood, William, 2497
Maffeus Vegius, 3572. See also Matthaeus Vegius
Magnimus de Maineriis, 5722
Maio, 9131
Maleolus, Thomas, 1980
Manclerk, Walter, 0599
Manducator, Petrus, 3865
Mandwith, Iohannes, 2913

Manetti, Iannotius, 1113, 5213
Manfredus de Tortona, 0236, 5004
Mantuanus, Baptista, 4787
Mapes, Gualterus, 1023, 1862
Marbodus, 3036, 3528, 5221, 6242, 6520
Marchesinus, Iohannes, 1450, 1461, 3800
Marchesinus de Regio Lepide, 2537, 5782
Marcus ab Urbeveteri, 5027
Mardach, Eberhardus, 1076
Marienwerder, Iohannes, 0609, 2981
Marsilius Ficinus, 5419
Martinus de Braga, 1785, 3116, 3609, 4440, 4859
Martinus Dumiensis, 4358, 4457, 4860, 6484
Martinus Polonus, 4818, 8877
Mathias, 0107
Mathias de Janov, 3504, 5648
Matthaeus Bossus, 4930
Matthaeus de Cracovia, 0291, 3106, 3135, 3136, 3340, 4762, 4828, 4945
Matthaeus Vegius, 4481. See also Maffeus Vegius
Mauricius Anglicus, 0135
Mauritius Hibernicus, 0088, 0088
Mauritius de Praga, 6393
Mayronis, Franciscus, 8014
Merkelin, Iohannes, 4718, 4828
Methodius, 2673
Michael, 3790
Michael de Bologna, 4828
Michael de Carcano, 1850, 5290
Michael de Massa, 0664, 0792, 0793, 2698, 3917, 5124, 6319
Michaelis, Iohannes, 0793
Militius, Iohannes, 8169
Milo de Sancto Amando, 6236
Minorita, Gilbertus, 0077, 0143, 0178, 0787. See also Gilbertus Minorita
Molitoris, Andreas, 8265
Monaldus, 4950
Monaldus, Frater, 4968
Morlacensis. See Bernardus Morvalensis
Müntzinger, Iohannes, 2083, 8319, 8399, 8929, 9130
Neckam, Alexander, 0403, 1855, 2752, 2753, 2781, 3043, 3728, 4771, 5957
Nicolaus Albertus, 4960
Nicolaus Ambianensis, 0831
Nicolaus de Ausimo, 4910, 5033
Nicolaus Bisuntin, 5790
Nicolaus de Blonia, 3038, 3875
Nicolaus de Byard, 0103, 0104, 1841, 8097
Nicolaus de Clamengis, 0728, 3201
Nicolaus de Dinkelsbühl, 0313, 0537, 0672, 0705, 0767, 0776, 1076, 1267, 1682, 1683, 1833, 1866, 1904, 1969, 1970, 2039, 2050, 2373, 2409, 2541, 2545, 2656, 2900, 3035, 3182, 3405, 3414, 3440, 3494, 3634, 3981, 4002, 4015, 4049, 4093, 4141, 4157, 4628, 5118, 5320, 5332, 5343, 5352, 5379, 5578, 5709, 5732, 5780, 5860, 6032, 6057, 6058, 6223, 6410, 8025, 8026, 8102, 8103, 8110, 8709, 8715, 8930, 9055, 9138, 9154

Nicolaus de Drazdan, 3758
Nicolaus de Fabris, 4986
Nicolaus de Furno, 0071
Nicolaus de Gorran, 0062, 0389
Nicolaus de Hanapis, 1006, 5025, 6301
Nicolaus de Laak, 5572
Nicolaus de Lyra, 0526, 3926, 8280, 8411
Nicolaus Montanus, 3289
Nicolaus de Pisis, 9172
Nicolaus de Plowe (Plock), 3038
Nicolaus Tornacensis, 1940
Nicolaus V, 8729
Nicolaus Venator, Episcopus Ceretecensis, 4097
Nicolaus Wyzonti de Cracovia, 3652
Nider, Iohannes, 0465, 1064, 1076, 1488, 3598, 3888, 4967, 5630, 5896
Nigellus, Walther, 4000
Nigellus Wirekir, 4771
Nilus, 4251
Nogent. See Guibertus de Novigento
Odo, 3870
Odo, Abbas Cluniacensis, 0508, 2357
Odo Cameracensis, 1333, 1431
Odo de Castro Radulfi, 0630
Odo de Ceritona, 0449, 0615, 3871, 8275
Odo Cicestriensis, 3871
Oliverius Senensis, 3667
Olivi, Petrus Iohannis, 0226, 4638, 4979, 6077, 8016
Oppaviensis. See Martinus Polonus
Origenes, 3672
Oswaldus Reinlein de Norimberga, 2077
Othmar, 0364, 2143
Otto de Lucca, 1369
Ovidius, 3720, 5420
Palmeranus, 0091
Paraclitus de Malvetiis, 0651
Paschasius Radbertus, 4488
Patricius, 0957
Paulinus, 0196, 2797
Paulus Hungarus, 4866, 4919
Paulus, Magister, 6033
Peckham, Iohannes, 0032, 0472, 1812, 2498, 2501, 3346, 4071, 4523, 4559, 4695, 5532, 5707
Pelagii, Alvarus, 3699
Peregrinus Bayonensis, 4728
Peregrinus Minor, 1141
Perotti, Nicolaus, 0652, 3209
Petrarca, Franciscus, 0507, 1364, 1640, 2331, 4770, 6147
Petroboni Bentivegne de Bononia, 6202
Petrobonus de Mantua, 4449
Petrus, 1124
Petrus Abaelardus, 3096, 8142, 8906
Petrus de Alliaco, 1738, 4452, 4594, 4613, 4855, 4974, 8408, 8648, 8909
Petrus Alphonsus, 0588, 1720, 1920, 3906
Petrus de Ancarano, 0773
Petrus de Antravenis, 6513
Petrus de Aquila, 2509
Petrus Berchorius, 0003, 0097, 1546, 1559, 2603, 2639, 4675, 5169

Petrus Blesensis, 0840, 1302, 2819, 3812, 3898, 4611, 4936, 5210, 5832, 6239, 6360, 6476
Petrus Cancellarius Carnotensis, 1938
Petrus Cantor, 0058, 0084, 1937, 6273, 6387
Petrus de Capua, 0370
Petrus Celestinus V, 4584. See also Celestinus V
Petrus Cellensis, 0675, 0676
Petrus Chrysologus, 8004, 8120, 8331, 8664, 8937, 9004
Petrus de Claravalle, 0875
Petrus Damianus, 0035, 0607, 0964, 1350, 2104, 2180, 2297, 2738, 3061, 3146, 3235, 3881, 4265, 4585, 4616, 4706, 5363, 5391, 5398, 6181, 6219
Petrus Glesensis, 2975
Petrus de Ieremia de Sicilia, 8677
Petrus Lemovicensis, 0099, 1677, 2065, 5532
Petrus Lombardus, 2801, 4151
Petrus Londonensis, 2819
Petrus, Magister, 0184, 1266, 5740
Petrus Marini, Episcopus Glandatensis, 6129
Petrus de Monte, 1187, 6116
Petrus Oxoniensis, 5306
Petrus Pictaviensis, 0868, 4306, 5949
Petrus de Pulka, 4503
Petrus Reginaldus, 5126
Petrus de Riga, 3902
Petrus Spargiolus, 0105
Petrus de Stupna, 8710
Petrus Sunodullo. See Odo
Petrus de Tarentasia, 4552
Petrus de Utino, 0135, 0152
Petrus de Vineis, 6340
Philippus de Bergamo, 1042, 1050, 2968, 3615, 3642, 4173, 4716, 4993
Philippus Eichstetensis, 9031
Philippus de Ferraria, 4688
Philippus de Maizieres, 5199
Philippus de Navarra, 4353
Philippus Siculus de Barberiis, 9205
Philippus de Spencer, 2363
Pico della Mirandola, Giovanni, 8686
Pictor, Petrus, 5217, 6087
Pierre de Limoges, 5532
Pisanus. See Bartholomaeus de S. Concordio Pisanus
Pius II, Pope, 5822, 5823
Plutarch, 3209
Poggius Bracciolinus, 1083, 3164, 6462
Poggius Florentinus, 2072, 5479
Polentonus, Sicco, 2937
Ponchardus, 8645
Poor, Ricardus, 1533
Praepositinus, 5112, 6095. See also Prevostin
Prevostin, 6095
Primaticus, 2329
Pullen, Robertus, 0665
Quesnel, Petrus, 1652, 2873, 4302, 4760, 5587
Quichri, Michel, 8045
Quivil, Petrus, 0369
Quodvultdeus, 9248
Rabanus Maurus, 8633

AUTHOR INDEX

Radolphus de Bevinghen, 0259
Radulfus Flaviacensis, 4612
Rainerius de Pisa, 0002
Ralph Maidstone, Episcopus Heroniensis, 0599
Rambertus de Bononia, 6202
Rampazoli, Antonius, 1719
Rampegolus de Janua. See Antonius Rampegolus
Raoul de Flaix, 4612
Raymundus, 2281, 5452
Raymundus Lullus, 0946, 1106, 1168, 1181, 1215, 1241, 1555, 1556, 1557, 1565, 3124, 3658, 4999, 8139
Raymundus de Parisius, 3381
Raymundus de Pennaforti, 0356, 1597, 2110, 2185, 2257, 2651, 3394, 3954, 4634, 4943, 4963, 4964, 5020, 5054, 5452, 5746
Raymundus de Rocosello, 4591
Raynerius de Pisa, 8104
Reginaldetus, 5126
Reindel. See Oswaldus Reinlein
Remigius Autissiodorensis, 8208, 8366, 8918
Remigius Florentinus, 5356
Ricardus Clincthonensis, 6298
Ricardus Filius Radulphi, 0442, 2477
Ricardus de Mediavilla, 4573
Ricardus Rolle de Hampole, 1543, 1568, 2338, 2872, 3191, 3620, 4980, 8395. See also Rolle, Ricardus
Ricardus de Sancto Laurentio, 0680, 4779
Ricardus de Sancto Victore, 0362, 0393, 0396, 0840, 1933, 2404, 3605, 4451, 4462, 4779, 5006, 5364, 5365, 6055, 6068, 6550, 8267, 8527
Ricardus, Venerabilis, 8015
Rich, Edmundus, 6441, 6446
Richardus, 5112
Ridewall. See Iohannes Redovallensis
Rigaldi, Iohannes, 0927, 1032, 2712, 5707, 6409
Rimington, Guillelmus, 3047, 4640
Rimini. See Henricus de Arimino
Ripelinus, Hugo, 1537, 3777, 6399
Robertus, 1674, 3963
Robertus de Alynton, 5293
Robertus de Corsonio, 6028
Robertus de Evromodio, 1045, 1047, 2222, 5529
Robertus Flamesburgensis, 5149
Robertus Gaguinus, 2789
Robertus de Leycestria, 2110
Robertus de Licio, 2192, 2193, 3227, 5193, 6528
Robertus Lincolniensis, 2110. See also Grosseteste, Robertus
Robertus de Sancto Paterno, 5002
Robertus Scriba de Bridlington, 9226
Robertus de Sorbonio, 0288, 1207, 2474, 2885, 2952, 2953, 2954, 2955, 3963, 4493, 4494, 4659, 5531, 5814, 6392, 6415
Rodericus, 6475
Rodericus, Episcopus Zamorensis, 5879
Rodericus Palentinus, 5189
Rodolphus de Bibraco, 3606
Rogerius, 5042
Rogerius Bescensis, 4771
Rogerius Fortis, Archepiscopus Bituricensis, 8809
Rogerus de Waltham, 1977, 5289
Rogerus de Weshaam Episcopus Coventrensis, 5014
Rolandus de Padua, 0619, 0620, 6038
Rolle, Ricardus, 0426, 1280, 1568, 2167, 3291, 3730, 3826, 3884, 3967, 5550, 5736, 5934. See also Ricardus Rolle de Hampole
Romanus. See Aegidius Romanus
Romulus Nilantius, 0329, 5218
Rosset, de, 2601
Rothen, Gerardus, 8476
Rudigerus, 2147
Rudio, Iacobus, 1476
Rupertus, Episcopus Olomucensis, 1234, 5242
Rupertus Limpurgensis, 3155
Russel, Iohannes, 0706
Ruysbroek, Iohannes, 4767, 4858, 5361
Salutati, Coluccio, 3055
Savonarola, Hieronymus, 8150, 8390, 8669, 9017
Scadland, Iohannis, 5202
Scerle, Magister, 4655
Schaczgeyer, Casparus, 3607
Schoonhoven. See Iohannes de Scoenhovia
Schyndel, Magister, 1300
Scultetus, Iohannes, 6338
Sebastianus Eugubinus, 3475
Sedulius, 8968
Segardus Junior of Saint-Omer, 1487
Seneca, 2956, 3609, 3675, 4457, 5306
Serlo, 3150, 4655, 5222
Serlo Wiltoniensis, 2583, 4852, 4856, 6546, 8936
Servasanctus de Faventia, 1242, 3346, 3682, 4956, 6137
Sheepshead, Roger, 4166
Siboto, 2381, 8477, 8555, 9084, 9127
Sifridus, Frater, 0554
Sigismundus, 3953
Silk, Robertus, 2171, 6196
Silvius, Aeneas, 5822, 5823
Simon de Burnestona, 1162
Simon de Cassia, 0845, 1810, 2419, 4282, 8680
Simon de Hinton, 0245, 0808, 1643, 2543, 3506, 3979, 8136, 8187
Simon Januensis, 3097
Simon Tornacensis, 2389, 8518
Simon de Vallevirenti, 2920
Sintram, Iohannes, 5219
Sion, Monk of, 1776
Sisbertus Toletanus, 0510
Slavobrius, Magister, 6463
Smaragdus, 2456
Soccus, 8651, 8651, 9214
Spararo Bari, 4304
Speratus de Baro, 4304
Stanislaus, Magister, 8361
Stanislaus de Znojma, 1238, 3121
Stavensby, Alexander, 0312, 1183
Stephanus, Abbas Stanlawensis, 0184
Stephanus de Borbone, 4973
Stephanus Chimaera de Colonia, 2267

Stephanus, Frater, 4996, 5650
Stephanus de Langdon, 5449
Stephanus de Langdon. See Langton, Stephanus
Stephanus, Magister, 5254
Stephanus de Palec, 0765
Stephanus Remensis, 2085
Stephanus Tornacensis, 3898
Stephanus de Wilharticz, 0533
Stephen of Prague, 5298
Strabo, Walafridus, 8666
Straveshan, Thomas, 0121
Succus. See Soccus
Suessionensis. See Ioslenus Vierzacensis
Sunodullo, Petrus, 3870
Suso, Henricus, 2332, 3032, 5416
Symon de Romberk, 3074
Syrus, Ephrem, 1727
Tertullianus, 8181
Theobaldus, 0318, 6051, 6052
Theodoricus de Erlich, 4922
Theodoricus de Herxen, 8023, 8526, 8642, 8649, 8737, 8908, 9203, 9232
Theodoricus Paderbonensis, 8862
Theodorus, Magister, 5593
Theodulfus, 3891
Theodulus, 0334
Thomas, 1388, 3812
Thomas de Aquino, 0247, 0331, 0737, 1684, 3087, 3194, 3217, 3426, 4455, 4511, 4556, 4558, 4563, 4564, 4566, 4567, 4719, 4945, 5007, 5059, 5102, 5279, 6071, 6073, 6174, 6259, 6498, 8175, 8276, 8328, 8515, 8529, 8706, 8889, 8897, 9229, 9252, 9253
Thomas de Berghstede, 1031
Thomas Cantipratensis, 0179, 3178, 5458, 6157
Thomas de Chobham, 0346, 0576, 1145, 1249, 1411, 1602, 3476, 5140
Thomas Cisterciensis, 4040
Thomas de Clivis, 2845, 4020, 4215
Thomas Ebendorfer de Haselbach, 0279, 0846, 1865, 2901, 8684
Thomas de Frakaham, 4218
Thomas de Frigido Monte, 1712, 1759, 1762
Thomas Guallensis, 0983, 1867
Thomas de Haselbach, 0597, 1108, 1864
Thomas de Hibernia, 0091
Thomas a Kempis, 0546, 1214, 1782, 2151, 3023, 3075, 4633, 5215
Thomas de Pavia, 2605
Thomas de Valcellis, 2427
Thomas of Wales, 2137
Thomas de York, 2273
Tigart, Iohannes, 5575
Toletanus Archiepiscopus, 9231
Tolosanus, Guido, 6153
Tortona, 5004
Trebani, 5092
Trithemius, Iohannes, 1154
Triumphus. See Augustinus de Ancona

Trivet, Nicolaus, 0040, 2069, 2525, 5718
Troppau, de, 4818
Trutzebach, 0919
Tzech. See Petrus de Pulka
Ubertinus de Casali, 8559
Ulricus, Abbas Campiliensis, 2538, 2811, 3450
Ulricus de Argentina, 1710
Urbanus de Mellico, 6257
Urbino, de. See Bartholomaeus de Carusis
Urmston, Thomas, 2203
Uthred de Boldon, 5249
Valerius Bergidensis, 1655
Valla, Laurentius, 2368, 3174, 3754, 3756
Vasconius. See Gascoigne, Thomas
Vegius. See Maffeus Vegius
Venantius Fortunatus, 9190
Venator, Nicolaus, 3333
Venturinus de Bergamo, 0227, 2183
Verecundos, Bishop, 4846
Vincentius Bellovacensis, 0134, 1666, 2608, 4996, 5698, 8983
Vincentius Ferrerius, 2047, 9063
Vincentius Friburgensis, 4425
Vinnianus, 5589
Vitalis de Furno, 1536
Waldeby, Iohannes, 1010, 5618, 8092, 9123
Walden, 1319
Waleys. See Anglicus, Thomas
Waleys, Thomas, 0627, 5027
Waleys, Thomas. See Anglicus, Thomas
Walter, 3649. See also Gualterus
Waltherus, 1475. See also Gualtherus
Wann, Paulus, 5629
Warnerius Basiliensis, 6461
Wenceslaus de Drachow, 5523
Wernerus Rolevinck de Laer, 0626, 1941
Weseham. See Rogerus de Weshaam
Wetherset, Ricardus, 4208, 4583
Wilhelmus. See Guillelmus de Montibus
Willelmus, 0234, 4727
Willelmus Meldunensis, 1766
Willelmus de Montibus. See Guillelmus de Montibus
Willelmus de Watton, 2363
William Bishop of Worcester, 3663
William of Doncaster, 4228
William of Malmesbury, 1766, 2188
William de Montibus. See Guillelmus de Montibus
William de Pagula, 2115, 4230
Wyclif, Iohannes, 0663, 1243, 1248, 1265, 1532, 1811, 1836, 3271, 3521, 4031, 4962, 5157, 6083, 8137, 8224, 8628
Wycliffite, 0108
Wygnale, Thomas, 2349
Zabarella, Franciscus, 3110
Zach. See Petrus de Pulka
Zenner, Conrad, 1427, 3956
Zuano de Verona, 2092

Title Index

The title index was compiled by computer from all variant titles reported in the main entries, which are spelled as they appear in published catalogues or the original manuscripts. Spelling variants and small variants of wording have been eliminated to avoid needless repetition. The words *Tractatus, Liber,* and *De,* when they are the first words of titles, are reported at the end of the title, preceded by a comma.

There are no entries in the title index from No. 8000 on, the list of incipits of works on the Pater Noster.

The numbers refer to the incipit numbers.

Abbreviatio dictionarii, 0001
Abbreviatio summarum de casibus, 5256
Abbreviato Aegidii de regimine principum, 0826
Abiciamus, 0082
Abrenuntiantis, 5972
Absolutione, De, 0111
Absolutione et penitentis iniunxione, De, 3995
Absolutione imponenda, De, 5300
Abstinentia, De, 1981, 4792, 5757
Abstinentia et amore mundi, De, 2214
Abstinentia monachorum a carnibus, De, 2487
Abstinentie secundum alphabeti ordinem, Liber, 0378
Abstractio exemplorum libri de donis Spiritus Sancti, 0231
Abundancia exemplorum ad omnem materiam in sermonibus, Tractatus de, 5001
Abundantia exemplorum in sermonibus, Tractatus de, 1190, 5091
Abusibus curiae romanae, De, 3106
Abusionibus clericorum, De, 2817
Actuali peccato, De, 3985
Actus divinationis quandoque est peccatum mortale, quandoque veniale, 0555
Ad amicum volentem nubere, 5403
Ad canonicos regulares de proprietate, 1863
Ad destruendam superbiam et elacionem mentis, et ad nostram miseriam, 1768
Ad discernendum peccata mortalia a venialibus, 3643
Ad eustachium, 4481
Ad guidantonium lambertinum de pudicitiae sive castitatis laudibus, 4399
Ad instructionem iuniorum, 2543
Ad juvenes religiosos quibus studiis opera sit ad vicia repellenda ex versione, 3112
Ad lascivos sodales, 3059

Ad moralium dogma philosophorum, 2071
Ad papam ne avaritiae studeat, 5398
Ad penitentes sermones duo, 4365
Ad quid opera misericordie in mortali peccato existenti valeant, 5156
Ad quid venisti, 1134, 4155
Ad rationabilem contra symoniam et symoniacos reformationem, 2142
Ad religiosos...de obedientia, de paupertate, de castitate, Tractatus, 3471
Ad sciendum quando peccatum sit mortale vel veniale, Tractatus, 3340
Ad sciendum quod septem peccata capitalia sunt mortalia vel venialia et postea de vana gloria, 3636
Ad sophiam nobilem virginem de contemptu mundi, 6467
Ad status, Liber, 6202
Ad virgines de continentia virginali, 4405
Adam et Eva, De, 1033
Adaptatio plagarum decem et preceptorum totidem, 5274
Adherentibus huic mundo, De, 4357
Adhortatio ad confessionem, 1119
Admonitio, 0721
Admonitio ad nonsuindam reclusam, 6115
Admonitio de contemptu praesentis vitae, 2175
Admonitio de virtutibus, 5334
Admonitio Victoris Pape III, 1930
Adnotatio in Psalmum CXXXII, 1933
Adnotatio in Psalmum XC, 5364
Adnotationes morales, 1419
Adversaria ascetica, 5904
Adversaria ascetica de castitate, 3317
Adversos simoniacos, 3146
Aesopus moralisatus, 2702
Aesopus novus, 6402

Affectu orationis, Liber de, 4865
Alii versus de morte, 3103
Allegationes morales, 2728
Allegoria de anima humana cum virtutibus et vitiis eius, 5201
Allegoriae de animalibus, 5295
Allegoriae sanctae scripturae, 4474
Allegoriae tres de Christo et de anima penitente, 5594
Alphabetica narratio, 6235
Alphabetum, 0409
Alphabetum catholicorum, 1942
Alphabetum de malis sacerdotibus, 0469
Alphabetum de vocabulis predicabilibus, 0066
Alphabetum morale, 0117
Alphabetum narrationum, 0448
Alphabetum penitentiale, 3041
Alter modus audiendi confessionem, 0920
Altercatio diaboli et angeli de septem peccatis mortalibus, 1569, 1843
Ambitione, De, 1945
Ambitu honoris, De, 4475
Amicitia Christiana et de caritate dei et proximi, De, 4936, 5832
Amicitia Christiana, Tractatus de, 0404
Amicitia, De, 0751, 1094, 4468
Amicitia secundum tradicionem Abbatis Joseph, Liber de, 0394
Amicitia, Tractatus de, 0810
Amore Christi et odio mundi, De, 3023
Amore dei et contra amatores mundi, De, 4980
Amore et dilectione dei et proximi et aliarum rerum et de forma vitae, Liber de, 2758, 4407
Amore et odio carnis, De, 4612
Amore mundi, De, 1521, 5569
Amore protervo, De, 4362
Anecdota e vitis patrum excerpta, 4806
Angelus, 0411
Angustis et latitia morientis, De, 4335
Anima claustrali, De, 0594
Anima, De, 1787
Anima, Liber de, 3126
Antidotarium animae, 4956, 5102
Aphorismata philosophica, 4228
Apiarius, 6157
Apologeticus Cyrilli, 5372
Apologia de contemptu seculi, 1350
Apostolis, de penitentia De, 3958
Apparatus ad Raymundi de Pennaforti summam de casibus, 4963
Apparatus ad summam Raymundi, 0356
Apparicio spiritus Guidonis et admonicio eiusdem per quendam priorem, 5705
Aratura spirituali, De, 1638
Arbor peccati et vitiorum, 5888
Arbor peccatorum, 3771
Arbor virtutum, 0697, 2295, 4609
Arbor virtutum et vitiorum, 0474
Arbor vitiorum, 2998, 4619, 5507
Arbor vitiorum cum filiabus, 0475
Arbor vitiorum et virtutum, 1944

Arbore amoris, De, 0471
Arbore in medio amoris, Tractatus de, 6453
Arbore vel penitencia Ade, De, 3966
Arbores de vitiis et virtutibus, 5942
Arca via salutis ac mundi contemptu, De, 1984
Arca via salutis et contemptu mundi, De, 2739
Arrha animae, Tractatus de, 2980
Ars artium sive de regimine animarum, 1235
Ars bene moriendi, 1076
Ars consilii, 1555
Ars de confessio, 1181
Ars fidei catholicae, 0831
Ars maior predicationis, 1106
Ars navigando ad portum salutis, 5199
Ars salutans, 6500
Arte audiendi confessionem, De, 2030
Arte audiendi confessiones, Tractatus de, 2030
Arte bene vivendi et contemptu mundi, Tractatus de, 2467
Arte bene vivendi, seu contemptu mundi, Tractatus de, 2616
Arte curandi vitia, De, 2823
Arte fidei catholicae, Liber de, 0702
Arte loquendi et tacendi, De, 4951
Arte moriendi, De, 1041, 1064, 1073, 5565, 5610
Arte moriendi, Tractatus de, 1269, 3623
Arte predicandi, Tractatus de, 1038
Articulis fidei catholicae, De, 0831
Articulis fidei, de sacramentis, de vitiis et virtutibus et divina gratia, Tractatus de, 1242
Articulis fidei et sacramentis ecclesie ac decem preceptis decalogi, libellus brevis et utilis de, 4916
Articulis fidei osiris Tractatus de, 4590
Articulis fidei, Tractatus de, 0245, 5012
Ascensu in virtute, De, 0626
Ascetici, Tractatus, 4903
Asceticus, Tractatus, 4350
Auctoritates, 0457
Auctoritates de virtutibus et vitiis, 1441
Auctoritates de vitiis et virtutibus, 2580
Auctoritates patrum, 2075
Auctoritates per naturales similitudines secundum ordinem literarum collecte, 0082
Auctoritates sanctorum de virtutibus et vitiis, 4791
Auctoritates sanctorum doctorum, 5932
Auctoritates sanctorum et cathoricorum doctorum primo de virtutibus postea de viciis, 4969
Auctoritates sanctorum philosophorum et poetarum, 1316
Auctoritates Senecae, 4439
Audiendi de confessione, Tractatus, 5129
Audiendis confessionibus, Tractatus de, 6442
Audientia confessionum, Tractatus de, 0442, 2477
Auditorium monachale tractans de confessionibus, 4959
Augustinus de quattuor virtutibus, 2395
Augustinus in sexagesimo libro serm., 3868

TITLE INDEX

Augustinus: de decem preceptis et decem plagis Egypti, 3260
Aurea, 4950
Aurea biblia, 0130
Aurea summa de penitentia, 1177
Aureum bibliae repertorium, 0130
Aureum confessionale, 6359
Aureum confessionum, 1235
Aureum confessorum, 5064
Aureum de peccatis capitalibus, 3781
Aureum penitenciale, 6359
Aureus de tribulatione, Liber, 1302
Avaritia, 1083
Avaritia, De, 0578, 3196, 3280, 3999, 4765
Avaritia, Liber de, 1083
Avaritia, Tractatus de, 6135
Avaro, De, 5516
Avaro diviti, 4585
Avaro promissore, De, 3943
Aversione a summo bono, De, 4190
Aviani apologi, 5223
Avianus, 5223
Avibus, De, 1525
Avisamenta, 4223
Avisamentum de modo confessionem in religionibus audiendi et absolvendia reservatis, 5723
Beatitudine celestis patriae, De, 3123
Beatitudine paupertatis et decem gradibus eius, De, 4340
Beatitudinibus, De, 2595, 3506
Beatitudinibus sermonis Christi in monte, 0602
Beatitudinibus, Tractatus de, 0600
Beichtspiegel, 5947
Belial, 3997
Belial, Liber, 6250
Bello spirituali, De, 2167
Bellum castitatis et luxuriae, 2990
Bellum spirituale vitiorum et virtutum, 5575
Bernardi speculum, 2116
Bernardinum, 1155
Bernardus, de contemptu mundi et iudicii, 1209
Bestiis et aliis rebus, De, 1525
Biblia aurea, 0130
Biblia pauperum, 1006, 2918, 6301
Bona collecta secundum ordinem alphabeti pro sermonibus, 0065
Bona conscientia, De, 0945, 1787
Bona conscientia, Tractatus de, 5730
Bona gloria vel humilitate, De, 2516
Bona summula, 5981
Bona tristitia, De, 0642
Bona voluntate, Tractatus de, 1171
Bonitate, De, 0644
Bono, De, 4555
Bono et malo, De, 4958
Bono et malo, Liber de, 1565
Bono et malo morali, De, 2620
Bono modo vivendi, De, 3188
Bono morali et remediis contra peccata, De, 1089
Bonum universale, 0179

Bonum universale de apibus, 6157
Bonus de castitate, Tractatus, 2252
Bonus de hiis que requiruntur ad veram confessionem, Tractatus, 3415
Bonus de honesta et religiosa vita, Tractatus, 6164
Bonus de peccatis mortalibus et eorum speciebus, Tractatus, 0661
Bonus de preceptis, confessione, arte moriendi, Tractatus, 0734
Bonus de viciis, Tractatus, 3213
Bonus et utilis modo vivendi secundum deum ad omnes fere status hominum ordinatus, 3188
Bonus tractatus de septem sacramentis, 4670
Breves de decalogo, de peccatis et de confessione, Tractatus, 2062
Breves doctrinae, 3316
Brevi subsistentia hominis, De, 1574
Breviloquium, 2149, 2649
Breviloquium compilatum et ordinatum per doctores, 4719
Breviloquium de contemptu mundi, 5580
Breviloquium de differentia peccatorum mortalium et venialium, 0623
Breviloquium de penitentia, 5005
Breviloquium de quatuor virtutibus cardinalibus, 4971
Breviloquium de sapientia sive philosophia sanctorum, 1260
Breviloquium de virtutibus antiquorum principum ac philosophorum, 4971
Breviloquium de virtutibus antiquorum principum, 5070
Breviloquium de vita et moribus philosophorum, 1098
Breviloquium super doctrina salutis ad parvulos Christi, 5036
Brevior de tribus virtutibus, humilitate, patientia, et caritate, Tractatus, 4333
Brevis compilati theologiae, 0331
Brevis de articulis fidei, sacramentis ecclesiae, preceptis decalogi, virtutibus et vitiis..., 0624
Brevis de vita interiore, Tractatus, 6533
Brevis declaratio circa septem peccata mortalia, 3322
Brevis et utilis pro infirmis visitandis et confessione audiendis, Tractatus, 1193
Brevis expositio articulorum fidei, septem petitionum, 0245
Brevis extracta a summa Raymundi de Pennaforti fratris praedicatorum ..., 5020
Brevis: penitentibus tamen utilis, de modo confessionis,..., tractatus, 0929
Brevitate vitae, De, 1767
Breviusculus de vana gloria avaritia, Tractatus, 6322
Brocardica de vitiis et virtutibus, 3375
Caducitate vitae, De, 1284, 3302
Calamitates mundi, 5109
Cambiis, Tractatus de, 0658, 0659
Candidatus de profectione religiosorum, 4283
Canones de remediis peccatorum, 1436

Canones penitentiales, 1116, 1697, 1773, 2099, 5265
Canones penitentiales seu informatio brevis confessariorum, 3934
Canonis penitentialibus, De, 4543
Capite mundi, De, 4252
Capitula, 3418
Capitula exemplorum biblie, 1006
Capitula extracta a florario Bartholomei, 0871
Capitula fidei Christianae, 1373, 1466
Capitula theologica de preceptis decem, de sacramentis, de aetatibus hominum, 4013
Capitulum de confessione, 3351
Capitulum de confessione extractum e florario, 3685
Caritate, De, 0683, 2818, 2879, 2981, 3397, 3495, 4876, 6115
Caritate Dei et proximi, Liber de, 4597
Caritate fraterna, De, 1129, 5089
Caritate humilitate, De, 0680
Caritate, Liber seu tractatus de, 0840
Caritate, peccato et predestinatione, Tractatus de, 6249
Caritate sive amicitia vera et ficta, De, 3654
Caritate, Tractatus de, 4850
Carmen asceticum, 3537
Carmen contra pulchritudinem corporis, 4323
Carmen contra tumidum cor, 0497
Carmen de certamine virtutum et vitiorum, 6544
Carmen de conflictu virtutum ac vitiorum, 6544
Carmen de contemptu mundi, 4771, 4790
Carmen de morte, 6311
Carmen de naturis animalium, 3179
Carmen de patientia, 5733
Carmen de purificatione sensuum interiorum, 2216
Carmen de regimine et status mundi, 6469
Carmen de septenis, 5441
Carmen de simplificatione cordis, 6503
Carmen de vanitate rerum humanarum, 5535
Carmen de virtutibus et vitiis, 5164
Carmen de vitiis et virtutibus, 0564
Carmen rythmicum de vita humana, 2329
Carmen super fructu adversitatis, 0569
Carmina ascetica, 3553
Carmina de vitiis, 1575
Carmina moralia, 5964
Carne, De, 3536
Carniprivio guloso, De, 3725
Carnis superbia, De, 1571
Casibus ad conscientiam pertinentibus summa casuum conscientiae, De, 5052
Casibus conscientiae, De, 3438, 4504
Castitate clericorum ad Herentius Episc, Liber de, 2297
Castitate, De, 0696, 4398
Castitate et munditia caserdotum et ceterorum, De, 6529
Castitate ministrorum altaris, De, 6529
Castitate servanda, De, 5812
Castitate seu pudicitia, De, 3104
Castitatis gradus, 5512

Casus, 6278
Casus omnium confessorum, 4711
Casus pro curia romana, 4230
Casus utiles in foro consciencie, 2891
Catalogus peccatorum in usum confessariorum consarcinatus, 5551
Cato glossatus, 2657
Cato moralisatus, 2222, 3642, 4716
Cato philosophus, 6497
Cato secundis, 2366
Causis deviationis religiosorum, De, 3463
Cautela confessoris et cautela confitentis, 5567
Cautela penitentie, De, 6183
Cavendis vitiis et virtutibus exercendis, De, 1992
Centiloquium, 3017
Centum decem abstractiones ex Aegidii de regimine principum, 4701
Certamen animae, 4591
Certamen rationis et conscientiae de frequentatione communionis, 3136
Certamine contra septem vitia capitalia, De, 6447
Christi lamentum de ecclesiae ministris, 4902
Christiana vita, Tractatus de, 3691
Christiane vite necessarius, 0665
Christiani hominis institutum, 0937
Cibi parcitate, De, 3293
Cilium oculi sacerdotis, 3686, 4110
Circa confessiones, 1501
Cithara spiritualis consolationis, 1297
Civilis et canonici ad moralem, Tractatus, 6222
Civitate mundi, Liber de, 1557
Claustro animae, De, 2434, 2688, 2803, 2972, 5211
Claustro animae, Tractatus de, 1839
Claustrum animae, 0049, 1676, 2435
Clavibus ligandi et solvendi, De, 6019
Cleri fletus, 3153
Clericorum, 4673
Clericorum conversatio, De, 6169
Cognitione castitatis, De, 5354
Cognitione qui dicitur inveni idolum mihi, Tractatus de, 1658
Collaterales quatuor virtutum, 4311
Collatio communis ad omnes de decem preceptis et decem plagis Egypti, 0923
Collatio de contemptu mundi, 3385
Collatio de peccatis mortalibus, 0706
Collatio de septem vitiis et quatuor virtutibus, 4010
Collatio sanctorum patrum de comendacione virtutum, 1816
Collatio vitae peccatorum et Jericho, 3379
Collationes, 0508, 5554
Collationes de confessione, 1865
Collationes de decem preceptis, 0737, 5668, 6071
Collationes de pugna spirituali, 1719
Collationes de tempore et de communi sanctorum, 0077
Collationes de vitiis, 2221
Collationes seu distinctiones moralitatum postille magistri Roberti Holcot abbreviate, 0066

Collatiuncula de caritate; statera supernae et aeternae civitatis Dei, 0428
Collecta de septem peccatis mortalibus et viciis et virtutibus oppositis eorundem, 5936
Collecta de variis vitiis et virtutibus, 0325
Collecta de vitiis spiritualibus, 5534
Collecta et auctoritates de septem peccatis mortalibus et virtutibus oppositis, 5936
Collecta pro confessione simplicium ruralium, 4095
Collectanea theologica, 0167, 1329
Collectanea variis ex auctoribus de vitiis et virtutibus, 5271
Collectiloquium, 1038
Collectio exemplorum moralisatorum, 2520
Collectio nonnullorum casuum conscientiae, 6547
Collectum beati Bernardi de regimini vite, 5677
Collectura super decalogum, 5627
Colliget, 0026
Columba, De, 1525
Comestorium generale cum fructibus spiritus, 0861
Comestorium vitiorum, 0860, 6537
Commendatio castitatis, 6206
Commendatio virtutum per comparationem, 6465
Commentaria theologico-scholastico de origine mali et de peccatis, 2468
Commentarium in ethica, 0645
Commentarium in septem psalmos penitentiales, 3186
Commentarium super decametrum, 6463
Commentarius super fulgentium continens picturas virtutum et viciorum, 2780
Commonitiones sanctorum patrum, 4823
Commonitorium directivum simplicium volentium pure et integraliter confiteri, 1276
Communiloquiorum, Liber, 2698
Communiloquium, 1038
Communiloquium, Liber, 5124
Comparatio decem preceptorum decalogi ad decem plagas Egypti, 0863
Comparatio lepre et septem peccatorum, 3359
Comparatione decem plagarum Egypti ad decem precepta, De, 5105
Comparatione vitae contemplativae ad activam, De, 5489
Compendiloquium de vitis illustrium philosophorum et de dictis moralibus eorumdem, 1098
Compendiosi multi inter se commixti de septem peccatis mortalibus et aliis multum, Tractatus, 5432
Compendiosus de modo audiendi confessiones, Tractatus, 1125
Compendium, 4215, 5380
Compendium bibliae, 0130, 1312
Compendium casuum conscientiae, 0299
Compendium confessionis, 0299
Compendium confessionis breve et bonum, 0908
Compendium consolatio peccatorum nuncupatum, 3997
Compendium contemplationis, 4974
Compendium contra proprietatis vitium, 3676
Compendium de modo confitendi, 3333
Compendium de notitia peccatorum et questionibus centum triginta, 6448
Compendium de rebus divinis, 0800
Compendium de summa virtutum, 3602
Compendium de virtute bonorum religiosorum, 5676
Compendium de virtute humiltatis, 0192
Compendium de virtutibus secundum aristotelis ethica, 0421
Compendium de vita philosophorum, 1098
Compendium de vitiis, 3603
Compendium extractum de libro qui intitulatur lumen animae, 0371
Compendium Gualteri reclusi, 2636
Compendium metricum de vitiis et virtutibus, 5777
Compendium mirabilium, 3071
Compendium morale, 1355, 2380, 4032, 5284
Compendium morale de avibus, 0482
Compendium morale de quibusdam dictis et factis antiquorum, 1977
Compendium moralis philosophie ex libro Aegidii de regimine principum, 5412
Compendium moralitatum, 0082, 1099
Compendium moralitatum amor, 3175
Compendium moralium notabilium, 1434, 4091
Compendium, pars secunda, 4020
Compendium peccatorum in confessione dicendorum, 3333
Compendium philosophiae moralis, 2943
Compendium quoddam moralis philosophiae, 5608
Compendium sacrae theologiae, 6409
Compendium salutis, 1803
Compendium speculi caritatis, 3207
Compendium theologiae, 0245, 1114, 2155, 3506
Compendium theologiae sive de fide, spe et caritate, 0331
Compendium theologicae veritatis, 1537, 3777, 3853, 6399
Compendium theologice veritatis III, 3018
Compendium theologicum, 0557
Compendium utilissimum ad refrenandum iram, 6145
Compendium vitiorum, 2725
Compilatio brevis et utilis, 0245
Compilatio de virtutibus, 3988
Compilatio de vitiis, 4166
Compilatio presens materiam habens confessionis nullum profitetur operis auctorem ..., 4185
Compilatio singularis exemplorum, 2348
Compilatio super constitutionem Ioh. Peckham, 1772
Complanctus de moribus clericorum, 3153
Compultione cordis, De, 1727
Compunctione, De, 0870
Concepta moralia, 6189

Conceptu virginali et peccato originali, De, 1133
Concertatio inter carnem et spiritum, 1821
Concilium circa penitentes, 5240
Conclusionum de diversis materiis moralibus, Tractatus, 1849
Concordantia Bibliae, 2736
Concordantia caritatis, 2538, 2811, 3450
Concordantiae historiales veteris ac novi testamenti, 0135
Concordantie, 0124
Concupiscentia, De, 4242
Conditione humana, De, 3126
Conditione mundi, De, 5501
Conditionibus humanis secundum varias hominum consuetudines, Tractatus de, 2093
Confessario et penitente et partibus confessionis, Tractatus de, 4899
Confessio, 0913, 1486, 6001
Confessio ad novitios, 4662
Confessio Albari, 2058
Confessio beati Bernhardi abbatis, 3126
Confessio beati Isidori dicta, 5841
Confessio bona, 0211
Confessio bona et utilis, 2529
Confessio catholicorum generalis, 4989
Confessio cuiuslibet sapientis, 4397
Confessio et preces confessionales adjectis collectaneis de conscientia, 0541
Confessio generalis, 1894, 4107, 4158, 4991
Confessio generalis peccatorum, 3659
Confessio generalis pulcra nimis atque devotissima, 0939
Confessio generalis vere contritum mundans ab omni culpa, 1889
Confessio peccatoris, 0931
Confessio peccatoris Deo confitentis, 1731
Confessio peccatorum, 1892
Confessio peccatorum et penitentie Isidori, De, 2041
Confessio sacerdotis, 0939
Confessio utilis, continens multas species virtutum et viciorum, 1186
Confessio valde utile monachis precipue iuvenibus, 3465
Confessio; confessionale bonum per religiosis, 1895
Confessionale, 0251, 0299, 0872, 0882, 0928, 1051, 1167, 1291, 1501, 1502, 2472, 2652, 2673, 2934, 4153, 4157, 4739, 4828, 4866, 4919, 5259, 5335, 5755, 6159, 6199, 6422
Confessionale breve, 6032
Confessionale, dans modum confitendi et audiendi confessiones, 2648
Confessionale de septem peccatis mortalibus, 5379
Confessionale de septem vitiis capitalibus, 0915
Confessionale generale, 1890
Confessionale italicum 'curam illius habe', 4737
Confessionale metricum, 0703
Confessionale seu libellus peroptimus de modo confitendi et de puritate conscientiae..., 4945
Confessionale super septem peccata mortalia, 6058
Confessione audienda, De, 0872, 4477
Confessione, contritione, De, 4486
Confessione cum quaestionibus, Tractatus de, 0920
Confessione, De, 0214, 0222, 0283, 0387, 0752, 0878, 0879, 0883, 0884, 0922, 0924, 0983, 0988, 0998, 1005, 1178, 1207, 1547, 1600, 1713, 1763, 1836, 1866, 2172, 2178, 2181, 2279, 2313, 2414, 2618, 2827, 2828, 2911, 3369, 3400, 3683, 3687, 3831, 4041, 4055, 4082, 4125, 4152, 4381, 4385, 4659, 4667, 4793, 4911, 4919, 4926, 4931, 4933, 4989, 4990, 5210, 5229, 5237, 5306, 5359, 5379, 5523, 5588, 5762, 5768, 6019, 6060, 6209
Confessione decem preceptorum, De, 4649
Confessione et absolutione, Tractatus de, 4631
Confessione et confessoribus, De, 4851
Confessione et forma absolvendi, De, 0896
Confessione et libris multis carentibus, Tractatus utilis de, 0221
Confessione et modo confitendi peccata, De, 3452
Confessione et oratione, Tractatus de, 1388
Confessione et penitentia, De, 3838
Confessione et penitentia, Tractatus de, 0769
Confessione et penitentiis, Tractatus de, 1299
Confessione generale de casibus qui communiter accidere possint monachis, 2133
Confessione, Liber de, 2296, 3124, 3660, 3829
Confessione maxime religiosorum, De, 2861
Confessione molliciei, Tractatus de, 4815
Confessione notabilia quare modo oporteat hominem homini confiteri et non in veteri lege, De, 5983
Confessione penitentis in primo criminali peccato, De, 0292
Confessione perutilis, Tractatus de, 0187
Confessione, quomodo se habebit confessor et penitens, De, 1262
Confessione sacramentali, De, 2975
Confessione sacramentali, Liber de, 5210
Confessione secreta sacerdoti facta de peccato luxurie, De, 5531
Confessione seu doctrina de virtutibus, vitiis et officiis hominis, Tractatus de, 3321
Confessione, simonia, matrimonio, et aliis casibus conscientiae, De, 4337
Confessione, Tractatus de, 0184, 0221, 0288, 0299, 0316, 0707, 0904, 0911, 0977, 0988, 1125, 1381, 1501, 1866, 1925, 1948, 2106, 2173, 2472, 2625, 2967, 3365, 3376, 3568, 3575, 3842, 4043, 4108, 4151, 4267, 4337, 4384, 4739, 4866, 4945, 5237, 5437, 5495, 5517, 5753, 6019, 6113, 6217, 6255
Confessiones, 2030
Confessionibus audiendis, De, 1125
Confessionibus audiendis, Tractatus de, 3827, 5212, 6207
Confessionibus audiendis, Tractatus secundus de, 5767
Confessionibus, De, 1183, 4926

TITLE INDEX

Confessionibus, excommunicationibus et absolutionibus, De, 1501
Confessionis Christianae, Liber, 2937
Confessionis forma, 0940
Confessionis, Tractatus, 0893
Confessionum ... compilatus et abreviatus ex libris decretalium decretorum ..., 0921
Confessionum, Liber, 0878
Confexio, 4661
Confitendi, 5707
Conflictu, De, 3727
Conflictu inter divinum et humanum amorem, 3277
Conflictu interiori et exteriori, Tractatus de, 5696
Conflictu Jerusalem et Babylon, Tractatus de, 2783
Conflictu virtutum, De, 1560
Conflictu virtutum et viciorum, De, 5553
Conflictu vitiorum, De, 0455, 2517
Conflictu vitiorum et virtutum, Liber de, 0455, 5410
Conflictu vitiorum et virtutum, Tractatus de, 2912, 4642
Conflictus conscientiae cum ratione de communione, 3136
Conflictus de conflictu vitiorum et virtutum, 3550
Conflictus mundi et hominis, 5972
Conflictus rationis et conscientiae, 3135
Conflictus virtutum et vitiorum, 3624, 3651
Conflictus vitiorum et virtutum, 4741, 5927
Conscientia, De, 0675, 0676, 0708, 0943, 1705, 2953, 4545, 4693, 5814
Conscientia erronea ex compendio theologice veritatis, De, 1936
Conscientia scrupulosa, Tractatus de, 5376
Conscientia, Tractatus de, 0944, 1788, 3896, 4128
Conscientiae, De, 0676
Conscientiae, Liber, 1104
Conscientiae vel confessionis, Liber, 1787
Consideratione, De, 5830
Consideratione novissimorum, Liber de, 0433
Considerationes ad sciendum quando peccatur mortaliter et quando non, 4582
Considerationes confessionum, 2030
Consilia et exempla sumpta ex vitis patrum, 4822
Consiliis evangelicis et statu perfectionis, De, 4554
Consolatio peccatorum, 6154
Consolatio tribulatorum, 1515
Consolatione et consiliis, De, 4976
Consolatione humanae miseriae, De, 5384
Consolatione humanae vitae, De, 5015
Consolatione in temptationibus, 2743
Consolatione peccatorum, De, 5520
Consolatione peccatorum, Tractatus de, 3997
Consolatione theologiae, De, 5058
Consolatione theologiae, Tractatus de, 4471
Consolatione theologica, De, 5015
Consolationes theologiae, 5015
Consolationes theologice, 2567
Consolationibus theologiae, De, 5015
Consolationis et consilii, Liber, 4976
Consolatoria pro confitentibus, 5266
Consolatorium, 4287
Consolatorium contra mala huius mundi, 1740
Consolatorium maestorum, 5716
Consolatorium sue remedianum tribulatorum, 0338
Consolatorium timoratae conscientiae, 0465
Consolatorius in temptationibus circa fidem, Tractatus, 2047
Constantia, De, 0869
Constitutiones, 0032, 0312
Constitutionibus, De, 4695
Consultatio sacerdotum super mandato presulis, 0836
Contemplatio imperfectorum, 0244
Contemplatio secundum triplicem viam, 6458
Contemplatione mortis, De, 0399
Contemplatione vitae humanae, De, 6070
Contemptu, De, 5569
Contemptu et amore mundi, De, 1141
Contemptu huius miserae vitae et timore penarum eternarum, De, 6001
Contemptu huius mundi sive de fuga mundi, De, 3230
Contemptu humanae vitae, De, 2661
Contemptu mortis, De, 4787
Contemptu mundano, De, 5347
Contemptu mundanorum et celestium appetitu, Liber de, 0693
Contemptu mundi, De, 0266, 0507, 0509, 0543, 0665, 0693, 0712, 0838, 0953, 1201, 1283, 1753, 1986, 2284, 2328, 2329, 2336, 2428, 2532, 2583, 2661, 2961, 3150, 3277, 3528, 3544, 3891, 4349, 4418, 4764762, 4782, 4852, 4980, 5175, 5215, 5251, 5368, 6227, 6328, 6459, 6548
Contemptu mundi elegiacum carmen, De, 4497
Contemptu mundi epistola, quam conscripsit adolescens in gratiam ac nomine Theodorici Harlemei, De, 3599
Contemptu mundi et beati Bernardi exhortatione ad idem faciendum, De, 1860
Contemptu mundi et hominis et vilitate, De, 1244
Contemptu mundi et memoria mortis, De, 3540
Contemptu mundi et secularis philosophiae, De, 0631
Contemptu mundi, Liber de, 0424, 0599, 3126, 3155
Contemptu mundi Rudigeri, De, 2147
Contemptu mundi, Tractatus de, 0963, 0970, 3228, 5571
Contemptu mundi, Tractatus pulcher de, 3238
Contemptu mundi vel timore mortis, De, 1821
Contemptu omnium vanitatem anonymus, De, 5535
Contemptu saeculi, De, 1350, 5145, 5391, 6109
Contemptu sublimitatis Liber de, 5722
Contemptu terrenorum hexametri novem, De, 1700
Contemptus mundi, 2400, 4595

Contemptus presentis vite, 6520
Contentia, De, 3507
Contestatio salvatorad hominem sua culpa pereuntem, 1144
Continentia, De, 1471, 4387
Contra amatores seculi de inconstantia rerum, 4784
Contra ambitionem, 0379, 5121
Contra avaritiam, 1777
Contra avaritiam et intemperanciam, Tractatus, 1004
Contra avaros, 4364
Contra avaros abbates, 3688
Contra clericos voluptati deditos, 4611
Contra curiales et officiales monachos, 4000
Contra curiositatem studentium, 3824
Contra desperationem, 2109
Contra desperationem, Tractatus, 4428
Contra divinatores et somniatores, Tractatus, 5029
Contra ecclesiam, 6340
Contra feminam, avaritiam, ambitionem, 3935
Contra feminas, 5522
Contra hypocritas, 6462
Contra ignorantes et verbi Dei contemptores, 1772
Contra imprudenciam, Tractatus, 5372
Contra inconstantiam praelatorum, 2207
Contra iniquas temptationes, 0979, 1831
Contra invidiam, 5221
Contra luxuriam, Tractatus, 1223
Contra luxuriosos, contra mulieres, de sotietate, de oratione, de vita et morte, 1921
Contra malos sacerdotes, 1906
Contra peccata publica in civitatibus, Tractatus, 4700
Contra peccatum Sodome et circumstancias eius, 3399
Contra prelatos qui audierunt confessiones subditorum, Tractatus, 6360
Contra recidivum in peccatum prius commissum, Tractatus, 2270
Contra simoniacos et ambitiosos, Tractatus, 3521
Contra simoniam, 2251
Contra sodomiam, 3894
Contra sodomitas, 3614
Contra spiritum fornicationis, 1691
Contra superbiam, 1288, 2444, 6143
Contra superbos et de se presumentes, 1256
Contra temptationes carnis et spiritus, 1256
Contra temptationes et tribulationes cordis (carnis), 4727
Contra tumidum cor, 1967
Contra usuram, Tractatus, 2962
Contra viam ingratitudinis, 3713
Contractibus et usuris, Tractatus de, 6306
Contractibus in quo Christiane religionis captivitatis humane miserias deplangit, Tractatus de, 4646
Contrarietate peccati, Tractatus de, 5356
Contritione, confessione et satisfactione, Tractatus de, 5311
Contritione confessionis, De, 6057
Contritione confessionis, Tractatus de, 3490
Contritione, De, 0991
Contritione peccatorum, De, 5990
Contumelia et convicio, De, 0984
Conturbatio animae in extremis, 3881
Convenientia orationum de decem preceptis, 4213
Conversione ad clericos, De, 0195
Conversione et penitentia et communione, De, 2777
Conversione peccatoris ad dominum, De, 3191
Convertimini, 0989
Corda, De, 0324
Cordiale, 3057
Correctione proximi, De, 1002
Correctiones contra peccata, 0200
Corrector et medicus, 2287
Correptione, De, 4278, 4279
Corrigendi monendi absolvendique modus confitentem, 3998
Corruptis moribus cleri et populi, De, 1869
Corrupto mundi statu, De, 4284
Crater hermetis, 1143
Criminibus capitalibus, De, 1015
Culpa et gratia, Tractatus de, 4924
Cupiditate, De, 5264
Cupiditate, Tractatus de, 3234
Cupiditatibus, De, 3234
Cura carnis, De, 0352
Cura pastorali, De, 5355
Curiositate, De, 1293
Curru invidiae, De, 3477
Curso mundi, De, 6469
Custodia cordis, Tractatus de, 0243
Custodia et studio conscientiae, De, 3127
Custodia oculorum efficaci ad monachos, De, 0029
Custodia quinque sensuum, De, 4400
Decalogo et decem Egypti plagis, De, 0035, 0964
Decalogo, Tractatus de, 4002
Decalogus, 4031
Decametrus, 4623
Decem considerationes vel articuli circa materiam virtutum moralium, 0550
Decem Dei mandatorum, 4532
Decem gradibus humilitatis, De, 3256
Decem librorum de vitiis humanis et humanae vitae..., 5039
Decem mandatis, De, 0973, 1532, 2342, 3048, 3266, 5668, 5700
Decem mandatis et de vitiis et virtutibus, De, 1772
Decem mandatis, Tractatus de, 2086, 5616
Decem plagis Egypti, De, 5323
Decem plagis Egyptiorum, De, 4706
Decem plagis et decem preceptis, De, 4076, 4078
Decem plagis et decem preceptis quomodo concordent, De, 4077
Decem precepta, 0529
Decem precepta decalogi et septem peccata

mortalia, 4057
Decem precepta Deo placendi, 6212
Decem precepta Domini, 3272
Decem precepta Domini in scola Trigoniensi, 2851
Decem precepta ex diversis collecta, 5634
Decem precepta metrice, 1690
Decem precepta secundum quod ea beatus Augustinus exponit, 5276
Decem precepta secundum vetus et novum testamentum, 1353
Decem precepta sub compendio edita, 3242
Decem preceptis, De, 0759, 1492, 1520, 1602, 1684, 1800, 2174, 2309, 2478, 2479, 2614, 2669, 2908, 3020, 3264, 3318, 3992, 4002, 4093, 4139, 4206, 4208, 4209, 4728, 4933, 5502, 5503, 5618, 5874, 6410
Decem preceptis decalogi, De, 1833, 3290, 5118, 5786
Decem preceptis decalogi, Tractatus de, 4049
Decem preceptis decalogi, Tractatus utilis de, 0618
Decem preceptis Dei, De, 5700
Decem preceptis Domini, De, 5784
Decem preceptis et decem plagis Egypti, Tractatus de, 2545
Decem preceptis et decem plagis Egypti, De, 4184
Decem preceptis legis et duodecim consiliis evangelii, De, 1490
Decem preceptis modo decalogi magistrum inter et discipulum de theutonico in latinum translati, De, 4044
Decem preceptis per modum sermonis quadripartiti, Tractatus de, 3576
Decem preceptis quorum tria spectant ad Deum, septem ad hominem, De, 5242
Decem preceptis, septem peccatis, Tractatus de, 3631
Decem preceptis, Tractatus de, 0526, 0620, 0628, 1616, 2778, 2906, 4183, 4678, 5242, 5345, 5504, 5653, 5681
Decem preceptis utilis qualiter simplices sunt informandi, Tractatus de, 4200
Decem preceptis, Versus de, 5873
Decem preceptorum lectoris th. Tractatus, 3016
Decem preceptorum paraphrasis, 5057
Decem preceptorum, Tractatus, 3927
Decem preceptorum tractatus editus pro instructione incipientium, 2778
Decem questiones morales super decem libros ethicorum Aristotelis, 6272
Decem questiones optimae morales disputate, 6272
Decimis tractatulus, De, 0353
Decimis, Tractatus de, 4671
Declamationes Senecae, 2525
Declaratio fabularum moraliter expositarum, 2206
Declaratio per exempla legum romanorum, 3171
Declaratio proverbi et expositio, 4656
Decreta abbreviata, 6387

Defecerunt fulgare, 1500
Defectu et deviatione malorum culpae et peccatorum a verbo, De, 3921
Defensio libri Wycliffiani de decalogo, 1248
Defensio mendicantium, 0892
Defensor, 1336
Defensorium pro confessionibus audiendis, 4260
Definitio virtutis, 6482
Definitione confessionis, De, 5107
Definitiones amoris, 1946
Definitiones circa vitia et virtutes, 5443
Definitiones de nominibus vitiorum, 5912
Definitiones diversorum doctorum, 0170
Definitiones ordine alphabetico, 0408
Definitiones secundum alphabetum, 0155
Definitiones virtutum, 1644, 5979
Definitiones virtutum et vitiorum, 0680, 2163, 6485
Definitiones virtutum et vitiorum a sanctis et sapientibus, 1646
Definitiones vitiorum et virtutum, 4645
Delectatione, consensu, et opere, Tractatus de, 0717
Delectatione, Tractatus de, 4501
Demonstrationum de mirabilibus mundi, Liber, 0448
Deo et rerum naturalium principiis, De, 3667
Deploratio ecclesiae, 0728
Descriptio habitus septem vitiorum capitalium et virtutum oppositarum, 2519
Descriptiones vitiorum et virtutum, 5912
Desiderio bene moriendi, De, 3542
Despectione mundi, De, 0693
Destructione prostibulorum, De, 4700
Destructorium vitiorum, 3612
Determinatio contra simoniam, 5747
Determinatio de confessionibus fratrum, 4527
Determinatio super audientia confessionum, 4239
Detestationes vii mortalium peccatorum, 5917
Detractione, De, 4499
Devotus contra vitium proprietatis, Tractatus, 5677
Devotus de consolatoriis remediis contra varias spirituales temptaciones, Tractatus, 4727
Devotus de contemptu mundi, Tractatus, 3230
Devotus de perfectione Christiane, Tractatus, 4758
Devotus de reformacione virium animae, Tractatus, 2406
Dextera pars oculi sacerdotis, 3129
Diadema monachorum, 2456
Diadema religiosorum, 2456
Diaeta salutis, 2301
Diagramma graduum superbiae, 4244
Dialogi humilitatis, 1081
Dialogum inter concupiscentem et Senecam, 0874
Dialogus avari, 4765
Dialogus concupiscentia et rationis de bonis moribus, 5603
Dialogus concupiscentiae et rationis de iis quae

veram homini felicitatem conferant et beatitudinem, 0874
Dialogus conscientiae et rationis, 3136
Dialogus conscientiae et rationis de celebratione vel communione, 3136
Dialogus continens brevem expositionem decem preceptorum, symboli et orationem dominicam, 2215
Dialogus contra avaritiam ad franciscum barbarum, 1083
Dialogus de arte moriendi, 1158
Dialogus de confessionibus audiendis, 1306
Dialogus de conflictu viciorum et virtutum, 1529
Dialogus de contemptu mundi. Interlocutores Dorias Philonus et Hilarius, 1790
Dialogus de elementis catholice fidei, 1942
Dialogus de felicitate et miseria, 3572
Dialogus de fuga mundi, 2511
Dialogus de mundi vanitate secundum coilinum, 1844
Dialogus de perfectione cordis, 1680, 6016
Dialogus de resignacione cure pastoralis, 3743
Dialogus de summa hominis dignitate ad Ferdinandum Aragonis Siciliae regem, 1143
Dialogus de vanitate mundi, 3544
Dialogus de vitiis et virtutibus inter hominem interiorum et exteriorum, 2795
Dialogus hominis flentis et rationis admonentis, 0417
Dialogus inter carnem et animam, 0691
Dialogus inter Deum et animam, 5419
Dialogus inter Deum et peccatorem, 4714
Dialogus inter patrem et filium de fuga mundi, 3148
Dialogus inter quemdam vere penitentem et suum bonum angelum, 2330
Dialogus inter rationem et animam, 5366
Dialogus magistri et virginis de excellentia virginitatis, 5403
Dialogus moralis de tribus tabernaculis, 1980
Dialogus virtutum et vitiorum, 4620
Dibus animae, 1552
Dicta, 0406, 2105, 2803, 3337
Dicta de arbore quae dicitur imago hominis, 1085
Dicta doctorum de variis virtutibus et vitiis, 1438
Dicta ex summa de virtutibus, 3426
Dicta ingluviei, 1996
Dicta philosophorum, 1928
Dicta philosophorum antiquorum, 5975, 6006
Dicta Raymundi, 5852
Dicta salutis sive de vita salutis, Tractatus de, 4059
Dicta secundi philosophi, 2691
Dicta Seneca secundum ordinem alphabeti, 3675
Dicta super decem precepta Domini, 3312
Dicta super decem precepta domini, 3652
Dicta super summam Raymundi, 5852
Dictarium, 3480
Dictionarium bovis, 2605
Dictionarium theologicum, 0045
Dictionarium theologicum sive veritates collectae de sacra scriptura aliorum sanctorum scriptis, 0112
Dictionarium vitiorum et virtutem aut quodlibet, 1841
Dictionarius, 1841
Dictionarius moralis, 0012
Dictis philosophorum, Liber de, 2705
Dictis sanctorum patrum, De, 2772
Dictorum, 1434
Dictorum liber de sacra theologia, 0406
Dictorum liber theologicorum, 0406
Dicturi de preceptis. Deo adiuvante ..., Tractatus, 4023
Dictus curialis, Liber, 0174
Differentia inter odium et invidiam, De, 3209
Differentia inter peccatum mortale et veniale, 3793, 5157
Differentia peccati mortalis et venialis, Liber de, 5006
Differentia peccatorum mortalium a venialibus, 4081
Differentia peccatorum mortalium et venialium, Tractatus de, 4582
Differentiae, 3298
Dignitate et excellentia hominis, De, 1113
Dilatationes communes ad sermones fere in omni materia viciorum et virtutum, 1389
Dilatione penitentie, De, 0388
Dilectione amicorum et inimicorum, De, 0760
Dilectione Dei et proximi, De, 0313, 0393, 2039, 2039, 2050, 3035, 3405, 4141, 5343, 5709, 5732
Dilectione Dei et proximi et de decem preceptis, De, 3634
Dilectione Dei et proximi et de preceptis decalogi, Tractatus de, 0767
Dilectione Dei et proximi, Tractatus de, 1682, 5352
Dilucidarium, 5202
Directorium iuris, 4760
Directorium juris, 1652, 2873, 4302
Directorium juris in foro conscientiae et judiciali, 5587
Directorium pauperum, 1841
Directorium pro instructione simplicium presbyterorum in cura animarum, 0252
Directorium sacerdotum, 2625, 4665
Directorium sacerdotum simplicium, 6535
Directorium simplicium confessorum, 1501
Directorium simplicium curatorum, 0252
Directorium simplicium sacerdotum, 1125
Disciplina clericalis, 0588, 1720, 1920
Disciplina et correctione morum, De, 3499
Discretione virtutum a vitiis, De, 6495
Dispositoriam moriendi, 1064
Disputata in libris ethicorum et conclusionibus Buridani, 6257
Disputatio brevis per modum dialogi hominis deflentis huius mundi miserias et rationis admonentis, 0417
Disputatio conscientie et rationis, 3136
Disputatio inter corpus et animam, 1862
Disputatio inter corpus et rationem, 0417

Dissuasio cupiditatis mundane, 6543
Disticha, 5528
Disticha Cato rhythmicus, 1048
Disticha Catonis, 1045, 1046
Distichon, 1199
Distinctio, 0575
Distinctio peccatorum, 5710
Distinctio Raymundi de confessione, 2281
Distinctione articulorum fidei, Tractatus de, 4553
Distinctiones, 0005, 0053, 0083, 0088, 0099, 0103, 0117, 0122, 0136, 0178, 0310, 0395, 0414, 1313, 1855, 2237, 2427, 2605, 5436, 5982
Distinctiones abreviatae et truncatae super psalterium magistri Nycolay predicatoris postillatoris, 0452
Distinctiones ad praedicandum, 0062
Distinctiones alphabeticae, 1229
Distinctiones bibliae, 0063, 0135
Distinctiones dictionum theologicalium, 4966
Distinctiones ex variis sermonibus, 0119
Distinctiones exemplorum, 0135
Distinctiones exemplorum novi et veteris testamenti abbreviatae et reductae, 0130
Distinctiones exemplorum sec. ord. alphabeti, 0155
Distinctiones in usum praedicatorum alphabetice digestae, 0088
Distinctiones monasticae, 0368
Distinctiones pro sermonibus, 0172
Distinctiones quedam, 0150
Distinctiones reverendi, 0074
Distinctiones secundum ordinem alphabeticum, 0159
Distinctiones secundum ordinem alphabeti, 0411
Distinctiones sive expositiones vocabulorum bibliae secundu alphabetum, 0058
Distinctiones super libri sapientiae, 0095
Distinctiones theologiae, 0074, 0478
Distinctiones theologicae, 0062, 0082, 0100, 0104, 0166, 1058
Distinctiones verborum, 0403
Distinctiones virtutum et vitiorum, 2447
Distinctiones vocabularii, 0079
Distinctionum, Liber, 4061
Distinctionum liber theologicarum, 0117
Distinctionum per alphabetum, Liber, 0370
Distintiones sive concordantiae historiales veteris et novi testamenti, 0135
Distributio decem mandatorum, 2977
Distributione instinctus boni et mali, De, 5400
Diversi tractatus penitentie in unum redacti, 2650, 6122
Diversis applicationibus naturalibus moralibusque dicta, De, 1457
Diversis erroribus mundi, De, 6094
Diversis gravaminibus religiosorum, Tractatus de, 1115
Diversis hominum ordinibus, De, 2187
Diversis materiis predicabilibus, Tractatus de, 4973
Diversis temptacionibus, De, 5934

Diversis virtutibus, Tractatus de, 3378
Diversis vocabulorum significationibus, De, 0414
Divisione multiplicii potentiarum animae, Tractatus de, 5711
Divisione tentationis a carne et ab hoste, 4570
Divisione virtutum et vitiorum, De, 6055
Divisiones et differentie virtutum secundum s. Thomam de Aquino, 6498
Doctrina cordis, Tractatus de, 4038
Doctrina de confessione, 5355
Doctrina de vitiis, 3603
Doctrina dicendi et tacendi, Liber de, 4951
Doctrina laicorum, 1772
Doctrina proficiendi, De, 5527, 5967
Doctrina qualiter homo debet vivere, 1505
Doctrina rudium, 6237
Doctrina super modo confitendi, 4383
Doctrina theologica, Tractatus de, 2913
Doctrina totius operi boni, 5967
Doctrina vel preparatione cordis, seu speculum concionatorum, Liber de, 4038
Doctrina virtutum cum fuga vitiorum, De, 4313
Doctrina virtutum et fuga vitiorum, De, 4449
Doctrina vitae agendae, De, 6114
Doctrinae Christianae compendium, 0245
Doctrine confessoris audientis peccatorum, 1485
Documentis antiquorum, De, 0999
Documentis antiquorum, Liber de, 5287
Dogma salubre vivendi, 2323
Dolus mundi, 0666, 6469
Domo conscientiae, De, 1787
Domo interiori fundanda, Tractatus de, 1676
Domo spirituali, Tractatus de, 1789
Donis septem Spiritus Sancti, Liber de, 1358
Donis Spiritus Sancti, De, 3200, 4994, 5866
Donis Spiritus Sancti et de eorum fructibus, Tractatus de, 5514
Donis spiritus, Tractatus de, 4973
Dono timoris, Liber de, 5001
Duabus civitatibus, scilicet Ierusalem et Babylon et earum civibus, De, 5108
Dubia de penitentia, 4177
Dulci admonicione animae, Liber de, 0419
Duo dialogi de philosophia morali, 6400
Duobus generibus peccatorum, De, 4472
Duobus modis humilitatem impugnari, 1837
Duobus preceptis caritatis et decem legis preceptis, De, 6071
Duobus preceptis decalogi, scilicet diligendo Deum et proximum, De, 3003
Duodecim abusionibus claustri, 1839
Duodecim abusionibus claustri, De, 3948
Duodecim abusiva saeculi, De, 1838
Duodecim articulis fidei credo in Deum disputatum a magistro Matheo, De, 0732
Duodecim capitula, 3191
Duodecim fructibus jejunii tractatus, De, 4232
Duodecim fructibus tribulationis, De, 4087
Duodecim gradibus humilitatis, De, 2450
Duodecim gradibus humilitatis, Liber de, 5208
Duodecim gradibus humilitatis, prefatio, De, 1918

Duodecim gradibus tribulationum, Tractatus de, 1302
Duodecim gradus superbiae, 3374, 3413
Duodecim questiones de caritate et de spe, 6248
Duodecim remedia contra temptationes huius temporis, 0227
Duodecim tribulationibus, De, 1302
Duodecim utilitatibus tribulationis, De, 0426, 4245
Eboracenses, Tractatus, 1650
Ebrietate, De, 1853, 1854, 2999, 3484
Ecclesiasticis dogmatibus, De, 1009
Ecloga, 0334
Ecloga de peccato et confessione, 6373
Ecloga de virtute et vitio, 5870
Effectibus virtutum, De, 3210
Elegia de patientia, qua sola vincuntur omnia, 4864
Elegia prima in errores hominum degenerantium, 2334
Elegia secunde, in iuuenem luxuria defluentem atque mortis admonitio, 5821
Elegia tercia, in divitem avarum, 6111
Elemosina, De, 1796, 1804, 1947, 3140
Elucidarium, 5429
Elucidarium religionis, 5131
Elucidarius moralium Gregorii, 2576
Elucidatio quorundam vitiorum et virtutum, 5307
Emendatio vitae, 3884, 5550
Emendatione peccatoris, De, 3191
Emendatione vitae, De, 3191
Enchiridion, 1588, 2208
Enchiridion asceticum, 0420
Enchiridion penitentis, 2110
Enigmata Aristotelis moralisata, 1421, 3952
Enormitate peccati, De, 3433
Eo quod nemo in hac vita perfecte bonus vel sapiens, De, 4286
Eo, quod tria maxime necessaria sunt ad perfectione Christianae religionis, De, 6142
Epigrama de miseria humana, 1872
Epistola ad fratres de monte Dei, 1742
Epistola ad Iacobum Abbatem Ebirbacensem, de contemptu mundi, 3600
Epistola ad Petrum Papam de octo vitiis, 3591
Epistola ad quemdam religiosum, 1671
Epistola ad Walterum de contemptu mundi, 2263
Epistola celesti convive, 0714
Epistola consolatoria ad Eckardum Episcopum Wormaciensem, 0552
Epistola contra temptationes, 2183
Epistola de contemptu mundi, 3965
Epistola de die mortis, 3881
Epistola de miseria huius vitae, 4770
Epistola de moribus et honesta vita, 1655
Epistola de utilitate animae, 1442
Epistola de vanitate humanarum dignitatum ad Eberhardum de Yppelbrunn, 2539
Epistola dedicatoria ad Moralium dogma philosophorum emendatum, 2220
Epistola exortatoria ad contemptu mundi et ingressum religionis ..., 5203
Epistola incitativa ad spiritualem profectum, 0669
Epistola nuncupatoria, 2071
Epistolae, 4607
Erroribus et moribus Christianorum modernorum, De, 5815
Eruditione Christi fidelium, De, 4212
Eruditione Christi fidelium, Liber de, 5639
Eruditione Christifidelium, 3773
Eruditione Christifidelium, De, 3692
Eruditione confessorum, De, 2030
Eruditione religiosorum, De, 1939, 4610
Eruditionis religiosorum, Liber, 1939
Et libro, contemptoribus mundi sententiarum, De, 1847
Et novina sacerdotum ex theologia et canonibus compendiose recollectum, 6473
Eucharistia et penitentia, De, 1836
Evangelium secundum Marcas Argenti, 2570
Ex libro qui dicitur consolatorium consciencie scrupulose, 6317
Ex sermone primi precepti, 5860
Exameron moralis, 3690
Examinatio conscientiae, 4851
Excerpta aliquorum exemplorum de diversis libris, 1447
Excerpta de summa virtutum, de virtute in communi, 2362
Excerpta distinctionum magistri Petri Cantoris, 0084
Excerpta et quedam utilis collectio ex diversis materiis..., 4420
Excerpta moralium beati Gregorii Papae, 4863
Excerptiones collectae de universis opusculis beati Bernardi egregii Abbatis Claraevallensis, 1155
Excerptum, 5894
Excerptum de castitate, 4715
Excerptum de miseriis huius mundi, 1910
Excerptum de penitentia, 6048
Excerptum de simonia, 4389
Excerptum super decalogum, 6159
Excidio romani imperii, De, 5217
Exempla, 2065, 2219, 2691, 3092, 4359, 4805, 4816, 4819
Exempla de animalibus, 0449
Exempla exquisita de diversis materiis, 4807
Exempla moralia, 0207
Exempla morum bene vivendi, 4804
Exempla naturalia, 5099
Exempla sacre scripture, 0143, 1006
Exempla sanctorum patrum, 0417
Exemplaria e scriptura septem peccatorum mortalium, 5929
Exemplarium sacrae scripturae vel biblia pauperum, 0152
Exemplis, 3383
Exemplis et similitudinibus rerum, De, 3633
Exemplis naturalibus contra curiosos, Liber de, 1242

TITLE INDEX

Exemplis patrum, De, 2805
Exemplis sacre scripture, Liber de, 1006
Exemplis sanctorum, De, 0198
Exemplorum alphabeti, Tractatus, 0172
Exemplorum de abundancia adoptionum ad omnem materiam in sermonibus, Tractatus, 0172
Exemplorum de virtutibus et vitiis congeries, 4817
Exemplorum, Liber, 0476, 0956, 2813, 4615
Exemplorum ordine alphabetico, Liber, 0047
Exemplorum sacrae scripturae, Liber, 1006
Exemplorum secundum ordinem alphabeti, Liber, 0172, 0448
Exemplorum vitae patrum, liber, 2199
Exemplum, 0201
Exemplum confessionis ad Deum, 0006
Exemplum de timore ex vitiis patrum, 4810
Exercitatorium monachorum, 6533
Exercitia spiritualia, 6215
Exercitio compunctionis ut quis a peccatis purgetur, De, 6533
Exercitium spirituale, 0268
Exercitium vitae perfectae, 3583
Exercitu dei et hominis contra mundum, De, 2016
Exhortatio ad contemptum temporalium, 4768
Exhortatio ad devotionem excitandam, seu de contemptu mundi, 5672
Exhortatio ad monachos, 0742
Exhortatio ad mundi contemptum, 3529
Exhortatio ad penitentiam, 3900
Exhortatio bona de libris sanctis breviter tractata, 5083
Exhortatio de vita monastica, 5672
Exhortatio humilitatis, 4859
Exhortatio penitentiae, 1282
Exhortatoria ad contemptum mundi et ingressum religionis, 5203
Expeditione infirmorum qui sunt in articulo mortis, De, 4668
Explanatio decem mandatorum litteralis sive moralis, 3240
Explanatio decem preceptorum et subdivisiones eorundem, 3240
Explanatio super Prudentii psychomachiam, 4317
Explicatio brevis quarundum virtutum, 5424
Explicatio decalogi, 5618
Expositio articulorum fidei, 0606
Expositio articulorum fidei Christianae, 5134
Expositio brevis super decem preceptis, 5276
Expositio de decalogo et de decem plagis Egypti morali sensu explicatis, 4083
Expositio de decem preceptis s. Thomae de Aquino retractata, 6073
Expositio decalogi, 0473, 0492, 0526, 0776, 2228, 3091, 3968, 4031, 5581, 5645
Expositio decalogi trimembris, 2976
Expositio decem Dei preceptorum, 0619
Expositio decem preceptorum, 0620, 4049
Expositio dictionum contentorum in summa Thome de Cobham de penitentia, 0576
Expositio disticharum Catonis, 2222
Expositio lectionis de vigiliis mortuorum, 3730
Expositio libri de electionibus, 5826
Expositio octo beatitudinum, 2541
Expositio orationis dominicae, 5469, 5493
Expositio physiologi, 0209
Expositio precepta decalogi, 0232
Expositio psalmorum penitentialium, 1012
Expositio super decametrum 'qui non transcendit', 4912
Expositio super decem precepta lecta per magistrum Thomam de Aquino, 0737
Expositio super declamationes Senecae, 2069
Expositio super libro declamationum Senecae, 5718
Expositio super symbolum fidei, 1010
Expositio symboli, 4553
Expositiones figurarum bibliae, 0459
Expositiones morales, 0468
Expulsione Ade de paradiso, De, 3966
Exterioris et interioris hominis compositione secundum triplicem statum incipientium..., 4155
Exterminatione mali et promotione boni, De, 4779
Extracta e summa, 4221
Extractus e summa de penitentia m. Guillelmi Amidani, 0837
Extractus ex Aegidii de regimine principum per modum alphabeti, 0390
Fabula podagae et pulicis, 5985
Fabulae, 3158
Fabulae Aesopi moralisatae, 0449
Fabulae de animalibus moralisatae, 3220
Fabulae morales, 3025
Fabulae sex, 2752
Fabularium ex vitis patrum, 1216
Faciebus mundi, De, 5148, 6397
Fallacia mundi et eius detestatione propter tria precipue mala quae in eo sunt, De, 5357
Falsa penitentia, De, 6179
Fasciculus morum, 0811, 2171, 6196
Felicitate, De, 3110
Felicitate dialogus, De, 5092
Felicitate humana, De, 2941
Felicitate, Tractatus de, 3121
Fide ad Petrum, De, 1926
Fide catholica et de sacramentis, Tractatus de, 4732
Fide Christiana novi ac veteris testamenti, De, 0733
Fide, De, 1371, 3354
Fide, de decem preceptis decalogi, de operibus misericordie, Tractatus de, 5758
Fide et legibus, Tractatus de, 2609
Fide et moribus, De, 4083
Fide et spe, De, 3630
Fide et spe et caritate, De, 6086
Fide, Liber de, 4583
Fide orthodoxa, De, 1539
Fide, s. Trinitate, spe et caritate, Tractatus de,

2127
Fide, spe et caritate, De, 4488
Fide, spe et caritate, Liber de, 1588
Figurae bibliae, 1312
Figurae super totam bibliam, 0135
Figurarum moralium, Liber, 1312
Figurata veteris testamenti in novum testamentum deducta, 1322
Filiabus humilitatis earumque ancillis opusculum, De, 4080
Fine mundi, De, 2665
Florarium, 2250
Flores, 4676
Flores Bernardi, 4479
Flores casuum, 4984
Flores Catonis, 2733
Flores de penitentia, 4996
Flores doctorum, 0091
Flores historiae theologiae, 0783
Flores moralium antiquorum, 2285
Flores penitentie, 4996
Flores proverbiorum, 5457, 6491
Flores quatuor librorum sapiencialium reducti ad ordinem alphabeti, 0432
Flores sancti Bernardi, 1155
Flores sapientiae, 0207
Flores sententiarum de libris moralium Gregorii, 0156
Flores spiritualium moralium, 1849
Floretum, 0108
Floretus, 0107
Florilegium, 1320, 5932
Florilegium morale Oxoniense, 4491
Florilegium Sancti Gregorii magni moralitatum, 1766
Floriloquium, 1098
Flos florum, 1976, 2558, 3673, 4099
Flos florum vel summula de virtutibus et vitiis, 3474
Flos summarum, 0680
Flos theologiae, 1841
Fons vitae, 1856
Fonte compunctionis, De, 6367
Forma bene vivendi, De, 5526
Forma confessionis, 1590, 1899, 2528
Forma confitendi, 5379, 5599
Forma confitendi ad minus semel in anno, 3796
Forma et modus confessionis et absolucionis, 1125
Forma honeste vite, De, 4115
Forma perfectionis, 1253
Forma vivendi religiosorum, De, 0742
Formicarius, 3888
Formula confessionis, 0934, 1032, 2537, 2593
Formula confessionum, 0920, 0927, 5707
Formula de compositione hominis exterioris ad novitios, 4155
Formula de interioris hominis reformatione ad proficientes, 2655, 4155
Formula de septem processibus religiosi, 4283
Formula honestae vitae, 0742, 3897, 4457, 4860, 5042
Formula interioris hominis, 0019
Formula novitiorum, 2655, 4155, 5676
Formula perfectionis spiritualis, 6211
Formula qualiter sacerdos novellus et simplex debet se in audiendis confessionibus habere, 1718
Formula reformandi religiones, 4735
Formula religiosorum, 4155
Formula seu summa confessionis, 2588
Formula spiritualis vite, 4181
Formula vitae honestae, 4440, 4440
Formula vitae sive de novitiis, Tractatus de, 3897
Formulae honestae vitae, Liber, 0165
Fornicatione clericorum, De, 3114
Fornicatione eiusque penitentia, De, 0319
Foro conscientiae, De, 2953, 5814
Fortitudine, De, 6507
Fortitudo, 3203
Fragilitate hominis et contemptu mundi ad Fabritium, De, 3289
Fragmentum de vanitate rerum mundanarum, 6327
Fructibus carnis et spiritus, De, 1164
Fructibus orationis, De, 4498
Fructibus penitentie, Liber de, 4996
Fuga seculi, De, 2186, 2195
Fuga seculi nobili viro compatri dilecto Nicolo de Contarenis de Veneciis, De, 5422
Gemmula divine consolationis (fortitudinis) et vere patientie cuiusdam fratris ordinis Carthusiensis, 0719
Genealogici falsorum deorum, 1512
Generalis invectio contra omne genus hominum in hac vita male viventium, 1708
Generalitates contra pigros, 5254
Generibus mendacii, De, 3893
Gesta Romanorum, 0360, 0463, 1791, 1929, 2102, 2718, 2927, 3944, 6008
Gesta Romanorum moralisata, 0438, 1726
Gesta Romanorum moraliter exposita, 1688
Gestis Domini Salvatoris, De, 2419
Gestis Romanorum, De, 2203
Gloria contemnenda, De, 2430
Glossa, 1738
Glossa in Catonem, 1043, 1047, 2222, 5529, 5848
Glossa in gradum humilitatis, 4236
Glossa in sextuplum, 5826
Glossae in Catonem, 2949
Golia et David ac de contemptu mundi, De, 1548
Golias in Romanam curiam, 6233
Gomorrhiano peccato, De, 3235
Gomorrhianus, Liber, 0607, 6181
Gradibus amoris, Tractatus de, 2236
Gradibus caritatis, De, 0396, 0840, 6550
Gradibus caritatis, Tractatus de, 4226
Gradibus conscientiae, De, 0946
Gradibus humilitatis, De, 0995, 1692, 1693, 1826, 2450, 2971, 4241
Gradibus humilitatis et superbiae, De, 5208
Gradibus superbiae, De, 1901
Gradibus virtutum, De, 1197, 1337
Gradus humilitatis, 4238, 5765

Gratia vati, De, 3609
Gravibus peccatis, De, 0342
Gravitate et enormitate peccati, De, 4476
Gualteriane fabulae, 2212
Gula et luxuria, De, 3000
Habitibus acquisitis infusis ac de caritate, De, 3275
Habitu, gula, immisericordia et locutione, De, 4451
Hac et illa vita, De, 2190
Heptalogus, 2299
Hic annotantur septem principalia peccata et postea septem peticiones, 4136
Historia in usum predicatorum, 5372
Historia naturalis mystica et moralizata, 0484
Historia scolastica, 3267
Historia septem sapientium, 3946, 4821
Historiae monachales, 3208
Historiae morales, 2067
Historiae moralisatae, 2925
Historiae variae moralisatae, 3172
Homelia VIII in Exodum, de initio decalogi, 3672
Homilia in decem precepta, 5342
Honestate clericorum, De, 2418
Honestate vitae, Tractatus de, 0213
Honesto et utili qui est ysagoge et tanquam verbum abbreviatum in totam ethicam, Liber de, 3095
Honorandis parentibus, De, 3730
Honore patris, De, 4812
Horologium aeternae sapientiae, 5288
Horologium sapientiae, 2332, 3032, 5416
Horologium sive liber sapientiae, 5416
Hortulus rosarum, 1214, 3023
Hortulus rosarum: De fuga seculi et laqueis diaboli, 0546
Hortus animae, 5959
Hospitale pauperum, 1782
Huius vitae presentis tedio, De, 1476
Humana conditione, De, 3300
Humana miseria, De, 1095, 3969
Humanae conditionis libri duo, De, 5479
Humanae vitae conditione, et toleranda corporis aegritudine, 6396
Humanae vitae miseria, deque horum temporum calamitate..., 5423
Humane vite deplorationem, 3509
Humanis moribus, Liber de, 6538
Humilis confessio peccatorum indigni auditoris, 2502
Humilitate, De, 0213, 0271, 1149, 4089, 4713, 4885
Humilitate et de eius gradibus, De, 0824
Humilitate et eius gradibus, De, 1693
Humilitate et obedientia, De, 3212
Humilitate et obedientia, Tractatus de, 0738
Humilitate, Liber de, 2946
Humilitatis perfecte decalogo, De, 3256
Hypocrisi, Tractatus de, 3504
Hypocrita, De, 6431
Ignorancia sacerdotum, Tractatus de, 1772

Illustrium philosophorum, Liber de, 1098
Imagine idoli, De, 1658
Imagine peccati, De, 1658
Imagines quattuor virtutum cardinalium, 4314
Imagines virtutum et vitiorum, 3352
Imago peccatorum, 6168
Imitatio Christi, 4633
Imitatione Christi et contemptu omnium vanitatum mundi, Tractatus de, 4633
Imposicione penitentie, De, 5496
Impugnatione humilitatis, De, 1837
In Matthaei XIII: omne peccatum est blasphemia, 5411
Incendium amoris, 1856
Indulgentiis, De, 4895
Inflammatorium penitentiae, 2749
Informatio, 4979
Informatio compendiosa per confessoribus et confitentibus, 2472
Informatio cuiuslibet peccatoris confiteri volens, 4828
Informatio pro confessoribus, 3335
Informatio simplicium sacerdotum de confessionibus audiendis, 2537
Informatione confitentium, De, 4828
Informatorius, 1125
Inimicis diligendis, De, 0653
Iniquo statu mundi, De, 3154
Iniunctione penitentiae, De, 5390
Iniunctiones contra vicia predicta, 0978
Inquisitio confessionis, 5599
Inquisitio facienda a sacerdotibus ad confitentes, 0868
Inquisitiones de penitentia, 3830
Instituta, 5014
Institutio sacerdotis circa confessiones et excommunicationes, 4669
Institutio sanctorum patrum de qualitate culparum et de disciplina, 2772
Institutione morum, De, 3609
Institutione novitiorum, De, 4685
Institutione virginum et contemptu mundi, De, 3892
Institutione vitae, De, 3191
Institutiones in decalogum, 0514
Instructi religiosa et perfecta vita, 0489
Instructio ad sacerdotes de penitentia, 3663
Instructio confessariorum, 1125
Instructio contemplativae vitae, 0742
Instructio curatorum, 1234
Instructio parochi, 4489
Instructio predicatoris, 3716
Instructio pro confessariis, 0904
Instructio religiosa et perfecta vita, 4233
Instructione rudium religiosorum, De, 2268
Instructione sacerdotum, Liber de, 5045
Instructione simplicium sacerdotum, Liber de, 4718
Instructione vel doctrina cordis et ornamentis animae, De, 4038
Instructiones circa divinum officium, 4744
Instructiones pro penitentia, 2100

Integritate confessionis, De, 0247
Integumenta fabularum, 3738
Integumenta fabularum Ovidii Metamorphoseon cum commentario, 0690
Interiori domo seu de conscientia aedificanda, De, 1787
Interiori homine quomodo inveniat Deum, Tractatus de, 3126
Interna castitate, De, 6466
Interpretatio decem preceptorum, 4050
Interpretatione legum, 4276
Interpretationes, 0059
Interpretationes vocum, 0403
Interrogationes, 3992, 5539
Interrogationes circa decem precepta et septem peccata mortalia, 4174
Interrogationes et doctrine quibus quilibet sacerdos debet interrogare suum confitentem, 2358
Interrogationes faciende in foro penitenciali de septem peccatis mortaliter, 5599
Interrogationes in confessione distincte faciendi, 5599
Interrogationes que de scripturis sanctis et canonibus sacris in foro penitentie ad utilitatem, 1402
Interrogationes septem criminalium, 5599
Interrogationes septem peccatorum mortalium, 5599
Interrogationibus faciendis in confessione spiritualium, De, 3488
Interrogationibus fiendis penitentibus, Tractatus de, 3992
Interrogatorium, 1051
Introductiones de moribus, dialogus ad galeotum amicum, 5608
Introductorium confessoris apud confitentem, 1359
Introitu hominis et exitu, tractatus de, 5684
Invectio contra avaritiam, 6232
Invectio in monachos, 4463
Invectiva contra mundi delicias, 3141
Invidia, De, 1382, 2055
Invitatio ad penitentiam, 1765
Invitatorium ad amorem sancte humilitatis et paupertatis, 5104
Ioannis de Soncino Notabilia, 2088
Iohannis Wycliffe de mandatis, Tractatus, 5415
Ira, De, 1785
Ira per zelum, 4557
Isagoge, 3095
Isagogicon moralis disciplinae, 5608
Itinerarium, 3480, 5005
Itinerarium mentis in Deum, 2653
Itinerarium mentis in se ipsum, 1856
Itinerarium penitentiae, 4070
Itinerarius de decem preceptis, 0522
Jacobini super decem precepta, 2553
Jejuniis ad Marcum Lippomani, Tractatus de, 3619
Jejuniis, Tractatus de, 3621
Jejunio, De, 6101

Jejunio et abstinentia, De, 6138
Jejunio et elemosina, De, 2483
Jejunio quatuor temporum, De, 4437
Jejunio, Tractatus de, 3417
Job, 3730
Job glosatus, 1938
Judica me, Deus, 2872
Judicio penitentiae laicorum, De, 5272
Judicium de liceitate tyrannicidii, 1504
Judicium de remediis peccatorum, 3750
Jure et justitia decalogus, De, 4031
Jure predicandi et confessiones audiendi, De, 4294
Justitia, De, 1601, 4297
Justitia et justo, De, 1706
Juvene divinitus percusso ob superbiam, De, 6005
Lacteus liquor, 2490
Lamentatio anime peccatricis, 5838
Lamentatio peccatorum, 4839
Lamentatio peccatricis animae, 1084
Lamentum penitentiae, 0510
Lapsu mundi, De, 3246
Laude caritatis, De, 5977
Laude caritatis, Tractatus de, 3581
Laudibus patientiae, De, 2856
Laudibus, Tractatus de, 4461
Laus divinae sapientiae, 4461
Laus elemosinae, 2104
Lavacrum conscientiae sacerdotum, 2902
Lavatorium animae, 4070
Lectura capituli 'Omnis utriusque sexus' de penitentia, 5180
Lectura super 'Firmiter', 2146
Lege eterna et divina, Tractatus de, 0656
Legibus, Tractatus de, 6036
Legiloquium, 5345
Lepra morali, De, 5896
Lepra morali, Tractatus de, 3598
Lesionibus Christi et septem donis Spiritus, De, 2077
Levibus peccatis, De, 2305
Lexicon moralitatem, 0366
Libellus, 0443, 4576, 4613
Libellus confessionis, 0993
Libellus conscientiae, 4594
Libellus de arte moriendi, 1076
Libellus de bono mortis, 0180
Libellus de concupiscencia carnali, 0874
Libellus de confessionibus contra Ricardum Archiepiscopum Armachanum, 0892
Libellus de conflictu vitiorum et virtutum, 1025
Libellus de contemptu mundi, 2616
Libellus de danda penitentia, 1674
Libellus de doctrina religiosorum, 5967
Libellus de emendatione vite sive de regula vivendi, 3291
Libellus de instructione animae, 5366
Libellus de justitia et divina iustitie observantia, 5167
Libellus de medicinis spiritualibus contra temptaciones spirituale, 4727
Libellus de merito bonorum operum, 2773

Libellus de modo confitendi, 0913
Libellus de modo vivendi, 0963
Libellus de mutabilitate mundi, 1162
Libellus de paupertate, humilitate et patientia, 1979
Libellus de peccatis spiritualibus, 5534
Libellus de penitentia, 6156
Libellus de penitentiis ex diversis libris extractis, 4100
Libellus de perfectione filiorum Dei, 4858
Libellus de quatuor virtutibus cardinalibus, 4971
Libellus de scientia conscientiae, 0465
Libellus de septem peccatis mortalibus, 0215
Libellus de timore, 4907
Libellus de vera compunctione cordis, 2151
Libellus de virtutibus et speciebus earum, 4308
Libellus de vitiis et virtutibus predicatori maxime utilis, 6387
Libellus duodecim questionum de rebus ad fidem spectantibus, 4577
Libellus exemplorum, 2200
Libellus honestae vitae de quatuor virtutibus cardinalibus, 4457
Libellus pulcher secundum ordinem alphabeti, 0082
Libellus qui dicitur verbi gratia, 5829
Libellus salutis, 1834
Libellus Senece de remediis fortuitorum, 2956
Libellus sententiarum atque virtutum et de spirituali militia, 6200
Libellus spiritualis exercitii de fervida exhortatione ad virtutes, 5143
Libero arbitrio, De, 3609
Libro conscientiae, Tractatus de, 5814
Libro vitae, De, 4622
Ligno vitae, Tractatus de, 3966
Lilium originalium, 4255
Lima monachorum, 4595
Linea salutis, 6376
Lingua abbreviatus, Tractatus de, 3787
Lingua bona et mala, Tractatus de, 1204
Lingua, De, 0324, 2966
Locarium, 3480
Lucerna conscientiae, 5952
Luctu penitentiae, De, 0196
Ludus cartularum morali salus, 5383
Lumen animae, 0476, 0502, 2398, 2437, 2848, 3085, 3915, 3916, 3930, 4288, 4319, 4372, 5275, 5849, 5850
Lumen concionatorum, 0158
Lumen confessorum, 2986, 2987, 5256, 6019
Lumen curatorum, 3903
Lumen penitentiariorum, 2987
Lupo monacho, De, 5420
Luxuria, De, 0622, 2994, 2996, 3008, 6141
Magistralis de preceptis legis et evangelii, Tractatus, 4022
Magistri Johannis doctoris decretorum de penitentia, Tractatus, 4919
Magistrutia, 5052
Malis ecclesiae, De, 0743
Malis prelatis, De, 0024

Malis seculi, De, 3712
Malitia cleri evitanda, Tractatus de, 6103
Malitia mundi, De, 3142, 3152
Malo, De, 1074, 4558, 4789
Malo et de peccato, De, 4515
Malo et generalitate atque specialitate malorum, 2419
Malo et origine malo, 4549
Malo huius seculi, De, 3712
Malo statu mundi, De, 2470
Malogranatum, 2131
Mandatis, De, 1827
Mandatis Dei et oratione dominica, De, 1200
Mandatis divinis, De, 0663, 3271, 4031
Mandatis succinctus, Tractatus de, 2623
Mandatis, Tractatus de, 0450, 1200
Mandatorum Dei, Liber, 5647
Manipulus curatorum, 2796, 4918, 5019, 5296
Manipulus exemplorum, 0109, 5050, 5051
Manipulus florum, 0091, 0148
Manipulus moralis philosophiae, 5072
Manipulus sacerdotum, 1289
Mansionibus spritualibus, De, 0793
Mantissa in librum figurarum moralem, 4869
Manuale, 4957, 5256
Manuale collectum breviter de summa confessorum, 1245
Manuale confessioni, 0779
Manuale confessorum, 1246, 4337, 4967
Manuale confessorum metricum, 3470
Manuale curae pastoralis, 2601
Manuale curatorum, 4891
Manuale juris canonici, 5745
Manuale sacerdotis, 2032, 2787
Manuale sacerdotum, 1212
Manuale speculum prelatorum, 5171
Manus theologica, 2107
Margarita, 0425, 5039
Materia bona de eruditione confessoris, 4848
Materia confessionis brevior, 0927
Materia de scientia utilissima homini mortali que est scire bene mori, 1158
Matricularius, 1141
Mauritii de Praga de decem preceptis, Tractatus, 6393
Medella animae vulneratae, Liber de, 2652
Medicamentum animae, 5755
Medicina animae, Tractatus de, 0839
Medicina dell'anima, 1291, 4737
Medicina penitentiae, 3873
Medicina spiritualis contra septem mortalia peccata, 5102
Meditatio ad concitandum timorem, 6001
Meditatio bonorum preteritorum, 0205
Meditatio contra peccata carnis, 0412
Meditatio de examinatione mortis, pene perpetue et glorie sempiterne, 0243
Meditatio mortis, 1570
Meditatio peccatoris, 6001
Meditatio penitentiae, 3079
Meditatio super septem psalmos penitenciales, 1738

Meditatione cordis, Tractatus de, 3042
Meditatione et quinque septenis, De, 4833
Meditatione mortis, De, 3881
Meditationes, 1730, 3047, 3126, 4839, 6420
Meditationes in psalmos penitentiales, 1738
Meditationes vitae Christi, 2782
Meditations on the Holy Ghost, 1733
Meditationum et orationum, Liber, 2038
Meditationum, Liber, 3126
Medulla dialogi de amicitia spirituali, 1030
Memoria improvisae mortis, 3542
Memoriae mortis, Liber, 3051
Memoriale presbyterorum, 2631
Memoriale regiminis hominis secundum philosophiam moralem, 5122
Memoriale virtutum, 4053
Mendaciis, De, 1723
Mensa, De, 3062
Metricus de consilio vivendi, Tractatus, 0955
Metricus de contemptu et periculis huius mundi..., 0876
Metricus de non ducenda uxore, Tractatus, 1023
Metricus de penitentia, Tractatus, 3812
Metrum contra curiositatem scribendi plures libros, 5346
Miles armatus, 4638
Militia humana super terram, Tractatus de, 1637
Militia religiosorum, 3964
Minus speculum peccatoris, 5119
Miscellanea, 4012
Miseria conditionis hominis, De, 2789
Miseria conditionis humanae, De, 5479, 5846
Miseria curialium, Tractatus de, 5823
Miseria, De, 2871
Miseria et fugacitate vitae humanae, De, 1147
Miseria et stultitia curialium, De, 5822
Miseria hominis conditione, De, 2789
Miseria hominis, De, 1487, 3618, 6403
Miseria hominis et contemptu mundi, De, 1147
Miseria hominis et penis inferni, De, 1487
Miseria huius mundi, De, 2550
Miseria huius mundi, Tractatus de, 3077
Miseria huius vitae, Liber de, 3077
Miseria huius vitae, Tractatus de, 3541
Miseria humana, De, 0199
Miseria humana sermo, De, 6110
Miseria humanae conditionis, De, 0657, 3556, 4265
Miseria humanae conditionis libri duo, De, 5479
Miseria humane conditionis, Liber de, 1753
Miseria mundi, De, 2329, 3669
Miseria presentis vitae, De, 2329
Miseria sua, De, 1534
Miseria temporum, De, 3468
Misericordia et justitia, De, 3081
Miseriis hominis, De, 2956
Miseriis mundi, De, 6549
Miseriis vitae humanae, De, 2329
Miseris, De, 5868
Missione homini, De, 1487
Modestia, De, 1955
Modicum de confessione, 5491

Modis penitentiae diversis, Tractatus de, 4581
Modis temptationum, De, 1637
Modis virtutum et illarum quae virtutes non sunt, De, 5133
Modo bene vivendi ad sororem, Liber de, 1759, 1762
Modo bene vivendi, Liber de, 1712
Modo bene vivendi, Tractatus de, 6229
Modo cognoscendi seipsum, De, 4650
Modo confessionis, De, 0926
Modo confessionis et absolucionis sacramentalis, De, 0896
Modo confitendi, De, 0280, 0415, 0755, 1206, 1207, 2173, 2838, 2888, 3444, 4112, 4383, 4828
Modo confitendi et de puritate conscientiae, De, 4945
Modo confitendi peccata, De, 4273
Modo confitendi, Tractatus de, 2660, 4926
Modo curandi vitia, De, 2823
Modo de confessione, De, 6178
Modo devote vivendi, Tractatus de, 4159
Modo et ordine confessionis faciende, De, 1388
Modo et ordine penitentiae, Tractatus de, 2611
Modo examinandi penitentes, De, 1547
Modo interrogandi penitentes, De, 3383
Modo loquendi et tacendi, Tractatus de, 4951
Modo orandi, De, 4865
Modo penitendi, Tractatus de, 3192
Modo repugnandi diabolo, De, 3424
Modo tacendi et loquendi, De, 5992
Modo vivendi, De, 0340, 3191, 3620
Modo vivendi omnium fidelium, Tractatus de, 5127
Modus audiendi confessiones, 0902, 2182
Modus confessionis, 0241, 0285, 2527
Modus confitendi, 0933, 2934, 4149, 4989, 6531
Modus confitendi brevis, 4291
Modus confitendi circa Ieronimum, 5233
Modus confitendus, 1558
Modus et forma confitendi, 0935
Modus et ordo interrogandi in confessione observandus, 1029
Modus et processus confessionis, 5335
Modus instruendi aliquos in suis confessionibus faciendis, 1971
Modus instruendi novicios in suis confessionibus faciendis, 2345
Modus instruendi noviter venientes ad confessionem, 4160
Modus penitendi, 6304
Modus pronunciandi sentencias excommunicationum, 5235
Modus resistendi contra temptationes, 3961
Modus sancte vivendi, 0595
Modus sive forma confitendi, 4341
Modus sive forma confitendi secundum bone memorie Robertum Lincolniensem episcopum, 0280
Modus visitandi infirmos sacerdoti, 3546
Modus vivendi, 5127
Modus vivendi ad nobiles, potentes et scabinos, 3187

Monacharius, 1427
Monachi peccatoris de usura, Tractatus, 2577
Monachi peccatoris, Tractatus, 1226
Monachos, 5250
Monaldina, 4950
Monastica vita, Liber de, 1427
Moniciones quas fecit Philippo filio suo, 2634
Moniloquium, 1038
Monita de virtutibus, 1717
Morale scholarium, 2445
Morale somnium Pharaonis, 0210, 6417
Morales in usum predicantium, Tractatus, 0308
Morali principis institutione, De, 5698
Moralia, 0550, 2776
Moralia pro religiosis, 4039
Moralia quaedam, 0080
Moralia super evangelia quatuor, 2781
Moralia super Exodum, 1940
Moralia super Psalmos, 0630
Moralis de animalibus, Liber, 3177
Moralis de caritate, Tractatus, 0681
Moralis de oculo, Tractatus, 5532
Moralis de septem viciis capitalibus, Tractatus, 1628
Moralis de virtutibus et vitiis, Tractatus, 5324
Moralis de vitiis, Tractatus, 6042
Moralis expositio super Genesim, 3690
Moralis instructio consolativa, 2886
Moralis philosophiae fundamentum compendiosum, 0485
Moralis, Tractatus, 0513, 6007
Moralisationes, 6007
Moralisationes bibliae, 2639
Moralitas de manna, 0633
Moralitates, 0544, 1867, 2101, 3171, 3254, 3360, 4824, 5120, 6007
Moralitates biblicae, 5125
Moralitates de naturis animalium, 6184
Moralitates historiarum, 2557
Moralitates in Ecclesiasten, 1715
Moralitates quaedam super librum Apoc., ad intellectum litterae pleniorem, 5881
Moralitates rerum, 6089
Moralitates rerum naturalium, 5980
Moralitates scripturae, 4970
Moralitates seu descriptiones virtutum, 1390
Moralitates super biblia, 2639
Moralitates super declamationes Senecae, 2525
Moralitates super Isaiam, 0627, 1912
Moralitates super psalterium, 0629
Moralitates super quartum Regum, 0710
Moralitates supra Deuteronomium, 2137
Moralitatibus corporum celestium, elementorum, Liber de, 5027
Moralitatum liber ex Origenis commentariis, 1160
Moralitatum magnarum rerum naturae, Liber, 0476
Moralium dogma e dictis patrum, 4683
Moralium dogma philosophorum, 2421, 3095, 6120
Moribus, De, 0334, 3609, 3959, 5223

Moribus et honesta vita, De, 3897
Mortalia peccata cum prologo, 2681
Mortalibus peccatis, De, 4192
Mortalibus peccatis et exemplis, De, 4688
Mortalis peccati malicia, De, 2716
Mortalitate liber, De, 2024
Morte amici consolatoria, De, 1666
Morte, De, 1283, 4639, 6338
Morte et judicio, De, 3519
Morum qualitate, Liber de, 6538
Multum utilis curatis et beneficiatis populum habentibus, Liber, 3846
Mundi appetitu, De, 2263
Mundi contemptus, 3560
Mundi falsitate, Tractatus de, 0794
Mundi, Liber, 1862
Mundi miseria, De, 1862, 5401
Mundi vanitate fugienda, De, 1096
Mundi vanitate fugienda et penitentia amplectanda, De, 1210
Mundi vita, De, 2329
Mundo, De, 1871, 3524, 4356, 4357, 5816
Mundo fugiendo, Tractatus de, 1704
Mundo malo, De, 2188
Mysterio iniquitatis, Tractatus de, 2756
Narraciuncule varie de rebus diversis, 1387
Narratio allegorica de vitiis, 2162
Narrationes, 0449
Narrationes aliae allegoricae, 0401
Narrationes secundum ordinem alphabeti, 0448
Natura animalium cum expositione mystica et morali, Tractatus de, 1525
Natura rerum, 6149
Natura rerum, De, 5458, 6089
Natura rerum, Liber de, 3178
Naturalia bona moralisata, 3039
Naturalia, sive libri VI de rebus naturalibus moribus adaptatis, 2269
Naturalium rerum, Liber, 1242
Naturis animalium cum moralitatibus et lapidum preciosorum descripciones, Liber de, 0082
Naturis rerum, De, 3178, 5957
Nobilitate anime, Liber de, 4874
Nobilitate generis humani, De, 2352
Nomina virtutum ac vitiorum, 0650
Non esu carnium, Tractatus de, 2239
Norma vivendi, De, 0340
Nota, 2997, 4513, 5450, 5454, 5515, 5602, 5891, 5930
Nota de accidia, 0168
Nota de avaritia, 0572, 0577
Nota de caritate, 0678, 0686
Nota de clementia, 3467
Nota de confessio, 0888
Nota de confessione, 0942, 3588, 5576, 6320
Nota de confessione, tribus modis, 3398
Nota de contemptu mundanorum, 0383
Nota de conversione peccatoris, 2218
Nota de decem mandatis Domini, 1709
Nota de decem preceptis, 1659
Nota de decem preceptis Domini, 2730
Nota de fornicatione, 3655

Nota de humilitate, 2451
Nota de invidia, 3421
Nota de luxuria, 1686, 2995, 3422, 3797
Nota de mansuetudine, 5869
Nota de misericordia, 0954
Nota de modo audiendi, 5755
Nota de patientia, 3128, 3350
Nota de peccatis, 1622, 3425
Nota de peccato, 3776
Nota de peccato in generali, 3778
Nota de peccato in Spiritum Sanctum, 0798
Nota de peccato mortali, 3767
Nota de pena peccati, 3802
Nota de quadruplici prudentia, 4079
Nota de qualitate confessionis, 0881
Nota de quinque peccatis in celum clamantibus, 5862
Nota de S. Maria Magdalena exemplum septem remediorum contra luxuriam, 3382
Nota de septem peccatis in Spiritum Sanctum, 2315
Nota de septem peccatis mortalibus, 5900
Nota de septem peccatis mortalibus ex homicidio provenientibus, 3353
Nota de superbia, 1950, 5886
Nota de temptatione, 4889
Nota de tribus partibus penitentiae, 3442
Nota de usura, 6170
Nota de vero religioso, 6406
Nota de virtute caritatis, 5776
Nota de virtutibus, 1430
Nota de vitiis, 5098
Nota pro naturali ordine mandatorum, 5381
Nota quibus modis venialia peccata deleantur, 4752
Notabila circa absolutionem, 0705
Notabile de peccato luxuriae, 2863
Notabilia de penitentia, 5375
Notabilia de septem peccatis capitalibus, 3786
Notabilia de septem peccatis mortalibus, 3323
Notabilia theologica, 3356
Notae breviores contra peccata mortalia, 1386
Notae de decem preceptis, 1495
Notae de divitibus et pauperibus, 3319
Notae de pena communicantium excommunicatis, de confessione audienda, et de penitentia in extremis, 0766
Notae in carmen de contemptu mundi, 2641
Notanda de confessione, 0221
Notanda quaedam Pogii in avariciam, 2072
Nova prevaricantia mandatorum, De, 1224
Nova summa penitentialis, 2824
Nova tractatio de monastica vita, 3956
Novella clericorum liber sacerdotalis, 0460
Novem alienis peccatis, De, 0038, 0279
Novem alienis peccatis, Tractatus de, 0279
Novem filiabus diaboli, De, 6540
Novem fontium virtutibus, De, 2926
Novem peccata aliena, 2877
Novem peccatibus mortalibus, De, 2877
Novem peccatis alienis, De, 0027, 2393
Novem peccatis alienis, Tractatus de, 3770

Novem regulae ad cognoscendum peccata mortalia a venialia, 4081
Novem remedia contra temptationes, 0235
Novem virtutes, 2338
Novem virtutibus, Tractatus de, 1363
Novissimis, Tractatus de, 3057, 5880
Novus Aesopus, 1818, 2753
Novus Cato, 2968
Novus de penitentia, Tractatus, 0006
Numerale, 1563, 4583, 6163
Obedientia, De, 2429, 2759, 3212, 3462, 3563, 3689, 5035
Obedientia, de castitate, paupertate, De, 0337
Obedientia discipulorum, De, 4235
Obedientia, Tractatus de, 0190, 4690
Obiecto finito et infinito, Liber de, 1556
Obitu Ade prothoplasti et de origine ligni Christi, De, 3966
Obitu hominis, De, 1283
Oblivione malorum preteritorum et memoria et ira, De, 2686
Observantia diligenti mandatorum Dei et presertim diei dominicae, Tractatus de, 4680
Observatione decalogi, Tractatus de, 6449
Observatione sabbati, De, 4674
Observatione sabbati, Tractatus de, 4679
Observationibus monachorum, De, 2025
Occultarum passionum vulneribus, De, 1307
Occultatione vitiorum sub specie virtutum, Tractatus de, 1982
Occupatione bona, De, 0243
Occupationes, 0508
Occupationum, Liber, 0508
Octo beatitudinibus, De, 0609, 0610, 1396, 4723, 6436
Octo beatitudinibus, Tractatus de, 0601, 1695, 2541
Octo peccatis pro quibus homo eternaliter dampnatur, De, 6020
Octo principalibus vitiis, De, 3586, 3587, 4251
Octo principalibus vitiis et de remediis eorum, De, 1845
Octo puncta perfectionis, 2303
Octo species turpitudinis, 3589
Octo species turpitudinis coniugum, 4064
Octo spiritibus malitiae, De, 4251
Octo turpitudinibus coniugalibus, Tractatus de, 2312, 3589
Octo turpitudinibus coniugatorum, De, 4882
Octo turpitudinibus luxurie, De, 3589
Octo turpitudinis speciebus inter coniugales, De, 4084
Octo vitiis, De, 2033
Octo vitiis principalibus, 4056
Octo vitiis principalibus, De, 1649, 3592, 3593, 4506
Oculis moralis, 5532
Oculo morali, De, 1677
Oculo morali, Liber de, 5532
Oculus religiosorum, 3133
Oculus sacerdotis, 1088, 2499
Oda de luctu bono, 3931

TITLE INDEX

Oda de luctu malo, 3715
Oda de paupertate evangelica, 3547
Odio, De, 6219
Odus confitendi, 2992
Officiis et abusionibus eorum, Tractatus de, 3596
Officiis et statu ecclesiasticorum, De, 2817
Officio sacerdotali, Liber de, 4636
Officio sacerdotis, De, 5045
Officio sacerdotum, De, 5010
Omne bonum, 4997
Omnibus malis huius seculi, Tractatus de, 3712
Omnis etas, 3663
Onus mundi, 1020, 5278
Opera de confessione, 5700
Operibus misericordiae, De, 3083
Operibus misericordiae, Tractatus de, 0597
Operibus sex dierum, De, 3690
Oppositio remedii decem preceptorum contra decem plagas in hexametris decem, 4083
Optimus de utilitate tribulationum et temptationum seu adversitatum, Tractatus, 1302
Opus alphabeticum, 0166
Opus breviloquium solitarii nuncupatus, 4060
Opus de decem preceptis flagellum nuncupatum, 1300
Opus de fructu carnis et spiritus, 1164
Opus decem preceptorum, 2906
Opus lectionis in librum Salomonis sapientiae abbreviatae et ordine alphabetico dispositae, 0101
Opus super: preparate corda, 4036
Opus trinum ex tribus legibus, 6222
Opus tripartitum, 3920, 4201
Opusculum de fluxa mundi gloria et seculi despectione, 5363
Opusculum de jejunio, 3932
Opusculum exemplorum, 1927
Opusculum in quo decem legis precepta et quatuordecim articuli fidei catholice cum septem sacramentis, 3658
Opusculum perutile de quinque statibus iuxta differentiam hominum, 6202
Opusculum quod est de confessione, 2090, 2542
Opusculum super absolutione confessionis sacramentalis, 2249
Opusculum tripartitum, 0734, 2144
Oratio, 3766
Oratio Anselmi, 6001
Oratio compunctiva pro peccatis, 2153
Oratio de virtutibus Jesu Christi nobis in eius passione ostensis, habita ad Alexandrum VI, 3705
Oratio de vitiis et virtutibus, 0729
Oratio in partes divisa contra septies septena vitia quae ex una prodeunt inventrice malorum superbia, 5844
Oratio matutinalis, 0553
Oratio sancti Hieronimi, 0553
Oratione, De, 3695, 5550
Oratione dominica, De, 5440
Oratione, jejunio et elemosina, De, 4403
Ordinarium seu alphabetum vitae religiosae, 3480, 5005
Ordinarium vitae religiosae, 5134
Ordine in peccato, De, 5319
Ordine penitentum, De, 3878
Ordine vitae et quorum institutione, Tractatus de, 6063
Ordo ad catecuminum, 4171
Ordo ad dandam penitentiam, 5086
Ordo confessionis sacerdotum et omnium clericorum secundum Hieronimi tractatum..., 4396
Ordo de penitentia et reconciliatione penitentis, 5593
Ordo penitentiae, 1116
Ordo qualiter penitentia sit danda, 4135
Ordo vel brevis explanatio de catechizandis rudibus, 4063
Ordo virtutum, 4635
Originale de peccato carnis, 3512
Originali culpa quest. disp, De, 4523
Originali peccato, De, 1886, 2140
Otio religioso, De, 6147
Otio vitando, De, 3721
Ovidius moralizatus, 2603
Pace, De, 0660, 3086
Pantheologia abbreviata, 0002
Pantheon seu morale aedificium, 4994
Parabola de fide, spe et caritate, 5201
Parabolae, 5198
Parabolae, Tractatus, 0449
Parabolarium, 1437
Parabolarum, Liber, 0016
Parabolarum, Tractatus, 0449
Parabolis, De, 0016
Paraclitus de consolatione peccatorum, 6461
Paradisus, 3690
Paradisus animae, 0677, 5875
Paradisus conscientiae, 1941
Parisiensis de confessione, Tractatus, 1178
Parisiis disputatae, Questiones, 4550
Parvae distinctiones, 0389
Parvulus tractatus de septem peccatis mortalibus, 5905
Parvum bonum, 1856
Parvum Job, 3730
Parvus de excusationibus in peccatis, Tractatus, 3408
Parvus de modo confitendi septem peccata mortalia, Tractatus, 5379
Parvus tractatus perutilis contra temptationes diabolicas, 4727
Passio cuiusdem nigri monarchi secundum luxuriam, 2568
Pastorales sive penitentialis, Liber, 1159
Patientia, De, 0277, 3249, 3746, 3748, 3980, 5096
Patientia habenda in capitulo, De, 6105
Patientia, Tractatus de 0318, 5518
Pauper monachus, 5677
Paupertas, 0599
Paupertate compositus sub dyalogo, Liber de, 3211
Paupertate, De, 2103

Peccata clamitancia in celum, 0822
Peccata et opera, 4275
Peccata in Spiritum Sanctum, 2809, 5514
Peccati natura, definitionibus et radicibus, 4561
Peccatis blasphemiae et in Spiritum Sanctum, De, 3611
Peccatis capitalibus, De, 5102, 5585
Peccatis capitalibus, eorum ramis et de peccato in genere, De, 3761
Peccatis caritati contrariis, De, 6512
Peccatis cogitationum, Tractatus de, 2901
Peccatis contra naturam, De, 3392
Peccatis corde, ore et opere factis, De, 5325
Peccatis corrigendis in quadragesima, De, 0566
Peccatis criminalibus, De, 2314
Peccatis criminalibus et venialibus et de remediis eorum, De, 1018
Peccatis, De, 1958, 3036, 3791, 5409, 5569, 5938, 6025
Peccatis et confessione, De, 4386
Peccatis et de eorum remediis, De, 1406
Peccatis et eorum remedio, De, 0206
Peccatis fugiendis, De, 1811
Peccatis in genere, Tractatus de, 1249
Peccatis lingue sive oris, Tractatus de, 4614
Peccatis mentalibus mortalibus, De, 1307
Peccatis minutis, De, 4459
Peccatis mortalibus, De, 0763, 2001, 4534
Peccatis mortalibus et venialibus, De, 4694
Peccatis mortalibus in speciali et de eorum filiabus, De, 5946
Peccatis mortalibus que commituntur contra decem precepta, Tractatus de, 4589
Peccatis omissionis et commissionis, Tractatus de, 6262
Peccatis oris seu linguae, Tractatus de, 4614
Peccatis septem mortalibus, De, 5430
Peccatis sive de vitiis capitalibus, Tractatus de, 6362
Peccatis, Tractatus de, 1180, 2221, 3357, 4431, 5554, 5907, 5922, 5924
Peccatis venialibus, De, 6427
Peccato Adae, De, 4514
Peccato Adae et Evae, Liber de, 3966
Peccato aliorum angelorum a Lucifero, 4560
Peccato, De, 1409, 3775
Peccato et eius speciebus, Tractatus de, 5817
Peccato et gratia, Tractatus de, 1238
Peccato in generali, De, 1252
Peccato in Spiritum Sanctum, De, 3326
Peccato linguae, Tractatus de, 6134
Peccato ludi, De, 3416
Peccato mortali, De, 3472, 3788
Peccato mortali, quomodo unum est causa alterius multis modis ..., 5097
Peccato originali, De, 0782, 1431, 5318
Peccato originali, Tractatus de, 1886, 4338, 4562, 5993, 6095
Peccato primi angeli, 4546
Peccato primorum parentum, 4547
Peccato tractatus, De, 1793
Peccato, Tractatus de, 4794

Peccato usure, Tractatus de, 3334
Peccato veniali duplici, De, 1842
Peccatore qui desperat et de ratione, quae peccatorum ne desperat confortat, De, 2546
Peccatoris Speculum, 0985
Peccatorum, 5119
Peccatorum consolatio, 3997
Peccatorum dolore, De, 2686
Peccatorum enumeratio, quaenam sint cordis, quaenam oris, operis aut omissionis, 5903
Peccatum generibus, De, 4378
Pecuniis Montis Florentiae, Tractatus de, 0762
Pecuniis montis florentiae, Tractatus de, 6430
Penis peccatorum, Tractatus de, 3800
Peniteas cito, Commentary on, 2391
Penitence, Tractate on, 5082
Penitentale, 0251
Penitentia, 4757
Penitentia Adae, Liber de, 0306, 1101
Penitentia agenda, De, 0317
Penitentia animae, De, 5087
Penitentia assumenda, De, 3440
Penitentia bonus et utilis, Tractatus de, 0301
Penitentia brevis et utilis, Tractatus de, 1227
Penitentia compendiosa, De, 4301
Penitentia David, De, 6022
Penitentia, De, 0223, 0302, 0317, 0322, 0903, 0958, 0987, 1117, 1378, 1416, 1517, 1582, 1775, 1866, 2113, 2390, 2613, 2652, 2919, 2985, 3457, 3727, 3765, 3826, 3838, 3843, 3856, 3862, 3865, 3876, 3901, 4119, 4365, 4492, 4838, 4911, 5002, 5005, 5231, 5371, 5839, 6220, 6502
Penitentia, de matrimonio, de sacris ordinibus, Tractatus de, 5149
Penitentia et cibis animae, De, 3847
Penitentia et confessione, De, 2872
Penitentia et confessione, Tractatus de, 1183, 6019
Penitentia et conversione, De, 2475
Penitentia et de virtutibus et vitiis, De, 0784
Penitentia et eius circumstantia et eius effectis de peccatis voluntate, De, 1401
Penitentia et eius fructibus, De, 4996
Penitentia et que sunt necesse penitenti, De, 3812
Penitentia et remissione, Tractatus de, 0237, 3683
Penitentia et remissionibus, Tractatus de, 3852
Penitentia et satisfactione, De, 3840
Penitentia et temptationibus religiosorum, Liber de, 4290
Penitentia et temptationibus religiosorum, Tractatus de, 4290
Penitentia et tribus eius partibus, De, 6061
Penitentia et tribus partibus eius, Tractatus de, 1866
Penitentia, Liber de, 2975, 4365, 6156
Penitentia libri duo, De, 5611
Penitentia Magdalene, De, 3079
Penitentia per modum paradisi ubi septem horti sunt secundum septem species florum, Tractatus de, 3923

TITLE INDEX

Penitentia publica, De, 6091
Penitentia rarrenariorum, De, 2774
Penitentia religiosis injungenda, Tractatus de, 3901
Penitentia secundum magistrum Odonem, 3871
Penitentia, Tractatus de, 0242, 0249, 0276, 0380, 0775, 1167, 1222, 1412, 2407, 2717, 2979, 3052, 3719, 3825, 3838, 3850, 3871, 3971, 4346, 4470, 4707, 4756, 4877, 5379, 6304, 6533
Penitentia tractatus novus, De, 5371
Penitentia, Tractatus vel sermones, De, 3053, 4345
Penitentia vel satisfactione a sacerdote injungenda, De, 6360
Penitentiae Adae, 3966
Penitentiae, Liber, 0238, 1159, 4576
Penitentiae taxate secundum canones, 4652
Penitentiae, Tractatus, 2217, 3846, 5336
Penitentiale, 0004, 0238, 0280, 0868, 1159, 1674, 1697, 1698, 2304, 2599, 3160, 3857, 3877, 4186, 5149, 5228, 5573, 5589, 6358
Penitentiale Adae, 1101
Penitentiale Albeldense, 5583
Penitentiale ex summa Raymundi et ex distinctionibus Willelmi Autissiod. et Roberti Lincoln., 2110
Penitentiale Silense, 5584
Penitentiale sive tractatus de modis temporibusque penitentiae, 2521
Penitentialis, Liber, 0004, 0034, 0662, 0868, 1075, 1674, 2344, 3852, 3963, 4339, 4601, 4949, 5086, 5149
Penitentialis, Tractatus, 3830
Penitentiarium, 5002
Penitentiarius, 2540, 2989, 3812, 4733, 5149
Penitentiarius cum glossa et dubiis, 6304
Penitentiarius de sancto Iacobo Parisiensi, 3975
Penitentiarius, Liber, 0238
Penitentiarius...de confessionibus infirmorum, Liber, 2629
Penitentiarum, Liber, 4653
Penitentiis, De, 2894
Penitentiis et remissionibus, De, 2083, 3082, 3954
Penitentiis et remissionibus, Tractatus de, 3608
Per quem modum debeat confiteri peccata sua, 5210
Perfectione caritatis dialogus, De, 0375
Perfectione castitatis, De, 5512
Perfectione et exercitiis ordinis Carthusiensis ad perfectionem ordinatis, Tractatus de, 6303
Perfectione filiorum Dei, Tractatus de, 4767
Perfectione interioris hominis, Liber de, 3736
Perfectione justitiae hominis, De, 0441
Perfectione religiosorum, De, 1067
Perfectione spirituali interioris hominis, Liber de, 4705
Perfectione spiritualis vitae, Liber de, 5007
Perfectione statuum, Tractatus de, 1265
Perfectione vitae, Liber de, 5677
Perfectione vivendi, Tractatus de, 5249
Perfectionibus Dei imitandis, Tractatus de, 1987
Periculo temptationis, De, 1687

Perutilis qualiter confessor debeat se regere, Tractatus, 0909
Pharetra, 1828, 2530
Philosophia moralis, 4295
Philosophorum moralium antiquorum, Liber, 5396
Physiologus, 0713, 1965, 6051
Physocosmus de proprietatibus rerum, 3157
Pictura humanae vanitatis, 3965
Picture moralisate, 3352
Pisanella, 5052
Planctus de statu mundi, 6065
Planctus de vita, 2141
Planctus ecclesie, 5214
Planctus peccatoris, 1499, 3102
Planctus peccatorum, 5349
Planctus super errores multorum Christianorum, 3022
Planctus super errores religiosorum, 4844
Poema contra luxuriam, 2292
Poema de decem preceptis, 2316
Poema de fragilitate mundi, 3545
Poema elegiacum de virtutibus et vitiis, 5164, 5164
Poema morale, 6026
Potentiis animae ac peccato in ipsis, De, 6174
Potestate clavium, De, 6019
Pratum animarum, 1279
Praxi romanae curiae, De, 3106
Precepta, 0833
Precepta decalogi, 2909
Precepta decalogi metrica, 6160
Precepta Dei, 6426
Precepta et eorum sequencia, De, 5572
Precepta legis secundum origenem, 1274
Precepta moralia et proverbia de rebus medicis, aenigmata, 5833
Precepta Pitagore philosophi, 2194
Precepta quaedam ad bonam vitam, 1991
Preceptis, De, 0787, 4214
Preceptis, de confessione et scientia mortis, De, 0734
Preceptis decalogi, 1678
Preceptis decalogi, De, 1884, 1969, 1970, 2373, 2656, 2900, 3182, 3414, 4015
Preceptis decalogi, Sermones De, 3981
Preceptis legis, De, 3925
Preceptis, Tractatus de, 0808, 4011, 4172
Precepto et dispensatione, De, 4330
Preceptorium, 0526, 0530, 0534, 1998, 4199, 4205, 5630
Preceptorium abbreviatum, 0525, 4197
Preceptorium divinae legis, 1488, 3241
Precipuis quibusdam virtutibus, Tractatus de, 5361
Predicabilis de septem famosissimis virtutibus diunis, Liber, 3682
Predicatio beati Thome de Aquino super decem preceptis legis, 3217
Prelato sodomita, De, 4632
Premio animae penitentis, De, 4034
Preparantia, 4035

Preparatione ad mortem, De, 3542
Preparatione cordis, De, 4036, 4040, 5961
Preparatione cordis, Liber de, 1932
Preparatione cordis sive de preparatione domus animae, De, 1676
Preparatione cordis, Tractatus de, 1376
Presbyterii, 1875
Prima particula de vitiis et virtutibus, 5500
Primo mandato, De, 2108
Principalibus et capitalibus viciis, De, 4073
Principalibus vitiis, De, 2311, 6182
Pro emendatione morum, 5675
Probatione spirituum, De, 0226, 4280
Processu et instructione confessorum, Tractatus de, 0906
Processu peccatoris et reversione ad Deum et de dignitate nominis Christiani ..., 4282
Processus hominis contra diabolem, 4281
Processus luciferi contra Iesum Christum, 3997
Processus per hominem interiorem habitus contra diabolum ante tribunal Christi, 1729
Processus ventilatus inter Belial procuratorem inferni et Iesum filium Marie ..., 3997
Profectibus religiosorum, De, 2792
Profectu in virtutibus juxta votum sacrae professionis, 1391
Profectu religionis, De, 4283
Profectu religiosorum, De, 5676
Profectu spiritualis vitae, De, 5810
Profectu virtutum, De, 0489
Profectus religiosorum, 1202
Profectus religiosorum, Liber de, 4283
Proles septem criminalium metrifice, 5901
Prologus in libro scintillarum, 2904
Prologus in precepta decalogi, 2909
Prologus in questiones casuales, 4938
Promptuarium exemplorum, 1318, 4818
Promptuarium patrum, 0067
Proprietate religiosorum, Tractatus de, 4274
Proprietates animalium cum moralitatibus secundum ordinem alphabeti, 1331
Proprietates quarundum dictionum, 5912
Proprietates rerum naturalium moralisatae, 5027
Proprietates seu similitudines, 4324
Proprietatibus rerum, De, 1428, 5046
Proprietatis rerum naturalium adaptate sermonibus de tempore per totius anni circulum, 0587
Prosaica quaedam de vanis mundi cum notis musicis, 3549
Prosperitate adversitatis, De, 1142
Prosperitate malorum, De, 4429
Proverbia, 0207
Proverbia Catonis, 6242
Proverbia moralia, 5224
Proverbia rusticorum, 5150
Proverbiorum, Liber, 0443, 3906
Provincialis, Liber, 2497
Prudentia, 0790, 5742
Prudentia, De, 4001, 4316
Psalmi confessionales, 1640
Psalmi septem penitentiales, 2331

Psalmis penitentialibus, De, 4925
Psalmos, 0630
Psalmos penitentiae, 4318
Psalterium humilitatis, 3256
Psalterium super psalterium, 0630
Pugna spirituali contra septem vitia capitalia, De, 1907
Pugna spirituali, De, 1719
Pugna, Tractatus de, 4642
Pugna vitiorum, 6523
Pugna vitiorum, De, 4861
Pugna vitiorum et virtutum, De, 3550
Puncta diversa et bona, 6078
Pupilla oculi, 2441, 5976
Puritate animae, De, 4945
Puritate conscientiae, De, 3896, 6533
Puritate cordis, De, 6533
Puritate cordis, Tractatus de, 4450
Puritate mentis, De, 3884
Pusillanimitate cordis, De, 0362
Pusillanimitate, De, 4624
Quadragesimale de decem preceptis, 5290
Quadragesimale seu de pugna spirituale, 1719
Quadraginta duabus mansionibus, De, 0792
Quadripartita compunctione, De, 1973
Quadripartitus Cyrilli, 5372
Quadripartitus figurarum moralium, 5372
Quadruplici statu peccantium, De, 3343
Quadruplici temptatione, De, 5365
Quadruplicitate spei, De, 4074
Quae sit blasphemia spiritus, 1333
Qualitate poenarum penitentibus iniungendarum, Tractatus de, 2028
Qualitate vite humane, et opitulatione gracie Dei, De, 6519
Qualiter confessio est fienda, 4600
Qualiter confessor debet se habere in confessionibus audiendis, 2030
Qualiter confessor erga confitentem, 0903
Qualiter confessor se habeat audiendo confessionem, 3489
Qualiter debet fieri inquisitio in confessione a sacerdote, 5519
Qualiter debet sacerdos interrogare peccatores, 6155
Qualiter obviandum est temptationibus illusoriis, 4727
Qualiter peccatur per septem mortalia peccata, 3795
Qualiter vera religiosa agat vitam suam, 5856
Quam nociva sint sacris hominibus femina, avaritia, ambitio, 3935
Quaternarius, 4455
Quattuordecem partibus eterne beatitudinis beatitudinum, De, 4509
Quatuor bonis et quatuor malis, De, 5800
Quatuor fontibus honestatis, De, 4250
Quatuor generibus confessionum, Tractatus de, 5292
Quatuor gradibus scalae spiritualis, De, 4452
Quatuor gradibus violentae caritatis, Tractatus de, 6550

Quatuor instinctibus, De, 5400
Quatuor instinctibus, Tractatus de, 5400
Quatuor notabilia, 1610, 4388
Quatuor novissima, 3057, 3058
Quatuor novissimis, De, 1696
Quatuor novissimis, Liber de, 2258
Quatuor peccatis in celum clamantibus, De, 3368
Quatuor peccatis maioribus, De, 1518
Quatuor predicandis, De, 1038
Quatuor principalibus virtutibus, De, 4305
Quatuor virtutibus, 2698, 4440, 6484
Quatuor virtutibus ad Petrum Contarini Venetum, Liber de, 1044
Quatuor virtutibus animi, 5857
Quatuor virtutibus cardinalibus, De, 1429, 1824, 2563, 3967, 4154, 4441, 4454, 4457, 4726, 5124, 5353, 5483
Quatuor virtutibus cardinalibus ex gestis antiquorum compilatus, Tractatus de, 4971
Quatuor virtutibus cardinalibus per exempla antiquorum gestorum collectus, Liber de, 3165
Quatuor virtutibus cardinalibus, Tractatus de, 0664, 1371, 1615, 2869, 3397, 5706
Quatuor virtutibus caritatis, De, 1527
Quatuor virtutibus, de misericordia, veritate, justitia, pace, De, 5008
Quatuor virtutibus principalibus, De, 5861
Quatuor virtutibus principalibus devotae animae, Tractatus de, 5697
Quatuor virtutibus, Tractatus de, 0790, 4457
Quatuor virtutum, Liber, 4971
Quedam bona de viciis septem capitalibus, 4426
Quedam de castitate clericorum, 4682
Quedam de jejuniis, decimis, 2482
Quedam et utilia de confessoribus, 5298
Quedam moralia per figuras, 6007
Quedam notabilia a summa viciorum extracta, 6318
Quedam notabilia et moralia dicta philosophorum et sanctorum de vitiis et virtutibus, 3917
Quedam noviter ordinata de vitiis et virtutibus, 3084, 4227
Querimonia et conflictu carnis et spiritus seu animae, Liber de, 2683
Querimonia peccatoris, 3036
Questio, 3338, 6256
Questio de caritate, 4503, 6249
Questio de coniugio, 1161
Questio de donis Spiritus Sancti, 5146
Questio de fide, 5734
Questio de luxuria et nocturna pollutione, 6299
Questio de peccato, 6264
Questio de temptatione; questio utilis quare homo aliquando est bene dispositus devotioni, 5779
Questio de virtutibus, 4571
Questio disputata de caritate, 4556
Questio disputata de felicitate, 6474
Questio disputata de virtutibus cardinalibus, 4566

Questio disputata de virtutibus in communi, 4567
Questio disputata XXXVI, 6295
Questio magistralis de temptatione diaboli, 6246
Questio XVI, 0757
Questio XVIII, 6297
Questio: utrum index peccet condemnando ad mortem..., 2876
Questiones, 6251
Questiones an iustum sit malos justis praeesse, 4530
Questiones bone et utiles ex summa confessorum, 4465
Questiones canonisticae et morales, 5597
Questiones casuales, 4938
Questiones centum una, 2389
Questiones de absolutione a pena et a culpa, 0765
Questiones de actibus humanis, de peccatis et gratia, 0873
Questiones de casibus conscientiae, 5298
Questiones de confessione, 6274
Questiones de confessione et penitentia, 1345
Questiones de peccato, 6300
Questiones de penitentia, 1273, 4522, 5490, 6277
Questiones de preceptis, 4552
Questiones de septem vitiis capitalibus, 4502
Questiones de simonia, 1198
Questiones de veritate, 4564
Questiones de virtutibus, 4525, 4556
Questiones de virtutibus et operationibus, 0949
Questiones de virtutibus moralibus, 6276
Questiones de vitiis capitalibus, 4568
Questiones disputatae, De, 4516, 4545, 4546, 4547, 4548, 4548, 4549, 4557, 4560, 4561, 4565, 4570, 5106, 5106
Questiones disputatae de malo, 4558
Questiones disputatae de virtutibus, 4512, 4563, 4567, 6261
Questiones diversae, 4531, 6267
Questiones duo de confessione, 6286, 6288
Questiones ethicae de virtutibus et vitiis, 0645
Questiones II, 6284
Questiones in magistri sententiarum libros quatuor, 4573
Questiones in materia confessionis in foro penitentiali, 3479
Questiones morales, 3021, 4500, 6298
Questiones morales et dogmaticae, 6276
Questiones morales, Tractatus et, 3377
Questiones ordinariae, 4531, 6267
Questiones pro interrogationibus in confessione fiendis, 1675
Questiones septem de virtute heroica et de passionibus, 6260
Questiones super Adami summulam, 4510
Questiones super facto conscientiae, 4511
Questiones super vitiis, 1250
Questiones tres disputatae de virtutibus, 6247
Questiones utiles confessori, 4517
Questiones: utrum efficacia sacramenti baptismi noxam deleat cuiuslibet peccati, 4572

Questiones: utrum iudex peccet condemnando ad mortem quem in casu scit innocentem, 2876
Questionibus confessoribus utilibus, De, 4905
Qui continet confessionem, Liber, 1181
Qui continet definitiones peccatorum mortalium cum speciebus, Tractatus, 3336
Qui dicitur Nicholai de Furno, Liber, 0071
Qui sunt mittendi ad episcopum pro confessione, et absolutione optinenda, 2751
Qui 'templum domini' merito nuncupatur super vita hominum et maxime clericorum, Tractatus, 5982
Quibus debet esse confessio, Tractatus de, 6308
Quibus modis delentur peccata venialia, 6370
Quid est clementia, 1954
Quidam de confessione, Tractatus, 6019
Quindecim gradibus peccatorum, De, 6127
Quindecim gradibus penitentiae, De, 1513
Quinquaginta proverbialia philosophorum et sapientum quondam huius modi in figuris ordinata, 2887
Quinque circumstantiis confessionis, De, 3348
Quinque clavibus sapientiae liber, De, 6237
Quinque clavium sapientiae, Liber, 6237
Quinque consideranda quae dant homini maximum dolorem, 1092
Quinque incitamenta ad Deum amandum ardenter, 1028
Quinque reguli ad cognoscendum quando peccatum sit mortale vel veniale, 4066
Quinque septem vitiis et virtutibus, De, 4833
Quinque septenis in scriptura, De, 4833
Quinque septenis, Tractatus de, 4833
Quinque statibus fidelium, De, 6202
Quod nulla virtus sufficit sine temperantia, 4618
Quod qui ignorat legem, vitiorum nequit evitare perniciem, 4616
Quod utiles sunt temptationes servis Dei, 3526
Quodlibet, 6244, 6258, 6279, 6280
Quomodo cognosci habeant peccata et quomodo est de eis vere penitendum, 4724
Quomodo debet se habere confessor interrogando confitentem, 2860
Quomodo diabolus decipit homines, 4373
Quomodo examinandus est penitens cum venerit ad confessionem, 1547
Quomodo religiosi monendi sunt ad confitendum, 3901
Quomodo sacerdos se debet gerere in confessione, 5232
Quomodo sapientia vincit malitiam, 5285
Quomodo se gerere debeat confessor audita confessione, 1484
Quot modis diabolus humilitatem nostram impugnat, 1837
Quot modis gula damnat edacem, 1814
Radicibus perturbationum ex s. patribus compositus, Tractatus de, 0554
Radius solis, 5650
Radius veri luminis, 5676
Rapina nota: duodecim que ostendunt magnitudinem huius peccati, De, 1840
Ratiocinatio peccatoris cum anima sua, quam excitat ad corrigendum peccata, 0416
Ratione perfectorum, Tractatus de, 4247
Rationem, 0874
Rationes penit, 4919
Re bellica spirituali per comparationem temporalis, Tractatus de , 1432
Re morali, Tractatus de , 1310
Re uxoria, De , 0444
Recollectorium rudimentorum sacrae theologiae pro novis predicatoribus et confessoribus, 4686
Reconciliandis penitentibus, De, 2822
Reductio decem plagarum ad decem precepta, 1960
Reductorium bibliorum, 0097
Reductorium morale, 1546, 1559, 2639
Reductorium morale super bibliam, 2639
Reformatione claustrorum, De, 4735
Reformatione interiori, De, 2408
Reformatione interioris hominis, De, 1247
Reformatione virium animae, De, 2408
Reformatione virium animae, Tractatus de, 1907
Regimen animarum, 0835
Regimen confessionum audiendarum, 0890
Regimen morum, 1234
Regimen principum, 0359
Regimine animae, De, 4194
Regimine Christiano, De, 2229
Regimine conscientiae, De, 1856
Regimine cordis, oris et operis, De, 6114
Regimine curatorum, De, 5239
Regimine principum, De, 3912
Regimine principum, Tractatus de, 2051
Regimine proprie persone, De, 5042
Regimine vitae, De, 5671, 5677
Regimini principum, De, 1166
Regula clericorum, 0834
Regula contra conscientiam erroneam, 5340
Regula et modus vivendi sacerdotum, 0461
Regula mercatorum, 6153
Regula pro confessio, 2632
Regula vitae Christianae, De, 0231
Regula vivendi, 3191, 5967
Regula vivendi moralium; prologus, 5996
Regulae ad cognoscendum, ubi sint peccata mortalia, 3384
Regulae celestis juris, 3678
Regulae morales, 0462, 1849, 1959
Regulae morales, De, 0462, 1678
Regulae spectantes ad confessionem, sexdecim capitibus comprehensae, 4111
Regulae theologicae utiles et bone super modis audiendi confessionis, 4162
Regulae theologicae utiles et rationalis super audiendis, 5321
Regulas morales, Tractatus, 1849
Regulis mandatorum, De, 1849
Regulis omnium Christianorum, Liber de, 5134
Religione et utilitatibus eius, Tractatus de, 4910
Religionis perfectione, De, 1067

Relinquentibus seculum, De, 1764
Remed. conversorum, 1319
Remedarius temptationum, 3607
Remedia contra diabolicas et magistrales temptationes, 4222
Remedia contra luxuriam, 5459
Remedia contra mortalia peccata, 2446, 4298
Remedia contra temptationes spirituales, 0226, 4727
Remedia contra vitia, 5819
Remedia peccatorum, 2819
Remedia peccatorum, prologus, 6476
Remediarium conversorum, 2819
Remediarium tribulationum afflicto spiritu, 4287
Remediis contra peccata mortalia, De, 3887
Remediis contra pusillanimitatem, De, 4624
Remediis contra pusillanimitatem, scrupulositatem, deceptorias inimici consolationes, Tractatus de, 4624
Remediis contra recidivum peccandi a confessoribus dandis, De, 2270
Remediis contra recidivum peccandi, Tractatus de, 2270
Remediis contra spirituales temptationes, Tractatus de, 0226
Remediis contra temptationes, Tractatus de, 4727
Remediis peccatorum, De, 1697, 2745
Remediis temptationum, De, 3067, 4277
Remediis utriusque fortunae, De, 1364
Remedio utriusque fortunae, prologus, De, 4908
Remedium amoris, 3720
Remedium contra furtum, 0181
Remedium contra scrupulositatem conscientie, 0362
Repellenda jactantia, De, 3116
Repertorium de penitentia et remissione, 0410
Repertorium legale et morale, 0093
Repertorium morale, 0003
Repertorium morale ad Petrum Despres Episcopum Penestrinum ..., 5169
Reprobatione amoris, De, 1185
Rerum temporalium vanitate, De, 3965
Restitutione, Tractatus de, 0777, 2376
Restitutionibus et qualiter sit restitutio facienda, Tractatus de, 5028
Restitutionibus, Tractatus de, 1424
Retractatio in tractatum de gradibus humilitatis, 2561
Rhythmi de mundi vanitate, 3147
Rhythmus cuiusdam scolastici de octo principalibus vitiis secundum ordinem quem posuit Cassianus, 2213
Rhythmus de caritate, 5555
Rhythmus de contemptu mundi, 1287
Roma et simonia, De, 5217
Romuleae fabulae, 1818, 4811
Rosarii seu dictionarium theologicum, Liber, 0107
Rosarium, 2093, 2224
Rosarium de vitiis et virtutibus, 4304
Rosarium odor vitae, 6479

Rosarium theologie, 0107
Rota praelationis, De, 6471
Rota simulationis, 3886
Rota verae religionis, 6471
Rotulus manualis, 6011
Rotulus pugillaris, 6011
Rudimentum confessionis propter novellos confessores, 2618
Ruina et reparatione ecclesiae, De, 3201
Sacerdotali officio, De, 5982
Sacerdotalis de sacramentis deque divinis officiis et eorum administrationibus, Tractatus, 3038
Sacramentis, De, 1439
Sacramentis, de decem mandatis, septem vitiis, Tractatus de, 4923
Sacramentis ecclesiae articulis fidei, 5982
Sacramentis ecclesiae et decem preceptis, Tractatus de, 2509
Sacramentis et decalogo, Tractatus de, 1653
Sacramentis, Tractatus de, 3259, 3875
Sacramento penitentiae, De, 1137, 5247
Sacramento penitentiae de confitente et confessore, Tractatus utilis de, 6019
Sacramento penitentiae tractatus, De, 3855
Sacramento, Tractatus de, 6254
Sacratissima scala, 5360
Saculus pauperum, 0793
Salubre antidotum ex scriptis prophetarum, 2772
Salubris doctrina, 5327
Sancti Anselmi similitudinibus, Liber de, 6538
Sanctis virtutibus, Liber de, 5334
Sancto Spiritu et septem eius donis, De, 4347
Sanctorum philosophorum atque sapientum de vitiis et virtutibus, Liber, 4986
Sapientia, De, 1442
Sapientiae, Liber, 1685
Scacarius de virtutibus omnium hominum, 1888
Scala ad paradisum, 0176
Scala celi, 0139, 5048
Scala celi penitentiae, 1738
Scala claustralium, 1082
Scala fidei, 1138, 2210
Scala pauperitatis, Tractatus de, 0603
Scala peccati, 5840
Scala perfectionis, 0186, 1654, 1656, 4874, 4978
Scala virtutum, 4234
Schedula de spirituali amicitia, 4219
Schema vitiorum capitalium, 3214
Scientia bene moriendi, De, 1076
Scientia decalogi, in concilio Basiliensi, Tractatus de, 5126
Scientia moralis de expulsione vitii et adeptione virtutis, 6478
Scintilla, 1757
Scintilla caritatis, 1761
Scintillae scripturarum, 1761
Scintillarium, 5905, 5954
Scintillarius, Liber, 0687
Scintillarum abbreviatus, Liber, 1769
Scintillarum Cassiodori senatoris de diversis voluminibus, Liber, 3011
Scintillarum et genealogiae falsorum deorum,

Liber, 2206
Scintillarum, Liber, 1761, 2763, 2904, 5334, 5735
Scire mori, Liber de, 4464
Scito teipsum, 3096
Scola celestis exercitii, 4755
Scripta seu dicta contra hussitas de peccatis quae fiunt publice et quae sustinentur ab ecclesia, 0487
Scrupulis conscientiae, De, 4624
Scrupulositate conscientiae vexatis valde utilis, Tractatus, 5376
Scutum Bede, de vitiis et virtutibus, 3703
Secularibus et pontificalibus pompis, De, 5213
Seculi, 1740
Seculo et religione, De, 3055
Secunda dieta penitentiae, Tractatus de, 2802
Secunda pars exemplorum in moralibus naturalibus et artificialibus secundum alphabetum, 4392
Secunda particula de cupiditate, 6066
Securus modus vivendi, 0362
Seminarium predicatorum, 0296
Sententia de penitentia, 2797
Sententia penitentiae, 5564
Sententia philosophorum, 0392
Sententiae, 1105, 1442, 5751
Sententiae de diversis, 1481
Sententiae de fide, spe, et caritate, 1369, 2073
Sententiae de penitentia, 4759
Sententiae e compluribus auctoribus de amicitia, 2560
Sententiae Florianenses, 6072
Sententiae morales, 1182, 3149, 4630
Sententiae morales collectae, 1326
Sententiae sapientum, 4482
Sententiae sive flores ex sanctis patribus, praesertim s. Augustino, Bernardo, Isidoro, 0090
Sententiarum liber, 3674, 4873, 5854
Sententiis eremitarum, De, 1034
Sententiis vii philosophorum, De, 5783
Separatione animae a corpore, et retributione, et exercitio animae separatae, De, 1443
Septem beatitudinibus, De, 4509
Septem capitalibus criminibus, De, 4637
Septem capitalibus peccatis, De, 4178
Septem capitalibus vitiis et speciebus ex editione b. Bernardi, Tractatus de, 2168
Septem columnis domus sapientiae, De, 5280, 5282
Septem conditionibus humanae fragilitatis, De, 4776
Septem criminalia peccata, 5955
Septem criminalia vitia cum eorum remediis, 6093
Septem criminalibus peccatis et effectibus eorum versibus interspersis, Tractatus de, 5905
Septem criminalibus vitiis et eorum effectibus et incommodis, De, 5944
Septem donis Spiritus Sancti, De, 1215, 2361, 3979, 4734, 5358, 5445
Septem donis Spiritus Sancti et evangelicis beatitudinibus, De, 4069

Septem donis Spiritus Sancti et septem viciis ipsis oppositis, Tractatus de, 1904
Septem donis Spiritus Sancti, Tractatus de, 1243, 3606
Septem gradibus amoris, Tractatus de, 0625
Septem gradibus confessionis, De, 4354
Septem gradibus scali continens meditationes devotas super septem psalmos penitentiales, Liber de, 1738
Septem gradus orationis, 3694
Septem homicidiis, De, 3099
Septem mortalibus peccatis, De, 4129, 5953, 6307, 6450
Septem mortalibus peccatis et de decem preceptis, De, 5950
Septem peccata mortalia, 1779, 6228
Septem peccatis capitalibus, De, 6039
Septem peccatis capitalibus, Tractatus de, 6038
Septem peccatis, De, 1148, 3366, 5446, 5934
Septem peccatis in Spiritum Sanctum, De, 4599
Septem peccatis mortalibus, De, 0290, 0462, 1460, 1978, 2460, 3636, 3762, 3769, 3772, 3773, 4478, 4893, 5102, 5434, 5468, 5915
Septem peccatis mortalibus et de decem mandatis tractatus, De, 5960
Septem peccatis mortalibus et eorum speciebus et remediis, De, 0189
Septem peccatis mortalibus, Liber de, 5914
Septem peccatis mortalibus, Sermo de, 3774
Septem peccatis mortalibus, Tractatus de, 5058, 5444, 5465, 5933
Septem penitentialibus psalmis, Tractatus de, 2350
Septem petitionibus orationis dominicae, De, 5494
Septem principalibus vitiis, De, 5470, 5944
Septem principalibus vitiis, Tractatus de, 5905
Septem privilegiis clericorum, De, 4583
Septem processibus religiosorum, De, 4155
Septem profectibus religiosorum, Tractatus de, 4283
Septem psalmos penitentiales, 1738
Septem psalmos penitentiales expositio, 1739
Septem remedia contra amorem illicitum valde utilia, 1163
Septem remissionibus peccatorum, De, 5460
Septem sacramentis, De, 1643, 5281
Septem sacramentis et septem donis Spiritus Sancti, De, 5338
Septem sapientibus, De, 4482
Septem sapientibus tractatus, De, 1689
Septem septenis, De, 0725
Septem sermones a septem orationis dominicae petitionibus incipientes, 0830
Septem speciebus homicidii interficientibus animas hominum, De, 3099
Septem speciebus timoris, Tractatus de, 5001
Septem timoribus per exempla, Liber de, 5001
Septem virtutibus cardinalibus, De, 5463
Septem virtutibus, De, 0793, 3988
Septem virtutibus, Liber de, 0479
Septem virtutibus, Tractatus de, 2247

Septem virtutum gradibus, De, 3497
Septem vitia capitalia, 0722
Septem vitia curantur passione Christi, 3163
Septem vitiis capitalibus, De, 0445, 0573, 1070, 1108, 3401, 5452
Septem vitiis capitalibus et de virtutibus iisdem oppositis, De, 5379
Septem vitiis capitalibus et decem preceptis, Tractatus de, 0189
Septem vitiis capitalibus et dominica oratione, De, 5469
Septem vitiis capitalibus et primo de superbia, De, 5911
Septem vitiis capitalibus, Liber de, 3218
Septem vitiis capitalibus per auctores, Liber de, 6450
Septem vitiis capitalibus per Chrisostomum, De, 5471
Septem vitiis capitalibus, Tractatus de, 1858, 2000, 2866, 3431, 5018, 5945, 6450
Septem vitiis cardinalibus sub speciebus se palliantibus, Tractatus de, 1982
Septem vitiis criminalibus, Tractatus de, 5448
Septem vitiis, De, 1027, 1507, 3787, 4641, 4677, 5431, 5469, 6451
Septem vitiis et eorum remediis, De, 1130
Septem vitiis et primo de superbia, De, 6322
Septem vitiis et virtutibus, De, 5207
Septem vitiis mortalibus, cum exemplis ex Caesario Heisterbacensi ..., 5790
Septem vitiis principalibus, De, 5905
Septem vitiis principalibus, Tractatus de, 3319, 3522
Septem vitiis quomodo septem dona Spiritus Sancti expugnat, De, 5475
Septem vitiis, Tractatus de, 2300, 2682, 2829, 2881, 3008, 5379, 5473, 5920, 6521
Septem vitiorum, Tractatus, 1108
Septemplici temptatione, De, 5364
Septemplies timore, De, 5001
Septenarium pictum, 2965
Septenarius de septem mortalibus peccatis cum glossa iuris, 5826
Septiformis de moralitatibus rerum, Tractatus, 5027
Septiloquio confessionis, Liber de, 5230
Septiloquium de qualitate confessionis, 0398
Septuplum, 5826, 5834, 5892, 5943
Serapio, sive trialogus de contemptu mundi et amore religionis, 0320
Sermo, 3126, 4446, 5548, 5661
Sermo beati Augustini episcopi de felici morte, 2177
Sermo de avaritia, 3227
Sermo de castitate, 0698
Sermo de confessione, 4926, 5592
Sermo de contemptu mundi, 1870, 3019, 3233, 6129
Sermo de contemptu mundi ad clericos, 0548
Sermo de decem mandatis et plagis, 5293
Sermo de decem preceptis, 1896, 2488, 2552
Sermo de decem preceptis in quadragesima, 0164
Sermo de decem preceptis legis Moysi, 5631
Sermo de detestatione peccati, 3790
Sermo de exercitio variarum virtutum, 3344
Sermo de fragilitate humanae conditionis habitus ad populum, 3898
Sermo de generibus confessionis, 4647
Sermo de humilitate et caritate et patientia et obedientia, 4689
Sermo de libro vitae, 0539
Sermo de luxuria, 6528
Sermo de mandatis decalogi in generali, 5662
Sermo de miseria carnis et falsitate presentis vitae, 3559
Sermo de miseria humana, 3532
Sermo de peccato et periculis et dampnis que incurrunt manentes in ipso mortali peccato, 2193
Sermo de penitentia, 4301, 5566
Sermo de preceptis decalogi, 5200
Sermo de preparationibus confessionibus generalis, 1714
Sermo de septem vitiis, 5923
Sermo elegantissimus de omnibus humane, 0665
Sermo generalis de preceptis decalogi, 5505
Sermo on confession, 4447
Sermo peccati mortalis, 2192
Sermo sive tractatus de virtutibus et vitiis, 2129
Sermo 441 opus postillarum, 5116
Sermonarius de commendatione virtutum et reprobatione vitiorum, 1850
Sermones de decem preceptis, 1168, 2489, 3273, 4203, 5638
Sermones de decem preceptis decalogi, 3265
Sermones de gratia, virtutibus et novissimis, 2243
Sermones de peccatis capitalibus, 6329
Sermones de penitentiam, 0341
Sermones decem de decem preceptis, 3656
Sermones et de morte, 3073
Sermones et sententiae, 5472
Sermones III de contritione, 1864
Sermones in decalogo preceptorum, 5652
Sermones LII de decem preceptis, 5629
Sermones scripti, 3237
Sermonum, Liber, 1841
Sertum florum moralium, 2920, 3170
Sex alis cherubim, De, 0214, 0357, 4055
Sex alis cherubim ex dictis Alani, De, 5510
Sex causis contemptus mundi, De, 5315
Sex gradibus amoris, Tractatus de, 5513
Sex impedimentis quae hominem a confessione retrahunt, De, 3372
Sex modis quibus peccata dimittuntur, De, 3371
Sex operibus misericordiae De, 3692
Sigillo confessionis, De, 2964
Signis quibus virtutes dignoscuntur, De, 0481
Similitudine carnis peccati, De, 2023
Similitudines, 0202, 0401, 3784
Similitudinibus et exemplis, Liber de, 0172
Similitudinibus rerum, De, 2060
Similitudinibus rerum, Liber de, 0118, 3633
Simonia claustralium, Tractatus de, 5024
Simonia, De, 1013, 2466, 2612, 4434, 5591, 5740,

5749
Simonia in ordine, De, 4972
Simonia, Liber de, 5745
Simonia praelatorum vel de praxi curiae Romanae, Tractatus de, 3106
Simonia, Quaestiones de, 2339
Simonia, Tractatus de, 0284, 1544, 3278, 3505, 5752, 5883, 6128
Singula peccata in compendio secuntur, 2364
Sinistra pars oculi sacerdotis, 4230
Sobrietate, De, 6236
Sobrietate et castitate, De, 1146
Sodomitis, De, 3286
Soliloquiorum de instructione animae, 5366
Soliloquium de arrha animae, 2980
Soliloquium de quatuor mentalibus exercitiis, 2150, 4897
Soliloquium peccatoris, 5199
Solinus moralisatus, 4675
Solutiones quarundam questionum ad dominum Rudolphum, 1610
Somniale delucidarium Pharaonis, 5202
Somnium Pharaonis, 5202
Sophilogium, 1592
Spe, 4563
Spe, De, 2078, 5803
Specchio di coscienza, 3668
Speciebus luxuriae, De, 5788
Speciebus mortalium peccatorum, De, 2461
Species peccatorum, 0862
Species septem peccatorum, 5954
Specularium secularium sive mundi huius amatorum, 6326
Speculo caritatis, De, 5273
Speculo humilitatis, Liber de, 1776
Speculum, 2462, 2847
Speculum amatorum mundi, 4918, 6443
Speculum animae, 0287, 0418, 0472, 0511, 3691
Speculum animarum simplicium, 0425, 3513, 4857
Speculum auctoritatum, 5984
Speculum aureum, 0734
Speculum aureum animae peccatricis, 6326
Speculum aureum decem preceptorum Dei, 2807
Speculum bonae vitae, 5793
Speculum boni et mali, 0250
Speculum bonus tractatus de septem sacramentis, 4670
Speculum caritatis, 2082, 4692
Speculum caritatis, Prefatio, 6395
Speculum Christiane religionis, 5149
Speculum Christiani, 1552, 2363, 3005
Speculum Christiani hominis, 2640
Speculum Christianorum, 2670
Speculum clericorum, 2857, 2910, 4248, 5248
Speculum confessariorum, 1125
Speculum confessionis, 0184, 2257, 2934, 5887
Speculum confessionis et exhortationes quae spectant ad penitentiam, 3763
Speculum confessoris, 5915, 5922
Speculum conscientiae, 0472, 1787, 3119, 4613, 5291

Speculum conscientiae de decem preceptis, 4225
Speculum conscientiae et contemplationis, 5679
Speculum considerationis, 4855
Speculum conversionis peccatorum, 0985
Speculum curatorum, 1063, 2581, 5269, 5492
Speculum de moralibus s. Gregorii excerptum, 3297
Speculum de mysteriis ecclesiae, 1439
Speculum de perfecto modo vivendi beatissimi patris nostri Augustini episcopi, 4998
Speculum de summo bono, 5854
Speculum de utilitate religionis regularis, 1671
Speculum dominarum, 0967
Speculum ecclesiae, 0596, 0832, 1439, 1589, 2740, 2892, 4764, 5304, 6441, 6446
Speculum ecclesiasticorum, 4583
Speculum exemplare, 6202
Speculum exemplorum, 2003
Speculum humanae felicitatis, 0405
Speculum humanae salvationis, 2562, 4579
Speculum humilitatis, 1776
Speculum interioris hominis, 5582
Speculum juniorum, 0245, 5103
Speculum juratorum, 2349
Speculum laicorum, 1310
Speculum manuale religiosorum, 6489
Speculum manuale sacerdotum, 3028
Speculum monachorum, 3294, 5582, 6106
Speculum monasticum, 5582
Speculum morale, 0225, 2608
Speculum morale regium, 3063
Speculum morale totius sacrae scripturae, 1536
Speculum mortis, 4918
Speculum mortis et de consolatione mortuorum, 1666
Speculum mundi, 6469
Speculum munditiae cordis, 4945
Speculum oculi moralis, 5532
Speculum pastorum et animarum rectorum, 2271
Speculum peccatoris, 2176, 3516, 4918, 4962
Speculum peccatorum, 0894, 2180, 3560, 4918, 6533
Speculum peccatorum seu planctus anime damnale, 0376
Speculum peccatricis animae, 5073
Speculum penitentiae, 1410, 4670
Speculum penitentis, 0504
Speculum prelatorum, 5362
Speculum prelatorum ac religiosorum et parochialium sacerdotum, 2115
Speculum presbyterorum, 4923
Speculum purificationis beate Marie Virginis gloriosissime, 1233
Speculum puritatis, 1344
Speculum regiminae, 4993
Speculum regiminis, 1042, 1050, 3642, 4173, 4716
Speculum regiminis alias Cato Moralisatus, 3615
Speculum religiosorum, 0183, 0273, 0521, 3649, 3882, 4155
Speculum sacerdotale, 4673
Speculum sacerdotale quadripartitum, 4673
Speculum sacerdotum, 0744, 0801, 1280, 1875,

2857, 2930, 4048, 4583, 4742, 4923, 5152, 5196, 5241, 5269, 5794
Speculum sacerdotum de tenendis, davendis et emendandis circa baptismum, eucharistiam et penitentiam, 3028
Speculum sacerdotum et ecclesiae, 5982
Speculum sancti Edmundi, 6441
Speculum sapientiae, 5372
Speculum simplicium, 4984
Speculum sive dialogus de conversione peccatorum, 5408
Speculum speculationum, 3728
Speculum spiritualis amicitiae, 4218
Speculum spiritualium, 5283, 5934
Speculum super emendationem vite hominis religiosi, 5582
Speculum tractatus pro presbiteris curam animarum habentibus ex dictis sanctorum patrum collectus, 0613
Speculum universale, 2021, 4310
Speculum universale distinctionum de virtutibus et vitiis eisdem oppositis, 5328
Speculum valde proficuum peccatori, 2180
Speculum vel lavacrum sacerdotum, 2910
Speculum verae confessionis, 4945
Speculum virtutum, 0488
Speculum virtutum moralium, 1195
Speculum vitae, 0605
Speculum vitae humanae, 5879
Spiritali amicitia, De, 1030, 1859
Spiritali et vera amicitia, Tractatus de, 4219
Spiritu blasphemiae, Tractatus, 4462
Spiritu et anima, De, 4935
Spiritu Guidonis, Tractatus de, 5705
Spirituali profectu, Tractatus de, 5676
Spiritualibus medicinis, De, 4727
Spiritualibus medicinis in quo invenies summum remedium contra temptationes, Tractatus de, 4727
Stabilitate animae, Liber de, 3984
Statibus mundi, De, 1124, 3089
Statu ecclesiasticarum personarum, De, 2817
Statu et modo vivendi securiori in hac vita, De, 2855
Statu et planctu ecclesiae, De, 3699
Statu hominis, Tractatus de, 2405
Statu humani generis, De, 0568
Statu interioris hominis, De, 3605
Statu mundi, De, 2417, 5163
Statu seculi, De, 2187
Statu sive dispositione cordis sub septemplici divisione secundum septem Spiritus Sancti dona, De, 4038
Statu virtutum, Tractatus de, 0740
Statuta, 0369, 1183
Stella clericorum, 4435
  dicta Petri apostoli, 6539
Stimulus peccatoris, 4640
Stimulus penitentiae, 2462
Stipendiis ecclesiasticis, De, 5939
Studio virtutum, Liber de, 6115
Subarratorium animarum, 6541
Subiecto peccati, 5106

Substantia dilectionis, De, 5084
Sufficientia legis Christianae, Tractatus de, 1873
Summa, 0002, 0105, 0178, 2890, 3871, 3955, 4507, 5004, 6028
Summa abbreviata, 0363
Summa abbreviata de confessione et penitentia, 3441
Summa Abel, 0058
Summa Abendonensis, 4550
Summa Astesana, 0647, 3435, 5310
Summa auctoritatum, 5605
Summa aurea, 1614, 4996
Summa aurea super IV libros sententiarum, 2122
Summa beati fratris ordinis predicatorum libri IV, 5744
Summa brevis circa confessionem, 4764
Summa brevis pro curatis compilata, 1219
Summa casuum, 2381, 5212
Summa casuum conscientiae, 0007, 4950
Summa casuum conscientiae, cum tabula, 5595
Summa casuum de penitentia, 1361, 2719
Summa casuum summa confessorum, 5052
Summa clericorum de vitiis, confessione, 5952
Summa collationum sive communiloquium, 1086
Summa collectionum, 6130
Summa collectionum pro confessionibus audiendis, 2768
Summa confessariorum, 2712
Summa confessionis, 0904, 1501, 4911
Summa confessionum, 1234, 2113, 4921, 5707, 5755, 5782
Summa confessorum, 1245, 1411, 1602, 1675, 4778, 4953, 4965, 5212, 5256
Summa confessorum abbreviata, 0048
Summa Conradi, 4738
Summa de arte fidei catholicae, 0831
Summa de arte praedicatoria, 6457
Summa de casibus, 0236, 1245, 1635
Summa de casibus ad honorem Dei compilata per fratrem Astexanum de ordine fratrum minorum, 0647
Summa de casibus conscientiae, 0647, 4950, 5052, 5744
Summa de casibus et interrogationibus, 1032, 3387
Summa de casibus penitentiae, 3954, 4964, 5054, 5746
Summa de casibus Raymundi, 4982
Summa de cognitione quorumlibet peccatorum et qualiter sit confitendum, 4342
Summa de commendatione verbi Dei et de commendatione virtutum et extirpatione vitiorum, 5140
Summa de confessione, 1017, 1891, 2493, 3349, 4336, 4919, 5916
Summa de confessionibus, 2307
Summa de confessionibus et penitenciis, 4919
Summa de decem preceptis decalogi et duobus evangelii, 1830
Summa de decem preceptis shortened, 1623
Summa de dictis catholicorum, 0245
Summa de discretione confessionum, 6389

Summa de diversis, 1182
Summa de doctrina sacerdotali, 4583
Summa de exemplis, 1190
Summa de fide, 3194
Summa de fuga vitiorum, 6513
Summa de gradibus virtutum, 0162, 0372, 1228
Summa de jure canonico, 4950
Summa de justitia, 4699
Summa de mandatis et symbolo, 5739
Summa de matrimonio de sponsalibus, 4943
Summa de modo confitendi, 3812
Summa de peccatorum distinctione, 5427
Summa de penitentia, 0238, 0783, 1145, 1411, 2381, 2934, 3683, 3863, 3867, 3872, 4655, 4724, 4919, 5005, 5054, 5341, 5744, 5748
Summa de penitentia et eius tribus partibus, 4956
Summa de penitentia excerpta, 3476
Summa de penitentia iniungenda, 5112
Summa de penitentiis, 0238
Summa de penitentiis a iure diffinitis, 4708
Summa de perfectione viarum Dei, 3994
Summa de rebus ad vitam monasticam sive spiritualem spectantibus, 0133
Summa de regulis fidei, 3678
Summa de sacramentis, 0252, 1533, 3396, 5461
Summa de sacramentis et animae consiliis, 6273
Summa de sacramentis 'totus homo', 5392, 6031
Summa de septem vitiis capitalibus, 4166, 4168, 5059, 5808
Summa de septem vitiis capitalibus et de preceptis decalogi, 3491
Summa de sponsalibus et matrimonio compilata a fratre Raymundo, 4943
Summa de summo bono, 1710
Summa de templo Dei, 5982
Summa de tribus punctis essentialibus Christiane religionis, 5134
Summa de vera penitentia et confessione, 3871
Summa de virtutibus, 0321, 0680, 1604, 2273, 5488, 6493
Summa de virtutibus abbreviata, 1278, 3988
Summa de virtutibus et moribus et vitiis et peccatis de temptationibus, 3982
Summa de virtutibus et vitiis, 0088, 6043, 6137
Summa de virtutibus tabula, 4046
Summa de vitiis, 1254, 1645, 2671, 3711, 4123, 4743, 6524
Summa de vitiis abbreviata, 4166
Summa de vitiis et preceptis, 5212
Summa de vitiis et virtutibus, 0260, 0308, 1038, 1182, 1250, 1628, 1841, 2720, 3747, 4593, 5449, 5962
Summa distinctionum super auctoritatibus sacrae scripturae, 0088
Summa donorum, 4973
Summa excommunicationum, 2061
Summa florum iuris canonica, 5052
Summa generalis casuum, 4950
Summa Herbertina de fide, 2121
Summa juris, 2185, 5212
Summa juris canonici, 4950, 5745

Summa juris moralis opus trivium, 6222
Summa justitiae, 2881, 4699
Summa magistri Guilelmi abbreviata, 2121
Summa magistri Ricardi, 4583
Summa metrica, 3812
Summa Monaldina abbreviata, 3632
Summa moralis, 0499, 0635, 4355, 5052, 6102, 6375
Summa moralis de virtutibus, 1065
Summa necessaria audientibus confessiones, 5302
Summa pastoralis, 2604
Summa pauperum, 3913
Summa penitentiae, 0756, 0878, 2533, 3078, 3255, 3812, 4866, 4919
Summa penitentiae brevis et utilis, 5303
Summa penitentialis, 2625, 5306
Summa penitentiarum, 5563
Summa Pisana, 5052
Summa predicabilium, 1218, 2399
Summa predicantium, 0151, 2394, 4028
Summa pro utilitate confessorum, 2891
Summa quae dicitur numerale, 1563
Summa quae vocatur directorium juris in foro conscientiae et judiciali, 5587
Summa 'qui bene presunt', 1567
Summa quibus animarum salus consistit, 4377
Summa quoniam homines, 4946
Summa quot modis, 4966
Summa Raymundi de penitentia et confessione, 3852
Summa Raymundi versificata, 2668
Summa rudium, 2145, 5075
Summa sacerdotum, 4960
Summa salutis, 6499
Summa Sancti Spiritus, 4973
Summa secundum progressum numerorum, 1563
Summa sententiarum, 1369, 6176
Summa septem vitiorum capitalium et XXIIII vitiorum lingue, 6042
Summa Sigismundi de penitentia, 3953
Summa simplicium, 5075
Summa sive tractatus confessionis, 4919
Summa summarum, 0234
Summa theologia brevis et utilis secundum Willelmum, 1281
Summa theologiae, 0245
Summa theologiae de symbolo de officio sacerdotum, 4583
Summa theologiae magistralis, 2123
Summa theologica, 0077, 0787
Summa theologicae moralis, 1250
Summa theologicae veritatis, 6399
Summa universae theologiae, 0002
Summa 'ut vos minores', 6231
Summa vel gradibus virtutum, De , 2883
Summa virtutum, 2118, 2273, 3068, 3113, 5079, 5279, 5775, 6481
Summa virtutum, De , 3602
Summa virtutum et vitiorum, 1474, 6137
Summa vitiorum, 0809, 2221, 3430, 4983, 5905, 6042, 6455, 6456

Summa vitiorum abbreviata, 1631
Summa vitiorum capitalium, 4166
Summa vitiorum et virtutum, 1628, 2721, 2991, 4068
Summa vitiorum minorum, 1628
Summa vitiorum valde utilis, 6455
Summae abbreviatae, 6388
Summae penitentiae opusculum breve et utile, 0483
Summae Pisanellae, 5033
Summariolum dictorum quorundam ac exemplorum virorum illustrum, 6411
Summo bono, De, 5854
Summo bono hominis in hac vita, Tractatus de, 3046
Summula, 0369, 2381, 4968, 5004, 5244
Summula ad confessione, 0221
Summula ad instructionem simplicium confessorum, 3992
Summula brevis et vitiis et virtutibus, 5063
Summula compendii de vitiis et virtutibus, 2221
Summula confessionis, 1501
Summula confessionum de septem vitiis capitalibus et de decem preceptis, 5212
Summula de casibus, 6126
Summula de confessione, 4210
Summula de preceptis et sacramentis pro curatis, 1219
Summula de septem sacramentorum, 5852
Summula de septem vitiis, 0221, 1480
Summula de summa Raymundi, 0022, 2496, 5852
Summula de summa Raymundi cum commento, 3913, 6125
Summula de virtutibus et vitiis, 1423
Summula de vitiis, virtutibus, donis etc, 0206
Summula ex summa de penitentia, 2651
Summula exemplorum, 0254
Summula, III pars, 4954
Summula in foro penitentiali, 5074, 5853
Summula in foro penitentiali brevis et utilis valdeque necessaria sacerdotibus, 2625
Summula matrimonii, 4943
Summula pauperum, 5852
Summula preceptorum, 4272
Summula Raymundi metrice compilata, 5852
Summula rudium, 5075
Summula sacramentorum, 5852
Summula septem vitiorum criminalium, 6450
Summula super de penitentia, 6033
Summula vitiorum, 3645
Summula vitiorum et virtutum, 1841
Super absolvendi potestate et qualiter expediat fieri reservationem peccatorum, 2231
Super 'audi israel', Tractatus , 0514
Super canones penitentiales, 2892
Super d. jacobi loco, 0919
Super decalogum, 3926
Super decem precepta, 0533
Super decem precepta legis, Tractatus , 2905
Super decem preceptis, 0620
Super decem preceptis Domini, Tractatus , 4193

Super decem preceptis legis, 3217
Super diffamatione et contra invidos liber, 0875
Super edificium prudentie, Tractatus , 2241
Super ethica, 0550
Super expositionem decalogi, 4532
Super fide catholica et oratione dominica, 0668
Super Job, 1937
Super ludo scaccorum sive de moribus hominum et de officiis nobilium, 3134
Super missam qui dicitur speculum ecclesiae, Tractatus , 1589
Super multiplici vitiorum pestilentia, 4328
Super oratione dominica, 5578
Super parabolas Salomonis, 3043
Super psalterium expositio... secundum virtutes totidem cardinales, 0630
Super restitutione male ablatorum, Tractatus, 5004
Super Sententiarum, 3087
Super septem psalmis penitentiae, 0608
Super septem psalmos penitentiales, 2415
Super statibus mundi, 3089
Super summa Raymundi, 5541
Super victu et pompa prelatorum, 2463
Superbia, De, 0188, 0805, 5728, 6335, 6418
Superbia et eius sequacibus, De, 1458
Superbia et superbiae filiabus, De, 5915
Superbia vestimentorum, 4444
Supplementum summae Pisanellae, 5033
Suspitionibus, Tractatus de, 2615
Sylloge multarum rerum, 4455
Symbola septem vitiorum capitalium et virtutum eisdem oppositarum, 0175
Symbolo fidei, Tractatus de, 2210
Synonyma, 0417, 2351, 3024
Tabula, 0172
Tabula ad pugnam contra luxuriam, 6004
Tabula alphabetica super reductorio morali, 0203
Tabula de gula, 5482
Tabula de sancta fide catholica, 2547
Tabula de septem principalibus vitiis, 2760
Tabula de virtutibus et vitiis, 1823
Tabula doctorum universalis, 0121
Tabula fidei Christiane, 2690, 4156
Tabula moralium, 5072
Tabula per tractatum decem preceptorum, 6177
Tabula Petr. Berch. reductorium bibliorum, 0097
Tabula quomodo sacerdos debet confiteri suos parrochianos, 2548
Tabula super allegorias libri Ovidii de transformatis secundum ordinem alphabeti, 0040
Tabula super bibliam, 0143
Tabula super bibliam ordine alphabetico, 0135
Tabula super historias biblie multum utilis, 0122
Tabula super legendam auream, 5025
Tabula super librum de confessione, 0057
Tabula super sacram scripturam, 0122
Tabula super summam confessorum, 0054
Tabula tripartitus moralium, 0076
Tabula virtutum, 2248
Teleutelogio, Liber de, 3475

Temperantia, De, 0806, 2869
Temperantia vitae, De, 5062
Temperantia vitiorum, De, 1170
Templo spirituali, 1787
Templum Domini, 5982
Temptatione carnis, De, 4327
Temptatione, De, 0362
Temptatione diaboli, 4548
Temptatione et consolatione religiosorum, De, 2771, 4898
Temptatione et resistentia, De, 0343
Temptatione novitiorum, De, 2771
Temptatione, Tractatus de, 6223
Temptationibus carnis et contra delectationes carnales, Tractatus de, 4709
Temptationibus diversis et eorum remediis, De, 4268
Temptationibus et impulsionibus maligni spiritus, De, 0269
Temptationibus et resistentiis, De, 3962
Temptationibus multimodis, Tractatus de, 5934
Temptationibus resistendis, De, 4368
Temptationibus, Tractatus de, 3395, 6223
Tendentia ad perfectionem, De, 1868
Terminalibus et decem preceptis, Tractatus de, 5511
Terrore judici, De, 6001
Tertius articulus de decem preceptis, 4271
Thema, 0688
Theologia dogmatica et morali, De, 1539
Theologiae, 5015
Theologici de gaudiis sanctorum, de peccatis, etc, Tractatus, 4443
Theologicus ordine alphabetico, Tractatus, 0166
Thesaurus Christiani hominis, 3924
Thesaurus pauperum clericorum sive speculum sanctorum, 0582
Timore, De, 3315
Timore et eius speciebus, De, 0684
Timore, Tractatus de, 3117
Tolerandis adversis dialogus, De, 4930
Tot vitia tot virtutes, 2452
Tractatulus brevis et utilis de norma vivendi, 5677
Tractatulus contra desperationem, 2134
Tractatulus de cogitationibus malis, 6221
Tractatulus de confessione, 0753, 3030
Tractatulus de confessione bonus et utilis, 2959
Tractatulus de contemptu mundi, 3515
Tractatulus de contemptu rerum temporalium et quam brevis sit praesens vita, 3310
Tractatulus de justicia, 4698
Tractatulus de luxuria, 2196
Tractatulus de octo fidei obstaculis, 4067
Tractatulus de penitentia, 4029
Tractatulus de quinque floribus mundi contemnendis, 4761
Tractatulus de reformatione hominis interioris, 2404
Tractatulus de septem vitiis capitalibus satis utilis, 6372
Tractatulus de spe, 5802

Tractatus, 5005
Tres conditiones vere contritionis, 5327
Tres virtutes theologicales, 1707
Trialogus de contemptu mundi, 5333
Tribulatione, De, 1080, 6085
Tribulatione iustorum, De, 3125
Tribus contra Christianum bellantibus, De, 6059
Tribus dietis, De, 2885, 4493, 4494
Tribus generibus avaritia, De, 3282
Tribus habitaculis, De, 6082
Tribus hostibus anime, Tractatus de, 2412, 2413
Tribus in penitentia considerandis, Tractatus de, 1347
Tribus malis mundi, De, 6087
Tribus modis peccata contrahimus, 5378
Tribus partibus penitentiae, 6057
Tribus partibus penitentiae, De, 1866
Tribus partibus penitentiae, Tractatus de, 0802
Tribus peccatis mortalibus, De, 3885
Tribus punctis Christiane religionis, De, 5134
Tribus punctis, De, 1136, 5389
Tribus quae sunt necessaria ad profectum Christianae religionis, De, 2786
Tribus substantialibus religionis, De, 3564
Tribus substantialibus religionum, De, 0391
Tribus substantialibus religiosorum, De, 0337
Tribus ternariis peccatorum infamibus, De, 6062
Tribus virtutibus, De, 6064
Tribus virtutibus theologicis et quatuor cardinalibus, Tractatus de, 0423
Tribus virtutibus theologicis scilicet fide, spe et caritate, De, 5761
Tribus virtutibus theologicis, Tractatus de, 3758
Tribus vitiis, luxuria, superbia et curiositate, De, 6068
Tribus votis, De, 3229
Tripartitus moralium, 0075, 5715
Tripartus moralium, 5713
Triplex speculum conscientiae, 2378
Triplice vitio mutabilitatis, De, 6425
Triplici abnegatione, De, 3380
Triplici genere peccatorum, De, 3613
Triplici humilitate, De, 4408
Triplici morte malorum, De, 3101
Triplici statu conditionis humanae sermo, De, 5963
Triplici via ad veram sapientiam, Tractatus de, 6458
Triplici via, De, 1856
Triplici vinculo amoris, Tractatus de, 6083
Tropologiae super evangelia dominicalia per circulum anni magistri Philippi de Navarra, Liber, 4353
Ultimis duobus preceptis, De, 3986
Unde malum, 1250
Universo, De, 5344
Usura, De, 0204, 2962, 5719, 6172, 6429, 6432
Usura et de usurariis, De, 3448
Usura, Tractatus de, 4922
Usuris, De, 2658, 6283
Usuris et contractibus, De, 3234
Usuris et prescriptionibus, Tractatus de, 6253

TITLE INDEX

Usuris, Tractatus de, 0773, 1468, 3248, 3665
Ut homo possit amplius perficere, 6213
Utile metricum, 0703
Utilis et valde necessarius de modo confessionis, Tractatus, 0300
Utilis tractatus et necessarius sacerdotibus, 5306
Utilitate temptationis, De, 6210
Utilitate temptationum et tribulationum ..., Tractatus de, 2111
Utilitate tribulationis, De, 6239
Utrum aliquis in hoc presenti potest satisfacere pro peccatis comissis, 1611
Utrum obedientia sit nobilissima virtutum moralium, 2010
Valde bonus de exemplis naturalibus, Tractatus, 4840
Valde utilis quomodo homo debet se habere in omnibus temptationibus, Tractatus, 0362
Vana gloria, Tractatus de, 6322
Vanitate, De, 3189, 5154
Vanitate et miseria humanae vitae liber, 1154
Vanitate huius seculi, De, 2550
Vanitate huius vitae, De, 3004
Vanitate humane fragilitatis, De, 5957
Vanitate mundi, De, 0693, 2574, 2978, 3145, 3150, 3151, 3469, 3543, 4785, 5090, 6203, 6331, 6337, 6403
Vanitate mundi et eius contrariis, Liber de, 6325
Vanitate mundi et rerum transeuntium usu, De, 3544
Vanitate mundi sermo bonus et utilis, De, 2139
Vanitate mundi vel contemptu, De, 4348
Vanitate omnium rerum, De, 3105
Vanitate rerum, De, 5607
Vanitate saeculi, De, 2147, 4358
Vanitates mundi, 6469
Vanitatibus mundi, De, 4772
Vanitatibus seculi, De, 2550
Varia de confessione et de peccatis, 2421
Varia de peccatis luxuriae, de homicidio, 1798
Variabili statu virtutum, 0740
Varietate fortunae, 2027
Variis peccatis, de distinctione penitentium, De, 3373
Variis temptationibus et earum remediis, Liber de, 2132
Variis virtutibus, De, 2494
Vario mundo, De, 1812
Vehiculum vitae, 3191
Vel sermones de penitentia, Tractatus, 6421
Venenis peccati veneno, Tractatus de, 5102
Venenis vitiorum tractatus satis bonus, De, 5102
Venenum spirituale, 5102
Venenum vitiorum, 5102
Venustate mundi et pulchritudine Dei, De, 4769, 6162
Vera beatitudine, Tractatus de, 4496
Vera confessione, De, 3889
Vera et falsa penitentia, Tractatus de, 4419
Vera forma vitae perfectae in hac miseria, 5674
Vera nobilitate, De, 3164
Vera, perfecta et spirituali caritate erga proximos, De, 1868, 2615, 3654, 6512
Vera utili et honesta amicitia, Tractatus de, 2784
Verba cuiusdam sapientis, 2202
Verbi gratia, 5829
Verbum abbreviatum vel de virtutum laudibus et vitiorum fuga, 6387
Veris virtutibus, De, 0153
Veritas summarum theologiae, 6399
Veritas theologiae, 6399
Veritate, De, 4564
Verme conscientiae, 4565
Versi penitentiae, 4846
Versus, 0957, 3523, 4753, 6544
Versus ad Bavarum de nulla mundi prosperitate, 0592
Versus de avaritia, 6024
Versus de confessione, 5763, 6378
Versus de contemptu mundi, 2495
Versus de decem mandatis, 1690
Versus de decem plagis Egypti et decem preceptis Dei, 4083
Versus de decem preceptis, 4145, 5798
Versus de duodecim gradibus humilitatis, 3304
Versus de falsis et veris bonis, 5606
Versus de fortuna, 3527
Versus de gradibus humilitatis, 3224, 5525
Versus de gradibus superbiae, 2367, 3309
Versus de miseria hominis, 2326
Versus de morte, 6310
Versus de mundi contemptu, 1266
Versus de novem peccatis alienis, 3454
Versus de octo vitiis et octo beatitudinibus, 0621
Versus de oculo animae purgando, 4832
Versus de penitentia, 0196, 3812
Versus de ploratu penitentiae, 6030
Versus de septem peccatis mortalibus compositi, 2810
Versus de simonia et avaritia, 5130
Versus de simoniacis, 2738
Versus de sorte mortis, 6311
Versus de superbia, 4259
Versus de vanitate mundi, de statu humani generis, 2335
Versus de virtutibus monasticis, 3066
Versus de vitiis, 0722
Versus de vitiorum nonnullorum natura, 5925
Versus decretales, 5852
Versus memoriales argumenti dogmatici, 5438
Versus memoriales de decem preceptis, 6160
Versus morales, 1272
Versus morales leonini, 5421
Versus rhythmici de vanitate rerum, 5607
Versus utillimi de contemptu saeculi, 6548
Via, De, 2820
Via salubris animae, 2652
Via salutis, 2929
Viaticum narrationum, 0138
Vices, 2441, 5337
Vigiliis et confessione, De, 0961
Viginti casus, 4533
Viginti passus novitiorum, 5676
Vilipensione mundanorum, De, 3145

Vindictis magnis magnorum peccatorum, De, 2761
Virginitate, De, 4416, 5828
Virginitate, Liber de, 1470
Virginitate, Tractatus de, 6468
Viridarii consolationis, Liber, 5058
Viridarium clericorum, 1156, 3238
Viridarium consolationis, 0382
Viridarium consolationis de virtutibus et vitiis, 5058
Viridarium sacerdotum, 3074
Viro superbo, 3061
Virtute confessionis et de quibusdam articulis eiusdem, Tractatus de, 4402
Virtute epikeiae, De, 4276
Virtute heroica, De, 3481
Virtute orandi, Tractatus de, 4865
Virtute orationis quanta sit et quod salvator noster septem vicibus legitur orasse, De, 3423
Virtute penitentiae, De, 6501
Virtute tractatus, De, 3664
Virtute veniali atque vitali et de peccatis venialibus et mortalibus, Liber de, 4999
Virtute visibili, Tractatus de, 3446
Virtutes animae, 0680
Virtutes quas observare debet verus religiosus et quilibet Christianus, 5856
Virtutibus ad episcopum Novicomensem, Tractatus de, 6457
Virtutibus anime veris et perfectis, quas gratuitas vocat, De, 5731
Virtutibus bonorum, De, 5676
Virtutibus cardinalibus, De, 3933
Virtutibus cardinalibus, Tractatus de, 4555, 5202
Virtutibus, De, 0680, 1087, 1259, 1370, 2689, 3236, 3483, 3566, 3567, 3973, 3982, 4584, 4934, 6480, 6487, 6496
Virtutibus et beatitudinibus, De, 1008
Virtutibus et claustro animae, De, 2626
Virtutibus et de honesta vita, De, 1442
Virtutibus et viciis, Tractatus de, 1372, 3120, 3595, 5058
Virtutibus et vitiis, De, 0010, 0282, 1340, 1442, 2191, 2301, 2449, 3199, 3406, 3740, 3782, 3982, 4071, 5023, 5117, 5334, 5380, 6015, 6324, 6508
Virtutibus et vitiis illis contrariis quo ad summum bonum optinendum virtutibus ..., Tractatus de, 1976
Virtutibus et vitiis, Liber de, 0378
Virtutibus et vitiis, Tractatus de, 1377, 1444, 3346, 4306, 4642, 5562, 6041, 6493
Virtutibus et vitiis variis, De, 1400
Virtutibus from summa de vitiis et virtutibus, De, 5601
Virtutibus gentium, De, 4312
Virtutibus humanis, Liber de, 5467
Virtutibus in communi, De, 5524
Virtutibus in generali, De, 3993
Virtutibus in quo veterum philosophorum et poetarum plures sententiae offeruntur, Tractatus de, 5397

Virtutibus, Liber de, 5334
Virtutibus moralibus, De, 6263
Virtutibus moralibus in speciali, Tractatus de, 6506
Virtutibus moralibus intellectualibus, cardinalibus et theologicis, Liber de, 0550
Virtutibus moralibus, Tractatus de, 2637
Virtutibus oralibus generatione, De, 0750
Virtutibus quae ad vitam vere militie requiruntur, Liber de, 3221
Virtutibus quaenam earum esset regina, De, 3628
Virtutibus quaenam earum est regina, De, 4837
Virtutibus reginam sibi eligentibus, De, 3627
Virtutibus s. Othmari abbatis, Liber de, 0364, 2143
Virtutibus scilicet fide spe et caritate, De, 6492
Virtutibus theologicis, De, 6509
Virtutibus theologicis et cardinalibus, Tractatus de, 1630
Virtutibus theologicis et fidei articulis, Tractatus de, 4981
Virtutibus theosebicis, de virtutibus intellectualibus, De, 3534
Virtutibus, Tractatus de, 0797, 3487, 5337, 5480, 5685, 6488, 6494
Virtutibus veri religiosi, Tractatus de, 0224
Virtutibus veris et perfectis quas gratuitas vocant, De, 5875
Virtutum connexione, De, 1880
Virtutum et vitiorum dialogus, 6544
Virtutum et vitiorum differentiis De, 3298
Virtutum et vitiorum exempla, 1006
Virtutum et vitiorum inter se differentia, De, 1187, 6116
Virtutum, Tractatus, 3503
Visio Philiberti, 1862
Visitatione liber septenarius, De, 5189
Vita activa et contemplativa, De, 0186
Vita Adae et Evae expulsorum de paradiso, 1101
Vita Adami et Evae expulsorum a paradiso, De, 0306
Vita caduca, De, 3573
Vita Christiana, De, 5773
Vita Christiana, Liber de, 1883, 6195
Vita Christiana, Tractatus de, 1810
Vita curiali detestanda tamque miseriis plena, De, 5824
Vita et honestate clericorum, Tractatus de, 6185
Vita et modus vivendi perfecti et religiose, 5856
Vita et moribus philosophorum, De, 1475
Vita et moribus philosophorum veterum et virorum illustrium, De, 5975, 6006
Vita et regimine clericorum, Tractatus de, 4940
Vita hominis, De, 2094
Vita humana, De, 6049
Vita monastica, De, 5672
Vita religiosa, De, 3480
Vita religiosi, 4755
Vita religiosorum, De, 2526
Vita sacerdotis et honestate clericali, De, 3447
Vita spirituali animae, Tractatus, 1903
Vita virtuosa sermo, De, 5193

Vitae, 4613
Vitae et moribus philosophorum, De, 0358
Vitae exempla et adhortationes ss. patrum ad profectum perfectionis monachorum, 6394
Vitae miseriis, De, 6027
Vitae ordine et morum disciplina, Tractatus de, 2431
Vitae ordine et morum institutione, Liber de, 2431
Vitae patrum: liber de humilitate, 0044
Vitae patrum: liber de patientia, 1580
Vitia gentium, 2808
Vitia mulierum, 5988
Vitiis capitalibus, De, 3644, 6201, 6349
Vitiis capitalibus, divine voluntati contrariis, De, 5899
Vitiis capitalibus duplex, Tractatus de, 0623, 1983, 4413
Vitiis capitalibus, Tractatus de, 2321
Vitiis capitalibus vel septem peccatis mortalibus... quae praedicta sunt venialia et quae mortalia, 3639
Vitiis, Carmen de, 3552
Vitiis, De, 0347, 1250, 1446, 1450, 1461, 1482, 2221, 2942, 3698, 5986, 6526
Vitiis eorumque remediis, De, 2379
Vitiis et eorum remediis, De, 1586, 1982
Vitiis et eorum remediis, Tractatus de, 3936
Vitiis et peccatis, De, 0344, 5905
Vitiis et penis inferni et de virtutibus et gloria paradisi, Tractatus de, 4255
Vitiis et primo peccato in corde, Tractatus de, 5466
Vitiis et remediis vitiorum, Tractatus de, 1628
Vitiis et virtutibus abbreviatus, Liber de, 4166
Vitiis et virtutibus ad ordinem alphabeticum digestis, Tractatus de, 0114
Vitiis et virtutibus animae lib. III, De, 0508
Vitiis et virtutibus, De, 0455, 0780, 1456, 1478, 1770, 2084, 2409, 2993, 3097, 3494, 4306, 4628, 5329, 5464, 6042, 6522
Vitiis et virtutibus et de ordine penitentium, De, 3727
Vitiis et virtutibus, Liber de, 1479
Vitiis et virtutibus numero quaternario procedens, De, 4455
Vitiis et virtutibus ordine alphabetico, De, 0137
Vitiis et virtutibus ordine alphetico digestus, Liber de, 1315
Vitiis et virtutibus sententiae, De, 6374
Vitiis et virtutibus, Tractatus de, 0637, 1267, 1356, 1625, 1841, 2260, 4645, 5078, 5462, 5568, 5872, 6375, 6425
Vitiis et virtutibus: auctoritates sacrae scripture et sanctorum ac philosophorum ..., 6323
Vitiis et virtutibus: de pace, de misericordia, De, 5257
Vitiis et virtutibus: solitudinem esse petendam, Sermo de, 5222
Vitiis ex Parisiensi confectus liber, De, 2881
Vitiis exstirpatis et virtutibus inserendis, De, 4720
Vitiis gentium, De, 2808
Vitiis palliantibus se gula speciebus virtutum..., Tractatus de, 5918
Vitiis se occultantibus sub ficta specie virtutum, Tractatus de, 5918
Vitiis spiritualibus, De, 5890
Vitiis, Summa de, 3798
Vitiis, Tractatus de, 1586, 2044, 2992, 5908, 6456, 6525
Vitiis, virtutibus et penis et premiis, De, 1038
Vitio gulae, De, 2357
Vitio linguae, De, 4853
Vitio proprietatis claustralium, Tractatus de, 4750
Vitiorum definitiones, 5825
Vitiorum et virtutum, Tractatus, 4641
Vitiorum, Tractatus, 2221
Vitis et peccatis, De, 1395
Vitriensis, 6541
Vocabulorum variorum interpretationes in ordine alphabeti, 0039
Volentibus proficere in virtutibus, 0489
Volumen historiarum biblie et moralitates patrum, 2647
Zelo non bono qui separat a domino, De, 6003

Subject Index

The subject index was compiled from an index verborum of the English descriptive titles and an index of phrases drawn from the Latin titles. These indexes, made by computer, were edited to eliminate useless items and combine repeated ones. Where cognate words appeared in both English and Latin, or where a word used in the same sense appeared in both the singular and the plural or in several Latin cases, the most frequent form is usually given as the main heading. Cross references are given only where they were thought useful; English-Latin equivalents and obvious synonyms are not cross-referenced. Latin is preferred over English in main subject headings.

There are no entries in the subject index from No. 8000 on, the list of incipits of works on the Pater Noster.

The numbers refer to the incipit numbers.

Abbreviata, 0363, 5667
Abbreviata de confessione et penitentia, 3441
Abbreviatio Bonaventurae, 5623, 5636, 5643
Abbreviatio dictionarii, 0001
Abbreviatio summarum de casibus, 5256
Abbreviato Aegidii de regimine principum, 0826
Abel, 0058
Abendonensis, 4550
Abiciamus, 0082
Abnegatione, 3380
Abrenuntiantis, 5972
Abridgement, 0493, 5486
Absolution, 0111, 0705, 0898, 5858
Absolutione a poena et a culpa, 0765
Absolutione confessionis sacramentalis, 2249
Absolutione et penitentis iniunxione, 3995
Absolutione imponenda, 5300
Absolvendi potestate et qualiter expediat fieri reservationem peccatorum, 2231
Abstinentia, 1981, 4792, 5757, 6138
Abstinentia et amore mundi, 2214
Abstinentia monachorum a carnibus, 2487
Abstinentie secundum alphabeti ordinem, 0378
Abstractio exemplorum libri de donis Spiritus Sancti, 0231
Abundantia exemplorum in sermonibus, 1190, 5091
Abusibus curiae romanae, 3106
Abusionibus clericorum, 2817
Accessus, 2709
Accidia, 0168
Actibus humanis, de peccatis et gratia, 0873
Activam vitam, 5489
Actuali peccato, 3985

Ad Petrum, 1926
Adam, 0306, 0307, 1101, 1597, 2496, 3616, 3966, 4514, 4629, 6416
Adam et Eva, 0306, 1033, 1101
Adami summulam, 4510
Adherentibus huic mundo, 4357
Admonitio, 0721
Admonitio ad nonsuindam reclusam, 6115
Admonitio de contemptu praesentis vitae, 2175
Admonitio de virtutibus, 5334
Admonitio Victoris Pape III, 1930
Admonitione anime, 0419
Adnotatio in Psalmum CXXXII, 1933
Adnotatio in Psalmum XC, 5364
Adversitatis, 0569
Aegidii, 4701
Aegidii de regimine principum per modum alphabeti, 0390
Aegidius Romanus, 1372
Aesop, 1341, 1818, 2643, 2753, 4788, 6218, 6230
Aesop moralizatus, 2702
Aesop novus, 6402
Affectu orationis, 4865
Alis cherubim, 0214, 0357, 4055
Allegationes morales, 2728
Allegoria de anima humana cum virtutibus et vitiis eius, 5201
Allegoriae de animalibus, 5295
Allegoriae sanctae scripturae, 4474
Allegoriae tres de Christo et de anima penitente, 5594
Allegorias libri Ovidii de transformatis secundum ordinem alphabeti, 0040
Alphabet, 0039, 0047, 0058, 0065, 0101, 0114,

0135, 0137, 0146, 0147, 0155, 0157, 0159, 0171, 0172, 0370, 0390, 0408, 0411, 0432, 0470, 1315, 1331
   catholicorum, 1942
   malis sacerdotibus, 0469
   morale, 0117
   narracio, 6235
   narrationum, 0448
   penitentiale, 3041
   reductorio morali, 0203
   virtutum et vitiorum, 0409, 1841
   vocabulis praedicabilibus, 0066
Altercatio diaboli et angeli de septem peccatis mortalibus, 1569, 1843
Amatores mundi, 4918, 4980
Amatores seculi de inconstantia rerum, 4784
Amatorum mundi, 6443
Ambitio, 0379, 1945, 3935, 3945, 5121
Ambitu honoris, 4475
Ambrose of Autpert, 3727
Amicitia, 0751, 0810, 1094, 2560, 2784, 4468
Amicitia Christiana, 0404
Amicitia Christiana et de caritate Dei et proximi, 4936, 5832
Amicitia secundum tradicionem Abbatis Joseph, 0394
Amicitia spirituali, 1030, 1859, 4218, 4219
Amicitia spirituali et vera, 4219
Amicitia vera et ficta, 3654
Amicum volentem nubere, 5403
Amor, 0471, 1294, 1681, 2236, 3175, 5513, 6083, 6453
Amore Dei et contra amatores mundi, 4980
Amore Dei et proximi, 1681
Amore et dilectione Dei et proximi et aliarum rerum et deforma vitae, 2758, 4407
Amore et odio carnis, 4612
Amore mundi, 1521, 5569
Amore protervo, 4362
Amorem illicitum valde utilia, 1163
Anacyclic, 6112
Ancient authors, 1617
Anecdota e vitis patrum excerpta, 4806
Angelus, 0411
Anima, 0287, 0418, 0472, 0511, 0839, 1279, 1291, 1442, 2652, 3126, 3691, 3984, 4591, 4737, 4832, 4874, 4945, 5366, 5755, 6174
Anima claustrali, 0594
Anima humana cum virtutibus et vitiis eius, 5201
Anima penitente, 5594
Anima vulneratae, 2652
Animae peccatricis, 6326
Animalibus, 5295
Animalibus moralisatae, 3220
Animalium cum moralitatibus secundum ordinem alphabeti, 1331
Animarum rectorum, 2271
Animarum salus, 4377
Animarum simplicium, 0425, 3513, 4857
Annotationes morales, 1419
Anselm, 0720
Anselmi similitudinibus, 6538

Antidotarium animae, 4956, 5102
Antidotum ex scriptis prophetarum, 2772
Antiquorum principum, 5070
Antiquorum principum ac philosophorum, 4971
Aphorismata philosophica, 4228
Apiarius, 6157
Apibus, 6157
Apologeticus Cyrilli, 5372
Apologia de contemptu saeculi, 1350
Apostolatus, 0709
Apostolis, de penitentia, 3958
Apostolos, 2119
Apparatus ad Raimundi de Pennaforti summam de casibus, 4963
Apparatus ad summam Raymundi, 0356
Apparatus spiritus guidonis et admonicio eiusdem per quendam priorem, 5705
Applicationibus naturalibus moralibusque dicta, 1457
Aratura spirituali, 1638
Arbor, 3702
   amoris, 0471
   in medio amoris, 6453
   peccati et vitiorum, 5888
   peccatorum, 3771
   quae dicitur imago hominis, 1085
   vel penitentia Ade, 3966
   virtutum, 0697, 2295, 4609
   vitiorum, 2998, 4619, 5507
   vitiorum cum filiabus, 0475
   vitiorum et virtutum, 0474, 1944
   vitiis et virtutibus, 5942
Arca via salutis et contemptu mundi, 1984, 2739
Arelatensis, 2534
Aristotelis, 1421, 3952, 6272
Aristotelis ethica, 0421
Aristotle, 4722
Arrha animae, 2980
Ars artium sive de regimine animarum, 1235
Ars consilii, 1555
Ars fidei catholicae, 0831
Ars maior predicationis, 1106
Ars navigando ad portum salutis, 5199
Ars salutans, 6500
Arte audiendi confessione, 2030
Arte bene vivendi et contemptu mundi, 2467, 2616
Arte curandi vitia, 2823
Arte fidei catholicae, 0702, 0831
Arte loquendi et tacendi, 4951
Arte moriendi, 0734
Articulis, 0632, 0952, 2119, 2748, 2845, 3001, 5040, 5858
   fidei, 0245, 0606, 0732, 3658, 5012, 5982
   fidei catholicae, 0831
   fidei Christiane, 5134
   fidei, de sacramentis, de vitiis et virtutibus et divina gratia, 1242
   fidei et sacramentis ecclesie ac decem preceptis decalogi pro rectoribus et curatis ecclesiarum, 4916
   fidei Osiris, 4590

SUBJECT INDEX

fidei, sacramentis ecclesiae, preceptis decalogi, virtutibus et vitiis, 0624
fidei, septem petitionum, 0245
Ascensu in virtute, 0626
Ascetic, 0420, 1972, 3537, 3551, 3617, 4350, 4903
Ascetica, 5904
Ascetica de castitate, 3317
Astesana, 0647, 3435, 5310
Auctoritates, 0146, 0457, 5605, 5984
Auctoritates de virtutibus et vitiis, 1441, 2580
Auctoritates patrum, 2075
Auctoritates per naturales similitudines secundum ordinem literarum collecte, 0082
Auctoritates sanctorum de virtutibus et vitiis, 4791
Auctoritates sanctorum doctorum, 5932
Auctoritates sanctorum et catholicorum, 4969
Auctoritates sanctorum philosophorum et poetarum, 1316
Auctoritates Senecae, 4439
Audi Israel, 0514
Audiendi confessiones, 0442, 0902, 0920, 1125, 1718, 2182, 2477, 4162, 4239, 5129, 5302, 5321, 5755, 6442
Auditorium monachale tractans de confessionibus, 4959
Augustine, 0975
Augustinus de quattuor virtutibus, 2395
Augustinus: de decem preceptis et decem plagis Egypti, 3260
Aurea, 1614, 2201, 4950, 4996
Aurea legenda, 2201, 5025
Aurea summa de penitentia, 1177
Aurora, 5797
Avari, 4364, 4765, 5516
Avaritia, 0572, 0577, 0578, 1004, 1079, 1083, 1083, 1531, 1777, 2072, 3196, 3227, 3280, 3282, 3741, 3935, 3945, 3999, 4765, 4847, 5130, 5398, 6024, 6135, 6232, 6322
Avaro diviti, 4585
Avaro promissore, 3943
Avaros abbates, 3688
Ave, 5639
Aversione a summo bono, 4190
Aviani apologi, 5223
Avibus, 1525
Avisamenta, 4223
Avisamentum de modo confessionem in religionibus audiendi et absolvendia reservatis, 5723
Baptism, 0589, 3028
Basil, 0652
Beatitudes, 0600, 0601, 0609, 0610, 0621, 0874, 1008, 1396, 1695, 2541, 2595, 3449, 4496, 4509, 4723, 6436
Beatitudine caelestis patriae, 3123
Beatitudine paupertatis et decem gradibus eius, 4340
Beatitudinibus sermonis Christi in monte, 0602
Beichtspiegel, 1893, 5947
Belial, 3997, 6250
Bellica spirituali per comparationem temporalis, 1432

Bello spirituali, 2167
Bellum castitatis et luxuriae, 2990
Bellum spirituale vitiorum et virtutum, 5575
Bene vivendi, 1712, 1759, 6229
Bene vivendi ad sororem, 1762
Bernard, 0975, 1155, 3635, 4479
Bernardi speculum, 2116
Bernardus, de contemptu mundi et iudicii, 1209
Bestiary, 0639, 2875, 2932, 3647, 6053
Bestiis et aliis rebus, 1525
Biblia aurea, 0130
Biblia pauperum, 0152, 1006, 2918, 6301
Bibliae, 0130, 0143, 1312, 2736
Bibliae repertorium, 0130
Bibliam, 2639
Bibliam ordine alphabetico, 0135
Bibliotheca, 3617
Blasphemia, 4462
Blasphemia spiritus, 1333
Blasphemy, 4843, 5411
Bona conscientia, 0945, 1787, 5730
Bona gloria vel humilitate, 2516
Bona tristitia, 0642
Bona voluntate, 1171
Bonae vitae, 5793
Bonaventurae, 5667
Boni et mali, 0250, 1565
Bonis moribus, 5603
Bonitate, 0644
Bono, 4555
Bono et malo, 4958
Bono et malo morali, 2620
Bono modo vivendi, 3188
Bono morali et remediis contra peccata, 1089
Bono mortis, 0180, 0651
Bonum universale, 0179
Bonum universale de apibus, 6157
Breves doctrinae, 3316
Brevi subsistentia hominis, 1574
Brevitate vitae, 1767, 3069
Briggitae, 0720
Bulls, 2935, 2936
Caducitate vitae, 1284, 3302
Calamitates mundi, 5109
Cambiis, 0658, 0659
Canones, 3858, 3864
Canones de remediis peccatorum, 1436
Canones penitentiales, 1116, 1697, 1773, 2099, 2892, 4343, 4543, 5265
Canones penitentiales seu informatio brevis confessariorum, 3934
Canonicos regulares de proprietate, 1863
Canonisticae et morales, 5597
Capite mundi, 4252
Caritas, 0375, 0396, 0439, 0678, 0681, 0683, 0686, 0840, 1369, 1527, 1588, 1761, 2073, 2082, 2538, 2811, 2818, 2879, 2981, 3207, 3275, 3450, 3495, 3581, 3890, 4226, 4333, 4488, 4503, 4556, 4689, 4692, 4850, 4876, 5201, 5273, 5555, 5776, 5977, 6071, 6079, 6086, 6115, 6249, 6550
   Dei et proximi, 4597, 4936, 5832
   erga proximos, 1868, 2615, 3654, 6512

et obedientia, 1650
et spes, 6248
fraterna, 1129, 5089
humilitate, 0680
peccato et predestinatione, 6249
praefatio, 6395
sive amicitia vera et ficta, 3654
statera supernae et aeternae civitatis Dei, 0428
Carmen de contemptu mundi, 2641
Carmina burana, 2570
Carmina de vitiis, 1575
Carmina moralia, 5964
Carmine ascetica, 3553
Carne, 0298, 3536
Carnem et spiritum, 1821
Carniprivio guloso, 3725
Carnis et spiritus seu animae, 2683
Carnis superbia, 1571
Carnium, 2239
Casibus, 0236, 1245, 1635, 2381, 2891, 4533, 4634, 4950, 4963, 4984, 5052, 5212, 5256, 6126, 6278
   ad conscientiam pertinentibus, 5052
   ad honorem Dei compilata per fratrem Astexanum de ordine fratrum minorum, 0647
   conscientiae, 0007, 0299, 0647, 3438, 4504, 4950, 5052, 5298, 5744, 6547
   conscientiae, cum tabula, 5595
   de penitentia, 1361, 2719
   et interrogationibus, 3387
   omnium confessorum, 4711
   penitentiae, 3954, 4964, 5054, 5746
   pro curia romana, 4230
   Raymundi, 4982
   scit innocentem, si probatum est coram eo ipso fore nocentem, 2876
Cassianus, 2213
Castitas, 0696, 0698, 1146, 2252, 2990, 3317, 4398, 4399, 4715, 5354, 5512, 6206, 6466
   clericorum, 2297, 4682
   et munditia sacerdotum et ceterorum, 6529
   gradus, 5512
   ministrorum altaris, 6529
   paupertate, 0337
   servanda, 5812
   seu pudicitia, 3104
Catechizandis rudibus, 4063
Cathecuminum, 4171
Cato, 1043, 1047, 1059, 2222, 2733, 2839, 2949, 2968, 5330, 5529, 5848, 6242
   glossatus, 2657
   moralisatus, 2222, 3615, 3642, 4716
   philosophus, 6497
   secundis, 2366
Causis deviationis religiosorum, 3463
Celebratione vel communione, 3136
Celesti convive, 0714
Celi gaudiis et penis inferni atque de incarnatione filii Dei, 0876
Christiana vita, 3691
Christiane religionis, 5149

Christiane vite necessarius, 0665
Christiani, 1552, 2363, 3005
Christiani hominis, 2640
Christiani hominis institutum, 0937
Christianorum, 2670
Christianum bellantibus, 6059
Christo et de anima penitente, 5594
Cibi parcitate, 3293
Cibus animae, 1552
Civilis et canonici ad moralem, 6222
Civitate mundi, 1557
Claustrum, 0049, 4735
   animae, 0049, 1676, 2434, 2435, 2626, 2688, 2972, 5211
Clavibus ligandi et solvendi, 6019
Clementia, 1954, 3467
Clergy, 0195, 0549, 1079, 1135, 1156, 2418, 2857, 2910, 3137, 3238, 4248, 4435, 4436, 4673, 4847, 5248, 5301, 6185, 6539
Cleri, 6103
Cleri fletus, 3153
Clericorum conversatio, 6169
Clericorum de vitiis, confessione, 5952
Clericorum liber sacerdotalis, 0460
Clericos voluptati deditos, 4611
Cogitationibus malis, 6221
Cognoscendi seipsum, 4650
Collecta secundum ordinem alphabeti pro sermonibus, 0065
Columba, 1525
Commandments, 0972, 3284
Commendatione virtutum, 1816
Commentary, 0345, 0483, 0639, 0648, 0652, 0701, 0774, 1059, 1597, 2105, 2138, 2496, 2643, 2742, 2839, 2950, 3394, 3616, 3635, 3804, 3805, 3806, 3808, 3809, 3810, 3811, 3813, 3814, 3815, 3816, 3817, 3818, 3819, 3820, 3821, 4143, 4436, 4629, 4634, 5110, 5326, 5369, 5413, 5805, 5807, 6052, 6230
Communi sanctorum, 0077
Communione, 2777, 3136
Compositione hominis exterioris ad novitios, 4155
Compunctione, 0870, 1973, 2007
Compunctione cordis, 1727, 2151
Concepta moralia, 6189
Conceptu virginali et peccato originali, 1133
Concionatorum, 0158
Concordantia bibliae, 2736
Concordantiae historiales veteris ac novi testamenti, 0135
Concordantiae historiales veteris et novi testamenti ad omnem, 0135
Concupiscentia, 0874, 4242
Conditione humana, 3126, 5963
Conditione mundi, 5501
Conditionibus humanis secundum varias hominum consuetudines, 2093
Confess(ion), 0057, 0161, 0184, 0194, 0214, 0217, 0220, 0221, 0222, 0241, 0247, 0251, 0255, 0262, 0283, 0285, 0288, 0293, 0299, 0300, 0316, 0326, 0387, 0398, 0436, 0442, 0495, 0585, 0589, 0704, 0707, 0734, 0752, 0753,

0761, 0779, 0872, 0878, 0879, 0881, 0882, 0883, 0884, 0886, 0888, 0893, 0895, 0897, 0898, 0902, 0904, 0904, 0911, 0912, 0913, 0920, 0921, 0922, 0924, 0926, 0928, 0930, 0934, 0938, 0941, 0942, 0960, 0961, 0977, 0983, 0988, 0993, 0994, 0998, 1005, 1017, 1032, 1051, 1069, 1072, 1093, 1103, 1119, 1125, 1125, 1167, 1178, 1181, 1183, 1207, 1211, 1234, 1235, 1245, 1291, 1346, 1381, 1392, 1411, 1484, 1486, 1501, 1502, 1547, 1583, 1594, 1600, 1602, 1609, 1640, 1672, 1675, 1713, 1718, 1763, 1787, 1801, 1836, 1865, 1866, 1891, 1925, 1948, 1953, 2030, 2030, 2090, 2106, 2113, 2136, 2172, 2173, 2178, 2181, 2182, 2230, 2257, 2267, 2279, 2281, 2296, 2307, 2313, 2414, 2472, 2477, 2493, 2527, 2537, 2542, 2548, 2588, 2593, 2618, 2621, 2625, 2632, 2652, 2673, 2712, 2775, 2798, 2799, 2804, 2821, 2827, 2828, 2911, 2934, 2964, 2967, 3030, 3124, 3222, 3268, 3348, 3349, 3351, 3365, 3369, 3372, 3376, 3400, 3409, 3415, 3439, 3456, 3568, 3575, 3588, 3660, 3683, 3687, 3722, 3745, 3829, 3831, 3834, 3842, 3848, 3871, 3889, 3977, 3983, 4041, 4043, 4051, 4055, 4058, 4082, 4096, 4097, 4108, 4111, 4125, 4133, 4151, 4152, 4153, 4157, 4160, 4162, 4185, 4202, 4210, 4239, 4267, 4336, 4337, 4344, 4381, 4384, 4385, 4417, 4485, 4519, 4536, 4551, 4575, 4647, 4654, 4659, 4667, 4684, 4739, 4764, 4778, 4793, 4808, 4828, 4849, 4866, 4904, 4911, 4919, 4921, 4926, 4931, 4933, 4945, 4953, 4955, 4959, 4965, 4989, 4990, 5017, 5129, 5210, 5212, 5229, 5230, 5232, 5237, 5256, 5259, 5292, 5298, 5321, 5332, 5335, 5355, 5359, 5379, 5425, 5428, 5437, 5491, 5495, 5517, 5519, 5523, 5542, 5576, 5588, 5592, 5599, 5700, 5707, 5707, 5753, 5754, 5755, 5762, 5763, 5768, 5782, 5876, 5887, 5915, 5916, 5919, 5922, 5965, 6001, 6019, 6054, 6060, 6090, 6113, 6155, 6159, 6178, 6187, 6199, 6209, 6217, 6224, 6225, 6245, 6255, 6274, 6286, 6288, 6308, 6320, 6359, 6371, 6378, 6405, 6422, 6433, 6442, 6475, 6527
abbreviata, 0048
absolucionis sacramentalis, 0896
absolutione, 4631
ac etiam inquisicionibus faciendis de peccatis, 0929
Albari, 2058
audienda, 0872, 1125, 1193, 1306, 2030, 2537, 3827, 4294, 4477, 5212, 5767, 6207
audienda, et de penitentia in extremis, 0766
audiendarum, 0890
audiendis, 2768, 4260
beati Bernhardi Abbatis, 3126
beati Isidori dicta, 5841
bona, 0211
bona et utilis, 2529, 2959
breve, 6032
breve et bonum, 0908

brevior, 0927
catholicorum generalis, 4989
Christianae, 2937
confessionale bonum per religiosis, 1895
confessionale italicum curam illius hab, 4737
confessionale metricum, 0703
confessoribus, 4851
continens multas species virtutum et viciorum, 1186
contritione, 4486
cuiuslibet sapientis, 4397
cum quaestionibus, 0920
dans modum confitendi et audiendi confessiones, 2648
decem preceptorum, 4649
est fienda, 4600
et de quibusdam articulis eiusdem, 4402
et excommunicationes, 4669
excommunicationibus et absolutionibus, 1501
exhortationes quae spectant ad penitentiam, 3763
extractum e florario, 3685
faciende, 1388, 1971
faciendis, 1971, 2345, 2345
forma, 0940
forma absoluendi, 0896
fratrum, 4527
generale de casibus qui communiter accidere possint monachis, 2133
generalis, 1890, 1894, 4107, 4158, 4991
generalis peccatorum, 3659
generalis pulcra nimis atque devotissima, 0939
generalis vere contritum mundans ab omni culpa, 1889
in foro penitentiali, 3479
in religionibus audiendi et absolvendia reservatis, 5723
interrogationes distincte faciendi, 5599
interrogationibus fiendis, 1675
libris multis carentibus, 0221
maxime religiosorum, 2861
modo confitendi et de puritate conscientiae cuilibet confessori, 4945
modo confitendi peccata, 3452
molliciei, 4815
monachis precipue iuvenibus, 3465
notabilia quare modo oporteat hominem homini confiteri et non in veteri lege, 5983
novitios, 4662
observandus, 1029
peccatis, 0931, 1892, 2421
peccatoris deo confitentis, 1731
peccatorum et penitentie Isidori, 2041
peccatorum indigni auditoris, 2502
penitente et partibus confessionis, 4899
penitentia, 0769, 1299, 1345, 3441, 3838, 4919
penitentis in primo criminali peccato, 0292
preces confessionales adjectis collectaneis de conscientia, 0541
propter novellos confessores, 2618

qui sunt mittendi ad episcopum pro confessione, et absolutione optinenda, 2751
quomodo religiosi monendi sunt ad confitendum, 3901
quomodo se habebit confessor et poenitens, 1262
Ricardum Archiepiscopum Armachanum, contra, 0892
sacerdotis, 0939, 5519
sacerdotum et omnium clericorum, 4396
sacramentali, 2975, 5210
secreta sacerdoti facta de peccato luxurie, 5531
septem peccata mortalia, 5379, 6058
septem vitiis capitalibus, 0915
simonia, matrimonio, et aliis casibus conscientiae, 4337
simplicium ruralium, 4095
spiritualium, 3488
subditorum, 6360
tribus modis, 3398
virtutibus, vitiis et officiis hominis, 3321
Confessariorum, 5551
Confessor debeat se regere, 0909
Confessor debet se habere in confessionibus audiendis, 2030
Confessor erga confitentem, 0903
Confessor interrogando confitentem, 2860
Confessor se habeat audiendo confessionem, 3489
Confessori, 0054, 0906, 1246, 2891, 2986, 2987, 3335, 3992, 4337, 4406, 4465, 4517, 4686, 4711, 4905, 4967, 5064, 5256, 6019
Confessoribus et confitentibus, 2472
Confessoris apud confitentem, 1359
Confessoris audientis peccatorum, 1485
Confessoris et cautela confitentis, 5567
Confessorum metricum, 3470
Confitendi septem peccata mortalia, 5379
Confitentes, 0280, 0415, 0755, 0868, 0913, 0933, 1206, 1207, 1558, 2173, 2358, 2660, 2838, 2888, 2934, 2992, 3333, 3444, 3812, 3998, 4112, 4149, 4273, 4291, 4383, 4828, 4828, 4926, 4945, 4989, 5233, 5266, 5707, 6019, 6531
Confiteri peccata sua, 5210
Coniugio, 1161
see also: turpitudinibus
Conscientia, 0007, 0299, 0362, 0465, 0472, 0647, 0675, 0676, 0708, 0943, 0944, 0945, 0946, 1104, 1543, 1705, 1787, 1788, 1856, 1936, 2378, 2952, 2953, 2954, 2955, 3119, 3127, 3668, 3896, 4128, 4545, 4565, 4594, 4613, 4624, 4693, 4851, 4945, 4950, 5052, 5291, 5340, 5376, 5587, 5595, 5730, 5814, 5952, 6317, 6392, 6533
aedificanda, 1787
cum ratione de communione, 3136
de decem preceptis, 4225
et contemplationis, 5679
et judiciali, 5587
et rationis, 3136
sacerdotum, 2902

scrupulosa, 5376
vel confessionis, 1787
Considerationes ad sciendum quando peccatur mortaliter et quando non, 4582
Considerationis, 4855, 5830
Consilia et exempla sumpta ex vitis patrum, 4822
Consiliis evangelicis et statu perfectionis, 4554
Consilio vivendi, 0955
Consolatio(n), 0382, 6154
et consiliis, 4976, 4976
humanae miseriae, 5384
humanae vitae, 5015
in tentationibus, 2743
mortuorum, 1666
peccatorum, 3997, 5520, 6154, 6461
theologiae, 2567, 4471, 5015, 5015, 5058
tribulatorum, 1515
Consolationis, 0719, 1297, 5058
Consolatoria, 0552, 4287
Consolatoria pro confitentibus, 5266
Consolatoriis remediis contra varias spirituales temptaciones, 4727
Consolatorium conscientie scrupulose, 6317
Consolatorium contra mala huius mundi, 1740
Consolatorium maestorum, 5716
Consolatorium sue remedianum tribulatorum, 0338
Consolatorium timoratae conscientiae, 0465
Consolatorius in tentationibus circa fidem, 2047
Constantia, 0869
Constitutiones, 0032, 0312, 2498, 2501, 4695
Contemplandi, 3411
Contemplationis, 4974
Contemplativae vitae, 0742
Contemptu, 1141, 1847, 1911, 5569
et amore mundi, 1141
et periculis huius mundi, de celi gaudiis et penis inferni atque de incarnatione filii Dei, 0876
huius misere vite et timore penarum eternarum, 6001
huius mundi sive de fuga mundi, 3230
humanae vitae, 2661
mortis, 4787
mundano, 0383, 5347
mundanorum et caelestium appetitu, 0693
mundi, 0266, 0424, 0507, 0509, 0543, 0599, 0665, 0693, 0712, 0718, 0838, 0953, 0963, 0970, 1201, 1283, 1287, 1510, 1753, 1986, 2263, 2284, 2328, 2329, 2336, 2400, 2428, 2467, 2495, 2532, 2583, 2616, 2641, 2661, 2961, 3019, 3100, 3150, 3155, 3228, 3230, 3233, 3238, 3277, 3289, 3385, 3515, 3528, 3544, 3600, 3710, 3891, 3892, 3965, 4349, 4418, 4595, 4762, 4771, 4777, 4782, 4790, 4802, 4852, 4980, 5151, 5175, 5215, 5251, 5315, 5333, 5368, 5556, 5559, 5571, 5580, 5672, 5795, 6129, 6227, 6328, 6459, 6467, 6548
mundi ad clericos, 0548
mundi elegiacum carmen, 4497
mundi epistola, quam conscripsit adolescens

SUBJECT INDEX

in gratiam ac nomine Theodorici Harlemei, 3599
mundi et amore religionis, 0320
mundi et beati Bernardi exhortatione ad idem faciendum, 1860
mundi et hominis et vilitate, 1244
mundi et ingressum religionis ad florianum nobilem et eruditum iuvenem, 5203
mundi et iudicii, 1209
mundi et memoria mortis, 3540
mundi et saecularis philosophiae, 0631
mundi Interlocutores Dorias Philonus et Hilarius, 1790
mundi Rudigeri, 2147
mundi vel timore mortis, 1821
omnium vanitatum anonymus, 5535
omnium vanitatum mundi, 4633
presentis vitae, 2175, 6520
rerum temporalium et quam brevis sit praesens vita, 3310
seculi, 1350, 5391, 6109, 6548
sublimitatis, 5722
temporalium, 4768
terrenorum hexametri novem, 1700
Contentia, 3507
Continentia, 1471, 4387
Continentia virginali, 4405
Contractibus et usuris, 6306
Contractibus in quo Christiane religionis captivitatis humane miserias deplangit et crumpuas presertim, 4646
Contrarietate peccati, 5356
Contrition(e), 0982, 0991, 1864, 3637, 5327
confessione et satisfaction, 5311
confessionis, 3490
peccatorum, 5990
Contumelia et convicio, 0984
Conturbatio animae in extremis, 3881
Convenientia orationum de decem preceptis, 4213
Conversione
ad clericos, 0195
et penitentia et communione, 2777
peccatoris, 0985, 2218, 3191, 5408
Corde, 0243, 0324, 0362, 3042, 4450, 5466, 6533
Corde, ore et opere, 5325, 6114
Cordis et ornamentis animae, 4038
Cordis, quaenam oris, operis aut omissionis, 5903
Correptione, 4278, 4279
Corruptis moribus cleri et populi, 1869
Creatures, properties of, 0593
Credo, 0866, 1897, 5639
Criminibus capitalibus, 1015
Culpa et gratia, 4924
Culparum et de disciplina, 2772
Cupiditate, 3234, 5097, 5264, 6066
Cupiditatis mundane, 6543
Cura animarum, 0252
Cura carnis, 0352
Cura pastorali, 2601, 5355
Curatorum, 1063, 1234, 2581, 2796, 3903, 4891, 4918, 5019, 5239, 5269, 5296, 5492

Curiae romanae, 3106
Curiales, 0174, 3741, 5822, 5823, 5824
Curiales et officiales monachos, 4000
Curiositate, 1293, 6068
scribendi plures libros, 5346
studentium, 3824
Curiosos, 1242
Curru invidiae, 3477
Custodia oculorum efficaci ad monachos, 0029
Death, 0265, 1728, 6312, 6314
Decalogue, 0473, 0492, 0514, 0526, 0527, 0531, 0532, 0535, 0536, 0538, 0632, 0672, 0758, 0776, 0866, 0976, 1123, 1248, 1374, 1489, 1491, 1493, 1497, 1498, 1542, 1653, 1679, 1681, 1683, 1725, 1781, 1829, 1897, 1898, 2018, 2228, 2310, 2343, 2471, 2480, 2554, 2555, 2748, 2790, 2826, 2832, 2931, 3002, 3003, 3091, 3198, 3226, 3245, 3247, 3256, 3269, 3270, 3331, 3364, 3434, 3594, 3672, 3729, 3883, 3926, 3928, 3929, 3949, 3968, 4002, 4014, 4018, 4019, 4031, 4150, 4198, 4202, 4204, 4207, 4216, 4229, 4256, 4262, 4263, 4270, 4369, 4484, 4532, 4813, 4883, 5040, 5044, 5126, 5144, 5477, 5506, 5547, 5558, 5581, 5612, 5613, 5615, 5618, 5619, 5621, 5622, 5624, 5625, 5627, 5630, 5632, 5633, 5635, 5637, 5639, 5640, 5644, 5645, 5646, 5648, 5649, 5651, 5655, 5656, 5657, 5658, 5659, 5663, 5665, 5666, 5667, 5680, 5682, 5708, 5871, 6132, 6159, 6180, 6212, 6268, 6393, 6449, 6463
decem Egypti plagis, 0035, 0964
decem plagis Egypti morali sensu explicatis, 4083
peccatis et de confessione, 2062
preceptorum, 5652
see also: decem mandatis
see also: decem preceptis
Decametrum preceptis, 6463
Decametrum qui non transcendi, 4912
Decem Dei preceptorum, 0619
Decem gradibus humilitatis, 3256
Decem legis precepta et quatuordecim articuli fidei catholice cum septem sacramentis, 3658, 3658
Decem legis preceptis, 6071
Decem librorum de vitiis humanis et humane vitae vicissitudinibus ex dictis antiquorum poetarum, 5039
Decem libros ethicorum Aristotelis, 6272
Decem mandatis, 0973, 1532, 1690, 1709, 2086, 2342, 2977, 3048, 3266, 4923, 5616, 5668, 5700, 5797, 5960
Dei, 4532
et de vitiis et virtutibus, 1772
et plagis, 5293
litteralis sive moralis, 3240
Decem plagis
Egypti, 0863, 0923, 4706, 5323
Egypti et decem preceptis Dei, 4083, 5105, 5274
et decem preceptis, 1960, 4076, 4077, 4078
in hexametris decem, 4083

Decem preceptis, 0526, 0529, 0533, 0618, 0620, 0628, 0737, 0759, 1168, 1492, 1495, 1520, 1616, 1659, 1684, 1800, 1833, 1896, 1960, 2174, 2215, 2309, 2316, 2478, 2479, 2488, 2489, 2509, 2552, 2553, 2614, 2669, 2730, 2778, 2796, 2905, 2906, 2908, 3020, 3264, 3265, 3272, 3273, 3290, 3312, 3318, 3634, 3652, 3656, 3927, 3992, 4002, 4049, 4050, 4093, 4139, 4145, 4183, 4193, 4203, 4206, 4208, 4209, 4213, 4225, 4271, 4589, 4623, 4678, 4728, 4916, 4933, 5105, 5118, 5242, 5276, 5290, 5342, 5345, 5502, 5503, 5504, 5511, 5618, 5629, 5634, 5638, 5653, 5668, 5681, 5700, 5758, 5784, 5786, 5873, 5874, 6071, 6160, 6177, 6212, 6393, 6410
decalogi, 4916
decalogi ad decem plagas Egypti, 0863
decalogi, de operibus misericordie, 5758
decalogi et septem peccata mortalia, 4057
Dei, 2807
domini in scola Trigoniensi, 2851
et decem plagis Egypti, 0923, 2545, 3260, 4184
et duobus evangelii, 1830
et septem peccata mortalia, 4174
et subdivisiones eorundem, 3240
flagellum nuncupatum, 1300
in quadragesima, 0164
lecta per magistrum Thomam de Aquino, 0737
legis et duodecim consiliis evangelii, 1490
legis Moysi, 5631
metrice, 1690
modo decalogi magistrum inter et discipulum de Theutonico in latinum translati, 4044
paraphrasis, 5057
per modum sermonis quadripartiti, 3576
quorum tria spectant ad Deum, septem ad hominem, 5242
S. Thomae de Aquino retractata, 6073
secundum quod ea beatus Augustinus exponit, 5276
secundum vetus et novum testamentum, 1353
septem peccatis, 3631
sub compendio edita, 3242
tractatus editus pro instructione incipientium, 2778
utilis qualiter simplices sunt informandi, 4200
see also: decalogue
Decem questiones morales super decem libros ethicorum Aristotelis, 6272
Decem questiones optimae morales disputate, 6272
Decimis, 0353, 2482, 4671, 5976
Declamationes senecae, 2069, 2525, 5718
Decreta abbreviata, 6387
Decretorum, 0043
Defectu et deviatione malorum culpae et peccatorum a verbo, 3921
Defensio libri Wiclefiani de decalogo, 1248
Definition, 1248
 amoris, 1946
 confessionis, 5107

diversorum doctorum, 0170
moral, 4322
nominibus vitiorum, 5912
ordine alphabetico, 0408
secundum alphabetum, 0155
seven deadly sins, 5899
vices, 1909
virtutum et vitiorum, 0680
virtutum et vitiorum a sanctis et sapientibus, 1646
Delectatione, 4501
Delectatione, consensu, et opere, 0717
Delectationes carnales, 4709
Deo et rerum naturalium principiis, 3667
Deploratio ecclesiae, 0728
Depravity, 1914, 2469, 2806, 3026
Desperationem, 2109, 2134, 4428
Destructione prostibulorum, 4700
Detractione, 4499, 5299
Deuteronomium, 2137
Devote vivendi, 4159
Diabolem, 4281
Diabolum ante tribunal Christi, 1729
Dialogus, 0375, 0417, 0651, 0691, 0874, 1081, 1083, 1143, 1158, 1306, 1680, 1790, 1844, 1942, 2215, 2330, 2511, 2795, 3001, 3136, 3148, 3211, 3544, 3572, 4620, 4714, 4765, 4930, 5366, 5403, 5419, 5603, 5608, 6016, 6400, 6544
Dialogus de conflictu viciorum et virtutum, 1529
Dialogus de conversione peccatorum, 5408
Dialogus de resignacione cure pastoralis, 3743
Dialogus moralis de tribus tabernaculis, 1980
Dicendi et tacendi, 4951
Dicta, 0406, 2803
Dicta philosophorum, 1928
Dicta philosophorum antiquorum, 5975, 6006
Dicta philosophorum et sanctorum de vitiis et virtutibus, 3917
Dicta Raymundi, 5852
Dicta secundi philosophi, 2691
Dicta seneca secundum ordinem alphabeti, 3675
Dictarium, 3480
Dictionary, 0001, 0140, 0400, 0557, 1841
 bovis, 2605
 moralis, 0012
 theologicum, 0045
 theologicum sive veritates collectae de sacra scriptura aliorum sanctorum scriptis, 0112
 vitiorum et virtutem aut quodlibet, 1841
Dictionum, 5912
Dictionum contentorum in summa Thome de Cobham de penitentia, 0576
Dictis catholicorum, 0245
Dictis moralibus eorumdem, 1098
Dictis philosophorum, 2705
Dictis sanctorum patrum, 2772
Die mortis, 3881
Diei dominicae, 4680
Dieta salutis, 0078, 2301, 3013, 3080, 3780
Diffamatione et contra invidos liber, 0875
Diffinitiones virtutum et viciorum, 6485
Dignitate et excellentia hominis, 1113

Dignitate nominis Christiani, quam peccator amittit, 4282
Dilectione, 5780
    amicorum et inimicorum, 0760
    Dei et proximi, 0313, 0393, 1682, 2039, 2050, 3035, 3405, 4141, 5343, 5352, 5709, 5732, 5780
    Dei et proximi et de decem preceptis, 0767, 3634
Directorium juris, 1652, 2873, 4302, 4760
Directorium juris in foro conscientiae et judiciali, 5587
Disciplina, 2772, 5818
    clericalis, 0588, 1720, 1920
    et correctione morum, 3499
Discretio, 2935, 2936
Discretione confessionum, 6389
Disputata in libris ethicorum et conclusionibus Buridani, 6257
Disputatio brevis per modum dialogi hominis deflentis huius mundi miserias et rationis admonentis, 0417
Disputatio inter corpus et animam, 1862
Disputatio inter corpus et rationem, 0417
Disticha, 0990, 1045, 1046, 1048, 1059, 1199, 2839, 5330, 5528
    Catonis, 2222
    see also: Cato.
Distinctio Raymundi de confessione, 2281
Distinction(es), 0005, 0053, 0083, 0088, 0099, 0103, 0117, 0122, 0136, 0178, 0310, 0389, 0395, 0414, 0452, 0575, 1313, 1855, 2085, 2237, 2427, 2605, 4061, 5436, 5579, 5982
    abreviate et truncate super psalterium magistri Nycolay predicatoris postillatoris, 0452
    alphabeticae, 1229
    articulorum fidei, 4553
    auctoritatibus sacrae scripturae, 0088
    bibliae, 0063, 0135
    dictionum theologicalium, 4966
    exemplorum, 0135
    exemplorum novi et veteris testamenti abbreviatae et reductae, 0130
    exemplorum sec. ord. alphabeti, 0155
    liber theologicarum, 0117
    libri sapientiae, 0095
    monasticae, 0368
    peccatorum, 5710
    penitentium, 3373
    per alphabetum, 0370
    praedicandum, 0062
    pro sermonibus, 0172
    reverendi, 0074
    secundum ordinem alphabeti, 0159, 0411
    sive expositiones vocabulorum bibliae secundu alphabetum, 0058
    theological, 0062, 0074, 0082, 0100, 0104, 0166, 0478, 1058
    usum praedicatorum alphabetice digestae, 0088
    variis sermonibus, 0119
    verborum, 0403

virtutum et vitiorum, 2447
vocabularii, 0079
Distributione instinctus boni et mali, 5400
Divinae sapientiae, 4461
Divinationis, 0555
Divinatores et somniatores, 5029
Divinis officiis, 3038
Divinum et humanum amorem, 3277
Divinum officium, 4744
Divitem avarum, 6111
Divitibus et pauperibus, 3319
Doctrina cordis, 4038
Doctrina laicorum, 1772
Doctrina proficiendi, 5527, 5967
Doctrina rudium, 6237
Doctrina salutis ad parvulos Christi, 5036
Doctrina theologica, 2913
Doctrina totius operi boni, 5967
Doctrinae Christianae compendium, 0245
Doctrine, 4915
Documentis antiquorum, 0999, 5287
Dodecasticon, 3069
Dogma philosophorum, 3029
Dogma salubre vivendi, 2323
Dolorem, 1092
Dolus mundi, 0666, 6469
Dominarum, 0967
Domo interiori fundanda, 1676
Domo spirituali, 1789
Donis
    septem Spiritus Sancti, 1358
    Spiritus Sancti, 0231, 1215, 2748, 3200, 4347, 4973, 4994, 5146, 5639, 5866
    Spiritus Sancti et de eorum fructibus, 5514
Dotibus, 2796
Drinking, 6460
Drunkenness, 3485
Duabus civitatibus, scilicet Jerusalem et Babylon et earum civibus, 5108
Duabus mansionibus, 0792
Duobus generibus peccatorum, 4472
Duobus modis humilitatem impugnari, 1837
Duobus preceptis caritatis et decem legis preceptis, 6071
Duobus preceptis decalogi, scilicet diligendo deum et proximum, 3003
Duobus preceptis dilectionis, 1825, 1832
Duodecim abusionibus claustri, 1839, 3948
Duodecim abusiva seculi, 1838
Duodecim articulis fidei, 0732
Duodecim fructibus jejunii tractatus, 4232
Duodecim fructibus tribulationis, 4087
Duodecim gradibus humilitatis, 1918, 2450, 3304, 5208
Duodecim gradibus tribulationum, 1302
Duodecim gradus superbiae, 3374, 3413
Duodecim remedia contra temptationes huius temporis, 0227
Duodecim tribulationibus, 1302
Duodecim utilitatibus tribulationis, 0426, 4245
Earthly, 2226, 5999
Eboracenses, 1650

Ebrietate, 1853, 1854, 2999, 3484, 5899
Ecclesiae, 0596, 0743, 0832, 1439, 1589, 2740, 2892, 3201, 3699, 4583, 4764, 5214, 5304, 6340, 6441, 6446
  dogmatibus, 1009
  ministris, 4902
Eckard, 0552
Ecloga, 0334, 5870, 6373
Electionibus, 5826
Elegia de patientia, qua sola vincuntur omnia, 4864
Elegia prima in errores hominum degenerantium, 2334
Elegia secunda, in iuvenem luxuria defluentem atque mortis admonitio, 5821
Elegia tercia, in divitem avarum, 6111
Elegiac, 1694, 3069
Elementis catholice fidei, 1942
Elemosina, 1796, 1804, 1947, 2104, 3140, 4403
Elucidarium, 5429
Elucidarium religionis, 5131
Elucidarius moralium Gregorii, 2576
Elucidatio quorundam vitiorum et virtutum, 5307
Emendatio vitae, 3191, 3884, 5550
Emendatione morum, 5675
Emendatione peccatoris, 3191
Emendatione vitae sive de regula vivendi, 3291
Emendationem vitae hominis religiosi, 5582
Enchiridion, 1588, 2208
Enchiridion asceticum, 0420
Enchiridion penitentis, 2110
Encyclopedia, 4997
Enigmata Aristotelis moralisata, 1421, 3952
Enormitate peccati, 3433
Envy, 2882, 3724
Epigram, 2368, 3174, 3754, 3756
Epigrama de miseria humana, 1872
Epistola, 1742, 2507, 4607
Errores hominum degenerantium, 2334
Errores multorum Christianorum, 3022
Errores religiosorum, 4844
Erroribus et moribus Christianorum modernorum, 5815
Erroribus mundi, 6094
Eruditione Christi fidelium, 3773, 4212, 5639
Eruditione confessoris, 2030, 4848
Eruditione religiosorum, 1939, 4610
Esu carnium, 2239
Ethica see also: Aristotle, 0550, 0645, 3095
Ethicae de virtutibus et vitiis, 0645
Ethicorum et conclusionibus Buridani, 6257
Eucharistia et penitentia, 1836
Eucharistiam, 3028
Eustachium, 4481
Evae, 3966
Evangelia dominicalia per circulum anni magistri Philippi de Navarra, 4353
Evangelium secundum Marcas Argenti, 2570
Evil, 3670
Exameron moralis, 3690
Examinandi penitentes, 1547

Examinatio conscientiae, 4851
Examinatione mortis, pene perpetue et glorie sempiterne, 0243
Excerpta, 0324, 0720, 0975, 2610, 2779, 3251, 3363, 4374, 4460, 5405, 5894
  collectae de universis opusculis beati Bernardi egregii abbatis Claraevallensis, 1155
  de castitate, 4715
  de miseriis huius mundi, 1910
  de penitentia, 6048
  de simonia, 4389
  de summa virtutum, de virtute in communi, 2362
  distinctionum magistri Petri Cantoris, 0084
  et quedam utilis collectio ex diversis materiis et doctoribus de tribulationibus et adversitati, 4420
  from fathers, 6070
  moralium beati Gregorii Papae, 4863
  super decalogum, 6159
Excidio romani imperii, 5217
Excommunication, 2061, 4669, 5235
Excusacionibus in peccatis, 3408
Exempla, 0109, 0130, 0135, 0155, 0171, 0201, 0229, 0254, 0470, 0476, 0956, 1006, 1190, 1317, 1318, 1453, 1454, 1608, 1927, 2003, 2065, 2200, 2205, 2219, 2301, 2348, 2813, 2984, 3092, 3362, 3382, 3557, 3682, 3700, 4359, 4473, 4615, 4805, 4816, 4818, 4819, 4822, 5001, 5050, 5051, 5091, 5142, 5194, 5219, 5382, 5670, 5688, 5997, 6202, 6394
  ad omnem materiam in sermonibus, 5001
  alphabeti, 0172
  animalibus, 0449
  biblie, 1006
  confessionis ad Deum, 0006
  de diversis libris, 1447
  e scriptura septem peccatorum mortalium, 5929
  exquisita de diversis materiis, 4807
  habundancia adopcionum ad omnem materiam in sermonibus secundum ordinem alphabeti, 0172
  in moralibus naturalibus et artificialibus secundum alphabetum, 4392
  legum romanorum, 3171
  moralia, 0207
  moralisata, 2520
  morum bene vivendi, 4804
  naturalia, 5099
  naturalibus contra curiosos, 1242
  naturalibus, habundancia exemplorum et similitudinum cum moralitate multum utili, 4840
  ordine alphabetico, 0047
  patrum, 2805
  sacrae scripturae, 0143, 1006
  sacrae scripturae vel biblia pauperum, 0152
  sanctorum, 0198
  sanctorum patrum, 0417
  secundum ordinem alphabeti, 0172, 0448
  similitudinibus rerum, 3633

timore ex vitiis patrum, 4810
virtutibus et vitiis congeries, 4817
vivorum illustrum, 6411
Exercitia spiritualia, 6215
Exercitio compunctionis ut quis a peccatis purgetur, 6533
Exercitio variarum virtutum, 3344
Exercitium spirituale, 0268
Exercitium vite perfecte, 3583
Exercitu Dei et hominis contra mundum, 2016
Exhortatio ad devotionem excitandam, seu de contemptu mundi, 5672
Exhortatio bona de libris sanctis breviter tractata, 5083
Exhortation to sinners, 4781
Exodum, 1940
Exodum, de initio decalogi, 3672
Expeditione infirmorum qui sunt in articulo mortis, 4668
Expositiones morales, 0468
Expulsione Ade de paradiso, 3966
Expulsione vitii et adeptione virtutis, 6478
Exterioris et interioris hominis compositione secundum triplicem statum incipientium, proficientium, 4155
Exterminatione mali et promotione boni, 4779
Extracta a Florario Bartholomei, 0871
Extracts, 1935, 2825, 3533
Extractum de libro qui intitulatur lumen anime, 0371
Extractus e summa de penitentia M. Guillelmi Amidani, 0837
Fabula(e), 0218, 0329, 0615, 0829, 0969, 1341, 1818, 2087, 2643, 3158, 3557, 3737, 3738, 4376, 4788, 4811, 5100, 5218, 5712, 6218, 6230
    Aesopi moralisatae, 0449
    de animalibus moralisatae, 3220
    ex vitis patrum, 1216
    morales, 3025
    podagae et pulicis, 5985
    sex, 2752
Fabularum moraliter expositarum, 2206
Fabularum Ovidii Metamorphoseon cum commentario, 0690
Faciebus mundi, 5148, 6397
Facto conscientie, 4511
Faculties, 6437
Fallacia mundi et eius detestatione propter tria precipue mala quae in eo sunt, 5357
Falsa penitentia, 6179
Falsis et veris bonis, 5606
Fasciculus morum, 0811, 2171, 6196
Fasting, 0986, 2481
Fathers, 0614, 2261, 2779, 2794, 3533, 3622, 4374
Fear of God, 0547, 3436
Felici morte, 2177
Felicitas, 0874, 3110, 3121, 6474
    dialogus, 5092
    et miseria, 3572
    humana, 0405, 2941
Feminam, avaritiam, ambitionem, 3935
Feminas, 5522

Festis, 0685
Fidei articulis, 4981
Fidei Christianae, 1373, 1466
Fidei obstaculis, 4067
Fides, 0456, 0632, 0952, 1010, 1103, 1138, 1367, 1629, 2119, 2121, 2128, 2210, 2347, 2748, 2845, 3001, 3194, 3354, 4067, 4577, 4583, 5040, 5734, 6079, 6469
    catholica, 2547
    catholica et de sacramentis, 4732
    catholica et oratione dominica, 0668
    Christiana novi ac veteris testamenti, 0733
    Christiane, 2690, 4156
    de decem preceptis decalogi de operibus misericordie, 5758
    et legibus, 2609
    et moribus, 4083
    orthodoxa, 1539
    S. trinitate spe et caritate, 2127
    spes, et caritas, 0331, 1369, 1588, 2073, 3630, 4488, 5201, 5761, 6086, 6492
Figurae bibliae, 1312
Figurae super totam bibliam, 0135
Figurarum bibliae, 0459
Figurarum moralium, 1312, 4869, 5372
Figurata veteris testamenti in novum testamentum deducta, 1322
Figuris ordinata, 2887
Filiabus humilitatis earumque ancillis opusculum, 4080
Fine mundi, 2665
Firmiter, 2146
Flesh, 2161, 2788
Florarium, 2250
Flores, 0783, 4676
    Bernardi, 4479
    casuum, 4984
    Catonis, 2733
    de penitentia, 4996
    doctorum, 0091
    moralium antiquorum, 2285
    penitentie, 4996
    proverbiorum, 5457, 6491
    quatuor librorum sapiencialium reducti ad ordinem alphabeti, 0432
    sancti Bernardi, 1155
    sapientiae, 0207
    sententiarum de libris moralium Gregorii, 0156
    spiritualium moralium, 1849
Floretus, 0107, 0108
Florilegium, 1320, 2124, 3533, 5932
Florilegium morale Oxoniense, 4491
Florilegium Sancti Gregorii magni moralitatum, 1766
Floriloquium, 1098
Florum iuris canonica, 5052
Flos florum, 1976, 2558, 3673, 4099
Flos florum vel summula de virtutibus et vitiis, 3474
Flos summarum, 0680
Flos theologiae, 1841

Fluxa mundi gloria et seculi despectione, 5363
Fons vitae, 1856
Fonte compunctionis, 6367
Forma bene vivendi, 5526
Forma confessionis, 1590, 1899, 2528
Forma confitendi, 0935, 4341, 5379, 5599
Forma confitendi ad minus semel in anno, 3796
Forma confitendi secundum bone memorie Robertum Lincolniensem Episcopum, 0280
Forma et modus confessionis et absolucionis, 1125
Forma honeste vite, 4115
Forma perfectionis, 1253
Forma vitae, 2758, 4407
Forma vitae perfectae in hac miseria, 5674
Forma vivendi religiosorum, 0742
Formicarius, 3888
Formula, 0220, 0938, 6405
Formula confessionis, 0934, 1032, 2537, 2593, 5707
Formula de compositione hominis exterioris ad novitios, 4155
Formula de interioris hominis reformatione ad proficientes, 2655, 4155
Formula de septem processibus religiosi, 4283
Formula honestae vitae, 0165, 0742, 3897, 4457, 4860, 5042
Formula interioris hominis, 0019
Formula novitiorum, 2655, 4155, 5676
Formula perfectionis spiritualis, 6211
Formula qualiter sacerdos novellus et simplex debet se in audiendis confessionibus habere, 1718
Formula reformandi religiones, 4735
Formula religiosorum, 4155
Formula seu summa confessionis, 2588
Formula spiritualis vitae, 4181
Formula vitae sive de novitiis, 3897
Fornicating priests, 3114, 3337
Fornication, 1691, 3655
Fornicatione eiusque penitentia, 0319
Fortitudo, 0719, 2165, 3203, 4528, 6507
Fortuna, 1364, 2027, 3527, 4908
Four last things, 1103
Fragilitate hominis et contemptu mundi, 3289
Fragilitate humanae conditionis habitus ad populum, 3898
Fragilitate mundi, 3545
Fragility, 3518
Franciscan, 3617, 4198
Frequentatione communionis, 3136
Friendship, 0501
Fructibus orationis, 4498
Fructibus spiritus, 0861
Fructu carnis et spiritus, 1164, 1164
Fuga mundi, 2511, 3148, 3230
Fuga seculi, 0546, 2186, 2195, 5422
Fulgentium continens picturas virtutum et vitiorum, 2780
Furtum, 0181
Gaudii sanctorum, 4443
Genealogiae falsorum deorum, 1512, 2206

Genealogical, 2053
Genesim, 3690
Gesta romanorum, 0360, 0438, 0463, 1688, 1726, 1791, 1929, 2066, 2102, 2203, 2718, 2927, 3944, 6008
Gestis domini, 2419
Gifts, 3449
Gloria contemnenda, 2430
Glory, 2226
Glossa, 0220, 1738, 2322, 2709, 3874, 5330
   in Catonem, 1043, 1047, 2222, 2949, 5529, 5848
   in gradum humilitatis, 4236
   in sextuplum, 5826
Gluttony, 1952, 4831, 5258
God, fear of, 0547, 3436
Goliardic, 2960, 4871
Golias in romanam curiam, 6233
Gomorriano peccato, 3235
Gomorrianus, 0607, 6181
Gradibus, 0625, 0824, 0951, 1513, 1693, 1738, 3694, 4354, 4452, 6127, 6550
   amoris, 2236, 5513
   caritatis, 0396, 0840, 4226, 6550
   castitatis, 5512
   conscientiae, 0946
   humilitatis, 0995, 1302, 1692, 1693, 1826, 1918, 2450, 2561, 2971, 3224, 3256, 3304, 3374, 3413, 4236, 4238, 4241, 5525, 5765
   humilitatis et superbiae, 5208
   superbiae, 1901, 2367, 3309
   virtutum, 0162, 0372, 1197, 1228, 1337, 2883
Gratia, 0873
Gratia vati, 3609
Gratia, virtutibus et novissimis, 2243
Gratian, 0345
Gratitude, 5113
Gregory, 0156, 0720, 1766, 3251, 6321
Gualteri reclusi, 2636
Gualteriane fabulae, 2212
Gula, 2357, 3725, 4451, 5482, 5899, 5918
Gula damnat edacem, 1814
Gula et luxuria, 3000
Habitaculis, 6082
Habitibus acquisitis infusis ac de caritate, 3275
Habitu, gula, immisericordia et locutione, 4451
Hexameter(s), 3518, 3565
   decem, 4083
His que spectant ad finem vel ad terminum, 1389
Historia(e), 2557
   biblie multum utilis, 0122
   in usum predicatorum, 5372
   monachales, 3208
   morales, 2067
   moralisatae, 2925
   naturalis mystica et moralisata, 0484
   scolastica, lib. exodi, 3267
   septem sapientium, 3946, 4821
   varia moralistata, 3172
Historiarum biblie et moralitates patrum, 2647
Holy Ghost, 1733

SUBJECT INDEX

Homicidio, 1798
Hominem interiorem habitus contra diabolum ante tribunal Christi, 1729
Homini felicitatem conferant et beatitudinem, 0874
Hominis dignitate, 1143
Hominis interioris, 2404
Hominum ordinibus, 2187
Honesta et religiosa vita, 6164
Honesta vita, 1442
Honestate clericorum, 2418
Honestate vite, 0213
Honeste vite de quatuor virtutibus cardinalibus, 4457
Honorandis parentibus, 3730
Honore patris, 4812
Hope, 6079
Horologium, 0720
Horologium aeternae sapientiae, 5288
Horologium sapientiae, 2332, 3032, 5416
Horologium sive liber sapientiae, 5416
Hortulus
   rosarum, 0546, 1214, 3023
Hortus animae, 5959
Hospitale pauperum, 1782
Hostibus anime, 2412, 2413
Humana conditio, 3300, 3898, 5479
Humana miseria, 1095, 3969
Humanae felicitatis, 0405
Humanae salvationis, 2562, 4579
Humanae vitae conditione, et toleranda corporis aegritudine:, 6396
Humanae vitae deplorationem, 3509
Humanae vitae miseria, deque horum temporum calamitate,, 5423
Humane vite necessariis, 0665
Humanis moribus, 6538
Humilitas, 0044, 0192, 0213, 0271, 0995, 1081, 1149, 1302, 1692, 1693, 1776, 1826, 1837, 1918, 1979, 2448, 2450, 2451, 2453, 2516, 2561, 2946, 2971, 3174, 3224, 3256, 3304, 3374, 3413, 3957, 4080, 4089, 4236, 4238, 4241, 4333, 4408, 4445, 4713, 4859, 4885, 5095, 5208, 5525, 5765, 6076, 6319
   et caritate et patientia et obedientia, 4689
   et eius gradibus, 0824, 1693
   et obedientia, 0738, 3212
   et paupertatis, 5104
   perfecte decalogo, 3256
Hussitas de peccatis quae fiunt publice et quae sustinentur ab ecclesia ne peiora peccata fiant, 0487
Hypocrisy, 0971, 3504, 3759, 6431, 6462
Ignorantes et verbi Dei contemptores, 1772
Ignorantia, 2501
Ignorantia sacerdotum, 1772
Illumativa, 3411
Imagine idoli, 1658
Imagine peccati, 1658
Imagines virtutum et vitiorum, 3352
Imago hominis, 1085
Imago peccatorum, 6168

Imitatio Christi, 4633
Imitatione Christi et contemptu omnium vanitatum mundi, 4633
Impediments to penance, 3115, 4542
Imperfectorum, 0244
Imprudenciam, 5372
Impugnatione humilitatis, 1837
Incarnatione filii Dei, 0876
Incendium amoris, 1856
Inconstancy, 3759
Inconstantia rerum, 4784
Inconstantiam praelatorum, 2207
Indulgentiis, 4895
Inferni, 1487
Infirmis visitandis et confessione audiendis, 1193
Ingluviei, 1996
Ingratitudinis, 3713
Inimicis diligendis, 0653
Iniquo statu mundi, 3154
Injunctione penitentiae, 5390
Injunctiones contra vitia predicta, 0978
Instinctibus, 5400
Institutione virginum et contemptu mundi, 3892
Instructione simplicium presbyterorum in cura animarum, 0252
Intemperantiam, 1004
Interiori et exteriori, 5696
Interiori homine quomodo inveniat Deum, 3126
Interioris hominis, 0019, 3605, 3736, 4705, 5582
Interioris hominis reformatione ad proficientes, 2655, 4155
Interrogandi in confessione observandus, 1029
Interrogationibus in confessione fiendis, 1675
Introitu hominis et exitu, 5684
Invidia, 0652, 0875, 1382, 2055, 3209, 3421, 3477, 5221
Ira, 1785, 1935, 2686, 4557, 6145
Isagoge, 3095
Isaiam, 0627, 1912
Itinerarium mentis in se ipsum, 1856
Jactantia, 3116
Jejuniis, 2482, 3619
Jejunio, 3417, 3621, 3932, 4232, 4403, 6101
Jejunio et abstinentia, 6138
Jejunio et elemosina, 2483
Jejunio quatuor temporum, 4437
Jericho, 3379
Jerusalem et Babylon, 2783, 5108
Job, 1937, 3730
Job glosatus, 1938
Joy, 6099
Judgement, 1261
Juniorum, 0245, 2543, 5103
Juratorum, 2349
Jure canonico, 4950
Jure et iustitia decalogi, 4031
Jure predicandi et confessiones audiendi, 4294
Juris, 2185, 5212, 5587
Juris canonici, 4950, 5745
Juris moralis, 6222
Justitia, 1601, 2881, 3081, 3987, 4031, 4297, 4698, 4699, 5008, 5167, 6148

Justitia et justo, 1706
Justitiae hominis, 0441
   et divina justitiae observantia, 5167
Juvene divinitus percusso ob superbiam, 6005
Juvenem luxuria defluentem atque mortis admonitio, 5821
Juvenes religiosos quibus studiis opera sit ad vicia repellenda, 3112
Labor, 2893
Laicorum, 1310
Lapidum preciosorum, 0082
Lapsu mundi, 3246
Lascivos sodales, 3059
Lechery, 1000, 1001
Legal, 0060
Legale et morale, 0093
Lege aeterna et divina, 0656
Legem, 4616
Legibus, 2609, 4276, 4616, 6036
Leonine verses, 1881, 3473, 3485
Lepre et septem peccatorum, 3359
Lesionibus Christi et septem donis spiritus, 2077
Letitia, 2935, 2936
Lexicon, 0060, 0127, 0314
Lexicon moralitatem, 0366
Lexicon theologie moralis, 3641
Libero arbitrio, 3609
Libro vitae, 0539, 4622
Liceitate tyrannicidii, 1504
Ligni Christi, 3966
Ligno vitae, 3966
Lingua, 0324, 2966, 3787
Lingua bona et mala, 1204
Living, 4736, 5114, 5138
Loquendi et tacendi, 4951
Love, 0365
Loving one's neighbor, 4538
Luctu bono, 3931
Lumen animae, 0371, 0476, 0502, 2398, 2437, 2848, 3085, 3915, 3916, 3930, 4288, 4319, 4372, 5275, 5849, 5850
Lupo monacho, 5420
Luxuria, 0622, 1223, 1686, 1798, 2196, 2292, 2863, 2990, 2994, 2995, 2996, 3008, 3382, 3422, 3589, 3797, 5459, 5531, 5788, 5821, 6004, 6068, 6141, 6528
   et nocturna pollutione, 6299
Luxuriosos, 1921
Macaronic, 2092, 5921
Mala huius mundi, 1740
Male viventium, 1708
Malis ecclesiae, 0743
Malis prelatis, 0024
Malis seculi, 3712
Malitia cleri evitanda, 6103
Malitia mundi, 3142, 3152
Malo, 1074, 4558, 4789
Malo et de peccato, 4515
Malo et generalitate atque specialitate malorum, in quae potest homo defluere et a quibus expedit eum, 2419
Malo et origine malo, 4549

Malo huius seculi, 3712
Malo statu mundi, 2470
Mandatis, 0450, 1200, 1827, 2623, 5415
Mandatis decalogi in generali, 5662
Mandatis Dei et oratione dominica, 1200
Mandatis divinis, 0663, 3271, 4031
Mandatis et symbolo, 5739
Mandato praesulis, 0836
Mandatorum, 1224, 5381
Mandatorum Dei, 5647
Mandatorum Dei et presertim diei dominicae, 4680
Mansuetudine, 5869
Manual, 0704, 1135, 1395, 4133, 4808, 4955, 4957, 6224
Maria Magdalena exemplum septem remediorum contra luxuriam, 3382
Matrimonio, 3034, 4943, 5149
Meditationes, 1730, 4839
Memoria, 2686
Memoria improvisae mortis, 3542
Mendaciis, 1723, 3893
Mendicantium, 0892
Mensa, 3062
Mentis, 3884
Mentis in Deum, 2653
Mercatorum, 6153
Mercy, 6407
Merito bonorum operum, 2773
Metrica, 0703, 0876, 0955, 1023, 1597, 3812, 5777
Metrista, 3156
Militia humana super terram, 1637
Militia religiosorum, 3964
Mirabilibus mundi, 0448
Mirabilium, 3071
Miseria, 2420, 2485, 2565, 2767, 2871, 3075, 3076, 3138, 3496, 3531, 3538, 5423, 5674, 5868, 6027
   carnis et falsitate praesentis vitae, 3559
   conditionis hominis, 2789
   conditionis humanae, 5479, 5846
   curialium, 5823
   et fugacitate vitae humanae, 1147
   et stultitia curialium, 5822
   hominis, 1487, 2326, 2956, 3618, 6403
   hominis et contemptu mundi, 1147
   hominis et penis inferni, 1487
   huius mundi, 1910, 2550, 3077
   huius vitae, 3077, 3541, 4770
   humana, 0199, 1095, 1872, 3532, 3969
   humana sermo, 6110
   humanae conditionis, 0657, 1753, 2789, 3556, 4265, 5479
   mundi, 2329, 3669, 6549
   presentis vitae, 2329
   sua, 1534
   temporum, 3468
   vitae humanae, 2329
Misericordia, 0954, 3692, 3780, 5156, 5257
   et justitia, 3081
   veritate, justitia, pace, 5008
Missam ecclesiae, 1589
Missione homini, 1487

SUBJECT INDEX

Mnemonic, 1305, 2161, 2322, 2833, 5542, 5770
Modestia, 1955
Modo vivendi secundum deum ad omnes fere status hominum ordinatus, 3188
Monachi, 1226
    peccatoris, 1226
    peccatoris de usura, 2577
Monachus, 0029, 0742, 2025, 2456, 3294, 4000, 4463, 4595, 5250, 5582, 5677, 6106, 6394, 6533
Monastica, 0368, 1427, 3066, 3956, 4224, 55 5672
Moniciones, 2634
Moral discourses, 3362
Moral(itas), 0060, 0080, 0082, 0110, 0127, 0163, 0208, 0225, 0499, 0513, 0515, 0544, 0550, 0635, 0639, 0689, 0966, 0990, 1014, 1021, 1053, 1059, 1099, 1255, 1296, 1310, 1355, 1452, 1596, 1660, 1694, 1867, 1914, 1961, 1977, 2020, 2101, 2117, 2124, 2154, 2160, 2380, 2573, 2608, 2647, 2667, 2776, 2825, 2907, 2939, 3021, 3029, 3098, 3118, 3171, 3176, 3181, 3251, 3254, 3285, 3299, 3305, 3360, 3362, 3363, 3445, 3473, 3844, 3879, 4032, 4322, 4355, 4425, 4500, 4658, 4722, 4731, 4824, 4947, 5052, 5072, 5120, 5284, 5312, 5351, 5544, 5560, 5579, 5693, 5712, 5820, 6007, 6100, 6102, 6375, 6490
    aedificium, 4994
    amor, 3175
    animalibus, 3177
    avibus, 0482
    biblia, 2639, 2639, 5125
    caritate, 0681
    corporum celestium, elementorum, 5027
    declamationes Senecae, 2525
    dogma e dictis patrum, 4683
    dogma philosophorum, 2071, 2421, 3095, 6120
    dogmaticae, 6276
    ecclesiaste, 1715
    evangelia quatuor, 2781
    Exodum, 1940
    expositio super genesim, 3690
    Gregorii, 0156
    historiarum, 2557
    instructio consolativa, 2886
    Isaiam, 0627, 1912
    liber ex Origenis commentariis, 1160
    magnarum rerum naturae, 0476
    manna, 0633
    naturalibus et artificialibus secundum alphabetum, 4392
    naturis animalium, 6184
    notabilium, 1434
    oculo, 5532
    philosophiae ex libro Aegidii de regimine principum, 5412
    philosophiae fundamentum compendiosum, 0485
    principis institutione, 5698
    pro religiosis, 4039
    psalmos, 0630
    psalterium, 0629
    quaedam super librum Apoc., ad intellectum litterae pleniorem, 5881
    quartum regum, 0710
    regium, 3063
    rerum, 5027, 6089
    rerum naturalium, 5980
    S. Gregorii excerptum, 3297
    scholarium, 2445
    scripturae, 4970
    septem vitiis capitalibus, 1628
    seu descriptiones virtutum, 1390
    somnium Pharaonis, 0210, 6417
    supra deuteronomium, 2137
    totius sacrae scripturae, 1536
    usum praedicantium, 0308
    virtutibus, 1065
    virtutibus et vitiis, 5324
    vitiis, 6042
Morali, 5532
Morali salus, 5383
Moralis philosophiae, 5072, 5608
Moralium, 0003, 0075, 0076, 1677, 1849, 4091, 5713, 5715
Moribus, 0334, 1869, 3609, 3959, 4083, 5603, 5608, 6538
Moribus clericorum, 3153
Moribus et honesta vita, 1655, 3897
Moribus hominum et de officiis nobilium, 3134
Moriendi, 3542
Mors, 0243, 0399, 0651, 0734, 1283, 2177, 3051, 3073, 3103, 3542, 3609, 3881, 4639, 4668, 4668, 4918, 5821, 6310, 6311, 6315, 6338
Mors amici consolatoria, 1666
Mors et de consolatione mortuorum, 1666
Mors et judicio, 3519
Mors malorum, 3101
Mortal, 0291, 3885, 6287
Mortali peccato existenti valeant, 5156
Mortalia peccata cum prologo, 2681
Mortalibus peccatis, 2748, 3108, 4192, 4688, 5639, 6307
Mortalis peccati malitia, 2716
Mortalitate, 2024
Morum qualitate, 6538
Mulieres, 1921
Mundanorum, 3145
Mundi, 0448, 0666, 1020, 1124, 1162, 1557, 1740, 1812, 1862, 1871, 1911, 2016, 2263, 2417, 2470, 2511, 2665, 3075, 3089, 3142, 3148, 3152, 3154, 3230, 3524, 3545, 3549, 3635, 4284, 4356, 4357, 4357, 4420, 5109, 5148, 5163, 5278, 5363, 5501, 5816, 6065, 6087, 6397, 6469
    appetitu, 2263
    contemnendis, 4761
    contemptu, 1266
    contemptum, 3529
    contemptus, 3560
    cordis, 4945
    delicias, 3141
    et hominis, 5972
    et pulchritudine Dei, 4769, 6162

falsitate, 0794
fugiendo, 1704
huius amatorum, 6326
malo, 2188
miseria, 1862, 3669, 5401, 6549
miserias, 0417
prosperitate, 0592
vanitate, 3147
vanitate fugienda, 1096
vanitate fugienda et penitentia amplectanda, 1210
vanitate secundum coilinum, 1844
vita, 2329
see also: contemptu
Mutabilitate mundi, 1162
Mutabilitatis, 6425
Mysteriis ecclesiae, 1439
Mysterio iniquitatis, 2756
Myths, 5712
Narratio allegorica de vitiis, 2162
Narrationes, 0138, 0449, 1395, 2201, 2568
Narrationes aliae allegoricae, 0401
Narrationes secundum ordinem alphabeti, 0448
Narratiuncule varie de rebus diversis, 1387
Narrative verses, 6309
Natura animalium cum expositione mystica et morali, 1525
Natura rerum, 1242, 3178, 5458, 5957, 6089, 6149
Naturali ordine mandatorum, 5381
Naturalia bona moralisata, 3039
Naturalia, sive libri VI de rebus naturalibus moribus adaptatis, 2269
Nature, 6096
Naturis animalium, 3179
Naturis animalium cum moralitatibus et lapidum preciosorum descriptio, 0082
Neighbor, 4538
Nobilitate, 3164
Nobilitate animae, 4874
Nobilitate generis humani, 2352
Nocturna pollutione, 6299
Nota, 2997, 4513, 5450, 5454, 5515, 5602, 5891, 5930
Notabile de peccato luxuriae, 2863
Notabilia theologica, 3356
Notae breviores contra peccata mortalia, 1386
Nova prevaricantia mandatorum, 1224
Novem alienis peccatis, 0038, 0279
Novem filiabus diaboli, 6540
Novem fontium virtutibus, 2926
Novem peccata aliena, 0027, 2393, 2877, 3454, 3770
Novem peccatibus mortalibus, 2877
Novem remedia contra temptationes, 0235
Novem virtutes, 1363, 2338
Novina sacerdotum ex theologia et canonibus compendiose recollectum, 6473
Novissimis, 0433, 3057, 5880
Novitiis, 2655, 3897, 4155, 4685, 5676
Novitios in suis confessionibus faciendis, 2345
Numerale, 1563, 1563

Obedientia, 0190, 0738, 1650, 2010, 2429, 2759, 3212, 3462, 3563, 3689, 4689, 4690, 5035
Obedientia, de castitate, paupertate, 0337
Obedientia discipulorum, 4235
Obiecto finito et infinito, 1556
Obitu Ade prothoplasti et de origine ligni Christi, 3966
Obitu hominis, 1283
Oblivione malorum preteritorum et memoria et ira, 2686
Observatione sabbati, 4674, 4679
Occultarum passionum vulneribus, 1307
Occultatione vitiorum sub specie virtutum, 1982
Octo principalibus vitiis, 2213, 3586, 3587, 4251
Octo principalibus vitiis et de remediis eorum, 1845
Octo puncta perfectionis, 2303
Octo species turpitudinis, 3589
Octo species turpitudinis coniugum, 4064
Octo turpitudinibus coniugalibus, 2312
Octo vitiis, 2033, 3591
Octo vitiis et octo beatitudinibus, 0621
Octo vitiis principalibus, 1649, 3592, 3593, 4056, 4506
Oculi sacerdotis, 3129
Oculo animae purgando, 4832
Oculo morali, 1677, 5532
Odio, 6219
Odium et invidiam, 3209
Odor vitae, 6479
Officiis et abusionibus eorum, 3596
Officiis et statu ecclesiasticorum, 2817
Officiis nobilium, 3134
Officio sacerdotum, 4583, 4636, 5010, 5045
Operibus misericordiae, 0597, 3083, 5758
Operibus sex dierum, 3690
Orandi, 4865
Oratio, 2038, 3695, 3766, 4865
   Anselmi, 6001
   compunctiva pro peccatis, 2153
   dominica, 1200, 5440, 5469, 5493, 5494, 5578
   dominicae petitionibus, 0830
   ieiunio et eleemosyna, 4403
   matutinalis, 0553
   partes divisa contra septies septena vitia quae ex una prodeunt inventrice malorum superbia, 5844
   quanta sit et quod salvator noster septem vicibus legitur orasse, 3423
   sancti Hieronimi, 0553
   virtutibus Jesu Christi nobis in eius passione ostensis, habita ad Alexandrum VI, 3705
   vita et morte, 1921
   vitiis et virtutibus, 0729
Ordine vitae et quorum institutione, 6063
Originali culpa, 4523
Originali peccato, 1886, 2140
Origine ligni Christi, 3966
Origine mali et de peccatis, 2468
Otio religioso, 6147
Otio vitando, 3721

Ovidii Metamorphoseon, 0690
Ovidius moralizatus, 2603
Pace, 0660, 2530, 3086, 5008, 5257
Pantheologia abbreviata, 0002
Pantheon seu morale aedificium, 4994
Parabola(e), 0016, 0449, 1296, 1437, 2928, 5198
   de fide, spe et caritate, 5201
   Salomonis, 3043
Paradisus, 3690, 3966, 6415
   animae, 0677, 5875
   conscientiae, 1941
Pardon, 1261
Parentibus, 3730
Parochi, 4489
Parochialium sacerdotum, 2115
Passio cujusdem nigri monarchi secundum luxuriam, 2568
Passionibus, 6260
Pastoralis, 2604
Pastorum et animarum rectorum, 2271
Pater, 0067, 0417, 0866, 1897, 2748, 2772, 2845, 4812, 5639
Patientia, 0277, 0318, 0719, 1580, 1962, 1979, 2856, 3128, 3249, 3350, 3412, 3746, 3748, 3980, 4333, 4689, 4864, 5096, 5305, 5518, 5733, 6105
Patrum, vitis, 2201
Paupertate, 0337, 0599, 2103, 3211, 5104
   evangelica, 3547
   humilitate et patientia, 1979
Pauperum, 0793, 1782, 3319, 3616, 3913, 5852
Pauperum clericorum sive speculum sanctorum, 0582
Peace, 3756
Peccanti, 2270
Peccata, 0200, 0342, 0632, 0828, 0862, 0894, 0929, 0985, 1089, 1180, 1409, 1436, 1499, 1622, 1658, 1681, 1697, 1958, 2176, 2180, 2221, 2305, 2468, 2745, 2748, 2761, 2819, 3036, 3047, 3108, 3357, 3371, 3408, 3425, 3433, 3516, 3560, 3613, 3750, 3771, 3775, 3776, 3783, 3790, 3791, 3802, 3985, 4282, 4431, 4443, 4472, 4476, 4515, 4640, 4794, 4839, 4918, 4962, 5106, 5119, 5199, 5319, 5378, 5409, 5446, 5554, 5569, 5639, 5710, 5805, 5807, 5840, 5907, 5922, 5924, 5938, 6001, 6020, 6025, 6062, 6127, 6168, 6174, 6249, 6264, 6300, 6448, 6476, 6533
   Adae, 4514
   Adae et Evae, 3966
   aliorum angelorum a Lucifero, 4560
   animae, 5073
   blasphemiae et in Spiritum Sanctum, 3611
   capitalibus, 3781, 5102, 5585, 6329
   capitalibus, eorum ramis et de peccato in genere, 3761
   caritati contrariis, 6512
   carnis, 0412, 3512
   clamitancia in celum, 0822
   cogitationum, 2901
   comissis, 1611
   confessione, 4386, 6373
   confessione dicendorum, 3333
   confiteri volens, 4828
   consolatio, 3997
   corde, ore et opere factis, 5325
   corrigendis in quadragesima, 0566
   criminalibus, 2314
   criminalibus et venialibus et de remediis eorum, 1018
   cum anima sua, quam excitat ad corrigendum peccata, 0416
   distinctione, 5427
   dolore, 2686
   eius speciebus, 5817
   enumeratio, quaenam sint cordis, quaenam oris, operis aut omissionis, 5903
   est blasphemia, 5411
   et Jericho, 3379
   et qualiter sit confitendum, 4342
   fugiendis, 1811
   generali, 1252, 3778
   genere, 1249, 4378
   gratia, 0873, 1238
   in usum confessariorum consarcinatus, 5551
   linguae, 6134
   linguae sive oris, 4614
   ludi, 3416
   malorum religiosorum, 5918
   mentalibus mortalibus, 1307
   minutis, 4459
   mortale et veniale, 3793, 5157
   mortale, quandoque veniale, 0555
   mortali, quomodo unum est causa alterius multis modis, et de cupiditate et specialiter de superbia, 5097
   mortalia, 0706, 0763, 1386, 2001, 2192, 2461, 3384, 3472, 3767, 3788, 3887, 4534
   mortalia venialia, 4081
   mortalibus, 2877
   mortalibus et eorum speciebus, 0661
   mortalibus et venialibus, 3643, 4081, 4694, 5006
   mortalibus in speciali et de eorum filiabus, 5946
   mortalibus que commituntur contra decem precepta, 4589
   mortalium cum speciebus, 3336
   mortalium et venialibus, 4582
   mortalium et venialium in speciebus et filiabus singulorum septem vitiorum capita, 0623
   natura, diffinitionibus et radicibus, 4561
   naturam, 3392
   omissionis et commissionis, 6262
   opera, 4275
   originali, 0782, 1133, 1431, 1886, 2140, 4338, 4523, 4562, 5318, 5993, 6095
   oris seu linguae, 4614
   periculis et dampnis que incurrunt manentes in ipso mortali peccato, 2193
   primi angeli, 4546
   primorum parentum, 4547
   prius commissum, 2270

pro quibus homo eternaliter dampnatur, 6020
publica in civitatibus, 4700
quae fiunt publice et quae sustinentur ab
    ecclesia ne peiora peccata fiant, 0487
qui desperat et de ratione, quae peccatorum
    ne desperat confortat, 2546
quomodo cognosci habeant peccata et quo-
    modo est de eis vere penitendum, 4724
remediis, 1406
remedio, 0206
septem mortalibus, 5430
seu planctus anime damnate, 0376
sit mortale vel veniale, 3340, 4066
sive de vitiis capitalibus, 6362
Sodome et circumstancias eius, 3399
spiritualibus, 5534
Spiritum Sanctum, 0798, 2809, 3326, 5514
veneno, 5102
veniali duplici, 1842
venialia, 6370, 6427
venialia deleantur, 4752
venialibus et mortalibus, 4999
Peccatoris, 3102
Peccatricis, 5838
Peccatricis animae, 1084
Pecuniis montis Florentiae, 0762, 6430
Pena communicantium excommunicatis, de con-
    fessione audienda, et de penitentia in ex-
    tremis, 0766
Pena peccati, 3802
Penance(s), 0259, 0275, 0563, 0700, 0897, 1203,
    1413, 1802, 2512, 2555, 2622, 2765, 2864,
    3009, 3115, 3190, 3308, 3625, 3832, 3839,
    3841, 3858, 3860, 3861, 3879, 4343, 4430,
    4542, 4749, 4798, 4914, 5017, 5320, 5385,
    5570, 5586, 5770, 5847, 5864, 5989, 6047,
    6435, 6475 see also: Canones
Penarum penitentibus iniungendarum, 2028
Penis peccatorum, 3800
Peniteas cito, 0483, 0648, 0701, 2138, 2391, 3804,
    3805, 3806, 3808, 3809, 3810, 3811, 3813,
    3814, 3815, 3816, 3817, 3818, 3819, 3820,
    3821, 3874, 4143, 5110, 5369, 5805, 5807, 6193
Penitenciale, 6359
Penitendum, 4724
Penitentale, 0251
Penitentes interrogandi, 3383
Penitentia, 0004, 0006, 0034, 0196, 0223, 0238,
    0242, 0249, 0276, 0280, 0302, 0306, 0317,
    0322, 0341, 0345, 0346, 0380, 0388, 0483,
    0504, 0510, 0576, 0614, 0662, 0756, 0775,
    0783, 0802, 0837, 0837, 0868, 0877, 0878,
    0903, 0958, 0987, 1075, 1116, 1117, 1137,
    1145, 1159, 1159, 1167, 1177, 1222, 1273,
    1282, 1347, 1347, 1361, 1378, 1410, 1411,
    1412, 1416, 1513, 1517, 1547, 1554, 1578,
    1582, 1674, 1674, 1698, 1765, 1775, 1866,
    2035, 2100, 2110, 2110, 2113, 2217, 2217,
    2304, 2306, 2330, 2344, 2381, 2390, 2407,
    2462, 2521, 2521, 2533, 2540, 2599, 2611,
    2613, 2625, 2629, 2650, 2651, 2652, 2717,
    2719, 2749, 2777, 2797, 2824, 2831, 2894,
    2919, 2934, 2975, 2979, 2985, 2987, 2989,
    3028, 3041, 3052, 3053, 3078, 3079, 3160,
    3192, 3255, 3441, 3442, 3457, 3476, 3479,
    3663, 3683, 3719, 3727, 3765, 3812, 3822,
    3825, 3826, 3830, 3837, 3838, 3843, 3846,
    3850, 3852, 3855, 3856, 3857, 3862, 3863,
    3864, 3865, 3867, 3871, 3872, 3873, 3876,
    3877, 3900, 3901, 3953, 3958, 3963, 3966,
    3971, 4029, 4034, 4070, 4119, 4135, 4177,
    4186, 4224, 4301, 4339, 4345, 4346, 4365,
    4419, 4470, 4492, 4522, 4576, 4581, 4601,
    4634, 4653, 4655, 4670, 4707, 4724, 4733,
    4756, 4757, 4759, 4838, 4846, 4866, 4877,
    4911, 4919, 4949, 4996, 5002, 5005, 5020,
    5054, 5074, 5086, 5086, 5149, 5180, 5228,
    5231, 5240, 5247, 5306, 5336, 5341, 5371,
    5375, 5379, 5390, 5490, 5496, 5563, 5564,
    5566, 5573, 5589, 5744, 5748, 5813, 5839,
    5853, 6019, 6030, 6033, 6048, 6057, 6067,
    6122, 6156, 6173, 6183, 6220, 6277, 6304,
    6358, 6421, 6464, 6501, 6502, 6533
ad utilitatem confitentium fieri possunt et
    debent, 1402
Adae, 0306, 1101, 1101, 3966
Albeldense, 5583
animae, 5087
assumpta, 3440
confessione, 1183, 2872, 3852
conversione, 2475
cum glossa et dubiis, 6304
David, 6022
de septem peccatis mortaliter, 5599
diversis libris extractis, 4100
eius circumstantia et eius effectis de peccatis
    voluntate, 1401
eius tribus partibus, 4956
et cibis animae, 3847
et confessione, 3871, 6019
et de virtutibus et vitiis, 0784
et eius fructibus, 4996
et temptationibus religiosorum, 4290
et tribus eius partibus, 1866, 6061
falsa, 6179
iniungenda, 5112
iure diffinitis, 4708
laicorum, 5272
Magdalene, 3079
matrimonio, de sacris ordinibus, 5149
per modum paradisi ubi septem horti sunt
    secundum septem species florum, 3923
publica, 6091
que sunt necesse penitenti, 3812
rarrenariorum, 2774
reconciliatione penitentis, 5593
religiosis injungenda, 3901
remissionibus, 0237, 0410, 2083, 3082, 3608,
    3683, 3852, 3954
satisfactione, 3840
secunda dieta, 2802
Silense, 5584
taxate secundum canones, 4652
vel satisfactione a sacerdote injungenda, 6360

Penitentibus, 2028, 2822, 3373, 3727, 3878, 3992
Penitentibus tamen utilis, de modo confessionis, ac etiam inquisicionibus faciendis de peccatis, 0929
Peregrinus, 0400
Perfectio(ne), 0186, 1253, 1654, 1656, 2303, 3742, 4874, 4978, 6211
    caritatis dialogus, 0375
    castitatis, 5512
    Christianae religionis, 6142
    Christiane, 4758
    cordis, 1680, 6016
    dei imitandis, 1987
    et exerticiis ordinis Carthusiensis ad perfectionem ordinatis, 6303
    filiorum Dei, 4767, 4858
    interioris hominis, 3736
    justitiae hominis, 0441
    modo vivendi beatissimi patris nostri Augustini Episcopi, 4998
    religiosorum, 1067
    spirituali interioris hominis, 4705
    spiritualis vitae, 5007
    statuum, 1265
    viarum Dei, 3994
    vitae, 5677
    vivendi, 5249
Perseverance, 0614
Philosophi, 0358, 1098, 1475, 1928, 2071, 2421, 2691, 2705, 3029, 3095, 3917, 5975, 6120
Philosophia moralis, 2943, 4295, 6400
Philosophia(e), 0485, 5412
Philosophorum antiquorum, 5975
Philosophorum et de dictis moralibus eorumdem, 1098
Philosophorum moralium antiquorum, 5396
Physiologus, 0209, 0639, 0713, 1965, 2933, 3181, 6051, 6052, 6053
Picture moralisate, 3352
Pigros, 5254
Pity, 6056
Planctus, 6065
    de statu mundi, 6065
    de vita, 2141
    ecclesiae, 5214
    peccatis, 5349
    peccatoris, 1499, 3102
    super errores multorum Christianorum, 3022
    super errores religiosorum, 4844
Plutarch, 2742
Poem(s), 0013, 0023, 0373, 0655, 0699, 0718, 0736, 0937, 0941, 0960, 0982, 1000, 1001, 1021, 1022, 1024, 1027, 1056, 1102, 1239, 1510, 1511, 1554, 1612, 1699, 1951, 1952, 1961, 1985, 2052, 2096, 2160, 2161, 2230, 2232, 2310, 2336, 2386, 2420, 2440, 2469, 2485, 2504, 2565, 2684, 2767, 2769, 2775, 2806, 2882, 2970, 3026, 3075, 3076, 3100, 3118, 3137, 3138, 3301, 3496, 3518, 3531, 3538, 3551, 3597, 3604, 3710, 3799, 4025, 4051, 4075, 4292, 4417, 4427, 4438, 4598, 4625, 4626, 4644, 4777, 4802, 4849, 4856, 4871, 5114, 5138, 5151, 5425, 5428, 5498, 5556, 5559, 5809, 5813, 5877, 5965, 5989, 5999, 6054, 6094, 6104, 6112, 6146, 6148, 6188, 6204, 6205, 6332, 6333, 6407, 6490, 6516, 6517, 6518, 6546
    contra luxuriam, 2292
    de decem preceptis, 2316
    de fragilitate mundi, 3545
    elegiacum de virtutibus et vitiis, 5164
    morale, 5026
    rhymed, 3518
    rhythmi de mundi vanitate, 3147
    rhythmus de caritate, 5555
    rhythmus de contemptu mundi, 1287
    rhytmus cuiusdam scolastici de octo principalibus vitiis secundum ordinem quem posuit Cassianus, 2213
    rythmicum de vita humana, 2329
Potentiarum animae, 5711
Potentiis animae ac peccato in ipsis, 6174
Poverty, 3754
Preachers, 0110
Precepta, 0436, 0526, 0530, 0534, 0685, 0787, 0807, 0808, 0833, 0976, 1832, 1998, 2845, 3299, 4011, 4172, 4199, 4205, 4214, 4272, 4552, 5274, 5630
    abbreviatum, 0525, 4197
    confessione, arte moriendi, 0734
    confessione et scientia mortis, 0734
    decalogi, 0232, 0767, 1678, 1884, 1969, 1970, 2373, 2656, 2900, 2909, 3182, 3414, 3491, 3981, 4015, 5200, 5505
    decalogi metrica, 6160
    decem, de sacramentis, de aetatibus hominum, 4013
    Dei, 6426
    dispensatione, 4330
    divinae legis, 1488, 3241
    legis, 3925
    legis et evangelii, 4022
    legis secundum Origenem, 1274
    moralia et proverbia de rebus medicis, aenigmata, 5833
    Pitagore philosophi, 2194
    quaedam ad bonam vitam, 1991
    sacramentis pro curatis, 1219
    sequencia, 5572
    ultimis duobus, 3986
    see also: decem preceptis
Predestinatione, 6249
Predicabilibus, 1218, 2399, 4973
Predicandi, 4294
Predicandum, 0062, 1038
Predicantium, 0151, 2394, 4028
Predicatoria, 6457
Predicatoribus et confessoribus, 4686
Predicatoris, 0296, 3716, 5372
Prelatis, 0024
Prelato sodomita, 4632
Prelatorum, 5171, 5362
Prelatorum ac religiosorum et parochialium sacerdotum, 2115
Prelatos qui audierunt confessiones subditorum, 6360

Premio animae penitentis, 4034
Preparatione ad mortem, 3542
Preparatione cordis, 1376, 1676, 1932, 4036, 4040, 5961
Preparatione cordis, seu speculum concionatorum, 4038
Preparatione domus animae, 1676
Preparationibus confessionibus generalis, 1714
Presbyterii, 1875, 2631, 4923
Presbyteris curam animarum habentibus ex dictis sanctorum patrum collectus, 0613
Preteritorum, 0205
Pride, 1056, 2368, 3759, 5738
Priests, 0436, 4829, 6224
Primo mandato, 2108
Privilegiis clericorum, 4583
Probatione spirituum, 0226, 4280
Profectus religiosorum, 1202, 2792, 4283, 4283
Proles septem criminalium metrifice, 5901
Pronunciandi sententias excommunicationum, 5235
Properties of creatures, 0593
Proprietate, 1863
Proprietatibus rerum, 1428, 3157, 5046
Proprietatis vitium, 3676
Prosperitate adversitatis, 1142
Prosperitate malorum, 4429
Proverbi et expositio, 4656
Proverbia, 0207, 0402, 0579, 0581, 0992, 1003, 1881, 2693, 3215, 3225, 3257, 3287, 3305, 3906, 4596, 5457, 5675, 6021, 6339, 6380, 6491
   Catonis, 6242
   moralia, 5224
      philosophorum et sapientum quondam huius modi in figuris ordinata, 2887
   rusticorum, 5150
Provincialis, 2497
Proximi, 1002, 1681, 1868, 2615, 3654, 5780, 6047, 6512
Prudentia, 2241, 4001, 4079, 4307, 4316, 5742
Prudentii psychomachiam, 4317
Psalm(s), 0630, 1933, 2105, 5364, 6259, 6464
Psalmi confessionales, 1640
Psalmi penitentiales, 1012, 1738, 1739, 2331, 2415, 4318, 4925
   see also: septem
Psalmum XC, 5364
Psalmum CXXXII, 1933
Psalterium, 0629, 0630
Psalterium humilitatis, 3256
Pudicitia, 3104
Pudicitiae sive castitatis laudibus, 4399
Pugna, 4642
Pugna spirituale, 1719
Pugna spirituali contra septem vitia capitalia, 1907
Pugna vitiorum, 4861, 6523
Pugna vitiorum et virtutum, 3550
Pugnam contra luxuriam, 6004
Pulchritudine Dei, 4769, 6162
Pulchritudinem corporis, 4323
Punishments, 0113
Pupilla oculi, 2441, 5976
Purgativa, 3411
Purificatione sensuum interiorum, 2216
Purificationis beate Marie Virginis gloriosissime, 1233
Puritate animae, 4945
Puritate conscientiae, 3896, 4945, 6533
Puritate cordis, 4450, 6533
Puritate mentis, 3884
Puritatis, 1344
Pusillanimitate, 4624
Pusillanimitate cordis, 0362
Quadragesima, 0164
Quam nociva sint sacris hominibus femina, avaritia, ambitio, 3935
Quatuor bonis et quatuor malis, 5800
Quatuor fontibus honestatis, 4250
Quatuor gradibus scalae spiritualis, 4452
Quatuor gradibus violentae caritatis, 6550
Quatuor instinctibus, 5400
Quatuor mentalibus exercitiis, 2150, 4897
Quatuor novissima, 1696, 2258, 3057, 3058
Quatuor peccatis in coelum clamantibus, 3368
Quatuor peccatis maioribus, 1518
Quatuor virtutibus, 0790, 1044, 2395, 2698, 4311, 4314, 4440, 4457, 4971, 6484
   animi, 5857
   cardinalibus, 0664, 1371, 1429, 1615, 1824, 2563, 2869, 3397, 3967, 4154, 4441, 4454, 4457, 4726, 4971, 5124, 5353, 5483, 5706
   cardinalibus ex gestis antiquorum complilatus, 4971
   cardinalibus per exempla antiquorum gestorum collectus, 3165
   caritatis, 1527
   de misericordia, veritate, iustitia, pace, 5008
   principalibus, 4305, 5861
   principalibus devotae animae, 5697
Questio an iustum sit malos iustis praeesse, 4530
Questio(nes), 0757, 1610, 3009, 3338, 3844, 3978, 4133, 4485, 4508, 4519, 4521, 4526, 4528, 4535, 4536, 4538, 4539, 4551, 4575, 6047, 6245, 6251, 6256, 6269, 6282, 6284, 6287, 6293, 6294, 6297
   casuales, 4938, 4938
   disput. de virtutibus, 6261
   disputata XXXVI, 6295
   diversae, 6267
   ex summa confessorum, 4465
   morales, 3377, 6298
   summa confessorum, 4465
Questio: utrum efficacia sacramenti baptismi noxam deleat cuiuslibet peccati, 4572
Questio: utrum iudex peccet condemnando ad mortem quem in casu scit innocentem, si probatum est coram, 2876
Quid venisti, 1134, 4155
Quindecim gradibus peccatorum, 6127
Quindecim gradibus penitentiae, 1513
Quinque circumstantiis confessionis, 3348
Quinque clavibus sapientiae liber, 6237
Quinque consideranda quae dant homini maximum dolorem, 1092
Quinque floribus mundi contemnendis, 4761

Quinque incitamenta ad Deum amandum ardenter, 1028
Quinque peccatis in caelum clamantibus, 5862
Quinque reguli ad cognoscendum quando peccatum sit mortale vel veniale, 4066
Quinque sensuum, 4400
Quinque septenis, 4833
Quinque statibus fidelium, 6202
Quinque statibus iuxta differentiam hominum, 6202
Quodlibet, 6244, 6258, 6279, 6280
Quotations, 0614, 3006
Radicibus perturbationum ex S. patribus compositus, 0554
Rapina, 1840
Ratione perfectorum, 4247
Rationes penitentiae, 4919
Rationis et conscientiae, 3135
Raymundi, 0022, 0774, 2281, 2496, 2950, 3616, 4629, 4982, 5413, 5541, 5852
Raymundi cum commento, 6125
Raymundi de penitentia et confessione, 3852
Raymundi versificata, 2668
Rebus naturalibus moribus adaptatis, 2269
Recidivum in peccatum prius commissum, 2270
Reformatione interiori, 2408
Reformatione interioris hominis, 1247
Reformatione virium animae, 1907, 2408
Reformatione virium anime, 2406
Regimen, 1042, 1050, 3642, 4173, 4716, 4993
   animae, 1235, 4194
   animarum, 0835
   Cato moralisatus, 3615
   Christiani, 2229
   confessionum audiendarum, 0890
   conscientiae, 1856
   cordis, oris et operis, 6114
   curatorum, 5239
   et status mundi, 6469
   hominis secundum philosophiam moralem, 5122
   morum, 1234
   principum, 0359, 0826, 1166, 2051, 3912, 4701, 5412
   principum per modum alphabeti, 0390
   proprie persone, 5042
   vitae, 5671, 5677
   vitae humanae, 1086
Regula(e), 3384
   ad cognoscendum, ubi sint peccata mortalia, 3384
   caelestis iuris, 3678
   clericorum, 0834
   contra conscienciam erroneam, 5340
   et modus vivendi sacerdotum, 0461
   fidei, 3678
   mandatorum, 1849
   mercatorum, 6153
   morales, 1849, 1959
   omnium Christianorum, 5134
   pro confessio, 2632
   theologicae utiles et bone super modis audiendi confessionis, 4162
   theologicae utiles et rationalis super audiendis, 5321
   vitae Christianae, 0231
   vivendi, 3191, 3291, 5967, 5996
Religione et utilitatibus eius, 4910
Religionis perfectione, 1067
Religionis regularis, 1671
Religiosa agat vitam suam, 5856
Religiosa et perfecta vita, 0489, 4233
Religiosa vita, 6164
Religiosi, 0183, 0224, 0273, 0521, 0583, 0742, 1067, 1115, 1202, 1939, 2068, 2115, 2268, 2456, 2526, 2792, 3133, 3463, 3471, 3480, 3649, 3882, 3964, 4039, 4155, 4274, 4283, 4290, 4610, 4755, 4809, 4820, 4844, 5676, 5818, 5856, 5918, 5967, 6406, 6489
Relinquentibus seculum, 1764
Remedia, 0272, 1935, 2052, 4374
   amoris, 3720
   conversorum, 1319, 2819
   diabolicas et magistrales temptationes, 4222
   eorum octo principalibus vitiis, 1845
   fortuitorum, 2956
   furtum, 0181
   luxuriam, 5459
   peccata mortalia, 2446, 3887, 4298
   peccatorum, 1436, 1697, 2745, 2819, 3750, 6476
   pusillanimitatem, 4624
   pusillanimitatem, scrupulositatem, deceptorias inimici consolationes, 4624
   recidivum peccandi, 2270
   scrupulositatem conscientie, 0362
   temptationes, 0226, 3067, 3607, 4277, 4727
   tribulationum afflicto spiritu, 4287
   utriusque fortunae, 1364, 4908
   vitia, 5819
Remedii decem preceptorum contra decem plagas in hexametris decem, 4083
Remediis, 1018, 1406
Remediis contra peccata, 1089
Remedio, 0206
Remediorum contra luxuriam, 3382
Repentance, 2411
Reprobatione amoris, 1185
Repugnandi diabolo, 3424
Rerum naturalium, 5980
Rerum naturalium adaptate sermonibus de tempore per totius anni circulum, 0587
Rerum naturalium moralisatae, 5027
Resignatione cure pastoralis, 3743
Resistendi contra temptationes, 3961
Restitutione, 0777, 2376
Restitutione male ablatorum, 5004
Restitutionibus, 1424
Restitutionibus et qualiter sit restitutio facienda, 5028
Retractatio in tractatum de gradibus humilitatis, 2561
Riches, 3597
Roma et simonia, 5217
Romanae curiae, 3106, 6233
Romanorum, 2066

Rota praelationis, 6471
Rota simulationis, 3886
Rota verae religionis, 6471
Rotulus manualis, 6011
Rotulus pugillaris, 6011
Rudium, 2145, 5075
Rudium religiosorum, 2268
Ruina et reparatione ecclesiae, 3201
Sabbati, 4674, 4679
Sacerdos, 0461, 0744, 0801, 1088, 1212, 1280, 1289, 1875, 1906, 2032, 2499, 2501, 2625, 2787, 2857, 2902, 2910, 2930, 3028, 3074, 3447, 3686, 4048, 4110, 4583, 4665, 4673, 4718, 4742, 4923, 4960, 5045, 5152, 5196, 5241, 5269, 5306, 5794, 6473
Sacerdos officio, 5982
Sacerdos quadripartitum, 4673
Sacerdos super mandato praesulis, 0836
 de tenendis, davendis et emendandis circa baptismum, eucharistiam et penitentiam, 3028
Sacerdotalis de sacramentis deque divinis officiis et eorum administrationibus, 3038
Sacerdotium simplicium, 6535
Sacerdotum et ecclesie, 5982
Sacrament, 0252, 0563, 0632, 0700, 0866, 1439, 1533, 2748, 2845, 3259, 3396, 3875, 4229, 4732, 5040, 5461, 5852, 6054, 6254, 6282
 animae consiliis, 6273
 decalogo, 1653
 decem mandatis, septem vitiis, 4923
 deque divinis officiis et eorum administrationibus, 3038
 ecclesiae articulis fidei, 5982
 ecclesiae et decem preceptis, 2509
 penitentiae, 1137, 5247
 penitentiae de confitente et co, 6019
 pententiae tractatus, 3855
 totus homo, 5392, 6031
 vitiis et virtutibus et divina gratia, 1242
Sacris ordinibus, 5149
Sadness, 6099
Salomonis, parabolae, 3043
Salomonis sapientiae abbreviatae et ordine alphabetico dispositae, 0101
Salutis, 0078, 1803, 1834, 2929, 3013, 3080, 3780, 6376, 6499
Salvation, 4854
Sancte vivendi, 0595
Sancti Spiritus, 4973
Sanctorum, 0582
Sapientia, 0720, 1260, 1442, 1685, 3411, 5372
Sapientia vincit malitiam, 5285
Satire, 1531, 2960, 3137, 3741, 4829
Sayings, 3305, 5544
Scala ad paradisum, 0176
Scala celi, 0139, 5048
Scala celi penitentie, 1738
Scala claustralium, 1082
Scala fidei, 1138, 2210
Scala peccati, 5840
Scala perfectionis, 0186, 1654, 1656, 4874, 4978

Scala virtutum, 4234
Scintilla, 0687, 1757, 1761, 2709, 2763, 2904, 5905, 5954
Scintilla caritatis, 1761
Scintillae scripturarum, 1761
Scintillarum, 5334, 5735
Scintillarum abbreviatus, 1769
Scintillarum et genealogiae falsorum deum, 2206
Scintillorum Cassiodori senatoris de diversis voluminibus, 3011
Scripturam, 0122
Secularibus et pontificalibus pompis, 5213
Seculi, 2186, 2187, 3712
Seculo et religione, 3055
Secunda dieta penitentiae, 2802
Self-examination, 5577
Seneca, 0579, 0874, 0975, 2069, 2525, 2939, 3675, 4439, 5306, 5718
 de remediis fortuitorum, 2956
Sententia(e), 0515, 0561, 0562, 1105, 1369, 1442, 1481, 1550, 1660, 1797, 2794, 3087, 3622, 3674, 4005, 4873, 5397, 5472, 5751, 5820, 5854, 6176, 6374, 6374
 atque virtutum et de spirituali militia, 6200
 de fide, spe et charitate, 1369, 2073
 de penitentia, 2797, 4759
 e compluribus auctoribus de amicitia, 2560
 eremitarum, 1034
 Florianenses, 6072
 morales, 1182, 1326, 3149, 4630
 penitentie, 5564
 philosophorum, 0392
 sapientum, 4482
 sive flores ex sanctis patribus, praesertim S. Augustino, Bernardo, Isidoro, 0090
 vii philosophorum, 5783
Sententiarum libros quatuor, 2122, 4573
Separatione animae a corpore, et retributione, et exercitio animae separatae, 1443
Septem capitalibus criminibus, 4637
Septem columnis domus sapientiae, 5280, 5282
Septem conditionibus humanae fragilitatis, 4776
Septem criminalia peccata, 5955
Septem criminalia vitia cum eorum remediis, 6093
Septem criminalibus peccatis et effectibus eorum versibus interspersis, 5905
Septem criminalibus vitiis et eorum effectibus et incommodis, 5944
Septem criminalium, 5599, 5901
Septem donis Spiritus Sancti, 1243, 2077, 2361, 3606, 3979, 4734, 5338, 5358, 5445, 5475
 et evangelicis beatitudinibus, 4069
 et septem viciis ipsis oppositis, 1904
Septem gradibus amoris, 0625
Septem gradibus confessionis, 4354
Septem gradibus scali continens meditationes devotas super septem psalmos penitentiales, 1738
Septem gradus orationis, 3694
Septem homicidiis, 3099
Septem horti, 3923

SUBJECT INDEX

Septem peccata capitalia sunt mortalia vel venialia et postea de vana gloria, 3636
Septem peccatis, 1148, 3359, 3366, 5934, 5954
Septem peccatis capitalibus, 3786, 4178, 6038, 6039
Septem peccatis in Spiritum Sanctum, 2315, 4599
Septem peccatis mortalibus, 0215, 0290, 0462, 1460, 1569, 1779, 1843, 1978, 2460, 2810, 3322, 3323, 3636, 3639, 3762, 3769, 3772, 3774, 3795, 4129, 4174, 4478, 4893, 5058, 5102, 5379, 5432, 5434, 5444, 5465, 5468, 5599, 5599, 5900, 5905, 5914, 5915, 5917, 5929, 5933, 5950, 5953, 6228, 6450
    cum glossa iuris, 5826
    et de decem mandatis tractatus, 5960
    et eorum speciebus et remediis, 0189
    et viciis et virtutibus oppositis eorundem, 5936
    et virtutibus oppositis, 5936
    ex homicidio provenientibus, 3353
Septem petitionibus orationis dominicae, 5494
Septem petitionum, 0245
Septem principalia peccata et postea septem peticiones, 4136
Septem processibus religiosi, 4155, 4283
Septem profectibus religiosi, 4283
Septem psalmos penitentiales, 0608, 1738, 2350, 3186
Septem remedia contra amorem illicitum, 1163
Septem remissionibus peccatorum, 5460
Septem sacramentis, 1643, 3658, 5281, 5852
    et septem donis Spiritus Sancti, 5338
Septem sapientibus, 1689, 4482
Septem septenis, 0725
Septem sermones a septem orationis dominicae petitionibus incipientes, 0830
Septem speciebus homicidii, 3099
Septem speciebus timoris, 5001
Septem species florum, 3923
Septem timoribus per exempla, 5001
Septem virtutibus, 0479, 0793, 2247, 3988
Septem virtutibus cardinalibus, 5463
Septem virtutum gradibus, 3497
Septem vitia curantur passione Christi, 3163
Septem vitiis, 0221, 0623, 1027, 1108, 1480, 1507, 2300, 2682, 2829, 2881, 3008, 3787, 4641, 4677, 4923, 5379, 5469, 5473, 5920, 5923, 6451, 6521
    capitalibus, 0445, 0573, 0623, 0722, 1070, 1108, 1628, 1858, 1907, 2000, 2866, 3218, 3401, 3431, 4166, 4168, 4502, 5018, 5059, 5808, 5911, 5945, 6322, 6372, 6447, 6450
    capitalibus et de preceptis decalogi, 3491
    capitalibus et de virtutibus iisdem oppositis, 5379
    capitalibus et dominica oratione, 5469
    capitalibus et speciebus ex edicione b. Bernardi, 2168
    capitalibus per Chrisostomum, 5471
    cardinalibus sub speciebus se palliantibus, 1982
    criminalibus, 5448, 6450
    et eorum remediis, 1130
    et quatuor virtutibus, 4010
    et virtutibus, 4833
    mortalibus, cum exemplis ex Caesario Heisterbacensi, Iacobo de Vitriaco, Nicolao Bisuntino, 5790
    principalibus, 2760, 3522, 5470, 5905, 5944
    quomodo septem dona spiritus sancti expugnat, 5475
Septem vitiorum capitalium et virtutum, 0175, 2519
Septem vitiorum capitalium et XXIIII viciorum lingue, 6042
Septemplici temptatione, 5364
Septemplies timore, 5001
Septenis, 4833, 5441
Septiloquio confessionis, 5230
Septiloquium de qualitate confessionis, 0398
Septuplum, 0157, 5826, 5834, 5892, 5943
Sermo in monte, 0602
Sermones, 1190, 1261, 1608, 2534, 3126, 4446, 4447, 5001, 5091, 5548, 5617, 5630, 5661, 5688
    de commendatione virtutum et reprobatione vitiorum, 1850
    de decem preceptis, 1168, 2489, 3273, 4203, 5638
    de decem preceptis decalogi, 3265, 5652
    de morte, 3073
    de peccatis capitalibus, 6329
    de penitentia, 0341
    decem de decem preceptis, 3656
    et sententiae, 5472
    III de contritione, 1864
    LII de decem preceptis, 5629
    primi precepti, 5860
    scripti, 3237
Seven capital sins, 5498
Seven cardinal sins, 1305, 1578, 2096, 4432, 4433, 4871, 5116, 5451, 5787, 5898
Seven deadly sins, 0157, 0709, 1123, 1477, 1579, 1639, 2052, 2179, 2764, 3622, 5899, 5921, 6084, 6112
Seven gifts of the Holy Spirit, 0023, 6080, 6080
Seven penitential psalms, 6259
Seven sacraments, 0731, 0740
Seven sins, 1122, 1737, 2555, 4003, 4508, 5294
Seven virtues, 2232, 6112
Seven works of mercy, 6407
Sevens, 4835
Sex alis cherubim, 0214, 0357, 4055, 5510
Sex causis contemptus mundi, 5315
Sex gradibus amoris, 5513
Sex impedimentis quae hominem a confessione retrahunt, 3372
Sex modis quibus peccata dimittuntur, 3371
Sex operibus misericordiae, 3692
Shipwreck, 6439
Signis quibus virtutes dignoscuntur, 0481
Similitudine carnis peccati, 2023
Similitudines, 0082, 0202, 0401, 3784, 4324
Similitudinibus et exemplis, 0172
Similitudinibus rerum, 0118, 2060, 3633

Simonia, 0284, 1013, 1198, 1544, 2142, 2251, 2339, 2466, 2612, 2738, 3024, 3146, 3278, 3505, 4389, 4434, 4626, 5030, 5031, 5217, 5591, 5740, 5743, 5745, 5747, 5749, 5752, 6128
    claustralium, 5024
    et ambitiosos, 3521
    et avaritia, 5130
    et simoniacos reformationem, 2142
    in ordine, 4972
        praelatorum vel de praxi curiae romanae, 3106
Simplicium, 4984, 5075
Simplicium confessorum, 1501
Simplicium curatorum, 0252
Simplicium presbyterorum, 0252
Simplicium sacerdotum, 1125, 4718
Simplicium sacerdotum de confessionibus audiendis, 2537
Simplificatione cordis, 6503
Sin, 0028, 0077, 0272, 0291, 0307, 0571, 0574, 0736, 0828, 1257, 1261, 1404, 1405, 1407, 1583, 1609, 2161, 2264, 2322, 2504, 2769, 2779, 2984, 3455, 3498, 3625, 3785, 4008, 4292, 4374, 4781, 5314, 5332, 5498, 5778, 5797, 5809, 5847, 5899, 6075, 6096, 6098, 6269, 6287
Sobrietas, 2935, 2936, 6236
    et castitate, 1146
Sodomia, 3286, 3614, 3894
Sodomita, 4632
Solomon, 3190
Somnium Pharaonis, 5202
Sotietate, de oratione, de vita et morte, 1921
Speculationum, 3728
Speculum aureum, 0734
Spes, 1369, 1588, 2073, 2078, 3630, 4074, 4488, 4563, 5201, 5802, 5803, 6086, 6248
Spiritibus malitiae, 4251
Spiritu et anima, 4935
Spiritu Guidonis, 5705
Spiritual directions, 6542
Spirituali militia, 6200
Spirituali profectu, 5676
Spiritualibus medicinis, 4727
Spiritualis exercitii de fervida exhortatione ad virtutes, 5143
Spiritualis vitae, 5007, 5810
Spiritualium, 5283
Spiritus Sancti, 4038
Spoliacione possessorum, 3997
Sponsalibus et matrimonio, 4943
Stabilitate animae, 3984
Statibus fidelium, 6202
Statibus mundi, 1124, 3089
Statu ecclesiasticarum personarum, 2817
Statu et modo vivendi securiori in hac vita, 2855
Statu et planctu ecclesiae, 3699
Statu hominis, 2405
Statu humani generis, 0568, 2335
Statu interioris hominis, 3605
Statu peccantium, 3343
Statu seculi, 2187

Statu sive dispositione cordis sub septemplici divisione secundum septem Spiritus Sancti dona, 4038
Statu virtutum, 0740
Status mundi, 2417, 5163, 6065, 6469
Stipendiis ecclesiasticis, 5939
Stories, 0966, 1317, 3700
Student life, 0699
Substantia dilectionis, 5084
Substantialibus religiosorum, 0337, 0391, 3564
Sufficientia legis Christianae, 1873
Summa(e), 0002, 0022, 0105, 0178, 0206, 0234, 0369, 0774, 1219, 1423, 1480, 1841, 2221, 2381, 2496, 2625, 2651, 2890, 2950, 3411, 3616, 3871, 3955, 4202, 4210, 4507, 4629, 4954, 4968, 5004, 5074, 5075, 5244, 5413, 5852, 5853, 6028, 6033, 6125, 6126, 6137, 6173, 6388
    confessorum, 0054
    exemplorum virorum illustrum, 6411
    penitentie, 0483
Summo bono, 1710, 5854
Summula, 5981
    confessionis, 0221, 1501, 3992
    confessionum, 5212
    exemplorum, 0254
    matrimonii, 4943
    pauperum, 5852
    preceptorum, 4272
    sacramenti, 5852
    septem vitiorum criminalium, 6450
    vitiorum, 3645
    vitiorum et virtutum, 1841, 5063
Superbia, 0188, 0298, 0805, 1102, 1288, 1571, 1901, 1935, 1950, 2367, 2444, 3061, 3309, 3640, 4244, 4259, 5095, 5097, 5208, 5728, 5844, 5886, 5911, 6005, 6068, 6143, 6322, 6335, 6418
    et de se praesumentes, 1256
    et eius sequacibus, 1458
    et elacionem mentis, et ad nostram miseriam, 1768
    et superbiae filiabus, 5915
    vestimentorum, 4444
Superstitionibus, 0976
Suspicionibus, 2615
Symbola septem vitiorum capitalium et virtutum eisdem oppositarum, 0175
Symboli, 4553
Symbolical, 5712
Symbolum fidei, 1010, 2210
Tabula doctorum universalis, 0121
Tacendi et loquendi, 5992
Tale(s), 1296, 2068, 2411, 2573, 2907, 3173, 3181, 4809, 4820, 6100
Teleutelogio, 3475
Temperantia, 0806, 4618
Temperantia vitae, 5062
Temperantia vitiorum, 1170
Templo Dei, 5982
Templo spirituali, 1787
Temporalities, contempt of, 0970

Tempore et de communi sanctorum, 0077
Tempore per totius anni circulum, 0587
Temptatio(nes), 0226, 0226, 0235, 0362, 0979, 1302, 1637, 1687, 1831, 2183, 2743, 2788, 3395, 3526, 3837, 3961, 3982, 4222, 4453, 4727, 4727, 4889, 5364, 5365, 5736, 5934, 6210, 6223
    a carne et ab hoste, 4570
    carnis, 4327
    carnis et contra delectationes carnales, 4709
    carnis et spiritus, 4727
    circa fidem, 2047
    diaboli, 4548, 6246
    diabolicas, 4727
    diversis et eorum remediis, 4268
    et consolatione religiosorum, 2771, 4898
    et earum remediis, 2132
    et impulsionibus maligni spiritus, 0269
    et resistentia, 0343, 3962
    et tribulationes, 4727
    et tribulationes quibus Deus electos tuos temporaliter affligi et fatigari permitt, 2111
    huius temporis, 0227
    illusoriis, 4727
    novitiorum, 2771
    questio utilis quare homo aliquando est bene dispositus deuotioni et quandoque non, 5779
    resistendis, 4368
    spirituale, 4727
Ten commandents, 0528
Tendentia ad perfectionem, 1868
Tenendis, davendis et emendandis circa baptismum, eucharistiam et penitentiam, 3028
Terminalibus et decem preceptis, 5511
Terrore judici, 6001
Testamentis, 5976
Theologia, 0002, 0062, 0074, 0077, 0082, 0100, 0104, 0108, 0140, 0166, 0167, 0245, 0314, 0400, 0406, 0478, 0557, 0689, 0787, 0812, 0994, 1058, 1114, 1329, 1395, 1528, 3363, 3506, 3844, 3879, 4425, 4442, 5015, 5486, 5544, 5766, 6399, 6409
    brevis et utilis secundum Willelmum, 1281
    dogmatica et morali, 1539
    gaudii sanctorum, de peccatis, 4443
    magistralis, 2123
    moralis, 1250
    ordine alphabetico, 0166
    sive de fide, spe et caritate, 0331
    symbolo de officio sacerdotum, 4583
    veritatis, 1537, 3018, 3777, 3853, 6399
Theologicum, 0107
Timor(es), 3117, 3315, 3486, 4907, 5001, 5001, 5001, 6001
    et eius speciebus, 0684
Tolerandis adversis dialogus, 4930
Tree of virtues and vices, 3702, 4696
Tres viae, 3411
Tribulatio(nes), 0426, 1080, 1302, 1302, 4245, 6085, 6239
    et adversitatibus huius mundi et quomodo patienter et humiliter, imo etiam gaudenter sun, 4420
    iustorum, 3125
Tribulationum et temptationum seu adversitatum, 1302
Tribus contra Christianum bellantibus, 6059
Tribus dietis, 2474, 2885, 4493, 4494
Tribus dietis paradisi, 2474, 6415
Tribus generibus avaricie, 3282
Tribus habitaculis, 6082
Tribus hostibus anime, 2412, 2413
Tribus in penitentia considerandis, 1347
Tribus legibus, 6222
Tribus malis mundi, 6087
Tribus modis peccata contrahimus, 5378
Tribus partibus penitentie, 0802, 1866, 3442, 6057
Tribus peccatis mortalibus, 3885
Tribus punctis, 1136, 5389
Tribus punctis Christiane religionis, 5134
Tribus punctis essentialibus Christiane religionis, 5134
Tribus quae sunt necessaria ad profectum Christianae religionis, 2786
Tribus substantialibus religiosorum, 0337, 0391, 3564
Tribus tabernaculis, 1980
Tribus ternariis peccatorum infamibus, 6062
Tribus virtutibus, 6064
Tribus virtutibus, humilitate, patientia, et caritate, 4333
Tribus virtutibus theologicis, 3758
Tribus virtutibus theologicis et quatuor cardinalibus, 0423
Tribus virtutibus theologicis scilicet fide, spe et caritate, 5761
Tribus vitiis, luxuria, superbia et curiositate, 6068
Tribus votis, 3229
Triple labor, 2893
Triplici via, 1856, 6458
Tristitia, 0642
Tropologiae super evangelia dominicalia per circulum anni magistri Philippi de Navarra, 4353
Tumidum cor, 0497, 1967
Turpitudinibus coniugalibus, 3589
Turpitudinibus coniugatorum, 4882
Turpitudinis, 3589
Turpitudinis coniugum, 4064
Turpitudinis speciebus inter coniugales, 4084
Unitiva, 3411
Universo, 5344
Usura, 0204, 0711, 0773, 1468, 2577, 2658, 2962, 3248, 3334, 3448, 3665, 4922, 5719, 6170, 6171, 6172, 6283, 6293, 6429, 6432, 6504
    et contractibus, 3234
    et de usurariis, 3448
    et praescriptionibus, 6253
Utilitate confessorum, 2891
Uxore, non ducenda, 1023

Uxoria, 0444
Vana gloria, 3636, 6322
Vana gloria avaritia, 6322
Vanis mundi cum notis musicis, 3549
Vanitas, 1239, 1699, 2386, 2440, 3189, 3635, 3666, 3965, 4427, 4625, 5154, 5877, 5971, 5999, 6146, 6204, 6205, 6332, 6333, 6516, 6546
   et miseria humanae vitae, 1154
   huius saeculi, 2550
   huius vitae, 3004
   humanarum dignitatum, 2539
   mundi, 0693, 2139, 2574, 2978, 3145, 3150, 3151, 3469, 3543, 3544, 4772, 4785, 5090, 6203, 6337, 6403, 6469
   mundi, de statu humani generis, 2335
   mundi et ejus contrariis, 6325
   mundi et rerum transeuntium usu, 3544
   omnium rerum, 3105
   rerum, 5607
   rerum humanarum, 5535
   rerum mundanarum, 6327
   rerum temporalium, 3965
   saeculi, 2147, 2550
   seculi, 4358
Venenum vitiorum, 5102
Verbi Dei et de virtutum et extirpatione vitiorum, 5140
Verbi gratia, 5829
Verbosity, 3590
Verbum abbreviatum, 3095
Verbum abbreviatum vel de virtutum laudibus et vitiorum fuga, 6387
Veritas, 1537, 3777, 3853, 4564, 5008, 6399
Verse(s), 0113, 0163, 0196, 0265, 0336, 0402, 0592, 0621, 0722, 0828, 0828, 0912, 0957, 0992, 1003, 1014, 1255, 1266, 1285, 1286, 1572, 1642, 1690, 1694, 1881, 2020, 2092, 2154, 2322, 2326, 2335, 2336, 2367, 2495, 2738, 2810, 2960, 3066, 3098, 3103, 3108, 3156, 3224, 3257, 3304, 3309, 3454, 3473, 3485, 3518, 3523, 3527, 3637, 3812, 3822, 4083, 4145, 4259, 4427, 4596, 4658, 4753, 4832, 4846, 5130, 5351, 5525, 5542, 5560, 5606, 5607, 5675, 5693, 5763, 5770, 5797, 5797, 5798, 5873, 5921, 5925, 6024, 6030, 6160, 6187, 6309, 6310, 6311, 6315, 6339, 6378, 6380, 6405, 6544, 6548
   decretales, 5852
   memoriales argumenti dogmatici, 5438
   morales, 1272
   morales leonini, 5421
Veterum philosophorum et poetarum plures sententiae offeruntur, 5397
Viae, 3411
Vices, 0347, 0373, 0455, 0475, 0621, 0722, 0793, 0809, 0860, 0978, 1250, 1254, 1446, 1450, 1461, 1464, 1482, 1575, 1586, 1631, 1645, 1648, 1649, 1845, 1909, 1919, 1982, 2033, 2044, 2053, 2162, 2205, 2213, 2221, 2221, 2232, 2265, 2311, 2441, 2517, 2671, 2725, 2742, 2820, 2942, 2946, 2969, 2992, 2998, 3112, 3213, 3213, 3430, 3455, 3533, 3552, 3584, 3586, 3587, 3591, 3592, 3593, 3603, 3604, 3612, 3640, 3645, 3676, 3698, 3711, 3798, 4026, 4056, 4073, 4123, 4166, 4202, 4251, 4480, 4506, 4616, 4619, 4743, 4773, 4861, 4983, 5095, 5098, 5102, 5139, 5301, 5322, 5337, 5394, 5431, 5507, 5694, 5819, 5844, 5888, 5905, 5908, 5909, 5949, 5986, 6042, 6042, 6182, 6318, 6321, 6408, 6455, 6456, 6478, 6513, 6523, 6524, 6525, 6526
   and virtues, 0260, 0308, 0325, 0455, 0564, 0637, 0729, 0780, 1025, 1038, 1182, 1242, 1250, 1267, 1356, 1389, 1456, 1478, 1479, 1529, 1625, 1628, 1628, 1770, 1772, 1841, 1944, 2084, 2221, 2260, 2409, 2452, 2580, 2720, 2721, 2912, 2991, 2993, 3084, 3097, 3375, 3494, 3550, 3747, 3917, 4068, 4166, 4227, 4304, 4306, 4593, 4628, 4641, 4642, 4645, 4741, 4986, 5063, 5078, 5207, 5271, 5307, 5329, 5410, 5443, 5449, 5462, 5464, 5500, 5568, 5575, 5777, 5872, 5912, 5927, 5942, 5962, 6042, 6375, 6387, 6425, 6522
   capitalibus, 0623, 1983, 2321, 3214, 3644, 4413, 4568, 5452, 5899, 6201, 6349, 6450
   capitalibus et decem preceptis, 0189
   capitalibus vel septem peccatis mortalibus, 3639
   confessione, 5952
   diffinitiones, 5825
   et eorum remediis, 1586, 1982, 2379, 3936
   et peccatis, 0344, 1395, 5905
   et poenis inferni et de virtutibus et gloria paradisi, 4255
   et preceptis, 5212
   et primo peccato in corde, 5466
   et remediis vitiorum, 1628
   et virtutibus animae, 0508
   et virtutibus et de ordine penitentium, 3727
   et virtutibus exercendis, 1992
   et virtutibus inter hominem interiorum et exteriorum, 2795
   et virtutibus numero quaternario procedens, 4455
   et virtutibus ordine alphabetico, 0114, 0137, 1315
   et virtutibus sententiae, 6374
   et virtutibus: auctoritates sacre scripture et sanctorum ac philosophorum et notabilia de diversi, 6323
   et virtutibus: de pace, de misericordia, 5257
   et virtutibus: solitudinem esse petendam, 5222
   et virtutum, et de his que spectant ad finem vel ad terminum, 1389
   exstirpatis et virtutibus inserendis, 4720
   gentium, 2808
   humanis et humanae vitae vicissitudinibus ex dictis antiquorum poetarum collectum, 5039
   linguae, 4853
   minorum, 1628
   mulierum, 5988
   nonnullorum natura, 5925
   palliantibus se gula speciebus virtutum scilicet de peccatis malorum religiosorum, 5918
   pestilentia, 4328

SUBJECT INDEX

predicta, 0978
proprietatis claustralium, 4750
se occultantibus sub ficta specie virtutum, 5918
septem capitalibus, 4426
spiritualibus, 5534, 5890
virtutibus, donis, 0206
virtutibus et poenis et praemiis, 1038
see also: septem
see also: virtues and vices
Victu et pompa praelatorum, 2463
Vigiliis et confessione, 0961
Vigiliis mortuorum, 3730
Virginitate, 1470, 4405, 4415, 4416, 5403, 5828, 6468
Virtues, 0153, 0162, 0192, 0321, 0364, 0372, 0481, 0488, 0489, 0493, 0626, 0626, 0680, 0680, 0697, 0740, 0793, 0797, 1065, 1087, 1197, 1259, 1278, 1363, 1370, 1390, 1430, 1560, 1604, 1642, 1644, 1717, 1982, 2007, 2118, 2143, 2248, 2273, 2295, 2338, 2362, 2362, 2494, 2689, 2742, 2748, 2845, 2883, 2926, 2946, 3034, 3068, 3113, 3210, 3236, 3344, 3378, 3426, 3437, 3449, 3483, 3486, 3487, 3503, 3566, 3567, 3602, 3664, 3702, 3705, 3799, 3973, 3978, 3982, 3988, 4046, 4053, 4175, 4234, 4460, 4512, 4525, 4571, 4584, 4609, 4635, 4731, 4934, 5079, 5143, 5279, 5326, 5334, 5337, 5361, 5424, 5480, 5486, 5488, 5549, 5601, 5676, 5685, 5775, 5856, 5979, 6080, 6115, 6191, 6247, 6261, 6457, 6478, 6480, 6481, 6482, 6487, 6488, 6493, 6494, 6496
and commandments, 1648
and confession, 3533
and vices, 0010, 0088, 0270, 0282, 0378, 0409, 0474, 0493, 0561, 0645, 0650, 0784, 1230, 1338, 1340, 1372, 1377, 1377, 1400, 1423, 1438, 1441, 1442, 1444, 1474, 1617, 1823, 1841, 1976, 2092, 2129, 2163, 2191, 2240, 2262, 2301, 2384, 2447, 2449, 2471, 2677, 2755, 2780, 2970, 3006, 3120, 3199, 3346, 3352, 3406, 3474, 3533, 3539, 3565, 3595, 3624, 3651, 3702, 3740, 3753, 3782, 3909, 3982, 4071, 4258, 4306, 4620, 4642, 4696, 4791, 4817, 5023, 5058, 5085, 5117, 5164, 5201, 5324, 5328, 5334, 5380, 5553, 5562, 5670, 5948, 6015, 6041, 6043, 6055, 6137, 6324, 6493, 6495, 6508, 6544, 6544
animae, 0680
animae veris et perfectis, quas gratuitas vocat, 5731
antiquorum principum, 5070
antiquorum principum ac philosophorum, 4971
bonorum, 5676
bonorum religiosorum, 5676
cardinal, 2880, 3449
cardinalibus, 3933, 4555, 4566, 5202
connexione, 1880
cum fuga vitiorum, 4313
de virtute in communi, 2362
epikeiae, 4276
et beatitudinibus, 1008
et claustro animae, 2626
et de honesta vita, 1442
et extirpatione vitiorum, 5140
et fuga vitiorum, 4449
et gloria paradisi, 4255
et illarum quae virtutes non sunt, 5133
et moribus et vitiis et peccatis de temptationibus, 3982
et novissimis, 0682
et operationibus, 0949
et reprobatione vitiorum, 1850
et speciebus earum, 4308
et vitio, 5870
et vitiorum differentiis, 3298
et vitiorum exempla, 1006
et vitiorum inter se differentia, 1187, 6116
gentium, 4312
heroica, 3481
heroica et de passionibus, 6260
humanis, 5467
iisdem oppositis, 5379
in communi, 2362, 4567, 5524
in generali, 3993
in quo veterum philosophorum et poetarum plures sententiae offeruntur, 5397
intellectualibus, 3534
juxta votum sacrae professionis, 1391
laudibus et vitiorum fuga, 6387
monasticis, 3066
moralibus, 2637, 6263, 6276
moralibus in speciali, 6506
moralibus intellectualibus, cardinalibus et theologicis, 0550
moralium, 0550, 1195
omnium hominum, 1888
oralibus generatione, 0750
per comparationem, 6465
que ad vitam vere militie requiruntur, 3221
quenam earum est regina, 3628, 4837
reginam sibi eligentibus, 3627
scilicet fide spe et caritate, 6492
secundum Aristotelis ethica, 0421
theologicales, 1707
theologicis, 6509
theologicis et cardinalibus, 1630
theologicis et fidei articulis, 4981
theosebicis, de virtutibus intellectualibus, 3534
veniali atque vitali et de peccatis venialibus et mortalibus, 4999
veri religiosi, 0224
veris et perfectis quas gratuitas vocant, 5875
visibili, 3446
see also: vices and virtues
Visitandi infirmos sacerdoti, 3546
Visitatione, 5189
Vita, 0186, 0605, 2141, 2190, 2855, 3191, 4613
Vitae agendae, 6114
Vitae Christi, 2782
Vitae Christianae, 0231

Vitae contemplativae ad activam, 5489
Vitae humanae, 6070
Vitae humanae, et opitulatione gracie Dei, 6519
Vitae patrum, 0044, 1580, 2201
Vitae religiosae, 3480, 5005, 5134
    activa et contemplativa, 0186
    Adam et Eva expulsorum a paradiso, 0306, 1101
    caduca, 3573
    Christiana, 1810, 1883, 5773, 6195
    curiali detestanda tamque miseriis plena, 5824
    exempla et adhortationes S. patrum ad profectum perfectionis monachorum, 6394
    hominis, 2094
    honestate clericorum, 6185
    humana, 2329, 5879, 6049
    interiore, 6533
    male viventium, 1708
    modus vivendi perfecti et religiose, 5856
    monastica, 5672
    monasticam sive spiritualem, 0133
    moribus philosophorum, 0358, 1098, 1475
    moribus philosophorum veterum et virorum illustrium, 5975, 6006
    ordine et morum disciplina, 2431
    ordine et morum institutione, 2431
    patrum, 2199
    perfecte bonus vel sapiens, 4286
    philosophorum, 1098
    regimine clericorum, 4940
    religiosa, 3480, 4755
    religiosi, 2526
    sacerdotis et honestate clericali, 3447
    salutis, 4059
    virtuosa sermo, 5193
Vitis illustrium philosophorum et de dictis moralibus eorumdem, 1098
Vitis patrum, 4822
Vivendi, 0340, 0362, 3187, 3191, 3620, 5127, 5677
Vocabulorum significationibus, 0414
Vocabulorum variorum interpretationes in ordine alphabeti, 0039
Vocum, 0403
Voluminibus, 3011
Voluntate, 1171
World, 0718, 1239, 1510, 1699, 2386, 2440, 2469, 2806, 3026, 3100, 3666, 3710, 4777, 4802, 4856, 5151, 5556, 5559, 5795, 5877, 5971, 6104, 6188, 6332, 6516
Worldly, 4625, 6204, 6205, 6333, 6546

Location Index

The location index includes both the works on the virtues and vices and the works on the Pater Noster. All manuscripts cited are listed, according to city alone when there is only one major library in the city, or according to city and library. The numbers refer to the incipit numbers.

Aarau, 0550, 6399, 8140
Aberdeen, 0868, 1183, 1578, 2610, 8434
Adelaide, 0494, 1302
Admont, 0221, 0492, 0734, 0767, 0831, 1145, 1725, 1970, 3126, 3260, 3912, 5134, 5231, 5242, 6399, 8101, 8152, 8180, 8208, 8256, 8302, 8375, 8386, 8515, 8527, 8577, 8680, 8724, 8781, 8862, 8936, 8948, 9019, 9069, 9131, 9187, 9200 9187, 9200 9187, 9200
Agira, 8362
Aix, 4918, 6129
Aix-en-Provence, 4828, 8741
Alba, 1145, 1175, 3450, 4215, 4866, 5019, 5276, 5431, 5636, 6057, 6399, 8080, 8111, 8706, 8872, 9069, 9077, 9138, 9200
Alencon, 3143, 3260, 3630
Altenburg, 2373, 5242, 5343, 8375, 9204
Amiens, 0548, 0833, 1070, 1182, 1439, 2441, 2783, 3126, 3896, 4071, 4567, 4933, 5031, 5256
Ancona, 4071
Angers, 1574, 4919, 5019, 5512, 6399, 8035, 8246, 8562, 8648
Ann Arbor, 5149
Antwerpen, 0122, 0455, 0693, 1628, 3126, 3812, 3846, 4156, 4343, 4511, 4600, 6086, 6157, 6399, 6488
Arezzo, 0620, 8111
Arras, 0003, 0091, 0104, 0172, 0231, 0245, 0356, 0630, 1841, 1972, 2819, 3298, 3550, 3747, 3997, 4099, 4247, 5019, 5256, 5601, 6028, 6399, 8558, 8607, 8739, 9122, 9226
Aschaffenburg, 8180, 9238
Ascoli Piceno, 0952, 6399
Assisi, 0062, 0088, 0091, 0135, 1087, 1260, 1461, 1620, 2525, 3318, 3800, 4561, 5027, 5106, 5212, 5668, 5707, 6399, 6424, 8108, 8111, 8478, 8515
Asti, 6399
Auch, 6513, 8810
Auckland, 0647
Augsburg, 0252, 0526, 1488, 2773, 4015, 5019, 5075, 6399, 8180, 8781, 9011
Autun, 5416

Auxerre, 0016, 0172, 0630, 0645, 1006, 4918, 5532, 5582, 8595, 8781, 8783, 8799, 8832, 8904, 8936, 9128, 9255
Avignon, 0062, 0104, 0135, 0172, 0491, 0988, 1367, 1428, 1439, 1528, 1617, 1841, 2030, 2155, 2394, 2550, 3782, 4407, 4471, 4564, 4918, 4951, 4976, 4996, 5072, 5503, 5582, 5676, 5707, 6043, 6399, 8648, 8727, 8781, 8799, 8909, 9102
Avranches, 0539, 1182, 1938, 2693, 3843, 3879, 4071, 4075, 4457, 5002, 5149, 5486, 5601, 6399, 8062, 8498

Bamberg, 0014, 0252, 0459, 0526, 0530, 0734, 0826, 0846, 1178, 1300, 1488, 1628, 1841, 1890, 2000, 2039, 2380, 2987, 3040, 3126, 3238, 3339, 3745, 4094, 4097, 4143, 4599, 4641, 4658, 4667, 4860, 4989, 5075, 5102, 5126, 5242, 5276, 5534, 5668, 5732, 6020, 6071, 6322, 6399, 6450, 6451, 8053, 8085, 8111, 8160, 8166, 8180, 8196, 8515, 8604, 8699, 8781, 8807, 8863, 8872, 8884, 8980, 9024, 9070, 9083, 9084, 9200, 9201, 9238, 9251
Barcelona, 0356, 0550, 0618, 0624, 0647, 0685, 0783, 1211, 1428, 1466, 1475, 1589, 1841, 2264, 3658, 3722, 3727, 4151, 4256, 4407, 4457, 4613, 4833, 4943, 4951, 4956, 4976, 5027, 5256, 5310, 6071, 6247, 6508, 8078, 8085, 8140, 8363, 8515, 8527, 8576, 9103
Basel, 0005, 0088, 0091, 0134, 0245, 0252, 0330, 0455, 0526, 0734, 0793, 0831, 0846, 1006, 1145, 1488, 1569, 1604, 1787, 1843, 1862, 1863, 2018, 2083, 2308, 2525, 2563, 2616, 2655, 2676, 2690, 2887, 2892, 2980, 3100, 3126, 3188, 3331, 3560, 3694, 3920, 3987, 4019, 4022, 4270, 4435, 4457, 4525, 4530, 4564, 4567, 4594, 4641, 4691, 4865, 4943, 4972, 4996, 5018, 5019, 5024, 5102, 5117, 5127, 5149, 5211, 5239, 5256, 5279, 5433, 5601, 5636, 5639, 5755, 5790, 5928, 5959, 6007, 6011, 6052, 6071, 6274, 6456, 8180, 8239, 8302, 8319, 8367, 8408, 8440, 8468, 8515, 8603, 8662, 8729, 8745, 8779, 8781,

763

8794, 8929, 8960, 9005, 9016, 9071, 9130, 9226, 9234
Bayeux, 1278, 1628
Beaune, 1428, 6399
Bergamo, 4457
Berkeley, 1088
Berlin, 0014, 0211, 0299, 0477, 0514, 0526, 0550, 0620, 0734, 0862, 0869, 0883, 1038, 1186, 1312, 1442, 1470, 1493, 1690, 1841, 1896, 1903, 2141, 2146, 2318, 2489, 2547, 2548, 2790, 2876, 3126, 3568, 3927, 3997, 4012, 4139, 4228, 4369, 4407, 4553, 4833, 4849, 4951, 4967, 5019, 5075, 5084, 5134, 5276, 5327, 5334, 5473, 5502, 5512, 5639, 5680, 5682, 5826, 5873, 6071, 6115, 6160, 6304, 6322, 6399, 6469, 6489, 6544, 8059, 8085, 8180, 8206, 8259, 8265, 8302, 8338, 8353, 8357, 8386, 8440, 8478, 8515, 8527, 8545, 8597, 8637, 8641, 8651, 8652, 8662, 8712, 8723, 8729, 8781, 8849, 8881, 8920, 8936, 8958, 8959, 9015, 9024, 9061, 9067, 9071, 9180, 9187, 9197, 9200, 9222, 9247, 9258
Bern, 0114, 0137, 0165, 0172, 0302, 0508, 0728, 0830, 1284, 1475, 1965, 2053, 2329, 2348, 2525, 2661, 2920, 3178, 3208, 3812, 3888, 3935, 4457, 4757, 4833, 4893, 5015, 5210, 5304, 5738, 5981, 5982, 6227, 6311, 6335, 6468, 8062, 8809, 8866, 9121
Besancon, 0088, 0245, 3126, 4407, 5328, 6399, 8003, 8204, 8865, 8914
Bologna, 0088, 0517, 0550, 1466, 1693, 2839, 3609, 4210, 4407, 4449, 4546, 4560, 4561, 4565, 4902, 6071, 6137, 8515, 8677, 8804, 9076
Bolzano = Bozen, 5019, 5075
Bonn, 8180
Bordeaux, 0062, 0088, 0104, 0135, 0165, 0793, 1242, 1439, 1442, 1841, 2101, 2222, 2301, 2525, 2530, 3615, 4020, 4306, 4527, 4971, 5124, 5334, 6007, 6071, 8515
Boston, 3711, 6399
Boulogne, 1076, 2603
Boulogne-sur-mer, 4457
Bourg, 5019
Bourges, 1259, 1268, 1302, 1525, 3812, 4833, 5079
Bramshill House, 1088
Bratislava, 0526, 1466, 1589, 3028, 3682, 4205, 5019, 5134, 6071, 6399, 8515, 9069, 9200
Braunschweig, 0526, 1306, 1639, 2268, 2790, 3260, 5134, 5682, 6212, 8176, 8440, 8476, 8527, 8538, 8922
Bremen, 0372, 6399
Bressanone = Brixen, 0792, 6399
Brno, 0104, 0241, 0455, 0477, 0526, 0529, 0548, 0874, 0895, 1006, 1145, 1242, 1396, 1442, 1589, 1628, 1655, 1739, 1787, 2030, 2149, 2165, 2301, 2331, 2393, 3001, 3028, 3126, 3136, 3315, 3438, 3546, 3589, 3594, 3702, 3841, 3852, 3873, 3964, 4031, 4068, 4069, 4152, 4155, 4435, 4723, 4918, 5134, 5134, 5134, 5276, 5285, 5352, 5416, 5475, 5523, 5528, 5582, 5601, 5655, 5677, 5714, 5745, 5754, 5755, 5898, 6096, 6399, 6504, 8035, 8298, 8326, 8361, 8418, 8440, 8637, 8651, 8684, 8720, 8799, 9070, 9084, 9124, 9167, 9200
Brugge, 0002, 0043, 0062, 0082, 0091, 0104, 0119, 0139, 0194, 0245, 0245, 0347, 0455, 0515, 0550, 0734, 0995, 1006, 1207, 1247, 1250, 1350, 1428, 1434, 1437, 1628, 1787, 2118, 2301, 2507, 2537, 2609, 3016, 3057, 3126, 3178, 3587, 3605, 3609, 3897, 3906, 4012, 4071, 4457, 4576, 4612, 4637, 4659, 4744, 4873, 4951, 4971, 4984, 5072, 5256, 5334, 5532, 5659, 5728, 5745, 5761, 5852, 5905, 6028, 6272, 6298, 6399, 6458, 8179, 8180, 8518, 8672, 9076, 9099, 9103, 9121
Bruxelles, 0199, 0245, 0288, 0290, 0365, 0418, 0455, 0462, 0489, 0526, 0568, 0599, 0693, 0740, 0831, 0840, 0842, 0863, 0896, 0993, 1028, 1088, 1104, 1125, 1133, 1209, 1302, 1312, 1344, 1350, 1416, 1470, 1492, 1507, 1525, 1527, 1571, 1589, 1616, 1628, 1775, 1787, 1841, 1870, 1958, 1980, 2084, 2118, 2136, 2195, 2335, 2346, 2462, 2471, 2550, 2593, 2956, 2993, 3057, 3075, 3108, 3126, 3187, 3211, 3229, 3230, 3282, 3385, 3434, 3472, 3539, 3544, 3598, 3605, 3612, 3656, 3748, 3777, 3782, 3812, 3813, 3862, 3878, 3881, 3897, 4155, 4159, 4273, 4348, 4365, 4447, 4457, 4508, 4583, 4593, 4659, 4761, 4778, 4851, 4855, 4918, 4934, 4945, 4967, 4983, 5015, 5019, 5102, 5207, 5208, 5210, 5211, 5212, 5334, 5364, 5382, 5416, 5532, 5582, 5601, 5608, 5631, 5755, 5822, 5854, 5875, 5890, 5898, 5950, 5977, 6042, 6094, 6115, 6399, 6458, 6531, 6533, 8013, 8035, 8036, 8044, 8062, 8070, 8072, 8105, 8136, 8140, 8160, 8161, 8180, 8262, 8282, 8302, 8378, 8424, 8441, 8515, 8523, 8529, 8536, 8542, 8570, 8597, 8622, 8627, 8641, 8654, 8682, 8691, 8752, 8762, 8781, 8785, 8830, 8897, 8927, 8936, 8982, 8983, 9010, 9061, 9082, 9083, 9117, 9121, 9122, 9174, 9187, 9194, 9200
Budapest, 0135, 0179, 0299, 0340, 0360, 0418, 0419, 0492, 0548, 0613, 0653, 0691, 0794, 0831, 0837, 1069, 1145, 1466, 1628, 1628, 1690, 1787, 1844, 1868, 1883, 1926, 2228, 2270, 2562, 2615, 2652, 2851, 2857, 2934, 3008, 3038, 3057, 3126, 3136, 3259, 3316, 3476, 3589, 3616, 3652, 3654, 3875, 3897, 3946, 4003, 4157, 4198, 4232, 4400, 4511, 4623, 4739, 4918, 4935, 4945, 4971, 4989, 5019, 5019, 5134, 5327, 5329, 5379, 5403, 5461, 5854, 5875, 5916, 6001, 6071, 6201, 6221, 6399, 6512, 6533, 6533, 8082, 8083, 8169, 8296, 8375, 8626, 8781, 9061, 9177, 9200, 9200, 9204
Burgo de Osma, 0062, 0245, 0455, 1135, 2301, 3997, 4053, 4222, 4781, 4916, 4919, 5019, 5027, 5058, 5189, 6399
Bury St. Edmunds, 3663

Caen, 0647, 3126

LOCATION INDEX

Calahorra, 9019
Cambrai, 0088, 0091, 0104, 0243, 0259, 0288, 0418, 0455, 0645, 0712, 0734, 0831, 1006, 1064, 1076, 1110, 1274, 1305, 1428, 1439, 1442, 1466, 1487, 1589, 1773, 1839, 1886, 2030, 2180, 2270, 2301, 2326, 2331, 2683, 2946, 2987, 3057, 3081, 3126, 3544, 3598, 3615, 3897, 3983, 4077, 4155, 4318, 4457, 4558, 4613, 4633, 4749, 4755, 4855, 4918, 4943, 4945, 4950, 4989, 5019, 5054, 5072, 5198, 5208, 5217, 5274, 5371, 5416, 5532, 5582, 5752, 6105, 6115, 6157, 6325, 6326, 6399, 6471, 8302, 8408, 8527, 8637, 8648, 8939, 9141

Cambridge, Caius, 0012, 0062, 0088, 0091, 0107, 0121, 0122, 0124, 0143, 0150, 0164, 0168, 0310, 0406, 0455, 0474, 0508, 0663, 0678, 0679, 1088, 1159, 1294, 1382, 1398, 1430, 1446, 1482, 1625, 1630, 1653, 1659, 1730, 1753, 1827, 1910, 2024, 2061, 2186, 2338, 2441, 2497, 2498, 2783, 2932, 2980, 3000, 3057, 3082, 3126, 3129, 3191, 3212, 3529, 3609, 3620, 3730, 3812, 3828, 3864, 4031, 4145, 4236, 4238, 4338, 4457, 4562, 4567, 4583, 4650, 4654, 4685, 4715, 4779, 4865, 4918, 4926, 4938, 4943, 5054, 5103, 5211, 5235, 5256, 5269, 5289, 5415, 5416, 5440, 5454, 5461, 5470, 5471, 5480, 5482, 5528, 5532, 5599, 5601, 5611, 5616, 5618, 5668, 5700, 5739, 5826, 5854, 5891, 5892, 5943, 5982, 6028, 6082, 6153, 6320, 6399, 6458, 6549, 8302, 8517, 8536, 8600, 8799, 8832, 9104, 9123, 1568

Cambridge, Christ's, 0234, 3131, 3252, 4370, 5081

Cambridge, Corpus Christi, 0016, 0136, 0172, 0243, 0245, 0249, 0319, 0455, 0550, 0596, 0622, 0642, 0696, 0739, 0995, 1004, 1005, 1020, 1092, 1119, 1167, 1187, 1226, 1294, 1347, 1348, 1364, 1388, 1410, 1412, 1436, 1439, 1442, 1525, 1527, 1582, 1602, 1649, 1650, 1687, 1690, 1753, 1776, 1787, 1918, 2024, 2260, 2305, 2311, 2314, 2441, 2444, 2479, 2483, 2517, 2577, 2631, 2742, 2759, 2772, 2782, 2996, 3018, 3079, 3126, 3224, 3309, 3588, 3605, 3608, 3609, 3687, 3730, 3812, 3901, 4154, 4155, 4234, 4244, 4385, 4419, 4457, 4513, 4583, 4647, 4713, 4767, 4918, 4926, 4938, 4943, 4971, 4976, 4980, 5005, 5019, 5054, 5064, 5095, 5096, 5103, 5149, 5208, 5235, 5256, 5257, 5264, 5278, 5416, 5515, 5555, 5679, 5698, 5755, 5817, 5832, 5905, 5954, 5982, 5986, 6071, 6163, 6322, 6359, 6399, 6441, 6496, 6516, 8016, 8233, 8515, 8637, 8883, 8936, 9103, 9119, 9123

Cambridge, Emmanuel, 0717, 0977, 1148, 1245, 1246, 1886, 1925, 2044, 2321, 2441, 2682, 3264, 3446, 3889, 4183, 4472, 4501, 4583, 4633, 4980, 5416, 5448, 5518, 5599, 5618, 5668, 5887, 5898, 5908, 5920, 6155, 6308, 6441, 8395

Cambridge, Fitzwilliam, 0455, 3047, 3289, 3730, 4918, 5861, 6441

Cambridge, Jesus, 0107, 0183, 0207, 0243, 0248, 0989, 1008, 1227, 1250, 1489, 1704, 2881, 3047, 3191, 3586, 3609, 3812, 3944, 3988, 4166, 4311, 4457, 4583, 4926, 4943, 4971, 5054, 5081, 5098, 5532, 5706, 5905, 5982, 6448, 8136, 8386, 8561, 9115

Cambridge, King's, 0044, 1580

Cambridge, Magdalen, 0245, 0346, 1439, 1543, 3126, 4583, 6441

Cambridge, Pembroke, 0062, 0104, 0122, 0172, 0455, 1088, 1182, 1250, 1439, 1525, 1543, 1573, 1753, 1757, 1841, 1886, 1937, 2110, 2367, 2441, 2787, 2980, 2997, 3057, 3126, 3129, 3212, 3513, 3605, 3812, 3997, 4011, 4172, 4214, 4230, 4259, 4305, 4365, 4457, 4567, 4753, 4857, 4895, 4926, 4943, 5054, 5081, 5102, 5149, 5208, 5229, 5289, 5306, 5324, 5336, 5416, 5525, 5532, 5602, 5668, 5755, 5854, 5923, 5930, 5982, 6001, 6222, 6480, 6484, 8035, 8170, 8515, 8605, 9088

Cambridge, Peterhouse, 0062, 0088, 0091, 0117, 0122, 0202, 0243, 0455, 0575, 0722, 0750, 0751, 0797, 1008, 1038, 1086, 1410, 1527, 1674, 1823, 2186, 2301, 2441, 2787, 2881, 3078, 3082, 3086, 3126, 3191, 3290, 3359, 3481, 3507, 3575, 3609, 3612, 3730, 3812, 3871, 3997, 4234, 4298, 4419, 4457, 4509, 4567, 4918, 4926, 4938, 5102, 5208, 5235, 5256, 5465, 5576, 5668, 5797, 5905, 5986, 6163, 6509, 8035, 8062, 1525

Cambridge, Queen's, 3297, 4365, 4971

Cambridge, Sidney, 0455, 0675, 2626, 4400, 4951, 4976, 5532

Cambridge, St John's, 0012, 0016, 0062, 0172, 0183, 0243, 0417, 0438, 0465, 0693, 0888, 0942, 1088, 1183, 1285, 1317, 1388, 1410, 1572, 1579, 1589, 1737, 1753, 1776, 1826, 2111, 2168, 2179, 2237, 2270, 2306, 2441, 2527, 2650, 2833, 2932, 2994, 3126, 3129, 3260, 3266, 3387, 3523, 3605, 3609, 3727, 3812, 4038, 4155, 4192, 4457, 4624, 4633, 4633, 4699, 4779, 4833, 4918, 4943, 5103, 5269, 5355, 5416, 5514, 5532, 5568, 5598, 5599, 5668, 5768, 5797, 5832, 5854, 5894, 5915, 5934, 5937, 5952, 5982, 6001, 6024, 6071, 6163, 6399, 6441, 6480, 8185, 8194, 8515, 9103, 9243

Cambridge, Trinity, 0016, 0063, 0107, 0122, 0169, 0202, 0245, 0406, 0455, 0463, 0572, 0576, 0577, 0675, 0693, 0708, 0798, 0846, 1030, 1088, 1250, 1287, 1410, 1439, 1527, 1552, 1738, 1753, 1772, 1779, 1787, 1823, 1862, 1886, 1899, 1946, 1950, 2194, 2263, 2342, 2441, 2446, 2494, 2550, 2634, 2760, 2764, 2787, 2819, 2980, 2995, 3048, 3126, 3128, 3191, 3240, 3291, 3297, 3422, 3527, 3544, 3609, 3730, 3730, 3812, 3831, 3850, 3871, 3876, 3902, 4031, 4100, 4328, 4419, 4633, 4727, 4839, 4860, 4918, 4926, 4935, 4943, 5019, 5054, 5130, 5334, 5463, 5495,

5528, 5532, 5601, 5698, 5700, 5826, 5854, 5892, 5900, 5943, 5952, 5957, 5982, 5996, 6378, 6476, 8137, 8191, 8201
Cambridge, Univ, 0062, 0090, 0091, 0107, 0111, 0122, 0166, 0202, 0221, 0243, 0245, 0426, 0450, 0455, 0508, 0550, 0564, 0600, 0680, 0688, 0734, 0766, 0871, 0892, 0898, 0911, 0973, 0988, 0989, 1063, 1083, 1088, 1155, 1187, 1242, 1286, 1302, 1350, 1389, 1402, 1434, 1439, 1442, 1464, 1527, 1529, 1532, 1543, 1580, 1622, 1628, 1643, 1686, 1690, 1709, 1753, 1766, 1768, 1772, 1841, 1862, 1886, 1935, 2030, 2032, 2061, 2086, 2100, 2111, 2123, 2172, 2174, 2186, 2236, 2248, 2270, 2301, 2349, 2363, 2441, 2501, 2613, 2631, 2637, 2660, 2686, 2787, 2819, 2829, 2866, 2881, 3017, 3112, 3126, 3129, 3147, 3191, 3224, 3266, 3309, 3350, 3421, 3425, 3488, 3523, 3544, 3605, 3609, 3685, 3719, 3730, 3772, 3782, 3797, 3812, 3827, 3838, 3857, 3871, 3884, 3953, 3954, 3958, 3966, 3967, 3988, 3997, 4031, 4108, 4135, 4166, 4213, 4252, 4301, 4365, 4384, 4389, 4419, 4451, 4457, 4567, 4583, 4633, 4640, 4652, 4653, 4727, 4833, 4840, 4851, 4866, 4889, 4908, 4918, 4919, 4923, 4926, 4943, 5019, 5054, 5102, 5103, 5149, 5210, 5227, 5232, 5254, 5289, 5306, 5364, 5365, 5391, 5444, 5450, 5471, 5492, 5496, 5519, 5532, 5550, 5598, 5599, 5601, 5611, 5618, 5668, 5669, 5700, 5739, 5894, 5905, 5929, 5934, 5937, 5946, 5976, 5977, 5982, 5996, 6048, 6068, 6071, 6113, 6196, 6224, 6276, 6277, 6307, 6362, 6387, 6399, 6441, 6443, 6476, 6502, 6542, 6550, 8035, 8328, 8366, 8395, 8466, 8515, 8527, 8636, 8637, 8707, 9036, 9123, 9193, 9226, 9250
Cambridge, Mass. (U.S.), Harvard Univ., 1466, 5303
Canterbury, 1088, 3126, 4583, 6122
Cape Town, 2301, 5532
Capestrano, 2666, 4440, 8111
Carcassonne, 4407, 4951, 4976
Cardiff, 5449
Carpentras, 1242, 4918, 8085
Cesena, 4049, 5019, 6137
Ceske Budejovice, 0483, 0616, 1145, 1628, 3760, 5548, 5601
Cesky Krumlov, 0003, 1331, 5054, 5102, 5134, 5639, 5852
Chalons-sur-Marne, 1105, 4235, 4457, 6399
Chambery, 0457, 1841, 2456, 4304, 4460
Chantilly, 5217, 6087
Charleville, 0091, 0172, 0308, 0455, 0608, 0693, 0734, 1182, 1302, 1525, 1696, 1708, 2020, 2456, 2529, 2879, 3126, 3199, 3605, 3896, 4155, 4435, 4583, 4771, 4919, 5054, 5211, 5217, 5256, 5364, 5532, 5755, 6157, 6202, 6399, 6471, 8078, 8085, 8645
Chartres, 0006, 0104, 0245, 0363, 0455, 0988, 1207, 1431, 1442, 1484, 1628, 1753, 1787, 1860, 1937, 2287, 2609, 3071, 3126, 4407,

4457, 4849, 4950, 4976, 5054, 5149, 5208, 5371, 5531, 5532, 6115, 8302, 8434, 8990
Chaumont, 5682
Chicago, 5289
Clermont-Ferrand, 0721, 0793, 2222, 2530, 3126, 4526, 4778, 4951, 5054, 5211, 6157, 8249, 8366
Colmar, 0526, 0526, 1422, 2039, 3028, 5639, 5639, 8404, 9181
Columbus, 1088, 2987, 6541
Cordoba, 2217
Cortona, 6399
Courtrai, 5208
Cremona, 1242, 1466
Cues, 1070, 1222, 3913, 4038, 4891, 5124, 5256, 5632, 5905, 5947, 5982, 6399, 8037, 8491, 8641, 8648, 8699, 8861, 9226, 9246
Cuyk, 5019

D'Orville, 4457
Darmstadt, 0357, 1136, 1434, 1466, 1488, 1628, 1753, 3126, 3136, 3615, 3812, 4435, 4918, 4951, 5019, 5054, 5058, 5134, 5528, 5781, 5852, 6051, 6399, 6447, 8152, 8927, 9071, 9200
Dijon, 0188, 1182, 1525, 2456, 2749, 4053, 4966, 5198, 5211, 6157, 6429, 8078, 8085, 8204, 8785, 8936
Dole, 0362, 1155, 1890, 5575, 5619
Donaueschingen, 0792, 4918
Douai, 0062, 0091, 0184, 0195, 0205, 0244, 0356, 0455, 0645, 0680, 0858, 1086, 1142, 1182, 1255, 1274, 1333, 1431, 1525, 1527, 1574, 1690, 2187, 2301, 2415, 2428, 2441, 2450, 2456, 2693, 2838, 2932, 3057, 3099, 3126, 3191, 3326, 3812, 3935, 4457, 4833, 4918, 4950, 5015, 5019, 5054, 5198, 5211, 5256, 5510, 5512, 5532, 5586, 5591, 5700, 5977, 6001, 6006, 6054, 6157, 6441, 6458, 6529, 8041, 8207, 8274, 8317, 8366, 8395, 8433, 8496, 8537, 8652, 9011, 9122, 9226, 9239
Dover, 0455, 1628, 2530, 4166, 5102, 5532
Dresden, 0135, 1101, 1475, 1525, 1862, 3126, 3217, 4945, 4971, 5256, 5645, 5707, 6157, 6544, 8328, 8744
Düsseldorf, 0526, 5019, 6399
Dublin, 0300, 0455, 0665, 0884, 1086, 1628, 1643, 1753, 2098, 2301, 2441, 3126, 3787, 3865, 3889, 4457, 4469, 4536, 4583, 4971, 5102, 5306, 5532, 5934, 6450
Dubrovnik, 0526, 1312, 1488, 1589, 1753, 3126, 3702, 4994, 5256, 6399, 8562, 8677
Durham, 0187, 0245, 0317, 0599, 1063, 1460, 1466, 1527, 1589, 1615, 1628, 1628, 1753, 2105, 2241, 2441, 2736, 2779, 2813, 2869, 3126, 3163, 3210, 3256, 3887, 4190, 4317, 4365, 4419, 4457, 4558, 4727, 4919, 4971, 5054, 5058, 5059, 5102, 5102, 5249, 5269, 5289, 5289, 5492, 5532, 5925, 6196, 6202, 8310, 8328, 8743, 9229
Edinburgh, 0280, 0455, 0554, 0790, 0943, 1088, 1242, 1371, 1490, 1645, 2098, 3397, 4038, 4071, 4336, 4457, 4486, 4918, 5134, 5486,

LOCATION INDEX

5601, 6196, 6399, 9071
Eichstätt, 0526, 0620, 0773, 4583, 4918, 5019, 5075, 5134, 5379, 5633, 5639, 5668, 5676, 6399, 8107, 8180, 8440, 8637, 8662, 8891, 8892, 8931, 9130, 9138
Einsiedeln, 1488, 2909, 3812, 3988, 4166, 4184, 4833, 4919, 5075, 5505, 6399, 8007, 8085, 8086, 8091, 8152, 8180, 8199, 8451, 8683, 8729, 8805, 8826, 8929, 8943, 8978, 9024, 9048, 9122, 9130, 9183, 9237, 9245, 9250
Engelberg, 3812, 8983
Epinal, 0245, 4996, 5019, 5256
Erfurt, 0245, 0378, 0526, 0548, 0808, 0831, 0926, 1023, 1260, 1377, 1495, 1628, 1684, 1866, 1932, 2475, 2539, 2543, 2721, 2810, 2991, 3003, 3487, 3506, 3600, 3655, 3897, 3965, 3979, 4278, 4306, 4365, 4426, 4457, 4609, 4619, 4624, 4646, 4804, 4815, 5005, 5019, 5039, 5102, 5276, 5345, 5352, 5432, 5513, 5668, 5826, 6272, 6399, 6450, 6453, 6469, 8180, 8350, 8366, 8374, 8386, 8422, 8515, 8637, 9011, 9071, 9177, 9200
Erlangen, 0252, 0356, 0410, 0418, 0455, 0465, 0471, 0518, 0550, 0734, 0840, 0868, 1133, 1245, 1439, 1683, 1710, 1738, 1787, 1841, 1862, 2030, 2180, 2287, 2301, 2456, 2655, 2980, 3079, 3082, 3126, 3230, 3609, 3660, 3897, 3982, 4155, 4186, 4283, 4435, 4449, 4457, 4633, 4667, 4689, 4701, 4919, 4945, 4959, 5005, 5028, 5054, 5102, 5134, 5149, 5202, 5211, 5256, 5416, 5532, 5639, 5639, 5681, 5707, 5732, 5755, 5854, 5875, 5905, 5977, 6019, 6071, 6399, 8213, 8302, 8326, 8353, 8942, 9031, 9076, 9200
Escorial, 0091, 0455, 0868, 1315, 1841, 2217, 2557, 3871, 3966, 4012, 4023, 4053, 4457, 4571, 4583, 4915, 4971, 5134, 5676, 6028, 6399, 8136, 8275, 8405, 8527, 9002, 9034, 9109, 9122, 9226
Eton, 0455, 2105, 4558, 5102, 5826, 6196
Evreux, 0995, 1086, 1439, 1442, 1841, 2085, 3126, 3381, 3605, 3766, 3838, 4040, 4055, 5054, 5134, 5211, 5431, 6399, 8912, 8936

Fabriano, 5074, 8111, 8802
Falaise, 1038, 5005, 5345
Fermo, 1006, 1143, 1401, 5054, 6399, 8097
Ferrara, 5636, 6071, 8515
Firenze, 0002, 0003, 0088, 0091, 0172, 0232, 0245, 0245, 0356, 0479, 0526, 0647, 0685, 0693, 0831, 0949, 0971, 1038, 1086, 1155, 1242, 1242, 1260, 1420, 1428, 1442, 1466, 1589, 1719, 1761, 1787, 1841, 1858, 2092, 2099, 2206, 2301, 2525, 2543, 2880, 2898, 3052, 3069, 3124, 3126, 3346, 3445, 3475, 3532, 3605, 3667, 3896, 4035, 4251, 4274, 4346, 4376, 4386, 4457, 4511, 4726, 4950, 4950, 4956, 4971, 4996, 5005, 5005, 5005, 5054, 5058, 5131, 5211, 5212, 5256, 5256, 5345, 5356, 5378, 5479, 5479, 5532, 5532, 5608, 5707, 5718, 5749, 5905, 5963, 5964, 5977, 6007, 6071, 6071, 6099, 6137, 6202, 6399, 6399, 6409, 6462, 8111, 8268, 8434, 8515, 8515, 8529, 8609, 8654, 8654, 8706, 8799, 8817, 8819, 8979, 9009, 9061, 9068, 9172, 9182
Fleury, 5054
Foligno, 4511
Frankfurt, 0082, 0091, 0091, 0107, 0135, 0325, 0328, 0358, 0376, 0449, 0455, 0647, 0734, 0779, 0872, 0929, 0956, 1006, 1076, 1312, 1402, 1488, 1501, 1584, 1753, 1787, 1841, 1866, 1867, 1886, 1942, 1982, 2030, 2270, 2301, 2821, 2934, 3028, 3057, 3136, 3386, 3556, 3897, 3965, 4155, 4283, 4419, 4435, 4505, 4579, 4719, 4918, 4925, 4971, 5001, 5004, 5119, 5256, 5458, 5528, 5532, 5565, 5601, 5639, 5852, 5875, 6006, 6322, 6399, 8180, 8440, 8781, 9103, 9107, 9200
Freiburg, 5019, 8180, 8479, 8595
Fritzlar, 1006, 1053, 1488, 1506, 5352, 5639, 9138
Fulda, 5639, 6399, 8920

Gdansk, 0027, 0074, 0091, 0139, 0255, 0291, 0459, 0477, 0507, 0548, 0609, 0648, 0701, 1086, 1312, 1370, 1475, 1536, 1560, 1787, 1791, 2087, 2149, 2258, 2301, 2525, 2537, 2611, 2981, 2987, 3057, 3126, 3136, 3234, 3337, 3352, 3439, 3456, 3560, 3589, 3615, 3774, 3812, 3897, 4155, 4178, 4283, 4435, 4436, 4465, 4767, 4828, 4918, 4945, 4951, 4989, 4996, 5001, 5015, 5117, 5256, 5312, 5416, 5532, 5677, 5734, 5755, 6001, 6019, 6071, 6157, 6299, 6359, 6399, 6469, 8085, 8440, 8641
Genova, 1242, 1466, 8214
Gent, 5217, 6087, 6298, 8013
Gethsemany, Ky., 3897, 5676
Giessen, 0002, 0544, 0919, 1306, 1628, 1866, 2301, 3812, 3971, 4750, 5015, 5532, 5601, 5755, 5852, 6019, 6399
Gniezno, 1114, 1145, 3705, 8539, 9200
Görlitz, 6456
Göteborg, 3278
Gotha, 2129, 4457, 4998, 8375, 9204
Göttingen, 1466, 1998, 4645, 4918, 5015, 5019, 5145, 5276, 6359, 6399, 8085, 8146, 8281, 8440, 8525, 8753, 8781, 9023
Göttweig, 0238, 0672, 0763, 4899, 5276, 5636, 5638, 6399, 8106, 8399, 8475, 8641, 8719, 8781, 8872, 9130, 9131, 9132, 9200
Gravenhage, 4855
Gray, 0680, 1628
Graz, 0082, 0091, 0252, 0519, 0534, 0536, 0624, 0672, 0734, 0866, 1086, 1145, 1145, 1312, 1466, 1690, 1862, 2039, 2225, 2301, 3229, 3598, 4093, 4141, 4205, 4216, 4229, 4511, 4869, 5019, 5075, 5102, 5134, 5149, 5548, 5633, 5637, 5639, 5639, 5656, 5663, 5676, 5732, 6329, 6399, 8018, 8081, 8084, 8085, 8180, 8186, 8223, 8247, 8267, 8271, 8323, 8328, 8364, 8364, 8366, 8488, 8527, 8592, 8717, 8809, 8863, 8872, 8900, 8927, 8936, 8968, 9064, 9084, 9099, 9103, 9128, 9131, 9170, 9200, 9216, 9229, 9259
Greifswald, 2790, 8085, 8440, 8538, 9024

Grenoble, 0548, 0647, 0999, 1076, 1442, 1738, 1839, 1841, 2173, 2222, 3229, 3897, 4070, 4155, 4381, 5334, 5582, 5977, 6071, 6399, 6458, 8078, 8085, 8434, 8515
Groningen, 0002, 1086, 1628, 8932
Grottaferrata, 3086
Güssing, 6399, 8508, 9200

Halberstadt, 6071
Hall, 4656, 6071, 8230, 8515, 9258
Halle, 1242
Hamburg, 0778, 0786, 1114, 5019, 5668, 6399, 8078, 8085, 8267, 8459, 8527, 9024, 9162
Hannover, 0359, 5682, 6409
Harburg, 0245, 0526, 0846, 1427, 2931, 3956, 4327, 5019, 5075, 5732, 6399, 8063, 8085, 8138, 8180, 8210, 8440, 8462, 8615, 8781, 8788, 8872, 8902, 8949, 9024, 9026, 9071, 9200, 9262
Hartfield House, 0835, 1088
Haverford, 8515
Heidelberg, 0826, 1628, 1919, 2902, 4914, 5019, 5134, 5644, 5755, 6399
Heiligenkreuz, 0088, 0155, 0159, 0171, 0172, 0185, 0238, 0414, 1145, 1182, 1234, 1245, 1428, 1436, 1475, 1697, 1753, 1866, 2301, 2409, 2428, 3694, 3897, 4012, 4049, 4457, 4474, 4685, 4824, 4919, 4973, 5120, 5211, 5256, 5416, 5532, 5755, 5768, 6071, 6249, 6264, 6399, 6477, 8180, 8353, 8496, 8527, 8593, 8910, 9084, 9122, 9127
Hereford, 0062, 0455, 0463, 1986, 2441, 4950, 4971, 8085, 8257, 9226
Herzogenburg, 0130, 0135, 0306, 0526, 0574, 0734, 0886, 0904, 0983, 1038, 1086, 1099, 1404, 1866, 1982, 2511, 2512, 2919, 3136, 3454, 3455, 3598, 3692, 4089, 4181, 4206, 4435, 4633, 4758, 4918, 4951, 4967, 5019, 5320, 5487, 5732, 5864, 5932, 5953, 6228, 6541
Hildesheim, 6399, 8098, 8440, 9013, 9200
Holkham Hall, 0835, 1088, 4926

Innsbruck, 0252, 0492, 0526, 0812, 0887, 2039, 3226, 4049, 4477, 5371, 6399, 8085, 8180, 8203, 8440, 8515, 8519, 8560, 8709, 8927, 8989, 9082, 9138
Isny, 0526, 4049, 9138
Ivrea, 1326, 3029

Jena, 5852

Karlsruhe, 0247, 4989, 5369, 5639, 6019, 6034, 6399, 8088, 8091, 8140, 8247, 8364, 8404, 8652, 8699, 8807
Kassel, 0356, 1488, 2987, 4049, 4989, 5054, 9071
Kiel, 0291, 0313, 4049, 5639
Kielce, 0160, 0526, 8169, 9070
Klagenfurt, 0038, 0048, 0209, 0225, 0238, 0238, 0279, 0477, 0680, 0734, 0774, 0878, 0879, 0904, 0935, 1032, 1242, 1269, 1289, 1312, 1355, 1378, 1507, 1685, 1753, 1781, 1841, 2301, 2313, 2449, 2554, 2555, 2652, 2655, 2728, 2774, 2857, 2864, 2887, 2950, 2987, 3057, 3165, 3354, 3406, 3589, 3769, 3775, 3866, 3871, 3885, 4155, 4283, 4425, 4435, 4449, 4579, 4583, 4633, 4812, 4816, 4918, 4919, 4950, 4967, 4973, 5019, 5019, 5102, 5242, 5248, 5276, 5483, 5564, 5676, 5755, 5755, 5784, 5852, 5880, 5905, 5907, 5932, 6019, 6085, 6399, 6399, 6514, 8085, 8302, 8328, 8711, 8872, 9229
Klosterneuburg, 0038, 0039, 0078, 0088, 0091, 0107, 0135, 0238, 0245, 0252, 0279, 0432, 0502, 0526, 0550, 0597, 0647, 0681, 0732, 0734, 0767, 0846, 0904, 0934, 0988, 1145, 1155, 1242, 1350, 1428, 1434, 1475, 1488, 1527, 1685, 1753, 1791, 1802, 1862, 1866, 1903, 1904, 1969, 2028, 2030, 2039, 2130, 2208, 2270, 2296, 2310, 2400, 2467, 2526, 2537, 2629, 2658, 2690, 2738, 2796, 2845, 2905, 3057, 3126, 3157, 3188, 3416, 3636, 3713, 3780, 3897, 3954, 3982, 3997, 4029, 4155, 4419, 4435, 4465, 4614, 4685, 4866, 4918, 4921, 4945, 4989, 5019, 5134, 5211, 5242, 5244, 5256, 5276, 5299, 5332, 5416, 5517, 5567, 5572, 5603, 5630, 5665, 5755, 5782, 5842, 5921, 6011, 6019, 6032, 6115, 6130, 6177, 6276, 6399, 8083, 8085, 8152, 8178, 8180, 8217, 8366, 8555, 8684, 8722, 8765, 8812, 8862, 8872, 9016, 9029, 9084
København, 0029, 0062, 0135, 0138, 0204, 0271, 0340, 0693, 0734, 0824, 0831, 1033, 1076, 1112, 1181, 1210, 1287, 1403, 1442, 1442, 1520, 1589, 1624, 1699, 1727, 1753, 1787, 1791, 1866, 1889, 1903, 2131, 2295, 2386, 2409, 2525, 2655, 2702, 2777, 2855, 2927, 2990, 3025, 3051, 3057, 3066, 3105, 3126, 3133, 3136, 3447, 3465, 3564, 3605, 3623, 3636, 3658, 3678, 3812, 3897, 3963, 3994, 4155, 4368, 4407, 4435, 4457, 4582, 4649, 4762, 4918, 4918, 4945, 4951, 4976, 4989, 4996, 5015, 5019, 5119, 5134, 5145, 5208, 5352, 5534, 5582, 5601, 5607, 5705, 5765, 5854, 5877, 5912, 6007, 6016, 6115, 6157, 6168, 6211, 6306, 6311, 6326, 6399, 6443, 6473, 8082, 8083, 8109, 8136, 8225, 8302, 8641, 8799, 9068, 9206
Koblenz, 0421, 1297, 4512, 5652, 6399, 8180, 9168, 9187
Köln, 0091, 0245, 0509, 1076, 1088, 1123, 1141, 1442, 1628, 2118, 3260, 3664, 3936, 4989, 6399, 8085, 8302, 8332, 8471, 8479, 8515, 8542, 8578, 9024, 9138, 9200
Konstanz, 5477
Kornik, 0707, 0920, 0933, 1287, 1475, 1791, 1962, 2001, 2149, 2301, 2323, 2553, 2629, 2987, 3366, 3412, 3436, 3486, 3534, 3589, 3590, 3897, 3957, 4082, 4155, 4225, 4260, 4792, 4838, 4918, 4945, 4989, 5054, 5127, 5129, 5258, 5305, 5325, 5337, 5394, 5451, 5532, 5676, 5710, 5990, 6073, 6180, 6434, 8440, 8515, 8704, 8947, 9061, 9069
Kosice, 5676, 8180, 8218, 8360, 9200
Krakow, 0139, 0291, 0455, 0526, 0647, 0858,

LOCATION INDEX

0904, 1228, 1234, 1392, 1434, 1442, 1628, 1685, 1753, 1791, 2113, 2146, 2149, 2301, 2716, 3136, 3178, 3652, 3705, 3966, 3997, 4155, 4283, 4324, 4407, 4435, 4457, 4465, 4528, 4623, 4911, 4918, 4919, 4971, 5015, 5054, 5134, 5256, 5353, 5396, 5416, 5755, 6051, 6399, 6399, 6409, 8375, 8385, 8676, 9039, 9084, 9200, 9228
Kremsmünster, 0238, 0734, 0896, 0904, 1863, 2030, 2270, 2652, 3126, 4095, 4129, 4155, 4274, 4435, 4633, 5134, 5601, 5639, 5779, 6399, 8662, 9084, 9200, 9226
Kreuzenstein, 0734, 2409, 4201, 5352, 9138
Krivoklat, 9200

Lambach, 3812, 4919, 5075, 5118, 5707, 8515
Lamballe, 1058
Laon, 0062, 0080, 0104, 0831, 1155, 1442, 1787, 3997, 4055, 4123, 4457, 4470, 4833, 4950, 5019, 5054, 5054, 5763, 5927, 6015, 6231, 6399, 6429, 6450, 8062, 8262, 8353, 8515, 8652, 8699, 9082, 9122, 9242, 9249
Lazne Kynzvart, 5112, 8047, 8386, 9115
Leicester, 1088, 6323
Leiden, 0057, 0117, 0922, 1145, 2262, 4174, 4919, 4943, 5054, 5217, 5852, 6087
Leipzig, 0371, 0455, 0501, 0510, 0609, 0700, 0831, 0858, 0951, 1006, 1038, 1086, 1155, 1164, 1253, 1261, 1282, 1676, 1694, 1713, 1753, 1787, 1839, 1841, 1862, 1903, 2035, 2128, 2287, 2297, 2301, 2437, 2456, 2790, 2882, 3022, 3032, 3042, 3126, 3136, 3234, 3336, 3338, 3411, 3485, 3563, 3583, 3623, 3812, 3871, 3890, 3897, 3966, 4038, 4155, 4365, 4387, 4419, 4435, 4457, 4515, 4527, 4558, 4567, 4633, 4645, 4844, 4850, 4918, 4919, 4950, 4971, 4983, 5008, 5019, 5079, 5102, 5113, 5149, 5208, 5211, 5296, 5298, 5301, 5416, 5461, 5582, 5668, 5676, 5677, 5707, 5745, 5815, 5820, 5838, 5918, 5936, 5977, 6063, 6253, 6287, 6304, 6399, 6455, 6456, 6529, 6550, 8083, 8180, 8360, 8376, 8386, 8527, 8567, 8584, 8721, 8781, 9069, 9071, 9112, 9121, 9169, 9188, 9200, 9201, 9260
Leningrad, 1841
Leon, 1466, 4996
Leuwen, 0526
Liege, 0526, 0734, 4613, 4919, 4950, 5015, 5058, 5134, 5276, 5632, 6399, 8068, 8273, 8365, 8411, 8559, 9068, 9076, 9103, 9226
Lilienfeld, 0118, 0142, 0364, 0593, 0831, 0939, 1145, 1155, 1177, 1312, 1488, 1753, 1801, 2490, 2625, 2811, 2848, 2964, 3682, 3871, 3982, 4038, 4457, 4685, 4967, 5054, 5256, 5416, 5445, 5532, 5697, 5852, 5982, 6399, 6450, 8111, 8375, 8520, 8527, 8706, 8962, 9077, 9204
Lille, 1637, 1787, 3153, 5256, 8050
Lincoln, 0074, 0082, 0091, 0122, 0172, 0245, 0321, 1006, 1088, 2265, 2301, 2543, 2671, 3236, 3270, 3297, 3395, 3482, 3636, 3839, 3966, 3982, 4473, 4727, 4819, 4918, 4926, 4945, 5102, 5269, 5532, 5601, 5700, 5826, 5982, 6001, 6007, 6196, 6399, 6399, 8111
Linz, 0091, 0221, 0687, 1466, 1628, 1753, 2892, 3028, 3114, 3598, 4283, 5054, 5303, 5601, 5885
Lisboa, 0088, 0455, 1628, 1753, 2456, 3257, 3871, 4457, 4973, 5054, 5797, 6071, 6339, 6399
Ljubljana, 5019, 6399, 8709, 9138
Loches, 1596, 3057
Logrono, 0445, 1761, 3028, 4166, 6318, 6441
London, BM, 0078, 0082, 0088, 0091, 0107, 0108, 0117, 0172, 0183, 0184, 0189, 0203, 0221, 0234, 0235, 0238, 0245, 0247, 0269, 0280, 0285, 0288, 0326, 0334, 0342, 0369, 0390, 0412, 0416, 0436, 0439, 0441, 0455, 0465, 0472, 0473, 0490, 0503, 0504, 0508, 0526, 0548, 0550, 0595, 0599, 0602, 0614, 0626, 0632, 0636, 0641, 0680, 0720, 0732, 0740, 0753, 0784, 0807, 0819, 0833, 0835, 0840, 0853, 0875, 0912, 0913, 0931, 0938, 0939, 0940, 0944, 0945, 0957, 0963, 0978, 0979, 0989, 1006, 1010, 1018, 1027, 1032, 1046, 1063, 1065, 1079, 1080, 1083, 1086, 1088, 1113, 1117, 1155, 1159, 1183, 1185, 1213, 1223, 1242, 1256, 1262, 1276, 1293, 1298, 1299, 1302, 1349, 1351, 1363, 1364, 1388, 1395, 1410, 1413, 1442, 1453, 1466, 1471, 1477, 1487, 1488, 1489, 1491, 1505, 1517, 1527, 1552, 1567, 1586, 1617, 1628, 1646, 1658, 1671, 1674, 1690, 1723, 1738, 1761, 1772, 1787, 1788, 1791, 1793, 1831, 1837, 1840, 1841, 1847, 1862, 1886, 1891, 1892, 1895, 1909, 1914, 1941, 1971, 1977, 2041, 2066, 2068, 2072, 2096, 2098, 2102, 2107, 2109, 2132, 2133, 2149, 2162, 2176, 2179, 2191, 2200, 2257, 2269, 2301, 2330, 2332, 2338, 2349, 2357, 2363, 2394, 2401, 2403, 2414, 2441, 2452, 2480, 2482, 2487, 2499, 2521, 2528, 2530, 2537, 2546, 2558, 2573, 2580, 2593, 2604, 2612, 2622, 2626, 2631, 2632, 2671, 2748, 2751, 2761, 2763, 2764, 2787, 2788, 2819, 2872, 2872, 2881, 2886, 2907, 2926, 2937, 2939, 2969, 2985, 2987, 3030, 3047, 3055, 3057, 3082, 3084, 3089, 3092, 3104, 3110, 3120, 3126, 3129, 3133, 3135, 3135, 3173, 3191, 3213, 3218, 3230, 3249, 3260, 3297, 3299, 3319, 3340, 3362, 3387, 3398, 3408, 3413, 3471, 3497, 3522, 3524, 3526, 3531, 3557, 3572, 3595, 3605, 3606, 3609, 3621, 3628, 3631, 3637, 3639, 3649, 3673, 3685, 3686, 3709, 3728, 3759, 3765, 3796, 3798, 3810, 3812, 3822, 3832, 3835, 3837, 3877, 3881, 3888, 3889, 3897, 3901, 3944, 3954, 3966, 3988, 3997, 4055, 4091, 4107, 4111, 4112, 4155, 4166, 4168, 4185, 4190, 4208, 4227, 4273, 4280, 4320, 4337, 4339, 4341, 4354, 4364, 4365, 4392, 4396, 4399, 4428, 4430, 4433, 4437, 4457, 4469, 4471, 4480, 4504, 4509, 4514, 4522,

4550, 4583, 4622, 4624, 4661, 4682, 4693, 4698, 4699, 4727, 4741, 4743, 4759, 4788, 4793, 4805, 4809, 4813, 4820, 4828, 4833, 4837, 4847, 4849, 4908, 4918, 4919, 4923, 4926, 4945, 4951, 4967, 4969, 4971, 4973, 4976, 4997, 5005, 5015, 5019, 5054, 5058, 5059, 5086, 5092, 5102, 5104, 5105, 5148, 5149, 5154, 5169, 5219, 5223, 5235, 5256, 5269, 5280, 5282, 5289, 5289, 5292, 5294, 5294, 5300, 5306, 5345, 5355, 5385, 5416, 5419, 5429, 5434, 5436, 5444, 5467, 5491, 5504, 5511, 5520, 5524, 5528, 5532, 5539, 5551, 5577, 5595, 5599, 5601, 5618, 5654, 5668, 5684, 5694, 5696, 5700, 5707, 5712, 5715, 5735, 5739, 5787, 5799, 5808, 5815, 5823, 5824, 5826, 5833, 5846, 5851, 5870, 5872, 5898, 5899, 5903, 5905, 5914, 5915, 5934, 5949, 5971, 5977, 5982, 5997, 6001, 6007, 6008, 6015, 6028, 6033, 6064, 6067, 6070, 6093, 6100, 6120, 6138, 6142, 6145, 6156, 6169, 6196, 6199, 6202, 6213, 6220, 6222, 6225, 6232, 6254, 6307, 6309, 6317, 6322, 6323, 6373, 6387, 6399, 6405, 6435, 6437, 6441, 6443, 6446, 6450, 6454, 6485, 6493, 6519, 6538, 6550, 8008, 8035, 8062, 8085, 8089, 8140, 8165, 8177, 8244, 8267, 8335, 8359, 8365, 8366, 8378, 8386, 8394, 8395, 8434, 8483, 8511, 8527, 8575, 8587, 8637, 8658, 8662, 8669, 8708, 8772, 8815, 8834, 8936, 8951, 8974, 9024, 9046, 9060, 9063, 9088, 9101, 9116, 9123, 9165, 9226, 9243, 1568

London, Congregational, 0338, 1171
London, Dr. William's Library, 1145
London, Dulwich, 3444, 4583, 5981
London, Gray's, 0062, 0077, 0183, 1628, 2301, 3685, 3988
London, Guidhall, 3686
London, Lambeth Palace, 0032, 0445, 0599, 1088, 1155, 1159, 1250, 1628, 1772, 2301, 2441, 3126, 3191, 3418, 3452, 3852, 4583, 4727, 5054, 5102, 5103, 5269, 5473, 5532, 5601, 5618, 5778, 6022, 6300, 6441, 8311, 8366, 8395, 8768, 9123, 9191, 9258
London, Royal College of Physicians, 4943, 5054
London, Sion College, 1076, 3685, 5601, 6441, 6485
London, Sir John Soane's Museum, 3639
London, Society of Antiquaries, 1501, 1621, 2098, 3643, 3966
London, St Dominic's, 2625, 3387
London, Syon, 0665
London, Univ, 0989, 2301, 4209, 5618, 6210
London, Wellcome Historical Medical Library, 1457, 3720
London, Westminster Abbey, 3647
Longleat, 0369, 5982
Lons-le-Saulnier, 0139, 8078, 8085, 9024
Los Angeles, 6399
Louvain, 0526
Lübeck, 6011, 6399, 6409, 8195, 8729, 8781

Lucca, 3171, 4457, 5033, 5133, 5856, 6487
Lund, 6399
Lüneburg, 1076, 1166, 2790, 3769, 4719, 5134, 8538
Luxembourg, 0088, 3672, 4197, 4919, 5208, 5658
Luzern, 6399, 8175, 8440, 9191, 9229, 9258
Lyon, 0734, 1466, 1803, 5019, 6399, 8078, 8085

Madrid, 0003, 0091, 0366, 0472, 0526, 0624, 1006, 1086, 1428, 1442, 1753, 1759, 2098, 2217, 2287, 3126, 3256, 3399, 4053, 4155, 4283, 4407, 4708, 4855, 4910, 4943, 4951, 4967, 4971, 4976, 5001, 5054, 5058, 5242, 5256, 5532, 6071, 6196, 6399, 8366, 8515, 8637, 9076
Magdeburg, 0525, 0656, 1787, 2790, 3636, 6071, 6399, 8302, 8440, 8515, 8905, 9137, 9138
Mainz, 0526, 0624, 1076, 1584, 2435, 4728, 5352, 5461, 5668, 6458, 6492, 8180, 8415, 8421, 8440, 8484, 8702, 8781, 8878, 8927, 9071, 9103, 9138, 9200
Manchester, 1088, 1409, 1552, 3609, 4166, 4168, 4457, 5532, 5982, 6007, 6411, 6436
Mantova, 1628, 6399, 8474
Marburg, 3271, 4263, 6432, 8160, 8454, 8692
Maria-Saal, 0589, 0734, 1202, 1753, 1841, 2301, 3856, 4275, 4439, 4457, 4918, 5905, 6223, 6376, 8085, 8781
Maribor, 8328, 8515, 9229
Marseille, 0139, 0744, 1428, 1803, 2038, 2456, 2550, 2562, 3057, 3615, 4155, 4579, 4874, 4918, 5042, 5676, 5794, 5856, 9085
Mattsee, 6399
Meijers, 1145
Melk, 0238, 0252, 0514, 0526, 0624, 0734, 0846, 1488, 2039, 2316, 2987, 3414, 3435, 3544, 3929, 3986, 4038, 4272, 5019, 5310, 5638, 5639, 5676, 5732, 5780, 5860, 6071, 6191, 6399, 8010, 8011, 8017, 8085, 8102, 8103, 8152, 8153, 8180, 8237, 8366, 8375, 8385, 8403, 8458, 8475, 8515, 8553, 8574, 8623, 8637, 8639, 8662, 8679, 8767, 8781, 8799, 9016, 9024, 9084, 9093, 9102, 9136, 9138, 9200, 9208, 9233
Metz, 0016, 0135, 0139, 0418, 0455, 0475, 0734, 1076, 1245, 1421, 1439, 1527, 1675, 1841, 2408, 2453, 2456, 2525, 2720, 2798, 3396, 3602, 3603, 3615, 3810, 3812, 3896, 3897, 3903, 4038, 4407, 4435, 4457, 4833, 4849, 4918, 4943, 4945, 4950, 4983, 4989, 5015, 5019, 5054, 5079, 5134, 5345, 5366, 5416, 5601, 5745, 5755, 5875, 5967, 5982, 6007, 6126, 6157, 6399, 8035, 8386, 8515, 8527, 8597, 8699, 9009, 9258
Michaelbeuern, 0734, 1873, 2418, 3615, 5019, 5852, 6399, 8012, 8606, 9084, 9200
Mignault, 9071
Milano, 0815, 1143, 1182, 1242, 1466, 1542, 1628, 2363, 2405, 2640, 3123, 4971, 5203, 5672, 6080, 6173, 6272, 6399, 8078, 8085, 8181, 8184, 8256, 8302, 8323, 8386, 8434, 8515, 8527, 8855, 8901

LOCATION INDEX

Modena, 1742, 5479
Mons, 1350, 4457, 4583, 5912, 9122
Monte Cassino, 0156, 0334, 0455, 0479, 0839, 1006, 1059, 1242, 1649, 1862, 2213, 2576, 2643, 2772, 2795, 2822, 3126, 3609, 3742, 3847, 4061, 4457, 4866, 4919, 4943, 4971, 5054, 5208, 5256, 5427, 5755, 5797, 6218, 8009, 8256, 8278
Monteprandone, 4155, 6399
Montpellier, 2447, 3937, 4457
Montserrat, 3658, 5058, 8799, 9008
Morella, 8654, 8781, 9009, 9053
München, Clm, 0019, 0022, 0028, 0038, 0049, 0078, 0082, 0091, 0153, 0222, 0226, 0227, 0237, 0238, 0252, 0279, 0299, 0316, 0336, 0343, 0392, 0428, 0449, 0455, 0460, 0465, 0479, 0488, 0489, 0524, 0526, 0527, 0532, 0537, 0548, 0550, 0587, 0598, 0624, 0648, 0655, 0680, 0682, 0693, 0713, 0734, 0740, 0742, 0775, 0793, 0831, 0832, 0834, 0846, 0868, 0874, 0876, 0878, 0902, 0903, 0906, 0983, 1006, 1029, 1039, 1059, 1064, 1073, 1076, 1086, 1088, 1101, 1106, 1122, 1125, 1130, 1164, 1168, 1178, 1179, 1181, 1204, 1215, 1216, 1242, 1261, 1279, 1302, 1336, 1345, 1369, 1405, 1427, 1439, 1447, 1466, 1488, 1499, 1507, 1515, 1527, 1589, 1600, 1676, 1693, 1753, 1797, 1799, 1803, 1824, 1841, 1856, 1862, 1865, 1904, 1906, 1928, 1959, 1982, 2030, 2039, 2077, 2083, 2146, 2221, 2270, 2271, 2301, 2316, 2319, 2328, 2329, 2361, 2382, 2409, 2419, 2421, 2440, 2472, 2511, 2525, 2530, 2541, 2567, 2625, 2655, 2656, 2667, 2799, 2803, 2811, 2857, 2877, 2890, 2891, 2900, 2902, 2908, 2910, 2987, 2989, 3020, 3028, 3035, 3039, 3057, 3075, 3083, 3102, 3113, 3124, 3126, 3133, 3136, 3156, 3158, 3176, 3187, 3188, 3234, 3260, 3305, 3374, 3390, 3450, 3515, 3531, 3549, 3560, 3594, 3600, 3605, 3606, 3607, 3633, 3643, 3682, 3683, 3686, 3694, 3716, 3727, 3750, 3812, 3855, 3871, 3897, 3900, 3925, 3932, 3954, 3956, 3965, 3981, 3984, 3995, 3998, 4012, 4036, 4044, 4049, 4055, 4066, 4073, 4081, 4125, 4128, 4177, 4276, 4282, 4283, 4287, 4301, 4347, 4403, 4420, 4427, 4434, 4435, 4441, 4454, 4457, 4481, 4517, 4538, 4572, 4579, 4583, 4589, 4623, 4625, 4629, 4633, 4641, 4658, 4667, 4673, 4707, 4714, 4741, 4754, 4779, 4821, 4829, 4831, 4833, 4849, 4851, 4869, 4908, 4918, 4919, 4920, 4922, 4943, 4945, 4951, 4956, 4960, 4973, 4989, 5015, 5018, 5019, 5027, 5029, 5042, 5054, 5058, 5075, 5078, 5099, 5100, 5102, 5127, 5140, 5207, 5208, 5211, 5242, 5256, 5276, 5288, 5303, 5310, 5334, 5338, 5352, 5368, 5371, 5380, 5400, 5412, 5416, 5446, 5461, 5472, 5501, 5528, 5532, 5548, 5549, 5580, 5582, 5601, 5622, 5624, 5629, 5633, 5636, 5638, 5639, 5639, 5643, 5646, 5647, 5653, 5668, 5676, 5677, 5707, 5709, 5732, 5745, 5755, 5773, 5780, 5803, 5839, 5852, 5875, 5932, 5939, 5967, 5988, 5992, 6001, 6011, 6019, 6061, 6071, 6078, 6081, 6104, 6105, 6115, 6125, 6132, 6174, 6203, 6209, 6223, 6228, 6237, 6294, 6311, 6388, 6399, 6410, 6436, 6443, 6450, 6455, 6456, 6464, 6485, 6499, 6525, 6533, 6541, 6544, 8030, 8054, 8071, 8079, 8083, 8085, 8099, 8111, 8116, 8123, 8139, 8152, 8160, 8162, 8166, 8169, 8174, 8180, 8182, 8217, 8241, 8247, 8255, 8269, 8302, 8304, 8341, 8347, 8364, 8366, 8375, 8385, 8386, 8398, 8399, 8404, 8413, 8419, 8426, 8440, 8460, 8461, 8479, 8481, 8515, 8519, 8521, 8525, 8527, 8536, 8550, 8555, 8556, 8565, 8596, 8597, 8610, 8633, 8637, 8641, 8646, 8648, 8651, 8652, 8662, 8684, 8688, 8691, 8699, 8709, 8729, 8756, 8758, 8776, 8781, 8782, 8784, 8789, 8791, 8807, 8809, 8844, 8847, 8848, 8853, 8862, 8866, 8872, 8876, 8887, 8891, 8927, 8929, 8930, 8936, 8940, 8975, 8980, 8981, 8983, 9016, 9019, 9024, 9069, 9071, 9080, 9082, 9084, 9100, 9103, 9105, 9106, 9108, 9121, 9128, 9130, 9136, 9138, 9186, 9200, 9204, 9205, 9208, 9214, 9226, 9229, 9230, 9233, 9237
München, J. Rosenthal, 1242
München, Nationalmuseum, 0620, 4756, 5767, 6207
München, Univ, 0318, 0826, 1076, 3405, 5019, 5593, 5732, 6255, 6399, 8152, 8332, 8565, 8707, 8781, 8887, 8927, 9138, 9200, 9226
Münster, 0734, 1629, 2030, 2270, 2435, 2456, 3615, 4005, 4217, 5015, 5019, 5106, 5211, 5682, 6157, 6235, 6399, 8368, 8515, 8597
Namur, 0091, 0443, 0455, 0548, 0620, 0722, 0734, 1101, 1190, 1481, 1527, 2182, 2345, 2456, 2550, 2655, 4155, 4692, 4779, 4918, 5015, 5091, 5208, 5273, 5362, 5582, 5582, 5825, 5912, 6399, 6458, 6533, 6550, 8262, 8569
Nantes, 2222
Napoli, 0093, 0247, 0260, 0383, 0387, 0388, 0514, 0550, 0620, 0809, 0921, 0922, 0987, 0991, 1076, 1086, 1098, 1125, 1125, 1143, 1242, 1369, 1753, 2192, 2193, 2509, 2986, 3126, 3227, 3233, 3695, 3783, 3784, 3790, 3845, 4248, 4457, 4833, 4883, 4918, 4950, 4951, 4955, 4956, 4957, 4971, 5001, 5019, 5025, 5193, 5291, 5427, 5488, 5615, 5933, 6038, 6051, 6101, 6278, 6399, 6528, 8111, 8232, 8322, 8404, 8488, 8522, 8617, 8630, 8736, 8962, 9126, 9229
Neufchateau, 2550
New Haven, 1628, 6399
New York, 2562, 2902, 4950, 5019
Nice, 4942, 4943, 5054, 9122
Nimes, 0681
Novacella, 1197, 3123, 5755, 8085
Nürnberg, 0003, 0091, 0357, 0455, 0535, 0647, 0846, 1086, 1488, 1753, 1787, 1841, 1982, 2267, 2807, 3606, 3633, 4055, 4484, 4940, 5015, 5054, 5102, 5242, 5256, 5416, 5547, 5548, 5601, 5601, 5639, 6071, 6399, 8235,

8437, 8536, 8781

Ohio State University, 5058
Olomouc, 0238, 0492, 0526, 0556, 0624, 1145, 1475, 1488, 1589, 1628, 1725, 2301, 2316, 2956, 2976, 3198, 4049, 4093, 4435, 4457, 4919, 4967, 4971, 4976, 5054, 5134, 5276, 5601, 5601, 5639, 5676, 5707, 6071, 6399, 6399, 8140, 8164, 8172, 8174, 8310, 8313, 8328, 8330, 8386, 8388, 8401, 8515, 8527, 8565, 8586, 8637, 8681, 8687, 8714, 8872, 8872, 8930, 8944, 9007, 9009, 9070, 9078, 9130, 9138, 9185, 9200, 9200, 9203, 9217, 9229
Opava, 4216, 5134, 5352, 6399, 8440, 8565, 8872, 8998, 9069, 9138
Oporto, 2287
Orleans, 0456, 0508, 0829, 2117, 8396, 8699
Osek, 0221, 0314, 0455, 0526, 0548, 0661, 0737, 1006, 1358, 1640, 1787, 1991, 2199, 2525, 2625, 3136, 3448, 3973, 3997, 4072, 4419, 4457, 4863, 4918, 5134, 5456, 6399, 6539, 8440, 9200
Osimo, 4726
Ottobeuren, 8085, 8929, 9024, 9130, 9237
Oviedo, 6071, 8515
Oxford, All Souls, 0550, 2498, 3944, 4806
Oxford, Balliol, 0024, 0082, 0133, 0202, 0245, 0417, 0455, 0630, 0645, 0831, 1063, 1086, 1088, 1183, 1386, 1439, 1441, 1478, 1552, 1578, 2010, 2096, 2204, 2301, 2347, 2389, 2441, 2499, 2595, 2742, 2764, 3079, 3096, 3126, 3129, 3191, 3212, 3240, 3581, 3609, 3612, 3663, 3686, 3782, 3812, 3828, 3997, 4155, 4405, 4457, 4558, 4564, 4567, 4636, 4699, 4958, 4971, 4980, 5198, 5202, 5265, 5269, 5289, 5306, 5381, 5460, 5461, 5532, 5592, 5605, 5618, 5700, 5881, 5960, 5982, 6071, 6248, 6399, 6493, 6538, 6550, 8328, 8407, 8696, 9229
Oxford, Bodl, 0062, 0074, 0077, 0082, 0088, 0100, 0104, 0122, 0135, 0143, 0172, 0178, 0187, 0206, 0223, 0234, 0238, 0243, 0245, 0280, 0362, 0403, 0417, 0425, 0442, 0449, 0455, 0478, 0479, 0489, 0513, 0526, 0585, 0620, 0632, 0639, 0680, 0689, 0693, 0706, 0721, 0787, 0793, 0831, 0835, 0929, 0944, 0966, 0994, 1006, 1008, 1010, 1014, 1051, 1088, 1095, 1112, 1125, 1125, 1141, 1149, 1155, 1159, 1164, 1183, 1230, 1235, 1242, 1250, 1260, 1278, 1302, 1310, 1313, 1388, 1395, 1442, 1452, 1466, 1489, 1494, 1497, 1527, 1536, 1578, 1587, 1589, 1623, 1624, 1628, 1638, 1658, 1671, 1674, 1772, 1787, 1804, 1830, 1841, 1855, 2052, 2061, 2066, 2075, 2098, 2110, 2119, 2136, 2202, 2203, 2219, 2221, 2301, 2309, 2338, 2391, 2411, 2441, 2456, 2460, 2499, 2542, 2546, 2562, 2624, 2625, 2648, 2652, 2655, 2742, 2787, 2808, 2819, 2823, 2960, 3011, 3080, 3089, 3126, 3129, 3181, 3191, 3215, 3245, 3266, 3270, 3294, 3298, 3343, 3483, 3492, 3606, 3622, 3663, 3703, 3729, 3770, 3787, 3812, 3829, 3830, 3858, 3868, 3871, 3886, 3889, 3901, 3923, 3982, 3988, 3997, 4008, 4013, 4031, 4038, 4055, 4074, 4133, 4136, 4155, 4283, 4306, 4312, 4322, 4402, 4419, 4432, 4435, 4457, 4469, 4478, 4491, 4509, 4583, 4601, 4615, 4655, 4670, 4693, 4727, 4833, 4835, 4860, 4871, 4885, 4918, 4919, 4923, 4926, 4945, 4967, 4971, 5002, 5005, 5014, 5019, 5030, 5102, 5103, 5105, 5208, 5211, 5233, 5235, 5269, 5289, 5334, 5355, 5371, 5375, 5376, 5435, 5439, 5444, 5488, 5493, 5494, 5532, 5534, 5599, 5601, 5613, 5618, 5668, 5700, 5731, 5739, 5755, 5809, 5852, 5856, 5875, 5905, 5909, 5934, 5952, 5982, 6001, 6040, 6071, 6109, 6122, 6163, 6163, 6196, 6202, 6307, 6312, 6318, 6399, 6441, 6450, 6456, 6524, 6535, 6544, 8021, 8062, 8092, 8136, 8173, 8194, 8219, 8245, 8274, 8275, 8302, 8346, 8354, 8366, 8378, 8393, 8395, 8404, 8479, 8527, 8550, 8695, 8699, 8717, 8732, 8819, 8828, 8859, 8861, 8917, 8927, 8936, 8995, 8997, 9003, 9009, 9034, 9054, 9059, 9071, 9103, 9113, 9118, 9123, 9125, 9226, 9227, 9258, 4675, 4856
Oxford, Brasenose, 2441, 3126, 3191, 4918, 5430, 5858, 8062
Oxford, Christ, 8171
Oxford, Corpus Christi, 0353, 0369, 0408, 0478, 0892, 1076, 1088, 1183, 1302, 1521, 1533, 1689, 1881, 2127, 2171, 2250, 2441, 3005, 3126, 3147, 3191, 3685, 3997, 4166, 4245, 4469, 4583, 4672, 4918, 4923, 4971, 4980, 5103, 5201, 5306, 5396, 5421, 5599, 5693, 5982, 6059, 6163, 6196, 6441, 6481, 8247, 8364, 8395, 8728, 8851, 8936, 9128
Oxford, Exeter, 0117, 0122, 0234, 0296, 1250, 2441, 2881, 3787, 5256, 5700, 6001
Oxford, Jesus, 0417, 0470, 0835, 1088, 1770, 2966, 3043, 3126, 3297, 3795, 4860, 4951, 4971, 5281, 5544, 5700, 6001, 8353
Oxford, John Baptist, 4980
Oxford, Lincoln, 0043, 0091, 0112, 0144, 0406, 0599, 0970, 1086, 1155, 1159, 1162, 1841, 2171, 2450, 2609, 2781, 2881, 2966, 3812, 3944, 3966, 4067, 4457, 4527, 4564, 4918, 4919, 4926, 4950, 5102, 5345, 5416, 5532, 5601, 5700, 5805, 6054, 6071, 6153, 6196, 6370, 6399, 8515
Oxford, Magdalen, 0062, 0104, 0147, 0186, 0243, 0406, 0455, 0463, 0526, 0811, 0831, 0840, 0975, 1076, 1077, 1158, 1320, 1654, 1688, 1733, 1753, 1841, 1929, 2108, 2134, 2201, 2218, 2301, 2441, 2609, 2966, 3126, 3191, 3212, 3266, 3613, 3685, 3982, 4010, 4031, 4407, 4457, 4509, 4918, 4951, 4976, 5102, 5235, 5269, 5532, 5582, 5856, 5982, 6001, 6007, 6196, 6399, 6450, 8951
Oxford, Merton, 0040, 0045, 0062, 0074, 0088,

LOCATION INDEX

0091, 0095, 0101, 0104, 0122, 0245, 0265, 0317, 0389, 0401, 0406, 0455, 0550, 0831, 1006, 1010, 1076, 1155, 1160, 1260, 1302, 1478, 1674, 1787, 1837, 1841, 1886, 2115, 2285, 2301, 2603, 2623, 2686, 2875, 2966, 3126, 3191, 3212, 3457, 3766, 3812, 3881, 3933, 3965, 3997, 4365, 4457, 4567, 4581, 4631, 4674, 4833, 5020, 5087, 5102, 5148, 5289, 5532, 5719, 5982, 6001, 6163, 6239, 6260, 6276, 6399, 6450, 8062, 8240, 8275, 8366, 8445, 8834, 8846, 9123

Oxford, New College, 0207, 0324, 0401, 1088, 1116, 1352, 1434, 2173, 2261, 2801, 3126, 3129, 3192, 3260, 3479, 3615, 3812, 3871, 4048, 4435, 4583, 4634, 4665, 5019, 5027, 5054, 5342, 5384, 6154, 6187, 6222, 6399, 6448, 8366, 8936

Oxford, Oriel, 0091, 0151, 0157, 0406, 0455, 1155, 2966, 3126, 4971, 5212, 5532, 5601, 5802, 5826, 6071, 8515

Oxford, Queen's, 6399

Oxford, St John's, 0245, 0298, 0403, 1155, 1159, 2111, 2574, 2686, 2932, 3126, 3944, 4155, 4402, 4457, 4683, 4709, 4727, 4907, 4918, 5086, 5202, 5211, 5736, 5982, 6001, 6314, 8464, 8637

Oxford, Trinity, 0382, 0704, 1088, 1761, 2096, 2301, 3126, 3944, 3966, 4034, 4469, 4918, 4951, 5601, 5977, 6399

Oxford, Univ, 0324, 0417, 0455, 0972, 1031, 1041, 1088, 1158, 1726, 1772, 2024, 2914, 3126, 3356, 3724, 3812, 3881, 4055, 4337, 4378, 4419, 4699, 4833, 4918, 4926, 4981, 5083, 5102, 5612, 5826, 8035, 8277, 8589

Paderborn, 5682, 6399, 8301, 9226

Padova, 0104, 0247, 0409, 0455, 0550, 0619, 0647, 0793, 1006, 1242, 1242, 1841, 2050, 2224, 2301, 2776, 2937, 3182, 3491, 3682, 3981, 4295, 4457, 4533, 4565, 4919, 4956, 4973, 4994, 4994, 5004, 5015, 5019, 5027, 5134, 5256, 5601, 5915, 5945, 6394, 6399, 6399, 6547, 8016, 8111, 8253, 8515, 8637, 9168

Pamplona, 0002, 0647, 0782, 1444, 1592, 1628, 1886, 2705, 5052, 5117, 6399, 6521

Paris, Arsenal, 0026, 0088, 0135, 0172, 0455, 0508, 0734, 0839, 0887, 0896, 1038, 1075, 1076, 1086, 1350, 1442, 1525, 1685, 1738, 1839, 1903, 2122, 2301, 2609, 2691, 2783, 2819, 2888, 2999, 3009, 3126, 3136, 3297, 3532, 3570, 3625, 3926, 3963, 4039, 4087, 4442, 4462, 4532, 4543, 4579, 4633, 4833, 4918, 4943, 4945, 4971, 4983, 5015, 5054, 5079, 5149, 5199, 5210, 5211, 5256, 5416, 5582, 5601, 5755, 6001, 6042, 6055, 6071, 6115, 6157, 6182, 6367, 6550, 8419, 8492, 8515, 8706, 8889, 9035, 9070, 9077, 9205

Paris, BN, 0006, 0013, 0016, 0023, 0034, 0049, 0062, 0079, 0082, 0083, 0088, 0089, 0091, 0099, 0104, 0127, 0135, 0139, 0161, 0172, 0195, 0198, 0213, 0243, 0245, 0272, 0275, 0288, 0296, 0308, 0322, 0332, 0333, 0334, 0335, 0370, 0380, 0395, 0396, 0404, 0442, 0455, 0472, 0493, 0495, 0511, 0514, 0528, 0531, 0539, 0566, 0620, 0629, 0630, 0644, 0647, 0654, 0660, 0662, 0680, 0683, 0693, 0698, 0710, 0712, 0718, 0722, 0734, 0740, 0742, 0757, 0805, 0808, 0831, 0838, 0839, 0840, 0868, 0889, 0892, 0899, 0903, 0924, 0939, 0944, 0946, 0961, 0967, 0969, 0982, 0988, 0992, 0998, 1000, 1006, 1008, 1009, 1009, 1022, 1032, 1038, 1045, 1059, 1072, 1074, 1076, 1101, 1102, 1106, 1155, 1159, 1164, 1182, 1190, 1207, 1229, 1242, 1245, 1250, 1252, 1257, 1260, 1261, 1273, 1278, 1287, 1302, 1341, 1342, 1359, 1421, 1434, 1439, 1442, 1454, 1456, 1458, 1466, 1475, 1479, 1480, 1484, 1486, 1510, 1525, 1527, 1531, 1536, 1570, 1574, 1575, 1594, 1619, 1628, 1633, 1643, 1666, 1690, 1713, 1731, 1753, 1763, 1787, 1803, 1814, 1834, 1837, 1838, 1839, 1841, 1850, 1862, 1875, 1901, 1903, 1911, 1931, 1937, 1945, 1951, 1952, 1960, 1996, 2007, 2025, 2030, 2053, 2055, 2065, 2124, 2140, 2154, 2161, 2163, 2187, 2201, 2206, 2222, 2287, 2301, 2307, 2320, 2329, 2331, 2366, 2370, 2371, 2384, 2395, 2407, 2428, 2448, 2478, 2479, 2481, 2504, 2525, 2530, 2533, 2552, 2570, 2603, 2641, 2657, 2661, 2670, 2683, 2684, 2686, 2691, 2733, 2752, 2768, 2772, 2775, 2783, 2797, 2803, 2805, 2808, 2818, 2819, 2825, 2827, 2828, 2877, 2911, 2930, 2932, 2935, 2936, 2949, 2952, 2978, 2979, 3057, 3071, 3086, 3089, 3098, 3099, 3101, 3103, 3118, 3124, 3126, 3136, 3145, 3149, 3150, 3170, 3177, 3178, 3191, 3225, 3246, 3260, 3308, 3364, 3375, 3396, 3400, 3449, 3499, 3533, 3544, 3559, 3576, 3584, 3586, 3587, 3597, 3598, 3605, 3606, 3609, 3614, 3669, 3670, 3690, 3699, 3725, 3727, 3738, 3739, 3753, 3766, 3785, 3799, 3812, 3834, 3838, 3843, 3860, 3863, 3865, 3867, 3871, 3872, 3874, 3897, 3898, 3899, 3935, 3963, 3966, 3978, 3982, 3999, 4025, 4031, 4032, 4040, 4055, 4071, 4076, 4155, 4156, 4221, 4251, 4281, 4304, 4306, 4307, 4310, 4313, 4349, 4359, 4383, 4407, 4440, 4446, 4447, 4448, 4453, 4457, 4461, 4462, 4471, 4488, 4492, 4493, 4494, 4497, 4506, 4507, 4519, 4521, 4531, 4535, 4546, 4547, 4548, 4551, 4560, 4561, 4570, 4576, 4579, 4588, 4613, 4618, 4633, 4659, 4662, 4677, 4693, 4733, 4764, 4766, 4771, 4773, 4778, 4808, 4815, 4833, 4851, 4853, 4855, 4856, 4860, 4904, 4918, 4919, 4943, 4945, 4951, 4956, 4967, 4971, 4976, 4983, 4984, 4989, 4996, 5001, 5006, 5015, 5019, 5020, 5023, 5027, 5044, 5054, 5058, 5072, 5085, 5095, 5107, 5122, 5134, 5146, 5152, 5198, 5201, 5208, 5210, 5211, 5217, 5223, 5224, 5228, 5247, 5256, 5293, 5307, 5328, 5330, 5334, 5345, 5354, 5358, 5365, 5371, 5389, 5412, 5425, 5431, 5437, 5452, 5453, 5455, 5457, 5464, 5466, 5471, 5498, 5510,

5528, 5531, 5532, 5542, 5575, 5579, 5582, 5601, 5662, 5668, 5676, 5707, 5718, 5745, 5751, 5753, 5755, 5768, 5783, 5797, 5805, 5814, 5852, 5857, 5868, 5875, 5876, 5905, 5948, 5955, 5977, 5979, 5982, 5989, 6001, 6003, 6005, 6007, 6019, 6021, 6028, 6030, 6041, 6053, 6054, 6056, 6060, 6068, 6075, 6076, 6087, 6098, 6105, 6115, 6143, 6153, 6156, 6157, 6200, 6202, 6237, 6244, 6258, 6261, 6267, 6272, 6279, 6280, 6284, 6295, 6297, 6392, 6399, 6418, 6450, 6459, 6466, 6471, 6473, 6482, 6483, 6491, 6501, 6518, 6526, 6533, 6550, 8019, 8035, 8045, 8049, 8062, 8078, 8085, 8091, 8140, 8154, 8180, 8181, 8193, 8194, 8204, 8212, 8243, 8247, 8249, 8254, 8256, 8257, 8260, 8262, 8267, 8268, 8274, 8275, 8291, 8302, 8318, 8325, 8328, 8332, 8365, 8366, 8372, 8378, 8383, 8386, 8404, 8408, 8417, 8420, 8466, 8488, 8495, 8496, 8515, 8516, 8527, 8530, 8562, 8581, 8630, 8641, 8644, 8648, 8652, 8659, 8660, 8697, 8699, 8729, 8735, 8741, 8770, 8777, 8781, 8785, 8800, 8808, 8809, 8816, 8853, 8861, 8865, 8866, 8873, 8875, 8882, 8885, 8906, 8924, 8936, 8939, 8966, 8983, 9006, 9009, 9011, 9024, 9079, 9084, 9086, 9099, 9102, 9103, 9109, 9122, 9128, 9131, 9175, 9186, 9226, 9241, 9258
Paris, Beaux Arts, 2967, 4465, 4848, 4905, 5707
Paris, Mazarine, 0001, 0010, 0023, 0062, 0082, 0088, 0091, 0104, 0107, 0172, 0245, 0368, 0433, 0449, 0514, 0627, 0645, 0647, 0680, 0693, 0728, 0734, 0736, 0839, 0868, 0882, 0900, 0946, 0960, 1001, 1006, 1032, 1056, 1076, 1102, 1125, 1155, 1164, 1206, 1245, 1250, 1287, 1302, 1410, 1421, 1442, 1525, 1570, 1637, 1644, 1723, 1787, 1839, 1841, 1903, 1937, 1947, 1960, 2030, 2106, 2137, 2230, 2232, 2287, 2301, 2326, 2428, 2525, 2530, 2661, 2686, 2769, 2819, 2932, 2977, 2987, 3057, 3063, 3103, 3126, 3136, 3140, 3178, 3385, 3387, 3540, 3544, 3572, 3605, 3897, 3993, 3997, 4035, 4041, 4194, 4281, 4417, 4497, 4539, 4558, 4562, 4564, 4576, 4583, 4613, 4624, 4626, 4833, 4924, 4931, 4950, 4967, 4996, 5005, 5035, 5042, 5074, 5124, 5171, 5211, 5328, 5333, 5345, 5354, 5364, 5371, 5428, 5532, 5582, 5661, 5676, 5755, 5768, 5797, 5905, 5967, 5977, 5982, 6001, 6007, 6019, 6047, 6095, 6115, 6157, 6215, 6311, 6314, 6399, 6500, 6550, 8062, 8155, 8369, 8372, 8386, 8641, 8670, 8707, 8741, 8927, 9037, 9068, 9091, 9129, 9226
Paris, Sainte-Genevieve, 0172, 0288, 0630, 1159, 1428, 3057, 3178, 3615, 3997, 5042, 5211, 6071, 8515, 8527, 8571, 8636, 8987, 9176
Parma, 1369, 1628, 3920, 5019, 6399
Pavia, 0082, 0135, 0472, 0751, 1086, 1134, 1428, 2078, 2110, 2301, 2525, 2768, 3495, 4155, 4583, 4945, 4960, 4996, 5582, 5875, 6007, 6399, 6509

Pelplin, 0526, 0734, 1155, 1466, 5212, 6071, 6399, 8082, 8083, 8174, 9200
Perth, 3123
Perugia, 1790, 2205, 4996, 6399, 6409
Pesaro, 4035
Philadelphia, 0221, 1088, 1400, 1978, 2162, 2599, 2965, 3616, 6400, 8006, 8085, 9024
Pisa, 0579, 0839, 1242, 1346, 1428, 1475, 2211, 4994, 5019, 5211, 5718
Pistoia, 4950
Poblet, 5601
Poitiers, 0508, 0548, 0734, 1442, 1787, 1803, 1952, 3690, 4893, 4918, 5054, 5211, 5532, 6399
Pommersfelden, 1373, 5242, 5352, 5634, 5676, 8440, 8457, 8515, 8597, 8673, 8766, 8780, 8781, 9102
Pontarlier, 2456
Porto, 2287
Poznan, 5276, 6399
Praha, Metr, 0245, 0525, 0526, 0533, 0538, 0548, 0785, 0817, 0874, 0988, 1125, 1224, 1242, 1331, 1466, 1589, 1725, 1767, 2124, 2877, 2912, 2976, 2992, 3126, 3222, 3226, 3702, 3812, 3871, 3883, 4014, 4031, 4143, 4156, 4204, 4207, 4406, 4447, 4623, 4667, 4680, 4706, 4849, 4865, 4945, 4996, 5019, 5058, 5090, 5126, 5134, 5144, 5276, 5315, 5617, 5635, 5648, 5871, 5879, 6019, 6071, 6159, 6399, 6425, 6433, 6456, 6463, 8048, 8062, 8063, 8111, 8132, 8136, 8169, 8192, 8263, 8302, 8310, 8328, 8360, 8400, 8434, 8440, 8488, 8535, 8546, 8555, 8565, 8608, 8620, 8641, 8685, 8699, 8713, 8721, 8761, 8799, 8814, 8861, 8896, 8944, 9009, 9016, 9034, 9069, 9078, 9084, 9102, 9121, 9200, 9226, 9229, 9258
Praha, Narodni, 0525, 2215, 3074, 3126, 5134, 5276, 5668, 6071, 6399, 8712, 8720, 8781, 9200
Praha, Strahov, 1753, 5667, 6399, 8138
Praha, Univ, 0003, 0038, 0049, 0082, 0088, 0091, 0107, 0130, 0135, 0140, 0146, 0189, 0190, 0213, 0220, 0221, 0299, 0393, 0394, 0398, 0400, 0406, 0418, 0421, 0423, 0443, 0455, 0461, 0465, 0479, 0492, 0525, 0526, 0548, 0601, 0606, 0609, 0647, 0690, 0693, 0703, 0734, 0738, 0751, 0752, 0756, 0765, 0776, 0810, 0831, 0839, 0846, 0852, 0858, 0868, 0872, 0874, 0887, 0890, 0904, 0928, 0986, 0988, 1006, 1025, 1032, 1086, 1101, 1167, 1175, 1200, 1238, 1243, 1244, 1265, 1295, 1312, 1350, 1361, 1369, 1376, 1390, 1439, 1466, 1475, 1506, 1525, 1527, 1546, 1589, 1640, 1655, 1676, 1682, 1695, 1718, 1729, 1753, 1787, 1791, 1803, 1810, 1829, 1833, 1836, 1839, 1841, 1862, 1873, 1883, 1888, 1943, 1987, 2035, 2060, 2113, 2126, 2149, 2221, 2228, 2267, 2301, 2312, 2329, 2331, 2339, 2350, 2398, 2404, 2409, 2428, 2437, 2496, 2525, 2625, 2652, 2655, 2713, 2717, 2718, 2719, 2725, 2778, 2783, 2802, 2803, 2826, 2857, 2891, 2925, 2934, 2962, 2976,

2987, 2992, 3006, 3028, 3057, 3077, 3086,
3117, 3121, 3126, 3136, 3172, 3178, 3220,
3234, 3335, 3357, 3365, 3376, 3504, 3505,
3507, 3512, 3521, 3541, 3544, 3546, 3550,
3589, 3598, 3605, 3606, 3609, 3615, 3683,
3691, 3736, 3758, 3768, 3782, 3786, 3812,
3871, 3882, 3897, 3916, 3954, 3997, 4002,
4031, 4038, 4043, 4049, 4057, 4153, 4155,
4255, 4283, 4319, 4346, 4365, 4407, 4415,
4419, 4435, 4450, 4455, 4457, 4461, 4462,
4496, 4510, 4558, 4597, 4614, 4623, 4633,
4642, 4645, 4679, 4680, 4684, 4685, 4690,
4700, 4706, 4724, 4732, 4739, 4755, 4767,
4779, 4786, 4794, 4843, 4854, 4865, 4873,
4894, 4918, 4919, 4922, 4924, 4943, 4945,
4951, 4957, 4967, 4968, 4971, 4976, 4982,
4989, 4994, 4996, 5001, 5006, 5012, 5015,
5054, 5070, 5075, 5082, 5102, 5108, 5110,
5125, 5134, 5157, 5180, 5208, 5211, 5276,
5298, 5319, 5366, 5371, 5403, 5410, 5416,
5490, 5514, 5532, 5548, 5581, 5582, 5601,
5611, 5651, 5672, 5676, 5677, 5707, 5730,
5755, 5757, 5852, 5854, 5907, 5924, 5944,
5975, 5980, 6001, 6006, 6007, 6016, 6019,
6082, 6083, 6103, 6115, 6128, 6134, 6135,
6157, 6179, 6185, 6237, 6269, 6387, 6389,
6399, 6422, 6436, 6443, 6449, 6450, 6461,
6506, 6509, 6544, 8002, 8014, 8035, 8040,
8057, 8063, 8080, 8083, 8094, 8131, 8135,
8138, 8168, 8169, 8180, 8217, 8236, 8267,
8274, 8303, 8353, 8355, 8360, 8366, 8379,
8400, 8401, 8409, 8412, 8440, 8465, 8504,
8509, 8527, 8536, 8539, 8565, 8612, 8621,
8637, 8641, 8670, 8684, 8685, 8699, 8709,
8710, 8712, 8713, 8721, 8742, 8781, 8806,
8827, 8845, 8869, 8872, 8887, 8911, 8921,
8933, 8989, 9030, 9069, 9087, 9092, 9111,
9130, 9138, 9168, 9171, 9200, 9226, 9229
Privas, 6112

Ravenna, 0266, 3322, 3682, 4776, 6409, 8323, 8918
Regensburg, 1866, 4049, 5126, 5134, 5352, 9138
Reims, 1961, 3126, 5512, 6071, 6204, 6252, 6399, 8198, 8267, 8515, 8527, 8734
Rein, 0222, 0226, 0548, 0758, 0858, 0904, 0930, 1589, 1608, 1787, 2131, 2428, 2616, 2668, 3115, 3126, 3420, 3934, 4083, 4125, 4457, 4726, 4832, 4833, 4918, 4919, 4994, 5134, 5142, 5256, 5323, 5416, 5532, 5582, 6019, 6275, 6387, 6399, 8721
Ripley Castle, 5103
Roma, 0135, 0362, 0455, 0479, 0489, 0801, 0913, 0939, 1057, 1086, 1181, 1242, 1406, 1432, 1442, 1466, 1466, 1476, 1624, 1628, 1628, 1714, 1717, 1764, 1841, 1921, 1954, 1955, 2121, 2301, 2435, 2525, 2609, 2621, 2870, 3004, 3126, 3233, 3474, 3605, 3609, 3917, 3982, 4099, 4316, 4326, 4335, 4457, 4558, 4573, 4945, 4971, 5019, 5027, 5102, 5117,
5124, 5193, 5397, 5522, 5582, 5647, 5647, 5853, 5875, 5879, 5911, 5967, 6007, 6137, 6160, 6216, 6263, 6319, 8016, 8061, 8111, 8482, 8488, 8515, 8515, 8654, 8654, 8654, 8769, 8887, 8963, 9017, 9176, 5063
Rottenburg, 0846, 8483, 9042, 9138
Roudnice. For Lobkowitz mss. see Praha
Rouen, 0088, 0245, 0455, 0561, 0693, 0731, 1182, 1242, 1260, 1278, 1506, 1589, 2301, 2456, 2530, 2970, 2987, 3126, 3297, 3409, 3441, 3605, 3812, 3848, 3975, 4055, 4357, 4457, 4507, 4583, 4771, 4833, 4918, 4984, 5019, 5102, 5211, 5405, 5527, 5739, 5905, 5982, 6001, 6028, 8062, 8274, 8369, 8527, 8641, 8936, 9103, 9226

s'Gravenhage, 4855
Saint-Die, 0455, 4457
Saint-Mihiel, 5601
Saint-Omer, 0091, 0218, 0246, 0273, 0455, 0521, 0660, 0680, 0693, 0869, 1260, 1302, 1421, 1437, 1487, 1985, 2103, 2289, 2326, 2428, 2525, 2820, 3293, 3477, 3710, 3897, 3935, 4744, 4778, 4798, 4856, 4950, 5019, 5134, 5151, 5212, 5217, 5256, 5302, 5366, 5371, 5416, 5512, 5532, 5755, 6007, 6087, 6399, 6403, 6546, 8062, 8255, 8378, 8865, 9003, 9034, 9121
Salamanca, 1428, 8515
Salins, 1254, 4532
Salisbury, 0455, 0557, 0680, 1010, 1155, 1628, 1841, 2441, 2913, 4479, 4918, 5235, 5241, 5360, 5571, 5601, 5618, 6399, 6478, 8936, 9123, 9186
Salzburg, 0208, 0492, 0522, 0846, 1125, 1164, 1242, 1862, 4625, 4973, 5019, 5019, 5075, 5622, 5624, 5638, 5676, 6268, 6399, 6399, 6498, 8015, 8062, 8169, 8180, 8257, 8328, 8334, 8442, 8471, 8485, 8689, 8742, 8756, 8781, 8887, 8887, 9200, 9229
San Candido, 0946, 3658
San Daniele, 4449, 4719
Sankt Florian, 0526, 2652, 2987, 3126, 4038, 4155, 4435, 4882, 5732, 6019, 6071
Sankt Gallen, 0016, 0082, 0113, 0250, 0469, 0734, 0742, 1076, 1199, 1649, 1660, 1690, 2562, 2652, 2668, 2891, 3737, 3812, 3861, 3981, 3997, 4250, 4271, 4435, 4483, 4620, 4960, 5075, 5334, 5582, 5601, 5607, 5624, 5637, 5676, 5755, 5775, 5965, 5985, 6006, 6071, 6105, 6228, 6399, 6443, 6458, 6533, 6544
Sankt Paul in Lavanttal, 0252, 1242, 1373, 5019, 5676, 6399, 8891, 8892, 8893
Sankt Pölten, 5019, 6399
Santo Domingo, 5739
Sarnano, 1674, 3318, 4971, 5005, 6071, 8515
Schaffhausen, 0571
Schlägl, 0047, 0049, 0130, 0200, 0243, 0306, 0340, 0373, 0449, 0484, 0711, 0734, 0802, 0828, 0878, 0881, 1083, 1086, 1101, 1145, 1234, 1419, 1628, 1718, 1791, 1841, 2315, 2345,

2451, 2456, 2490, 2550, 2570, 2651, 2863,
2918, 2987, 3021, 3028, 3126, 3175, 3310,
3333, 3348, 3353, 3363, 3368, 3369, 3371,
3372, 3377, 3382, 3423, 3442, 3454, 3467,
3761, 3767, 3776, 3778, 3793, 3802, 3812,
3897, 4038, 4056, 4083, 4149, 4373, 4435,
4457, 4477, 4633, 4752, 4770, 4810, 4822,
4833, 4876, 4882, 4918, 4945, 5019, 5054,
5075, 5134, 5256, 5311, 5327, 5424, 5459,
5532, 5588, 5594, 5597, 5601, 5677, 5755,
5776, 5840, 5857, 5862, 5886, 5982, 6019,
6170, 6171, 6399, 6541, 8063, 8087, 8111,
8174, 8353, 8386, 8440, 8565, 8567, 8698,
8721, 8742, 8781, 9069, 9076, 9136, 9200, 9229
Schlierbach, 5211
Schönbühel, 0800, 6399, 8386
Seitenstetten, 2901, 3126, 5732, 6426, 8180, 8440, 8527, 8578, 8801
Selestat, 0976, 1267, 2545, 3746, 5075, 5279, 6019, 8386, 8392, 8598
Semur, 0232, 0647, 0922, 4306, 5668, 5708, 6202, 8365, 8983, 9090, 9226
Sevilla, 1242, 6071, 6329
Shrewsbury, 4583, 8395
Siena, 0002, 0247, 0514, 0680, 0793, 1006, 1259, 1648, 2666, 4060, 4500, 5993, 6071, 6278, 6399, 8515, 8887
Sigmaringen, 5532, 5639, 8662
Siguenza, 5149, 6387
Silos, 4224
Soest, 1279, 5532
Soissons, 0680, 3690, 3896, 4497, 4833, 4918, 5046, 8035, 8885
Solothurn, 0135, 0647, 0734, 1296, 1589, 2149, 2173, 3387, 3647, 4457, 4744, 4971, 4989, 5019, 5020, 5127, 6399, 6547, 8082, 8083, 8486, 9135, 9244
Stams, 5019
Stockholm, 0268, 0595, 0734, 0759, 0822, 0950, 1707, 2364, 2461, 2600, 2809, 2861, 2877, 3232, 3329, 3554, 3721, 3743, 3812, 3897, 4155, 4258, 4435, 4456, 5119, 5127, 5267, 5671, 5673, 6160, 6228, 6303, 6304, 6442, 6443, 8440
Strängnäs, 9071
Strasbourg, 2139, 4667, 4989, 6019, 8026, 8477, 8619, 9084
Stuttgart, 0526, 0734, 1369, 1589, 2138, 2652, 4097, 4191, 4583, 4667, 4989, 5019, 5075, 5102, 5112, 5243, 5352, 5416, 5758, 6034, 6393, 6399, 6474, 8027, 8085, 8104, 8167, 8180, 8247, 8255, 8289, 8291, 8302, 8399, 8415, 8443, 8467, 8515, 8597, 8630, 8637, 8637, 8803, 8835, 9011, 9024, 9070, 9130, 9138, 9200
Subiaco, 1242, 8083, 8136, 8469, 8515, 8661, 8738, 8795
Sydney, 0444, 1235, 1525, 4457, 4542, 4935, 4957, 4971, 5582, 6399

Tarragona, 0091, 0105, 1155, 1218, 1442, 1628, 4532, 4793, 5054, 5256, 5284, 5601, 6399, 8046, 8111, 8136, 8187
Todi, 3247, 4950, 5623, 6399
Toledo, 0091, 1684, 2625, 3387, 4938, 4943, 5004, 5015, 5020, 5033, 5054, 5256, 5335, 5755, 6237, 8111
Torino, 0236, 0455, 1242, 1761, 2221, 2301, 3585, 4365, 4956, 5962, 6055, 8323, 9068, 9103, 9131, 9226, 9257
Tortosa, 0091, 0550, 0878, 2301, 4171, 4350, 4833, 4919, 5058, 5256, 8522
Torun, 8375
Toulouse, 0062, 0088, 0091, 0210, 0231, 0287, 0455, 0793, 0887, 1032, 1260, 1442, 1601, 1787, 1841, 2287, 2301, 2428, 2530, 3126, 3203, 3251, 4155, 4457, 4485, 4675, 4861, 4943, 5054, 5102, 5124, 5256, 5334, 5345, 5371, 5573, 5601, 5657, 5707, 5718, 5742, 5982, 6042, 6115, 6293, 6371, 6399, 9226
Tournai, 3898
Tours, 0002, 0006, 0088, 0091, 0110, 0135, 0245, 0270, 0284, 0455, 0645, 0647, 0831, 0839, 0887, 0896, 0953, 1006, 1021, 1084, 1155, 1260, 1340, 1428, 1442, 1466, 1589, 1708, 1787, 1841, 2021, 2053, 2098, 2301, 2336, 2348, 2530, 2803, 2819, 2928, 3057, 3126, 3285, 3640, 3669, 3955, 4055, 4457, 4507, 4624, 4833, 4918, 4919, 4943, 4950, 4994, 5001, 5054, 5116, 5124, 5207, 5208, 5358, 5371, 5668, 5707, 5723, 6001, 6399, 6536, 8206, 8243, 8250, 8419, 8515, 8741, 8981, 9068, 9076, 9103, 9122
Trebon, 0082, 0176, 0222, 0277, 0402, 0563, 0610, 1003, 1158, 1466, 1475, 1518, 1628, 1672, 1753, 2226, 2516, 2652, 2867, 2968, 3136, 3812, 3977, 4026, 4457, 4667, 5054, 5102, 5134, 5351, 5560, 5668, 5743, 5915, 6172, 8087, 8850, 9200, 9236
Trento, 1628, 2845, 2910, 4407, 4973, 5242
Trier, 0174, 0184, 0238, 0288, 0455, 0465, 0488, 0526, 0526, 0573, 0752, 0831, 0887, 0896, 0936, 1006, 1032, 1089, 1125, 1180, 1250, 1279, 1302, 1307, 1439, 1485, 1628, 1731, 1753, 1841, 1890, 2030, 2116, 2153, 2180, 2301, 2353, 2655, 2673, 2745, 2807, 2857, 2888, 2902, 3099, 3230, 3273, 3560, 3774, 3961, 3966, 4038, 4155, 4251, 4291, 4342, 4377, 4435, 4457, 4465, 4579, 4694, 4766, 4866, 4918, 4945, 4983, 5015, 5019, 5054, 5057, 5079, 5196, 5210, 5256, 5352, 5516, 5532, 5582, 5638, 5639, 5650, 5676, 5682, 5707, 5755, 5819, 5875, 6007, 6016, 6040, 6071, 6106, 6141, 6207, 6304, 6399, 6399, 6533, 6544, 8038, 8040, 8069, 8085, 8135, 8180, 8267, 8276, 8321, 8415, 8421, 8440, 8479, 8515, 8527, 8562, 8568, 8597, 8709, 8895, 9056, 9070, 9074, 9076, 9138, 9199, 9226
Troyes, 0016, 0059, 0062, 0067, 0082, 0088, 0090, 0091, 0121, 0139, 0170, 0243, 0288, 0293, 0356, 0411, 0443, 0455, 0482, 0508, 0630, 0633, 0650, 0680, 0680, 0839, 0875, 1006,

LOCATION INDEX

1028, 1125, 1159, 1163, 1221, 1250, 1506, 1513, 1525, 1527, 1642, 1769, 1841, 1875, 1912, 2016, 2221, 2301, 2331, 2370, 2427, 2456, 2466, 2525, 2530, 2540, 2603, 2625, 2677, 2683, 2740, 2756, 2856, 2942, 3041, 3057, 3126, 3255, 3437, 3498, 3609, 3690, 3898, 3952, 4154, 4283, 4314, 4374, 4435, 4445, 4457, 4558, 4564, 4676, 4764, 4833, 4950, 4976, 5015, 5054, 5131, 5149, 5198, 5256, 5334, 5364, 5461, 5532, 5601, 5668, 5676, 5688, 5745, 5818, 5829, 5905, 5982, 6028, 6055, 6071, 6304, 6394, 6399, 6450, 6471, 6550, 8085, 8247, 8515, 8853, 8983, 9186
Tübingen, 0526, 0526, 1076, 2343, 3426, 5102, 6282, 6399, 8462, 8799, 8872

Überlingen, 0793, 9130
Udine, 3097
Ulm, 5601, 8927
Uppsala, 0217, 0221, 0405, 0734, 1155, 1206, 1459, 1523, 1540, 1589, 1679, 1953, 2348, 2811, 2832, 2987, 3002, 3198, 3804, 3870, 3949, 5019, 5242, 5281, 5558, 5621, 5649, 5666, 6011, 6399, 8527, 8764, 8781, 8798, 8919, 9070, 9111, 9144, 9200, 9226
Utrecht, 0082, 0215, 0443, 0478, 0480, 0547, 0734, 0985, 1307, 1312, 1475, 1979, 2149, 2151, 2301, 2331, 2462, 2655, 2803, 3057, 3126, 3136, 3230, 3254, 3360, 3550, 3606, 3624, 3897, 3997, 4155, 4283, 4407, 4408, 4435, 4457, 4464, 4742, 4839, 4918, 4919, 4945, 4951, 4971, 4976, 5015, 5019, 5143, 5416, 5466, 5468, 5532, 5582, 5676, 6157, 6326, 8013, 8707, 8927

Växjö, 1895, 2562, 4457, 4877
Valencia, 0002, 0091, 0158, 0455, 0624, 0647, 0751, 0783, 0831, 1006, 1086, 1218, 1666, 3481, 3507, 3615, 3699, 3782, 4558, 4918, 4947, 4971, 5054, 5256, 5416, 5532, 5601, 6071, 6189, 6509, 6522, 8515, 9231
Valenciennes, 0016, 0740, 0742, 0833, 0839, 1525, 1628, 2456, 2684, 3057, 3126, 3178, 3294, 3604, 4455, 4633, 5050, 5054, 5072, 5211, 5334, 6109, 6157, 6236, 6399
Valognes, 1628, 6399
Vaticana, Archivio, 1242
Vaticana, Barb, 0455, 5443, 6071
Vaticana, Borgh, 0345, 0793, 1442, 1507, 2456, 2933, 4527, 4943, 5054, 6399, 8016, 8491, 8641, 9068, 9081, 9173, 9226
Vaticana, Cap, 2987
Vaticana, Chigi, 4990, 5968, 8323, 9033, 9103, 9252
Vaticana, Ottob, 0088, 0245, 0620, 1088, 1841, 2441, 3727, 3871, 5328, 5341, 6196, 6272, 8136, 8202, 8408, 8515, 8887, 8983, 9161
Vaticana, Palat, 0647, 1125, 1338, 1434, 1439, 1466, 1475, 1488, 1589, 1684, 1837, 2261, 2329, 2588, 2593, 2665, 2772, 3057, 3091, 3119, 3269, 3565, 3844, 3852, 4160, 4191, 4215, 4306, 4397, 4435, 4457, 4552, 4714, 4919, 4945, 4991, 4996, 5075, 5194, 5213, 5532, 5639, 5676, 5755, 6115, 6121, 6304, 6544, 8085, 8262, 8440, 8735, 8799, 8862, 8872, 9130, 9192, 9225, 9253
Vaticana, Patetta, 6071, 8470
Vaticana, Regin, 0196, 0201, 0415, 0433, 0761, 0850, 0868, 0975, 0988, 1028, 1161, 1163, 1525, 1787, 3134, 3150, 3155, 3349, 3589, 3592, 3609, 3826, 3897, 4055, 4080, 4251, 4407, 4497, 4696, 4833, 4860, 4911, 4951, 4976, 4989, 5015, 5019, 5149, 5211, 5461, 5473, 5582, 5944, 6090, 6387, 6443, 8194, 8295, 8488, 9122, 1006, 2987, 3727, 4457, 4996, 5054, 6115, 6399, 1847
Vaticana, Rossiano, 1006, 1466, 6071, 8515
Vaticana, Urb, 0467, 0913, 0964, 1083, 1086, 1428, 1432, 1818, 2149, 2331, 2429, 2530, 2941, 3164, 3209, 3268, 3689, 5479, 5608, 5707, 5975, 6006, 6089, 6147, 6183, 6298, 6321, 6462, 6479
Vaticana, Vat, 0006, 0060, 0061, 0062, 0091, 0135, 0180, 0262, 0307, 0344, 0367, 0424, 0526, 0550, 0693, 0734, 0751, 0839, 0877, 1015, 1032, 1045, 1081, 1093, 1155, 1159, 1187, 1260, 1281, 1312, 1374, 1407, 1476, 1609, 1612, 1791, 1828, 1849, 1942, 1976, 1992, 2030, 2088, 2093, 2270, 2301, 2430, 2560, 2608, 2609, 2653, 2689, 2755, 2792, 2839, 2893, 2961, 2984, 3086, 3126, 3136, 3178, 3190, 3230, 3302, 3401, 3507, 3572, 3593, 3615, 3619, 3623, 3632, 3692, 3774, 3881, 3909, 3921, 3959, 3962, 3997, 4058, 4119, 4175, 4193, 4202, 4239, 4419, 4444, 4455, 4459, 4471, 4568, 4575, 4736, 4910, 4918, 4953, 4954, 4956, 4959, 4971, 5010, 5027, 5058, 5167, 5256, 5291, 5314, 5371, 5416, 5422, 5423, 5445, 5503, 5639, 5652, 5668, 5700, 5705, 5722, 5788, 5888, 6230, 6251, 6256, 6283, 6439, 6471, 6474, 6475, 6509, 6548, 8020, 8082, 8083, 8111, 8138, 8141, 8191, 8199, 8252, 8274, 8302, 8434, 8537, 8562, 8699, 8729, 8821, 8842, 8907, 9009, 9078, 9114, 9168, 1006, 1027, 6547
Vendome, 0062, 0088, 1525, 1583, 1875, 2304, 4833, 5149, 5211, 8345
Venezia, 0539, 0582, 0750, 0751, 0845, 1242, 1428, 1434, 1512, 1719, 1787, 1841, 1872, 2201, 2206, 2331, 2525, 2603, 2609, 2929, 3086, 3126, 3221, 3272, 3430, 3507, 3544, 3572, 3897, 4035, 4155, 4255, 4407, 4418, 4449, 4457, 4726, 4919, 4951, 4976, 4994, 5015, 5036, 5143, 5251, 5582, 6399, 6473, 6550, 8310, 8328, 8478, 8562, 8641, 8671, 8700, 9226, 9229
Vercelli, 1369, 8699, 8796
Verdun, 2772, 2794, 3237, 5256, 5532
Verona, 1712, 1790, 6110, 6176
Vesoul, 2987, 5242
Vicenza, 4950, 6071, 8515, 8706
Vich, 1442, 6399
Viterbo, 6399
Vitry-le-Francois, 0839, 1525, 3544, 3812, 5211, 5601
Volterra, 1628, 2666, 3256, 3617, 5856, 6077

Vorau, 0252, 0455, 0492, 0680, 0734, 0809, 0846, 1381, 1423, 1897, 2221, 3068, 3244, 5019, 5075, 5102, 5601, 5638, 5722, 5732, 5777, 5808, 6399, 8002, 8118, 8180, 8242, 8247, 8366, 8375, 8391, 8416, 8555, 8569, 8625, 8637, 8781, 8854, 8981, 8992, 9084, 9200, 9226

Vyssi Brod, 0224, 0276, 0548, 0686, 0703, 0904, 0954, 1145, 1590, 1611, 1787, 1816, 1841, 2301, 2456, 2655, 2712, 2730, 2857, 3659, 3812, 3842, 3897, 4038, 4059, 4064, 4079, 4155, 4353, 4365, 4419, 4457, 4642, 4918, 4945, 4973, 5052, 5075, 5134, 5156, 5208, 5266, 5276, 5337, 5534, 5548, 5582, 5814, 5869, 6019, 6399, 6406, 6550, 8267, 8328, 8527, 8641, 8698, 8730, 8781, 8872, 9084, 9120, 9200, 0181

Walberberg, 8013
Warszawa, 0737, 8090, 8718, 9057
Washington, 1628
Weimar, 3966
Wernigerode, 3997, 4435
Wertheim, 5412

Wien, Domin, 0734, 0846, 1865, 1982, 4091, 5019, 5676, 6071, 6399, 8180, 8261, 8313, 8327, 8457, 8515, 8694, 8781, 8790, 8923, 9102, 9138, 9200

Wien, Nat, 0038, 0062, 0078, 0082, 0091, 0148, 0172, 0243, 0252, 0282, 0283, 0306, 0362, 0391, 0399, 0417, 0418, 0420, 0455, 0479, 0481, 0485, 0523, 0526, 0531, 0536, 0541, 0549, 0550, 0555, 0581, 0594, 0605, 0620, 0624, 0625, 0645, 0669, 0693, 0719, 0734, 0742, 0743, 0775, 0846, 0847, 0870, 0873, 0887, 0896, 0904, 0915, 0923, 0984, 0990, 1002, 1006, 1013, 1017, 1048, 1086, 1098, 1101, 1103, 1108, 1125, 1178, 1193, 1200, 1203, 1224, 1233, 1238, 1242, 1248, 1267, 1284, 1302, 1322, 1329, 1337, 1350, 1353, 1364, 1427, 1438, 1445, 1531, 1602, 1680, 1681, 1691, 1692, 1693, 1705, 1738, 1761, 1800, 1832, 1836, 1841, 1842, 1849, 1853, 1854, 1856, 1862, 1863, 1866, 1886, 1893, 1894, 1898, 1927, 1980, 1982, 2030, 2067, 2142, 2147, 2178, 2180, 2207, 2221, 2231, 2243, 2249, 2251, 2270, 2279, 2287, 2292, 2301, 2322, 2378, 2379, 2409, 2468, 2488, 2493, 2511, 2519, 2520, 2530, 2537, 2538, 2539, 2550, 2570, 2609, 2614, 2616, 2617, 2618, 2625, 2652, 2686, 2690, 2740, 2765, 2783, 2804, 2811, 2817, 2871, 2883, 2891, 2894, 2934, 2980, 2987, 3028, 3034, 3035, 3057, 3079, 3101, 3109, 3126, 3127, 3129, 3136, 3148, 3152, 3214, 3228, 3235, 3238, 3287, 3304, 3317, 3321, 3323, 3344, 3378, 3379, 3380, 3384, 3394, 3417, 3424, 3440, 3473, 3490, 3545, 3551, 3553, 3566, 3567, 3611, 3615, 3639, 3644, 3645, 3651, 3740, 3741, 3771, 3786, 3788, 3812, 3840, 3852, 3853, 3871, 3897, 3956, 3965, 3966, 3968, 3980, 4018, 4031, 4038, 4049, 4055, 4063, 4078, 4083, 4115, 4155, 4184, 4201, 4205, 4207, 4223, 4242, 4262, 4267, 4274, 4283, 4340, 4407, 4449, 4455, 4457, 4503, 4527, 4534, 4579, 4582, 4614, 4624, 4625, 4667, 4669, 4688, 4700, 4739, 4791, 4815, 4817, 4823, 4828, 4851, 4897, 4903, 4911, 4918, 4919, 4924, 4934, 4945, 4951, 4957, 4966, 4971, 4976, 4996, 5005, 5015, 5019, 5029, 5075, 5097, 5102, 5112, 5118, 5134, 5164, 5175, 5200, 5201, 5208, 5211, 5212, 5215, 5230, 5237, 5256, 5271, 5276, 5295, 5323, 5327, 5352, 5379, 5383, 5390, 5411, 5416, 5429, 5438, 5506, 5514, 5532, 5553, 5562, 5563, 5566, 5582, 5601, 5627, 5629, 5638, 5640, 5668, 5670, 5676, 5677, 5685, 5707, 5723, 5732, 5755, 5779, 5780, 5814, 5879, 5883, 5904, 5905, 5922, 5942, 5961, 5964, 5983, 5984, 6019, 6037, 6039, 6057, 6058, 6079, 6115, 6160, 6184, 6217, 6237, 6253, 6257, 6259, 6262, 6272, 6304, 6326, 6327, 6328, 6329, 6374, 6380, 6399, 6402, 6427, 6450, 6467, 6469, 6494, 6495, 6513, 6540, 6544, 8043, 8085, 8087, 8100, 8137, 8152, 8180, 8217, 8247, 8262, 8290, 8302, 8312, 8332, 8360, 8361, 8366, 8370, 8375, 8386, 8387, 8391, 8397, 8415, 8471, 8480, 8488, 8513, 8527, 8532, 8543, 8555, 8557, 8567, 8578, 8591, 8611, 8618, 8628, 8637, 8648, 8684, 8707, 8721, 8771, 8779, 8781, 8799, 8854, 8863, 8867, 8872, 8927, 8980, 9009, 9014, 9019, 9040, 9061, 9068, 9073, 9075, 9084, 9096, 9102, 9103, 9119, 9200, 9204, 9224, 9226, 9250, 9258, 0167

Wien, Schott, 0175, 0455, 0624, 0680, 0734, 0755, 0775, 0883, 0896, 0920, 0988, 1108, 1155, 1195, 1272, 1350, 1475, 1798, 1864, 1948, 2030, 2196, 2502, 2655, 2845, 2860, 2987, 3126, 3373, 3392, 3431, 3489, 3594, 3598, 3763, 4155, 4162, 4216, 4268, 4435, 4443, 4457, 4711, 4761, 4918, 4945, 4967, 4989, 5015, 5019, 5119, 5134, 5256, 5275, 5276, 5578, 5676, 5707, 5732, 5852, 5875, 6016, 6019, 6032, 6091, 6178, 6246, 6359, 6372, 6399, 8180, 8218, 8280, 8375, 8377, 8411, 8419, 8425, 8452, 8550, 8555, 8638, 8781, 8891, 8892, 8935, 9084, 9139, 9258

Wiesbaden, 0800, 1350, 1474, 2030, 2655, 2771, 3133, 4038, 4945, 5416, 5676, 6387, 6399

Wilhering, 0065, 0082, 0189, 0226, 0299, 0468, 0647, 0687, 0734, 0769, 0908, 0909, 1753, 1936, 2281, 2309, 2652, 2824, 2857, 2865, 2959, 3057, 3126, 3284, 3351, 3377, 3389, 3415, 3462, 3503, 3589, 3609, 3852, 3897, 4083, 4200, 4457, 4465, 4720, 4851, 4918, 4945, 5019, 5054, 5134, 5208, 5210, 5211, 5298, 5334, 5340, 5500, 5532, 5565, 5582, 5610, 5797, 5838, 5847, 5982, 6019, 6066, 6164, 6250, 6329, 6399, 6431, 6533, 8514

Windsheim, 0252, 1032, 1145, 2910, 3634, 3928, 6399, 8676, 8781, 8876, 8927, 9138

Winterthür, 8085
Wisbech, 4583, 5982

LOCATION INDEX

Wittenberg, 2525
Wolfenbüttel, 0238, 0526, 0620, 0734, 1725, 2113, 2440, 2604, 3086, 3631, 3658, 4049, 4226, 4989, 5019, 5118, 5352, 5676, 5700, 5755, 6065, 6071, 6286, 6288, 6399, 8017, 8112, 8138, 8168, 8209, 8248, 8264, 8302, 8386, 8389, 8440, 8507, 8515, 8637, 8648, 8652, 8697, 8781, 8994, 9000, 9016, 9138, 9216, 9222, 9226
Worcester, 0071, 0091, 0122, 0455, 0526, 0983, 1086, 1088, 1155, 1183, 1212, 1223, 1356, 1628, 1841, 2301, 2984, 3078, 3126, 3827, 3982, 4558, 4583, 4675, 4860, 4918, 4950, 5103, 5256, 5461, 5532, 6196, 6399, 8336, 8527, 8665, 9103
Wrocław, 0238, 0252, 0299, 0526, 0768, 0989, 1145, 1200, 1351, 1498, 1676, 1725, 1787, 1939, 2030, 2113, 2270, 2301, 2399, 2691, 2778, 2790, 2987, 3242, 3267, 3652, 3812, 3883, 3997, 4049, 4050, 4051, 4211, 4623, 4912, 4919, 4971, 5019, 5134, 5276, 5352, 5641, 5652, 5660, 5755, 6019, 6071, 6160, 6222, 6399, 6443, 8002, 8083, 8085, 8118, 8128, 8138, 8168, 8180, 8210, 8267, 8323, 8348, 8349, 8360, 8366, 8397, 8399, 8400, 8440, 8463, 8490, 8505, 8515, 8527, 8538, 8555, 8565, 8579, 8592, 8613, 8624, 8641, 8729, 8781, 8799, 8927, 8985, 9024, 9071, 9084, 9111, 9130, 9163, 9168, 9200, 9209, 9229, 9256
Würzburg, 0030, 0082, 0292, 0301, 0362, 0455, 0526, 0578, 0637, 0647, 0693, 0709, 0734, 0874, 0894, 0896, 0897, 0932, 0936, 1012, 1064, 1096, 1145, 1156, 1170, 1353, 1369, 1428, 1442, 1628, 1740, 1753, 1761, 1791, 1904, 1939, 2030, 2113, 2181, 2214, 2301, 2409, 2431, 2541, 2652, 2691, 2784, 2891, 2990, 3057, 3126, 3136, 3178, 3242, 3393, 3598, 3615, 3623, 3627, 3641, 3676, 3786, 3897, 4038, 4155, 4158, 4283, 4308, 4344, 4435, 4449, 4457, 4477, 4499, 4766, 4833, 4918, 4919, 4943, 4945, 4951, 4967, 5015, 5019, 5052, 5054, 5062, 5075, 5075, 5077, 5163, 5242, 5256, 5352, 5359, 5362, 5416, 5532, 5534, 5601, 5639, 5674, 5677, 5739, 5755, 5770, 5834, 5915, 6004, 6019, 6137, 6157, 6229, 6245, 6399, 6443, 8076, 8083, 8085, 8123, 8136, 8157, 8180, 8440, 8479, 8488, 8515, 8550, 8648, 8652, 8699, 8753, 8781, 8807, 8927, 8961, 9023, 9084, 9130, 9138, 9138, 9191, 9200, 9258

York, 2787

Zagreb, 6399
Zeitz, 5668, 6071, 8515
Zürich, 1763, 1839, 3838, 4005, 4217, 4849
Zwettl, 0082, 0088, 0155, 0213, 0242, 0452, 0455, 0526, 0733, 1006, 1145, 1164, 1369, 1845, 1880, 2062, 2143, 2252, 2362, 2406, 2456, 2537, 2647, 2987, 3126, 3194, 3334, 3675, 3682, 3700, 3838, 3897, 3985, 4084, 4150, 4155, 4457, 4614, 4685, 4807, 4833, 4919, 4943, 4945, 5019, 5054, 5072, 5208, 5322, 5755, 5889, 5917, 5975, 6006, 6387, 6399, 6408, 6493, 8386, 8701, 8703, 9103, 9105
Zwolle, 8440